作者简介

周光权，清华大学法学院教授、博士生导师，教育部“长江学者”特聘教授，第十三届全国人大宪法与法律委员会副主任委员，兼任中国犯罪学学会副会长，系最高人民法院特邀咨询员、最高人民检察院专家咨询委员会委员。

主要研究领域：中国刑法学、比较刑法学等。出版《刑法客观主义与方法论》（第2版）、《刑法学习定律》、《刑法公开课》（第1卷）、《刑法公开课》（第2卷）等专著13部；合著、主编、参编刑法学著作30余部。在《中国社会科学》《中国法学》《法学研究》等刊物发表论文240余篇，获得省部级奖励10余项。

内容提要

本书结合刑法各论的前沿理论和最新司法解释，对刑法分则、十一个刑法修正案以及单行刑法的所有罪名都进行了深入探讨。全书除导论外，共分为三编：第一编为侵害个人法益的犯罪，包括侵犯公民人身权利、民主权利罪，侵犯财产罪两章；第二编为侵害社会法益的犯罪，依次分析危害公共安全罪、破坏社会主义市场经济秩序罪和妨害社会管理秩序罪；第三编为侵害国家法益的犯罪，先后研讨贪污贿赂罪、渎职罪、危害国家安全罪、危害国防利益罪、军人违反职责罪。对每个罪名大致按照概念、保护法益、客观要件、主观要件、处罚的顺序加以讨论。

本书的特色是：(1) 积极回应司法实务需求，反映最新研究成果，对刑法各论中的重要罪名的分析极其详尽；对一般教科书中着墨不多，但实践中争议很大的合同诈骗罪、非法吸收公众存款罪、虚开增值税专用发票罪、非法倒卖土地使用权罪、组织领导传销活动罪、侵犯商业秘密罪以及自杀参与行为的定罪等进行详尽分析，提出划分罪与非罪界限的明确建议。(2) 结合最新立法动态，对刑法修正案新增和修改的罪名逐一进行解析。(3) 结合最高人民法院、最高人民检察院先后颁布的司法解释，对相关内容进行调整和修改。(4) 在分析每个罪名之前，列出相关法条，免除读者查阅法条之苦，使本书兼具罪名工具书的性质，显著增强了其实用性。

第四版序

本书第三版于2016年面世，转眼已过去五年。其实早就到了修订再版的时候，不过，写作者的天然惰性再加上敝帚自珍的本能，使修订计划一拖再拖。2020年12月26日《刑法修正案（十一）》的颁布使修订本书成为刻不容缓的事情，再往下拖延的任何借口都难以获得他人认同。

法律的修改是修订本书的直接动因，不过，这次修订并不满足于阐释最新刑法立法，而是借此机会对上一版的许多内容做了大幅修改。对此，需要略作交代。

一

《刑法修正案（十一）》共有48条，是近十年来最大规模的刑法修改，其中既涉及刑事责任年龄的微调，也涉及交通安全、生产安全、药品安全的维护，以及对金融领域、公共场所管理秩序、生物安全等领域罪刑关系的建构等问题。围绕上述修改，本版对总论部分刑事责任年龄方面的内容进行了调整，同时，对各论部分的相关内容进行了诸多补充、修改，尤其是对《刑法修正案（十一）》增设的10余个新罪，如危险作业罪、妨害药品管理罪、催收非法债务罪等做出尽可能详尽的阐述，对立法意图、犯罪客观和主观构成要件、犯罪之间的交叉和竞合关系等着墨较多。

首先，对《刑法修正案（十一）》新增的轻罪做出详尽阐述，以期为司法实务提供明确的裁判规则。本次立法中的有些规定，事实上明确否定了之前司法实务中的某些做法，如果不对新增的轻罪作出详细解读，就既难以“纠偏”，也无法为未来的司法实务提供有效指导。例如，《刑法修正案（十一）》第33条规定，从建筑物或者其他高空抛掷物品，情节严重的，构成高空抛物罪。而对类似行为，在之前的司法实务中大多按照以危险方法危害公共安全罪定罪处罚。2019年10月21日最高人民法院《关于依法妥善审理高空抛物、坠物案件的意见》明确规定：“故意从高空抛弃物品，尚未造成严重后果，但足以危害公共安全的，依照刑法第一百一十四条规定的以危险方法危害公共安全罪定罪处罚；致人重伤、死亡或者使公私财产遭受重大损失的，依照刑法第一百一十五条第一款的规定处罚。为伤害、杀害特定人员实施上述行为的，依照故意伤害罪、故意杀人罪定罪处罚。”由于高空抛物不可能像放火、爆炸、投放危险物质那样危害公共安全，司法解释的上述规定会导致法官放弃对“足以危害公共安全”这一危险性要件进行实质和具体的审查。《刑法修正案（十一）》在刑法分则第六章“妨害社会管理秩序罪”（而非第二章“危害公共安全罪”）增设高空抛物罪，等于不认可高空抛物行为在通常情形下对公共安全的危害。基于此，本书对高空抛物罪的保护法益、实行行为、与以危险方法危害公共安全罪的关系等给予了充分关注。

其次，《刑法修正案（十一）》对骗取贷款罪、侵犯商业秘密罪等犯罪的定罪标准做出了重大修改，其中对骗取贷款罪提高了定罪门槛，而对侵犯商业秘密罪降低了定罪门槛。基于此，本书对这些犯罪的成立要件等进行了细致探究，对新规定的准确适用进行了重点提示。

最后，对《刑法修正案（十一）》中仅作微调的内容，就其在解释论上可能带来的影响也结合司法解释、判决等进行详细分析，以厘清犯罪之间的界限。例如，依据最高人民法院、最高人民检察院《关于办理环境污染刑事案件适用法律若干问题的解释》（2016 年 12 月 23 日）第 10 条第 1 款的规定，干扰环境质量监测系统的采样，致使监测数据严重失真的行为，属于破坏计算机信息系统。2018 年 12 月 25 日最高人民法院《关于发布第 20 批指导性案例的通知》（指导案例第 104 号“李森、何利民、张锋勃等人破坏计算机信息系统案”）也指出：“环境质量监测系统属于计算机信息系统。用棉纱等物品堵塞环境质量监测采样设备，干扰采样，致使监测数据严重失真的，构成破坏计算机信息系统罪。”其实，被告人的上述行为原本就没有破坏计算机信息系统本身，也没有干扰计算机信息提供的“功能”本身，而只是伪造了环境质量监测数据，上述解释及指导性案例的规定有类推解释的疑问，并不合适。针对这种情形，《刑法修正案（十一）》提供了解决方案，其第 25 条进一步明确了《刑法》第 229 条（提供虚假证明文件罪）的主体要件，立法所揭示的行为主体明确包括承担环境影响评价、环境监测职责的中介组织的人员，并且在加重构成要件中增加了“在涉及公共安全的重大工程、项目中提供虚假的安全评价、环境影响评价等证明文件，致使公共财产、国家和人民利益遭受特别重大损失的”，法定刑升格的相关内容。在解释论上，如果准确适用《刑法修正案（十一）》第 25 条的相关规定，就能够准确全面地处理干扰采样，致使监测数据严重失真的危害行为，不需要将被告人的行为类推认定为破坏计算机信息系统罪。对上述内容，在本书各论的相关位置进行了深入分析。

二

将体系思考和问题思考熔于一炉，增强本书对司法实务的指导价值，是本次修订的基本指导思想。

就各论问题的修改而言，对《刑法修正案（十一）》并未做出直接修改，但近年来司法适用中问题较多的犯罪，我也基于回应实践需要的考虑，对许多章节进行了较大幅度的修改，对许多问题提供了更为具体、明确的解答。这一点在对虚开增值税专用发票罪，组织、领导传销活动罪，组织、领导、参加黑社会性质组织罪，贪污贿赂罪等罪的分析中表现得特别充分。

就总论的修订而言，本版更加注重体系思考和问题思考的统一，特别重视相关理论对于实务的指导意义。

首先，在犯罪论体系一章中，增加了阶层犯罪论的司法运用的内容。刑法理论必须要照顾到体系，离开体系思考的刑法学难以有创造性贡献。刑法体系思考的核心是犯罪论体系，如果没有体系性思考，犯罪论体系的大厦不可能搭建起来，要实现司法公正就很困难；只有体系性思考才能使被告人受到公正待遇，防止偶然和专断，避免法律适用停留在“业余水平”；也使刑法判断有很清晰的推理步骤，结论更为明确。基于此，本书对阶层体系“对接”司法实务的相关逻辑、思考方法等进行了全面分析，以降低阶层犯罪论体系的复杂度，使之成为司法工作人员易于掌握的工具。

其次，对于不作为犯的作为义务来源，本次修订按照事实判断与规范判断相统一、问题解决与体系建构相协调的思路进行了探索。不作为犯的相关理论非常复杂，关于作为义务的“形式四分说”、实质的机能二分说、支配领域性说（因果进程的排他性支配理论）、结果原因支配理论等令人眼花缭乱，本次修订不纠结于理论上的抽象讨论，而是立足于实践难题的解决，试图以规范思考为基础兼顾事实判断，就作为义务来源提出自己的见解。

最后，在共犯论部分，对部分对向犯不受处罚的理由、共犯处罚根据、帮助犯的因果关系、共犯的中止等，都朝着有助于司法适用、便于实务人员理解的方向进行了大幅修改。

面向实务修改教科书，可能给人一种本书不再重视体系思考的误解。其实，在成文法国家研究和适用刑法，不可能离开体系性思考。法学是追求精细化解释的科学，是应当不断改善的一种系统性研究。本次修订始终立足于罪刑法定理念的实现，注重体系思考、体系解释方法的运用，最大限度顾及了体系问题，对阶层犯罪论的讨论，对基于刑法客观主义立场的共犯论、未遂论的分析，对犯罪论与刑罚论之关系的协调的思考等，无不是在体系思考方面持续发力。

三

在本次修订过程中，我对于“理想的教科书”的要素产生了一些思考。

第一，无矛盾。和一般专著相比，教科书所接受的追问和考验更多更持久。以此为标尺，理想的教科书应该是无矛盾、具有创新性且能够在几乎所有的问题上都照顾到各方面关切的。但是，遗憾的是，几乎所有的教科书都难以避免各种各样的“纰漏”。例如，日本刑法通说的教科书都反对将故意和过失归入不法阶层，坚持对不法与责任进行古典式区分，将故意和过失仅作为责任要素。这种区分方法立足于结果无价值论的存在论视角，试图对犯罪行为从脉络清晰的客观方面和主观方面予以把握，以确保违法是纯客观的。但是根据日本的通说，在具体的判断上，对故意、过失要在违法阻却事由之前就进行检验，而不是迟至最后环节的责任判断中才去考察。这种自相矛盾其实在体系上很难解释。

我深知，本书成为“理想的教科书”的“期待可能性”并不高，但我会朝着这个方向努力。就无矛盾这一点而言，留给本书下一版的重要修订还有：学派论争的缓和对于当代刑法理论体系建构究竟有何影响，对具体问题的解决如何与学派立场保持一致；如何避免刑罚论和犯罪论之间的不协调；对具体犯罪的解释如何不与法益论相矛盾；如何在总论和各论中对犯罪之间的交叉和竞合关系的分析保持一致；等等。

第二，实用性。“理想的教科书”必须对实务有指导价值，如果实务中所发生的难题都能够在刑法教科书中找到对应解决方案，那是最好不过的。但是，放眼望去，很多刑法教科书的“用户体验”远没有想象的那么好。“为了体系而体系”的理论定位、绕着问题走的写作方式都使大量教科书的实务指导性大打折扣。本书的修订虽然试图以具体问题为中心展开思考，通过对刑法条文的解释来说服司法工作人员做出合理的判断，以实现个案正义，但是，要彻底实现这一目标的难度是显而易见的。因此，留给下一版的修订任务是：根据犯罪认定和处罚的司法难题的性质，以体系思考为主，兼顾问题思考的方法论，结合司法裁判的动向，灵活回应社会治理的法治需求，进一步对犯罪论、刑罚论和具体罪名进行精巧解释。

第三，批判精神。前已述及，“理想的教科书”必须密切关注司法动向，重视判决，在活生生的司法实践中发现法律人的本土智慧，寻找刑法学发展的契机。但是，这绝不意味着教科书必须绝对依赖于或屈从于判决，尤其是在判决的公正性存疑以及说理并不透彻，或者对大致相同的情形出现截然相反的判决时，如果教科书仍然对判决予以认同，就是值得商榷的。理论上对所有判决的结论都照单全收，固然能够用法官的思考替代自己的思考，坐收“不假思索”的便利，但是，这对刑法学研究的长足发展并无益处。对于那些明显不合适的判决必须予以批评，而不是全面认同法律实务。唯有如此，才能防止对实务的批判性精神的衰退。因此，未来值得考虑的是，在教科书中需要更多地关注那些明显不合理的判决何以“出错”的内在机理，并就防止司法偏差，形成合理的解释方法，正确适用刑法，提出自己的相对更为讲得通的说法。

如此说来，对于教科书的修订始终“在路上”。我自己“理想的教科书”，永远是下一版！

周光权

2021年6月16日

第一版序

经过多年的积累和反复斟酌，我的仍然带着许多不成熟痕迹的《刑法总论》《刑法各论》终于可以面世了。在刑法学教科书已经多如牛毛的今天，为什么自己还一定要“凑热闹”写这么两本书？我觉得有必要仔细地向读者作出交代。

一

大约十年以前，李海东博士就曾经提出过发人深省的问题：我们的刑法学理论研究是不是总体上存在着某种根本性的偏差？“十几年来刑法学研究的发表物数量巨大是一个不争的事实，可它与研究的质量没有关系……今天的中国刑法理论，本质上还处在我们上一代刑法学者们的认识框架中。这个框架是以本身尚处于摸索阶段、完全不成熟的三十年代苏联刑法学理论为基础的。但是，维辛斯基式的刑法理论结构与基础本身，从今天的角度来看，不仅在实践中是失败的，而且在理论上也是行不通的。”① 他所提出的批评意见时至今日仍然是切中肯綮的。

目前流行的很多教科书，意识形态色彩过于浓厚，受苏联影响太深。而苏联的刑法学观点大量充斥着错误、混乱和含混不清，在强调中央集权、高扬惩罚大旗的时代，或许有其存在意义。但在人权保障观念得到逐步提倡，社会不断开放，新型犯罪需要刑法学及时给予回应的社会背景下，死死抱住苏联刑法学理论不放，实在不是明智的态度。

苏联刑法学是一个“大杂烩”，是在一个政权建立之初，需要独树一帜时的选择，颇有“慌不择路”的意味！既然如此，理论体系内部的不合理之处必然难以避免。

苏联刑法学中的意识形态气息极其明显，因为它更多的是政治革命家的选择，而不是刑法学者详尽论证、反复论争的结果。政治家们“钦定”的刑法学，必然带有两个特征：一是为满足政治斗争、巩固政权的需要，将刑法制度直接设计为政治斗争、政权巩固的利器。刑法着眼于惩罚、着眼于控诉，试图显示国家权力的强大无比；而基本上不考虑辩护机会的赋予，对辩护权利的行使本能地持排斥态度。如果国家只是单纯地把刑法作为惩罚的工具，更多地考虑惩罚的便利性、灵活性和容易性，在这种刑法观基础上建构起来的刑法学，就不是规范性的，而是政治性的。二是对其他法系刑法学的改造，一般就是“删繁就简”，即在很多时候出于使用上便利的考虑来设计刑法制度，尽量避免制度上的相互钳制，也试图防止认定犯罪过程的过于繁复，于是类推制度在刑法中赫然规定就很容易理解；将犯罪构成要件理论简单化，也自然在情理之中。但是，把对犯罪——一种基本上属于人间最为复杂的社会现象的认定这种高智商展示过程，降格为将犯罪客体—犯罪客观方面—犯罪主体—犯罪主观方面这四大块拼凑在一起的“搭积木”的游戏，会带来很多问题。游戏的过程，枯燥无味，这自然不用说了；有时，拼凑四大构成要件的游戏，还带有“儿戏”的味道，因为依据这种理论认定犯罪时，出错的概率，比起德、日阶层式的犯罪评价体系要高出不少。

其实，刑法学上的学术论争，原则上只应涉及定罪量刑的“技术性”问题，与所谓的政治

---

① 李海东：《刑法原理入门（犯罪论基础）》，2页，北京，法律出版社，1998。

立场本身不应当有何关联。我们切勿在苏联刑事法制实践已经明显失败的情况下，把继受苏联刑法学的政治意义人为地夸大。必须看到，如果意识形态或者“意识形态化”的一些观念上的障碍不克服，学术对话机制不会确立，刑法学就不会有突破性进展。这绝不是危言耸听，而是实实在在的结论。

有的人会提出，随着我国刑法学近二十年来的飞速发展，意识形态对刑法学的影响早已消除。但是，在这里，有两个问题需要澄清：一方面，对于我国刑法学近二十年来，究竟有多大的发展，还得打一个巨大的问号。如果我们的刑法学理论一开始就出了问题，任何所谓的发展都是无从谈起的。我国刑法学基本上谈不上规范地发展，例如，我们没有集中地讨论学派论争问题，没有重视法益侵害对于刑法学的意义，在一些基本的概念（例如，危险犯、犯罪既遂、共犯的从属性等）上，仍然充斥着错误的理论。另一方面，刑法学中意识形态化的问题，即使不说是越来越严重，也可以说是没有根本性的消减。例如，承认犯罪客体概念，将犯罪视作对社会主义社会关系的侵害，就是意识形态的触角伸入刑法学领域的最集中表现。重视犯罪客体概念，不仅会使刑法学理论陷入混乱，将行为与构成要件的关系，以及与行为违法性的关系搅在一起；而且会使被告人的辩护显得特别困难，国家权力的“大棒”有了赤裸裸地任意挥舞的特质。又如，形式化地理解实行行为的概念，没有在法益侵害或者法益威胁的层面上解释什么是真正的实行行为，就容易将不可罚的不能犯认定为未遂犯，从而动用刑法。上述这些观念的存在，从表面上看，是刑法学不发达的表现，但是，从实质上看，则与意识形态涉入刑法领域，国家只重视惩罚，只要行为人内心邪恶，不考虑其是否有值得惩罚的行为、不深究惩罚的正当理由有关。

从这个意义上讲，编写一本和意识形态保持适度距离的刑法学，就是有独特价值的。在我看来，刑法学的发展，和用砖砌墙、修建高楼大厦一样，根基如果有问题，第一块砖砌歪了，后面的砖块即使堆得再多、再高，外观上挺气派的房子，也只不过是危房而已！迄今为止，我们的刑法学者可能一直在为某些根本性的偏差提供着理论支撑。所以，我国刑法学要取得真正的发展，在一些根本性的东西上作出改变，就是十分必要的。

二

由于我国在相当长的历史时期内一直坚持政治专制主义传统，近代刑法学没有发展的土壤，从那时起，就世界范围而言，我国刑法学“失语”了。所以，有为数不少的日本刑法学者在他们的教科书中说，日本在明治维新以后，引入了近代刑法学的观念，中国刑法以及刑法思想对日本的影响就完全没有了。其实，日本学者已经说得很委婉了。今天的我国刑法学，非但对日本、德国等大陆法系国家没有影响，更为严重的问题在于：我们要想和这些国家的学者“搭话”，可能都已经变得无比困难。

最近一百年来，我国刑法学一直在“学习”：20世纪的前五十年，主要学习德日刑法；后五十年，主要学习苏联。学得比较匆忙，学得也并不“虚心”，所以没有学好。苏联这面大旗轰然倒塌之后，我国刑法学和整个意识形态一样，多少有些茫然。但是，苏联刑法学中的好些东西，我们至今还在坚持。还抱着不放的理论中，有些是合理的，有些是明显应该抛弃的，例如，犯罪构成理论；有些是只有我们才熟悉的，大多数内容则是与国外理论完全无法沟通的。

对于一个物件，敝帚自珍，往往有它的道理。对于一套理论，完全难以讲给国外同行听取，或者硬要灌输给对方，对方就会陷入犯糊涂的境地，这样的理论，或多或少有些问题。时间长了，这种理论只能是国人关起门来孤芳自赏的喃喃自语，见了“外人”，便发不出声。今天的我国刑法学便陷入了这种“无声”的困境。

现今的我国刑法学者必须对刑法学的共性有清楚认识，要承认一种“文化际”的刑法，从而促进“跨文化的”刑法学交流。

我国和德、日等大陆法系国家在文化根基上有些差异，从刑法发生学上看，也有明显不同。但是，从另外的意义上看，或者不同点更少，而相同之处更多，故意夸大这种差异，有时于事无补。换言之，在犯罪论等刑法学根本问题上，我国刑法学没有必要拒斥已经在世界上一百多个国家产生根本性影响的德国刑法学体系。苏联人的标新立异、别出心裁，在有的时候意味着创造，的确值得提倡，但是在特定情况下，这样的举动则意味着走弯路。

实际上，刑法的基础并不完全是依文化而转移的。现代社会正在摆脱文化偏见的余毒，不同文化之间完全可以合理地期待一些东西。几乎所有的法律文化对大多数刑事犯罪形态的认定都是一样的，至少从《汉谟拉比法典》以来的成文法中我们可以得知，法律所关切的利益如生命、财产和名誉等，若干世纪以来都是刑法中所保障的。在当今几乎所有的文化中，我们可以找到共同的刑事犯罪范畴：故意杀人、过失致人死亡、性犯罪、放火、伪造货币、财产犯罪，等等。现代各国也正在一步步剔除刑法中的不合理内容，例如，多数国家逐步将通奸、自杀、同性恋、宗教分歧、对政府的批评等排除在犯罪圈之外。换言之，从刑法的角度看，几乎找不到什么样的刑法文化在本质上是不同的。所以，我们孜孜以求所献身的理想，别的文化也有；我们所遭遇的各种伤害，别人亦感同身受！

其实，我国的刑法立法已经反映了刑法的“跨文化”共同性。刑法典关于犯罪成立条件的规定与大陆法系的规定之间并无多大差别。而在犯罪构成理论体系上却与国外存在天壤之别，由此可见，犯罪论体系完全是一个理论建构的问题。在现行刑法学框架下，直接采用大陆法系的三阶层犯罪成立理论体系，并不存在法律制度上的障碍。

此外，我们还要注意一个相当有趣的现象：早在20世纪30、40年代国民党统治时期的中国，刑法学关于犯罪成立的理论，完全是以大陆法系的分层次判断结构为模型建立的，刑法学教授和初学刑法学的人对于接受这样的理论，并不存在思维上的困难，刑法学要吸收当时德、日最新的研究成果，也不会有很多障碍。

所以，由于中国法律总体上可以被归入大陆法系的范畴，或者说我们与大陆法系的理念和制度具有某种亲缘性，以大陆法系的犯罪论体系为基础，建构中国刑法学中的犯罪论体系，就完全具有可能性。刑事惩罚是一个非常强大的强制手段，我们不能简单地假定它是传统或者习惯，而必须在理论上解决惩罚的合法性问题。对现存犯罪构成四要件理论的改造，可以看作惩罚合法化进程的关键步骤。

在我的《刑法总论》中，犯罪成立理论就借鉴了大陆法系的阶层理论，将犯罪成立条件分为犯罪客观要件、犯罪主观要件和犯罪排除事由三个部分。这对于构建可以“通约”的跨文化的刑法学理论体系具有重要意义。

三

通过教科书展示学者的学术观点，从而促进学派的形成以及对抗．对于中国刑法学未来的发展，是一件功德无量的事情。

在《刑法总论》《刑法各论》中，我都提倡刑法学者之间公开、积极的对抗，允许多种犯罪成立理论并存，从而消除苏联犯罪构成四要件理论一枝独秀的不正常局面，以建立客观主义的刑法学。

在刑法学领域，显然并不存在固定不变的、唯一正确的真理性认识，理论始终处于发展过程中。刑法学的发展必须在学派论争、对抗中形成；发展绝不是在将其一家理论、某一派理论先行奉为“金科玉律”之后再对其仅仅作小修小补。这一点在大陆法系刑法学的发展进程中表现得特别充分：自18世纪以来就在刑事古典学派与刑事实证学派的旗帜下展开的“学派之争”，使犯罪论、刑罚论的许多问题被反复地、深入地讨论，对抗的激烈程度远远超过我们今天的想象。正是由于两派在理念与方法上均存在重大差异，也正由于他们的杰出贡献，现在我们才可以有机缘看到：在犯罪论中，就共犯的本质、共犯的范围、着手的判断、未遂犯与不能犯的区别等问题而言，往往存在正反两方面的观点；对同一种犯罪行为的认定和处理，也大多有两种以上的方案供人们选择。由此一来，犯罪的辨别机制、处理机制可能就会更趋于合理，刑法理论也可能更对社会负责，因为某一派刑法学者要论证自己的观点正确，必须费尽心思，甚至可以说是殚精竭虑。真理在学派论争与对抗过程中越辩越明。处于对抗背景下的刑法学，不仅仅需要求得理论本身的自足与圆满，在体系上“讲得通”，还要考虑社会现实和社会需要。只是理论上讲得通的理论，如果不能有效地惩治犯罪，不能积极回应社会的需要，就会出现“软肋”，遭受对手的攻击，也容易被社会所摈弃。

不同的学者可能有不同的刑法学理论体系，这是十分正常的。体系多元化是学术发展的基础，由此，学术研究才会有自己的风格，有独特性，才能有创造性见解。不过，体系的建构必须建立在不同学者之间公开的观点交锋、论争过程中，理论建构绝不是闭门造车、自说自话，更不是不着边际的胡言乱语。当前，我国刑法学的根本问题是没有形成健全的对话、抗争机制，浅层次的重复性研究太多，缺乏创新，而深层次的研究缺乏。这既表现在对刑法理论的哲学基础、宪政基础很少追问，也表现在对具体问题缺乏深入分析，例如，对共同犯罪、间接正犯、不作为、原因自由行为等原本应该被反复、深入讨论的问题，反而研究不多。这不是一种正常现象。

我国刑法学要取得真正的发展，根本的出路在于密切关注司法实践和社会实践，立足于解决有中国特色的具体问题。这一效果的达到与学术论争的出现须臾不可分离。在对抗中发现问题，形成强烈的问题意识①，从而讨论一些刑法学中的“真”问题，理论体系的合理建构才有可能。来自苏联，并在我国目前处于通说地位的传统犯罪构成“四要件论”有一些道理，但是在保障被告人的辩护权方面存在明显不足，所以，应当鼓励人们探讨刑法学中的这一核心问题，学术探讨绝不能固守目前的理论，排斥其他观点。离开了学术对抗，就不会有刑法学的学术创新；离开了学术对抗，对刑法学者形成健全的人格也绝无好处，如此，刑法学者就会缺乏广博的胸怀，不能广泛采纳他人意见，害怕批评，不敢正视他人的观点。刑法学上的对抗，不是相互抬轿，反而要“刺刀见红”，短兵相接，对事不对人，尊重对方的人格和探索精神，为促进刑法学发展这一根本目的的实现而努力。唯其如此，才有可能在刑法学领域建立“学术共同体”。

我国刑法学界目前与法国、日本、韩国等大陆法系国家学者都有一些学术交流，但是，如果我们没有自己真正的学术共同体，我们固守目前的犯罪构成理论，就无法与对方实现真正的对话与沟通，交流就只能停留在浅层次。当然，我们不是单纯为了与他们对话、接轨才改造固有理论。改造现有理论的根本动机在于现有理论的确没有考虑司法实践的复杂情况，没有考虑对辩护要求的满足。犯罪构成理论不改革，共犯论、犯罪形态理论等相关问题，都是不可能取得长足发展的，合理的刑法学体系就不可能搭建。

所以，如果能够在刑法学研究中形成学术规范，结成学术共同体，在多数人认同的基础或者平台上集中精力讨论诸如犯罪成立理论、不作为、因果关系、共犯论、犯罪形态、刑罚正当

---

① 歌德在和埃克曼对话时就提道：“人类生来不是为了解决世界的问题，但是他们可以去寻找问题出在什么地方，然后将其限制在可以被理解的范围之内。”（转引自［德］拉德布鲁赫：《法哲学》，王朴译，8页，北京，法律出版社，2005。）刑法学理论如欲达到某种高度，就必须对问题进行思考。在思考问题的基础上，才谈得上体系建构的问题。

根据等根本性问题，使刑法学研究走上规范化的轨道，并出版一些高水平而不是相互抄袭的教科书，我国刑法学的前途肯定是光明的。

但是，这一目标的实现，必须依靠学术对抗、论争局面的形成，只有在对抗、论争中发现问题，争论问题，我国刑法学才能赢得长足、实质发展的契机。我国刑法学的声音，才可能在国际上传播，同时也被国内的司法实务部门所听取，刑法学的“失语症”才会有所缓解。

我深知：任何个人对于学术的贡献都是一点一滴的！但愿我的《刑法总论》《刑法各论》能够成为批评的“靶子”，在推进学派形成方面多少发挥一些作用。

周光权

2007年9月

目　录

细　目

第一编　侵害个人法益的犯罪

第二编 侵害社会法益的犯罪

第三编 侵害国家法益的犯罪

导 论

在刑法总论逐步繁荣的今天，对刑法各论进行深入探讨，具有重要意义。本书结合我国刑法的分则性规定（包括刑法分则、刑法修正案、单行刑法关于具体犯罪的规定）讨论具体犯罪，其根本目标是在罪刑法定原则的指导下解释刑法规范，使之能够更好地适用于司法实务，以维持法规范具体的妥当性、安定性和同一性。

第一节 刑法分则条文的构造

刑法由总则与分则两部分组成，刑法总则主要规定刑法的任务、基本原则、适用范围，以及犯罪成立的一般法律条件、刑罚裁量和执行的一般原则和方法。刑法分则主要规定具体犯罪的不法内涵、责任要素和处罚效果，提供尽可能精确、清晰的“罪刑关系表”，以落实罪刑法定原则，实现刑法的一般预防功能，周延地保护法益。

刑法总则和分则共同构成规范体系，唇齿相依，缺一不可。“刑法分则好似一片方圆数万公顷的森林，其中长满各种不同种类的树木，再加上茂密的矮灌木，假如没有刑法总则的帮助，经由刑法总则理论的概念化与系统化的导引，则无论是学习刑法的人或适用刑法的司法者，往往不是发生见树不见林的谬误，就是在茂密的森林中迷失方向，而不知要走向何方或走上错误之路。”①

刑法分则条文的构造包括以下内容。

一、罪名

罪名，即犯罪的名称，是对犯罪本质特征的高度概括。罪名具有概括功能、个别化功能、评价功能、积极的一般预防功能。罪名依据罪状对犯罪特征的描述来确定。有的刑法条文明确显示出罪名，例如，刑法第 216 条规定：“假冒他人专利，情节严重的，处……”该条的罪名就可以被概括为假冒专利罪。有的条文规定的犯罪特征比较复杂，需要对其加以抽象和概括才能确定罪名。如刑法第 276 条之一规定：“以转移财产、逃匿等方法逃避支付劳动者的劳动报酬或者有能力支付而不支付劳动者的劳动报酬，数额较大，经政府有关部门责令支付仍不支付的，处……”该条罪名被概括为拒不支付劳动报酬罪。根据不同的标准，可以将罪名区分为以下不同类型：(1) 类罪名与具体罪名。这是以罪名所反映的法益侵害的种属为标准所作的分类。类罪名，是指某一类犯罪的总名称，其与刑法分则犯罪的分类有关。在我国刑法中，类罪名有两种情况：一是章罪名，共 10 个；二是节罪名，其出现在刑法分则第三章、第六章中，分别为 8 个、9 个。具体罪名，是指某一具体犯罪的名称，其与刑法分则条文直接相关联。(2) 司法罪名与学理罪名。这是以罪名的效力为标准所作的分类。我国立法机关在刑法条文中没有明确规定罪名，所以现在的罪名主要是司法机关规定的，例如，1997 年 12 月 11 日最高人

---

① 林山田：《刑法各罪论》，修订 5 版，上册，7 页，北京，北京大学出版社，2012。

民法院颁布《关于执行〈中华人民共和国刑法〉确定罪名的规定》，概括了罪名，此后，最高人民法院、最高人民检察院又根据刑法修改的情况，适时制定了多个关于罪名的解释。学理罪名，是指刑法理论概括出的罪名。学理罪名没有法律效力，但对司法罪名的确定具有指导或参考作用。(3) 单一罪名、概括罪名与选择性罪名。这是以罪名所反映的犯罪构成内容为标准所作的分类。单一罪名，是指犯罪构成内容单一的罪名。概括罪名，是指其包含的构成要件客观方面的具体内容复杂，反映出多种犯罪行为，但只能概括使用，不能分解拆开使用的罪名。如洗钱罪的行为包括提供资金账户、跨境转移资产以及以其他方法掩饰、隐瞒犯罪所得及其收益的来源和性质。行为人只是提供资金账户的，对其也得定洗钱罪，而不是定提供资金账户罪；行为人实施了上述几种行为的，仍然定洗钱罪，并不实行数罪并罚。选择性罪名，是指犯罪构成内容复杂、法律规定有多种行为或者对象可供选择的罪名（如走私、贩卖、运输、制造毒品罪)。选择性罪名可以概括使用，也可以分解使用。

二、罪状

罪状，是指刑法分则条文对具体犯罪构成特征的描述。根据刑法条文对罪状表述形式的不同，罪状可以分为以下四种类型：(1) 简单罪状，即对犯罪构成特征只作简单描述，实际上仅仅表示出犯罪名称的罪状。如刑法第 232 条规定："故意杀人的，处……"此即简单罪状。采取简单罪状，是因为这些犯罪易于被人理解与把握，无须进行具体描述。(2) 叙明罪状，即对犯罪构成特征作比较具体的描述的罪状。如刑法第 276 条规定："由于泄愤报复或者其他个人目的，毁坏机器设备、残害耕畜或者以其他方法破坏生产经营的，处……"此即叙明罪状。叙明罪状易于为人理解和掌握，便于司法实践正确定罪，因此为多数刑法条文所采用。(3) 引证罪状，即引用同一法律中的其他条款来说明和确定某一犯罪的构成特征的罪状。如刑法第 115 条第 1 款规定的是以危险方法危害公共安全罪的罪与刑，其第 2 款规定："过失犯前款罪的，处……"此即引证罪状。采用引证罪状，主要是出于立法简明的需要。(4) 空白罪状，即在条文中通过指明要参照其他法律、法规的规定，来确定某一犯罪的构成特征的罪状。如刑法第 139 条规定："违反消防管理法规，经消防监督机构通知采取改正措施而拒绝执行，造成严重后果的，对直接责任人员，处……"此即空白罪状。要确定消防责任事故罪的构成特征，必须参照消防管理法规。

三、法定刑

（一）法定刑的概念和种类

法定刑，是指刑法分则性条文对具体犯罪所规定的刑种与刑度。法定刑不同于宣告刑。法定刑是立法规定的结果，它着眼于犯罪的共性，并且一般是相对确定的；宣告刑是法定刑的司法适用，它着眼于具体犯罪案件，并且是绝对确定的。以刑种与刑度是否确定为标准，法定刑可以区分为三种类型：(1) 绝对确定的法定刑，即刑法条文对犯罪规定单一、固定的刑种和刑度，司法机关没有自由裁量的余地。这种方式过于机械绝对，不便于根据案件具体情况选择轻重适当的刑罚。(2) 绝对不确定的法定刑，即刑法条文对犯罪不规定具体的刑种和刑度，只规定处以刑罚，如何处罚完全由司法机关掌握。这种方式过于灵活，不利于法治统一，而且容易造成司法擅断。(3) 相对确定的法定刑，即刑法条文规定一定的刑种与刑度，司法机关可以在限度内根据案件具体情况判处适当的刑罚。这种方式既有确定性，又有灵活性，因此为现代各国刑法所普遍采用。

我国刑法少数条款存在适用绝对确定的法定刑的情况（如刑法第 121 条对劫持航空器罪有

“致人重伤、死亡或者使航空器遭受严重破坏的，处死刑”的规定），但大多数刑法条文采用的仍然是相对确定的法定刑。刑法规定的相对确定的法定刑主要表现为以下五种形式：（1）规定法定刑的最高限度，其最低限度取决于刑法总则的规定。（2）规定法定刑的最低限度，其最高限度取决于刑法总则的有关规定。（3）同时规定法定刑的最低限度与最高限度。（4）规定两种以上主刑或者同时规定附加刑。（5）规定援引性的法定刑。

（二）援引法定刑的适用

在这里，需要特别讨论援引法定刑的适用问题，因为如何适用援引法定刑，在理论上和实务中存在激烈争议。

我国立法对援引法定刑的规定相对特殊。例如，刑法第180条第1款规定，证券、期货交易内幕信息的知情人员或者非法获取证券、期货交易内幕信息的人员，在涉及证券的发行，证券、期货交易或者其他对证券、期货交易价格有重大影响的信息尚未公开前，买入或者卖出该证券，或者从事与该内幕信息有关的期货交易，或者泄露该信息，或者明示、暗示他人从事上述交易活动，情节严重的，处5年以下有期徒刑或者拘役，并处或者单处违法所得1倍以上5倍以下罚金；情节特别严重的，处5年以上10年以下有期徒刑，并处违法所得1倍以上5倍以下罚金。该条第4款规定，证券交易所、期货交易所、证券公司、期货经纪公司、基金管理公司、商业银行、保险公司等金融机构的从业人员以及有关监管部门或者行业协会的工作人员，利用因职务便利获取的内幕信息以外的其他未公开的信息，违反规定，从事与该信息相关的证券、期货交易活动，或者明示、暗示他人从事相关交易活动，情节严重的，依照第1款的规定处罚。由此带来的问题是，刑法第180条第4款规定“情节严重的，依照第一款的规定处罚”，是指全部依照第1款“情节严重”和“情节特别严重”两个量刑档次处罚，还是仅有“情节严重”一个量刑档次？是全部援引还是部分援引？在很长时期内这是困扰司法界的一个争议问题。①

例如，马某利用担任某投资基金经理的职务便利，利用未公开信息从事证券交易活动，累计成交额人民币10亿余元，非法获利人民币1 900万余元。对于本案，一、二审法院判处马某有期徒刑3年，缓刑5年。后检察机关提起抗诉。2015年12月11日，最高人民法院对最高人民检察院提起抗诉的马某利用未公开信息交易案作出再审终审判决，认定马某利用未公开信息交易犯罪情节特别严重，鉴于其有自首、积极退赃等从轻、减轻情节，改判马某有期徒刑3年。对于本案，原审判决的主要理由是，利用未公开信息交易罪是情节犯，“情节严重”是入罪标准，但同时也是量刑依据，该罪只有一个量刑标准即情节严重。情节严重和情节特别严重是并列关系，把“情节严重”理解为包含情节严重和情节特别严重两档，会出现刑法语义的混乱，从而违反罪刑法定原则。

但是，上述一、二审法院的主张是不合理的。法定刑的援引必须是全面援引，而非仅援引最低档法定刑。因此，对触犯刑法第180条第4款规定的犯罪分子，应当根据其犯罪情节引用第1款的情节严重或情节特别严重两个量刑档次。主要理由是：（1）刑法第180条第1款中情节严重既是内幕交易罪、泄露内幕信息罪的犯罪构成要件（表示该罪是情节犯），又是适用第一档法定刑（处5年以下有期徒刑或拘役）的前提。第4款利用未公开信息交易罪采用了同条援引前款法定刑的立法技术，其前段关于犯罪构成的规定与第1款相同，在描述完行为方式后，规定情节严重为犯罪构成要件，明确了该罪情节犯的属性，排除将情节未达到严重程度的

① 存在相同适用难题的规定还有很多，包括刑法第168条第1款、第2款，第285条第2款、第3款，第286条的前三款，第300条第1款、第2款，等等。

行为作为处罚对象。①因此，这里的“情节严重”主要起的是限定处罚范围的提示作用，并不能认为其对情节特别严重情形的量刑问题也同时进行了规范。(2) 刑法第 180 条第 4 款在其处罚规定中，明确规定“依照第一款的规定处罚”，而未使用“依照第一款中‘情节严重’的量刑规定处罚”的表述。因此，刑法第 180 条第 4 款援引的应当是第 1 款的全部量刑规定。(3) 从立法技术上看，刑法第 180 条第 4 款的表述方式有特殊考虑。刑法第 180 条第 4 款规定，利用未公开信息进行交易，“情节严重的，依照第一款的规定处罚”，而未分别就情节严重、情节特别严重作出处刑规定，该表述方式有助于减少法条的重复表述，使法条更简洁，富有美感，不至于太烦琐、冗长。换言之，在刑法分则条文规定援引法定刑时，只要就基本构成要件作出表述即可，没有必要同时规定基本构成要件与加重处罚规定，否则就无法达到减少法条表述的目的。(4) 利用未公开信息交易罪之所以要视情形全面援引内幕交易、泄露内幕信息罪的两档法定刑，是因为两罪的客观危害和主观恶性都相当。两罪的主要差别仅在于信息范围不同，但其通过信息的未公开性和价格影响性获利的本质相同，均严重破坏金融管理秩序，损害公众投资利益。刑法将两罪放在第 180 条中分两款予以规定，亦是对两罪违法和责任程度相当的确认，因此，具备援引的基础，如果只截取“情节严重”部分的法定刑进行援引，势必违反罪刑相适应原则，使规范保护目的落空。

最高人民法院、最高人民检察院《关于办理利用未公开信息交易刑事案件适用法律若干问题的解释》(2019 年 6 月 27 日) 有助于解决对于该罪援引法定刑适用的争议。该解释第 7 条规定，刑法第 180 条第 4 款规定的“依照第一款的规定处罚”，包括该条第 1 款关于“情节特别严重”的规定。利用未公开信息交易，违法所得数额在 1 000 万元以上的，应当认定为“情节特别严重”；违法所得数额在 500 万元以上，或者证券交易成交额在 5 000 万元以上，或者期货交易占用保证金数额在 1 000 万元以上，具有本解释第 6 条规定的四种情形（包括以出售或者变相出售未公开信息等方式，明示、暗示他人从事相关交易活动的；因证券、期货犯罪行为受过刑事追究的；2 年内因证券、期货违法行为受过行政处罚的；造成恶劣社会影响或者其他严重后果的）之一的，应当认定为“情节特别严重”。

第二节　刑法各论的意义

刑法总论研究刑法的宏观理论问题以及刑法总则有关犯罪、刑罚的一般原理、原则问题，内容涉及犯罪成立的一般要件以及特殊的犯罪形态（未遂、共犯），刑罚的本质、种类、适用条件等。与此相对，各论则是对各个犯罪的特别构成要件及法律效果进行具体的、个别的研究，揭示其构成要件的具体内容，并对刑罚适用的种类和分量加以认识。刑法总论与刑法各论是一般与特殊、抽象与具体、共性与个性的关系。刑法总论的严谨和发达与否决定着分则规定的适用和刑法各论理论的演绎，其所阐述的一般原理、原则对刑法各论研究各种具体犯罪问题具有指导作用。充分发挥刑法总论对刑法各论的指导作用，有助于深入开展对刑法各论的研究。此外，刑法总论对刑法各论的研究具有约束作用，刑法各论的研究不能违背刑法总论阐述的已得到普遍认可的原理、原则。

研究刑法各论具有重要的理论与实践意义：(1) 刑法各论理论的完善对于检验刑法总论、丰富和发展刑法总论体系、提升刑法总论的整体水平具有决定性的意义。刑法总论具有抽象性、概括性，其阐述的一般原理、原则只有通过刑法各论的贯彻，才能应用于司法实践，同时能够对其科学性进行检验，发现其不足，促进其完善。因此，刑法各论是实践并检验刑法总论

① 参见张明楷：《论援引法定刑的适用》，载《人民法院报》，2014-11-12，6 版。

的重要途径。刑法各论直接研究、解决具体犯罪问题，其通过积累、概括一些共性问题并加以研究所形成的理论能够直接为刑法总论所吸收，从而丰富、发展刑法总论。(2) 有助于掌握各种犯罪的构成要件，正确区分罪与非罪、此罪与彼罪的界限，做到定罪准确，切实贯彻罪刑法定原则。(3) 有助于正确裁量刑罚，确保量刑适当，使罪刑相适应原则落到实处，促进刑事立法与司法完善。

第三节　刑法各论的研究对象

刑法各论的研究对象是刑法中的分则性规定，它不仅包括刑法典中关于各罪的分则规定，也包括附属刑法及特别刑法中关于具体的、个别的犯罪的规定，它们确立了中国现今实际的犯罪类型。刑法各论研究的目的不仅是要能够理解这些重要的基本犯罪，更重要的在于发展具体的刑法解释论。

刑法各论以阐明分则条文上的概念为己任，这种法解释要以分则性规定为前提，要按照客观解释的要求，在法律的整体目的、法秩序的价值的指引下，揭示条文的字面含义，对刑法分则性规定的深层意思（例如，各罪的保护法益、目的犯的目的、规范构成要件要素等）、适用条件作符合刑法客观主义精神的探讨。

作为刑法各论研究对象的分则性规定，都是以假定规范的形式存在的：实施某行为的，处以某刑。条文规定貌似简短、枯燥，但是其具体内容千变万化：一方面，针对不同法益的具体危害行为千变万化；另一方面，分则中规定的构成要件与时代、社会、文化的关系极其密切，符合这些构成要件的行为对于社会有实际的危害。此时，如何从保护法益的目的着手对刑法分则中犯罪构成的形式构造通过司法过程加以再次“定型化”，需要结合具体案件作相当仔细的探讨。

在对刑法分则条文进行解释时，应当注意克服两方面的倾向：一是仅从形式上解释条文词句，断然地认为行为不符合规范要件就不处罚。罪刑法定主义并不意味着要对任何一种行为都有所规定，妥善处理立法明确化和模糊化之间的紧张关系往往是立法者已经有所考虑的，所以，问题的关键在于解释刑法时对条文含义作实质合理的解释。二是单纯因为有惩罚的需要就扩张甚至类推解释分则条文。任意扩大惩罚范围可能会解决某些眼下的现实问题，但是同时也可能因小失大，引发法治的危机。

第四节　刑法各论的体系

刑法分则体系，是指刑法分则对犯罪的分类及排列次序。刑法各论体系和刑法分则体系可以保持一致，也可以有所区别。

一、以保护法益为基准的刑法各论体系

对犯罪从犯罪学的角度、刑法学的角度都可以作多种划分。在讨论刑法分则时，一般以行为所侵害的法益来对犯罪进行分类。

刑法各论以保护法益为基准进行分类，刑法典也以保护法益为顺序加以编排，这样可以带来理解和运用上的便利。但是，刑法分则各个犯罪的构成要件，并不是绝对地按照保护法益来区分的，侵害法益的行为的样态也是犯罪分类时要考虑的要素。例如，盗窃、抢劫、侵占都是侵犯个人的财产法益的犯罪，其保护法益都是相同的，所以刑法分则将其归于一章，但是，如果不对这些犯罪作进一步分类，就难以解释刑法将它们视作不同犯罪的理由，此时，以行为方式的不同为标准进行分类就是必要的了。那么，在建构刑法各论体系时，保护法益就是第一层

次的分类标准，借此可以理解各罪的本质，有助于犯罪的定型化，也能带来理解上的便利，这是结果无价值的立场。而法益侵害行为的样态、方式等就是第二层次的补充性标准，这是从行为无价值的义务违反说侧面讨论问题。

此外，现实中许多犯罪的保护法益并不是单一化的，存在保护法益竞合的场合，例如，诬告陷害就对国家法益（司法秩序）和个人法益同时有侵害，放火罪的法益就涵盖社会法益（公共安全）和个人法益（生命、财产）两方面。对这些保护法益竞合的犯罪，应以刑法规定中所确定的法益为标准进行归类。

（一）法益三分说与两分说

将刑法分则体系化的方法，历来有“两分说”（侵害公法益的犯罪、侵害私法益的犯罪）和“三分说”（侵害个人法益的犯罪、侵害社会法益的犯罪、侵害国家法益的犯罪）之别。

16 世纪以来的刑法理论认为个人法益是私法益，而国家、社会法益是公法益，所以，犯罪可以被分为对公法益的犯罪和对私法益的犯罪两种。由于国家是社会的一种特殊形态，侵害国家法益的犯罪被侵害社会法益的犯罪包容。这一观点在 18 世纪以后被广泛采用，1794 年的普鲁士普通法典、1810 年的法国刑法典以及 1813 年的巴比伦刑法典都对犯罪采用此种分类方法。但是，“两分说”并不妥当，理由是：（1）在刑法学领域，个人法益是否就是纯粹的私法益，还值得推敲。早在古罗马时期，人们就认为，对个人的犯罪就是对整个社会的犯罪，所以，个人法益也可以被视为公法益，或者说在刑法这一公认的公法领域讨论公法益和私法益的区分意义并不是很大。（2）近代以来的政治哲学和社会理论都强调国家—社会的界分，它们的构成方式、运作模式、对个人的意义都不相同，将国家和社会纠结在一起对于抑制日益强大、难以撼动的国家“利维坦”，对于扶植市民社会、扩大个人生存空间都不利。（3）针对国家的犯罪和针对社会的犯罪明显不同，前者直接威胁政权组织体本身的存在，后者危及国家管理、保护之下的个人集合体而非国家体制本身。

这样看来，“三分说”基本上是妥当的，即必须将法益相对地划分为个人法益、社会法益、国家法益。如果否定这种区分，那么，我们就只有说所有的犯罪都是侵害国家法益的犯罪，因为今天的刑法归根结底是国家刑法，是国家为维护一定范围内的法秩序所订立的行为准则。直接针对社会或个人的侵害行为最终都指向了国家，例如，生产、销售有毒有害食品，对经济秩序和公共安全都有所威胁，对个人身体有危害，这种犯罪从国家的立场看，如果任其蔓延也会动摇统治权威。可见，将所有犯罪都界定为侵害国家法益的行为是最稳妥的观点。但是，这样的主张无助于刑法各论体系的建构。

（二）国外教科书的通常叙述顺序

世界上多数国家的刑法典是按国家法益、社会法益、个人法益的顺序编排的，这充分体现了重视国家和社会整体利益的思想。意大利、日本、德国刑法典都大致采用这种立法例。但是，在国外刑法学教科书的各论体系中，通常都有别于立法设置，特别地将侵害个人法益的犯罪置于首要位置，然后讨论侵害社会法益的犯罪，再讨论侵害国家法益的犯罪。如此编排的主要理由是：

（1）当今世界各国较为重视个人法益。最近以来的外国刑法立法（尤其是欧洲诸国）大有将个人法益置于优先地位的趋势，这凸显了刑法解释学重视个人利益保护、尊重个人的侧面。在现行的法国刑法、俄罗斯刑法中，个人法益被置于优先地位，被规定在刑法分则的第一章。个人法益优先化的做法表达了特定时期一个国家的根本价值，这些根本价值必须得到充分保护，对否定这些价值的行为应当给予刑罚惩罚。在日本刑法分则中，虽然侵害国家法益的犯罪被规定在侵害社会法益、个人法益的犯罪之前（这反映了刑法制定当时的国家优先思想）①，但是刑法教科书一般按照侵害个人法益、侵害社会法益、侵害国家法益的顺序讲述。这些做法都值得我们借鉴。

（2）侵犯个人法益（人身、人格、行动自由、财产）的犯罪在实践中发案率最高，属常见多发的典型犯罪，杀人、伤害、强奸、抢劫、盗窃等犯罪乃是犯罪的常态，而这些发案率最高的犯罪，值得讨论的问题也就最多。尤其是当前个人财富日益增加，个别人不法地追逐经济利益的方式花样翻新，绑架、抢劫利益、盗窃权利凭证等行为不断增加，这些现象都提出了传统刑法学从未面对过的新问题，正确解决这些问题，对于发展适应时代要求的刑法总论也大有裨益。

（3）侵犯人身罪、侵犯财产罪总是容易和危害公共安全罪、妨害社会管理秩序罪等存在紧密关联，对传统的侵犯个人法益犯罪如果解释得不透彻，可能对整个刑法各论的发展产生很大影响。

二、本书的体系

我认为，在刑法各论体系中，按照侵害个人法益的犯罪、侵害社会法益的犯罪、侵害国家法益的犯罪的顺序进行研讨，应当是最为合理的体系。在我以前所著的教科书中，已经进行了这方面的尝试。② 在本书中，我继续沿用这种编排顺序。

在侵害个人法益的犯罪中，将先后讨论侵犯公民人身权利、民主权利罪和侵犯财产罪；在侵害社会法益的犯罪中，将依次分析危害公共安全罪、破坏社会主义市场经济秩序罪、妨害社会管理秩序罪；在侵害国家法益的犯罪中，将分别研讨侵害国家作用的犯罪（贪污贿赂罪、渎职罪）和侵害国家存在的犯罪（危害国家安全罪、危害国防利益罪、军人违反职责罪）。

为了与立法规定相一致，本书讨论了刑法分则规定的所有罪名，以使刑法各论的内容保持完整。但在全面论述的同时，尽量做到详略得当，即为了教学和司法适用的需要，将常见罪名分析透彻。在写作本书时，基本的指导思想就是要有对“问题”的思考，而重点不是犯罪成立条件的展开。对各罪构成要件的论述，尽量克服目前犯罪构成理论不尽合理所带来的弊端，就各罪的客观要件、主观要件作重点讨论。对每一个罪名的写作，大致按照概念、保护法益、客观要件（实行行为、行为对象、犯罪主体）、主观要件、处罚这一顺序进行阐述。先讨论法益，主要是考虑到对法益的界定反映了立法者的取向，在很多情况下，对法益范围的界定限定了对构成要件进行解释的思路。同时，由于法益总是和行为对象联系极为紧密，所以，对明确讨论了法益的个别犯罪，紧跟着分析行为对象。但是，对于没有明确列出“保护法益”这一标题的多数犯罪，则在客观要件部分的实行行为之后附带分析行为对象，这主要是考虑到行为对象是实行行为直接指向的人或者物，属于犯罪客观要件的内容。对有的罪名，还讨论了处罚的特殊问题以及认定问题。在很多犯罪的保护法益、犯罪主体、故意或者过失都不言自明的情况下，对其内容就不再涉及。例如，刑法第 416 条第 1 款规定的不解救被拐卖、绑架妇女、儿童罪，其主观要件是故意，行为人对于等待解救者是被拐卖、绑架的妇女、儿童有认识，对不解救行为违背其职责也有明确认识。对于这种犯罪主观要件不言自明的情形，在讨论其客观的构成要件时，不再交代。对某些实践中发案率极低、认定较为容易的犯罪，则在写作时较为灵活，只交代犯罪概念、犯罪客观要件和处罚标准。

---

① 参见［日］平野龙一：《刑法概说》，153 页，东京，东京大学出版会，1977。

② 参见周光权：《刑法各论讲义》，北京，清华大学出版社，2003。

特别需要说明的是，在我国现行立法例之下，完全按照法益三分法编排刑法各论体系，存在一些难以解决的问题，因为在有些情况下，我国刑法典中的某一类罪名之下所包容的具体犯罪的侵害法益可能并不相同，例如，妨害社会管理秩序罪之下的妨害公务罪、妨害司法秩序的犯罪，其侵害的法益都不是社会管理秩序，而是国家作用的发挥，属于典型的侵害国家法益的犯罪，如果严格按照法益分类方法来建构刑法各论的体系，可能会完全打乱刑法典的章节顺序和条文顺序，给读者的阅读带来很多困扰。① 尽管因为立法的原因，根据法益三分说建构刑法各论体系存在上述困难，但本书仍然坚持根据法益分类讨论分则各罪的观点。我的主要考虑是：(1) 既然在刑法基本立场上要求强调法益的重要性，就应当将重视法益概念的态度贯彻到对刑法各论的研究中，否则，对法益及其重要性的强调就是有保留的，也难于落实。同时，难以达到利用法益概念指导司法解释，明确提示司法工作人员结合法益考虑解释结论的合理性这样的效果。(2) 在国外，也大量存在刑法分则规定杂乱无章、其条文编排顺序和刑法各论体系的顺序之间难以对接的情况，但并不妨碍理论上根据法益三分说建构理论体系。有的刑法各论体系的建构不惜以完全打乱刑法分则体系为代价，理论上的考虑必定有其合理之处。这是需要我们充分关注的。(3) 完全按照现行刑法的分则规定论述刑法各论，固然省事，四平八稳，较为经济，但也存在法益界定和刑法规定不一致的问题。例如，刑法分则将洗钱罪规定在破坏社会主义市场经济秩序罪中，但在讨论该罪时，仍然会涉及其是否妨害司法秩序的问题，对问题的研讨有时仍然会脱离刑法的分则编排进行，试图完全按照分则的顺序，根据类罪的法益讨论具体犯罪的保护法益的做法难以贯彻到底。可以说，这种体系安排在逻辑上的一致性存在问题；不能反映出各类犯罪在理论研究和司法实践中受到关注的重要性程度；不利于合理突出教学重点。(4) 在刑法各论体系的编排上，很难找到没有任何缺陷的方案，只有是否相对合理的问题。实际上，即便坚持严格的法益三分说，在我国刑法分则的所有罪名中，需要在合并法益"同类项"时进行拆分的，也不会超过 20 个罪名，所以，影响范围较为有限。同时，在我看来，如果尽量不将法益分类法绝对化（例如，为防止过分拆分刑法典，对妨害司法秩序的犯罪仍然放在侵犯社会法益罪中加以讨论），那么，就可以降低绝对按照法益三分说确立刑法各论体系带来的影响。在这个意义上，本书坚持了根据相对的法益三分法确立刑法各论体系的主张。

最后需要说明的是，为增强本书的实用性，使读者在阅读刑法各论教科书的同时不需要再查阅刑法分则条文，我在对每一个罪进行介绍之前，都先列明相关刑法条文中定罪、量刑的全部内容，对历次刑法修正案所修改、增设的内容，也在注释中加以比较、说明，使读者能够掌握我国刑法修改的全貌，相对便利地学习刑法各论，减缓学习刑法各论的同时查阅法条之苦。同时，在各罪的末尾，我原则上不再对处罚部分进行介绍，以避免重复。但是，危害国家安全罪、破坏市场经济秩序罪、妨害社会管理秩序罪在章或节之后，对没收财产、单位犯罪有统一规定的，我在相关犯罪之后，会对"处罚的特别规定""单位犯罪的处罚"等内容略加说明，以确保毫无遗漏地介绍相关重要规定。

---

① 参见张明楷：《刑法学》，5 版，658 页，北京，法律出版社，2016。

第一编

侵害个人法益的犯罪

第一章 侵犯公民人身权利、民主权利罪

第一节 概 述

侵犯公民人身权利、民主权利罪，是指故意或者过失地侵犯他人人身权利或其他与人身权利直接有关的权利，以及非法剥夺、妨害公民自由行使管理国家事务和参与社会政治活动等各项权利的行为。

一、保护法益

本章罪侵害的法益是个人的人身权利和民主权利，以及与人身直接相关的婚姻家庭权利。

法益的个人性表明：一方面，既然权利专属于个人，那么在很多时候个人可以自由决定放弃，例如，自杀结束生命的行为不是犯罪。但是，放弃权利的决定不是无限制的，例如，承诺他人杀害、伤害、拐卖自己的，该承诺一般无效，行为人仍然构成犯罪。另一方面，行为对生命、身体有威胁或者损害，同时侵犯不特定人或者多数人的利益的，如构成放火罪、投放危险物质罪、爆炸罪等，就成为对公共法益而不是个人法益的侵害。但是，在危害社会法益过程中，由于社会利益中包含着个人利益，所以犯罪行为也可能侵犯个人利益，此时存在构成侵犯个人法益的犯罪的可能，例如，在聚众斗殴、强迫卖血过程中侵犯公民人身权利时，也可能构成故意杀人、故意伤害等罪。

"人"是本章中多数犯罪都会涉及的范畴，例如，故意杀人、过失致人死亡、故意伤害、遗弃等罪都针对人实施。人是万物之灵，是一切价值的根源和核心。因此，侵害人的生命、身体、名誉的行为，是性质较为严重的犯罪。

侵害生命、身体法益的行为对象是有生命的自然人。(1) 人的生命属于人自身，在一定程度上，个人可以处分自己的生命，自杀行为不具有违法性（放任行为说）。由于刑法不处罚自杀、自伤行为①，这里的自然人必须是行为者以外的他人。(2) 胎儿不是刑法上的人，即使其受到药物杀害的，也不能成为故意杀人罪的对象。对母体中的胎儿实施伤害行为，导致其最终带伤出生的，是否构成故意伤害罪，需要特别讨论。(3) 杀害、伤害法人的情况难以想象，所以，法人不是本章罪中的人，对法人加以侮辱，损害其商业信誉、商品声誉的，可能构成破坏经济秩序的犯罪。(4) 死者不能成为本章罪的侵害对象，对尸体进行不法处置的，可以成立侮辱尸体罪。当然，误将尸体认作活人实施杀害的，例如，行为人为尽早结束赡养义务，对准被赡养人射击，但在此之前被害人已经死亡的，原则上可以构成杀人未遂。

二、犯罪类型

本章罪与个人利益息息相关，十分重要。多数犯罪都是实践中常见多发的典型罪名，如杀

---

① 强迫他人一同自杀的，有成立故意杀人罪的可能。

人罪、伤害罪、强奸罪等，在讨论刑法总则中的既遂、未遂、共犯、因果关系等问题时都会提到。而恰恰是这些传统罪名，所出现的问题更多，需要仔细加以研究。

本章罪包括针对生命、身体的杀人、伤害等故意犯和过失犯；针对性自由、性羞耻心的强奸、强制猥亵等犯罪；针对身体、行动自由的非法拘禁、绑架、拐卖、拐骗等犯罪；侵犯公民私生活平稳的非法进入住宅、侵犯通信自由等犯罪；妨害婚姻家庭权利的暴力干涉婚姻自由、重婚、破坏军人婚姻等犯罪；针对公民个人政治、宗教自由和民主权利的若干犯罪。

第二节 侵犯生命、身体的犯罪

一、故意杀人罪

第二百三十二条 故意杀人的，处死刑、无期徒刑或者十年以上有期徒刑；情节较轻的，处三年以上十年以下有期徒刑。

故意杀人罪①，是指故意非法剥夺他人生命的行为。

（一）保护法益

本罪侵害的法益是他人的生命。刑法对生命法益采取绝对保护原则，正常人/生理与心理有缺陷者、年长者/年幼者、病患者/生命力较强者均受刑法的平等保护。这在世界各国宪法中都是一条通则。

本罪的行为对象是人。同时，由于刑法并不承认自杀是犯罪，所以这里的人应当是行为人以外的人。

杀害行为必须针对生命处于存续期间的人，才能成立本罪既遂。人的生命进程存在一个始期和终期，人之生命始于出生、终于死亡，当无疑义。但是，何谓出生，何谓死亡，并非不言自明。

1. 人的始期

对于生命的始期，历来有阵痛开始说、部分露出说、全部露出说、独立生存可能性说、独立呼吸说的争议。阵痛开始说认为分娩作用开始所伴随的规则阵痛出现时，就是生命的始期。部分露出说则认为生命始于婴儿的一部分与母体分离。全部露出说认为只有胎儿的身体全部从母体中露出来才是生命的始端。独立生存可能性说认为，在母体之外，生命具有存续可能性的胎儿才是人。独立呼吸说强调胎儿从胎盘呼吸转为利用自己的肺呼吸就是生命的开始。② 日本刑法理论的通说以及司法判决都赞成部分露出说，认为在胎儿身体的一部分从母体中分离出来时就存在受攻击的可能性，此时对其加以杀害或者攻击的就成立侵害生命、身体的犯罪。在规定杀婴罪的国家（如德国），一般赞成阵痛开始说，但其将出生时间过于提前，且存在难以判断的缺陷。全部露出说将保护个人法益的时间推后。当然，日本也有不少学者批评部分露出说而赞成全部露出说，因为根据有无被攻击的可能性来区分客体的性质是不合理的，而必须考虑该客体是否具有作为故意杀人罪的对象来看待的性质。③ 这样才能使刑法上与民法上对人出生

---

① 多数国家的刑法对故意杀人犯罪规定得相当烦琐，有谋杀、故杀、杀婴、毒杀、杀害尊亲属等罪名。中国刑法采取将复杂问题简单化的态度，只规定了故意杀人罪，罪名的简化是以增大法定刑幅度为代价的，立法上难以因罪配刑，所以，惩治杀人行为的罪名过少带来的风险是难以避免司法实务中量刑的畸轻畸重现象。

② 参见［日］大塚仁、福田平编：《刑法各论》，11 页，东京，青林书院，1996。

③ 参见［日］西田典之、山口厚编：《刑法的争点》，124 页，东京，有斐阁，2000。

的观念保持一致。①

在刑法上，人的生命究竟始于何时，与一个国家的医疗水平、司法状况、对婴儿的保护态度以及其他国情等都息息相关。在我国刑事司法实务中，独立呼吸说被实际采纳，这可能比较符合我国的实际情况，同时考虑了阵痛开始说、部分露出说难以把握的缺陷。但严格地讲，为了合理地保护人的生存权，有必要在现在占通说地位的独立呼吸说的基础上将人出生的时间适度提前，即承认部分露出说：婴儿在被排出母体，露出一部分时就成为人。当然，其在母体外没有独立生存可能性时，不应当成为故意杀人罪的对象。

2. 人的终期

生命何时终结，表面上看是比较明确的。但是，死亡的界限十分模糊，目前也缺乏关于死亡时期的法律规定。

在 20 世纪 60 年代之前，世界各国医学和法律上都是把呼吸、心跳停止作为宣告人已死亡的标准（心脏死亡）。但是，最近几十年来，至少在医学上，心脏死亡标准受到很多质疑：(1) 很多危重病人会出现心脏骤然停止跳动的问题，但即使心脏停止跳动，也可以通过药物和医疗设备的帮助使其复苏；(2) 心脏功能可以通过人工方法（如人工心肺等器械）来维持；(3) 有一部分发生严重病情的心脏可以移植。上述现象的出现，使根据心脏是否停止跳动来判断个人死亡与否存在困难。因此，到目前为止，有少数国家，如法国、西班牙、瑞士、日本，在立法上已经开始承认脑死亡。例如，日本 1997 年通过的《关于器官移植的法律》有限度地承认脑死亡，认为具备深度昏迷、自发呼吸停止、瞳孔固定、脑干反射消失、脑波呈平直线经过连续 6 个小时的观察无变化的，就是脑死亡。

脑死亡，是指脑干死亡。目前，医学界公认的脑死亡标准包括：(1) 患者深度昏迷；(2) 自主呼吸停止，但心跳仍然存在；(3) 对外界刺激无法感受，也缺乏自发运动的能力；(4) 最为重要的是脑电图呈平直线。由此可见，脑死亡标准是指以脑干和脑干以上的中枢神经系统永久性地丧失功能为参照系而宣布死亡的一种标准。人体的脑组织是由大脑、小脑和脑干三部分组成的，脑干是人体的生命中枢，它控制着人体呼吸、心跳、血压等重要功能。人体其他一些部位的细胞在受到伤害后可以通过再生来恢复功能，脑细胞则不同，一旦坏死就无法再生。当一个人的脑干遭受到无法复原的伤害时，脑干就会永久性地完全丧失功能。而脑部功能的消失是无法用机器维持的，以至于呼吸、心跳最终停止。随后，身体的其他器官和组织也会因为没有呼吸和心跳而逐渐丧失功能。

从医学角度认定脑死亡，一方面具有合理性，因为对死亡已经不可逆转、没有救治必要的脑死亡者继续进行治疗，会浪费有限的医疗资源，加重死者家属的负担；另一方面也具有可操作性，现有的技术和标准基本可以保证判断的客观性、准确性。但是，脑死亡在伦理上和法律上都饱受质疑。在伦理上，一般人难以接受自己的亲属在还有心跳、呼吸的情况下被宣告死亡；对亲属放弃治疗的行为可能受到其他人的道义谴责。在法律上，在移植内脏器官技术不断发达的今天，为摘取新鲜脏器，而不当运用脑死亡说的可能性是存在的。人们完全可能质疑医疗机构有时因为器官移植的需要滥用死亡宣告权，或出现判断误差，使脑死亡标准在实际执行中“走样”。

我认为，在目前医患关系比较紧张、医疗机构的社会公信力受到很大怀疑的社会背景下，

① 不过，民法上根据全部露出说确定人何时出生是为了赋予个人权利能力，保证其成为民事权利主体；而刑法上确定出生的起点是为了对生命法益给予切实保护，使其能够现实地生存下来，所以，没有必要使刑法和民法保持同样的旨趣。

对脑死亡标准的伦理上和法律上的担忧都是有道理的，在刑法上要求国民认同脑死亡说就不太现实。所以，在刑法上暂时还没有重新检讨人的死亡标准的问题。心脏死亡仍然应该作为刑法上判断人死亡的标准，其合理性在刑法上仍然是值得肯定的，因为心脏的血液循环机能、肺呼吸机能、脑干的生命维持机能相互依存，某一种机能停止，其他两项机能也会迅速停止。根据心脏死亡说，从脑死亡但心跳、呼吸仍然存在者身上取出内脏器官就应当被评价为从活人身上摘取器官，只要不具有违法阻却事由或者责任阻却事由，就不能否认犯罪的成立。当然，在经过相当长时期之后，可以考虑脑死亡与心脏死亡两种标准并行，以供患者家属选择。但至少在目前，在刑法上否定心脏死亡标准而采用脑死亡标准的必要性并不存在。

（二）客观要件

本罪在客观方面表现为杀害。

杀害，是指基于故意，在他人自然死亡以前非法断绝其生命的行为。至于具体的手段、方法和工具等，法律并未加以限制，例如，电脑黑客以杀人的意思，非法侵入医院的计算机控制系统，将仇人借以维生的医疗器械关闭的，也是杀人。不过，实践中常见的杀人方法还是有形的、物理上直接作用于被害人的拳头打击、刺杀、毒杀、射杀等。利用工具、动物或者无责任能力者或无过错者的行为杀人（间接正犯）的，也属于以有形的方法杀人。例如，故意指导精神异常又时常陷入兴奋状态之人练习射击，并将自制火药枪借给其使用，致该病人开枪自毙的，即可构成本罪。

杀人行为除使用有形的方法实施以外，还可以使用无形的、心理的方法，例如，施加精神折磨，给予被害人强度极大的精神刺激，使其休克而死的，也不否认有成立杀人行为的可能。

杀人行为既包括作为，也包括不作为。以作为方法杀人的情况极其常见，通常也容易判断。以不作为方式杀人，常见的情形是：母亲基于杀害的故意，在婴儿从摇篮中翻出落入水坑时，不予救助，致其死亡；在幼儿饥饿难忍时，有扶养义务者基于杀害的意图不供给食物或者拒绝为其哺乳。

开始实施有导致构成要件结果出现的现实危险行为，就是故意杀人罪的着手。例如，基于杀人的意思持枪瞄准被害人，在被害人面前举起菜刀，投放毒物，安装完定时炸弹，都是着手。实行行为已经着手实施，但是，被害人死亡的结果没有实际发生（例如，枪法不准；被害人从现场脱离；被害人在行为人开枪以前已经死亡；投毒剂量不够；往他人静脉中注射的空气未达到致死量等），就是本罪的未遂。此外，故意杀人罪既遂还要求杀人行为和被害人的死亡之间有刑法上的因果关系，欠缺这种关系的，也成立故意杀人罪未遂。

本罪的主体是一般主体。根据刑法第 17 条的规定，已满 14 周岁不满 16 周岁的人，犯故意杀人罪的，应当负刑事责任。已满 12 周岁不满 14 周岁的人，犯故意杀人罪，致人死亡或者以特别残忍手段致人重伤造成严重残疾，情节恶劣，经最高人民检察院核准追诉的，应当负刑事责任。

（三）主观要件

本罪在主观方面是故意，包括直接故意和间接故意。行为人首先要对被害对象是人有所认识，对自己的行为一定或者可能断绝他人的生命有预见，并追求或者放任这种结果的发生。

至于实行行为和死亡结果惹起之间详细的因果联系，不要求行为人认识；杀人过程中使用的凶器种类、凶器使用方法、打击被害人的部位、打击程度等，也不要求行为人认识；行为人的动机不影响定罪。

被害人有自杀的意思，行为人对此并不知情，而仅仅因为日常生活的原因与之打赌，被害人利用这一机会自杀的，一般属于意外事件，不能轻易认定行为人有杀人故意，从而成立本罪。

（四）认定

1. 教唆、帮助自杀

对于与自杀相关联的行为，尤其是教唆、帮助自杀，在刑法上究竟应该如何处理，国内外学界历来有分歧；我国实务中对类似案件的处理在不同地方、不同时期，其结论不同，因此，研究自杀关联行为意义重大。从总体上看，对于教唆自杀、帮助自杀的定性，有基于自杀违法说的定罪论和立足于自杀合法性说的无罪论之间的对立。

自杀违法性说认为，自杀具有违法性，教唆、帮助自杀从属于自杀者的违法性，因而也应当定罪处罚。其具体理由是：（1）生命虽属于个人法益，但由于生命法益是个人一切价值或者权利赖以存在的物质载体或本源，对生命的放弃意味着是对生命个体及其附随于个体而存在的自由和价值的彻底否定，是对包括个人享有的自己决定权在内的法益的永久剥夺，所以，在对生命的保护上应例外地承认为保护本人利益的"家长主义"，否定法益主体对自己的生命的处分权。这样，故意杀人罪中的"人"就不限于他人，而且还包括自己。由此，自杀是符合构成要件的违法行为，也就是分则故意杀人罪所规定的"杀人"的实行行为。（2）自杀源于本人的决定，其违法性低，故不值得处罚；从刑事政策的视角来看，也欠缺处罚自杀者的必要性和合理性，因此，在实务中，仅仅是例外地处理自杀者。（3）自杀具有违法性，自杀参与行为当然也有违法性。共犯因为通过正犯行为惹起了违法结果而受到处罚，其中，正犯是直接侵害法益，共犯是间接侵害法益。一般而言，正犯违法性的量或者程度要高于共犯的。但是，如果从介入行为人方面的情况来考虑（如被害人地位、被害人的自己决定等），情况就可能有例外。就自杀和自杀参与行为而言，自杀虽有违法性，但系自己决定，其本人既是正犯又是被害人，自杀者的自我决定自由在很大程度上得到了实现，行为的违法性因此降低，不值得刑罚处罚或者说违法性尚未达到刑罚处罚的程度。既然自杀行为符合故意杀人罪的构成要件行为，具有违法性（只是不需要处罚），而参与自杀的行为系对故意杀人行为的协力或者加功，从因果共犯论来看，自杀参与者通过正犯（自杀者）的自杀这一违法行为间接地惹起了侵害他人生命法益的结果，所以，其应当成立故意杀人罪的教唆犯或者帮助犯。① 这是将教唆、帮助行为视作从属于自杀者地位的学说（共犯行为说）。对于自杀违法的观点，在国外也有不少学者赞成。曾根威彦教授曾指出：自杀是法益主体（自杀人）消灭自己的行为，是侵害自己决定的自由也难以比较的重大法益即生命的行为，因此，"从消极家长主义的立场看，自杀具有违法性"。只不过考虑到自杀是被害人自身的行为，该违法性还没有达到可罚的程度（不可罚的违法性）。虽然自杀不可罚，但自杀参与行为毕竟干涉了他人的生命，因此值得制定"特殊规范"予以处罚。②

认为自杀违法，相关参与行为构成故意杀人罪这一主张的问题在于：（1）如果肯定自杀有"杀害"的违法性，且足以导致一人死亡，但又说其违法性低，则无论怎么解释，其实都会与论者自己承认的生命权绝对保护原则有冲突，难以令人信服。（2）如果认为作为正犯者的自杀者违法性低，而从属于正犯、处于共同犯罪"边缘地位"的共犯的违法性达到了值得处罚的程度（尤其在我国，认为其达到了值得按照故意杀人罪处罚的程度），则与在共同犯罪中正犯具有犯罪支配性、共犯仅仅是边缘角色的观念相冲突，难以自圆其说。（3）刑法家长主义的理论是不是站得住脚，是否与现代法治国家立场相抵触，还值得仔细辨析。（4）在"共犯行为说"

① 参见钱叶六：《参与自杀的可罚性研究》，载《中国法学》，2012（4）。

② 参见［日］曾根威彦：《刑法学基础》，黎宏译，74页，北京，法律出版社，2005。

看来，只有先肯定自杀违法，才能解决对于自杀者给予救助但造成其损害的，救助者的行为具有正当性（成立正当防卫）这一问题。但是，这一观点未必有道理，不预先设定自杀者违法，救助者行为的正当性也不可否认。此时，仍然可以认为自杀是规范所不禁止的行为，他人违背自杀者的真实意志阻止其自杀或者对其加以救助的，在特定情况下可以成立推定的被害人承诺。(5) 认为自杀者违法性较低，需要从政策的角度“例外地”不处罚的结论与事实不符。自杀没有违法性，对自杀未遂绝对不处罚，是当今世界各国的通例。欧洲许多国家在18世纪之前都有关于自杀（主要是未遂）的处罚规定，而从19世纪起，各国（地区）都先后废除了相关规定（最晚的是英国，其在20世纪60年代之后才废除对自杀行为本身定罪的规定）。因此，在今天如果仍然坚定地主张自杀是刑事违法行为，具有可罚性，与现代各国（地区）的法制状况相悖，或许仅在“口头上”具有意义。同样的，在中国司法实务中，对所有的自杀未遂情形，不是“例外地”不处罚，而是绝对地、一律不处罚没有成功实现自我死亡的那个人，现实中找不出一例对自杀未遂者以故意杀人未遂定罪处刑的例子。这也说明，认为自杀违法的主张并不能得到实务的支撑。(6) 今天的刑法学通说，已经普遍地认为自杀行为本身不是符合构成要件的违法行为，从而欠缺创设共犯可罚性的要件。① 境外确实有认可自杀参与行为干涉了他人的生命因此值得处罚的立法例，但也无一例外地强调要制定“特殊规范”予以处罚，而不是将参与行为依附于以“杀害”这种类型化的实行方式所实施的故意杀人罪。(7) 正是考虑到自杀行为不违法，共犯无法从属于正犯这一点，对于参与自杀（教唆或者帮助自杀）行为，多数国家或地区刑法都将之作为与普通杀人罪不同的独立“犯罪类型”加以规定。② 例如，日本刑法第202条规定，教唆或帮助他人自杀，处6个月以上7年以下惩役或者监禁；我国台湾地区“刑法”规定，教唆或帮助他人使之自杀，处1年以上7年以下有期徒刑。此外，奥地利、西班牙、意大利、瑞士、丹麦等国家（地区）的刑法均将参与自杀行为的全部或者部分作为犯罪加以明文规定。上述规定，是拟制的正犯（共犯行为正犯化）立法的适例，使原本作为教唆犯、帮助犯无法被处罚的人成为直接正犯，从而将危害较大的共犯行为独立规定为正犯行为。如果认为自杀参与人原本就从属于正犯的不法，那么，许多国家或地区针对自杀关联行为单独设立罪名的立法实在是“多此一举”，因为对参与人按照故意杀人罪定罪，且在量刑上根据共犯理论从轻处罚就可以解决相应问题。但世界上这么多立法例均不约而同地采用大致相同的模式，说明其背后必有玄机，许多难题显然不是自杀具有违法性这一简单判断能够解决的。

自杀合法性说主张：自杀关联行为不构成犯罪。处理类似案件，要先判断自杀者主观的意思，确定其是否属于自杀。如果能够肯定是自杀的，自杀者及其相关者都没有刑事责任；如果不能认定为自杀，就应从客观上看行为人是否有足以被评价为杀害的实行行为，如果有类似行为，直接以故意杀人罪处理；反之，则不能定罪处罚。其具体主张是：(1) 自杀本身并非刑事不法行为，如果承认客观归责理论，就更应当认为教唆、帮助自杀没有创设不容许的风险。因为自杀行为完全是发生在自杀者自身权利领域内的事件，自杀者应当对之自负其责，没有理由据此限制行为人的行为自由，教唆或帮助自杀、对自杀者不予救助或者过失导致他人自杀等自杀相关行为也不应当受到刑事处罚。(2) 必须严格限定自杀的成立范围，只有当被害人主观上有意识地自主追求或放任死亡结果发生，并且客观上在最后关键时刻自己支配着直接终结生命

① 参见［德］克劳斯·罗克辛：《德国刑法学总论》（第2卷），王世洲等译，522页，北京，法律出版社，2013。

② “即便说生命是一身专属的法益，但还是很难合理说明对合法行为的间接参与，就变成为违法的理由”，同时，参与自杀的当罚性极低，其实应该删除类似规定。参见［日］曾根威彦：《刑法学基础》，黎宏译，74页，北京，法律出版社，2005。

的行为时，才能认定其构成刑法意义上的自杀。如果被害人没有充分的认知与判断能力并且其意思表示有重大瑕疵时，不能认定其自愿选择了死亡。(3) 我国司法实务中所涉及的绝大部分所谓“相约自杀”或者“教唆、帮助自杀”案件，其实并不是真正意义上的自杀相关案件。在这些案件中对行为人加以处罚从结果上来看往往是正确的，但是在定性上宜认定为以间接正犯或不作为方式实施的故意杀人或者过失致人死亡。① 自杀合法性说的立足点是现代自由主义，其强调对个人自由的尊重，权利主体按照自己的意愿处分与自己有关的权利，是其“自己决定的自由”的体现，法律必须保障个人有这样的自由，而不能过多地进行干预。自杀意味着被害人自主决定地选择了死亡，体现了自杀者处分自身生命的自由权利，法规范没有理由对其加以禁止，尤其是不能根据刑法家长主义否定自杀者对自己生命进行支配、处分的自由。自杀不可能构成刑事不法，应当通过目的性限缩将其排除在故意杀人罪的构成要件之外，帮助、教唆自杀当然就不构成犯罪。②

我认为，关于自杀具有违法性以及应当处罚教唆、帮助自杀行为的主张并不具有合理性；自杀关联行为更不是刑法分则规定的杀害行为，在我国当前的立法体例下，不能按照故意杀人罪（或其共犯）对其定罪处罚。但我对自杀具有合法性的理论预设持不同看法，从而认为自杀是违法、合法之外的第三种情形，是“法律无涉的领域”（法外空间说）。因为自杀不能被评价为违法行为，所以对自杀参与行为除非另设罪名，在现有立法体例下.不能定罪处罚。

在个人基于自主决定而行动的领域，即便其意思有些瑕疵，由此选择的行为也可能具有“虽不合法，但法律并不禁止”的性质。对此，莫斯（Moos）认为：“自杀既非法律所许可，亦非法律所禁止，亦即居于所谓‘法中性’（Rechtlich Neutral）地带。”③ 威廉·加拉斯敏锐地指出，自杀既非合法，亦非违法，而是“不禁止—不允许”的行为，要处理自杀参与犯罪只能按照独立的正犯规定去进行。④ 罗克辛教授虽然没有明确肯定自杀是中性行为，但其明确指出：不作为是违反社会期待的行为，如果缺乏任何社会期待，也就谈不上不作为了。任何人每天都可以做很多他自己或者别人都没有想到的事情：自杀、酗酒、突然离家出走，等等，但这些缺乏社会期待的事情不会形成违法性的基础。⑤ 在与自杀和离家出走等同，没有违反社会期待的意义上，可以认为罗克辛教授认同自杀处于法的“法中性”地带的观点。对此，格拉斯（Gallas）说得更清楚：“对于自杀行为的法律判断，不管是认为自杀合法，还是认为自杀是违法行为，两者同被排除；唯一可能的答案，乃将自杀视为不禁止的行为。如此一来，法律秩序亦不需以禁止自杀的方式，对于此一专属于个人事务及良知的紧急情状，制定出法律上的行为规定。”⑥ 格拉斯所说的“将自杀视为不禁止的行为”等于将自杀作为违法与合法之间的状态看待。这和考夫曼所讲的“法外空间说”高度一致。

考夫曼明确指出：对所有与刑法有关的行为，人们都习惯于用合法/违法的二元尺度来评价。但是，这是不正确的。实际上，完全存在虽与法律有联系，并且受法律的规范，但却可以合理地既不受合法评价也不受违法评价的情形，这就引出了“法外空间”的概念。对涉及法外

① 参见王钢：《自杀的认定及其相关行为的刑法评价》，载《法学研究》，2012 (4)。

② 参见王钢：《自杀行为违法性之否定》，载《清华法学》，2013 (3)。

③ 转引自黄常仁：《“沧桑旧法”——论“自杀共犯”及其可罚性之理论基础》，载许玉秀主编：《刑事法之基础与界限——洪福增教授纪念专辑》，541 页，台北，学林文化事业有限公司，2003。

④ 参见［德］阿图尔·考夫曼：《法律哲学》（第 2 版），刘幸义等译，248 页，北京，法律出版社，2011。

⑤ 参见［德］克劳斯·罗克辛：《德国刑法学总论》（第 2 卷），王世洲等译，475 页，北京，法律出版社，2013。

⑥ 转引自［德］Neumann、Hassemer、Ulrich Schroth：《自我负责人格之法律——Arthur Kaufmann 的法律哲学》，刘幸义等译，207 页，台北，五南图书出版公司，2010。

空间的情形而言，合法、违法的价值范畴是不够的。“法外空间所涉及行止，系与法律相关的且由法律所规范的，然而此行止既不能适当地评价为合法的，也不能评价为违法的。”考夫曼进一步指出，法外空间的情形，仅涉及紧急状况的案例。他明确地将自杀共犯和紧急避险等并列，称它们为法外空间的适例。[①]“法外空间意指，法律秩序对相关行止放弃评价。由行为人自行负责其行为的正确性……在特定的范围内，法律唯有允许不处罚；它没有说：这是正确的或错误的。”[②] 按照考夫曼的逻辑，在自杀的场合，显然不能否定自杀者自我决定的意思，在刑法上凡是行为人不受干预地独立自我决定的场合，按照结果归属的原理，他就必须自我负责；如果肯定自杀违法，则等于说行为人的自我决定在规范上无效，其原因是对生命价值的绝对保护。这样的判断显然陷入了结论彼此矛盾的困局。因此，自杀不是法律领域的负价值行为，而仅仅“属于法律上不考虑违法、有责判断的‘法律空白领域’之内的放任行为”[③]。

处理与自杀有关的教唆、帮助案件，除根据法外空间说对教唆、帮助者不定罪外，还需要注意以下特殊问题：（1）在实务中，如果所谓的教唆、帮助行为对自杀者的意志有影响、有操纵，可能被评价为利用被害人的行为杀害被害人的（间接正犯），就只能成立故意杀人罪。对实行行为是否存在的判断，如果转换成客观归责论的理论话语，也就是判断制造法益风险的行为是否存在。如果存在杀害的实行行为，即便从形式上看死亡结果是由被害人造成的，也不是自杀，相关教唆、帮助者构成犯罪。对此，有关司法解释加以了肯定。根据最高人民法院、最高人民检察院《关于办理组织、利用邪教组织破坏法律实施等刑事案件适用法律若干问题的解释》（2017年1月25日）第11条，组织、利用邪教组织，制造、散布迷信邪说，组织、策划、煽动、胁迫、教唆、帮助其成员或者他人实施自杀、自伤的，以故意杀人罪或者故意伤害罪定罪处罚。这主要是考虑到邪教组织因其超乎想象、难以被揭穿的迷惑性、欺骗性，对其成员有强烈精神强制，在受邪教影响的场合，被害人虽然对于结束生命有认知，但却对死亡的目的、意义有明显错误的认识；如果不受邪教组织的强制和欺骗，就不会选择自杀。因此，这里的被害人自己造成死亡并不属于刑法意义上的自杀，而是由邪教组织所操纵、支配的。邪教组织人员实施了故意杀人的实行行为，对邪教组织人员以故意杀人罪的间接正犯处理是合适的。这与刑法第300条的规定并不冲突，因为刑法第300条仅对组织、利用会道门、邪教组织、利用迷信致人重伤、死亡的情形定罪，而不能处理组织、利用会道门、邪教组织、利用迷信实质地决定死亡结果、故意杀害他人的案件。（2）在与自杀有关的案件中，如果能够最终将案件评价为“他杀”，是行为人而非被害人在最后关键时刻支配、掌控事态发展，即在结束他人生命的过程中有积极的行动的，则不是帮助自杀而是杀害他人。例如，一对年轻恋人相约自杀，因为女孩的父母禁止他们相见。在服药自尽未遂后，两人想用汽车尾气来了结生命。于是，男孩在排气管上接了一个软管，软管的另一头从车窗伸进车里。两人被发现时，车还发动着，女孩已经死亡，男孩处于昏迷状态，脚还踩在油门上。对此，应当判决男孩有杀人行为，主要理由是其对整个事件有控制作用，对结束他人生命有积极行动。但是，根据客观归责的法理，出于自杀者本意的生命自我了断行为一旦实施，事件进程完全由自杀者控制的，死亡结果就只能由自杀者自己负责，相关的自杀帮助行为不构成犯罪。（3）自杀是基于本意的生命断绝，所以，教唆、帮助自杀行为侵害的对象必须是有正常理解能力的自然人。唆使、诱骗未成年人、精神病人、理解认识能力极度低弱者“自杀”的，属于故意杀人中的间接正犯，不是教唆和帮助自杀。

---

① 参见［德］阿图尔·考夫曼：《法律哲学》（第2版），刘幸义等译，244页，北京，法律出版社，2011。

② ［德］阿图尔·考夫曼：《法律哲学》（第2版），刘幸义等译，244页，北京，法律出版社，2011。

③ ［日］曾根威彦：《刑法学基础》，黎宏译，73页，北京，法律出版社，2005。

2. 以放火等危险方法杀人的定罪

我国刑法学上的多数说认为，以放火、爆炸、投放危险物质等危害公共安全的方法故意杀人的，不再构成故意杀人罪，只能认定为放火罪等以危险方法危害公共安全的犯罪。但是，以放火、爆炸等危害公共安全的方法故意杀人的，成立放火、爆炸等罪和故意杀人罪的想象竞合犯。同时，从公众对犯罪的感觉以及法定刑设置来看，故意杀人罪都比放火、爆炸等罪要重，那么，对上述行为都应该认定为故意杀人罪，才符合想象竞合犯从一重罪处断的原则，以确保罪刑均衡。①

（五）死刑的限制适用

对故意杀人罪的死刑适用，必须坚持宽严相济的刑事政策，必须慎重，特别要注意以下几点。

其一，对故意杀人犯罪是否判处死刑，不仅要看是否造成了被害人死亡的结果，还要综合考虑案件的全部情况。对于婚姻家庭、邻里纠纷等民间矛盾激化引发的故意杀人犯罪，适用死刑一定要十分慎重，应当与发生在社会上的严重危害社会治安的其他故意杀人犯罪案件有所区别。

其二，对于被害人一方有明显过错或对矛盾激化负有直接责任，或者被告人有法定从轻处罚情节的，一般不应判处死刑立即执行。

其三，对于自首的故意杀人、故意伤害致人死亡的被告人，除非犯罪情节特别恶劣、犯罪后果特别严重，一般不应考虑判处死刑立即执行。对亲属送被告人归案或协助抓获被告人的，也应视为自首，原则上应当从宽处罚。对具有立功表现的故意杀人、故意伤害致死的被告人，一般也应当体现从宽，可考虑不判处死刑立即执行。但如果犯罪情节特别恶劣，犯罪后果特别严重的，即使有立功情节，也可以不予从轻处罚。

其四，在共同犯罪中，多名被告人共同致死一名被害人的，原则上只判处一人死刑。处理时，根据案件的事实和证据能分清主、从犯的，都应当认定主、从犯；有多名主犯的，应当在主犯中进一步区分出罪行最为严重者和较为严重者，不能以分不清主次为由，简单地一律判处死刑。

其五，关于雇凶杀人的死刑适用。司法实务认为，雇凶犯罪作为一种共同犯罪，其社会危害性比一般共同犯罪的更大，应当依法从严惩处。雇凶者作为犯罪的“造意者”，其对案件的发生负有直接和更主要的责任，只有依法严惩雇凶者，才能有效遏制犯罪。对于雇凶者与受雇者共同直接实施故意杀人犯罪行为的，应认定雇凶者为罪行最严重的主犯；雇凶者没有直接实施故意杀人犯罪行为，但参与了共同犯罪的策划，实施了具体组织、指挥行为的，对雇凶者也应认定为罪行最严重的主犯；雇凶者只是笼统提出犯意，没有实施具体组织、指挥行为，积极实施犯罪行为的受雇者可被认定为罪行最严重的主犯；雇凶者雇用未成年人实施故意杀人犯罪的，雇凶者为罪行最严重的主犯；对于多名受雇者地位、作用相当，责任相对分散，或者责任难以分清的，雇凶者应对全案负责，应认定雇凶者为罪行最严重的主犯。受雇者明显超出雇凶者授意范围，实施故意杀人罪，因行为过限，造成更严重危害后果的，应当以实际实施的行为承担刑事责任。对于雇凶杀人只致一人死亡的案件，一般不宜同时判处雇凶者与受雇者死刑立即执行。对于案情特别重大，后果特别严重，确需判处两名以上被告人死刑立即执行的，要严格区分多名受雇者的地位、作用，根据其罪责和犯罪情节，一般可对雇凶者和其中罪行最严重的受雇者判处死刑立即执行。

---

① 更为详尽的分析，请参见张明楷：《论以危险方法杀人案件的性质》，载《中国法学》，1999（6）。

从理论上看，实务中的上述立场都是建立在“造意为首”的观念之上的，接近于刑法主观主义的立场，其认为雇凶者比实行犯还罪大恶极的结论的合理性存疑。如果肯定共同犯罪中正犯的犯罪支配，就应该认为只有正犯才能支配犯罪进程，雇凶者作为教唆犯，即便其提供资金刺激他人杀人，其也只能通过正犯的行为造成法益侵害，因此，杀人的正犯才是主犯，其对法益的危险性显然超过雇凶者。

其六，被告人案发后积极赔偿，真诚悔罪，取得被害人或其家属谅解的，应依法从宽处罚，原则上不适用死刑。

二、过失致人死亡罪

第二百三十三条　过失致人死亡的，处三年以上七年以下有期徒刑；情节较轻的，处三年以下有期徒刑。本法另有规定的，依照规定。

过失致人死亡罪，是指由于过失而导致他人死亡的行为。

（一）客观要件

本罪在客观方面表现为由于过失而导致他人死亡的行为。

过失行为和死亡结果之间应当有因果关系，至于因果关系的有无，需要结合相当因果关系的理论进行判断。在交通繁忙的地段实施诈骗并取得财物，但被害人立即发现被骗事实，在追赶行为人时，撞上来往汽车死亡的，死亡结果应当由诈骗者负责，因为场所特定性和死亡可能性之间的联系是客观存在且大致可以认识的。

在现代社会伴随着科学技术水平的提高，各种因为过失而引起的事故（交通事故、医疗事故、劳动灾害、食品事故等）也层出不穷，刑法对这些过失行为所导致的死亡结果大多作了专门的规定。刑法分则中作为例外情况规定的过失致人死亡，一般来讲属于业务上过失致人死亡的情况。业务上过失致人死亡中的业务，指的是社会生活上能够反复进行、对人的生命身体具有高度危险性的事物。这些业务对维持社会生活极其重要，但是又具有惹起结果发生的危险性，所以刑法对这些行为作特殊规定是必要的。例如，汽车司机、航空器驾驶者、执业医师、工矿企业的从业者的业务过失致死行为，都有相应罪名。本罪是普通的过失致人死亡犯罪，其适用的范围就受到限制，在法条竞合的情况下，按照特别法条优于普通法条的原则，应当适用业务上过失致人死亡的特别规定。业务上过失致人死亡的行为一般应当受到比普通过失致人死亡的行为更重的处罚，这是因为从事特定业务者有高度的注意义务，有较强的注意能力。

（二）主观要件

本罪在主观方面是过失，包括疏忽大意的过失和过于自信的过失。不是因为过失，而是因为不能预见的原因引起死亡结果的，属于意外事件，不成立本罪。

（三）认定

1. 过失致人死亡，刑法另有规定的处理

所谓“另有规定”，是指行为人实施了刑法分则条文规定的其他犯罪行为，虽然也由于过失造成他人死亡，符合过失致人死亡罪的构成特征，但是，因刑法分则另有规定，就不再依照过失致人死亡罪定罪处罚，而依照刑法分则有关条文的规定定罪处罚，如失火罪、交通肇事罪、重大责任事故罪等。

2. 过失致人死亡罪与其他犯罪的界限

（1）疏忽大意致人死亡与意外事件的界限。相同之处在于：客观上都造成了他人死亡的结果；主观上都没能预见他人死亡的结果。区别在于：行为人在当时的情况下是否应当预见自己的行为可能导致他人死亡的结果发生。例如，妻子因生活琐事与丈夫吵架后，一怒之下将家用电器往楼下扔，砸中行人头部致其死亡的，就可以成立过失致人死亡罪和高空抛物罪的想象竞合犯，因为行为人对违反日常生活中常理所要求的注意义务，可能导致他人死亡能够预见。

(2) 过于自信致人死亡与间接故意杀人的界限。相同之处在于：客观上都造成了他人死亡的结果；主观上都预见到自己的行为可能造成他人死亡的结果。区别在于：行为人在行为当时的主观心理态度，是轻信这一结果可以避免还是放任这一结果的发生，即对结果的发生是排斥的还是不在乎的。此外，还要考虑行为人在当时究竟有无防止结果发生的措施、手段，其可靠性有多大。

三、故意伤害罪

第二百三十四条 故意伤害他人身体的，处三年以下有期徒刑、拘役或者管制。

犯前款罪，致人重伤的，处三年以上十年以下有期徒刑；致人死亡或者以特别残忍手段致人重伤造成严重残疾的，处十年以上有期徒刑、无期徒刑或者死刑。本法另有规定的，依照规定。

故意伤害罪，是指非法损害他人身体健康的行为。

（一）保护法益

关于本罪侵害的法益是生理机能的健全性还是身体的完整性，在理论上一直有生理机能障碍说、身体完整性侵害说和折中说的争议。

生理机能障碍说认为，使人生理功能发生障碍，或使健康状态发生不良变更的，才属于伤害。身体完整性侵害说主张，改变他人身体外貌的，就是伤害。折中说则认为，妨害他人正常的生理机能或使其形体发生重大变化的，都是伤害。身体完整性侵害说将剪掉头发、碰断指甲、剃掉眉毛等都视为伤害，明显不妥。依折中说侵害达到何种程度才属于有重大变化并不明确。所以，通说为生理机能障碍说。按照这种理解，伤害罪所指的侵害他人健康，是指对他人生理机能的损害，而不仅仅是身体完整性的丧失。拔掉他人的毛发、抠抓他人皮肤，自然对他人的身体完整性有损害，但是，没有达到刑法所规定的相当程度的损害他人生理机能的情形，也与一般的社会观念上所认同的伤害不相符合，所以，并不构成犯罪。在这里，刑法规范充分考虑了一般公众的法情感。只有在出血、疼痛、器官缺陷等具体的伤害事实出现，生理机能的一部分或者全部丧失的情况下，才可能成立本罪。

至于单纯破坏他人身体完整性的，可能构成民事侵权，也可能成立其他罪名，例如，在多次在公共场所故意剪下妇女的长发，破坏其身体的完整性，有构成寻衅滋事罪的余地。

本罪的行为对象是他人的身体。身体，是指具有生命的整个肉体，既包括体外的四肢与躯干，也包括体内的内脏器官以及口腔内的牙齿、舌头。人造的假牙不是肉体的一部分，因此，不是本罪的侵害对象。故意毁坏他人价值极高的假牙、隐形眼镜等，不构成故意伤害罪而构成故意毁坏财物罪。但如果因此对他人的身体造成伤害的，则成为故意伤害罪与故意毁坏财物罪的想象竞合犯。

需要研究的问题是：对胎儿实施伤害，并未导致怀孕者当场流产或者堕胎的后果，但使胎儿出生后出现畸形发育的，是否构成故意伤害罪？例如，行为人故意使怀孕妇女的食物受污染，使婴儿的健康出生变得不可能，或者出生后即成为严重精神病患者、痴呆儿的；再如，利用交通工具撞击怀孕的母亲，即使没有造成母亲的健康异常，但是导致日后婴儿出生时有生理上的畸形（如脑部损伤、缺乏四肢等）的，能否视为对“人”的伤害，从而构成本罪？对此，可能有人会认为，在实行行为开始时，只存在胎儿这一特殊对象，不是对人的伤害，不构成犯罪；也有人认为，对于这种情况可以解释为对怀孕母亲的伤害。

伤害胎儿致使其出生后畸形发育的，造成其一生残疾，影响其人格尊严和生存质量，因此，对于类似行为如果在证据上没有疑问，就应当予以处罚。另外，在伤害胎儿的场合，在很多时候可能对母体并不造成侵害，因此，要解释成对母体的伤害也有难度。对伤害胎儿的行为要进行合理解释，重点就在于如何理解伤害的实行行为性（正犯性）。如果认同实行行为是导致法益陷入紧迫危险的行为，就可以将伤害胎儿的举动与伤害的实行着手分别考察：实施伤害胎儿的投毒、撞击等行为，由于距离造成出生后的“人”的伤害还较远，或者说伤害他人身体的现实危险性并不迫切，故还不是伤害这一实行（正犯）行为的着手。在胎儿出生为人的那一刻，其在胎儿阶段所受的伤害仍然在继续，这样，先前对胎儿的伤害就转化为对“人”的伤害，此时，在规范上认为实行行为着手实施，因此，着手时存在作为对象的“人”。这样，伤害胎儿的行为就可以成立故意伤害罪。① 其实，在犯罪认定中，某一行为开始实施之后，经过很长时间才认定着手的情形并不罕见。例如，甲为杀害乙，在某处设置了一个上午10时会爆炸的定时装置，以便于将在该特定时段经过此处的乙炸死。如果在甲放置该设备并离开之后，发生了泥石流，掩埋了该装置的，则对于甲的行为只能认定为故意杀人预备；只有被害人乙于上午10时接近于此装置，才能认为其有死亡的紧迫危险，杀害行为的实行行为性才具备。

（二）客观要件

本罪在客观方面表现为伤害他人，非法损害其生理机能的行为。

伤害行为可能是暴力行为，也可能是其他非有形的方法。利用毒物、通过身体的接触传染疾病等都是伤害行为，例如，明知自己患有性病而卖淫、嫖娼的，具有传播性病的间接故意，构成故意伤害罪和传播性病罪的想象竞合犯；明知自己患有艾滋病等严重疾病，出于报复等动机，故意与之前的恋人等特定的人发生性行为的，可以构成故意伤害罪，不宜认定为故意杀人罪；唆使他人使用自己已经用过的针头注射毒品，故意传染疾病的，也属于伤害行为。

伤害行为既可以是作为，也可以是不作为。在作为的情况下，伤害行为一般来讲是客观的、外在的物质性行为，精神胁迫难以造成生理机能丧失的后果，不能构成本罪。

以伤害造成的后果为标准，伤害分为轻伤、重伤、伤害致死三种情况。轻伤、重伤的区分应当以最高人民法院、最高人民检察院、公安部、国家安全部、司法部联合发布的《人体损伤程度鉴定标准》（2013年8月30日）为统一标准，该规定明确了人体损伤程度鉴定的原则、方法、内容和等级划分。根据刑法第95条的规定，重伤是指使人肢体残废、毁人容貌、丧失听觉、丧失视觉、丧失其他器官机能或者其他对于人身健康有重大伤害的损伤。关于重伤分级，以及重伤致残的人体损伤致残程度鉴定，由司法鉴定机构和司法鉴定人根据最高人民法院、最高人民检察院、公安部、国家安全部、司法部《人体损伤致残程度分级》（2016年4月18日）的规定确定。在结果加重犯的场合，暴力行为和加重结果具有直接性，对因伤害导致身体虚弱最终死亡；脑血管硬化症患者因反抗伤害暴力而导致精神兴奋、肌肉鼓起、血压上升而脑出血发作死亡；被害人受伤后，为缓解难以忍受的伤痛、阻止流血，而跳入温度极低的水中导致体温骤然下降、心脏停止跳动死亡等情形，按照结果加重犯的直接性原理，都认为死亡结果可以归责于伤害行为。这里的主要理由是：（1）因为被伤害者体弱、患有某种疾病（用最通俗的语言说就是：只要是人，就可能生病），以及受伤太重之后生不如死时作出某种只求速死的举动，

① 参见［日］藤木英雄：《刑法讲义各论》，189页，东京，弘文堂，1976。类似的观点，请参见张明楷：《故意伤害罪探疑》，载《中国法学》，2001（3）。

并不是很异常的现象。（2）如果伤害行为达到一定程度，完全可以认为死亡危险当然地、典型地蕴含在基本行为中，并最终得以实现。当然，不能认为伤害行为典型性地蕴含死亡危险时，难以得出故意伤害致死的结论。例如，甲将足球运动员乙的下肢砍伤，乙在接受治疗过程中想到自己今后再也不能上场踢球而服毒自杀的，不能认为甲构成故意伤害致死的结果加重犯。

根据最高人民法院、最高人民检察院《关于办理组织、强迫、引诱、容留、介绍卖淫刑事案件适用法律若干问题的解释》（2017 年 7 月 21 日）第 12 条第 2 款的规定，明知自己感染艾滋病病毒而卖淫、嫖娼，或者明知自己感染艾滋病病毒，故意不采取防范措施而与他人发生性关系，致使他人感染艾滋病病毒的，认定为刑法第 95 条第 3 项“其他对于人身健康有重大伤害”所指的“重伤”，以故意伤害罪定罪处罚。

本罪的主体是一般主体。根据刑法第 17 条的规定，已满 14 周岁不满 16 周岁的人，犯故意伤害致人重伤或者死亡的，应当负刑事责任；已满 12 周岁不满 14 周岁的人，犯故意伤害罪，致人死亡或者以特别残忍手段致人重伤造成严重残疾，情节恶劣，经最高人民检察院核准追诉的，应当负刑事责任。根据最高人民法院《关于审理未成年人刑事案件具体应用法律若干问题的解释》（2006 年 1 月 11 日）的规定，已满 14 周岁不满 16 周岁的人盗窃、诈骗、抢夺他人财物，为窝藏赃物、抗拒抓捕或者毁灭罪证，当场使用暴力，故意伤害致人重伤或者死亡的，应当以本罪定罪处罚。

（三）主观要件

本罪在主观方面是故意。一般认为，行为人对通过暴力行为来造成他人生理机能丧失的结果持积极追求或者明显的放任态度，就具有伤害罪的故意。这是要求行为人对暴行和伤害结果都有所认识。

但是，刑事司法实践中历来的做法是，行为人只对暴力行为本身有所认识，而对伤害结果的程度没有认识或者无法预料的，只要伤害结果达到相当程度，都构成伤害罪。例如，用浓硫酸泼洒他人的情形，造成毁容的就是重伤，只达到一定程度的烧伤的就是轻伤，审判中一般将重伤的情形确定为行为人有重伤的故意，将轻伤的情形确定为行为有轻伤的故意，也就是说，是由客观的结果出发来反溯行为人的主观心态，一般不会判断行为人是基于轻伤故意导致了重伤结果。不过，这并不违反责任主义，不属于客观归罪，因为无论是重伤结果还是轻伤结果，都在行为人概括的伤害故意之中，任何一种结局的出现都不违背其本意。

实施暴力行为，导致被害人重伤或者死亡的，属于故意伤害罪的结果加重形态。在结果加重犯的场合，除了要求暴力和加重结果具有客观上的因果联系，在主观上还要求行为人有伤害故意，其对加重的重伤或者死亡结果应当有所认识，甚至可能是故意，但无论如何，至少应当有过失。在故意伤害导致第三者死亡的场合，应根据行为人对死亡者的死亡是否具有预见能力以及事实认识错误的处理原则确定结果加重犯是否成立。

实施伤害行为，对伤害结果有认识，同时对死亡结果也有认识的，以故意伤害罪定罪处罚可能已经难以准确评价。例如，知道他人忍耐力有限，在疼痛难忍时极有可能自杀，而故意伤害他人，被害人果真自杀身亡的，行为人的行为应构成故意杀人罪。

在有些犯罪中，行为人不顾被害人死伤而实施行为，其是有杀人故意还是伤害故意并不明确，如果被害人没有死亡，但造成了实际伤害后果的，可以成立故意伤害罪；造成被害人死亡的，由于杀人故意是主观恶性程度很高的犯罪故意，那么可以认为伤害故意包含在杀人故意中，成立故意杀人罪。

故意轻伤，但未造成轻伤结果的，不成立犯罪，不存在未遂问题。基于重伤意图着手实施伤害行为，只是由于意志以外的原因未得逞的，应以故意重伤（未遂）处理。

（四）认定

1. 造成他人身体伤害，刑法另有规定的处理

这里的“另有规定”，是指为实施其他犯罪致使他人身体健康受到损害，即刑法分则的其他条文中有关于“致人重伤”的规定，则应当按照该条文的特别规定定罪处罚，不再适用故意伤害罪的规定。如因抢劫致人重伤的，定为抢劫罪；强奸致人重伤的，定为强奸罪；等等。

2. 故意伤害罪与故意杀人罪的界限

故意伤害罪与故意杀人罪未遂客观上都没有造成他人死亡的结果，而故意伤害致死和故意杀人罪既遂客观上都造成了他人死亡的结果。如何区别故意伤害罪和故意杀人罪，就成为较为复杂的问题。

两罪的根本区别在于主观故意的内容不同：故意伤害罪的行为人对于死亡结果没有认识，在对死亡结果有认识的场合，就应当成立故意杀人罪。而要确定行为人是有杀人故意还是有伤害故意，在诉讼程序中必须结合客观的证据、综合考虑下列因素进行判断：(1) 部位要素：针对（除四肢外的）要害部位实施打击的，一般可以确认有杀人故意；针对非要害部位实施打击的，一般只具有伤害故意。(2) 伤痕多寡、行为人下手的情形：伤痕多、创伤程度重、行为人下手凶狠、对事件发生被害人无过错或者无重大过错的，杀人故意成立的可能性大于伤害故意成立的可能性。例如，连砍被害人 30 刀，虽未砍死被害人，也可以肯定行为人存在杀人故意。(3) 凶器的性质及使用：一般而言，凶器越危险，杀人可能性越大。不过，在具体确定有无杀害故意时，应考虑该凶器是早有准备还是偶然取得，是基于防卫意图还是侵犯故意使用，这对确定杀人、伤害、过失致死关系重大。(4) 事件起因、行为动机和发展经过：考虑案发原因；行为人与被害人是素不相识还是积怨深重，行为的实施是出于报复、取财还是其他动机；事件发展经过是瞬间完成的还是有相当的过程，例如，对准被害人连砍 30 刀但被害人并未死亡，由于事件发展过程较长，就容易肯定行为人的杀害动机。(5) 被告人的性格、其与被害人的关系、被告人的供述和被害人陈述的情况等。当然，上述标准只是在相对意义上存在的，不能够以行为人与被害人素不相识、并无宿怨，即草率地认定行为人并无杀害故意；也不能因为行为人与被害人之间有仇就简单肯定其杀人故意。

3. 故意伤害罪和过失致人重伤、过失致人死亡罪的界限

故意伤害（致人死亡）罪与过失致人死亡罪之间，虽然同样过失地造成死亡结果，但是前罪的行为人具有伤害故意，也必须存在着一个能够加以区分的相对独立的伤害过程；伤害行为是程度较高（足以损害他人的生理机能）、在伤害故意支配下实施的暴力行为。因此，一般的殴打行为，即给他人造成暂时性肌肉疼痛或者轻微神经刺激，但不会损害其生理机能的健全性的行为，不是故意伤害罪中的伤害行为，例如，父母为教育子女而实施的打骂，丈夫与妻子发生口角后的拳脚相加，父母或者丈夫没有明确的伤害故意，只是殴打过程中失手造成重伤后果的，行为人只有一般殴打的意图，并无伤害的故意，都不构成故意伤害罪；行为人并非以伤害故意实施推倒、撞击等行为致人死亡（尤其是使用轻微暴力，偶然导致患有冠心病、脑血管瘤等特殊体质人员死亡）的，也不是故意伤害致死，符合过失致人重伤、死亡罪的构成要件时，应当以相应犯罪追究。

特别需要指出的是，在司法实践中，对日常生活中的殴打和故意伤害罪中必须达到相当程度的伤害一直未作明确的区分，很容易出现的错误是：一旦有死亡结果发生，再反过去看被告人是否“有意”地实施促成他人死亡的行为，如果是有意地实施一定行为，就成立故意伤害致死，从而不当地扩大了故意伤害罪的适用范围，在一定程度上混淆了故意伤害罪和过失致人死

亡罪的界限，使过失致人死亡罪基本上没有适用的空间。其实，即便殴打、推搡是有意实施的，这种有意的行为和故意伤害罪中基于故意实施的、应当达到一定程度的伤害也不相同。行为人有通过殴打使被害人遭受皮肉之苦的意思，但是很难说其具有严重损害他人生理机能的故意。所以，对类似因殴打、推搡造成重伤或者死亡后果的，以定过失致人重伤、过失致人死亡罪为宜。

4. 偶然同时伤害

二人以上未经共谋，偶然同时实施暴力行为导致他人伤害，伤害结果由谁实际造成难以判明的，如何处理？

对这种同时伤害的情形，日本刑法第207条“同时伤害的特例”规定，两个以上的行为人实施暴力，伤害他人，各自的暴力所造成的伤害程度无法查清，或者无法查清是谁造成了重伤、死亡后果的，行为人共同对重的结果负责，构成共同犯罪，都是导致重伤、死亡结果发生的共同正犯，即使事先没有共同伤害的意思联络。这是考虑到伤害结果由谁造成难以判明，如果严格贯彻刑法中的个人责任原则，就会加重司法机关的证明责任，增加立证的难度，也不利于保障被害人的利益，谁都不对加重结果负责，会导致实质的不合理，所以推定各个暴力行为和重的伤害结果之间都有因果关系，将举证责任转移到被告人一方。① 此时，检察官要承担的证明责任就仅仅是存在同时犯的行为，因为该行为造成了重伤、死亡后果。

但是，在我国刑法中没有类似的例外规定，而罪刑法定、责任主义仍然要坚持。在同时犯的场合，如果对谁的行为导致加重的伤害后果发生无法查明的，按照不能证明就不能裁判的司法原则，对各行为人只能追究故意伤害罪未遂的责任。当然，如果司法机关能够查明责任的，行为人各自只需对司法机关能够证明的伤害结果承担刑事责任；如果同时伤害造成了轻伤结果，证据表明该结果系一人所致，但具体由谁造成无法辨明的，对行为人只能以无罪处理。这是“存疑时有利于被告人”的原则所要求的，因为在刑法上未作特别规定之时，将没有共同犯罪故意，但偶然同时造成重伤害或者死亡后果的人推定为共犯，就会使某个无辜的人承担刑事责任。当然，如此处理案件，会带来很多不合理的结局。没有意思联络的两个行为人在同一场合独立实施故意伤害行为，谁的行为是伤害原因往往无法查明，但仅仅由于在诉讼上难以证明，就使所有的行为人都对同时犯的伤害结果不承担责任，或者仅对较轻的结果承担责任，会使实际造成伤害、死亡结果的人逃避追究，更使被害人的人身权利得不到保障，不利于保护法益。为克服实践中如此处理所带来的实质上的不合理，可以考虑在未来的立法中增设“同时伤害的特例”的规定，即在并非共犯的二人以上同时实施暴力行为，但究竟是何人导致他人重伤、死亡难以查明的情况下，共同行为者均应对重的结果负责，从而将行为人作为拟制的共同实行犯看待，将原本由控方承担的举证责任转移到被告人身上，迫使其想尽办法去证明自己的伤害行为和重伤、死亡后果之间没有因果关系。

5. 伤害助势行为

对在伤害现场给予助威、助势的行为如何认定，值得讨论。日本刑法中专门有现场助势罪的独立规定，司法判例也认为现场助势行为并不是故意伤害罪的帮助犯，而是与帮助行为相区别的煽动行为。成立现场助势罪，在客观上要求行为人在伤害或者伤害致死行为发生的现场，进行叫嚷、煽风点火，强化他人的犯罪意思。至于助势行为是否使实行犯的实行行为更容易实施，则在所不问。助势行为，应当被理解为在现场单纯起哄闹事的行为。如果不是在伤害现场单纯助威，而是对特定的实行犯进行精神鼓励，例如，指使某人把对方“打残废”，要求某人

---

① 参见［日］山中敬一：《刑法各论》，3版，57页，东京，成文堂，2015。

“别耽误时间，快上”，都应当成立故意伤害罪的帮助犯，而不是现场助势罪。助势者发现单纯煽动、起哄并不过瘾，后来亲自实施伤害行为的，是故意伤害罪的共同实行犯或者同时犯，助势行为被故意伤害罪吸收。

由于我国刑法并没有在故意伤害罪之外另行规定现场助势罪，那么，对于并非共犯，仅在伤害现场煽动、鼓劲，给予行为人各种助势的，虽然其使特定犯罪人的伤害行为容易得逞，也不应当被视为故意伤害罪的帮助犯，原则上应当作无罪处理。但助势者为特定行为人指点攻击部位、为特定行为人提供精神鼓励的，应成立本罪从犯。

四、组织出卖人体器官罪

第二百三十四条之一① 组织他人出卖人体器官的，处五年以下有期徒刑，并处罚金；情节严重的，处五年以上有期徒刑，并处罚金或者没收财产。

未经本人同意摘取其器官，或者摘取不满十八周岁的人的器官，或者强迫、欺骗他人捐献器官的，依照本法第二百三十四条、第二百三十二条的规定定罪处罚。

违背本人生前意愿摘取其尸体器官，或者本人生前未表示同意，违反国家规定，违背其近亲属意愿摘取其尸体器官的，依照本法第三百零二条的规定定罪处罚。

组织出卖人体器官罪，是指组织他人出卖人体器官的行为。

（一）保护法益

本罪的保护法益是公民的身体健康权、生命权。在组织他人出卖器官的场合，从表面上看，被组织者是自愿的，存在被害人承诺，即提供器官者对其出卖器官的行为，无论是出于谋利动机还是迫于生活压力，都一定会作出明确同意，承诺由具有民事行为能力的本人作出，承诺真实，不违背器官提供者本人的意思。在被害人承诺受到伤害的情况下，处罚组织者似乎缺乏法律依据。但是，这一观点是不合理的：（1）法律不禁止个人捐献器官，也认可他人经本人同意后摘除其器官，但是这些行为都不能与器官买卖挂钩。我国相关法律、法规严禁人体器官买卖。国务院颁布的《人体器官移植条例》（2007 年 3 月 31 日）明确规定，任何组织或者个人不得以任何形式买卖人体器官，不得从事与买卖人体器官有关的活动。（2）诚然，基于他人承诺的伤害，如果只造成轻伤的，被害人承诺有效，伤害者行为不构成犯罪。但是，在组织多人而非一个人出卖人体器官；不能确定只造成被组织者轻伤，可能造成有的被组织者重伤、死亡，有的被组织者轻伤等情形下，行为有造成重伤、死亡的高度危险性，对生命法益和身体法益有损害，对组织者定罪就是情理之中的事情。因此，在组织出卖人体器官的场合，被组织者肯定不止一人，死亡、重伤结果的出现是高概率事件，此时处罚组织者，与行为人在得到承诺后直接对确定的某一个对象实施轻伤害行为的情形并不相同。对得到承诺后的轻伤害行为不处罚，不意味着对组织多人出卖人体器官，可能造成重伤以上后果的行为也不处罚。（3）在实践中，组织买卖人体器官的人或采用欺骗、利诱等手段，或利用他人家境贫困、急需用钱的窘况，在一定范围内招募器官供体，一旦将活供体骗到住处，便派人统一看管，没收其身份证件，切断一切对外联系，采取欺骗、洗脑、强制的手段圈养“供体”，甚至对反悔者非法剥夺人身自由，以强迫手段逼迫活供体出卖器官。这些行为会对公民的人身权利和行动自由造成损害，还妨害社会管理秩序。因此，将组织出卖人体器官行为作为犯罪处理是理所当然的。

（二）客观要件

本罪在客观方面表现为组织他人出卖人体器官的行为。

---

① 本条为《刑法修正案（八）》第 37 条所增设。

这里的人体器官，是指具有特定功能的心脏、肺脏、肝脏、肾脏或者胰腺等器官的全部或者部分，不包括人体细胞和角膜、骨髓等人体组织。

组织，是指以领导、策划、招募、雇佣、引诱等方式组织他人实施出卖人体器官的行为。这里的组织不同于“有组织犯罪”中的组织，不要求存在出卖人体器官的犯罪组织，只要求行为人实施具体的组织行为。至于组织者、被组织者的人数多少，都在所不问。在实践中，许多大量供养活供体的所谓“中介”，就是本罪中出卖他人人体器官的组织者。

值得讨论的是，按照组织者的要求提出卖、收买器官的人是否成立本罪共犯。一方面，由于本罪仅处罚组织他人出卖器官的行为，被组织之后出卖（提供）器官的自然人是被害人，按照共犯处罚根据的混合惹起说，被组织之后出卖（提供）器官的人不成立本罪的教唆犯或者帮助犯。另一方面，器官出卖、收买者之间确实存在类似于对向犯的关系，而本罪的构成要件行为是组织他人出卖人体器官而非组织他人收买人体器官，按照立法者意思说，人体器官的出卖行为是人体器官买卖的前提，组织出卖的人操纵着人体器官的买卖市场，切断人体器官的非法来源就足以遏制犯罪，不需要将收买者作为共犯看待。此外，为治疗疾病而收买器官的人有责性极低，不宜作为处罚对象。因此，对于按照组织者的要求收买人体器官的人，无论是按照立法者意思说还是按照责任减少说，都不应该作为本罪共犯处罚。

组织他人出卖人体器官的，即便并未实施摘取、移植手术，也构成本罪；组织他人出卖人体器官情节严重的，法定刑升格。实务中，具有以下情形之一的，一般认定为情节严重：组织3人以上出卖人体器官的；组织出卖人体器官3次以上的；组织出卖人体3件以上的；交易金额巨大的；在移植所必然导致的损伤之外，还造成了死伤后果的；跨国或跨境组织出卖人体器官的；等等。

明知他人组织出卖人体器官，为其提供证明材料、场所、设备等条件或者帮助的，以及医疗机构工作人员明知他人组织出卖人体器官而参与实施手术的，均构成本罪共犯。

未经本人同意摘取其器官，或者摘取不满18周岁的人的器官，或者强迫、欺骗他人捐献器官的，依照故意伤害罪、故意杀人罪的规定定罪处罚。这主要是考虑到：未经本人同意摘取器官的，不存在被害人承诺这一违法排除事由，行为当然构成故意伤害罪。组织不能辨认或者不能控制自己行为的精神病人出卖人体器官的，由于这些人不可能作出真实的或法律上有意义的同意，组织者的行为也属于未经本人同意摘取其器官，故应当依照故意伤害罪、故意杀人罪的规定定罪处罚。不满18周岁的人，没有足够的辨认、控制能力，对承诺事项的内容、范围、结果等不具有相应的理解能力和意思能力，故其承诺无效。对此，《人体器官移植条例》也规定，捐献人体器官的公民应当具有完全民事行为能力；任何组织或者个人不得摘取未满18周岁公民的活体器官用于移植。因被强迫或欺骗而作出的承诺，并不是本人的真实的意思表示，所以承诺无效。从危害后果上看，无论是未经本人同意摘取其器官还是强迫、欺骗或者利诱他人捐献器官，或者摘取不满18周岁的人的器官的，都必然会使被害人在该器官缺失的情况下“丧失器官机能”，该后果完全符合刑法第95条规定的“重伤”标准；在有的情况下，摘取人体器官，造成他人人体正常机能的衰竭和丧失，可能造成死亡后果，故应当对行为人以故意伤害罪或者故意杀人罪论处，以符合罪刑均衡原则。在实践中，直接从事非法摘取人体器官业务的医生以及与其合谋从事上述行为者构成共犯。

违背本人生前意愿摘取其尸体器官，或者本人生前未表示同意，违反国家规定，违背其近亲属意愿摘取其尸体器官的，依照侮辱尸体罪的规定定罪处罚。这里的“违反国家规定，违背其近亲属意愿摘取其尸体器官”，是指违反了《人体器官移植条例》关于“公民生前未表示不同意捐献其人体器官的，该公民死亡后，其配偶、成年子女、父母可以以书面形式共同表示同意捐献该公民人体器官的意愿”的规定。对没有在生前留下捐献器官遗愿的死者，在没有其近亲属以书面形式共同表示同意摘取其器官的情况下，如果摘取其器官，违背了死者的遗愿或者其近亲属的意愿，对死者尸体的完整性造成了破坏，不仅是对死者的人格尊严的亵渎，也给死者近亲属带来了极大痛苦和伤害，应当以侮辱尸体罪论处。

（三）主观要件

本罪在主观方面是故意，行为人认识到自己是在组织他人出卖人体器官，而对该行为有意为之。

（四）犯罪之间的排斥关系

本罪的实行行为是组织“他人”，且由被组织者承诺自愿出卖人体器官，即为让受体接受器官而组织尚处于生存状态的人提供器官。这一行为阻却了故意伤害罪的构成要件，因此，以本罪论处。这样说来，本罪和刑法第234条之一第2款、第3款的规定之间就具有排斥关系，行为人为了出卖人体器官而违背被害人的意思强行摘取他人器官的，因为不存在足以阻却故意伤害罪违法性的被害人承诺，因此，该行为构成故意伤害罪；行为人摘取多人或多份尸体器官再出卖的，不属于“组织他人”出卖人体器官，对该行为只能认定为侮辱尸体罪。因此，不能认为刑法第234条之一第1款和第2款、第3款的规定之间存在想象竞合犯或牵连关系。

五、过失致人重伤罪

第二百三十五条　过失伤害他人致人重伤的，处三年以下有期徒刑或者拘役。本法另有规定的，依照规定。

过失致人重伤罪，是指因过失造成他人身体健康受到严重伤害的行为。

（一）客观要件

本罪在客观方面表现为因过失造成他人身体健康受到严重伤害的行为。

过失行为必须在客观上违反注意义务。注意义务可能因法律的规定、契约以及习惯、生活常理而产生。过失行为同时造成被害人重伤的，才构成本罪。这就说明过失致人重伤罪的成立要求危害行为和结果之间有客观上的因果联系。没有这种因果关系时，由于现行刑法不处罚过失犯的未遂，所以不构成犯罪。过失行为当场致人重伤，但因抢救无效等原因最终导致被害人死亡的，构成过失致人死亡罪。

在现代社会，工厂、矿山、建筑工程等对人的生命、身体有高度危险性的作业大量开展；高速交通工具及类似设施大规模投入使用，使过失致人重伤的机会大大增加，所以，刑法分则对业务上过失致人重伤行为作了专门规定。对业务上过失致人重伤的行为，以分则条文的特别规定定罪处罚，如过失爆炸致人重伤的，构成过失爆炸罪；管理、运输、储存危险物品过程中致人重伤的，构成危险物品肇事罪，不能以本罪处理。

因过失导致胎儿受重伤，也可以成立本罪。例如，母亲在怀孕时为早日探知胎儿性别，请他人为其做绒毛膜筛检手术，因手术失误，导致胎儿出生后双脚伤残的，视为过失导致他人受到伤害。伤害的身体动作发生在胎儿发育期，但在胎儿出生时，伤害结果才呈现的，在胎儿出生时，从规范判断的角度认定过失伤害的实行行为成立，再结合躯体功能形成时可以确定的损伤后果，就可以判定行为人有罪。

（二）主观要件

本罪在主观方面是过失。在疏忽大意过失的情况下，行为人违反了结果预见义务和结果避免义务。在过于自信过失的情况下，行为人对危害结果已经有所预见，但是没有能够切实防止重伤结果的发生，其违反的是结果避免义务。

行为人对暴力行为本身无认识的场合，也可以成立本罪。行为人对暴力行为有认识并有伤害故意的，不成立本罪，例如，行为人主观上具有明显的轻伤故意，但由于过失造成重伤结果的，只构成故意伤害罪。

在假想防卫、假想避险等对阻却违法性的事由存在错误认识的情况下致人重伤的，可能成立本罪。

六、遗弃罪

第二百六十一条　对于年老、年幼、患病或者其他没有独立生活能力的人，负有扶养义务而拒绝扶养，情节恶劣的，处五年以下有期徒刑、拘役或者管制。

遗弃罪，是指负有扶养义务的人，对年老、年幼、患病或者其他没有独立生活能力的人拒绝扶养，情节恶劣的行为。

（一）保护法益

本罪侵害的法益是生命、身体的安全。本罪属于抽象危险犯，而非具体危险犯。[①] 换言之，遗弃无独立生活能力、无自救力者，只要使其陷于生存上的困难，在生命、身体健康方面存在危险的，就有构成遗弃罪的可能。遗弃行为开始时，被害人并不都立即遭遇生存上的困难，如果尚未达到抽象危险的程度，就没有必要对行为人给予刑罚。

在我国1979年《刑法》中，遗弃罪被规定在“妨害婚姻、家庭罪”一章中，理论上因此将本罪侵害的法益解释为被害人作为家庭成员享有的受扶养权利，遗弃对象中年老者、年幼者、患病者或者其他没有独立生活能力的人只能是家庭成员。1997年《刑法》取消了1979年《刑法》中的“妨害婚姻、家庭罪”这一章，将其全部归入侵犯公民人身权利、民主权利罪中。按照体系解释的逻辑，刑法分则条文的罗列与法益有关，“法律规范之间存在着有意义的次序编排”[②]，立法的改变为理论上将遗弃罪侵害的法益解释为生命、身体的安全（而非无独立生活能力者的受抚养权利）提供了可能，遗弃对象也就不再限于共同生活的家庭成员。

在大陆法系刑法中，遗弃罪分为无义务者遗弃罪和保护者遗弃罪两种。无义务者遗弃罪的成立条件并不低，单纯消极地从危急状态离去的行为不能构成该罪，必须是积极地移置被遗弃人的行为才可能成立犯罪。我国刑法中的遗弃罪实际上是有保护责任者实施的遗弃行为，对于无义务者实施的遗弃行为，不应以遗弃罪追究。

（二）客观要件

本罪在客观方面表现为违背扶养义务，使他人生命、身体产生危险，以及在他人生命、身体处于危险状态时不予救助，情节恶劣的行为。

1. 违背扶养义务

这里的扶养义务，是实质的脆弱法益保护义务。从实务来看，这种作为义务大量依婚姻家庭关系，尤其是血缘、亲属关系产生。但是，这种义务的履行不限于家庭成员之间，还可能根据行为人对一定场所的支配、事务管理等产生。例如，事实上收养他人子女，即使收养行为并不符合法律规定，也可能产生扶养义务；将患重病的人带到自己家里居住，发现其生命垂危

---

① 之所以认为遗弃罪是抽象危险犯，是因为如果将其视作具体危险犯，就要求行为人对于死亡的具体危险有认识，由此导致杀人故意与遗弃故意无法区别，会模糊故意杀人罪和遗弃罪的界限。

② ［德］英格博格·普珀：《法学思维小课堂》，蔡圣伟译，63页，北京，北京大学出版社，2011。

的，救助人具有扶养义务；敬老院、救助站工作人员对被收留的年老、年幼、患病或者其他没有独立生活能力的人，也具有扶养义务，为逃避这种扶养、监护义务而将其带到火车站、农贸市场等公共场所抛弃的，可以构成遗弃罪。由于我国刑法除交通肇事之外，并未规定一般性的见危不救罪，对本罪的义务范围必须有所限制，不然刑法打击的范围可能不当扩大，例如，并非交通事故肇事者，仅为同行者，甚至陌生的路人都可能成为扶养义务人。所以，本罪中的义务关系，应该以形成制度化救助义务的必要性以及期待可能性为前提。

2. 遗弃行为

遗弃，有广义和狭义之分。狭义的遗弃是指将需要扶养者转移到危险场所；广义的遗弃则包括转移和将被遗弃者遗留在危险场所两种情形（但其实质都表现为不履行扶养义务）。我国刑法中的遗弃一词是在广义上使用的。

遗弃行为，具体表现为拒绝扶养，其具体方式包括：(1) 移置：将无自救力者移置于无法获得救助、养育或保护处所。(2) 造成场所隔离：不移动被害人所处场所，但切断其与外界沟通的渠道（如剪断电话线，移除呼吸装置），致其生命、身体陷于危险状态。(3) 消极离去：有扶助、供养义务者离开被扶养人生活的场所，从而使被扶养人处于危险境地（如果离去原因是扶养权利人对原来的扶养方式不满，要求改变扶养方式，扶养者负气出走的，可以作为民事纠纷处理，不成立本罪）。

3. 情节恶劣

根据司法实践，具有对被害人长期不予照顾、不提供生活来源；驱赶、逼迫被害人离家，致使被害人流离失所或者生存困难；遗弃患严重疾病或者生活不能自理的被害人；遗弃致使被害人身体严重损害或者造成其他严重后果等情形，属于本罪的情节恶劣。

由于本罪不是家庭成员之间的犯罪，被遗弃的对象并不限于婚姻家庭法上的共同生活的家庭成员。

本罪的主体是特殊主体，即负有扶助、供养义务的人（身份犯）。

多人同时负有扶养义务的，如果被害人事实上处于其中某一扶养人的照料之下，其拒不履行义务后，其他保护义务者无法及时对被害人实施救助的，遗弃行为对于无自救能力者的生命、身体也可能会发生危险，所以，该实际照料人不能以存在对等的其他扶养人为由进行辩解，仍然有成立本罪的余地。

（三）主观要件

本罪在主观方面是故意，即明知自己负有扶养义务，不履行该义务会使他人处于危险境地，而拒绝履行其义务。遗弃故意只要求行为人认识到其行为会造成被遗弃者生命、身体上的危险即可。

（四）认定

将遗弃罪作为侵害生命、身体的犯罪，就需要厘清该罪和故意杀人罪的界限。在遗弃致人死亡的情形下，行为人是成立遗弃罪还是故意杀人罪，在司法上是一个难题。

对此，行为人故意的内容是很重要的判断指标：遗弃罪的行为人并不希望或者放任被害人死亡，只是对被害人生命、身体的危险持希望或者放任的态度；而故意杀人罪的行为人则希望或者放任被害人死亡。如果没有杀人故意的，不可能成立故意杀人罪。此外，对犯罪客观方面相关事实的判断也需要特别考虑，重点考察被害人的生命所面临的危险是否紧迫、生命对作为义务的依赖程度、行为人履行义务的难易程度、行为是否会立即导致他人死亡等因素，从而判断是成立遗弃罪还是故意杀人罪。①

换言之，故意杀人罪和遗弃罪的区别取决于两方面：(1) 客观上针对生命的具体危险是否存在。危险的不同决定了作为义务本身在轻重程度上的区别。例如，行为人携双腿严重残疾的人外出时，将其丢弃在冰天雪地里，然后径直离去的，被害人死亡的危险程度极高（如果碰巧活下来，绝对是一个奇迹）的，行为人有成立不作为故意杀人罪的可能。当然，如果在具体案件中，行为人履行救助义务后，被害人也几乎可能死亡的，属于欠缺结果避免可能性的情形，对行为人认定为遗弃罪的可能性就比较大，例如，提供某种药品供被害人服用，发现其药物中毒后未及时送医，后被害人死亡的，如果法官认为即便被告人将被害人及时送医采取救治措施，也难以否认被害人在路上就可能死亡的，对被告人就难以认定为不作为的故意杀人罪。(2) 主观上杀害的意思是否存在。例如，不给半岁大小的婴儿提供食物致其活活饿死的，其杀人故意可以被肯定；父母把患有多种先天疾病的婴儿用棉被包好放在马路边的，被害人的生命只有抽象危险，原则上只能肯定行为人的遗弃故意，其行为难以成立故意杀人罪。

第三节 侵犯性自由的犯罪

一、强奸罪

第二百三十六条② 以暴力、胁迫或者其他手段强奸妇女的，处三年以上十年以下有期徒刑。

奸淫不满十四周岁的幼女的，以强奸论，从重处罚。

强奸妇女、奸淫幼女，有下列情形之一的，处十年以上有期徒刑、无期徒刑或者死刑：

（一）强奸妇女、奸淫幼女情节恶劣的；

（二）强奸妇女、奸淫幼女多人的；

（三）在公共场所当众强奸妇女、奸淫幼女的；

（四）二人以上轮奸的；

（五）奸淫不满十周岁的幼女或者造成幼女伤害的；

（六）致使被害人重伤、死亡或者造成其他严重后果的。

强奸罪，是指违背妇女意志，使用暴力、胁迫或者其他手段，强行对妇女进行奸淫，或者与不满 14 周岁的幼女发生性关系的行为。

（一）保护法益

本罪侵害的法益因对象不同而有差异。在被害人是妇女的场合，本罪侵犯的法益是妇女的性自主权（性行为的自我决定权），其内容是指妇女对于性行为发生的时间、地点、形式与对象所拥有的自主决定的自由。强制他人接受性行为，是对性自主决定权的不法干预，是对妇女人格尊严的侵犯。性自主决定权源于宪法对人格尊严的保障，且强奸行为大多伴随身体伤害或强制，如果从这个角度认识本罪的保护法益，就能够对本罪的重刑配置（3 年以上有期徒刑至死刑）有一个合理解释。在被害人是幼女的场合，奸淫行为侵犯了幼女的身心健康。

（二）客观要件

本罪在客观方面表现为违背妇女意志，使用暴力、胁迫或者其他手段，强行与妇女性交，

① 参见张明楷：《侵犯人身罪与侵犯财产罪》，70 页，北京，北京大学出版社，2021。

② 本条为《刑法修正案（十一）》第 26 条所修改。

或者奸淫幼女的行为。

1. 强奸妇女

行为人必须违反被害人意愿而与其性交，才能构成本罪。如果妇女对该性行为实质上是同意的，就不可能成立强奸罪。所以，违背妇女意志是本罪的本质特征。

要准确理解违背妇女意志的内容，必须注意：(1) 违背妇女意志，指“与妇女的同意相反的意思”。妇女明确表示不同意的，当然是违背妇女意志。行为人在对被害人实施性行为之前，使用暴力、胁迫，迫使被害人就范的，就是妇女明确表示不同意，当然属于违背妇女意志。至于性交过程中行为人有无实施强制行为或被害人的意愿是否被违反，都不影响本罪的成立。(2) 在使用其他方法强奸妇女的场合，违背妇女意志是指没有得到妇女的同意。例如，使用麻醉方法或者冒充妇女的丈夫与被害人发生性关系的，属于没有征得妇女同意，也是违背妇女意志。(3) 对违背妇女意志的判断不能仅以妇女反抗与否为根据。妇女实施反抗的，认定为违背妇女意志当然相对容易。对这里的反抗的内容和程度不能作过多限制：反抗的内容包括呼救、语言拒绝、求情、指责等，不能将身体搏斗作为认定反抗的唯一标准。妇女明显可以反抗，且反抗能够起到一定作用，但其不仅不反抗，还为行为人实施性行为提供各种方便的，不宜认定为违背妇女意志。在特殊情况下，妇女不敢反抗（如行为人携带凶器实施暴力、胁迫行为，或者被害人有心脏病等疾病，反抗会导致自己疾病发作而死亡）、来不及反抗（如行为人突然袭击）、不知反抗（如被害人处于昏睡状态）、明知反抗无用而未反抗（如强奸行为发生在人迹罕至的场所）的，虽然失去被害人反抗这一前提，但仍然属于违背妇女意志。(4) 行为人必须对违背妇女意志有认识。行为人主观上已经认识到自己实施的行为违背妇女意志，为此才可能使用暴力、胁迫手段制伏，以防止其反抗。(5) 行为必须事实上违背妇女意志。行为人对睡梦中的妇女实施暴力、胁迫，自以为违背妇女意志，但该妇女醒来后对性行为并不反对的，由于存在被害人承诺，阻却违法性。①

强奸行为以暴力、胁迫或者其他手段实施。暴力，通常是指对妇女直接采取殴打身体、捆绑手脚、捂嘴巴、卡脖子等。胁迫，是指对妇女采取的精神威慑，使妇女不敢抗拒的强制手段，常见的有以对妇女及其亲属实施杀害、揭发隐私、损坏财产相威胁；利用封建迷信或编造谎言的方式对妇女进行强度较大的心理威胁；利用偏僻地段、深夜等场所、时间所形成的特殊条件实施胁迫等。

刑法将“其他方法”也作为强奸罪中的手段行为，主要是为了解决特殊情况下奸淫行为的定性问题：一方面，利用他人处于心神丧失、抗拒不能的现存状态实施奸淫的，构成强奸罪。因为强奸罪中的违背妇女意志应是指违背正常妇女的意志，如果妇女是不能辨认和控制自己行为的精神病人（包括“花痴”等），由于其不能正确表达自己的意志，只要有与该妇女发生性交的行为，就应当定为强奸罪。这里的心神丧失，是指由于精神障碍而丧失正常的判断能力的状态。熟睡、烂醉如泥、重度精神病、精神脆弱等状态都包括在内。他人实施暴力、胁迫使被害人陷入不能反抗的程度之后，第三人利用这一情势对被害人实施奸淫的，第三人的行为也应当成立强奸罪。抗拒不能，是指心神丧失以外的心理的、物理的抵抗不可能或者困难的状况，至于被害人如何陷入这种境地在所不问，例如，因为恐惧、惊愕、错误等而丧失行动自由的场合，以及基于雇佣关系、身份关系上具有从属地位，受到心理强制而不能抗拒的场合，都属于抗拒不能。另一方面，故意以灌醉酒、投催眠剂等方式使他人陷入心神丧失、抗拒不能的处境而奸淫的，或者深夜冒充情夫实施奸淫的，也属于强奸罪中的“其他方法”。

① 站在行为无价值论的立场，行为人也有成立强奸罪未遂的余地。

值得指出的是，实践中发生的“骗奸”行为是否属于这里的“其他方法”，就值得仔细讨论。由于本罪的保护法益是妇女的性自主决定权，且刑法第236条对于“其他手段”是与暴力、胁迫联系在一起规定的，按照同类解释的原则，这里的“其他手段”一定是带有强制性，使被害人难以做出性自主决定的情形。邪教组织的主犯以给被害人“发功”为名，与妇女发生性行为的，在很大程度上利用了其对被害人的优势地位，压制了被害人的自主意思，可以成立本罪。但是，非法行医者以治疗需要为名，欺骗妇女通过性行为可以为其堕胎的，或者通过性器官为其传递药物到妇女体内的，或者虚构招聘名义以发生性关系是潜规则为由进行“骗奸”的，行为人都没有实施与暴力、胁迫类似，使被害人陷入难以做出自主决定境地的实行行为，不构成强奸罪。①

暴力、胁迫行为，只要达到足以压制被害人的反抗即为已足，而不需要达到完全或者实际压制被害人反抗的程度。至于何为足以压制被害人反抗，应结合一般的社会观念、被害人的年龄、精神状态、健康状态、行为的场所、时间以及其他事项综合判断。

基于强奸故意，开始实施暴力、胁迫行为时就是本罪的着手。对此的判断是一个实质的、规范的判断，产生强奸的客观危险性时，就是强奸罪的着手。日本有判例认为，为实施奸淫行为，将在路上行走的被害人往汽车里拖，准备拉到5公里外的地方奸淫的，由于将被害人拉进驾驶室时就可以认为已明显具有强奸的客观、现实危险性，乃是本罪着手。由拉进驾驶室时的暴力产生的伤害，也就可以构成强奸致伤罪。②

性器官的一部分插入妇女阴道时，妇女的性自由权利受到现实侵害，乃是本罪既遂（插入说）。至于性交行为是否终了、性欲是否满足，在所不问。实务中，行为人因自身性功能障碍，或发现妇女来月经时，将异物而非性器官插入妇女阴道的行为，应当认定为本罪既遂，而不宜以强奸未遂和强制猥亵、侮辱罪并罚，因为从法益侵害以及保护被害妇女性自主决定权的角度看，使用异物对妇女造成的侵害和使用性器官强行插入妇女阴道造成的侵害没有差别。已经着手实施暴力、胁迫行为，例如，已掩住被害人之口，或者解下其衣服，即使尚未开始实施性交行为，也应当成立本罪的未遂。进入被害妇女家中藏于床下等待强奸时机的行为，属于本罪预备。

为排除第三人对妇女的保护，使用暴力杀害、伤害第三人，然后强奸妇女的，应以本罪和故意杀人罪、故意伤害罪并罚；强奸行为实施完毕后，出于杀人灭口等动机杀害、重伤被害人的，应当数罪并罚；非法进入他人住宅实施强奸的，成立非法侵入住宅罪和强奸罪的想象竞合犯；非法拘禁他人之后起意强奸的，以非法拘禁罪和强奸罪并罚；强奸妇女后产生夺取财物的故意，利用被害人处于昏迷状态或者存在畏惧心理，取得财物的，应以强奸罪和盗窃罪并罚。

行为人与被害人一度或数度两相情愿进行性交，但后来违反妇女的意愿采用暴力、胁迫方法，强行与女方发生性关系的，应当认定为强奸罪。按照有关司法解释，第一次性行为是违背妇女意志的，符合强奸罪的特征，但妇女未告发，以后又多次自愿与男方发生性关系，可不再追究强奸罪的刑事责任。③ 但是，如果在第一次强奸之后，男方利用女方不敢声张的弱点，采用威胁方法继续纠缠女方，使其忍辱从奸的，应当认定为强奸罪。

2. 奸淫幼女

奸淫幼女的行为，属于准强奸行为，其在客观方面表现为与不满14周岁的幼女发生性关

① 这是从客观的构成要件不符合的角度讨论问题。如果从违法性的角度看，被害人即使受到一定程度的欺骗，但其对他人可能和自己发生性行为这一法益关系也没有错误认识，其承诺有效，阻却被告人行为的违法性。

② 参见日本最高裁判所1970年7月28日判决（刑集24卷7号585页）。

③ 但是，从法律规定和法理来看，这一解释并不合理。

系的行为。由于不满 14 周岁的幼女对性行为缺乏辨别和认识能力，所以，不论行为人采用什么手段（暴力、胁迫、诱骗或其他方法），也不论幼女是否同意，只要行为人有与其发生性关系的行为，就构成犯罪。

强行奸淫妇女的行为和奸淫幼女在实质上应该没有区别：强行奸淫妇女是违背妇女意志，使用暴力或者胁迫抑制其反抗的（事实上）强行奸淫。而在奸淫幼女的情况下，由于刑法认为幼女对性行为的同意在法律上无效，所以，行为人的行为仍然属于强行奸淫，只不过是法律意义上的强行奸淫而已。将强奸妇女的行为和奸淫幼女的行为性质等同起来，可以克服司法认定中的一些难题，例如，《刑法》第 17 条第 2 款规定，已满 14 周岁不满 16 周岁的人犯强奸罪的，应当承担刑事责任。如果其奸淫幼女的，自然也应构成犯罪。

实务以及通说均认为，由于幼女生理发育的特点，奸淫幼女事实上难以插入，因此，行为人只要主观上具有奸淫幼女的故意，客观上实施了对幼女的奸淫行为，双方性器官一旦有接触，就应当认定为本罪的既遂（接触说）。但是，性器官的接触实质上是一种猥亵行为，不宜将其作为强奸罪的既遂。因此，奸淫幼女的既遂标准也应当是插入说，降低既遂标准在学理上难以自圆其说。对于基于奸淫的意思，客观上仅有性器官接触而未插入的，构成强奸罪未遂和猥亵儿童罪的想象竞合犯。

3. 结果加重犯

强奸致人重伤、死亡的，属于本罪的结果加重犯，强奸行为和加重结果之间应当具有直接性，而且行为人对于重伤、死亡结果具有预见可能性，而强奸行为本身处于既遂还是未遂状态，均非所问。至于加重结果是暴力、胁迫等强制行为所造成的，还是性交行为所造成的，也都不影响结果加重犯的成立。例如，着手实施暴力、胁迫，被害人为逃避而跌入山崖中死亡或者跌倒负伤的，加重结果都属于由强奸行为所引起，成立强奸致人重伤、死亡。需要注意的是：(1) 强奸过程中使被害人身体裸露，因天气寒冷且被害人体质特殊，陷入假死状态，行为人强奸行为实施完毕后逃离现场，被害人被冻死的，一般认为应以强奸致人死亡处理①，不宜将死亡结果认为是由行为人的不救助行为所造成，不能对被告人以强奸罪和故意杀人罪并罚。(2) 本着奸淫目的着手实施暴力，导致被害人死亡的，才能适用“强奸致人死亡”的结果加重犯规定。强奸得逞以后，为发泄对被害人之前的激烈反抗的不满，或者为防止被害人呼救或者追赶，在逃离现场之前对被害人使用暴力导致其死伤的，应以强奸罪和故意杀人罪、故意伤害罪并罚。

由于本罪的被害人被限定为女性，所以，在直接正犯中，只有已满 14 周岁的男子，才能成为本罪主体。这是由本罪的性质所决定的。根据最高人民法院《关于审理未成年人刑事案件具体应用法律若干问题的解释》（2006 年 1 月 11 日）的规定，已满 14 周岁不满 16 周岁的人偶尔与幼女发生性行为，情节轻微、未造成严重后果的，不认为是犯罪。

关于强奸罪的主体，有以下问题需要特别讨论：

(1) 妇女。妇女不能成为本罪的直接、单独正犯，但可能与男子共同实施强奸行为，可以成为强奸罪的共犯（教唆犯、帮助犯）；也可以构成强奸罪的共同正犯。例如，甲女对乙女有仇，试图依靠丙男强奸乙，某深夜甲、丙共同等候在乙回家的路上，待乙走近时，甲用木棒先将乙打倒在地，致其昏迷，后丙对乙实施强奸的，由于无行为身份的女性与有身份的男性共同实施行为能够对妇女的性自由造成侵害，其分担了强奸罪客观方面（暴力或者胁迫）的一部分，所以有成立共同正犯的可能。此外，妇女利用男性精神病患者强奸他人的，属于以他人为

---

① 参见［日］团藤重光：《刑法纲要各论》，3 版，496 页，东京，创文社，1990。

道具实施强奸的行为，该妇女可以构成强奸罪的间接正犯。①

（2）“婚内强奸”问题。在婚姻关系存续期间，丈夫使用暴力强行与妻子发生性行为的，其是否能够成为强奸罪的犯罪主体对此一直有争议。通说的观点认为，由于有合法的婚姻关系存在，一方有权利要求另一方履行性行为的义务（同居义务），即使丈夫的行为对妻子的性自由权利有侵害，也不构成犯罪。不过，这种观点与刑法第236条的规定不相一致，该规定并未将妻子排除出本罪的保护范围，为了尊重女性的人身权利，不能容许丈夫强迫妻子性交，本罪所要保护的妇女性的自决权当然包括决定不与丈夫发生性行为的内容；此外，因为婚姻关系存在就推定妻子在无论何种情况下都有与丈夫发生性关系的概括同意，也与事实不符，带有明显的假想成分，也存在过于重视社会秩序、社会和谐，忽略妇女个人权益的问题，并不可取。我国实务中的做法是，丈夫强行与妻子发生性行为的，通常不能成为强奸罪的主体，但是，在婚姻关系实质上破裂或松弛的场合（如一方起诉离婚，案件正在诉讼阶段，或者一审已经作出准予离婚判决），丈夫的行为对妻子的性自由权利有实质侵害的，可以结合案件的具体情况承认丈夫能够成为强奸罪的主体。②

此外，毫无疑问的是，在婚姻关系存续期间，不管婚姻状况是好是坏，丈夫伙同他人强行与妻子发生性行为的，或者根据强奸实行者的意思，强迫妻子同他人发生性关系的，丈夫当然可以构成强奸罪的主体。

（三）主观要件

本罪在主观方面是故意。在强奸妇女的场合，行为人对其暴力、胁迫行为使妇女反抗显著困难有所认识，对行为违背妇女的意志有所认识，进而违背被害人意愿而与其性交，希望或者放任危害后果的发生。在奸淫幼女的场合，通说认为行为人应对被害人是幼女有认识。关于本罪的主观要件方面，有以下两个方面的争议。

1. 奸淫目的是否需要

强奸罪主观上只能由故意构成，包括直接故意和间接故意。但我国刑法学理论还在故意之上添加了“具有奸淫目的”这样的内容。例如，有学者指出，构成本罪的主观方面，不仅要求是故意，并且要求具有奸淫目的，即意图与被害女性性交的目的。③ 但是，这样就可能会使司法实践先入为主地考虑行为人究竟有无奸淫目的。而奸淫目的是较为含混的概念。行为人意欲通奸、未婚男子意欲与未婚女子发生性行为的，都可以说具有奸淫目的。如此一来，可能会导致扩大强奸罪的范围。

审判实践中，对于行为人对被害人实施试探行为（如接吻、抚摸性感部位、解衣扣），并无显著违反被害人意愿的表示，但在其准备实施进一步的行为时，被害人明显反抗，行为人即从现场离去的，有的判决认为行为人有奸淫目的，从而肯定强奸罪的成立。但是，在这样的案件中，行为人是否具有强奸故意，是否只存在通奸或者借机“占点便宜”的意思；其行为是否与强制猥亵罪的实行行为相当，本身就是有疑问的。应当认为，在这种场合，行为人只有“求奸”的意思，不具有强行与他人发生性行为的故意，不构成本罪。

要求行为人必须具有奸淫目的，才能构成强奸罪，也可能会缩小犯罪成立范围。一方面，会将间接故意排除在强奸罪故意之外。因为我国刑法理论一直认为，只有直接故意才具有犯罪目的，间接故意不具有犯罪目的，那么结局就是：凡是要求“具有……目的”的犯罪，都只能

---

① 参见［日］中山研一：《刑法概说Ⅱ》，2版，81页，东京，成文堂，2000。

② 当然，由于婚姻关系是否实质上破裂有时难以判断，以此为标准来认定婚内强奸是否成立可能破坏法的安定性。

③ 参见王作富主编：《刑法》，2版，392页，北京，中国人民大学出版社，2004。

由直接故意构成，而不能由间接故意构成。据此，强奸罪只能由直接故意构成。但是，“刑法理论上作为主观的超过要素所讲的犯罪目的，显然不是指直接故意的意志因素，而是故意之外的一种主观心理内容……随意加上‘以……为目的’，又将目的犯没有例外地限定为直接故意，就可能不当地缩小犯罪的成立范围”①。另一方面，强奸行为人的内心倾向大多是满足性要求，但也可能有报复、侮辱妇女，强迫妇女嫁给自己等。如果一定要求行为人有奸淫目的才能构成强奸罪，上述情况可能都难以被定性为强奸，但这又明显不合理。所以，强奸行为的法益侵害性不是由行为人的主观意图所决定的。能否成立强奸罪的关键在于，行为人是否具有强奸故意，是否以暴力、胁迫或者其他方法实施了侵害妇女的性自主决定权的行为。至于行为人的内心倾向如何，是否具有奸淫目的，与成立本罪无关；寻求刺激或者满足性欲的目的或者倾向，不是强奸罪的主观要件。

2. 是否必须明知对方是幼女

通说认为，在奸淫幼女的场合，行为人明知对方是不满 14 周岁的幼女而加以奸淫的，才具有奸淫故意。这里的明知包括应当知道、明确知道或者可能知道对方是幼女的情形。根据这种观点，未满 14 周岁的幼女对性行为有承诺，且行为人误认为对方已满 14 周岁时，属于事实认识错误，阻却本罪故意，不构成强奸罪。得到已满 14 周岁者承诺，但将已满 14 周岁的女性误认为是不满 14 周岁的幼女，对其进行奸淫的，由于有 14 周岁以上者的承诺，行为对被害人的性自由没有侵害，即使有奸淫故意，也由于欠缺法益侵害性，不构成犯罪。

有学者认为，行为人对于幼女年龄不需要明知，其主要理由集中起来有三点：(1) 世界上绝大多数国家都规定了只要是同法定意思表示年龄以下的非其配偶的女性（或男性）发生性关系，即构成法定强奸。从英美国家的法律史上看，支持有关法定强奸之法律有两个基本理由：需要给予年轻女孩严格的保护：被告犯法定强奸的犯罪意图可以从他有意干这些道德上或法律上不当的行为中推断出来。更进一步看，法定强奸之罪的形成史表明，从古代开始，法律就对于那些被认为是年龄太小而不能理解自己行为的女性予以特别保护。因此，在美国法律中其一直都被视为一种严格责任。我国刑法第 236 条关于奸淫幼女的规定，也应该被视作严格责任的制度设计。(2) 要求对幼女年龄有明知，事实上选择性地将这个社会最为唾弃且最无法容忍的一种同幼女的性关系豁免了。而这种豁免客观上主要是因为某些有权有势，可以利用各种权力和机会与幼女发生性行为的男性，在这个社会中利用其地位、影响，能够以各种方式更容易诱使少女“自愿”，而且他们也更可能“确实不知”少女的年龄。而其他与幼女发生自愿性关系的人则由于其他原因无法豁免。特别应当注意到的是，在这里少男幼女之间相对说来更为纯洁的双方自愿的性冲动，则由于他们肯定了解对方年龄，在这样的理解中，反倒有很大可能受到强奸罪的惩罚。(3) 大陆法系刑法学传统中的责任主义原则如果没有变通就是不合适的，犯罪构成要件理论的实际功能需要反思。犯罪构成要件作为一种公式化操作的便利工具，如果要保持其开放性和实用性，就必须考虑一定程度的例外情况；同时，在案件处理涉及公共政策，固守传统犯罪构成要件理论会明显得出不合理结论时，需要弱化构成要件的功能，不将构成要件理论作为公共政策决策的决定性知识框架。②

我并不赞成刑法第 236 条属于严格责任的规定，同时认为，不宜将行为人“认识”对方是幼女的情形解释得过窄，即把行为人“确实不知”对方是不满 14 周岁的幼女，双方自愿发生

---

① 张明楷：《刑法分则的解释原理》，193 页以下，北京，中国人民大学出版社，2004。

② 更为详尽的分析，请参见苏力：《道路通向城市：转型中国的法治》，116、134 页，北京，法律出版社，2004。

性关系的情形都认定为没有认识、没有故意，从而不认为该行为是犯罪。奸淫幼女的场合，行为人具有故意，是指对于对方是不满 14 周岁的幼女有认识，并对与其发生性行为有希望或者放任。因此，不能仅仅在直接故意的前提下思考问题。如果认为间接故意也可以构成本罪，就应该认为：行为人即便确实不知道被害人的具体年龄，仅能够大致认识到其属于 14 周岁上下的未成年人，但竟然甘冒该当本罪构成要件行为的风险，而与被害人发生性行为的，即为了满足自身性欲，对于与可能未满 14 周岁的幼女发生性行为可能受到追诉亦在所不惜的，就具有本罪的认识和意欲，成立本罪的间接故意。

（四）轮奸的认定

二人以上者在同一场所、前后间隔很短的时间范围内，轮流对被害人实施性侵犯行为的，构成轮奸。其成为加重处罚的理由，对被告人应当在 10 年以上有期徒刑的幅度内量刑。

实务中成为问题的是：二人以上轮奸的场合，一人既遂，其他人未遂的，是否所有人都成立轮奸既遂？这是有争议的问题。一概既遂说主张：对参与轮奸的共犯，只要其中有人强奸得逞，其余共犯，无论强奸是否得逞，一律以轮奸既遂以及强奸既遂论处。只要成立轮奸，就不能对奸淫未能得逞的共犯再引用犯罪未遂的规定从宽处罚。分别处理说认为，对参与轮奸的共犯，应以强奸得逞与否来划分轮奸既遂与未遂，不应把在轮奸中没有得逞的共犯与在轮奸中已得逞的共犯相提并论。分别处理说的主要理由是：(1) 轮奸共犯的既遂与一般犯罪共犯的既遂有区别。一般共同犯罪承认共同正犯的功能支配，对共犯的既遂判断按照部分行为全部责任原则处理，如故意杀人罪的共同正犯，只要其有共同杀人的故意，在犯罪过程中客观上存在行为的相互配合，尽管不是每一个共犯均实施了杀人的行为，但只要有人的行为导致死亡结果发生，那么所有共犯均成立故意杀人既遂。但强奸罪既遂必须是行为人与妇女发生性行为，如果行为人没有与妇女实际发生性行为，就不构成强奸既遂。(2) 强奸罪作为亲手犯，其既遂具有不可替代性。强奸既遂要求行为人实施了与妇女性交的行为，这种性交行为是针对单个人的行为，并非包括其他共犯。共犯中有的人在轮奸中已得逞，不能替代在轮奸中未得逞的共犯。司法实践的立场是：强奸罪是亲手犯，按照各行为人的行为状态确定其责任，可以成立强奸罪中轮奸行为的中止犯或者未遂犯。

我认为，对于轮奸既遂或者未遂的处理，需要紧扣刑法的规定进行解释。刑法第 236 条第 3 款第 4 项所规定的“二人以上轮奸”，一方面是对加重构成要件中主观要素的要求（共同轮流奸淫的意思），行为人先后分别实施强奸行为，但没有轮奸的共谋的，连共同强奸都不成立，轮奸更是无从谈起；只有一个人有奸淫意思，另外一人在现场实施帮助行为但并不实施奸淫的，只能成立强奸罪的共同犯罪，不属于轮奸。另一方面是对共同实施轮流奸淫行为的要求。行为同时符合这两个条件的，才属于加重构成要件中的轮奸。二人以上轮流对被害人进行性侵害的，就应适用轮奸的规定，即使一方未得逞，对于轮奸的成立也没有影响。但是，其对于轮奸既遂与否有影响，因为只要二人中有一人未遂，就没有发生造成轮奸损害的事实，被害人所面临的只是被轮奸的现实危险，二人均只能成立轮奸未遂，其量刑起点是 10 年以上有期徒刑，但应同时引用刑法第 23 条关于未遂犯的规定从轻或减轻处罚。此外，由于轮奸行为在同一场所、几乎同一时间发生，所以应该肯定行为人对于强奸的共同故意和共同行为，确定其成立强奸罪的共同正犯，对所有共同正犯的处罚就必须坚持部分行为全部责任原则。换言之，轮奸行为中强奸得逞者所造成的危害后果也需要强奸未得逞者承担，共同正犯人之一的行为及其后果也是其他共犯人的行为和后果，由于行为人之间相互配合，其没有必要不对他人的强奸既遂行为及其所造成的后果负责。因此，在基于共同故意轮奸的场合，一人既遂，其他参与实行者已经着手但未得逞的，成立强奸既遂，且属于轮奸，但应按照轮奸未遂处理。在量刑上，对所有共同犯罪人都应当在强奸既遂的基础上，考虑轮奸未遂的情节（比照轮奸既遂从轻、减轻处罚）确定刑期，其最终处刑就会比普通强奸罪既遂的处刑要重。①

二、负有照护职责人员性侵罪

第二百三十六条之一② 对已满十四周岁不满十六周岁的未成年女性负有监护、收养、看护、教育、医疗等特殊职责的人员，与该未成年女性发生性关系的，处三年以下有期徒刑；情节恶劣的，处三年以上十年以下有期徒刑。

有前款行为，同时又构成本法第二百三十六条规定之罪的，依照处罚较重的规定定罪处罚。

负有照护职责人员性侵罪，是指对已满14周岁不满16周岁的未成年女性负有监护、收养、看护、教育、医疗等特殊职责的人员，与该未成年女性发生性关系的行为。

(一) 保护法益

本罪的保护法益是特定年龄段未成年女性的身心健康。

刑法第236条规定的奸淫幼女犯罪对被害人实施绝对保护，不管行为人采取的是暴力还是哄骗手段，不管幼女是否同意，只要与幼女发生性关系，行为人的行为都构成犯罪。由于幼女的年龄界限是14周岁，从实践中的情况来看，负有监护、收养、教育等特殊职责的人员利用优势地位性侵已满14周岁未成年人的案件也为数不少，这些特定年龄段的未成年人得不到应有保护。为此，《刑法修正案（十一）》增设了本罪规定，负有照护职责的人员与14周岁至16周岁未成年女性发生性关系的，不论对方是否同意，都应追究刑事责任。换言之，对已满14周岁不满16周岁的未成年女性负有监护、收养、看护、教育、医疗等特殊职责的人员，即便在对方同意的情形下，与该未成年女性发生性关系，而非违背对方意志使用暴力、威胁、欺骗、利诱等手段与该未成年女性发生性关系的，行为人的行为也构成本罪。这实际上是提高了性同意年龄，体现了对未成年人身心健康的严格保护。不少国家的刑法也都有类似规定。

如果认为负有照护职责的人并未主动提出和已满14周岁不满16周岁的未成年女性发生性行为，而是后者“自愿”与负有照护职责的人员发生性关系的，行为人的行为仍然构成本罪，那么，对本罪的保护法益就应当理解为未成年女性的身心健康。此时，立法上是把已满14周岁不满16周岁但处于特殊境地（被监护、收养、看护、教育、医疗）的未成年女性当作不能对其性自由决定的人看待。从性自主决定权的角度来看，可能会认为《刑法修正案（十一）》第27条的规定很难解释得通，因为已满14周岁不满16周岁的未成年女性自愿与没有职责的男性发生性关系时，该男性的行为就不构成犯罪，此时，未成年女性的性自主决定权得到肯定，但其与负有特殊职责的男性发生性行为时，其性自主决定权被否定，这似乎是自相矛盾的。《刑法修正案（十一）》第27条显然不是一概禁止任何人与已满14周岁不满16周岁的未成年女性发生性关系。这就需要在司法实务中解释已满14周岁不满16周岁的未成年女性确实完全自愿时，与负有照护职责的人员发生性关系以及与无特殊职责的人员发生性关系的本质差别。此处立法上的主要考虑是：具有监护、收养等特殊职责的行为人容易针对被害人实施欺骗、利诱等行为，被害人虽非自愿，但也可能考虑到这种关系而忍气吞声、难以反抗或抵制，

---

① 这不属于强奸既遂和轮奸未遂的想象竞合犯，因为想象竞合犯的处理规则是从一重罪处断。但在轮奸未遂的场合，对所有共犯的量刑是在普通强奸的基础上，考虑轮奸事实增加刑期。

② 本条为《刑法修正案（十一）》第27条所增设。

故其承诺真假难辨，行为人的犯罪很容易得手。这对于未成年人的健康成长不利。因此，立法上推定处于特定监护等关系中的女性面对负有特殊职责的人员时，对其性行为难以真正自主地进行决定，因此，对该未成年女性予以特殊保护。由此，本罪的保护法益仍然是未成年女性的性自主决定权，只不过是说，在该女性面对不是其监护人的男性（如“早恋”对象）时，由于其与对方是平等关系，其有权决定与对方发生性行为，其自主决定权没有受侵害。但是，一定的主体对于其权利是否具有自主决定权是一个相对的概念，并不具有绝对性。未成年女性在面对具有监护等特殊职责的人员时，与对方不具有平等关系，处于相对弱势地位，其自主决定权受到一定限制，不能完全自主决定。如果对方利用监护等特殊关系，即便没有强迫、诱惑该未成年女性，该原本被法律保护的自主决定权也受到了侵害。因此，即便从性自主决定权出发，在未成年女性确实完全主动、自愿时，负有特殊职责的人的行为仍然侵害了妇女的性自主决定权，由此得出本罪的保护法益受侵害的结论。这是缓和的刑法家长主义的立场，也就是说，自己决定的自由被作为宪法上的权利而受到有力保护，被刑法的基本原理认可，但其也并不是完全没有限制的。自主决定权只赋予“具有成熟的判断能力的人”。对于没有该种能力的人（包括无责任能力的人以及责任能力受到限制的人），从缓和的刑法家长主义立场出发，为了保护其本人的利益，在一定范围内可以用公权力对其自主决定权进行某种有限的干涉。① 关于性自主决定权，也要根据具有成熟的判断能力者的意思而作出决定，这种自己决定的自由在面对完全平等的对方时，是完全的自由决定权利；但在面对具有监护等关系的强势者时，该自主决定权被否定。因此，自主决定权并不具有完全的、任何时候都有效的形式。因此，本罪的保护法益是未成年女性的身心健康，而不是未成年女性的性自主决定权。也就是说，该权利在未成年女性面对照护者时，已被立足于刑法家长主义立场的立法者否定。既然该自主决定权不存在，就谈不上被侵犯。

（二）客观要件

本罪在客观方面表现为负有特殊职责的人员与已满 14 周岁不满 16 周岁的未成年女性发生性关系，即实施性交行为。这一行为属于猥亵行为的特殊加重情形。本罪的既遂标准是插入说。如果负有特殊职责的人员对已满 14 周岁不满 16 周岁的未成年女性仅有猥亵行为的，不构成本罪。换言之，如果经已满 14 周岁不满 16 周岁未成年女性同意，负有特殊职责的人员对其实施亲吻、抚摸性器官等猥亵行为的，应当承认未成年女性有有限的性自主决定权，行为人的行为不成立犯罪。

本罪的主体是负有监护、收养、看护、教育、医疗等特殊职责的人员。考虑到这些人员基于其优势地位、身份等容易对未成年女性形成身体和心理的控制，立法严格禁止负有特殊职责的人员与该未成年女性发生性关系。对于负有特殊职责的人的判断，要求有一定的依据，比如法律、法规规定的监护关系，法律上和事实上的收养关系，合同约定的看护、教育关系等。这些照护关系并不以合法为限，例如，未经批准开设的武术学校在教学过程中，或者非法开设的医疗机构在行医过程中，负有特殊职责的人员与未成年女性发生性行为的，其都可以成立本罪的主体。

如果负有特殊职责的人员采用暴力、胁迫等手段强行与该未成年女性发生性关系的，同时构成本罪和强奸罪，依照处罚较重的规定定罪处罚。

（三）主观要件

本罪在主观上是故意，对于被害人属于已满 14 周岁不满 16 周岁的未成年女性有认识。本罪的

---

① 参见［日］曾根威彦：《刑法学基础》，黎宏译，58 页，北京，法律出版社，2005。

主体是负有监护、收养、看护、教育、医疗等特殊职责的人员，其与被害人之间存在一定时期的特殊照护关系，因而其对于被害人的年龄通常有明确认识。不具有明确认识，但是其明知对方可能是已满 14 周岁不满 16 周岁的未成年女性而仍然与其发生性行为的，也具有本罪的故意。

三、强制猥亵、侮辱罪

第二百三十七条[①] 以暴力、胁迫或者其他方法强制猥亵他人或者侮辱妇女的，处五年以下有期徒刑或者拘役。

聚众或者在公共场所当众犯前款罪的，或者有其他恶劣情节的，处五年以上有期徒刑。

强制猥亵、侮辱罪，是指以暴力、胁迫或者其他方法强制猥亵他人或者强制侮辱妇女的行为。

（一）保护法益

本罪侵害的法益在我国刑法学中一般被认为是被害人（尤其是妇女）的人格尊严、人身安全和名誉权利。但是这种观点过于宽泛。事实上，本罪的保护法益是他人的性自主决定权。由于刑法只规定了强制猥亵他人、强制侮辱妇女罪而没有规定公然猥亵罪，所以，本罪的保护法益就不包括社会中善良的性道德观念、性风俗等公共秩序，故而本罪是单纯的侵犯人身权利的犯罪。

关于本罪的行为对象需要区别情况考虑。在强制猥亵他人的情况下，被害人包括男性和妇女；在强制侮辱妇女时，被害人只能是妇女。由于刑法另外规定了猥亵儿童罪，所以强制猥亵、强制侮辱罪中的妇女就只能是已满 14 周岁的女性。至于行为人是男性还是女性，均在所不问。只要其实施了强制猥亵他人、强制侮辱妇女的行为，就可以构成本罪。

（二）客观要件

本罪在客观方面表现为以暴力、胁迫或者其他方法强制猥亵妇女或已满 14 周岁的男性，或者强制侮辱妇女，侵害其性羞耻感的行为。

1. 犯罪方法

猥亵、侮辱行为均要利用暴力、胁迫或者其他强制方法实施，其特点突出表现为强制性。如果行为人使用的是非强制方法，如在电话中对妇女进行调戏、侮辱，不构成强制侮辱妇女。暴力，是指用不法的有形力强制、左右被害人的意愿使之就范；胁迫，是指以恐吓、威胁的手段使被害人心有顾忌。这些手段都不以直接对被害人实施为限。

暴力、胁迫程度相对较低，例如，在公共场所暗中用生殖器顶擦妇女臀部的，也是使用暴力强制猥亵妇女，可以构成本罪。因此，本罪的暴力、胁迫的程度，不需要像抢劫罪中的相应行为一样达到足以压制被害人反抗的程度，只要使被害人反抗存在显著困难即为已足。[②] 此外，在强制猥亵妇女、侮辱妇女的场合，由于本罪是比强奸罪危害更轻的犯罪，所以暴力、胁迫的程度可能稍微低于强奸罪中的暴力、胁迫。而在强制猥亵男性的情形下，此时的猥亵是一个广义的概念，包括类似于强奸妇女场合的奸淫行为，所以，其暴力、胁迫程度可以与强奸罪中的暴力、胁迫程度相当。

暴力、胁迫具有较强的威慑力，其他方法也必须具有使被害人反抗显得比较困难的特性，例如，以灌醉酒、投催眠剂等方式故意使他人陷入心神丧失、抗拒不能的境地，然后实施猥亵、侮辱行为的情形，以及使用欺骗手段实施猥亵的行为（例如，以对重症患者必须进行身材检查，否则无法有效治疗为由，欺骗他人并对其进行猥亵的），都属于强制猥亵他人罪中的手

---

① 本条为《刑法修正案（九）》第 13 条所修改。

② 参见［日］团藤重光：《刑法纲要各论》，3 版，490 页，东京，创文社，1990。

段行为。

强制猥亵、侮辱行为一般是在使用暴力、胁迫或者其他手段使被害人陷入反抗困难的境地之后再行实施，如果行为人只有猥亵行为，而未实施违反被害人意愿的强制行为，就不应当构成本罪，例如，突然在女性面前显露其性器官然后就逃匿的，虽有猥亵行为，但不具有强制性，不构成本罪；强迫对方观看自己的性器官，属于强制猥亵。暴力行为自身就是猥亵、侮辱行为，而且被害人对这一暴力本身无法即时反应并作出反抗举动时（例如，乘妇女不注意时将手伸进其上衣抚摸其乳房），自然也构成本罪。

2. 猥亵行为

这里的猥亵行为，包括以下情形：（1）针对男性的强奸行为。广义上的猥亵行为包括强奸行为，即社会对强奸和一般的猥亵的实害评价是相同的。[①] 在被害人是妇女时，由于刑法对强奸妇女这一猥亵的特殊情形作了特别规定（限定为以性交方式侵犯妇女性自主的行为），因而，强制猥亵妇女、强制侮辱妇女罪和强奸罪之间有法条竞合关系，前罪是普通法条，后罪是特别法条，对强奸妇女的行为不再认定为强制猥亵罪。但是，在被害人是男性时，妇女强行与其发生性交行为的，也属于强制猥亵他人。此时的猥亵行为包括“强奸”行为。（2）性接触行为，例如触摸他人性器官等。（3）并无身体接触的强制猥亵行为，例如，强迫对方观看自己的性交过程，通过视频强迫对方实施淫秽动作等。

强制猥亵和强制侮辱妇女行为没有本质上的区别。强制猥亵是指为寻求性刺激而对他人实行的淫秽性的行为，具体表现为抚摸他人的性器官（乳房或者阴部）、对男性实施“鸡奸”或其他变态性行为、强制男性与自己发生性行为、强行为妇女拍摄裸体照、将异物强行插入妇女的肛门、女性强行与其他女性发生变态性行为等。猥亵行为的特点是行为人的身体与被害人的身体直接发生接触，通过这种接触来满足奸淫以外的性欲或者性刺激。强制侮辱，是指以各种淫秽下流、伤风败俗的动作、语言损害妇女的人格尊严，侵害妇女性羞耻心的行为，例如，使他人身体部分或全部裸露；逼迫他人做淫秽动作；用淫秽举动侮辱妇女等。侮辱妇女侵害其性羞耻感的行为，并不以与妇女发生身体接触为前提。当然，有时强制猥亵和强制侮辱行为之间并没有明确界限，实务中也没有必要区分。以暴力、威胁方法公然侮辱妇女，对其名誉有侵害，而不是侵害其性羞耻感的，构成侮辱罪而非本罪。

强制猥亵或侮辱妇女时，行为必须是在违背他人意愿的情况下实施的，例如，违反对方的意思、使用暴力多次强行接吻的行为，如果从一般人的观念出发，行为对妇女的性权利有损害的，就可以构成本罪。由于本罪是侵犯个人法益而不是社会法益的犯罪，所以，强调的是猥亵行为的强制性，至于是否公然实施，在所不问。

并非出于刺激或满足性欲需要且并未损害他人性自主决定权的行为，例如，单纯出于报复偷剪他人发辫的行为、单纯出于侮辱他人人格而在他人身上涂抹污物而一般人并不认为侵害性羞耻心的行为、追逐堵截等流氓行为，不应认定构成本罪。对上述行为认定构成侮辱罪、寻衅滋事罪更为得当。

（三）主观要件

本罪在主观方面是故意。故意的内容依被害人的不同而有所区别。在强制猥亵男性的场合，行为人对包括强制性交在内的猥亵有认识；在强制猥亵、侮辱妇女的情形下，行为人对实施性交之外的行为可能侵害妇女的性自主决定权有追求。

有的学者认为：本罪属于倾向犯，行为人有刺激性欲使之兴奋并得到满足的意图。例如，

① 参见［日］西山富夫编：《刑法通说各论》，56页，东京，八千代出版株式会社，1998。

不具有猥亵倾向而只是基于报复、虐待的目的对女性拍摄裸体照的，不构成本罪。① 医生对女性病人实施治疗行为，属于正当业务行为，不具有猥亵倾向的，也不构成本罪。但是，多数说认为，从法益保护的角度看，行为人的内心倾向、动机、目的不同不能改变被害人的性自主决定权这一法益受到侵害的事实，所以只要行为人有强制猥亵的故意即为已足，而不需要有刺激、满足性欲的内心倾向。②

我认为，如果站在行为无价值二元论的立场，承认违反行为规范，进而对法益造成损害的行为就具有违法性，那么，法益侵害对于违法性判断的关键作用也需要得到肯定。如果立足于行为的法益侵害性，而不是站在违反社会伦理规范的基点上，对猥亵行为完全可以不再把行为人的内心倾向（或内心表现等）作为主观构成要件要素，而应从客观的法益侵害是否存在的角度思考违法性、正当化事由是否存在等问题，从而否认倾向犯、表现犯等概念。③ 那么，在实施医疗行为过程中，即便行为人主观上在治疗目的之外还有追求性刺激的意思，但只要正当医疗行为的其他条件都同时能够满足，也可以认为该行为不符合强制猥亵罪的构成要件，不具有猥亵犯罪的违法性；基于报复、虐待的目的对女性拍摄裸体照的，对法益的侵害仍然是存在的。因此，是否追求性刺激，是否有猥亵倾向，不是本罪的主观构成要件要素和违法要素，没有必要承认本罪是倾向犯。

（四）认定

强奸罪和本罪的界限，一般来说是比较清楚的。但在某些情况下，行为人在对被害妇女身体的敏感部位、性器官强行进行抚摸、侵害时就被抓捕，或者因为其他原因在插入前停止犯罪的，其行为当然具有猥亵、侮辱性质，但行为人的行为究竟是成立强制猥亵、侮辱罪，还是属于强奸罪未遂，就值得研究。如果肯定两罪之间存在法条竞合的特别关系，就应该按照特别法条优先适用的法理，排斥本罪的适用。强奸罪作为特别法条，其行为方式表现为违背妇女意志，强行实施奸淫的行为，因此，基于强奸故意，实施强制猥亵行为，由于意志以外的原因未得逞的，是强奸罪未遂，而非强制猥亵、侮辱罪。此外，强迫妇女与他人发生性行为的，行为似乎带有强制猥亵的性质，但是，妇女的性自主决定权因为被强制性交而受到侵害，所以行为人的行为也只能构成强奸罪，而不构成本罪。

四、猥亵儿童罪

第二百三十七条第三款④ 猥亵儿童的，处五年以下有期徒刑；有下列情形之一的，处五年以上有期徒刑：

（一）猥亵儿童多人或者多次的；

（二）聚众猥亵儿童的，或者在公共场所当众猥亵儿童，情节恶劣的；

（三）造成儿童伤害或者其他严重后果的；

（四）猥亵手段恶劣或者有其他恶劣情节的。

---

① 参见［日］大塚仁：《刑法概说·各论》，3版，100页，东京，有斐阁，1996。

② 参见［日］平野龙一：《刑法概说》，180页，东京，东京大学出版会，1977；［日］前田雅英：《刑法各论讲义》，7版，99页，东京，东京大学出版会，2020。

③ 也有学者认为，成立本罪，无须存在“刺激、兴奋或者满足自己或他人性欲的”意图这种特殊的主观要素，但与此同时，由于猥亵行为客观上必须是“具有刺激、兴奋或者满足自己或他人性欲的性意义上的行为”，所以，本罪的构成要件要素要求从客观上看该行为具有这种性的意义，本罪故意的内容还要求对此存在认识。参见［日］松宫孝明：《刑法各论讲义》（第4版），王昭武、张小宁译，96页，北京，中国人民大学出版社，2018。

④ 本条为《刑法修正案（十一）》第28条所修改。

猥亵儿童罪，是指猥亵不满14周岁的儿童的行为。

（一）保护法益

本罪保护的法益是儿童的身心健康。儿童处在身心发育的成长阶段，生理和心理的发育都不成熟，行为人以猥亵方法刺激、满足自己的性欲或挑逗儿童性欲的，对儿童未来的成长伤害很大，所以，必须对儿童的相应权利给予特殊保护。

这里的儿童，包括不满14周岁的男性和女性儿童。

（二）客观要件

本罪在客观方面表现为猥亵不满14周岁的儿童的行为。

儿童对猥亵行为的意义不能正确理解、没有抗拒他人猥亵行为的能力，所以，行为人没有实施暴力、胁迫行为，只要有猥亵行为就构成犯罪。行为人采用欺骗手段取得儿童同意后再实施猥亵行为的，儿童的同意在法律上无效，行为人的行为仍然构成犯罪。猥亵儿童主要表现为，抠摸幼女生殖器、令儿童为自己手淫、"鸡奸"儿童、强迫儿童和自己发生性行为、脱光儿童衣物进行玩弄等。

猥亵儿童的行为，未必一定要有身体的接触。实践中出现的大量案件是，行为人利用儿童辨别能力、抗拒能力低的特点，以满足性刺激为目的，以诱骗、强迫或者其他方法要求儿童拍摄裸体、敏感部位照片、视频等供其观看，严重侵害儿童的人格尊严和心理健康。这是利用被害人实施强制猥亵，侵害被害人身心健康的情形（间接正犯），符合本罪的客观构成要件。

猥亵儿童，有下列情形之一的，法定刑升格为5年以上15年以下有期徒刑：（1）猥亵儿童多人或者多次的。（2）聚众猥亵儿童的，或者在公共场所当众猥亵儿童，情节恶劣的。行为人在教室、集体宿舍等场所实施猥亵行为，只要当时有多人在场，即使在场人员未实际看到，也应当认定犯罪行为是在"公共场所当众"实施。需要注意的是，对于实践中发案率较高的在地铁、公交车等公共交通工具上以及其他公共场所当众猥亵儿童的情形，为确保罪刑相适应，只有在符合情节恶劣的情形下，才能判处5年以下有期徒刑；对于在公共交通工具或者其他公共场所猥亵儿童，但犯罪刚着手实施就被及时制止，或者行为人认罪悔罪态度较好的，或者有其他情节，不宜认定为情节恶劣的，仍然有可能在5年有期徒刑以下处刑。（3）造成儿童伤害或者其他严重后果的。（4）猥亵手段恶劣或者有其他恶劣情节的。

在猥亵的儿童为幼女时，男性行为人如果具有奸淫故意的，构成强奸罪；如果儿童为不满14周岁的男性儿童的，妇女对之实施的猥亵行为，则包括性交行为在内。换言之，强奸只不过是猥亵的特殊加重处罚情形，属于猥亵行为的一种，不能认为猥亵行为一定是性交以外的行为，否则，妇女对幼男实施性交以外的行为的，构成猥亵儿童罪，而妇女与幼男发生性交的，反而不构成任何犯罪。这明显会带来处理上的不合理。

（三）主观要件

本罪在主观方面是故意。明知对方是不满14周岁的儿童而加以猥亵的，就具有刺激或者满足性欲的猥亵故意。这里的明知包括明确知道、可能知道对方是儿童的情形，因此，直接故意或间接故意均可以构成本罪。

误以为对方是已满14周岁者，在取得对方同意后加以猥亵的，属于事实认识错误，阻却本罪的故意。

第四节　侵犯行动自由的犯罪

一、非法拘禁罪

第二百三十八条　非法拘禁他人或者以其他方法非法剥夺他人人身自由的，处三年以下有期徒刑、拘役、管制或者剥夺政治权利。具有殴打、侮辱情节的，从重处罚。

犯前款罪，致人重伤的，处三年以上十年以下有期徒刑；致人死亡的，处十年以上有期徒刑。使用暴力致人伤残、死亡的，依照本法第二百三十四条、第二百三十二条的规定定罪处罚。

为索取债务非法扣押、拘禁他人的，依照前两款的规定处罚。

国家机关工作人员利用职权犯前三款罪的，依照前三款的规定从重处罚。

非法拘禁罪，是指以拘禁或者其他方法非法剥夺他人人身自由的行为。

（一）保护法益

本罪的保护法益是他人的身体活动自由，即行动或移动的自由。

本罪的行为对象必须是有场所移动自由的自然人。由于人的行动是受意识支配的，所以身体活动自由就是意思活动的自由。这种自由是事实状态的，而不以行动者在法律上具有责任能力和法律行为能力为限。至于婴儿、重度精神病人等，由于欠缺变更其所停留处所的意思决定能力，完全没有行动自由，不能成为本罪的行为对象。借助于拐杖可以移动的人、能独自移动的幼儿等，则能够成为本罪的侵害对象。

这里的身体活动自由，是现实的自由还是可能的自由，一直有争议。例如，行为人将熟睡的人反锁在房间中，但是，在其醒来之前就打开了锁，而该人并未察觉；又如，某人实际被剥夺自由，但该人并未察觉也并未要求离去的，是否成立本罪？对此，有观点会认为，身体活动自由是可能的、潜在的自由，因一时的原因而丧失行动自由者或者昏迷无意识者，例如，处于睡眠状态中的人、烂醉如泥者，都可以成为非法拘禁罪的侵害对象，因为这些人被拘禁后一旦醒来，无法自由移动身体离开所停留的处所，其权利就被侵害（可能的自由说）。① 按照这种观点，被害人对被拘禁的事实并无认识的，也成立本罪。其主要理由是：只要存在客观的非法拘禁事实，即被害人的身体活动自由事实上被剥夺，即使其当时实际上对此没有认识的，法益也受到侵害。② 这种观点主要是考虑到本罪是非法剥夺人身自由的犯罪，人身自由权与被害人是处于熟睡还是清醒状态似乎没有直接关联，那么，将身体活动自由视作可能的自由就是合理的。其结局是重视刑法和民法对人身权利保护的一致性，试图尽可能全面地保护个人的行动自由。另外一种观点认为，身体移动的自由应该是现实的自由，也就是实际打算移动时不受限制的自由。被害人如果没有意识到这种自由被剥夺的，就谈不上其现实的自由被侵害，非法拘禁罪难以成立（现实的自由说）。被害人的大门被他人上锁，但其当时根本不想外出或移动的，谈不上被非法拘禁。熟睡者、醉酒者在被拘束的当时不具有这种自由，因此不能成为非法拘禁的对象。因为熟睡者、烂醉如泥者在被拘禁的当时欠缺自由意识能力，对于被拘禁的事实完全不知情，谈不上有现实的行动自由的问题，在这一点上其与婴儿、重度精神病人并无二致，如果将行为人的行为认定为非法拘禁，将会产生不合理的现象，也显得过于绝对。③ 西田典之更

---

① 参见［日］大塚仁：《刑法概说·各论》，3版，76页，东京，有斐阁，1996。

② 参见［日］大塚仁：《刑法各论》（上册），163页，东京，青林书院新社，1968。

③ 参见［日］中山研一：《概说刑法Ⅱ》，2版，68页，东京，成文堂，2000。

为明确地指出："所谓场所移动的自由，是指移动这种意思的自由，因此，实际上想要移动时给予保护就足够了，由此可见，'现实的自由说'是妥当的。"①

如果考虑到司法实务的现状以及我国刑法规定的特殊性，就应该认可现实的自由说：(1) 我国司法实务通常仅对拘禁时间超过 24 小时的行为才能立案，被害人处于睡眠状况下被拘禁如此长的时间的情形不太可能出现；在拘禁时间较短，但行为人实施暴力行为的场合，非法拘禁也成立，此时，被害人现实的自由被侵害且被害人对于被拘禁的事实有认识。因此，现实的自由说与司法实务中的做法相一致。(2) 可能的自由说的结论与常识有距离。例如，甲将在小岛上居住的乙离开岛屿时唯一可能依赖的小船沉入海里，欲使乙无法离开岛屿，但是，事后查明，在一周时间里，乙对此毫无知觉，也从来没有想过离开那里。如果按照可能的自由说认定非法拘禁罪成立，其结论未必合适。(3) 现实的自由说更有利保护被害人。例如，为了事后实施强奸行为而欺骗被害人，使之搭载自己的摩托车，但往反方向行驶的，如果按照可能的自由说，在被害人发现方向不对之间的驾驶行为，都是对被害人的拘禁。但是，根据现实的自由说，只有在被害人发现行为人通往的方向错误，提出停车要求而行为人拒不停车之时才成立非法拘禁，对于之前的搭载被害人的行为不认定为拘禁。这有助于鼓励被告人及时放弃犯罪，架设回归的"金桥"，更好地保护被害人。②

（二）客观要件

本罪在客观方面表现为以拘押、禁闭或者其他强制方法，非法剥夺他人人身自由权利的行为。

1. 非法

这里的非法，属于构成要件要素，即拘禁他人时不具有法律上的依据。

在正当防卫、紧急避险或者有法律上的依据，尤其是在以刑事诉讼法、治安管理处罚法为依据而剥夺他人人身自由的场合（拘留现行犯、逮捕、公民扭送等），就谈不上是非法，应当阻却构成要件该当性。此外，社会生活中能够容忍的轻度自由拘束也不属于非法（例如，教师将学生反锁在教室，以强迫其打扫卫生；父母对未成年子女采取强制教育措施），所以，"非法"一词属于开放构成要件。没有这些法律依据而非法剥夺他人自由的，例如，超期羁押、没有合理理由的长时间扣押，都是非法，有成立非法拘禁罪的余地。

对此不同的观点是，这里的非法不是构成要件要素，只是为了例外地确认行为时不存在违法阻却事由，不属于具有一定合法根据的逮捕、拘留、公民扭送等情形，因此，对于拘禁的非法性，没有必要积极举证。应当说，采用这种观点还是前述的构成要件要素说对于案件处理结局不会带来实质差异。

2. 拘禁或者以其他方法非法剥夺他人人身自由

非法拘禁之"拘禁"一词，是由"拘"和"禁"组成的："拘"即拘捕，是指对人的身体给予直接拘束以剥夺其活动自由；"禁"乃指监禁，即将他人控制于一定场所，使其逃脱显著困难。当然，拘捕和监禁只是同一构成要件中的不同形态，是先后相继的行为，不可能，也无

---

① ［日］西田典之著，［日］桥爪隆补订：《日本刑法各论》，7 版，82～83 页，东京，弘文堂，2018。

② 就这种被害人存在动机错误（以为他人送自己回家，但对方实际上有强奸意思）的情形而言，对非法拘禁罪保护法益的理解与被害人承诺的处理之间存在一定联系。如果赞成可能的自由说，就极易在被害人的承诺问题上主张重大错误说（如果知道对方的违法目的，被害人就不会同意，因此，被害人被欺骗后对于对方的违法目的没有认识，属于重大错误，被害人上车时就是被拘禁）。如果赞成现实的自由说，一般会倾向于法益关系错误说（即便对方隐藏了违法目的，但是，对于上车会跟着别人走这一事实，被害人是同意的，法益关系没有错误，同意有效），仅在被害人想下车而对方不停车的那一刻，行为人的行为才开始成立非法拘禁罪。

必要将二者明确加以区分。①

至于拘禁的具体方法、手段，法律并未限制，并不以使用强力或直接的限制为限。在司法实践中，使用有形的方法拘禁他人的较为常见，如将他人锁在房间内并派人看守、将他人捆绑于木柱上等。但是，利用无形力，如利用人的羞耻、恐惧感、错误认识等，也可以成立非法拘禁。这方面的例子有：将入浴妇女的衣物拖走，使其因害怕裸露而无法离开②；驾驶汽车高速行驶，使被害人不敢跳车；以日后报复为名将他人软禁在一定场所；用手枪对准他人，使之不敢离开一定场所③；用麻醉药或催眠术使他人失去行动能力；取走双腿残缺者的拐杖、轮椅；在他人到达一定高度后取走其楼梯；将他人长时间置于必须冒着生命危险才能脱离的场所；使用诡计使他人陷入错误而长期停留于某一场所；违背迷路儿童的意志对之实行拘禁等。

此外，拘禁行为还可能利用不知情的第三人实施，如欺骗不知情的警察，从而达到扣押他人的目的。这是非法拘禁罪的间接正犯。④

非法拘禁罪的本质在于行为人所使用的方法足以侵害或限制被害人的身体活动自由，因此，行为人与被害人同居一室，无空间之隔离的，仍可能成立非法拘禁。被害人业已知晓被拘禁的事实，但根本没有从拘禁现场逃离的意思的，也不妨碍本罪的成立。

拘禁行为一般是作为，如使用暴力或者胁迫的方法将被害人强行押走，或者使用强力防止他人离去。但是，也有以不作为方式非法拘禁他人的情形。例如，小学教师因过失行为而将已放学但尚未回家的学生锁在教室，但在他人提醒后仍置之不理，扬长而去，致使该学生被长时间关押的，即属以不作为方式非法拘禁他人。

根据最高人民法院、最高人民检察院、公安部、司法部《关于办理黑恶势力犯罪案件若干问题的指导意见》（2018 年 1 月 16 日）的规定，黑恶势力有组织地多次短时间非法拘禁他人的，应当认定为刑法第 238 条规定的“以其他方法非法剥夺他人人身自由”；非法拘禁他人 3 次以上、每次持续时间在 4 小时以上，或者非法拘禁他人累计时间在 12 小时以上的，应以本罪定罪处罚。

拘禁行为必须达到一定的程度，才能具备实质的违法性，从而构成犯罪。一般来说，被害人逃脱显著困难时，就可以确定行为人的行为具有犯罪性。那么，乘被害人熟睡之际将门反扣，待其醒来时，用力一推房门就能自由离去的，自无成立本罪的可能。

以与他人结婚为目的，强行将妇女带离其长期以来的生活环境并加以扣留的，可以考虑定非法拘禁罪。以出卖为目的，拐卖成年男子的，由于对此没有拐卖型罪名可以适用，但其行为有侵害被害人身体活动自由的可能，也可以认定为非法拘禁行为。

为索取债务（包括高利贷、赌债等法律不予保护的债务），非法扣押、拘禁他人的，以非法拘禁罪定罪处罚，而不构成抢劫罪或绑架罪。在行为人非法扣押、拘禁被害人，而向其近亲属等第三人提出索取债务要求的场合，就涉及以索取债务为目的的非法拘禁罪与以勒索财物为目的的绑架罪之间的界限。从表面看，类似行为是符合（勒索财物型）绑架罪的构成要件的，但立法者考虑到毕竟双方之间客观上存在债权债务关系，事出有因，行为人提出索取债务的要求存在合理性，是债权人为了追还债务而采用了法律所不允许的办法，而且一般并不侵犯受害方的财产权利，属于侵犯人身自由的单一法益，行为的违法性比绑架罪低，与典型的、无缘无

---

① 参见［日］大塚仁、福田平编：《刑法各论》，46 页，东京，青林书院，1996。

② 将他人洗澡时放置在附近的衣物拖走的，并不一概都成立本罪，仅应对利用被害人的羞耻心，在较高程度上压制了被害人移动的意思，或者使之离开显著困难的情形定罪。

③ 挟持他人、阻止他人离开一定场所，才构成非法拘禁罪。阻止他人进入一定场所，如拒不允许调皮学生进入校舍的，并不构成非法拘禁罪。

④ 参见［日］川端博：《刑法各论概要》，61 页，东京，成文堂，1990。

故地扣押、绑架他人勒索财物的行为存在一定差异。因而刑法作出了专门规定，对此种行为不宜以绑架罪论处。换言之，基于事实上的债务关系，要行为人不去讨债是“强人所难”。立法在这里就是将部分原本构成绑架但欠缺期待可能性的行为，类型化地拟制为绑架罪之外的轻罪，在犯罪构成要件上予以体现。司法解释对这一立法主旨予以认可，将基于事实上的债务关系而实施的绑架行为，也按照非法拘禁罪定罪处罚。根据最高人民法院《关于对为索取法律不予保护的债务非法拘禁他人行为如何定罪问题的解释》（2000年7月13日）的规定，行为人为索取高利贷、赌债等法律不予保护的债务，非法扣押、拘禁他人的，依照非法拘禁罪定罪处罚。按照该司法解释，区分绑架罪与非法拘禁罪的重要标志就是行为人是否为索取债务而非法扣押、绑架他人：债务关系真实、现实存在的，不论债务是否合法，均以非法拘禁罪定罪处罚。即使行为人为逼人还债，而非法关押债务人以外的第三人的，也只构成非法拘禁罪。此外，行为人因某种非经济上的纠纷（如索要“青春损失费”），非法控制他人，向其亲属提出经济补偿要求的，原则上也应当定非法拘禁罪。

根据最高人民检察院《关于渎职侵权犯罪案件立案标准的规定》（2006年7月26日）的规定，国家机关工作人员利用职权非法拘禁，涉嫌下列情形之一的，应予立案：(1) 非法剥夺他人人身自由24小时以上的；(2) 非法剥夺他人人身自由，并使用械具或者捆绑等恶劣手段，或者实施殴打、侮辱、虐待行为的；(3) 非法拘禁，造成被拘禁人轻伤、重伤、死亡的；(4) 非法拘禁，情节严重，导致被拘禁人自杀、自残造成重伤、死亡，或者精神失常的；(5) 非法拘禁3人次以上的；(6) 司法工作人员对明知是没有违法犯罪事实的人而非法拘禁的；(7) 其他非法拘禁应予追究刑事责任的情形。

本罪的主体是一般主体。刑事诉讼法规定公民可以将现行犯扭送至司法机关，所以，普通公民抓捕并扭送现行犯并不能构成非法拘禁罪。但抓捕现行犯后不将其立即扭送至司法机关，而私自加以处理的，如将抓住的小偷用绳索绑在树上加以羞辱的，仍可能构成本罪。

（三）主观要件

本罪在主观方面是故意。行为人主观上必须有剥夺他人身体活动自由的意思，包括直接故意和间接故意。这种故意中的事实性认识包括两方面的内容：其一，认识到自己的行为足以剥夺他人的活动自由；其二，认识到他人逃离现场的意思决定随时可能产生。就第二点而言，被害人同意行为人剥夺其行动自由，行为人对这种同意有所认识的，则不具有本罪故意。行为人并无故意，而是因为过失将他人锁于特定场所的，不构成本罪，但可能构成其他罪。例如，因疏忽将他人反锁在车内，48小时后再打开车门时，被害人已被冻死，行为人可以构成过失致人死亡罪，但不能成立非法拘禁罪。

（四）认定

1. 非法拘禁罪和故意杀人罪的界限

前者只有限制人身自由的故意；后者则有剥夺他人生命的故意。但是，二者之间的界限有时较为模糊，例如，汽车司机在他人明确要求下车时完全不予理会，仍然高速行驶，导致客人跳车死亡的，很难认定司机有希望或者放任他人死亡的故意，原则上不能认定为故意杀人罪（评价过度），也不能仅成立过失致人死亡（评价不足），而应当认定为非法拘禁罪，属于非法拘禁致人死亡的情形。①

---

① 对于这种被害人“跳车”的情形，不宜认定为被害人自我答责。主要理由在于：一方面，被害人的身体移动自由被剥夺，自由意思被压制；另一方面，行为人的拘禁行为在持续且其并未履行减速、停车义务。该死伤后果仍然应当归属于拘禁行为人。

2. 非法拘禁致人重伤、死亡

这属于非法拘禁罪的结果加重犯。结果加重犯的加重结果与符合基本构成要件的犯罪行为之间，必须具有特殊的风险关系或者直接的内在联系。加重结果所实现的，应当是符合基本构成要件的犯罪行为所创设的风险，例如，采取捆绑等强制手段拘禁他人，同时实施程度较高的暴力侵害行为，过失引起重伤、死亡的严重后果的，即属此类。在实务中有判决认为：只要在非法拘禁的场合，由拘禁的事实引发的被害人重伤、死亡的后果，都成立结果加重犯，例如，之前并未受到暴力殴打的被拘禁人从扣押场所逃离过程中跌倒摔死的，行为人也属于非法拘禁致人死亡。这会将结果加重犯的认定扩大化。

因此，只有非法拘禁行为本身是致被害人死亡的直接原因，才能认定非法拘禁行为与该加重结果之间具有直接性关联。行为人的拘禁行为直接导致被害人死亡，被害人因非法拘禁诱发疾病而死亡等，都属于结果加重犯的因果关系存在的情形。例如，非法拘禁行为导致被害人死亡，如捆绑过紧、用东西堵住嘴导致被害人窒息死亡，该非法拘禁行为与被害人死亡具有直接因果关系且行为人有过失，是典型的非法拘禁行为导致死亡的结果加重犯。

在实务中，发生概率比较高的是被拘禁者自杀或因其自身原因导致死伤的情形，此时，是否成立非法拘禁致人死亡就值得研究。被害人因自身原因自杀，以及被害人为摆脱拘禁发生意外导致死亡的，是否都能够否认非法拘禁与死亡结果之间存在刑法上的因果关系？如果仅从条件关系角度看，被害人没有被非法拘禁其就不会自杀，故两者之间还是存在关联的，问题在于事实上有关联性，并不意味着两者之间必然存在结果加重犯的特定因果关系。对于被害人非法拘禁期间自杀的，应该注意区分非法拘禁的时间、情节等对因果关系的影响。一般而言，被害人被长时间拘禁，且持续遭受殴打、侮辱，最终不堪忍受而自杀的，应当认定为非法拘禁与死亡存在因果关系，行为人构成非法拘禁罪的结果加重犯。被拘禁的债务人自己感觉无法还清债务而自杀的，难以认定拘禁行为和死亡结果之间存在直接性关联。此外，在仅有关押被害人情节的非法拘禁情形下，被害人为离开拘禁场所，在他人看管松懈时翻越窗户时发生意外致死的，仅成立非法拘禁罪，不成立非法拘禁致死的结果加重犯，而被害人死亡的事实，仅在非法拘禁罪范围内作为从重量刑情节予以考虑。

3. 法律拟制

刑法第 238 条第 2 款后段规定，“使用暴力致人伤残、死亡的”，按照故意伤害罪、故意杀人罪定罪处罚。这是关于法律拟制的规定。换言之，在拘禁的场合，实施与拘禁无关的行为导致死伤后果的，按照故意杀人或者故意伤害罪处理。

值得研究的问题是：在符合法律拟制规定的情形下，共犯人之间的责任如何认定？尤其是教唆犯是否要对正犯因法律拟制所构成的故意杀人、故意伤害罪负责？例如，甲教唆乙非法拘禁丙，后乙在拘禁丙的过程中，发现丙曾经偷过自己的电动自行车，乙便打了丙两耳光，并将其推倒在地，然后将丙单独关在一个房间里。第二天早上，乙发现丙已死亡。经鉴定，丙是被乙打耳光导致耳膜穿孔诱发心脏病而死亡。按照刑法第 238 条第 2 款后段（使用暴力致人伤残、死亡）关于法律拟制的规定，乙的行为构成故意杀人罪没有问题，问题是：对甲怎么处理？甲的行为成立非法拘禁致人死亡，还是仅成立非法拘禁罪？

对此，可以按照实行过限的认定思路讨论。如果甲的教唆包含了认可乙能够对丙使用暴力的内容，甲对暴力有故意，则乙不属于实行过限。但是，本案中，甲的教唆仅限于非法拘禁行为，那么乙是实行过限，即实行犯乙超过非法拘禁罪的基本犯故意，有意实施了暴力的过限行为，过失造成被害人死亡。要认定甲的行为是否成立非法拘禁致人死亡罪，要看甲的行为是否符合结果加重犯的成立条件。本案不属于非法拘禁行为本身包含的危险现实化致人死亡，既没有直接关联性，也不属于特殊危险的现实化，不符合非法拘禁致人死亡结果加重犯的客观构成，且甲对死亡结果也难以预见，故甲的行为仅成立非法拘禁罪。

此外，从错误论的角度看，乙实际引发的事实（非法拘禁过程中，使用与拘禁行为无关的暴力致人死亡，成立故意杀人罪）与教唆犯甲主观上所认识的事实（非法拘禁行为）之间的不一致涉及不同的构成要件，因此，根据错误论来确定其就何种事实成立故意犯罪。由于教唆犯甲仅对非法拘禁基本犯具有故意，故其行为仅成立非法拘禁罪。如果甲对死亡结果有过失，则甲的行为成立非法拘禁罪和过失致人死亡罪的想象竞合，但不成立非法拘禁过失致人死亡的结果加重犯。当然，如果教唆犯甲不仅对非法拘禁存在教唆，而且明示或暗示实行犯乙在拘禁被害人期间可以使用暴力，教唆犯甲就对暴力致人死亡的结果能够预见，那么可以认为乙的行为没有超出甲的故意范围，甲似乎也可以成为拟制的故意杀人罪的教唆犯。但是，本案没有证据证明甲对于结果的发生能够预见，故其难以成为拟制的故意杀人罪的教唆犯。

二、绑架罪

第二百三十九条① 以勒索财物为目的绑架他人的，或者绑架他人作为人质的，处十年以上有期徒刑或者无期徒刑，并处罚金或者没收财产；情节较轻的，处五年以上十年以下有期徒刑，并处罚金。

犯前款罪，杀害被绑架人的，或者故意伤害被绑架人，致人重伤、死亡的，处无期徒刑或者死刑，并处没收财产。

以勒索财物为目的偷盗婴幼儿的，依照前两款的规定处罚。

绑架罪，是指利用被绑架人的近亲属或其他人对被绑架人安危的忧虑，以勒索财物或满足其他不法要求为目的，使用暴力、胁迫或麻醉方法劫持或以实力控制他人的行为。

（一）保护法益

本罪保护的法益是被绑架者的身体安全和其亲权者的保护监督权，有的情况下还包括他人的财产权。我国刑法与外国的多数立法不同，没有将绑架罪列入侵犯财产罪当中，而将其列入侵犯人身权利的犯罪中，所以本罪就实质而言不是以恐吓方法取得财物的犯罪，而是侵犯被绑架者人身权利的犯罪。就法定刑来看，本罪被认为是性质极其严重的犯罪。

本罪的行为对象是人而不是财物。这里的人既包括被绑架者，也包括被勒索、被要挟的人。这两种人不能是同一个人，被勒索、被要挟的人只能是被绑架者以外的第三人，如被绑架者的亲属、相关的政府机构及其成员。如果直接以被绑架者为勒索对象，勒令其交出财物的，就不构成本罪，而成立抢劫罪。

被绑架者有无身体移动能力、能否认识被拘束的事实，对于犯罪的成立没有影响。出生数日后的婴儿、处于麻醉或者昏睡状态者都可以成为绑架对象。被绑架者对于被绑架的事实虽然没有认识，但是由于本罪的被害人还包括被勒索财物者或者其他相关人员，所以即使被绑架者不存在被害意识，犯罪分子仍然可以实施不法控制他人并向第三人提出要求的犯罪行为。

（二）客观要件

本罪在客观方面表现为利用被绑架人的亲属或其他人对被绑架人安危的考虑，劫持或控制他人的行为。以勒索财物为目的偷盗婴幼儿的，视为绑架的一种特殊形式，以绑架论处。②

---

① 本条为《刑法修正案（七）》第6条、《刑法修正案（九）》第14条所修改。

② 此外，拐骗、抢劫婴幼儿并索取财物的，虽不属于狭义的偷盗婴幼儿行为，仍然应当以绑架罪论处。

本罪是重罪，起刑点为有期徒刑5年，因此，对于这里的绑架行为应该作狭义理解，仅包括以暴力、胁迫或者麻醉方法劫持或以实力控制他人，通常行为人要使用程度较高的暴力，也包括使用轻微暴力以及胁迫等方法，但不包括欺骗的情形。①

绑架罪的成立，从实际发生的案件看，其逻辑过程一般包括：控制人质（剥夺被绑架者的自由）—向其亲属或其他相关人员提出勒索财物或者其他要求—相关人员产生内心恐惧—相关人员向绑架行为人交付财物或者满足其要求—犯罪人实现犯罪意图。但是，从构成要件的要求看，在这些环节中，本罪的实行行为只能是利用第三人（关心被绑架者人身安危的人）的担忧，而扣押、绑架他人的行为。

绑架、扣押人质的行为是将他人劫持或者控制在行为人能够支配的范围内，在此过程中可能要使用暴力、胁迫、麻醉等方法，在这一点上，其和非法拘禁罪的实行行为有很多相似、重合之处。扣押人质一般来说要将其带离原来的生活场所，但是特殊情况下，被害人仍然在其原来的场所生活的，也可以成立绑架，例如，将未成年人的父母从其家中骗走，然后进入该住宅对被害人实施实力控制的，也是扣押人质。实务中，扣押人质以后提出要求的行为，通常包括提出勒索财物的要求，也包括提出其他的要求，如政治要求、释放被关押的罪犯的要求、改变司法裁判的要求等。犯罪人向被害人亲属或其他关系人勒索钱财，既可以由犯罪人直接与被害人亲属或其他关系人联系财物交付，也可以由犯罪人逼迫被害人向其亲友联系，还可以由犯罪人通过其他熟人与被害人亲友联系勒索财物，这些都不影响绑架罪的成立。

绑架、扣押人质和利用第三人的担忧提出要求之间有时间上的先后顺序性，即扣押人质是方法行为，利用第三人的担忧，进而提出不法要求是该行为向前发展的当然结果。先勒索财物再扣押他人的，扣押不是取得财物的先决条件，勒索也与扣押人质无关，行为人只能就勒索与扣押人质两个环节分别构成敲诈勒索罪和非法拘禁罪，而不构成本罪。如果先敲诈勒索财物，未得逞又绑架他人继续勒索的，则后来的绑架行为构成本罪。控制人质，使之逃脱显著困难的，就应当成立本罪既遂。行为人是否实际提出勒索财物或者其他要求，以及其要求是否被满足，对既遂的成立都没有影响。例如，甲绑架乙，并向其索要亲人丙的手机号。甲多次拨打丙的手机号但丙拒绝接听电话。甲觉得兆头不好，便将乙释放。对此能否认定甲的行为构成绑架罪既遂？应当说，绑架罪的核心在于控制人质，并以此为手段向其家人或第三人索要财物，因此，本罪的既遂标准是有效控制人质，使之脱离控制变得很困难。勒索财物或者提出其他不法要求，是本罪的主观要素，即行为人意图利用控制人质的方式，以人质的安危为筹码恐吓并勒索第三人（目的犯）。行为人勒索财物或者实现其他意图的目的，并不需要客观的行为相对应。只要行为人有效控制人质，制造足以令人质的亲属或其他相关人员担忧其安危的情形，被提出要求者是否担心被绑架者的人身安全，甚至行为人是否向人质之外的第三人提出要求，都对成立本罪既遂没有影响。如此界定本罪的既遂标准，并不是说本罪就不存在未遂。着手实施扣押人质的暴力行为，但由于被害人反抗而未得逞的，成立本罪未遂。当然，这并不意味着绑架行为实施后不存在犯罪中止形态。例如，行为人着手实施暴力绑架他人，但在以其实力实际控制他人之前，由于害怕法律惩罚或被害人亲属的报复、怜悯被绑架人或懊悔而自动放弃犯罪，将被绑架人放走的，有成立犯罪中止的可能。② 如此处理，既合乎情理，也有利于激励犯罪人争

---

① 参见俄罗斯联邦总检察院编：《俄罗斯联邦刑法典释义》（下册），黄道秀译，559页，北京，中国政法大学出版社，2000。

② 俄罗斯联邦刑法典第126条规定，主动释放被绑架人的，如果在其行为中没有其他的犯罪构成，可以免除其刑事责任。立法者的主要出发点是拯救被绑架人的生命，在行为人积极悔过时，与之进行妥协，这一规定的积极意义是值得我们考虑的。

取从宽处理。

绑架必须要将被绑架者置于自己的实力控制之下，这种控制应当以违背被绑架者的意愿为前提。行为人与“被绑架人”通谋，得到其承诺而将其移置在自己的控制之下，再向相关人员提出勒索的要求，使他人基于对被害人的担忧而被迫交付财物的，行为不具有本罪构成要件的定型性，只构成敲诈勒索罪。

在绑架过程中直接从被绑架人身上取得财物的，应当区别情况进行处理：发现被绑架人身上有钱财后而使用区别于绑架行为自身的暴力、胁迫取得财物的，构成抢劫罪；在扣押人质并将其控制在自己实力之下时，窃取被绑架人财物的，构成盗窃罪；在使用实力控制被绑架人以后，公然从其身上取得财物的，构成抢夺罪，此时不应当将绑架罪中使用实力控制被绑架人的行为评价为取得财物的暴力行为，否则就会将抢夺行为错误评价为抢劫行为。前述的抢劫、盗窃或者抢夺罪，原则上应当与绑架罪数罪并罚。

扣押人质过程中，杀害、伤害被绑架人的，只构成本罪；强奸被绑架人的，应以本罪和强奸罪并罚。

（三）主体

本罪的主体是一般主体，即已满 16 周岁、具有刑事责任能力的人，都可以构成本罪。对于已满 14 周岁不满 16 周岁的人在绑架过程中杀害被绑架人的，是否应当追究刑事责任，如果要定罪，罪名是什么，是有一定争议的问题。

有观点认为，对已满 14 周岁不满 16 周岁的人绑架并杀害被绑架人的，应宣告无罪。理由是：刑法第 17 条第 2 款将绑架罪排除在外，而刑法第 239 条第 1 款又将杀害被绑架人的行为定一个绑架罪，根据罪刑法定原则，对行为人做无罪处理更为合适。但是，也有人认为，可按故意杀人罪定罪处罚。理由是，杀害被绑架人的行为已具备刑法第 13 条规定的犯罪概念的基本特征，符合刑法第 232 条故意杀人罪的规定；刑法第 17 条第 2 款规定的范围旨在表明立法者认为已满 14 周岁不满 16 周岁的人对故意杀人等八种严重危害社会的行为理应具有刑事责任能力，而实施绑架犯罪中杀害被绑架人的行为，与一般的杀人行为相比，危害更大，更应该追究。理论上的这种分歧，也影响了司法实务。

最高人民法院刑一庭审判长会议《关于已满 14 周岁不满 16 周岁的人绑架并杀害被绑架人的行为如何适用法律问题的研究意见》认为，对已满 14 周岁不满 16 周岁的人绑架并杀害被绑架人的，应当依照刑法第 232 条的规定，以故意杀人罪追究其刑事责任。理由是：(1) 刑法第 17 条第 2 款中的“故意杀人”泛指一种犯罪行为，而不是特指刑法第 232 条故意杀人罪这一具体罪名。刑法修改在前，司法解释确定罪名在后，立法本身并未明确罪名。刑法第 17 条第 2 款中所称“犯……罪”只能是指某种罪行，而不可能预见性地明指嗣后司法解释确定的罪名。(2) 刑法第 17 条第 2 款表述为“故意伤害致人重伤或者死亡”，也可以印证与其并列的“犯故意杀人罪”的表述，应当是指一种罪行，因为并列的表述在种属归类上应当是一致的。(3) 犯罪行为是刑法立法规范的对象，罪名则是对犯罪行为本质特征的概括。刑法第 17 条第 2 款旨在解决已满 14 周岁不满 16 周岁的人负刑事责任的范围问题。刑法确定上述年龄段的人应负刑事责任范围的统一标准，只是犯罪行为本身，也即是规定哪些种类的犯罪行为应负刑事责任，不可能也不会解决哪几种犯罪行为应为哪几种罪名。(4) 把刑法第 17 条第 2 款中的“故意杀人”理解为一种犯罪行为，符合立法本意，并非任意的扩张解释，不违背罪刑法定原则。相反，如果将其理解为仅限于刑法第 232 条规定的故意杀人罪，而不包括杀害被绑架人的犯罪行为，则已满 14 周岁不满 16 周岁的人故意杀人的，要负刑事责任，而绑架杀人、劫持航空器杀人等不负刑事责任，这显然有悖立法本意，势必破坏立法确立的相对刑事责任年龄应负刑事责任的统一标准和基础。刑法第 239 条中的“绑架并杀害被绑架人的”，实质上是绑架和故意杀人两个行为的结合规定。根据刑法第 17 条第 2 款的规定，已满 14 周岁不满 16 周岁的人，虽不对绑架行为负刑事责任，但仍应对故意杀人行为负刑事责任。因此，应当依照刑法第 232 条以故意杀人罪追究其刑事责任。

全国人大常委会法工委 2002 年作出《关于已满 14 周岁不满 16 周岁的人承担刑事责任范围问题的答复意见》明确指出：刑法第 17 条第 2 款规定的 8 种犯罪，是指具体犯罪行为而不是具体罪名。对于刑法第 17 条中规定的“犯故意杀人、故意伤害致人重伤或者死亡”，是指只要故意实施了杀人、伤害行为并且造成了致人重伤、死亡后果的，都应负刑事责任。对司法实践中出现的已满 14 周岁不满 16 周岁的人绑架人质后杀害被绑架人，拐卖妇女、儿童而故意造成被拐卖的妇女、儿童重伤或死亡的行为，依据刑法是应当追究其刑事责任的。显然，该答复意见会减少上述理论界和实务界对刑法第 17 条第 2 款规定存在的分歧，但是，该答复意见对于绑架过程中杀人的，是定绑架罪，还是定故意杀人罪，仍没有明确。

应该说，在已满 14 周岁不满 16 周岁的人绑架并杀害被绑架人的，应负刑事责任这一点上，理论界已经没有太大的争议，因为刑法确立相对责任年龄段的人负刑事责任的范围，其重要的理论根据就在于，已满 14 周岁不满 16 周岁的人对一些大是大非、社会危害很大的危害行为的性质，已具备了辨认和控制能力。绑架中杀害被绑架人的杀人行为，与典型的故意杀人罪场合的杀人行为本质一样，没有理由否认这一年龄阶段的人对绑架过程中杀害被绑架人的行为具有辨认与控制能力。在追究刑事责任时，对已满 14 周岁不满 16 周岁的人以故意杀人罪论处是较为妥当的。理由是：(1) 按照刑法第 239 条的规定，绑架过程中杀害被绑架人的行为，是绑架罪的结果加重行为。杀害被绑架人的行为不另行定罪，其前提是存在构成犯罪的绑架行为，对于已满 16 周岁的人绑架并杀害被害人的，以绑架罪论处，适用该罪较重的法定刑，并无不妥。但已满 14 周岁不满 16 周岁的人实施绑架、杀人行为的，无须对（基本犯）绑架罪负责，只对被害人死亡这一加重结果承担刑事责任。(2) 已满 14 周岁不满 16 周岁的人实施绑架行为，尚不构成犯罪，当然不能适用刑法第 239 条的规定。换言之，“绑架后杀人定绑架罪一罪”只适用于已满 16 周岁的人而言，已满 14 周岁不满 16 周岁的人绑架杀人的，应根据刑法第 17 条第 2 款、第 232 条的规定处理。这恰恰是罪刑法定的要求，而不会违反罪刑法定原则。

（四）主观要件

本罪在主观方面是故意，即明知是在非法控制、劫持人质而故意为之。此外，还要求行为人具有勒索财物或满足其他不法要求的目的（目的犯）。行为人没有不法要求，即使非法扣押他人，也不能构成本罪，而只能构成非法拘禁罪。满足其他不法要求的目的，可以包括政治目的、恐怖活动目的、泄愤报复目的，以及逃避、抗拒追捕，或者要挟政府提供某种待遇、在某地区撤军或释放同伙罪犯等。

行为人在扣押他人之前就应当具有勒索财物或者提出不法要求的意图，才能构成本罪。对于以下两种情况就需要特别处理：(1) 行为人事先没有勒索财物或者提出其他不法要求的目的，只是在非法扣押他人之后，在中间人的调停下获得财物的，不能构成本罪。(2) 出于其他目的、动机将他人控制，尔后才产生勒索财物的不法要求进而实施勒索行为的，如行为人先以出卖为目的将妇女绑架，尔后又产生勒索目的而向其亲属勒索财物的，应以本罪和拐卖妇女罪并罚。(3) 收买被拐卖的妇女、儿童后以暴力胁迫等手段对其进行实力控制，而向其亲属实施勒索行为的，也应数罪并罚。

在认定绑架罪的主观方面时，应当注意准确判断勒索型绑架罪中勒索财物的犯罪目的。以勒索财物为目的是绑架罪主观的超过要素，客观上并不一定有相应行为与之相对应。但是，以勒索财物为目的仍然是成立绑架罪主观方面的必要条件。一般而言，以下三种情形属于行为人具有勒索财物的犯罪目的：(1) 行为人已向被绑架者亲属或其他关系人索要过财物。(2) 行为人已向被绑架者亲属或关系人索要钱财并实际取得该财物。(3) 行为人绑架被害人后，警方及时介入，虽未提出勒索财物的要求，但有充足证据证明行为人意图取得财物的。符合上述情形之一的，可以被认定为以勒索财物为目的绑架他人。

(五) 认定

1. 本罪与抢劫罪的界限

绑架罪与抢劫罪在大多情况下是比较容易区分的，对于为获取财物，采用暴力等手段绑架控制他人，直接向被害人勒索的，应认定为抢劫罪；控制人质，然后向第三方提出勒索要求的，是绑架罪。在司法实务中，抢劫罪表现为行为人劫取财物一般应在同一时间、同一地点，具有"当场性"；绑架罪表现为行为人以杀害、伤害等方式向被绑架人的亲属或其他人或单位发出威胁，索取赎金或提出其他非法要求，劫取财物一般不具有"当场性"。

要准确区别两罪，需要特别注意绑架罪的犯罪对象。绑架罪的行为对象是人而不是财物。这里的人包括被绑架者，也包括被勒索、被要挟的人。这两种人不能是同一个人，被勒索、被要挟的人只能是被绑架者以外的第三人，如被绑架者的亲属、相关的政府机构及其成员。所以，绑架罪一定存在绑架罪犯、被绑架人、被提出要求的人"三方"之间的关系。绑架罪和其他犯罪（如非法拘禁、故意杀人、抢劫）的区别点，也往往在这里。

如果直接以被绑架者为勒索对象，勒令其交出财物的，就不构成本罪，而成立抢劫罪。例如，甲殴打并捆绑乙，准备向其父亲丙提出勒索财物的要求。乙担心父亲丙承受不了过分刺激，就主动提出给丙打电话，甲同意。乙对丙说："我在外面打架，把他人打成重伤，需要付医药费，你尽快将 10 万元替我存入我的银行卡中，过几天我回来还给你。"丙果然如此行事。甲得到乙的银行卡及其密码后取款，然后释放乙。对甲的行为如何定性？由于丙被蒙蔽，真实地以为自己的儿子在外惹事，应当支付被伤害者的医药费，所以，不存在知晓绑架事实，并对被绑架人的人身安危有担忧的第三人。甲的行为实质上属于使用暴力，强行从被害人手中劫取财物的行为，应当以抢劫罪定罪。

此外，在被实施暴力胁迫的人和交付财物的人是不同的人，但空间距离很近的场合，应当认为行为人只有强取财物的意思，没有控制人质，然后勒索财物的意思，从主观方面看，也更符合抢劫罪的故意。从客观上看，在抢劫罪中，被实施暴力胁迫的人和交付财物的人可以是不同的人，例如，在商场持枪恐吓保安，并命令不在跟前的收银员交钱的，应当成立抢劫罪而非绑架罪。这是考虑到被实施暴力胁迫的人和交付财物的人空间距离很近，对暴力胁迫和财物的交付之间应当作整体评价，符合抢劫罪实施暴力胁迫然后"当场"强取财物的构成要件。

2. 本罪与非法拘禁罪的界限

绑架罪与非法拘禁罪表面上看来容易区分，但在实践具体认定中，由于情况的复杂，可能极易混淆。这两罪都属于侵犯人身自由的犯罪，绑架罪中包容着非法拘禁行为，非法拘禁罪也可以由控制被害人的方式构成。区别的关键点在于：绑架罪的构成不仅要求有非法剥夺人身自由的行为，而且要求有勒索财物或满足行为人不法要求的目的以及与此相应的勒财或提出不法要求的行为。而非法拘禁罪仅要求行为人具有剥夺他人人身自由的目的，使被害人遭受拘禁之苦，并不提出财物或者其他不法利益的要求。

在实践中，涉及绑架罪与非法拘禁罪界限区分的问题主要是为索取债务而绑架、扣押人质的案件。刑法第 238 条第 3 款规定，为索取债务而非法扣押、拘禁他人的，以非法拘禁罪论处。不过，符合下列条件的，仍然可以考虑成立绑架罪：(1) 行为人明知不存在或不可能存在债权债务关系，以索债为借口，捏造债权债务事实，扣押、拘禁他人的。(2) 在债权债务关系已经了结的情况下，以索债为名，控制人质强行勒索财物的。不过，需要注意，由于经济生活十分复杂，债务关系是否存在，在哪些情况下债权债务已经了结，有时难以查清。行为人主张债务并未了结，但被害人认为早已了结，但被害人所提供的证据并不充分的，属于案件事实有疑问的情形，根据存疑时有利于被告的原则，对行为人以非法拘禁罪论处比较妥当。(3) 出于索取债务的目的扣押他人后，向其近亲属索要与真实债务“过于悬殊”的财物，且没有合理根据，同时暴力程度又比较高（例如，以杀害、伤害相威胁）的。行为人为索取超过合法债权数额的“债务”而实施绑架、拘禁他人的，应具体分析行为人索取的数额与债权数额之间的差额，再分不同情况以绑架罪或非法拘禁罪定罪量刑。如债务原本只有 10 万元，但罪犯控制人质以后，要第三人支付 40 万元，才能将人质赎回的，由于犯罪人使用绑架、拘禁手段索取财物数额大大超过其实际享有的债权数额，应以绑架罪定罪量刑。这是因为，由于行为人索取财物的数额远远超过其实际债权，这就足以证明行为人的主观目的实质上是非法占有他人财物，索取合法债务显然已成形式上的东西。但如果超过合法债权索取的数额不大，其绑架罪不能成立，仍应以非法拘禁罪定罪量刑。(4) 客观上存在债权债务关系，行为人将债务人绑架后对债务人的近亲属提出完全与此起债务无关且事实上缺乏根据的索要财物要求，或者提出其他与债务无关的其他不法要求，或者以杀害、伤害被害人为要挟，等等，客观上足以造成被害人亲属或有关人对被害人的安危感到担忧的，也应当认定为绑架罪。

(六) 关于处罚规定的理解

根据刑法第 239 条的规定，犯本罪情节较轻的，处 5 年以上 10 年以下有期徒刑，并处罚金。犯本罪，杀害被绑架人的，或者故意伤害被绑架人，致人重伤、死亡的，处无期徒刑或者死刑。关于本罪的处罚，有两个问题值得研究。

1. 情节较轻

绑架行为是否属于情节较轻，需要结合实施绑架行为的动机、绑架方式的暴力程度、绑架行为发生的场所、被害人的年龄和身体状况、控制人质时间长短等综合判断。一般来说，符合下列条件之一的，可以认定为绑架情节较轻：(1) 绑架既遂后主动释放被绑架人的；(2) 因合法要求、利益长期得不到满足而实施绑架人质的过激行为的；(3) 因生活所迫，为取得医疗、上学等费用绑架他人的；(4) 被害人有严重过错，行为人出于气愤、报复等原因实施绑架犯罪的；(5) 发生于亲属、朋友或有其他密切关系者之间的绑架行为的；(6) 为索取客观存在的债务绑架债务人，索要财物数额过大的；(7) 在手段上较为克制，未对被绑架人使用暴力或未造成较大伤害的；(8) 控制被绑架人时间较短等。

2. 杀害或者故意伤害被绑架人

(1) 罪数形态。行为人在绑架过程中，杀害被绑架人，或者故意伤害被绑架人，致人重伤、死亡的，都只定绑架罪一罪，对故意杀害、故意伤害行为不再另行定罪。在绑架过程中，因被绑架人的监护人、保护人或其他在场人反抗等原因，行为人为排除阻碍而故意杀害、伤害上述人员的，应以故意杀人罪、故意伤害罪与绑架罪并罚。

(2) 杀害被绑架人。杀害被绑架人，是指行为人在遇被害人激烈反抗、发现勒索财物的目的绝对不可能达到时，为杀人灭口而将被绑架人故意杀害的行为。对于这里的“杀害”，是否一定要被理解为故意杀人既遂，即我们通常所说的绑架“撕票”行为，换言之，对绑架过程中故意杀害被绑架人但没有导致被害人死亡的，是否属于这里的故意杀害被绑架人，在实践中有争议。处理类似问题，既要考虑有效防止被绑架人的生命权利被任意剥夺的侧面，又要考虑防止重刑主义。由于杀害被绑架人的，其法定刑包括无期徒刑和死刑，而杀害被绑架人并未导致死亡结果的，即便适用故意杀人罪也可能最高判处无期徒刑，因而对杀害被绑架人未遂的罪犯适用无期徒刑就没有不妥之处了。同时，故意伤害被绑架人致人重伤，可以适用无期徒刑或者死刑的规定，也从另外一个侧面印证了针对被绑架人实施杀害行为，即便未得逞的也属于这里的“杀害”。因此，根据罪刑相适应原则，这里的杀害被绑架人包括杀人既遂以及未发生死亡后果的场合。

不是故意杀害，而是过失致使被绑架人死亡的（包括在绑架过程中，行为人为控制被害人，使其不得逃跑而对其进行监禁、殴打、捆绑、麻醉、冻饿，过失导致其死亡；被绑架人因不堪忍受痛苦、虐待等原因而自杀身亡；或者为逃生在试图从被拘禁场所翻越到相邻阳台时摔死等情形），不能对行为人适用刑法第 239 条第 2 款的规定，对其应按照该条第 1 款的规定，最高可以处无期徒刑。

（3）故意伤害被绑架人。故意伤害被绑架人，必须致人重伤、死亡的，才有可能适用无期徒刑或者死刑。实务中，行为人绑架他人后，故意砍人手脚威胁被害人家属勒索财物，手段残忍且致被害人重伤的，对行为人处无期徒刑或者死刑，并不违反罪刑相适应原则。

三、拐卖妇女、儿童罪

第二百四十条　拐卖妇女、儿童的，处五年以上十年以下有期徒刑，并处罚金；有下列情形之一的，处十年以上有期徒刑或者无期徒刑，并处罚金或者没收财产；情节特别严重的，处死刑，并处没收财产：

（一）拐卖妇女、儿童集团的首要分子；

（二）拐卖妇女、儿童三人以上的；

（三）奸淫被拐卖的妇女的；

（四）诱骗、强迫被拐卖的妇女卖淫或者将被拐卖的妇女卖给他人迫使其卖淫的；

（五）以出卖为目的，使用暴力、胁迫或者麻醉方法绑架妇女、儿童的；

（六）以出卖为目的，偷盗婴幼儿的；

（七）造成被拐卖的妇女、儿童或者其亲属重伤、死亡或者其他严重后果的；

（八）将妇女、儿童卖往境外的。

拐卖妇女、儿童是指以出卖为目的，有拐骗、绑架、收买、贩卖、接送、中转妇女、儿童的行为之一的。

拐卖妇女、儿童罪，是指以出卖为目的，拐骗、绑架、收买、贩卖、接送、中转妇女、儿童的行为。

（一）客观要件

本罪在客观方面表现为以出卖为目的，拐骗、绑架、收买、贩卖、接送、中转妇女、儿童的行为。行为人只要具有上述行为之一，就构成犯罪。

拐卖，是指拐骗、绑架、收买、贩卖、接送、中转等行为。拐骗，是指行为人利用欺骗、利诱等手段使妇女、儿童听信其花言巧语，上当受骗然后将妇女、儿童带走。接送、中转，是指在拐卖妇女、儿童的犯罪过程中，分工负责隐匿、移送、中转被拐卖的妇女、儿童，或者将被拐卖的妇女、儿童转手交给其他人贩子的行为，也包括为人贩子介绍买主，为犯罪分子窝藏被骗的妇女、儿童的行为。为被害的妇女、儿童装设电子监视设备或者跟踪被害人的，也属于广义的中转行为。收买，是指以出卖为目的收买妇女、儿童的行为。如果收买妇女、儿童时不具有出卖目的，收买后因为种种原因又临时起意出卖的，仍属于拐卖妇女、儿童中的收买行为。贩卖，是指将拐骗、收买或者以其他方式实际掌握的妇女、儿童转手出卖的行为。贩卖的具体方式、种类繁多，在司法实务中主要看行为的实质是否属于将妇女、儿童作为买卖的标的物，从而收取价金使被害人处于收买者的实力支配之下，例如，父母为抵债而将子女送给债权人的，实质上是贩卖儿童的行为。绑架，是指将被害人劫持脱离其原来生活地或者家庭、监护人的保护，而置于行为人的控制之下，使其丧失人身自由。

本罪的行为对象是妇女、儿童，对其年龄、国籍没有限定。妇女对自己的行动自由有自我决定权，其基于本人的真实、自愿的意思对被拐卖的事实有承诺的，其承诺有效，阻却拐卖行为的违法性，拐卖者的行为不能成立本罪。在妇女的有效承诺存在时，如果仍然肯定本罪的成立，有肯定刑法家长主义的嫌疑。但是，拐卖儿童行为不仅侵犯被害儿童的人身权利，也同时侵害其家属或父母的婚姻家庭权利、保护监督权利，因此，拐卖行为即使得到儿童明确或暗示的承诺，其承诺在法律上也被视为无效，不能阻却违法。

拐卖行为人可能以暴力、胁迫、欺骗、诱惑的方法使被害的妇女、儿童就范，而且暴力、胁迫、欺骗、诱惑不一定要对被害人直接实施，对被拐卖者的保护监督者实施，然后转手倒卖妇女、儿童的，仍然可按本罪处理。

妇女甲与人贩子乙共谋，将自己“卖给”他人，得款后乘收买者不注意时逃走（“放飞鸽”）的，该妇女甲和人贩子乙共同构成诈骗罪。人贩子丙与妇女丁合谋骗取他人钱财，假装把妇女丁卖给他人，取得财物后又将妇女丁真的“卖出”，然后单独携款逃跑的，因为肯定被拐卖者的承诺，具有拐卖故意的丙也只能构成诈骗罪。以介绍婚姻为名，利用妇女人地生疏、孤立无援等境况，或者采取非法扣押身份证件、限制人身自由等方式，迫使该妇女与他人结婚，索取钱财的，应当以拐卖妇女罪追究刑事责任。

拐卖妇女、儿童罪在行为人基于暴力、胁迫、欺骗、诱惑而开始实施拐骗、绑架、收买、贩卖、接送、中转妇女、儿童的行为之一时，就是着手。但是，拐卖行为何时属于既遂，理论上有争议。我认为，既然本罪是侵犯妇女、儿童行动自由、人身权利的犯罪，那么，在被害人处于行为人的实力支配之下时，即应成立本罪既遂。因此，本罪既遂不以被拐卖的妇女、儿童最终被“卖出”作为标准。行为人对妇女、儿童的事实支配关系尚未形成，而只是使被害人从保护监督状态中暂时地脱离的，乃是犯罪的未遂。从开始实施拐骗行为，到最终贩卖出手，均为某一个犯罪人完成的，犯罪既遂的判断相对容易。在犯罪由不同的人分担的场合，例如，有人实施手段行为（拐骗、绑架），有人实施中间行为（收买、中转、接送），有人实施结果行为（贩卖）的，从形式上看，行为方式不同，但既遂标准并无差别，无论实施哪一种手段行为的，只要将被害人置于行为人本人的实力控制之下，即达到既遂。例如，实施中间行为的，行为人将被害人送到指定地点交给其他接收者，即成立本罪既遂。

刑法第 240 条第 1 款规定了法定刑升格的 8 种情形。有下列情形需要略加讨论：在拐卖过程中强迫被害人卖淫的，只构成本罪，不再定强迫卖淫罪。偷盗婴幼儿[①]，通常是指乘婴幼儿熟睡将其抱走，此外，对婴幼儿采取欺骗、利诱等手段，使其脱离监护人或者看护人的，也属于偷盗婴幼儿。在拐卖过程中，奸淫被拐卖的妇女的，不论行为人是否使用了暴力或胁迫手段，也不论被害人是否有反抗行为，均应视为拐卖妇女情节严重，不再单独定强奸罪。在拐卖妇女、儿童过程中，造成被害人重伤、死亡或者其他严重后果的，应区别情况处理：在拐卖过程中行为人因遇被害人反抗而故意将被害人杀害、伤害的，应以故意杀人罪、故意伤害罪与拐

---

① 刑法第 240 条、第 241 条规定的儿童，是指不满 14 周岁的人，其中，不满 1 周岁的为婴儿，1 周岁以上不满 6 周岁的为幼儿。

卖妇女、儿童罪数罪并罚；在拐卖、绑架过程中，为防止被害人逃跑而对其非法拘禁或实施殴打、捆绑、麻醉等方法时导致被害人重伤、死亡的，应视为拐卖妇女、儿童情节严重，不再单独定非法拘禁罪、过失致人重伤罪、过失致人死亡罪。

医疗机构、社会福利机构等单位的工作人员以非法获利为目的，将所诊疗、护理、抚养的儿童出卖给他人的，以本罪论处；以介绍婚姻为名，采取非法扣押身份证件、限制人身自由等方式，或者利用妇女人地生疏、语言不通、孤立无援等境况，违背妇女意志，将其出卖给他人的，也成立本罪。

（二）主观要件

本罪在主观方面是故意，并且要以出卖被拐卖的妇女、儿童为目的。一方面，行为人要对被拐卖者是妇女、儿童，对之能够加以出卖有所认识；另一方面，行为人希望出卖妇女、儿童获得相应的财物，至于是否真正取得财物、取得财物数额的多寡，都对认定犯罪目的没有影响。不具有出卖的目的，例如，为了结婚、奴役等，虽具有拐骗等行为也不能构成本罪。

在收买被拐卖的妇女、儿童者已交付价款，但在将被拐卖者实际交付以前，拐卖者隐瞒妇女、儿童已被出卖的事实，将其出卖给其他人的（二重买卖），针对第一重收买关系而言，行为人有拐卖妇女、儿童的故意；就第二重收买关系而言，则有明显的诈骗故意，应以本罪和诈骗罪并罚。

（三）认定

以非法获利为目的，出卖亲生子女的，应当以拐卖儿童罪论处。认定本罪时，要严格区分借送养之名出卖亲生子女与民间送养行为的界限，区分的关键在于行为人是否具有非法获利的目的。应当通过审查将子女“送”人的背景和原因、有无收取钱财及收取钱财的多少、对方是否具有抚养目的及有无抚养能力等事实，综合判断行为人是否具有非法获利的目的。

具有下列情形之一的，可以认定属于出卖亲生子女，应当以拐卖儿童罪论处：(1) 将生育作为非法获利手段，生育后即出卖子女的；(2) 明知对方不具有抚养目的，或者根本不考虑对方是否具有抚养目的，为收取钱财将子女“送”给他人的；(3) 为收取明显不属于“营养费”“感谢费”的巨额钱财将子女“送”给他人的；(4) 其他足以反映行为人具有非法获利目的的“送养”行为的。

不是出于非法获利目的，而是迫于生活困难，或者受重男轻女思想影响，私自将没有独立生活能力的子女送给他人抚养，包括收取少量“营养费”“感谢费”的，属于民间送养行为，不能以拐卖儿童罪论处。对私自送养导致子女身心健康受到严重损害，或者具有其他恶劣情节，符合遗弃罪特征的，可以遗弃罪论处；情节显著轻微危害不大的，可由公安机关依法予以行政处罚。

四、收买被拐卖的妇女、儿童罪

第二百四十一条　收买被拐卖的妇女、儿童的，处三年以下有期徒刑、拘役或者管制。

收买被拐卖的妇女，强行与其发生性关系的，依照本法第二百三十六条的规定定罪处罚。

收买被拐卖的妇女、儿童，非法剥夺、限制其人身自由或者有伤害、侮辱等犯罪行为的，依照本法的有关规定定罪处罚。

收买被拐卖的妇女、儿童，并有第二款、第三款规定的犯罪行为的，依照数罪并罚的规定处罚。

收买被拐卖的妇女、儿童又出卖的，依照本法第二百四十条的规定定罪处罚。

收买被拐卖的妇女、儿童，对被买儿童没有虐待行为，不阻碍对其进行解救的，可以从轻处罚；按照被买妇女的意愿，不阻碍其返回原居住地的，可以从轻或者减轻处罚。①

---

① 本款为《刑法修正案（九）》第15条所修改。

收买被拐卖的妇女、儿童罪，是指明知是被拐卖的妇女、儿童而予以收买的行为。

（一）客观要件

本罪在客观方面表现为明知是被拐卖的妇女、儿童而予以收买的行为。

收买，是指行为人用金钱或其他有经济价值的物品换取被拐卖的妇女、儿童的行为。只要行为人使用实力将被害人加以控制，就成立本罪的既遂。至于价金是否已经实际支付，被害人是否逃跑、被解救、自杀等，都不影响既遂的成立。

收买被拐卖的妇女、儿童的行为，与拐卖妇女、儿童罪的实行行为属于必要共犯中的对合犯。换言之，收买行为要构成犯罪，必须以提供妇女、儿童者的行为构成犯罪为前提。人贩子与妇女合谋以“放飞鸽”的方式骗取被害人钱财的，提供妇女者的行为不构成拐卖妇女罪，收买者的行为自然不构成本罪。

与拐卖者商讨收买价格，就是本罪的着手；从拐卖者手中接收被拐卖的妇女、儿童，就是本罪的既遂。已交付价款，但在接收被拐卖的妇女、儿童以前，拐卖者隐瞒妇女、儿童已被出卖的事实，将其出卖给其他人的，第一次收买者构成本罪未遂。

由于本罪不是重罪，难以包容收买被拐卖的妇女、儿童以后实施的更为严重的犯罪，所以收买被拐卖的妇女、儿童，同时实施强奸、非法拘禁、伤害、侮辱等犯罪行为的，应数罪并罚。

收买被拐卖的儿童，对被买儿童没有虐待行为，不阻碍对其进行解救的，可以从轻处罚，但不能减轻或者免除处罚。在司法机关排查来历不明儿童或者进行解救时，将所收买的儿童藏匿、转移或者实施其他掩饰、隐瞒行为的，属于阻碍对其进行解救。收买被拐卖的妇女，按照被买妇女的意愿，不阻碍其返回原居住地的，可以从轻或者减轻处罚，但不能免除处罚。收买被拐卖的妇女，业已形成稳定的婚姻家庭关系，解救时被收买的妇女已成年，且自愿继续留在当地共同生活的，对收买人可以视为按照被买妇女的意愿，不阻碍其返回原居住地。

（二）主观要件

本罪在主观方面是故意，行为人明知对方是被拐卖的妇女、儿童而决意加以收买的，就应当成立本罪。收买的动机在不同案件中各不相同，有的是为了结婚，有的是为了收养或者供其淫乐。动机如何对成立犯罪没有影响。

五、聚众阻碍解救被收买的妇女、儿童罪

第二百四十二条第二款　聚众阻碍国家机关工作人员解救被收买的妇女、儿童的首要分子，处五年以下有期徒刑或者拘役；其他参与者使用暴力、威胁方法的，依照前款的规定处罚。

聚众阻碍解救被收买的妇女、儿童罪，是指纠集多人，阻碍国家机关工作人员解救被收买的妇女、儿童的行为。

（一）客观要件

本罪在客观方面表现为纠集多人，阻碍国家机关工作人员解救被收买的妇女、儿童。

聚众，是指纠集、策划、指挥、煽动多人共同参加阻碍解救工作，聚众行动的首要分子是否亲临现场组织在所不问。阻碍，是指阻止和妨碍。其方法可以表现为暴力方法，如拉扯、殴打、破坏交通工具等；也可以表现为威胁方法，如恐吓、要挟等；还可以表现为其他方法，如谩骂、侮辱、设置路障、排成人墙阻挡解救人员通过等。

聚众阻碍行为如果以暴力的方式实施，其暴力程度应该以造成轻伤为限。行为人以重伤、

杀害的方法或者抢夺军警人员枪支、弹药的手段来阻碍国家机关工作人员解救被拐卖的妇女、儿童的，属于想象竞合犯的情形，应从一重罪处断。

并不聚众但以暴力、威胁方法阻碍国家机关工作人员解救被收买的妇女、儿童的，依照妨害公务罪的规定定罪处罚。

（二）主观要件

本罪在主观方面是故意，行为人对被解救的人是被拐卖的妇女、儿童有认识，对参与解救的人是国家机关工作人员而不是其他人（如被收买的妇女、儿童的亲属或监护人）有认识，对自己的行为可能妨害解救被拐卖的妇女、儿童也有认识，从而决意实施聚众阻碍的行为。不具有聚众的意思，只是行为客观上造成了多人围观或者参与，从而使解救现场混乱，解救工作难以继续进行的，不具有本罪的犯罪故意。

六、诬告陷害罪

> 第二百四十三条　捏造事实诬告陷害他人，意图使他人受刑事追究，情节严重的，处三年以下有期徒刑、拘役或者管制；造成严重后果的，处三年以上十年以下有期徒刑。
>
> 国家机关工作人员犯前款罪的，从重处罚。
>
> 不是有意诬陷，而是错告，或者检举失实的，不适用前两款的规定。

诬告陷害罪，是指捏造犯罪事实，向国家机关或者有关单位作虚假告发，意图使他人受到错误的刑事追究，情节严重的行为。

（一）保护法益

本罪的保护法益是公民的人身自由（行动自由）权利，而不是国家司法机关的正常活动（国家作用）。并未侵害个人法益的诬告陷害，不能成立本罪。例如，某地方官员甲政绩显著但一直未得到上级重视，便故意唆使乙编造材料告发自己贪污、受贿，乙依计行事，后检察机关来调查发现甲没有犯罪事实，反而发现其很清廉，甲由此受到提拔重用。由于刑法将诬告陷害罪列于侵犯人身权利、民主权利一章中，乙捏造事实，诬告陷害甲犯罪的行为，得到甲的同意（承诺诬告），甲的人身权利没有受到侵害，乙的行为虽然对司法秩序有所妨害但也不构成本罪。

本罪的行为对象是他人。他人应该是具体的、特定的人。诬告陷害者并不指名道姓，但是有关机关能够据以合理推断具体个人的，也属于有他人存在。不针对特定对象进行诬陷，而只是泛泛而论，胡乱指称犯罪嫌疑人，要求司法机关追究刑事责任，从其指称中无法合理推断犯罪嫌疑人的，不存在被诬陷的他人，对行为人不能以本罪论处。自我诬告陷害的，不构成本罪，但是为开脱其他犯罪分子的罪责而作自我诬告的，可以构成包庇罪。同时，这里的他人必须是实际存在的人，而且是特定的，即使不指名道姓但根据告发材料可以推断的人。针对不存在的虚无者提出告诉，虽然可能侵犯司法权力，但是不会侵犯特定公民的个别的自由和利益，所以不构成本罪。被诬陷者即使是无刑罚承受能力者（如怀孕或者正在哺乳婴儿的妇女、传染病或者绝症患者），或者是犯罪嫌疑人、正在服刑的罪犯，都可能成为本罪的被害人。捏造事实，单纯诬告陷害单位的，不成立本罪。但指明有关责任人之名，诬告陷害单位的，实质上是诬告陷害个人，属于对个人的诬陷，可以成立本罪。

（二）客观要件

本罪在客观方面表现为捏造犯罪事实，向国家机关或者有关单位作虚假告发的行为。

捏造事实，是指捏造根本不存在的犯罪事实，即违背客观事实、无中生有。被告发者存在较轻微的犯罪事实，或者对此种犯罪事实，告发者因为认识错误而不是基于诬告陷害的意思，向有关机关指控为较重的犯罪事实、其他犯罪事实的，都不属于捏造事实。例如，发现他人猥亵妇女而向司法机关指控为强奸的，不是捏造事实。

捏造的事实应当有一定程度的具体性，否则难以达到行为人使被诬陷者受到刑事追究的目的。这种具体性的要求不能过高，只要使司法机关能够由此产生特定人有特定犯罪行为的认识，从而能够引导刑事程序的进展即为已足。

行为人有意诬告陷害他人并捏造了犯罪事实，但捏造的事实偶然地与客观事实相符合，被指控者的确有该犯罪行为的，由于捏造行为没有侵害公民人身权利的现实危险性，也对国家的司法作用没有造成实际的妨害，不成立诬告陷害。这就是判断诬告陷害的客观说的立场。①

向有关单位告发，主要是指向司法机关告发。向有关的单位告发但这些单位极有可能将告发材料转送给司法机关的，也属于告发。关于告发的方式，法律未作限制，口头的、书面的、明示的、匿名的，均在所不问。

告发行为应当是自发的、主动的，即通过告发来启动刑事司法程序，其和司法机关采取搜查、调查取证等行为之间有时间先后顺序性，即告发在前，司法反应在后。司法机关怀疑某人有违法、犯罪行为而向行为人调查取证时，该行为人作虚伪回答的，不属于诬告陷害罪中的告发。② 行为人在司法机关调查他人的犯罪事实时，为使他人陷入刑事追究而故意编造事实提供给司法机关，捏造行为可能引起更为强烈的司法反应的，是否属于捏造事实的告发，值得研究。捏造事实不向司法机关告发，而只是在私下向他人传播，意图损害他人名誉的，可以构成诽谤罪。本罪属于具体危险犯，仅将告发材料转送、邮寄司法机关等单位，相关人员并未实际处理该材料时，是本罪预备。行为人将诬告陷害的材料送达司法机关或有关单位，后者因此而准备启动相应追究程序的，为本罪着手。事实上，有关机关根据告发材料启动追诉程序并限制了被害人的人身自由的，是本罪既遂。这主要是考虑到本罪是侵害公民人身权利的犯罪，将告发材料交给有关机关，相关人员实际阅读该材料后开展侦查等追诉活动，被害人被盘查、讯问、留置、拘留时，其人身权利才会受到现实侵害。如果有关机关根本不为所诬告的事实所动，或者启动的仅仅是内部审批程序的，被害人的人身权利仅仅有被侵害的危险，有的还停留在抽象危险层面，则诬告陷害行为不符合犯罪既遂的客观特征。

诬告陷害行为必须情节严重的，才构成犯罪。情节严重，是指多次诬陷他人或诬陷多人的；故意捏造足以使他人受处罚较重的刑事追究的犯罪事实，并由本人或指使他人向国家机关告发的；或虽不是直接向国家机关告发，但采取的方法足以引起司法机关追究的。

（三）主观要件

本罪在主观方面是故意。行为人应当对被诬告陷害的事实是虚伪的事实有所认识，由于虚假的事实是行为人自己捏造的，所以对事实虚伪性的认识应当是确定性的认识。行为人主观上必须具有意图使他人受到错误的刑事追究的目的（目的犯）。

不是有意诬陷，而是错告，或者检举失实的，不适用诬告陷害罪的规定。这是因为诬告陷害是违反客观事实而作虚伪的告诉，但是对客观事实有错误认识的，不具有诬告陷害的故意。例如，在盗窃案件频繁的时候，甲误把搬家公司的人当作小偷向司法机关提出控告的，就属于对客观事实有误信，其告发行为不属于诬告陷害。

---

① 参见［日］中山研一：《概说刑法Ⅱ》，2版，298页，东京，成文堂，2000。

② 参见［日］大塚仁：《刑法概说·各论》，3版，615页，东京，有斐阁，1996。

七、强迫劳动罪

第二百四十四条① 以暴力、威胁或者限制人身自由的方法强迫他人劳动的，处三年以下有期徒刑或者拘役，并处罚金；情节严重的，处三年以上十年以下有期徒刑，并处罚金。

明知他人实施前款行为，为其招募、运送人员或者有其他协助强迫他人劳动行为的，依照前款的规定处罚。

单位犯前两款罪的，对单位判处罚金，并对其直接负责的主管人员和其他直接责任人员，依照第一款的规定处罚。

强迫劳动罪，是指以暴力、威胁或者限制人身自由的方法强迫他人劳动的行为。

强迫劳动的行为是以暴力、威胁或者限制人身自由的方式实施的。暴力指的是广义的暴力，并不要求直接对人实施，也可以是对物暴力，并不要求达到压制被害人的反抗的程度。暴力程度很高时，可能成立故意伤害罪和本罪的想象竞合犯。威胁，是指以恶害相通告，使被害人产生恐惧。以限制人身自由的方法强迫他人劳动，是指将劳动者限制在一定的场所，设专人把守，不准劳动者外出，只能在限定的范围内劳动的情形。

强迫劳动行为和非法拘禁罪的实行行为之间有一定区别：本罪是以限制自由的方法强迫他人劳动，其侵犯的是他人的人身自由权和劳动权利；非法拘禁罪可能是限制公民的人身自由，也可能是完全剥夺公民的人身自由，其侵害的法益是公民的人身自由权利。行为人以拘禁的方法强迫他人劳动的，拘禁的时间较短，手段强度一般的，原则上应以本罪论处。但是，非法拘禁行为严重侵害了公民的人身自由，例如，私营企业主雇用打手监视民工的劳动并为民工戴上脚链以防止其逃跑的，构成本罪和非法拘禁罪的想象竞合犯，应从一重罪处断。

明知他人以暴力、威胁或者限制人身自由的方法强迫被害人劳动，而为其招募、运送人员或者有其他协助强迫他人劳动行为的，依照本罪定罪处罚。这是关于拟制正犯的规定，其成立要求行为人明知他人有强迫劳动的行为，且实施了招募、运送人员或其他协助行为。如果没有本款规定，这些协助强迫劳动的行为，应当被认定为强迫劳动罪的帮助犯。但是，立法者考虑到这种行为的严重程度，为避免将行为人以从犯论，进而从轻、减轻或免除处罚，以致量刑畸轻，将该帮助行为规定为正犯，且与强迫劳动罪的实行犯同罚。这里的“招募”，是指面向特定或者不特定的群体征招、招聘、募集人员的行为。实践中犯罪分子往往利用被害人求职心切，以合法就业岗位、优厚待遇等手段诱骗外出打工者上钩。“运送”，是指用各种交通工具使人员实现空间转移的行为。“其他协助强迫他人劳动行为”，是指除招募、运送人员外，为强迫劳动的实行行为人转移、窝藏或接收人员的行为等。

本罪在主观方面是故意。

八、雇用童工从事危重劳动罪

第二百四十四条之一② 违反劳动管理法规，雇用未满十六周岁的未成年人从事超强度体力劳动的，或者从事高空、井下作业的，或者在爆炸性、易燃性、放射性、毒害性等危险环境下从事劳动，情节严重的，对直接责任人员，处三年以下有期徒刑或者拘役，并处罚金；情节特别严重的，处三年以上七年以下有期徒刑，并处罚金。

---

① 本条为《刑法修正案（八）》第38条所修改。

② 本条为《刑法修正案（四）》第4条所增设。

有前款行为，造成事故，又构成其他犯罪的，依照数罪并罚的规定处罚。

雇用童工从事危重劳动罪，是指违反劳动管理法规，雇用未满16周岁的未成年人从事超强度体力劳动，或者从事高空、井下作业，或者在爆炸性、易燃性、放射性、毒害性等危险环境下从事劳动，情节严重的行为。

雇用，是指以支付报酬的名义聘请、要求未成年人劳动的情形。至于未成年人或者其监护人是否实际取得报酬，在所不问。雇用未成年人从事一般劳动的，并不成立本罪。而只有在雇用未成年人从事超强度体力劳动，或者从事高空、井下作业，或者在爆炸性、易燃性、放射性、毒害性等危险环境下从事劳动的，才有可能成立犯罪。

本罪在主观方面是故意，行为人对被雇用者是未满16周岁的未成年人必须有明确认识。未成年人及其监护人主动要求从事超强度体力劳动，或者从事高空、井下作业，或者在爆炸性、易燃性、放射性、毒害性等危险环境下从事劳动的，被害人的承诺无效，并不阻却本罪故意。

九、非法搜查罪

第二百四十五条　非法搜查他人身体、住宅，或者非法侵入他人住宅的，处三年以下有期徒刑或者拘役。

司法工作人员滥用职权，犯前款罪的，从重处罚。

非法搜查罪，是指非法搜查他人身体、住宅的行为。

（一）客观要件

本罪在客观方面表现为非法搜查行为。非法搜查包括以下三种情况：（1）无搜查权的机关、团体、单位或者公民，为了调查事件真相、寻找失物或者达到其他目的，而对他人的身体或住宅进行搜查；（2）有搜查权的人未经合法批准或授权，滥用职权进行非法搜查；（3）有搜查权的人未按法定的程序、手续进行搜查，例如，男性警察搜查妇女的身体。

搜查的对象必须是住宅或者身体，搜查住宅的方式有检查、翻看、挖掘等，搜查身体的方式有摸索、拍打、掏翻等。搜查身体、住宅之外的地点如车船、航空器、办公场所及其物品，不构成本罪。

得到被害人承诺的搜查，是否阻却违法，必须结合案件的情况具体分析。被搜查者为表明自己的清白或与有关机关调查的事项毫无关联而真诚地同意搜查的，被害人的承诺阻却违法；搜查者故意夸大被害事实和拒绝搜查的后果，并将其告知被搜查人，被搜查人因被胁迫、欺骗而同意搜查的，被害人的承诺无效，仍然构成非法搜查。

根据最高人民检察院《关于渎职侵权犯罪案件立案标准的规定》，国家机关工作人员利用职权非法搜查，涉嫌下列情形之一的，应予立案：（1）非法搜查他人身体、住宅，并实施殴打、侮辱等行为的；（2）非法搜查，情节严重，导致被搜查人或者其近亲属自杀、自残造成重伤、死亡，或者精神失常的；（3）非法搜查，造成财物严重损坏的；（4）非法搜查3人（户）次以上的；（5）司法工作人员对明知是与涉嫌犯罪无关的人身、住宅非法搜查的；（6）其他非法搜查应予追究刑事责任的情形。

（二）主观要件

本罪在主观方面是故意。

十、非法侵入住宅罪

第二百四十五条　非法搜查他人身体、住宅，或者非法侵入他人住宅的，处三年以下有期徒刑或者拘役。

司法工作人员滥用职权，犯前款罪的，从重处罚。

非法侵入住宅罪，是指非法强行闯入他人住宅，或者经请求仍拒不退出他人住宅的行为。

（一）保护法益

关于本罪侵害的法益为何，历来有居住权说和平稳说的对立。通说认为，本罪侵犯的是他人的居住权。① 日本第二次世界大战前的判决将居住权理解为只有家长才能享有的权利（旧居住权说）；后来的学说（新居住权说）将其解释为全体家庭成员对他人进出该住宅加以肯定或否定的许诺自由权，非法侵入住宅就是违反居住者的这种许诺自由权而进入的行为。② 与此相关，有为数不少的学者认为，本罪的保护法益是事实上的居住平稳（平稳说），即住宅内共同生活者事实上的和平、安全与居住自由。③

居住权说重视居住权者的意思（决定谁可以进入该住宅），但根据该学说有可能得出不合理的结论，例如，房屋租赁契约解除之后，承租人拒不搬迁的，因其已丧失正当居住权，出租人就可以任意出入该住宅。而平稳性说重视进入住宅行为的样态本身，但过于含混。一方面，权利人离开住宅，例如，房主长期出国，他人进入该场所实施破坏的，没有侵害私生活的平稳，但是仍然属于非法侵入住宅。另一方面，在很多时候进入住宅的方式虽然是平稳的，但是如果这种要求被居住权者否定，进入行为仍然具有不法性。④ 西方法律谚语说，“一个人的家，就是一个人的城堡”，就是强调个人住宅内的生活有权拒绝外界干涉，只有这样才能保持其平稳性。

因此，是否可以将本罪的保护法益界定为居住自由和住宅安宁（自由说），是值得考虑的。按照自由说的观点，本罪的保护法益是住宅的居住者、管理者是否允许他人进入其住宅的自由，以及住宅不受非法干扰的权利。换言之，住宅权是个人居住的场所不受其他无权者侵入留滞其内干扰与破坏的权利。住宅权的重心就是个人在其住宅所及的范围内，有决定何人可以进入或停留其内的自由，个人在其住宅内有不被干扰或其居住安宁不被破坏的自由。

我国刑法学历来认为本罪所侵犯的客体是公民的住宅安全权利，这样的界定极不准确。实际上侵入行为没有达到侵害住宅安全的程度，但是对事实上侵害私生活的平稳性、侵害住居权的行为，刑法就应该给予惩罚，所以缩小保护法益的范围，可能使刑法中非法侵入住宅罪的规定失去其意义。

本罪的行为对象是他人住宅。共同生活者脱离共同生活以后无故进入他人住居的，即是侵入他人住宅。住宅，是供人起居寝食、可能继续、反复使用的场所或者设施。供私生活用的住房自然属于住宅，供日常生活用的车船、旅馆的房间都视为住宅。处所大小、居住时间长短对住宅的性质没有影响；也不以是否有永久居住的意思为准；房屋是否为居住者所有或占有，在

---

① 参见［日］川端博：《刑法各论概要》，90 页，东京，成文堂，1990。

② 参见［日］平野龙一：《刑法概说》，182 页，东京，东京大学出版会，1977。

③ 参见［日］团藤重光：《刑法纲要各论》，3 版，501 页，东京，创文社，1990；［日］大塚仁：《刑法各论》（上册），209 页，东京，青林书院新社，1968。

④ 有学者指出，平稳的概念，如果不能和社会生活的平稳相区别，将使立足于保护个人法益的非法侵入住宅罪丧失其意义。参见［日］大塚仁、福田平编：《刑法各论》，62 页，东京，青林书院，199€。

所不同，住居者长期外出所留下的供其日常生活的处所，仍是住宅，房屋出租者无端进入承租人的房间，仍然可能构成非法侵入住宅。住宅应当有继续使用的可能性，只住一宿或者只供短暂休息的旅社，不具有日常生活的继续使用性，不是住宅；虽被反复、继续使用，但是，没有购置、摆设日常生活所需的设备的场所（例如，乞丐过夜的水泥管、流浪者栖身的城市立交桥的桥洞等），也不是住宅。

住宅还包括住宅的附属围绕地，即为了居住生活的方便而在房屋周围设置的延伸建筑物，例如，庭院、花园、停车场等，但是，这些处所应以设有隔栏、篱笆、壕沟、铁丝网等以资隔离的东西为限，若无此设备，则附属物不能被视作住宅。

（二）客观要件

本罪在客观方面表现为非法侵入他人住宅的行为。

1. 非法

非法，是指没有法律根据进入他人住宅。依法进入他人房屋（例如，法律手续齐备的进入犯罪嫌疑人家中的搜查）、得到承诺或者推定会得到承诺的进入都属于合法进入。依法的搜查、因为正当防卫、紧急避险的进入都属于合法进入。饥寒交迫者在严冬为求生强行进入富人家的闲置住宅躲避风寒，属于紧急避险行为，不具有非法性。例如，按约前去修理煤气管道的甲到达顾客乙家时，闻到刺鼻的煤气味，即按该家门铃，无人答应，甲破门而入，甲的行为属紧急避险（也可以视为推定的承诺），因而阻却违法性，不属于非法侵入他人住宅。

2. 侵入

侵入，是指违反居住者、看守者的意思以对个人生活平稳性有害的方法（例如，在墙上打洞、撬锁、翻墙等）进入他人住宅的行为。侵入是公然的还是暴力的，在所不同。居住的平稳虽然受到侵害，但是，进入者没有违反居住者的意思，居住者同意他人进入的，不是侵入。德国的司法实践认为，房屋居住人有数人，但数个居住权人未能一致同意他人强行进入，仍可能构成非法侵入。

非法侵入是指违反居住者的意思，违法进入其住宅，居住者承诺或者推定承诺的场合阻却违法性，不构成非法侵入住宅罪，但是，居住者的同意是否必须是出于其真实意思？进入者隐瞒抢劫、诈骗的目的，居住者陷入错误以后“同意”其进入的，同意是否有效？进入者是否不构成非法侵入？这些均值得研究。对此，居住权说和平稳说有不同的看法。按照居住权说中的进入许诺自由权说，进入他人住宅得到承诺，即使承诺是陷入错误后作出的，也不成立非法侵入住宅罪。隐瞒抢劫的目的进入他人住宅的，如果得到房主的同意就不构成侵入住宅罪。[①] 按照居住权说中的管理支配权说，同意必须是基于任意的、真实的意思作出的，关于行为者的意图、目的如果居住者不知道，那么他的同意无效，成立非法侵入住宅罪。隐瞒抢劫的目的骗得他人同意进入住宅的，他人的同意是陷入错误中的无效行为。[②] 按照平稳说，侵入的含义是违反居住者的意思的进入，这种意思应当是真实的，陷入错误后的同意无效，隐瞒抢劫的目的进入他人住宅，但抢劫行为本身是暴力程度较高的犯罪，所以其进入被视为强行进入，仍然构成非法侵入住宅罪。但是隐瞒诈骗的目的，平稳地进入他人住宅的，进入行为自身对居住的平稳没有危害，所以，推定为同意的意思有效，不成立非法侵入住宅罪。这是基于客观的立场对行为是否违反行为者的意思加以判断，进入行为的样态、行为者的目的等都是判断的资料。[③] 当

---

① 参见［日］平野龙一：《刑法概说》，184页，东京，东京大学出版会，1977。

② 参见［日］大谷实：《刑法讲义各论》，2版，129页，东京，成文堂，2007。

③ 参见［日］大塚仁：《刑法概说·各论》，3版，115页，东京，有斐阁，1996。

然，这一问题较为复杂，还值得进一步研究。

在现代社会，居住权由夫妻共同行使，并不只有丈夫（家长）才享有这种排他的权利，所以，丈夫不在家时，妻子允许情夫进入自己的住所并与之通奸的，按照居住权说，居住权由居住者全体成员平等地享受，妻子作为住宅事实上的管理者对他人进入自己住宅的许诺属于有效许诺；按照平稳性说，进入的方式是平稳的并且得到现实居住者的同意，所以，情夫进入他人住宅的行为不构成“侵入”，该行为只对夫妻生活共同体有破坏而不具有非法侵入住宅罪的违法性。①

侵入行为有积极的作为和消极的不作为两种。不作为的情况主要是指行为人对于居住拥有一定期限的居住权，但是，在期满以后故意加以拖延，而继续进出该房屋。例如，租赁契约期满，事实上搬出该房屋之后，再度无故侵入，或者公开宣称占领该房屋而拒不搬出者，即可构成本罪。

在我国大陆刑法中，侵入包括两种情况：一是强行进入；二是经要求不退出，退去的要求必须由权利者、居住者、看守者向进入者明确提出。但是，经要求不退出，毕竟与“侵入”的含义不是很符合。在我国台湾地区“刑法”中，不退出构成违法滞留罪，只有强行进入的才构成违法侵入罪。在日本刑法中，居住侵入罪和不退去罪也是分开规定的，虽然它们都是侵害居住的行为。所以，在以后我国大陆的刑法立法中，将强行进入和不退去分别规定，可能是一个值得考虑的问题。

在司法实践中，侵入行为具体而言包括：(1) 非法强行侵入他人住宅，经要求或教育仍不退出，严重影响他人正常生活和居住安全的；(2) 非法强行侵入他人住宅，毁损、污损或搬走他人生活用品，严重影响他人正常生活的；(3) 非法强行侵入他人住宅，停尸闹事，严重影响他人正常生活的；(4) 非法强行侵入他人住宅，致使他人无法居住的；(5) 非法强行侵入他人住宅，引起其他严重后果的；等等。

本罪是继续犯。自侵入至退出前为止，犯罪处于继续状态。关于侵入是以身体的一部分进入他人住宅为准，还是以身体的大部分进入为必要条件，存在争议，一般认为身体的整体进入他人住宅才构成侵入。② 非法侵入住宅罪并不是一着手实施就能得逞，所以原则上有成立未遂的可能。但是，不退去的非法侵入住宅行为是真正的不作为犯，多数人认为不存在未遂的问题。少数说认为，就理论上而言，被要求退去者正式退去需要经过一定的时间，在其自行退去以前，居住权者强行将其推出住宅的，应当成立不退去的非法侵入住宅罪的未遂。③

（三）主观要件

本罪在主观方面是故意，即必须具备侵入或滞留的意思。过失进入他人住宅，经主人要求退出的不能构成本罪，例如，探望久未谋面的朋友，于某晚前往朋友家，发现大门未锁，即进入等候，不久，朋友的邻居回家，行为人才发现走错了门，其无非法侵入的故意，自然不构成本罪。但是，如果虽过失进入他人住宅，经主人要求退出而拒不退出仍属有侵入他人住宅的故意，可以构成本罪。

---

① 参见［日］中山研一：《概说刑法Ⅱ》，2版，88页，东京，成文堂，2000。

② 参见［日］团藤重光：《刑法纲要各论》，3版，491页，东京，创文社，1990。

③ 参见［日］大塚仁：《刑法各论》（上册），223页，东京，青林书院新社，1968。

十一、刑讯逼供罪

第二百四十七条　司法工作人员对犯罪嫌疑人、被告人实行刑讯逼供或者使用暴力逼取证人证言的，处三年以下有期徒刑或者拘役。致人伤残、死亡的，依照本法第二百三十四条、第二百三十二条的规定定罪从重处罚。

刑讯逼供罪，是指司法工作人员对犯罪嫌疑人、被告人使用肉刑或者变相肉刑逼取口供的行为。

（一）保护法益

本罪侵害的法益首先是公民的生命、身体权利，其次是职务行为的公正、妥当性，所以本罪有渎职罪的部分特征，即必须利用职务上的便利实施。没有利用职务上的便利对犯罪嫌疑人、被告人实施刑讯逼供的，如私设公堂刑讯逼供的，不构成本罪，可按非法拘禁罪或者故意伤害罪处理。

（二）客观要件

本罪在客观方面表现为对犯罪嫌疑人、被告人实施肉刑或者变相肉刑，以逼取口供。

肉刑，又称为肉体刑，是指施加暴力作用于人的机体致其肌肤伤残、机能毁损，从而使人遭受难以忍受的皮肉之苦。变相肉刑，是指不直接对被害人施加有形力，但间接的造成其人身痛苦的手段，例如，不同的司法工作人员采用车轮战术连续72小时讯问同一犯罪嫌疑人、被告人的；长期不为犯罪嫌疑人、被告人提供食物，使其身体处于虚脱状态，抓住人的求生本能及时逼取口供的；不准坐卧、日晒、冷冻、火烤等。

本罪的行为对象是犯罪嫌疑人、被告人。有高度的犯罪嫌疑，被有关机关作为嫌疑人看待，即便没有履行相关羁押手续，其遭受刑讯逼供的，也是这里的犯罪嫌疑人。

对犯罪嫌疑人、被告人实施肉刑和变相肉刑，其根本目的在于逼取口供，至于其最终是否真正取得口供，则与犯罪成立无关。司法工作人员出于私人恩怨借机对犯罪嫌疑人、被告人实施肉刑和变相肉刑来泄愤报复，并无逼取口供的目的，就不能构成本罪，可以按其他犯罪如伤害罪等处理；没有采用肉刑或变相肉刑等暴力折磨、虐待手段，即使有诱供、套供、逼供行为，也不构成本罪。本条后段规定，刑讯逼供致人伤残、死亡的，应当依照故意杀人罪、故意伤害罪定罪从重处罚。这意味着在刑讯逼供过程中，无论是故意杀害、伤害犯罪嫌疑人、被告人，致人伤残、死亡的，还是过失导致被害人伤残、死亡的，均应构成故意杀人罪、故意伤害罪，从而排斥刑讯逼供罪或过失致人死亡罪、过失致人重伤罪的适用（法律拟制）。

根据最高人民检察院《关于渎职侵权犯罪案件立案标准的规定》，司法工作人员涉嫌下列情形之一的，应予立案：（1）以殴打、捆绑、违法使用械具等恶劣手段逼取口供的；（2）以较长时间冻、饿、晒、烤等手段逼取口供，严重损害犯罪嫌疑人、被告人身体健康的；（3）刑讯逼供造成犯罪嫌疑人、被告人轻伤、重伤、死亡的；（4）刑讯逼供，情节严重，导致犯罪嫌疑人、被告人自杀、自残造成重伤、死亡，或者精神失常的；（5）刑讯逼供，造成错案的；（6）刑讯逼供3人次以上的；（7）纵容、授意、指使、强迫他人刑讯逼供，具有上述情形之一的；（8）其他刑讯逼供应予追究刑事责任的情形。

本罪的主体是特殊主体，即司法工作人员，包括负有侦查、检察、审判、监管职责的国家工作人员。不具有司法工作人员身份的人（如农村的治安联防员、超市或居民小区的保安）不能成为刑讯逼供罪的主体，其实施刑讯逼供行为的，可根据行为及其所造成的后果，应分别以侮辱罪、非法拘禁罪、故意伤害罪或故意杀人罪处理。

（三）主观要件

本罪在主观方面是故意，即为了逼取口供，而故意对犯罪嫌疑人、被告人使用肉刑或者变相肉刑。犯罪的动机多种多样，一般是为争取立功受奖或因承受破案压力而在司法过程中不择手段。动机如何，不影响犯罪成立。

十二、暴力取证罪

第二百四十七条　司法工作人员对犯罪嫌疑人、被告人实行刑讯逼供或者使用暴力逼取证人证言的，处三年以下有期徒刑或者拘役。致人伤残、死亡的，依照本法第二百三十四条、第二百三十二条的规定定罪从重处罚。

暴力取证罪，是指司法工作人员以暴力逼取证人证言的行为。

（一）保护法益

本罪侵害的法益既包括公民的人身权利，又包括司法机关的正常活动，因为行为人使用暴力手段逼迫证人按照自己的要求作证，必然会把案件的侦查引向错误的方向，从而极可能最终导致错误的裁判结论。

本罪的行为对象是证人。证人，是指在刑事诉讼活动中，就自己所了解的案件情况向司法机关办案人员进行陈述的人。问题是，这里的“证人”是否就是刑事诉讼法中所明确界定的“证人”概念。为保护公民的合法权益不受司法工作人员的任意侵害，对这里的“证人”概念应当作广义的解释，除刑事诉讼法中规定的证人以外，还应该包括作出陈述的被害人。此外，即使是对于不知道案件情况的人，司法工作人员独断专行，认为其知道案情或者应当知道案情，而对其展开调查取证工作，使用暴力逼其作证的，其也应当被视为证人。生理上、精神上有缺陷或者年幼的人，不能辨别是非，不能正确表达，按照刑事诉讼法的规定，不能作证，不是证人。但是，如果司法工作人员不能认识这些人在生理、精神和年龄上的特殊性，以为其知道案情，并有作证能力，使用暴力逼迫其作证的，其仍然属于本罪的被害对象。

所以，刑法上对证人概念的理解不需要与刑事诉讼法上的证人概念保持一致。刑事诉讼法考虑的是特定的人是否知晓案情，有无作证义务和作证能力，其不作证是否会妨碍诉讼进程。刑法的规定则侧重于考虑个人在遭受司法权的不当打击时其权利会受到侵犯，至于其是否属于刑事诉讼法上的适格证人，并非关键。

（二）客观要件

本罪在客观方面表现为对证人使用暴力，以逼取证言的行为。

暴力包括对证人采用捆绑、殴打、悬吊、电击等手段，也包括使用变相肉刑的手段。但是，在取证过程中只有胁迫的，或者使用其他方法骗取证言的，例如，将迷幻药投入证人饮用的水中使其意志昏迷，从而按照司法工作人员的引导作证，或者将某一设备冒充测谎仪威吓证人的，都不是暴力取证行为。

暴力取证行为在实践中表现为：证人知晓案情，但由于害怕打击报复不愿作证，司法工作人员逼取证言的；证人提供了真实证言，司法工作人员认为其证言不真实，逼迫其另作证言的；证人拒绝就其不了解的事实作证时，司法工作人员使用暴力进行威逼的。不过，证人知晓案情的程度如何，是否真实地提供证言，司法工作人员对证人证言的证明力大小是否了解等，都不影响本罪的成立。

根据最高人民检察院《关于渎职侵权犯罪案件立案标准的规定》，暴力取证罪涉嫌下列情形之一的，应予立案：（1）以殴打、捆绑、违法使用械具等恶劣手段逼取证人证言的；（2）暴力取证造成证人轻伤、重伤、死亡的；（3）暴力取证，情节严重，导致证人自杀、自残造成重伤、死亡，或者精神失常的；（4）暴力取证，造成错案的；（5）暴力取证 3 人次以上的；（6）纵容、授意、指使、强迫他人暴力取证，具有上述情形之一的；（7）其他暴力取证应予追究刑事责任的情形。

（三）主观要件

本罪在主观方面是故意。行为人对自己的行为具有暴力性质、试图通过这种暴力取得证言有明确的认识。如果在调查取证过程中使用暴力的最终目的不是取得证言，而是借机报复，不构成本罪。至于暴力取证的动机是否恶劣，对成立本罪没有影响。

十三、虐待被监管人罪

第二百四十八条　监狱、拘留所、看守所等监管机构的监管人员对被监管人进行殴打或者体罚虐待，情节严重的，处三年以下有期徒刑或者拘役；情节特别严重的，处三年以上十年以下有期徒刑。致人伤残、死亡的，依照本法第二百三十四条、第二百三十二条的规定定罪从重处罚。

监管人员指使被监管人殴打或者体罚虐待其他被监管人的，依照前款的规定处罚。

虐待被监管人罪，是指监狱、拘留所、看守所、拘役所、戒毒所等监管机构的监管人员对被监管人进行殴打或者体罚虐待，情节严重的行为。

（一）客观要件

本罪在客观方面表现为对被监管人进行殴打或者体罚虐待，或者监管人员指使被监管人殴打或者体罚虐待其他被监管人，情节严重的情形。

虐待可以分为两类：一类是暴力殴打行为，比如对被监管人拳打脚踢、鞭抽棒打；另一类是体罚虐待行为，其表现形式较多，例如，在严冬或者酷暑强令被害人站在室外、罚跪、拒绝提供饮食、罚做超强度体力劳动、有病不给治疗等。

本罪的行为对象是被监管人，包括在监狱或者其他刑罚执行场所服刑的罪犯，在看守所羁押的犯罪嫌疑人和被告人，在拘留所被执行治安行政处罚的人，在戒毒场所被戒除毒瘾的人，以及其他被依法监管的人。监狱、拘留所、看守所等监管机构的监管人员，不是对业已被依法监管的人进行殴打或者体罚虐待，而是非法拘禁他人，在此过程中进行殴打或者体罚虐待的，不构成本罪，而构成非法拘禁罪或者故意杀人、故意伤害罪。

监管人员指使、纵容被监管人殴打或者体罚虐待其他被监管人的，应当结合义务犯（身份犯）的法理进行处理，同时，对实施违法行为的被监管人员的定罪，应依本罪共犯和其他罪的想象竞合犯处理。例 1，犯罪嫌疑人赵某认为自己是被冤枉的，在被送往看守所羁押后，在监舍内高声怒骂。值班的监管人员甲暴怒，指使与赵某同监舍的乙等多人对赵某进行多次殴打，情节严重。对甲、乙等人应如何定罪？由于本罪是义务犯（身份犯），监管人员甲成立本罪的正犯，而被监管人员乙等人没有监管人员的身份，因此，成立本罪共犯。同时，乙等人成立刑法第 315 条破坏监管秩序罪的正犯。此时本罪和破坏监管秩序罪的法定刑相同（3 年以下有期徒刑），依据想象竞合犯的原理，在情节严重的场合，乙等人成立破坏监管秩序罪。例 2，假设在上例中，与赵某同监舍的乙等多人对赵某进行多次殴打，情节特别严重。如何处理本案？由于本罪是义务犯，监管人员甲成立本罪的正犯，被监管人员乙等人成立本罪共犯。同时，乙等人成立刑法第 315 条破坏监管秩序罪的正犯，依据想象竞合犯的原理，在情节特别严重时，对乙等人成立本罪处罚要重（破坏监管秩序罪的法定最高刑为 3 年有期徒刑），故其成立本罪。

例3，假设在上例中，与赵某同监舍的乙等多人对赵某进行多次殴打，致被害人伤残、死亡的，如何处理？刑法第248条将致被害人伤残、死亡拟制为故意伤害罪和故意杀人罪，故甲、乙等人成立故意伤害罪或故意杀人罪的共犯（根据具体情况，可能均成立共同正犯，或者甲为教唆犯，乙等人为共同正犯）。

根据最高人民检察院《关于渎职侵权犯罪案件立案标准的规定》，对被监管人进行殴打或者体罚虐待，涉嫌下列情形之一的，应予立案：(1) 以殴打、捆绑、违法使用械具等恶劣手段虐待被监管人的；(2) 以较长时间冻、饿、晒、烤等手段虐待被监管人，严重损害其身体健康的；(3) 虐待造成被监管人轻伤、重伤、死亡的；(4) 虐待被监管人，情节严重，导致被监管人自杀、自残造成重伤、死亡，或者精神失常的；(5) 殴打或者体罚虐待3人次以上的；(6) 指使被监管人殴打、体罚虐待其他被监管人，具有上述情形之一的；(7) 其他情节严重的情形。

（二）主观要件

本罪在主观方面是故意，即明知对方是被监管的人，而故意对其进行殴打或者体罚虐待。至于犯罪动机如何，被殴打或体罚虐待者是否违反监管制度等，都不影响本罪的成立。

第五节 侵犯人格权的犯罪

一、侮辱罪

第二百四十六条　以暴力或者其他方法公然侮辱他人或者捏造事实诽谤他人，情节严重的，处三年以下有期徒刑、拘役、管制或者剥夺政治权利。

前款罪，告诉的才处理，但是严重危害社会秩序和国家利益的除外。

通过信息网络实施第一款规定的行为，被害人向人民法院告诉，但提供证据确有困难的，人民法院可以要求公安机关提供协助。①

侮辱罪，是指以暴力或者其他方法公然贬低、损害他人的人格、名誉，情节严重的行为。

（一）保护法益

本罪侵害的法益是他人的名誉。本罪和诽谤罪都是为保护个人名誉而设置的罪名。名誉与个人的存在息息相关，个人要参与社会生活必须要保持良好的声誉才能赢得他人的信任。如果名誉受到伤害，个人生活与社会生活之间的关联性就会被破坏，个人利益受到重大损害的可能性就增大，所以，在刑法上保护个人的名誉就显得较为重要。但是，刑法设置保护个人名誉的罪名必然要对他人的表现自由给予较多的限制，使他人的言论很多时候不能自由地表达，因此，刑法对名誉的保障与刑法对表现自由的保护之间的关系如何处理，就是一个不好把握的问题。

名誉一般来说分为两种：一是外部的名誉（社会名誉），是指社会对于个人的评价，是社会成员的社会本质和道德品质的尺度，它在很多方面取决于公民本人，取决于公民的行为表现、对他人、对社会、对国家的态度。二是名誉情感（主观的名誉），是本人对自己所持的价值意识、情感，即对自身品质、能力、世界观、自己的社会意义的内心自我评价。对于侮辱罪的保护法益，日本判例、通说认为是外部的名誉，少数说认为是名誉情感。两者的差异在于散布真实事实不成立诽谤罪的情况下是否成立侮辱罪。按通说不成立侮辱罪，按名誉情感说成立

① 本款为《刑法修正案（九）》第16条所增设。

侮辱罪。

但是，社会名誉和名誉情感之间的关系从来都是不可分离的，受到社会的尊重才会有良好的自我价值评价和生存感觉，所以，多数人主张社会名誉和名誉情感之间的统一，侮辱罪的保护法益首先是外部的名誉，其次是名誉情感[①]；还有人主张名誉侵害行为是对“从一般人的观念出发的客观的名誉情感”的侵害，这种折中说的立场充分地认识到了主观的名誉的不可把握性，个人对自己价值的认识、名誉感情不相同，以此为标准来认定犯罪可能导致司法判断的标准不统一，所以，把外部的名誉作为侮辱罪保护法益的根本性内容是大致妥当的。

本罪的行为对象是自然人，而不包括法人、非法人组织，因为刑法将本罪设置在侵犯公民人身权利、民主权利罪中。至于没有名誉情感的幼儿、重度精神病人是否可以成为本罪的侵害对象，依保护法益学说的不同而有不同的看法：按照外部名誉说，他们都是侵害对象；按照主观的名誉说，这些人没有名誉情感，针对他们实施侮辱不成立本罪。但是，主观的名誉说存在保护个人利益不力的可能。

被侮辱的自然人必须是具体的、特定的人，或者虽不指名道姓但可以推知的人。针对不特定的人或不可推知的人进行侮辱不构成本罪；侮辱行为发生时，被害人是否在场，侮辱行为是否在被害人能够感知的场所实施，均在所不问。

（二）客观要件

本罪在客观方面表现为使用暴力或者其他方法公然贬低、损害他人人格、名誉，情节严重的行为。

1. 暴力或者其他方法

暴力，是指程度较低的、损害他人名誉的强暴方法，而不是程度较高的针对身体健康的伤害、杀害等行为。这种暴力主要是对被害人施加不法的体力，而毁损其人格和名誉，例如，当众打耳光、用大粪和污水泼向他人、强行剪他人的辫子、命他人从自己胯下穿过、当众拉他人裤子或裙子上的拉锁使之脱落而当众出丑、强行架着他人游街示众。其他方法包括使用口头方式、文字、图形而实施的侮辱，例如，到处贴小字报攻击他人有男女作风问题，将他人的头像嫁接在裸体照片上并将其置于自由阅览网页的行为，都是侮辱。至于什么是侮辱性的语言、文字，要根据案件的情况具体分析，凡使用达到损害他人名誉程度的语言、文字的，都属于侮辱罪中的其他方法。

2. 公然

侮辱行为必须公然进行，且在公然实施的同时达到既遂。公然性，不是指结果的公然性，仅指行为本身的公然性。关于在哪些人面前贬低、损害他人人格、名誉才具有侮辱罪中的公然性，有三种理解：一是不特定或者多数人，二是多数人，三是不特定并且多数人。第二种和第三种说法都没有考虑到侮辱行为在不特定少数人、特定多数人面前实施的情况，所以对名誉的保护过于狭隘，有其缺陷。第一种观点比较妥当。即使是少数人，只要其不特定，且处于一般人可能出入的场所；只要是多数人，即非经相当时间加以分辨难以计数者，不论是否有特定资格的人处于其中，在他们面前实施侮辱行为，对他人的名誉就有高度的侵害盖然性，行为人的行为就具有公然性。所以，公然，是指当着不特定人或者多数人的面，或者采用能够使不特定人或者多数人感知的方式对他人进行公开侮辱。

在特定少数人面前针对他人实施侮辱行为的，一般不具有公然性。如果起初看到或者听到侮辱言辞的人是特定的人或少数人，但他们有将此信息传播给不特定多数人并使之认识的可能

---

① 参见［日］大塚仁：《刑法概说・各论》，3版，130页，东京，有斐阁，1996。

性的，是否可视为有公然性？如果认为其具有公然性，那么犯罪的成立与否似乎取决于传播对象接受侮辱事实以后的行为，而不是侮辱行为实施者自身的行为，公然性就成了结果的公然而不是行为本身的公然，这样，就与刑法中的危害行为概念有冲突，会不当限制侮辱事实传播者的表现自由，也会不当扩大公然概念的内涵。①

3. 侮辱

侮辱，是指不编造、散布事实，只是单纯地以语言、动作对他人的人格给予抽象的蔑视，使他人的名誉情感和社会评价受到伤害的行为。对他人的人格、名誉给予轻蔑的价值评价的内容可能涉及他人的能力、身份、品性、身体状况等。以真实事实侵害他人名誉的，或者揭示抽象的、足以贬损被害人的社会评价的事实，而没有散布捏造的事实的，都不构成诽谤罪，而属于侮辱行为。

（三）主观要件

本罪在主观方面是故意，行为人对可能贬低、损害他人人格、破坏他人名誉有认识。

侮辱罪的成立事实上只要求行为人主观上具有公然侮辱的故意，这种故意应当包括间接故意。例如，甲入室盗窃，被害人乙回家发现后即邀约邻居数人将甲扭送到派出所，在路上甲哀求乙放过他，被拒绝后甲长时间辱骂乙，一路上引来很多人围观和议论的，甲为达到非犯罪目的（逃脱司法追究）而对他人名誉实施了抽象的毁损，就是对损害他人名誉的结果的放任，客观上对乙的名誉造成了损害后果，所以，其行为有可能成立本罪。至于行为人是否有损害他人名誉的目的，不在法律关注范围之内。行为人公然侮辱他人时只要对侮辱有所认识，有公然侮辱故意而实施侮辱行为，即使不具有损害他人名誉的意图，也应当构成侮辱罪。

（四）认定

(1) 罪与非罪的界限。准确划分两者之间的界限，主要是要恰当把握侮辱罪和表现自由之间的分寸感。表现自由含义广泛，一般而言包括言论、讲学、著作、出版等自由，还包括传播、讨论、评论的自由。表现自由权过度行使的，一般不构成犯罪。对学术、艺术领域进行评论，对地方政府的具体政策有意见并加以批评，对一定区域的社会公正性不满发表意见的，这些评论或意见可能与公共利益有关，但是只要不涉及个人隐私、名誉、人格的就不构成侮辱罪。例如，散布言论说某地区、某企业是大贪污犯提拔、重用小贪污犯，这与社会治理策略的调整有关，但是不涉及具体的或者可推知的特定人的名誉，所以没有成立侮辱罪的可能。

(2) 侮辱罪和强制侮辱妇女罪的区别：1) 侮辱罪必须公然进行，而强制侮辱妇女罪无此限制。2) 侮辱罪以贬低他人人格为目的，强制侮辱妇女罪的行为人出于侵害妇女的性羞耻心、满足变态性欲、寻求精神刺激的动机，实施犯罪行为。

(3) 犯本罪的，告诉的才处理，但是严重危害社会秩序和国家利益的除外。这里的“严重危害社会秩序和国家利益”，是指侮辱行为导致被害人自杀、精神失常，造成大范围的社会波动，给社会秩序的管理带来重大困难的；或者侮辱行为直接降低国家领导人、外国元首、外交代表等特定对象的名誉，严重危害国家利益的。为发泄对地方领导工作的不满，而实施侮辱行为的，原则上不属于严重危害社会秩序和国家利益，不能由检察机关提起公诉。

① 参见［日］平野龙一：《刑法概说》，193页，东京，东京大学出版会，1977；［日］前田雅英：《刑法各论讲义》，7版，130页，东京，东京大学出版会，2020。

二、诽谤罪

第二百四十六条　以暴力或者其他方法公然侮辱他人或者捏造事实诽谤他人，情节严重的，处三年以下有期徒刑、拘役、管制或者剥夺政治权利。

前款罪，告诉的才处理，但是严重危害社会秩序和国家利益的除外。

通过信息网络实施第一款规定的行为，被害人向人民法院告诉，但提供证据确有困难的，人民法院可以要求公安机关提供协助。①

诽谤罪，是指利用或散布捏造的事实损害他人人格、名誉，情节严重的行为。

（一）保护法益

本罪的保护法益，通说认为首先是外部的名誉，即社会对人的积极评价；其次是个人的名誉情感，即个人对自我价值的认识。在这一点上诽谤罪和侮辱罪是相同的，两罪的不同点在于是否捏造事实并散布方面。在我国刑法中，是否侵害名誉，要看所散布的事实是否为捏造，所以，虚名不受刑法保护。这样，刑法保护的就是外部名誉中社会对个人本来应有的评价部分（规范的名誉），而不是实际的评价部分（事实的名誉），这与德国、日本刑法所规定的名誉毁损罪（通过披露、散布事实贬损他人名誉即构成犯罪，事实真假不问）不同。

本罪的行为对象必须是具体、特定的个人，或者根据诽谤事实可以推知的个人。

（二）客观要件

本罪在客观方面表现为通过散布、利用捏造的虚假事实诽谤他人，情节严重的行为。

1. 散布或利用捏造的事实

散布，是指将明知是捏造的事实传播、分散到各处，向社会扩散；利用，是指对明知是捏造的事实而加以利用。散布、利用行为即便不具有公然性，而是私下的指责，也可以构成本罪。散布、利用的具体方法没有限制，可以是语言，例如，沿街叫骂、演讲、利用广播、电话等；也可以是特定动作，例如，为诬陷某人实施卖淫行为而在众人面前以被害人名义做下流动作；还可以是利用书面媒体传播，例如，利用信息网络、报纸、杂志、大小字报、广告、著作（漫画、杂文、小说等）等。

捏造虚假事实，是指凭空杜撰、无中生有，而不是单纯地指责、批评他人。捏造的事实必须有相当程度的具体性，足以使他人误信，使社会对个人的评价降低。捏造的事实不一定非得与被害人的行为有关，而可能与被害人的品德、身体功能缺陷有关；这种事实可能与被害人的过去有关，也可能涉及其未来。但是，并没有捏造事实，而是单纯地就真实的事实、众所周知的事实加以评价，只是表明了行为人一定的意思和价值判断，即使有夸大事实的嫌疑，客观上也不会降低社会对个人的评价，不属于散布本罪中的虚假事实。例如，行为人发现甲时常进入赌博场所而加以评价，对乙说甲可能是去赌博，而甲事实上是只观战不参与赌博的，由于行为人的言说是对甲一贯行为的评价，带有评价性议论的性质，行为的基本方面实质上并不涉及事实，所以不属于散布捏造的事实，并无成立诽谤罪的余地。但是，如果评论时公然使用谩骂性词语，评论的内容过于情绪化而沦为人身攻击时，则可能构成侮辱罪。

上述分析表明，本罪是单一行为犯，而不是复数行为犯，实行行为不是由捏造和散布共同组成，其核心是利用或散布。如果要求捏造和散布同时存在，可能使本罪的着手和未遂成立很早；且容易放纵那些并不捏造的人，对单纯利用不是共犯的他人所捏造的事实实施诽谤的人无

① 本款为《刑法修正案（九）》第16条所增设。

法处罚，明显不利于保护法益。最高人民法院、最高人民检察院《关于办理利用信息网络实施诽谤等刑事案件适用法律若干问题的解释》（2013 年 9 月 6 日）第 1 条的规定也持此立场，其认为捏造损害他人名誉的事实，在信息网络上散布，或者组织、指使人员在信息网络上散布的，或者将信息网络上涉及他人的原始信息内容篡改为损害他人名誉的事实，在信息网络上散布，或者组织、指使人员在信息网络上散布的，显而易见地构成本罪。此外，明知是捏造的损害他人名誉的事实，在信息网络上散布，情节恶劣的，以"捏造事实诽谤他人"论。对于"明知是捏造的损害他人名誉的事实，在信息网络上散布"的，认定为捏造事实的解释，在理论上受到一些批评。如果将本罪的构成要件行为界定为针对他人提出或者散布使他人受到鄙视或贬低的事实，那么，捏造、篡改并散布虚假事实的，当然是诽谤；并未捏造，但明知某一事实可能虚假，传播、利用或散布很可能损害他人名誉而加以散布的，当然也是诽谤。只要利用、散布虚假事实诽谤他人的，就符合本罪的客观构成要件，至于是自己捏造再去散布，还是散布他人捏造的事实，均在所不问。因此，明知是捏造的损害他人名誉的事实，在信息网络上散布（例如，将他人的往来电子邮件上传到网络；将信息从局域网转发到门户网站；将文字材料转化成电子信息并上传）的，应认定为实施了本罪的构成要件行为。

2. 情节严重

利用虚假事实诽谤他人，情节严重的才能构成本罪。

根据最高人民法院、最高人民检察院《关于办理利用信息网络实施诽谤等刑事案件适用法律若干问题的解释》（2013 年 9 月 6 日）第 2 条的规定，利用信息网络诽谤他人，具有下列情形之一的，应当认定为本罪的"情节严重"：（1）同一诽谤信息实际被点击、浏览次数达到 5 000 次以上，或者被转发次数达到 500 次以上的；（2）造成被害人或者其近亲属精神失常、自残、自杀等严重后果的；（3）2 年内曾因诽谤受过行政处罚，又诽谤他人的；（4）其他情节严重的情形。该解释将同一诽谤信息实际被点击、浏览或者被转发的次数作为认定情节严重的标准，具有合理性：其一，诽谤他人的虚假信息一旦在信息网络上被散布，就有被他人点击、浏览或转发的可能，关注的人越多，对被害人名誉的损害越大，危害后果在客观上应当归属于散布行为，散布信息者不能认为他人的点击、浏览或转发与其上传虚假事实无关。其二，行为人上传相关虚假信息时，对他人可能关注该信息从而对被害人的名誉造成损害有认识、有追求，至于该信息被多数人点击、浏览或转发，不是行为人故意的内容。其三，通过信息网络散布损害他人名誉的虚假信息时，犯罪已经既遂，在虚假信息被删除之前，诽谤行为一直处于持续状态（持续犯），第三人的点击、浏览或转发使得被害人被侵害的程度也处于持续增加状态。

（三）主观要件

本罪在主观方面是故意。一般的观点认为是直接故意，并且具有贬低、损害他人人格、破坏他人名誉的目的，间接故意或者过失不构成本罪。不过，将间接故意排除在本罪的主观方面之外，而认为本罪是目的犯（必须以损害他人名誉为目的）的观点值得进一步研究。诽谤罪的成立事实上只要求行为人主观上具有诽谤的故意，这种故意应当包括间接故意。行为人对自己编造的事实与真相不符有所认识，并放任损害他人名誉的结果发生的，就具备犯罪故意。

行为人确信其所散布的事实内容真实，即使其实际上是虚假的，也不具有本罪故意。事实本身是虚假的，但行为人根据其经验或者一定的资料对事实加以组合，对其真实性有错误认识并加以散布的，不具有损害他人名誉的故意，不构成本罪。当然，有的学者认为这种情况应当阻却违法性，即在散布事实的当时其真实性值得信赖，或者事实具有高度的真实可能性的，在此基础上发表言论属于正当行使言论自由权利。①

（四）违法阻却事由

某一虚假性事实必须足以损害他人名誉，利用、散布该事实的行为才具有违法性。虚假事实是对素材、证据的组合。在有的情况下，行为人根据一定的素材、证据所组合成的事实虽然在一定程度上毁损了他人名誉，但是，该行为更多地有利于公共利益或公共事业的改进，能够维护更多人的权利和利益，由行为人所组合成的该事实与客观事实存在相当的一致性，其说法有一定根据，行为人具有正当公益目的，就应该从法益衡量的角度肯定行为系违法排除事由，从而不以本罪论处。例如，记者报道某起环境污染事故时，附带提及项目审批过程中可能存在相关官员的滥用职权、玩忽职守或收受贿赂行为，即便事后查明其关于官员受贿的判断不能成立，也难以认定该记者根据一定事实提出推断或怀疑就能够成立本罪。

当然，此时要判断行为是否能够排除违法性，需要综合考虑以下内容，仔细权衡：（1）判断行为人所利用、散布的事实是否与公共利益有关联，是否具有公共性。这里的"公共性"并不完全是指国家、社会全体，也包括一定范围内的事实。只要行为具有公共性，相关的事实揭示又多多少少有一些根据，即便其内容部分虚假，或者虽然全部虚假但属于行为人综合一定事实所作出的推断，都不能认定行为的违法性。例如，对地方官员的拆迁政策不满，从而散布可能贬损其名誉的事实，只要查明在拆迁过程中确实有损及行为人及其他被拆迁者利益的违法行为，相关的事实传播行为就具有依据宪法行使公民对国家机关工作人员的批评、建议权的性质，不能认为是诽谤。（2）行为人的目的是什么。要排除行为的违法性，事实揭示、传播行为必须具有目的专属性。行为人根据一定的素材、证据组合事实，其目的是增进公共利益，而且这一目的应该是占据支配地位的。行为人散布、利用虚假事实仅出于毁损他人名誉的意思，不是出于公共目的或不包含该目的的，难以阻却行为的违法性。换言之，在善意发表意见的场合，行为人所列举的事实即使与客观事实有出入，也不能认为行为具有违法性。善意发表意见，是指行为人非出于恶意而发表言论。这是公民对言论自由权的行使。由于诽谤罪的规定使宪法所保障的言论自由权受到限制，相当多的言论、著作、出版、结社或者评论都可能涉及一定事实而损及他人名誉，所以，对行使言论自由权的行为一般不能认定为有本罪故意。在批评官员、指责公众人物、自我辩护、公务员因职务要求而作报告、法官对可能受公众评价的事实作出解释等情况下，对事实的描述都可能涉及他人名誉，而且有时这些事实与真相不符，但只要行为人不单纯具有侵害他人名誉的意思，就不能构成本罪。换言之，政府官员、公众人物虽然从理论上讲可以成为本罪的被害人，但刑法对其保护的力度必须受到限制，愿意选择成为政府官员或公众人物，就要敢于直面他人的"指指点点"，因此，在很多时候，政府官员、公众人物关于运用本罪保护其名誉的请求都不能成立。当然，对行为人散布不真实事实的行为是否阻却违法，应当就具体的事件进行客观判断，同时要结合法益权衡的原理加以斟酌。

（五）认定

1. 诽谤罪与民事侵权诽谤的区别

诽谤罪要求捏造虚假的事实并加以传播；而民事侵权诽谤中所述的内容即使编造的成分较少，但只要法律禁止公开宣扬，一旦公开就有损他人名誉的，就可能构成民事侵权。诽谤罪的侵害对象必须是自然人，而民事侵权行为的对象可能是法人、非法人团体。诽谤罪主观方面必须是故意，而民事侵权行为主观方面可能是过失。

① 参见［日］藤木英雄：《刑法讲义各论》，246页，东京，弘文堂，1976。

2. 诽谤罪与侮辱罪的界限

相同之处在于：侵害的法益都是他人的人格权、名誉权；主观上都是故意。区别在于行为手段不同：侮辱罪可能以暴力方式实施，而诽谤罪只能以平和的方式实施；侮辱罪一般不捏造事实，而诽谤罪是捏造事实并加以散布，比如，明知某妇女品行良好，而编造事实指责其与他人通奸，成立诽谤罪；若确知某妇女与他人通奸，而在众人面前公然传播，可以构成侮辱罪。

（六）程序性规定

1. 可以公诉的情形

诽谤罪是自诉案件，但严重危害社会秩序和国家利益的除外。这里的“严重危害社会秩序和国家利益”包括以下情形：(1) 引发群体性事件的；(2) 引发公共秩序混乱的；(3) 引发民族、宗教冲突的；(4) 诽谤多人，造成恶劣社会影响的；(5) 损害国家形象，严重危害国家利益的；(6) 造成恶劣国际影响的；(7) 其他严重危害社会秩序和国家利益的情形。

2. 取证的特别规定

为了及时有效地打击通过信息网络实施的诽谤犯罪，方便受害群众保护自己的权利，同时有效解决困扰司法实务的有关取证程序问题，《刑法修正案（九）》特别规定，人民法院受理有关利用信息网络实施侮辱、诽谤犯罪的自诉案件后，当事人提供证据确有困难的，人民法院可以要求公安机关提供协助。换言之，人民法院在当事人说明理由并提供相关线索和材料后，认为有必要时，可以要求公安机关提供协助。上述规定表明，公安机关有义务向人民法院提供协助，而不是根据法院的协助调查函的要求，在调查取证之后，向被害人提供协助。当然，抽象地讲，基于对自诉案件性质的考虑，公安机关向被害人提供协助可能比较合理，但是，如果基于司法资源有限、提高效率以及确保司法公信力的考虑，刑法规定公安机关直接向人民法院提供协助更为可行和合理，立法也遵从了这一基本精神。

三、煽动民族仇恨、民族歧视罪

第二百四十九条　煽动民族仇恨、民族歧视，情节严重的，处三年以下有期徒刑、拘役、管制或者剥夺政治权利；情节特别严重的，处三年以上十年以下有期徒刑。

煽动民族仇恨、民族歧视罪，是指故意煽动民族仇恨和民族歧视，破坏民族团结，情节严重的行为。

我国宪法第4条第1款规定，中华人民共和国各民族一律平等。国家保障各少数民族的合法的权利和利益，维护和发展各民族的平等团结互助和谐关系。禁止对任何民族的歧视和压迫，禁止破坏民族团结和制造民族分裂的行为。煽动民族仇恨、民族歧视会侵害少数民族群众的平等权和尊严，因此，发表相关言论是宪法和刑法所同时禁止的。

这里的“煽动”，是指对不特定或者多数人进行鼓动、宣扬。民族仇恨与民族歧视，是民族之间的互相敌视与蔑视、贬损。煽动行为只有情节严重的，才构成犯罪。情节严重，是指引起民族之间的敌对情绪、暴力冲突、械斗，产生严重的社会影响等。

本罪在主观方面是故意，即明知自己的煽动行为会产生民族仇恨和民族歧视，破坏民族团结，而希望或者放任这种结果的发生。

四、出版歧视、侮辱少数民族作品罪

第二百五十条　在出版物中刊载歧视、侮辱少数民族的内容，情节恶劣，造成严重后果的，对直接责任人员，处三年以下有期徒刑、拘役或者管制。

出版歧视、侮辱少数民族作品罪，是指故意在出版物中刊载歧视、侮辱少数民族的内容，情节恶劣，造成严重后果的行为。

歧视，是指在出版物中大量刊载故意贬低少数民族地位的内容。侮辱，是指在出版物中刊载明显丑化、谩骂少数民族的内容，从而侵犯少数民族整体的尊严和名誉。出版歧视、侮辱少数民族的作品，必须情节严重的，才构成犯罪。情节严重，通常是指在多种出版物中或者多次、连续刊载侮辱、歧视少数民族的内容；因刊载歧视、侮辱少数民族的内容而在民族地区引起愤慨和骚动的；大量刊载歧视、侮辱少数民族的内容，在国际上或者国内普通民众中间引起强烈反响的，等等。

出版物刊载的内容既有淫秽内容又贬低、丑化了少数民族的，行为人同时触犯出版淫秽物品牟利罪和出版歧视、侮辱少数民族作品罪，属于想象竞合犯，应从一重罪处断。由于出版淫秽物品牟利罪的法定刑较重，所以原则上应按本罪处理。

本罪的主体是一般主体，实践中多是歧视、侮辱少数民族作品的创作者、编辑者和出版者。其在明知作品的内容有歧视、侮辱少数民族的可能而执意出版和发行该著作时，即可成立本罪。

本罪在主观方面是故意：对出版物中含有歧视、侮辱少数民族的内容有明知，对于侵犯少数民族的尊严、风俗习惯、宗教信仰权利这一结果的发生则有希望或者放任。

五、侵犯通信自由罪

第二百五十二条　隐匿、毁弃或者非法开拆他人信件，侵犯公民通信自由权利，情节严重的，处一年以下有期徒刑或者拘役。

侵犯通信自由罪，是指隐匿、毁弃或者非法开拆他人信件，侵犯公民通信自由权利，情节严重的行为。

（一）客观要件

本罪在客观方面表现为隐匿、毁弃或者非法开拆他人信件，侵犯公民通信自由权利的行为。

隐匿，是指将信件私自截留置于他人难以知晓的场所。毁弃，是指以撕毁、烧毁的方式使信件永久性消失的行为。非法开拆，是指未经权利人许可而故意使用有形力使信件启封、破损，至于被害人最终是否能够再收到信件、行为人是否非法获知信件的内容等，均在所不问。不能认为必须是擅自将他人信件打开，并偷看其内容，才成立非法开拆，因为非法开拆他人信件，是和隐匿、毁弃行为性质相同的行为，而隐匿、毁弃就不要求行为人必须偷看他人信件的内容才构成犯罪。故意使信件破损，但不阅读信件内容的，对他人的通信自由权仍然有侵害。

开拆、隐匿、毁弃信件的行为应当具有非法性，有法律根据而对信件加以处理，属于合法行为，不构成本罪。家长、教师私自开拆子女、学生的信件，应当说具有非法性，但是出于关心下一代的目的，偶尔为之的，属于情节显著轻微，不是犯罪。

开拆、隐匿、毁弃他人信件必须情节严重的，才构成犯罪。所谓情节严重，是指隐匿、毁弃、非法开拆他人信件，次数较多或数量较大的；隐匿、毁弃、非法开拆他人信件，致使他人工作、生活受到严重妨害或身体、精神受到严重损害的；非法开拆他人信件，涂改信件内容的等。

非邮电工作人员非法开拆他人信件，侵犯公民通信自由权利，情节严重，并从中窃取少量财物，或者窃取汇票、汇款支票，骗取汇兑款数额不大的，依照刑法关于侵犯通信自由罪的规定，从重处罚。非邮电工作人员非法开拆他人信件，侵犯公民通信自由权利，情节严重，并从中窃取财物数额较大的，应按照重罪吸收轻罪的原则，依照刑法关于盗窃罪的规定从重处罚。非邮电工作人员非法开拆他人信件，侵犯公民通信自由权利，情节严重，并从中窃取汇票或汇款支票，冒名骗取汇兑款数额较大的，应依照刑法关于侵犯通信自由罪和诈骗罪的规定，依法实行数罪并罚。开拆他人信件，并将其公然张贴、展示于公开场合，张扬他人隐私、侮辱他人人格、破坏他人名誉的，构成本罪和侮辱罪，原则上应当数罪并罚。

（二）主观要件

本罪在主观方面是故意，即明知是他人的信件，而故意隐匿、毁弃或者非法开拆。至于何种动机，则不影响本罪的成立。过失实施上述行为，例如，误认他人信件为自己信件而开拆，不慎将他人信件丢失的，都不具有本罪的故意。

六、私自开拆、隐匿、毁弃邮件、电报罪

第二百五十三条　邮政工作人员私自开拆或者隐匿、毁弃邮件、电报的，处二年以下有期徒刑或者拘役。

犯前款罪而窃取财物的，依照本法第二百六十四条的规定定罪从重处罚。

私自开拆、隐匿、毁弃邮件、电报罪，是指邮政工作人员私自开拆或者隐匿、毁弃邮件电报的行为。

（一）客观要件

本罪在客观方面表现为私自开拆或者隐匿、毁弃邮件、电报的行为。

私自开拆、隐匿、毁弃的必须是邮件、电报。对这里的邮件应当作广义理解，既可以是信件（包括信函、明信片、印刷品、盲人读物），也可以是其他邮政物资，如包裹、汇款单等。

隐匿和毁弃邮件、电报的行为有时难以区分，也没有必要细加区分，例如，邮政人员为逃避递送邮件之苦而将大量邮件扔到人迹罕至的污秽之处的行为，既可视为隐匿，也可视为毁弃。同一行为人对部分邮件、电报加以开拆，而对其他邮件、电报进行毁弃、隐匿的，只构成一罪。

私拆、隐匿、毁弃邮件、电报的，必须情节严重才能构成本罪。所谓情节严重，是指多次或者大量私拆、隐匿、毁弃邮件、电报的，从邮件、电报中窃取财物的；给国家、集体利益造成严重危害或者造成大范围不良社会影响的；因私拆、隐匿、毁弃邮件、电报行为延误他人升学、治病的；因私拆、隐匿、毁弃邮件、电报行为引起他人误解从而造成离婚、精神失常、自杀等恶性事件的。

邮政机关中与邮件处理业务有关的人员（如发行员、分拣员、投递员、收发员、押运员、营业人员等）才能实施本罪行为；不具有这些职务上便利的人员（例如，邮政部门的后勤工作人员等）实施开拆、隐匿、毁弃邮件电报的行为，不能构成本罪，但可构成侵犯公民通信自由罪。

邮政工作人员私自开拆、隐匿、毁弃邮件、电报又从中窃取财物的，依照盗窃罪的规定从重处罚。

（二）主观要件

本罪在主观方面是故意，即明知自己无权开拆、隐匿、毁弃邮件、电报，而有意为之，从而希望或者放任侵犯他人通信自由这一结果的发生。

（三）认定

私自开拆、隐匿、毁弃邮件、电报罪和侵犯通信自由罪的区别：本罪是邮政工作人员私自

开拆、隐匿、毁弃邮件、电报，从而既侵犯公民的通信自由权，又破坏了邮政机关的正常活动和威信；后罪一般是邮政工作人员以外的其他公民非法隐匿、毁弃或者开拆他人信件的行为，其侵犯的只是公民的通信自由权利，侵犯对象也只能是信件而不包括电报或其他邮递物资。

七、侵犯公民个人信息罪

第二百五十三条之一① 违反国家有关规定，向他人出售或者提供公民个人信息，情节严重的，处三年以下有期徒刑或者拘役，并处或者单处罚金；情节特别严重的，处三年以上七年以下有期徒刑，并处罚金。

违反国家有关规定，将在履行职责或者提供服务过程中获得的公民个人信息，出售或者提供给他人的，依照前款的规定从重处罚。

窃取或者以其他方法非法获取公民个人信息的，依照第一款的规定处罚。

单位犯前三款罪的，对单位判处罚金，并对其直接负责的主管人员和其他直接责任人员，依照各该款的规定处罚。

侵犯公民个人信息罪，是指违反国家有关规定，向他人出售或者提供公民个人信息，情节严重，以及窃取或者以其他方法非法获取公民个人信息的行为。

（一）保护法益

本罪的保护法益是公民的个人信息自由自决权。公民对个人信息享有自由使用的权利，对于某些隐私性个人信息还享有保守其私密性的权利，未经公民个人许可，任何组织和个人都不得非法获取、披露、提供该信息。特别是在现代大数据时代，公民个人的日常生活离不开信息网络或现代通信工具，传统的个人隐私保护方式基本上失效，保存、使用和管理个人隐私的企业侵犯个人信息变得很容易，刑法必须通过对侵犯个人信息的非法获取、出售、提供行为进行惩处，来预防、减少公民个人信息在现代社会所承受的各种被侵害的风险，充分保护个人信息自决权。

本罪的保护法益具有多重性。除了公民个人的信息自决权，与个人信息相关联的（狭义的）社会管理秩序也是本罪的保护法益。在现代信息社会，个人信息一旦被非法获取就可能在网络中迅速扩散，有些敏感个人信息一旦脱离了合法的处理范围被泄露和使用，会给信息主体造成巨大精神伤害，衍生出包括恶意人身骚扰、盗用他人名义注册、精准实施电信网络诈骗犯罪、绑架犯罪等各种复杂问题，网络“黑产”参与非法获取、提供个人信息还可能引发社会管理秩序的混乱。

（二）客观要件

本罪在客观方面表现为，违反国家有关规定，向他人出售或者提供公民个人信息，情节严重，以及窃取或者以其他方法非法获取公民个人信息的行为。

1. 行为对象

本罪的行为对象（行为客体）是个人信息。鉴于理论上和实务中对于刑法上个人信息的概念、外延一直存在争议，在此有必要进行细致讨论。我国个人信息保护的实践早期主要在刑事领域展开，而且从现有的治理侵犯公民个人信息的措施看，刑法仍然承担着主要角色，且持一种严罚的态度。② 最高人民法院、最高人民检察院、公安部《关于依法惩处侵害公民个人信息

① 本条为《刑法修正案（七）》第7条所增设，为《刑法修正案（九）》第17条所修改。

② 参见汪明亮：《治理侵犯公民个人信息犯罪之刑罚替代措施》，载《东方法学》，2019（2）。

犯罪活动的通知》(2013 年 4 月 23 日）规定，公民个人信息，包括公民的姓名、年龄、有效证件号码、婚姻状况、工作单位、学历、履历、家庭住址、电话号码等能够识别公民个人身份或者涉及公民个人隐私的信息、数据资料。这是最早出现个人信息概念的刑事司法解释。其在广义上把握个人信息，将识别个人身份或者涉及公民个人隐私的信息都包括在内。这种刑事司法取向，即使是在 2016 年网络安全法颁布之后，也没有大的调整。

根据网络安全法第 76 条第 5 项的规定，个人信息，是指以电子或者其他方式记录的能够单独或者与其他信息结合识别自然人个人身份的各种信息，包括但不限于自然人的姓名、出生日期、身份证件号码、个人生物识别信息、住址、电话号码等。网络安全法基本上属于在狭义上理解个人信息，将其界定为能够识别个人身份的信息，没有明确提到个人信息包括“涉及公民个人隐私的信息”。此后，最高人民法院、最高人民检察院发布的《关于办理侵犯公民个人信息刑事案件适用法律若干问题的解释》(2017 年 5 月 8 日发布，以下简称 2017 年刑事司法解释）也并未按照网络安全法的逻辑界定个人信息，而是对其有较大拓展。该解释第 1 条规定，刑法第 253 条之一规定的公民个人信息，是指以电子或者其他方式记录的能够单独或者与其他信息结合识别特定自然人身份或者反映特定自然人活动情况的各种信息，包括姓名、身份证件号码、通信通讯联系方式、住址、账号密码、财产状况、行踪轨迹等。这样一来，在个人身份信息之外能够“反映特定自然人活动情况的各种信息”，也属于个人信息。在 2017 年刑事司法解释实施之后，立法上对个人信息概念进一步予以了明确。根据民法典第 1034 条第 2 款的规定，个人信息是以电子或者其他方式记录的能够单独或者与其他信息结合识别特定自然人的各种信息，包括自然人的姓名、出生日期、身份证件号码、生物识别信息、住址、电话号码、电子邮箱、健康信息、行踪信息等。

可以看出：(1) 前述司法解释以及立法都试图厘清个人信息的概念，都重视信息在识别特定个人方面的功能发挥，采用列举与概括相结合的规范方式。其中关于“等信息”的规定，能够将需要保护的个人信息“兜住”，不会形成利益保护方面的漏洞。单纯从文字表述来看，刑法中个人信息的外延与民法典中的有所差异，但是，这样的差异基本上是无关紧要的。在刑事司法实践中，行为人所侵犯的个人信息基本上都是民事上常见的信息类型，且大多表现为多种信息的组合。例如，行为人一次性非法出售含有身份证号码、住所地址、手机号码、车牌号码、车辆品牌、机动车所有人、车辆识别代码等多种信息的案件在实践中屡见不鲜。(2) 民法典中有明确规定，但刑事司法解释未明确列举的信息类型，不等于刑法上不处罚。例如，民法典第 1034 条第 2 款将健康信息明确规定为个人信息。2017 年刑事司法解释并无类似规定。但是，实务中对于非法获取、提供慢性病监测系统病人信息的案件，仍然以本罪论处。此外，民法典以及网络安全法都将生物识别信息明确规定为个人信息。但是，2017 年刑事司法解释并无相关规定。不过，这丝毫不影响司法机关未来将非法获取、提供个人生物信息的行为认定为犯罪。例如，行为人如果使用“人脸识别软件”识别他人的人脸信息，或对人脸识别数据进行加工，然后提供给第三方的，完全可以构成本罪。(3) 刑法上早期重视隐私，将其与个人身份信息并列，但是，近年来已经不再强调信息的隐私性质。但是，实务中，对于客观上与特定自然人相关联的隐私信息的保护非常重视，侵犯的个人信息涉及个人隐私的情形更容易成为定罪理由。(4) 刑法和民法对个人信息保护的侧重点有所不同。2017 年刑事司法解释特别将账号密码、财产状况明确列举出来，实务中对于财产信息的保护也特别看重。但是，民法典第 1034 条第 2 款并未明确列举账号密码、财产状况。不过，由于财产所有者的财产状况、账户密码等信息总是和个人相关联，能够对应个人其他信息，因此，民法典与 2017 年刑事司法解释之间的规范表述差异，并不意味着民法典的规定有缺漏。例如，行为人通过不法手段获取其他公民在网络上所注册使用的账号密码（如微信号、邮箱账户密码、支付宝账号等）的，这些账号的账户本身外在表现为数字符号，但账户内往往记载或者能反映出注册人的姓名、手机号、身份证号等个人信息，最终都指向具体个人。尤其是在 2016 年 7 月 1 日《非银行支付机构网络支付业务管理办法》实施之后，凡是具有支付功能的第三方支付账号都要求实名认证。这些经过实名认证的账号具有极强的身份属性，可以被理解为 2017 年刑事司法解释中的账号密码，也可以被理解为包含了民法典第 1034 条第 2 款规定的自然人的姓名、身份证件号码等信息。此外，个人财产状况等信息也总是和个人相关联的，行为人非法购买公民户籍信息、机动车档案信息等公民个人信息，小区业主信息等，都既涉及个人财产信息，也涉及个人身份信息。在这里，个人财产信息和身份信息密不可分，不能认为该行为仅违反 2017 年刑事司法解释的规定，而不违反民法典第 1034 条第 2 款的规定。

上述分析说明，关于个人信息的外延，刑法上的认识确实和其他部门法的认识之间存在细微差别，不同部门法的规范目的不同，在概念使用上有所不同，这是非常正常的现象。① 但是，这丝毫不意味着刑法上的判断可以抛开民法典、网络安全法“另搞一套”。

一方面，本罪的成立以违反国家有关规定为前提，因此，民法典、网络安全法以及专门性的个人信息保护法律、法规等前置法关于个人信息外延的规定对于定罪就会产生影响。这是法秩序统一性原理的内在要求。要遵循法秩序的统一性，就要防止在刑法上将前置法上不具有违法性的行为认定为犯罪。法秩序统一性要求在处理某一个行为时，所有的规范秩序不能相互矛盾，如果某种利益在民法上不受保护，刑法上却将针对该利益所实施的行为认定为犯罪，那么公众的自由行动就会不当受限。唯有民法、行政法等前置法所要反对的行为，才有可能成为犯罪行为。在刑法与民法规范的保护目的相一致的场合，刑法应当从属于民法。这是法秩序统一性的当然要求。对于本罪的成立而言，民法典、网络安全法等法律对于个人信息之外延的框定，为定罪提供支撑，同时成为刑法保护个人信息的最大边界。

当然，由于刑法的构成要件设计上存在缩小处罚范围的政策考虑，也由于刑法主要在与公民人身、财产权利相关联的意义上把握个人信息，因此，前置法上的违法行为中只有极小部分最终被作为本罪处理，刑法上必须进行相对独立的违法性判断。“其他法域认为违法而刑法上亦应认定为违法这一推论，既非推论上的必然，亦非刑事政策与刑罚目的的彰显，因而刑法不可能为了追求‘逻辑的统一性’，而将所有民事违法行为、行政违法行为均认定为具有刑事违法性，只能将那些违法性达到值得科处刑罚程度的行为认定为具有刑事违法性，这就需要在一定程度上承认违法判断的‘相对性’。”② 在这个意义上可以认为，刑法实务中个人信息的范围，在很大程度上要小于民法典等前置法所划定的范围。

另一方面，个人信息和隐私这两个概念有所区别，但是二者之间存在交叉，不是对立的关系。民法典第 1032 条第 2 款规定，隐私是自然人的私生活安宁和不愿为人所知晓的私密空间、私密活动、私密信息。这里的私密信息与个人信息有区别也有联系：区别在于个人信息既包括私密信息也包括非私密信息，其范围广于私密信息；联系是私密信息对个人有很强的识别性，其也属于个人信息的范畴。由此可见，有的数据信息既属于个人信息，又属于个人私密信息（隐私），例如，行踪轨迹、健康信息、手机定位等信息，属于隐私，当其与个人的姓名、手机号码有关联时，其又属于个人信息，因此，认为“被害人的日常活动并不具有合理的识别

---

① 刑法上关于信用卡的理解和金融管理法规的观点不同，就属于这种情形。

② 王昭武：《法秩序统一性视野下违法判断的相对性》，载《中外法学》，2015（1）。

性”① 的观点，未必站得住脚。更何况，从实践来看成为问题的那些行踪信息的获取都一定和特定的人直接关联，至少属于“姓名＋行踪信息”的组合，将其作为可以识别个人的信息看待完全是没有问题的。对此，可以将民法典第1034条第2款关于“个人信息是以电子或者其他方式记录的能够单独或者与其他信息结合识别特定自然人的……行踪信息等”的表述加以印证，即行踪信息仍然具有识别特定自然人的特征。换言之，刑法上的个人信息，既包括可以识别身份的个人信息，也包括极少数能够识别个人的隐私信息，只不过这种能够识别个人的隐私信息在2017年刑事司法解释中被表述为“反映特定自然人活动情况的各种信息”而已。因此，刑法不宜在民法典等前置法之外另行提出个人信息概念。

在把握本罪中的个人信息时，需要充分关注信息的“可识别性”。个人信息必须与自然人相关联，而且与特定自然人相关联，同时具有识别性，即通过该信息已识别或者可识别特定自然人。一方面，个人信息必须与特定化的自然人关联，这是公民个人信息所具有的关键属性。个人信息要能够单独或者与其他信息结合识别特定自然人身份或者反映特定自然人的活动情况，因此，经过匿名化处理后无法识别特定个人且不能复原的信息，虽然也可能反映自然人的活动情况，但与特定的自然人无直接关联，不属于公民个人信息的范畴。在实践中企业注册登记信息的数量特别大，其中姓名采用代称（比如，记录为周经理、李总等称呼或仅有王、冯等姓氏）的，无法识别到特定自然人，故这些信息都属于经过匿名化处理的信息，在计算犯罪的个人信息数量时，应当予以剔除。此外，行为人在交换信息之前将信息打乱，导致信息不真实（比如将不同名单的姓名和手机号码进行了对调）的，个人姓名虽然还存在，但该信息事实上经过了行为人的匿名化处理，无法对应特定自然人，故不属于本罪的个人信息。② 另一方面，个人信息经过处理后能否识别特定个人是一个相对的概念，对其进行判断需要考虑国民的认同。随着大数据技术等信息技术的飞速发展，对信息进行处理的技术日益完善，很多单独看难以识别信息主体的信息（如购物喜好、饮食偏好、兴趣爱好、出行方式、交往圈子等），都可能通过足够的大数据画像等技术手段最终处理成能够识别具体个人的信息；有的网络公司在穷尽一切手段，收集到足够多的针对特定对象的海量数据之后，通过对信息的系统化处理，在经过复杂的关联性分析后，一定能够对特定自然人进行辨识。由此，对于海量的信息必须结合在一起进行分析，且需要耗费大量人力物力，经过无数次技术处理或转化后才能指向特定自然人的，不应当被视为这里的“可识别特定自然人”，否则对数据和信息的合理利用就会受到限制，互联网公司的利益和个人权利之间的平衡就会被打破。

刑法上的个人信息概念与民法典等前置法中的没有根本差别，但其内涵可能更为限缩。这是由本罪的保护法益所决定的。本罪被规定在侵犯人身权利罪中，因此，个人对自身特定的可识别信息的自主权就成为本罪的保护法益。这是对个人意思自治、自我决定权的尊重。要构成本罪，就必须对这种自我决定权存在实际侵害或者现实危险。在定位信息模糊或者存在重大偏离的情形下，出售、提供该信息对于公民个人行动自由的危险较小，对个人信息自主权的侵害不值得动用刑法保护，在民事领域按照侵权行为处理即为已足。

2. 违反国家有关规定

向他人出售或者提供公民个人信息，以行为违反“国家有关规定”为前提。这里的“国家有关规定”的范围要比“国家规定”的范围广，大量规定在位阶上要远低于国家规定。根据刑

① 叶良芳、应家赟：《非法获取公民信息罪之“公民个人信息”的教义学阐释》，载《浙江社会科学》，2016(4)。

② 此时，通过交换获取非法利益的行为不构成本罪，但因具有骗取对方财产性利益的性质，故对于这种与不法原因给付有关的问题，按照实践中及理论上多数说的观点，有成立诈骗罪的余地。

法第 96 条的规定，“国家规定”仅限于全国人大及其常委会制定的法律和决定，国务院制定的行政法规、规定的行政措施、发布的决定和命令。而“国家有关规定”还包括部门规章。这些规定散见于金融、电信、交通、教育、医疗、统计、邮政等领域的法律、行政法规或部门规章中。

3. 实行行为

向他人出售或者提供公民个人信息，是本罪的实行行为之一。实施这类行为必须情节严重的，才构成本罪；情节特别严重的，法定刑升格。根据 2017 年刑事司法解释第 5 条的规定，非法获取、出售或者提供公民个人信息，具有下列情形之一的，应当认定为本罪的情节严重：（1）出售或者提供行踪轨迹信息，被他人用于犯罪的；（2）知道或者应当知道他人利用公民个人信息实施犯罪，向其出售或者提供的；（3）非法获取、出售或者提供行踪轨迹信息、通信内容、征信信息、财产信息 50 条以上的；（4）非法获取、出售或者提供住宿信息、通信记录、健康生理信息、交易信息等其他可能影响人身、财产安全的公民个人信息 500 条以上的；（5）非法获取、出售或者提供第 3 项、第 4 项规定以外的公民个人信息 5 000 条以上的；（6）数量未达到第 3 项至第 5 项规定标准，但是按相应比例合计达到有关数量标准的；（7）违法所得 5 000 元以上的；（8）将在履行职责或者提供服务过程中获得的公民个人信息出售或者提供给他人，数量或者数额达到第 3 项至第 7 项规定标准一半以上的；（9）曾因侵犯公民个人信息受过刑事处罚或者 2 年内受过行政处罚，又非法获取、出售或者提供公民个人信息的；（10）其他情节严重的情形。实施前述行为，具有下列情形之一的，应当认定为情节特别严重：（1）造成被害人死亡、重伤、精神失常或者被绑架等严重后果的；（2）造成重大经济损失或者恶劣社会影响的；（3）数量或者数额达到前述第 3 项至第 8 项规定标准 10 倍以上的；（4）其他情节特别严重的情形。

窃取或者以其他手段不法获取他人信息，是本罪实行行为的典型形态。这里的窃取公民个人信息，是指以平和手段不法获取他人信息的行为。其他方法，是指“窃取”以外，与窃取行为具有同等危害性的方法。其中，购买是最常见的非法获取手段。侵犯公民个人信息犯罪为电信网络诈骗的上游犯罪，诈骗行为人往往先通过网络向他人购买公民个人信息，然后自己直接用于诈骗或转发给其他同伙用于诈骗。购买公民个人信息的行为就属于非法获取行为，其同伙接收公民个人信息的行为明显也属于非法获取行为。同时，一些房产中介、物业管理公司、保险公司、担保公司的业务员往往与同行通过聊天工具互相交换各自掌握的客户信息，这种交换行为也属于非法获取行为。此外，行为人在履行职责、提供服务过程中，违反国家有关规定，未经他人同意收集公民个人信息，或者收集与提供的服务无关的公民个人信息的，也属于非法获取公民个人信息的行为。实施窃取或者以其他方法非法获取公民个人信息的行为即构成本罪，不要求情节严重（抽象危险犯）。

4. 主体

本罪的主体是一般主体，并无身份限制。享有社会管理职权，或者为公众提供公共服务，容易接触到大量公民个人信息的国家机关、金融、电信、交通、教育、医疗等单位的工作人员，违反国家有关规定，将在履行职责或者提供服务过程中获得的公民个人信息，出售或者提供给他人的，从重处罚。

（三）主观要件

本罪在主观方面是故意。行为人明知自己的行为违反国家有关规定，仍然将公民个人信息出售或提供给他人，以及窃取或者以其他方法非法获取公民个人信息。过失泄露公民个人信息的，不构成犯罪。

（四）认定

对于未经被收集者同意，获取部分已在公众网络上公开的企业登记信息、征信信息并出售或提供给他人的情形如何处理，是认定本罪时无法绕开的问题。

1. 刑法上对于处理已公开的个人信息的定性争议

（1）有罪说。这是实务中一直以来的多数说（2017年刑事司法解释第5条第3项也将征信信息作为敏感信息进行保护，其中可能包含已公开的个人信息）。此说的基本主张是：个人信息与个人隐私不同。个人已公开的信息不再具有隐私特性，但仍不失其识别个人的功能，获取或者利用这样的信息仍然可能侵害个人私生活的安宁，危及公民的人身或者财产权利，因此，从市场主体信息中剥离出来的个人姓名及身份证件号码、家庭住址、通讯方式等信息，仍然具有个人信息的本质属性。①

（2）无罪说。实务中，少数判决认同无罪说。主要理由是：《企业信息公示暂行条例》（2014年）第8条规定，企业应当于每年1月1日至6月30日，通过企业信用信息公示系统向市场监督管理部门报送上一年度的报告，并向社会公示。其第9条规定，企业年度报告中应当包括企业通信地址、邮政编码、联系电话、电子邮箱等信息等内容。因此，企业根据法律法规的规定或为经营所需而必须通过企业年度报告等文件公开其企业信息，上述信息已进入公共信息系统，任何人都可以公开查询，其中，企业名称及法定代表人姓名、电话号码等内容，在市场监督管理部门设立的“国家企业信用信息公示系统”中能够轻易查询。在上述公开网络中存在的个人信息，既不涉及个人隐私，也包含着个人放弃权利的同意在内，即便法定代表人是自然人，与之相关的信息不应再视作个人信息，或者可以说“值得刑法保护的个人信息”并不存在，即使其中包含了个人的姓名、联系方式、手机号码等，也不属于本罪要保护的个人信息。此外，根据《征信业管理条例》（国务院2013年1月21日发布）第21条的规定，征信机构可以通过信息主体、企业交易对方、行业协会提供信息，政府有关部门依法已公开的信息，人民法院依法公布的判决、裁定等渠道，采集企业信息。企业在经营过程所公开的相关信息被征信机构采集后，其中的个人信息也就属于企业公开征信信息的范畴。在这个意义上讲，不能将刑法意义上的公民个人信息与企业征信信息所包含的自然人姓名及联系方式等信息绝对等同。这一观点能够得到《征信业管理条例》第13条的印证，该条明确规定：“采集个人信息应当经信息主体本人同意，未经本人同意不得采集。但是，依照法律、行政法规规定公开的信息除外。企业的董事、监事、高级管理人员与其履行职务相关的信息，不作为个人信息。”这里的“企业的董事、监事、高级管理人员与其履行职务相关的信息，不作为个人信息”即明确否定了与公开的企业信息有关的自然人身份信息属于个人信息。成立侵犯公民个人信息罪须以行为违反国家有关规定为前提。对于这种前置法不再保护的已公开信息中的个人信息，将其作为本罪对象就是不合适的，否则就会不当扩大打击面。

最高人民检察院《检察机关办理侵犯公民个人信息案件指引》（高检发侦监字〔2018〕13号）指出，对于企业工商登记等信息中所包含的手机、电话号码等信息，应该“明确该号码的用途”。由公司购买、使用的手机、电话号码等信息，不属于个人信息的范畴，从而严格区分“手机、电话号码等由公司购买，归公司使用”与“公司经办人在工商登记等活动中登记个人电话、手机号码”两种不同情形。这一指引似乎仍然坚持了已公开的信息中属于个人的信息是本罪对象的观点，但缺乏可操作性。因为在实行实名制购买手机号码的今天，手机号码由公司购买的情形本来就难以做到，手机号码是否归公司使用就更难以判断，最终的结局是一旦发生

① 参见蔡云：《公民个人信息的司法内涵》，载《人民司法》，2020（2）。

侵权的情形，即便是公司购买手机号码，被害单位也可能主张公司和个人混用，从而总是能够得出相关行为成立侵犯个人信息罪的结论。

2. 最新动向

对于从已公开的企业信息中获取公民个人信息的行为总体上定罪的态势，在民法典通过之后似乎得到了一定程度的扭转。例如，2020年5月至7月，吴某在“天眼查”“企查查”等网站下载公开的各地企业工商登记信息，梳理分类后共出售1.8万余条信息，获利1万余元。公安机关以涉嫌侵犯公民个人信息罪传唤吴某，后该案被移送至江苏省泰州市医药高新区人民检察院审查起诉。检察官认为，公安机关根据2017年刑事案件司法解释第3条规定的“未经被收集者同意，将合法收集的公民个人信息向他人提供的”属于提供公民个人信息，认定吴某的行为涉嫌本罪。但民法典自2021年1月1日起正式施行后，给案件处理带来了新变化。民法典第1036条规定，合理处理该自然人自行公开的或者其他已经合法公开的信息的，行为人不承担民事责任；但是该自然人明确拒绝或者处理该信息侵害其重大利益的除外。根据这一规定，既然没有证据证实吴某出售合法公开信息的行为遭到权利人拒绝或侵害其重大利益，就不应当将该行为认定为侵犯公民个人信息罪。为此，检察机关建议公安机关撤案。2021年1月7日，公安机关对吴某解除取保候审，并予以撤案。① 虽然这一动向的持续效果如何还有待观察，但是，如果对于从已公开的企业信息中获取公民个人信息的行为一概作无罪处理，显然太粗放，而应当结合处理公开信息的目的和用途进行思考。

3. 合理的主张：获取、提供已公开的个人信息但改变信息公开的目的或者用途的，可能成立本罪

行为人在公开的网络（包括有关企业信息查询网站、裁判文书网站等）上爬取已公开的企业登记信息，从中获取个人信息，再对这些已公开的个人信息进行有偿转让、出售的，是否全部都属于对已公开的个人信息的合法处理，均不应当构成侵犯个人信息的犯罪？答案是否定的。

对此，需要特别关注民法典的相关规定。民法典第1036条强调，如果行为系对已公开的个人信息进行不合理处理的，仍然应当承担侵权责任。换言之，并不是所有对已公开的个人信息的处理行为都合法，法律对于“不合理地处理”已公开的个人信息的行为仍然持反对态度。

（1）个人公开其信息的目的以及信息的用途属于法益的内容。

有学者认为，犯罪的本质是经验上可以把握的法益侵害，这样的理解会使犯罪的现实形象不被冲淡，刑法的社会治理任务也就更易于完成。② 也就是说，法益与我们所能够感知的实存事物有紧密关联，如果没有能呼吸的个体、个人的身体行动、财物等具体概念，就不可能产生出生命法益、身体法益、自由法益、财产法益等概念。因此，有必要肯定实存的法益概念对于具体犯罪认定的意义。但是，是不是由此就必须将“法益处分的自由”理解为法益之外的东西，认为其与法益不同？这是一个有争议的问题。传统上通常坚持狭义的法益概念。例如，在行为人有意放弃特定法益时，通说就认为此时不存在法益关系错误，原则上就应该肯定被害人的承诺有效，违法性被阻却。如果一定要否定承诺效果而对被告人定罪，就不是相应的法益值得刑法所保护，而是法益之外的法益处分自由（意思决定的自由）本身被相应构成要件保护。近年来，有学者对此提出了质疑，认为法益处分自由也应包含在法益概念之中。例如，山口厚

① 参见卢志坚、白翼轩、田竞：《出卖公开的企业信息谋利：检察机关认定行为人不构成犯罪》，载《检察日报》，2021-01-20，1版。

② 参见［德］罗克辛：《刑事政策与刑法体系》，蔡桂生译，88页，北京，中国人民大学出版社，2011。

教授就认为：法益处分自由本身就是法益的构成要素，而不是全然不同于法益的其他东西。比如，在支付对价的场合实施欺骗的，也可能成立诈骗罪，就可以明确看出“法益处分自由”被作为财产法益的内容而受到保护。①

按照这种逻辑可以认为，个人公开其信息的目的、信息的用途属于法益的一部分，而非法益之外的东西。按照民法学上的主流观点，个人信息权包括对信息的占有权、决定权、保护权、知情权、更正权、锁定权、遗忘权等内容。② 其中的知情权，是指信息主体对于任何组织或者个人如何处理个人信息的知晓权，如果已公开信息被不合理处理，包括被改变公开目的或者用途，但未取得个人同意的，都是对其知情权的侵害，既属于对个人信息权的损害，也属于对个人的法益处分自由的侵害。虽然企业法人的信息属于企业应当对社会公众公开的登记或企业运行信息，对于其中所涉及的已公开个人信息，他人可以通过工商登记网站进行查询，但是，个人选择在企业公开信息时，对于自己的姓名、通讯方式等予以公开有特定目的：使自己所在的企业的设立和运行符合国家行政主管部门的要求，为企业合法获取商业利益创造机会。因此，已公开的个人信息中，信息的内容成为法益保护对象，基于特定目的对信息的处分自由（对信息的最终决定权）也是法益的一部分。不可否定的是，“个人信息的失控将会打破社会交往过程的‘防火墙’，威胁与个人信息自决权相关的人身安全、财产安全及隐私安全等公民个体社会交往利益。2017年刑事司法解释第5条涉及的人身、财产安全危险及实害后果的特别罪量规定，正是充分体现了对信息失控后的公民个体社会交往利益威胁的附随保护”③。

由此，处理已公开的个人信息且未偏离该信息公开的目的、没有改变其用途的行为，没有侵害法益主体的法益处分自由。对于这种尊重信息公开目的前提下对个人信息的合理处理，民法典、网络安全法、个人信息保护法等前置法均不反对。该类个人信息是权利主体自愿放弃保护的财物，且处分行为没有违背其处分财物的意思，故其在刑法上的要保护性丧失，不属于刑法所保护的行为对象。

（2）处理已公开的个人信息可以定罪的情形。

按照民法典的相关规定，处理已公开的个人信息，仅在合理利用该信息的限度内不需要得到信息主体的同意；如果“处理该信息侵害其重大利益的”，就应当得到或重新取得个人的同意。“在有的情况下，自然人的个人信息虽然是自己主动公开或者是通过其他合法方式公开的，但若处理这些个人信息的行为损害该自然人重大利益的，行为人仍不能免除责任。例如，某人对外公开了自己的电话号码，但行为人却利用这些电话号码频频向某人发送垃圾短信或者拨打电话，严重滋扰了某人的生活安宁，此时，行为人仍应承担民事责任。”④ 因此，处理个人信息明显违背个人公开其信息的目的，改变已公开信息的用途的，都有可能构成本罪。例如，互联网公司工作人员将其在工作中获取的个人已公开信息出售给体检机构，以便于后者拓展客源的，显然改变了个人公开其信息的目的和用途，可以构成本罪；再比如，通过公开征信系统获得他人手机号码之后对个人进行追踪定位的，即使他人的生命、身体陷入危险，也违背了他人公开其信息的目的和用途，故该信息仍然属于本罪的行为对象。

此时，再争论该已公开的个人信息是否属于个人隐私、注册登记是不是阻却违法，以及能否将处理已公开的个人信息推论为2017年刑事司法解释第3条规定的“未经被收集者同意”等，其意义都很有限。问题的关键是：个人基于何种目的放弃法益保护？如果个人信息根据政

---

① 参见［日］山口厚：《刑法总论》（第3版），付立庆译，170页，北京，中国人民大学出版社，2018。

② 参见王利明、杨立新、王轶、程啸：《民法学》（下），6版，914页，北京，法律出版社，2020。

③ 马永强：《侵犯公民个人信息罪的法益属性确证》，载《环球法律评论》，2021（2）。

④ 黄薇主编：《中华人民共和国民法典释义及适用指南》（下册），1551页，北京，中国民主法制出版社，2020。

府有关部门的要求公开，被他人以非专业的技术手段轻易获取之后，用于电信诈骗业务，则对该公开信息的处理既违反国家有关规定，也违背信息主体的处分意思，对于该信息仍然有利用刑法予以保护的必要。

（3）实务中不宜定罪的情形。

对于处理个人已公开的信息的以下情形，不宜定罪：

第一，针对已公开的个人信息仅实施单纯的获取或爬取、持有等行为的。由于行为人还没有将该信息予以批量出售、提供的，很难判断他人后来使用该信息的目的是否与个人公开其信息时的目的相同，也无法确定信息的用途是否被改变，难以得出行为人侵害信息主体法益处分自由的唯一结论。

第二，获取、提供他人已公开的个人信息的目的是帮助行为人拓展业务的情形。企业注册登记或者将其信息在征信系统中收录，是为了企业自身发展。行为人处理企业公开信息中包含的个人信息，如果与该企业的经营发展目的相一致，应当认定该处理信息行为具有合理性。例如，某些特定行业的从业人员为扩展业务范围、推销产品、开展市场营销，大量收集或向他人购买特定行业的企业注册登记信息（包括企业法定代表人的姓名、工作单位、手机号码等），或者与他人交换上述信息的，实务中倾向于认为个人信息被侵犯。此外，实务中将为了寻找潜在客户而获取、提供公开的个人信息的行为认定为犯罪的情形为数不少。[①] 但是，在上述案件中，行为人为了企业利益而获取他人信息，但已公开信息所在企业也是为了开展市场营销等经济活动而存在的，因此，行为人获取、使用个人信息的行为与信息主体的目的之间具有大致相同性，其对信息的处理相对具有合理性。因此，不宜将为了扩展业务范围、推销产品、开展市场营销寻找潜在客户而获取、提供公开的个人信息的行为认定为犯罪。

第三，获取、提供他人已公开的个人信息是为企业发展提供贷款等金融支撑的情形。企业的发展需要使用支付、结算器械，向企业推销此类产品不违背企业设立的目的。例如，对于为了推销 POS 机而接受罗某发送的邮件，其中包含公民个人征信信息共计 456 条的，如果认为企业存在的目的是开展市场交易活动，为此，需要金融结算工具的支持，那么行为人获取企业登记信息然后向其推销 POS 机的，就不宜认定为违背企业公开其个人信息的经营目的，并未侵害个人的信息自主权。此外，企业的存在一定需要资金支持，行为人为了帮助企业办理借款，在公开的互联网上获得企业信息及法定代表人身份证等信息，然后将该信息提供给小贷公司乃至职业放贷人的，均不构成本罪[②]，因为企业自愿公开其个人信息的目的是获取贷款，将这些公开的个人信息用于与此有关的业务的，没有违背个人信息公开的目的，也未改变信息用途，该信息不值得动用刑法来保护。

第六节　侵犯民主权利的犯罪

一、非法剥夺公民宗教信仰自由罪

> **第二百五十一条**　国家机关工作人员非法剥夺公民的宗教信仰自由和侵犯少数民族风俗习惯，情节严重的，处二年以下有期徒刑或者拘役。

---

① 参见储陈城：《大数据时代个人信息保护与利用的刑法立场转换：基于比较法视野的考察》，载《中国刑事法杂志》，2019（5）。

② 当然，行为人以帮助企业办理借款为名，在互联网上发送广告诱骗他人提供企业信息及法人身份证等个人信息而出售牟利的，显然违背了个人自愿公开其信息的目的，改变了信息用途，该行为有可能构成本罪。

非法剥夺公民宗教信仰自由罪，是指国家机关工作人员非法剥夺公民的宗教信仰自由，情节严重的行为。

（一）保护法益

本罪的保护法益是公民正当的宗教信仰自由权利。公民享有正当的宗教信仰自由权是宪法和法律赋予公民的一项基本民主权利，任何人不得任意剥夺他人的宗教信仰自由。这里的宗教，是指佛教、基督教、天主教、伊斯兰教、道教等传统、合法的宗教及其分支教派。被国家明令禁止传播的邪教或其他教派不在宪法和法律保护之列，信仰这些教派的人不是本罪的侵害对象。

（二）客观要件

本罪在客观方面表现为非法剥夺公民宗教信仰自由的行为。

非法剥夺，是指行为人剥夺他人的宗教信仰自由没有法律依据。如果有法律依据对一些宗教信仰自由活动予以限制，例如，国家在某一地区实行戒严或紧急状态，暂时禁止、限制一些活动，就不能视为违法、犯罪。

宗教信仰自由，根据我国宪法的规定主要包括：信仰宗教或不信仰宗教的自由；信仰这个宗教或信仰那个宗教的自由；同一教派里，信仰这个教派或信仰那个教派的自由；过去信教现在不信教的自由或过去不信教现在信教的自由；等等。

现实生活中，非法剥夺公民宗教信仰自由的行为表现方式多种多样。有的用暴力殴打，甚至以杀伤相威胁逼迫他人信仰宗教或放弃某种宗教信仰；有的聚众冲击宗教活动场所，砸毁宗教活动用具，烧毁教堂等。不管采用何种方式，只要是非法剥夺公民的宗教信仰自由，都可以构成本罪。

（三）主观要件

本罪在主观方面是故意，即明知自己的行为会非法剥夺公民宗教信仰自由而希望或者放任这种结果的发生。

二、侵犯少数民族风俗习惯罪

第二百五十一条　国家机关工作人员非法剥夺公民的宗教信仰自由和侵犯少数民族风俗习惯，情节严重的，处二年以下有期徒刑或者拘役。

侵犯少数民族风俗习惯罪，是指国家机关工作人员以强制手段非法干涉、破坏少数民族风俗习惯，情节严重的行为。

（一）保护法益

本罪的保护法益是少数民族保持或改革本民族风俗习惯的自由、权利。

本罪的行为对象是少数民族的风俗习惯。民族风俗习惯，指的是各民族人民群众在衣着、饮食、居住、生产、婚姻、丧葬、节庆、礼仪等物质生活和文化生活方面广泛流传的喜好、风气、习俗、禁忌等。

（二）客观要件

本罪在客观方面表现为非法干涉、破坏少数民族风俗习惯的行为。

侵犯少数民族风俗习惯的行为具体包括用暴力、胁迫或其他手段强迫少数民族改变自己的风俗习惯，也包括运用上述手段对少数民族按照自己的风俗习惯进行的合法行动进行非法干预和破坏。

在认定本罪时应注意两点：一是侵犯少数民族风俗习惯的行为必须是非法的。如果行为人是依法进行职权行为，就不能按本罪处理。二是行为人破坏少数民族的风俗习惯所使用的方法、手段必须具有强制性。没有采取强制手段，只是说服教育的，不能认为有侵犯少数民族风俗习惯的行为。

侵犯少数民族风俗习惯必须情节严重的，才能构成本罪。情节严重，是指引起民族冲突和民族纠纷的；引起械斗造成伤亡事故的；造成停工停产、游行示威和社会秩序混乱的；导致少数民族家庭破裂的；产生恶劣的国际政治影响的；多人多次或者采取暴力手段侵犯少数民族风俗习惯的。

（三）主观要件

本罪在主观方面是故意，即明知自己的行为会产生侵犯少数民族风俗习惯的后果而追求或者放任其发生。犯罪动机有的是出于民族歧视，有的是为了挑拨离间，还有的是为了挟嫌报复，动机如何，不影响本罪成立。

三、报复陷害罪

第二百五十四条　国家机关工作人员滥用职权、假公济私，对控告人、申诉人、批评人、举报人实行报复陷害的，处二年以下有期徒刑或者拘役；情节严重的，处二年以上七年以下有期徒刑。

报复陷害罪，是指国家机关工作人员滥用职权、假公济私，对控告人、申诉人、批评人、举报人实行报复陷害的行为。

（一）保护法益

本罪侵害的法益是公民的民主权利，即控告权、申诉权、批评权、举报权。

本罪的行为对象仅限于控告人、申诉人、批评人和举报人。其是普通公民还是国家机关工作人员，控告、申诉、批评和举报的行为是否直接指向实施打击报复的国家工作人员，都在所不问。国家工作人员利用职权打击、报复上述四种人以外的其他人的，不构成本罪，例如，利用职权打击报复证人的，构成打击报复证人罪。

（二）客观要件

本罪在客观方面表现为滥用职权、假公济私，对控告人、申诉人、批评人、举报人实行报复陷害的行为。

报复陷害行为手段繁多，常见的有非法克扣工资、奖金；无故将他人降职、撤职，调离原工作单位；故意压制他人的行政职务或者技术职称的晋升；滥用行政职权处罚他人、随意殴打他人等。

报复陷害行为必须滥用职权、假公济私实施，报复陷害行为如果与职权无关，不是为了徇私情或者达到个人目的，相关行为可能构成非法拘禁、伤害、侮辱等罪，而不构成本罪。

滥用职权报复陷害，试图使控告人、申诉人、批评人、举报人受到刑事追究的，原则上以其中较重的罪定罪处罚，而不实行数罪并罚。

根据最高人民检察院《关于渎职侵权犯罪案件立案标准的规定》，报复陷害涉嫌下列情形之一的，应予立案：(1) 报复陷害，情节严重，导致控告人、申诉人、批评人、举报人或者其近亲属自杀、自残造成重伤、死亡，或者精神失常的；(2) 致使控告人、申诉人、批评人、举报人或者其近亲属的其他合法权利受到严重损害的；(3) 其他报复陷害应予追究刑事责任的情形。

（三）主观要件

本罪在主观方面是故意，即明知自己是在对控告人、申诉人、批评人、举报人实行打击报复，而有意为之。过失不构成本罪。至于犯罪动机如何，对成立本罪没有影响。

四、打击报复会计、统计人员罪

第二百五十五条　公司、企业、事业单位、机关、团体的领导人，对依法履行职责、抵制违反会计法、统计法行为的会计、统计人员实行打击报复，情节恶劣的，处三年以下有期徒刑或者拘役。

打击报复会计、统计人员罪，是指公司、企业、事业单位、机关、团体的领导人，对依法履行职责、抵制违反会计法、统计法行为的会计、统计人员实行打击报复，情节恶劣的行为。

打击报复行为常见的有殴打、谩骂、侮辱、降职、降薪、扣发工资奖金、开除党籍或公职、解雇、压制提升职务或职称、调离原工作岗位等。打击报复行为必须情节恶劣的，才构成本罪。情节恶劣包括打击报复行为使会计、统计人员无法正常工作，给公司、企业、事业单位、机关、团体法人造成重大损失的；因打击报复导致会计、统计人员精神失常、家庭破裂或者自杀的；被害的会计、统计人员多次或多方上访，引起较大范围社会反响的；等等。

本罪的成立要求会计、统计人员的遭受打击和其正常履行职务之间有联系。行为人不是因为会计、统计人员履行职务而是因为其他原因（例如，私人之间的债权债务关系）对其加以打击报复的，不构成本罪。

本罪在主观方面是故意，即明知会计、统计人员的行为是在依法履行职责、抵制违反会计法、统计法行为，而对其实行打击报复。

五、破坏选举罪

第二百五十六条　在选举各级人民代表大会代表和国家机关领导人员时，以暴力、威胁、欺骗、贿赂、伪造选举文件、虚报选举票数等手段破坏选举或者妨害选民和代表自由行使选举权和被选举权，情节严重的，处三年以下有期徒刑、拘役或者剥夺政治权利。

破坏选举罪，是指在选举各级人民代表大会代表和国家机关领导人员时，以暴力、威胁、欺骗、贿赂、伪造选举文件、虚报选举票数或者编造选举结果等手段破坏选举或者妨害选民和代表自由行使选举权和被选举权，情节严重的行为。

（一）客观要件

本罪在客观方面表现为以非法手段破坏选举的行为。

（1）破坏选举必须发生在特定时间，即选举各级人民代表大会代表和国家机关领导人员时。在其他选举场合实施破坏行为，例如，在选举村民委员会或者居民委员会组成人员、企事业单位领导人、工会主席等过程中实施破坏的，不构成本罪。

（2）破坏行为违反了选举法规即《全国人民代表大会和地方各级人民代表大会选举法》《全国人民代表大会组织法》《全国人民代表大会常务委员会关于县级以下人民代表大会代表直接选举的若干规定》等。

（3）破坏行为必须以暴力、威胁、欺骗、贿赂、伪造选举文件、虚报选举票数等手段实施。在实践中，行为人破坏选举经常采用的手段有：1）暴力冲击、捣毁选举会场，殴打、捆绑选举人或选举机构工作人员，使选举无法正常进行；2）用杀伤、撤职等相威胁，强令选举人选某人或不选某人的；3）散布谣言、混淆视听，故意欺骗选举人或选举机构；4）向选举人或选举机构行贿，授意他们选举某人或不选举某人；5）故意隐瞒真实选举结果，向公民报告虚假的票数等不实情况来破坏选举；6）对在选举过程中持与自己不同意见或对自己选举不利的人打击、报复；7）故意污损、撕毁、砸烂选民榜、投票箱、选举人或候选人名单等行为。在破坏选举过程中，行为人附带实施行贿、杀害、伤害、非法拘禁被选举人或选举机构的工作人员时，应当以破坏选举罪和其他罪行数罪并罚。

（4）破坏选举的行为，必须情节严重的，才构成本罪。根据最高人民检察院《关于渎职侵权犯罪案件立案标准的规定》，国家机关工作人员利用职权破坏选举，涉嫌下列情形之一的，应予立案：1）以暴力、威胁、欺骗、贿赂等手段，妨害选民、各级人民代表大会代表自由行使选举权和被选举权，致使选举无法正常进行，或者选举无效，或者选举结果不真实的；2）以暴力破坏选举场所或者选举设备，致使选举无法正常进行的；3）伪造选民证、选票等选举文件，虚报选举票数，产生不真实的选举结果或者强行宣布合法选举无效、非法选举有效的；4）聚众冲击选举场所或者故意扰乱选举场所秩序，使选举工作无法进行的；5）其他情节严重的情形。

（二）主观要件

本罪在主观方面是故意：对于行为发生在选举各级人民代表大会代表和国家机关领导人员时有明确认识，并且希望破坏选举的结果发生。因疏忽大意，在制作选举文件、统计选票过程中出现重大错误的，欠缺本罪的故意，不构成本罪。

为破坏选举而故意杀害、伤害选民或者选举工作人员的，砸毁选举现场设备的，为收买选民而使用贿赂手段的，属于想象竞合犯，应从一重罪处断。

第七节　妨害婚姻家庭、监护权利的犯罪

一、暴力干涉婚姻自由罪

> 第二百五十七条　以暴力干涉他人婚姻自由的，处二年以下有期徒刑或者拘役。
>
> 犯前款罪，致使被害人死亡的，处二年以上七年以下有期徒刑。
>
> 第一款罪，告诉的才处理。

暴力干涉婚姻自由罪，是指以暴力手段干涉他人婚姻自由的行为。

本罪在客观方面表现为以暴力手段干涉他人婚姻自由的行为。

这里的“暴力”应该是广义的，即便是程度较轻的暴力行为（如采用拳打脚踢、捆绑、扣押、禁闭、抢亲等使被害人身心遭受损害、痛苦的手段），也是本罪的暴力。暴力通常直接针对被害人实施，但不以直接对人的身体实施为必要，对人的身体间接实施暴力（例如，关押、软硬兼施的纠缠），从而干涉婚姻自由的，也属于本罪的实行行为。但这里的“暴力”不包括故意杀害、故意伤害、强奸在内。暴力干涉婚姻自由过程中故意追求或者放任他人死、伤的，应分别构成故意杀人罪、故意伤害罪；纠集多人、使用暴力抢亲，并将被害人奸淫的，暴力干涉婚姻自由的行为和强奸罪之间存在吸收关系，原则上应以强奸罪处理。

暴力行为和干涉婚姻自由的结果之间应当有因果关系，使用暴力强迫对方与自己或他人恋爱、结婚的，属于暴力干涉婚姻自由的行为。使用暴力强迫对方与自己或他人离婚的，也属于暴力干涉婚姻自由的行为。暴力干涉婚姻自由引起被害人死亡的，属于本罪的结果加重犯。引起被害人死亡，包括两种情况：一是被害人在婚姻自由受到干涉后愤然自杀，二是在实施捆绑、吊打、毛巾堵嘴的过程中过失导致被害人死亡。

由于本罪的保护法益主要是他人的婚姻自由权利，而不是人身权利，所以暴力干涉行为一旦着手实施并对他人的婚姻自由有抽象危险的，即构成本罪既遂，即使其暴力行为没有对被害

人的身体健康和行动自由造成实际的伤害。

以暴力相威胁的，不是本罪的实行行为；以非暴力的手段进行干涉的，例如，以断绝关系、中断物质上的援助相威胁干涉他人的婚姻自由的，更没有成立本罪的可能。

二、重婚罪

第二百五十八条　有配偶而重婚的，或者明知他人有配偶而与之结婚的，处二年以下有期徒刑或者拘役。

重婚罪，是指有配偶而重婚，或者明知他人有配偶而与之结婚的行为。

（一）保护法益

本罪侵害的法益是婚姻法中的一夫一妻制度。在外国刑法中，重婚罪被认为是侵害社会法益的犯罪，即认为本罪对社会的善良风俗有妨害；在我国刑法中，重婚罪被认为是对婚姻家庭关系的破坏，其侵犯的是合法配偶的婚姻权利和人身权利。

（二）客观要件

本罪在客观方面表现为有配偶而重婚或者明知他人有配偶而与之结婚的行为。

重婚行为表现为两种情况，一是有合法的配偶而与他人重婚，二是自己虽无配偶但明知他人有配偶而与之结婚。

重婚罪的成立以存在一个合法婚姻为前提，只有合法的婚姻关系遭到后来非法婚姻关系的破坏时，才有成立本罪的可能。有合法的婚姻即自己或者他人有配偶，也就是自己或者他人先前已经建立了婚姻关系。建立了婚姻关系，必须是指与他人在完全符合结婚条件的情况下，业已经过合法婚姻登记建立夫妻关系。与他人先前的婚姻并不完全符合法律上的条件（例如，虚报年龄骗取结婚登记的），婚姻关系无效，不能认为其有配偶，后又与他人结婚的或者他人与之结婚的，不构成重婚罪。把先前的婚姻限定为合法的婚姻关系，而不包括法律上无效的婚姻和事实婚姻，是为了限制本罪的成立范围，保障刑事被告人的权利。

重婚行为所结成的新婚姻关系既包括法律上的结婚，也包括事实婚姻。换言之，为达到与他人结婚的目的而伪造有关证件（例如，伪造离婚证、单位出具的结婚证明等）、虚报个人材料骗取结婚登记的属于重婚行为；与他人以夫妻名义事实上长期生活在一起，虽未正式登记结婚但周围群众都认为婚姻关系事实上存在的，也是重婚行为，可能构成重婚罪。在民法上，事实婚姻不受法律保护。民法上的不保护事实婚姻当事人，和刑法上的承认事实婚姻可以成立重婚罪，表面上差异很大，但是本质上都是一致的：对事实婚姻持谴责、否定态度。在刑法上把事实婚姻视为重婚行为，不是为了保护事实婚姻，而是为了惩治对合法婚姻关系加以破坏的事实重婚行为，从而最终保护原合法婚姻关系中的被害人的合法权益。不过，由于事实婚姻的成立与否难以判断，所以，在司法实务中应当严格掌握事实婚姻成立重婚罪的标准。

本罪的主体是特殊主体，即有配偶而重婚者和明知他人有配偶而与之结婚者，既包括男性也包括女性。具体来说，本罪的主体包括两种人：一是有配偶而又与他人结婚的人。这种人有明显的重婚故意，对与他人重新结婚的结果有认识并积极追求，是标准的重婚人。二是本人无配偶但明知对方已有配偶而与之结婚的人。这是相婚人，其本身有无配偶在所不问。但被对方蒙蔽或因为其他特殊原因绝对不可能知道对方是有配偶者时，相婚人因为没有重婚故意而不构成本罪。法律之所以将相婚人也规定为本罪的主体，主要是因为重婚行为是一种共同犯罪行为（对合犯），相婚人明知他人有配偶而与之结婚，是共同犯罪的行为人之一，没有他（她）的行为，重婚行为不可能实施。

（三）主观要件

本罪在主观方面是故意，即明知自己有配偶而重婚，或者明知他人有配偶而与之结婚。对他人是否有配偶并不知情的，欠缺本罪故意。

没有重婚故意，如被拐卖的妇女被卖给他人为妻，丈夫或妻子外出下落不明，妻子或丈夫又与他人建立家庭的，不应当认定为重婚罪。

三、破坏军婚罪

第二百五十九条　明知是现役军人的配偶而与之同居或者结婚的，处三年以下有期徒刑或者拘役。

利用职权、从属关系，以胁迫手段奸淫现役军人的妻子的，依照本法第二百三十六条的规定定罪处罚。

破坏军婚罪，是指明知是现役军人的配偶而与之同居或者结婚的行为。

（一）保护法益

本罪侵害的法益是现役军人的婚姻关系。

现役军人的婚姻关系，是指现役军人与其配偶的合法婚姻关系。现役军人婚前与恋爱对象之间的婚约关系不属于本罪的保护法益。这里的“现役军人”，是指正在中国人民解放军各兵种部队或人民武装警察部队服现役的军人，包括有军籍的指挥人员、战斗人员和技术人员。虽在军事部门工作，但没有取得军籍的工作人员以及退伍军人、复员军人、残疾军人和长期参加边疆国防建设的工人，都不属于现役军人。至于因犯罪已被判处刑罚的现役军人，即使仍然保留军籍，在其服役期间，均不得被视为现役军人，与其配偶同居或结婚的，不构成破坏军婚罪，但可按重婚罪处理。

（二）客观要件

本罪在客观方面表现为与现役军人的配偶同居或者结婚的行为。

同居，是指与军人配偶公开或者秘密姘居，以及长期以夫妻名义共同生活而建立事实婚姻关系的行为。同居的含义广于通奸或者长期通奸，因为其除了包含男女性关系的内容外，还有相互照顾、共同生活的含义在里面，所以，单纯与现役军人配偶保持性关系的通奸行为，不是破坏军婚罪中的同居。结婚，是指与现役军人的配偶共同采取欺骗手段办理结婚登记手续，或者形成事实婚姻关系。

在与现役军人配偶同居或结婚过程中有溺婴、杀害、伤害或者拐卖儿童等犯罪行为的，应以故意杀人罪、故意伤害罪、拐卖儿童等罪与本罪数罪并罚。

利用职权、从属关系，以胁迫手段奸淫现役军人的妻子，依照强奸罪的规定定罪处罚。

本罪的主体是一般主体，至于行为人的性别、自身有无配偶等，均与本罪无关。现役军人与其他现役军人的配偶同居或者结婚的，也可以成为本罪的主体。现役军人与有配偶的现役军人同居或结婚，如果双方的配偶均是军人的，仍然可以成立本罪；如果双方的配偶均不是军人的，则不构成本罪，但可能成立重婚罪。

（三）主观要件

本罪在主观方面是故意，即明知对方是现役军人的配偶而与之同居或者结婚。与军人配偶结婚或者同居时对对方的身份完全不知情，或者由于现役军人的隐瞒而受骗无法知晓对方身份的，不构成本罪。

四、虐待罪

第二百六十条 虐待家庭成员，情节恶劣的，处二年以下有期徒刑、拘役或者管制。

犯前款罪，致使被害人重伤、死亡的，处二年以上七年以下有期徒刑。

第一款罪，告诉的才处理，但被害人没有能力告诉，或者因受到强制、威吓无法告诉的除外。①

虐待罪，是指对共同生活的家庭成员，经常以打骂、冻饿、禁闭、强迫过度劳动、有病不给治疗或者其他方法进行摧残、折磨，情节恶劣的行为。

（一）保护法益

本罪侵害的法益既包括公民在家庭中依法享有的平等权利，又包括被害人的人身权利。

本罪的行为对象是共同生活的家庭成员。通说将其理解为按照婚姻家庭法的规定，在同一家庭中生活，有血缘或者姻亲关系，有相互扶养、相互帮助义务的人，例如，夫妻、父母、子女、同胞兄弟姐妹等。但是，是否可以对共同生活的家庭成员作扩大解释，例如，与行为人多年生活在一起的保姆是否可以视为“共同生活的家庭成员”，值得研究。实践中，雇主长期打骂保姆，但是其暴力行为又没有达到故意伤害罪的成立标准，能否被认定为虐待罪？应该说，根据案件的具体情况，可以作适度的扩大解释，即“共同生活的家庭成员”不限于基于法律上的婚姻家庭关系而共同生活在一起的家庭成员，也包括长年共同生活在一起、事实上已经成为家庭成员的人。

（二）客观要件

本罪在客观方面表现为经常以打骂、捆绑、限制自由、冻饿等方法进行摧残迫害，情节恶劣的行为。

虐待的方法多种多样，肉体上的摧残通常有殴打、不提供饮食、令其忍受严寒或者酷暑、有病不给治疗、强制劳动、随意禁闭等，精神上的折磨主要有侮辱、谩骂、讥讽。虐待行为是一种持续性的精神肉体或者两者交替的持续性犯罪，是在较长时期内反复多次对被害人实施虐待行为。所以，虐待行为具有残酷性和经常性。

虐待行为必须情节恶劣，才构成犯罪。这里的情节是否恶劣，应当结合虐待行为持续的时间长短、虐待的频繁程度、虐待动机、虐待手段、虐待对象、虐待后果综合判断。实践中，虐待持续时间较长、次数较多；虐待手段残忍；虐待造成被害人轻微伤或者患较严重疾病；对未成年人、老年人、残疾人、孕妇、哺乳期妇女、重病患者实施较为严重的虐待行为等情形，属于虐待“情节恶劣”。

长期虐待导致被害人不正常死亡的，或者引起被害人自杀的，属于虐待罪的结果加重犯的情况，但是，只有在加重结果和虐待行为之间有因果关系时，才能对行为人进行归责。

伤害行为和虐待行为之间不是排斥关系，客观上的区分有时候很微妙，可以认为，虐待包含轻伤害，二者的法定刑有重叠，基于虐待故意在日常生活中造成轻伤的，形成想象竞合关系。使用暴力程度较高的虐待行为，致人重伤、死亡的，完全可以将虐待行为评价为伤害行为，成立故意伤害罪，根据结果加重犯的直接性原理，按照故意伤害致人重伤、死亡定罪处罚。长期实施虐待行为，实施某次虐待行为时故意伤害或杀害被害人的，应以虐待罪和故意伤害罪、故意杀人罪并罚。

---

① 本款为《刑法修正案（九）》第18条所修改。

（三）主观要件

本罪在主观方面是故意，即行为人对自己的行为可能造成被害人肉体和精神上的痛苦有所认识，然后实施虐待行为。虐待的动机多种多样，例如，因为夫权思想严重、重男轻女而虐待家庭成员的，因为嫌弃老人而加以虐待的等，但动机如何不影响本罪的成立。

一般而言，虐待故意的内容是造成被害人肉体痛苦；伤害故意是使被害人的生理机能受到不可逆的损害。但是，这种区分是相对的，应当结合行为所造成的后果来判断行为人是出于伤害故意还是出于虐待故意。行为人为折磨其家庭成员，明知每天强烈刺激被害人可能造成其听觉器官受损而持续地实施类似行为，其犯罪故意不是虐待而是伤害。

配偶一方为迫使另一方与自己离婚，而对对方进行肉体和精神摧残的，同时构成虐待罪和暴力干涉婚姻自由罪，两者之间存在想象竞合关系，应从一重罪处断。

五、虐待被监护、看护人罪

第二百六十条之一① 对未成年人、老年人、患病的人、残疾人等负有监护、看护职责的人虐待被监护、看护的人，情节恶劣的，处三年以下有期徒刑或者拘役。

单位犯前款罪的，对单位判处罚金，并对其直接负责的主管人员和其他直接责任人员，依照前款的规定处罚。

有第一款行为，同时构成其他犯罪的，依照处罚较重的规定定罪处罚。

虐待被监护、看护人罪，是指对未成年人、老年人、患病的人、残疾人等负有监护、看护职责的人虐待被监护、看护的人，情节恶劣的行为。

本罪在客观方面表现为虐待。其行为方式与前述虐待罪的行为方式没有区别，既可以表现为作为，如殴打；也可以表现为不作为，如不给吃喝，不进行必要的照顾、扶养等。

根据最高人民法院《关于审理走私、非法经营、非法使用兴奋剂刑事案件适用法律若干问题的解释》（2019年11月18日）第3条的规定，对未成年人、残疾人负有监护、看护职责的人组织未成年人、残疾人在体育运动中非法使用兴奋剂，具有强迫未成年人、残疾人使用，引诱、欺骗未成年人、残疾人长期使用，以及其他严重损害未成年人、残疾人身心健康的情形之一的，应当认定为情节恶劣，可以成立本罪。

由于虐待行为不同程度地含有暴力成分，因而，虐待被监护、看护人构成本罪时，也可能同时构成其他暴力性犯罪（如故意伤害罪、不作为故意杀人等），此时应当从一重罪处罚。行为人实施虐待行为，在此之外另行实施并不属于虐待的暴力内容的强奸、猥亵行为，应当以本罪和强奸罪、强制猥亵他人罪并罚。

本罪的主体是特殊主体，即对未成年人、老年人、患病的人、残疾人等负有监护、看护职责的人（身份犯），包括中小学或幼儿园教师、家里的保姆、养老院管理人员、医院护士（护理工）、培训机构（如武术学校、舞蹈学校、艺术学校等）工作人员等。

本罪在主观方面是故意，行为人对虐待行为可能损害缺乏独立生存或自救能力者的身心健康的结果有希望或者放任。

① 本条为《刑法修正案（九）》第19条所增设。

六、拐骗儿童罪

第二百六十二条 拐骗不满十四周岁的未成年人，脱离家庭或者监护人的，处五年以下有期徒刑或者拘役。

拐骗儿童罪，是指拐骗不满14周岁的未成年人，使之脱离其家庭或者监护人的行为。

（一）保护法益

本罪侵害的法益是家长对未成年子女的保护权和儿童的行动自由权。拐骗行为使儿童脱离原来的生活状态而置于行为人或者第三者的控制之下，这一方面使儿童的监护者对其生命、身体或者生存状态有担忧，另一方面也使儿童的行动自由在客观上受到限制或者被剥夺。这样，监护者和被拐骗的儿童都是本罪的侵害对象。

（二）客观要件

本罪在客观方面表现为拐骗不满14周岁的未成年人，使其脱离其家庭或者监护人的行为。

拐骗行为具体表现为挟持、威胁、欺骗、利诱或者其他方法，这种手段可以直接对儿童实施，也可以对儿童的父母实施。拐骗一般以非暴力的方法实施，将被害人置于自己的实力控制之下即为既遂。被拐骗儿童没有承诺能力，其承诺无效，不能阻却本罪的违法性。

以收养为目的，偷盗、抢夺、抢劫他人婴幼儿的，即使用有形力或者有相当暴力程度的方法将儿童加以控制的，是否还属于“拐骗”？司法实践中对此一般按照拐骗儿童罪处理。这样做有相当的合理性，但是需要进一步解释“拐骗”一词：“拐”字，在刑法中含义较广，例如，拐卖儿童罪中的“拐”就包括使用暴力（如绑架）使儿童离开原来的生活场所的行为。因此拐骗儿童罪的“拐”自然也不排除行为人使用暴力方法的情形。

如果将本罪的保护法益解释为家长的保护监督权和儿童的行动自由权，自然就应当将本罪视作继续犯，即从拐骗行为实施到被拐骗的儿童恢复自由为止，犯罪都处于继续状态。由于拐骗行为往往以限制被害人人身自由的方式实施，所以在此过程中的非法拘禁行为是拐骗儿童罪的实行行为。拐骗行为得逞后，为限制有身体移动可能性的儿童逃跑，而以暴力非法限制被拐骗儿童的人身自由的，属于拐骗儿童罪继续状态中的情形，一般也不再单独定非法拘禁罪。在被拐骗的儿童恢复自由以前，其他人参与看管、控制儿童的，成立本罪共犯。

（三）主观要件

本罪在主观方面是直接故意，即行为人认识到自己的行为可能使儿童脱离家长的保护监督，而仍然追求这种结果的发生。发现他人遗弃的儿童而捡拾并加以扶养的，不具有拐骗故意。为日后收养而唆使他人偷盗婴儿然后自己领养的，构成本罪教唆犯。

构成本罪，行为人一般具有供自己或他人收养、奴役被拐骗儿童的目的。以出卖为目的、以奸淫为目的拐骗儿童的，分别构成拐卖儿童罪、奸淫幼女罪，而不构成本罪。

七、组织残疾人、儿童乞讨罪

第二百六十二条之一① 以暴力、胁迫手段组织残疾人或者不满十四周岁的未成年人乞讨的，处三年以下有期徒刑或者拘役，并处罚金；情节严重的，处三年以上七年以下有期徒刑，并处罚金。

① 本条为《刑法修正案（六）》第17条所增设。

组织残疾人、儿童乞讨罪，是指以暴力、胁迫手段组织残疾人或者不满14周岁的未成年人乞讨的行为。

（一）保护法益

本罪的保护法益是残疾人、儿童的人身自由权利，以及相关人员对残疾人、儿童的监护权。[①] 残疾人有生理缺陷或障碍，自我保护能力较弱；未成年人心智发育不健全，认识社会事物和辨别是非的能力有限，在受到侵害时往往不敢反抗，人身自由、人格尊严极易受到侵犯，应当给予特别保护。使用暴力、胁迫手段组织乞讨，对这些特殊人群的人身自由权利会产生较大损害。

（二）客观要件

本罪在客观方面表现为以暴力、胁迫手段组织残疾人或者不满14周岁的未成年人乞讨。

本罪必须以暴力、胁迫方法实施。暴力、胁迫是组织乞讨行为时的手段行为，在使得残疾人、儿童脱离监护人时，使用诱骗、收买的方法，但在组织、利用其乞讨时实施暴力、胁迫的，仍然成立本罪。不是使用暴力、胁迫手段组织残疾人或者未成年人乞讨，而是在残疾人、儿童自愿乞讨的场合，诱骗、利用其乞讨的，以及使用暴力、胁迫手段组织已满14周岁且没有生理残疾的人乞讨的，都应当依法给予治安管理处罚，而不成立本罪。

本罪的主体是组织者，而非乞讨人员。

（三）主观要件

本罪在主观方面是故意，行为人对被组织者是残疾人或者不满14周岁的未成年人有认识。组织者是否有牟利目的，在所不问。

八、组织未成年人进行违反治安管理活动罪

第二百六十二条之二[②] 组织未成年人进行盗窃、诈骗、抢夺、敲诈勒索等违反治安管理活动的，处三年以下有期徒刑或者拘役，并处罚金；情节严重的，处三年以上七年以下有期徒刑，并处罚金。

组织未成年人进行违反治安管理活动罪，是指组织未成年人实施盗窃、诈骗、抢夺、敲诈勒索等违反治安管理活动的行为。

本罪在客观方面表现为组织未成年人进行盗窃、诈骗、抢夺、敲诈勒索等违反治安管理活动的行为。这里的“组织”，是指采取引诱、欺骗、威胁或者说服等办法，以包吃包住或者发给一定的报酬等名义，纠集未成年人或将未成年人笼络、控制在自己手下，指令或要求未成年人实施盗窃、诈骗、抢夺、敲诈勒索等违法行为。

本罪的组织行为，包括三种情形：（1）组织已满14周岁不满16周岁的未成年人盗窃、诈骗，且实行者获取的财物数额客观上达到定罪标准的，或者组织接近14周岁的未成年人抢劫的，被组织者已经具有规范意识，并不能被视作他人可以完全利用的工具，只是因为无责任能力而不成立犯罪，组织者作为“正犯背后的正犯”与未成年人构成共同正犯，成立本罪和相应的共同犯罪的竞合。（2）组织年龄很小、没有自我判断能力和规范意识的未成年人实施客观上达到定罪标准的危害行为的，成立本罪和相应犯罪的间接正犯的竞合。（3）组织未成年人实施

① 为骗取同情，聚敛钱财，组织、利用残疾人、未成年人乞讨（骗讨），从中牟利的，行为还具有扰乱社会秩序，制造社会治安隐患的性质。但组织行为对社会秩序造成的损害不是本罪的保护法益。

② 本条为《刑法修正案（七）》第8条所增设。

明显未达到犯罪程度，但违反治安管理法律、法规的活动的，应当成立本罪。

行为人只要实施了组织未成年人进行盗窃、诈骗、抢夺、敲诈勒索等违反治安管理活动的行为，就构成犯罪既遂，不需要其他情节和要件；至于未成年人是否实施了盗窃、诈骗、抢夺、敲诈勒索等行为，并不影响本罪的既遂。

第二章　侵犯财产罪

第一节　概　述

侵犯财产罪，是指以非法占有为目的，不法取得他人财物，或者挪用、故意毁坏他人财物的行为。

我国刑法中的侵犯财产罪，包括取得罪、挪用罪、毁坏罪三大类。取得罪可细分为直接取得罪和间接取得罪，但在我国刑法的侵犯财产罪中只规定了直接取得罪，掩饰隐瞒犯罪所得、犯罪所得收益罪等间接取得罪被规定在妨害司法罪中。直接取得罪包括占有转移罪和占有不转移罪（侵占罪、职务侵占罪），其中，占有转移罪又按照是否违背被害人的意思被区分为两类：违反被害人意思的占有转移罪（盗窃、抢夺、抢劫、聚众哄抢罪）；被害人意思有瑕疵的占有转移罪（诈骗罪、敲诈勒索罪）。挪用罪包括挪用资金罪、挪用特定款物罪。毁坏罪则包括故意毁坏财物罪、破坏生产经营罪。

现代社会对财产权的重视达到前所未有的高度，由于侵犯财产罪急剧增加，社会上利用刑法保护财产关系的呼声很高，刑法惩罚侵犯财产罪呈现很多新的特点：(1) 财产权利多元化，财产性利益、无形财产（虚拟财产）的保护成为必要。(2) 财产关系复杂，所有权与占有分离的现象大量存在，财产犯罪手段花样翻新，盗窃罪和诈骗、抢夺、侵占等罪的区分难度加大。(3) 行为人有时主张权利的心情迫切，“尺度大”，导致实务中敲诈勒索罪增加。(4) 为全面保护法益，刑法增加了侵犯财产的犯罪行为形态，对此如何理解和运用成为司法上的难题。

一、保护法益

讨论侵犯财产罪的保护法益，不仅要对盗窃等取得罪的保护法益问题提出解决方案，还要思考基于不法原因的给付是否成立诈骗罪、如何判断财产损害的难题等。其背后是刑法与民法的关系，以及刑法对私力救济的态度。

本章罪侵害的法益是他人对财物的支配关系。这里的财物支配关系，究竟是财产所有权还是占有，一直是有争议的问题。

（一）所有权说（保护民法承认的财产权的学说）

所有权是基于物权而对财物所形成的一种对物的支配关系。所有权人对财物的积极权利表现在占有、使用、收益、处分该财物；其消极权利表现为排除他人对于物的夺取。财物被他人非法取得或者毁损的，所有权人在事实上丧失对财物的所有权，法律必须出面保护所有权。所有权说不仅保护所有权，还保护其他本权，如占有人基于质权、租赁权、留置权、借贷权等私法上合法的权限，而对财物行使权利的情形。

绝大多数侵犯财产罪侵害的法益都是财物所有权或其他本权。这一方面是因为在盗窃罪、抢劫罪中，都规定了犯罪对象是公私财物，它们大多都是他人所有的财物，而不仅仅是他人事实上占有的财物，刑法中的占有必须以一定的财产权存在为基础；另一方面，设立侵犯财产罪的目的是保护公私财产，即保护法益是所有权和与其紧密相关的其他权利，而这些权利本身就是民法上的权利，只不过它们值得用刑法加以特别保护，由此也可以限定刑法处罚的范围。①

将多数侵犯财产罪的保护法益定位于所有权的合理性在于：一方面，从实务上看，该说考虑了绝大多数侵犯财产罪的侵害客体为合法所有权的情况，所有权是对财物的支配权，其在积极方面表现为所有权人可以自由占有、使用、收益、处分其所有物，在消极方面表现为所有权人有权排除他人的干涉、侵夺与妨害。所以，所有权是财产权的基本内容，将其确定为侵犯财产罪的保护法益可以为绝大多数犯罪的认定提供基本的解决方向。另一方面，侵犯财产罪的成立与否，要考虑民法上对某种权利是否提供保护。这是由刑法的从属性、补充性所决定的。所有权说很好地考虑了这一点。

按照所有权说，所有权人可以从盗窃犯手中夺回自己的财物，盗窃犯的占有不值得保护，法律只能保护所有权人，故其行为不成立盗窃罪；使用胁迫方式主张债权的，因为行为人在民事上能够主张所有权或获得财产性利益，故其行为不能成立敲诈勒索罪。中国的司法实务基本上采用所有权说。例如，被告人甲为索回参与传销的投入，对拉他加入传销组织的“上线”的父母使用暴力索要财物，一审认定被告人的行为构成抢劫罪，二审判定其行为成立故意伤害罪；被告人乙为偷回自己被交警扣押的车辆而故意伤害值班人员，一审认定其行为成立抢劫罪，二审判其行为构成故意伤害罪；被告人丙离婚后，以揭发丈夫行贿为由向对方索要财物，后查明该夫妇之前开设多个公司，财物分割不清，法院遂判决被告人无罪。

所有权说的缺陷在于：(1) 刑法判断始终受制于民法——在民法上对所有权难以确认的场合，侵犯财产罪就不成立。但是，当下的中国社会处于转型期，所有权的确认有时很困难。例如，多个腐败分子家里先后为甲所盗，但受害人害怕自己的贪污受贿罪行败露而均不愿意指认罪犯，犯罪分子甲对盗窃行为供认不讳，虽然所有权关系在民法上难以确认，也应该认定甲之行为构成盗窃罪。(2) 法益保护不周延。如盗窃他人没有所有权的违禁品（如毒品、淫秽物品），按照所有权说，被告人均无罪。(3) 按照所有权说，指控犯罪要对所有权关系加以证明，这样会使公权力介入过度（例如，官员存放于情妇家的财物被盗，刑事司法上就没有必要确定谁有所有权），可能侵害个人隐私，在社会转型期也可能难以做到这一点。(4) 按照所有权说，对他人有所有权的财物，因为行为人对民法有误解而认为是自己所有的，其就没有犯罪故意，侵犯财产罪就不能成立。例如，甲为乙装空调，在墙缝里发现1根金条，认为自己可以“先占”，就拿走了。按照所有权说，甲没有盗窃故意，但该结论难以令人信服。(5) 所有权说会导致私力救济泛滥，财产秩序混乱。(6) 实务中不可能将所有权说贯彻到底。例如，甲伪造证件将丙所有的汽车质押给乙，不久又将乙占有的该汽车偷回。虽然汽车的所有权人是丙，但司法判决承认甲对乙的财产权利的侵害，此时所依据的显然不再是所有权说。

（二）占有说（经济财产说）

占有，是指对财物事实上支配、控制、管领的权利。仅仅认为侵犯财产罪的保护法益就是所有权，可能导致刑法对法益的保护不周延。

1. 刑法应当保护占有

在某些情况下，侵犯财产罪的保护法益就是对财物事实上的占有状态本身。理由在于：(1) 谁在“法律上”享有所有权非常清楚，但财物由所有权人之外的第三人基于各种原因“事实上”占有的情况在实践中并不鲜见。占有人对财物没有所有权，但其对财物的控制、监督权需要受到保护，如果不保护这种权利，法律上对财产权的保护就明显不周延。(2) 在所有权归

---

① 参见［日］团藤重光：《刑法纲要各论》，3版，561页，东京，创文社，1990。

属不明的情况下，对现实的占有关系如果不加以保护，就难以期待在复杂社会中会出现有序和安定的局面。例如，在甲盗窃乙走私的普通货物、物品的场合，如果根据所有权说，因为乙对非法财物不可能享有所有权，对甲就无法以盗窃罪处理。因此，必须根据占有说认为乙对赃物享有的占有关系需要保护，才能肯定甲的犯罪性。（3）在自己享有所有权但财物被他人占有的场合，如果一概允许所有权人任意行使权利，就可能导致其手段没有节制，这样会使程序法和实体法之间的关系被混淆，也存在鼓励私力救济、加剧财产关系混乱程度之嫌。因为财物属于自己所有的事实必须通过司法程序（民事诉讼或者刑事侦查）加以证明，若不能证明与财产权有关的事实就擅自行使自我救济的权利，欠缺程序法的侧面，而只强调了实体法的私权回复的侧面，反而会造成法秩序的混乱，也与今天社会中程序公正优先性的观念不相符合。因此，在现代社会财产关系复杂的背景下，应当尊重事实上的占有状态，在可以通过民事诉讼主张权利的场合禁止私力救济。刑法规定侵犯财产罪，是为了保护财产秩序，最终是为了保护财产所有权，进而维护社会秩序。有学者指出，占有说“背后存在一定的政策性考虑，亦即，对于如何判断民事上的权利关系，刑事判决原则上予以回避”①。这样，侵犯财产罪的处罚根据是财产秩序（侧重于维护规范的一面）。（4）在任何时候，如果对侵犯财产罪的保护法益都坚持所有权说，则由于财产权归属的确定往往需要先有民事裁判，因而刑事裁判的独立性、及时性都受到影响；在财产关系复杂的场合，还有可能使刑事裁判结论的最终结果难以实现。

至于占有关系是合法形成的，还是因为非法原因形成的，并非关键。例如，所有权人从承租人处偷偷取回租赁期满的财物，可能成立盗窃罪；使用胁迫方式主张所有权的，可能成立敲诈勒索罪。这主要是因为当事人的权利应当通过司法程序主张，在司法程序启动前，他人对财物的所持状态本身值得保护，所有权人的行为如果不能满足违法阻却事由的条件就具有犯罪性。

国外判例大多肯定占有说，禁止他人随意使用非法手段侵犯财产秩序。因此，盗窃违禁品、以恐吓手段取得他人正在搬运的赃物的，都可能成立盗窃罪、敲诈勒索罪；对于行使权利时是否成立敲诈勒索罪的处理，法院通常也会考虑对被恐吓者占有的保护问题，原则上肯定犯罪的成立。

对占有说的批判，主要集中在以下三点：（1）如果认为任何占有状态都值得保护，那么，权利人从盗窃犯手中夺回自己的财物，也符合盗窃罪的构成要件（只是可能作为自救行为阻却违法）。这一结论绝对禁止私力救济，因而不妥当。（2）占有说违反法秩序统一性原理，刑法等于没有保护正当财产利益。（3）侵犯财产罪的规范目的是维护财产秩序，而不是保持社会稳定的抽象秩序，占有说偏离了侵犯财产罪的规范目的，可能将侵犯财产罪作为破坏社会管理秩序罪看待。

针对上述批评，占有说又进行了一定程度的修正，主张只有外观上合法的经济价值或利益，才值得刑法保护。因为刑法原本只应该保护民法承认的利益，但考虑到现代社会复杂，财产是否为合法所有或占有往往要得到民事判决的确认，而很多时候等待民事判决来不及，所以刑法就需先保护外观上合法的经济利益。

2. 刑法只保护一部分占有

对此，有以占有说为基点的修正说（平野龙一、西田典之）和以所有权说为基础的修正说（藤木英雄、曾根威彦）。这里主要介绍平稳占有说和合理占有说。

平野龙一教授所提倡的平稳占有说主张，所有权人从盗窃犯手中夺回自己的财物的，因为

---

① ［日］西田典之著，［日］桥爪隆补订：《日本刑法各论》，7版，166页，东京，弘文堂，2018。

盗窃犯的占有不是平稳占有，不值得保护，所以其行为不成立盗窃罪。张明楷教授认为，侵犯财产罪的保护法益首先是所有权及其他本权，其次是"需要通过法定程序来改变现状（恢复应有状态）的占有；但在非法占有的情况下，相对于本权者恢复权利的行为而言，该占有不是财产犯的保护法益"①。这和平稳占有说是大致相同的主张。

但是，平稳占有说存在以下不足：（1）处罚范围广。例如，甲因驾驶证过期驾车被查扣，警察乙开具扣车单要驾驶人甲改日接受处罚，然后再开回车辆。甲乘乙背过身去维持交通秩序时，用备用钥匙将车开走的，按照平稳占有说，甲之行为成立盗窃罪。（2）对违法占有的保护过度。例如，甲出国3个月，将价值1万元的新款手机借给乙用，但乙半年以后仍然拒不归还并声称手机丢了，后甲偶然和乙一同外出吃饭时，发现乙口袋里揣着该手机，便将其偷偷拿回的，甲之行为也构成盗窃罪。但这等于纵容乙的侵占行为。

合理占有说认为，侵犯财产罪是否成立，需要考虑占有的背后是否有值得保护的利益。该说主张对私力救济原则上要禁止，但是，值得考虑的是："将一切占有，甚至是并不值得保护的利益的占有，都作为盗窃罪的保护对象，是否超出了保护个人财产这一刑法的本来任务，又是否存在助长禁止私力救济，强制民事诉讼这种极度法治国家思想之虞?"② 因此，刑法保护的占有，仅仅是值得保护的占有，即存在合理根据、从道理上说得过去的占有。

（三）本书的主张：合理占有说（法律经济财产说）

1. 对合理占有的理解

刑法上对财产犯罪的认定，原则上应该以民法上的权益为出发点。在所有权人和占有人为同一人时，二者不冲突，保护哪一个都无所谓，其都是保护法益。但是，在二者有冲突时，原则上要保护所有权，但所有权人不明，或具体的所有权人无法查清时，存在合理根据的占有能够对抗所有权及其他本权，而明显违法的占有则不值得保护。对于这里的存在合理根据的占有，有学者将其理解为"给人以本权外观感觉"或"大体上呈现出以本权为根据"的占有。③这和德国的经济财产说差异很小。

我认为，存在合理根据的占有，是指民法上对这种占有加以承认的可能性极大，或者在占有的背后存在值得刑法保护的其他实质利益（例如，盗窃他人占有的毒品的行为具有违法性，是为了保护国家对该财物的追缴，从而确定该财物的消极价值，因此，对违禁品的占有就是侵犯财产罪的保护法益），该占有才是值得被刑法保护的，才是侵犯财产罪的保护法益。刑法只保护有一定根据的、大体上基于合法财产权的占有这一主张，可以视为以所有权说为基础的中间说（法律经济财产说）。④

存在合理根据的占有说试图平衡法秩序统一性和禁止私力救济的关系，保护有权利根据的占有，在一定情况下允许私力救济，是相对合理的理论；该结论在保护财产权利的同时，也保护财产秩序和规范关系，重视行为规范的提示，试图在财产关系混乱的社会转型期确定标准行为样态。这与我主张的行为无价值（二元论）具有相同的旨趣。

2. 对合理占有的判断

在判断占有是否合理、占有根据是否存在，具体确定某种财产占有或利益是否值得保护时，需要平衡被害人和行为人的利益。例如，甲、乙未经批准开设赌场，约定由乙经营，利润

---

① 张明楷：《刑法学》，5版，838页，北京，法律出版社，2016。

② ［日］西田典之著，［日］桥爪隆补订：《日本刑法各论》，7版，167页，东京，弘文堂，2018。

③ 参见［日］藤木英雄：《刑法讲义各论》，273页，东京，弘文堂，1976。

④ 在日本，存在是以所有权说为基础的修正还是以占有说为基础的修正的争论，我认为作这样的区分好像并不必要。

五五分成。乙年终赚取100万元，告诉甲只获利40万元，甲信以为真，最终分得20万元。能否认定乙之行为构成诈骗罪？如果考虑财产权的民事性质，就可以认为，由于行政法律法规禁止甲、乙从事特定违法业务，如果允许甲对乙非法取得的财产主张请求权，是对违法交易给予民法保护，且不利于违法所得财物的追缴。但是，从客观上看，甲原本有分得50万元的可能性，其因为被欺骗而丧失这种可能性。此时，应肯定甲的财产权利值得保护，待其行使请求权之后，再由国家追缴该财物。这和盗窃违禁品也可能成立侵犯财产罪是相同的法理。“这并非取决于受骗者是否值得保护，而是重在行骗者的行为是否应受非难（verwerflich）”①，即占有的背后存在值得刑法保护的其他实质利益。

按照合理占有说，所有权人从盗窃犯手中夺回自己的财物的，为无罪（相对于盗窃犯而言，所有权人的权利更值得保护），但第三人从盗窃犯手中盗取时则为有罪（占有概念相对化）。这一点和平稳占有说没有差别。但在其他场合，合理占有说的处罚范围会比平稳占有说的要小。按照平稳占有说，出借人甲擅自取回他人超期不还的借贷财物的，以及在分期付款的买卖关系中，买方不履行付款义务时，卖方擅自取回目的物的，都可以成立盗窃罪。但是，按照合理占有说，对上述两种情形似乎都可以肯定所有权人的财产利益，否认占有的合理根据，从而否定侵犯财产罪的成立（参见下表）。

保护法益与盗窃罪

	例1：所有权人取回被盗财物的	例2：第三人抢夺盗窃犯的财物的	例3：盗窃他人占有的违禁品的
所有权说	无罪	无罪 （未侵犯所有权）	多数说无罪（少数说盗窃罪：该财物不是遗忘物、脱离占有物）
占有说	有罪	有罪	有罪
修正说	（1）平稳占有说：盗窃犯刚占有，主人偷回的，无罪 （2）合理占有说：相对于所有权人的占有而言，盗窃犯的占有一看就不值得保护；所有权人有优越利益，无罪	有罪	有罪（在经过法定程序没收违禁品之前的占有状态需要保护；行为人没有权利根据对抗违禁品占有者的权利）

二、财物的概念

本章罪的行为对象是财物，但对于财物的范围，一直有争议。例如，某建筑公司承建一商品房小区，需要大量使用河砂。经县政府下属的河道管理部门许可，该公司可以在上游河段取河砂。但是，该公司负责人甲嫌该河段太远，且河砂质量不太好，便安排公司员工在下游河段挖取河砂。该建筑公司先后两年从下游河段偷偷挖走的河砂经评估价值200万元（以下简称“盗窃河砂案”）。处理本案，首先要解决的是河砂是否属于财物的问题。要准确把握财物的概念，绕不开以下问题。

（一）有体物和无形物

1. 财物范围的扩大

关于对财物范围的界定，国外刑法学早期理论一般会强调以下两点：（1）财物是占据部分

① ［德］英格博格·普珀：《法学思维小课堂》，蔡圣伟译，73页，北京，北京大学出版社，2011。

空间，并呈现出固体、液体、气体等实体形态的物体，因此，作为液体出现的空调冷气、暖气也是财物。但是，没有形体的电力不是财物，偷电自然就不构成盗窃罪，将它作为财物有类推解释刑法之嫌。(2) 财物必须是所有权的对象，例如，空气不是财物，但空气罐头是财物。但是，国外判例的观点后来逐渐有所变化，肯定无形物（具有物理或事务的管理可能性之物）也是财物，从而使有体性说被突破。其结局是：电力因具有管理可能性被视为财物；未经许可进入剧场观看演出、冒用他人存折取款的侵犯债权等行为，也都被判为盗窃，因为剧场、债权都具有管理可能性。对此，可能承受的批评是：管理可能性说对财物的解释使利益盗窃可罚，这是类推解释，违反罪刑法定。但国外多数学者及实务人士均认可这种扩张。为了限制管理可能性说的范围，相对于较为含混的事务管理可能性说，不少学者赞成物理管理可能性说，认为只有存在物理的管理可能性的物体，才是财物，如热能、光、水力、冷气等是财物，这是今天的社会观念一致认为有必要用刑法加以保护的物体，但牛马的劳动力、债权、企业商业秘密等不是财物。① 物理管理可能性说是今天的多数说。按照这种主张，在前述的“盗窃河砂案”中难以认定被告人甲的行为构成盗窃罪，因为河砂虽然作为实体存在，貌似有体物，但其不可能始终停留在某一场所，而处于流动状态，没有管理可能性；不能认为河道管理者就是河砂的所有权人；此外，其和空气一样，在被挖取、保存之前并不是所有权的对象，不是刑法上要保护的财物。

我国司法实务原则上坚持有体性说，重视财物的实体存在性。例如，财产上的权利（债权或其他请求权）等无体物不能成为盗窃罪的对象，但是，记载权利的凭证（银行存折、借条、支票、股票、汇款单、火车票等）应当作为有体物受到保护，窃取这些权利凭证的，可以构成盗窃罪。有体性说当然可以限定刑法惩罚的范围，但是完全贯彻有体性说的立场有很多困难，所以，我国刑法第 265 条规定，以牟利为目的，盗接他人通信线路、复制他人电信码号或者明知是盗接、复制的电信设备、设施而使用的，按盗窃罪定罪处罚。关于盗窃罪的司法解释也规定，电力、煤气、天然气、电信服务可以成为盗窃的对象。另外，依据最高人民法院《关于审理扰乱电信市场管理秩序案件具体应用法律若干问题的解释》(2000 年 5 月 12 日）的规定，将电信卡非法充值后使用，造成电信资费损失数额较大的，盗用他人公共信息网络上网账号、密码上网，造成他人电信资费损失数额较大的，都以盗窃罪定罪处罚。这说明具有物理管理可能性的财物甚至不是物理管理对象的电信服务等无形利益，在实务中都是得到刑法保护的。

从扩张解释和目的论解释的角度看，应当说，管理可能性说具有合理性，对电力、热能、水力、放射线、牛马的牵引力等能源的不正当使用以及盗打电话、无钱乘车、侵害债权等都可能成立侵犯财产罪，因为电车、电话等具有物理或者事务的管理可能性，这样一来，利益盗窃都具有可罚性，刑法上的财物同时包括财产与财产性利益。

2. 财产性利益也是财物

取得财产性利益，包括积极的财产增加（使自己取得债权）、消极的财产减少（使他人免除自己的债务）。财产性利益是否可以成为本章罪的对象，刑法上没有明确规定，因此，理论上有很多人认为侵犯财产罪的对象不包括财产性利益。但是，这一观点可能会放纵犯罪。实务中，发生了大量侵犯财产性利益的案件，例如，(1) 侵入计算机系统，将他人银行卡上的钱转到自己卡上就被抓获的；(2) 用捡来的存折、伪造的身份证将他人存折上的钱转到自己银行卡上，还没有来得及取出就被抓获的；(3) 去高档饭店消费、住宿后不结账而逃跑的；(4) 坐出租车到站后不给钱（或者用假币结账被发现），下车逃跑的；(5) 开汽车到加油站加“霸王油”

---

① 参见［日］大塚仁：《刑法概说·各论》，3 版，172 页，东京，有斐阁，1996。

（即加油后不给钱，开车逃走）的；（6）侵入他人股票账户并交易牟利，将收益转入本人股票账户的；（7）伪造运输单据，编造、改变运输类型，欺骗相关审批者，少交铁路运费的。如果否认财产性利益也是财物，则上述案例的处理就比较困难，财产秩序就难以得到有效保护。但是，如果认为对财物的概念可以进行扩张解释，则上述案例（1）到（6）中的行为都应当构成盗窃罪（利益盗窃），案例（7）中的行为构成诈骗罪。

我认为，在现代社会，为全面保护法益，对于财物的概念不可能再固守有体性说或物理管理可能性说的立场，而应当将财产性利益认定为财物，主要理由在于：（1）财产概念具有广义性，刑法上的财产概念，应该包括财物以外，具有财产价值，能够满足人们生存需要的一切利益。[①]（2）侵犯财物和财产性利益，其侵害性没有实质差别：骗得他人1万元等同于欺骗他人免除自己1万元债务，也等同于欺骗他人将1万元存入自己的账户。按照这一推论，以假身份证入网并使用移动电话，或者利用伪造的军车、警车牌照骗免高速公路通行费的，都应该成立盗窃罪（利益盗窃）[②]；为免除债务而欺骗债权人的，完全可以成立诈骗罪；抢劫债权凭证的，理当成立犯罪；用威胁方法强迫他人为自己无偿提供开荒种地、修建房屋、采矿、猎捕等劳务的，与用勒索的方式使他人交付具有经济价值的财物以增加行为人的财产（积极增加）相比较，只是用一种略显特殊的方式使行为人的财产增加（消极增加），二者本质上具有同一性，所以，通过勒索而取得他人财产或者财产性利益，会造成他人财产上的损害，该行为当然可以成立敲诈勒索罪。这样一来，有必要将刑法中的财物扩张解释为包括财产性利益。（3）民法不足以压制针对财产性利益的犯罪，在民法的保护不充分时动用刑法，并不违反刑法谦抑性原则。（4）其他刑法条文已经肯定了对财产性利益的保护，例如，刑法第92条、第397条都有保护财产性利益的明确规定。其中，盗窃增值税专用发票罪很明显不是为了保护发票这一有体物本身，而是要保护该财产背后的利益（禁止抵扣税款或骗取出口退税）。（5）如果否认财产性利益的财物性，还会带来案件处理上的"连锁反应"。例如，甲坐出租车到目的地后不给钱即开门下车准备逃跑，被司机乙抓住，甲殴打司机乙，但仅造成轻微伤。如果承认利益盗窃，甲之行为就成立准抢劫罪；如果否定利益盗窃，甲的行为未达到故意伤害罪的定罪要求，甲就无罪。这样的结论明显不合理。

3. 虚拟财产属于财物

虚拟，是不真实、拟制，没有现实对应物的意思。现代科学技术社会所说的虚拟本身不是物理的、现实的、实体的存在，而是通过计算机软件所实现的存在。虚拟财产是数字化、非物化的财产形式，一般认为其包括网络游戏、电子邮件等一系列信息类产品。目前网络游戏盛行，在侵犯财产罪中成为问题的虚拟财产，在很大程度上特指网络游戏空间所存在的财物，包括游戏账号的等级、游戏货币、游戏人物拥有的各种装备等。非法进入他人的计算机系统盗窃类似虚拟财物的，在构成相关非法侵入计算机信息系统的犯罪之外，是否还同时成立侵犯财产罪？对此历来是有争议的。

理论上，有不少学者否定虚拟财产的财物性，其主要理由大致有：（1）财产权利从位阶上看，包括物权、债权、知识产权。虚拟财产是可以无限产生、复制的互联网数据信息，连知识产权都谈不上，不应当属于财物范畴。（2）虚拟财产只能存在于网络游戏的虚拟世界，离开了这一世界，就无法生存，在现实世界没有对应物，因此从规范意义上讲不可能被偷、被抢。

---

① 由于刑法对侵犯商业秘密行为另行规定了罪名，因而，商业秘密即便能够满足权利人的利益追求，具有广义上的管理可能性，符合无形财产的要求，也不是这里的财物。

② 相关司法解释规定对这两种情形都以诈骗罪论处，但如果认为行为人实施类似行为是为了不掏自己应该掏的钱，被害人又不具有处分权限的，似以定盗窃罪（利益盗窃）为宜。

(3) 虚拟财产系真实财产的虚幻、真实财产的类推。(4) 如果认定虚拟财产属于财产会导致处罚不平衡：非法复制（盗窃）网络游戏源代码的行为，只构成侵犯商业秘密罪；盗窃重要性远低于网络游戏源代码的虚拟财产的，却构成处罚更重的盗窃罪。① 网络空间是不是公共场所，在刑法学上一直有争议。但是，不可否认的是，网络或者某些网络产品作为客体或者对象时，其并不是虚构的，尤其是网络上的游戏装备，其与通常的游戏机器虽有一定区别，但无法否认网络游戏装备的真实性。盗窃游戏装备的行为，客观上会侵害他人的利益。如果认为虚拟财产在某些特殊场合可能对应现实世界的财物，盗窃这类财物也可能使权利人丧失其财产权利，那么将虚拟财产认定为财物，从法益保护的角度看，并没有问题。对财产范围的确定，必须考虑现代社会发展以及权利人对特殊财产的重视程度。对此，实务中的某些判决也持肯定态度。例如，对盗窃网络公司的Q币和游戏卡并销售的，法院认定被告人的行为构成盗窃罪；对侵入通信公司系统修改充值卡数据，并出售充值卡密码的，认定被告人的行为构成盗窃罪。在相关判决书中，法院明确指出：被告人窃取网络公司提供充值服务的密保卡数据，并进行非法充值，会使该公司QQ密保卡对应的等值服务资费遭受损失，使应该从用户手中收取的购买密保卡费用无法收取，也就无法为QQ用户提供等值的服务，这和将电信卡非法充值后使用相同，应当构成盗窃罪。应当说，类似判决具有合理性。

4. 欠条（借据）不是盗窃罪的对象②

欠条（借据）能否成为盗窃罪的对象，一直是有争议的问题。例如，A欠B共15万元货款，向B出具了欠条。C入室盗窃B的财物（未达到数额较大的起点）和欠条。后C按该欠条上A留下的电话打了过去，称只要A愿意给付1万元，他就将欠条交给A。A一想拿到欠条后债权人B便无证据向其索债，就可赖掉债务，遂从C手中将欠条买回。不料几天后便东窗事发（以下简称“盗窃欠条案”）。C的行为成立入户盗窃自无疑问，有疑问的是：其盗窃欠条并以1万元价格卖掉的行为是否成立盗窃罪？A的行为是否成立对应的赃物犯罪？

我认为，欠条不能成为盗窃罪的对象（自然也不能成为诈骗罪、敲诈勒索罪的对象，骗取欠条、为勒索欠条而实施恐吓行为的，至多成立犯罪未遂），理由在于：(1) 欠条作为一种文书，是物且是有体物，但其本身价值极低，不值得作为盗窃等罪的对象予以保护。(2) 欠条不属于财产性利益。财产性利益的内容必须是财产权本身。只有在行为人取得财产性利益的同时，势必导致他人遭受财产损失的，刑法上才能认定该利益为财产性利益。换言之，侵犯财产性利益的行为一旦实施，其后果和直接侵害财产的后果在性质上相同（不付款而“骗吃骗喝”，等于偷了饭店老板的财物）。而欠条本身不具有这种性质。窃取他人的欠条之后，债权债务关系依然存在，欠条消失并不意味着被害人丧失债权。(3) 欠条和债权凭证、有价证券不同。有价证券是财物，包括汇票、支票、股票、债券、提单、仓单、交通单证等，权利与该证券不可分离，但欠条没有这种财物性质。(4) 欠条属于一般的证书性文件，只是债权债务关系“可能存在”的单纯证明性文件，在民事诉讼中其只是证据之一，债权债务关系的成立和消灭、权利义务的行使和履行，在实质上并不以欠条的有无为必要。在债务人有其他相反证据足以否认欠条有效性的场合，债权人即使有欠条也未必能够主张债权。反过来，完全没有欠条或欠条灭失，债权人结合其他证据能够主张权利或债务人自愿履行债务时，并不影响权利人的实体权利。基于否定欠条财物性的立场，在前述“盗窃欠条案”中，C只能就其入户盗窃成立盗窃罪，就其盗窃欠条并以1万元价格卖掉的行为不能成立盗窃罪；同时，也可以认为其出卖所盗

① 参见曲新久：《区分扩张解释与类推适用的路径新探》，载《法学家》，2012 (1)。

② 抢劫罪对财物价值没有特别要求，抢劫欠条的，也可能成立侵犯财产罪，因此，欠条可以成为抢劫罪的对象。

欠条的行为，是为A欺骗债权人B做准备，可以成立诈骗罪的预备。由于欠条不是财物，A的行为就不能成立掩饰隐瞒犯罪所得、犯罪所得收益罪，其仅就为骗免债务获取财产性利益做准备这一预备行为而言，与C成立共犯。

（二）财物的价值

就侵犯财产罪的本质而言，财物应当是具有物理或事务管理可能性，同时又有财产价值的物体。无任何价值或者价值过于轻微的财物，不是侵犯财产罪的保护对象。

对于如何判断财产的价值，在理论上有较大的争议。客观价值说认为，财产价值仅指经济价值，即具有能够用客观的价值尺度衡量的经济效用的财物，才是侵犯财产罪的对象。[①] 主观价值说认为：具有财产价值的财物不一定要求其有客观的、经济上的交换价值。对于只有主观的、情感的价值之物，若一般的社会观念认为对这些财物的占有也有必要用刑法加以保护的，则其也是刑法中的财物。盗窃某些纪念品、礼品，盗窃文物赝品或者他人已到强制报废期限的汽车、抢劫金融机构回收准备销毁的纸币，都可能构成侵犯财产罪。[②] 应当承认，主观价值说的合理成分更多一些。至于非法占有或者毁弃具有主观价值的财物是否都以侵犯财产罪追究，则是需要考虑的问题。

（三）动产与不动产

财物包括不动产、动产。不动产是指土地及其定着物。定着物是指不加以毁弃难以与土地相分离的财物，或者一旦分离，其固有的使用可能性就会丧失的财物。

有观点认为，由于盗窃罪的本质是占有的转移或者说支配的转移，而不是场所的转移，所以不动产可以成为盗窃罪的对象。我国刑法没有规定窃占不动产的犯罪，也没有明文规定盗窃的财物仅限于动产，对于盗窃不动产的，可以认定为盗窃罪。例如，对于未经房主同意，以伪造证件等手段倒卖他人或单位不动产的，应以盗窃罪论处。[③] 这一观点还值得进一步讨论。

抢夺罪的行为对象必须是动产。抢劫罪的对象是否包括不动产是有争议的问题。我国学者对此一般持肯定态度。但是，所谓的抢劫不动产实际上是强行占用他人不动产以获取财产上的利益，抢劫财产性利益和抢劫不动产本身毕竟有很大的区别。[④]

（四）他人之物

侵犯财产罪的对象必须是他人所有或者占有之物。对虽属自己所有但已被有关机关扣押，或者已交付他人合法持有的财物进行窃取的，也是盗窃他人占有的财物。

侵犯家庭成员的财物占有、所有权，亦属非法取得他人之物，但在处罚时应不同于社会上的普通侵犯财产罪。

（五）特殊物体的财产性

1. 违禁品

违禁品，是指伪造的假币、毒品、管制刀具、爆炸物、淫秽物品等法律上禁止私人所有、占有的财物。违禁品可能成为侵犯财产罪的对象，一方面是因为侵犯财产罪保护的占有是人对财物事实上的所持关系；另一方面是因为在针对违禁品的合法没收手续办理以前，他人对违禁品的占有都是平稳占有，对之予以侵害，可能构成侵犯财产罪。所以，占有状态本身需要保护，这归根到底是为了维持占有状态背后的法秩序。

---

① 参见赵秉志主编：《侵犯财产罪研究》，159页，北京，中国法制出版社，1998。

② 参见［日］团藤重光：《刑法纲要各论》，3版，551页，东京，创文社，1990。

③ 参见高铭暄主编：《新编中国刑法学》（下册），772页，北京，中国人民大学出版社，1998。

④ 参见［日］平野龙一：《刑法概说》，202页，东京，东京大学出版会，1977。

需要指出，刑法保护违禁品占有者的权利，不是宣告其对违禁品的持有、处置行为具有合法性，更不是为了保护其所有权，而是为了确保国家司法机关日后可以按照法定程序追缴这些财产。刑法第 64 条规定，违禁品应当予以没收并上缴国库。如果允许任何人非法占有他人手中的违禁品，既会使这些物品流散到社会中，造成社会生活的混乱，也会为司法机关日后追缴这些物品设置障碍。

除违禁品之外，违法所得财物（例如，盗窃、走私、赌博所得赃物）也可以成为该罪的对象，其理论依据与违禁品的相同。

2. 祭葬品

祭葬品一方面属于埋葬权的对象，另一方面不属于他人放弃所有权的财物，因而也是财产权的对象，对其加以盗窃的可以构成侵犯财产罪。但是盗窃尸体、尸骨、骨灰，盗窃古文化遗址、古墓葬的，构成其他犯罪。

3. 人的身体及其代用品

人的身体是人格权的对象而不是所有权的对象，所以，不是财物．杀人、伤害都不等于故意毁坏财物。但是，从身体中分离出来并归属于他人之物，应当是财物，如尸体、遗骨、头发、血液等都是财物。刑法专门规定了盗窃、侮辱、故意毁坏尸体、尸骨、骨灰罪，盗窃棺材中的、作为医学标本的尸体，构成盗窃尸体罪，而不构成盗窃罪。乘他人熟睡之机，抽取其身上的鲜血，则可能构成盗窃罪和故意伤害罪的想象竞合犯。

此外，人工设计的人体代用品，如假肢、假牙、假发、心脏起搏器等，如果其已完全成为身体的重要组成部分，发挥着维持个人生存所必要的器官的功能的，视为人的身体，不是财物，对其加以侵害的，可能构成侵犯人身权利的犯罪。至于尚未完全成为身体组成部分的人体代用品，则在有财产价值时成为侵犯财产罪的对象。

三、财物的占有

（一）占有的概念

取得型侵犯财产罪中的占有，是指对财物事实上的支配状态，不仅包括物理范围内的支配，也包括社会观念上可以推知财物的支配的状态。讨论占有问题，有时对罪与非罪的区分很重要，例如，财物没有人占有，如果该财物是权利人故意抛弃之物，行为人对其加以取得的，不成立侵犯财产罪；有时对区分此罪与彼罪起决定作用，例如，盗窃罪是将他人占有改为自己占有的犯罪，其一定要改变占有关系，而侵占罪是将自己占有变为自己所有的行为，其不改变占有关系，因此，确定财产由谁占有，就成为区分盗窃罪与侵占罪的关键考虑因素。侵占罪与诈骗罪的区分，也有相同的问题。

刑法上的占有比民法上的占有概念显得更为现实化。民法上的占有必须是基于为自己占有的意思，善意、平和及公开进行，强调合法性；同时，在民法上，承认由对财物的事实上统领而形成的直接占有，例如，担保财物占有人、承租人的占有；也肯定因某种法律关系而形成的间接占有，例如，担保财物的原所有人、出租人对财物的占有；承认因盗窃等的占有；否认对违禁品的占有。总体而言，民法上的占有更为观念化、抽象化、社会化、规范化。

刑法上的占有，是因事实上对物具有的支配而形成的统领关系，强调占有的事实和状态本身，而不以存在所有的意思、善意、平和占有为必要。占有关系是因为合法取得还是由非法行为所致，都不是关键。刑法上的占有，不包括代理占有、间接占有等观念性占有，也不包括因为继承遗产而产生的占有。

（二）占有事实

既然刑法上的占有概念更为现实，刑法相对重视事实上的支配关系是否存在，那么，对占有事实的判断，就必须考虑事实性支配关系是否存在。① 占有关系是否存在，需要结合一系列主、客观事实（如支配的手段、方法、形态，作为被支配对象的财物被置放的场所及所处的状态，财物的种类、性质、形状，社会上一般人认同的占有观念）等进行综合判断。相关的具体判断规则是：先考虑支配领域性是否存在，如果不能得出肯定结论，再依次考虑推定的事实性支配或事实性支配的延伸关系是否存在。

1. 支配领域性关系

占有，一般来说是人与财物之间有较为接近的空间关系，但是并不尽然，因为占有不是握有而是"所持"。占有状态与财物的形状、性质休戚相关，但并不以直接把持、监守为必要，而首先以财物置于权利人长期以来控制的空间或者支配力所及的场所为已足。因此，权利人能够概括地支配的场所（如住宅、汽车）内的财物（包括盗窃犯置于自己家中的所盗之物），以及财物被自己支配的器械（锁具、工具箱等）确保的，都属于存在事实支配状态的财物，由支配该领域的人占有。显而易见，外出旅游者、长期出国者对其家中财物的占有并不因时间的经过而丧失。

2. 推定的事实性支配

财物并不处于权利人能够支配、控制的特定场所或领域内，但是，根据财物的性质、放置的场所等能够推定所有者，财物在难以为他人所发现而仅有权利人自己知道的场所内（例如，故意隐藏在野外但他人并不知道其所在位置的财物，只是短时间与主人分离的财物，所在位置离所有者很近的财物），都应当肯定存在推定的事实性支配。因此，停车场内的自行车、路边停放的汽车、放置在他人仓库内的本人财物，都应当肯定放置权利人的占有；寺庙对客人放置的施舍物能够占有；等候公交车时，边排队边踢自己脚下的财物使之移动的，即便其后来和财物有一段距离，也应当肯定权利人的占有。

认定占有，如果没有支配领域性关系，至少要存在可以推定的事实性支配的客观状况。这是认定占有事实的最低要求。不过，这里的推定的事实性支配，不仅包括物理上推定的事实性支配，还包括一般社会观念上认可的事实性支配所及的范围。因此，在基于一般的社会观念可以推知占有者的场合，虽然在一定时期内占有的意思有所削弱，支配统领关系有所松弛，但也应当推定权利人对财物的事实支配关系存在。例如，夜间置放于公寓楼下但未上锁的自行车，是车主占有的财物。

在推定的事实性支配的认定上，存在一些有争议的情形：例如，在地震、泥石流等灾害来袭时，为一时避难而将自己的财物置于路边逃生，他人取走财物的，实务中认定行为人构成盗窃罪。但上述情形中被害人仅有占有意思，没有占有事实，连推定的事实性支配都不存在，行为人非法取得他人财物的，成立侵占罪更为合适。再如，行为人去汽车专卖店试驾汽车，在没有店员陪同时，把在道路上试驾的车辆开走的，实务中多认定成立诈骗罪。但理论上应当认为，汽车销售公司在将汽车交给试驾者驶离专卖店之后，对该汽车仅有占有意思，没有事实支配，不宜肯定其占有。

3. 事实性支配的延伸

判断占有事实是否存在时，如果不存在支配领域性关系，也没有推定的事实性支配的，就需要考虑事实性支配的延伸关系是否存在。例如，对有回归习性的动物（虽是放养但有按时返归习性的鸡、犬、牛、羊、鸽子等），应当肯定事实性支配的延伸，承认动物主人的占有，行

① 这主要是就夺取型犯罪的财产占有概念而言的。侵占罪中的占有，比盗窃等罪的占有范围更广，包括事实的占有和法律的占有，因此事实性支配是否存在对占有的影响就不是特别重要。

为人在野外将该动物唤走的，构成盗窃罪。但是，因为遭受暴风雨等灾害，动物在瞬间丧失回归能力的，行为人即便将该动物领走，也只能成立侵占罪。

（三）占有意思

既然刑法上的占有是事实上的支配，其成立就要求占有行为符合客观要素（支配财物的客观事实）和主观要素（主观上支配财物的意思）。占有意思是否存在，对于区分盗窃罪、侵占罪以及其他犯罪有一定参考价值。关于对占有意思的理解，需要注意：(1) 主观上的支配意思指对财物进行事实上支配的意欲而不是发生法律上效果的意思，与是否有行为能力无关，所以年幼者、精神病人也具有占有意思，窃取这些人持有的财物的，仍构成盗窃罪。(2) 在很多场合，占有意思的存在不需要占有人作特别声明，仅对认定客观上的事实性支配起补充作用，司法上也不需要作特别判断。换言之，主观上的支配意思是概括的、抽象的意思，而不一定是对财物个别的、具体的支配意思，若对一定空间长期以来有控制权和事实上的支配力，则“推定”其对该范围内的财物都有占有意思，在这个情况下，占有意思的判断通常就不重要。例如，对自己住宅内的一切财物，原则上都具有支配意思，而不论主人是否在家或者是否对该财物的存在知情；外出者对塞入其门内的邮递物具有占有意思；商场送货人员将顾客订购的家电放在其门外提前离去，该顾客虽不在家，也不妨碍其对财产的占有；继承祖上遗传的房屋时虽对墙体内藏有金条一事完全不知情，装修工偶然发现后取得的，也只构成盗窃罪而非侵占罪；将有故障的汽车敞开门置于路旁，去数公里外的远处寻找修理人员的，其占有的意思非常明显。但是，在某人明确表示不行使占有权利的场合，或者持有财物时间很短、明显缺乏占有意思的场合，不能认为其有占有意思。因此，有学者指出：“主观上的占有意思，至多是对认定是否存在客观上的事实性支配起补充作用。”[①] (3) 主观上的支配意思并不要求行为人有连续不断的占有意思。沉睡者对财物没有积极的放弃意思的，就应当肯定其对财物的占有。被他人伤害而昏迷者对脱离其握持的财物仍然有占有的意思。(4) 例外地，也存在占有意思重要的场合。例如，甲、乙均是从事电机销售的个体户。甲最近销售的产品很有市场，便进了一大批货。但甲的仓库装不下全部产品，甲便将部分产品暂存于乙的库房。有竞争关系的乙对甲的业绩非常嫉妒，便唆使自己的两个亲戚深夜将甲的电机偷走，并伪造了失窃现场。如何处理乙？可能有观点认为，乙之行为只构成盗窃罪的不能犯，其理由是：即便是甲的电机，只要放在乙的库房时，就由乙占有，乙没有侵害甲的占有；同时，因为仓库中只有甲、乙存放的电机，其行为完全没有盗窃第三人财物的可能性，所以成立不能犯。但是，我认为，放置在乙库房中的甲的电机，是甲有意处置的，其占有意思明确，甲应该享有占有权，乙只是占有辅助者，其行为属于窃取他人占有的财物，应当成立盗窃罪既遂。再如，在推定的事实性支配中，占有意思是否存在就对占有判断具有补强作用。前述将地震时取得他人放置财物的行为肯定为盗窃罪，就是特别重视占有意思才能够得出的结论（但类似案件只有占有意思，客观上没有确保其事实支配的手段的，肯定其占有未必合适）。(5) 占有意思以存在自然人这种占有主体为前提。必须强调的是，在某些特殊情况下，虽有握有财物的事实，但完全没有占有、控制财物的意思的，就不能说行为人有占有财物的意思，其握有财物的状态不具备刑法上占有的全部要素。例如，甲基于抢劫的意思对乙使用暴力，致乙轻微伤，乙从身上掏出 15 张 10 元面额的钱递给甲，甲接过数了一下，马上将其扔到乙的脸上，骂乙“打发要饭的?”，又打了乙一耳光，然后逃离犯罪现场。甲之行为是否成立抢劫罪既遂？如果认为抢劫罪的既遂标准是取得（占有），而甲在发现抢得的钱太少马上返还时，其没有占有意思、握有财物时间很短又缺乏主观占有要

① ［日］西田典之著，［日］桥爪隆补订：《日本刑法各论》，7 版，156 页，东京，弘文堂，2018。

素的行为就难以被认定为占有、取得，其只能成立抢劫罪未遂。（6）行为人主观上明确有抛弃、放弃占有的意思，或者忘记财物所处位置，且时间、空间距离较大的，占有不存在（遗忘物、埋藏物不是他人占有之物）。

（四）占有的特殊问题

1. 共同占有

对此，需要区分情况考虑：一方面，数人对财物共同保管的场合，其中一人未经他人同意变共同占有为单独占有的，构成盗窃罪，因为这种行为侵害了他人的占有。例如，甲将其与他人共同经营的果园中的水果全部偷摘卖掉，构成盗窃罪。此时，甲对财物有一部分占有权，但是，其占有权不能对抗其他人的占有权。

另一方面，在共有物由某人单独保管的场合，例如，甲与他人共同经营的果园的果实已经成熟并采摘完毕，由甲负责保管，甲将全部水果偷偷卖掉。一种主张认为，行为人出于取得的意思将财物转至个人所有的，其行为仍然是对其他共同占有者的占有权的侵害，也应当成立盗窃罪。[①] 我认为，在单独保管共同所有物的场合，保管人和占有人是同一的，在客观上保管人就是实际占有人，其将财物转为自己单独占有，是变占有为不法所有的行为，此时没有移转财物的占有，故并非盗窃，也非盗窃和侵占的竞合。

2. 占有的交替

在财物不是由被害人占有，而是由被害人以外的第三人占有的场合，也承认该财物是有人占有之物，对这种占有关系加以侵害的，也构成盗窃罪。例如，顾客遗忘于银行、旅客遗忘于旅馆、消费者遗忘于浴室内的财物，均属于银行、旅馆或浴室主人之占有物，即使银行职员、旅馆内工作人员或浴室主人未意识到财物存在，也不能认为是无人占有的遗失物。在此意义上，对特定场所内的财物采取第三者占有说或者“双重控制说”是有道理的，所有人的控制丧失以后，特定场所内的有关人员被认为有概括、抽象、持续的占有意思，占有、支配关系也在事实上存在。[②] 那么，乘客将财物遗忘在出租车上，司机无所察觉，新的乘客将前一客人遗忘的财物拿走，也应成立盗窃罪。肯定第三人的占有，其实也是对占有事实的判断中“事实性支配的延伸”这一规则的运用，即肯定第三人的管理支配能够充分地延伸，如高尔夫球场主对弃球能够延伸地占有，储蓄所职员对先行离开顾客的财物的占有，等等。

对于遗忘在某一场所的财物是否由第三人占有，行为人是构成盗窃还是侵占，需要具体分析，即结合第三者的管理体制、其他人进入该场所的可能性等条件进行判断。一般地说，公共汽车、大型客轮、火车属于凭票即可进入、人来人往的公共场所，其货架上遗留的他人财物不是当然地由乘务员保管、占有的财物，而是属于丧失占有的财物，不法取得者可能构成侵占（遗忘物）罪[③]；在只有一定的管理者才能进入的场所中遗忘的财物，由管理者占有，装有他人遗忘财物的汽车在车进入车库以后，该遗忘物被推定为由汽车公司占有，非法取得者成立盗窃罪。

3. 存款的占有

存款是由银行占有还是由存款名义人占有，历来有争议。例如，甲将自己的现金存到乙的

---

① 参见［日］西田典之著，［日］桥爪隆补订：《日本刑法各论》，7版，159页，东京，弘文堂，2018。

② 参见王作富：《中国刑法研究》，607页，北京，中国人民大学出版社，1988。不过，也有学者对此提出异议，认为特定场所之人（财产的第二重控制人）必须要有明确的持有意思，持有关系才能成立。

③ 建筑物的形状如何、第三者支配力的强弱等对是否成立第三人的占有影响很大。例如，在银行取得他人的遗忘物的，成立盗窃。但是，在火车上取得他人的遗忘物的，则应成立侵占，因为火车上的旅客上下车十分频繁，列车员对财物的支配力极弱，此时可以认为第三人的占有不存在。当然，不可否认，两种情况之间的界限极其微妙。

借记卡上后，未经存款名义人乙同意，使用乙的借记卡从ATM机上提取存款10万元的，构成何罪？第三人冒用乙的名义从ATM上取款的，如何定罪？如果受托人乙在甲将其10万元存入自己账户后，偷偷将该款取出用于赌博的，如何处理？对这些案件的处理，都取决于分析者对存款占有的态度。

关于对存款的占有，要从不同侧面进行分析：一方面，存款名义人在法律上占有存款（法律上的占有）。众所周知，盗窃罪是侵害占有的犯罪，将他人占有变为自己占有是该罪的实行行为，因此，占有是确定盗窃罪法益侵害的基础事实，是一种事实性支配。这种占有与侵占罪中的占有不同。侵占罪是将自己占有变为自己所有的犯罪，其占有是赋予某人作为侵占罪的实行行为人的基础事实。因此，侵占罪中的占有既包括针对财物的事实性支配，也包括法律上的支配。存款的占有就属于法律上的占有的典型例证。在将现金存入自己名义的活期存款账户的场合，存款名义人（储户）并没有事实性地支配该金钱，但存款人拥有可随时自由提取该存款的权限，银行仅在具有极其特殊的理由（例如，有证据证明存款人洗钱）的场合可以拒绝存款人的取款要求，在绝大多数情况下都应该满足对方的取款要求。因此，存款名义人对自己存入的金钱存在法律上的支配，其占有属于侵占罪意义上的占有。换言之，对于存款名义人而言，存款虽然不是在自己实际控制之下的财物，但属于财产性利益（存款债权）。储户和银行之间所形成的请求银行返还和存款额度相同的现金的这种存款债权，和一般的债权相比，履行的可能性更高，存款名义人的支配力较强。存款具有“准物权”性质，储户是将银行作为保险柜进行利用，在其想取款时就能够取出存款来，在法律上对存款的自由处分很容易。另一方面，被害人在多大程度上对财物具有排他性支配（事实上占有），成为判断是否成立盗窃罪的关键。从事实的角度看，存款处于银行的现实管理之下，该现金由银行管理者进行事实性支配。因此，甲将自己的现金存到乙的借记卡上，未经存款名义人乙同意使用乙的借记卡从ATM机上提取存款的，甲就侵害了银行对现金的事实性占有（同时侵害了存款名义人在法律上的占有），由于对财物的事实性占有、支配是认定盗窃罪的被害人的关键事实，因而甲的取款行为就构成因为侵害了银行的占有（事实性支配）而成立的以银行为被害人的盗窃罪（第三人擅自使用乙的借记卡从ATM机上取款，理所当然地成立盗窃罪）。① 反过来，受甲的委托保管金钱的乙将该金钱存入自己名义下的银行卡之后，提取了该存款的，由于乙作为存款名义人原本就具备提取存款的权限，银行没有特殊合法理由不能拒绝付款，其对存款的事实性占有、支配就没有受到侵害，乙的行为不成立针对银行的盗窃罪。不过，由于乙对受甲的委托保管的金钱存在法律上的占有，因而其取款行为就属于变占有为不法所有的行为，该行为就应被认定为侵占罪。这充分说明，侵占罪中的占有，以具有委托信任关系为前提，占有者对该物具有一定程度的处分权，在法律上处于能够随意处分他人财物的状态；其内容比夺取型犯罪中占有的内容要广，对财物不仅具有实际支配的情况，还具有法律上支配的情况。也即侵占罪中的占有，是“事实上或者法律上对物具有支配力的状态”。而储户对于银行事实上支配的不特定物（金钱），在存款限度之内具有成立侵占罪所必要的法律支配，具有正当的取款权限，其对金钱的占有能够得到认可。② 储户随时有请求银行返还现金的权利。换言之，相对于储户而言，银行类似于存钱罐（保险箱）。只要储户愿意，其随时都可以通过在银行的柜台上或者通过ATM机，取出其账上存款额度之内的金钱。尽管从形式上看，银行是在保管和占有财物，但实际上，在储户的银行账户的范围之内，储户对其财物具有支配、控制权。因此，甲将代为保管的乙的存款取出，归

---

① 如果认为在ATM机上取款也属于冒用他人信用卡，那么甲以及第三人的行为都可能成立（改变事实上的占有的）信用卡诈骗罪。

② 参见［日］山口厚：《从新判例看刑法》（第3版），付立庆等译，279页，北京，中国人民大学出版社，2019。

自己所有并拒不退还的行为，应当成立侵占罪。

肯定存款名义人对于存款债权的法律占有以及金融机构对于现金的事实上占有，对于侵犯财产罪以及其他犯罪的处理，以及保持刑法和民法立场的一致性，都有实际意义。在错误汇款时，存款名义人（收款人）虽然在法律上占有他人错误汇入的存款，但却无权处分该存款。其取走第三人错误汇入款项的行为有成立侵占罪的可能。但考虑到对于其名下的款项，存款名义人有提出支付的权利，且银行要拒绝支付通常存在困难，因此，不宜将其作为盗窃或诈骗犯罪处理。①

4. 死者的占有

与死者的占有有关的情形主要包括三种：基于夺取财物的意思杀人后取得财物的；行为人导致他人死亡后，产生不法取财意思拿走死者财物的；经过现场的第三人从死者身上取得财物的。对于第一种情况，行为人无可争议地应当构成抢劫罪。但对于第二种情况（“行为人取得死者财物”）和第三种情况（“第三人取得死者财物”）究竟应该如何处理，则与理论上关于死者的占有的争论有关。

（1）死者占有否定说。该说认为，对“行为人取得死者财物”“第三人取得死者财物”这两种情况，都应该没有区别地成立侵占（脱离占有物）罪。因为占有的主体由于死亡而不再存在，所以其对财物的占有消失。杀害被害人后取得其财物的，无论取得财物者是杀人者还是第三人，无论其时间经过、取得财物的场合如何，都不存在对占有的侵害，只能成立脱离占有物侵占罪。②

（2）死者占有肯定说。该说认为，在特殊情形下，死者占有的观念值得肯定，被害人死后对财物的占有继续进行，对行为人利用被害人死亡的状态取得财物的一连串行为，应当作整体把握。日本判例就曾经指出：强奸后为防止罪行败露而杀害被害人，在掩埋尸体时发现手表，将其拿走的，应当成立盗窃罪。日本的司法实务通常认为，行为人利用自己的杀害行为使他人的财物脱离占有，从而取得该财物，因此有必要对其前后一系列行为作整体的考察，从而承认死者的占有，认定行为人构成盗窃罪。占有意思对占有的成立与否无关紧要，死者丧失占有究竟是基于何种原因可能更为要紧，由此，死者的占有得到肯定。

但是，该说明显不合理。因为一旦承认这种占有，行为人杀害被害人1年之后，怀疑其随身携带有价值高昂的财物而挖坟掘墓的，也成立盗窃罪；第三人在被害人死后，从其尸体处取得财物的，无论被害人死亡时间多长，都是盗窃行为。

（3）死者生前占有的有限延续说。该说认为，应当否认死者的占有，但要肯定死者生前的占有受到了侵害，所以在夺取财物的行为和杀害行为在时间、场所非常接近的情况下（杀害与财物的夺取几乎同时），行为人应当成立盗窃罪。例如，团藤重光教授认为，对行为人导致被害人死亡前后的一系列行为，必须联系起来加以考察。行为人导致被害人死亡的行为，和被害人死亡在时间、空间条件上十分接近，行为人利用自己的行为迫使被害人丧失占有，从而取得财物的，具有窃取的性质，因而应当成立盗窃罪。③ 这与单纯利用被害人对财物丧失占有的情况取得财物并不相同。前田雅英教授则指出，要有限地保护死者的生前占有，特别地将其限定在取得财物行为“与杀害同时”的范围内加以评价，即行为人几乎在杀害被害人的同时，产生

---

① 在实务中，考虑到收款人基于其与银行之间的合同具有取款请求权、存款权限与取款权限具有一致性这一事实，对于错误汇款的情形，通常不会作为犯罪处理。这一实务立场是合适的。此时，错误汇款的汇入人可以通过行使民事上的不当得利返还请求权主张其权利。

② 参见［日］大谷实：《刑法各论讲义》，新版2版，199页，东京，成文堂，2007。

③ 参见［日］团藤重光：《刑法纲要各论》，3版，572页，东京，创文社，1990。

了取得财物的意思，并实施了不法取得行为的，可以肯定盗窃罪的成立。取得财物行为是否“与杀害同时”，时间间隔的长短并不是唯一考虑的因素，对杀害场所、遗置尸体的场所等样态需要实质地加以考虑。[①] 对于第三人拿走死者之财物的，前田雅英认为，也应该与行为人杀害被害人后取走财物作相同的处理，没有理由对“行为人取得死者的财物”定盗窃罪，而对“第三人取得死者的财物”定脱离占有物侵占罪。

(4) 继承人占有说。该说则主张：行为人并非出于夺取财物的意思导致被害人死亡后，产生窃取财物的故意的，由于他人死亡后其继承人便占有该财物，行为人仍然属于窃取他人占有的财物，因而构成盗窃罪。但是，占有是对财物实际进行支配的事实，没有这种支配，难言占有。例如，被害人单独外出时因车祸死亡的，其并不知情且远离现场的亲属虽然享有民法上的财产继承权，但并不在刑法意义上对财物具有事实上的占有。

我原则上赞成前述第三种观点，即承认死者生前占有的有限延续。按照这种观点，在行为人取得死者财物的场合，应当有条件地肯定盗窃罪的成立。这是从被害人在死亡之前对其所持有或者能够支配的财物存在占有，被害人的死亡由行为人引起、行为人与被害人之间存在特定的侵害和被侵害关系出发，承认死者生前的占有。该占有在其死亡后的极短时间内还值得继续受到刑法保护，不应当受到行为人侵害。由此，直接导致被害人死亡的行为人，在被害人死亡之后，立即取得被害人财物的，才有可能构成盗窃罪。

在这里，不是一般地肯定死者对财物的占有关系，而是从行为人引起被害人死亡这一特定关系出发，在刑法上有限地承认死者在生前的占有，从而给予保护。[②] 由于承认死者的生前占有在其死亡不久之际还在延续，行为人夺取财物的行为就是盗窃罪中的侵害占有的行为，也就是说取得财物的行为，成立盗窃罪就是合理的。对前述团藤重光、前田雅英教授的主张，还可以进一步展开：(1) 占有是否存在不是一个纯事实的判断，与一般社会观念直接相关联。按照我所理解的行为无价值二元论，盗窃罪的行为无价值表现在针对他人的事实性支配，排除他人对财物的占有。因此，只要在一般社会观念中通过排除他人的占有而取得财物的行为无价值，该行为就可以被评价为盗窃。在死亡时间很短的场合，行为人或者第三人取得死者财物的，在一般人的观念中，仍然会肯定财物处于他人支配范围内，盗窃的行为无价值仍然存在。(2) 占有意思虽然在控制财物的当初很重要，但是，“在通过客观化而已经成立占有状态的情况下，占有意思的存在与否并不重要。也就是说，支配意思的存在虽然在界定占有的‘成立’与否时不可缺少，但是，在界定占有的‘继续’是否存在时则并不重要”[③]。在占有主体一开始有支配意思，但其死亡后财物才被夺取的，也可以肯定行为人盗窃罪的成立。当然，要肯定盗窃罪的成立，就必须强调：取得财物者就是先前侵害被害人的行为人；取得财物的行为与先前的侵害行为时间间隔极短，几乎同时存在；取得财物行为与先前的侵害行为几乎在同一场所。(3) 如果对于导致被害人死亡随即取得其财物的情形否定死者生前占有的有限延续，会带来处罚的不平衡：行为人实施重伤行为导致被害人昏迷，马上拿走被害人财物的，构成盗窃罪（按照有关司法解释的规定，也可能成立抢劫罪）；行为人实施杀害行为导致被害人死亡，马上拿走其财物的，反而仅构成侵占罪。这导致主观恶性更重的取财行为被认定为轻罪。而承认死者生前占有的有限延续，能够有效避免这种处理上的不平衡。

而在第三人取得死亡被害人财物的场合，不应该承认死者生前占有的延续，第三人应该成

---

① 参见［日］前田雅英：《刑法各论讲义》，7 版，176 页，东京，东京大学出版会，2020。

② 参见［日］佐伯仁志等：《刑法和民法的对话》，174 页，东京，有斐阁，2001。

③［日］野村稔：《刑法中占有的含义》，载［日］阿部纯二：《刑法基本讲座》（第 5 卷），80 页，东京，法学书院，1993。

立侵占罪。此时，之所以将其与导致被害人死亡的侵害者区别情况处理，主要的考虑是：第三人与死者之间就死亡事实而言，并不存在引起与被引起的关系，故不存在对死者的生前占有还要进行特别保护的问题。这说明，死者生前占有的延续只是在很小的范围内得到肯定。对此可能提出质疑的观点则认为：占有是一个客观的、事实的概念，死者的占有对杀人者存在，对第三人不存在，解释起来有些困难。但是，需要承认，与通过一定的行为使被害人丧失对财物的占有的加害人相比较，第三人并没有实施导致被害人对财物的占有状态消失的行为，因此，二者在占有侵害上并不相同，在定罪上进行区别处理，并非毫无道理。

四、非法占有目的

（一）故意与非法占有目的

侵犯财产罪都是故意犯罪，要求行为人主观上对客观的犯罪事实有认识。对侵犯财产罪的保护法益有不同认识，就会对行为人认识的内容有不同的要求。

按照占有说，要求行为人对自己的行为可能侵害他人的占有状态有所认识；按照所有权说，行为人如果不能认识到自己的行为会对他人的财产权以及其他本权有侵害，就不具有犯罪故意。误把盗窃犯所有之物视作自己之物加以窃取、抢劫的，客观上有夺取他人占有之物的行为，但按照所有权说，由于行为人将他人之物误信为自己之物，没有侵害他人所有权的意思，所以不具有犯罪故意；按照占有说，即使是在误信的场合，行为人对自己的行为会侵害他人的占有也是有认识的，所以存在犯罪故意。占有说的解释基本上是合理的。

取得型侵犯财产罪的成立，除要求行为人有故意（夺取财物的意思）之外，是否还要求其有非法占有目的（不法取得意思）这一主观的超过要素？尤其是盗窃、抢劫、抢夺罪的成立，除要求有相应的犯罪故意以外，是否还应要求行为人有非法占有目的（不法取得意思）？这些都是非常值得研究的问题。

在国外刑法理论中，不法取得意思不要说有一定影响[①]，因为取得型侵犯财产罪客观上都需要先排除原权利人的占有，再建立新的占有关系，行为人对此的认识或意欲，是其故意的内容，只要具有这种主观意思，其主观要素就完全齐备，没有必要在此之外再要求其具备非法占有目的。但是，通说还是坚持认为盗窃等取得型侵犯财产罪中行为人要有不法取得意思[②]，这里的“不法取得”，不仅包括将他人财物非法占为己有，也包括占为第三人所有。按照多数人所接受的观点（折中说），不法取得意思是指排除原权利人的占有，将他人之物作为自己之物，并遵从财物的经济价值加以利用或者处分的意思。需要行为人有排除权利者占有的意思，是为了将盗窃与“使用盗窃”相区别（可罚性限定机能）；要求有遵从财物的经济价值加以利用的意思，是为了将盗窃与毁弃、隐匿行为相区别（犯罪个别化机能），所以，遵从财产的经济价值而加以利用的意思也是不法取得意思的重要内容。[③]

（二）非法占有目的的主要内容

在我国刑法学中，取得型财产犯罪的成立，需要行为人有非法占有目的。[④] 这是理论上的通说。不肯定非法占有目的，就难以区分取得型财产犯罪和毁坏型财产犯罪；也难以区分财产犯罪之外的其他特殊犯罪（如集资诈骗罪和非法吸收公众存款罪等）。至于如何理解非法占有

---

① 参见［日］大塚仁：《刑法概说·各论》，3版，197页，东京，有斐阁，1996。

② 参见［日］藤木英雄：《刑法讲义各论》，279页，东京，弘文堂，1976。

③ 参见［日］平野龙一：《刑法概说》，206页，东京，东京大学出版会，1977。

④ 就此而言，对于为坐牢而窃取财物的、为转移警方视线从被奸杀的妇女身上拿走财物的，都不应当成立盗窃罪。

目的这一概念，则存在争论。意图占有说认为，非法占有目的，是指明知是公共的或他人的财物，而意图把它非法转归自己或第三者占有。① 按照这种观点，盗窃或抢劫本人有所有权，但被有关机关扣押的财物的，因为行为人就是所有权人，其行为没有侵害所有权，没有排除权利人的非法占有目的，所以无罪。

我赞成排除、利用意思说，主张非法占有目的除包括排除权利人之外，还应该包括利用和处分意思在内。根据这种立场，本人虽然有所有权但被有关机关扣押的财物，是他人之物，其占有值得保护，所有权人擅自取回该财物的，主观上有排除（占有）权利人的意思，具有非法占有目的，该行为视情况成立盗窃罪或抢劫罪。

1. 排除意思

排除意思，是指具有可罚性的将权利人"撇在一边"，妨害他人对财物的管理、利用的意思。强调排除意思，是为了将对财物价值损害很小的一时使用行为（使用盗窃）不作为侵犯财产罪处理。对此，国外判例早期的立场是对非法占有目的进行严格解释，认为一时使用没有排除权利人，从而否定"使用盗窃"成立犯罪。因此，被告人甲发现隔壁房屋无人居住，而将门锁撬开，以房主名义把该住房租给他人住1年，自己收取租金的，由于甲没有永久排除权利人的意思，不构成盗窃；盗用他人高档汽车兜风3小时，然后送回原处的，也否定其非法占有目的。但后来的实务及理论均逐步肯定类似行为构成犯罪，即行为人具有侵害合法权利的意思而对财物加以利用的，认定其排除了权利人，有非法占有目的。对使用他人汽车兜风的行为，在考虑了汽车的油耗、轮胎的磨损之后，如果认为损害较大的，也肯定非法占有目的的存在，进而可以认定构成盗窃罪。

我认为，形式上看是使用盗窃的行为，如果达到一定时间或者侵害达到一定程度，对被害人造成较大损失的，可以定罪。这是因为：（1）在现代社会，个人越来越重视财物的使用价值。（2）使用权是所有权的重要权能，擅自使用会损害所有权人的利益。（3）财物价值高、一时使用也能够达到数额较大的定罪标准的盗窃，和基于永久排除被害人占有的意思不法取得财物并实际占有的时间相同的盗窃没有实质差别，唯一的不同就是行为人的意思。而定罪时过多考虑行为人的意思的部分不同，在方法论上存在问题。（4）在使用盗窃的场合，只要稍加解释，行为人的非法占有目的就可以确定：只要不是权利人，就不能使用该财物。行为人未经权利人许可，违背权利人意思的一时使用，按照一般的社会观念也可以认为其排除了权利人。因此，使用盗窃或一时使用行为在某些场合完全可能构成盗窃等财产犯罪，其犯罪数额为被盗用的物品在被使用期间的损失或消耗（盗用汽车的，考虑油耗、磨损等；盗用住房的，考虑房租、对房屋损害的维修费用等，进而计算盗窃数额）。

2. 利用意思

利用意思，是指按照财物自身可能具有的用途加以利用、处分，享用财物可能产生的某种利益的意思。如果仅侵害占有就成立盗窃罪，则故意毁坏财物罪的成立范围就会很小。因此，为区分取得型财产犯罪和毁坏型财产犯罪，必须考虑非法占有目的中对财物加以利用的意思。夺取占有时没有利用意思的，就不是盗窃或抢劫罪。例如，甲为坐牢而抢劫，于某晚持刀对准超市店主，要其交钱。店主慌乱中拿一把小剪刀和甲对峙。在发现甲并未进一步进攻之后，店主要甲"赶快滚"。但甲执意要店主报警。10分钟后，店主见甲仍然不离开，没有办法只得报警。甲在原地等候警察到来，后被抓获。对甲应当否定其非法占有目的，甲的行为不成立抢劫罪（但可能成立寻衅滋事罪）。此外，因为害怕被牵连，为将对方持有的毒品拿来销毁而使用

---

① 参见高铭暄主编：《新编中国刑法学》（下册），760页，北京，中国人民大学出版社，1998。

暴力的，或者为不履行加工承揽合同而将他人安装有设计软件的电脑抢过来的行为，都不是为了在取得财物之后供自己使用或者转让给他人，而是为了毁弃。这种意思不包括在非法占有的意思之内，所以，相关行为不成立抢劫罪。

出于毁坏的意思偷走他人名画后，没有毁坏、放在家里的，后一行为作为毁坏罪所包含的隐匿处理，成立故意毁坏财物罪；出于毁坏的意思窃取财物，后将其卖掉、利用的，则仅成立对遗忘物（脱离占有物）的侵占罪。盗窃车牌后，向车主要钱的，不具有利用车牌这一特定财物的意思，不能认为其对车牌有非法占有目的，只能就其后一个勒索行为成立敲诈勒索罪。将他人打伤后，因害怕对方报案，而从被害人身旁的沙发上将其两部手机拿走并逃离现场，第二天将该手机扔到河里的，应当否定行为人的利用意思，对其行为应以故意伤害罪和故意毁坏财物罪并罚，但如果其在抛弃该财物之前，曾经使用过该手机的，则应以故意伤害罪和盗窃罪（而非抢劫或抢夺罪）并罚。

不过，在很多场合，对利用意思不需要特别判断，在行为人不是出于毁坏的意思侵害他人的占有的场合，都可以认定为行为人具有利用意思。

（三）非法占有目的的理解

我认为，对于非法占有目的的理解需要注意以下内容。

（1）不能将其解释为行为人仅仅是为了取得所有权，因为很多财物（例如，汽车、自行车等）即使被盗窃、抢劫，原所有权人在法律上的权利并不会丧失，犯罪人自己也清楚不能通过犯罪手段取得所有权。

（2）不能将其解释为必须含有"将他人所有之物转变为自己所有之物"的意思，否则，对于所有人将自己所有但被他人占有的财物偷回的行为，无法认定其具有非法占有目的，由此导致犯罪成立范围缩小。因此，应该将非法占有目的界定为：排除他人的占有，将他人之物作为自己之物，并遵从财物的经济价值加以利用或者处分的意思。非法占有目的概念，从消极层面看，是排斥他人占有；从积极层面看，则是行为人意图使自己具有类似于所有人的地位①，从而对他人的财物加以支配、控制。不具有非法占有他人财物的意思，例如，债权人为促使债务人及早履行义务，而将其财物搬走，并当场出具清单的，行为人没有永久排除他人占有的意思，并非以财物的所有人自居，自不应成立盗窃、抢劫等罪。

（3）遵从财物的经济价值对财物加以利用或者处分的意思，是指行为人有意享受该财物本身所具有的利益与效用，其核心是"享用"。虽改变财物用途，但仍然对该财物的经济用途加以享用的，仍然认为行为人有非法占有目的，例如，盗窃他人数量较多的木材，将其砍成小块，然后作为柴火取暖的，构成盗窃罪而非故意毁坏财物罪。

（4）取得型财产犯罪的主客观相统一，意味着犯罪故意和客观行为之间具有对应关系，但不要求非法占有目的和客观事实相对应。

（5）在构成要件上不要求有与非法占有目的这种主观的超过要素相对应的事实，不等于实际上在具体的个案中没有对应的事实能够证明其非法占有目的，例如，甲将乙的名贵手表拿走，没有毁坏，而是连续戴了3年，客观事实足以证明其窃取故意和非法占有目的。

（6）在个案判断中，指控一个人有非法占有目的时，只需履行证明责任中的举证责任即可。但要辩解行为人没有非法占有目的，而只有毁坏、挪用等意思时，在履行举证责任之外，还须履行说服责任。

---

① 具有类似于所有权人的地位，与民法上的取得所有权不是相同的概念。

五、侵犯财产罪未遂犯量刑的特殊问题

在我国刑法中，对盗窃、诈骗、敲诈勒索等取得型财产犯罪都按照犯罪数额的不同设置了轻重程度不同的法定刑，由此就带来一个问题：行为人意欲取得数额巨大或者特别巨大的财物但是未得逞的，比照哪一档法定刑从轻或者减轻处罚？

例如，黄某试图撬开 ATM 机盗窃财物，但犯罪未遂的，能否考虑到该 ATM 机里有 50 万元现金的事实，对其认定为数额特别巨大的未遂犯？再如，甲男与乙女通奸，该事实被乙的丈夫丙发现之后，甲主动作出补偿承诺。基于该承诺，丙事后用恐吓的方式向其索要补偿，甲自愿提出补偿丙 500 万元并写下了字据。但第二天甲便报警，丙未从甲处获得任何财物即被抓获，属于未遂。依据刑法第 23 条的规定，对于未遂犯，可以比照既遂犯从轻或者减轻处罚。但是，对于前例中的黄某与丙，究竟是比照盗窃罪、敲诈勒索罪的数额较大、数额巨大还是数额特别巨大来从轻或者减轻处罚，实务中一直没有统一标准。我认为，应该对上述两例中的被告人比照最低档法定刑即数额较大的既遂犯，从轻或者减轻处罚。

这样讲的主要理由是：需要区分加重构成与量刑规则。我国刑法侵犯财产罪中关于数额较大、数额巨大或者数额特别巨大的规定，只是量刑规则，不是加重构成，其不影响行为类型。加重构成是特殊的犯罪构成，有既遂或者未遂问题；但是，量刑规则只有“有无”的问题，没有既遂与未遂的问题，因此不能说“某人盗窃数额巨大未遂”。对此，张明楷教授指出，量刑规则是不可能存在所谓未遂的。换言之，只有当案件事实完全符合某个量刑规定时，才能按照该规定量刑。例如，假定盗窃罪的数额较大、数额巨大与数额特别巨大的起点分别为 1 000 元、1 万元、10 万元，甲潜入某博物馆，意图窃取价值 30 万元的一幅画，虽然已经着手，但由于意志以外的原因未得逞。如果认为刑法第 264 条对数额特别巨大及其法定刑的规定内容，属于加重的犯罪构成，那么，对甲理所当然地要适用数额特别巨大的法定刑，并适用刑法总则关于未遂犯的处罚规定。但是，如果认为刑法第 264 条对数额特别巨大及其法定刑的规定内容是量刑规则，亦即，只有盗窃数额客观上达到了巨大或者特别巨大，才能适用相应的法定刑，那么，对甲就不能适用数额特别巨大的法定刑，而只能适用基本犯的法定刑（数额较大的法定刑），同时适用刑法总则关于未遂犯的处罚规定。①

因此，在上述两个案例中，只有在被告人黄某的盗窃行为、丙的敲诈勒索行为达到犯罪既遂状态，实际取得财物，犯罪数额客观上达到了巨大或者特别巨大时，才能适用相应的升格法定刑。在其盗窃或者敲诈勒索未遂时，没有实际取得财物，那么，就不能适用“数额特别巨大”的法定刑（不能将基本刑设定为 10 年以上有期徒刑），而只能适用基本犯的法定刑（数额较大的法定刑），同时适用刑法总则关于未遂犯的处罚规定。于是，对被告人黄某、丙都应该在 3 年以下有期徒刑的幅度内，再按照未遂犯从轻或者减轻处罚。

第二节　夺取型犯罪

一、抢劫罪

> 第二百六十三条　以暴力、胁迫或者其他方法抢劫公私财物的，处三年以上十年以下有期徒刑，并处罚金；有下列情形之一的，处十年以上有期徒刑、无期徒刑或者死刑，并处罚金或者没收财产：

---

① 参见张明楷：《加重构成与量刑规则的区分》，载《清华法学》，2011（1）。

（一）入户抢劫的；

（二）在公共交通工具上抢劫的；

（三）抢劫银行或者其他金融机构的；

（四）多次抢劫或者抢劫数额巨大的；

（五）抢劫致人重伤、死亡的；

（六）冒充军警人员抢劫的；

（七）持枪抢劫的；

（八）抢劫军用物资或者抢险、救灾、救济物资的。

第二百六十九条　犯盗窃、诈骗、抢夺罪，为窝藏赃物、抗拒抓捕或者毁灭罪证而当场使用暴力或者以暴力相威胁的，依照本法第二百六十三条的规定定罪处罚。

抢劫罪，是指以非法占有为目的，使用暴力、胁迫或者其他方法，强行劫取公私财物的行为。

（一）保护法益

本罪侵害的法益具有复杂性：一方面，行为人违反被害人的意思取得了财物，侵犯了他人的财产占有权；另一方面，也侵犯了被害人的生命、身体、自由和生活平稳。行为样态对人身法益具有高度危险性，这是其与其他侵犯财产罪相区别的重要标志。

抢劫罪所侵犯的财物只限于他人占有的动产，自己的动产被他人占有时可以成为本罪的对象。不动产一般不能成为本罪的对象，但是，使用暴力、胁迫压制不动产所有人、占有人的反抗，转移登记名义，取得不动产处分可能性的，可以认定为抢劫罪，但这与很多学者所主张的直接针对不动产实施侵夺可以成立抢劫罪的观点不同。

此外，使用暴力、胁迫取得财产上的非法利益的行为也构成抢劫罪。例如，为免除赌债对债权人实施暴力的，骗取毒品以后为免付价金而使用暴力的，都是在不法原因给付的场合非法占有他人利益的行为。中国刑法虽然没有明确对利益抢劫行为作出规定，但是，可以将刑法第263条中的财物扩大解释为包括财产性利益，从而肯定抢劫罪的成立。

本罪的被害人一般而言是暴力、胁迫的承受者。但在行为人对他人实施暴力、胁迫是为了排除障碍，以便于其顺利夺取财物，即在财物的交付者和暴力、胁迫的承受者不一致但处于同一场所的情况下，本罪的成立也不受影响。例如，对商场的保安实施暴力，然后从营业员手中夺取金银首饰的，也是抢劫罪。

（二）客观要件

本罪在客观方面表现为使用暴力、胁迫或者其他方法强取财物的行为。本罪成立的逻辑线索是：使用暴力、胁迫或其他方法→压制对方反抗→强取财物。

1. 手段行为

暴力，一般是指行为人对被害人的身体实施打击或强制，其在多数场合下表现为极为危险、凶残的杀伤行为，以使对方完全丧失反抗能力，但有时也不一定要直接针对人体实施，对物使用有形力也是暴力。换言之，暴力要最终指向人，但是可以不直接针对人，即使是对物施加有形力，只要其能抑制被害人的意思、行动自由，就是抢劫罪中的暴力。① 刑法第289条规定，聚众“打砸抢”过程中，毁坏或者抢走公私财物的，对首要分子以抢劫罪定罪量刑。这就是将对物暴力特别规定为抢劫行为。至于暴力行为的被害人是否有相当的意思能力，在所不问。

---

① 参见［日］大塚仁：《刑法概说·各论》，3版，213页，东京，有斐阁，1996。

胁迫，是指告知对方将要对其予以加害，以对其进行精神强制。胁迫的方式包括语言、动作、手势、邪恶的眼神等，法律未作限制。至于胁迫的内容，我国刑法学的通说是要以立即实施暴力相威胁。但是，由于抢劫罪是严重侵犯财产权利和人身权利的犯罪，对胁迫加害的种类、性质人为加以限定，可能导致对财产所有者、占有者的权利保护不力的局面出现。当然，胁迫者是否真正具有当场加害意思和加害能力，都不影响胁迫的成立；至于被胁迫者，应当是在一定程度上能够理解胁迫内容的、有意识的自然人，法人没有意识能力，其在精神上不可能受到压制。其他方法，是指除暴力与胁迫方法之外，使被害人不知反抗或丧失反抗能力的方法。如用酒灌醉，用药物麻醉（昏醉抢劫）等方法就属于这里的其他方法。这些方法的共同特征是能够导致被害人在被灌醉、被麻醉后陷入人事不省、难以自我决定和自我行动的境地，所以，其在本质上和暴力、胁迫足以压制被害人反抗相同。① 行为人没有实施使被害人陷于意识障碍的方法，只是利用被害人昏醉的状态取得财物的，构成盗窃罪；实施使被害人陷于意识障碍的方法（例如，劝酒）之后，才产生夺取财物的意思，事后也的确取得财物的，也只构成盗窃罪。

作为抢劫手段的暴力、胁迫，是否需要达到相当的程度？通说的刑法理论及司法实践对此都未作明确要求，其主要理由是同样暴力对不同被害人的心理会有不同影响，难以用具体标准确定暴力、胁迫是否达到足以使被害人不能抗拒的程度。不过，有力说认为，抢劫罪中的暴力、胁迫必须达到足以压制被害人反抗的程度。② 这种观点是很有道理的。

抢劫罪的暴力、胁迫足以压制被害人的反抗，并不等于事实上完全压制被害人的反抗，更不要求行为具有危害生命、健康的性质。至于被害人的反抗是否足以被压制，要结合犯罪人和被害人的人数、年龄、性别、犯罪行为的时间、场所以及附随状况、凶器的有无、使用方法等具体的事项对暴力、胁迫的性质进行客观判断（客观说）。

实施暴力、胁迫，从一般人认同的社会观念上看达到足以压制被害人反抗的程度即可，也就是被害人要反抗已现实地困难。这是从客观的基准出发看待问题，而不是从行为人、被害人的主观感受的角度来考虑反抗是否被压制的问题。

就社会中多数人的判断而言，暴力、胁迫没有达到压制反抗的程度，但是在被害人特别胆小且行为人对此也知情的场合，实施程度很低的暴力、胁迫，行为人是否有抢劫罪的实行行为？按照主观说或者相当因果关系折中说的立场，行为人对实行行为的危险性有超过一般人的特殊认识，基于这种认识实施暴力、胁迫的，就使构成要件的实现具有可能性，所以行为人构成抢劫罪。③ 按照客观说的立场，对暴力、胁迫程度的衡量必须以其是否达到足以抑制普通人反抗为标准。行为客观上没有达到足以压制被害人反抗的程度，即使行为人对被害人的特殊情况熟知且主观上有抢劫的故意，但由于暴力、胁迫程度较轻，欠缺抢劫手段的定型性，不存在抢劫的实行行为，犯罪人对某些特殊事项的认知不能成为决定抢劫罪中的暴力、胁迫行为是否存在的标准。我赞成客观说的判断。

2. 结果行为

(1) 当场。使用暴力、胁迫或者其他方法，当场取得财物的，才能构成抢劫罪。当场意指

---

① 但是，在实践中，还存在将为取得他人手机而灌醉被害人，然后窃取财物的行为定性为盗窃罪的错误判决。参见何斌、秦洲：《看到手机眼馋　灌醉老乡盗窃》，载《检察日报》，2004-02-13，3版。

② 参见刘明祥：《财产罪比较研究》，120页，北京，中国政法大学出版社，2001；张明楷：《刑法学》，4版，850页，北京，法律出版社，2011。

③ 参见［日］团藤重光：《刑法纲要各论》，3版，587页，东京，创文社，1990；［日］大塚仁：《刑法概说·各论》，3版，213页，东京，有斐阁，1996。

暴力、胁迫手段和财物取得之间具有时间上、场所上的紧密连续性，但是对“当场”的理解又不能过于狭隘，使用暴力迫使被害人交付财物，但被害人身无分文，行为人长时期跟随被害人到距离相当远的场所取得财物的，也是“当场”。实施暴力、胁迫当场未取得财物，要求被害人日后交付财物的，构成抢劫罪未遂和敲诈勒索罪。

（2）强取。强取是在实施暴力、胁迫以后使财物转移的行为。被害人的反抗被暴力、胁迫压制后，自动交付财物的、放置财物逃走的，或者行为人直接夺取财物的，以及实施程度较高的暴力、胁迫，在被害人来不及反应的瞬间就将财物夺走的，行为人都构成强取。

关于实施暴力、胁迫和强取之间是否必须有因果关系，存在争议。不要说认为，实施暴力、胁迫后才产生了强行夺取财物的意思，只要是利用自己的行为压制了被害人的反抗，就应当视为是基于抢劫的意思实施暴力、胁迫。① 但是，多数说认为，暴力、胁迫和财产的强取之间应当有因果关系，此时抢劫罪既遂才能成立，抢劫罪的本质是实施暴力、胁迫手段而夺取财物，暴力、胁迫手段必须是基于强取的意思实施，强取的结果是在实施暴力、胁迫以后才得以实现的。所以，为抢劫财物对被害人使用暴力，被害人在逃跑过程中财物丢失，行为人由此捡拾财物的，应当成立抢劫罪未遂和侵占罪。②

抢劫行为人为排除障碍，杀害被害人然后取得财物的，构成抢劫罪，不再构成故意杀人罪。但是，以强取的意思杀害被害人之后取得财物的，在时间、场所上必须有紧密联系，并且取得财物的计划是在着手杀人以前就形成的。对于杀人时没有强取的故意，10天以后才想起被害人可能有财产，又进入其住宅取得财物的；杀害被害人并在死体掩埋数周后又挖掘坟墓取得被害人随葬品的，都无法认定为抢劫罪。杀害他人时只有强取此种财物的意思，但在实施杀人行为过程中又发现了他种财物并加以夺取的，因他种财物也是抢劫的对象物，一并成立抢劫罪。

开始实施作为抢劫手段的暴力、胁迫行为，就是本罪的着手。既然抢劫罪是侵犯财产罪，其既遂标准就应该坚持取得（控制）说。取得，包括取得行为和意思。行为人在接过他人财物的瞬间又将财物返还的，可以认为其没有取得意思，并未实际取得被害人财物，仍然只能成立本罪未遂。例如，甲基于抢劫的意思对乙使用暴力，致乙轻微伤，乙从身上掏出一沓钱（10张10元面额的人民币）递给甲，甲接过数了一下，马上将其扔到乙的脸上，骂乙“打发要饭的?”，又打了乙一耳光，然后逃离犯罪现场的，甲的行为仅构成抢劫罪未遂。

最高人民法院《关于审理抢劫、抢夺刑事案件适用法律若干问题的意见》（2005年6月8日）认为，抢劫罪侵犯的是复杂客体，既侵犯财产权利又侵犯人身权利，具备劫取财物或者造成他人轻伤以上后果两者之一的，均属抢劫既遂；既未劫取财物，又未造成他人人身伤害后果的，属抢劫未遂。据此，刑法第263条规定的八种处罚情节中除“抢劫致人重伤、死亡的”这一结果加重情节之外，其余七种处罚情节同样存在既遂、未遂问题。但是，这一解释可能没有考虑立法上将抢劫罪列入侵犯财产罪的事实，也没有考虑结果加重犯可能存在未遂的理论，是否合理，还有疑问。

（三）主观要件

本罪在主观方面是故意，行为人必须有强取他人财物的意思，并对财物必须通过暴力、胁迫等违反被害人意志的方法才能取得有所认识。基于抢劫的意思，在实施暴力、胁迫压制对方

---

① 参见［日］藤木英雄：《刑法讲义各论》，294页，东京，弘文堂，1976。

② 在这种情况下，也可以认为丢失财物的被害人和其财物之间的空间距离较近，其占有权还保留，行为人之行为由此成立抢劫未遂和盗窃罪既遂。

反抗之后，夺取财物的，或者基于抢劫的意思先夺取财物，立即对被害人实施暴力、胁迫，以确保自己对财物的占有的，以及出于盗窃的意思，在夺取财物后立即主动实施足以压制被害人的暴力、胁迫行为的（突变抢劫），都属于有实施暴力、胁迫的意思和强取财物的意思。

为实现其他犯罪目的而对被害人实施暴力、胁迫行为，在此过程中产生夺取财物的意思并取得财物的，也应当认为行为人有抢劫的意思。例如，绑架他人，在使用暴力捆绑被害人的过程中，发现其佩戴有相当价值的金银首饰，强行将金银首饰取下的，构成抢劫罪。

问题是实施暴力、胁迫之后，才产生强取财物的意思的，例如，为强奸、故意伤害、强制猥亵他人而实施暴力、胁迫，压制被害人的反抗后，产生了不法取得的意思，并顺手牵羊取得财物的，是否可以认为有抢劫的意思？

抢劫罪说认为，抢劫罪是基于强取的意思而着手实施暴力、胁迫，在强奸又强取财物的情况下，取得财物的经过与典型的抢劫罪的有区别，但是，这并不影响抢劫罪的成立。对此，又有不同说法：（1）利用余势说认为，行为人利用了先前暴力、胁迫行为导致的他人反抗不能的状态，即使后来没有再实施暴力、胁迫，也应当认定为成立抢劫罪。① （2）留在现场说主张，留在现场等于抑制反抗的威胁还存在。（3）持续说则强调，行为人抑制被害人反抗的状态一直在持续。（4）拟制说则认为，与盗窃罪相比，类似行为的可罚性程度高，与抢劫行为性质相当，因此，应当定抢劫罪。

盗窃罪说则主张，抢劫罪是基于强取的意思，采用暴力、胁迫手段压制被害人反抗，然后夺取财物的行为。如果不存在作为强取财物手段的暴力、胁迫，而只是利用被害人不能反抗的状态夺取财物的，只能认定为盗窃罪。② 如果将为犯其他罪而实施的暴力、胁迫再作为抢劫罪的手段行为，则属于对一个手段行为作了两次评价，扩大了抢劫罪的成立范围，有违罪刑法定主义的要求。对此，我认为，盗窃罪说的解释更为合理。

最高人民法院《关于审理抢劫、抢夺刑事案件适用法律若干问题的意见》（2005 年 6 月 8 日）规定，行为人实施伤害、强奸等犯罪行为，在被害人未失去知觉时，利用被害人不能反抗、不敢反抗的处境，临时起意劫取他人财物的，应以此前所实施的具体犯罪与抢劫罪实行数罪并罚；在被害人失去知觉或者没有发觉的情形下，以及实施故意杀人犯罪行为之后，临时起意拿走他人财物的，应以此前所实施的具体犯罪与盗窃罪实行数罪并罚。但是，这一解释是否合理，还值得讨论。

抢劫罪的成立，除要求行为人有故意（夺取财物的意思）之外，还要求其有非法占有目的（不法取得意思）这一“主观的超过要素”。

（四）认定

1. 准抢劫罪

刑法第 269 条规定，犯盗窃罪、诈骗罪、抢夺罪，为窝藏赃物、抗拒抓捕或者毁灭罪证而当场使用暴力或者以暴力相威胁的，依照抢劫罪的规定定罪处罚。这是我国刑法关于准抢劫罪的规定。这主要是考虑到实施盗窃、诈骗、抢夺行为，为窝藏赃物、抗拒抓捕或者毁灭罪证，当场使用暴力或者以暴力相威胁的情形在实践中很多，有必要对类似行为给予与抢劫罪同等评价。

构成准抢劫罪必须同时具备以下三个条件。

（1）有盗窃、诈骗、抢夺行为。

准抢劫罪是典型的身份犯，只有着手实施盗窃、诈骗、抢夺行为者，才能构成正犯。刑法

---

① 参见［日］藤木英雄：《刑法讲义各论》，284 页，东京，弘文堂，1976。

② 参见［日］西田典之著，［日］桥爪隆补订：《日本刑法各论》，7 版，186 页，东京，弘文堂，2018。

虽然将准抢劫罪的前提条件表述为犯盗窃、诈骗、抢夺罪，但并不是要求先行的犯罪必须符合相应犯罪的既遂条件。盗窃、诈骗、抢夺接近数额较大标准的，入户或在公共交通工具上盗窃、诈骗、抢夺的，使用暴力致人轻微伤以上后果的，使用凶器或以凶器相威胁的，盗窃、诈骗、抢夺虽未达到数额较大的起点，为窝藏赃物、抗拒抓捕或者毁灭罪证当场使用暴力或者以暴力相威胁的，应当以抢劫罪定罪处罚。犯罪人有抢劫意图，以平和手段取得财物以后，为确保占有而使用暴力、胁迫的，构成抢劫罪（突变抢劫），而无须适用刑法第 269 条准抢劫罪的规定。

(2) 当场使用暴力或者以暴力相威胁。

暴力、胁迫行为是准抢劫罪的实行行为。暴力、胁迫行为不一定要向盗窃、诈骗、抢夺行为的被害人实施，目击犯罪行为并追捕行为人的周围群众、执行职务的警察也可能是暴力、胁迫行为的被害人。暴力行为只针对行为人本人的，即便可能使抓捕者产生畏惧心理，也不是这里的当场使用暴力或者以暴力相威胁。例如，L 某日在餐厅吃饭时，扒窃顾客 A 的钱包，尚未走出餐厅大门，就被餐厅服务员发现，L 被迫将钱包丢在地下。被害人 A 发现后，欲上前抓捕 L。L 马上拿出一水果刀，称“谁要上来，我就死给你看”，然后乘餐厅顾客愕然之机逃离现场。L 的暴力行为针对其自身，只构成盗窃罪，而不成立准抢劫罪。

对暴力、胁迫的程度应当严格掌握，其必须和抢劫罪的暴力、胁迫的程度相当，即都应当达到足以压制被害人反抗的程度。单纯为逃离现场而本能地对阻拦的被害人进行推、踹的，不是这里的暴力。杀害、伤害被害人的行为，都是准抢劫罪中的暴力行为，不再单独评价为故意杀人、故意伤害罪。

盗窃、诈骗、抢夺和暴力、胁迫行为之间应当有一定关联性，即暴力、胁迫行为应当在先前的财产犯罪实施以后当场实施。

所谓当场，多是指实施盗窃、诈骗、抢夺行为的现场，还包括从现场紧密延伸的场所，即行为人刚离开现场，就被他人追捕、跟踪而被迫停留下来的场所。换言之，从犯罪现场逃离，被他人追赶的，虽然有时间、场所的变动和经过，但行为人为窝藏赃物、抗拒抓捕或者毁灭罪证而实施暴力、胁迫行为的，也视为是当场实施。因为在盗窃等行为之后的短时间内，通常会出现盗窃犯想方设法逃走，而被害人努力想要抓住盗窃犯以追回被盗财物等情况，暴力、威胁行为只要发生在盗窃等机会持续的过程中就有可能成立准抢劫罪。行为人与被害人之间是否仍旧存在紧迫对立的状态，是判断盗窃机会持续性的标准，如此判断能够突显准抢劫罪人身犯罪的一面。①

关于对当场的认定，要结合行为的场所、时间的间隔大小、对财产犯罪人追捕的可能性等作具体判断。尤其需要注意，只有暴力、胁迫行为与先前的窃取、诈骗、抢夺在时间上、空间上相隔较短，先行财产犯罪在一般社会观念上才能被认为还在继续，在这种状态下实施暴力、胁迫行为的，才能与普通抢劫罪作同等评价。如果在盗窃、诈骗、抢夺实施以后，行为人离开现场一定距离，基于其他原因偶然被警察或者被害人发现，为了抗拒抓捕、窝藏赃物、毁灭罪证而实施暴力或以暴力相威胁的，不属于“当场”。

此外，行为人盗抢车辆后驾车逃离，被害人一开始不知道车辆去向，之后根据被抢车辆上安装的 GPS 定位系统，使用手机对被抢车辆进行定位，然后想方设法在数十公里外将行为人截住，行为人对被害人实施暴力或者以暴力相威胁的，由于追赶行为并未在盗窃、抢夺行为开

---

① 参见［日］西田典之著，［日］桥爪隆补订：《日本刑法各论》，7 版，192～193 页，东京，弘文堂，2018；［日］桥爪隆：《论事后抢劫罪》，王昭武译，载《法治现代化研究》，2019 (5)，193 页。

始实施的当时无间断地启动，因此，不能视为行为人当场对被害人实施暴力或者以暴力相威胁。但是，如果在行为人盗抢车辆后驾车逃离的那一刻，被害人立即使用GPS定位系统进行跟踪，并想方设法追赶行为人的，不论对行为人追了多长时间、追到多远的地方，被追上后行为人对被害人实施暴力或以暴力相威胁的，都应当认定为“当场”。这样说来，对当场的认定就会比较微妙，需要具体情况具体分析。

(3) 具有特定目的。

准抢劫罪是目的犯，行为人实施暴力或以暴力相威胁的目的是窝藏赃物、抗拒抓捕或者毁灭罪证。当然，其最终是否能够窝藏赃物、抗拒抓捕或者毁灭罪证，对成立抢劫罪没有影响。

窝藏赃物包括在现场隐藏犯罪所得财物的行为，也包括为防止被害人夺回财产而实施的相应行为，窝藏行为不需要达到成立窝赃罪的要求。抗拒抓捕包括在实施财产犯罪的当时被发现而实施暴力抗拒被害人、其他目击者或者警察的缉拿、围攻，也包括在被抓捕后的押解途中使用暴力脱逃的情况。行为人以摆脱的方式逃脱抓捕，暴力强度较小，未造成轻伤以上后果的，不是抗拒抓捕，不以抢劫罪论处。盗窃后逃跑，在离现场200米之处，偶然遇到警察质问而对警察使用暴力的，不成立事后抢劫罪，因为此时的暴力与先前的盗窃事实没有关联性。毁灭罪证是指使先前的财产犯罪证据消灭的一切行为，其成立也不要求符合毁灭证据罪的构成要件。

对于行为人是采取一般的“摆脱行为”还是使用暴力抗拒抓捕，有必要进行分析：主要考虑行为本身是明显主动的攻击行为还是消极防御的脱逃行为。有些行为人在逃脱抓捕过程中，出于本能顺势而为的蹬腿、甩掌、甩臂等行为看似是一种暴力行为，但是，只要其并未使被害人达到不能反抗或者难以反抗的程度，在客观上不具有剥夺被害人保护自己财物的实际可能性，一般应该认定为“摆脱行为”。因此，对作为摆脱行为的“推一把”等动作，不能轻易评价为暴力行为，应当综合周围的环境、被害人的年龄等因素来判断。作为摆脱行为的“推一把”与抢劫罪中的推倒并不一样。推倒被害人然后拿走财物的，此推倒是为了压制被害人的反抗，强度一般比较大，可能更容易被评价为暴力。但是，具有摆脱抓捕性质的推搡行为，明显不具有压制被害人反抗的性质，不宜转化为抢劫罪。

准抢劫罪的规定属于法律拟制，与抢劫罪通过暴力或胁迫试图取得财物的构造有所不同。准抢劫罪的行为人使用暴力或以暴力相威胁，其目的未必是继续控制财物，尤其在抗拒抓捕、毁灭罪证的场合，实施暴力的目的不是继续控制财物。行为人之前以平和手段所实施的盗窃或者诈骗行为的目的是获取财物，但如果没有法律拟制的规定，对这样的行为是定不了抢劫罪的。因此，不能认为刑法第269条的拟制规定以行为人具有继续控制财物或继续保有财物的目的为前提。例如，甲盗窃乙价值1 000元的财物，当场被发现后被乙追赶，甲一边打乙一边带着价值1 000元的赃物逃离现场的，是准抢劫罪；如果甲当场被发现后被乙追赶，甲一边打乙一边将财物扔到海里的，仍然构成准抢劫罪。

事后抢劫罪的既遂以实施暴力、胁迫之后是否取得财物为判断标准，而不能以先前的盗窃、诈骗、抢夺罪是否既遂为标准。因为事后抢劫罪是身份犯，暴力、胁迫行为才是其实行行为，未遂、既遂的成立只能以行为人实行着手之后是否取得财物作为考虑问题的起点。盗窃、诈骗、抢夺既遂，为窝藏赃物、抗拒抓捕或者毁灭罪证当场使用暴力或者以暴力相威胁，但财物最终被他人夺回的，是事后抢劫罪未遂；盗窃、诈骗、抢夺已取得财物，为防止被害人夺回该财物而着手实施暴力或者威胁之后占有该财物的，是抢劫既遂；实施盗窃、诈骗、抢夺未取得财物，但为免受抓捕、湮灭罪迹而着手实施暴力、威胁并达到其目的的，由于未取得财物，也只构成抢劫罪未遂。

需要特别指出，依据最高人民法院《关于审理未成年人刑事案件具体应用法律若干问题的解释》（2006年1月23日）第10条的规定，已满14周岁不满16周岁的人盗窃、诈骗、抢夺他人财物，为窝藏赃物、抗拒抓捕或者毁灭罪证，当场使用暴力，故意伤害致人重伤或者死亡，或者故意杀人的，应当分别以故意伤害罪或者故意杀人罪定罪处罚。已满16周岁不满18周岁的人犯盗窃、诈骗、抢夺罪，为窝藏赃物、抗拒抓捕或者毁灭罪证而当场使用暴力或者以暴力相威胁的，应当依照刑法第269条的规定定罪处罚；情节轻微的，可不以抢劫罪定罪处罚。

2. 加重型抢劫罪

刑法第263条关于抢劫罪的规定，明确将八种严重情节作为抢劫罪处10年以上有期徒刑、无期徒刑或者死刑的法定条件。这种以“例示”方法进行的立法，“具有一个广泛的构成要件灵活性的意义，以便适用不得已时尚可忍受的法律不安定性”①。但是，如何合理地理解和把握这八种严重情节的含义，需要细致推敲。

（1）入户抢劫。依据最高人民法院《关于审理抢劫、抢夺刑事案件适用法律若干问题的意见》（2005年6月8日）第1条的规定，认定“入户抢劫”时，应当注意以下三个问题：一是“户”的范围。“户”在这里是指住所（包括渔民的渔船、牧民的帐篷等），其特征表现为供他人家庭生活和与外界相对隔离两个方面，前者为功能特征，后者为场所特征。一般情况下，集体宿舍、旅店宾馆、临时搭建工棚等不应认定为“户”，但在特定情况下，如果确实具有上述两个特征的，也可以认定为“户”。二是“入户”目的的非法性。进入他人住所须以实施抢劫等犯罪为目的。抢劫行为虽然发生在户内，但行为人不以实施抢劫等犯罪为目的（例如，基于讨债、投亲访友的意思）经允许进入他人住所，在户内临时起意实施抢劫的，不属于“入户抢劫”。三是暴力或者暴力胁迫行为必须发生在户内。入户实施盗窃被发现，行为人为窝藏赃物、抗拒抓捕或者毁灭罪证而当场使用暴力或者以暴力相威胁的，如果暴力或者暴力胁迫行为发生在户内，可以认定为“入户抢劫”；如果发生在户外，不能认定为“入户抢劫”。

依据最高人民法院《关于审理抢劫刑事案件适用法律若干问题的指导意见》（2016年1月6日）的规定，对于部分时间从事经营、部分时间用于生活起居的场所，行为人在非营业时间强行入内抢劫或者以购物等为名骗开房门入内抢劫的，应认定为“入户抢劫”。对于部分用于经营、部分用于生活且相互之间有明确隔离的场所，行为人进入生活场所实施抢劫的，应认定为“入户抢劫”；如场所之间没有明确隔离，行为人在营业时间入内实施抢劫的，不认定为“入户抢劫”，但在非营业时间入内实施抢劫的，应认定为“入户抢劫”。

（2）在公共交通工具上抢劫。公共交通工具，是指供公众（不特定或者多数人）使用的火车、汽车、电车、船只、航空器等。由公共一词所决定，对于在仅供个人或某单位内部使用的交通工具上（如私人轿车）抢劫的，并不是在公共交通工具上抢劫。对于虽不具有商业营运执照，但实际从事旅客运输的大、中型交通工具，可认定为“公共交通工具”。接送职工的单位班车、接送师生的校车等大、中型交通工具，被视为“公共交通工具”。

在公共交通工具上抢劫，既包括在从事旅客运输的各种公共汽车，大、中型出租车，火车，船只，航空器等正在运营中的机动公共交通工具上对旅客、司、乘人员实施的抢劫，也包括对运行途中的机动公共交通工具加以拦截后，对公共交通工具上的人员实施的抢劫，还包括在公共交通工具上将旅客、司乘人员威逼到车下实施抢劫。以暴力、胁迫或者麻醉等手段对公共交通工具上的特定人员实施抢劫的，一般应认定为在公共交通工具上抢劫。

在公共交通工具上抢劫不应包括在小型出租车上抢劫司机及乘客财物的情形，主要理由

① ［德］考夫曼：《法律哲学》（第2版），刘幸义等译，98页，北京，法律出版社，2011。

是：一般来说，公共交通工具乘坐的人数较多，犯罪分子在公共交通工具上抢劫，不仅会危害广大乘客的人身和财产安全，而且容易引起社会的恐慌，给社会治安造成相当大的危害。对这种行为必须给予严厉的打击。因此，刑法将在公共交通工具上抢劫作为判处重刑的情节加以规定。小型出租车虽然也是交通工具，但就每次运营而言，所载乘客是特定少数人或者单个人，从这个意义上来说，这种公共性极其有限，其只能是一种广义的公共交通工具。对司机抢劫，其危害性也小于在电车、汽车上抢劫的危害性，与普通抢劫的危害性相同，没有必要给予加重处罚。对于抢劫出租车司机财物的，不适用在公共交通工具上抢劫的规定，并不会放纵犯罪分子。如果在抢劫过程中致被害人重伤或者死亡的，或者抢劫出租车的，可适用抢劫致人重伤或死亡的或者多次抢劫或抢劫数额巨大的规定进行处理。

在飞行中的航空器上抢劫的，可能危及飞行安全，构成抢劫罪和暴力危及飞行安全罪的想象竞合犯，应从一重罪处断。

(3) 抢劫银行或者其他金融机构。这里的银行，是指中国人民银行和各商业银行。其他金融机构，是指除银行及其分支机构以外的其他依法参加金融活动、开展金融业务的非银行金融机构，如信托投资公司、证券公司、融资租赁公司、财务公司、保险公司等。

将抢劫银行或者其他金融机构作为抢劫罪的加重情节之一，旨在突出对金融机构的特殊保护，其实践根据在于金融机构经营业务的特殊性质，即银行或者其他金融机构因集聚巨额货币而易成为犯罪分子的袭击目标，立法者意图通过严厉惩处抢劫银行或者其他金融机构者，加强对这些部门的保护。而这些部门的办公用品与其他部门的办公用品在性质上是相同的，无须刑法的刻意保护。因此，抢劫银行或者其他金融机构，是指抢劫金融机构的经营资金、有价证券和客户的资金等，如储户的存款、债券、其他款物，企业的结算资金、股票，并不包括抢劫金融机构的办公用品等财物的行为。明知是运钞车而进行抢劫的，应视为抢劫银行或者其他金融机构。将运钞车误作一般车辆进行抢劫的，应按对象认识错误处理，如不符合其他严重情节（如抢劫数额巨大），不得视之为加重情节的抢劫罪。

(4) 多次抢劫或者抢劫数额巨大。多次抢劫，是指抢劫3次或3次以上。抢劫数额巨大，包括一次抢劫数额或几次抢劫累计数额达到巨大。抢劫他人财物价值5 000元至2万元以上的，为抢劫数额巨大。

多次抢劫或者抢劫数额巨大的适用，有几个问题值得讨论：其一，多次抢劫是否要求每次抢劫行为都构成犯罪？依据有关司法解释，对“多次”的认定，应以行为人实施的每一次抢劫行为均已构成犯罪为前提，综合考虑犯罪故意的产生、犯罪行为实施的时间、地点等因素，客观分析、认定。对于行为人基于一个犯意实施犯罪的，如在同一地点同时对在场的多人实施抢劫的；或基于同一犯意在同一地点实施连续抢劫犯罪的，如在同一地点连续地对途经此地的多人进行抢劫的；或在一次犯罪中对一栋居民楼房中的几户居民连续实施入户抢劫的，一般应认定为一次犯罪。其二，多次抢劫包括针对同一被害人的多次抢劫与非针对同一被害人的抢劫。其三，作为抢劫罪严重情节的数额巨大，主要是一种客观评价，即行为人抢劫所得财物实际数额达到巨大标准的，就是抢劫数额巨大。依据最高人民法院《关于审理抢劫刑事案件适用法律若干问题的指导意见》（2016年1月6日）的规定，对以数额巨大的财物为明确目标，由于意志以外的原因，未能抢到财物或实际抢得的财物数额不大的，应同时认定抢劫数额巨大和犯罪未遂的情节，结合未遂犯的处理原则量刑。

(5) 抢劫致人重伤、死亡。对致人重伤的含义，通说认为既包括过失致人重伤，也包括故意致人重伤。对致人死亡是否包括故意杀害被害人，理论上存在分歧，但多数人认为抢劫致人死亡应当包括故意杀害财物的所有人、占有人的情形，这是由抢劫罪中的暴力概念所决定的。

抢劫罪中的暴力是行为人对财物的所有人、占有人身体实行打击强制，旨在排除被害人反抗的一切手段。有目的的故意杀人行为，当然可以成为抢劫罪中的暴力，因而抢劫致人死亡理应包括故意杀害行为。

需要指出，抢劫致人死亡包括故意杀人在内，并不意味着将一切杀人取财或取财杀人的行为都定为抢劫罪一罪而从重处罚。以抢劫罪从重论处的杀人取财行为，仅限于为了当场取得财物而当场将他人杀死的情况。在抢得财物后，出于灭口、报复或者其他动机将被害人杀死的，应以抢劫罪和故意杀人罪并罚；他人死亡的结果不是因为抢劫的暴力行为，而是仅仅因为与抢劫的"机会"有关，例如，行为人在抢劫现场碰到仇人而将其杀害的，死亡结果和抢劫的暴力行为之间没有因果联系，所以应以抢劫罪和故意杀人罪并罚。

抢劫致人死伤的对象不限于财物占有人、所有人，只要其是直接或者间接地对抢劫及其关联行为有所妨碍的人，即是死伤对象。在抢劫的时候，引起第三人（警察或临时路过现场者）死伤的，也是这里的致人死伤。例如，在银行门口抢劫储户，逃离现场时开枪射击储户而击中路人的，即属此类。

死伤结果与抢劫行为之间应当有一定联系，这种联系意味着死伤结果是由与抢劫相关联的行为所引起，但不能要求死伤结果必须由作为抢劫手段的暴力、胁迫行为直接产生。① 实施盗窃、诈骗、抢夺行为，为窝藏赃物、抗拒抓捕或者毁灭罪证当场使用暴力致人死伤的，死伤结果和暴力之间也应当存在因果联系，否则不得认定为抢劫致人重伤、死亡。

抢劫致人死伤是否要求行为人至少有实施暴力的故意，如抢劫犯胁迫他人，被害人逃跑时摔死的，行为人既无暴力，也无伤害故意，其是否对加重结果负责？通说认为，刑法规定结果加重犯主要考虑到抢劫之际，容易发生死伤结果，为保护被害人，在只有胁迫而没有实施暴力的故意，甚至纯粹过失致人死伤的场合，也应成立结果加重犯。例如，抢劫犯的胁迫行为导致被害人精神失常、引起被害人心脏病发作而死亡的场合，也属于抢劫致人死伤。当然，抢劫行为人对死伤结果连疏忽大意过失都不存在的，属于对加重结果没有认识，其结果不属于这里的抢劫致人死亡。例如，抢劫引起被害人自杀的；追赶行为人的被害人遭雷电袭击死亡或者因踩上石块倒地，导致脑出血死亡的，都不能将死亡结果归咎于行为人，对其只能适用普通抢劫的规定。

对抢劫致人重伤、死亡的结果加重犯既遂的判断，仍然应当以行为人是否占有财物为标准（取得说），所以，还是存在未遂问题。为抢劫而实施暴力行为，导致他人重伤、死亡，但是没有取得财物，只构成抢劫罪结果加重犯的未遂。有杀害、伤害他人并取得财物的故意，实施杀害、伤害行为，但未导致重伤、死亡结果，而且未取得财物的，也只构成抢劫罪未遂。

(6) 冒充军警人员抢劫。冒充军警人员，是指冒充军人和警察。军人是指中国人民解放军、中国人民武装警察部队的现役军官（警官）、文职干部、文职人员、士兵及具有军籍的学员。警察是指我国武装性质的国家治安行政力量，包括公安机关、国家安全机关、监狱、人民法院、人民检察院的司法警察等。

冒充军警人员抢劫之所以法定刑升格，是因为：一方面，军警人员受过专业训练，打斗能力超过普通人，行为人的冒充行为会给被害人造成比一般人实施的抢劫更大的恐惧感，抢劫就更容易得逞；另一方面，行为人的冒充行为严重损害国家军事机关、行政执法机关的形象。

正确理解冒充军警人员抢劫，应当注意三个问题：其一，冒充军警人员，既包括根本不具有军人或警察身份的人冒充军人或警察的身份，也包括具有军人身份的人冒充警察、具有警察

---

① 参见［日］阿部纯二等编：《刑法基本讲座》（第5卷），130页，东京，法学书院，1993。

身份的人冒充军人，或者具有此种军警人员身份者冒充彼种军警人员。例如，交通警察冒充武装部队警察，以缉私为名抢劫的，亦属冒充军警人员抢劫。其二，冒充军警人员抢劫，并不以行为人非法身着军警人员制式服装、配备军警械具或持有、向被害人出示伪造或冒用的身份证件为限。实践中，有的犯罪分子为便利逃匿，冒充军警人员抢劫时并不着装或配备械具，而只是向被害人声言自己是军警人员，以暴力等强制方法劫取他人的财物，这并不能否定其冒充军警人员抢劫的本质属性。冒充军警人员抢劫不以被害人相信行为人是军警人员为前提，只要行为人是故意冒充军警人员抢劫，即使被害人对于其身份半信半疑，亦属冒充军警人员抢劫。当然，对于行为人仅穿着类似军警制服的服装或仅以言语宣称系军警人员但未携带枪支，也未出示军警证件而实施抢劫的，要结合抢劫地点、时间、暴力或威胁的具体情形，依照一般人的判断标准，确定是否认定为冒充军警人员抢劫。对于一般人一看就能够辨别对方属于“假军人”“假警察”，也显然不会由此陷入更深的恐惧的情形，不宜认定为冒充军警人员抢劫。其三，对于行为人冒充军警人员，以查禁违法犯罪行为为名，向他人攫取财物，招摇撞骗不成或骗局被识破即采取暴力或以暴力相威胁劫取财物的，应以实际实施的客观行为为标准，有暴力、胁迫行为的，认定为冒充军警人员的抢劫罪，否则应以招摇撞骗罪论处。

(7) 持枪抢劫。持枪抢劫的本来含义是携带枪支进行抢劫，相关司法解释将其解释为使用枪支或者向被害人显示持有、佩带的枪支进行抢劫的行为。这里的枪支，可以是枪支管理法明确规定的任何一种以火药或者压缩气体等为动力，利用管状器具发射金属弹丸或者其他物质，足以致人伤亡或者丧失知觉的各种枪支，至于枪支的来源如何，在所不问。

持仿真度很高的假枪抢劫的，能否被视为持枪抢劫？对此，从形式上加以肯定的观点是，刑法将持枪抢劫列为抢劫罪的严重情节之一，其意不单在于从严打击那些携带真枪，在客观上有可能给被害人随时造成人身生命安全损害的抢劫行为，而且也在于严惩那些携带假枪，足以给被害人造成巨大胁迫、产生巨大心理恐惧的抢劫行为。在通常情况下，抢劫者所持仿真枪的外形酷似真枪，故遭抢劫时，被害人心里所感受到的威胁，在程度上与抢劫者手持真枪时所感受到的威胁是相同的；又因抢劫罪的突出特点就是以实施暴力、胁迫为主要手段，所以，如果仿真枪与真枪对被害人形成的胁迫力相同，即应认定为持枪抢劫；而且若不将持仿真枪抢劫认定为持枪抢劫，则对其处罚失轻，从而导致对抢劫犯罪打击不力，影响社会安定的恶果。

否定论的主要理由则是：刑法之所以将持枪抢劫列为加重型抢劫罪的情形，是因为枪支具有较强的杀伤力，对被害人的胁迫力强；而且，一旦犯罪人开枪射击，往往容易造成被害人的伤亡，因而犯罪人持枪抢劫的社会危害性相对较大。而仿真枪并不具有杀伤力，也就不会造成事实上的伤亡，故而，持仿真枪抢劫的危害性远未达到持真枪抢劫的程度。因此，持仿真枪抢劫的，不应认定为持枪抢劫。

应该说，否定论从实质的角度看待问题，显得更有道理。持枪抢劫的社会危害性体现在：抢劫罪是行为人以暴力、胁迫或者其他方法非法劫取公私财物的行为．其不仅侵犯财产所有权，而且直接指向公民的人身，因此，犯罪的社会危害性一方面通过劫得财物的多寡，即侵犯财产所有权的程度表现出来，另一方面通过对公民人身权侵犯的程度表现出来。如果行为人手持仿真枪抢劫，由于仿真枪在外观上酷似真枪，对被害人具有一定的胁迫性，因而行为符合了抢劫罪的客观特征。但是，仿真枪毕竟不是真枪，不具有杀伤力，不会造成被害人的伤亡（当然若持仿真枪猛砸被害人头部，造成其伤亡的，应当适用抢劫致人重伤、死亡的规定），因此，持仿真枪抢劫，从其采取的手段这一角度看，社会危害性相对较小。而在持真枪抢劫的场合，因真枪具有强于刀具、棍棒等器械的杀伤力，故易造成被害人的伤亡；即使行为人没有开枪射击，但其手持真枪抢劫对被害人人身所具有的潜在的威胁也是相当大的。因此，持枪抢劫具有较大的社会危害性应该说是通过行为人手持真枪表现出来的。

（8）抢劫军用物资或者抢险、救灾、救济物资。这里的军用物资，是指枪支、弹药、爆炸物以外的军用物资，如军用汽车、军用通讯设备、军用医疗用品、军服、军备等。抢险、救灾、救济物资，是指用于抢险、救灾、救济的各种款物。为正确理解抢劫抢险、救灾、救济款物，必须证实行为人明知是抢险、救灾、救济款物而抢劫，行为人对这些特定对象无认识，而只在抢劫行为完成之后才发现是上述物资的，则只能以一般抢劫罪或者数额巨大的加重型抢劫罪认定，其不属于抢劫特定物资的加重型抢劫罪的范畴。

二、抢夺罪

第二百六十七条　抢夺公私财物，数额较大的，或者多次抢夺的，处三年以下有期徒刑、拘役或者管制，并处或者单处罚金；数额巨大或者有其他严重情节的，处三年以上十年以下有期徒刑，并处罚金；数额特别巨大或者有其他特别严重情节的，处十年以上有期徒刑或者无期徒刑，并处罚金或者没收财产。①

携带凶器抢夺的，依照本法第二百六十三条的规定定罪处罚。

抢夺罪，是指对物实施有形力，夺取被害人紧密占有的财物，尚未达到抑制占有人自由意思程度的行为。

（一）客观要件

本罪在客观方面表现为抢夺他人占有的财产的行为。

抢夺，是指公开或者在被害人当场可以得知财物被抢走的情况下，骤然实施夺取行为，其具体行为表现为对财物在一瞬间实施腕力、有形力（对物暴力），但该力量并不直接对人实施，即不是用暴力行为直接压制被害人的反抗，而是通过作用于财物的腕力和有形力夺取财物。抢夺行为在实践中多数表现为乘财物占有人毫无防备之际，出其不意，使其无法及时作出反应，来不及反抗而对财物强加夺取。

通说将抢夺行为界定为乘人不备，公然实施。这可能值得研究。就乘人不备而言，盗窃罪中的窃取行为，也是乘人不备。所以，将乘人不备作为抢夺罪的客观要素，不能区别盗窃行为与抢夺行为。就公然实施而言，应该承认：多数抢夺罪是公然实施的，即抢夺行为发生在公共场所，在不特定多数人在场的情况下实施。但是，抢夺罪的成立又不以此为限，在一间密室里，只有行为人和财物占有人在场，行为人明知财物占有人当场可以发现财物被夺取的事实而突然把财物夺走的，该行为虽不是公然实施，但也必须被认定为抢夺行为。

抢夺的具体方式大致有两种：一是乘人不备的抢夺。例如，利用被害人注意力不集中的瞬间直接从财物所有人或保管人手中、身上或者足以被评价为紧密占有的身边用力夺走财物，如用力夺走被害人手中的提包；拿起被害人放在身边的财物（如柜台上、座椅旁的财物）逃跑。二是创造他人不注意的机会然后夺取财物。例如，欺骗他人使之转移注意力，然后将财物从被害人手上或形成紧密占有关系的身边夺走的；以自行车、摩托车撞击他人，乘机取得被害人财物的；等等。

明知他人可能密切关注某一事项或财物，但仍然在他人的注目下将财物突然取走，在不具有伤害人身可能性时，不是抢夺。例1，选购金银首饰时，接过售货员递过的财物即转身逃走

① 本款为《刑法修正案（九）》第20条所修改。

的，应定性为盗窃。例 2，出租车司机见乘客下车，且后者还没有作出拿取东西的动作时，即迅速驾车逃离的，行为人构成盗窃罪。因为乘客没有作出任何从车内取东西的动作，而财物放置在汽车上，乘客对该财物只是通常的占有而非紧密占有。但是，如果行为人在乘客准备取车上的财物之时，迅速驾车逃离的，此时，由于乘客拿取财物的行为表明了其与财物之间的紧密占有关系，且驾车逃离行为有对被害人的人身造成侵害的危险，因而应当成立抢夺罪。例 3，甲在室外遛狗，乙夺过甲牵狗的绳子拔腿就跑的，是抢夺；乙只是乘甲不防备之机，将在甲身后 2 米但并未系遛狗绳的狗抱起来逃走的，是盗窃。

作为夺取型犯罪，抢夺罪是介于抢劫罪和盗窃罪之间的一种违反财物占有人意思而转移财物占有的犯罪类型，所以抢夺罪和盗窃罪、抢劫罪之间的界限有时难以判断。就本罪和抢劫罪的区分而言，本罪中的“抢”决定了本罪的不法有形力可能就是达到一定程度的暴力（通俗地说，就是行为人一定要“动粗”）。但是，这种暴力只是对物实施，暴力手段的采用不是为了压制被害人的反抗。换言之，暴力行为是否直接针对人身，是否属于为了直接排除取得财物的障碍，使财物占有人心生恐惧而不敢抗拒、来不及抗拒或者不知抗拒，是区分抢劫罪和抢夺罪的关键。例如，犯罪人利用汽车、摩托车等交通工具乘被害人不注意之机从其背后将财物夺走的，就不能一律认定为抢夺罪或者抢劫罪。就本罪和盗窃罪的界限而言，本罪中的“抢”和“夺”都决定了行为存在“骤然的”对物的暴力（对财物“动粗”），其侵害的一定是他人对财物的紧密占有，对于相对松弛的占有不需要使用对物暴力，采用相对平和的窃取手段就可以取得财务。这样说来，本罪和盗窃罪通常侵害的占有的松弛程度并不相同。例如，A 得知 B 要转让一辆旧车（价值 4 万元），就试图不法占有其财物。某日，A 与 B 联系，提出试车然后购买的要求。次日，当二人驾车到某单位大楼时，A 对 B 说：“你帮我到五楼财务室叫我妻子将银行卡拿下来，我们一起去银行取款，将你的车款付清。”B 遂上楼找人，但工作人员说并无此人。B 大惊失色，连忙下楼，走到二楼时，眼睁睁看着 A 将车开走。A 的行为不是对物暴力的夺取，只能构成盗窃罪。再如，行为人在商场试戴手表时，骗服务员说“那边的顾客也要试表”，待服务员转身离开之机，戴着手表夺门而去的，只成立盗窃罪。

抢夺公私财物，数额较大，或者多次抢夺的，构成本罪。根据有关司法解释的规定，抢夺财物价值 1 000 元至 3 000 元以上、3 万元至 8 万元以上、20 万元至 40 万元以上的，应当分别认定为数额较大、数额巨大、数额特别巨大。抢夺公私财物数额较大，但未造成他人轻伤以上伤害，行为人系初犯，认罪、悔罪，退赃、退赔，且具有下列情形之一的，可以认定为犯罪情节轻微，不起诉或者免予刑事处罚；必要时，由有关部门依法予以行政处罚：(1) 具有法定从宽处罚情节的；(2) 没有参与分赃或者获赃较少，且不是主犯的；(3) 被害人谅解的；(4) 其他情节轻微、危害不大的。抢夺公私财物，具有下列情形之一的，数额较大的标准按照前述标准的 50%确定：(1) 曾因抢劫、抢夺或者聚众哄抢受过刑事处罚的；(2) 1 年内曾因抢夺或者哄抢受过行政处罚的；(3) 1 年内抢夺 3 次以上的；(4) 驾驶机动车、非机动车抢夺的；(5) 组织、控制未成年人抢夺的；(6) 抢夺老年人、未成年人、孕妇、携带婴幼儿的人、残疾人、丧失劳动能力人的财物的；(7) 在医院抢夺病人或者其亲友财物的；(8) 抢夺救灾、抢险、防汛、优抚、扶贫、移民、救济款物的；(9) 自然灾害、事故灾害、社会安全事件等突发事件期间，在事件发生地抢夺的；(10) 导致他人轻伤或者精神失常等严重后果的。①

---

① 参见最高人民法院、最高人民检察院《关于办理抢夺刑事案件适用法律若干问题的解释》（2013 年 11 月 11 日）。

实施抢夺行为，附带造成被害人重伤、死亡等后果的，同时构成抢夺罪与过失致人重伤、过失致人死亡等罪的，从一重罪处断。例如，抢夺被害人佩戴的金银首饰，偶然导致被害人摔伤、死亡的，属于一行为触犯数罪名的情况，构成想象竞合犯，应从一重罪处断。当然，在以一罪处理实质上不合理时，也可以考虑数罪并罚。

抢夺罪的既遂有失控说和取得说的争议。取得说应当是妥当的，即以行为人是否已实际取得财物的占有权、能否控制该财物作为区分既遂与未遂的基本标准。行为人在公然夺取财物的当场又被财物占有人将财物取回，没有实际取得占有的，是抢夺未遂；行为人由于当场被追捕而抛弃抢夺财物的，属于取得财物之后处分赃物的行为，应成立犯罪既遂。

（二）主观要件

本罪在主观方面是故意，并具有不法取得的意思。行为人对他人与其占有财物之间较为紧密的支配关系有所认识。确实是将他人占有财物误认为是任意放置财物的，阻却本罪故意，可能构成侵占罪而不构成本罪；行为人要对自己不法有形力的骤然性有认识。由于行为人对被害人是否能够当场、立即发现往往并不在乎，所以为强取他人财物，行为人对使用不法有形力而发生侵害人身的结果可能存在放任态度。

除具有抢夺故意外，成立本罪还要求有为自己或他人而非法占有财物的目的。为督促债务人履行债务而夺取其财物，声言一旦债权债务关系消灭即行归还原物的，不具有非法占有目的，不构成本罪。

抢夺动产或者乘人不备分离不动产时毁坏财物，如甲明知乙对某一名贵字画握得很紧仍然予以抢夺，但只拿到撕破的半张画的，行为人具有非法占有目的，同时对损害财物效用有放任，成立本罪和故意毁坏财物罪的想象竞合犯。

（三）认定

1. 携带凶器抢夺

刑法第 267 条第 2 款规定，携带凶器抢夺的，以抢劫罪定罪处罚。

按照有关司法解释，携带凶器抢夺，是指行为人随身携带枪支、爆炸物、管制刀具等国家禁止个人携带的器械进行抢夺或者为了实施犯罪而携带其他器械进行抢夺的行为。[①] 虽然相关司法解释为认定携带凶器抢夺的行为提供了指导，但是，在适用刑法的这一规定时，仍然有许多不太清楚的问题，需要进一步探讨。

（1）本款是法律拟制而非注意规定。

注意规定是在刑法已有相关规定的前提下，再行规定，以提示司法工作人员注意，防止其适用时忽略的规定。注意规定的设置并没有改变相关规定的内容，只是对相关规定内容的重申；即使没有注意规定，也应按相关规定处理。例如，刑法第 384 条规定了挪用公款罪，刑法第 185 条第 2 款则规定，国有金融机构工作人员和国有金融机构委派到非国有金融机构从事公务的人员挪用本单位或者客户资金的，以挪用公款罪定罪处罚。刑法第 185 条第 2 款的规定就属于注意规定，要认定主体成立挪用公款罪，其还必须符合刑法第 384 条的规定。

法律拟制是一种非常特殊的法律形态，拟制的内在理由是构成要件的类似性，例如，在继承法范围内将胎儿比拟为已出生的人。因为拟制是立法上的“类推”，所以拟制不能没有限制，立法者并不能够依照法律实证论的主张，将任何虚拟的事物都放在拟制内，亦即必须有某种共通点，否则适用相同规范就不符合逻辑。[②] 由此可见，与注意规定明显不同，法律拟制是在特

---

① 参见最高人民法院《关于审理抢劫案件具体应用法律若干问题的解释》（2000 年 11 月 22 日）。

② 参见［德］考夫曼：《法律哲学》（第 2 版），刘幸义等译，122 页，北京，法律出版社，2011。

殊情况下改变处罚方式的规定。换言之，即使某种行为不符合普通规定，但在特殊条件下也必须按普通规定论处。如果没有法律拟制，意味着对该行为只能依照普通规定论处。例如，刑法第269条关于转化抢劫的规定即特别规定，即使行为与刑法第263条的规定不完全一致，也不能否认抢劫罪的成立。

如果说刑法第267条第2款属于注意规定，就意味着携带凶器抢夺的行为，只有同时符合刑法第263条关于抢劫罪的规定，即行为人必须要使用携带的凶器，实施暴力、胁迫或者其他方法，才能以抢劫罪定罪处罚；如果说刑法第267条第2款属于法律拟制，则意味着只要携带凶器抢夺，即使没有使用凶器的行为，不符合刑法第263条关于抢劫罪的规定，也必须以抢劫罪论处。

将刑法第267条第2款作为法律拟制看待是有道理的，即只要行为人携带凶器抢夺的，就以抢劫罪论处，而不要求行为人使用暴力、胁迫或者其他方法。如果没有刑法第267条第2款的法律拟制，司法机关对携带凶器抢夺的行为，只能认定抢夺罪，而不会将其认定为抢劫罪。在这种情况下，刑法仍然规定对携带凶器抢夺的行为以抢劫罪论处，就说明刑法第267条第2款属于法律拟制，而非注意规定。

（2）凶器的含义与认定。

凶器，是指外观上足以使人产生危险感、不安感，客观上足以对他人的生命、身体、安全构成威胁，具有杀伤危险性的器物，其种类并无限制。① 凶器必须是用于杀伤他人的器具，因此仅具有毁坏物品的特性而不具有杀伤他人机能的器具，不属于凶器。一般而言，凶器可以分为性质上的凶器和用法上的凶器。性质上的凶器，如枪炮、刀剑等有直接杀伤力、任何人在任何时候都能感受到其威胁性的器械；用法上的凶器，即该器具本身不是为了满足杀伤他人的目的而制造或者存在的，例如，木棒、切菜用的刀具、砖块、电工用品等，但是这些东西被利用于杀伤目的时，根据一般的、通行的社会观念，就可以认定这些东西是凶器。如劈柴用的斧头，用于劈柴时不是凶器，但用于杀伤他人时则是凶器。

某一器具是否可以被评价为凶器，必须考虑：其一，根据一般社会观念，一般人在面对该器具时，是否会产生危险感觉，如果某种器具在外观上不会使人产生危险感，就难以被认定为凶器。其二，该器具本身杀伤力的高低。杀伤力低的器具不可能是凶器，所以，行为人使用的各种仿制品，如塑料制成的仿真手枪、自动步枪、匕首等，虽然在外观上与真实的凶器一样，但由于其杀伤他人的物理性能较低，不能被认定为凶器。其三，在司法认定上，该器具用于杀伤目的的可能性程度。其四，器具被携带的必要性、合理性大小，即携带凶器抢夺的行为是否异常、是否易于被他人所模仿，例如，一般人外出时，不会随身携带斧头，携带该器具抢夺的，理当认定为携带凶器抢夺。

行为人携带国家禁止个人携带的器械以外的其他器械抢夺，但有证据证明该器械确实不是为了实施犯罪而携带的，不以抢劫罪定罪。

（3）携带的认定。

携带，是指在公共场所或者其他个别人行动的场所，将某种物品带在身上或者置于身边，将其置于现实的支配之下的行为。携带和持有在这里没有本质区分。手持凶器、怀中藏着凶器、将凶器置于衣服口袋、将凶器置于随身的手提包等容器中的行为都属于携带凶器。

携带凶器应具有随时可能使用或者当场能够及时使用的特点，即具有随时使用的可能性。② 反过来，也可以说，只要行为人一旦遇到反抗，就可以迅速使用凶器，在客观上就符合

---

① 参见［日］平野龙一：《刑法概说》，171页，东京，东京大学出版会，1977。

② 参见张明楷：《刑法分则的解释原理》（下），2版，657页，北京，中国人民大学出版社，2011。

了携带凶器的条件。因此，认定携带凶器时不要求行为人显示凶器（将凶器暴露在身体外部），也不要求行为人向被害人暗示自己携带着凶器，更不要求行为人使用所携带的凶器。如果行为人使用所携带的凶器强取他人财物，则完全符合抢劫罪的构成要件，应直接适用刑法第263条的规定；只有当行为人在携带凶器而又没有使用凶器的情况下抢夺他人财物时，才适用第267条第2款的规定。

对于携带性质上的凶器抢夺的，相对容易判断。但是，对于携带用法上的凶器抢夺的，司法证明上的要求就要高得多，主要是要证明行为人携带这些器具是为了给自己的抢夺行为提供精神支持，并在遭受被害人反抗的情形下随时可以使用之，而且这些器具一旦被使用，其外观、状态足以给被害人造成精神上的恐惧和危险立刻可能产生的感觉。对此，要结合案件发生的时间、被害人的性别状况等，考察使用某器具在客观上有无行凶危险性，是否足以杀伤他人，来决定相关行为是否构成抢劫罪。

行为人必须以实施抢夺或者其他犯罪之目的而携带凶器（携带意识），才能构成抢劫罪。换言之，对凶器的携带必须是行为人有意为之，否则不成立携带凶器抢夺。要求行为人具有携带意识，其应当包括两种情况：一是行为人在抢夺前为了使用而携带该器具。例如，行为人为了实施某种犯罪行为，事先准备可能杀伤他人的器具，随身携带，然后实施了抢夺行为的，应认定为抢劫罪。二是行为人出于其他目的携带可能用于杀伤他人的器具，在现场意识到自己所携带的凶器进而实施抢夺行为的，也应当认定为携带凶器抢夺。反之，如果行为人并不是为了犯罪而携带某种器具，实施抢夺时也没有准备使用的意识，则不能适用刑法第267条第2款。

在一般抢夺案件中，一般来说，凶器的携带意识应当是较为明确、有被告人的供述加以佐证的。以犯罪为业、四处流窜作案的行为人为了实施犯罪方便，携带凶器四处游荡，看见有可以抢夺之机就"见机行事"的，也是有明显的凶器"携带意识"。携带意识不是特别明显，但是根据案件发生的当时情况，可以推定行为人携带该器具是为了"防患于未然"的，也可以推定其为携带凶器抢夺。

此外，携带凶器只实施盗取行为的，仍然只构成盗窃罪；虽携带凶器，但只有杀人故意，杀人之后临时起意取得被害人财产的，构成故意杀人罪和盗窃罪，不存在携带凶器抢夺的问题。

行为人只要抢夺时携带凶器即为已足，并不以携带之初有使用、行凶的意图（行凶意识）为必要。因为携带凶器的客观危险性在于一旦被害人实施反抗，行为人在现场就随时可能使用凶器，从而侵害被害人的生命与身体，事前有无使用凶器的谋划并不影响凶器本身对被害人形成威胁；至于携带的凶器在抢夺过程中是否实际投入使用，对抢劫罪的成立更是无关紧要，所以，需要注意的是，构成转化抢劫罪只需要行为人有"携带意识"而不要求其有"行凶意识"，有意携带和有意行凶是不同的概念。行为人将随身携带凶器有意加以显示、能为被害人察觉到的，直接适用刑法第263条的规定定罪处罚。

携带凶器实施抢夺行为，为窝藏赃物、抗拒抓捕或者毁灭证据而当场使用凶器的，直接适用刑法第267条第2款，而无须适用第269条准抢劫罪的规定。在此过程中，杀伤被害人的，属于使用携带的凶器的情形，也不再单独定故意杀人罪、故意伤害罪。

携带性质上的凶器准备抢夺，犯罪在预备阶段就被停止下来或者抢夺未遂的，分别构成抢劫罪的预备、未遂，而不是抢夺罪的预备和未遂。

2. 飞车抢夺

飞车抢夺（利用摩托车、汽车抢夺）的，由于车速较快，行动突然，被害人一般来不及反抗，致使飞车抢夺行为很容易得逞，犯罪的发生概率较高，对社会治安和被害人造成的危害比较严重。对飞车抢夺行为如何定性，司法实践中有两种不同的观点。一种观点认为，行为人利用快速行驶的机动车辆实施抢夺，采用的方法十分危险，除了侵犯被害人的财产，还必然危及被害人的人身安全，故对此应当以抢劫罪定罪处罚。另一种观点认为，飞车抢夺的对象是被害人的财物而不是被害人的人身，行为人不是故意对被害人的人身使用暴力，因此对飞车抢夺不能认定为构成抢劫罪，而只能以抢夺罪从重处罚。

原则上，后一种观点可能更为合理：（1）抢劫罪是直接对被害人人身实施暴力，以此排除、抑制被害人的反抗，强行劫取被害人的财物；而抢夺罪是直接对被害人财物实施暴力。飞车抢夺的行为人是故意对财物使用暴力，而不是故意对被害人的人身使用暴力，行为人利用行驶的机动车辆只是便于其目的得逞。虽然实践中飞车抢夺经常造成被害人人身受到伤害的后果，但这仅仅是行为人过失造成的结果，不能由此否定行为人故意行为的侵犯对象只是被害人的财物。（2）对飞车抢夺以抢劫罪定罪处罚，将混淆其与抢夺罪之间的界限，导致实践中的许多问题难以处理。例如，对于没有造成被害人身体任何伤害的飞车抢夺如何定罪处罚？对于造成被害人轻微伤的飞车抢夺如何处理等。（3）抢夺罪的法定最高刑是无期徒刑，对于飞车抢夺以抢夺罪从重处罚，完全可以满足惩罚犯罪的需要。基于上述理由，最高人民法院的司法解释将利用行驶的机动车辆抢夺作为抢夺罪从重处罚的情节。

不过，在飞车抢夺过程中，具有下列情形之一的，应当以抢劫罪定罪处罚：（1）驾驶车辆逼挤、撞击或强行逼倒他人以排除他人反抗，乘机夺取财物的；（2）驾驶车辆强抢财物时，因被害人不放手而采取强拉硬拽方法劫取财物的；（3）明知其驾驶车辆强行夺取他人财物的手段会造成他人伤亡的后果，仍然强行夺取并放任造成财物持有人轻伤以上后果的。

三、聚众哄抢罪

第二百六十八条　聚众哄抢公私财物，数额较大或者有其他严重情节的，对首要分子和积极参加的，处三年以下有期徒刑、拘役或者管制，并处罚金；数额巨大或者有其他特别严重情节的，处三年以上十年以下有期徒刑，并处罚金。

聚众哄抢罪，是指聚集多人，非法哄抢公私财物，数额较大或情节严重的行为。

（一）客观要件

本罪在客观方面表现为聚集多人哄抢财物的行为。

聚众哄抢罪是一种聚众性的必要共同犯罪，在客观方面必须同时有聚众和哄抢两方面的特征。所谓聚众，是指组织、策划、纠集多人，或者利用他人已然聚集的状态（事中聚众）；哄抢是指在为首分子的鼓动、指挥下，乘财物占有人管理能力有限或占有松懈之机，一哄而上，公然转移财物占有的行为。

本罪的行为对象是他人占有的财物，只限于动产以及不动产中可以拆分的部分，既包括作为公共财物的煤炭、林木、水产品、仓库中的物资、运输中的货物、铁路器材等，也包括公民个人占有的粮食、建设工地的原材料、日常生活用品等。聚众哄抢罪一般不针对人身使用暴力或只使用轻微暴力，这是它与抢劫罪的关键区别。

由于聚众哄抢是以依仗人多势众、制造混乱局面的方式，在财物占有人难以控制的场合下取得财物，所以犯罪行为具有相对的平和性，最多是对物使用有形力而不对人使用暴力。在聚众哄抢过程中，行为人使用暴力、胁迫方法压制财物占有人的反抗并强取财物的，构成抢劫罪，而不构成本罪。

聚众哄抢罪和寻衅滋事罪之间有较大区别：行为人出于藐视社会公德、寻衅滋事的动机，聚众哄抢他人少量财产的，并不符合本罪的特征，可以考虑以寻衅滋事罪处理。

本罪的主体是一般主体，刑法只处罚聚众哄抢公私财物的首要分子和积极参加者，对其他一般参加者不以犯罪处理。首要分子是在聚众哄抢中起组织、策划、指挥作用的人；积极参加者是指积极参加聚众哄抢活动并在其中起主要作用的人，如经首要分子煽动，率先冲到现场强取公私财物或者取得公私财物数量很大的人。

（二）主观要件

本罪在主观方面是故意，并且具有非法占有公私财物的目的。故意的内容是意图纠集多人（聚众的意思），一哄而上，公然强取公私财物（哄抢意思），从而转移对财物的占有。不具有聚众意思，只是偶然地与多人同时实施抢夺财物行为，数额较大的，可以直接按抢夺罪处理。

四、盗窃罪

第二百六十四条[①] 盗窃公私财物，数额较大的，或者多次盗窃、入户盗窃、携带凶器盗窃、扒窃的，处三年以下有期徒刑、拘役或者管制，并处或者单处罚金；数额巨大或者有其他严重情节的，处三年以上十年以下有期徒刑，并处罚金；数额特别巨大或者有其他特别严重情节的，处十年以上有期徒刑或者无期徒刑，并处罚金或者没收财产。

盗窃罪，是指以非法占有为目的，盗窃公私财物，数额较大的，或者多次盗窃、入户盗窃、携带凶器盗窃、扒窃的行为。

（一）客观要件

本罪在客观方面表现为违背财物占有人的意思，以平和手段将财物转移给自己或者第三人占有的行为。

由于盗窃是改变原有的占有关系而试图重新设定占有的行为，所以，本罪的成立逻辑是：利用窃取方法→破坏原来的占有关系→确立新的占有关系。现按照这一线索分别加以讨论。

1. 窃取方法

窃取，是指违反占有者的意思，排除其占有，由自己或者第三者对财物进行占有。窃取不能以暴力、胁迫的方法实施，其具体方法在所不问。

我国刑法学的通说认为窃取行为应当以秘密方式实施，从而将盗窃罪中的窃取概念缩限为“秘密窃取”。这样的解释一般来说是正确的。但是，在很多案件中，行为人并非秘密窃取，其行为仍然成立盗窃罪，例如，在公共汽车上、集贸市场内明知有他人（包括被害人）看着自己的一举一动而“公然”实施扒窃的，从来都是作为盗窃罪处理，而不定抢夺罪等；假装走路不稳，故意冲撞他人，趁机取得他人财物的，也具有公然性；明知大型百货商店、银行等场所装有摄像监控设备且有多人来回巡查，但认为自己抓起财物就走，被害人或看管财物者也追不上，而偷拿他人财物的，以及被害人特别胆小，眼睁睁看着他人行窃而不敢声张的，窃取行为都很难说是秘密进行的，但这些行为仍被视为窃取。所以，只要是以平和而非暴力的手段，违反占有人的意思而取得财物的，就是盗窃罪中的窃取，而不以实施隐秘方法为必要条件。例如，甲半夜醒来，发现小偷乙进入自己的房间盗窃，但因为自己胆小，而且想到自己家中并没有太多有价值的财物，就蒙头大睡，任由乙盗窃，在乙离开后，甲才大声呼叫“抓贼”；或者

---

① 本条为《刑法修正案（八）》第39条所修改，增加规定入户盗窃、携带凶器盗窃、扒窃可以成立盗窃罪，并删除了原条文中“盗窃金融机构，数额特别巨大”或者“盗窃珍贵文物，情节严重”处死刑的规定，从而废除了盗窃罪的死刑。

入室行窃的小偷乙清楚听见主人甲在床上辗转反侧，而不予理会，慢条斯理地物色财物然后拿走的，乙均非趁人不知不觉而秘密行窃，但仍然可以认定其有窃取行为。“要求盗窃罪一定是秘密窃取，是法律门外汉的看法”①。

在利用训练有素的猎犬实施窃取行为，或者以房主自居雇请不知情的开锁匠打开被害人的防盗门然后窃取财物的场合，行为人均构成本罪的直接正犯。以欺骗手段造成占有者的财物支配力松弛，违反其意思取得财物，而不是由占有者自行交付的，不是诈骗而是窃取行为，例如，装扮成顾客到服装店试衣服并将其穿走；到金银首饰店试戴首饰，用假首饰偷换真首饰，都是窃取行为。为窃取财物而暗中对被害人实施暴力，在被害人外出寻求医疗过程中，拿走被害人经管的财物的，由于不是被害人基于暴力而当场主动交付财物，暴力行为不是转移占有的手段，所以，相关行为只成立盗窃罪而不成立抢劫罪。

利用信息网络，诱骗他人点击虚假链接而实际通过预先植入的计算机程序窃取财物构成犯罪的，以盗窃罪定罪处罚。

本罪的行为手段，不仅包括通常意义上的窃取他人财物数额较大的，也包括刑法规定的以下其他情形。

(1) 盗窃公私财物，数额较大。盗窃行为如果没有入户盗窃等其他特殊情形的，必须数额较大的，才构成犯罪。不仅如此，我国刑法还以一定的数额作为区分不同量刑档次的标准。由此可见，数额在盗窃罪的定罪量刑中具有重要意义。依据最高人民法院、最高人民检察院《关于办理盗窃刑事案件适用法律若干问题的解释》(2013 年 4 月 2 日) 的规定，盗窃价值 1 000 元至 3 000 元以上、3 万元至 10 万元以上、30 万元至 50 万元以上的，应当分别认定为刑法第 264 条规定的数额较大、数额巨大、数额特别巨大。但是，具有下列情形之一的，数额较大的标准可以按照前述规定标准的 50%确定：其一，曾因盗窃受过刑事处罚的。其二，1 年内曾因盗窃受过行政处罚的。其三，组织、控制未成年人盗窃的。其四，自然灾害、事故灾害、社会安全事件等突发事件期间，在事件发生地盗窃的。其五，盗窃残疾人、孤寡老人、丧失劳动能力人的财物的。残疾人、孤寡老人或者丧失劳动能力人，属于社会的弱者，盗窃其财物的，行为的社会危害性大于盗窃其他人财物的。因此，根据相关司法解释的规定，盗窃残疾人、孤寡老人或者丧失劳动能力人的财物，虽然盗窃数额未达较大的起点，仍可追究行为人的刑事责任。其六，在医院盗窃病人或者其亲友财物的。其七，盗窃救灾、抢险、防汛、优抚、扶贫、移民、救济款物的。其八，因盗窃造成严重后果的。

盗窃公私财物数额较大，行为人认罪、悔罪，退赃、退赔，且具有下列情形之一，情节轻微的，可以不起诉或者免予刑事处罚；必要时，由有关部门予以行政处罚：1) 具有法定从宽处罚情节的；2) 没有参与分赃或者获赃较少且不是主犯的；3) 被害人谅解的；4) 其他情节轻微、危害不大的情形。

(2) 多次盗窃。根据有关司法解释，2 年内盗窃 3 次以上的，应当认定为多次盗窃。由此可见，司法解释对多次盗窃作出了限制性解释，并非一般的有 3 次以上盗窃行为都可以构成盗窃罪，而是有时间限制，即必须是 2 年以内连续盗窃 3 次以上。按照当然解释，在 1 年以内盗窃 3 次以上的，应当成立盗窃罪；而在 2 年以内仅盗窃 2 次，在 3 年以内盗窃 3 次以上的，不构成本罪。

(3) 入户盗窃。对这里的“入户”，应当与入户抢劫中的“入户”作体系解释，仅指私人住所（包括渔民的渔船、牧民的帐篷等），其特征表现为供他人家庭生活和与外界相对隔离两

① 林东茂：《刑法综览》，292 页，北京，中国人民大学出版社，2009。

个方面，前者为功能特征，后者为场所特征。入户实施盗窃被发现，行为人为窝藏赃物、抗拒抓捕或者毁灭罪证而当场使用暴力或者以暴力相威胁的，如果暴力或者暴力胁迫行为发生在户内的，可以认定为入户抢劫。

（4）携带凶器盗窃。在司法实务中，携带枪支、爆炸物、管制刀具等国家禁止个人携带的器械盗窃，或者为了实施违法犯罪携带其他足以危害他人人身安全的器械盗窃的，应当认定为携带凶器盗窃。这里的“携带凶器盗窃”似乎可以与携带凶器抢夺中的“携带凶器”作相似性理解，即只要外观上足以使人产生危险感觉，客观上具有杀伤力的器物都可以被评价为凶器。但是，携带凶器抢夺的，要定性为抢劫罪。该规定是法律拟制。因为携带行为引起了质变，最终导致要定重罪，所以，对“携带凶器抢夺”中的“凶器”，就应该给予更多限制，凶器的范围应该更小。我认为，携带凶器盗窃和携带凶器抢夺的差别主要表现在：在携带凶器抢夺的场合，凶器杀伤力更强，该器械给被害人造成的心理压力更大，凶器的使用概率也更高——因为抢夺行为是对与人形成紧密关系的财物使用暴力，被害人发现抢夺犯罪的概率极高，反抗的可能性也大。因犯罪人和被害人通常零距离，在携带凶器抢夺的场合，犯罪人使用凶器直接针对被害人实施杀害、伤害行为的可能性也相对大。而在携带凶器盗窃的场合，窃取行为通常较为隐秘，被害人对财物直接支配、眼睁睁被偷的可能性相对小，在实务中，犯罪人对被害人直接使用凶器的可能性也相对较低。据此可以认为，在携带凶器抢夺的情况下，该携带行为对被害人有具体的、现实的、紧迫的危险；但是，在携带凶器盗窃的情况下，携带行为仅对被害人有相对抽象的、立法上设定的、并不紧迫的危险，因此对凶器危险性的要求不是很高。换句话说，携带凶器抢夺的，从立法者的角度看，和抢劫相当；携带凶器盗窃的，只有向抢劫罪转化的“比较远”的危险性。既然携带凶器抢夺时被害人所承受的是法律拟制的危险，那么就不需要在司法上具体判断凶器使用的具体危险性。

对携带凶器盗窃的具体认定，需要考虑三点：其一，凶器要有一定的杀伤力，且通常不是盗窃所用的工具，例如，盗窃用的万能钥匙、起子、扳手、绳索、口袋等工具本身，无论如何不能被评价为凶器。当然，在极少数特殊案件中，也不排除盗窃工具同时是被告人携带的凶器（例如，为入户盗窃携带铁锤的）。但此时一定要尽可能限定范围，否则，携带凶器盗窃的犯罪范围就会很广，盗窃犯身上的皮带、脖子上戴的项链都可能被评价为凶器，结局是行为人只有赤身裸体盗窃的，才不是携带凶器盗窃。其二，凶器有使用可能性的，该行为才能被评价为携带凶器盗窃。携带不等于随身带着，但行为人对凶器一定要有紧密控制关系，这种控制关系一定要高于法律上或者观念上的占有、持有或控制，行为人在想使用该器械时能够随时取用。行为人将带有凶器的车停在路边入室盗窃，从社会观念来看，虽行为人占有该凶器，但难以评价为行为人“携带”了凶器，因为即便被害人反抗，行为人事实上也不可能使用该凶器。凶器和行为人分离时，带和不带该凶器实质上没有差别，不能认为行为人携带了凶器。在刑法解释上，对“携带”一词的通常文义仍然要坚持。但是，如果在共同盗窃的场合，行为人将车停在路边入室盗窃，车上有凶器，且事前共谋如果被害人反抗，就由个别共犯回来取凶器的，应该认定行为人对凶器有紧密的控制关系，属于携带凶器盗窃。其三，通常不要求行为人有使用意思，换言之，只要有携带意思，即便根本不想使用的，也是携带凶器。但是，在少数案件中，行为人是否有使用意思，能反过来证明其携带的是否属于凶器。如果不确认这一点，在行为人携带盗窃工具实施盗窃时，就难以认定为行为人携带凶器盗窃。例如，携带尺寸很短的刀片划被害人的手提包实施盗窃，但行为人特别交代如果被害人反抗，就用刀片划被害人的手或者身体其他部位的，应认定为携带凶器盗窃。

（5）扒窃。在公共场所或者公共交通工具上盗窃他人随身携带的财物的，应认定为扒窃。

对“随身携带”的财物不能仅理解为贴身财物，被害人置于身边且稍作努力就随手可得范围内的财物，实质上被害人可依其意思进行物理支配的财物，都属于随身携带的财物。例如，窃取他人放置在火车货架上的行李、椅背上的衣服、自行车框内的财物等，都是窃取他人随身携带的财物。在车站、码头、商场、集贸市场等公共场所或公共交通工具上，窃取被害人随身携带或紧密占有的财物的，属于扒窃。窃取被害人贴身衣物或包中的财物的，是扒窃。不直接接触被害人身体，但乘被害人不备，将距离被害人很近、占有关系紧密的财物拿走的，也是扒窃。例如，犯罪人将被害人自行车前的置物筐中的财物拿走的，是扒窃。扒窃行为零距离或者近距离接触公民人身，而且发生在多人同在的场合，严重影响群众的安全感，有比较大的社会危害性。

2. 破坏原来的占有关系

破坏原来的占有关系是盗窃罪成立的重要环节，否则新的占有关系无法建立。此即所谓的“不破不立”。

侵占罪的成立，是行为人将业已占有，即已经形成“占有事实”的财物擅自转归自己所有。在财物所有人尚对财物享有占有权时，试图以不法方法非法占有该财物的，可能构成盗窃。也就是说，将自己占有的财物变为自己不法所有，是侵占罪的本质特征；而将他人占有的财物变为自己占有，则是盗窃罪的基本特征。在这里，最为关键的问题就是：根据一定的判断规则，确定财物究竟由谁占有。

3. 确立新的占有关系

新的占有关系一旦确立，就意味着行为人的不法占有目的业已实现。旧的占有关系虽被打破，但新的占有关系还未来得及建立时，行为人构成盗窃罪未遂；完全没有重新设定占有关系的意思时，不构成盗窃罪，例如，没有非法占有目的的行为人将养鱼场的水门打开，将鱼放出的行为；或者乘主人不在，将其豢养的名犬放出的，不是盗窃行为，而构成故意毁坏财物罪。

从破坏旧的占有关系到建立新的占有关系，从理论上看有一个过程。着手实施窃取行为是其中的基本环节，对于着手时点，一般认为，侵害他人占有的行为开始或者行为有侵害他人占有的现实危险性时就是着手。窃取行为的着手应当根据具体案件，结合侵害占有的现实危险的有无，财产的性质、形状，以及行为的样态综合判断。具体来说，通常实施物色目的物的行为就是着手。基于盗窃目的实施损坏他人房门锁的行为，只构成非法侵入住宅罪的着手和盗窃罪的预备，而不是盗窃的着手，因为此时对内部财物产生侵害的具体危险尚未产生；发现他人停放在路边的汽车内有皮包而撬车门的行为，就是盗窃的着手；扒窃他人财物，手接触他人口袋外侧即为窃取的着手。

新的占有关系何时建立，则与盗窃罪既遂的判断直接相关。对此，有四种学说：接触他人时为既遂（接触说）；他人占有被排除，财物的占有由行为者或第三者取得时为既遂（取得说）；财物有场所的转移时为既遂（转移说）；财物在安全的场所被隐匿时为既遂（隐匿说）。

由于犯罪是行为人有害于社会的行为，盗窃罪本质上是夺取占有的犯罪，所以，认定盗窃罪既遂时应主要考虑行为人是否实际取得财物的控制权，即排除他人的占有而将财物处于自己的事实支配之下的，就是盗窃既遂。就此而言，取得说是大致合理的。那么，将窃取并已实际控制的他人财物毁弃的；握持目的物逃走时被原占有者或者警察发现、追踪而在极短时间内将窃取财物归还的，都现实地存在占有夺取行为，应成立盗窃既遂。

不过，在特殊场合，认定犯罪既遂时除考虑行为人的行为这一层面之外，还要注意分析被害人所受的损害，坚持刑法应当保护财产占有、所有人的合法权益的法益保护原则，因此，财产虽然并未被行为人占有，但财物占有人、所有人已对其失去控制的，也应成立盗窃罪既遂。

由此，盗窃罪既遂的认定应当以取得说为原则，在取得说不能适用时，考虑采取失控说。

当然，具体案件中盗窃的既遂与否，应当结合财物的性质、形状、他人占有财物的状态、窃取行为的样态与社会生活的一般见解作个别考察：（1）对容量大的财物，搬出较为困难的，一般以搬出时为既遂。他人对财物支配力较强的，例如，进入他人住居、商店内盗窃体积较大的财物，将其搬出屋外的，为既遂；在警戒严密的工厂内，将不容易搬动的财物从仓库中拿出，并藏在院墙边准备伺机搬出院墙的，是未遂；他人支配力较弱的，准备搬出时即为既遂，例如，用车辆将他人财物加以装运，装妥就是既遂。（2）对形状较小、容易搬动的财物而言，接触该财物并控制的，就是既遂，即使行为人、被窃财物还处在被害人能够一般地加以支配的空间内，也不影响既遂成立，例如，在商店里将体积较小的货物藏于怀中的行为；将他人家中原置于明处的首饰，以他日取得的意思藏于墙缝时，财物虽仍在被害人家中，但其对此难以发现，占有已被完全排除，自该财物被藏匿之时起，对财物的实际支配权已被行为人享有。

伤害他人，从现场将被害人身上的财物取走的，构成故意伤害罪和盗窃罪，数罪并罚。教唆他人盗窃，事后又将他人盗窃的财物折价购买的，仅构成盗窃罪；教唆他人盗窃，又骗取他人盗窃来的财物的，原则上应当以盗窃罪和诈骗罪并罚。

盗窃罪属于状态犯，达到既遂以后，违法状态处于持续当中。窃取行为一着手实施就对他人的财产权有侵害，既遂之后，行为人使用、处分目的物的行为应在盗窃罪中被概括地加以评价（不可罚的事后行为），不再另外成立故意毁坏财物罪或掩饰、隐瞒犯罪所得罪等。但是，盗窃以后的事后处分行为造成了新的法益侵害时，以盗窃罪对其进行评价可能已经无法包容，则需要考虑成立新的罪名。例如，盗窃财物以后以所有人自居，将该财物作为担保物，与他人签订经济合同，骗取财物的，属于将窃取的财物作为担保物实施新的犯罪行为，应以盗窃罪和合同诈骗罪并罚；误以假币为真币加以盗窃，发现是假币后又将其大量投入使用的，应以盗窃罪和使用假币罪并罚。

本罪的主体是一般主体，即已满16周岁，有辨认和控制能力的自然人。依据最高人民法院《关于审理未成年人刑事案件具体应用法律若干问题的解释》（2006年1月11日）的规定，已满16周岁不满18周岁的人实施盗窃行为未超过3次，盗窃数额虽已达到数额较大标准，但案发后能如实供述全部盗窃事实并积极退赃，且具有下列情形之一的，可以认定为“情节显著轻微危害不大”，不认为是犯罪：（1）系又聋又哑的人或者盲人；（2）在共同盗窃中起次要或者辅助作用，或者被胁迫；（3）具有其他轻微情节的。已满16周岁不满18周岁的人盗窃未遂或者中止的，可不认为是犯罪。已满16周岁不满18周岁的人盗窃自己家庭或者近亲属财物，或者盗窃其他亲属财物但其他亲属要求不予追究的，可不按犯罪处理。

（二）主观要件

本罪在主观方面只能由故意构成。

盗窃罪的故意，首先是行为人对被窃取之物为他人所占有有所认识，行为人因为疏忽错把他人占有财物作为无主物、抛弃物或者自己的财物拿走的，因对构成要件事实有错误认识而欠缺窃取故意，不构成本罪。但是，在发现错拿财物之后，不履行归还义务而非法取得的，是否可以成立侵占罪，还值得进一步讨论。其次，对将他人占有的财物变为自己占有有所认识、有所追求。至于财物的原所有者、占有者是谁不需要行为人有具体认知；窃取的目的物中，只有极少部分是行为人希望得到的，其对不希望取得的部分仍然具有窃取故意；基于窃取甲财物的故意进入现场后临时改变主意取得乙财物的，也是有盗窃故意。

对于在实施盗窃犯罪时，由于不知情而将枪支、弹药、爆炸物误以为是普通财物而盗走，并无盗窃特殊物品的故意的，应以普通盗窃罪论处。但如将盗取的枪支、弹药、爆炸物私藏或利用其进行杀人等其他犯罪活动的，则应以非法私藏枪支、弹药罪，故意杀人罪与盗窃罪并罚。

盗窃罪的成立除要求有故意以外，还要求行为人有非法占有目的。至于是为自己的利益而不法取得，还是为第三人（包括法人）的利益而不法取得，实施盗窃，都无关紧要。

（三）认定

1. 盗窃未遂

盗窃未遂，但具有下列情形之一的，应当依法追究刑事责任：（1）以数额巨大的财物为盗窃目标的；（2）以珍贵文物为盗窃目标的；（3）其他情节严重的情形。这里的盗窃未遂，包括完全未取得财物的情形，也包括取得财物实际价值极其低廉，与行为人追求的结果相去甚远的情况。例如，意图窃取珍贵文物，却窃取到价值不大的复制品的，是盗窃未遂。进入金融机构实施盗窃，但最后只偷到1元钱的，也是盗窃未遂。

盗窃行为既有既遂，又有未遂，分别达到不同量刑幅度的，依照处罚较重的规定处罚；达到同一量刑幅度的，以盗窃罪既遂处罚。例如，行为人盗窃他人信用卡并使用4次，其中，3次犯罪既遂的数额为5万元，行为人最后一次购物刷卡时被抓获，其意图购买的财物价值1万元，分别考虑其未遂和既遂所对应的量刑幅度，由于行为人盗窃5万元既遂的量刑重于1万元未遂的量刑，对其应当依照盗窃5万元既遂的规定处罚。

2. 数额计算

盗窃数额，是指犯罪人通过盗窃行为实际占有的货币及财物折算而成的货币数量。在一般情况下，数额主要以人民币为单位计算，因而在盗窃的是财物的情况下，往往应当通过法定估价机构，把财物折算成以人民币计算的数额。

盗窃数额，一般是行为人非法取得的财产数额，但在某些案件中，还存在损失数额。非法取得的数额，又称为所得数额，是指行为人通过实施盗窃犯罪行为而实际获得的财产的货币金额。根据司法解释规定：（1）盗窃行为给失主造成的损失大于盗窃数额的，损失数额可以作为量刑情节考虑。（2）盗窃数额接近“数额较大”的起点的，在特殊情形下，也可能追究刑事责任。

在我国刑法中，盗窃数额还有票面数额与实际占有数额之分。这三要是指在盗窃财产凭证的案件中，有时存在实际占有数额小于票面数额的情形，有时甚至只有票面数额，行为人并未实际占有，而是销毁凭证。在这种情况下，如果是无记名的财产凭证，一经销毁，犯罪人未实际占有，被害人却受到实际损失。如果是记名的财产凭证，销毁以后，被害人没有实际损失。对此，应当如何计算盗窃数额呢？有关司法解释规定，盗窃有价支付凭证、有价证券、有价票证的，按照下列方法认定盗窃数额：（1）盗窃不记名、不挂失的有价支付凭证、有价证券、有价票证的，应当按票面数额和盗窃时应得的孳息、奖金或者奖品等可得收益一并计算盗窃数额。（2）盗窃记名的有价支付凭证、有价证券、有价票证，已经兑现的，按照兑现部分的财物价值计算盗窃数额；没有兑现，但失主无法通过挂失、补领、补办手续等方式避免损失的，按照给失主造成的实际损失计算盗窃数额。

在盗窃犯罪中，赃物的种类是多种多样的，既有生产资料，也有生活资料；既有正品，也有残品、次品；既有外销品，也有内销品；既有金银珠宝、文物古董，也有各种票证。所以，不可能提出一个适用于一切赃物的计算方法，而是要具体情况具体对待，分别根据赃物的性质，作出合理计算。依据最高人民法院、最高人民检察院《关于办理盗窃刑事案件适用法律若干问题的解释》（2013年4月2日）的规定，对盗窃数额的计算按照如下标准执行：

（1）被盗财物有有效价格证明的，根据有效价格证明认定；无有效价格证明，或者根据价格证明认定盗窃数额明显不合理的，应当按照有关规定委托估价机构估价。

（2）盗窃外币的，按照盗窃时中国外汇交易中心或者中国人民银行授权机构公布的人民币对该货币的中间价折合成人民币计算；中国外汇交易中心或者中国人民银行授权机构未公布汇率中间价的外币，按照盗窃时境内银行人民币对该货币的中间价折算成人民币，或者按照该货币在境内银行、国际外汇市场对美元汇率，与人民币对美元汇率中间价进行套算。

（3）盗窃电力、燃气、自来水等财物，盗窃数量能够查实的，按照查实的数量计算盗窃数额；盗窃数量无法查实的，以盗窃前6个月月均正常用量减去盗窃后计量仪表显示的月均用量推算盗窃数额；盗窃前正常使用不足6个月的，按照正常使用期间的月均用量减去盗窃后计量仪表显示的月均用量推算盗窃数额。

（4）明知是盗接他人通信线路、复制他人电信码号的电信设备、设施而使用的，按照合法用户为其支付的费用认定盗窃数额；无法直接确认的，以合法用户的电信设备、设施被盗接、复制后的月缴费额减去被盗接、复制前6个月的月均电话费推算盗窃数额；合法用户使用电信设备、设施不足6个月的，按照实际使用的月均电话费推算盗窃数额。

（5）盗接他人通信线路、复制他人电信码号出售的，按照销赃数额认定盗窃数额。

（6）盗窃毒品等违禁品，应当按照盗窃罪处理的，根据情节轻重量刑。

（7）盗窃文物。盗窃国有馆藏一般文物、三级文物、二级以上文物的，应当分别认定为刑法第264条规定的"数额较大""数额巨大""数额特别巨大"。盗窃多件不同等级国有馆藏文物的，三件同级文物可以视为一件高一级文物。盗窃民间收藏的文物的，根据前述司法解释第4条第1款第1项的规定认定盗窃数额。

3. 偷开机动车

偷开他人机动车的，按照下列原则处理：（1）偷开机动车，导致车辆丢失的，以盗窃罪定罪处罚。（2）为盗窃其他财物，偷开机动车作为犯罪工具使用后非法占有车辆，或者将车辆遗弃导致丢失的，被盗车辆的价值计入盗窃数额。（3）为实施其他犯罪，偷开机动车作为犯罪工具使用后非法占有车辆，或者将车辆遗弃导致丢失的，以盗窃罪和其他犯罪数罪并罚；将车辆送回未造成丢失的，按照其所实施的其他犯罪从重处罚。

4. 盗窃罪和故意毁坏财物罪的关系

盗窃公私财物并造成财物损毁的，按照下列规定处理：（1）采用破坏性手段盗窃公私财物，造成其他财物损毁的，以盗窃罪从重处罚；同时构成盗窃罪和其他犯罪的，择一重罪从重处罚；（2）实施盗窃犯罪后，为掩盖罪行或者报复等，故意毁坏其他财物构成犯罪的，以盗窃罪和构成的其他犯罪数罪并罚；（3）盗窃行为未构成犯罪，但损毁财物构成其他犯罪的，以其他犯罪定罪处罚。

5. 亲属相盗

亲属相盗，是指盗窃亲属财物的行为。近亲盗窃因行为人与失主之间的特殊关系而在处理上有别于普通盗窃。从世界各国的情况来看，大体上对近亲盗窃采取以下三种处理方式：采取自诉原则；不予定罪或免除处罚；自诉与免除处罚相结合。① 至于对近亲盗窃采取特殊处理方式的理由，又有以下几种学说：可罚的违法性阻却事由说；责任阻却事由说；人的处罚阻却事由说。② 我认为，同居亲属的财物虽然也属于盗窃者之外的"他人的财物"，但又不完全等同于一般外人的财物。因此，对于这种盗窃同居亲属财物的行为应当采取特殊的处理原则。

---

① 参见郑伟：《刑法个罪比较研究》，149页，郑州，河南人民出版社，1990。

② 参见刘明祥：《财产罪比较研究》，201页，北京，中国政法大学出版社，2001。

关于盗窃同居亲属财物行为的处理，我国刑法没有特殊规定，但有关司法解释对此作出了特殊规定。依据最高人民法院、最高人民检察院《关于办理盗窃刑事案件适用法律若干问题的解释》第8条的规定，偷拿家庭成员或者近亲属的财物，获得谅解的，一般可不认为是犯罪；追究刑事责任的，应当酌情从宽。对于亲属相盗的处理，需要把握好以下三方面的内容。

(1) 要正确认定同居亲属的范围。这里的“同居亲属”，根据有关司法解释，包括近亲属与共同生活的非近亲属。按照刑事诉讼法的规定，近亲属是指夫、妻、父、母、子、女、同胞兄弟姊妹。盗窃近亲属的财物，应包括盗窃已分居生活的近亲属的财物；盗窃自己家里的财物，既包括盗窃共同生活的近亲属的财物，也包括盗窃共同生活的其他非近亲属的财物。

(2) 一般不按犯罪处理。对于盗窃同居亲属财物的行为，之所以一般不按犯罪处理，主要是基于以下两点理由：其一，按照我国目前的家庭状况，在一般的家庭中，家庭财产基本上是共同共有，很少是按份共有。共有财产在分割前很难确定哪些是其他成员所有，哪些是行为人所有。因此，如果追究行为人的刑事责任，盗窃数额就很难确定。盗窃数额无法确定，自然也就不能依法追究刑事责任。其二，在我国目前的社会中，家庭是社会的细胞，家庭成员之间有着特殊的关系。一般的家庭成员都不希望自己的亲属受到刑事追究。在司法实践中经常出现这样的情况，家庭发现失窃后报案了，破案后却发现行为人是自己家庭的成员，于是家庭的其他成员主动要求不追究行为人的刑事责任，或者原想对行为人略施惩戒，但看到行为人真要受到刑罚处罚时，又千方百计地要求司法机关免除其刑事责任。这种情况的出现，是因为家庭成员间利益相关、荣辱与共，一人成为罪犯，全家面上无光，何况丢失的只是自己家里的东西。因此，家庭成员间除非发展到确定不能容忍的程度，一般不会要求法律制裁。基于以上两点理由，对盗窃同居亲属财物的行为，一般可不按犯罪处理。

(3) 在以下情况下，对盗窃同居亲属财物的行为，可以追究刑事责任，但在处罚上可以从轻：其一，家庭成员勾结外人盗窃家庭财产的案件。这种盗窃犯罪属于共同犯罪，其社会危害性大于单纯的家庭成员间盗窃的。对于这种案件应该按照一般的共同盗窃案件追究刑事责任。但在处理时，如无其他恶劣情节的，对家庭成员可以酌情考虑从轻处罚。其二，行为人既盗窃公私财物，又盗窃自己家庭内或近亲属财物的案件。这类盗窃案件亦应按一般盗窃犯罪案件追究刑事责任。但在计算盗窃数额时，对家庭内盗这一部分，如果被害人不愿追诉的，也可以不计入盗窃总数额，但处理时应将这一部分数额作为酌定情节予以考虑。其三，盗窃数额巨大且其他家庭成员坚持要求追究刑事责任的，也应按犯罪处理。

第三节 交付型犯罪

一、诈骗罪

第二百六十六条 诈骗公私财物，数额较大的，处三年以下有期徒刑、拘役或者管制，并处或者单处罚金；数额巨大或者有其他严重情节的，处三年以上十年以下有期徒刑，并处罚金；数额特别巨大或者有其他特别严重情节的，处十年以上有期徒刑或者无期徒刑，并处罚金或者没收财产。本法另有规定的，依照规定。

诈骗罪，是指以非法占有为目的，欺骗他人，根据受骗人的处分行为取得财物或者财产性利益的行为。

(一) 客观要件

本罪在客观方面表现为行为人欺骗他人，并使之处分财物的行为。本罪既遂的基本构造是实施欺诈行为→使他人产生或者继续维持错误认识→他人由此实施处分（或交付）财产行为→行为人获得或者使第三人获得财产→被害人遭受财产损失。欺诈行为和财物转移的结果之间有相当因果关系时即为已足。

1. 欺诈行为

欺诈行为，是指虚构事实、隐瞒真相，使他人陷入错误的行为。虚构事实，是指捏造客观上并不存在或者根本不可能发生的事实。虚构的事实可以是全部，也可以是部分；可以是过去或者现在的事实，也可以是将来的事实。隐瞒真相，是指行为人明知对方已经陷入错误，有义务告知对方某种事实，而故意不告知，使对方在受蒙蔽的情况下“自愿”交付财物，例如，隐瞒他人已履行债务的事实，再次接受他人财物的行为，或者隐瞒财产抵押的事实而将其出卖的，都可能构成诈骗罪。

欺诈行为的手段、方式不受限制，可以是对事实作出虚假描述，也可以是对事物作出虚假的价值判断或者其他意思表示；可以是语言，也可以是动作；可以直截了当地实施，也可以间接、隐讳地告诉被害人。

欺诈行为，必须就涉及交易的关键事实、重要事项进行欺骗，才属于本罪的手段行为。关键事实、重要事项，从交易的性质或者目的来看，是一般性地、类型性地具有重要性的事实。在一般商业惯例许可或者社会容忍范围内对商品作夸张性介绍，而交易本身还有讨价还价余地的，不是诈骗罪中的欺诈，有成立虚假广告罪的可能性。虚假的宣传超越一般商业惯例许可或者社会容忍范围，且由此骗取他人财物的，可以成为欺诈。

本罪从开始实施欺诈行为时为着手，被害人是否陷入错误不影响诈骗着手的成立。在以赌博为名，设置圈套实施诈骗的场合，赌博行为开始就是着手，对方是否陷入错误并将财物投入赌博活动中，对犯罪成立没有影响；在诉讼诈欺的场合，向法院提起民事诉讼为诈骗罪的着手。

受骗人基于处分行为而交付财物，行为者领得财物的，构成本罪既遂。在诈骗不动产的场合，现实的转移登记终了时为诈骗罪既遂。着手实施欺诈行为，但由于意志以外的原因未取得财物的，是诈骗未遂，情节严重的，也应当定罪处罚。

2. 对方错误

这里的“对方”，通常是遭受财产损失的被害人，但是也不限于被害人，包括财产占有人或者所有人，以及其他在法律或事实上具有处分财产的权限或者处于可以处分财产地位的人。换言之，从本罪的构成要件上看，被诈骗的人和遭受财产损失的被害人，可以是不同的人。这是因为本罪的本质是基于他人的意思瑕疵而非法取得财物，所以，只要具有基于处分权人的意思取得财物的事实即为已足，是否基于财物所有人或者占有人的意思取得财物，在所不问。因此，在受骗人和被害人并不同一的“三角诈骗”场合，仍然有成立诈骗罪的可能。欺骗没有财产处分权的人，不可能构成本罪，例如，欺骗登记人员，让其进行消灭抵押权的登记，由于登记人员并没有处分抵押权的权限，所以，欺骗行为即使让对方陷入错误，该行为在刑法上也没有意义，就不可能构成诈骗。

欺诈行为必须使对方陷入错误，从而有处分财产的可能性。使对方陷入错误，包括使对方误认为：应当将其占有的财物转移给行为人，或者自己的财物属于他人所有，应当归还他人；或者将自己的财物转移给他人后会产生更大的回报；或者将自己的财物转移后他人会按承诺时间返还。

关于欺诈行为是否使对方陷入错误的判断，应当结合案件的具体情况，按照一般的经验法则，从交易的性质，财产的种类，被害人的知识、经验、职业等方面判断。行为人知道对方特别容易上当受骗而加以欺诈的，或者知道对方谨小慎微、不易上当而加以欺骗的，只要对方财产处分有错误感觉，就成立本罪的欺诈；此外，被害人是否有贪图便宜的心理或者有其他过失，都对欺诈的成立没有影响。

实施欺诈行为，但尚未使对方陷入错误，对方只是基于怜悯、不堪烦扰等原因交付财物的，或者为抓住诈骗者的把柄在警方安排下交付财物的，欺诈行为和财物转移之间的因果关系欠缺，构成诈骗罪的未遂。

欺诈行为必须对人实施，使人产生认识上的瑕疵从而交付财物，才谈得上“对方错误”的问题。对机器实施欺骗行为，例如，将金属片投入自动贩卖机购物的行为，捡拾信用卡后从ATM机中取出现金的行为，都只构成盗窃罪。这说明诈骗罪一定是对“人”实施的犯罪。最高人民法院指导性案例27号“臧进泉等盗窃、诈骗案”的裁判要旨认为，行为人虚构可供交易的商品或者服务，欺骗他人点击付款链接而骗取财物构成犯罪的，以诈骗罪定罪处罚。这一结论等于肯定了机器可以被骗，与诈骗罪的客观构成要件并不相符。

3. 处分行为

处分行为是诈骗罪中没有记载的构成要件要素，是区分盗窃罪和诈骗罪的关键。处分行为，是指被害人基于认识上的错觉而“自愿地”交付财物或者处分财产上的利益的行为。换言之，处分行为表现为直接交付财产，或者承诺使行为人取得财产，或者承诺转移财产性利益，或者承诺免除行为人的债务。因此，将处分行为限定为被害人“交付财物”，是过于狭隘地理解了诈骗罪中“处分”的含义。

与处分行为紧密关联的是处分意思问题。要成立诈骗罪，以陷入错误的被害人实施处分财产的处分行为为必要。是否属于处分行为，行为样态这种客观限定几乎没有意义，据此也难以区分盗窃罪和诈骗罪。只有被害人的认识内容才具有决定性意义。对此，结合案例能够看得比较清楚。例1：每个箱子中原本只装6瓶名酒，但不知何故装了8瓶。行为人知情后以一箱6瓶的价格整箱购买了该箱名酒。例2：纸箱里原本应该装的是6瓶普通白酒，但不知何故装了6瓶高档酒。行为人知情后以6瓶普通白酒的价格整箱购买了高档酒。例3：纸箱里原本只装6瓶高档酒，但不知何故箱子里塞入了店主的3万元现金。行为人知情后以一箱6瓶酒的价格整箱购买了该箱酒。

对于处分意思，历来有处分意思必要说和不要说的争论。

严格的处分意思必要说主张，盗窃罪是违反被害人的意思取得财物，诈骗罪是基于被害人的意思而处分财物，两罪之间属于排他关系。要准确区分两罪，就应当坚持处分意思必要说。按照这种学说，被害人在处分财物时，对自己所处分财物的内容、价值都存在认识的，才是基于其认识的自愿交付、处分。被害人对于处分财物的具体性缺乏认识的，其没有处分意思，行为人属于违反被害人的意思取得财物，构成盗窃罪。按照处分意思必要说，前述案例1、2、3都成立盗窃罪。

缓和的处分意思必要说则认为，被害人只要“认可占有转移”就属于被欺骗后实施了处分行为，而不需要被害人对自己所处分财物的内容、价值存在具体认识，也不要求另外存在处分意思。

按照处分意思不要说，案例1、2、3的被害人都属于对占有可能转移这一状况有所认识的处分行为，是有瑕疵的财产自愿交付行为，相关行为都应当成立诈骗罪。

我认为，要认定被害人的处分行为，处分意思是必要的。因为诈骗罪是自我损害型侵犯财产罪，被害人由于被欺骗而自愿交付财物；盗窃罪通过行为人自行操控的干预行为，违反被害人的意思取得财物。如果被害人完全不知道自己的行为可能导致具体财物的占有转移，或没有办法阻止占有的转移，就不可能是基于有瑕疵的同意而丧失占有，相关行为只能成立盗窃罪，无法成立诈骗罪。但是，对处分意思的要求不能过于严格，不能要求其认识到所转移财产的具体内容、价值等细节，而只能要求认识到占有转移且愿意将财物处分给对方。这是缓和的处分意思必要说的立场。例如，行为人在某专卖店将5个价值较高的手机分别装入低价手机的包装盒中，然后去柜台交钱，收银员按照低价手机的外包装条形码收钱的，按照缓和的处分意思必要说，此行为可以构成诈骗罪。主要理由在于：（1）行为人基于其意思实施的调换商品行为，这似乎是盗窃行为的着手，但仅此无法取得财物。欺骗收银员由其自我决定转移占有，对于行为人取得财物具有关键意义。（2）收银员的职责是确认商品价值并收取货款，其没有发现被骗。丧失财物是行为人的欺骗和收银员的错误处分共同造成的。（3）收银员虽然不知道自己的行为可能导致具体财物（包装盒内价值较高的特定品牌手机）占有的转移，但其在受骗之后，对占有关系可能转移有认识，属于基于有瑕疵的同意而处分财物。

与他人处分财产相对应的是行为人获得财产。行为人获得财产，包括两种情况：一是积极财产的增加，如将被害人的财物转移为行为人所有；二是消极财产的减少，如使对方免除或者减少行为人的债务。使用欺诈方法使自己免予缴纳应当缴纳的费用，就属于使对方免除或者减少行为人的债务的行为，有成立诈骗罪的可能。

成立诈骗罪，行为人取得财物和被害人的交付、处分之间必须具有因果关系。但欺骗他人使其抛弃、放弃财物，行为人由此取得财物的，是成立盗窃罪、诈骗罪还是侵占罪，理论上有争议。我认为，在使他人放弃财物而行为人能够立即捡拾的场合，仍然以成立诈骗罪为宜，因为受骗人的处分行为致使行为人的占有在事实上成为可能，行为人事后立即取得财物，从整体上看属于骗取；财产交付并不绝对地以被害人亲手将财物交给行为人为限。当然，在欺骗他人，使之放弃财物，而行为人时隔很久才捡拾的场合，是否可以成立侵占罪，还值得研究。①

4. 财产损害

比较形式化的观点认为，只要他人基于行为人的欺骗行为交付、处分财物，就成立诈骗罪，没有必要考虑诈骗行为是否给被害人造成了财产性损害。但是，这种观点属于少数说。通说认为，诈骗罪的成立要求有财产的损害发生。至于如何判断财产损失，则存在个别财产损害说和整体财产损害说的争议。

个别财产损害说认为，诈骗罪所造成的损害是被害人个别财产的丧失，没有行为人的欺诈行为，被害人就不会交付财物，财产占有就不会丧失，因交付而丧失占有就是财产损失的内容，即使行为人向被害人支付了相当的对价，也对诈骗罪的成立没有影响。② 整体财产损害说认为，使用欺骗方法骗取财物，但同时支付了相当价值的财物的，被害人的财产整体上并未受到损害，所以在此场合不成立诈骗罪。③

单纯从理论上看，个别财产损害说更为周延。因为对于被害人来说，财物是基于行为人的行为而丧失的，由于丧失财物，其对财物的使用、收益、处分的权益自然也丧失，所以存在财产损害。我也倾向于这种主张。

但是，从便于司法实务操作的角度考虑，整体财产损害说并不是毫无合理之处。司法机关往往以诈骗行为人最终给被害人造成的实际经济损失数额作为定罪量刑的标准，因为：一方面，在欺骗他人并同时给付对价的场合，交易关系事实上存在。另一方面，在市场经济条件

① 尤其是欺骗他人，使之抛弃彩票或者奖券，行为人全凭运气，事后用捡拾的彩票或者奖券兑现了高额现金的，是成立侵占罪还是诈骗罪，更是值得讨论的问题。

② 参见［日］中山研一：《概说刑法Ⅱ》，2版，150页，东京，成文堂，2000。

③ 参见［日］西山富夫编：《刑法通说各论》，113页，东京，八千代出版株式会社，1998。

下，财产损害以价值是否实际减少为评价尺度，在有商品交易存在时，即使被害人因为受到欺骗而交付了财产，但是只要对方向其支付了价值大致相当的物品，使其经济目的得到了满足，很难说有较大的实质上的财产损害，此时“必须把权利人失去的财产与其所得到的回报两方面结合起来考察，才能最终确定其是否有实质的经济上的财产损害以及损害的多寡。如果只考虑被骗者交付财产这一面，以此作为判断财产损害的根据，完全不看行为人同时向其支付了价值相当的财物这一面，这似乎不公平合理，社会公众接受起来有一定难度”①。

由此，我们不难理解：在司法实务中，对支付相当价值的财物后骗取财物的，原则上都不定诈骗罪，有必要以犯罪进行追究的，按照行为实际构成的罪名处理。例如，生产、销售假冒、伪劣商品，明显具有欺骗性质，但其目的是获取非法利润，其行为特质是通过市场交易，用提供一定商品的方式取得他人财产，而不是无任何代价地占有他人财物，所以，该行为构成生产、销售伪劣商品犯罪，而不构成诈骗罪。当然，单纯利用他人无知或者贪财图利心理，以价值极其低廉的物品冒充价值高昂的商品骗取他人财物的，既不存在实质的商品交易，也不属于向对方支付对价然后取得财物，属于典型的诈骗行为，例如，以铝制品冒充白金饰品的，不构成销售伪劣商品罪，而只构成诈骗罪。按照刑法第266条的规定，诈骗公私财物，数额较大的，才构成诈骗罪。对于诈骗罪的处罚，最高人民法院、最高人民检察院《关于办理诈骗刑事案件具体应用法律若干问题的解释》（2011年3月1日）第1条规定，诈骗公私财物价值3 000元至1万元以上、3万元至10万元以上、50万元以上的，应当分别认定为“数额较大”“数额巨大”“数额特别巨大”。诈骗数额虽已达到前述数额较大的标准，但具有下列情形之一，且行为人认罪、悔罪的，可以不起诉或者免予刑事处罚：（1）具有法定从宽处罚情节的；（2）一审宣判前全部退赃、退赔的；（3）没有参与分赃或者获赃较少且不是主犯的；（4）被害人谅解的；（5）其他情节轻微、危害不大的情形。② 诈骗数额的认定，在司法实践中一直是一个难题。按照司法惯例，对诈骗数额应当以行为人实际骗取的数额认定。在这里有三个问题值得讨论：（1）诈骗罪犯为确保犯罪得逞，其诈骗手段或者使用的道具等包含一定价值的成本，在计算犯罪数额时，是要扣除成本，还是将被害人所交付的财物总额作为犯罪数额而不考虑犯罪成本问题。例如，甲以30万元的价格订购A品牌的最高档次手表，钟表店老板却将A品牌价值2万元的低档手表交给顾客，诈骗数额是30万元，还是28万元，就值得讨论。实践中一般会扣除诈骗犯罪成本，以28万元作为犯罪数额。但似乎以被害人所交付的财物总额作为犯罪数额为宜。（2）在行为人使用欺诈方法获得的财产中，有犯罪人应当得到的部分（正当权利）的，是否要扣除该应得部分计算犯罪数额？实务的立场是：如果骗取的财物中，哪些属于行为人的权利部分、哪些属于超越权利的部分能够被分清，就应当以超越权利部分作为犯罪数额计算。但如果诈骗行为所针对的目的物不可分割，犯罪人享有财产权利的比例是多少难以确定，则实际骗取数额应当是行为人使用欺诈方法所取得的财物的全体。不过，如果严格坚持个别财产损害说，既然是犯罪人用诈骗方法取得他人财物，从保护法益的角度看，诈骗犯罪数额应当以被害人交付、处分的全部财物而计，即使在行为人应当得到的部分和超越权利的部分能够分清的情况下，也应如此处理。（3）既遂、未遂并存时的处理。最高人民法院、最高人民检察院

① 刘明祥：《财产罪比较研究》，246页，北京，中国政法大学出版社，2001。

② 最高人民法院、最高人民检察院、公安部《关于办理电信网络诈骗等刑事案件适用法律若干问题的意见》（2016年12月19日）对电信网络诈骗犯罪规定了比普通诈骗犯罪更为严厉的处罚措施（电信网络诈骗的追诉标准要低于普通诈骗的追诉标准，且全国统一、无地域差别，即犯罪数额达到3 000元以上、3万元以上、50万元以上的，应当分别认定为刑法第266条规定的“数额较大”“数额巨大”“数额特别巨大”），对犯罪情节的列举非常详尽。对此实务中需要关注。

《关于办理诈骗刑事案件具体应用法律若干问题的解释》（2011年3月1日）第6条规定，诈骗既有既遂，又有未遂，分别达到不同量刑幅度的，依照处罚较重的规定处罚；达到同一量刑幅度的，以诈骗罪既遂处罚。但这一规定是否合理，还值得进一步研究。

（二）主观要件

本罪在主观方面是故意，行为人对于诈欺行为可能使对方陷于错误，从而处分、交付财物，自己或者他人取得对财物的占有，必须有认识并积极追求或放任。行为人是否具有诈骗故意，需要结合案件具体判断。一般来说，在对方如果知道事实真相就不可能处分财物的重要事项上做虚假的陈述表示，就可以认为行为人有诈骗故意。

此外，本罪的成立，不仅要求行为人对于欺诈行为和财产交付之间的因果关系要有认识，还要求行为人有明确的非法占有目的（目的犯），即希望将他人的财物转移为自己所有（积极利益的增加）或者使他人免除或减少自己的债务（消极利益的减少）。

（三）认定

1. 骗取社会保障待遇的定性

依据2014年4月24日全国人大常委会《关于〈中华人民共和国刑法〉第二百六十六条的解释》，以欺诈、伪造证明材料或者其他手段骗取养老、医疗、工伤、失业、生育等社会保险金或者其他社会保障待遇的，属于刑法第266条规定的诈骗公私财物的行为。这一规定，不仅处罚个人通过弄虚作假等手段骗取养老、医疗、工伤、失业、生育等社会保险金的行为，也处罚医疗机构或者单位使用假住院、假名单、滥开药等方式套取巨额医保基金或其他社会保障待遇的行为。

2. “套路贷”的罪与非罪

最高人民法院、最高人民检察院、公安部、司法部《关于办理“套路贷”刑事案件若干问题的意见》（2019年2月28日）对办理“套路贷”刑事案件提出了处理意见：“套路贷”，是对以非法占有为目的，假借民间借贷之名，诱使或迫使被害人签订“借贷”或变相“借贷”“抵押”“担保”等相关协议，通过虚增借贷金额、恶意制造违约、肆意认定违约、毁匿还款证据等方式形成虚假债权债务，并借助诉讼、仲裁、公证或者采用暴力、威胁以及其他手段非法占有被害人财物的相关违法犯罪活动的概括性称谓。“套路贷”与平等主体之间基于意思自治而形成的民事借贷关系存在本质区别，民间借贷的出借人是为了到期按照协议约定的内容收回本金并获取利息，不具有非法占有他人财物的目的，也不会在签订、履行借贷协议过程中实施虚增借贷金额、制造虚假给付痕迹、恶意制造违约、肆意认定违约、毁匿还款证据等行为。犯罪嫌疑人、被告人不具有非法占有目的，也未使用“套路”与借款人形成虚假债权债务，不应视为“套路贷”。因使用暴力、威胁以及其他手段强行索债构成犯罪的，应当根据具体案件事实定罪处罚。

在实施“套路贷”过程中，未采用明显的暴力或者威胁手段，其行为特征从整体上表现为以非法占有为目的，通过虚构事实、隐瞒真相骗取被害人财物的，一般以诈骗罪定罪处罚。实践中，“套路贷”行为构成诈骗罪的情形主要有：（1）制造民间借贷假象。犯罪嫌疑人、被告人往往以“小额贷款公司”“投资公司”“咨询公司”“担保公司”“网络借贷平台”等名义对外宣传，以低息、无抵押、无担保、快速放款等为诱饵吸引被害人借款，继而以“保证金”“行规”等虚假理由诱使被害人基于错误认识签订金额虚高的“借贷”协议或相关协议。有的犯罪嫌疑人、被告人还会以被害人先前借贷违约等理由，迫使对方签订金额虚高的“借贷”协议或相关协议。（2）制造资金走账流水等虚假给付事实。犯罪嫌疑人、被告人按照虚高的“借贷”协议金额将资金转入被害人账户，制造已将全部借款交付被害人的银行流水痕迹，随后便采取各种手段将其中全部或者部分资金收回，被害人实际上并未取得或者完全取得“借贷”协议、银行流水上显示的钱款。(3) 故意制造违约或者肆意认定违约。犯罪嫌疑人、被告人往往会以设置违约陷阱、制造还款障碍等方式，故意造成被害人违约，或者通过肆意认定违约，强行要求被害人偿还虚假债务。

值得研究的问题是，对于恶意垒高借款金额的行为（即当被害人无力偿还时，有的犯罪嫌疑人、被告人会安排其所属公司或者指定的关联公司、关联人员为被害人偿还“借款”，继而与被害人签订金额更大的虚高“借贷”协议或相关协议，通过这种“转单平账”“以贷还贷”的方式不断垒高“债务”），实践中也认为构成诈骗罪，前述办理“套路贷”刑事案件的意见也是如此规定的。但是，如果充分考虑诈骗罪的构成特征，在被害人对于“转单平账”“以贷还贷”所产生的高额利息知情的情形下，行为人的行为不属于虚增债务，被害人也就谈不上被骗，其就应当履行债务。这是被害人自我负责的法理。

总之，“套路贷”不是独立罪名，只是一种现象，视其情形可能构成诈骗罪、敲诈勒索罪、虚假诉讼罪等。如果要对其定诈骗罪，必须受本罪构成要件的限制。凡是不符合诈骗罪构成要件的“套路贷”行为，无论其套路有多重，都不构成诈骗罪。换言之，多数“套路贷”行为可能符合诈骗罪的构成要件，但是，也不排除个别行为具有合同纠纷的性质。

3. 诈骗罪与其他具体的特殊诈骗犯罪的界限

(1) 诈骗罪与其他各种具体诈骗犯罪（如合同诈骗罪、各种金融诈骗罪等）之间形成了法条竞合关系，一个诈骗行为同时触犯普通诈骗罪和刑法分则的其他特别条文的，应按照法条竞合中特别法条优于一般法条的原则处理。

(2) 诈骗罪与其他具体诈骗犯罪在构成条件上有区别。如后者有的以特定诈骗对象设立罪名，如骗取出口退税罪、保险诈骗罪；有的以特定方法设立罪名，如合同诈骗罪、信用卡诈骗罪、信用证诈骗罪等。但是，如果行为人实施特殊诈骗行为，但按照特殊诈骗罪的构成要件不能定罪的，不能转而以普通诈骗罪论处。例如，行为人实施信用卡诈骗行为，但银行未催收的，不符合信用卡诈骗罪的构成要件；即便该行为符合刑法第 266 条所规定的诈骗罪的构成要件，亦不应当依照刑法第 266 条的规定定罪处罚。

(3) 刑罚处罚的对象可能不同。诈骗罪的主体是一般主体，单位不能构成诈骗罪，在单位直接负责的主管人员和其他直接责任人员以单位名义实施诈骗行为，诈骗所得归单位所有的场合，对个人以诈骗罪追究刑事责任，并不违反罪刑法定原则。主要理由在于：其一，行为是否成立犯罪，必须考虑法益侵害的事实是否存在。在以单位名义实施诈骗行为，诈骗所得归单位所有的场合，不能说法益侵害不存在。其二，刑法没有规定单位可以成立诈骗罪。在以单位名义实施诈骗行为，诈骗所得归单位所有的情况下，没有将其作为单位犯罪进行追究，自然谈不上违反刑法规定的问题。其三，诈骗罪的非法占有目的，本身包含非法占为己有以及非法占为第三人所有两种情况，在以单位名义实施诈骗行为、诈骗所得归单位所有的场合，属于诈骗他人财物归第三人所有的情况，行为人具有非法占有目的。而特殊诈骗罪中有一部分犯罪的主体包括单位，如集资诈骗罪、票据诈骗罪、合同诈骗罪等。

4. 在交易过程中利用对方的错误取得财物的，是否可以成立诈骗罪

例如，在购买商品、接受服务或履行经济合同时，发现对方多找了自己钱，而不告知对方，使对方承受财产损失的，其是否构成诈骗罪（“找钱诈骗”）？有人认为，按照诚实信用原则，顾客有告知商品销售者的义务，如果不告知，的确有可能不当地多得他人的财物，其保持沉默领受财物就属于不作为的诈骗行为。但是，对类似行为一律认为其符合诈骗罪构成要件的主张，有把复杂问题简单化的嫌疑，似乎并不妥当。

在实践中，处理具体案件时，需要分别情况加以考虑：(1) 单纯利用对方的错误占有对方交付的财物的，不宜认定为不作为的诈骗罪。商品销售者的过错行为在先，顾客保持沉默领得财物，属于民事上的不当得利，与不作为诈骗有重大区别。例 1：丙先后卖给丁 180 箱红酒。2 个月后，二人结账时，丁误记为 280 箱。丙见状，心内暗自窃喜。丁将现金交付给丙之时，请丙“数一下，看数目是否符合”。丙笑而不语，将款迅速拿走离开现场。丙是否构成不作为诈骗？在已经认识到对方多给了自己现金但不指出这一点上，基于买卖合同的诚实信用义务，行为人取得财物，显然是一种不法行为。但是，对单纯不履行这样的义务的行为，理解为民事上的不当得利可能更为妥当。(2) 在行为人有告知某种事实真相的法律义务而不告知，因而引起对方错误并处分财产，不告知是使对方陷入错误的原因时，有成立不作为诈骗的可能性。例 2：假设例 1 中，丙在最后一次交付货物时，丁问丙“是 280 箱吗?”，丙笑而不语，在结账时，丁按照 280 箱付款。在丁将现金交付给丙之时，请丙“数一下，看数目是否符合”。丙称没问题，将款迅速拿走离开现场。对丙的行为应当如何定性？从“不作为的欺诈是行为人有告知某种事实真相的法律义务而不告知，因而引起对方错误并处分财产，不告知是使对方陷入错误的原因”的角度出发，例 2 中，丙应当成立不作为的诈骗。因为，在买卖合同中，合同履行方必须按照合同的约定或者法律的规定正确履行。例 2 中，在丁陷入错误（误将 180 箱认为是 280 箱）时，丙负有如实告知自己履行合同的情况，即如实告知是 180 箱而不是 280 箱这一事实真相的法律义务，由于其不告知而引起丁陷入错误并处分财产，显然，丙不告知是使对方陷入错误的原因，丙的行为应当成立不作为的诈骗。(3) 如果行为人对多找钱的事实当时没有发现，事后才发现，但拒不返还的，不构成诈骗罪。因为有返还的义务而拒不返还的，其可能成立侵占罪。例 3：假设例 1 中，结账时，丁误算为 280 箱。丙当时并未发现。在丁将现金交付给丙之时，请丙“数一下，看数目是否符合”。丙称“你算的，肯定没问题”。到家后，丙才发现对方多付现金的事实，其原本想归还，但转念一想自己并没有向对方多要，而是对方的失误，于是将之据为己有的，如何处理本案？丙对于丁多找钱的事实，当时并没有发现，其多取得对方财物的行为不构成诈骗罪，但在发现后拒不返还的行为符合侵占罪的构成要件。

5. 诈骗罪和盗窃罪的界限

诈骗罪和盗窃罪都是把他人占有的财物，通过犯罪方法变为自己占有的取得型财产犯罪，但盗窃罪是违反被害人意志取得财产的犯罪，诈骗罪是基于被害人有瑕疵的意志而取得财产的犯罪。被害人是否基于有瑕疵的同意交付财物是诈骗罪和盗窃罪相区别的根本标志。这种区别看起来似乎比较明显，但是，实践中可能会存在比较复杂的情形，因为有的盗窃者为了掩人耳目，顺利窃取财物，会使用一些骗术，即窃、骗结合。

实践中，在认定盗窃和诈骗的界限时，容易出现的一种错误是，只要犯罪行为中有骗的成分，就一律成立诈骗罪。但是，这里需要考虑：虽然行为人实施了欺骗行为，但被害人没有因为受骗而产生处分财产的认识错误，更没有基于认识错误处分财产，只是对财物的占有适度弛缓，行为人由此取走该财产的，只能成立盗窃罪。与此类似，行为人欺骗他人使之离开一定场所，然后取得其财物的，也只成立盗窃罪。例如，行为人假扮顾客选购金银首饰时，对售货员诈称旁边另有顾客需要售货员帮助，待其离开后将财物放入怀中离开商场的，行为人虽然有欺骗售货员的行为，但使对方陷入错误以及由此而产生的自愿交付行为都不存在，行为人不构成诈骗罪，而构成盗窃罪。

在认定盗窃和诈骗的界限时，容易出现的另一种错误是，对盗窃罪的间接正犯和诈骗罪的区别判断不清。很多司法工作人员认为，只要行为人使用欺骗手段，导致对方将财产转移给自己或者第三人，就成立诈骗罪。但是，殊不知盗窃罪也有间接正犯，行为人完全可能使用欺骗手段利用不具有处分财产权限或地位的人取得财产。

由此可见，诈骗罪与盗窃罪的关键区别在于受骗人是否基于认识错误处分或者交付财产。受骗人虽然产生了认识错误，但并未因此而处分财产的，行为人的行为不成立诈骗罪；受骗人虽然产生了认识错误，但倘若不具有处分财产的权限或者地位时，其帮助转移财产的行为不属于诈骗罪中的处分行为，行为人的行为也不成立诈骗罪。所以，基于错误的处分行为的有无，划定了诈骗罪与盗窃罪的界限。被害人自行处分财物时是诈骗罪而不是盗窃罪；被害人没有处分财物时，即行为人夺取财物时是盗窃罪。这样，为恰当区分盗窃罪与诈骗罪，根据以下规则认定“处分行为”，是比较重要的。

(1) 被害人的处分行为和处分意思紧密相关。处分行为意味着将财产转移给行为人或第三人占有，即由行为人或第三人事实上支配财产；处分意思是指受骗人具有将财产转移给行为人或第三者支配或控制的意思。在处分行为和处分意思不存在的场合，不成立诈骗罪。

(2) 处分财产的人可以不是财物的所有权人，不要求受骗人具有转移所有权的意思。例如，租赁、借用他人财物的人，也完全可以成为诈骗罪的财物处分人。这是因为在财产关系日益复杂的情况下，财产的单纯占有者乃至占有辅助者，都可能处分、交付财产。换言之，即使不是财产的所有人，也完全可能因为认识错误等原因而处分财产，只要其事实上占有财产，并且该财产被他人以欺诈方式取得，相关行为就可以成立诈骗罪。

(3) 在受骗人与被害人不是同一人的情况下，只要受骗人事实上具有处分被害人财产的权限，或者处于可以处分被害人财产的地位，对方的行为也成立诈骗罪。如果受骗人没有处分财产的权限与地位，行为人的行为应当符合盗窃罪间接正犯的特征。

(4) 在行为人通过犯罪方法取得他人财物之后，为继续占有该财物或者隐瞒罪行，欺骗被害人的，就谈不上被害人有新的处分或者放弃财物的行为，不应当将行为人盗窃等罪得逞之后，再编造事实，拒不交出赃物的行为视作犯罪的关键手段，行为人的行为自然不能成立诈骗罪。

6. 诉讼诈骗

诈骗罪的实行行为包括两种情形：一对一的诈骗（两者间的诈骗）和三角诈骗。两者间的诈骗很好理解，实务中大量案件也是这种类型。但是，实务中也存在行为人欺骗有处分权限的人，使之处分被害人的财物的情形。对于这种遭受财产损失的最终被害人与处分人（受骗人）不同的情形，刑法理论上称之为三角诈骗。三角诈骗与两者间的诈骗一样，本质上都侵犯了公私财产，都应当被认定为诈骗罪。刑法条文并没有限定诈骗罪只能由遭受财产损害的被害人产生错误认识，也没有将诈骗罪中的财产处分人限定为被害人，因此，将三角诈骗行为认定为诈骗罪，符合立法原意。

在三角诈骗的场合，虽然遭受财产损失的被害人没有处分财产，是由受骗人处分财产的，但受骗人处分财产的原因是行为人的欺骗行为，处分财产的结果是使被害人遭受财产损失。同时，三角诈骗的成立，要求现实的财产处分人（第三人）即受骗人具有处分被害人财产的权限，或者处于可以处分被害人财产的地位。诉讼诈骗是典型的三角诈骗，但其与普通诈骗罪是否有本质区别，还是一个有争议的问题。

在虚假诉讼中，少数情形下行为人并不是为了取得财物的，对其行为应当以虚假诉讼罪论处。但是，虚假诉讼如果是以骗取财物为目的的，就涉及诉讼诈骗问题。诉讼诈骗，是指制造、提供虚伪事实或者证据，向司法机关提起诉讼，使法院作有利于自己的判决，从而获取财物或者财产上利益的行为。

对于诉讼诈骗，有学者认为，不应当以诈骗罪进行追究。其理由是：(1) 民事诉讼奉行

"谁主张、谁举证"的原则，法院根据辩论主义、证据裁判主义的要求，受当事人主张的约束，即便对起诉事实的客观真实性有所怀疑，但在原告处于证据优势地位时，必须作出判决，所以这种操纵法律和制度达到自己目的的行为，不能被视为诈骗手段。(2) 诈骗罪的成立，以他人基于有瑕疵的自愿而处分、交付财物为限。但败诉一方根据法院的强制执行命令交付财物并不是自愿实施的，与诈骗罪的构成特征并不符合。[①]

从表面上看，诉讼诈骗和普通诈骗有一些不同，在普通诈骗中是被害人作出财产处分的表示并交付财物；在诉讼诈骗的场合，是法官受到欺骗并代替败诉方处分财物，使败诉的一方交出财物。但是，就实质而言，诉讼诈骗和普通诈骗具有相同性：一方面，行为人在民事诉讼中作虚假陈述，提出虚假证据，或者串通证人提供伪造的证据，使法官裁判的公正性被约束，受到根本性影响，所以存在欺骗法官，使其陷入错误认识的问题。另一方面，由于民事裁判结论具有国家强制力，行为人欺骗法官并通过对判决的强制执行取得被害人财物，这就和直接欺骗被害人具有同等的性质。在诉讼诈骗中，法官是受骗人，而不是被害人，但法官具有作出财产处分的权力，因而是财产处分人。而在受骗人和财产处分人是同一的场合，就符合诈骗罪的构成要件，不要求被害人和受骗人是同一人。

在三角诈骗中，行为人在伪造虚假材料去骗取具有强制执行力的公证文书，或者捏造事实、提供虚假证据欺骗有处分权的人时，就是诈骗罪的着手。其既遂标准是通过执行程序等实际取得对方财物。行为人欺骗法官后，法官已制作生效裁判文书，但行为人没有通过执行程序实际取得被害人财物的，属于因意志以外的原因而未得逞。对于这种未实际取得财物的情形，应当以诈骗罪未遂论处。

值得关注的问题是，对三角诈骗行为的定性，不宜采用最高人民检察院法律政策研究室《关于通过伪造证据骗取法院民事裁判占有他人财物的行为如何适用法律问题的答复》(2002年10月24日)。最高人民检察院法律政策研究室的答复认为：犯罪嫌疑人"以非法占有为目的，通过伪造证据骗取法院民事裁判占有他人财物的行为所侵害的主要是人民法院正常的审判活动可以由人民法院依照民事诉讼法的有关规定作出处理，不宜以诈骗罪追究行为人的刑事责任。"但是，该答复的规定明显不合理，主要理由是：(1) 该答复是以最高人民检察院法律政策研究室而非最高人民检察院的名义发布的，规范层级较低，效力有限。(2) 该答复的结论不符合法理，即不能认为凡是通过民事裁判解决的欺骗行为都不成立刑法上的诈骗罪。事实上，所有的诈骗罪都以民事违法为前提；欺骗法官作出民事裁判的行为只要符合诈骗罪的构成要件，就应当被认定为诈骗罪。前述答复没有正确理解诈骗罪的构造，没有考虑对被害人财产的保护问题，其错误之处是显而易见的。对此，实务中基本达成的共识是：以捏造的事实提起民事诉讼，非法占有他人财产或者逃避合法债务的，完全可以成立诈骗罪。前面提到的多个判决也表明了这一立场。(3)《刑法修正案（九）》增设虚假诉讼罪，并且规定被告人的行为如果符合其他犯罪（主要是指诈骗罪）的构成要件的，应当按照处罚较重的规定处理。这实际上也是考虑和尊重了"三角诈骗"的法理，也可以认为是立法者对于实务中之前对类似行为以诈骗罪定罪处罚的认可。在《刑法修正案（九）》增设虚假诉讼罪后，就应当认为前述答复已经自动失效了。

由此可见，对大量针对被害人财物的诉讼诈骗行为，都应当以诈骗罪论处。《刑法修正案（九）》第35条规定，以捏造的事实提起民事诉讼，非法占有他人财产或者逃避合法债务，又构成其他犯罪的，依照处罚较重的规定定罪从重处罚。这里的"其他犯罪"主要是指诈骗罪。

---

① 参见［日］团藤重光：《刑法纲要各论》，3版，614页，东京，创文社，1990。

此外，基于骗取他人财物的意思提起虚假诉讼的，在犯罪主体系特殊主体的场合，视情况成立贪污罪或职务侵占罪。这只不过是诈骗行为和义务犯相结合的情形，最终定罪虽然不是诈骗罪，但其行为性质仍属于“三角诈骗”基础上对公共财物或公司、企业财产的侵害。

二、敲诈勒索罪

第二百七十四条① 敲诈勒索公私财物，数额较大或者多次敲诈勒索的，处三年以下有期徒刑、拘役或者管制，并处或者单处罚金；数额巨大或者有其他严重情节的，处三年以上十年以下有期徒刑，并处罚金；数额特别巨大或者有其他特别严重情节的，处十年以上有期徒刑，并处罚金。

敲诈勒索罪，是指以非法占有为目的，对财物所有人、占有人使用恐吓或要挟的方法，索取数额较大的公私财物，或者多次敲诈勒索的行为。

（一）客观要件

本罪在客观方面表现为采用恐吓或要挟的方法（广义的胁迫），逼迫财物所有人、保管人就范，将公私财物交由行为人或其指定的第三人控制。由此可以看出，本罪的保护法益不仅仅是财产权，还包括被害人的意思决定自由和行动自由。当然，本罪的实质是侵犯财产。

本罪既遂的逻辑是：恐吓行为→对方恐惧→交付财物→财产损害。

1. 恐吓行为

恐吓是指为了使他人交付财物或财产性利益而对之实行胁迫。胁迫不能达到抑制他人反抗的程度，否则构成抢劫罪而非敲诈勒索罪。

（1）恐吓的手段。

恐吓的具体手段是明示的还是暗示的，是以语言、文字还是以手势、其他身体动作实施，是直接告知被害人还是通过第三者转达，都不影响犯罪的成立。利用自己曾经犯罪的经历、从事特定职业（如新闻记者）、担任某种职务等身份威胁他人的，也属于恐吓。

（2）恐吓的内容。

恐吓一般是指侵害他人或者以宣扬、揭示不利于被害人的事项（例如，名誉毁损的事实）相威胁，使对方清楚不交付财物就会招致恶害。其具体内容没有限制，可能涉及被害人的生命、身体、名誉，也可能涉及其财产或者财产性利益。告知的恶害涉及大自然的灾变（例如，不交付财物就会遭受电打雷劈），被害人如果对此相信并产生恐惧心理，然后交付财物的，也成立敲诈勒索罪。恐吓的内容不一定直接针对被告知者本人，告知他人要对其亲属、朋友等第三人实现恶害内容的，也是恐吓。

告知的恶害只要足以使被害人产生畏惧感，从而侵害其意思决定的自由即为已足，至于恶害的内容是否可能实现、是否立即实现、是否通过行为人实现以及攻击强度如何，都在所不问。

告知恶害的内容本身虽然不违法，但只要行为人使用了敲诈的方法，其原则上有成立本罪的可能。例如，以知道对方有犯罪事实，自己将向司法机关检举为名，向对方索要大量金钱的，也是恐吓。

（3）恐吓的实现。

恐吓者一般会告知他人由自己直接实现恐吓内容。但是，告知他人将由第三人实现恐吓内容的，也构成敲诈勒索罪中的恐吓。

---

① 本条为《刑法修正案（八）》第40条所修改。

在告知将通过第三人实现恶害的场合，行为人必须告诉对方自己能够影响第三人，或者在让被害人对恶害的实现可能性有认识的情况下，才能成立恐吓。例如，行为人告知被害人，如果不交付财物，就要找黑社会组织实施杀害行为，此时要成立敲诈勒索罪，必须以被害人对黑社会性质组织可能实施报复的事项能够推测为前提条件。告知的恶害不可能使对方有畏惧感，而只致其陷入困惑的，不成立恐吓行为。

2. 对方恐惧

行为人针对被害人的恐吓、要挟行为，必须事实上对受害人产生了威胁、要挟效果，使对方精神上受到强制、心理上陷入恐惧。恐吓行为使对方陷入恐惧并由此交付财物的，成立敲诈勒索罪既遂。不是基于恐惧，而是出于怜悯之心或者为抓捕罪犯而在警察安排下交付财物的，相关行为都只成立本罪未遂。

由于敲诈勒索罪以被害人基于有瑕疵的意思交付财物为特点，而不是其在丧失自由意思的情况下转移财物占有，所以，判断恐吓行为是否使被害人产生恐惧感，对于认定犯罪成立和犯罪形态都较为重要。一般来说，对于对恐惧感是否存在的评价，必须考虑被害人的具体情况，从一般社会观念出发作出分析。某种恐吓可能不会使一些人产生恐惧感，但是对一些特殊人群（例如，未成年人、年老体弱者、残疾人、女性等）可能会有威胁效果，所以，以某种威胁方法不会使多数人陷入恐惧而否定被害人实际遭受的精神压制，就显得不太合理。

3. 交付财物

财物的交付是被害人基于恐惧心理而转移占有的结果。恐吓行为和财物交付之间应当有直接因果关系。交付一般是被害人基于恐惧而将财物直接转移给行为人，不过行为人采取恐吓手段，使被害人产生恐惧，行为人乘被害人陷入畏惧、默认的状态时夺取财物的，也是本罪中的交付。

财物交付是指有财物转移的最终事实，应当将其与先前的恐吓行为综合起来考虑，至于交付细节、交付过程的重要性不应当被过分强调，例如，恐吓造成被害人的恐惧心理，在被害人应其要求掏出钱包准备取钱给行为人的间隙，行为人上前将钱包夺走的，不成立敲诈勒索罪的未遂和抢夺罪既遂的竞合犯，而只成立敲诈勒索罪的既遂。

财物的交付者和被恐吓的被害人不一定是同一人，财物的交付者没有产生恐惧心理，但是出于保护被恐吓者利益的考虑，将自己有处分权限的财物交付给行为人的，也是敲诈勒索罪中的交付行为。

交付行为并不要求在恐吓的当场实现。即使交付时间和恐吓行为之间具有数日或者数月的时间间隔，也不影响本罪的成立。

4. 财产损害

被害人交付财物，就意味着行为人对财物建立了事实上的占有支配关系。有观点认为，对于敲诈勒索罪来说，行为人绝对不可能以当场实现威胁的内容相恐吓，当场占有他人财物。[①] 这一主张可能过于绝对。对他人发出口头威胁，随后立即使用程度较低的暴力、部分地兑现恐吓内容，使被害人认为如果不交付财物，今后还会遭受同样的或者程度更高的暴力，从而当场交付财物的，由于不存在足以压制他人反抗的暴力和胁迫，也只能认定为是敲诈勒索罪。

一般来讲，被害人交付财产并遭受财产损害的，才成立本罪既遂。对财产损害作形式判断的观点认为，无恐吓行为就没有财产交付的结果，恐吓者即使支付对价取得对方财物，仍然使对方受到损失，所以，有财产上的损害存在（个别财产损害说）。但是，实质论认为，财产损害应当是指被害人事实上丧失了某种财物并因此遭受经济损失，恐吓后支付对价取得被害人财

① 参见高铭暄主编：《新编中国刑法学》（下册），804页，北京，中国人民大学出版社，1998。

物的，不存在财产损害问题（整体财产损害说）。我倾向于个别财产损害说。

实施恐吓行为开始的时点就是本罪的着手。被害人并未因恐吓行为而产生恐惧感或者虽有一丝恐惧，但尚未交出财物的，都只能成立本罪未遂；被害人按照行为人的要求将有关款项汇到指定账号上，但是金融机构随即按照司法机关的决定冻结该账号的，行为人对财物不能作实质的支配的，也是本罪的未遂。

本罪的既遂时点是被恐吓者在行为人实施恐吓行为之后，基于其处分行为而交付财物，行为人或者第三人领得该财物（取得说）时。在被敲诈勒索的财物是不动产的场合，只有所有权转移的意思的，不成立犯罪既遂，而必须在转移登记行为终了、行为人的现实支配力产生之时，才成立本罪既遂。

敲诈勒索公私财物，数额较大或者多次敲诈勒索的，构成本罪。依据最高人民法院、最高人民检察院《关于办理敲诈勒索刑事案件适用法律若干问题的解释》（2013 年 4 月 23 日），敲诈勒索公私财物，价值 2 000 元至 5 000 元以上、3 万元至 10 万元以上、30 万元至 50 万元以上的，应当分别认定为数额较大、数额巨大、数额特别巨大。2 年内敲诈勒索 3 次以上的，应当认定为多次敲诈勒索。敲诈勒索数额较大，行为人认罪、悔罪，退赃、退赔，并具有下列情形之一的，可以认定为犯罪情节轻微，不起诉或者免予刑事处罚，由有关部门依法予以行政处罚：（1）具有法定从宽处罚情节的；（2）没有参与分赃或者获赃较少且不是主犯的；（3）被害人谅解的；（4）其他情节轻微、危害不大的情形。

敲诈勒索具有下列情形之一的，数额较大的标准可以按照前述规定标准的 50％确定：（1）曾因敲诈勒索受过刑事处罚的；（2）1 年内曾因敲诈勒索受过行政处罚的；（3）对未成年人、残疾人、老年人或者丧失劳动能力人敲诈勒索的；（4）以将要实施放火、爆炸等危害公共安全犯罪或者故意杀人、绑架等严重侵犯公民人身权利犯罪相威胁敲诈勒索的；（5）以黑恶势力名义敲诈勒索的；（6）利用或者冒充国家机关工作人员、军人、新闻工作者等特殊身份敲诈勒索的；（7）造成其他严重后果的。敲诈勒索公私财物，达到数额巨大、数额特别巨大 80％的，可以分别认定为其他严重情节、其他特别严重情节。

（二）主观要件

本罪在主观方面只能是故意，并且以非法占有公私财物或财产性利益为目的。

国家工作人员假借职务执行的名义利用恐吓方式索取财物的，具有本罪的故意，构成本罪和受贿罪的想象竞合犯，一般以重罪即受贿罪处理。

（三）认定

1. 权利行使和敲诈勒索罪的界限

行使权利和敲诈勒索罪之间的关系比较复杂，涉及三种情形：被害人用恐吓手段从盗窃犯等不法占有者手中取回所有物的；行为人认为自己“吃亏”而提出较高民事赔偿要求的；债权人主张债权时使用了敲诈勒索手段的。对上述问题如何处理，理论上和实务中都争议很大。

首先，对于利用恐吓手段取回自己所有但被他人盗窃的财物的场合，处理相对简单一些，主要取决于对侵犯财产罪保护法益的认识。按照所有权及其他本权说，由于为私法所认可并值得用刑法加以保护的他人所有权并不存在，敲诈勒索罪的构成要件该当性欠缺，不构成本罪。按照占有说的立场，盗窃犯的占有亦应受到保护，强取行为符合本罪的构成要件，成立敲诈勒索罪，但是如果符合自救行为的条件，可以阻却违法性。按照平稳占有说或合理占有说，如果自己的财产是被对方夺取的，对方的占有不是平稳占有或有合理根据的占有，就无须用法律加以保护，取回所有物的行为不构成本罪；他人的盗窃行为经过了相当时间，对方的占有已经是平稳占有或合理占有的，取回所有物的行为可能构成敲诈勒索罪。实务中一般按照所有权及其他本权说，否定本罪的成立。

其次，对为行使（行为人自认为存在的）权利，如行为人自认为“吃亏”而提出较高民事赔偿要求，而使用恐吓手段的，实务中通常作为无罪处理。例如，甲认为某公司的拆迁补偿款太少，在收到拆迁补偿款后，提出进一步索赔的要求，后被对方拒绝。甲便以举报开发商违法为手段，要开发商赔偿其 25 万元，否则继续举报，迫使开发商与其签订再补偿 25 万元的合同。一审法院以敲诈勒索罪判处甲有期徒刑 6 年，二审法院以甲没有非法占有目的、行为系主张民事权利为由改判其无罪。再如，乙因为购买的一根冰棍中掺杂异物，而要求生产厂家赔偿 50 万元，法院也终审判决乙无罪。实务中之所以通常作出无罪判决，原因主要有以下几点：第一，侵犯财产罪保护法益的所有权及其他本权说的影响。敲诈勒索罪的本质是不法取得他人财物。在认为自己遭受财产损害，进而可以主张民事权利的场合，法院倾向于认定行为人原本就可能得到补偿，其强迫他人交付财物，只是实现了其应当得到之物，而未取得非法的财产利益；被害人应当履行赔偿义务，谈不上有实质的财产损害。第二，考虑社会通行观念。在现实生活中，主张权利时往往伴随过激言行，未超出通常观念所容忍的程度的，不宜被认定为犯罪。第三，利益衡量上的考虑。行为人与被害人之间利益上的比较，是实务中判断侵犯财产罪的违法性时必须考虑的，不能只看被害人一方失去财产的事实，还要将其与行为人的财产权利相衡量，以判断实质损害。

最后，实务中对于使用恐吓方式使对方履行债务的，如果债权合法，且行为人主张的债权并未严重超过限额，通常不会认定为本罪。例如，消费借贷的债权人迫使债务人偿还到期债务的，一般来说，不构成本罪。但是，如果债权的合法性本身存疑，主张权利的方式违反社会通常观念的，可能被认定为本罪。例如，甲因妻子与他人通奸，为索取奸夫乙答应赔偿的 5 万元，携带凶器带领亲友 10 人前往乙家索要财物。法院判决甲之行为构成敲诈勒索罪。法院作出有罪判决，通常基于以下考虑：第一，行使权利的方法是否严重超越社会秩序允许的范围（如纠集多人携带枪支、管制刀具胁迫他人履行债务），恐吓手段是否具有相当现实危险性；第二，债权是否合法，设定债权时是否有不当行为，行为人试图取得的财物是否明显超过对方承诺的债务数额；第三，行为人是否使用相当程度的暴力、威胁手段逼迫他人履行未到期债务。因此，在实务中，对于主张债权行为是否构成敲诈勒索罪，需要综合考虑行为在规范的范围内是否可以被容忍，以及债权行使目的的正当性、权利行使方式的相当性、手段必要性、被害人的状况等情形。

在实务中，对上述问题的处理，在大多数情况下相对比较谨慎，这可能是出于政策上的多种考量。但是，我认为，如果坚持侵犯财产罪保护法益的合理占有说，对权利行使行为在理论上成立敲诈勒索罪的范围就应该适度大一些。理由在于：(1) 从保护法益的角度看，敲诈勒索罪的本质是侵害他人对财物的合理占有，在主张民事赔偿或强迫他人履行债务的场合，即使行使权利的行为在债权范围内，权利人实现了债权，但索要赔偿或主张债权的行为也可能侵害他人对财物的合理占有，被害人相应地也可能出现财产损害。实务中定罪范围过小，与侵犯财产罪保护法益的合理占有说并不一致。(2) 从非法占有目的的角度看，在为行使权利而索要财物的场合，行为人至多只有债权请求权（很多时候连这种权利都没有），但没有对他人财物的占有、处分权，因此，行为人对自己的行为会侵害他人的合理占有有明知，同时，其有排除权利人，并将他人的财物（通常是金钱）作为自己的所有物的非法占有目的，因此，行使权利的行为通常也能够满足敲诈勒索罪的主观要素。(3) 从主张权利的程序上看，主张权利的情形，大多不符合自救行为的成立条件，不能阻却违法性。在行为人原本可以通过合法的民事程序主张权利时，如果不对其行使权利的恐吓行为定罪，等于鼓励行为人用合法民事途径之外的不法手段索要他人财物，这不利于维护财产秩序，也不利于形成国民的规范意识。当然，利用恐吓手段行使权利的行为在实务中确实比较复杂，是否定罪需要根据个案的具体情况仔细权衡，切实做到不枉不纵。

2. 抢劫罪和敲诈勒索罪的区别

行为人主张债权时使用了恐吓手段的，如果不以抢劫罪处理，在胁迫程度不高时，其行为是否有可能构成敲诈勒索罪？

一般来说，敲诈勒索罪与抢劫罪在以下方面存在区别：在威胁的内容方面，敲诈勒索罪的威胁内容广泛，可以是以暴力相威胁，也可以是以揭发隐私、毁坏财物、阻止正当权利的行使、不让对方实现某种正当要求等相威胁；抢劫罪威胁的内容只限于暴力。从威胁的方式看，敲诈勒索罪可以是面对被害人实施，也可以是不面对被害人实施，即以口头或书面方式进行威胁，而抢劫罪只能是由犯罪分子当场当面向被害人直接口头实施，少数情况下以实际行动实施。从非法取得财物的时间来看，敲诈勒索罪可以是当场取得，也可以是限定在若干时日以内取得；抢劫罪只能是当场当时取得。从要求取得的内容方面看，敲诈勒索罪要求取得的主要是财物，也可包括一些财产性利益（如提供劳务等）；抢劫罪要求取得的一般只能是财物，且只能是动产。

由于刑法并未明确规定敲诈勒索罪的手段，所以，通说认为，敲诈勒索的手段仅限于威胁，并不包括当场实施暴力。①

但是，将暴力排除在敲诈勒索罪的手段行为之外这一观点可能值得商榷。行为人为迫使被害人在将来的某个时间交付财物，对被害人进行威胁，为了迫使被害人承诺其索要财物的要求或者巩固对被害人造成的精神强制，行为人往往可能实施暴力；此外，当场实施暴力，并以今后进一步实施暴力相威胁的，也可能成立敲诈勒索罪。所以，在敲诈勒索罪中，行为人并非根本没有使用暴力，只不过暴力的程度低于抢劫罪中而已。抢劫罪的暴力程度很高，达到足以压制他人反抗的地步，暴力手段作为排除反抗的手段使用，所以杀害、伤害行为都可以包含于抢劫罪的暴力中，暴力的承受者除当场交付财物之外，没有选择的自由，否则生命、身体会遭受重大侵害。而敲诈勒索罪中暴力的特点是向对方明示或者暗示今后会继续反复实施，因而使对方产生恐惧。敲诈勒索罪的暴力相对比较轻微，在客观的立场上，从一般的社会通念看，没有达到足以压制对方反抗的地步，只能使他人产生恐惧感，被害人承受暴力以后仍然可以选择交付或者不交付财物，其生命、身体当场没有危险，而只是在日后可能会遭到“恶害”。所以，当场实施暴力的背后隐藏的是胁迫，它可以成为恐吓的手段之一。敲诈勒索罪的手段行为包括程度不太高的暴力。

第四节 侵占型犯罪

一、侵占罪

第二百七十条 将代为保管的他人财物非法占为己有，数额较大，拒不退还的，处二年以下有期徒刑、拘役或者罚金；数额巨大或者有其他严重情节的，处二年以上五年以下有期徒刑，并处罚金。

将他人的遗忘物或者埋藏物非法占为己有，数额较大，拒不交出的，依照前款的规定处罚。

本条罪，告诉的才处理。

① 参见高铭暄、马克昌主编：《刑法学》，9版，514～515页，北京，北京大学出版社，2019。

侵占罪，是指将代为保管的他人财物非法占为己有，数额较大，拒不退还，或者将他人的遗忘物、埋藏物非法占为己有，数额较大，拒不交出的行为。

（一）客观要件

本罪在客观方面表现为将代为保管物、遗忘物、埋藏物非法占为己有、拒不退还或者拒不交出。

1. 侵占行为

（1）非法占为己有。

我国刑法所规定的“非法占为己有”，就是不法所有，即行为人主观上意图排除权利人而使自己以所有人自居，对财物依经济上的用途而予以使用、收益或处分。非法占为己有，在客观上必须有足以表明行为人的不法取得意思的行为，典型的行为有赠与、转让、消费、出卖、出借、交换、抵偿、加工等。

将代为保管的他人财物予以毁弃的，没有遵从财物的经济用途将自己作为财物的所有人进行处分从而“享受物的效用”，非易他人财物为自己所有的行为，行为人欠缺不法取得的意思，与“不法所有”的目的不符[①]，这不是非法占为己有，不成立侵占罪。

所以，对“非法占为己有”的判断，应当坚持“取得行为说”而不是“越权行为说”。换言之，凡排除所有权人对物行使权利并以所有人之身份支配其物之行为即为侵占罪的非法占有，凡不以为自己所有的目的而毁坏、抛弃财物的行为，以及违反委托旨趣、供一时使用之目的的“使用侵占”行为，都只是超越权限的行为，不能成立非法占为己有。

行为人有拖延不交付持有物的事实，但是其非法占有的意思尚无法判明者，不属非法占为己有。

（2）拒不退还、拒不交出。

一般认为，拒不退还、拒不交出是构成侵占罪的必备要件，是指经财产所有人或者有关部门要求返还或交出，而明确拒绝返还或者交出的行为。拒不退还、拒不交出的成立，有两个条件：一是财物的所有人或持有人要有请求退还或要求返还的意思表示，二是行为人须有不予退还或不予交出的行为事实。还有学者明确指出，认定拒不退还或者拒不交出时，必须考虑不同情况：其一，当保管物的委托人、遗忘物的遗忘者、埋藏物的埋藏者或者他们的代理人、继承人向行为人明确提出交还主张，并且举出证据证明该财物属于其合法所有时，行为人无视证据，公然加以拒绝的，即可认定为拒不退还或者拒不交出。其二，如果行为人虽有非法侵占的行为，但最终还是退还或者交出了其侵占的财物的，则不能被视为构成侵占罪。其三，如果行为人在合法所有者明确提出交还主张以前，已经处理了该财物，事后也承认并答应赔偿的，则不能成立犯罪。[②]

我认为，上述观点值得商榷，因为按照前述的认定条件，以下情况就难以判断：持有人谎称财物已经遗失或者被盗、隐匿而不交还的，是否属于拒不退还？行为人在接受他人保管财物的委托后逃匿的，能否认定为拒不退还？又如，在所有人索要财产前，财产持有人与第三人相勾结已经私分财产，但口头上从不拒绝返还的，是否成立拒不退还？

应当认为，基于非法占为己有的意图，在权利人要求返还时公开表示拒不退还；或者故意编造各种借口或制造各种骗局以达到不返还的目的的，自然属于拒不退还、拒不交出。将自己视作财物的所有人而对财物加以使用、收益或者处分，即使从未作出拒绝退还或者交出的表示

① 参见［日］山口厚：《问题探究　刑法各论》，190页，东京，有斐阁，1999。

② 参见周道鸾、张军主编：《刑法罪名精解》，2版，451页，北京，人民法院出版社，2003。

的，仍然属于拒不退还、拒不交出。所以，拒不退还、拒不交出有“公然型”和基于不法所有的“推定型”，它们的实质都是相同的：行为人具有永久非法占有他人财物的目的。换言之，如果能够判明是非法占为己有的，就足以说明是拒不退还、拒不交出，有前者就一定有后者，后者处于从属地位。拒不退还、拒不交出虽然是侵占罪中构成要件客观方面的内容，但主要是对非法占为己有的强调和进一步说明，是为确认、固定占有人非法占为己有的意图提供充足的依据。非法占为己有和拒不退还、拒不交出之间，存在相互证明的关系。对此，学者指出，非法占为己有和拒不退还表达的是同一个意思：将自己占有的他人财物变为自己所有。“拒不退还”只是对“非法占为己有”的强调，或者说是对认定行为人非法占为己有的一种补充说明。① 这是将“拒不退还”“拒不交出”看成是违法要素可能得出的结论。所以，从占有人将自己暂时占有的他人财物不法转变为自己所有之时，拒不退还、拒不交出的意思已经表现得很清楚，没有必要再在司法上证明“拒不退还”“拒不交出”情形的存在与否。

2. 侵占对象

侵占对象包括代为保管的他人财物、遗忘物、埋藏物三种。这里对实践中容易出现问题的代为保管的他人财物、遗忘物加以分析。

(1) 代为保管的他人财物。

这里的代为保管必须基于委托关系发生。财物的委托保管与委托信任关系有关，委托信任关系是一种事实关系，并不要求有成文的民事合同约束委托人和受托人的义务，在委托契约无效或者可撤销的场合，基于这种委托而取得的财产占有仍然属于受他人委托保管财物。② 代为保管事实的存在，表明原财物所有人对该财物的占有权被排除。

当然，这种委托保管即占有，并不限于基于当事人之间“一对一”的直接委托，还可能由于借用关系、租赁关系、担保关系、加工承揽合同、寄托等产生。在这些场合，占有人与财物委托人之间具有信任关系，将业已占有的财物不法所有，就违背了他人的信任，可以成立侵占罪。

(2) 遗忘物。

遗忘物是侵占罪的行为对象之一。在讨论遗忘物时，遇到的第一个问题就是遗忘物与遗失物之间是否存在区别的问题。

肯定说认为，二者含义不同，应当进行区分，区分的标准主要是财物遗置人能否回忆起其丧失财物的时间、地点等。肯定说以民法学的研究为立论根据。民法上认为：遗失物是非出于遗失人自己的意思而丧失占有，同时又不为其他人占有的非无主财产。遗失人对财物的控制能力已经完全丧失。而遗忘物则是指占有人偶然遗忘于他人的车船、飞机、住宅等特定场所的物品。遗忘人对财物的控制能力并未完全丧失。③ 但是，此处将民法上的区分标准借用到刑法中并不妥当。否定说则认为，遗忘物与遗失物词异义同，没有必要进行区分，事实上也不可能进行区分。

对遗忘物与遗失物在刑法上不作区分的观点似乎更有道理。对此，陈兴良教授指出：把财物遗置的时间、场所及遗置人的记忆能力等作为区分遗忘物、遗失物的标准，并不科学，同时也不合理，对被告人是否定罪取决于被害人的记忆能力，被害人能够记得遗置的时间、地点的，就是遗忘物，被告人就有罪，反之，被告人无罪，这就违反了犯罪是危害行为的刑法学基

① 参见张明楷：《刑法学》，5版，968页，北京，法律出版社，2016。

② 参见［日］西山富夫编：《刑法通说各论》，127页，东京，八千代出版株式会社，1998。

③ 参见张炳生：《遗失物拾得法律问题研究》，载《法律科学》，1994 (1)。

本原理；同时，遗忘物和遗失物也具有不可分性。① 将遗忘物与遗失物等而视之，将会减少认定犯罪的困难，有其实际意义。

当然，实务中可能会坚持遗失物、遗忘物区别说，并试图提出更为实际的区分标准，认为：遗忘物，是指持有人本应带走但因疏忽而暂时遗留于出租车、餐馆、银行或邮局的营业大厅等特定场所的财物。其主要特征有三个：一是占有人暂时失去了对财物的控制力，二是财物被遗置于特定的场所，三是财物人往往能够回忆起自己的财物遗置于何处。而遗失物，是指持有人因疏忽而丢失于公园、广场、马路上等公共活动空间，已完全丧失实际控制力的财物。

这一实务主张提出了区别遗失物、遗忘物的综合标准——时间论、场所论、记忆能力论，似乎较为全面，但是，仍然不能有效地区分遗失物和遗忘物。其具有如下缺陷：一方面，按这种观点，遗置于出租车内这一特定场所的财物当是遗忘物，但所有人下车后记不清财物遗忘于哪一辆出租车上，连寻数月而无所得的，等于完全丧失了对财物的控制能力，该物似乎又成了遗失物。所以，要明确地说它是遗失物还是刑法上的遗忘物，极为困难。另一方面，对于被害人不是有意识地放置而明显遗忘的财物，也不是绝对地认定其为遗忘物，如财物留置距离近、遗忘时间短的，仍然可以被视为被害人占有之物。

例如，甲坐出租车回家，下车拿行李时，手机无意中从口袋中滑落。司机乙从反光镜中看见甲的手机掉在汽车后座上，但并未声张。甲取下行李后关上车门，刚往前走了 1 米，突然想起手机可能忘在车上了，转身回去找，发现司机乙快速驾车驶离现场。对乙应当如何处理？在这里，即使甲很快想起该手机所处场所，也不能认为该手机是遗忘物。该手机和被害人分离的时间很短、场所很近，只有瞬间的脱离，故该手机仍然属于甲占有的财物，占有并未丧失。所以，汽车司机乙的行为应当成立盗窃罪而不是侵占遗忘物。

又如，甲在等待公共汽车的移动队伍中，忘记了放在一旁的照相机，约 5 分钟后在 20 米外处想起时，照相机已经被他人拿走。法院认为被害人的占有仍然存在，取得财物者之行为构成盗窃罪。② 对于停放在自家门前、未上锁的自行车被盗的案件，也认为相关行为成立盗窃罪。这是着眼于“自家门前”这种近距离空间所形成的事实上支配力而确定的。所以，对他人占有之物和遗忘物的区分，必须综合考虑财物的种类、性质、形状、所在场所、被遗置时间等。

这样，侵占罪中的“遗忘物”，就是指非基于占有人抛弃的意思偶然丧失占有，现又无人占有之物。它具有以下特征：（1）他人之物；（2）须为动产；（3）所有权人占有的丧失须出于偶然原因，并且非出于本意；（4）非隐藏之物。按照这一立场，对实践中很多疑难案件都可以进行妥善处理。例如，张某和陈某在网吧上网，出门时发现门口停了一辆电动车（价值 3 500 元），以为是朋友王某的。张某便给王某打电话，王某表示自己在离网吧 200 米远处，张某和陈某便推上电动车找到王某，但后者表示他的电动车坏了，今天并未骑车。张某与陈某才知道认错了车。两人商议后，决定将车占为己有。张某说，网吧门口有监控，要回去将监控销毁。于是两人将电动车骑到网吧后门（无监控），以上网为名，同管理员周旋，删除了监控录像。如何处理本案？实务中，有人主张行为人的行为构成盗窃罪，理由是：在推车环节，行为人没有窃取故意，但仅推出 200 米远时，权利人的占有客观上还保留，王某提出不是自己的车以后，张某和陈某产生了盗窃故意；行为人有保管、归还取错了的电动车的义务，不履行该义务的，构成盗窃罪。但上述观点难以成立。行为人在见到王某之前，并没有犯罪故意和窃取行

① 参见陈兴良：《规范刑法学》（下册），4 版，907 页，北京，中国人民大学出版社，2017。

② 参见［日］大塚仁：《刑法概说·各论》，3 版，184 页，东京，有斐阁，1996。

为，只是因为无因管理（或误取）而占有他人财物，所有权人占有的丧失系出于偶然原因，该电动车成为遗忘物。行为人在发现电动车是遗忘物后，变占有为所有，构成侵占罪，其返回网吧删除监控录像的行为，只是其拒不退还的外在表现。同时，在行为人将被害人的电动车推出200米后，被害人及网吧的占有都不再存在，如果行为人不返回网吧删除录像，直接将错推的车拿走的，只能定侵占罪，是不是删除录像（行为人自己毁灭证据的行为不可罚）对定性并不重要。此外，在本案中，并不能因为行为人为删除录像而与管理员周旋就成立三角诈骗。因为管理员不处于管理、处分地位，没有处分意思和行为，谈不上被骗。

附带指出：我国刑法只规定了侵占遗忘物，而对侵占误取物、误占物、漂流物、走散之家畜、盗贼遗失之赃物等未作规定。在民法上，一般将这些财物视作遗忘物。我认为，在刑法上也完全可以这样认为，凡非本人抛弃所有之意而脱离其占有之物皆可纳入侵占罪的保护范畴，即将此类财物视同有主而无人占有之遗失物。这是对刑法中的"遗忘物"概念作扩大的、实质的解释所必然得出的结论。所以，这里存在一个合理解释"遗忘物"概念的问题：一方面，把遗忘物和遗失物等同起来；另一方面，对遗忘物一词作扩大解释，以便于对一些疑难案件的处理。

（二）故意

本罪在主观方面是故意，行为人对侵占的是代为保管的他人财物、遗忘物、埋藏物有认识，并具有非法占有目的。这里的非法占有目的，是指替代所有权人对财物进行利用、处分的意思。因此，不是为了利用、处分该财物，而是将代为保管的他人财物、遗忘物、埋藏物加以隐匿、毁坏的，不认为有非法占有目的；为了委托人利益而为的越权行为（例如，把委托人用于购买珠宝的钱，擅自做主买成黄金的），不认为有非法占有目的①；对于金钱等能够替代的代为保管物，基于补偿的意思暂时挪用的，也不认为有非法占有目的。上述情况下侵占罪都不能成立。

（三）认定

1. 不法委托与侵占罪

关于在不法委托的场合是否成立侵占罪，历来有争论。例如，A为委托B向C行贿，而向B提供金钱，但B并未转交该金钱且拒不退还的，对B应当如何处理？对于这种基于"不法原因给付"的场合是否成立侵占罪的问题，否定说认为：对于不法给付，法律没有保护的必要，因为一方面委托人已经对委托之物失去了所有权；另一方面，受托人对委托人而言不负返还义务，其即便不退还财物也不属于刑法第270条中的"拒不退还"。强制其成为侵占罪的行为主体，破坏了法制的统一性。此外，侵占罪还有破坏委托信任关系的一面，而不法委托人的委托与受托人的收受之间，并不存在一种法律上的委托信任关系。肯定说则认为，交付人虽有不法行为，对其给付之物纵然未能依法请求返还，但取得持有之受托人并不因此而取得所有权，受托人变占有为所有，自然可以成为侵占罪的行为主体。所以，对刑法上有无犯罪性的讨论，应当离开民法是否保护这一前提。②

我赞成肯定说，理由在于：刑法第270条规定将代为保管的他人财物非法占为己有，数额较大，拒不退还或者拒不交出的，才构成侵占罪。从民法的角度看，不法委托物的委托人确实没有返还请求权，对应地，接受不法委托物的人即便不退还该财物，也谈不上拒不退还或者拒不交出的问题，这样，侵占罪的客观构成要件似乎就难以满足。但是，刑法上对委托人返还请

---

① 在国外，这一行为可能成立背信罪。

② 参见［日］山中敬一：《刑法各论》，3版，424～427页，东京，成文堂，2015。

求权的理解，未必要完全坚守民法立场，而可以有独立理解。换言之，在刑法上完全可以认为，对于不法委托物，在国家没有及时追缴，或难以发现不法委托事项而不能追缴时，应当在事实上允许委托人向接受方提出返还请求，然后再由国家对该财物予以追缴。肯定委托人事实上的请求权，不等于承认其对不法委托物有合法的所有权。委托人事实上的返还请求，只是实现司法追缴的一个环节。基于这种理解，在委托人提出返还请求时，接受方不归还财物的，就是拒不退还，可以成立侵占罪。

在国外，法院对于侵占不法原因给付物的情况，通常根据否定说，判决被告人无罪。但是，例外的情况也是存在的。例如，在韩国，金某在自己经营的卖淫馆里和卖淫者曹某约定，金某领取曹某从嫖客处收到费用的1/2。但后来金某利用为曹某保管后者收到的260万元之际，不按约定还给曹某130万元，而任意将其作为自己的生活费用。对此，一审法院认为根据韩国民法第746条的规定，给付者存在不法原因，就不能请求返还，被告人就不构成侵占罪，判决其无罪。但是，二审法院认为：在受益者的不法性明显大于给付者，而给付者的不法性微弱的时候，如果也不允许给付者请求其利益的返还，则违背公平和诚实信义原则。因此，在这样的时候，应当排除适用民法第746条的规定，而允许给付者的返还请求的解释是合理的。① 由于本案中被告人金某的不法性明显大于被害人的不法性，其侵占不法给付物的行为可以构成侵占罪。法官对这种案件的解释结论，可以使案件得到妥当处理，值得我们借鉴。

2. 占有包装物与侵占罪

在受委托保管、运输包装物（箱子、邮件、打包或打捆的财物、用集装箱或其他密封容器委托运输的财物）过程中，直接占有包装物，或者损害包装物的锁具或外包装装置，取得包装物里面的内容物的，应当如何处理？对此，有委托人占有说、受托人占有说和分别占有说的争论。

委托人占有说主张：由于委托人用对包装物内财物上锁、打包、密封等特定措施来确保其占有，根据占有事实判断的支配领域性规则，应当认定整个包装物及其内部财物均由委托人占有，受托人侵占包装物整体或抽取部分内容物的，均构成盗窃。②

受托人占有说认为：整个包装物及其内容物均由受托人占有，受托人侵占包装物整体或抽取内容物的，均只构成侵占罪。因为整个包装和加锁的财物既已交付受托人保管或运输，其能支配物之全体，自然就能支配包装物内之内容物，这是合乎情理的。占有包装物之人，随时可能破坏包装或锁取出内容物，处于可以自由支配其占有物内部物品的状态中。③

分别占有说则强调：整个包装物归受托人占有，但其包装内之物体归委托人所有。国外的判例及通说均坚持分别占有说，即针对内容物肯定委托人的占有。我国刑法第253条第2款规定，邮政工作人员私拆、隐匿、毁弃邮件取得财物的，构成盗窃罪，也是肯定内容物由委托人占有。而占有整个包装物的，判例则认为构成侵占罪。

以上三种学说中，我认为分别占有说相对合理，理由在于：一方面，如果强调占有概念的事实性，尽量去除其观念性和抽象性，就应该认为受托人因为委托人的信任，在运输过程中事实上占有、控制整个包装物，其对包装物的占有客观上存在，财物处于其事实上的支配之下。另一方面，委托人对内容物特别加锁或包装后，对物的支配手段还存在，支配可能性还保留，自然其对财物具有现实支配力。一般社会观念也认为在事实上能够支配者不失为占有。占有并

---

① 参见［韩］吴昌植编：《韩国侵犯财产罪判例》，157页，北京，清华大学出版社，2004。

② 参见［日］团藤重光：《刑法纲要各论》，3版，570页，东京，创文社，1990。

③ 参见［日］阿部纯二等编：《刑法基本讲座》（第5卷），245页，东京，法学书院，1993。

不以事实上的管理、管有为必要，委托人对内容物的占有权仍然保留，因此，受托人在保管、运送包装物途中，对于整个包装物因运送业务本身而占有，但包装物内的财物仍为委托人所占有，并不能由受托人自由支配，如果其将包装物打开，窃取箱内财物，就与侵占整个包装物有所不同，应成立盗窃罪。例如，A公司从B公司购买优质煤后再卖给D公司。A公司委托甲运输公司将煤运输到C公司洗煤（合同约定甲公司的运煤车在装货后，由A公司工作人员负责贴封条，但事实上并未完全按照这一要求执行），由C公司洗煤后再运输到D公司。A公司和C公司约定，优质煤如果洗煤后损耗太大，损失部分由C公司承担，C公司为此在甲公司卸煤时都认真进行监督。而甲公司安排的司机将煤从B公司拉出来后，途中到一个废弃矿区用煤矸石替换部分优质煤，再将这些优质煤卖给其他人，甲公司由此获利10万元。在本案中，A公司和甲公司的运输合同上约定，甲公司的运煤车在装满货物后，由A公司工作人员负责贴封条。这说明该财物是A公司采用特殊措施来加以控制和确保的包装物，A公司对运输汽车内的优质煤（内容物）有事实上的支配力，即便之后并未完全按照这一要求执行，也应当承认A公司对内容物的占有，行为人的行为构成盗窃罪。

有学者认为，分别占有说可能导致罪刑关系的失衡：受托人取得整个包装物，构成性质较轻的侵占罪；只抽取其中一部分财物，反而构成法定刑更重的盗窃罪，最终导致行为人偷得多的，反而判得轻。① 但是，如果认为行为人为获取内容物而侵占整个包装物，行为人只不过是以侵占手段实现盗窃目的，侵占罪和盗窃罪之间存在竞合关系，应以重罪盗窃罪论处。这样一来，对分别占有说可能导致罪刑关系失衡的担心就是多余的。

3. 二重买卖与侵占罪

二重买卖，是指财物虽已被卖出，但在动产实际移交之前，或者在不动产所有权登记完成之前，保管财物的出卖人利用其控制、占有权限，将该财物再次出卖给第三人的行为。实践中，发案率最高的二重买卖主要是“一房二卖”的情形。例如，乙将其个人的商品房卖给甲，并收取了甲的购房款100万元，但乙在为甲办理房产转移登记之前，又将该房屋卖给丙，并为丙办理了过户手续。这种情形就属于二重买卖。与二重买卖性质大致相同的还有所谓的二重抵押。对此，我国实务中通常不认定再次出售财物的出卖人的行为构成犯罪，仅在少数案件中，对二重买卖人以诈骗罪进行了处理。

从理论上讲，对前述案例中乙的行为认定为侵占罪更为合适，因为：在二重买卖中，随着买卖合同的成立，所有权就转移给买主甲，卖主乙对财物的占有就属于受委托对他人财物的临时性占有。卖主将已经出卖过的财物再次出售，如果该财物为动产的，在其所有权已经转移给第一个买主后，卖主的行为侵害了第一个买主的所有权，其行为属于将代为保管的他人财物进行侵占后再处分给第三人，理应构成侵占罪；如果该财物是不动产，卖主在办理转移登记之前将财物实际转移给第三人，且完成不动产登记的，也构成对自己占有、他人所有的财物的侵占。

当然，在具体个案中，对第一个买主而言，如果并不存在值得以侵占罪加以保护的所有权的，对卖主的行为以侵占罪定罪就可能存在问题。例如，在实务中，乙将其“小产权房”卖给甲并收取价款之后，由于甲依法不可能办理产权过户，乙乘机又将该房屋卖给丙并收取后者提供的财物的，因甲所主张的所有权在法律上不可能受到保护，对乙的行为就难以定罪；再比如，第一次买卖的双方只有订立合同的意思表示，但第一个买主并未支付货款，卖主再次出售该标的物的，因第一个买主不存在实质上需要刑法保护的所有权，卖主的行为也不构成侵

① 参见［日］川端博：《刑法各论概要》，157页，东京，成文堂，1992。

占罪。

二重买卖构成诈骗罪的情形，原则上仅限于：(1) 针对第一个买受人的诈骗。如果行为人一开始就有实施二重买卖的意思，从而欺骗第一个买主并取得其对价，然后再将该财物转手卖给第三人的，成立以第一个买受人为被害人的诈骗罪。(2) 针对第二个买受人的诈骗。例如，卖主乙将其个人的商品房等不动产卖给甲，并在为甲办理了房产转移登记之后，又隐瞒真相将该房屋等不动产卖给丙，而无法为丙办理不动产转移登记手续，乙应当成立诈骗罪，因为在这种情况下，乙对丙隐瞒了该财物已经出售并转移登记的关键事实，且使丙由于无法取得财产转移登记而遭受财产损害。除此之外，对大量二重买卖而言，并不能认定卖主的行为成立诈骗罪，也不能认为其行为构成诈骗罪和侵占罪的想象竞合，而只能将二重买卖中出卖人的行为定性为侵占罪。理由在于：一方面，不能认为第二个买主有财产损害，出卖人对第二个买主的诈骗罪不能成立。因为在办理财产转移登记之前，出卖人仍然是登记名义人，在民事法律上其还处于能够向第二个买主出售财物的地位，即便出卖人对第二个买主隐瞒了财物已经卖给他人（第一个买主）的事实，但只要出卖人未将标的物实际交付和转移给第一个买主，第二个买主要实现其所有权在法律上仍然没有障碍，经过法定登记手续，其能够依照民法典等民事法律的规定取得所有权，且其权限能够对抗第三人。如此一来，就不能认为第二个买主被诈骗后遭受了财产损害。另一方面，不能认为出卖人是通过第二个买主骗取了第一个买主的财物，出卖人对第一个买主的诈骗罪也就不能成立。因为第二个买主并无处分第一个买主财产的权限，其在地位和权限上与诉讼诈骗等三角诈骗中的法官完全不同，这使第二个买主是财产处分者、第一个买主是被害人的三角诈骗无法成立。

二、职务侵占罪

第二百七十一条① 公司、企业或者其他单位的工作人员，利用职务上的便利，将本单位财物非法占为己有，数额较大的，处三年以下有期徒刑或者拘役，并处罚金；数额巨大的，处三年以上十年以下有期徒刑，并处罚金；数额特别巨大的，处十年以上有期徒刑或者无期徒刑，并处罚金。

国有公司、企业或者其他国有单位中从事公务的人员和国有公司、企业或者其他国有单位委派到非国有公司、企业以及其他单位从事公务的人员有前款行为的，依照本法第三百八十二条、第三百八十三条的规定定罪处罚。

职务侵占罪，是指公司、企业或者其他单位的工作人员，以非法占有为目的，利用职务上的便利，侵吞、骗取、窃取或以其他手段占有本单位财物，数额较大的行为。

（一）保护法益

本罪侵害的法益是公司、企业或者其他单位的财产权或者财产占有关系，所以，公司、企业尚未依法成立，或者业务行为本身有重大缺陷，也不妨碍行为人开展特定的业务，利用该业务上的便利占有自己保管、支配的单位财物。这是对委托、信任关系的违背，也侵犯了公司、企业的财产权。在公司、企业的主体资格尚不具备的情况下，行为人的侵占行为对合法投资主体依民事程序取回财产有妨害；在公司业务违法的场合，行为人的侵占行为对司法机关依法追缴犯罪赃物也有妨害，所以仍然可能构成本罪。例如，甲所在的公司安排其从事的业务是到乙公司收取走私货物的销售款，业务本身具有违法性，但并不丧失业务的性质，甲将此货款占为

---

① 本条为《刑法修正案（十一）》第29条所修改。

己有的，仍然构成本罪。由此可见，本罪中的侵占是广义的，即基于非法占有目的实施取得行为，并不以侵害合法持有为前提。

（二）客观要件

本罪在客观方面表现为行为人利用职务上的便利，侵占本单位财物，数额较大的行为。

侵占的具体方法是侵吞、骗取、窃取或者其他手段。侵吞是典型的变占有为不法所有的行为，多表现为在执行职务经手财物时加以截留。骗取是虚构事实、隐瞒真相而取得单位财物，例如，公司会计涂改账目、伪造单据，夸大公司支出并将多余部分财物据为己有。窃取是以违反单位意思的方法改变占有的行为（监守自盗）。其他手段是指与利用职务上的便利，取得单位财物并侵吞等方式相当的方法。例如，将自己掌管的单位现金以个人名义存入银行，而长期非法领取利息的行为，就可以被认为是职务侵占罪中的其他手段。

职务侵占罪中的职务，是因为从事一定业务而形成的身份。业务，是指基于社会生活中的地位而反复、继续实施的事务。公司、企业人员职务上的便利是指行为人在公司、企业或者其他单位担任的职务，或者因为执行职务而产生的主管、经手、管理单位财务的便利条件。公司、企业或者有关单位的工作人员基于职务关系而从事财物的保管、运送、主管等，而占有与自己的业务有密切关联的财物的，就构成本罪。虽然是单位成员，但窃取、骗取财物没有利用职务上便利的，或者虽然是从事特定业务者，但是随着业务的开展，财产已经脱离特定业务者本人占有，此时再非法取得该财物的，不构成职务侵占罪，而可能构成盗窃、诈骗、抢夺等罪。本单位管理、使用或者运输中的私人财物，应以单位财物论，所以，行为人利用职务上的便利将这些财物据为己有的，也构成本罪。例如，公司、企业对他人交来的遗忘物、埋藏物有保管义务，单位成员对其不法取得的，构成本罪而不构成（普通）侵占罪。依据最高人民法院、最高人民检察院《关于办理贪污贿赂刑事案件适用法律若干问题的解释》（2016 年 4 月 18 日）第 11 条第 1 款的规定，本罪中的数额较大、数额巨大的数额起点，按照贪污罪相对应的数额标准规定的 2 倍、5 倍执行（即 6 万元以上为职务侵占数额较大，100 万元以上为职务侵占数额巨大）。

本罪的主体是特殊主体，即必须是公司、企业或其他单位的工作人员。这里的公司，是指按照公司法的规定设立的有限责任公司和股份有限公司；企业，是指依照有关法规，设立并以营利为目的的经济实体，个人独资企业也属于这里的企业；其他单位，是指公司、企业以外的其他组织，例如，村民委员会、居民委员会、医院、文艺演出团体、业主委员会等。单纯从事个人经营或者家庭经营的个体工商户，不属于这里的公司、企业或者其他单位，其从业人员不具备本罪主体资格。此外，并不是上述公司、企业或者其他单位中的所有人都可以成为本罪的主体，只有担任一定管理性职务或因工作需要而主管、经手、管理财物，且不具有国家工作人员身份的人员才能构成本罪。他们包括公司、企业的董事、监事、经理以及从事人事、计划、财务、供销、信贷、物资采购、保管等职责的人员。

本罪的主体一方面是单位财产的占有者（真正身份犯），另一方面是特定业务的从事者（不真正身份犯），所以本罪的主体是双重意义上的复合身份犯。

两个以上的业务上占有者共同侵占本单位财物的，或者业务上占有者与没有职务便利但占有财物者共同不法取得本单位财物的，都可以构成公司、企业人员侵占罪的共犯，各共犯人之间不仅仅是狭义共犯的关系，还可以成立共同正犯；业务上占有者和一般人（无业务且未占有财物者）共同侵占单位财物的，由于本罪是真正身份犯，不占有财物的非身份者实施侵占行为的，欠缺本罪的实行行为性，不成立共同正犯，而只成立教唆犯或者帮助犯。

（三）主观要件

本罪在主观方面是故意，行为人具有将自己占有变为自己不法所有的目的（非法占有目的），这也是本罪和挪用资金罪区分的关键所在。

第五节　挪用型犯罪

一、挪用资金罪

第二百七十二条[①]　公司、企业或者其他单位的工作人员，利用职务上的便利，挪用本单位资金归个人使用或者借贷给他人，数额较大、超过三个月未还的，或者虽未超过三个月，但数额较大、进行营利活动的，或者进行非法活动的，处三年以下有期徒刑或者拘役；挪用本单位资金数额巨大的，处三年以上七年以下有期徒刑；数额特别巨大的，处七年以上有期徒刑。

国有公司、企业或者其他国有单位中从事公务的人员和国有公司、企业或者其他国有单位委派到非国有公司、企业以及其他单位从事公务的人员有前款行为的，依照本法第三百八十四条的规定定罪处罚。

有第一款行为，在提起公诉前将挪用的资金退还的，可以从轻或者减轻处罚。其中，犯罪较轻的，可以减轻或者免除处罚。

挪用资金罪，是指公司、企业或者其他单位的工作人员利用职务上的便利，挪用本单位资金归个人使用或者借贷给他人，数额较大、超过3个月未还，或者虽未超过3个月未还，但数额较大，进行营利活动，或者进行非法活动的行为。

（一）客观要件

本罪在客观方面表现为利用职务上的便利，非法擅自动用本单位资金归个人使用或借贷给他人使用的行为。

1. 利用职务上的便利

挪用资金的行为必须利用职务上的便利实施。职务上的便利，是指利用本人在职务上主管、经手、管理本单位资金的便利。利用职务上的便利的具体表现是，行为人未经批准、许可或未履行相应资金使用规定，违反规章制度，私自动用本单位资金。按照公司法的有关规定，董事、经理挪用公司资金或者将公司资金借贷给他人的，责令其退还公司的资金，由公司给予处分，将其所得收入归公司所有；构成犯罪的依法追究刑事责任。行为人动用单位资金通过一定程序得到许可的，不是挪用行为；但是许可行为存在重大违法情形的，动用资金的人也可能构成挪用资金行为。行为人利用职务便利挪用资金，是将资金挪作他用，其暂时取得资金的支配权，而不改变资金的所有关系。

2. 挪用资金

挪用本单位资金的情形具体有三种。

（1）挪用资金数额较大，超过3个月未还。这是指未将挪用资金用于非法活动、营利活动的情形，例如，将挪用的资金用于生活开支、外出旅游、挥霍浪费、偿还日常生活中所欠下的私人债务等。此时，构成犯罪同时要求数额较大和超过3个月未还两个条件。所谓超过3个月未还，是指在案发前（被司法机关、主管部门或者有关单位等发现前）未还。如果挪用本单位资金数额较大，超过3个月后在案发前已全部归还本息的，可不认为是犯罪，由其所在的单位给予相应纪律处分。

---

① 本条为《刑法修正案（十一）》第30条所修改。

(2) 挪用单位资金，数额较大，进行营利活动。所谓营利活动，是指以营利为目的并为法律所允许的一切经营或者其他谋取利润的行为，例如，以挪用的资金作为资本，从事生产、经商、入股分红、存入银行或者借贷给他人收取利息的行为。此外，利用挪用的资金进行偿还因经商欠下的债务、申请办理营业执照、提供财产担保等为营利活动服务的行为，也应当被视为进行营利活动。挪用单位资金进行营利活动，数额较大的，不管行为人的营利目的是否最终实现，也不管挪用时间长短、案发前是否归还，均构成本罪。

(3) 挪用资金进行非法活动。非法活动是指法律禁止的一切活动，包括一般违法活动和犯罪行为，如赌博、走私、贿赂、生产销售伪劣商品、贩卖毒品、嫖娼等。挪用资金进行非法活动的，不管挪用资金多少，时间长短，一律构成本罪。行为人挪用资金以后所实施的非法行为另外构成犯罪的，应当将其与挪用资金罪数罪并罚。依据最高人民法院、最高人民检察院《关于办理贪污贿赂刑事案件适用法律若干问题的解释》(2016 年 4 月 18 日) 第 11 条第 2 款的规定，本罪中的数额较大、数额巨大以及进行非法活动情形的数额起点，按照挪用公款罪数额较大、情节严重以及进行非法活动的数额标准规定的 2 倍执行（即 10 万元以上为挪用资金数额较大，400 万元以上为挪用资金数额巨大；挪用资金进行非法活动的入罪数额标准为 6 万元以上，200 万元以上为挪用资金进行非法活动数额巨大)。

3. 归个人使用或者借贷给他人

依据最高人民法院《关于如何理解刑法第二百七十二条规定的“挪用本单位资金归个人使用或者借贷给他人”问题的批复》(2000 年 7 月 20 日）的规定，挪用本单位资金的目的是供个人使用或者借贷给他人，即挪用本单位资金归本人或者其他自然人使用，或者挪用人以个人名义将所挪用的资金借给其他自然人和单位。使用资金的单位是否具有法人资格，是国有企业还是私营企业，对成立本罪没有影响。

依据全国人大常委会法制工作委员会刑法室《关于挪用资金罪有关问题的答复》(2004 年 9 月 8 日)，刑法第 272 条规定的挪用资金罪中的归个人使用与刑法第 384 条规定的挪用公款罪中的归个人使用的含义基本上相同。1997 年修改刑法时，针对当时挪用资金中比较突出的情况，在规定归个人使用的同时，进一步明确了“借贷给他人”属于挪用资金罪的一种表现形式。换言之，这里的将公司资金借贷给他人，是挪用资金归个人使用的情形之一。立法上将其单列出来，与挪用资金归个人使用并列，是因为这类行为发案率高，单独规定有助于实现刑罚的一般预防功能。实践中，大量出现有限责任公司总经理等公司负责人将董事会决定投向甲项目的公司资金改投乙项目，或者公司融资后改变资金用途（但仍然用于公司项目）的情形。这些行为均不成立挪用资金罪，但是，如果公司负责人将公司资金擅自借贷给其他个人使用的，则属于这里的将公司资金借贷给他人，行为人不能以这类行为较为普遍、自己有资金使用决定权等进行辩解。

本罪的主体是特殊主体，即公司、企业或者其他单位的工作人员，主要是股份有限公司和有限责任公司的董事、监事、经理、财务负责人、物资购销人员。股份有限公司和有限责任公司以外的企业的厂长、经理、会计、物资购销人员，以及其他单位的领导或财务人员等，才能构成本罪。

筹建公司的工作人员在公司登记注册前，利用职务上的便利，挪用准备设立的公司在银行开设的临时账户上的资金，归个人使用或者借贷给他人的，可以成立本罪；村民小组组长利用职务上的便利，擅自将村民小组的集体财产为他人担保贷款，并以集体财产承担担保责任的，属于挪用本单位资金归个人使用的行为，也可以构成本罪。

对于受国家机关、国有公司、企业、事业单位、人民团体委托，管理、经营国有财产的非国家工作人员，利用职务上的便利，挪用国有资金归个人使用构成犯罪的，应当依照挪用资金罪定罪处罚；国有公司、企业或者其他国有单位中从事公务的人员和国有公司、企业或者其他国有单位委派到非国有公司、企业以及其他单位从事公务的人员有上述挪用本单位资金行为的，依照刑法第 384 条规定的挪用公款罪定罪处罚。

（二）主观要件

本罪在主观方面只能是故意，即行为人明知是其所在的公司、企业或者其他单位的资金，自己无权擅自挪用归个人使用或者借贷给他人，挪用本单位资金必将违反本单位的财务管理制度和财经纪律，并对本单位以及与本单位有关的人员的利益造成损害，但是，为了取得资金的使用权，仍然未经合法的批准或许可而挪用本单位资金。其目的是暂时挪用本单位资金，并非永久非法占有，否则可能构成职务侵占罪，而不构成本罪。

（三）减免处罚的特别规定

对于在提起公诉前将挪用的资金退还的，可以从轻或者减轻处罚。其中，犯罪较轻的，可以减轻或者免除处罚。适用这一规定，需要注意：（1）时间限制：在提起公诉前。如果在提起公诉后、一审判决前将挪用的资金退还的，并不能直接引用这一规定减免处罚，但在量刑上可以参照适用这一规定，从宽幅度可以适当缩小。（2）实质条件：将挪用的资金退还，可以是部分退还，也可以是全部退还。退还的比例和刑罚减免幅度直接关联。换言之，即便行为人并未全部退还所挪用的资金的，从轻或者减轻处罚的规定仍然是可以适用的，但免除处罚就应当特别慎重。（3）从宽幅度：可以从轻或者减轻处罚。其中，犯罪较轻的，可以减轻或者免除处罚。这里的犯罪较轻，是指处第一档刑（3 年以下有期徒刑）的情形。

二、挪用特定款物罪

第二百七十三条　挪用用于救灾、抢险、防汛、优抚、扶贫、移民、救济款物，情节严重，致使国家和人民群众利益遭受重大损害的，对直接责任人员，处三年以下有期徒刑或者拘役；情节特别严重的，处三年以上七年以下有期徒刑。

挪用特定款物罪，是指违反财经管理制度，挪用国家用于救灾、抢险、防汛、优抚、扶贫、移民、救济款物，情节严重，致使国家和人民群众利益遭受重大损害的行为。

（一）客观要件

本罪在客观方面表现为挪用国家救灾、抢险、防汛、优抚、扶贫、移民、救济款物的行为。

挪用，即未经合法批准，擅自将自己经管的专项款物调拨、使用于其他方面，改变特定款物的特别用途，例如，将防汛款用于修建楼堂馆所。国家工作人员挪用特定款物，不是单纯改变其用途，而是完全归个人或者他人使用，构成犯罪的，应以挪用公款罪处理。刑法虽然没有规定本罪必须利用职务上的便利实施，但是没有主管、经管、经手特定款物的人难以实施挪用行为，所以本罪具有渎职性质。

挪用上述特定款物必须情节严重，致使国家和人民群众利益遭受重大损害的，才构成犯罪。依据最高人民检察院、公安部《关于公安机关管辖的刑事案件立案追诉标准的规定（二）》[2010 年 5 月 7 日，以下简称《立案追诉标准（二）》] 第 86 条的规定，挪用用于救灾、抢险、防汛、优抚、扶贫、移民、救济款物，涉嫌下列情形之一的，应予立案追诉：（1）挪用特定款物数额在 5 000 元以上的；（2）造成国家和人民群众直接经济损失数额在 5 万元以上的；（3）虽未达到上述数额标准，但多次挪用特定款物的，或者造成人民群众的生产、生活严重困难的；（4）严重损害国家声誉，或者造成恶劣社会影响的；（5）其他致使国家和人民群众利益遭受重大损害的情形。

（二）主观要件

本罪在主观方面是故意，挪用者必须明知是国家救灾、抢险、防汛、优抚、扶贫、移民、救济款物而调作他用。不具有这种明知，即阻却本罪故意，不构成本罪。

第六节 毁损、拒付型犯罪

一、故意毁坏财物罪

第二百七十五条 故意毁坏公私财物，数额较大或者有其他严重情节的，处三年以下有期徒刑、拘役或者罚金；数额巨大或者有其他特别严重情节的，处三年以上七年以下有期徒刑。

故意毁坏财物罪，是指故意毁坏公私财物，数额较大或者有其他严重情节的行为。

（一）保护法益

本罪侵害的法益是他人财物的效用而不是财产所有权，因为本罪是不具有不法领得的意思，单纯地侵害他人财物的行为。至于财物的种类、性质等在所不问。只要是他人能够行使财产权的对象物都是这里的财物，他人饲养的有相当价值的动物也是这旦的财物，可以成为本罪的对象。

故意毁坏财物罪是使财物本身不可回复、价值永久消失的行为，其危害比领得罪的要大，因为领得罪的被害人可以通过合法的司法程序取回自己的财物，而毁坏罪则没有这种可能。但是，领得罪的法定刑要远远高于毁坏罪的法定刑，这是因为领得罪是利欲犯，犯罪动机、目的值得责任非难的可能性要大，同时从司法统计看，领得罪的发案率要远远高于毁坏罪的，所以对其有严惩的必要。

（二）客观要件

本罪在客观方面表现为毁坏行为。

我国通说认为，本罪保护的是公私财产的所有权，损毁财物的方法自然包括砸毁、撕毁、压毁等。[①] 通说重视对实物、实体的损坏，坚持的是“实体破坏说”。但是，不改变财产所有权关系，没有侵害公私财产的所有权的行为，也可能构成故意毁坏财物。不对财物的实体进行砸毁、撕毁、压毁，也可能构成毁坏。将故意毁坏财物解释为针对所有权的暴力毁坏行为，明显属于形式化、机械地看待问题，会缩小处罚范围。为此，有必要接受“功能妨害说”，也就是说，即便没有破坏实物，但对于财物的正常功能发挥有影响的，也是毁坏。因此，放走他人的笼中鸟，对汽车轮胎放气，对汽车喷漆，在他人的字画上题字，都是故意毁坏财物。[②] 因此，有必要实现从“实体破坏说”到“功能妨害说”的转变。

在特殊情况下，不具有不法领得的意图，但是又剥夺所有人的财物占有权的抛弃、隐匿，以及在原财物中掺入其他成分的行为，也可以被视为财产毁坏行为，例如，将尿液投入食器中，是公认的毁坏行为。不具有不法领得目的，将他人豢养的动物开栏放走的，也是故意毁坏财物的行为。

① 参见高铭暄、马克昌主编：《刑法学》，9版，516页，北京，北京大学出版社，2019。
② 参见林东茂：《一个知识论上的刑法学思考》，增订3版，52页，台北，五南图书出版公司，2007。

从盗窃犯处盗取原属于自己的财物，并立即加以毁弃的，由于并未侵犯他人的平稳占有，所以该取得行为不构成盗窃罪，对毁坏行为自然就不能以本罪处理。

（三）主观要件

本罪在主观方面只能是故意，包括直接故意和间接故意。排除他人对财物的占有，取得财物以后自己也不再继续占有该财物本身，但其毁坏、抛弃行为是为了实现一定的经济目的，且原物是被改头换面后继续使用的，相关行为构成盗窃而不是故意毁坏财物。例如，盗窃他人的棉被，将其剪开、撕破后缝成棉衣的，貌似毁坏实为盗窃。

毁坏、抛弃行为虽是为了实现经济利益，但使原物不再存在的，也只能成立故意毁坏财物罪。例如，某一种文物，世间现存两件。甲为使自己手中的文物成为举世无双的珍品以提高其交易价格，而盗取乙的文物并将其毁坏的，其行为成立故意毁坏财物罪。甲的行为虽是为了实现其经济利益，但毁坏行为使原物不再存在，甲赚取更多钱财的目的仍然必须依靠自己手中的文物而不是被毁坏的财物实现，经济利益不能再负载于被毁坏的财物之上的，甲的行为本身不具有不法取得意图，而只有毁坏故意。

二、破坏生产经营罪

第二百七十六条　由于泄愤报复或者其他个人目的，毁坏机器设备、残害耕畜或者以其他方法破坏生产经营的，处三年以下有期徒刑、拘役或者管制；情节严重的，处三年以上七年以下有期徒刑。

破坏生产经营罪，是指由于泄愤报复或者其他个人目的，毁坏机器设备、残害耕畜或者以其他方法破坏经营的行为。

（一）保护法益

本罪侵害的法益是各种经济单位生产经营活动的正常进行。这里所说的生产经营活动，既包括国有单位和集体所有制单位的生产经营活动，也包括个体经营户、私有经济、外资企业等非公有制经济单位的生产经营活动。

（二）客观要件

本罪在客观方面表现为以毁坏机器设备、残害耕畜或者其他方法破坏生产经营的行为。

破坏的方式是毁坏机器设备、残害耕畜或者其他方法。从司法实践来看，其他方法主要是指破坏电源、水源，制造停电、停水事故，破坏种子、秧苗，毁坏庄稼、果树，制造质量事故或者设备事故等。

破坏既可以是作为，也可以是不作为，结果是导致生产经营活动完全无法进行或者使已经进行的部分归于无效。破坏的对象，必须是与各种经济单位的经营活动有着直接联系的，否则，就不构成本罪。例如，破坏已经闲置不用的机器设备、毁坏仓库里储存备用的生产工具和收获的粮食、残害已丧失役力的待售肉食牲畜的行为，即使这些财物是各种生产经营单位所有的，由于它们与各种经济单位的生产经营活动的正常进行并无直接联系，因而相关行为不构成破坏生产经营罪。如果毁坏公私财物数额较大或者有其他严重情节的，则应以故意毁坏财物罪定罪处罚。

以放火、投放危险物质、决水、爆炸等方法破坏厂矿、企业的机器设备、生产设施和耕畜、农具以及其他生产资料等，足以危害公共安全的，虽然行为也对生产经营有影响，但由于其直接危害公共安全，具有更为严重的社会危害性，因而对行为人应当分别以放火罪、投放危险物质罪、决水罪、爆炸罪处罚，相关行为不构成破坏生产经营罪。以放火、投放危险物质、决水、爆炸等方法破坏生产经营的，尚不足以危害公共安全的，应被认定为破坏生产经营罪。

（三）主观要件

本罪在主观方面是故意，并且具有泄愤报复或者其他个人目的。所谓其他个人目的，主要是指基于个人得失的各种心怀不满、愤恨、厌恶等的报复目的。引起这种犯罪目的的因素比较复杂，例如，由于受批评、处分等而对领导不满，或者对批评、揭发其错误、违纪、违法行为的人不满；由于没有被提职、提级、提薪或者奖金少而不满；对工作岗位不满意、厌恶；因对其他人的成就、获益、被重用等嫉妒而不满；对与其口角的人不满；等等。

由于过失对生产经营活动造成破坏的，不构成本罪，但可能成立其他犯罪。出于贪财动机，从机器设备上拆卸零部件，即使价值并不大，也属于有其他个人目的，行为人使生产经营活动的正常进行遭到破坏的，应以本罪论处。

三、拒不支付劳动报酬罪

第二百七十六条之一① 以转移财产、逃匿等方法逃避支付劳动者的劳动报酬或者有能力支付而不支付劳动者的劳动报酬，数额较大，经政府有关部门责令支付仍不支付的，处三年以下有期徒刑或者拘役，并处或者单处罚金；造成严重后果的，处三年以上七年以下有期徒刑，并处罚金。

单位犯前款罪的，对单位判处罚金，并对其直接负责的主管人员和其他直接责任人员，依照前款的规定处罚。

有前两款行为，尚未造成严重后果，在提起公诉前支付劳动者的劳动报酬，并依法承担相应赔偿责任的，可以减轻或者免除处罚。

拒不支付劳动报酬罪，是指以转移财产、逃匿等方法逃避支付劳动者的劳动报酬或者有能力支付而不支付劳动者的劳动报酬，数额较大，经政府有关部门责令支付仍不支付的行为。

（一）保护法益

本罪的保护法益是个人的劳动收益权（财产性利益）以及政府有关部门公务行为的权威性。公民个人向他人提供劳动后，有权获得相应的劳动报酬。拒不支付劳动报酬的行为，会损害劳动者的财产性利益，减少其收益，还可能引发其他社会问题，理应动用刑罚加以处罚。行为人经政府有关部门责令支付而不支付劳动报酬的，还会动摇行政执法权威性。

（二）客观要件

本罪在客观方面表现为以转移财产、逃匿等方法逃避支付劳动者的劳动报酬或者有能力支付而不支付劳动者的劳动报酬，数额较大，经政府有关部门责令支付仍不支付的行为。

本罪的行为手段表现为以下两种形式。

（1）以转移财产、逃匿等方法逃避支付劳动者的劳动报酬。这是以作为方式拒不支付劳动报酬。转移财产，是指行为人为逃避支付义务将财产或者经营收益转往他处，使行政机关、司法机关或被欠薪者无法查找的行为。行为人有财产可供其转移的，说明其有履行义务的能力。逃匿，是指行为人为逃避支付义务或者为躲避相关机关的追查而逃离当地或躲藏起来。这是拒不支付劳动报酬的极端形式。

依据最高人民法院《关于审理拒不支付劳动报酬刑事案件适用法律若干问题的解释》（2013年1月16日）第2条的规定，以逃避支付劳动者的劳动报酬为目的，具有下列情形之一

① 本条为《刑法修正案（八）》第41条所增设。

的，应当认定为“以转移财产、逃匿等方法逃避支付劳动者的劳动报酬”：1）隐匿财产、恶意清偿、虚构债务、虚假破产、虚假倒闭或者以其他方法转移、处分财产的；2）逃跑、藏匿的；3）隐匿、销毁或者篡改账目、职工名册、工资支付记录、考勤记录等与劳动报酬相关的材料的；4）以其他方法逃避支付劳动报酬的。

（2）有能力支付而不支付劳动者的劳动报酬。有能力支付，是指根据行为人现实的企业实力、债权总额、财产状况等综合判断，其可以支付劳动者应得的报酬。在行为人有义务支付报酬、有能力履行义务的情况下，拒不支付的，是以不作为的方式构成本罪。对于确因经营中遇到困难、资金周转不开或经营不善等暂时无法支付劳动者劳动报酬的，不属于有能力支付而不支付劳动者的劳动报酬的情况。

这里的“劳动报酬”，是指劳动者按照《劳动法》和《劳动合同法》的应得收入，主要是工资，但不限于此。工资，是指用人单位依据国家有关规定或劳动合同的约定，以货币形式直接支付给本单位劳动者的劳动报酬，一般包括计时工资、计件工资、奖金、津贴和补贴、延长工作时间的工资报酬以及特殊情况下支付的工资等。工资是劳动者劳动收入的主要组成部分。劳动者的以下收入不属于工资范围，但也是本罪中的劳动报酬：（1）社会保险福利费用，如丧葬抚恤救济费、生活困难补助费、计划生育补贴等；（2）劳动保护方面的费用，如用人单位支付给劳动者的工作服、解毒剂、高温补贴等；（3）按规定未列入工资总额的各种劳动报酬及其他劳动收入。

拒不支付劳动报酬，数额较大，“经政府有关部门责令支付仍不支付的”，才构成本罪。这是关于客观处罚条件的规定。在人力资源社会保障部门或者政府其他有关部门依法以限期整改指令书、行政处理决定书等文书责令支付劳动者的劳动报酬后，在指定的期限内仍不支付的，属于“经政府有关部门责令支付仍不支付”，但有证据证明行为人有正当理由未知悉责令支付或者未及时支付劳动报酬的除外。行为人逃匿，无法将责令支付文书送交其本人、同住成年家属或者所在单位负责收件的人的，如果有关部门已通过在行为人的住所地、生产经营场所等地张贴责令支付文书等方式责令支付，并采用拍照、录像等方式记录的，应当视为“经政府有关部门责令支付”。行为人逃避支付或不支付劳动报酬，但经政府有关部门责令支付后即履行相关义务的，不能成立本罪。

依据最高人民检察院、公安部《关于公安机关管辖的刑事案件立案追诉标准的规定（一）的补充规定》（2017 年 4 月 27 日）第 7 条的规定，以转移财产、逃匿等方法逃避支付劳动者的劳动报酬或者有能力支付而不支付劳动者的劳动报酬，经政府有关部门责令支付仍不支付，涉嫌下列情形之一的，应予立案追诉：（1）拒不支付 1 名劳动者 3 个月以上的劳动报酬且数额在 5 000 元至 2 万元以上的；（2）拒不支付 10 名以上劳动者的劳动报酬且数额累计在 3 万元至 10 万元以上的。不支付劳动者的劳动报酬，尚未造成严重后果，在刑事立案前支付劳动者的劳动报酬，并依法承担相应赔偿责任的，可以不予立案追诉。

本罪的主体是实际雇请他人劳动，负有支付义务者。至于其是否具备用工主体资格，在所不问。因此，不具有用工主体资格的单位或者个人（包工头），违法用工且拒不支付劳动者报酬，数额较大，经政府有关部门责令支付仍不支付的，应当以本罪追究其刑事责任。

（三）主观要件

本罪在主观方面是故意。行为人对应当支付劳动报酬、自己有能力支付等事实有明知，并且希望或者放任不支付劳动报酬结果的发生。

（四）处罚的特别规定

拒不支付劳动报酬，尚未造成严重后果，在提起公诉前支付劳动者的劳动报酬，并依法承担相应赔偿责任的，可以减轻或者免除处罚。

这里的“尚未造成严重后果”，是指：(1) 虽然没有支付或者没有及时或足额支付劳动者报酬，但并未严重影响劳动者家庭的生活或生存；(2) 没有造成劳动者自伤、精神失常或者实施违法、犯罪行为；(3) 没有引发群体性事件等严重后果；等等。在提起公诉前支付劳动者报酬，是指在人民检察院提起公诉前，行为人全额支付了劳动者的劳动报酬；依法承担相应赔偿责任，主要是指行为人按照劳动合同法的要求向劳动者全额支付赔偿金，承担相关经济补偿责任。

在提起公诉前支付劳动者的劳动报酬，是指负有支付义务者本人主动支付劳动报酬。用工单位或者个人（包工头）拒不支付劳动报酬，即使其他单位或者个人在刑事提起公诉前为其垫付了劳动报酬的，也不影响追究该用工单位或者个人（包工头）本罪的刑事责任。

第二编

侵害社会法益的犯罪

第三章 危害公共安全罪

第一节 概述

危害公共安全罪，是指故意或者过失地危害不特定或者多数人的生命、身体或者重大财产安全的行为。

一、保护法益

本章罪侵害的法益是公共安全。公共安全是与不特定人、多数人、不特定且多数人还是与不特定或者多数人有关，一直是有争议的问题。我国刑法学通说认为公共安全是“不特定并且多数人”的生命、身体或者财产安全，但这一观点存在法益保护不周延的可能性。国外的通说一直认为，公共危险罪保护的是“不特定或者多数人”的生命、身体、财产。① 本书采纳这种观点，将公共安全界定为不特定或者多数人（公众）的生命、身体、财产安全；换言之，行为对不特定人有危险的，具有危害公共安全的性质；行为针对少数人实施，但对象属于不特定人（且多数人也面临威胁，只是碰巧没有受到实际侵害）的情形的，也是危害公共安全。

与侵害个人法益的犯罪不同，危害公共安全罪不是侵害单独个人的权益，而是直接针对不特定或者多数人的生命、身体和财产，其波及范围之广、危害后果之严重，往往是行为人本人也无法预料和控制的。所以，危害公共安全罪属于典型的危害公众的犯罪，其成立要求行为具有公共危险性和一定程度的公然性。

危害公共安全被作为危险性最大的普通刑事犯罪看待，是由三个因素所决定的：(1) 犯罪行为指向的不明确性。本章罪针对不特定或者多数对象实施。不特定，是指犯罪行为以危险方法或者带有恐怖性质的方法实施，或者属于责任事故型犯罪。其可能危及的不是确定的人身和财产，其可能侵害的对象和造成的严重后果范围之广、性质之严重、数量之大均出乎人们的预料。(2) 所侵害对象的特殊性。例如，破坏交通工具罪、破坏交通设施罪、破坏电力设备罪等所侵害的对象本身，都关系到多数人的生命、健康和重大财产安全。(3) 在侵害财产构成危害公共安全罪的场合，财产总是在与人身有关联的意义上被刑法保护。换言之，危害公共安全罪最终侵害或者指向的是人身权利，对财产造成侵害只是本罪的实行行为所造成的附带结果。对危害公共安全的犯罪之所以要给予严厉惩罚，是因为这类犯罪侵害不特定人或者多数人的生命、健康权利，或者对生命、健康产生危险。因此，行为最终侵害或者指向人身权利，是这类犯罪的共同特点。一般地说，如果行为单纯具有侵害财产的性质，可以按照故意毁坏财物罪论处，或者根据妨害社会管理秩序的相关犯罪定罪处罚。在过失造成财产损害的场合，还可以不定罪，就更不可能以危害公共安全罪处理。因此，认为单纯侵害不特定的或者价值较高的财产就可以构成危害公共安全罪的主张是不合适的。

---

① 参见［日］山口厚：《刑法各论》（第2版），王昭武译，425页，北京，中国人民大学出版社，2011。

对危害公共安全罪保护法益的判断必须结合该类犯罪的客观特征进行。客观上，行为是否危及不特定或者多数人的人身和重大财产安全，是危害公共安全罪区别于其他各类犯罪的最根本标准。从危害结果看，这类犯罪与侵犯人身权利罪、侵犯财产罪一样，都会造成人身伤亡和财产损毁，区别的关键在于行为人的行为有无造成不特定或者多数人伤亡、重大财产损失的可能性，即不足以危害公共安全时，不以危害公共安全罪论罪。

二、客观要件

本章罪的客观要件是危害公共安全。这种行为有的是因为使用的犯罪方法特别危险，一经实施就可能造成难以预料和控制的严重后果，如放火、决水、爆炸、投放危险物质、劫持航空器等；有的是因为侵害对象特殊，其一旦遭受破坏就足以危害公共安全，如破坏火车、汽车、电车、船只、飞机等交通工具和交通设施、易燃易爆设备；还有的涉及枪支、弹药、爆炸物等危险物品，如非法制造、买卖、运输或者盗窃、抢夺上述危险物品，会使其流散于社会，为犯罪分子所掌握，构成对公共安全的巨大威胁。

实践中，危害公共安全罪的具体行为方式大致可以归结为两类：一类是只有行为已经造成危害公共安全的严重后果，才构成危害公共安全罪（实害犯），如放火罪、爆炸罪、决水罪、投放危险物质罪等。此外，过失危害公共安全的犯罪，如交通肇事罪、重大责任事故罪、失火罪、过失爆炸罪等都需要造成严重危害后果才构成犯罪。另一类是虽未造成实际损害结果，但行为使法益面临危险，使不特定或者多数人的生命、健康和重大财产安全陷入抽象或者具体危险的，也构成危害公共安全罪。正是因为充分认识到了危害公共安全的危险行为的高度社会危害性，刑法才以多个条文明确规定故意实施危害公共安全行为，虽尚未造成严重危害后果，但有危害公共安全的危险的，也构成犯罪。这就是刑法关于危险犯的规定。

对危险犯的认定，需要明确以下问题。

1. 危险的本质

危险犯中的危险是行为的危险而非结果的危险。危险犯与实害犯相对。以对法益的实际侵害作为处罚根据的犯罪，称为实害犯。以对法益发生侵害的危险作为处罚根据的犯罪，是危险犯。放火罪、决水罪、爆炸罪、投放危险物质罪、破坏交通工具罪、破坏交通设施罪、破坏易燃易爆设备罪、暴力危及飞行安全罪等，都是典型的危险犯。

危险是被判断为具有侵害法益的可能性与盖然性的状态。危险是行为的危险，即行为本身所具有的导致侵害结果发生的可能性，因而也可以称为行为的属性，而不是作为结果的危险，即行为所导致的对法益的危险状态。将危险理解为行为的危险，即行为本身所具有的对法益造成侵害的可能性与盖然性，理由在于：一方面，危险状态这种结果取决于行为的危险，如果没有行为的危险，就不可能有危险状态；另一方面，行为的危险与作为结果的危险在很多情况下难以明确区分，只能根据行为的危险认定行为造成了危险状态。例如，破坏交通工具罪的成立，要求足以使火车、汽车、电车、船只、航空器发生倾覆、毁坏危险，因而属于危险犯。如果破坏行为是针对正在使用的交通工具的整体或者其重要部件的，我们就可以认定具有这种危险，否则就认定没有这种危险。但足以发生某种危险的表述已经表明，是行为足以导致某种危险，即行为本身所具有的危险，而不是指行为已经造成的危险状态。因此，危险是针对行为性质而言，行为不具有侵害法益的危险时，不可能成立危险犯。

2. 危险犯的种类

危险包括具体的危险和抽象的危险。具体危险犯与抽象危险犯都是以对法益侵害的危险作为处罚根据的犯罪。但各自的含义以及判断标准不相同。

具体危险犯中的具体危险使法益侵害的可能具体地达到现实化的程度，这种危险属于构成要件的内容。作为构成要件，具体危险是否存在需要司法官员加以证明与确认，而不能进行某种程度的假定或者抽象，所以，具体危险是司法认定的危险。

具体危险不是一般人的危险感觉，也不是一般人对当时情况所进行的大致判断。对具体危险的证明和判断，应当由司法工作人员以及其他有专门知识或专业认识能力的人，以行为当时的各种具体情况以及已经判明的因果关系为根据，认定行为是否具有发生侵害法益的可能性。例如，放火罪是具体危险犯，只有根据行为当时的具体情况（火力大小、与可燃物距离的远近等），客观地认定使对象物燃烧的行为具有公共危险时，才能成立放火罪。又如，破坏交通工具罪是具体危险犯，拆卸一个车轮的行为被一般人当然认为有危险，但是并不是所有拆卸车轮的行为都具备犯罪构成要件中所要求的具体危险，还必须进一步判断：(1) 该车辆在被拆掉一个车轮后仍能行驶（至于行驶距离远近，则在所不问）；(2) 这样的行驶会造成倾覆或者冲撞事故；(3) 司机有可能在启动汽车前或开始正常运行时难以意识到车辆的这一缺陷；(4) 该车辆正处于使用期并已实际投入使用。缺乏上述任何一个条件，都不能认定为存在具体危险，只可能成立故意毁坏财物罪，而不成立本罪。

抽象危险犯是指行为本身包含了侵害法益的可能性而被禁止的情形。抽象危险与具体危险不同，具体危险是一种结果，但抽象危险不是结果，其不属于构成要件要素，只是认定行为可罚的实质违法根据。抽象危险犯保护的安全条件和安全状态，系立法上考虑一般生活经验之后所作的假定，注重考察行为自身的危险性而非直接避免结果的发生。抽象危险犯的立法将没有造成结果或并无具体危险的行为规定为犯罪，属于立法上构成要件的“缩水”。

但是，如此界定抽象危险，并不意味着对于此种危险法官完全不需要进行判断。抽象危险的有无以及其程度固然是立法者的判断，通常而言，法官在具体案件中只要判断构成要件所描述的行为是否出现即可，无须特别地去认定有无危险出现。换言之，法官只要能够肯定某一构成要件行为存在，相应地，危险不是想象或臆断的，就可以认为在个案中立法上假定的危险是存在的，该构成要件行为具备可罚的、实质的违法性。例如，盗窃枪支、弹药、爆炸物、危险物质罪是抽象的危险犯，根据一般社会生活经验，可以认定，窃取枪支、弹药、爆炸物、危险物质的行为一旦实施，就具有公共危险，就应当成立盗窃枪支、弹药、爆炸物、危险物质罪。但是，在某些案件中，立法者所预设的抽象危险一看就不存在，以及被告方对抽象危险提出质疑乃至反证的，认定抽象危险是否存在时，法官必要的判断仍然是必要的，由此才能确定立法上推定的危险在个案中确实存在。也就是说，对抽象危险的判断，说到底还是应该以行为本身的一般情况或者一般的社会生活经验为根据，认定行为具有发生侵害结果的抽象可能性或不是特别紧迫的危险性。例如，（醉酒型）危险驾驶罪是抽象危险犯。被告人醉酒后发动车辆，车辆向前行驶 1 米就停下不动，事后查明该车辆因汽油耗尽寸步难行，且周围并无行人、车辆通行的，可以认为该驾驶行为连立法上所预设的抽象危险都不存在，故难以成立危险驾驶罪。此时，法官对抽象危险判断的实质是根据一般的“危险感觉”，对立法上假定的行为危险作最低限度的危险预测，以“印证”立法上的推测是否存在。一般来说，具体危险犯在刑法分则中有诸如“危害公共安全”“足以发生……危险”“引起……危险”等字样加以明示。① 因此，刑法第 114 条、第 116 条、第 117 条、第 118 条、第 123 条、第 124 条、第 130 条、第 141 条、第 143 条、第 334 条第 1 款所规定的犯罪都是具体的危险犯；刑法第 330 条、第 332 条规定的犯

---

① 日本刑法学通说及判例均认为，凡是刑法中规定“公共危险”字样的，均应当解释为具体危险犯。而缺乏这种用语的危险犯则属于抽象危险犯。参见［日］团藤重光：《刑法纲要各论》，3 版，187 页，东京，创文社，1990。

罪也包括了具体危险犯。典型的抽象危险犯有刑法第 125 条、第 126 条、第 127 条、第 128 条第 1、2 款、第 339 条第 1 款等规定的犯罪。明确了具体危险犯与抽象危险犯的区分标准，也就明确了哪些犯罪的成立需要司法工作人员根据行为当时的具体情况判断是否存在具体的危险，哪些犯罪的成立只需要司法工作人员根据一般社会生活经验判断是否存在抽象的危险，从而有利于准确认定犯罪。

本章罪的主体多数为一般主体，有的犯罪的主体必须是特殊主体，即业务上、职务上有特定身份的人员。例如，重大责任事故罪的主体一般是工厂、矿山、林场、建筑或者其他企业、事业单位中直接从事生产作业或者担任指挥职责的人员。

根据刑法第 17 条第 2 款的规定，已满 14 周岁不满 16 周岁的人，犯放火、爆炸、投放危险物质罪的，应当负刑事责任。

三、主观要件

本章罪的主观要件既可能是故意，也可能是过失。有些罪只能由故意构成，包括直接故意和间接故意，如放火罪和盗窃、抢夺枪支、弹药、爆炸物罪等。有些罪则只能由过失构成，如失火罪、交通肇事罪、重大责任事故罪等。

需要研究的问题是：具体危险犯的成立，是否要求行为人认识到行为的具体危险性？对此，存在认识不要说和认识必要说的对立。应当说，必要说是合理的，因为在具体危险犯中，危险属于客观构成要件要素，对构成要件要素要求行为人认识，乃是责任主义的题中之义。例如，甲命令乙到远离人烟的安全地带烧毁仇人的摩托车，而乙擅自在居民密集的地点实施烧毁行为，引燃他人住宅的，甲因为欠缺对具体危险性的认识而只成立故意毁坏财物罪，而非放火罪共犯。

第二节　以危险方法危害公共安全的犯罪

一、放火罪

第一百一十四条[①]　放火、决水、爆炸以及投放毒害性、放射性、传染病病原体等物质或者以其他危险方法危害公共安全，尚未造成严重后果的，处三年以上十年以下有期徒刑。

第一百一十五条第一款[②]　放火、决水、爆炸以及投放毒害性、放射性、传染病病原体等物质或者以其他危险方法致人重伤、死亡或者使公私财产遭受重大损失的，处十年以上有期徒刑、无期徒刑或者死刑。

放火罪，是指故意放火焚烧他人财物，危害公共安全的行为。

（一）保护法益

本罪侵害的法益是不特定或者多数人的生命、健康和重大公私财产，公私财产的具体对象包括生产设施、公共建筑物以及其他公私财产。这些财产必须具备密集、量大，与其他建筑设施连成一片等特点。实施放火行为，但将火势有效地控制在较小的特定范围内，没有造成危害，也不可能危害不特定或者多数人的生命、健康和重大公私财产的安全的，不构成放火罪，可分别定故意毁坏财物罪、故意杀人罪或故意伤害罪。

---

① 本条为《刑法修正案（三）》第 1 条所修改。

② 本款为《刑法修正案（三）》第 2 条所修改。

放火的对象一般为属于他人所有、占有的财产。放火烧毁自己所有的财产，原则上不构成犯罪，但危及公共安全的，仍应以放火罪论处。自焚行为如果具有公共危险，也可以成立放火罪。

（二）客观要件

本罪在客观方面表现为放火行为。

放火，是指利用火力引起对象物燃烧进而造成公共危险的行为，即对目的物放火，威胁不特定或者多数人的生命、身体、财产安全。

放火概念包括两方面的内容：一是有放火行为，即对公私财物进行引燃。二是危害公共安全，包括已经严重危害公共安全和尚未造成严重后果两种情况。在放火尚未造成严重后果的场合，属于具体危险犯，即燃烧的事态发生，同时因为火力而使公共危险具体地存在，或者是火力有向其他财物转移、附带引起燃烧的危险性。有学者认为，从科学法则来看，附带引起燃烧的可能性即使完全没有，但从一般人的感觉看，只要能够现实地感到有危险的，也认为是有具体危险。① 这一观点可能值得商榷。因为具体危险是司法认定的危险，而非一般人的危险感觉。所以，事实上没有发生危险状态的可能，而一般人认为有危险的，并不具有具体危险，不能成立本罪，而可以成立故意毁坏财物罪。

对放火的具体方法，法律未作限制。直接点燃目的物，通过媒介物（例如，火把、报纸）点燃目的物的，都是放火；在发生自然灾害（地震、火山爆发）时，在已经燃烧和未燃烧的物体之间搭放木板等引火物的，也是放火行为。没有点火行为，但散布引火性极高的物质（例如，汽油、煤气）的场合，即使未开始点火，也认为是放火行为的着手。放火行为一般表现为用各种引火物直接点燃财物的作为形式，有的也可能表现为不作为的形式，如发电厂值班电工明知线路有故障，不加修理可能酿成火灾，但为了发泄不满，故意不予维修，结果造成火灾，构成不作为形式的放火罪。

对本罪既遂的认定，取决于如何理解刑法第 114 条和第 115 条的关系。两个法条同时规定一个罪名，说明本罪在立法上比较特殊。但两个条文之间并非对立关系：一方面，可以认为刑法第 114 条的成立不要求发生危害后果，该条为危险犯、（实质的）未遂犯的规定，只是因为该条所要保护的法益过于重大，类型化的放火等行为未造成结果的情形较多，因而在立法上将其未遂情形在分则中例外地加以规定；第 115 条要求致人重伤、死亡或者使公私财产遭受重大损失，该条是关于实害犯、既遂犯的规定。② 另一方面，也可以认为刑法第 115 条既包括故意放火，且对火灾后果持希望或者放任心态的情形，也包括故意放火但对结果仅有过失的情形，因此，该条同时是关于结果犯（实害犯）、结果加重犯的规定。

根据上述主张，对本罪特殊犯罪形态的理解，就可能存在以下不同思路：（1）仅认为刑法第 115 条才有既遂的可能。如果认为刑法第 115 条是既遂犯、第 114 条是未遂犯，那么只有在放火行为造成狭义的实害结果时，才存在既遂问题；第 114 条本身就是关于未遂犯的规定，放火行为未造成后果的，直接适用该条，不存在再引用刑法第 23 条关于未遂犯的规定的问题（禁止重复评价的原理）。那么，本罪的既遂应以发生刑法第 115 条所规定的死伤后果或财产损害即对象物烧毁后果作为标准。对烧毁的含义，应当侧重于保护财产法益的观点，将财产毁损作为既遂与未遂的分水岭。换言之，对象物的主要部分被烧毁，主要效用丧失的，就是本罪既

---

① 参见［日］大塚仁：《刑法概说·各论》，3 版，379 页，东京，有斐阁，1996。

② 参见劳东燕：《以危险方法危害公共安全罪的解释学研究》，载《政治与法律》，2013（3）。

遂（主要部分毁弃、主要效用丧失说）。根据这一主张，在放火行为没有导致对象物烧毁的场合，无论是直接引用刑法第 114 条进行处理，还是同时引用刑法第 115 条和第 23 条进行处理，都没有问题，只要不违背罪刑相适应原则即可。(2) 认为刑法第 114 条、第 115 条各有其既遂标准。如果认为刑法第 115 条是结果犯或结果加重犯、第 114 条是基本犯，且重视放火罪的公共危险性质，就可以认为两个条文所规定的放火罪各自都有既遂与未遂问题，那么，刑法第 115 条的既遂标准是烧毁，第 114 条的既遂标准是独立燃烧①，即在放火对象着火后，将火种或引燃物撤离或扑灭，对象物能够继续处于独立燃烧状态，达到足以危害公共安全的程度，火势有某种程度的延续可能性，即使尚未造成严重后果，没有达到行为人使财物丧失效用或者毁弃的预期目的，也应当认定为刑法第 114 条的既遂。肯定这一点，是因为目的物达到独立燃烧的可能，就会发生危害公共安全的危险；放火罪中目的物一般都是易燃物，容易释放有毒气体，引起周围公众的不安感，放火行为达到了使目的物独立燃烧的状态，公共危险的发生就可以认定。② 我国普通的建筑物在城市是砌体结构或者现浇铸结构，在农村多为土墙、砖瓦构造，要使建筑物效用的主要部分或者整体丧失并不容易，要使其达到毁弃状态更为困难，所以，如果一定要坚持毁弃说，就可能导致放火罪大多没有既遂而只有未遂。对这里的独立燃烧必须理解为目的物被媒介物引燃且在媒介物离开后火力还能够继续维持燃烧的状态。虽然点燃目的物，但在媒介物离开之后，目的物自身不能将独立燃烧状态维持下去时，只成立本罪未遂。此外，行为人已经着手实施放火行为，但由于意志以外的原因（如刚划燃火柴即被抓获或刚点燃引火物即被大雨浇熄等）而未引起公私财物燃烧的，也应认定为放火罪的未遂。③ 根据上述观点，在放火行为没有导致对象物烧毁的场合，可以按照刑法第 115 条的未遂犯处理（同时引用刑法第 115 条和第 23 条），也可以按照刑法第 114 条的规定认定为既遂犯，采用两种处理方式在最终量刑结论上不应该存在太大偏差。(3) 关于中止犯。认为刑法第 114 条有独立既遂标准的主张，可能压缩中止犯的成立空间，因为从着手放火到独立燃烧之间的时间距离很短，一旦既遂不可能再有中止，采用该主张则成立中止犯的可能性很小，不利于鼓励犯罪者自动放弃犯罪或者防止危害后果的发生。因此，对着手放火之后的中止犯行为（实行中止），宜认定为刑法第 115 条的中止，从而将实害犯的既遂结果发生之前（即便是在独立燃烧之后），行为人基于自己的意思停止犯罪的情形，都尽可能地认定为中止犯。以放火为手段实施杀害行为，并未危害公共安全的，以故意杀人罪论处。放火行为不仅导致特定个人死亡，而且危害公共安全的，构成放火罪和杀人罪的想象竞合犯，应从一重罪处断。不过，这里的重罪是放火罪还是故意杀人罪，不可一概而论。④

在故意杀人或实施其他犯罪之后，为湮灭罪迹而故意放火的，应数罪并罚。以放火为手段杀害他人，并试图骗取保险金的，应以本罪和保险诈骗罪并罚。以放火的意思进入他人住宅并放火的，构成本罪和非法侵入住宅罪的想象竞合犯。

放火行为致人重伤、死亡或者使公私财物遭受重大损失的，属于本罪的实害犯。这里的致人重伤、死亡，包括故意重伤和故意杀人在内。在行为人放火后，被害人完全有条件逃离或者在已经离开火灾现场的情况下，为抢救财物或者救人又闯入火灾现场导致重伤、死亡的，属于

---

① 参见［日］藤木英雄：《刑法讲义各论》，88 页，东京，弘文堂，1976。

② 参见［日］西山富夫主编：《刑法通说各论》，158 页，东京，八千代出版株式会社，1998。

③ 类似的观点，请参见李希慧主编：《刑法各论》，45 页，北京，中国人民大学出版社，2007。

④ 通说认为放火罪重于故意杀人罪，可能值得探讨。

第115条规定的放火致人重伤、死亡，应以本罪实害犯处理。

本罪的主体是一般主体，由于放火属于用危险方法严重危害公共安全的犯罪，其危险性易被一般人认识，因而，已满14周岁不满16周岁的人可以构成本罪。

（三）主观要件

本罪在主观方面是故意，即行为人明知放火行为会危害公共安全，而追求或者放任这种结果的发生。放火的动机只影响量刑。

对于放火罪的具体危险犯，要求行为人对具体公共危险的发生有认识，即不仅要认识到放火行为是违法行为，而且要认识到一旦实施放火行为就具有公共危险性。这也是在放火毁坏财物的场合，应以放火罪而不以轻罪故意毁坏财物罪处罚的原因。

（四）刑法第114条、第115条的关系

对于刑法第114条、第115条的关系应当如何理解，主要有三种观点：（1）刑法第114条、第115条根据危害后果的不同对以危险方法危害公共安全的犯罪分别加以规定，其中第114条是对未遂犯、危险犯的规定，第115条是对既遂犯、实害犯的规定。在实害结果未发生时，如果是犯罪未遂的，直接适用第114条，不再引用刑法总则关于犯罪未遂的规定；但在中止的场合，要同时适用刑法第114条和总则关于犯罪中止的规定。（2）认为刑法第114条、第115条是基本犯和结果加重犯的关系，前者是基本犯，后者是结果加重犯。（3）认为二者之间是基本法的规定和特别法的规定之间的法条竞合关系。我原则上赞成第一种观点，但认为对此还需要深入研究。

二、失火罪

第一百一十五条第二款　过失犯前款罪的，处三年以上七年以下有期徒刑；情节较轻的，处三年以下有期徒刑或者拘役。

失火罪，是指行为人的过失行为引起火灾，造成严重后果，危害公共安全的行为。

（一）客观要件

本罪在客观方面表现为因过失引起火灾，造成严重后果，危害公共安全。

引起火灾的行为一般发生在日常生活中，如因吸烟、取暖不慎引起火灾等。在生产中违章作业或强令他人违章作业而引起火灾的，则构成重大责任事故罪。

失火行为必须造成严重后果即致人重伤、死亡或者使公私财产遭受重大损失的，才成立本罪。仅有失火行为，未引起危害结果，或者危害结果不严重的，不构成本罪。

（二）主观要件

本罪在主观方面是过失，包括疏忽大意过失和过于自信过失。疏忽大意、轻信能够避免是指行为人对火灾危害结果的心理态度，而不是指对导致火灾的身体动作的心理态度。实践中，有的行为人对导致火灾的违反规章制度和操作规程的行为是明知故犯的，如明知在特定区域禁止吸烟却禁而不止等，但对火灾危害结果既不是希望也不是放任其发生。

行为人过失引起火灾，但是在明知不灭火可能造成更大范围的火灾时，不履行自己先前行为所产生的义务，反而在主观上有利用既存火力的意思，离开现场，听任火灾发生的，其主观罪过已经由过失转化为放任的间接故意，应构成放火罪。当然，行为人没有明确和坚决的利用既发火势的意思，而是因为过失行为引起的火力很大，行为人独自难以将其扑灭，或者是单纯地出于恐惧而逃离现场的，仍只构成失火罪。

三、决水罪

第一百一十四条[①] 放火、决水、爆炸以及投放毒害性、放射性、传染病病原体等物质或者以其他危险方法危害公共安全，尚未造成严重后果的，处三年以上十年以下有期徒刑。

第一百一十五条第一款[②] 放火、决水、爆炸以及投放毒害性、放射性、传染病病原体等物质或者以其他危险方法致人重伤、死亡或者使公私财产遭受重大损失的，处十年以上有期徒刑、无期徒刑或者死刑。

决水罪，是指使处于被控制状态的水力被释放并泛滥的行为。

（一）客观要件

本罪在客观方面表现为决溃蓄水或者防水堤坝，制造水患。

决水，是指一切足以使水流横溢、泛滥成灾的行为。解放水力的具体手段如何，水力的性质如何（是流水还是贮水），都对本罪的成立没有影响。实践中发生的大量炸毁堤坝决水的案件，实质上是利用水的作用，而不是直接靠爆破的力量使不特定或者多数人的生命、健康或重大公私财产遭受损害，因而不宜定爆炸罪，仍应以决水罪论处。

决水行为多数是作为，不作为也能成立决水罪，如有防水义务的人员见堤坝溃决、渠道阻塞而放任不管。

决水行为必须危害公共安全才构成本罪。对公共安全的侵犯，包括决水行为已经对多人的生命、健康或公私财产造成了严重损害，或者虽未造成严重后果，但足以危害多人的生命、健康或公私财产安全（具体危险犯）。至于为争水浇地，擅自扒开水渠堤坝放水致渠水溢流，危害不大的，不宜定决水罪。

水流冲出缺口还不是本罪既遂。着手决水行为，且已“淹及”特定对象时，即成立犯罪既遂。如何理解“淹及”？有物质灭失说、效用毁损说、主要物质或效用毁损说以及淹没说的争议。一般来说，在淹没的场合，法益侵害已经事实上存在，因此将淹没说作为认定犯罪既遂的具体标准是合理的。

（二）主观要件

本罪在主观方面是故意，即明知决水会危害公共安全，而希望、放任水灾发生。决水的动机有的是泄愤报复，有的是贪图私利、嫁祸于人，但动机不影响本罪的成立。

四、过失决水罪

第一百一十五条第二款 过失犯前款罪的，处三年以上七年以下有期徒刑；情节较轻的，处三年以下有期徒刑或者拘役。

过失决水罪，是指过失破坏蓄水设施，造成水灾，致人重伤、死亡或者使公私财产遭受重大损失的行为。

过失决水是行为人由于疏忽大意或过于自信而实施使堤坝决口、河水漫溢、水闸损毁、水库溃决以及破坏其他蓄水设施，最终引起水灾的行为。这种行为多发生在日常生活中，即行为人不注意公共安全以致酿成水灾。负责防洪的国家机关工作人员在工作中严重不负责任或擅离

---

① 本条为《刑法修正案（三）》第1条所修改。

② 本款为《刑法修正案（三）》第2条所修改。

职守，过失引起水灾，致人重伤、死亡或者使公私财产遭受重大损失，构成渎职罪而不成立本罪。成立本罪要求有实际危害后果，如果造成的危害后果不严重，或者未造成危害后果，均不成立本罪。

五、爆炸罪

第一百一十四条[①] 放火、决水、爆炸以及投放毒害性、放射性、传染病病原体等物质或者以其他危险方法危害公共安全，尚未造成严重后果的，处三年以上十年以下有期徒刑。

第一百一十五条第一款[②] 放火、决水、爆炸以及投放毒害性、放射性、传染病病原体等物质或者以其他危险方法致人重伤、死亡或者使公私财产遭受重大损失的，处十年以上有期徒刑、无期徒刑或者死刑。

爆炸罪，是指故意用爆炸的方法，杀伤不特定或者多数人，或者破坏公私财产，危害公共安全的行为。

（一）客观要件

本罪在客观方面表现为实施爆炸，危害公共安全。

实施爆炸的行为方式，多数是作为，但有时不作为也能构成爆炸罪，如锅炉工为发泄不满，始终不往锅炉里加水，引起锅炉干烧爆炸，致多人受伤。爆炸的具体手段多种多样，有的是直接向目标投掷爆炸物品，进行爆炸；有的是事前安放好爆炸装置，伺机引爆；有的是利用定时爆炸装置进行爆炸；还有的是用技术手段使锅炉等设备发生爆炸；有的是用液化气、易燃易爆气体爆炸等。

以爆炸手段杀伤特定个人，而结果只是损害了特定的个人的生命、健康，应分别按故意杀人罪、故意伤害罪论处；利用爆炸手段，其目的虽是杀伤特定的个人，但除杀伤特定个人外，又危害不特定或者多数人的生命、健康或者财产安全的，构成故意杀人罪和爆炸罪的想象竞合犯。

用爆炸手段故意毁坏特定的公私财物，未同时侵犯公民人身权利或其他重大公私财产的，应按故意毁坏财物罪论处；行为不仅侵犯了特定财产，而且同时侵犯他人的人身权利或者其他重大公私财产，危害公共安全的，则应以爆炸罪论处，而不再构成故意毁坏财物罪。

刑法将火车、汽车、船只、航空器等交通工具，轨道、桥梁、机场、航道等交通设施，以及供电、变电设备、输电线路、煤气管道等装备作为特殊保护对象，专条规定了罪名，以爆炸方法破坏这些特定对象的，属于法条竞合的情形，按特别法条优于普通法条的原则，应按破坏交通工具罪、破坏交通设施罪或破坏电力设备、易燃易爆设备罪定罪处罚，而不宜再定爆炸罪。

（二）主观要件

本罪在主观方面是故意，即行为人明知其行为会危害公共安全，而希望或者放任这种结果的发生。

六、过失爆炸罪

第一百一十五条第二款 过失犯前款罪的，处三年以上七年以下有期徒刑；情节较轻的，处三年以下有期徒刑或者拘役。

---

① 本条为《刑法修正案（三）》第1条所修改。
② 本款为《刑法修正案（三）》第2条所修改。

过失爆炸罪，是指过失引起爆炸，致人重伤、死亡或者使公私财产遭受重大损失，造成严重后果的行为。

过失爆炸行为的具体表现形式很多，但其共同特点都是由于行为人在日常生活中不注重安全所引起的，如在易燃易爆物品仓库中乱扔烟头，引起爆炸等。当然，在生产、储存、运输、使用危险物品过程中，违反危险物品管理规定从而引起爆炸，造成严重后果的，应以危险物品肇事罪论处，不再构成本罪。构成过失爆炸罪，必须在客观上已经造成严重后果。未发生危害结果，或者发生的危害结果尚未达到致人重伤、死亡或者使公私财产遭受重大损失的严重程度，不能定罪。

过失爆炸罪与重大责任事故罪、危险物品肇事罪都属于危害公共安全的犯罪，都以造成严重危害后果为构成要件，主观上都是过失，因此，在司法实践中往往容易混淆。但它们之间的区别仍然是明显的：（1）过失爆炸罪主要发生在日常生活中，而后两罪主要发生在工厂、矿山、企业、事业等单位生产、储存、运输、使用易燃易爆物品过程中。(2) 过失爆炸罪的主体是一般主体；重大责任事故罪的主体只能是工厂、矿山、林场、建筑企业或者其他企业、事业单位中从事生产、科研的人员或者生产指挥人员，非生产性人员不构成本罪；危险物品肇事罪的主体主要是从事危险品生产、储存、运输、使用工作的职工。

七、投放危险物质罪

第一百一十四条[①] 放火、决水、爆炸以及投放毒害性、放射性、传染病病原体等物质或者以其他危险方法危害公共安全，尚未造成严重后果的，处三年以上十年以下有期徒刑。

第一百一十五条第一款[②] 放火、决水、爆炸以及投放毒害性、放射性、传染病病原体等物质或者以其他危险方法致人重伤、死亡或者使公私财产遭受重大损失的，处十年以上有期徒刑、无期徒刑或者死刑。

投放危险物质罪，是指故意投放毒害性、放射性、传染病病原体等物质，危害公共安全的行为。

（一）客观要件

本罪在客观方面表现为投放毒害性、放射性、传染病病原体等物质，危害公共安全。

毒害性物质、放射性物质、传染病病原体等物质都是危险物质。毒害性物质，即通常所说的毒物，是指如氯化钾等各种对人体或牲畜能够造成严重毒害的物品，其范围极其广泛，包括化学性有毒物质、生物性有毒物质和微生物类有毒物质。其中，化学性有毒物质，也称人工合成有毒物质，如砒霜、鼠药、氰化物等；生物性有毒物质，又可分为植物性有毒物质，如野蘑菇，以及动物性有毒物质，如河豚等；微生物类有毒物质，如肉毒杆菌等。放射性物质，是指铀、镭、钴以及其他各种能够发出放射性辐射，并对人体造成严重损害直至死亡的物质，包括可以发生裂变反应或聚合反应的核材料。传染病病原体不属于毒性物质，而是通过在人体或者动物体内适当的环境中繁殖从而给身体造成危害的传染病菌种、毒种，如霍乱弧菌、天花病毒、艾滋病毒、炭疽菌、肝炎病毒、结核杆菌等。对于传染病病原体的范围，应当结合《传染病防治法》所规定的甲、乙、丙类传染病病原体进行认定。

投放的表现形式是作为，消极行为不能构成本罪，具体方式有：将危险物质投放于供不特

---

① 本条为《刑法修正案（三）》第1条所修改。

② 本款为《刑法修正案（三）》第2条所修改。

定或者多数人饮食的食品或饮料中；将毒物投放于供人、畜使用的河流、池塘、水井中；释放剧烈毒物、放射性物质等。本罪是具体危险犯，即投放危险物质的行为足以造成不特定或者多数人重伤、死亡以及财产重大损失的，就构成本罪。

针对不特定或者多数人投放危险物质，但以剥夺特定人的生命为目的，并且最终只导致特定人死亡的，构成故意杀人罪。

（二）主观要件

本罪在主观方面是故意，多数情况下是直接故意，少数由间接故意构成。

八、过失投放危险物质罪

第一百一十五条第二款　过失犯前款罪的，处三年以上七年以下有期徒刑；情节较轻的，处三年以下有期徒刑或者拘役。

过失投放危险物质罪，是指过失置放毒害性、放射性、传染病病原体等物质，致人重伤、死亡或使公私财产遭受重大损失，危害公共安全的行为。

构成本罪，必须实施过失引起中毒，危害公共安全的行为。例如，误将毒药投入饲料中，致使大量牲畜中毒等。未发生中毒后果，或者造成的后果尚未达到严重程度的，不构成本罪。

九、以危险方法危害公共安全罪

第一百一十四条①　放火、决水、爆炸以及投放毒害性、放射性、传染病病原体等物质或者以其他危险方法危害公共安全，尚未造成严重后果的，处三年以上十年以下有期徒刑。

第一百一十五条第一款②　放火、决水、爆炸以及投放毒害性、放射性、传染病病原体等物质或者以其他危险方法致人重伤、死亡或者使公私财产遭受重大损失的，处十年以上有期徒刑、无期徒刑或者死刑。

以危险方法危害公共安全罪，是指故意使用放火、决水、爆炸、投放危险物质以外的其他危险方法危害公共安全的行为。

（一）客观要件

本罪在客观方面表现为使用放火、决水、爆炸、投放危险物质以外的其他危险方法危害公共安全。

放火、决水、爆炸、投放危险物质罪是以危险方法危害公共安全罪的基本犯，而以（其他）危险方法危害公共安全罪则属于这类犯罪的补充犯。凡是构成基本犯的，都以基本犯定罪，只有超出基本犯的范围，才能以补充犯定罪。对于“其他危险方法”的范围，不能过度扩大解释，因为以危险方法危害公共安全仅仅是刑法第114条、第115条的“兜底”条款或堵截性规定，而不是整个危害公共安全罪或者整个刑法典中惩治公共危险行为的兜底条款，否则就与罪刑法定原则相悖。因此，对“其他危险方法”就必须理解为与放火、决水、爆炸、投放危险物质的社会危害性相当，且刑法第114条、第115条没有明确列举的危险方法。有的犯罪行为，例如故意销售不符合卫生标准的食品行为，与投放危险物质罪中的危险方法相当，但是刑法已经将其作专门规定，就不再属于本罪中的危险方法。在销售不符合卫生标准的食品行为，

---

① 本条为《刑法修正案（三）》第1条所修改。

② 本款为《刑法修正案（三）》第2条所修改。

致人死亡或者导致人体健康严重受损时，单纯为了对罪犯判处更重的刑罚，按照以危险方法危害公共安全罪定罪处罚，就是错误的做法。

以危险方法危害公共安全的犯罪，在实践中常见的情形有：在繁华地段故意驾车任意冲撞；私设电网；破坏矿井通风设备；行为人醉酒后驾车，在发生第一次肇事后果后继续驾车冲撞，造成重大伤亡①；等等。此外，在火灾发生之际，明知隐藏、抛弃、破坏消防器材或妨害消防活动的行为可能使火势蔓延，危及不特定或者多数人的生命、身体、财产，而将消防用的器材包括消防车、灭火器等破坏、隐匿的，方法的危险性与不作为的放火的危险性基本相当，可以考虑成立以危险方法危害公共安全罪。当然，以其他方法妨害消防车出动或者消防人员开展活动的，一般应成立妨害公务等罪。

根据最高人民法院、最高人民检察院、公安部、司法部《关于依法惩治妨害新型冠状病毒感染肺炎疫情防控违法犯罪的意见》（2020 年 2 月 6 日），故意传播新型冠状病毒感染肺炎病原体，具有下列情形之一，危害公共安全的，依照本罪定罪处罚：（1）已经确诊的新型冠状病毒感染肺炎病人、病原携带者，拒绝隔离治疗或者隔离期未满擅自脱离隔离治疗，并进入公共场所或者公共交通工具的；（2）新型冠状病毒感染肺炎疑似病人拒绝隔离治疗或者隔离期未满擅自脱离隔离治疗，并进入公共场所或者公共交通工具，造成新型冠状病毒传播的。

根据最高人民法院、最高人民检察院、公安部《关于办理涉窨井盖相关刑事案件的指导意见》（2020 年 3 月 16 日）第 2 条的规定，盗窃、破坏人员密集往来的非机动车道、人行道以及车站、码头、公园、广场、学校、商业中心、厂区、社区、院落等生产生活、人员聚集场所的窨井盖，足以危害公共安全，尚未造成严重后果的，以本罪定罪处罚。

（二）主观要件

本罪在主观方面是故意。行为人没有危害公共安全的故意，行为客观上只导致特定个人死亡的，不能认定为有本罪故意。例如，因驾驶违章而被拦截，为逃避追究而驾驶汽车往非机动车道高速行驶，撞死一人的，行为人不具有以驾车撞人的方式危害公共安全的故意，只应成立故意杀人罪。

十、过失以危险方法危害公共安全罪

> 第一百一十五条第二款　过失犯前款罪的，处三年以上七年以下有期徒刑；情节较轻的，处三年以下有期徒刑或者拘役。

过失以危险方法危害公共安全罪，是指过失地以决水、爆炸、失火、投放危险物质以外的危险方法危害公共安全，造成严重后果的行为。

行为人必须实施了以其他危险方法危害公共安全的行为，如果采用的犯罪方法与失火、过失爆炸等方法在严重危害性方面显然不相称，不足以危害公共安全的，不成立本罪。构成本罪，还要求行为已经造成了危害公共安全的严重后果，致不特定或者多数人重伤、死亡或者使财产遭受严重的损失，如果未造成危害结果或者危害结果不严重，均不构成本罪。

① 故意驾车高速对准人群任意冲撞，以及醉酒后驾驶机动车连续高速冲撞的，由于高速驾驶的车辆撞击后有燃烧甚至爆炸危险，该驾驶行为就等同于向人群中投掷流动的燃烧弹或滚动的爆炸物。

第三节 侵害特定对象的犯罪

一、破坏交通工具罪

第一百一十六条 破坏火车、汽车、电车、船只、航空器，足以使火车、汽车、电车、船只、航空器发生倾覆、毁坏危险，尚未造成严重后果的，处三年以上十年以下有期徒刑。

第一百一十九条第一款 破坏交通工具、交通设施、电力设备、燃气设备、易燃易爆设备，造成严重后果的，处十年以上有期徒刑、无期徒刑或者死刑。

破坏交通工具罪，是指故意破坏火车、汽车、电车、船只、航空器，足以使交通工具发生倾覆、毁坏危险或者造成严重后果的行为。

（一）保护法益

本罪侵害的法益是交通运输安全。本罪的行为对象是交通工具，其具备两个特点：（1）特定性。刑法将交通工具限定为火车、汽车、电车、船只、航空器等大型的现代化交通工具。交通工具机动性强、价值高、速度快、载运量大，一旦遭受破坏，发生颠覆或损坏，就可能造成不特定或者多数人重伤、死亡或者使公私财产遭受重大损失。破坏自行车、人力三轮车、马车等非机动交通工具的，不能构成本罪。（2）正在使用。正在使用包括王在行驶、飞行中或者已交付随时等待调用等情形。正在使用的交通工具担负着运输大批货物和旅客的繁重任务，对之进行破坏，使之倾覆、毁坏，可能危害不特定或者多数人的生命健康和重大公私财产安全。交通工具正在使用，不要求从破坏行为着手时到倾覆、毁坏结果发生时的任何一时点都有人实际存在于该交通工具中。破坏尚未投入使用、正在修理或者封存不用的交通工具，不会危害交通运输安全，因而不构成本罪，而可能构成故意毁坏财物罪。

（二）客观要件

本罪在客观方面表现为破坏火车、汽车、电车、船只、航空器等交通工具，足以使交通工具发生倾覆、毁坏危险。

破坏，是指使交通工具达到其全部或者部分不能使用的损坏程度的行为，例如，使轮船的主要部分沉入水中、使船体触礁等。

破坏交通工具的行为方式，包括作为和不作为两种。前者如放火、爆炸、拆卸或者砸毁重要机件，故意违章操作制造事故或在修理中制造隐患并交付使用等；后者如检修人员发现机器故障、险情故意不排除，刹车失灵不修复，故意不扳道岔，应该及时恢复定位而不恢复等。无论是作为或不作为形式的故意犯罪，其破坏行为都必须达到足以使交通工具发生倾覆、毁坏危险的程度才构成犯罪。倾覆，是指交通工具的关键部位或者与交通工具的安全运行紧密相连的部位被破坏，而导致火车出轨，汽车、电车翻车，船只沉没，航空器坠落等。毁坏，是指使交通工具的性能丧失、整体报废或严重毁损。危险，是指破坏行为虽未实际造成交通工具倾覆、毁坏，但有发生倾覆、毁坏的现实可能性。不可能导致这种危险的窃取交通工具部件的行为，只能构成盗窃罪。事实上使交通工具倾覆、毁坏并造成严重后果的，属于本罪的实害犯。

使电车脱线，或者破坏正在使用中的火车、汽车、电车、船只或航空器上的门窗、玻璃、坐具、灯具等不影响交通运输安全的辅助性设备的行为，不可能直接威胁交通运输安全，因此不构成破坏交通工具罪。

本罪不是着手实施犯罪就构成既遂，从着手到具体危险发生之间有时间距离，所以仍然存在未遂或中止形态，比如行为人刚着手破坏汽车的刹车系统，未来得及剪断刹车管即被当场抓获而未得逞，应按未遂处理。

（三）主观要件

本罪在主观方面是故意，即明知破坏行为足以导致交通工具发生倾覆、毁坏的危险，并且希望或者放任这种危险的发生。出于贪利动机窃取交通工具零部件，足以使其发生倾覆、毁坏危险的，也应当认定为具有本罪的故意。

二、过失损坏交通工具罪

第一百一十九条第二款　过失犯前款罪的，处三年以上七年以下有期徒刑；情节较轻的，处三年以下有期徒刑或者拘役。

过失损坏交通工具罪，是指因过失造成火车、汽车、电车、船只、航空器的倾覆、毁坏，危害公共安全的行为。

损坏交通工具的行为通常发生在日常生活中，即行为人在接触交通工具时不慎毁坏交通工具的重要机件，或者由于不懂交通工具性能而擅自摆弄造成损坏后果。交通运输人员在驾驶交通工具中违反规章制度，过失引起交通工具倾覆或者毁坏，造成重大事故的，不构成本罪。造成严重后果是构成本罪的法定要件之一。如果严重后果不是过失损坏交通工具行为所引起的，不构成本罪。

三、破坏交通设施罪

第一百一十七条　破坏轨道、桥梁、隧道、公路、机场、航道、灯塔、标志或者进行其他破坏活动，足以使火车、汽车、电车、船只、航空器发生倾覆、毁坏危险，尚未造成严重后果的，处三年以上十年以下有期徒刑。

第一百一十九条第一款　破坏交通工具、交通设施、电力设备、燃气设备、易燃易爆设备，造成严重后果的，处十年以上有期徒刑、无期徒刑或者死刑。

破坏交通设施罪，是指故意破坏轨道、桥梁、隧道、公路、机场、航道、灯塔、标志或者进行其他破坏活动，足以使火车、汽车、电车、船只、航空器发生倾覆、毁坏危险或者造成严重后果的行为。

（一）保护法益

本罪侵害的法益是交通运输安全，行为对象是交通设施。与破坏交通工具罪不同，本罪破坏的不是交通工具本身，而是保证交通工具顺畅运行和安全行驶的各种交通设施，包括轨道、桥梁、隧道、公路、机场、航道、灯塔、标志等。对于破坏交通设施罪的社会危害性的衡量，不能仅看具体交通设施本身的价值，而应当注意考察犯罪行为通过对这些设备的破坏而给不特定人的人身和重大财产安全带来的危险或造成的损害。

交通设施要成为犯罪对象，必须满足两个前提条件：(1) 正在使用。破坏非正在使用中的交通设施（如正在施工、修理、储存中或废置不用的交通设施），对交通运输安全无直接威胁，不构成本罪。(2) 关系到交通运输安全。例如，熄灭灯塔上的灯光，破坏轨道上的钢轨，拔掉交通警告标志等，就可能危及公共安全。如果破坏交通设施的不重要部分（如标志杆、桥梁栏杆），或破坏与交通运输安全无关的设施（如候机室的生活设施），均不构成本罪。

（二）客观要件

本罪在客观方面表现为实施破坏行为，使交通设施面临危险或者被实际毁损。

破坏，指对交通设施的毁坏和使其丧失正常功能。破坏交通设施的行为方式包括作为和不作为两种形式。以作为方式实施的破坏行为具体表现为毁损、闭塞等。毁损，是指使交通设施的全部或者一部分在物理上受到破坏。闭塞，是指置放障碍物，使通行线路被阻断，交通设施的效用丧失，产生具体危险。毁坏、闭塞的具体方法有：拆掉铁轨、枕木；拔掉道钉，拧松或拧掉夹板螺丝；炸毁桥梁、隧道；破坏铁路、公路路基、路面；在公路、机场跑道上挖坑掘穴；拆除车站、机场上的安全信号装置，破坏安全标志；破坏、毁坏灯塔上的照明设备等。此外，明知自己驾驶的汽车有故障仍然上路，引起燃烧，妨害交通、堵塞道路，危害公共安全的，可以成立本罪。将废弃不用的电视机、铁皮箱等任意抛弃在地铁轨道上的；或者改变航空器的地面诱导系统，使航空器处于危险状态的，也构成本罪。

单纯改变公路上的交通标志使通行人陷于困惑的，不构成本罪。不作为破坏交通设施的行为，是指负有安全义务的工作人员应履行义务而不为，例如，检修工见设备损坏不加修理，见灯塔上发光设备损坏不予修复等。

刑法第 117 条所规定的其他破坏活动，包括遮住灯塔上的光线、在轨道上放置障碍物（如巨石、木棒等）、破坏铁路专用电话线、在铁轨上涂抹机油或在公路上抛撒润滑剂等。这些行为虽然并未直接破坏交通设施本身，但同样可以导致交通工具发生倾覆、毁坏的危险。

破坏交通设施行为足以使交通工具发生倾覆、毁坏危险的，即构成本罪。具体认定时，应当从破坏方法、破坏交通设施的部位等多方面综合考察确定。破坏行为造成严重后果的，成立本罪的实害犯。

采用秘密窃取手段，盗窃铁道枕木、保障交通运输安全的电器设备上的电子元件，偷割铁路专用电缆、电话线，危害公共安全的，应成立本罪。盗窃未投入使用或已经废弃不用的交通设施的，因不影响交通安全，只成立盗窃罪。

（三）主观要件

本罪在主观方面是故意，即行为人明知破坏交通设施会造成交通工具倾覆、毁坏的危险，并且希望或者放任这种危险状态的发生。

四、过失损坏交通设施罪

第一百一十九条第二款　过失犯前款罪的，处三年以上七年以下有期徒刑；情节较轻的，处三年以下有期徒刑或者拘役。

过失损坏交通设施罪，是指由于过失而破坏轨道、桥梁、隧道、公路、机场、航道、灯塔、标志等交通设施，危害公共安全，致使火车、汽车、电车、船只、航空器倾覆和毁坏，造成严重后果的行为。

本罪在客观方面表现为过失地实施破坏交通设施的行为。首先，行为人有缺乏谨慎和注意而破坏交通设施的行为；其次，这一行为必须造成火车、汽车等交通工具倾覆或毁坏，致使他人重伤、死亡或者使公私财产遭受重大损失；最后，破坏交通设施的行为同严重后果之间必须具有因果关系。

五、破坏电力设备罪

第一百一十八条　破坏电力、燃气或者其他易燃易爆设备，危害公共安全，尚未造成严重后果的，处三年以上十年以下有期徒刑。

第一百一十九条第一款　破坏交通工具、交通设施、电力设备、燃气设备、易燃易爆设备，造成严重后果的，处十年以上有期徒刑、无期徒刑或者死刑。

破坏电力设备罪，是指故意破坏电力设备，对公共安全造成严重威胁或者发生严重后果的行为。

（一）保护法益

本罪侵害的法益是公共安全，行为对象是正在使用的电力设备，包括发电、供电和变电设备以及输电线路等。其必须具备两个条件：（1）设备被破坏后，足以危及公共安全。（2）电力设备正在使用中。

（二）客观要件

本罪在客观方面表现为破坏电力设备，威胁公共安全或者造成严重后果。

由于本罪是性质较为严重的危害公共安全犯罪，犯罪行为一旦实施往往会造成严重后果或威胁公共安全，因而，其犯罪构成不以造成严重后果为要件，凡是实施了破坏电力设备的行为，即使未造成严重后果，也构成犯罪。破坏行为已经造成严重后果的，构成本罪的实害犯。

盗窃尚未安装完毕的家用低压照明电线路的，不属于破坏正在使用中的电力设备，因为行为人即使盗走其中架好的部分电线，也不会对公共安全产生危害，应以盗窃罪定性。明知线路已交付电力部门使用而偷割电线的，应定为本罪。已经通电使用，只是由于枯水季节或电力不足等原因而暂停供电的线路，仍是正在使用中的线路，偷割这类线路中的电线构成犯罪的，应按本罪追究刑事责任。

盗窃使用中的电力设备，同时构成盗窃罪和本罪的，属于想象竞合犯，应从一重罪处断。

破坏电力设备，具有下列情形之一的，属于造成严重后果：（1）造成 1 人以上死亡、3 人以上重伤或者 10 人以上轻伤的；（2）造成 1 万户以上用户电力供应中断 6 小时以上，致使生产、生活受到严重影响的；（3）造成直接经济损失 100 万元以上的；（4）造成其他危害公共安全严重后果的。

（三）主观要件

本罪在主观方面是故意，即明知自己破坏电力设备的行为会发生危害公共安全的后果，并且希望或者放任这种结果发生。

六、过失损坏电力设备罪

第一百一十九条第二款　过失犯前款罪的，处三年以上七年以下有期徒刑；情节较轻的，处三年以下有期徒刑或者拘役。

过失损坏电力设备罪，是指因过失造成电力设备的损坏，并造成严重后果的行为。

具有下列情形之一的，属于造成严重后果：（1）造成 1 人以上死亡、3 人以上重伤或者 10 人以上轻伤的；（2）造成 1 万户以上用户电力供应中断 6 小时以上，致使生产、生活受到严重影响的；（3）造成直接经济损失 100 万元以上的；（4）造成其他危害公共安全严重后果的。

七、破坏易燃易爆设备罪

第一百一十八条　破坏电力、燃气或者其他易燃易爆设备，危害公共安全，尚未造成严重后果的，处三年以上十年以下有期徒刑。

第一百一十九条第一款　破坏交通工具、交通设施、电力设备、燃气设备、易燃易爆设备，造成严重后果的，处十年以上有期徒刑、无期徒刑或者死刑。

破坏易燃易爆设备罪，是指故意破坏燃气或者其他易燃易爆设备，危害公共安全，尚未造成严重后果的行为。

（一）客观要件

本罪在客观方面表现为破坏易燃易爆设备，使之面临危险或者造成实害。

本罪的行为对象是燃气设备和其他易燃易爆设备。燃气设备，是指煤气、天然气、液化气等气体发生装置、净化装置、输送装置、储存装置等。其他易燃易爆设备，是指上述设备以外的一切用于化工、石油方面且易于燃烧、爆炸的设备，例如，油井、油库、石油输送管道、油田机械，易燃易爆的化工装置等。在实施盗窃油气等行为过程中，采用切割、打孔、撬砸、拆卸、开关等手段破坏正在使用中的油气设备的，属于破坏燃气设备或者其他易燃易爆设备的行为，危害公共安全，尚未造成严重后果的，依照破坏易燃易爆设备罪处罚。

本罪处罚危险犯，行为危害公共安全，尚未造成严重后果的，即构成本罪。根据最高人民法院、最高人民检察院、公安部《关于办理盗窃油气、破坏油气设备等刑事案件适用法律若干问题的意见》（2018 年 9 月 28 日）第 1 条的规定，在实施盗窃油气等行为过程中，破坏正在使用的油气设备，具有下列情形之一的，应当认定为本罪的危害公共安全：（1）采用切割、打孔、撬砸、拆卸手段的，但是明显未危害公共安全的除外；（2）采用开、关等手段，足以引发火灾、爆炸等危险的。行为造成严重后果的，法定刑升格。根据最高人民法院、最高人民检察院《关于办理盗窃油气、破坏油气设备等刑事案件具体应用法律若干问题的解释》（2007 年 1 月 15 日）的规定，破坏行为具有下列情形之一的，属于造成严重后昊的行为，应依照破坏易燃易爆设备罪处罚：（1）造成 1 人以上死亡、3 人以上重伤或者 10 人以上轻伤的；（2）造成井喷或者重大环境污染事故的；（3）造成直接经济损失数额在 50 万元以上的；（4）造成其他严重后果的。前述第 3 项的“直接经济损失”，包括因实施盗窃油气等行为直接造成的油气损失以及采取抢修堵漏等措施所产生的费用。对于直接经济损失数额，综合油气企业提供的证据材料，犯罪嫌疑人、被告人及其辩护人所提辩解、辩护意见等认定；难以确定的，依据价格认证机构出具的报告，结合其他证据认定。油气企业提供的关于损失的证据材料，应当有工作人员签名和企业公章。盗窃油气或者正在使用中的油气设备，构成犯罪，但未危害公共安全的，以盗窃罪定罪处罚。着手实施盗窃油气行为，由于意志以外的原因未得逞，但具有下列情形之一的，应以盗窃罪（未遂）追究刑事责任：（1）以数额巨大的油气为盗窃目标的；（2）已将油气装入包装物或者运输工具，达到“数额较大”标准 3 倍以上的；（3）携带盗油卡子、手摇钻、电钻、电焊枪等切割、打孔、撬砸、拆卸工具的；（4）具有其他情节严重的情形的。

盗窃油气同时构成盗窃罪和破坏易燃易爆设备罪的，成立想象竞合犯，依照处罚较重的规定定罪处罚。为他人盗窃油气而偷开油气井、油气管道等油气设备阀门排放油气或者提供其他帮助的，以盗窃罪的共犯定罪处罚。

（二）主观要件

本罪在主观方面是故意，即明知自己破坏易燃易爆设备的行为会发生危害公共安全的后果，并且希望或者放任这种结果发生。

八、过失损坏易燃易爆设备罪

第一百一十九条第二款　过失犯前款罪的，处三年以上七年以下有期徒刑；情节较轻的，处三年以下有期徒刑或者拘役。

过失损坏易燃易爆设备罪，是指过失导致燃气或者其他易燃易爆设备损毁，造成严重后果的行为。

九、破坏广播电视设施、公用电信设施罪

第一百二十四条第一款　破坏广播电视设施、公用电信设施，危害公共安全的，处三年以上七年以下有期徒刑；造成严重后果的，处七年以上有期徒刑。

破坏广播电视设施、公用电信设施罪，是指故意破坏广播电视设施、公用电信设施，危害公共安全的行为。

（一）客观要件

本罪在客观方面表现为破坏广播电视设施、公用电信设施。

本罪的行为对象是正在使用中的广播电视设施、公用电信设施。广播电视设施，是指（1）节目发射设施，包括天线、塔杆、地网、天线场地及其附属设施；（2）节目传送设施，包括架空或埋没的电缆线路、光缆线路、有线电视线路、微波接力通信站、微波通路、卫星地面站；（3）节目的监测设施，包括监测台、站及其附属设施。公用电信设施主要包括公用电报设备、电话设备和其他设施。公用电报设备，是指邮电部门利用记号、图画、声音或脉冲等传递消息的机械设备。电话设备，是指公用电话的电话交换设备、通信线路等设备。

广播电视设施、公用电信设施必须具备以下两个特征：（1）正在使用。破坏报废的广播电视设施、公用电信设施或破坏正在生产销售中或未交付使用的通信器材，不构成本罪。盗窃正在使用中的通信器材，危及公共安全的，同时构成破坏广播电视设施、公用电信设施罪和盗窃罪，应从一重罪处断。（2）属于广播电视设施、公用电信设施的主要组成部分。只有破坏广播电视设施、公用电信设施的主要部分，才能直接影响公共安全，构成本罪，否则可能构成盗窃罪或者故意毁坏财物罪。

破坏的方法主要表现为两种：一是使广播电视设施、公用电信设施从物理上毁损；二是使上述设施丧失应有效能，如故意违反规程使机器设备损坏，使广播电视信号传输、通信传递无法进行等。

根据最高人民法院《关于审理破坏公用电信设施刑事案件具体应用法律若干问题的解释》（2004年12月30日）的规定，采用截断通信线路、损毁通信设备或者删除、修改、增加电信网计算机信息系统中存储、处理或者传输的数据和应用程序等手段，故意破坏正在使用中的公用电信设施，具有下列情形之一的，构成本罪：（1）造成火警、匪警、医疗急救、交通事故报警、救灾、抢险、防汛等通信中断或者严重障碍，并因此贻误救助、救治、救灾、抢险等，致使人员死亡1人、重伤3人以上或者造成财产损失30万元以上的；（2）造成2 000户以上不满1万户用户通信中断1小时以上，或者1万户以上用户通信中断不满1小时的；（3）在一个本地网范围内，网间通信全阻、关口局至某一局向全部中断或网间某一业务全部中断不满2小时或者直接影响范围不满5万（用户×小时）的；（4）造成网间通信严重障碍，一日内累计2小时以上不满12小时的；（5）其他危害公共安全的情形。

（二）主观要件

本罪在主观方面是故意，即明知破坏广播电视设施、公用电信设施的行为会发生危害通信安全的危害后果，并且希望或者放任这种结果的发生。

（三）认定

为达到某种个人目的，聚众针对广播电台、电报、电话部门进行搅闹，强占、封锁通信工作人员进出，甚至围攻殴打工作人员，使之无法进行工作，因而致使广播电视、通信业务中断或阻止恢复业务，应当成立聚众扰乱社会秩序罪。

故意破坏正在使用中的公用电信设施尚未危害公共安全，或者故意毁坏尚未投入使用的公用电信设施，造成财物损失，构成犯罪的，以故意毁坏财物罪定罪处罚。盗窃公用电信设施价值数额不大，但是构成危害公共安全犯罪的，依照破坏公用电信设施罪定罪处罚；盗窃行为同时构成盗窃罪和破坏公用电信设施罪的，从一重罪处断。

十、过失损坏广播电视设施、公用电信设施罪

第一百二十四条第二款 过失犯前款罪的，处三年以上七年以下有期徒刑；情节较轻的，处三年以下有期徒刑或者拘役。

过失损坏广播电视设施、公用电信设施罪，是指过失破坏广播电视设施、公用电信设施，危害公共安全，造成严重后果的行为。

本罪是结果犯，行为必须使广播电视设施、公用电信设施遭受毁坏，危害公共安全，造成严重后果的，才构成犯罪。

第四节 恐怖主义、极端主义犯罪

一、组织、领导、参加恐怖组织罪

第一百二十条① 组织、领导恐怖活动组织的，处十年以上有期徒刑或者无期徒刑，并处没收财产；积极参加的，处三年以上十年以下有期徒刑，并处罚金；其他参加的，处三年以下有期徒刑、拘役、管制或者剥夺政治权利，可以并处罚金。②

犯前款罪并实施杀人、爆炸、绑架等犯罪的，依照数罪并罚的规定处罚。

组织、领导、参加恐怖组织罪，是指组织、领导或者积极参加恐怖活动组织的行为。

（一）保护法益

本罪的保护法益是公众的人身和财产安全以及公共生活的安宁。恐怖主义严重威胁人身、财产安全，扰乱社会秩序，必须受到严厉惩处。根据《反恐怖主义法》（2018）第3条第1款的规定，恐怖主义是指通过暴力、破坏、恐吓等手段，制造社会恐慌、危害公共安全、侵犯人身财产，或者胁迫国家机关、国际组织，以实现其政治、意识形态等目的的主张和行为。恐怖组织犯罪是贯彻恐怖主义的具体行为，其是20世纪以来社会危险性较为突出的一类犯罪，是国际社会的一大公害。恐怖活动组织，是以实施恐怖活动为目的而建立起来的危害极为严重的犯罪组织，专门从事杀人、伤害、绑架、爆炸等暴力性犯罪，使周围人群产生恐惧、惊慌，危害无辜之人，给政府机构施加压力，从而达到自己的反社会目的。所以，恐怖行为是侵犯多个保护法益的犯罪，它侵害公共安全、权力机关的正常运作，以及公民的生命和健康。恐怖行为的对象是不确定范围内的人群，有时恐怖行为针对若干城市和行政区域内的居民，或者针对有权作出组织管理决策的具体公职人员和权力机关。

20世纪30年代以来，恐怖活动在世界范围内有增无减。在21世纪初，恐怖组织及其犯罪活动更为猖獗，恐怖袭击往往在瞬间使数以千计的人陷于灾难之中，使各国对恐怖主义的危害有了更为深刻的认识。

---

① 《刑法修正案（九）》第5条对本罪刑罚增设了没收财产或并处罚金。

② 本款为《刑法修正案（三）》第3条所修改。

国际社会对于打击恐怖主义一直给予强烈关注，除于20世纪70、80年代通过一系列国际公约外，后又相继制定了一系列针对恐怖主义的反恐国际公约和决议，如1997年12月15日联合国《制止恐怖主义爆炸事件的国际公约》、1999年12月9日联合国《制止向恐怖主义提供资助的国际公约》，2001年由中、俄、哈、吉、塔、乌六国发起制定的《打击恐怖主义、分裂主义和极端主义上海公约》，2001年9月29日联合国安理会通过的关于防止和制止资助恐怖主义行为的1373号决议等。美国“9·11”事件以后，短短的几个月时间内，世界上许多国家纷纷制定国内法，赋予司法机关在调查涉及恐怖主义犯罪时以更大的权力，同时加大对恐怖活动犯罪的打击力度。目前，世界一些国家和地区对惩治恐怖活动犯罪的立法大致有三种立法例：(1) 最保守的立场。刑法没有专门针对恐怖活动的规定，对于实施恐怖活动的，根据其行为性质分别适用刑法中关于杀人、伤害、绑架、爆炸的规定直接进行惩处。日本、瑞士即持此立场。(2) 中间立场。在刑法中仅规定建立恐怖组织的犯罪，对于其具体的恐怖行为则分别按照刑法相关规定处理，如德国刑法的规定。(3) 最积极立场。刑法对恐怖活动性质的犯罪规定得比较具体，既有惩治建立、参加、援助恐怖组织犯罪的规定，也有针对准备及具体实施恐怖活动性质的犯罪行为的规定。法国即采用这一立法例。

我国也是恐怖主义活动的受害者。近年来，我国境内与国际恐怖主义组织有千丝万缕联系的宗教极端主义势力、民族分裂势力和恐怖主义势力进行了一系列暗杀、绑架、爆炸等恐怖犯罪活动，暴力恐怖案件表现形式呈现多样化，对国家安全、社会稳定、民族团结和人民群众生命、财产安全造成了严重危害。为加强对恐怖主义犯罪的打击力度，我国除批准、积极加入、签署有关惩治恐怖主义犯罪的国际公约外，还在刑法中对此类犯罪作出相应规定。

我国1997年刑法对惩治恐怖主义犯罪采取“中间立场”，即将组织、领导、参加恐怖组织规定为犯罪；对具体的恐怖行为则分别按照刑法分则的相关规定进行处罚。但是，在《刑法修正案（九）》增设大量与恐怖主义有关的犯罪之后，刑法立场趋向于积极，即既惩罚组织、领导、参加恐怖组织的行为，也打击相对边缘的准备实施恐怖活动、宣扬恐怖主义、利用恐怖主义破坏法律实施、非法持有宣扬恐怖主义的物品等犯罪，这对于应对恐怖主义日益猖獗的态势是非常必要的。

（二）客观要件

本罪在客观方面表现为组织、领导或者参加恐怖活动组织的行为。

1. 恐怖活动

关于这里的恐怖活动，国际上通常界定为：(1) 故意危害国家元首、执行国家元首特权的人士及其法定继承人或者指定继承人，上述人士的配偶，担任公职或负有公共任务的人士的生命、身体、健康或自由的行为；(2) 故意毁灭或损害属于或在另一缔约国管辖的公共财产或供公用财产的行为；(3) 故意造成公共危险，足以危及生命的行为；(4) 上述犯罪的未遂行为；(5) 制造、获得、扣留或供给武器、军火、爆炸品或毒物以便在任何国家实施上述行为；(6) 上述行为的共谋、既遂的教唆、直接和公开的煽动、故意参加、有意识地提供援助等。

根据《反恐怖主义法》（2018年）第3条第2款的规定，恐怖活动是指恐怖主义性质的下列行为：(1) 组织、策划、准备实施、实施造成或者意图造成人员伤亡、重大财产损失、公共设施损坏、社会秩序混乱等严重社会危害的活动；(2) 宣扬恐怖主义，煽动实施恐怖活动，或者非法持有宣扬恐怖主义的物品，强制他人在公共场所穿戴宣扬恐怖主义的服饰、标志；(3) 组织、领导、参加恐怖活动组织；(4) 为恐怖活动组织、恐怖活动人员、实施恐怖活动或者恐怖活动培训提供信息、资金、物资、劳务、技术、场所等支持、协助、便利；(5) 其他恐怖活动。

2. 恐怖活动组织

如何界定这里的恐怖活动组织，是一个需要研究的问题。目前，国际社会对恐怖活动组织的界定，还缺乏统一的标准。但是，境外有的国家或者地区的刑法对此作了明确规定，如德国刑法规定，恐怖团体是指其目的或者活动旨在实施谋杀、故意杀人或者谋杀民众、绑架勒索、扣押人质以及刑法典中规定的其他一些严重危害公共安全的犯罪的团体；俄罗斯刑法规定，恐怖组织是指以实施恐怖活动为目的或者在行动中可能使用恐怖手段的组织；我国澳门地区刑法规定，恐怖团体、组织或集团是指 2 人或者 2 人以上者组成的、为制造公共危险、破坏社会秩序而积极实施危害生命、身体、人身自由的犯罪的组织，其根本目标是以暴力阻止、变更或者颠覆政治、经济或社会制度，或影响公共当局作出决定，或威吓民众。在我国，恐怖活动组织是指三人以上为实施恐怖活动而组成的犯罪集团。在司法实践中，认定恐怖活动组织时，必须考虑以下三点：(1) 该组织的犯罪目的是否明确，即是否是为了影响政权机关或国际组织的决策，实现其政治、宗教、意识形态及其他目的；(2) 该组织是否稳固，是否属于为进行共同犯罪而结成的威胁性很强的团体；(3) 该组织是否旨在恐吓居民、危害人员生命或健康，造成巨大财产损失或生态灾难及其他严重后果。

3. 组织、领导、参加

(1) 组织、领导恐怖活动组织。

根据最高人民法院、最高人民检察院、公安部、司法部《关于办理恐怖活动和极端主义犯罪案件适用法律若干问题的意见》(2018 年 3 月 16 日) 第 1 条第 1 项的规定，具有下列情形之一的，以组织、领导恐怖组织罪定罪处罚：1) 发起、建立恐怖活动组织；2) 恐怖活动组织成立后，对组织及其日常运行负责决策、指挥、管理；3) 恐怖活动组织成立后，组织、策划、指挥该组织成员进行恐怖活动；4) 其他组织、领导恐怖活动组织的情形。

(2) 参加恐怖活动组织。

根据最高人民法院、最高人民检察院、公安部、司法部《关于办理恐怖活动和极端主义犯罪案件适用法律若干问题的意见》(2018 年 3 月 16 日) 第 1 条第 1 项的规定，具有下列情形之一的，应当认定为属于积极参加，以参加恐怖组织罪定罪处罚：1) 纠集他人共同参加恐怖活动组织；2) 多次参加恐怖活动组织；3) 曾因参加恐怖活动组织、实施恐怖活动被追究刑事责任或者 2 年内受过行政处罚又参加恐怖活动组织；4) 在恐怖活动组织中实施恐怖活动且作用突出；5) 在恐怖活动组织中积极协助组织、领导者实施组织、领导行为；6) 其他积极参加恐怖活动组织的情形。

参加恐怖活动组织，但不属于组织、领导或者积极参加者的，应当认定为其他参加者，以参加恐怖组织罪定罪处罚。

本罪与一般有组织犯罪之间有明确界限：恐怖组织通常有自己的政治或者社会目的，行为人只要具有组织、领导、参加恐怖活动组织行为之一的，就构成犯罪，而并不要求其在恐怖活动组织中从事了具体犯罪；恐怖组织成立之后实施的犯罪活动一般是严重危及人身安全的绑架、杀人、爆炸等。一般有组织犯罪没有政治或者社会目的，只依据所实施的具体犯罪来定罪；组织、领导、参加一般犯罪组织行为本身不构成独立犯罪。

本罪与组织、领导、参加黑社会性质组织罪的区别是：黑社会性质组织也没有政治或者社会目的，只是为了称王称霸而任意胡作非为，严重破坏经济和社会生活秩序。

组织、领导、参加恐怖组织之后，又实施杀人、爆炸、抢劫、强奸、绑架等罪的，理应数罪并罚，因为后续的暴力犯罪具有独立的犯罪构成，而且实施的具体恐怖活动所蕴含的社会危害性也不能为组织、领导和参加恐怖组织行为所包括，如果不进行数罪并罚，难以做到罪刑均衡。

（三）主观要件

本罪在主观方面是故意，即明知恐怖活动危害公共安全，但仍以实施恐怖活动、制造恐怖气氛为目的组织、领导或者参加恐怖活动组织。

一般来说，国际恐怖活动组织常常具有一定的政治目的；国内恐怖活动组织则不一定具有某种政治目的，极有可能是为了发泄对社会的不满，寻求报复，或为了索取高额报酬而充当杀手等。有的国家的刑法对犯罪人必须具有特定目的作了明确规定，如规定要以严重扰乱公共秩序为目的（法国），规定行为人出于政治、宗教或者意识形态目的（英国），规定要有恐怖性目的（俄罗斯），或者规定行为人要有威胁或者胁迫公众或者以威胁或者胁迫的方式影响政府的政策，以及以暗杀或绑架方式对政府的行为施加影响的目的（美国）。我国刑法对成立本罪的目的未作要求。

二、帮助恐怖活动罪

第一百二十条之一① 资助恐怖活动组织、实施恐怖活动的个人，或者资助恐怖活动培训的，处五年以下有期徒刑、拘役、管制或者剥夺政治权利，并处罚金；情节严重的，处五年以上有期徒刑，并处罚金或者没收财产。

为恐怖活动组织、实施恐怖活动或者恐怖活动培训招募、运送人员的，依照前款的规定处罚。

单位犯前两款罪的，对单位判处罚金，并对其直接负责的主管人员和其他直接责任人员，依照第一款的规定处罚。

帮助恐怖活动罪，是指为恐怖活动提供帮助的行为，包括资助恐怖活动组织、实施恐怖活动的个人，或者资助恐怖活动培训，以及为恐怖活动组织、实施恐怖活动或者恐怖活动培训招募、运送人员的行为。

（一）客观要件

本罪在客观方面表现为两类行为：资助恐怖活动组织、实施恐怖活动的个人、恐怖活动培训的行为；为恐怖活动组织、实施恐怖活动或者恐怖活动培训招募、运送人员的行为。

惩治恐怖主义犯罪，单靠对实施恐怖活动者给予处罚是不够的，要切断恐怖活动组织的资金来源，同时对其他帮助恐怖活动组织的行为一并给予严厉打击。为此，联合国于 1999 年 12 月 9 日通过了《制止向恐怖主义提供资助的国际公约》，我国已经签署了该公约。2001 年 9 月 29 日联合国安理会通过的关于防止和制止资助恐怖主义行为的 1373 号决议规定，各国应当将为恐怖活动组织提供或者筹集资金的行为规定为犯罪。帮助，是指明知是恐怖活动组织或者实施恐怖活动的个人，而为其筹集、提供经费，或者提供器材、设备、交通工具、武器装备等物质条件，或者提供场所以及其他便利条件和帮助的行为，包括资助恐怖活动培训，以及为恐怖活动组织、实施恐怖活动或者恐怖活动培训招募、运送人员等。对组织、领导恐怖活动行为本身提供资助，以便于恐怖组织早日成立的，即使恐怖组织成立后未实施任何恐怖活动，帮助行为也成立本罪。根据最高人民法院、最高人民检察院、公安部、司法部《关于办理恐怖活动和极端主义犯罪案件适用法律若干问题的意见》（2018 年 3 月 16 日）的规定，具有下列情形之一

---

① 本条第 1、3 款为《刑法修正案（三）》第 4 条增设，并为《刑法修正案（九）》第 6 条所修改，第 2 款为《刑法修正案（九）》新增设。

的，可以成立本罪：(1) 以募捐、变卖房产、转移资金等方式为恐怖活动组织、实施恐怖活动的个人、恐怖活动培训筹集、提供经费，或者提供器材、设备、交通工具、武器装备等物资，或者提供其他物质便利；(2) 以宣传、招收、介绍、输送等方式为恐怖活动组织、实施恐怖活动、恐怖活动培训招募人员；(3) 以帮助非法出入境，或者为非法出入境提供中介服务、中转运送、停留住宿、伪造身份证明材料等便利，或者充当向导、帮助探查偷越国（边）境路线等方式，为恐怖活动组织、实施恐怖活动、恐怖活动培训运送人员；(4) 其他资助恐怖活动组织、实施恐怖活动的个人、恐怖活动培训，或者为恐怖活动组织、实施恐怖活动、恐怖活动培训招募、运送人员的情形。这里的“实施恐怖活动的个人”，包括已经实施恐怖活动的个人，也包括准备实施、正在实施恐怖活动的个人；包括在我国领域内实施恐怖活动的个人，也包括在我国领域外实施恐怖活动的个人；包括我国公民，也包括外国公民和无国籍人。

不是给予资金支持或资助恐怖活动培训等行动上的帮助，而仅仅给予精神、道义或舆论支援的，不是本罪中的帮助，不构成犯罪；提供直接的武装介入，或者在杀人、绑架、爆炸等恐怖活动中直接参与该活动，为恐怖行为实施者提供帮助的，成立相应犯罪的共犯。

（二）主观要件

本罪在主观方面是故意，即明知他人要成立恐怖活动组织或者实施恐怖活动，而予以物质上的资助，或者为恐怖活动组织、实施恐怖活动或者恐怖活动培训招募、运送人员。将他人组织恐怖活动组织的行为误认为是成立一般的犯罪组织而予以资助，犯罪组织成立后未着手实施犯罪的，以及将恐怖组织实施的杀人、爆炸、绑架等犯罪误以为是普通刑事犯罪而给予资助的，都欠缺本罪的故意。

三、准备实施恐怖活动罪

第一百二十条之二① 有下列情形之一的，处五年以下有期徒刑、拘役、管制或者剥夺政治权利，并处罚金；情节严重的，处五年以上有期徒刑，并处罚金或者没收财产：

（一）为实施恐怖活动准备凶器、危险物品或者其他工具的；

（二）组织恐怖活动培训或者积极参加恐怖活动培训的；

（三）为实施恐怖活动与境外恐怖活动组织或者人员联络的；

（四）为实施恐怖活动进行策划或者其他准备的。

有前款行为，同时构成其他犯罪的，依照处罚较重的规定定罪处罚。

准备实施恐怖活动罪，是指为实施恐怖活动进行各种准备的行为。

本罪在客观方面表现为以下四种行为方式：(1) 为实施恐怖活动准备凶器、危险物品或者其他工具。这里的凶器包括性质上的凶器和使用上的凶器两种，其和危险物品之间可能存在交叉关系。(2) 组织恐怖活动培训或者积极参加恐怖活动培训。(3) 为实施恐怖活动，与境外恐怖活动组织或者人员联络，联络的方式不受限制。(4) 为实施恐怖活动进行策划或者其他准备。

根据最高人民法院、最高人民检察院、公安部、司法部《关于办理恐怖活动和极端主义犯罪案件适用法律若干问题的意见》(2018 年 3 月 16 日）的规定，具有下列情形之一的，可以成立本罪：(1) 为实施恐怖活动制造、购买、储存、运输凶器，易燃易爆、易制爆品，腐蚀性、放射性、传染性、毒害性物品等危险物品，或者其他工具；(2) 以当面传授、开办培训班、组

① 本条为《刑法修正案（九）》第 7 条所增设。

建训练营、开办论坛、组织收听收看音频视频资料等方式，或者利用网站、网页、论坛、博客、微博客、网盘、即时通信、通讯群组、聊天室等网络平台、网络应用服务组织恐怖活动培训，或者积极参加恐怖活动心理体能培训，传授、学习犯罪技能方法或者进行恐怖活动训练；(3) 为实施恐怖活动，通过拨打电话、发送短信、电子邮件等方式，或者利用网站、网页、论坛、博客、微博客、网盘、即时通信、通讯群组、聊天室等网络平台、网络应用服务与境外恐怖活动组织、人员联络；(4) 为实施恐怖活动出入境或者组织、策划、煽动、拉拢他人出入境；(5) 为实施恐怖活动进行策划或者其他准备的情形。

本罪是为行为人自己或所在组织为未来实施恐怖活动进行准备的行为（自己预备罪），行为人本人就是恐怖活动人员或恐怖活动组织的成员，其准备实施恐怖活动之后，又组织、策划、实施恐怖活动的，应以重罪论处。本罪和帮助恐怖活动罪的界限在于：后罪是为实施恐怖活动的其他个人或者组织提供帮助，或者资助他人组织的恐怖活动培训，以及为组织、实施恐怖活动或者组织培训的他人招募、运送人员的行为（他人预备罪）。本罪属于预备行为正犯化（拟制的正犯）的情形，既然立法上已经将预备行为类型化地规定为正犯，其就仍然有成立预备、未遂、中止的余地。例如，为实施恐怖活动，正在筹集资金准备去购买凶器、危险物品或者其他工具的，属于本罪的预备行为；为实施恐怖活动，积极与境外恐怖活动组织或者人员联络，但未进行具有实质性内容的沟通即被抓获的，属于本罪未遂；组织为期较长的恐怖活动培训，但在此过程中，基于己意停止犯罪的，可以成立本罪的中止。

四、宣扬恐怖主义、极端主义、煽动实施恐怖活动罪

第一百二十条之三① 以制作、散发宣扬恐怖主义、极端主义的图书、音频视频资料或者其他物品，或者通过讲授、发布信息等方式宣扬恐怖主义、极端主义的，或者煽动实施恐怖活动的，处五年以下有期徒刑、拘役、管制或者剥夺政治权利，并处罚金；情节严重的，处五年以上有期徒刑，并处罚金或者没收财产。

宣扬恐怖主义、极端主义、煽动实施恐怖活动罪，是指以制作、散发宣扬恐怖主义、极端主义的图书、音频视频资料或者其他物品，或者通过讲授、发布信息等方式宣扬恐怖主义、极端主义，或者煽动实施恐怖活动的行为。

这里的恐怖主义，是指企图通过暴力、破坏、恐吓等手段，制造社会恐慌、危害社会公共安全或者胁迫国家机关、国际组织的主张和行为。极端主义，在思想上表现为反人类、反社会、反文明的主张；在行动上表现为极端激进的行为，包括以暴力、威胁、骚扰等方式诋毁、侮辱、歧视其他民族和宗教，干扰他人与其他民族和信仰其他宗教的人士交往、共同生活，利用民族、宗教名义阻碍国家机关工作人员依法履行职责，强迫他人参加极端宗教活动，利用极端主张破坏国家法律实施等。

根据最高人民法院、最高人民检察院、公安部、司法部《关于办理恐怖活动和极端主义犯罪案件适用法律若干问题的意见》（2018年3月16日）的规定，具有下列情形之一的，可以成立本罪：(1) 编写、出版、印刷、复制、发行、散发、播放载有宣扬恐怖主义、极端主义内容的图书、报刊、文稿、图片或者音频视频资料；(2) 设计、生产、制作、销售、租赁、运输、托运、寄递、散发、展示带有宣扬恐怖主义、极端主义内容的标识、标志、服饰、旗帜、徽章、器物、纪念品等物品；(3) 利用网站、网页、论坛、博客、微博客、网盘、即时通信、通

① 本条为《刑法修正案（九）》第7条所增设。

信群组、聊天室等网络平台、网络应用服务等登载、张贴、复制、发送、播放、演示载有恐怖主义、极端主义内容的图书、报刊、文稿、图片或者音频视频资料；(4) 网站、网页、论坛、博客、微博客、网盘、即时通信、通讯群组，聊天室等网络平台、网络应用服务的建立、开办、经营、管理者，明知他人利用网络平台、网络应用服务散布、宣扬恐怖主义、极端主义内容，经相关行政主管部门处罚后仍允许或者放任他人发布；(5) 利用教经、讲经、解经、学经、婚礼、葬礼、纪念、聚会和文体活动等宣扬恐怖主义、极端主义、煽动实施恐怖活动；(6) 其他宣扬恐怖主义、极端主义、煽动实施恐怖活动的行为。

对于宣扬恐怖主义、极端主义的图书、音频视频资料，服饰、标志或者其他物品的认定，应当根据《反恐怖主义法》有关恐怖主义、极端主义的规定，从其记载的内容、外观特征等分析判断。公安机关应当对涉案物品全面审查并逐一标注或者摘录，提出审读意见，与扣押、移交物品清单及涉案物品原件一并移送人民检察院审查。人民检察院、人民法院可以结合在案证据、案件情况、办案经验等综合审查判断。

组织、领导、参加恐怖活动组织以及为实施恐怖活动进行准备的边缘行为都是犯罪行为，而宣扬恐怖主义、极端主义通常就具有传授犯罪方法，指使他人实施恐怖主义活动及其相关行为的性质，因此，本罪和传授犯罪方法罪之间有想象竞合关系。宣扬恐怖主义和煽动实施恐怖活动之间具有内在一致性，宣扬恐怖主义的行为大多会产生煽动的效果，没有必要在宣扬和煽动之间划定明确界限。针对特定对象怂恿、指使其实施恐怖活动犯罪的，成立相关恐怖活动犯罪的教唆犯。

五、利用极端主义破坏法律实施罪

第一百二十条之四① 利用极端主义煽动、胁迫群众破坏国家法律确立的婚姻、司法、教育、社会管理等制度实施的，处三年以下有期徒刑、拘役或者管制，并处罚金；情节严重的，处三年以上七年以下有期徒刑，并处罚金；情节特别严重的，处七年以上有期徒刑，并处罚金或者没收财产。

利用极端主义破坏法律实施罪，是指利用极端主义煽动、胁迫群众破坏国家法律确立的婚姻、司法、教育、社会管理等制度实施的行为。

被煽动、胁迫的人是不特定的人或者多数人，行为所产生的后果为公众所承受时，才能成立本罪。即便行为人属于极端宗教主义者，但在其仅仅煽动、胁迫特定个人，禁止其与其他自然人结婚，禁止其学习某种语言文字，仅仅针对特定个案的司法裁判发表不满意见，针对涉及自身利益的法律（如税收法规）实施、具体政府行为（如强制拆迁）发表不同意见时，也不构成本罪，但有构成其他犯罪（暴力干涉婚姻自由罪、非法拘禁罪等）的可能性。

根据最高人民法院、最高人民检察院、公安部、司法部《关于办理恐怖活动和极端主义犯罪案件适用法律若干问题的意见》(2018 年 3 月 16 日）的规定，具有下列情形之一的，可以成立本罪：(1) 煽动、胁迫群众以宗教仪式取代结婚、离婚登记，或者干涉婚姻自由；(2) 煽动、胁迫群众破坏国家法律确立的司法制度实施；(3) 煽动、胁迫群众干涉未成年人接受义务教育，或者破坏学校教育制度、国家教育考试制度等国家法律规定的教育制度；(4) 煽动、胁迫群众抵制人民政府依法管理，或者阻碍国家机关工作人员依法执行职务；(5) 煽动、胁迫群众损毁居民身份证、居民户口簿等国家法定证件以及人民币；(6) 煽动、胁迫群众驱赶其他民

① 本条为《刑法修正案（九）》第 7 条所增设。

族、有其他信仰的人员离开居住地，或者干涉他人的生活和生产经营；（7）其他煽动、胁迫群众破坏国家法律制度实施的行为。

六、强制穿戴宣扬恐怖主义、极端主义服饰、标志罪

第一百二十条之五[①] 以暴力、胁迫等方式强制他人在公共场所穿着、佩戴宣扬恐怖主义、极端主义服饰、标志的，处三年以下有期徒刑、拘役或者管制，并处罚金。

强制穿戴宣扬恐怖主义、极端主义服饰、标志罪，是指以暴力、胁迫等方式强制他人在公共场所穿着、佩戴宣扬恐怖主义、极端主义服饰、标志的行为。

（一）保护法益

本罪的行为人以暴力、胁迫方法强迫他人为一定行为，其属于特殊的强制罪。国外刑法中规定的强制罪的保护法益单纯表现为个人的意思活动自由。而本罪属于危害公共安全罪，行为人利用普通群众或者信教群众的朴素情感或者其对宗教教义的不正确认识，篡改宗教教义，以检验普通信教群众是否对宗教虔诚为借口，以暴力、胁迫等方式强制他人在公共场所穿着、佩戴宣扬恐怖主义、极端主义服饰、标志，其实质是将他人作为宣扬恐怖主义、极端主义的工具。强制他人在公共场所穿着、佩戴宣扬恐怖主义、极端主义服饰、标志的行为，直接侵害被强制者个人的意思活动自由，给其日常生活和工作带来困扰，同时会造成恐怖主义、极端主义的蔓延和渗透，还可能强化民族差异，引发宗教狂热，在社会上形成恐怖主义、极端主义的氛围，扰乱公共秩序，进而使不特定人或者多数人的心理产生恐惧感，破坏公众生活的安宁，最终危害公共安全。

（二）客观要件

本罪在客观方面表现为以暴力、胁迫等方式强制他人在公共场所穿着、佩戴宣扬恐怖主义、极端主义服饰、标志的行为。

这里的暴力，是广义暴力，即不法对他人使用有形力。其要求针对被害人的身体实施。这里的胁迫，是狭义的胁迫，不要求达到压制被害人反抗的程度。对物暴力，达到恐吓被害人的效果的，就是这里的胁迫。在实践中，认定本罪时应当注意行为手段的强制性，即必须是以对他人的肉体实施暴力、以人身侵害进行威胁，或者对他人的精神予以胁迫等强制手段。如果行为人没有对他人实施上述强制行为，而是采用哄骗、利诱等方式让他人在公共场所穿着、佩戴宣扬恐怖主义、极端主义服饰、标志的，则不构成本罪。

本罪必须发生在公共场所。强制行为发生在私人住宅等私密性场所，但被强制者的穿戴行为发生在公共场所的，行为人的行为亦构成本罪。这里的公共场所，是指提供给公众从事工作、学习、经济、文化、社交、娱乐、体育、参观、医疗、卫生、休息、旅游活动，或者为满足公众其他生活需求所提供的一切建筑物、场所及其设施的总称。这里的公共场所，必须是现实社会中供公众出入的场所。强制他人穿着、佩戴宣扬恐怖主义、极端主义服饰、标志在网络空间出现、展示的，不属于强制他人在公共场所穿着、佩戴宣扬恐怖主义、极端主义服饰、标志。

本罪是抽象危险犯，开始实施暴力、胁迫是本罪着手。以暴力、胁迫等方式强制他人在公共场所穿着、佩戴宣扬恐怖主义、极端主义服饰、标志的行为实施之后，即便他人没有实际穿着、佩戴宣扬恐怖主义、极端主义服饰、标志的，也成立本罪既遂。

---

① 本条为《刑法修正案（九）》第7条所增设。

根据最高人民法院、最高人民检察院、公安部、司法部《关于办理恐怖活动和极端主义犯罪案件适用法律若干问题的意见》（2018 年 3 月 16 日）的规定，具有下列情形之一的，可以成立本罪：（1）以暴力、胁迫等方式强制他人在公共场所穿着、佩戴宣扬恐怖主义、极端主义服饰；（2）以暴力、胁迫等方式强制他人在公共场所穿着、佩戴含有恐怖主义、极端主义的文字、符号、图形、口号、徽章的服饰、标志；（3）其他强制他人穿戴宣扬恐怖主义、极端主义服饰、标志的情形。

强制他人在公共场所穿着、佩戴宣扬恐怖主义、极端主义服饰、标志，可能和故意伤害、侮辱、非法拘禁等罪之间存在想象竞合关系，应从一重罪处断。强制他人在公共场所穿着、佩戴宣扬恐怖主义、极端主义服饰、标志，其实是以特殊方式表明行为人的主张，从而宣扬恐怖主义、极端主义的行为，因此，本罪和宣扬恐怖主义、极端主义犯罪之间有法条竞合关系，本罪是特别法条。

（三）主观要件

本罪在主观方面表现为故意，行为人对以暴力、胁迫等方式强制他人，使之在公共场所穿着、佩戴宣扬恐怖主义、极端主义服饰、标志具有认识与容认态度。

七、非法持有宣扬恐怖主义、极端主义的物品罪

第一百二十条之六① 明知是宣扬恐怖主义、极端主义的图书、音频视频资料或者其他物品而非法持有，情节严重的，处三年以下有期徒刑、拘役或者管制，并处或者单处罚金。

非法持有宣扬恐怖主义、极端主义的物品罪，是指明知是宣扬恐怖主义、极端主义的图书、音频视频资料或者其他物品而非法持有，情节严重的行为。

（一）客观要件

本罪在客观上表现为非法持有宣扬恐怖主义、极端主义的物品。持有，是一个广义的概念，包括握有、占有、隐藏等一切控制宣扬恐怖主义、极端主义物品的行为。

根据最高人民法院、最高人民检察院、公安部、司法部《关于办理恐怖活动和极端主义犯罪案件适用法律若干问题的意见》（2018 年 3 月 16 日）的规定，明知是载有宣扬恐怖主义、极端主义内容的图书、报刊、文稿、图片、音频视频资料、服饰、标志或者其他物品而非法持有，达到下列数量标准之一的，以本罪定罪处罚：（1）图书、刊物 20 册以上，或者电子图书、刊物 5 册以上；（2）报纸 100 份（张）以上，或者电子报纸 20 份（张）以上；（3）文稿、图片 100 篇（张）以上，或者电子文稿、图片 20 篇（张）以上，或者电子文档 50 万字符以上；（4）录音带、录像带等音像制品 20 个以上，或者电子音频视频资料 5 个以上，或者电子音频视频资料 20 分钟以上；（5）服饰、标志 20 件以上。非法持有宣扬恐怖主义、极端主义的物品，虽未达到前述数量标准，但具有多次持有，持有多类物品，造成严重后果或者恶劣社会影响，曾因实施恐怖活动、极端主义违法犯罪被追究刑事责任或者 2 年内受过行政处罚等情形之一的，也可以定罪处罚。多次非法持有宣扬恐怖主义、极端主义的物品，未经处理的，数量应当累计计算。非法持有宣扬恐怖主义、极端主义的物品，涉及不同种类或者形式的，可以根据上述不同数量标准的相应比例折算后累计计算。

（二）主观要件

本罪在主观上是故意，行为人必须明知是宣扬恐怖主义、极端主义的图书、音频视频资料

① 本条为《刑法修正案（九）》第 7 条所增设。

或者其他物品而持有。对于这里的“明知”，应当根据案件具体情况，以行为人实施的客观行为为基础，结合其一贯表现、具体行为、程度、手段、事后态度，以及年龄、认知和受教育程度、所从事的职业等综合审查判断。

具有下列情形之一，行为人不能作出合理解释的，可以认定其“明知”，但有证据证明确属被蒙骗的除外：（1）曾因实施恐怖活动、极端主义违法犯罪被追究刑事责任，或者2年内受过行政处罚，或者被责令改正后又实施；（2）在执法人员检查时，有逃跑、丢弃携带物品或者逃避、抗拒检查等行为，在其携带、藏匿或者丢弃的物品中查获宣扬恐怖主义、极端主义的物品；（3）采用伪装、隐匿、暗语、手势、代号等隐蔽方式制作、散发、持有宣扬恐怖主义、极端主义的物品；（4）以虚假身份、地址或者其他虚假方式办理托运、寄递手续，在托运、寄递的物品中查获宣扬恐怖主义、极端主义的物品；（5）有其他证据足以证明行为人应当知道的情形。

行为人确实不认识某些刊载在宣扬恐怖主义、极端主义的图书、音频视频资料上的文字，仅认为某些物品有趣而加以收藏的，缺乏本罪的故意。对于确实并不明知图书、音频视频资料或其他物品载有宣扬恐怖主义、极端主义的内容，但出于营利或其他目的，违反国家规定，予以出版、印刷、复制、发行、传播或者提供仓储、邮寄、投递、运输、传输等服务的，可以按照非法经营罪等罪定罪处罚。

八、劫持航空器罪

第一百二十一条　以暴力、胁迫或者其他方法劫持航空器的，处十年以上有期徒刑或者无期徒刑；致人重伤、死亡或者使航空器遭受严重破坏的，处死刑。

劫持航空器罪，是指以暴力、胁迫或者其他方法劫持航空器的行为。

（一）保护法益

本罪侵害的法益是公共安全。劫持航空器的犯罪活动，不仅危及航空器本身以及机组人员、所载旅客的生命、健康和财产安全，而且由于航空器被劫持，很可能造成航空器爆炸或其他事故，从而危及地面建筑、设施和人员的安全，危害很大。本罪的行为对象是正在飞行或使用中的航空器。正在飞行，是指航空器从装载完毕、机舱外部各门均已关闭时起，直至打开任一机舱门以便卸载时为止之间的时间。航空器强迫降落时，在主管当局接管对该航空器及其所载人员和财产的责任前，应被认为仍在飞行中。正在使用中，是指从地面人员或机组对某一特定航空器开始进行飞行前准备起，直到降落后24小时止。

（二）客观要件

本罪在客观方面表现为使用暴力、胁迫或者其他方法劫持正在飞行或使用中的航空器。

暴力，是指直接对航空器实施暴力袭击，或者对机上人员特别是驾驶人员或机组成员实施绑架、殴打、伤害、杀害、监禁、扣押等危害人身安全和人身自由的行为，使他人不能抵抗。胁迫，是指以暴力威胁或用其他任何危险恐吓方式（例如，使用玩具手枪胁迫），对他人实行精神强制，使其产生恐惧而不敢反抗。其他方法，是指暴力、胁迫以外的其他劫持方法，如在航空器内放置某种破坏装置或物质，破坏或损毁航行设备或妨碍其正常工作，使用麻醉药物，用自己驾驶的航空器迫使被劫持的航空器改变航向，与机长合谋、贿买机组人员劫持航空器等。暴力、胁迫或者其他方法的共同特征是使航空器内的机组人员和其他人员不能反抗、不敢反抗或者不知反抗。

劫持包括两种情况：一是劫夺航空器，二是控制航空器的航行。至于航空器是否实际上被劫夺或者被行为人控制，不影响本罪的成立。

对劫持航空器罪既遂的认定，应当坚持控制说，即着手实施劫持行为后，已经实际控制该航空器的，为既遂。

劫持航空器罪与破坏交通工具罪的界限较为明确：虽然航空器也属于交通工具，但劫持航空器并不以破坏航空器为目的，而是强行控制航空器的航向，其主观方面是直接故意；破坏交通工具罪则是以破坏交通工具本身为目的，其主观方面既包括直接故意，也包括间接故意。将危险性、爆炸性物品带进航空器内，但不具有劫持航空器目的的，不构成劫持航空器罪，但可以成立破坏交通工具罪。

（三）主观要件

本罪在主观方面是故意。不论行为人出于何种动机或者目的劫持航空器，都不影响本罪的成立。对以政治避难为名劫持航空器的，亦应依法追究。

（四）绝对死刑的规定

本罪是重罪，所以其法定刑起点高、法定刑跨度大，致人重伤、死亡或者使航空器遭受严重破坏的，最高刑为绝对确定的死刑，这就要求司法工作人员在对具体案件量刑时，要区分犯罪的各种不同情节，特别是严格掌握适用死刑的法定条件。对于犯罪分子在劫持航空器过程中故意杀害他人或者过失造成乘客或机组人员重伤、死亡，以及使航空器上的关键设备、重要设备遭受严重破坏的，都应绝对适用死刑。

九、劫持船只、汽车罪

第一百二十二条　以暴力、胁迫或者其他方法劫持船只、汽车的，处五年以上十年以下有期徒刑；造成严重后果的，处十年以上有期徒刑或者无期徒刑。

劫持船只、汽车罪，是指以暴力、胁迫或者其他方法劫持船只、汽车的行为。

（一）客观要件

本罪在客观方面表现为使用暴力、胁迫或者其他方法，劫持正在使用中的船只、汽车。

暴力，是指对驾驶、操作人员实施打击或者身体强制，使其不能反抗。胁迫，是指以暴力为内容所进行的精神强制。其他方法，是指除暴力、胁迫以外足以使被害人不能反抗或者不知反抗的方法，如使用麻醉品将驾驶人员致昏、致醉等。

对正在驾驶、操作船只、汽车的人员实施暴力、胁迫等手段后实际控制船只、汽车，或者使船只、汽车按自己指示的方向开始行驶，就构成犯罪既遂。

为绑架船只、汽车的驾驶人员或者其他个别乘客而劫持船只的，应成立想象竞合犯，以重罪绑架罪论处。为抢劫船只、汽车，强令驾驶人员将其行驶到特定场所的，原则上也以重罪抢劫罪论处。

被劫持的船只、汽车停泊在港口或停放在路边，行为人将船只、汽车的驾驶人员劫持上船只、汽车，强迫其按指示方向行驶，不具有绑架人质的目的；到达目的地后将驾驶人员释放的，亦属于劫持正在使用中的船只、汽车，只构成本罪，而不成立绑架罪。

（二）主观要件

本罪在主观方面是故意，行为人明知劫持船只、汽车的行为会发生严重危害交通安全和人身安全的后果，而希望或放任这种结果的发生。

十、暴力危及飞行安全罪

第一百二十三条　对飞行中的航空器上的人员使用暴力，危及飞行安全，尚未造成严重后果的，处五年以下有期徒刑或者拘役；造成严重后果的，处五年以上有期徒刑。

暴力危及飞行安全罪，是指对飞行中的航空器上的人员使用暴力，危及飞行安全的行为。

（一）客观要件

本罪在客观方面表现为对飞行中的航空器上的人员实施暴力，危及飞行安全。

以非暴力方式（如胁迫、传递虚假情报等）危及飞行安全的，不成立本罪。本罪中的暴力，其程度只能是轻伤，而不包括致人重伤和死亡，因为从法定刑来看，故意伤害致人重伤、死亡或故意杀人罪的法定最高刑重于暴力危及飞行安全罪，对在飞行中的航空器上的人员使用暴力，致人重伤或死亡，以及故意杀人的，如果一律认定为暴力危及飞行安全，就可能使罪刑失衡。在航空器上针对人身使用暴力，实施杀害、伤害、抢劫、绑架等行为，致人重伤、死亡或直接杀害被害人的，以及使用暴力虽未危及飞行安全但致人轻伤的，均应按故意杀人罪、故意伤害罪论处。

对航空器上的人员使用暴力，危及飞行安全，尚未造成严重后果的，即构成本罪（具体危险犯）。对于危及飞行安全，尚未造成严重后果的，应根据飞行状况和实际案情予以具体认定。例如，在飞行中的航空器上殴打其他旅客，引起机舱内持久混乱，使机组人员准备迫降或改航线的，即可认定为危及了飞行安全。即使暴力行为所造成的伤害较轻，且被及时控制，但飞行安全已经受到重大影响的，也构成犯罪。

犯本罪造成严重后果的，法定刑升格。这里的造成严重后果，是指在飞行中的航空器上使用暴力，致人轻伤或轻微伤，且有下列情形之一的：严重影响驾驶人员操作的；引起飞机严重颠簸的；造成飞机紧急迫降的；干扰地面系统与飞机的正常联络的；造成飞机延长起飞时间，使机场调度出现困难的。

（二）主观要件

本罪在主观方面是故意，即行为人明知自己的行为会危及飞行安全而故意实施这种危及飞行安全的行为。

第五节　涉及枪支、弹药、爆炸物、危险物质的犯罪

一、非法制造、买卖、运输、邮寄、储存枪支、弹药、爆炸物罪

第一百二十五条第一款　非法制造、买卖、运输、邮寄、储存枪支、弹药、爆炸物的，处三年以上十年以下有期徒刑；情节严重的，处十年以上有期徒刑、无期徒刑或者死刑。

第一百二十五条第三款　单位犯前两款罪的，对单位判处罚金，并对其直接负责的主管人员和其他直接责任人员，依照第一款的规定处罚。

非法制造、买卖、运输、邮寄、储存枪支、弹药、爆炸物罪，是指违反国家有关枪支、弹药、爆炸物的管理规定，未经批准，非法制造、买卖、运输、邮寄、储存枪支、弹药、爆炸物，危害公共安全的行为。

（一）客观要件

本罪在客观方面表现为非法制造、买卖、运输、邮寄、储存枪支、弹药、爆炸物。

本罪的行为对象是枪支、弹药、爆炸物。《枪支管理法》(2015年修订)第46条规定,本法所称枪支,是指以火药或者压缩气体等为动力,利用管状器具发射金属弹丸或者其他物质,足以致人伤亡或者丧失知觉的各种枪支。这里的枪支、弹药,包括军用手枪、步枪、冲锋枪、机枪、射击运动所用的各种枪支,狩猎用的膛线枪、散弹枪、火药枪,麻醉动物用的注射枪和发射金属弹丸的气枪,以及上述各种枪支使用的弹药。因此,枪支、弹药不是专指军用枪支、弹药,其也包括民用枪支、弹药。对于爆炸物,一般认为包括各种手榴弹、地雷、炸弹、爆破筒、炸药和雷管等。根据有关法律规定,民用爆炸物品的范围相当广泛,具体分为三类:(1)爆破器材,包括各类炸药、雷管、导火索、导爆索、非电导爆系统、起爆药和爆破剂;(2)黑火药、烟火剂、民用信号弹和烟花爆竹;(3)公安部门认为需要管理的其他爆炸物品。但是,爆破性或者杀伤性较小的烟花爆竹是否属于本罪中的爆炸物,值得考虑。一般来说,对非法生产烟花爆竹行为,处以治安管理处罚即可,不应论以非法制造爆炸物罪;因非法生产烟花爆竹引起爆炸的,应以过失爆炸罪定罪处罚。实践中,容易成为本罪对象的爆炸物主要包括硝酸铵、氯酸钾、雷管等。

根据最高人民法院、最高人民检察院、公安部《关于依法收缴非法枪支弹药爆炸物品严厉打击枪爆违法犯罪的通告》(2018年5月7日)第8条的规定,枪支包括军用枪、猎枪、射击运动枪、麻醉注射枪、气枪、彩弹枪、火药枪等各类制式枪支、能发射制式弹药或者枪口比动能大于等于1.8焦耳/平方厘米的非制式枪支以及枪支零部件;弹药包括以上各类枪支使用的制式、非制式弹丸;爆炸物品包括炸药、雷管、导火索、导爆索、震源弹、黑火药、烟火药、手榴弹、地雷等各类爆炸物品以及列入易制爆危险化学品名录,可用于制造爆炸物品的危险化学品。

非法制造,是指违反国家有关法规,私自制造枪支、弹药、爆炸物的行为,包括自行设计、制造、改装、修复和购买零件装配等。明知他人购买枪支零部件系用于组装枪支而仍向其出售的,应以制造枪支罪共犯论处。

非法买卖,是指非法从事枪支、弹药、爆炸物的经营活动,或者私自购买、出卖枪支、弹药、爆炸物的行为。贩卖枪支主要零部件情节严重的,也属于非法买卖行为。

非法运输,是指未经国家有关部门批准,私自从事枪支、弹药、爆炸物运输的行为。

非法邮寄,是指通过邮政部门或者速递机构传递枪支、弹药、爆炸物的行为。非法邮寄行为实质上是非法运输行为,立法只是根据所用工具的不同作了相对区分,前者通过交通工具运输,后者通过邮政、速递机构转移,所以,它们之间并无本质上的区分。

非法储存,是指明知是他人非法制造、买卖、运输、邮寄的枪支、弹药而为其存放的行为,或者非法存放爆炸物的行为。

行为人只要具有非法制造、买卖、运输、邮寄、储存枪支、弹药、爆炸物行为之一,就构成犯罪。本罪是抽象危险犯,其成立不要求有具体危险和实际的危害后果发生。但是,并非行为人一旦实施了非法制造等行为就毫无例外地构成犯罪,对于情节显著轻微的,不宜按犯罪论处。例如,对于非法制造土枪、猎枪,目的是自己狩猎的;非法制造、买卖、运输少量弹药、爆炸物的;复员、转业、退伍军人在行李包中私藏少量子弹的,一般不以犯罪论处。

根据最高人民法院《关于审理非法制造、买卖、运输枪支、弹药、爆炸物等刑事案件具体应用法律若干问题的解释》(2009年11月16日)第1条的规定,个人或者单位非法制造、买卖、运输、邮寄、储存该枪支、弹药、爆炸物,具有下列情形之一的,以本罪定罪处罚:(1)非法制造、买卖、运输、邮寄、储存军用枪支1支以上的;(2)非法制造、买卖、运输、邮寄、储存以火药为动力发射枪弹的非军用枪支1支以上或者以压缩气体等为动力的其他非军用枪支2支以上的；（3）非法制造、买卖、运输、邮寄、储存军用子弹10发以上、气枪铅弹500发以上或者其他非军用子弹100发以上的；（4）非法制造、买卖、运输、邮寄、储存手榴弹1枚以上的；（5）非法制造、买卖、运输、邮寄、储存爆炸装置的；（6）非法制造、买卖、运输、邮寄、储存炸药、发射药、黑火药1 000克以上或者烟火药3 000克以上、雷管30枚以上或者导火索、导爆索30米以上的；（7）具有生产爆炸物品资格的单位不按照规定的品种制造，或者具有销售、使用爆炸物品资格的单位超过限额买卖炸药、发射药、黑火药10千克以上或者烟火药30千克以上、雷管300枚以上或者导火索、导爆索300米以上的；（8）多次非法制造、买卖、运输、邮寄、储存弹药、爆炸物的；（9）虽未达到上述最低数量标准，但具有造成严重后果等其他恶劣情节的。根据该解释第2条的规定，非法制造、买卖、运输、邮寄、储存枪支、弹药、爆炸物，具有下列情形之一的，属于本罪中的情节严重：（1）非法制造、买卖、运输、邮寄、储存枪支、弹药、爆炸物的数量达到前述规定的最低数量标准5倍以上的；（2）非法制造、买卖、运输、邮寄、储存手榴弹3枚以上的；（3）非法制造、买卖、运输、邮寄、储存爆炸装置，危害严重的；（4）达到本解释第1条规定的最低数量标准，并具有造成严重后果等其他恶劣情节的。

（二）主观要件

本罪在主观方面是故意，即明知是枪支、弹药、爆炸物而非法制造、买卖、运输、邮寄、储存。因受人蒙蔽、欺骗而为他人运输、储存枪支、弹药、爆炸物的，不成立本罪。

（三）定罪的特殊问题

前已述及，根据最高人民法院、最高人民检察院、公安部《关于依法收缴非法枪支弹药爆炸物品严厉打击枪爆违法犯罪的通告》（2018年5月7日）第8条的规定，枪口比动能大于等于1.8焦耳/平方厘米的非制式枪支，属于枪支。但是，某一种制式枪支“属于枪支”，并不意味着制造、买卖、运输、邮寄、储存该制式枪支的所有行为都构成犯罪。本罪是抽象危险犯，在实务中仍然需要判断行为人所制造的危险是否达到立法者预设的程度，如果某一制造、买卖、运输、邮寄、储存制式枪支的行为对公共安全的威胁没有达到立法者所预设的程度，则不构成本罪。所以，对于非法制造、买卖、运输、邮寄、储存枪口比动能大于等于1.8焦耳/平方厘米的非制式枪支的行为究竟是作为犯罪处理还是给予治安管理处罚，在实务中还需要区别情况进行处理。

根据最高人民法院、最高人民检察院《关于涉以压缩气体为动力的枪支、气枪铅弹刑事案件定罪量刑问题的批复》（2018年3月8日）的规定，对于非法制造、买卖、运输、邮寄、储存、持有、私藏、走私以压缩气体为动力且枪口比动能较低的枪支的行为，在决定是否追究刑事责任以及如何裁量刑罚时，不仅应当考虑涉案枪支的数量，而且应当充分考虑涉案枪支的外观、材质、发射物、购买场所和渠道、价格、用途、致伤力大小、是否易于通过改制提升致伤力，以及行为人的主观认知、动机目的、一贯表现、违法所得、是否规避调查等情节，综合评估社会危害性，坚持主客观相统一，确保实现罪刑相适应原则；对于非法制造、买卖、运输、邮寄、储存、持有、私藏、走私气枪铅弹（用铅、铅合金或者其他金属加工的气枪弹）的行为，在决定是否追究刑事责任以及如何裁量刑罚时，应当综合考虑气枪铅弹的数量、用途以及行为人的动机目的、一贯表现、违法所得、是否规避调查等情节，综合评估社会危害性，确保罪责刑相适应。这一司法解释显然并不主张对非法制造、买卖、运输、邮寄、储存枪口比动能大于等于1.8焦耳/平方厘米的非制式枪支的行为一律定罪，因而具有合理性。

（四）处罚的特殊问题

为从事合法经营活动非法储存、运输爆炸物，以及在矿山开采过程中，从合法经营的甲矿井"私自串用"爆炸物到正在整改中的乙煤矿的，对危险物质的储存、运输行为都极其特殊，和其他储存、运输爆炸物的情节明显不同。因此，对类似案件的处理，就必须和社会上通常发生的非法储存、运输爆炸物案件区别开来。根据 2009 年 11 月 16 日最高人民法院《关于审理非法制造、买卖、运输枪支、弹药、爆炸物等刑事案件具体应用法律若干问题的解释》第 9 条第 1 款的规定，因筑路、建房、打井、整修宅基地和土地等正常生产、生活需要，以及因从事合法的生产经营活动而非法制造、买卖、运输、邮寄、储存爆炸物，数量达到该解释第 1 条规定标准，没有造成严重社会危害，并确有悔改表现的，可依法从轻处罚；情节轻微的，可以免除处罚。其第 2 款规定，具有前款情形，数量虽达到该解释第 2 条规定标准的，也可以不认定为刑法第 125 条第 1 款规定的"情节严重"。

上述司法解释之所以将"因筑路、建房、打井、整修宅基地和土地等正常生产、生活需要，以及因从事合法的生产经营活动而非法制造、买卖、运输、邮寄、储存爆炸物"作为从宽处罚事由，主要是因为这些行为缺乏期待可能性。法律不强人所难，相关行为人的非难可能性降低，责任刑也相对较轻，在量刑时不能不考虑这一点。

二、非法制造、买卖、运输、储存危险物质罪

第一百二十五条第二款[①]　非法制造、买卖、运输、储存毒害性、放射性、传染病病原体等物质，危害公共安全的，依照前款的规定处罚。

第一百二十五条第三款　单位犯前两款罪的，对单位判处罚金，并对其直接负责的主管人员和其他直接责任人员，依照第一款的规定处罚。

非法制造、买卖、运输、储存危险物质罪，是指非法制造、买卖、运输、储存毒害性、放射性、传染病病原体等物质，危害公共安全的行为。

（一）客观要件

本罪在客观方面表现为非法制造、买卖、运输、储存毒害性、放射性、传染病病原体等物质。

非法制造、买卖、运输、储存的含义与非法制造、买卖、运输、储存枪支、弹药、爆炸物罪的相应行为相同。这里的非法买卖，是指违反法律和国家主管部门规定，未经有关主管部门批准许可，擅自购买或者出售的行为，并不需要同时具备买进和卖出两种行为。这里的危险物质包括核材料，以及其他毒害性、放射性、传染病病原体等物质，如毒鼠强等禁用剧毒化学品。关于毒害性物质的范围，最高人民法院、最高人民检察院联合发布的《关于办理非法制造、买卖、运输、储存毒鼠强等禁用剧毒化学品刑事案件具体应用法律若干问题的解释》（2003 年 9 月 4 日）第 6 条明确规定："本解释所称'毒鼠强等禁用剧毒化学品'，是指国家明令禁止的毒鼠强、氟乙酰胺、氟乙酸钠、毒鼠硅、甘氟。"也就是说，国家明令禁止的这几种"禁用剧毒化学品"，属于刑法第 125 条第 2 款规定的"毒害性"物质。在实务中，有观点认为，构成毒害性物质的化学品只能是上述司法解释所限定的五类禁用剧毒化学品，因为许多毒害性化学品，无论是在毒性还是在实际危害发生率方面，都远远低于这五类化学品。即使要定罪，也必须设定更高的追究标准，而不能简单比照现有的司法解释。但是，这一观点明显不合适。列入《剧毒化学品目录》（2002 年版）的限用化学品（如液氯等），虽非国家禁用化学品，但其属于剧毒化学品且被列入《剧毒化学品目录》，就属于严格监管的对象，因此可以判定其

① 本款为《刑法修正案（三）》第 5 条所修改。

具有明显的“毒害性”，不允许任意买卖。结合体系解释方法，从本罪与其他条文之间的相互关系协调这一角度进行思考，既然《刑法》第115、127、291条都使用了“毒害性”物质的概念，而且都认为其应包括“毒鼠强”等之外的《剧毒化学品目录》中的其他化学品，那么，就没有理由仅仅在刑法第125条中将其范围限制得很窄。① 因此，刑法第125条规定的毒害性物质指化学品时，并不局限于“毒鼠强”等五大类禁用剧毒化学品，还包括限用剧毒化学品在内。国家严格监督管理的氰化钠等剧毒化学品，易致人中毒或者死亡，对人体、环境具有极大的毒害性和危险性，故也属于本罪的“毒害性”物质。

依照国家规定取得制造、买卖、运输、储存毒害性、放射性、传染病病原体等物质资格的自然人或者单位，如医疗机构、科研单位和生产厂家，在生产、储存、运输、使用中违反国家规定，发生重大事故造成严重后果的，构成危险物品肇事罪或传染病菌种、毒种扩散罪，而不成立本罪。

（二）主观要件

本罪在主观方面是故意，即明知是毒害性、放射性、传染病病原体等物质而非法制造、买卖、运输、储存。不具有这种明知的，欠缺本罪的故意。

三、违规制造、销售枪支罪

第一百二十六条　依法被指定、确定的枪支制造企业、销售企业，违反枪支管理规定，有下列行为之一的，对单位判处罚金，并对其直接负责的主管人员和其他直接责任人员，处五年以下有期徒刑；情节严重的，处五年以上十年以下有期徒刑；情节特别严重的，处十年以上有期徒刑或者无期徒刑：

（一）以非法销售为目的，超过限额或者不按照规定的品种制造、配售枪支的；

（二）以非法销售为目的，制造无号、重号、假号的枪支的；

（三）非法销售枪支或者在境内销售为出口制造的枪支的。

违规制造、销售枪支罪，是指依法被指定、确定的枪支制造、销售企业，违反国家对枪支的管理规定，非法制造、销售枪支的行为。

（一）客观要件

本罪在客观方面表现为违规制造、销售枪支。

违规，是指被依法指定、确定的枪支制造企业或者枪支销售企业，经单位负责人决定或者单位领导集体研究决定，实施下列三种行为之一的情形：(1) 以非法销售为目的，超过限额或者不按照规定的品种制造、配售枪支，即超过国家有关主管部门下达的生产、销售枪支的数量指标或任务，擅自制造、销售枪支，或者未按国家规定的配售枪支的品种、型号配售枪支。(2) 以非法销售为目的，制造无号、重号、假号的枪支，即为了逃避检查，规避法律，在生产枪支过程中有意制造没有编号、重复编号或者虚假编号的枪支，用以非法销售牟利的行为。着手实施制造行为即成立本罪，枪支是否实际销售，在所不问。(3) 非法销售枪支或者在境内销

---

① 事实上，最高人民法院发布的指导案例第13号“王召成等非法买卖、储存危险物质案”，已经不认为刑法第125条规定的毒害性化学品局限于“毒鼠强”等五种禁用剧毒化学品。该案例的裁判要旨认为，氰化钠虽不属于禁用剧毒化学品，但系列入《危险化学品名录》中受严格监督管理的限用剧毒化学品，易致人中毒或者死亡，对人体、环境具有极大的毒害性和极度危险性，极易对环境和人的生命、健康造成重大威胁和危害，属于毒害性物质，系刑法第125条第2款中的危险物质。指导案例第13号在未修改以往司法解释的前提下，将危险物质从禁用剧毒化学品扩大到了《危险化学品名录》中的限用剧毒化学品，对于解决分歧、指导司法实务具有积极意义。

售为出口制造的枪支。非法销售枪支，是指违反国家规定，非法从事枪支买卖活动；购买者构成非法买卖枪支罪。在境内销售为出口制造的枪支，是指将为出口制造的枪支在境内销售牟利，包括出口退货以后转为内销，以出口为名生产内销以及在完成任务后，将剩余的枪支非法在境内销售牟利的行为。

根据最高人民法院《关于审理非法制造、买卖、运输枪支、弹药、爆炸物等刑事案件具体应用法律若干问题的解释》第3条的规定，具有下列情形之一的，以违规制造、销售枪支罪定罪处罚：(1) 违规制造枪支5支以上的；(2) 违规销售枪支2支以上的；(3) 虽未达到上述最低数量标准，但具有造成严重后果等其他恶劣情节的。具有下列情形之一的，属于本罪中的情节严重：(1) 违规制造枪支20支以上的；(2) 违规销售枪支10支以上的；(3) 达到该条第1款规定的最低数量标准，并具有造成严重后果等其他恶劣情节的。具有下列情形之一的，属于本罪中的情节特别严重：(1) 违规制造枪支50支以上的；(2) 违规销售枪支30支以上的；(3) 达到该条第2款规定的最低数量标准，并具有造成严重后果等其他恶劣情节的。

（二）主观要件

本罪在主观方面是故意，即明知自己的行为违反枪支管理规定而故意实施。在超过限额或不按规定品种制造、配售枪支，制造无号、重号、假号枪支的情形下，还应具有非法销售的目的。

四、盗窃、抢夺枪支、弹药、爆炸物、危险物质罪

第一百二十七条① 盗窃、抢夺枪支、弹药、爆炸物的，或者盗窃、抢夺毒害性、放射性、传染病病原体等物质，危害公共安全的，处三年以上十年以下有期徒刑；情节严重的，处十年以上有期徒刑、无期徒刑或者死刑。

抢劫枪支、弹药、爆炸物的，或者抢劫毒害性、放射性、传染病病原体等物质，危害公共安全的，或者盗窃、抢夺国家机关、军警人员、民兵的枪支、弹药、爆炸物的，处十年以上有期徒刑、无期徒刑或者死刑。

盗窃、抢夺枪支、弹药、爆炸物、危险物质罪，是指以非法占有为目的，窃取或者公然夺取枪支、弹药、爆炸物、危险物质的行为。

（一）客观要件

本罪在客观方面表现为窃取、夺取枪支、弹药、爆炸物、危险物质的行为。

盗窃，是指使用自以为以枪支、弹药、爆炸物、危险物质的所有人、占有人、使用人不会发觉的方法取得枪支、弹药、爆炸物、危险物质的行为。抢夺，是指使用有形力，夺取枪支、弹药、爆炸物、危险物质的行为。枪支、弹药、爆炸物的范围与非法制造、买卖、运输、邮寄、储存枪支、弹药、爆炸物罪中的相同。危险物质，是指含有毒害性、放射性、传染病病原体的物质。

根据最高人民法院《关于审理非法制造、买卖、运输枪支、弹药、爆炸物等刑事案件具体应用法律若干问题的解释》第4条的规定，盗窃、抢夺枪支、弹药、爆炸物，具有下列情形之一的，以盗窃、抢夺枪支、弹药、爆炸物罪定罪处罚：(1) 盗窃、抢夺以火药为动力的发射枪弹非军用枪支1支以上或者以压缩气体等为动力的其他非军用枪支2支以上；(2) 盗窃、抢夺军用子弹10发以上、气枪铅弹500发以上或者其他非军用子弹100发以上；(3) 盗窃、抢夺

① 本条为《刑法修正案（三）》第6条所修改。

爆炸装置；(4) 盗窃、抢夺炸药、发射药、黑火药 1 000 克以上或者烟火药 3 000 克以上、雷管 30 枚以上或者导火索、导爆索 30 米以上；(5) 虽未达到上述最低数量标准，但具有造成严重后果等其他恶劣情节的。具有下列情形之一的，属于本罪中的情节严重：(1) 盗窃、抢夺枪支、弹药、爆炸物的数量达到上述第 4 条第 1 款规定的最低数量标准 5 倍以上；(2) 盗窃、抢夺军用枪支；(3) 盗窃、抢夺手榴弹；(4) 盗窃、抢夺爆炸装置，危害严重；(5) 达到第 4 条第 1 款规定的最低数量标准，并具有造成严重后果等其他恶劣情节。

（二）主观要件

本罪在主观方面是故意，即明知是枪支、弹药、爆炸物、危险物质而决意实施盗窃、抢夺行为。枪支、弹药、爆炸物、危险物质与一般财物混装在一起，但行为人只认识到其是一般的财物，以不法取得为目的盗窃、抢夺的，只构成相应的侵犯财产罪。事后发现有枪支、弹药而非法持有的，构成非法持有枪支、弹药罪。非法携带盗窃、抢夺取得的爆炸物、危险物质进入公共场所或者交通工具的，可能构成非法携带危险物品危及公共安全罪。

五、抢劫枪支、弹药、爆炸物、危险物质罪

> 第一百二十七条第二款　抢劫枪支、弹药、爆炸物的，或者抢劫毒害性、放射性、传染病病原体等物质，危害公共安全的，或者盗窃、抢夺国家机关、军警人员、民兵的枪支、弹药、爆炸物的，处十年以上有期徒刑、无期徒刑或者死刑。

抢劫枪支、弹药、爆炸物、危险物质罪，是指使用暴力、胁迫或者其他方法，强行劫取枪支、弹药、爆炸物、危险物质的行为。

（一）客观要件

本罪在客观方面表现为使用暴力、胁迫或者其他方法，强行劫取枪支、弹药、爆炸物、危险物质。

暴力、胁迫或者其他方法，是指使枪支、弹药、爆炸物、危险物质的所有人、占有人、使用人不能反抗、不敢反抗、不知反抗的一切强制方法。枪支、弹药、爆炸物的所有人、占有人、使用人是否有控制枪支的合法身份，在所不问。

在盗窃、抢夺枪支、弹药、爆炸物、危险物质过程中，为窝藏赃物、毁灭罪证或抗拒抓捕而当场使用暴力或者以暴力相威胁的，是否成立准抢劫枪支、弹药、爆炸物罪？按照严格解释的立场，应当否认准抢劫罪的成立。因为在侵犯财产罪中，准抢劫罪的成立是以法律有明文规定为限的，该规定属于特别规定，不能无限扩大适用到非财产犯罪的情形，所以，在法无明文规定可以转化为准抢劫枪支、弹药、爆炸物、危险物质罪的场合，认定准抢劫犯罪的成立，可能与罪刑法定原则相悖。

（二）主观要件

本罪在主观方面是故意，即明知是枪支、弹药、爆炸物、危险物质而抢劫。为了抢劫普通财物而事实上抢劫枪支、弹药、爆炸物、危险物质的，只成立抢劫罪，而不成立本罪。

六、非法持有、私藏枪支、弹药罪

> 第一百二十八条第一款　违反枪支管理规定，非法持有、私藏枪支、弹药的，处三年以下有期徒刑、拘役或者管制；情节严重的，处三年以上七年以下有期徒刑。

非法持有、私藏枪支、弹药罪，是指违反国家对枪支、弹药的管理规定，私自携带或者隐

藏枪支、弹药，危害公共安全的行为。

（一）客观要件

本罪在客观方面表现为行为人违反国家对枪支、弹药的管理规定，非法持有、私藏枪支、弹药。

非法持有，是指不符合配备、配置枪支、弹药条件的人员，违反枪支管理法律、法规的规定，擅自持有枪支、弹药的行为。私藏，是指依法配备、配置枪支、弹药的人员，在配备、配置枪支、弹药的条件消除后，违反枪支管理法律、法规的规定，私自藏匿所配备、配置的枪支、弹药且拒不交出的行为。

根据最高人民法院《关于审理非法制造、买卖、运输枪支、弹药、爆炸物等刑事案件具体应用法律若干问题的解释》第5条的规定，具有下列情形之一的，以非法持有、私藏枪支、弹药罪定罪处罚：(1) 非法持有、私藏军用枪支1支的；(2) 非法持有、私藏以火药为动力发射枪弹的非军用枪支1支或者以压缩气体等为动力的其他非军用枪支2支以上的；(3) 非法持有、私藏军用子弹20发以上，气枪铅弹1 000发以上或者其他非军用子弹200发以上的；(4) 非法持有、私藏手榴弹1枚以上的；(5) 非法持有、私藏的弹药造成人员伤亡、财产损失的。具有下列情形之一的，属于本罪中的情节严重：(1) 非法持有、私藏军用枪支2支以上的；(2) 非法持有、私藏以火药为动力发射枪弹的非军用枪支2支以上或者以压缩气体等为动力的其他非军用枪支5支以上的；(3) 非法持有、私藏军用子弹100发以上，气枪铅弹5 000发以上或者其他非军用子弹1 000发以上的；(4) 非法持有、私藏手榴弹3枚以上的；(5) 达到定罪的最低数量标准，并具有造成严重后果等其他恶劣情节的。

最高人民法院、最高人民检察院《关于涉以压缩气体为动力的枪支、气枪铅弹刑事案件定罪量刑问题的批复》(2018年3月8日) 规定：对于非法持有、私藏以压缩气体为动力且枪口比动能较低的枪支的行为，在决定是否追究刑事责任以及如何裁量刑罚时，不仅应当考虑涉案枪支的数量，而且应当充分考虑涉案枪支的外观、材质、发射物、购买场所和渠道、价格、用途、致伤力大小、是否易于通过改制提升致伤力，以及行为人的主观认知、动机目的、一贯表现、违法所得、是否规避调查等情节，综合评估社会危害性，坚持主客观相统一，确保罪责刑相适应。对于非法持有、私藏气枪铅弹（用铅、铅合金或者其他金属加工的气枪弹）的行为，在决定是否追究刑事责任以及如何裁量刑罚时，应当综合考虑气枪铅弹的数量、用途以及行为人的动机目的、一贯表现、违法所得、是否规避调查等情节，综合评估社会危害性，确保罪责刑相适应。这一司法解释显然并不主张对于非法持有、私藏枪口比动能大于等于1.8焦耳/平方厘米的非制式枪支的行为一律定罪，因而具有合理性。

因受欺骗等原因，将他人非法制造、买卖、盗窃、抢夺等犯罪行为所取得的枪支、弹药误以为是普通财物窝藏、转移的，只构成相应的赃物犯罪。明知是他人犯罪所得的枪支、弹药而非法持有、私藏的，同时构成本罪与掩饰、隐瞒犯罪所得、犯罪所得收益罪，两者之间有想象竞合关系，应从一重罪处断。

对非法制造的枪支、弹药进行控制的，持有行为被吸收，不再单独定罪；持有的枪支、弹药数量多、危害大，且与买卖、运输、邮寄枪支、弹药行为紧密关联的，应构成非法储存枪支、弹药罪，而不构成本罪。

（二）主观要件

本罪在主观方面是故意，以行为人认识到持有、私藏的是枪支、弹药为前提。过失不成立本罪。

七、非法出租、出借枪支罪

第一百二十八条第二款　依法配备公务用枪的人员，非法出租、出借枪支的，依照前款的规定处罚。

第三款　依法配置枪支的人员，非法出租、出借枪支，造成严重后果的，依照第一款的规定处罚。

第四款　单位犯第二款、第三款罪的，对单位判处罚金，并对其直接负责的主管人员和其他直接责任人员，依照第一款的规定处罚。

非法出租、出借枪支罪，是指依法配备公务用枪的人员，违反枪支管理规定，私自出租、出借枪支，或者依法配置枪支的人员，违反枪支管理规定，非法出租、出借枪支，造成严重后果，危害公共安全的行为。

（一）客观要件

本罪在客观方面表现为非法出租、出借依法配备的公务用枪或者依法配置枪支。

非法出租，是指违反枪支管理规定，在一定时期内有偿地将配备或配置枪支提供给其他个人或单位使用的行为。不是在一定时期内有偿提供枪支，而是永久性有偿转让枪支的，成立非法买卖枪支罪。非法出借，是指应他人要求，擅自将枪支无偿地、暂时性地交与他人使用的行为。将枪支作为履行合同的抵押物交付给他人，使枪支处于非依法持枪人的控制、使用之下的，也是非法出租枪支。

依法配备公务用枪者（如司法工作人员、海关缉私人员、重要部门的守护或者押运人员）只要有出租、出借公务用枪的行为，即使没有严重后果发生，也构成犯罪（抽象危险犯）。

非法出租、出借依法配置的猎枪、麻醉注射枪、射击运动枪等民用枪支的，除了要有出租、出借枪支行为，还必须造成严重后果，才能构成犯罪（结果犯）。

明知租用、借用枪支的人是为了实施某种犯罪而租用、借用枪支，却仍然出租或者出借，则成为租用、借用枪支人所实施犯罪的共犯。

（二）主观要件

本罪在主观方面是故意，即明知是公务用枪或依法配置的枪支而有意非法出租、出借给他人使用。

八、丢失枪支不报罪

第一百二十九条　依法配备公务用枪的人员，丢失枪支不及时报告，造成严重后果的，处三年以下有期徒刑或者拘役。

丢失枪支不报罪，是指依法配备公务用枪的人员，丢失枪支不及时报告，造成严重后果的行为。

（一）客观要件

本罪在客观方面表现为丢失枪支后不及时报告，并因此造成严重后果。

丢失枪支，是指发生枪支被盗、被骗、被抢或遗失的事实。丢失枪支后依法负有报告义务，应该报告且能够报告而不报告，或者拖延很长时间才报告的，都属于未及时报告，即具有本罪的实行行为，所以本罪是典型的不作为犯。

不及时报告，造成严重后果的，才构成本罪。造成严重后果，是指行为人丢失的枪支被违法犯罪分子用作犯罪工具，造成他人伤亡，或者不当使用枪支，造成严重危害公共安全后果的情形。

严重后果不是客观处罚条件，而是构成要件客观方面的要素，但不要求行为人对此有认识。不报告者对严重后果无法预见，但只要严重后果与丢失枪支不及时报告之间客观上有引起和被引起关系的，即应当承担刑事责任。丢失枪支行为本身不能视为严重后果，因此，丢失枪支后及时报告的，虽然造成了严重后果，也不构成犯罪。

（二）主观要件

本罪在主观方面是故意，即行为人明知其枪支已经丢失，应当及时报告而故意不履行报告义务。也有观点认为，本罪在主观方面是过失。① 不过，认为本罪的主观方面是故意的观点可能更为合理。这种故意表现为行为人对枪支已经丢失有认识，对不及时报告可能造成严重后果存在认识可能性。行为人的这种故意，和滥用职权罪的故意在结构上完全相同。

九、非法携带枪支、弹药、管制刀具、危险物品危及公共安全罪

第一百三十条 非法携带枪支、弹药、管制刀具或者爆炸性、易燃性、放射性、毒害性、腐蚀性物品，进入公共场所或者公共交通工具，危及公共安全，情节严重的，处三年以下有期徒刑、拘役或者管制。

非法携带枪支、弹药、管制刀具、危险物品危及公共安全罪，是指违反国家有关管理规定，非法携带枪支、弹药、管制刀具或者爆炸性、易燃性、放射性、毒害性、腐蚀性物品，进入公共场所或者公共交通工具，危及公共安全，情节严重的行为。

（一）客观要件

本罪在客观方面表现为违反国家有关管理规定，非法携带危险物品进入公共场所或者公共交通工具，危及公共安全。

携带，是指随身佩带、夹带、控制。携带的对象只能是枪支、弹药、管制刀具或者爆炸性、易燃性、放射性、毒害性、腐蚀性物品。公共场所，是指供不特定或者多数人休息、活动、游玩、使用的场所，包括公园、商场、车站、码头等。公共交通工具，是指大型的载人运输工具，包括公共汽车、电车、火车、航空器等。

携带行为应当具有非法性，不具有持有枪支、弹药资格的人持有枪支、弹药自然是非法携带。但是，刑法规定了非法持有枪支、弹药罪，所以没有合法资格，携带枪支、弹药进入公共场所的，同时构成本罪与持有枪支、弹药罪，两罪之间有想象竞合关系，应从一重罪处断。根据法律授权，具有持有枪支、弹药资格的人违反有关规定，擅自携带枪支、弹药进入航空器、合法举行的集会等特殊公共场所或公共交通工具的，也是非法携带。

非法携带行为必须危及公共安全，才构成本罪。行为是否危及公共安全，要结合枪支、弹药等危险物品的性能、数量、携带方式、行为人所进入的公共场所和公共交通工具的性质、发生爆炸或者引起其他危险的可能性等进行综合判断。

根据最高人民法院《关于审理非法制造、买卖、运输枪支、弹药、爆炸物等刑事案件具体应用法律若干问题的解释》（2009 年 11 月 16 日）第 6 条的规定，非法携带枪支、弹药、爆炸物进入公共场所或者公共交通工具，危及公共安全，具有下列情形之一的，属于本罪中的情节严重：（1）携带枪支或者手榴弹；（2）携带爆炸装置；（3）携带炸药、发射药、黑火药 500 克

① 参见高铭暄主编：《新编中国刑法学》（上册），539 页，北京，中国人民大学出版社，1998。

以上或者烟火药1 000克以上、雷管20枚以上或者导火索、导爆索20米以上；（4）携带的弹药、爆炸物在公共场所或者公共交通工具上发生爆炸或者燃烧，尚未造成严重后果；（5）具有其他严重情节的。行为人非法携带上述第6条第1款第3项规定的爆炸物进入公共场所或者公共交通工具，虽未达到上述数量标准，但拒不交出的，以本罪定罪处罚；携带的数量达到最低数量标准，能够主动、全部交出的，可不以犯罪论处。

利用携带的枪支、弹药、管制刀具或者爆炸性、易燃性、放射性、毒害性、腐蚀性物品实施杀人、爆炸、投放危险物质等犯罪的，对非法携带行为不再单独定罪。

（二）主观要件

本罪在主观方面是故意，即明知非法携带枪支、弹药、管制刀具或者爆炸性、易燃性、放射性、毒害性、腐蚀性物品，进入公共场所或者公共交通工具的行为会危及公共安全，而希望或者放任危害后果的发生。对携带进入公共场所或者公共交通工具的财物是枪支、弹药、管制刀具或者其他危险物品不明知的，不构成本罪。

第六节　责任事故型犯罪

一、重大飞行事故罪

第一百三十一条　航空人员违反规章制度，致使发生重大飞行事故，造成严重后果的，处三年以下有期徒刑或者拘役；造成飞机坠毁或者人员死亡的，处三年以上七年以下有期徒刑。

重大飞行事故罪，是指航空人员违反规章制度，致使发生重大飞行事故，造成严重后果的行为。

违反规章制度，是指航空人员违反有关航空管理、安全飞行的规章制度，玩忽职守，不履行或不正确履行职责，例如，不进行安全检查，不及时进行导航或者违章冒险飞行等。违反规章制度的行为必须导致重大飞行事故发生，造成后果严重的，才构成本罪（结果犯），刑法不处罚足以导致重大飞行危险的过失危险犯。造成严重后果包括导致机组人员、乘客伤亡或者财产损失，使民用航空器受毁损，被迫中途迫降等情形。

航空人员在工作过程中按照规章制度进行操作，但过失导致航空器关键部位损害，或者过失导致机场导航设备损坏，从而发生重大飞行事故的，不构成本罪，而构成过失损坏交通工具、交通设施罪。

本罪的主体是航空人员，包括从事民用航空活动的空勤人员和地面人员。普通人不能构成本罪，如果在机场等场所强行高速驾车冲撞航空器的，有成立以危险方法危害公共安全罪的可能。

本罪在主观方面是过失，行为人对于违反规章制度可能是有意的，但对于飞行事故的发生则是过失。

二、铁路运营安全事故罪

第一百三十二条　铁路职工违反规章制度，致使发生铁路运营安全事故，造成严重后果的，处三年以下有期徒刑或者拘役；造成特别严重后果的，处三年以上七年以下有期徒刑。

铁路运营安全事故罪，是指铁路职工违反规章制度，致使发生铁路运营安全事故，造成严重后果的行为。

（一）客观要件

本罪在客观方面表现为违反规章制度，导致铁路运营事故。

违反规章制度，是指违反保证铁路运输安全的有关操作规程和具体制度。铁路运营事故，是指在铁路运输过程中发生的火车倾覆、出轨、撞车、爆炸等造成人员伤亡、机车毁坏、铁路运输暂时中断的严重事件。关于造成严重后果、特别严重后果的判断，依照最高人民法院、最高人民检察院《关于办理危害生产安全刑事案件适用法律若干问题的解释》（2015 年 12 月 14 日）第 6 条、第 7 条的规定认定。

本罪的主体是特殊主体，即铁路职工中与铁路安全运营有直接关系的人员，如司机、调度员、信号员、乘务员、扳道工、巡道工以及对铁路运营安全负有直接责任的主管人员等。

（二）主观要件

本罪在主观方面是过失，包括过于自信的过失和疏忽大意的过失。因自然灾害（如地震、山崩、流沙等）使铁路线路上的信号装置遭到破坏，从而导致铁路运营安全事故发生，行为人对此不能预见的，不成立本罪。

三、交通肇事罪

第一百三十三条　违反交通运输管理法规，因而发生重大事故，致人重伤、死亡或者使公私财产遭受重大损失的，处三年以下有期徒刑或者拘役；交通运输肇事后逃逸或者有其他特别恶劣情节的，处三年以上七年以下有期徒刑；因逃逸致人死亡的，处七年以上有期徒刑。

交通肇事罪，是指违反交通运输管理法规，发生重大交通事故，致人重伤、死亡或者使公私财产遭受重大损失的行为。

（一）客观要件

1. 基本犯

本罪在客观方面表现为违反交通运输管理法规，发生重大交通事故。

违反交通运输管理法规，是指违反公路、水上运输中的劳动纪律、交通规则、操作规程等。就公路运输而言，如司机酒后驾驶、闯红灯、超速行驶、强行开车、疲劳驾驶，驾驶无制动装置的车辆上路，将机车交非机动车辆驾驶人员驾驶等。就水路运输而言，如船长冒险开航、航行中不注意避免碰撞等。违反铁路运输、航空运输方面的规章制度，导致铁路运营安全事故或飞行事故，造成严重后果的，不构成本罪，分别构成铁路运营安全事故罪、重大飞行事故罪。

行为是否违反交通管理法规，对于客观构成要件的成立与否有直接影响。虽然有重大事故发生，但没有违反交通运输管理法规的，不构成犯罪。例如，公交车司机将爆炸物放在自己驾驶的车辆上的，未违反交通运输管理法规，不属于交通肇事行为，而成立携带危险物品危害公共安全罪。

成立本罪以违反交通运输管理法规为前提。但是，不能反过来说凡是违反交通运输管理法规的行为都成立本罪。因此，在这里有必要讨论交通违法和交通犯罪的关系。行政违法、民事侵权等其他部门法的违法性判断，与刑事违法性的判断之间存在质的差别。违反前置法只不过是“冒烟”，但是，烟雾之下未必真有刑事违法的“火”。违法事实可能会提示司法工作人员，行为人有构成犯罪的嫌疑。但是，不能直接将前置法的违法性不加过滤地作为决定刑事违法性的根据。这一点，在交通肇事罪的认定中表现得特别充分。

在司法实践中，存在不少根据行政法性质的事故责任认定书直接判定交通肇事罪的判决，未取得驾驶执照驾驶机动车辆、明知是无牌证的机动车辆而驾驶、驾驶冒用他人车牌或未年检的车辆、超载驾驶，在很多案件中都被作为定罪的重要甚至决定性依据。但这一做法未必妥当。必须看到，道路交通安全法的规范目的是维护交通参与者的安全同时要确保道路畅通，对公共安全的维护与对行政管控效率的追求是并重的。但是，刑法上规定交通肇事罪是为了保护公众参与交通行为时的人身安全。因此，交通行政法律法规的目的是多重的，但刑法的规范目的相对单一，前置法的规范目的和刑法之间不可能完全对应，道路交通安全法上的行政责任明显不同于刑事责任，行政违法未必能够对刑事违法的确定提供实质根据，在有的场合直接根据交通事故责任认定书来确定刑事责任分配会带来实质的不合理性时，要求刑事责任的确定完全从属于行政责任可能导致定性错误。特定犯罪保护法益的具体内容、行为自身的危险程度、行为与死伤结果之间的关联性等才是确定刑事违法性的关键因素。

行政违法和刑事违法的差异在交通肇事后逃逸的场合表现得最为充分。例如，方某驾驶一辆轮式挖掘机（无号牌）在道路上行驶时，崔某驾驶一辆轻型自卸货车从后方与方某的车辆发生追尾，导致崔某车上的 2 人死亡。道路交通故事认定书认为：方某驾驶与驾驶证载明的准驾车型不符的机动车上路行驶且所驾车辆未按规定登记的违法行为，与本起道路交通事故的发生有因果关系，是事故发生的原因；方某发生事故后驾车逃逸，属于严重的交通违法行为。崔某驾驶轻型自卸货车未与前车保持安全距离的违法行为，与本起道路交通事故的发生有因果关系，也是事故发生的原因。根据《道路交通安全法实施条例》第 92 条关于“发生交通事故后当事人逃逸的，逃逸的人承担全部责任，但是有证据证明对方当事人也有过错的，可以减轻责任。当事人故意破坏、伪造现场、毁灭证据的，承担全部责任”的规定，最终认定方某对事故负主要责任，崔某为次要责任。据此，检察机关以方某犯有交通肇事罪提起公诉。

关于对本案的处理，显然不能将前置法所认定的肇事后逃逸这一违法行为作为刑事违法性判断的基准。如果法院判决认定方某的行为构成本罪，势必违反刑法禁止肇事后逃逸的规范目的，因为方某的行为对于死伤事故的发生基本上没有“贡献”，其属于追尾事故的被害人，其逃逸行为发生于事故之后，与交通事故之间完全缺乏引起与被引起的因果关联。假如本案的责任划分不考虑方某事后驾车逃逸的情节，仅凭驾驶未按规定登记的车辆驾驶以及驾驶与准驾车型不符的机动车上路行驶这两点，完全无法认定其负全部或主要责任。因此，判断犯罪仅以交通事故行政责任认定作为判断依据明显不妥。

应当承认，道路交通安全法规定肇事后逃逸者承担全部责任，其直接法律后果就是在事故处理上使之处于不利地位。这一规定主要是为了维护道路交通行政管理的秩序和效率，防止肇事者逃逸之后责任无法确定。但是，不能将这一认定标准直接照搬到刑事上。

显而易见，谁也不会否认刑事责任与行政责任、民事责任存在一定关联，但这三种责任毕竟是不同性质的法律责任。刑事违法性与保护法益和构成要件紧密关联，受制于特定的规范目的。交通运输管理法规的责任认定，其目的在于确保道路畅通无阻、易于实现行政处罚，追求行政效率和效果。而刑法上禁止肇事后逃逸的根本目的主要在于保护交通事故的受伤者，使之能够得到及时救助。单纯基于行政管理上防止逃逸的需要难以说明对逃逸予以刑罚重罚的根据。基于此，由于逃逸而负全责的法律后果主要适用于行政处罚领域，其并非确定刑事责任的决定性因素，更不能将其作为认定交通肇事罪成立与否的前提条件或标准。在道路上监控装置大量使用的今天，对交通肇事的刑事违法性的判定更应当独立于关于逃逸的行政处罚决定，否则就会与实质判断的刑法方法论相抵触。因此，主张前置法定性刑事法定量，很可能将原本仅应受到行政处罚的行为作为刑罚处罚对象，有导致扩大刑罚处罚范围的潜在风险，不值得提倡。

当然，这样讲并不意味着对交通肇事罪的认定可以无视道路交通安全管理方面的法律、法规。在很多时候，刑法关于交通肇事罪的规定和道路交通安全法的许多内容无论在目的还是形式上都具有一致性，违法性判断的结论也应当相同；在行为人违反了道路交通安全法中保障交通参与者的生命、身体安全的规定时，尤其是超速驾驶行为直接导致被害人重伤，行为人有义务也有能力救助被害人而竟然从现场逃离的情形下，刑事违法和行政违法的最终认定很可能是相同的。这主要是因为基于法秩序统一性的刑法和行政法在规范目的上具有一致性。对行政违法和刑事违法分别判断后所得出的结论相同，也可以说明在认定交通肇事罪时适度顾及了前置法的态度。但是，这丝毫不意味着交通肇事罪的成立要从属于前置法。合理的结论是，认定犯罪需要考虑前置法，但并不从属于前置法；刑事违法性和行政违法性实质上并不相同，主张前置法定性刑事法定量的观点太过形式化。

违反交通运输管理法规导致交通事故，致人重伤、死亡或者公私财产重大损失的，才构成犯罪。根据最高人民法院《关于审理交通肇事刑事案件具体应用法律若干问题的解释》（2000年11月15日）的规定，交通肇事具有下列情形之一的，构成犯罪：（1）死亡1人或者重伤3人以上，负事故全部或者主要责任；（2）死亡3人以上，负事故同等责任；（3）造成公共财产或者他人财产直接损失，负事故全部或者主要责任，无能力赔偿数额在30万元以上。此外，交通肇事致1人以上重伤，负事故全部或者主要责任，并具有下列情形之一的，以交通肇事罪定罪处罚：（1）酒后、吸食毒品后驾驶机动车辆；（2）无驾驶资格驾驶机动车辆；（3）明知是安全装置不全或者安全机件失灵的机动车辆而驾驶；（4）明知是无牌证或者已报废的机动车辆而驾驶；（5）严重超载驾驶；（6）为逃避法律追究逃离事故现场。

2. 交通肇事后逃逸、逃逸致人死亡

交通肇事后逃逸或逃逸致人死亡的，法定刑升格。上述司法解释将“交通肇事后逃逸”规定为“交通肇事后为逃避法律追究而逃跑”；因逃逸致人死亡自然就解释为：在交通肇事后为逃避法律追究而逃跑，致使被害人因得不到救助而死亡。

但是，这一解释是否合理很值得研究。因为行为人实施杀人、伤害、盗窃等犯罪后基于自我保护的本能，为了逃避法律的追究而逃跑，乃是人之常情，在法律上是不具有期待可能性的行为，故在其他任何犯罪中，法律都没有规定对逃逸情形提高法定刑。这样说来，在交通肇事罪中规定对逃逸或逃逸致人死亡重罚一定有其特殊的规范目的。对逃逸的考察并不在于行为人是否“为了逃避法律追究”，而应当着眼于保护被害人，即由于不救助行为可能导致被害人死亡，法律才特别强调行为人不能逃逸。例如，行为人甲无证驾驶，交通肇事后，感觉可能撞伤人了，遂逃逸，致伤者不治而死。根据相关司法解释，甲自应成立交通肇事后逃逸致人死亡，对其应判处7年以上有期徒刑。相关司法解释将逃逸限定为“为了逃避法律追究”而逃跑，在行为人不是为了逃避法律追究，而是为了实现其他目的（如为了完成单位交给的其他紧急任务；为了完成公益性事业；为了将突然发病的家人送医；为了满足其他欲望；等等）而从肇事现场逃跑的场合，该解释的不妥当性表现得更为充分。例如，甲无证驾驶，开豪车追杀乙，途中发生交通事故，致使无关的第三人丙受重伤。甲想待其将乙杀死后再回头救助丙。乙见状不妙，逃入一小胡同，甲无法再行追赶。乙遂逃脱一死。等甲回过头去救助丙时，丙已死亡。经医学鉴定，只要伤者在负伤后半小时内被及时送医，就能得救。而甲也知道案发地点距离最近的医院只有很短的路程。甲是否属于因逃逸致人死亡？根据相关司法解释，尽管甲逃离了现场，但是，其并非“为了逃避法律追究”，而是“为了追杀乙”，因此，甲不成立交通肇事罪中的“因逃逸致人死亡”。这一结论明显不妥当。合理的认定逻辑是：只要在客观上行为人能够实施救助行为，但是，其没有履行该救助义务而逃跑，或者因逃跑导致被害人死亡的，就应当成立交通肇事罪中的逃逸或因逃逸致人死亡，而没有必要考察行为人是否出于“逃避法律追究”的动机或者目的，否则会不当限制此规定的适用。由此，对于逃逸，就应该解释为“不救助被害人而逃跑”。

在本罪中，立法禁止肇事者逃逸的规范目的确实是救助和保护被害人。但是，我反对少数学者关于“只要行为人在交通肇事后不救助被害人的，就可以认定为逃逸。例如，发生交通事故后，行为人虽然留在原地，但不救助受伤者的，应认定为逃逸”① 的主张。确实，交通肇事后留在现场而不救助被害人的，和肇事后逃跑一样，都是没有及时救助、保护受害人，但这一结论是通过目的解释得出的，而目的解释不是畅通无阻的，其创造性及价值追求都必须受到文义解释的限制，不能认为目的解释无论遇到何种障碍、无论何时都应当被贯彻，甚至当其与文义解释相抵触时亦应得到贯彻。目的解释和文义解释的关系是：如果运用目的解释的效果仅仅是印证或适度扩张法条文义的可能含义，则该目的解释是正当的；在根据文义解释进行处罚明显过宽时，可以进行“目的性限缩”。但是，不应当存在当文义解释的处罚范围过窄时，还可以根据目的解释超越文义进行目的性扩张的说法。② 而法条文本中使用的“逃逸”一词，无论是将“逃”“逸”分开还是组合在一起理解，都意味着行为人必须和肇事现场之间存在一定的空间距离，该行为才可能被解释为逃逸。司法上评价肇事者是否逃逸，不能不考虑文本的通常语义，不能不考虑国民对逃逸这种用语的通常理解。交通肇事后还留在现场的，既不是逃也不是逸。只有修改现行法律，将法条文本中使用的“交通肇事后逃逸”改为“交通肇事后不救助被害人”的表述，前述少数学者的目的解释结论才能成立。因此，就现行规定而言，遵循目的解释不能逾越法条文义的限制，交通肇事后未逃离现场的，即便其未及时对被害人施救或报警，而是躲在一旁，或假冒围观人员在现场窥探，掩盖其肇事者身份，使人无法识别、确认其就是肇事者的，其行为也不是交通肇事后逃逸的行为。例如，行为人乙无证驾驶，交通肇事撞伤一行人，下车后发现伤者伤势很重，就留在现场，不实施任何救助措施，看着伤者死去，然后打电话报警。经医学鉴定，只要伤者在负伤后 2 小时内被及时送医，就能得救。对乙不能认定为逃逸，因为乙留在现场，主动报警接受刑罚处罚，显然没有逃跑的动机，不成立交通肇事逃逸。不能认为只要不救助被害人，是否从现场逃跑，都对法益有相同的侵害，因而根据结果导向无视法条文本的限制进行目的解释，从而动摇罪刑法定原则。换言之，只有原本能够救助被害人而不予救助，且逃跑的行为，才应该在规范上被评价为逃逸。当然，对于交通肇事后留在现场不救助被害人，眼睁睁看着被害人死亡的，是否可以按照交通肇事罪与故意杀人罪或遗弃罪并罚，还是一个值得研究的问题。行为人交通肇事的先前行为，使其负有故意杀人罪或遗弃罪的保证人义务，违背该义务的，似应成立不作为犯罪。

适用交通肇事后逃逸的规定，必须注意：(1) 行为人已经构成交通肇事罪，这是前提。(2) 行为人明知发生了交通事故，否则亦不能认定有逃逸行为。(3) 行为人主观上具有对被害人不予救助的逃逸意思和行为。交通肇事后，为躲避客观上已经发生的被害人家属等人的追赶、殴打而逃跑的，不是这里的逃逸。因逃逸致人死亡的，构成本罪的结果加重犯。按照法理，因逃逸致人死亡，是指行为人在交通肇事后对被害人不予救助，致使其死亡的情形。逃逸行为与被害人死亡结果之间存在因果关系的，才能将死亡结果归属于行为人。如果有足够证据可以证明，事后逃逸的行为人交通肇事撞伤被害人后，即使立即实施救助也无法挽回被害人生

① 张明楷：《刑法学》，5 版，722 页，北京，法律出版社，2016。

② 参见［德］英格博格·普珀：《法学思维小课堂》，蔡圣伟译，83 页，北京，北京大学出版社，2011。

命的，则不能适用因逃逸致人死亡的规定。

本罪的主体是一般主体，但主要是从事交通运输的人员。非机动交通工具运输人员、行人，都可能因自己的违反交通运输管理法规的行为而造成重大事故，因而可以成为本罪的主体。例如，行人违章在高速公路上突然横穿，致使过往汽车紧急刹车而相撞造成重大伤亡事故的，完全符合本罪的构成。

当然，对于客观上不可能危害不特定或多数人的生命、健康或造成公私财产遭受重大损失的行为，不应以交通肇事罪处理。例如，行为人在通常没有机动车辆来往的公路上违章骑自行车致人重伤或死亡的，只可能危害特定少数人的生命、健康安全，因而只能分别认定为过失致人重伤罪或过失致人死亡罪。

按照相关司法解释的规定，单位主管人员、机动车辆所有人或者机动车辆承包人指使、强令他人违章驾驶造成重大交通事故的，以交通肇事罪定罪处罚。单位主管人员明知其雇用的汽车司机无驾驶资格或明知其用于运营的客车经常严重超载，仍任凭司机违章驾驶，因而发生重大交通事故的，可以按监督过失理论对主管人员以交通肇事罪定罪处罚。

（二）主观要件

本罪在主观方面是过失，过失是指行为人对所发生的后果而言，而对于违反交通管理法规，行为人则可能是明知故犯。

故意利用交通工具杀害特定个人的，构成故意杀人罪。为报复泄愤，故意驾驶汽车在公共场所冲撞，致使多人伤亡的，构成以危险方法危害公共安全罪。

（三）认定

1. 本罪与故意杀人罪、故意伤害罪的关系

在交通肇事后为逃避法律追究，将被害人带离事故现场后隐藏或者遗弃，致使被害人无法得到救助而死亡或者严重残疾的，应以故意杀人罪、故意伤害罪定罪，并与先前的交通肇事罪并罚。对这里的隐藏、遗弃应当作广义解释，隐藏不一定要使被害人实现位置的移动，在肇事地点，移动被撞汽车用以遮挡被害人面目，使之难以为其他人发现的，或者用树叶、杂物遮住被害人的身体，或将生命特征微弱的被害人掩埋到泥土中，都是隐藏。遗弃，主要是指将被害人带到较为隐蔽的场所抛弃，使之彻底丧失得到他人救助的可能。完全没有及时抢救被害人的意思，将被害人置于肇事汽车中，故意带着被害人在相当广泛的区域长时间行驶的，也是遗弃。将被害人送到他人容易发现的场所，如医院、公安机关门口，被害人容易得到救助的，是否属于这里的遗弃；在被害人死亡的场合，是否还构成故意杀人罪，均还值得研究。

2. 指使肇事者逃逸

按照相关司法解释，交通肇事后，单位主管人员、机动车辆所有人、承包人或者乘车人指使肇事人逃逸，致使被害人因得不到救助而死亡的，以交通肇事罪的共犯论处。但是，这一解释是否妥当，还值得推敲。此时，对指使者能否以窝藏罪定罪，也是需要考虑的问题。

3. 对“碰瓷”行为的定性

根据最高人民法院、最高人民检察院、公安部《关于依法办理“碰瓷”违法犯罪案件的指导意见》（2020 年 9 月 22 日），实施“碰瓷”，驾驶机动车对其他机动车进行追逐、冲撞、挤别、拦截或者突然加减速、急刹车等可能影响交通安全的行为，因而发生重大事故，致人重伤、死亡或者使公私财物遭受重大损失，符合刑法第 133 条规定的，以交通肇事罪定罪处罚。

四、危险驾驶罪

第一百三十三条之一[①] 在道路上驾驶机动车，有下列情形之一的，处拘役，并处罚金：

（一）追逐竞驶，情节恶劣的；

（二）醉酒驾驶机动车的；

（三）从事校车业务或者旅客运输，严重超过额定乘员载客，或者严重超过规定时速行驶的；

（四）违反危险化学品安全管理规定运输危险化学品，危及公共安全的。

机动车所有人、管理人对前款第三项、第四项行为负有直接责任的，依照前款的规定处罚。

有前两款行为，同时构成其他犯罪的，依照处罚较重的规定定罪处罚。

危险驾驶罪，是指以危险方式在道路上驾驶机动车，尚未造成交通事故的行为。

（一）保护法益

本罪的保护法益是道路上的不特定或多数人的生命、身体和重要财产安全。

（二）客观要件

本罪在客观方面表现为，在道路上驾驶机动车，以追逐竞驶、醉酒驾车、超载超速或运输危险化学品等方式对公共安全造成危险的行为。

1. 道路

这里的道路，根据道路交通安全法第119条的规定，是指公路、城市道路和虽在单位管辖范围但允许社会机动车通行的地方，包括广场、公共停车场等用于公众通行的场所。但是，考虑到本罪是抽象危险犯，行为只要具有类型化的抽象危险，并且情节恶劣，就构成犯罪。因此，本罪的道路未必要求是公共道路，在居民小区或农村村庄内的道路、校园内的道路、大型厂矿区内或施工工地的道路上危险驾驶，因为对不特定或多数人的生命、身体等产生了抽象的危险，依然可能成立本罪。

2. 驾驶机动车

这里的“机动车”，根据道路交通安全法第119条的规定，是指以动力装置驱动或者牵引，上道路行驶的供人员乘用或者用于运送物品以及进行工程专项作业的轮式车辆。机动车包括：汽车、挂车、汽车列车、摩托车、轻便摩托车、拖拉机运输机组、轮式专用机械车等车辆。电瓶车因属于电动自行车，系非机动车。

3. 追逐竞驶

追逐竞驶，是指汽车驾驶者之间相互追逐、竞相超越，俗称“飙车”。一般认为，追逐竞驶包括以下情形：机动车驾驶人员出于竞技、追求刺激、斗气或者其他动机，在道路上曲折穿行、快速追赶行驶；随意超越其他车辆；和其他车辆贴身并行；在高速公路上突然加速、突然停车；近距离驶入其他车辆之前；频繁、突然并线等。

在车流密集的场合，超车后突然刹车、频繁变线、迅速加油超车等，即使没有超速，也对其他车辆驾驶者、行人造成严重威胁，具有公共危险性。因此，追逐竞驶的成立，不以超速为前提条件。

追逐竞驶行为，原则上要在两个驾驶者之间发生，否则相互追逐、竞相超越的行为难以完

---

① 本条为《刑法修正案（八）》第22条所增设，为《刑法修正案（九）》第8条所修改。

成。但是，两种情形下，可以只处罚一方：(1) 只有一方主观上有追逐竞驶故意。例如，接受紧急任务的救护车、消防车高速行驶，行为人为显示车技或发泄情绪，故意追逐、超越这些车辆的，只处罚追逐者一方。(2) 双方竞相追逐，但其中一方在起因上无过错，没有达到情节恶劣程度。追逐竞驶必须情节恶劣的，才构成本罪。追逐竞驶虽未造成人员伤亡或财产损失，但超过限速、闯红灯、强行超车、抗拒交通执法等严重违反道路交通安全法的行为，足以威胁他人生命、财产安全的，属于本罪情节恶劣的情形。一般认为，具有以下情形之一的，可以认定为情节恶劣：挑衅他人然后追逐竞驶的；参与追逐竞驶的车辆较多的；追逐竞驶的时间、里程较长的；在交通要道、繁华路段或高速公路追逐竞驶的；无证驾驶车辆追逐竞驶的；明知车辆有安全故障仍然驾车追逐竞驶的；酒后、吸食毒品后追逐竞驶的；驾驶非法改装的车辆追逐竞驶的；以超过限速50%的速度追逐竞驶的；多次追逐竞驶的；等等。

4. 醉酒驾驶

根据国家质量监督检验检疫总局2004年5月31日发布的《车辆驾驶人员血液、呼气酒精含量阈值与检验》国家标准（GB 19522—2004）的规定，车辆驾驶人员每100毫升血液中的酒精含量，大于或者等于20毫克、小于80毫克时的驾驶行为，为饮酒后驾驶；每100毫升血液中的酒精含量，大于或者等于80毫克的，为醉酒驾驶。

5. 严重超载超速

从事校车业务或者旅客运输，严重超过额定乘员载客，或者严重超过规定时速行驶的，构成本罪。这里的校车，是指依照国家规定取得使用许可，用于接送义务教育的学生上下学的7座以上的载客汽车。从事旅客运输，是指长途或城际之间的营运性旅客运输活动，不包括驾驶城市公交车运送旅客的情形，这主要是考虑到：(1) 城市公交车作为市民通勤用车，以方便快捷为目标，禁止超载不符合发展城市公交的理念。(2) 根据有关行政管理法规，城市公交车虽有额定成员要求，但并不是特别严格（如其标准是每平方米最多可以站立8人），按此标准计算，城市公交车超载的可能性基本不存在。(3) 城市公交车速度有限、站点多、始发站和终点站之间的距离有限，相关管理制度较为规范，司机疲劳驾驶的情况相对于长途客运来说要少。(4) 城市公交在一定程度上具有福利性质，驾驶人员没有超载超速的动机，与营运性的长途运输不同。

6. 非法运输危险化学品

违反危险化学品安全管理规定运输危险化学品，危及公共安全的，构成本罪。违反相关规定，是指未经批准、超过规定数量或者不按指定线路运输危险化学品的行为。

7. 抽象危险犯

抽象危险犯所要求的危险是立法推定的危险，行为自身包含了侵犯法益的可能性。追逐竞驶和醉酒驾车行为本身内含侵害道路公共安全这一法益的可能性，属于抽象危险犯。① 有观点认为：抽象危险是否存在，不需要法官判断。因此，醉酒驾驶机动车是否构成犯罪，应当以行为人是否在达到醉酒状态时仍然驾驶机动车为准。车辆驾驶人员100毫升血液中的酒精含量大于或者等于80毫克时的驾驶行为，就是醉酒驾驶。对犯罪的成立，不能再附加其他条件，因为“抽象危险犯是指，立法上假定，特定的行为方式出现，危险状态即伴随而生；具体个案纵然不生危险，亦不许反证推翻。例如，血液中或呼气中的酒精含量超过一定程度而开车，立法

① 驾驶机动车竞相追逐的行为一旦实施，抽象危险就存在，只是为缩小处罚范围，而规定情节恶劣的，才构成犯罪。因此，情节恶劣是对处罚范围的限制，而非衡量危险现实化与否的具体标准。规定情节恶劣，并不意味着追逐竞驶型危险驾驶行为是具体危险犯。

上推测为危险状态已经出现，不再就个案判断；纵然驾驶人酒量过人，亦无改于犯罪的成立”①。

我认为，由于抽象危险犯的立法本身存在处罚早期化的问题，实务中需要适度缓解使用推定方法直接入罪的弊端。不可否认，抽象危险是立法上的预测或推测，司法上不能以立法推测不合理为由否定犯罪。但是，法官必须判断或印证立法上推测、预设或拟制的危险是否存在。由于本罪是危害公共安全罪，如果某一危险驾驶行为发生在特殊地点，连立法上预设的抽象危险都不存在，或者司法上难以印证抽象危险存在，则难以成立本罪。例如，在醉酒后，深夜在完全没有车辆来往的大沙漠中的公路上驾车的，抽象危险应该被否定；醉酒后经过某红绿灯口，但因为太晚，确实没有其他车辆，也没有立法上预设的其他危险的，可以认定为被告人无罪②；醉酒后将“代驾”没有规范地停入路边车位的车辆略作挪动、调整的，以及醉酒后在单位内部停车场驾驶车辆的，都不能认为行为造成了立法上所预设的针对公共安全的抽象危险，不宜认定为危险驾驶罪。

因此，为限制处罚范围，降低抽象危险犯立法的弊端，对抽象危险也需要进行司法上的判断，即司法工作人员需要审查待处理案件中立法者所拟制的或预设的危险是否存在。对此，有学者指出，现在的有力观点从法益保护主义出发，要求审查抽象危险方中的行为是否存在某种危险。③

8. 犯罪主体

本罪的主体通常是机动车驾驶者。同时，在他人从事校车业务或者旅客运输，严重超过额定乘员载客或者严重超过规定时速行驶，以及违反危险化学品安全管理规定运输危险化学品，危及公共安全这两种情形下，机动车所有人、管理人对上述行为负有直接责任的，依照本罪定罪处罚。这里的负有直接责任，是指机动车所有人、管理人在主观上对他人超载超速、非法运输危险化学品有明知和容认；客观上有指使、纵容的行为。缺乏上述认识和行为的，即便是机动车的所有人、管理人也不构成本罪，例如，将新购买的车辆长年租赁给他人用于长途旅客运输，但驾驶者偶然用该车辆非法运输危险化学品的，不能认为机动车所有人负有直接责任，其行为不构成本罪。

9. 犯罪竞合

刑法第 133 条之一第 2 款规定，有前款行为，同时构成其他犯罪的，依照处罚较重的规定定罪处罚。行为人一开始实施追逐竞驶或醉酒驾驶行为，就造成严重危害后果的，成立想象竞合犯。想象竞合犯成立条件是行为人只有一个行为，但触犯数个罪名。在行为人的危险驾驶行为刚开始实施就造成严重后果的情况下，符合一个行为触犯数个罪名的条件，应当按照想象竞合犯处理，以重罪论处。例如，行为人驾车在交通流量大的城市环路上追逐竞驶，刚上路就撞车的；醉酒驾车刚起步就撞死人的，按照想象竞合犯的法理，依照处罚较重的规定定罪处罚乃在情理之中。

此外，危险驾驶行为实施后，并不马上发生死伤结果的，从理论上讲，就有成立数罪的可能。如果承认危险驾驶罪是抽象危险犯，一旦在道路上驾驶机动车追逐竞驶，情节恶劣，或者在道路上醉酒驾驶机动车，就构成犯罪，那么，危险驾驶罪的成立就会比较早，在理论上讲，醉酒后驾驶机动车只往前行驶 1 米的，抽象危险犯也成立。此后，在驾驶机动车通行过程中，

① 林东茂：《刑法综览》，51 页，北京，中国人民大学出版社，2009。
② 参见［日］西田典之著，［日］桥爪隆补订：《日本刑法总论》，3 版，88 页，东京，弘文堂，2019。
③ 参见［日］松原芳博：《刑法总论重要问题》，王昭武译，44 页，北京，中国政法大学出版社，2015。

因为追逐竞驶或醉酒驾车出现交通事故的，后一行为如符合交通肇事罪、以危险方法危害公共安全罪的构成要件的，理当属于行为人有数个罪过、数个行为的情形，成立数罪。因此，行为人危险驾驶导致严重后果的，行为发生在前后相继的两个不同阶段，符合数个构成要件，只是考虑到危险驾驶和后一行为及其结果的发生存在时空条件下相对紧密的关联，才在立法上特别规定为从一重罪处断，而不数罪并罚。其实，对绝大多数危险驾驶罪而言，并不是危险驾驶行为刚实施就会造成死伤后果，因此，导致死伤后果的行为独立成罪的可能性很大；危险驾驶又构成其他罪的，如果没有这里的特别规定，实行数罪并罚，并不会导致刑法上的重复评价，与犯罪构成原理并不相悖。

（三）主观要件

本罪的主观要件是故意，行为人对自身行为是危险驾驶有认识，对自己的行为可能对公共安全产生危险持希望或放任态度。在醉酒驾驶的场合，行为人只需要知道自己饮酒后可能达到醉酒的程度，仍然驾驶机动车的，即有本罪的故意，血液中酒精的含量不要求行为人认识。

有的人会认为，追逐竞驶、醉酒驾驶是故意犯，在造成死伤后果的场合，如成立交通肇事罪，则成为过失犯，因此，可能出现轻罪是故意犯而重罪是过失犯的情况。还有的人认为，危险驾驶罪的设立使交通肇事罪呈现两种类型：单纯的过失犯；作为危险驾驶罪的结果加重犯的交通肇事罪，其对基本犯持故意态度，对结果持过失态度。我认为，这两种观点都不正确，理由在于：（1）在个罪中，故意犯、过失犯认识的内容各不相同，不能认为故意犯一定比过失犯重。（2）危险驾驶罪是抽象危险犯，犯罪成立标准低、成立时间早。在该故意犯罪成立之后，行为人实施独立的过失犯罪的，属于两个罪过、两个行为，成立数罪的情形。在规范的意义上（而非事实的意义上）看，两个罪之间不存在联系。因此，对属于两个阶段的两个犯罪，分别评价为故意犯罪和过失犯罪，完全没有问题。（3）危险驾驶罪，可能是发生交通肇事罪的起因之一（在很多时候，交通肇事和行为人之前是否实施危险驾驶行为无关），但两罪相对独立。所以，不能认为规定了危险驾驶罪，就需要对交通肇事罪的罪过进行重新解释，也不应该存在单纯过失实施的交通肇事罪和作为危险驾驶罪的结果加重犯的交通肇事罪（对基本犯持故意态度，对结果持过失态度）的分类，因为所谓"作为危险驾驶罪的结果加重犯的交通肇事罪"，实际上是在危险驾驶罪独立成立之后，在抽象危险之外因出现实害结果而成立的新罪。危险驾驶和交通肇事结果之间不存在结果加重犯关系，也没有故意伤害通常立即会导致死伤后果这样的"类型化"的联系，将交通肇事罪作为危险驾驶罪的结果加重犯，和理论上关于结果加重犯的界定并不相符。

行为人明知危险驾驶会危害公共安全，却目无法纪驾车横冲直撞，特别是在肇事后继续驾车冲撞，造成重大伤亡的，说明行为人主观上对持续发生的危害结果持放任态度，具有危害公共安全的故意。对此类危险驾驶造成重大伤亡的，应按照以危险方法危害公共安全罪定罪处罚。

（四）紧急避险与危险驾驶罪

按照刑法第 21 条的规定，紧急避险是违法阻却事由之一。在危险驾驶案件中，被告人能够以紧急避险作为违法阻却事由加以辩护的情形比较少见，但是，也不排除存在基于紧急情况能够排除其违法性的案件。在实践中，司法机关经常对这样的违法阻却事由不予认可，仍然认定被告人的行为构成犯罪，至多在量刑时予以适度考虑。

1. 实务中的做法

赵某于某晚饮酒，因其子生病，在出租车、急救车都无法及时到来的情形下，于次日凌晨 3 时驾车赴某儿童医院就医，途中在民警夜查时归案，未造成实际危害后果。一审法院以危险驾驶罪从轻判处赵某拘役1个月，赵某以其具备免予刑事处罚的条件为由提起上诉。二审法院经审理后认为：赵某醉酒后在道路上驾驶机动车，其行为已构成危险驾驶罪，依法应予以惩处。但其犯罪情节轻微，不需要判处刑罚。对于赵某所提到案后如实供述犯罪事实，未发生实际危害后果，社会危害性较小等上诉理由予以采纳。遂据此撤销一审判决，对赵某改判免予刑事处罚。①

在本案中，二审法院对于赵某免予刑事处罚，是结合本案的量刑情节，单纯从量刑的角度讲的：首先，考虑赵某血液中的酒精含量并不是特别高，而且醉驾时间是在凌晨3时，路上车辆、行人很少。其次，赵某饮酒后并未直接驾车上路，主观恶性小。案发前赵某与朋友饮酒，然后返回家中休息，不是酒后直接驾车上路。凌晨其子突发高烧，情急之下赵某没有选择打车、找代驾或者乘坐其他交通工具，而是选择自驾。其救子心切，可以得到社会公众的广泛理解和宽容，符合人之常情。其行为与其他持侥幸心理的醉驾行为相比主观恶性较小。再次，赵某未造成酒驾撞伤人员或追尾等实际损害后果，机动车车况很好，符合安全技术条件，没有其他违反道路交通安全法的行为，社会危害性较小，到案后能够如实供述其罪行。最后，庭审中，赵某具有真诚的认罪悔罪态度，而且其以往表现良好，人身危险性较小。基于上述考虑，法院对其从宽处罚。在司法工作人员看来，这样处理案件，已经很好地贯彻了宽严相济的刑事政策。

2. 紧急避险是否成立

我认为，前述案例中被告人赵某能够成立紧急避险，应认定其行为无罪。紧急避险，是指为了保护较大的合法利益而不得已牺牲较小利益的情形。通说认为，紧急避险阻却违法性的根据在于法益衡量说，即在价值较高的法益陷入紧急的危险状态时，为了保全法益，在紧急情形下牺牲其他价值较小的法益以保全价值较高的法益。

处于紧急危险状态，是避险的时间条件。这里的危险，是指自己或他人的生命、健康、自由、财产等法益受到侵害或处于有侵害的危险状态。前述案件中，孩子生病对于赵某来说，就是一种危险。紧急，是指危险正在发生而又没有结束的状态。赵某的孩子发烧，对于家长来说，就属于危险已经出现并对一定的法益形成现实的、迫在眉睫的威胁，如果不把发烧势头降下来，危险继续威胁着孩子的身体健康，甚至会对生命法益造成损害。无论出现哪种情形，都要求行为人立即采取避险措施，否则就无法阻止损害的发生。

紧急避险是采取的损害另一价值较小合法权益的行为，避险行为超过必要限度造成不应有的损害的，行为人应当负刑事责任。此时，就需要进行利益衡量。在衡量紧急避险是否超过必要限度时，应当考虑：在一般情况下，凡是紧急避险行为所造成的损害小于或者等于所避免的损害的，就是没有超过必要限度的行为。就利益大小的比较而言，一般来说，人身权利大于财产权利。在人身权中，生命权大于健康权，健康权大于自由权以及其他权利。在财产权中，以财产价值的大小作为衡量的标准。在本案中，赵某为了避免儿子发烧引发的身体健康或生命危险而危险驾驶，其行为可能引发公共安全方面的危险，似乎不存在优越法益。但是，赵某的儿子发烧已经是一定程度的现实侵害，同时，孩子发烧到一定程度就可能有更大的危及生命的危险，而醉酒驾车所产生的现实危险并不存在，仅有抽象危险，即便危险现实化，也可能仅造成财产损害。将赵某自身所遭受的现实危险与其行为可能造成的抽象危险相比，可以认为赵某利益的优越性，属于损害价值较小法益来保全价值较大法益的情形。与此大致类似的情形是，甲在地震发生时为逃命而撞翻乙、丙，致二人重伤的，如果认为甲是在紧急情况下为了保全生

① 参见北京市第二中级人民法院（2017）京02刑终460号刑事判决书。

命，则该行为就是紧急避险，而不是犯罪。

刑法第 21 条第 1 款规定，避险行为必须不得已而实施的，才能够正当化。“不得已”是相对于需要保护的利益而言的，即保护该利益是否还存在其他措施，只有在避险行为成为唯一的手段与方法时，行为人才能主张违法阻却。如果行为人还有报案、寻求第三人帮助、逃跑等其他可行的方法来避免危险，就不是不得已，不能成立紧急避险。对于前述案件，实务中可能认为赵某可以打车，可以找代驾，还可以乘坐公共交通工具，醉酒驾车不是送孩子去医院的唯一方法。但是，这种结论没有考虑到孩子突然发烧这一事实的紧急性以及危险发生时点（凌晨 3 时）的特殊性，打车、找代驾、乘坐公共交通工具在白天不存在困难，行为人也应当优先选择这样的方式送孩子去医院，但是，在凌晨自驾车送孩子去医院基本上就是唯一选择，而且孩子生病的状况容不得行为人再耽误时间。如果考虑到这些情况，在前述案件中，可以认为除醉酒驾车之外，别无其他紧急送医的有效措施，故应认定赵某的行为符合避险的可行性要件，可以成立紧急避险。因此，对赵某的行为可以做无罪处理而不是定罪免刑。

实务中，能够成立紧急避险，从而阻却违法性的类似情形还有为躲避追杀、为给生病的亲人购药、为处理紧急公务或事务（如参加紧急会议）而危险驾驶等情形。对此，需要结合刑法第 21 条的规定进行判断。

五、妨害安全驾驶罪

第一百三十三条之二① 对行驶中的公共交通工具的驾驶人员使用暴力或者抢控驾驶操纵装置，干扰公共交通工具正常行驶，危及公共安全的，处一年以下有期徒刑、拘役或者管制，并处或者单处罚金。

前款规定的驾驶人员在行驶的公共交通工具上擅离职守，与他人互殴或者殴打他人，危及公共安全的，依照前款的规定处罚。

有前两款行为，同时构成其他犯罪的，依照处罚较重的规定定罪处罚。

妨害安全驾驶罪，是指对行驶中的公共交通工具的驾驶人员使用暴力或者抢控驾驶操纵装置，干扰公共交通工具正常行驶，危及公共安全，以及驾驶人员在行驶的公共交通工具上擅离职守，与他人互殴或者殴打他人，危及公共安全的行为。

（一）客观要件

本罪的客观行为表现为三种情形：(1) 对驾驶人员使用暴力。这一行为会影响驾驶人员对汽车的驾驶和操纵，带有一定危险性。(2) 抢控驾驶操纵装置。这包括使用暴力夺取汽车方向盘、非法控制车辆等。(3) 驾驶人员对他人使用暴力。

上述行为都必须发生在交通工具行驶过程中。在交通工具停驶状态下，对驾驶人员实施暴力侵害，如果符合故意伤害、寻衅滋事等罪的构成要件的，依法追究刑事责任，不构成本罪；驾驶人员与行驶的公共交通工具之外的他人因抢道等原因发生纠纷，将车辆停好后殴打他人的，也不成立本罪。

本罪是抽象危险犯，行为必须危及公共安全，才能构成本罪。对这里的“危及公共安全”，与刑法第 114 条所规定的“危害公共安全，尚未造成严重后果”不能作相同理解，其比以危险方法危害公共安全的放火、爆炸等罪的危险性要更为抽象。如果不这样理解，就可能出现实践中对于妨害安全驾驶的行为都一概认定为有具体危险，从而都成立刑法第 114 条规定的以危险

---

① 本条为《刑法修正案（十一）》第 2 条所增设。

方法危害公共安全罪，使本罪没有适用空间。对于行为人妨害驾驶的行为是否具有抽象危险，实务中需要结合行为的暴力程度、实施地点（是否为狭窄、拐弯路段）、车辆速度、行人通过数量等进行综合判断。如果某一妨害驾驶行为连立法上预设的抽象危险都不存在的，难以成立本罪。例如，行为人对驾驶人员使用暴力或者抢控驾驶操纵装置，但马上被他人控制，或者驾驶人员反应敏捷，第一时间将车辆停稳的，就可以认为行为的抽象危险并不存在，不能成立本罪。

对驾驶人员使用危害程度较高的暴力，迫使其按照指令驾驶的，成立本罪和劫持汽车罪的想象竞合犯；实施妨害驾驶行为，足以危害公共安全的，构成刑法第 114 条规定的，危险方法危害公共安全罪和本罪的想象竞合犯。

（二）主观要件

本罪在主观上是故意，行为人对于该行为可能危及公共安全有认识。

六、重大责任事故罪

第一百三十四条第一款① 在生产、作业中违反有关安全管理的规定，因而发生重大伤亡事故或者造成其他严重后果的，处三年以下有期徒刑或者拘役；情节特别恶劣的，处三年以上七年以下有期徒刑。

重大责任事故罪，是指在生产、作业中违反有关安全管理的规定，因而发生重大伤亡事故或者造成其他严重后果的行为。

（一）客观要件

本罪在客观方面表现为在生产、作业中违反有关安全管理的规定，因而发生重大伤亡事故或者造成其他严重后果的行为。

违反有关安全管理的规定，既包括违反国家发布的各种有关安全生产的法规，以及企业、事业单位及上级管理机关制定的涉及安全生产、科研、设计、施工中安全操作的客观规律的文件，也包括违反长期为人们所公认的行之有效的正确操作习惯与惯例，如在禁止使用明火的工作场合使用明火，或者在电焊时不按照规章制度要求隔离易燃、易爆物品等，就属于违反有关安全管理的规定。不是在生产、作业中违反有关安全管理的规定，发生重大伤亡事故或者造成其他严重后果，而是在日常生活中或者生产、储存、运输、使用危险物品的过程中导致重大事故发生的，不构成本罪，而构成失火罪、过失爆炸罪或者危险物品肇事罪。

在安全事故发生后，直接负责的主管人员和其他直接责任人员故意阻挠开展抢救，导致人员死亡或者重伤，或者为了逃避法律追究，对被害人进行隐藏、遗弃，致使被害人因无法得到救助而死亡或者重度残疾的，以故意杀人罪或者故意伤害罪定罪处罚。

违反有关安全管理规定的行为，必须引起重大伤亡事故或造成其他严重后果，才能构成本罪。最高人民法院、最高人民检察院《关于办理危害生产安全刑事案件适用法律若干问题的解释》（2015 年 12 月 14 日）第 6 条、第 7 条明确了有关具体认定标准。

本罪的主体是特殊主体，包括对生产、作业负有组织、指挥或者管理职责的负责人、管理人员、投资人、实际控制人等人员，以及直接从事生产、作业的人员。由于投资人、实际控制人等一般并非现场作业人员，其相应行为成立犯罪有一定限制。如果投资人、实际控制人等实施了未取得经营资质和安全生产许可证、未制定安全生产管理规定或规章制度、不提供安全生产条件和必要设施等不履行安全监管职责的行为，在此情况下进行生产、作业，导致发生重大

① 本款为《刑法修正案（六）》第 1 条所修改。

伤亡事故或者造成其他严重后果的，不论事故发生是否介入第三人违规行为或者其他因素，均不影响追究其刑事责任。

（二）主观要件

本罪在主观方面是过失。这种过失是指行为人对所发生的后果而言，即行为人应当预见到自己的行为可能发生重大责任事故，只是因为疏忽大意而没有预见或者已经预见而轻信可以避免。行为人对于违反规章制度则可能是明知故犯的。

在认定本罪的主观要件时，需要注意：随着工业和科学技术的发展，某些业务不可避免地带有一定风险。根据传统的过失理论，当行为人认识到自己的行为可能发生危害结果时，应立即停止这一行为，否则，便是违反注意义务的行为，若发生损害结果，以过失犯罪论处。这种做法虽然能够回避风险，但却不能促进社会生产力的发展，所以，有必要肯定允许的危险的理论，在一定程度上限制过失犯罪的成立范围。允许的危险，是指某种具有危害倾向，但因有益于社会而允许其实施的合法行为。允许的危险的理论意义在于：一是在一定程度上免除了开办风险业务的组织者、管理者的过失责任，二是在一定程度上免除了从事风险业务的业务人员的过失责任。由于重大责任事故罪一般均发生在风险业务领域，因而在认定犯罪过失是否存在时，必须考虑适用允许的危险这一理论。

（三）认定

1. 本罪与自然事故、技术事故的区分

自然事故是指因自然原因而引起的事故。在区分重大责任事故与自然事故的时候，应当从以下两个方面考察：(1) 是否存在违章行为，自然事故的引起往往与违章行为无关。在没有违章行为的情况下可以排除重大责任事故。(2) 是否存在主观过失。自然事故的引起超出人们的主观意志的，属于意外事件与不可抗力。在司法实践中，造成重大损害结果的，并非都属于重大责任事故，只有在排除自然事故的情况下，根据行为人的主观与客观情况，才能认定其行为是否构成重大责任事故罪。

技术事故是指因技术设备条件不良而发生的事故。只有在事故是由设备原因引起，并且是在人所不能预见或者不能避免的情况下发生，才能定为技术事故。

2. 本罪与交通肇事罪的关系

内河运输中发生船舶交通事故的，相关责任人员可能同时涉嫌交通肇事罪和重大责任事故罪，要根据运输活动是否具有营运性质以及相关人员的具体职责和行为，准确适用罪名。

一般情况下，在航道、公路等公共交通领域，违反交通运输管理法规驾驶机动车辆或者其他交通工具，致人伤亡或者造成其他重大财产损失，构成犯罪的，应认定为交通肇事罪；在停车场、修理厂、进行农耕生产的田地等非公共交通领域，驾驶机动车辆或者其他交通工具，造成人员伤亡或者财产损失，构成犯罪的，应区分情况，分别认定为重大责任事故罪、重大劳动安全事故罪、过失致人死亡罪等罪名。

对于从事营运活动的交通运输组织来说，航道、公路既是公共交通领域，也是其生产经营场所，"交通运输管理法规"同时亦属交通运输组织的"安全管理规定"，交通运输活动的负责人、投资人、驾驶人员等违反有关规定导致在航道、公路上发生交通事故，造成人员伤亡或者财产损失的，可能同时触犯交通肇事罪与重大责任事故罪。鉴于两罪前两档法定刑均为 7 年以下有期徒刑（交通肇事罪有因逃逸致人死亡判处 7 年以上有期徒刑的第三档法定刑），要综合考虑行为人对交通运输活动是否负有安全管理职责、对事故发生是否负有直接责任、所实施行为违反的主要是交通运输管理法规还是其他安全管理法规等，准确选择适用罪名。在具有营运性质的交通运输活动中，行为人既违反交通运输管理法规，也违反其他安全管理规定（如未取得安全许可证、经营资质，不配备安全设施等），发生重大事故的，由于该类运输活动主要是一种生产经营活动，并非单纯的交通运输行为，为全面准确评价行为人的行为，一般可按照重大责任事故罪认定。交通运输活动的负责人、投资人等负有安全监管职责的人员违反有关安全管理规定，造成重大事故发生，应认定为重大责任事故罪；驾驶人员等一线运输人员违反交通运输管理法规造成事故发生的，应认定为交通肇事罪。

七、强令、组织他人违章冒险作业罪

第一百三十四条第二款① 强令他人违章冒险作业，或者明知存在重大事故隐患而不排除，仍冒险组织作业，因而发生重大伤亡事故或者造成其他严重后果的，处五年以下有期徒刑或者拘役；情节特别恶劣的，处五年以上有期徒刑。

强令、组织他人违章冒险作业罪，是指强令他人违章冒险作业，或者明知存在重大事故隐患而不排除，仍冒险组织作业，因而发生重大伤亡事故或者造成其他严重后果的行为。

（一）客观要件

本罪在客观方面表现为强令他人违章冒险作业，或者明知存在重大事故隐患而不排除，仍冒险组织作业，因而发生重大伤亡事故或者造成其他严重后果的行为。

强令他人违章冒险作业，是指生产、施工、作业等工作的管理人员，明知自己的决定违反安全生产、作业的规章制度，可能会发生事故，却心存侥幸，自认为不会发生事故，而强行命令他人违章作业的行为。强令，是指在对事故发生具有认识的前提下迫使他人继续作业，从而导致实害发生。根据最高人民法院、最高人民检察院《关于办理危害生产安全刑事案件适用法律若干问题的解释》（2015 年 12 月 14 日）第 5 条的规定，明知存在事故隐患、继续作业存在危险，仍然违反有关安全管理的规定，实施下列行为之一的，应当认定为“强令他人违章冒险作业”：（1）利用组织、指挥、管理职权，强制他人违章作业的；（2）采取威逼、胁迫、恐吓等手段，强制他人违章作业的；（3）故意掩盖事故隐患，组织他人违章作业的；（4）其他强令他人违章作业的行为。

明知存在重大事故隐患而不排除，仍冒险组织作业，是指企业对其存在的重大事故隐患和安全问题知情，或者在接到有关部门的整改通知后，在未消除安全隐患、未有效整改的情况下，继续冒险组织作业，最终酿成惨剧。

本罪的成立以发生重大伤亡事故或者造成其他严重后果为前提。对于强令违章冒险作业行为导致“发生重大伤亡事故”“造成其他严重后果”的判断标准，最高人民法院、最高人民检察院《关于办理危害生产安全刑事案件适用法律若干问题的解释》（2015 年 12 月 14 日）第 6 条、第 7 条进行了明确。

本罪和重大责任事故罪的实行行为在危害性程度上存在差别：强令他人冒险作业，或者明知存在重大事故隐患而不排除，仍冒险组织作业，比一般的不服管理、违反规章制度的行为性质更严重，社会危害性更大。在有些情况下，有的矿主明知矿井下瓦斯浓度超标，继续作业有危险，应当立即采取人员疏散和排险措施，但为了追求利润，仍令工人继续作业，结果酿成悲剧。刑法对这种行为规定了比对“不服管理、违反规章制度”发生安全事故的处罚更重的处罚标准。

本罪的主体，包括对生产、作业负有组织、指挥或者管理职责的负责人、管理人员、实际控制人、投资人等人员。

① 本款为《刑法修正案（六）》第 1 条、《刑法修正案（十一）》第 3 条所修改。

（二）主观要件

本罪在主观方面是过失，这种过失主要体现在行为人对于重大伤亡后果的态度上。

（三）本罪的处罚

本罪属于安全生产事故犯罪，系过失犯罪。较之于对应的故意犯罪过失犯罪的刑罚配置一般要轻，例如，故意杀人罪的最高刑为死亡，过失致人死亡等罪的法定最高刑仅为有期徒刑7年。但是，对于强令、组织他人违章冒险作业的行为人为了追逐短期经济利益，在主观上明知存在重大事故隐患时仍然置他人的生死于不顾，极其轻率、鲁莽地强令或组织他人违章冒险作业，情节特别恶劣、发生的后果特别严重的，其最高刑为15年有期徒刑。可见，与其他过失致死伤的犯罪相比，本罪绝对属于重罪。

本罪重罚规定的适用空间较为广泛，在刑法第135条至第139条规定的犯罪领域（例如，在重大工程建设、危险物储存等）中，如果明知有重大事故隐患而不排除，仍冒险组织作业的，可以适用本罪规定，对被告人判处的刑期最高能够达到15年有期徒刑。

八、危险作业罪

第一百三十四条之一① 在生产、作业中违反有关安全管理的规定，有下列情形之一，具有发生重大伤亡事故或者其他严重后果的现实危险的，处一年以下有期徒刑、拘役或者管制：

（一）关闭、破坏直接关系生产安全的监控、报警、防护、救生设备、设施，或者篡改、隐瞒、销毁其相关数据、信息的；

（二）因存在重大事故隐患被依法责令停产停业、停止施工、停止使用有关设备、设施、场所或者立即采取排除危险的整改措施，而拒不执行的；

（三）涉及安全生产的事项未经依法批准或者许可，擅自从事矿山开采、金属冶炼、建筑施工，以及危险物品生产、经营、储存等高度危险的生产作业活动的。

危险作业罪，是指在生产、作业中违反有关安全管理的规定危险作业，具有发生重大伤亡事故或者其他严重后果的现实危险的行为。

（一）客观要件

本罪在客观方面表现为在生产、作业中违反有关安全管理的规定危险作业，具有发生重大伤亡事故或者其他严重后果的现实危险的行为。

1. 实行行为

本罪对危险作业的实行行为采取明确分项列举方式，没有设置“其他危险作业行为”的兜底规定，包括关闭、破坏直接关系生产安全的有关设备设施或者篡改、隐瞒、销毁相关监测预警数据，因重大事故隐患被依法责令整改而拒不执行，涉及安全生产的事项未经批准从事高度危险作业活动三种情形。如此立法，既有助于强化企业的安全生产主体责任、保障安全生产，也能够避免给企业的生产经营造成过度负担，不会给企业的正常生产经营造成不良影响。

(1) 关闭、破坏直接关系生产安全的监控、报警、防护、救生设备、设施，或者篡改、隐瞒、销毁其相关数据、信息的。关闭、破坏直接关系生产安全的监控、报警、防护、救生设备、设施，其实质都是使直接关系生产安全的监控、报警、防护、救生设备、设施不再发挥其应有功能。篡改、隐瞒、销毁其相关数据、信息，是指篡改、隐瞒、销毁监控、报警、防护、

① 本条为《刑法修正案（十一）》第4条所修改。

救生设备设施的数据信息。这些数据信息，既包括设备设施记录、采集、储存、传输的数据信息，也包括信息安全设备设施自身记录、采集、存储、传输的数据、信息。篡改、隐瞒、销毁，是指将设备设施记录、采集、存储、传输的原始数据、信息进行修改、隐瞒、销毁，破坏其真实性和安全性。比如、擅自调整、篡改报警设施的上下限制，使该报警系统丧失其应有的功能。再比如，对工业设备采集的预警数据进行隐瞒、销毁，或者发现数据、信息可能出现异常后，予以隐瞒甚至销毁，导致其不能真实反映设备设施的运行情况。

（2）因存在重大事故隐患被依法责令停产停业、停止施工、停止使用有关设备、设施、场所或者立即采取排除危险的整改措施，而拒不执行的。这是指在接到有关停产停业或采取其他整改措施的通知后，不执行有关整改措施继续作业的行为。

（3）涉及安全生产的事项未经依法批准或者许可，擅自从事矿山开采、金属冶炼、建筑施工，以及危险物品生产、经营、储存等高度危险的生产作业活动的。这是特指未取得行政许可或审批，而从事特定行业、特殊危险项目的生产作业活动。

2. 具体危险犯

本罪属于具体危险犯。这是因为近年来一些重特大事故，使人们认识到等到发生事故后再治理为时已晚。因此，本罪对一些虽尚未发生严重后果，但具有导致重大事故发生现实危险的重大隐患行为予以提前介入，积极地预防惩治犯罪。将篡改、隐瞒、销毁其相关数据、信息这一危险行为入罪，是信息时代刑法主动且适度地对危险行为进行提前规制，是刑法处罚早期化的具体体现，强化了日常生产、作业过程中安全制度的刚性，充分考虑到工业与信息化深度融合、物联网技术发达、信息安全问题成为工业领域关注重点等问题，从注重功能安全转向功能安全和信息安全并重，对安全生产提供了有力的法律保障。“具有发生重大伤亡事故或者其他严重后果的现实危险”，是指已经出现了重大险情，实际发生了“冒顶”“渗漏”等“小事故”的情形。此时，虽然最终没有发生重大严重后果，但未发生重大严重后果的原因要么是危险被及时制止，要么是开展了及时有效的救援，要么是出于极其偶然原因的原因而未发生实害，从这些事实中能够判断出行为的具体危险性。危险作业造成迫在眉睫的重大危险的，才能认定为“现实危险”，不能将一般性的、数量众多的违反安全生产管理规定的行为作为本罪的处罚对象。

关闭、破坏直接关系生产安全的监控、报警、防护、救生设备、设施，或者篡改、隐瞒、销毁其相关数据、信息后，组织他人违章冒险作业的，或者因存在重大事故隐患被依法责令停产停业、停止施工、停止使用有关设备、设施、场所或者立即采取排除危险的整改措施，拒不执行且强令他人违章冒险作业的，以及涉及安全生产的事项未经依法批准或者许可，强令他人违章冒险从事矿山开采、金属冶炼、建筑施工，以及危险物品生产、经营、储存等高度危险的生产作业活动的，构成本罪和强令、组织他人违章冒险作业罪的想象竞合犯。

（二）主观要件

本罪在主观上是故意，行为人对其行为属于危险作业以及行为具有现实危险有认识。

九、重大劳动安全事故罪

第一百三十五条[①] 安全生产设施或者安全生产条件不符合国家规定，因而发生重大伤亡事故或者造成其他严重后果的，对直接负责的主管人员和其他直接责任人员，处三年以下有期徒刑或者拘役；情节特别恶劣的，处三年以上七年以下有期徒刑。

---

① 本条为《刑法修正案（六）》第2条所修改。

重大劳动安全事故罪，是指安全生产设施或者安全生产条件不符合国家规定，因而发生重大伤亡事故或者造成其他严重后果的行为。

（一）客观要件

本罪在客观方面表现为安全生产设施或者安全生产条件不符合国家规定，因而发生重大伤亡事故或者造成其他严重后果的行为。

这里的安全生产设施，是指用于保护劳动者人身安全的各种设施、设备，如隔离栏、防护网、危险标志、紧急逃生通道等。安全生产条件，主要是指保障劳动者安全生产、作业必不可少的安全防护用品和措施，如用于防毒、绝缘、避雷、防爆、防火、通风等的用品和措施。安全生产设施或者安全生产条件不符合国家规定在实践中表现为多种形式，例如，生产经营单位不按照国家有关法律、法规的规定为工人提供必要的劳动、防护用品；生产经营单位新建、改建、扩建工程的安全设施未依法经有关部门审查批准，擅自投入生产或使用；生产经营单位由于不具备安全生产条件或者存在重大事故隐患，被行政执法机关责令停产、停业或者取缔、关闭后，仍强行生产经营等，均属不符合国家规定的情形。

实施构成要件行为，导致发生重大伤亡事故或者造成其他严重后果的，才能构成本罪。最高人民法院、最高人民检察院《关于办理危害生产安全刑事案件适用法律若干问题的解释》（2015 年 12 月 14 日）第 6 条、第 7 条明确了有关具体认定标准。

本罪的主体是直接负责的主管人员和其他直接责任人员，包括对安全生产设施或者安全生产条件不符合国家规定负有直接责任的生产经营单位负责人、管理人员、实际控制人、投资人，以及其他对安全生产设施或者安全生产条件负有管理、维护职责的人员。

（二）主观要件

本罪在主观方面是过失，即应当预见安全生产设施或者安全生产条件不符合国家规定可能发生重大责任事故，因为疏忽大意而没有预见，或者已经预见而轻信可以避免。

十、大型群众性活动重大安全事故罪

第一百三十五条之一① 举办大型群众性活动违反安全管理规定，因而发生重大伤亡事故或者造成其他严重后果的，对直接负责的主管人员和其他直接责任人员，处三年以下有期徒刑或者拘役；情节特别恶劣的，处三年以上七年以下有期徒刑。

大型群众性活动重大安全事故罪，是指举办大型群众性活动违反安全管理规定，因而发生重大伤亡事故或者造成其他严重后果的行为。

（一）客观要件

本罪在客观方面表现为举办大型群众性活动违反安全管理规定，因而发生重大伤亡事故或者造成其他严重后果。

举办大型群众性活动，是指举办演唱会、音乐会、游园、灯会、花会、展销会、体育比赛、民间竞技等文艺活动、民间传统活动和群众性体育活动。活动的举办场所广泛，包括公园、风景游览区、游乐园、广场、体育场（馆）、展览馆、俱乐部、公共道路、居民生活区等公共场所。活动参加人数没有限制，可以少至数十人，多至数万人，只要参加者是不特定或者多数人，且处于随时增加或者减少的状态即可。违反安全管理规定，是指违反国家有关部门为保证大型群众性活动安全、顺利举行制定的管理规定，例如，未经批准擅自举办大型群众性活

① 本条为《刑法修正案（六）》第 3 条所增设。

动；不制订大型活动的安全保卫工作方案、活动场地的消防应急措施、紧急情况下的人员疏散措施和应急预案；出现紧急情况时处置不力，导致现场秩序严重混乱、失控，从而发生人员挤压、踩踏等恶性伤亡事故。

实施构成要件行为，发生重大伤亡事故或者造成其他严重后果的，才能构成本罪。最高人民法院、最高人民检察院《关于办理危害生产安全刑事案件适用法律若干问题的解释》（2015年12月14日）第6条、第7条明确了有关具体认定标准。

本罪的主体是对发生大型群众性活动重大安全事故直接负责的主管人员和其他直接责任人员。直接负责的主管人员，是指大型群众性活动的策划者、组织者、举办者。其他直接责任人员，是指对大型活动的安全举行、紧急预案负有具体落实、执行职责的人员。

（二）主观要件

本罪在主观方面是过失，即应当预见举办大型群众性活动违反安全管理规定，可能发生重大责任事故，因为疏忽大意而没有预见，或者已经预见而轻信可以避免。

十一、危险物品肇事罪

第一百三十六条　违反爆炸性、易燃性、放射性、毒害性、腐蚀性物品的管理规定，在生产、储存、运输、使用中发生重大事故，造成严重后果的，处三年以下有期徒刑或者拘役；后果特别严重的，处三年以上七年以下有期徒刑。

危险物品肇事罪，是指违反爆炸性、易燃性、放射性、毒害性、腐蚀性物品的管理规定，在生产、储存、运输、使用中发生重大事故，造成严重后果，危害公共安全的行为。

（一）客观要件

本罪在客观方面表现为在生产、储存、运输、使用危险物品过程中导致重大事故发生。

构成本罪，要求肇事行为违反国家关于爆炸性、易燃性、放射性、毒害性、腐蚀性物品安全管理、使用的相关规定。爆炸性物品，是指各类炸药、雷管、导火索、导爆系统、黑火药、民用信号弹、烟花爆竹、各种军用爆炸物等；易燃性物品，包括汽油、煤油、柴油、液化石油、酒精、各类胶片等；放射性物品，是指通过原子核裂变时放出的射线发生伤害作用的物质，如镭、铀等；毒害性物质，包括甲胺磷、磷化铝、砒霜、氰化钾等；腐蚀性物品，包括硫酸、硝酸、盐酸等。

行为必须是在生产、储存、运输、使用中导致重大事故，才能构成本罪。其具体表现为：在生产过程中不按规定要求设置相应的通风、防腐、防毒、降温等安全设施；在储存过程中不按规定设专人管理，不设置相应的防爆、防晒、灭火、消除静电、防护围堤等安全设施；在使用过程中违反有关规定将客货混装，不按规定分运分卸，不安排专人看管；在使用过程中不按规定的剂量范围、方法使用，或者不采取防爆、监测、报警、隔离操作等必要的防护措施。

实施构成要件行为，造成严重后果的，才能构成本罪。最高人民法院、最高人民检察院《关于办理危害生产安全刑事案件适用法律若干问题的解释》（2015年12月14日）第6条、第7条明确了有关具体认定标准。

本罪的主体是特殊主体，即从事生产、储存、运输、使用爆炸性、易燃性、放射性、毒害性、腐蚀性物品的人员。

（二）主观要件

本罪在主观方面是过失。至于行为人对违反危险物品管理规定本身，既可能出于过失，也可能是有意为之。

十二、工程重大安全事故罪

第一百三十七条 建设单位、设计单位、施工单位、工程监理单位违反国家规定，降低工程质量标准，造成重大安全事故的，对直接责任人员，处五年以下有期徒刑或者拘役，并处罚金；后果特别严重的，处五年以上十年以下有期徒刑，并处罚金。

工程重大安全事故罪，是指建设单位、设计单位、施工单位、工程监理单位违反国家规定，降低工程质量标准，造成重大安全事故，危害公共安全的行为。

（一）客观要件

本罪在客观方面表现为违反国家规定，降低工程质量标准，因而发生重大安全事故。

违反国家规定，是指建设单位、设计单位、施工单位、工程监理单位违反了国家在建筑工程勘察、设计、施工、承包、工程质量方面的相应规定。降低工程质量标准具体来说就是：建设单位要求设计单位、施工单位降低工程质量，或者提供不合格的建筑材料、建筑构配件和设备强迫施工企业使用；设计单位不按建筑工程质量标准进行设计；施工单位在施工中偷工减料，使用不合格的建筑材料、建筑构配件和设备，或者不按照设计图纸或者施工技术标准施工；工程监理单位降低标准进行验收。

降低工程质量标准必须造成重大安全事故的，才构成本罪。重大安全事故是指因工程达不到质量标准或者存在严重问题而发生事故，包括人、财、物的损失，如致人伤亡，使楼房倒塌、桥梁断裂、铁路塌陷等。最高人民法院、最高人民检察院《关于办理危害生产安全刑事案件适用法律若干问题的解释》（2015 年 12 月 14 日）第 6 条、第 7 条明确了有关具体认定标准。

工程建设过程中，建设单位、施工单位的职工，由于不服管理、违反规章制度，或者强令工人违章冒险作业，因而发生重大伤亡事故或者造成严重后果的，构成重大责任事故罪而不成立本罪。建筑企业的劳动安全设施不符合国家规定，经有关部门或者单位职工提出后，对事故隐患仍不采取措施，因而发生重大安全事故的，构成重大劳动安全事故罪，不构成本罪。

（二）主观要件

本罪在主观方面是过失，即行为人应当预见到自己的行为可能产生建筑工程责任事故的后果，只是因为疏忽大意而没有预见或者已经预见而轻信可以避免。但建设单位、设计单位、施工单位、工程监理单位对自己的行为不符合工程质量的要求一般是明知的。

十三、教育设施重大安全事故罪

第一百三十八条 明知校舍或者教育教学设施有危险，而不采取措施或者不及时报告，致使发生重大伤亡事故的，对直接责任人员，处三年以下有期徒刑或者拘役；后果特别严重的，处三年以上七年以下有期徒刑。

教育设施重大安全事故罪，是指明知校舍或者教育教学设施有危险，而不采取措施或者不及时报告，致使发生重大伤亡事故，危害公共安全的行为。

（一）客观要件

本罪在客观方面表现为明知校舍或者其他教育教学设施有危险，不采取措施或者不及时报告，致使发生重大伤亡事故。

本罪是不作为犯罪，即明知校舍或者教育、教学设施有危险而不采取措施或不报告与导致人员伤亡事故之间有因果关系。行为人已采取相应措施或已报告，但仍然发生严重后果的，不构成犯罪。

实施构成要件行为，发生重大伤亡事故的，才能构成本罪。最高人民法院、最高人民检察院《关于办理危害生产安全刑事案件适用法律若干问题的解释》（2015年12月14日）第6条、第7条明确了有关具体认定标准。

（二）主观要件

本罪在主观方面是过失，即行为人对校舍或者教育教学设施存在危险有认识，因为过于自信而未防止危害结果的发生，或者应当认识危险的存在，因为疏忽大意而未预见。

十四、消防责任事故罪

第一百三十九条　违反消防管理法规，经消防监督机构通知采取改正措施而拒绝执行，造成严重后果的，对直接责任人员，处三年以下有期徒刑或者拘役；后果特别严重的，处三年以上七年以下有期徒刑。

消防责任事故罪，是指违反消防管理规定，经消防监督机构通知采取改正措施而拒绝执行，因而造成严重后果，危害公共安全的行为。

（一）客观要件

本罪在客观方面表现为违反消防管理规定，经消防监督机构通知采取改正措施而拒绝执行。

行为违反消防管理法规，是指不执行消防管理部门关于建筑设计防火规范的规定；不按规定，在非安全地点、公共场所、安全出口用火，疏散通道无法保证畅通无阻；应当配备消防器材、设备、设施而没有配置等。

违反消防管理法规，必须致人重伤、死亡或者使公私财产遭受重大损失，才构成本罪。造成严重后果，是指发生重大火灾，造成人员伤亡或者使公私财产遭受严重损失。严重后果必须发生在消防监督过程中，即发生在消防监督机构通知其已违反消防管理法规并发出责令其整改的通知书后。如果在消防监督机构执行消防监督前发生火灾事故的，可能构成重大责任事故罪、重大劳动安全事故罪或者其他罪，例如，因在日常生活中用火不当造成事故，而不是在消防监督机构执行消防监督过程中发生火灾的，只构成失火罪，但不成立本罪。对于严重后果的认定，最高人民法院、最高人民检察院《关于办理危害生产安全刑事案件适用法律若干问题的解释》（2015年12月14日）第6条、第7条明确了有关具体标准。

（二）主观要件

本罪在主观方面是过失，即行为人对于自己违反消防管理法规的行为可能造成的严重后果应当预见，因疏忽大意而没有预见，或者已经预见但轻信能够避免。

十五、不报、谎报安全事故罪

第一百三十九条之一①　在安全事故发生后，负有报告职责的人员不报或者谎报事故情况，贻误事故抢救，情节严重的，处三年以下有期徒刑或者拘役；情节特别严重的，处三年以上七年以下有期徒刑。

不报、谎报安全事故罪，是指在安全事故发生后，负有报告职责的人员不报或者谎报事故

① 本条为《刑法修正案（六）》第4条所增设。

情况，贻误事故抢救，情节严重的行为。

（一）客观要件

本罪在客观方面表现为在安全事故发生后，负有报告职责的人员不报或者谎报事故情况，贻误事故抢救，情节严重。

发生安全事故，是本罪成立的前提。这里的安全事故，不限于生产经营单位发生的安全生产事故、大型群众性活动中发生的重大伤亡事故，还包括危害公共安全罪中涉及的所有安全事故，但丢失枪支不报罪、交通肇事罪、教育设施重大安全事故罪涉及的除外，因为这三个犯罪已经将不报告或者逃逸作为构成犯罪或法定刑升格的条件之一。

生产经营单位发生生产安全事故后，事故现场有关人员应当立即报告本单位负责人。单位负责人接到事故报告后，应当迅速采取有效措施，组织抢救，防止事故扩大，减少人员伤亡和财产损失，并按照国家有关规定立即如实报告当地负有安全生产监督管理职责的部门，隐瞒不报、谎报或者拖延不报，贻误事故抢救的，就可能构成本罪。不报事故情况，是典型的不作为行为。故意破坏事故现场、毁灭有关证据，在事故调查处理期间擅离职守或者逃匿的，属于不报事故情况的行为。谎报事故情况，是指掩饰事故真相的一切行为。

本罪的实行行为是不报、谎报事故情况，贻误事故抢救。这里的贻误事故抢救，是指安全事故发生后，由于不报或者谎报，耽误了抢救的最佳时机，使一些本可以被抢救出来的人员未能被救出，或者造成财产损失进一步扩大等情形。实务中必须查明谎报行为与贻误事故抢救结果之间的因果关系，只有谎报事故的行为造成贻误事故抢救的后果，即造成事故后果扩大或致使不能及时有效开展事故抢救，才可能构成本罪。如果事故已经完成抢救，或者没有抢救时机（危害结果不可能加重或扩大），则不构成本罪。对于同时构成重大责任事故罪和谎报安全事故罪的，应当数罪并罚。

不报、谎报行为贻误事故抢救，情节严重的才构成犯罪。根据最高人民法院、最高人民检察院《关于办理危害生产安全刑事案件适用法律若干问题的解释》（2015 年 12 月 14 日）第 8 条的规定，在安全事故发生后，负有报告职责的人员不报或者谎报事故情况，贻误事故抢救，具有下列情形之一的，应当认定为情节严重：（1）导致事故后果扩大，增加死亡 1 人以上，或者增加重伤 3 人以上，或者增加直接经济损失 100 万元以上的。（2）实施下列行为之一，致使不能及时有效开展事故抢救的：决定不报、迟报、谎报事故情况或者指使、串通有关人员不报、迟报、谎报事故情况的；在事故抢救期间擅离职守或者逃匿的；伪造、破坏事故现场，或者转移、藏匿、毁灭遇难人员尸体，或者转移、藏匿受伤人员的；毁灭、伪造、隐匿与事故有关的图纸、记录、计算机数据等资料以及其他证据的。（3）其他情节严重的情形。具有下列情形之一的，应当认定为情节特别严重：（1）导致事故后果扩大，增加死亡 3 人以上，或者增加重伤 10 人以上，或者增加直接经济损失 500 万元以上的；（2）采用暴力、胁迫、命令等方式阻止他人报告事故情况，导致事故后果扩大的；（3）其他情节特别严重的情形。

本罪的主体是负有报告职责的人员，包括负有组织、指挥或者管理职责的负责人、管理人员、实际控制人、投资人，以及其他负有报告职责的人员。

（二）主观要件

本罪在主观方面是故意，即在安全事故发生后，负有报告职责的人员明知不报或者谎报事故情况的行为可能贻误事故抢救，而希望或者放任该结果的发生。

第四章　破坏社会主义市场经济秩序罪[①]

第一节　概　述

破坏社会主义市场经济秩序罪，是指违反国家经济管理法规，干扰国家对市场经济的管理活动，破坏正常的交易秩序，使市场参与者的利益以及市场秩序遭受严重损害的行为。

一、保护法益

本章罪侵害的法益是社会主义市场经济秩序。市场经济秩序，是指国家通过法律对以市场进行资源配置的经济运行过程进行调节所形成的正常、协调和有序的状态。

本章罪共分八节，在每节中实际上都存在一个微观的市场经济秩序，其中第一节生产、销售伪劣商品罪侵害的是市场竞争秩序、消费者的合法权益。第二节走私罪侵害的是国家对外贸易管制活动。第三节妨害对公司、企业的管理秩序罪侵害的是国家对公司、企业成立、运营、终止的管理制度。第四节破坏金融管理秩序罪侵害的是国家金融、证券、期货管理制度。第五节金融诈骗罪侵害的是国家金融制度和公民、法人或其他非法人组织的财产权。第六节危害税收征管罪侵害的是国家税收征收管理、发票管理制度。第七节侵犯知识产权罪侵害的是国家对商标、专利、著作权以及商业秘密的管理制度以及他人合法的知识产权。第八节扰乱市场秩序罪侵害的是公平、公正、平等、诚实信用的交易原则和市场自由竞争秩序。

二、客观要件

本章罪在客观方面表现为违反经济管理法规，采用各种行为方式干扰国家对市场的管理活动，使市场经济秩序遭受严重损害的行为。

行为违反国家经济管理法规，是构成本章罪的前提。为了调整和规范市场经济活动，近年来，我国先后制定和颁布了各种经济管理法规，其内容和范围涉及商品生产、流通、分配、消费和管理活动的各个环节和方面，对财产所有权、法人制度、民事契约、债权制度、票据制度、证券管理制度、金融保险制度、知识产权制度等进行了规范，并且国家通过相应的行政管理部门具体负责实施或监督实施所颁布的经济管理法规。

由于破坏经济秩序罪的具体表现形式往往直接取决于各种经济管理法规的规定，所以本章罪具有鲜明的法定犯性质。在认定破坏社会主义市场经济秩序罪时，往往要根据各种经济管理法规的规定予以把握。例如，对生产、销售假药罪和生产、销售劣药罪中的“假药”“劣药”，

---

① 本章多数犯罪的认定和处罚需要将《立案追诉标准（二）》作为规范依据。此外，根据最高人民法院《关于在经济犯罪审判中参照适用〈最高人民检察院、公安部关于公安机关管辖的刑事案件立案追诉标准的规定（二）〉的通知》（2010 年 6 月 21 日公布），最高人民法院对相关经济犯罪的定罪量刑标准没有规定的，人民法院在审理经济犯罪案件时，可以参照适用《立案追诉标准（二）》的规定。

就应当依照药品管理法的规定加以认定。另外，一些犯罪的行为认定也有赖于有关经济管理法规的规定。例如，虚报注册资本、虚假出资、抽逃出资、低价折股、套取金融机构信贷资金高利转贷他人，对违法票据予以承兑、付款或者保证，串通投标报价等行为的认定，均与国家经济管理法律、法规的基本立场紧密相关。

破坏市场经济秩序罪在行为方式上大多数表现为作为，但少数犯罪如逃税罪和签订、履行合同失职被骗罪也可以表现为不作为。此外，诈骗型经济犯罪也可能以不作为的方式实施。

行为违反经济管理法律、法规的破坏市场经济秩序行为，并不都构成本章罪，所以，在多数情况下，破坏市场经济秩序罪的构成须以情节严重、犯罪数额较大、后果严重或造成重大损失为要件，如构成生产、销售伪劣产品罪要求销售金额在5万元以上；生产、销售劣药罪以对人体健康造成严重危害为构成要件。对这些犯罪而言，如果危害行为未达到情节严重的程度，或者数额未达到法定要求，或者未造成某种危险或法定后果，便不成立犯罪。

对有的犯罪，刑法未作数额和情节上的限定，例如，走私武器、弹药罪，走私核材料罪，走私假币罪，伪造货币罪，擅自设立金融机构罪，伪造、变造金融票证罪，虚开增值税专用发票、用于骗取出口退税、抵扣税款发票罪，伪造、出售伪造的增值税专用发票罪，非法出售增值税专用发票罪，非法购买增值税专用发票、购买伪造的增值税专用发票罪等犯罪，即是如此。原则上，行为人一经实施法定行为，不论其数额或情节如何，均成立犯罪（行为犯）。立法上作这样的规定，主要是考虑到这些行为本身社会危害性就大。

破坏市场经济秩序罪，属于狭义上的经济犯罪范畴。经济犯罪，是指意图谋取不法利益，利用法律交往与经济交易所允许的经济活动方式，滥用经济秩序赖以存在的诚实信用原则，违反所有直接或间接规范经济活动之有关法令，而足以危害正常之经济活动与干扰经济生活秩序、破坏整个经济结构的贪利型犯罪，其危害的对象是正常的经济交易与经济生活秩序，甚至整个经济结构。

经济犯罪与传统财产犯罪的区别，首先表现在侵犯的客体不同。传统财产犯罪所侵犯的客体为特定人的财产法益，它并不对社会整体经济利益造成侵害。而经济犯罪是市场经济时代的产物，它是在社会化大生产条件下得以产生、发展和蔓延的，犯罪受害人很少是特定的个人，主要是社会整体（如逃税、虚开增值税发票犯罪）或社会的某一群人（如公司、企业股票的所有持有者），所以经济犯罪所侵害的法益较传统财产犯罪所侵害的要广泛得多。对经济犯罪的惩治着眼于寻求对社会整体经济利益动态、抽象的公平、秩序或自由的刑法保护。

更为重要的是，经济犯罪与传统财产犯罪相比，行为实施方式不同。传统财产犯罪多数需要采用有形力，且与罪犯的职业无关。经济犯罪多数为智能性犯罪，且与罪犯所从事的职业有关。所以，相对而言，传统财产犯罪的犯罪事实多数较为明确，被害人与第三人容易辨认。经济犯罪的犯罪事实多数较为复杂，查处难度更大。

本章罪的主体多为一般主体。特殊主体的犯罪规定于妨害对公司、企业的管理秩序罪，破坏金融管理秩序罪，金融诈骗罪，危害税收征管罪和扰乱市场秩序罪几节中。如金融机构工作人员购买假币、以假币换取货币罪的主体仅限于银行或者其他金融机构的工作人员；内幕交易、泄露内幕信息罪的主体仅限于证券、期货交易内幕信息的知情人员或者非法获取证券、期货交易内幕信息的人员；保险诈骗罪的主体是投保人、被保险人或受益人；逃税罪的主体仅限于纳税人和扣缴义务人等。除自然人外，单位可能构成本章所规定的2/3以上的罪名。

三、主观要件

本章罪的主观方面在绝大多数情况下是故意。生产、销售伪劣商品罪、走私罪、金融诈骗罪、危害税收征管罪、侵犯知识产权罪中的所有犯罪均由故意构成。妨害对公司、企业的管理秩序罪、破坏金融管理秩序罪和扰乱市场秩序罪中有少数犯罪则可以由过失构成。例如，签订、履行合同失职被骗罪，国有公司、企业、事业单位人员失职罪，出具证明文件重大失实罪等，在这些犯罪中，行为人应当预见自己在工作中不负责任的行为可能导致国家利益、公司企业或者其他个人利益遭受重大损害，但是由于疏忽大意或者过于自信而没有预见，最终使结果得以发生。

本章罪的行为人一般具有非法营利或牟利的目的。对有的犯罪，刑法明确规定必须具有特定目的才能构成，例如，走私淫秽物品罪以牟利或者传播为目的，集资诈骗罪、贷款诈骗罪、合同诈骗罪要以非法占有为目的，侵犯著作权罪、销售侵权复制品罪以营利为目的，高利转贷罪以转贷牟利为目的。有的犯罪，刑法条文中并未明文列举要有非法营利或者牟利目的，但是，结合刑法对客观要件的描述，能够比较清楚地看出刑法要求行为人有特定目的才能构成犯罪，例如，生产、销售伪劣商品罪，走私罪，破坏金融管理秩序罪，危害税收征管罪，扰乱市场秩序罪中的许多犯罪，均具有获取非法利益的目的。

第二节 生产、销售伪劣商品罪

一、生产、销售伪劣产品罪

第一百四十条 生产者、销售者在产品中掺杂、掺假，以假充真，以次充好或者以不合格产品冒充合格产品，销售金额五万元以上不满二十万元的，处二年以下有期徒刑或者拘役，并处或者单处销售金额百分之五十以上二倍以下罚金；销售金额二十万元以上不满五十万元的，处二年以上七年以下有期徒刑，并处销售金额百分之五十以上二倍以下罚金；销售金额五十万元以上不满二百万元的，处七年以上有期徒刑，并处销售金额百分之五十以上二倍以下罚金；销售金额二百万元以上的，处十五年有期徒刑或者无期徒刑，并处销售金额百分之五十以上二倍以下罚金或者没收财产。

生产、销售伪劣产品罪，是指生产者、销售者在产品中掺杂、掺假，以假充真，以次充好或者以不合格产品冒充合格产品，销售金额达5万元以上的行为。

（一）客观要件

本罪在客观方面表现为生产者、销售者违反产品质量管理法规，在产品中掺杂、掺假，以假充真，以次充好或者以不合格产品冒充合格产品的的行为。

1. 违反产品质量管理法规

违反国家产品质量管理法规，是构成本罪的前提。目前，我国的产品质量法规体系已经比较健全，包括产品质量法、标准化法、计量法、工业产品质量责任条例等。这些法律法规对伪劣产品的范围进行了界定。

2. 实行行为

本罪的实行行为包括生产、销售。一般来说，生产、销售伪劣产品是两种行为：生产是制造伪劣产品并提供给他人；销售是明知是伪劣产品而出售。生产者和销售者的界限也相对比较清楚，但是自产自销、明知是合格产品而掺杂掺假予以销售的，兼有生产、销售伪劣产品的行为。

对于生产、销售伪劣产品的行为，刑法规定为在产品中掺杂、掺假，以假充真，以次充好或者以不合格产品冒充合格产品四种行为。掺杂、掺假，是指在生产、销售的产品中掺入杂质或者异物，借以增加产品重量、体积、数量等，致使产品质量不符合国家法律、法规或者产品明示质量标准规定的质量要求，降低、失去应有使用效能的行为。例如，在油菜籽中掺进黑沙子，在面粉中掺入滑石粉等。以假充真，是指以不具有某种性能的产品冒充具有该种性能产品的行为，如用人造革冒充皮革。此外，虽然严格按照法律确定的国家标准生产产品，但是假冒他人知名商标的产品，也属于以假充真行为，例如，合格的香烟生产企业在自己生产的香烟上使用其他知名商标的，也是生产伪劣产品。以次充好，是指以低等级、低档次产品冒充高等级、高档次产品，或者以残次、废旧零配件组合、拼装后冒充正品或者新产品的行为，例如，以人工养殖的珍珠冒充天然珍珠等。以不合格产品冒充合格产品，是指以不符合产品质量标准的产品冒充符合质量要求的产品的行为。

在这里，值得特别研究的是以不合格产品冒充合格产品的问题。根据2001年最高人民法院、最高人民检察院颁布的《关于办理生产、销售伪劣商品刑事案件具体应用法律若干问题的解释》(以下简称《司法解释》) 第1条第4款的规定，不合格产品，是指不符合《产品质量法》第26条第2款规定的质量要求的产品。而《产品质量法》第26条第2款规定，产品质量应当符合下列要求：(1) 不存在危及人身、财产安全的不合理的危险，有保障人体健康和人身、财产安全的国家标准、行业标准的，应当符合该标准；(2) 具备产品应当具备的使用性能，但是，对产品存在使用性能的瑕疵作出说明的除外；(3) 符合在产品或者其包装上注明采用的产品标准，符合以产品说明、实物样品等方式表明的质量状况。《司法解释》明确指出，认定生产、销售伪劣产品罪要考虑行为是否与《产品质量法》第26条第2款的规定相抵触。

但是，我们并不能由此就将行政违法性与刑事违法性画等号，不能过于形式地、机械地将行政违法直接作为刑事违法的判断根据。不可否认，违反《产品质量法》第26条第2款的规定是犯罪客观要件的具体要素，行为如果不违反该规定，不可能具备客观构成要件。但真正成为刑事违法性核心内容的是违反行政管理规定，进而实施构成要件行为、造成法益侵害，且不存在违法阻却事由等情形。

对于本罪的成立而言，司法机关需要查明违反《产品质量法》第26条第2款所生产、销售的行政法上的不合格产品，是否属于刑法第140条所规定的不合格产品。对刑事违法性的判断，固然要考虑行政违法性之有无，但更应在此基础上结合行为的法益侵害性、刑法规范的目的进行实质性、限定性解释，以确定刑法所固有的违法性。这是实质违法性论的基本立场。

必须看到：一方面，行政法的规制目的主要在于追求政府对特定事项的有效管理，以体现政府权威，提高管制效率。其中，规定产品规格的行政标准，是以统一标准实现对产品生产、销售等环节的监督管理，相关的行政标准相对形式化。而刑法的任务是保护法益，只有当具体罪刑规范的保护法益受到实行行为的侵害时才能以犯罪处理。另一方面，行政法基于不同的管理目的，对生产、销售的产品设定了诸多标准，不符合那些标准即为行政法上的不合格产品。这一点在《产品质量法》第26条第2款第3项要求产品质量“符合在产品或者其包装上注明采用的产品标准，符合以产品说明、实物样品等方式表明的质量状况”的规定中表现得最为充分。如摩托车产品自身质量合格，但外包装上标明的产品主要指标错误的，或者食品标注的生产日期提前一天的，这些产品都是行政法上的不合格产品。但如果该不合格产品在使用性能、质量上与合格产品完全相同，不存在可能危及消费者权益的隐患，就不应将其作为刑法上的不合格产品。对行政法上的诸多不合格产品，有必要按照其不合格的程度、实质性的产品瑕疵在司法上认定其是否为本罪中的不合格产品，由此进一步判断是否符合客观构成要件。

这样说来，在行政犯的场合，罪刑规范的目的并非单纯保护行政管理规范的效力，也不是仅仅保护某些抽象的行政管控秩序，而是保护特定的、与构成要件紧密关联的法益。行政犯的成立虽然以违反行政法规范为必要，但违反行政法规范的行为未必就具有刑事违法性。对构成要件的解释、对刑事违法性的判断不应在根本上受制于形式性的行政法规范，而应围绕法益保护实质地展开。

对于生产、销售伪劣产品罪的保护法益，不能笼统地理解为社会主义市场经济秩序，其侧重点在于保护消费者的人身、财产权。因此，特定产品的使用性能、产品质量在与不特定多数的消费者的合法权益有关联的意义上为刑法所关注。某种产品即便违反了某种行政强制标准，但不具有危及人身安全、财产安全的不合理危险，不存在使用性能上的瑕疵与安全隐患的，就不属于本罪中的伪劣产品。例如，根据国家标准化委员会发布的《机动车运行安全技术条件》(GB7258—2012) 对摩托车、拖拉机运输机组的外廓尺寸的要求，正三轮摩托车的整车长度不能超过 3.5 米，而甲公司生产、销售的一批正三轮摩托车的整车长度为 3.6 米，由此获利数额达数百万元的，检察机关是否可以指控甲公司的行为构成本罪？

应当说，本案中甲公司生产过长的正三轮摩托车，属于《产品质量法》第 26 条第 2 款所反对的情形。但是，对于犯罪的成立而言，问题的关键不是涉案产品的外廓尺寸是否超过 3.5 米，而在于其对消费者的人身和财产安全是否造成危害或至少存在现实危险。不符合强制性国家标准的产品，固然属于行政法上的不合格产品，但如果对于购买者不存在上述危险的，该产品就不属于本罪中的伪劣产品。具体到本案而言，涉案产品仅超过国家强制标准长度 0.1 米，很难证明涉案车辆存在产品性能方面的问题与瑕疵，甲公司生产的产品增加这一长度对摩托车的紧急制动的影响几乎可以忽略，在急转弯时也不存在危及消费者权益的安全隐患，没有现实的使用危险（当然，如果该产品增加 1 米是否具有危险，需要从刑法上进行独立判断），因此，即使本案中的涉案车辆违反了强制性国家标准，也不能将其认定为刑法第 140 条所规定的不合格产品。此时，值得反思的可能是在摩托车制造技术相对落后的时期所制定的行政强制性标准是否需要与时俱进地适度调整的问题。

为此必须承认，行政违法性和刑事违法性之间不仅量不相同，质也不相同。违反行政管理规范（妨碍行政效率）＝行政违法性，违反行政管理规范＋符合（实质的）构成要件＋不存在违法阻却事由＝刑事违法性。刑事违法性远比行政违法性内容丰富，成立要求也更高，违反行政法仅仅是客观构成要件的具体要素之一，单纯靠行为违反前置法这一点无法确定刑事违法性。因此，违反前置法，至多给犯罪的判断提供了前提、线索，刑事违法性是否存在，需要实质地判断，行政违法的“烟”之下未必真的有刑事违法的“火”。在这个意义上，必须肯定行政违法性和刑事违法性是两种不同的违法性，更必须承认刑法上所固有的违法性判断。

3. 销售金额

构成本罪，要求销售金额[①]在 5 万元以上。根据有关司法解释，伪劣产品尚未销售，货值金额达到刑法第 140 条规定的销售金额 3 倍以上的，以生产、销售伪劣产品罪（未遂）定罪处罚。[②] 这一解释是否妥当，还值得研究。

---

① 销售金额不是违法所得，是生产者、销售者生产、销售伪劣产品没有扣除成本、税收的所得、应得的全部违法收入。违法所得指生产、销售伪劣产品获利的数额。由于犯罪的本质在于对法益的侵害，而销售金额表明了生产、销售伪劣产品罪的社会危害性，即对合法权益的侵犯程度，所以犯罪人主观上对利益的追求、客观上所获得的利益，就不是重要问题。以违法所得多少作为定罪与量刑的依据，是过分考虑了行为人是否获利以及获利多少，这样并不妥当。

② 货值金额以违法生产、销售的伪劣产品的标价计算。没有标价的，按照同类产品的中间价格计算。货值金额难以确定的，委托指定的估价机构确定。参见最高人民法院、最高人民检察院《关于办理生产、销售伪劣商品刑事案件具体应用法律若干问题的解释》（2001 年 4 月 9 日）。

关于销售金额的确定，有以下问题值得注意。

第一，行为人生产或购进了伪劣商品后，与他人签订销售伪劣产品的合同时，合同上所载明的货款就是销售金额，而不管其是否实际收回该款项。这是由市场交易的迅速性和获得货款的可能性所决定的。

第二，销售合格产品的金额与销售伪劣产品的金额无法区分时，将不可分割的全部金额认定为销售伪劣产品的金额。因为行为人为达到其欺骗他人的目的，往往使用将合格产品与伪劣产品混杂在一起的犯罪手段。类似的处理方法，在处罚财产犯罪时也时有使用，例如，在正当取得的财物和窃取的财物无法区分时，将其整体认定为盗窃罪赃物。

第三，销售金额是否在 5 万元以上，反映了生产、销售伪劣产品的规模，行为持续时间，危害范围，消费者的受害程度以及行为人的主观恶性，所以，销售金额的大小对成立犯罪有根本性影响。销售金额不满 5 万元的，不构成犯罪。在这里，比较重要的是：刑法以销售金额限制处罚范围，销售金额不满 5 万元的，对市场竞争秩序的侵害没有达到需要刑法出面加以规制的程度。

第四，多次实施生产、销售伪劣产品行为，未经处理的，伪劣产品的销售金额或者货值金额累计计算。

在生产、销售伪劣产品过程中，使用欺骗方法掩饰掺杂掺假、产品质量低劣等事实骗取财物的，欺骗行为包含于生产、销售行为之中，只应构成本罪，不构成诈骗罪；无商品交易或以虚拟的交易骗取他人财物的，不构成销售伪劣产品罪，而构成诈骗罪。

知道或者可能知道他人实施生产、销售伪劣食品犯罪，而为其提供贷款、资金、账号、发票、证明、许可证件，或者提供生产、经营场所或者运输、仓储、保管、邮寄等便利条件，或者提供制假生产技术的，以生产、销售伪劣商品罪的共犯论处。

（二）主观要件

本罪在主观方面是故意，即明知生产、销售的商品是伪劣产品。生产者对他人提供的原材料有假、对国家标准有变更不能认识，销售者对所销售的产品是伪劣产品无法认知的，都不具有本罪故意，不构成本罪。

（三）法条竞合

刑法第 140 条所规定的是生产、销售普通伪劣产品的犯罪，第 141 条至第 148 条所规定的是生产、销售特殊伪劣产品（药品、食品、医用器材、电器以及压力容器等涉及人身安全的产品、农药、兽药、化肥、种子、化妆品等）的犯罪，它们之间存在法条竞合关系。

法条竞合的基本处理原则是特殊法条优于普通法条。例如，在合同诈骗的场合，行为人同时触犯诈骗罪的规定，但是，由于刑法对利用经济合同实施诈骗的行为作了特别规定，就排斥了诈骗罪的适用。

不过，在法律有特别规定时，处理法条竞合问题可以适用重法优于轻法的原则，即特殊法条与普通法条竞合，而前者的法定刑轻于后者的，在法律有特别规定的情况下，应适用重法。

具体就生产、销售普通伪劣产品罪和生产、销售特殊伪劣产品罪的关系及其处理而言，应当注意以下几点。

第一，刑法第 149 条第 1 款规定，生产、销售第 141 条至第 148 条所列产品，不构成各该条规定的犯罪，但是销售金额在 5 万元以上的，依照第 140 条的规定定罪处罚。生产、销售伪劣产品罪必须具备的一个条件，就是生产、销售的伪劣产品销售金额必须达到 5 万元以上。如果所犯之罪是第 141 条至第 148 条规定的关于具体产品的犯罪（生产、销售、提供假药罪，生产、销售、提供劣药罪，生产、销售不符合安全标准的食品罪，生产、销售有毒、有害食品罪，生产、销售不符合标准的医用器材罪，生产、销售不符合安全标准的产品罪，生产、销售伪劣农药、兽药、化肥、种子罪以及生产、销售不符合卫生标准的化妆品罪），按照各该条的规定，都要求把足以造成危害结果或者已经造成危害结果作为构成要件。但是，如果生产、销售的是第 141 条至第 148 条所列的产品，不具有各该条构成犯罪所要求的可能后果或者已然后果，而销售金额达到了 5 万元以上的，应按照第 140 条的规定以生产、销售伪劣产品罪定罪处罚。

第二，刑法第 149 条第 2 款规定，生产、销售本节第 141 条至第 148 条所列产品，构成各该条规定的犯罪，同时又构成本节第 140 条规定之罪的，依照处罚较重的规定定罪处罚。如果行为人生产、销售第 141 条至第 148 条所列的产品，导致各该条要求的后果的，当然构成各该条所规定的犯罪；但是，如果生产、销售第 141 条至第 148 条所列的产品同时销售金额又达到 5 万元以上的，应按照法条竞合的处理原则即重法优于轻法处理，以避免罪刑不均衡。

（四）单位犯罪的处罚

根据刑法第 150 条的规定，单位犯本罪的，对单位判处罚金，并对其直接负责的主管人员和其他直接责任人员，依照自然人犯罪的规定处罚。

二、生产、销售、提供假药罪

第一百四十一条① 生产、销售假药的，处三年以下有期徒刑或者拘役，并处罚金；对人体健康造成严重危害或者有其他严重情节的，处三年以上十年以下有期徒刑，并处罚金；致人死亡或者有其他特别严重情节的，处十年以上有期徒刑、无期徒刑或者死刑，并处罚金或者没收财产。

药品使用单位的人员明知是假药而提供给他人使用的，依照前款的规定处罚。

生产、销售、提供假药罪，是指违反国家药品管理法规，生产、销售、提供假药，或者将假药提供给他人使用的行为。

（一）客观要件

本罪在客观方面表现为生产、销售假药，或者提供假药的行为。

行为违反药品管理法规，才有可能构成本罪。生产、销售、提供假药，就是违反国家相关规定，生产、销售、提供与药品本性不相符合的产品的行为。

生产，是指一切提炼、加工、采集、收集假药的行为。以生产、销售假药为目的，实施下列行为之一的，应当认定为本罪的“生产”：(1) 合成、精制、提取、储存、加工炮制药品原料的行为；(2) 将药品原料、辅料、包装材料制成成品过程中，进行配料、混合、制剂、储存、包装的行为；(3) 印制包装材料、标签、说明书的行为。

销售，是指获取对价后提供假药的行为。

提供，是指药品使用单位的人员明知是假药而提供给他人使用的行为。这里的药品使用单位的人员，主要是指医院、防疫站、敬老院、保健院等可能对病人或被照护人员提供药品的单位的工作人员。这里的提供，限于免费提供，例如，防疫站工作人员明知某种药品是假药而提供给他人使用。如果是有偿提供，就属于为获取对价的销售行为，成立销售假药罪。

本罪的行为对象是假药。假药，是指药品成分虚假，完全无法发挥其应有功效的药品。根据《药品管理法》(2019 年修订) 第 98 条第 2 款的规定，有下列情形之一的，为假药：(1) 药品所含成分与国家药品标准规定的成分不符；(2) 以非药品冒充药品或者以他种药品冒充此种药品；(3) 变质的药品；(4) 药品所标明的适应症或者功能主治超出规定范围。是否属于假药

---

① 本条第 1 款为《刑法修正案（八）》第 23 条所修改，第 2 款为《刑法修正案（十一）》第 5 条所修改。

难以确定的，司法机关可以根据地市级以上药品监督管理部门出具的认定意见等相关材料进行认定。必要时，可以委托省级以上药品监督管理部门设置或者确定的药品检验机构进行检验。生产、销售、提供假农药、假兽药的，构成其他犯罪。

本罪是抽象危险犯，生产、销售、提供假药的，即构成本罪；不要求有致人死伤的实害后果发生，也不要求足以严重危害人体健康；生产的假药是否实际卖出、消费者是否购买并使用，也在所不问。销售少量根据民间传统配方私自加工的药品的，不构成本罪。生产、销售、提供假药，同时又构成侵犯知识产权、非法经营、非法行医等犯罪的，依照处罚较重的规定定罪处罚。

对人体健康造成严重危害或者有其他严重情节的，以及致人死亡或者有其他特别严重情节的，法定刑升格。根据最高人民法院、最高人民检察院《关于办理危害药品安全刑事案件适用法律若干问题的解释》（2014 年 11 月 3 日）第 2 条的规定，具有下列情形之一的，应当认定为本罪中的“对人体健康造成严重危害”：（1）造成轻伤或者重伤的；（2）造成轻度残疾或者中度残疾的；（3）造成器官组织损伤导致一般功能障碍或者严重功能障碍的；（4）其他对人体健康造成严重危害的情形。上述司法解释第 3 条规定，具有下列情形之一的，应当认定为本罪的“其他严重情节”：（1）造成较大突发公共卫生事件的；（2）生产、销售金额 20 万元以上不满 50 万元的；（3）生产、销售金额 10 万元以上不满 20 万元，并具有本解释第 1 条规定情形之一的；（4）根据生产、销售的时间、数量、假药种类等，应当认定为情节严重的。上述司法解释第 4 条规定，具有下列情形之一的，应当认定为本罪的“其他特别严重情节”：（1）致人重度残疾的；（2）造成 3 人以上重伤、中度残疾或者器官组织损伤导致严重功能障碍的；（3）造成 5 人以上轻度残疾或者器官组织损伤导致一般功能障碍的；（4）造成 10 人以上轻伤的；（5）造成重大、特别重大突发公共卫生事件的；（6）生产、销售金额 50 万元以上的；（7）生产、销售金额 20 万元以上不满 50 万元，并具有本解释第 1 条规定情形之一的；（8）根据生产、销售的时间、数量、假药种类等，应当认定为情节特别严重的。

（二）主观要件

本罪在主观方面是故意，对生产、销售、提供的药品属于药品管理法规定的假药有所认识。成立本罪不要求有销售金额，所以，生产、销售者是否有营利目的，是否实际获得利益等，都并不关键。

在实践中，有的销售假药的被告人会辩称对某种药品是假药并不知情。关于对本罪故意的判断，被告人的供述虽然重要，但不是唯一的依据，必须结合涉案药品交易的销售渠道是否正规、销售价格是否合理、药品包装是否完整、药品本身是否存在明显瑕疵，以及行为人的职业特点、药品知识、文化程度等进行综合分析判断。

（三）单位犯罪的处罚

根据刑法第 150 条的规定，单位犯本罪的，对单位判处罚金，并对其直接负责的主管人员和其他直接责任人员，依照自然人犯罪的规定处罚。

三、生产、销售、提供劣药罪

第一百四十二条① 生产、销售劣药，对人体健康造成严重危害的，处三年以上十年以下有期徒刑，并处罚金；后果特别严重的，处十年以上有期徒刑或者无期徒刑，并处罚金或者没收财产。

药品使用单位的人员明知是劣药而提供给他人使用的，依照前款的规定处罚。

① 本条为《刑法修正案（十一）》第 6 条所修改。

生产、销售、提供劣药罪，是指违反国家药品管理法规，明知是劣药而进行生产、销售，或者将劣药提供给他人使用，对人体健康造成严重危害的行为。

（一）客观要件

本罪在客观方面表现为生产、销售、提供劣药，对人体健康造成严重危害的行为。

本罪的行为对象是劣药，即药品成分属于劣质，无法发挥其应有功能的药品。根据《药品管理法》（2019 年修订）第 98 条第 3 款的规定，有下列情形之一的，为劣药：（1）药品成分的含量不符合国家药品标准；（2）被污染的药品；（3）未标明或者更改有效期的药品；（4）未注明或者更改产品批号的药品；（5）超过有效期的药品；（6）擅自添加防腐剂、辅料的药品；（7）其他不符合药品标准的药品。根据最高人民法院、最高人民检察院《关于办理危害药品安全刑事案件适用法律若干问题的解释》（2014 年 11 月 3 日）第 5 条的规定，具有下列情形之一的，应当认定为本罪中的“对人体健康造成严重危害”：（1）造成轻伤或者重伤的；（2）造成轻度残疾或者中度残疾的；（3）造成器官组织损伤导致一般功能障碍或者严重功能障碍的；（4）其他对人体健康造成严重危害的情形。生产、销售劣药，致人死亡，或者具有下列情形之一的，应当认定为本罪的“后果特别严重”：（1）致人重度残疾的；（2）造成 3 人以上重伤、中度残疾或者器官组织损伤导致严重功能障碍的；（3）造成 5 人以上轻度残疾或者器官组织损伤导致一般功能障碍的；（4）造成 10 人以上轻伤的；（5）造成重大、特别重大突发公共卫生事件的。

提供劣药，是指医疗机构等药品使用单位的工作人员明知是劣药而提供给他人使用行为。

值得研究的问题是：具有药品经营资质的企业通过非法渠道从私人手中购进药品后再销售的，应如何处理？最高人民检察院法律政策研究室《对〈关于具有药品经营资质的企业通过非法渠道从私人手中购进药品后销售的如何适用法律问题的请示〉的答复》（2015 年 10 月 26 日）指出，对此应区分情况，分别定性处理：（1）对于经认定属于假药、劣药，且达到销售假药罪、销售劣药罪的定罪量刑标准的，应当以销售假药罪、销售劣药罪依法追究刑事责任。（2）对于经认定属于劣药，但尚未达到销售劣药罪的定罪量刑标准的，可以以销售伪劣产品罪追究刑事责任。（3）对于无法认定属于假药、劣药的，可以由药品监督管理部门依照《药品管理法》的规定给予行政处罚，不宜以非法经营罪追究刑事责任。

（二）主观要件

本罪在主观上是故意，行为人对生产、销售、提供的是劣药，对行为违反药品管理法规，都有所认识；对行为可能造成人体健康严重危害的后果大多持放任态度。

（三）单位犯罪的处罚

根据刑法第 150 条的规定，单位犯本罪的，对单位判处罚金，并对其直接负责的主管人员和其他直接责任人员，依照自然人犯罪的规定处罚。

四、妨害药品管理罪

第一百四十二条之一[①] 违反药品管理法规，有下列情形之一，足以严重危害人体健康的，处三年以下有期徒刑或者拘役，并处或者单处罚金；对人体健康造成严重危害或者有其他严重情节的，处三年以上七年以下有期徒刑，并处罚金：

（一）生产、销售国务院药品监督管理部门禁止使用的药品的；

（二）未取得药品相关批准证明文件生产、进口药品或者明知是上述药品而销售的；

---

① 本条为《刑法修正案（十一）》第 7 条所增设。

（三）药品申请注册中提供虚假的证明、数据、资料、样品或者采取其他欺骗手段的；

（四）编造生产、检验记录的。

有前款行为，同时又构成本法第一百四十一条、第一百四十二条规定之罪或者其他犯罪的，依照处罚较重的规定定罪处罚。

妨害药品管理罪，是指违反药品管理法规，妨害药品管理，足以严重危害人体健康的行为。

本罪在客观方面的妨害药品管理行为表现为四种形式：(1) 生产、销售国务院药品监督管理部门禁止使用的药品的。对此，参照有关禁止使用的药品的名录进行判断即可。(2) 未取得药品相关批准证明文件生产、进口药品或者明知是上述药品而销售的。《药品管理法》(2019年修订) 第98条第4款规定，禁止未取得药品批准证明文件生产、进口药品。修订后的《药品管理法》对假药将假（劣）药和“按照假（劣）药处理”的情况分开，使假（劣）药定义回归功效标准，对违反药品管理秩序未经批准生产、进口药品行为，不再以生产、销售假药论处，而属于违反药品管理秩序的行为。(3) 药品申请注册中提供虚假的证明、数据、资料、样品或者采取其他欺骗手段的。例如，药品注册申请单位的工作人员，故意使用虚假药物非临床研究报告、药物临床试验报告及相关材料，骗取药品批准证明文件生产、销售药品的。(4) 编造生产、检验记录的。这属于典型的违反药品生产质量管理规范的行为。

违反药品管理法规，妨害药品管理，足以严重危害人体健康的，才能成立犯罪，因此，本罪是具体危险犯。应当说，药品研发、生产坚持有效性和安全性并重，是一项严格的科学试验过程。因此，生产、销售国务院药品监督管理部门禁止使用的药品，以及未经批准擅自生产药品，或者随意添加各种成分自创新药等，都可以直接认定为“足以严重危害人体健康”，按照本罪追究刑事责任。对销售少量根据民间传统配方私自加工的药品等少数情形，需要进一步判断是否足以严重危害人体健康。药品申请注册中提供虚假的证明、数据、资料、样品或者采取其他欺骗手段，或者编造生产、检验记录，但据此生产、销售的药品从功效上看并不足以严重危及人体健康的，不构成本罪。

特别需要讨论的是：未取得药品相关批准证明文件，将境外的“仿制药”擅自进口并予以销售，如果该进口仿制药的确有治疗功效，其行为不属于足以严重危害人体健康的，不构成本罪。对类似进口并销售仿制药的行为，也不能以非法经营罪定罪处罚，主要理由在于：本罪属于药品管制的特别法条，在本罪中，对于销售仿制药的行为，要求有足以严重危及人体健康的具体危险（结果）才构成犯罪，且本罪的最高刑为7年有期徒刑。如果对销售仿制药，但并无足以严重危及人体健康的具体危险的行为，以非法经营罪论处，而该罪的最高刑为15年有期徒刑，势必带来处理上的严重失衡，使对危害性较小的行为的处罚更重，且将特别法条中试图“放过”的行为作为重罪论处，显然不合适。换言之，对于按照刑法第142条之一都不能追究刑事责任的行为，按照举重以明轻的解释规则，如果对危害性更为轻微的行为以非法经营罪论处，就是解释论上要禁止的。其实，对于销售疗效真实的境外仿制药的行为，在其对人体健康并无危害时，按照《药品管理法》(2019年修订) 第124条的规定，也能够予以足够严厉的处罚。对于这种运用行政管理法规进行处罚即为已足的行为，按照刑法谦抑性的原理，没有必要作为犯罪处理。

本罪在主观方面是故意。

根据本条第2款的规定，违反药品管理秩序的行为，涉及的药品经鉴定属于假药、劣药的，应当按照生产、销售、提供假药罪或生产、销售、提供劣药罪与本罪从一重罪处罚。

五、生产、销售不符合安全标准的食品罪

第一百四十三条[①] 生产、销售不符合食品安全标准的食品，足以造成严重食物中毒事故或者其他严重食源性疾病的，处三年以下有期徒刑或者拘役，并处罚金；对人体健康造成严重危害或者有其他严重情节的，处三年以上七年以下有期徒刑，并处罚金；后果特别严重的，处七年以上有期徒刑或者无期徒刑，并处罚金或者没收财产。

生产、销售不符合安全标准的食品罪，是指违反国家食品卫生管理法规，生产、销售不符合食品安全标准的食品，足以造成严重食物中毒事故或者其他严重食源性疾患的行为。

（一）客观要件

本罪在客观方面表现为生产、销售不符合食品安全标准的食品，足以造成严重食物中毒事故或者其他严重食源性疾患的行为。

生产、销售的不符合食品安全标准的食品，既包括一般食品，也包括食品添加剂、调味素、色素、保鲜剂，还包括油脂和饮料等。《食品安全法》（2018 年修正）第 150 条规定：食品，指各种供人食用或者饮用的成品和原料以及按照传统既是食品又是中药材的物品，但是不包括以治疗为目的的物品。食品安全，指食品无毒、无害，符合应当有的营养要求，对人体健康不造成任何急性、亚急性或者慢性危害。该法第 34 条规定，禁止生产经营下列食品、食品添加剂、食品相关产品：(1) 用非食品原料生产的食品或者添加食品添加剂以外的化学物质和其他可能危害人体健康物质的食品，或者用回收食品作为原料生产的食品；(2) 致病性微生物，农药残留、兽药残留、生物毒素、重金属等污染物质以及其他危害人体健康的物质含量超过食品安全标准限量的食品、食品添加剂、食品相关产品；(3) 用超过保质期的食品原料、食品添加剂生产的食品、食品添加剂；(4) 超范围、超限量使用食品添加剂的食品；(5) 营养成分不符合食品安全标准的专供婴幼儿和其他特定人群的主辅食品；(6) 腐败变质、油脂酸败、霉变生虫、污秽不洁、混有异物、掺假掺杂或者感官性状异常的食品、食品添加剂；(7) 病死、毒死或者死因不明的禽、畜、兽、水产动物肉类及其制品；(8) 未按规定进行检疫或者检疫不合格的肉类，或者未经检验或者检验不合格的肉类制品；(9) 被包装材料、容器、运输工具等污染的食品、食品添加剂；(10) 标注虚假生产日期、保质期或者超过保质期的食品、食品添加剂；(11) 无标签的预包装食品、食品添加剂；(12) 国家为防病等特殊需要明令禁止生产经营的食品；(13) 其他不符合法律、法规或者食品安全标准的食品、食品添加剂、食品相关产品。在食用农产品种植、养殖、销售、运输、贮存等过程中，违反食品安全标准，超限量或者超范围滥用添加剂、农药、兽药等，足以造成严重食物中毒事故或者其他严重食源性疾病的，均以本罪定罪处罚。

本罪是具体危险犯，生产、销售行为有足以造成严重食物中毒事故或者其他严重食源性疾患的危险的，即构成本罪。根据《食品安全法》（2018 年修正）第 150 条的规定，食源性疾病，指食品中致病因素进入人体引起的感染性、中毒性等疾病，包括食物中毒。根据最高人民法院、最高人民检察院《关于办理危害食品安全刑事案件适用法律若干问题的解释》（2013 年 5 月 2 日）第 1 条的规定，生产、销售不符合食品安全标准的食品，具有下列情形之一的，应当认定为本罪的“足以造成严重食物中毒事故或者其他严重食源性疾病”：(1) 含有严重超出标准限量的致病性微生物、农药残留、兽药残留、重金属、污染物质以及其他危害人体健康的物

① 本条为《刑法修正案（八）》第 24 条所修改。

质的；（2）属于病死、死因不明或者检验检疫不合格的畜、禽、兽、水产动物及其肉类、肉类制品的；（3）属于国家为防控疾病等特殊需要明令禁止生产、销售的；（4）婴幼儿食品中生长发育所需营养成分严重不符合食品安全标准的；（5）其他足以造成严重食物中毒事故或者严重食源性疾病的情形。

对人体健康造成严重危害或者有其他严重情节的，以及后果特别严重的，法定刑升格。对此，最高人民法院、最高人民检察院《关于办理危害食品安全刑事案件适用法律若干问题的解释》（2013年5月2日）第2条规定，生产、销售不符合食品安全标准的食品，具有下列情形之一的，应当认定为本罪的“对人体健康造成严重危害”：（1）造成轻伤以上伤害的；（2）造成轻度残疾或者中度残疾的；（3）造成器官组织损伤导致一般功能障碍或者严重功能障碍的；（4）造成10人以上严重食物中毒或者其他严重食源性疾病的；（5）其他对人体健康造成严重危害的情形。该司法解释第3条规定，具有下列情形之一的，应当认定为“其他严重情节”：（1）生产、销售金额20万元以上的；（2）生产、销售金额10万元以上不满20万元，不符合食品安全标准的食品数量较大或者生产、销售持续时间较长的；（3）生产、销售金额10万元以上不满20万元，属于婴幼儿食品的；（4）生产、销售金额10万元以上不满20万元，1年内曾因危害食品安全违法犯罪活动受过行政处罚或者刑事处罚的；（5）其他情节严重的情形。该司法解释第4条规定，具有下列情形之一的，应当认定为“后果特别严重”：（1）致人死亡或者重度残疾的；（2）造成3人以上重伤、中度残疾或者器官组织损伤导致严重功能障碍的；（3）造成10人以上轻伤、5人以上轻度残疾或者器官组织损伤导致一般功能障碍的；（4）造成30人以上严重食物中毒或者其他严重食源性疾病的；（5）其他特别严重的后果。

（二）主观要件

本罪在主观方面是故意，行为人对生产、销售的产品不符合食品安全标准有认识并希望或者放任结果的发生。过失不构成本罪。

（三）单位犯罪的处罚

根据刑法第150条的规定，单位犯本罪的，对单位判处罚金，并对其直接负责的主管人员和其他直接责任人员，依照自然人犯罪的规定处罚。

六、生产、销售有毒、有害食品罪

第一百四十四条①　在生产、销售的食品中掺入有毒、有害的非食品原料的，或者销售明知掺有有毒、有害的非食品原料的食品的，处五年以下有期徒刑，并处罚金；对人体健康造成严重危害或者有其他严重情节的，处五年以上十年以下有期徒刑，并处罚金；致人死亡或者有其他特别严重情节的，依照本法第一百四十一条的规定处罚。

生产、销售有毒、有害食品罪，是指违反国家食品安全管理法规，在生产、销售的食品中掺入有毒、有害的非食品原料，或者销售明知掺有有毒、有害的非食品原料的食品的行为。

（一）客观要件

本罪在客观方面表现为生产、销售有毒、有害食品，或者销售明知掺有有毒、有害的非食品原料的食品的行为。

本罪的行为对象是有毒、有害食品，即掺有有毒、有害物质或非食品原料的食品。有毒、有害的非食品原料，是指含有毒性元素或者对人体有害的成分而不能作为食品配料或者食品添

① 本条为《刑法修正案（八）》第25条所修改。

加剂的物质。下列物质应当认定为“有毒、有害的非食品原料”：（1）法律、法规禁止在食品生产经营活动中添加、使用的物质；（2）国务院有关部门公布的《食品中可能违法添加的非食用物质名单》《保健食品中可能非法添加的物质名单》上的物质；（3）国务院有关部门公告禁止使用的农药、兽药以及其他有毒、有害物质；（4）其他危害人体健康的物质。生产、销售的食品中必须掺有不能用于食用用途的原料，且该原料必然产生毒素的，才构成本罪，只是由于被污染、变质或者过量而产生了部分毒性的，不构成本罪，而可能成立生产、销售不符合安全标准的食品罪。

在食用农产品种植、养殖、销售、运输、贮存等过程中，使用禁用农药、兽药等禁用物质或者其他有毒、有害物质的，或者在保健食品或者其他食品中非法添加国家禁用药物等有毒、有害物质的，均以本罪定罪处罚。

明知对方是食用油经销者，仍将用餐厨废弃油（俗称“地沟油”）加工而成的劣质油脂销售给对方，导致劣质油脂流入食用油市场供人食用的，构成本罪；明知油脂经销者向饲料生产企业和药品生产企业等单位销售豆油等食用油，仍将用餐厨废弃油加工而成的劣质油脂销售给对方，导致劣质油脂流向饲料生产企业和药品生产企业等单位的，构成生产、销售伪劣产品罪。

根据最高人民法院《关于审理走私、非法经营、非法使用兴奋剂刑事案件适用法律若干问题的解释》（2019 年 11 月 18 日）第 5 条的规定，生产、销售含有兴奋剂目录所列物质的食品的，视情形以生产、销售不符合安全标准的食品罪和本罪定罪处罚。

本罪是抽象危险犯，其构成不要求发生实害结果，也不要求有发生结果的具体危险。对人体健康造成严重危害或者有其他严重情节的，以及致人死亡或者有其他特别严重情节的，法定刑升格。根据最高人民法院、最高人民检察院《关于办理危害食品安全刑事案件适用法律若干问题的解释》（2013 年 5 月 2 日）第 5 条的规定，生产、销售有毒、有害食品，具有下列情形之一的，应当认定为“对人体健康造成严重危害”：（1）造成轻伤以上伤害的；（2）造成轻度残疾或者中度残疾的；（3）造成器官组织损伤导致一般功能障碍或者严重功能障碍的；（4）造成 10 人以上严重食物中毒或者其他严重食源性疾病的；（5）其他对人体健康造成严重危害的情形。该司法解释第 6 条规定，具有下列情形之一的，应当认定为“其他严重情节”：（1）生产、销售金额 20 万元以上不满 50 万元的；（2）生产、销售金额 10 万元以上不满 20 万元，有毒、有害食品的数量较大或者生产、销售持续时间较长的；（3）生产、销售金额 10 万元以上不满 20 万元，属于婴幼儿食品的；（4）生产、销售金额 10 万元以上不满 20 万元，1 年内曾因危害食品安全违法犯罪活动受过行政处罚或者刑事处罚的；（5）有毒、有害的非食品原料毒害性强或者含量高的；（6）其他情节严重的情形。该司法解释第 7 条规定，生产、销售有毒、有害食品，生产、销售金额 50 万元以上，或者具有下列情形之一的，应当认定为“致人死亡或者有其他特别严重情节”：（1）致人死亡或者重度残疾的；（2）造成 3 人以上重伤、中度残疾或者器官组织损伤导致严重功能障碍的；（3）造成 10 人以上轻伤、5 人以上轻度残疾或者器官组织损伤导致一般功能障碍的；（4）造成 30 人以上严重食物中毒或者其他严重食源性疾病的；（5）其他特别严重的后果。

（二）主观要件

本罪在主观方面是故意，行为人对生产、销售的产品是有毒、有害食品有明知。这里的“明知”，是指行为人认识到自己生产、销售的是不符合食品安全标准的伪劣商品。并不是要求其确实知道，认识到可能性的，即符合明知的要求。销售者确实不知是掺入有毒有害的非食品原料的食品而购进并予以销售的，欠缺本罪的故意，不成立本罪。

在生产、销售有毒、有害食品造成严重食物中毒事故或者其他严重食源性疾患，以及致人死亡或者对人体健康造成其他特别严重危害的结果加重犯或者特别结果加重犯的场合，不要求生产、销售者对加重结果有故意，但要求其有过失。

销售者为杀害特定个人而故意向其出售有毒、有害食品的，具有侵犯人身权利的故意而不具有扰乱市场经济秩序的故意，只构成故意杀人罪；在对导致不特定或者多数人重伤、死亡的结果有故意（希望或者放任）的场合，生产、销售有毒、有害食品的，可能成立投放危险物质罪而不成立本罪，例如，公共食堂或宾馆工作人员为泄愤报复或出于其他动机，利用为单位或特定会议、婚丧仪式提供饮食的机会，在生产、销售的食品中掺入有毒、有害的非食品原料，足以导致不特定或者多数人的身体、生命受到损害的，行为人主要有危害公共生活安全的故意，其行为应成立投放危险物质罪。

（三）单位犯罪的处罚

根据刑法第150条的规定，单位犯本罪的，对单位判处罚金，并对其直接负责的主管人员和其他直接责任人员，依照自然人犯罪的规定处罚。

七、生产、销售不符合标准的医用器材罪

第一百四十五条① 生产不符合保障人体健康的国家标准、行业标准的医疗器械、医用卫生材料，或者销售明知是不符合保障人体健康的国家标准、行业标准的医疗器械、医用卫生材料，足以严重危害人体健康的，处三年以下有期徒刑或者拘役，并处销售金额百分之五十以上二倍以下罚金；对人体健康造成严重危害的，处三年以上十年以下有期徒刑，并处销售金额百分之五十以上二倍以下罚金；后果特别严重的，处十年以上有期徒刑或者无期徒刑，并处销售金额百分之五十以上二倍以下罚金或者没收财产。

生产、销售不符合标准的医用器材罪，是指违反国家产品质量管理法规，生产不符合保障人体健康的国家标准、行业标准的医疗器械、医用卫生材料，或者销售明知是不符合国家标准、行业标准的医疗器械、医用卫生材料，足以严重危害人体健康的行为。

（一）客观要件

本罪在客观方面表现为生产、销售不符合标准的医用器材，足以严重危害人体健康的行为。

本罪的行为对象是不符合国家标准、行业标准的医疗器械、医用卫生材料。没有国家标准、行业标准的医疗器械，注册产品标准可视为保障人体健康的行业标准。医用器材包括医疗器械和医用卫生材料。医疗器械，是指用于诊断、治疗、预防疾病、调节人体生理功能或者代替人体器官的仪器、设备、装置、植入物、材料及其相关物品，如人工心脏瓣膜、人工心脏起搏器、人工血管等；医用卫生材料是指用于诊断、治疗、预防疾病、调节生理功能的辅助材料。

本罪的实行行为是生产、销售，不包括提供行为。因此，医用器材使用单位的人员明知是不符合保障人体健康标准的医用器材，而免费提供给他人使用的（例如，有的不合格医疗器械、医用卫生材料被反复提供给患者使用），不构成本罪，否则就是类推解释，《刑法修正案（十一）》增设提供假药罪、提供劣药罪也印证了这一点。当然，医用器材使用单位的人员明知是不符合保障人体健康标准的医用器材，而有偿提供给他人使用的，构成销售不符合标准的医用器材罪。

① 本条为《刑法修正案（四）》第1条所修改。

本罪是具体危险犯，即行为足以严重危害人体健康的，才构成犯罪。对人体健康造成严重危害的，属于实害犯，其包括不合格的医用器材无法正常地发挥医疗、诊断功能，因延误病情而对人体健康造成伤害。

（二）主观要件

本罪在主观方面是故意，行为人对生产、销售的医用器材不符合保障人体健康的国家标准、行业标准有明确认识。

（三）单位犯罪的处罚

根据刑法第150条的规定，单位犯本罪的，对单位判处罚金，并对其直接负责的主管人员和其他直接责任人员，依照自然人犯罪的规定处罚。

八、生产、销售不符合安全标准的产品罪

第一百四十六条　生产不符合保障人身、财产安全的国家标准、行业标准的电器、压力容器、易燃易爆产品或者其他不符合保障人身、财产安全的国家标准、行业标准的产品，或者销售明知是以上不符合保障人身、财产安全的国家标准、行业标准的产品，造成严重后果的，处五年以下有期徒刑，并处销售金额百分之五十以上二倍以下罚金；后果特别严重的，处五年以上有期徒刑，并处销售金额百分之五十以上二倍以下罚金。

生产、销售不符合安全标准的产品罪，是指违反国家产品质量法规，生产不符合保障人身、财产安全的国家标准、行业标准的电器、压力容器、易燃易爆产品或者其他不符合保障人身、财产安全的国家标准、行业标准的产品，或者销售明知是以上不符合保障人身、财产安全的国家标准、行业标准的产品，造成严重后果的行为。

（一）客观要件

本罪在客观方面表现为生产、销售不符合安全标准产品的行为。

本罪的行为对象是不符合保障人身、财产安全的国家标准、行业标准的电器、压力容器、易燃易爆产品或者其他不符合保障人身、财产安全的国家标准、行业标准的产品。电器，是指电冰箱、吸尘器、收录机、电饭锅、电热水器、组合音响、电话机等各种电信、电力器材；压力容器，是指承受与表面垂直作用力的高压容器，如氧气瓶、高压锅、压力机、压力继电器、锅炉等；易燃易爆产品，是指容易燃烧和爆炸的物品，如烟花爆竹、雷管、民用炸药、液化气瓶等；其他产品，是指除上述电器、压力容器、易燃易爆产品以外的，不符合保障人身、财产安全的国家标准、行业标准的产品，如汽水瓶、啤酒瓶等。这些产品若不符合安全标准，往往也会给消费者的人体、财产安全带来危害。

本罪是结果犯，生产、销售行为必须造成严重后果的，才构成本罪，所以，生产、销售不符合安全标准的产品行为与严重后果（他人伤害、死亡与重大财产损失）之间应当有因果关系。行为与结果之间有无因果关系取决于产品是否符合国家标准、行业标准。电器、压力容器等产品本身符合国家标准、行业标准，只是由于消费者未按说明操作或者任意拆卸而造成严重后果的，生产、销售者不构成本罪；产品不符合国家标准、行业标准，就不能要求使用者自己避免发生严重的后果。另外，需要查明的是，批量生产、销售的产品，虽然整体上符合国家安全标准、行业标准，但是，发生危害事故的个别产品不符合标准的，此时生产、销售者仍然成立本罪。

（二）主观要件

本罪在主观方面是故意，行为人对生产、销售的电器、压力容器、易燃易爆产品或者其他

产品不符合保障人身、财产安全的国家标准、行业标准，可能会对他人产生危险有明确认识。

（三）单位犯罪的处罚

根据刑法第150条的规定，单位犯本罪的，对单位判处罚金，并对其直接负责的主管人员和其他直接责任人员，依照自然人犯罪的规定处罚。

九、生产、销售伪劣农药、兽药、化肥、种子罪

第一百四十七条 生产假农药、假兽药、假化肥，销售明知是假的或者失去使用效能的农药、兽药、化肥、种子，或者生产者、销售者以不合格的农药、兽药、化肥、种子冒充合格的农药、兽药、化肥、种子，使生产遭受较大损失的，处三年以下有期徒刑或者拘役，并处或者单处销售金额百分之五十以上二倍以下罚金；使生产遭受重大损失的，处三年以上七年以下有期徒刑，并处销售金额百分之五十以上二倍以下罚金；使生产遭受特别重大损失的，处七年以上有期徒刑或者无期徒刑，并处销售金额百分之五十以上二倍以下罚金或者没收财产。

生产、销售伪劣农药、兽药、化肥、种子罪，是指违反国家产品质量法规，生产假农药、假兽药、假化肥，销售明知是假的或者失去效能的农药、兽药、化肥、种子，或者生产者、销售者以不合格的农药、兽药、化肥、种子冒充合格的农药、兽药、化肥、种子，使生产遭受较大损失的行为。本罪的行为对象是伪劣农药、兽药、化肥、种子。农药，是指用于防止病、虫、草、鼠害的农用化学药品。兽药，是指用于预防、治疗、诊断畜禽等动物疾病，有目的地调节其生理功能并规定作用、用途、用法和用量的兽用药品。化肥，是指以水、空气、矿物等为原料，经过化学反应或者机械加工制成的肥料，如氮肥、磷肥或微量元素化肥等。种子，根据《种子法》（2015年修订）第2条第2款的规定，是指农作物和林木的种植材料或者繁殖材料，包括籽粒、果实、根、茎、苗、芽、叶等。假农药、兽药、化肥，是指农药、兽药、化肥所含成分不符合国家标准、行业标准或者以非农药、兽药、化肥冒充农药、兽药、化肥。失去使用效能的农药、兽药、化肥、种子，是指因为过期、受潮、腐烂变质等原因失去了原有功能和使用效果，已丧失使用价值的农药、兽药、化肥、种子。不合格的农药、兽药、化肥、种子，是指农药、兽药、化肥、种子不具备应有的使用效能或者没有达到应当达到的质量标准。

未取得农药登记证的企业或者个人，借用他人农药登记证、生产许可证、质量标准证等许可证明文件生产、销售农药，使生产遭受较大损失的，以生产、销售伪劣农药罪追究刑事责任。对于使用伪劣农药造成的农业生产损失，可采取田间试验的方法确定受损原因，并以农作物绝收折损面积、受害地区前3年该类农作物的平均亩产量和平均销售价格为基准，综合计算认定损失金额。

以同一科属的此品种种子冒充彼品种种子，属于刑法上的“假种子”。行为人对假种子进行小包装分装销售，使农业生产遭受较大损失的，应当以生产、销售伪劣种子罪追究其刑事责任。

本罪是结果犯，即生产、销售农药、兽药、化肥、种子的行为必须使生产遭受较大损失的，才构成本罪。至于生产、销售者是否实际取得非法利益，在所不问。

根据刑法第150条的规定，单位犯本罪的，对单位判处罚金，并对其直接负责的主管人员和其他直接责任人员，依照自然人犯罪的规定处罚。

十、生产、销售不符合卫生标准的化妆品罪

第一百四十八条 生产不符合卫生标准的化妆品，或者销售明知是不符合卫生标准的化妆品，造成严重后果的，处三年以下有期徒刑或者拘役，并处或者单处销售金额百分之五十以上二倍以下罚金。

生产、销售不符合卫生标准的化妆品罪，是指违反国家产品质量法规，生产不符合卫生标准的化妆品，或者销售明知是不符合卫生标准的化妆品，造成严重后果的行为。

（一）客观要件

本罪在客观方面表现为生产、销售明知是不符合卫生标准的化妆品，造成严重后果的行为。

本罪的行为对象是化妆品。化妆品，是指以涂擦、喷洒或者其他方法，散布于人体表面任何部位（皮肤、毛发、指甲、口唇等），以达到清洁、消除不良气味、护肤、美容和修饰目的的日用化学工业产品，还包括用于染发、烫发、脱毛、美乳、健美、除臭、祛斑、防晒等特殊用途的化妆品。

本罪是结果犯，生产、销售行为必须造成严重后果的，才构成本罪。严重后果不等于重伤，造成严重后果自然不需要达到致使消费者重伤的程度，一般来说，因使用不符合卫生标准的化妆品而使容貌被毁或导致人体产生皮肤瘙痒、灼痛、红肿、感染的肉体痛苦的，就是造成严重后果。生产、销售行为和严重后果之间的因果关系需要证据证实，产品本身符合卫生标准，只是由于消费者在使用过程中未按照说明书所载明的方法和安全剂量使用而造成严重后果的，生产、销售者的行为不构成本罪。

根据最高人民检察院、公安部《关于公安机关管辖的刑事案件立案追诉标准的规定（一）》（2008 年 6 月 25 日）第 24 条的规定，生产不符合卫生标准的化妆品，或者销售明知是不符合卫生标准的化妆品，涉嫌下列情形之一的，应予立案追诉：(1) 造成他人容貌毁损或者皮肤严重损伤的；(2) 造成他人器官组织损伤导致严重功能障碍的；(3) 致使他人精神失常或者自杀、自残造成重伤、死亡的；(4) 其他造成严重后果的情形。

（二）主观要件

本罪在主观方面是故意，行为人对生产、销售的化妆品不符合卫生标准有明确认识，过失不构成本罪。

（三）单位犯罪的处罚

根据刑法第 150 条的规定，单位犯本罪的，对单位判处罚金，并对其直接负责的主管人员和其他直接责任人员，依照自然人犯罪的规定处罚。

第三节　走私罪

一、走私武器、弹药罪

第一百五十一条第一款①　走私武器、弹药、核材料或者伪造的货币的，处七年以上有期徒刑，并处罚金或者没收财产；情节特别严重的，处无期徒刑，并处没收财产；情节较轻的，处三年以上七年以下有期徒刑，并处罚金。

走私武器、弹药罪，是指违反海关法规，逃避海关监管，非法运输、携带、邮寄武器、弹药进出国（边）境，情节严重的行为。

（一）保护法益

本罪和其他走私犯罪一样，侵害的法益是国家对外贸易管制制度。对外贸易管制包括以下内容：对进出口货物、物品根据其与国计民生关系的大小，实行准许、限制或者禁止进口的制

① 本款为《刑法修正案（九）》第 9 条所修改，该条删除了本罪以及走私核材料罪、走私假币罪的死刑规定。

度；对进出口的非贸易性物品，根据其种类和特点，实行限进、限出、限量、限质等制度；对外汇等实行集中管理、对金银实行有限制的经营制度；对进出口货物及其他物品实行征收关税的制度。

本罪的行为对象具有特定性，即武器、弹药，其一般是指军用的武器、弹药，如手枪、步枪、冲锋枪以及与上述枪支配套使用的子弹、手榴弹、炸弹等，但也包括具有杀伤力或破坏力的非军用武器、弹药的枪支、弹药。武器、弹药的具体种类，应参照《海关进出口税则》及《禁止进出境物品表》的有关规定确定。走私成套枪支散件的，以走私相应数量的枪支计；走私非成套枪支散件的，以每 30 件为 1 套枪支散件计。走私各种弹药的弹头、弹壳，属于走私弹药行为。走私报废或者无法组装并使用的各种弹药的弹头、弹壳，构成犯罪的，通常以走私普通货物、物品罪定罪处罚，但该弹头、弹壳属于废物的，以走私废物罪定罪处罚。管制刀具、仿真枪不属于本罪的行为对象，需要追究刑事责任的，以走私普通货物、物品罪论处。

（二）客观要件

本罪在客观方面表现为违反海关法规，逃避海关监管，非法运输、携带、邮寄武器、弹药进出口的行为。

实践中发生的所有走私行为，根据其特点可以归纳为四类：(1) 绕关走私，即未经国务院或国务院授权的部门批准，不经过设立海关的地点，非法运输、携带走私物品进出国（边）境。走私行为人同时偷越了国（边）境，但偷越国（边）境犯罪行为与走私罪之间有吸收关系。(2) 通关走私，即虽然通过设立海关的地点进出国（边）境，但采取假报、伪报、藏匿等欺骗手段，逃避海关的监督、检查，非法盗运、偷带或邮寄走私货物、物品。(3) 后续的走私行为。即行为人是合法地进口货物、物品，然后违反海关法规而出售或违法处理该货物、物品，偷逃关税，使其性质转变为走私行为。(4) 准走私行为，包括直接向走私人非法收购走私物品，或者在内海、领海非法收购、贩卖、运输国家禁止或限制进出口的货物、物品的延续性走私行为，以及与走私犯通谋为其提供贷款、资金、账号、发票、证明等各种便利条件的走私共犯行为。

本罪行为人主要实施 (1)(2)(4) 种走私行为，即绕关、通关的走私枪支、弹药行为，以及直接向走私人非法收购武器、弹药，或者在内海、领海、界河、界湖运输、收购、贩卖武器、弹药。

实施走私犯罪，具有下列情形之一的，应当认定为犯罪既遂：(1) 在海关监管现场被查获的；(2) 以虚假申报方式走私，申报行为实施完毕的；(3) 以保税货物或者特定减税、免税进口的货物、物品为对象走私，在境内销售的，或者申请核销行为实施完毕的。

根据最高人民法院、最高人民检察院《关于办理走私刑事案件适用法律若干问题的解释》(2014 年 8 月 12 日) 第 1 条第 1 款的规定，走私武器、弹药，具有下列情形之一的，可以认定为情节较轻，从而成立本罪：(1) 走私以压缩气体等非火药为动力发射枪弹的枪支 2 支以上不满 5 支的；(2) 走私气枪铅弹 500 发以上不满 2 500 发，或者其他子弹 10 发以上不满 50 发的；(3) 未达到上述数量标准，但属于犯罪集团的首要分子，使用特种车辆从事走私活动，或者走私的武器、弹药被用于实施犯罪等情形的；(4) 走私各种口径在 60 毫米以下常规炮弹、手榴弹或者枪榴弹等分别或者合计不满 5 枚的。

走私武器、弹药，可能同时触犯非法买卖、运输、邮寄、储存枪支、弹药罪，但由于刑法对走私行为作了特别规定，所以，凡符合走私武器、弹药罪构成要件的，不再认定为其他犯罪。行为人走私武器、弹药进入国内后，又运输、贩卖枪支、弹药的，属于对走私犯罪的赃物进行处理（不可罚的事后行为），不再构成非法运输、买卖枪支、弹药罪，而只构成走私武器、弹药罪。以暴力、威胁方法抗拒缉私的，以本罪和妨害公务罪并罚。

走私的同一批次货物中，既有武器、弹药又有珍贵文物、淫秽物品或普通货物的，因行为人只有一个走私行为，自应成立想象竞合犯，从一重罪处断。但前述司法解释第 22 条规定，在走私的货物、物品中藏匿武器、弹药或其他禁止进出口、限制进出口货物、物品，构成犯罪的，以实际走私的货物、物品定罪处罚；构成数罪的，实行数罪并罚。

武装掩护走私枪支、弹药的，仍然构成本罪，但应从重处罚。武装掩护走私，既包括着手实施走私行为前为抵抗缉私而携带武器掩护走私，也包括在走私过程中使用正在走私的武器、弹药进行掩护。

（三）主观要件

本罪在主观方面是故意，行为人明知自己的行为违反国家法律法规，希望或者放任危害结果发生的。同时，其对走私的物品是武器、弹药，以及走私武器、弹药违反国家对外贸易管制有明知。至于行为人是否具有牟利目的，在所不问。

最高人民法院、最高人民检察院、海关总署《关于办理走私刑事案件适用法律若干问题的意见》（2002 年 7 月 8 日）第 6 条规定，走私犯罪嫌疑人主观上具有走私犯罪故意，但对其走私的具体对象不明确的，不影响走私犯罪构成，应当根据实际的走私对象定罪处罚。但是，确有证据证明行为人因受蒙骗而对走私对象发生认识错误的，可以从轻处罚。这一规定并不符合认识错误的原理。本罪将走私对象限定为武器、弹药，故行为人对此对象的特殊性无明知的，不能构成本罪。换言之，行为人不知道携带的普通物品中夹带有武器、弹药的，不具有本罪的故意。例如，行为人为偷逃关税走私普通货物，但被他人欺骗，实际走私的是武器、弹药或者珍稀植物的，应根据行为人的主观认识（而非客观上实际走私的物品）来确定走私对象，对行为人只能以走私普通货物、物品罪（未遂）定罪处罚。

如何认定本罪以及其他走私犯罪的“明知”，在司法实务中一直是一个难点。实务中，具有下列情形之一的，通常认定行为人具有“明知”：（1）逃避海关监管，运输、携带、邮寄国家禁止进出境的货物、物品的；（2）用特制的设备或者运输工具走私货物、物品的；（3）未经海关同意，在非设关的码头、海（河）岸、陆路边境等地点，运输（驳载）、收购或者贩卖非法进出境货物、物品的；（4）提供虚假的合同、发票、证明等商业单证委托他人办理通关手续的；（5）以明显低于货物正常进（出）口的应缴税额委托他人代理进（出）口业务的；（6）曾因同一种走私行为受过刑事处罚或者行政处罚的；（7）其他有证据证明的情形。上述认定标准中的“明知”带有推定性质，故其结论未必完全可靠。明知属于主观故意的内容，而故意的判断受制于客观构成要件。客观构成要件是故意的对象，依客观构成要件评断故意，乃当然之理。对明知的推定不是凭空想象，应以控方提出的证据为基础，且应当允许反证。例如，在“包税代理通关”模式下，如果委托人没有教唆代理人以走私的方式通关，则委托人的行为不构成犯罪。即便委托人是以低于正常进出口的税额委托他人代理通关，代理人由此从委托人处取得虚假的合同、发票、证明等商业单证，并提交有关行政主管机关办理通关手续的，也属于代理人为了节省通关费用、赚取更多的代理费用而独立实施的不法行为，不能认定委托人具有走私犯罪的明知。

（四）处罚的其他规定

单位犯本罪的，对单位判处罚金，并对其直接负责的主管人员和其他直接责任人员，依照自然人犯罪的规定处罚。

根据刑法第 157 条第 1 款的规定，武装掩护走私的，依照刑法第 151 条第 1 款的规定从重处罚。

二、走私核材料罪

第一百五十一条第一款　走私武器、弹药、核材料或者伪造的货币的，处七年以上有期徒刑，并处罚金或者没收财产；情节特别严重的，处无期徒刑，并处没收财产；情节较轻的，处三年以上七年以下有期徒刑，并处罚金。

走私核材料罪，是指违反海关法规，逃避海关监管，非法运输、携带、邮寄核材料进出国（边）境的行为。

本罪的行为对象是核材料，包括核燃料、核燃料产物、核聚变材料等。由于我国先后加入了《核材料实物保护公约》(1989 年)、《不扩散核武器条约》(1992 年)、《核安全公约》(1996 年)，将核材料作为走私罪的对象，有助于更好地履行我国的国际义务。当然，走私核武器的行为应当成立走私武器罪，因为武器包括常规武器、核武器、化学武器、生物武器等。核武器虽由核材料制成，但与核材料有所不同，所以走私核武器不属于走私核材料罪的实行行为。

走私核材料的行为与走私武器、弹药罪的行为方式没有区别，包括以伪装、藏匿、冒充、蒙混或其他方式非法运输、携带、邮寄核材料进出国（边）境的一切行为。

单位犯本罪的，对单位判处罚金，并对其直接负责的主管人员和其他直接责任人员，依照自然人犯罪的规定处罚。

根据刑法第 157 条第 1 款的规定，武装掩护走私的，依照刑法第 151 条第 1 款的规定从重处罚。

三、走私假币罪

第一百五十一条第一款　走私武器、弹药、核材料或者伪造的货币的，处七年以上有期徒刑，并处罚金或者没收财产；情节特别严重的，处无期徒刑，并处没收财产；情节较轻的，处三年以上七年以下有期徒刑，并处罚金。

走私假币罪，是指违反海关法规，逃避海关监管，非法运输、携带、邮寄伪造的货币进出国（边）境的行为。

伪造的货币，是指仿照真货币的图案、形状、颜色所制造出来的假货币，包括伪造的可在国内市场流通或者兑换的人民币、境外货币。伪造的境外货币数额，折合成人民币计算。伪造与变造行为的性质和危害性并不相同，所以变造的货币不能等同于伪造的货币。变造的货币一般数量较小，不容易成为走私的对象。对走私变造的货币，数量巨大的，是否可以按走私普通货物、物品罪定罪处罚，还值得研究。根据最高人民法院、最高人民检察院《关于办理走私刑事案件适用法律若干问题的解释》(2014 年 8 月 12 日）第 6 条的规定，走私伪造的货币，数额在 2 000 元以上不足 2 万元或者币量 200 张（枚）以上的，成立本罪。

在运输假币进入我国的场合，应当以运输假币的船只抵达国内停靠港口、航空器着陆作为认定犯罪既遂的标准，而不是以船只、航空器离开接受伪造的假币的港口、空港，或者以假币已经交给买受人，作为既遂的标准。

单位犯本罪的，对单位判处罚金，并对其直接负责的主管人员和其他直接责任人员，依照自然人犯罪的规定处罚。

根据刑法第 157 条第 1 款的规定，武装掩护走私的，依照刑法第 151 条第 1 款的规定从重处罚。

四、走私文物罪

第一百五十一条第二款[①] 走私国家禁止出口的文物、黄金、白银和其他贵重金属或者国家禁止进出口的珍贵动物及其制品的，处五年以上十年以下有期徒刑，并处罚金；情节特别严重的，处十年以上有期徒刑或者无期徒刑，并处没收财产；情节较轻的，处五年以下有期徒刑，并处罚金。

走私文物罪，是指违反海关法规，逃避海关监管，非法运输、携带、邮寄禁止出口的文物出境的行为。

本罪的行为对象是文物，即在博物馆等场所存放、在社会上流传或埋藏于地下的历史文化遗物。按照文物保护法的规定，文物包括以下几种：(1) 具有历史、艺术、科学价值的古文化遗址、古墓葬、古建筑、石窟寺和石刻；(2) 与重大历史事件、革命运动和著名人物有关，具有重要纪念意义、教育意义和史料价值的建筑物、遗址、纪念物；(3) 历史上各时代珍贵的艺术品、工艺美术品；(4) 重要的革命文献资料以及具有历史、艺术、科学价值的手稿、古旧图书资料等；(5) 反映历史上各时代、各民族社会制度、社会生活的代表性实物；(6) 古脊椎动物化石、古人类化石。作为走私对象的文物并非上述所有文物，而只是国家禁止出口的文物，即具有重要历史、艺术、科学价值的文物等。根据文物保护法的规定，文物出口和个人携带文物出境，都必须事先向海关申报，经国家文化行政管理部门指定省、自治区、直辖市文化行政管理部门进行鉴定并发给出口许可凭证才能出境。具有重要历史、艺术、科学价值的文物，除经国务院批准运往国外展览的以外，一律禁止出境。违反上述规定，非法运输、携带、邮寄文物出境的，即构成本罪。根据最高人民法院、最高人民检察院《关于办理走私刑事案件适用法律若干问题的解释》(2014 年 8 月 12 日) 第 8 条的规定，走私国家禁止出口的 3 级文物 2 件以下的，应以本罪论处。根据最高人民法院、最高人民检察院《关于办理妨害文物管理等刑事案件适用法律若干问题的解释》(2015 年 12 月 30 日) 第 1 条第 3 款的规定，走私国家禁止出口的文物，无法确定文物等级，或者按照文物等级定罪量刑明显过轻或者过重的，可以按照走私的文物价值定罪量刑。

走私文物出境然后将其私自赠送或出售给外国人的，只构成本罪，非法向外国人出售、赠送珍贵文物罪被本罪吸收。

单位犯本罪的，对单位判处罚金，并对其直接负责的主管人员和其他直接责任人员，依照自然人犯罪的规定处罚。

根据刑法第 157 条第 1 款的规定，武装掩护走私的，依照刑法第 151 条第 1 款的规定从重处罚。

五、走私贵重金属罪

第一百五十一条第二款 走私国家禁止出口的文物、黄金、白银和其他贵重金属或者国家禁止进出口的珍贵动物及其制品的，处五年以上十年以下有期徒刑，并处罚金；情节特别严重的，处十年以上有期徒刑或者无期徒刑，并处没收财产；情节较轻的，处五年以下有期徒刑，并处罚金。

---

① 本款为《刑法修正案（八）》第 26 条所修改，该条取消了本罪与走私贵重金属罪、走私珍贵动物、珍贵动物制品罪的死刑。

走私贵重金属罪，是指违反海关法规，逃避海关监管，非法运输、携带、邮寄国家禁止出口的黄金、白银或者其他贵重金属出境的行为。

本罪的行为对象是贵重金属，一般是指黄金、白银，也包括与金、银等同等重要的铱、锇、钌、铑、钯等国家禁止出口的贵重金属。走私贵重金属进入我国国（边）境的，不构成本罪，但有成立走私普通货物、物品罪的可能。

本罪在主观方面是故意，行为人对走私物品的特定性有所认识。在走私黄金、白银以外的其他贵重金属的场合，要求行为人对其属于贵重金属并且被国家禁止出口有明确认识，不能认识的，欠缺本罪的故意。

单位犯本罪的，对单位判处罚金，并对其直接负责的主管人员和其他直接责任人员，依照自然人犯罪的规定处罚。

根据刑法第 157 条第 1 款的规定，武装掩护走私的，依照刑法第 151 条第 1 款的规定从重处罚。

六、走私珍贵动物、珍贵动物制品罪

第一百五十一条第二款　走私国家禁止出口的文物、黄金、白银和其他贵重金属或者国家禁止进出口的珍贵动物及其制品的，处五年以上十年以下有期徒刑，并处罚金；情节特别严重的，处十年以上有期徒刑或者无期徒刑，并处没收财产；情节较轻的，处五年以下有期徒刑，并处罚金。

走私珍贵动物、珍贵动物制品罪，是指违反国家海关法规，逃避海关监管，非法运输、携带、邮寄国家禁止进出口的珍贵动物、珍贵动物制品的行为。

本罪的行为对象是珍贵动物及其制品。珍贵动物，是指国家重点保护的珍贵、稀有陆生、水生野生动物，即列入《国家重点保护野生动物名录》中的国家一、二级保护野生动物和列入《濒危野生动植物种国际贸易公约》附录一、附录二中的野生动物以及驯养繁殖的上述物种。珍贵动物制品，是指上述珍贵动物的皮、毛、骨等制成品。

走私珍贵动物制品，同时具有下列情形，情节较轻的，一般不以犯罪论处：(1) 珍贵动物制品购买地允许交易；(2) 入境人员为留作纪念或者作为礼品而携带珍贵动物制品进境，不具有牟利目的的。

走私珍贵动物以外的一般动物及其制品进出国（边）境的，不构成本罪，而可能构成走私普通货物、物品罪。

单位犯本罪的，对单位判处罚金，并对其直接负责的主管人员和其他直接责任人员，依照自然人犯罪的规定处罚。

根据刑法第 157 条第 1 款的规定，武装掩护走私的，依照刑法第 151 条第 1 款的规定从重处罚。

七、走私国家禁止进出口的货物、物品罪

第一百五十一条第三款[①]　走私珍稀植物及其制品等国家禁止进出口的其他货物、物品的，处五年以下有期徒刑或者拘役，并处或者单处罚金；情节严重的，处五年以上有期徒刑，并处罚金。

---

① 本款为《刑法修正案（七）》第 1 条所修改。

走私国家禁止进出口的货物、物品罪，是指走私珍稀植物及其制品等国家禁止进出口的其他货物、物品的行为。

本罪的行为对象是珍稀植物及其制品等国家禁止进出口的其他货物、物品。“珍稀植物”，包括列入《国家重点保护野生植物名录》《国家重点保护野生药材物种名录》《国家珍贵树种名录》中的国家一、二级保护野生植物和国家重点保护的野生药材、珍贵树木，列入《濒危野生动植物种国际贸易公约》附录一、附录二中的野生植物，以及人工培育的上述植物。如我国独有的金钱松、台湾松、水松、香果树等独有乔木，以及有活化石之称的银杉、水杉、银杏等珍稀物种。珍稀植物制品，是指利用珍稀植物加工制作的标本、观赏用品、实用品等物品。“国家禁止进出口的其他货物、物品”，是指武器、弹药、核材料、假币、文物、贵重金属、珍贵动物及其制品、珍稀植物及其制品以外的其他货物、物品。实践中常见的是以下货物、物品：(1) 来自疫区的动植物及其制品（如冷冻鸡肉、牛肉等冻品）。(2) 古脊椎动物化石、古人类化石以外的有科学研究价值的古生物化石（无脊椎动物、古植物化石）。古生物化石的范围，按照《古生物化石保护条例》的规定予以认定。(3) 木炭、硅砂等妨害环境、资源保护的货物、物品。(4) 旧机动车、切割车、旧机电产品或者其他禁止进出口的货物、物品。(5) 国家禁止进出口的有毒物质。

根据最高人民法院《关于审理走私、非法经营、非法使用兴奋剂刑事案件适用法律若干问题的解释》(2019 年 11 月 18 日) 第 1 条的规定，运动员、运动员辅助人员走私兴奋剂目录所列物质，或者其他人员以在体育竞赛中非法使用为目的走私兴奋剂目录所列物质，涉案物质属于国家禁止进出口的货物、物品，具有下列情形之一的，应当以本罪定罪处罚：(1) 一年内曾因走私被给予二次以上行政处罚后又走私的；(2) 用于或者准备用于未成年人运动员、残疾人运动员的；(3) 用于或者准备用于国内、国际重大体育竞赛的；(4) 其他造成严重恶劣社会影响的情形。

根据最高人民法院、最高人民检察院《关于办理走私刑事案件适用法律若干问题的解释》(2014 年 8 月 12 日) 第 11 条的规定，具有下列情形之一的，应以本罪定罪处罚：(1) 走私国家一级保护野生植物 5 株以上不满 25 株，国家二级保护野生植物 10 株以上不满 50 株，或者珍稀植物、珍稀植物制品数额在 20 万元以上不满 100 万元的；(2) 走私重点保护古生物化石或者未命名的古生物化石不满 10 件，或者一般保护古生物化石 10 件以上不满 50 件的；(3) 走私禁止进出口的有毒物质 1 吨以上不满 5 吨，或者数额在 2 万元以上不满 10 万元的；(4) 走私来自境外疫区的动植物及其产品 5 吨以上不满 25 吨，或者数额在 5 万元以上不满 25 万元的；(5) 走私木炭、硅砂等妨害环境、资源保护的货物、物品 10 吨以上不满 50 吨，或者数额在 10 万元以上不满 50 万元的；(6) 走私旧机动车、切割车、旧机电产品或者其他禁止进出口的货物、物品 20 吨以上不满 100 吨，或者数额在 20 万元以上不满 100 万元的；(7) 数量或者数额未达到前述第 1 项至第 6 项规定的标准，但属于犯罪集团的首要分子，使用特种车辆从事走私活动，造成环境严重污染，或者引起甲类传染病传播、重大动植物疫情等情形的。

本罪在主观方面是故意，行为人对走私的是珍稀植物及其制品等国家禁止进出口的其他货物、物品有明确认识。如在采集、接触植物时，该植物上已由林业部门设置明显标志，对其属于珍稀植物加以说明的，推定行为人明知其为珍稀植物。走私的动机可能是出售牟利、自我欣赏或科学研究，动机如何不影响犯罪故意的成立。确实无法认识植物的稀有性而运输、夹带、邮寄进出国（边）境的，欠缺本罪的故意。

单位犯本罪的，对单位判处罚金，并对其直接负责的主管人员和其他直接责任人员，依照自然人犯罪的规定处罚。

根据刑法第 157 条第 1 款的规定，武装掩护走私的，依照刑法第 151 条第 1 款的规定从重处罚。

八、走私淫秽物品罪

第一百五十二条第一款 以牟利或者传播为目的，走私淫秽的影片、录像带、录音带、图片、书刊或者其他淫秽物品的，处三年以上十年以下有期徒刑，并处罚金；情节严重的，处十年以上有期徒刑或者无期徒刑，并处罚金或者没收财产；情节较轻的，处三年以下有期徒刑、拘役或者管制，并处罚金。

走私淫秽物品罪，是指违反海关法规，逃避海关监管，以牟利或者传播为目的，非法运输、携带、邮寄淫秽物品进出境的行为。

（一）客观要件

本罪在客观方面表现为逃避海关监管，走私淫秽物品进出境的行为。

走私淫秽物品行为在实践中通常表现为逃避海关监管、查验，而采取藏匿、伪装、假报等手段，欺骗海关工作人员，运输、携带、邮寄淫秽物品进出国（边）境。

本罪的行为对象是淫秽物品，包括淫秽影片、录像带、录音带、图片、书刊或者其他淫秽物品。这里的其他淫秽物品，是指除淫秽的影片、录像带、录音带、图片、书刊以外的，通过文字、声音、形象等形式表现淫秽内容的影碟、音碟、电子出版物等物品。走私格调低下但并非淫秽的录音、录像制品的，不构成本罪，但可能成立走私普通货物、物品罪。成立本罪有数量上的要求。根据最高人民法院、最高人民检察院《关于办理走私刑事案件适用法律若干问题的解释》（2014 年 8 月 12 日）第 13 条的规定，达到下列数量之一的，可以认定为情节较轻，应当成立本罪：(1) 走私淫秽录像带、影碟 50 盘（张）以上不满 100 盘（张）的；(2) 走私淫秽录音带、音碟 100 盘（张）以上不满 200 盘（张）的；(3) 走私淫秽扑克、书刊、画册 100 副（册）以上不满 200 副（册）的；(4) 走私淫秽照片、画片 500 张以上不满1 000张的；(5) 走私其他淫秽物品相当于上述数量的。

走私淫秽物品后在国内销售的，属于走私行为的后续行为，只构成本罪而不再单独构成贩卖淫秽物品罪。

（二）主观要件

本罪在主观方面是故意，对走私的是淫秽物品有明确认识，同时具有牟利或者传播的目的（目的犯）。以牟利为目的，是指走私淫秽物品是为了通过出卖、出租、放映或其他方式获取财物或其他非法利益。以传播为目的，是指走私淫秽物品不是为了自用，而是意图在社会上扩散、流传。至于其牟利或者传播目的是否最终实现，并不影响本罪故意的成立。

是否具有牟利或传播目的，应主要通过走私淫秽物品的数量、次数等进行判断，这是根据相当的事实，由客观合理地推断主观，从而决定行为人是否构成犯罪并适用刑罚，并不属于客观归罪，更不是罪刑擅断，而是根据客观事实推导行为人的心理状态。因此，司法机关可以根据行为人走私淫秽物品的种类和数量，从客观方面出发，判定其是否以牟利或者传播为目的。

（三）处罚的其他规定

根据刑法第 152 条第 3 款的规定，单位犯本罪的，对单位判处罚金，并对其直接负责的主管人员和其他直接责任人员，依照自然人犯罪的规定处罚。

根据刑法第157条第1款的规定，武装掩护走私的，依照刑法第151条第1款的规定从重处罚。

九、走私废物罪

第一百五十二条第二款① 逃避海关监管将境外固体废物、液态废物和气态废物运输进境，情节严重的，处五年以下有期徒刑，并处或者单处罚金；情节特别严重的，处五年以上有期徒刑，并处罚金。

走私废物罪，是指违反海关法规，逃避海关监管，将境外废物运输进境的行为。

（一）客观要件

本罪在客观方面表现为逃避海关监管将境外废物运输进境的行为。

本罪的行为对象是在生产建设活动和其他活动中产生的污染环境的固体废物、液态废物和气态废物。走私报废或者无法组装并使用的各种弹药的弹头、弹壳，经国家有关技术部门鉴定为废物的，以走私废物罪定罪处罚。

走私废物情节严重的，才构成本罪。根据最高人民法院、最高人民检察院《关于办理走私刑事案件适用法律若干问题的解释》（2014年8月12日）第14条的规定，具有下列情形之一的，应当认定为情节严重：（1）走私国家禁止进口的危险性固体废物、液态废物分别或者合计达到1吨以上不满5吨的；（2）走私国家禁止进口的非危险性固体废物、液态废物分别或者合计达到5吨以上不满25吨的；（3）走私国家限制进口的可用作原料的固体废物、液态废物分别或者合计达到20吨以上不满100吨的；（4）未达到上述数量标准，但属于犯罪集团的首要分子，使用特种车辆从事走私活动，或者造成环境严重污染等情形的。

直接向走私人非法收购国家禁止进口的废物，或者直接向走私人非法收购国家限制进口的废物数额较大的；在内海、领海运输、收购、贩卖国家禁止进口的废物，或者运输、收购、贩卖国家限制进口的废物，数额较大，没有合法证明的，都应当成立走私废物罪。以原料利用为名，进口不能用作原料的废物的，也成立本罪。

经许可进口国家限制进口的可用作原料的废物时，偷逃应缴税额，构成犯罪的，以走私普通货物、物品罪定罪处罚；既未经许可，又偷逃应缴税额，同时构成走私废物罪和走私普通货物、物品罪的，应当按照处罚较重的规定进行定罪处罚。虽经许可，但超过许可数量进口国家限制进口的可用作原料的废物的，超过部分以未经许可论。

（二）主观要件

本罪在主观方面是故意，行为人对走私的是废物有明确认识。行为人通常具有转嫁环境污染风险、逃避支付废物安全和无害化处理费用或者牟取不法利益等动机。动机如何，对成立犯罪并无影响。

（三）处罚的其他规定

根据刑法第152条第3款的规定，单位犯本罪的，对单位判处罚金，并对其直接负责的主管人员和其他直接责任人员，依照自然人犯罪的规定处罚。

根据刑法第157条第1款的规定，武装掩护走私的，依照刑法第151条第1款的规定从重处罚。

---

① 本款为《刑法修正案（四）》第2条所增设。

十、走私普通货物、物品罪

第一百五十三条 走私本法第一百五十一条、第一百五十二条、第三百四十七条规定以外的货物、物品的，根据情节轻重，分别依照下列规定处罚：

（一）走私货物、物品偷逃应缴税额较大或者一年内曾因走私被给予二次行政处罚后又走私的，处三年以下有期徒刑或者拘役，并处偷逃应缴税额一倍以上五倍以下罚金。

（二）走私货物、物品偷逃应缴税额巨大或者有其他严重情节的，处三年以上十年以下有期徒刑，并处偷逃应缴税额一倍以上五倍以下罚金。

（三）走私货物、物品偷逃应缴税额特别巨大或者有其他特别严重情节的，处十年以上有期徒刑或者无期徒刑，并处偷逃应缴税额一倍以上五倍以下罚金或者没收财产。①

单位犯前款罪的，对单位判处罚金，并对其直接负责的主管人员和其他直接责任人员，处三年以下有期徒刑或者拘役；情节严重的，处三年以上十年以下有期徒刑；情节特别严重的，处十年以上有期徒刑。

对多次走私未经处理的，按照累计走私货物、物品的偷逃应缴税额处罚。

第一百五十四条 下列走私行为，根据本节规定构成犯罪的，依照本法第一百五十三条的规定定罪处罚：

（一）未经海关许可并且未补缴应缴税额，擅自将批准进口的来料加工、来件装配、补偿贸易的原材料、零件、制成品、设备等保税货物，在境内销售牟利的；

（二）未经海关许可并且未补缴应缴税额，擅自将特定减税、免税进口的货物、物品，在境内销售牟利的。

走私普通货物、物品罪，是指违反海关法规、逃避海关监管，非法运输、携带或者邮寄国家禁止进出口的武器、弹药、核材料、伪造的货币、文物、珍贵动物及其制品、贵重金属、珍稀植物及其制品等国家禁止进出口的其他货物、物品以及淫秽物品、境外废物、毒品以外的货物、物品进出境，偷逃应缴税额数额较大或者1年内曾因走私被给予2次行政处罚后又走私的行为。

（一）客观要件

本罪在客观上表现为逃避海关监管，走私国家普通货物、物品进出境，偷逃应缴税额数额较大或者1年内曾因走私被给予2次行政处罚后又走私的行为。

走私的具体行为包括以下三种。

1. 非法运输、携带或邮寄武器、弹药等违禁品以外的其他货物、物品进出境

只有非法运输、携带、邮寄武器、弹药、核材料、伪造的货币、文物、珍贵动物及其制品、贵重金属和珍稀植物及其制品等国家禁止进出口的其他货物、物品及淫秽物品、境外废物、毒品等违禁品之外的其他货物、物品的，才可能构成走私普通货物、物品罪。

本罪的行为对象包括两大类：(1) 国家限制进出口的货物、物品，即国家对其进口或出口实行配额或者许可证管理的货物、物品。限制进出口的货物一般来说包括烟、酒、汽车、电视机、电冰箱、计算器、摩托车等。走私成品油，即汽油、煤油、柴油以及其他具有相同用途的乙醇汽油和生物柴油等替代燃料（包括添加染色剂的“红油”“白油”“蓝油”等），属于走私国家限制进出口的货物、物品。(2) 应缴纳税款的货物、物品。对于这类物品，国家并不禁止或限制某些产品的进出口，但会根据国民经济发展和社会发展的需要，通过征收关税对其需求

---

① 本款为《刑法修正案（八）》第27条所修改。

进行适当的调节，对这类物品偷逃应缴税额的，构成本罪。

在刑法第151条第3款规定走私国家禁止进出口的货物、物品罪之后，本罪中的普通货物、物品不再包括国家禁止进出口的其他货物、物品。例如，走私下列物品的，应当构成走私国家禁止进出口的货物、物品罪：对我国政治、经济、文化、道德有害的和内容涉及国家秘密的印刷品、胶卷、图片、音像制品、软件等物品；内容涉及国家秘密的手稿；烈性毒药；有碍人畜健康的、来自疫区的或其他能传播疾病的食品、药品等物品；带有危险性的病菌、害虫及其他能传播疾病的食品、药品等物品；侵犯知识产权的货物、物品；国家禁止进出口的动植物及其产品等。经许可进口国家限制进口的可用作原料的废物时，偷逃应缴税额，构成犯罪的，应以本罪定罪处罚；既未经许可，又偷逃应缴税额，同时构成走私废物罪和本罪的，应当按照处罚较重的规定定罪处罚。取得许可，但超过许可数量进出口国家限制进出口的货物、物品，构成犯罪的，以本罪定罪处罚。

2. 擅自出售保税货物、特定减免税货物、捐赠进出口货物和物品，以及假借捐赠名义进出口货物、物品

（1）未经海关许可并且未补缴关税，擅自将批准进出口的来料加工、来件装配、补偿贸易的原料、零件、制成品、设备等保税货物在境内销售牟利。保税货物，是指经海关批准，未办理纳税手续进境，在境内储存、加工、装配后应予复运出境的货物。保税货物包括通过加工贸易、补偿贸易等方式进口的货物（如经海关批准进口的来料加工的货物），以及在保税仓库、保税工厂、保税区或者免税商店内等储存、加工、寄售的货物。保税货物入境时未缴纳关税，因此不能像其他国内商品一样可以在市场上自由流通，如果因客观情况发生变化，保税货物不能复运出境而需转入国内市场的，必须事先经过海关批准并补缴关税，如果行为人不经允许擅自采取隐瞒、欺骗手段在境内出售的，即属于走私行为。（2）未经海关许可并且未补缴关税，擅自将捐赠进出口货物、物品或者其他特定减免税货物、物品在境内销售牟利。经济特区等特定地区进出口的货物和中外合资经营企业、中外合作经营企业、外资企业等特定企业进出口的货物，有特定用途的进出口货物，用于公益事业的捐赠物资，可以减收或者免征关税。特定减免税的范围和办法由国务院规定，目前有关行政法规分别对经济特区进口的减免税货物、物品和中外合资经营企业进口的免税货物、物品作了具体规定。此外，属于特定减税、免税货物的还包括企业为进行技术改造而必须引进的仪器、设备；学校、科研机构专为教学科研而使用的某些设备、器材等。根据海关法规的规定，特定减免税货物、物品，只能用于特定地区、特定企业或按特定用途使用。

3. 间接走私普通货物、物品的行为

直接向走私人非法收购走私进口的国家非禁止进口货物、物品，数额较大的，或者在内海、领海运输、收购、贩卖国家限制进出口货物、物品，数额较大，没有合法证明的，都可能成立走私普通货物、物品罪。之所以将上述间接走私行为确认为犯罪行为，主要是考虑到这些行为为走私入境的货物提供了销售和进入国内市场的渠道，为走私出口的货物提供了货源，成为走私犯罪的一个重要环节。直接向走私人非法收购，是指明知对方是走私分子，并且直接向其收购走私货物、物品。没有合法证明，是指不符合我国的进出口许可证。根据我国法律规定，进出口商品一般必须从国家指定机关领取进出口许可证，但经国家批准有权经营进出口业务的单位，在其批准的经营范围内，可以凭进出口单证进出境。既无许可证又无有关单证的，即属没有合法证明，行为人的行为构成走私。

走私普通货物、物品，偷逃应缴税额数额较大的，才构成本罪。根据最高人民法院、最高人民检察院《关于办理走私刑事案件适用法律若干问题的解释》（2014年8月12日）第16条

第1款的规定，偷逃应缴税额在10万元以上不满50万元的，应当认定为偷逃应缴税额数额较大。这里的“应缴税额”，包括进出口货物、物品应当缴纳的进出口关税和进口环节海关代征税的税额。应缴税额以走私行为实施时的税则、税率、汇率和完税价格计算。此外，1年内曾因走私被给予2次行政处罚后又走私的，也可以构成本罪。1年内曾因走私被给予2次行政处罚后又走私中的“1年内”，以因走私第一次受到行政处罚的生效之日与“又走私”行为实施之日的时间间隔计算确定；“被给予2次行政处罚”的走私行为，包括走私普通货物、物品以及其他货物、物品；“又走私”行为仅指走私普通货物、物品。多次走私的，应缴税额以每次走私行为实施时的税则、税率、汇率和完税价格逐票计算；走私行为实施时间不能确定的，以案发时的税则、税率、汇率和完税价格计算。

走私非淫秽的影片、影碟、录像带、录音带、音碟、图片、书刊、电子出版物等物品，走私管制刀具、仿真枪支构成犯罪的，依照本罪定罪处罚。

武装掩护走私普通货物、物品的，仍然构成本罪，但应从重处罚。武装掩护走私，只限于携带武器进行走私活动，而不要求行为人现实地使用了武器。已经使用武器杀害、伤害缉私人员的，应以走私罪和故意杀人、故意伤害罪并罚。走私普通货物、物品，以暴力、威胁方法抗拒缉私的，以本罪和妨害公务罪数罪并罚。

与走私普通货物、物品的罪犯通谋，为其提供贷款、资金、账号、发票、证明，或者为其提供运输、保管、邮寄或者其他方便的，以本罪共犯论处。

多次走私未经处理的，按照累计走私货物、物品的偷逃应缴税额计算。多次走私未经处理，是指多次走私未经行政处罚处理。

（二）主观要件

本罪在主观方面是故意，行为人对走私普通货物、物品偷逃关税的行为违反国家对外贸易管理制度有明确认识。由于不熟悉海关法规或者因为疏忽大意等过失而未申报、漏报或错报关税等，均不具有本罪的故意。此外，成立本罪并不要求具有牟利目的。

关于走私成品油主观故意的认定，最高人民法院、最高人民检察院、海关总署《打击非设关地成品油走私专题研讨会会议纪要》（2019年10月24日）第2条规定，行为人没有合法证明，逃避监管，在非设关地运输、贩卖、收购、接卸成品油，有下列情形之一的，综合其他在案证据，可以认定具有走私犯罪故意，但有证据证明确属被蒙骗或者有其他相反证据的除外：（1）使用“三无”船舶、虚假船名船舶、非法改装的船舶，或者使用虚假号牌车辆、非法改装、伪装的车辆的；（2）虚假记录船舶航海日志、轮机日志，进出港未申报或者进行虚假申报的；（3）故意关闭或者删除船载AIS系统、GPS及其他导航系统存储数据，销毁手机存储数据，或者销毁成品油交易、运输单证的；（4）在明显不合理的隐蔽时间、偏僻地点过驳成品油的；（5）使用无实名登记或者无法定位的手机卡、卫星电话卡等通讯工具的；（6）使用暗号、信物进行联络、接头的；（7）交易价格明显低于同类商品国内合规市场同期价格水平且无法作出合理解释的；（8）使用控制的他人名下银行账户收付成品油交易款项的；（9）逃避、抗拒执法机关检查，或者事前制定逃避执法机关检查预案的；（10）其他可以认定具有走私犯罪故意情形的。

第四节　妨害对公司、企业的管理秩序罪

一、虚报注册资本罪

第一百五十八条　申请公司登记使用虚假证明文件或者采取其他欺诈手段虚报注册资本，欺骗公司登记主管部门，取得公司登记，虚报注册资本数额巨大、后果严重或者有其他

严重情节的，处三年以下有期徒刑或者拘役，并处或者单处虚报注册资本金额百分之一以上百分之五以下罚金。

单位犯前款罪的，对单位判处罚金，并对其直接负责的主管人员和其他直接责任人员，处三年以下有期徒刑或者拘役。

虚报注册资本罪，是指在申请注册登记实行资本实缴登记制的公司时，使用虚假证明文件或者采用其他欺诈手段，虚报注册资本，欺骗公司登记主管部门取得公司登记，虚报注册资本数额巨大、后果严重或者有其他严重情节的行为。

（一）客观要件

本罪在客观方面表现为在申请注册登记实行资本实缴登记制的公司时，使用虚假证明文件或者采用其他欺诈手段，虚报注册资本，欺骗公司登记主管部门，取得公司登记的行为。

本罪的实行行为只能发生在申请注册登记实行资本实缴登记制的公司时。为降低公司设立门槛，发挥市场作用，鼓励市场主体的创业积极性、创业活力，全国人大常委会于 2013 年 12 月修改了《公司法》，将一般公司的注册资本实缴登记制改为认缴登记制，取消了注册资本最低限额制度和缴足出资的期限规定。《公司法》修改后，本罪对于实行认缴登记制的公司就不能再适用，否则就会出现公司法上合法但刑法上违法的情形，从而与法秩序统一性原理相悖。但在依照法律、行政法规、国务院的有关规定申请注册实行资本实缴登记制的公司登记时虚报注册资本的，仍有成立本罪的可能。为此，有关立法解释规定，刑法第 158 条的规定只适用于依法实行注册资本实缴登记制的公司。[①] 换言之，仅在申请金融机构、具有准金融机构性质的企业、募集设立的股份有限公司、直销企业、对外劳务合作企业、劳务派遣企业等法律、行政法规、国务院另有规定的公司登记的场合，行为人未遵守实缴登记制关于注册资本最低限额，以及缴足出资额的期限等规定的，才可能成立本罪。此举使本罪的处罚范围大为缩小。

证明文件，是指公司股东缴纳全部出资或出资认购法定股本后，由具有执业资格的会计师事务所等法定的验资机构验资并出具的证明，以及股东的出资单据、银行账户及有关产权的文件等。

使用虚假证明文件虚报注册资本，骗取公司登记，是本罪的主要实行行为。使用虚假证明文件，主要是指使用虚假的验资、验证、评估报告书或证明等有关文字材料。在实践中，申请公司登记的人为达到虚报注册资本、非法设立公司的目的，往往伪造、篡改合法验资机构的验资报告书，或与验资机构等的有关工作人员恶意串通，取得虚假验资报告书等。

虚报注册资本，是指公司股东的实际出资额低于申请公司登记的法定最低出资额而谎称已经达到了法定出资额的情形，包括实缴股本或出资额少于法定最低限额以及出资额中实物、工业产权、非专利技术、土地使用权的作价高于其实有价值，使公司资本不实。行为人用自己实际控制的甲公司资金作为乙公司的注册资本，在取得公司登记后，将乙公司的注册资本归还甲公司的，出资真实，不是虚报注册资本，但可能构成抽逃出资罪。

此外，本罪的实行行为还包括采用其他欺诈手段的情形，如采取贿赂等非法手段收买公司登记主管部门的部分工作人员，虚报注册资本。

利用虚假证明文件或采取其他欺诈手段虚报注册资本，欺骗市场监督管理机关等公司登记

① 参见全国人大常委会《关于〈中华人民共和国刑法〉第一百五十八条、第一百五十九条的解释》（2014 年 4 月 24 日）。

主管部门，实际取得公司登记的，才构成本罪既遂。取得公司登记不是指营业执照的签发，营业执照的签发日期只是公司在法律上成立的日期。而只有申请人获得公司登记主管部门核准，实际领得公司营业执照的，才是取得公司登记。虚报注册资本欺骗公司登记主管部门，但及时被发现，公司登记主管部门未予签发营业执照，或者已签发营业执照，但在未向申请人发放时发现欺骗事实，不再向申请人发放的，都属于申请人未取得公司登记的情形，不构成本罪。在增资扩股的场合，未取得有关批准文件的，也是未取得公司登记。

根据《立案追诉标准（二）》第3条的规定，虚报注册资本具有下列情形之一的，应予立案追诉：(1) 超过法定出资期限，实缴注册资本不足法定注册资本最低限额，有限责任公司虚报数额在30万元以上并占其应缴出资数额60%以上的，股份有限公司虚报数额在300万元以上并占其应缴出资数额30%以上的。(2) 超过法定出资期限，实缴注册资本达到法定注册资本最低限额，但仍虚报注册资本，有限责任公司虚报数额在100万元以上并占其应缴出资数额60%以上的，股份有限公司虚报数额在1 000万元以上并占其应缴出资数额30%以上的。(3) 造成投资者或者其他债权人直接经济损失累计数额在10万元以上的。(4) 虽未达到上述数额标准，但具有下列情形之一的：2年内因虚报注册资本受过行政处罚2次以上，又虚报注册资本的；向公司登记主管人员行贿的；为进行违法活动而注册的。(5) 其他后果严重或者有其他严重情节的情形。

本罪的主体是申请公司登记的单位或自然人。承担资产评估、验资、验证、会计、审计、法律服务等职责的中介组织人员与申请公司登记的单位或个人通谋，故意提供虚假证明文件，欺骗公司登记主管部门，取得公司登记的，构成本罪的共犯。中介组织人员严重不负责任，提供的证明文件有重大失实的，构成出具证明文件重大失实罪；申请公司登记者明知该证明文件失实而利用其骗取公司登记的，仍然构成本罪。

（二）主观要件

本罪在主观方面是故意，行为人对自己无实有资本或实有资本未达到法律规定的注册资本最低数额有明确认识；对提交的证明文件具有虚假性，足以使公司登记主管部门发生错误判断亦有明确认识；对实际骗取公司登记持积极追求的心理态度。确实不知道公司登记条件，或因工作疏忽导致注册资本数额与实有资本额不符的，或因过失提供虚假证明文件取得公司登记的，行为人不具有本罪的故意。

二、虚假出资、抽逃出资罪

第一百五十九条　公司发起人、股东违反公司法的规定未交付货币、实物或者未转移财产权，虚假出资，或者在公司成立后又抽逃其出资，数额巨大、后果严重或者有其他严重情节的，处五年以下有期徒刑或者拘役，并处或者单处虚假出资金额或者抽逃出资金额百分之二以上百分之十以下罚金。

单位犯前款罪的，对单位判处罚金，并对其直接负责的主管人员和其他直接责任人员，处五年以下有期徒刑或者拘役。

虚假出资、抽逃出资罪，是指依法实行注册资本实缴登记制的公司的发起人、股东违反公司法规定，未交付货币、实物或者未转移财产权，虚假出资，或者在公司成立后又抽逃其出资，数额巨大、后果严重或者有其他严重情节的行为。

虚假出资，是指违反公司法的规定，未交付货币、实物或者未转移财产权出资，欺骗债权人和社会公众的情形。抽逃出资，是指违反公司法的规定，在公司成立后，公司发起人、股东擅自使公司原有注册资本减少的情形。违反公司法的规定，主要是违反了公司法对公司资本所确立的资本确定、资本维持、资本不变等原则。

本罪的主体仅限于依法应实行注册资本实缴登记制的公司的发起人、股东。公司法修改后，本罪对于实行认缴登记制的公司不能再适用。根据有关立法解释的规定，刑法第159条的规定只适用于依法实行注册资本实缴登记制的公司。[①] 也即在成立实行注册资本实缴登记制的公司（包括金融机构、具有准金融机构性质的企业、募集设立的股份有限公司、直销企业、对外劳务合作企业、劳务派遣企业等法律、行政法规、国务院另有规定的公司）时虚假出资，或者在上述公司成立后抽逃其出资的，仍有成立本罪的可能。

虚假出资、抽逃出资，必须数额巨大、后果严重或者有其他严重情节的，才构成本罪。根据《立案追诉标准（二）》第4条的规定，公司发起人、股东违反公司法的规定未交付货币、实物或者未转移财产权，虚假出资，或者在公司成立后又抽逃其出资，涉嫌下列情形之一的，应予立案追诉：(1) 超过法定出资期限，有限责任公司股东虚假出资数额在30万元以上并占其应缴出资数额60%以上的，股份有限公司发起人、股东虚假出资数额在300万元以上并占其应缴出资数额30%以上的。(2) 有限责任公司股东抽逃出资数额在30万元以上并占其实缴出资数额60%以上的，股份有限公司发起人、股东抽逃出资数额在300万元以上并占其实缴出资数额30%以上的。(3) 造成公司、股东、债权人的直接经济损失累计数额在10万元以上的。(4) 虽未达到上述数额标准，但具有下列情形之一的：致使公司资不抵债或者无法正常经营的；公司发起人、股东合谋虚假出资、抽逃出资的；两年内因虚假出资、抽逃出资受过行政处罚2次以上，又虚假出资、抽逃出资的；利用虚假出资、抽逃出资所得资金进行违法活动的。(5) 其他后果严重或者有其他严重情节的情形。

本罪的主体是公司发起人或股东，包括有限责任公司的股东（向有限公司投资并登记在公司股东名册中的人）、股份有限公司的发起人、股东。

本罪在主观方面是故意，要求行为人对虚假出资、抽逃出资的行为违反公司法的规定有明确认识。虚假出资、抽逃出资的动机如何，不影响本罪成立。

三、欺诈发行证券罪

第一百六十条[②] 在招股说明书、认股书、公司、企业债券募集办法等发行文件中隐瞒重要事实或者编造重大虚假内容，发行股票或者公司、企业债券、存托凭证或者国务院依法认定的其他证券，数额巨大、后果严重或者有其他严重情节的，处五年以下有期徒刑或者拘役，并处或者单处罚金。数额特别巨大、后果特别严重或者有其他特别严重情节的，处五年以上有期徒刑，并处罚金。

控股股东、实际控制人组织、指使实施前款行为的，处五年以下有期徒刑或者拘役，并处或者单处非法募集资金金额百分之二十以上一倍以下罚金；数额特别巨大、后果特别严重或者有其他特别严重情节的，处五年以上有期徒刑，并处非法募集资金金额百分之二十以上一倍以下罚金。

单位犯前两款罪的，对单位判处非法募集资金金额百分之二十以上一倍以下罚金，并对其直接负责的主管人员和其他直接责任人员，依照第一款的规定处罚。

---

① 参见全国人大常委会《关于〈中华人民共和国刑法〉第一百五十八条、第一百五十九条的解释》（2014年4月24日）。

② 本条为《刑法修正案（十一）》第8条所修改。

欺诈发行证券罪，是指股票或者公司、企业债券等证券的发行人在招股说明书、认股书或者公司、企业债券募集办法等发行文件中隐瞒重要事实或者编造重大虚假内容，发行股票或者公司、企业债券、存托凭证或者国务院依法认定的其他证券，数额巨大、后果严重或者有其他严重情节的行为。

（一）客观要件

本罪在客观方面表现为在招股说明书、认股书或者公司、企业债券募集办法等发行文件中隐瞒重要事实或者编造重大虚假内容，发行股票或者公司、企业债券、存托凭证或者国务院依法认定的其他证券的行为。

招股说明书，是申请人对股票发行的有关事项按规定的内容进行说明的法定文件；认股书是由股份有限公司制作的供认股人认股的书面性文件。公司、企业债券募集办法，是指公司、企业债券发行、认购的具体方案。在招股说明书、认股书或者公司、企业债券募集办法等发行文件中隐瞒重要事实，是指发行股票、债券、存托凭证等证券的公司未向国家证券监管机关和社会公众披露与股票、债券、存托凭证等证券发行有关的事项，如证券发行的目的、资金使用用途、发行公司的资格、公司的净资产状况等。编造重大虚假内容，是指就证券发行、债券募集的相关事项提供虚伪说明，欺骗公众投资者的一切行为。隐瞒的重要事实或者编造的重大虚假内容可能涉及股份有限公司、有限责任公司的净资产总额，债券总额与公司净资产额之间的比例关系，或者公司平均可分配利润用于支付公司债券利息的可能性等；也可能涉及筹集资金的投向，或者债券的利率与国家利率水平之间的关系等。隐瞒重要事实、编造重大虚假内容只要足以使国家证券监管机关、投资者产生错误判断，就有成立本罪的可能。这里的存托凭证，是指由存托人签发，以境外证券为基础在中国境内发行、代表境外基础证券权益的证券。

隐瞒重要事实或编造重大虚假内容与发行股票或者公司、企业债券、存托凭证等证券之间有因果关系。发行股票包括在设立股份有限公司时发行（设立发行），也包括在公司设立完成后的运营过程中，股份有限公司为了改变资本结构而发行新股（设立后发行）。

隐瞒重要事实或编造重大虚假内容发行股票或者公司、企业债券、存托凭证等证券，必须数额巨大、后果严重或者有其他严重情节的，才构成本罪。根据《立案追诉标准（二）》第5条的规定，在招股说明书、认股书或者公司、企业债券募集办法中隐瞒重要事实或者编造重大虚假内容，发行股票或者公司、企业债券，涉嫌下列情形之一的，应予立案追诉：（1）发行数额在500万元以上的；（2）伪造、变造国家机关公文、有效证明文件或者相关凭证、单据的；（3）利用募集的资金进行违法活动的；（4）转移或者隐瞒所募集资金的；（5）其他后果严重或者有其他严重情节的情形。

控股股东、实际控制人等“关键少数”在欺诈发行证券案件中扮演重要角色，将这种共犯人单列出来作出规定，并设置明确的罚金幅度，有利于发挥刑罚的预防效果，因此，本条第2款对此作了专门规定。

需要实缴注册资本才能取得公司登记的金融性公司虚报注册资本骗取公司登记，或者隐瞒虚假出资的事实发行股票、债券、存托凭证等证券的，同时构成虚报注册资本罪、虚假出资罪和本罪，应成立想象竞合犯，从一重罪处断。

中介组织人员与股票、债券、存托凭证等证券的发行人通谋，在招股说明书等发行文件中作出虚假的审计、会计、法律服务报告，帮助他人欺诈发行股票的，成立本罪的共犯。证券交易所、证券公司的从业人员和证券业协会或证券监管机关的工作人员与证券发行者相勾结，故意提供虚假信息诱骗投资者买卖证券的，也应成立本罪的共犯。

（二）主观要件

本罪在主观方面是故意，要求行为人对提供的招股说明书、认股书或者公司、企业债券募集办法等发行文件具有虚伪性有认识，对通过欺骗手段发行股票、债券有积极追求。

由于工作失误而造成招股说明书、认股书或者公司、企业债券募集办法等发行文件中有疏漏的，主观上并没有非法募集资金的目的，不构成犯罪。

四、违规披露、不披露重要信息罪

第一百六十一条① 依法负有信息披露义务的公司、企业向股东和社会公众提供虚假的或者隐瞒重要事实的财务会计报告，或者对依法应当披露的其他重要信息不按照规定披露，严重损害股东或者其他人利益，或者有其他严重情节的，对其直接负责的主管人员和其他直接责任人员，处五年以下有期徒刑或者拘役，并处或者单处罚金；情节特别严重的，处五年以上十年以下有期徒刑，并处罚金。

前款规定的公司、企业的控股股东、实际控制人实施或者组织、指使实施前款行为的，或者隐瞒相关事项导致前款规定的情形发生的，依照前款的规定处罚。

犯前款罪的控股股东、实际控制人是单位的，对单位判处罚金，并对其直接负责的主管人员和其他直接责任人员，依照第一款的规定处罚。

违规披露、不披露重要信息罪，是指依法负有信息披露义务的公司、企业向股东和社会公众提供虚假的或者隐瞒重要事实的财务会计报告，或者对依法应当披露的其他重要信息不按照规定披露，严重损害股东或者其他人利益的行为。

（一）客观要件

本罪在客观方面表现为提供虚假的或者隐瞒重要事实的财务会计报告，或者对依法应当披露的其他重要信息不按照规定披露。

提供虚假或隐瞒重要事实的财务会计报告，是指财务会计报告中含有虚假记载公司资产总额、资产投入以及夸大营利、隐瞒负债与经营亏损等内容，而故意将其提供给股东或向社会公众公开，导致股东、债权人以及投资者基于错误判断而作出投资决策。这里的财务会计报告，包括资产负债表、损益表、财务状况变动表、财务情况说明书、利润分配表等财务会计报表及附属明细表。虚假的或者隐瞒重要事实的财务会计报告主要涉及以下三方面：一是公司、企业的各种财产、债权等实有资产，公司流动负债和长期负债，股东投入资本所形成的资本公积金、盈余公积金和未分配的利润等情况；二是公司、企业收益、亏损及盈余分配情况；三是公司、企业流动资金来源及其运用，流动资产及流动负债增加数。

对依法应当披露的其他重要信息不按照规定披露的行为，也成立本罪。这里的“依法应当披露的其他重要信息”，是指除财务会计报告以外的招股说明书、债券募集办法、上市公司中期报告、年度报告、临时报告等信息披露资料。这些信息不仅包括《证券法》、《公司法》、《银行业监督管理法》、《证券投资基金法》及行政法规规定应当披露的信息事项，而且包括国务院证券监管机构依照《证券法》《公司法》的授权具体规定的信息披露事项，因为根据《证券法》第 80 条第 2 款第 12 项、第 81 条第 2 款第 11 项的规定，“国务院证券监督管理机构规定的其他事项”也在应当依法披露的信息之列。这里的“不按照规定披露”不仅包括违背法律、法规和国务院证券监管机构的规定进行虚假披露，还包括对所披露的信息有虚假记载、误导性陈述或者重大遗漏等情形。作为或者不作为均可以构成本罪。

违规披露、不披露重要信息，严重损害股东或者其他人利益，或者有其他严重情节的，均

① 本条为《刑法修正案（六）》第 5 条、《刑法修正案（十一）》第 9 条所修改。

可以构成犯罪。根据《立案追诉标准（二）》第 6 条的规定，依法负有信息披露义务的公司、企业向股东和社会公众提供虚假的或者隐瞒重要事实的财务会计报告，或者对依法应当披露的其他重要信息不按照规定披露，涉嫌下列情形之一的，应予立案追诉：（1）造成股东、债权人或者其他人直接经济损失数额累计在 50 万元以上的；（2）虚增或者虚减资产达到当期披露的资产总额 30%以上的；（3）虚增或者虚减利润达到当期披露的利润总额 30%以上的；（4）未按照规定披露的重大诉讼、仲裁、担保、关联交易或者其他重大事项所涉及的数额或者连续 12 个月的累计数额占净资产 50%以上的；（5）致使公司发行的股票、公司债券或者国务院依法认定的其他证券被终止上市交易或者多次被暂停上市交易的；（6）致使不符合发行条件的公司、企业骗取发行核准并且上市交易的；（7）在公司财务会计报告中将亏损披露为盈利，或者将盈利披露为亏损的；（8）多次提供虚假的或者隐瞒重要事实的财务会计报告，或者多次对依法应当披露的其他重要信息不按照规定披露的；（9）其他严重损害股东、债权人或者其他人利益，或者有其他严重情节的情形。

本罪的主体通常是公司、企业。换言之，所有依法负有信息披露义务的公司、企业，包括依据《公司法》《证券法》《银行业监督管理法》《证券投资基金法》等法律、行政法规、规章规定的具有信息披露义务的股票发行人，上市公司，公司、企业债券上市交易的公司、企业，银行，基金管理人，基金托管人和其他信息披露义务人，都可以成为本罪的主体。

鉴于实践中控股股东、实际控制人实施或者组织、指使实施违规披露、不披露重要信息，或者隐瞒相关事项导致公司、企业违规披露、不披露重要信息的行为频发，且其行为严重损害股东或者其他人利益，本条第 2 款对此作出了注意性的规定。

（二）主观要件

本罪在主观方面是故意，行为人对提供的是与公司财务状况和经营状况不相符合的虚假或者隐瞒重要事实的财务会计报告有认识，或者对不按照规定披露其他重要信息有故意。不是出于故意，而是由于对财会工作不熟悉或者过失造成财务会计报告不实的，不构成本罪。

五、妨害清算罪

第一百六十二条　公司、企业进行清算时，隐匿财产，对资产负债表或者财产清单作虚伪记载或者在未清偿债务前分配公司、企业财产，严重损害债权人或者其他人利益的，对其直接负责的主管人员和其他直接责任人员，处五年以下有期徒刑或者拘役，并处或者单处二万元以上二十万元以下罚金。

妨害清算罪，是指公司、企业在进行清算时，隐匿财产，对资产负债表或者财产清单作虚伪记载或者在未清偿债务前分配公司、企业财产，严重损害债权人或者其他人利益的行为。

（一）客观要件

本罪在客观方面表现为公司、企业在进行清算时，隐匿财产，对资产负债表或者财产清单作虚伪记载，或者在未清偿债务前分配公司、企业财产的行为。

本罪必须发生在公司、企业进行清算时。清算，是指清理公司尚未了结的事务，以保证公司归于消灭的程序。本罪的行为方式包括三种：一是隐匿财产。二是对资产负债表或者财产清单作虚假记载。资产负债表是反映企业特定时期财务状况的会计报表，能够标明企业所拥有或控制的经济资源、所承担的现有义务和所有者对净资产的要求权。财产清单是指公司对清算时尚存的所有财产项目的记载。处于清算期间的企业财产包括：企业原来经营管理的全部财产；企业在清算程序终结前所取得的财产；应当由被清算企业行使的其他财产权利。已作为担保物的财产不属于被清算企业的财产；担保物的价款超过其所担保的债务数额的，超过部分属于被清算企业的财产。财产的表现形式有固定资产、流动资金、剩余产品及原材料等。对资产负债表或财产清单作虚伪记载主要表现为减少或不予记载资产类科目（如货币资金、短期投资、应收票据、应收利益、应收账款、预付账款等）或者多记负债类科目（如短期借款、应付票据、应付账款、预收账款、应付工资、其他流动负债等），以达到隐匿资产、逃避清算的目的。作虚伪记载的行为一般限于涂改单据、报表或者其他在财务会计报告上做手脚的行为，但是在清算期间无偿转让财产、非正常压价出售财产、对原来没有财产担保的债务重新设置财产担保、对未到期的债务提前清偿、放弃自己债权，然后对既存的、真实的资产负债表或者财产清单进行更改的，也属于对资产负债表和财产清单作虚伪记载。三是清偿债务前分配公司、企业财产。公司财产清算后，在清偿清算费用、所欠职工工资和劳动保险费用、所欠税款、债权之后，才能分配。分配公司、企业财产的行为如果发生在清算且清偿债务前，就属于本罪的实行行为。国有公司、企业在破产清算结束后、清偿债务前，违反国家规定，以单位名义将国有资产分给个人，数额较大的，应以私分国有资产罪定罪处刑。

妨害清算的行为，必须严重损害债权人或者其他人利益的才构成本罪。根据《立案追诉标准（二）》第7条的规定，公司、企业进行清算时，隐匿财产，对资产负债表或者财产清单作虚伪记载或者在未清偿债务前分配公司、企业财产，涉嫌下列情形之一的，应予立案追诉：（1）隐匿财产价值在50万元以上的；（2）对资产负债表或者财产清单作虚伪记载涉及金额在50万元以上的；（3）在未清偿债务前分配公司、企业财产价值在50万元以上的；（4）造成债权人或者其他人直接经济损失数额累计在10万元以上的；（5）虽未达到上述数额标准，但应清偿的职工的工资、社会保险费用和法定补偿金得不到及时清偿，造成恶劣社会影响的；（6）其他严重损害债权人或者其他人利益的情形。

（二）主观要件

本罪在主观方面是故意，要求行为人对行为发生于清算时有认识，对处分的财产是被清算企业的财产有认识。由于过失造成资产负债表或者财产清单记载不实的，不具有妨害清算的目的，不构成本罪。

六、隐匿、故意销毁会计凭证、会计账簿、财务会计报告罪

第一百六十二条之一① 隐匿或者故意销毁依法应当保存的会计凭证、会计账簿、财务会计报告，情节严重的，处五年以下有期徒刑或者拘役，并处或者单处二万元以上二十万元以下罚金。

单位犯前款罪的，对单位判处罚金，并对其直接负责的主管人员和其他直接责任人员，依照前款的规定处罚。

隐匿、故意销毁会计凭证、会计账簿、财务会计报告罪，是指隐匿或者故意销毁依法应当保存的会计凭证、会计账簿、财务会计报告，情节严重的行为。

（一）客观要件

本罪在客观方面表现为隐匿、销毁依法应当保存的会计凭证、会计账簿、财务会计报告的行为。

隐匿，是指使会计凭证、会计账簿、财务会计报告脱离政府机关、股东和社会公众视线的

① 本条为《刑法修正案》第1条所增设。

一切方法。销毁，是指使会计凭证、会计账簿、财务会计报告从物理上毁损的方法，包括抛弃、烧毁、撕扯等。不是单纯地隐匿、毁损，而是对有效的会计凭证、会计账簿、财务会计报告进行涂改，增加或缩小其数额，改变财物收支用途的，不构成本罪，而可能成立违规披露、不披露重要信息罪，逃税罪，骗取出口退税罪，职务侵占罪等。

隐匿、故意销毁会计凭证、会计账簿、财务会计报告，情节严重的，才成立本罪。根据《立案追诉标准（二）》第8条的规定，隐匿或者故意销毁依法应当保存的会计凭证、会计账簿、财务会计报告，涉嫌下列情形之一的，应予立案追诉：（1）隐匿、故意销毁的会计凭证、会计账簿、财务会计报告涉及金额在50万元以上的；（2）依法应当向司法机关、行政机关、有关主管部门等提供而隐匿、故意销毁或者拒不交出会计凭证、会计账簿、财务会计报告的；（3）其他情节严重的情形。

本罪的主体是特殊主体，即有义务保存会计凭证、会计账簿、财务会计报告的自然人和单位，但单位的性质并无限定。全国人大常委会法制工作委员会《关于对“隐匿、销毁会计凭证、会计帐簿、财务会计报告构成犯罪的主体范围”问题的答复意见》（2002年1月14日）指出，任何单位和个人在办理会计事务时对依法应当保存的会计凭证、会计账簿、财务会计报告，进行隐匿、销毁，情节严重的，构成犯罪，应当依法追究其刑事责任。

（二）主观要件

本罪在主观方面是故意，行为人对隐匿、销毁的是会计凭证、会计账簿、财务会计报告有明确认识。由于工作上的疏忽造成会计凭证、会计账簿、财务会计报告毁损的，不构成犯罪。

七、虚假破产罪

第一百六十二条之二① 公司、企业通过隐匿财产、承担虚构的债务或者以其他方法转移、处分财产，实施虚假破产，严重损害债权人或者其他人利益的，对其直接负责的主管人员和其他直接责任人员，处五年以下有期徒刑或者拘役，并处或者单处二万元以上二十万元以下罚金。

虚假破产罪，是指公司、企业通过隐匿财产、承担虚构的债务或者以其他方法转移、处分财产，实施虚假破产，严重损害债权人或者其他人利益的行为。

（一）客观要件

本罪客观方面表现为公司、企业通过隐匿财产、承担虚构的债务或者以其他方式转移财产、处分财产，实施虚假破产，严重损害债权人和其他人利益的行为。本罪是典型的破产犯罪。

破产犯罪，是指在破产程序进行过程中或在破产法规定的一定期限内，违反破产法律规定所实施的损害债权人或其他破产参与人的利益，或使破产程序不能顺利进行的行为。破产犯罪是与经济发展紧密伴随的现象。在市场竞争优胜劣汰规律的作用下，破产就是必然而不是偶然的。从世界范围来看，由于经济法律制度建设相对滞后，经济犯罪呈上升趋势。随着公司、企业破产的现象日渐增多，破产违法、犯罪行为也越来越多。近年来，破产犯罪愈演愈烈，且呈现智能化、专业化等崭新特点，其社会危害程度亦日趋严重。目前，在各个发达国家中，与破产有关的危害行为大致表现为：（1）有的破产企业故意转移财产，隐匿财产，无偿转让财产给第三人；（2）有的破产企业低价出售财产，将财产分给职工个人；（3）有的债务人采取假合

---

① 本条为《刑法修正案（六）》第6条所增设。

资、组建“新法人”等形式使原法人只剩下空架子再申请破产；(4) 有的破产企业向个别债权人提前清偿债务，以及放弃自己的债权；(5) 有的破产企业不依法制作商业账簿，或隐匿、故意毁弃商业账簿，致使无法查清其财产的真实情况和经济状况；(6) 有的破产企业的法定代表人及相关人员不按清算组的要求提供有关情况或作虚假陈述；(7) 有的破产企业虚构债务，实施假破产来逃避真实债务；等等。上述这些危害行为由于发生在破产的特定环境之下，不仅极大地损害了债权人的合法权益，也扰乱了市场竞争秩序，必将成为经济发展的羁绊。因此，有必要对破产犯罪予以高度重视，强化各种预防、惩罚破产犯罪的法律措施，完善破产犯罪立法。

在破产犯罪的罪名设置上，世界各国的规定不尽相同。有的国家罪名设置较多，包括诈欺破产罪、过失破产罪、准债务人的破产犯罪、第三人诈欺破产罪、受贿罪、行贿罪、说明义务违反罪等。有些国家罪名设置较少。但一般而言，各国都会规定以下两个主要破产犯罪：(1) 诈欺破产罪，即行为人为谋取不正当经济利益或损害债权人利益，而实施的欺诈破产行为。这是最典型、危害最大的破产犯罪，在大陆法系国家均有关于此罪的规定，英美法系大多也规定此罪名。诈欺破产行为一般包括：隐匿、私分、无偿转让财产；对无财产担保之债提供财产担保；非正常压价出售财产；提前清偿债务或放弃债权；捏造、承认虚假债务；对商业账簿不作正确记载，或变更记载以及隐匿、毁弃或损坏商业账簿，致使财产及经营状况不明的；等等。(2) 懈怠破产罪，即在破产宣告前后的法定期间内，破产申请人对债权人的利益受损持放任态度，实施的损害债权人利益的犯罪行为。懈怠破产罪是一种常见的破产犯罪，德国、日本、瑞士等许多国家和地区都设置了这种犯罪，其危害行为包括：浪费、赌博或其他投机行为，致使财产显著减少或负担过重债务；以拖延宣告破产为目的，以显著不利的条件负担债务或购入、处分货物；明知已有破产原因的事实，非基于债务人之义务，而对债权人进行个别清偿或提供担保，或消灭债务。

我国刑法没有规定懈怠破产罪，只规定了虚假破产罪。其行为方式具体包括三方面的内容：(1) 行为人必须实施了隐匿财产、承担虚构的债务或其他转移财产、处分财产的行为。隐匿财产，是指将公司、企业的资金、设备、产品、货物等财产全部或部分予以隐瞒、转移、藏匿。承担虚构的债务，是指捏造、承认不真实或不存在的债务。其他转移、处分财产的行为，是指《企业破产法》第 31 条所规定的无偿转让财产、以明显不合理的价格交易、对没有财产担保的债务提供财产担保、对未到期的债务提前清偿以及放弃债权等行为。行为人只要实施了上述情形中任何一种转移或处分财产的行为，就符合了这一客观的行为要件。(2) 行为人必须实施了虚假破产，即债务人是在未发生破产原因的情况下，通过抽逃、隐匿或转移财产等手段，虚构伪造破产原因，申请宣告破产，以逃避债权人的追索，从而侵占他人的财产。这里的“虚假破产”是指，企业未达到破产界限而伪造破产原因，申请破产，而非真实破产。(3) 严重损害债权人和其他人的利益。虚假破产实际上是一种破产欺诈行为，罪与非罪的界限在于其是否达到“严重损害债权人和其他人的利益”的程度。这里的“债权人”是指因公司、企业举债而与公司、企业形成债权债务关系的金融机构，公司、企业债券持有人，以及经济合同中享有债权的人等；“其他人”是指公司、企业的职工和国家税收部门等。

根据《立案追诉标准（二）》第 9 条的规定，公司、企业通过隐匿财产、承担虚构的债务或者以其他方法转移、处分财产，实施虚假破产，涉嫌下列情形之一的，应予立案追诉：(1) 隐匿财产价值在 50 万元以上的；(2) 承担虚构的债务涉及金额在 50 万元以上的；(3) 以其他方法转移、处分财产价值在 50 万元以上的；(4) 造成债权人或者其他人直接经济损失数额累计在 10 万元以上的；(5) 虽未达到上述数额标准，但应清偿的职工的工资、社会保险费用和法定补偿金得不到及时清偿，造成恶劣社会影响的；(6) 其他严重损害债权人或者其他人利益的情形。

（二）主观要件

本罪在主观方面是故意，行为人对破产为虚假，且可能损害债权人或者其他人的利益有认识。对行为人主观意思的认定，在司法实践中往往难以把握，因为实践中不少企业往往介于破产与不破产之间，即所谓的濒临破产，这一状态下的企业经营管理相当混乱。在这种情况下，会计文件资料、商业账册记载不实、丢失、错记等行为是否出于故意，就很难界定。因此，必须结合破产企业相关人员对破产财产的处理态度以及事后是否积极采取掩盖行为来认定。

（三）认定

（1）行为人在实施虚假破产犯罪，且法院宣告破产之后的清算期间，又采取隐匿财产、对资产负债表或者财产清单作虚伪记载等行为，构成妨害清算罪的，应当与本罪实行数罪并罚。

（2）虚假破产罪与妨害清算罪的界限：1）行为发生时间不同。妨害清算罪主要针对公司、企业进入清算程序以后妨害清算的犯罪行为，即公司、企业因解散、分立、合并或者破产，依照法律规定在清理公司、企业债权债务的活动期间发生的隐匿财产、对资产负债表或者财产清单作虚伪记载或者在清偿债务前分配公司、企业财产等犯罪行为；而虚假破产罪主要针对公司、企业在进入破产程序之前，通过隐匿财产、承担虚构的债务，或者以其他方法非法转移、分配财产，实施虚假破产的犯罪行为。是否进入清算程序是区分该两罪的关键。"实施虚假破产"的时间应当截至公司、企业提出破产申请之日，或者因为公司、企业资不抵债，由债权人提出破产申请之日。根据企业破产法的有关规定，从提出破产申请之日起，在此之前1年之内恶意处分公司、企业财产的行为无效。如果行为人实施虚假破产行为，严重损害债权人和其他人的利益的，就构成虚假破产罪。此外，虚假破产罪只能存在于实施虚假破产的过程之中，而妨害清算罪既可以存在于虚假破产过程中，也可以存在于真实破产之中。2）犯罪客观方面不同。妨害清算罪客观上仅表现为隐瞒财产、对资产负债表或者财产清单作虚伪记载以及在清偿债务前分配公司、企业财产三类行为；而虚假破产罪客观方面除表现为上述三种方式外，还表现为无偿转让财产、非正常压价出售财产、对原来没有财产担保的债务提供财产担保等多种其他转移和处分财产的行为。

八、非国家工作人员受贿罪

第一百六十三条① 公司、企业或者其他单位的工作人员，利用职务上的便利，索取他人财物或者非法收受他人财物，为他人谋取利益，数额较大的，处三年以下有期徒刑或者拘役，并处罚金；数额巨大或者有其他严重情节的，处三年以上十年以下有期徒刑，并处罚金；数额特别巨大或者有其他特别严重情节的，处十年以上有期徒刑或者无期徒刑，并处罚金。

公司、企业或者其他单位的工作人员在经济往来中，利用职务上的便利，违反国家规定，收受各种名义的回扣、手续费，归个人所有的，依照前款的规定处罚。

国有公司、企业或者其他国有单位中从事公务的人员和国有公司、企业或者其他国有单位委派到非国有公司、企业以及其他单位从事公务的人员有前两款行为的，依照本法第三百八十五条、第三百八十六条的规定定罪处罚。

非国家工作人员受贿罪，是指公司、企业或者其他单位的工作人员，利用职务上的便利，索取他人财物或者非法收受他人财物，为他人谋取利益，数额较大的行为。

---

① 本条为《刑法修正案（六）》第7条、《刑法修正案（十一）》第10条所修改。

（一）客观要件

本罪在客观方面表现为利用职务上的便利，索取他人财物或者非法收受他人财物，为他人谋取利益的行为。

利用职务上的便利，是指直接利用本人组织、监督、管理（主管、负责）某项工作的便利条件，即利用本人担任公司、企业中某种职务所享有的主管、分管、决定、处理以至经办某种事务的人、财、物决定权。不是直接利用本人职权，而是利用由本人职权或地位所形成的便利条件，通过第三人为请托人谋取利益，收受请托人财物的（斡旋受贿）行为，不成立本罪，因为根据罪刑法定原则的要求，斡旋受贿行为要成立受贿犯罪必须以法律有明确规定为限。国家工作人员斡旋受贿的，成立受贿罪，就是以此为前提的。但对于非国家工作人员利用由本人职权或地位所形成的便利条件斡旋受贿的行为，刑法并未作出特别规定，所以不能将本罪中的“利用职务上的便利”扩大解释为间接利用职权或职务上的便利条件。

索取，是指非国家工作人员利用职务上的便利，在请托人要求其通过执行或不执行公司、企业职务而为他人谋取利益之机，主动向他人索要、要求提供财物的行为。利用职务上的便利，强行向他人提出“借贷”要求，但完全无归还意思的，也是索取财物。收受，是指被动地接受他人给付的财物。至于财物交付是在谋取利益之前还是在谋取利益之后，是直接由行贿人交付还是第三者转交，都不影响收受的成立。

无论是利用职务上的便利主动索取他人财物，还是被动收受他人财物，都要求有为他人谋取利益的行为，才能构成本罪。作出许诺的，即成立为他人谋取利益，其一般是明示的承诺，但也不排除暗示的允诺。许诺为他人谋取利益的内容是否通过实际行动部分兑现，或者已经全部实现，都不影响成立为他人谋取利益。为他人谋取的是正当利益，还是不正当利益，对成立犯罪无关紧要。

本罪中的财物，既包括金钱和实物，也包括可以用金钱计算数额的财产性利益，如提供房屋装修、含有金额的会员卡、代币卡（券）、旅游费用等，具体数额以实际支付的资费为准。收受银行卡的，不论受贿人是否实际取出或者消费，卡内的存款数额一般应全额认定为受贿数额。使用银行卡透支的，如果由给予银行卡的一方承担还款责任，透支数额也应当被认定为受贿数额。

公司、企业或者其他单位的工作人员在经济往来中，违反国家规定，收受各种名义的回扣、手续费，归个人所有的，也按照本罪定罪处罚。

根据最高人民法院、最高人民检察院《关于办理贪污贿赂刑事案件适用法律若干问题的解释》（2016 年 4 月 18 日）第 11 条第 1 款的规定，本罪“数额较大”“数额巨大”的数额起点，按照受贿罪相对应的数额标准规定的 2 倍、5 倍执行（即 6 万元以上为非国家工作人员受贿“数额较大”，100 万元以上为非国家工作人员受贿“数额巨大”）。公司、企业或者其他单位的工作人员以恐吓方式（例如，不给付一定数量的财物就揭发隐私）索取财物，财物取得和职务行为无紧密关联的，只成立敲诈勒索罪，反之，可能成立本罪。

公司、企业或者其他单位的工作人员为他人谋取利益，约定离职、辞职后收受财物的，收受财物行为仍然构成本罪。公司、企业或者其他单位的工作人员受贿，同时实施其他足以损害本单位利益的犯罪行为的，可以数罪并罚。

本罪的主体是特殊主体，即公司、企业或者其他单位的工作人员。这里的公司、企业的工作人员，包括公司、企业的董事、监事、经理、会计等行政人员和业务人员。国有公司、企业以及其他国有单位中的非国家工作人员，也是这里的公司、企业人员。这里的“其他单位”，根据最高人民法院、最高人民检察院《关于办理商业贿赂刑事案件适用法律若干问题的意见》

(2008年11月20日）第2条的规定，既包括社会团体、村民委员会、居民委员会、村民小组等常设性的组织，也包括为组织体育赛事、文艺演出或者其他正当活动而成立的组委会、裁判机构筹委会、工程承包队等非常设性的组织。

医疗机构中的非国家工作人员，在药品、医疗器械、医用卫生材料等医药产品采购活动中，利用职务上的便利，索取销售方财物，或者非法收受销售方财物，为销售方谋取利益，构成犯罪的，以本罪定罪处罚。医疗机构中的医务人员，利用开处方的职务便利，以各种名义非法收受药品、医疗器械、医用卫生材料等医药产品销售方财物，为医药产品销售方谋取利益，数额较大的，亦构成本罪。

依法组建的评标委员会、竞争性谈判采购中谈判小组、询价采购中询价小组的组成人员，在招标、政府采购等事项的评标或者采购活动中，索取他人财物或者非法收受他人财物，为他人谋取利益，数额较大的，依照本罪定罪处罚。根据最高人民法院、最高人民检察院《关于办理商业贿赂刑事案件适用法律若干问题的意见》(2008年11月20日）第11条的规定，非国家工作人员与国家工作人员通谋，共同收受他人财物，构成共同犯罪的，根据双方利用职务便利的具体情形分别定罪追究刑事责任：(1) 利用国家工作人员的职务便利为他人谋取利益的，以受贿罪追究刑事责任。(2) 利用非国家工作人员的职务便利为他人谋取利益的，以非国家工作人员受贿罪追究刑事责任。(3) 分别利用各自的职务便利为他人谋取利益的，按照主犯的犯罪性质追究刑事责任，不能分清主、从犯的，可以受贿罪追究刑事责任。

(二）主观要件

本罪在主观方面是故意，即行为人明知利用职务上的便利为他人谋取利益而索取或收受贿赂的行为是损害其职务行为的不可收买性的行为，而执意实施。

九、对非国家工作人员行贿罪

第一百六十四条第一款① 为谋取不正当利益，给予公司、企业或者其他单位的工作人员以财物，数额较大的，处三年以下有期徒刑或者拘役，并处罚金；数额巨大的，处三年以上十年以下有期徒刑，并处罚金。

第三款 单位犯前两款罪的，对单位判处罚金，并对其直接负责的主管人员和其他直接责任人员，依照第一款的规定处罚。

第四款 行贿人在被追诉前主动交待行贿行为的，可以减轻处罚或者免除处罚。

对非国家工作人员行贿罪，是指为谋取不正当利益，给予公司、企业或者其他单位的工作人员以财物，数额较大的行为。

(一）客观要件

本罪在客观方面表现为，为谋取不正当利益，给予公司、企业或者其他单位的工作人员以财物的行为。

给予财物，既包括主动或被动向公司、企业或者其他单位的工作人员提供与交付贿赂财物的行为，也包括主动向公司、企业或者其他单位的工作人员作出交付贿赂的意思表示，达成行贿受贿的约定。被公司、企业或者其他单位的工作人员勒索而提供财物，行贿人有谋取不正当利益的动机的，即使其尚未实际谋取不正当利益，也是本罪中的给予贿赂财物。

根据最高人民法院、最高人民检察院《关于办理贪污贿赂刑事案件适用法律若干问题的解

---

① 本款为《刑法修正案（六)》第8条、《刑法修正案（九)》第10条所修改。

释》（2016年4月18日）第11条第3款的规定，本罪中的“数额较大”“数额巨大”的数额起点，按照行贿罪数额标准规定的2倍执行（即行贿6万元以上或者具有特定情节、行贿2万元以上，属于对非国家工作人员行贿“数额较大”；行贿200万元以上或者具有特定情节、行贿100万元以上，属于对非国家工作人员行贿“数额巨大”）。

本罪和行贿罪存在明显区别，即在经济往来中，违反国家规定，给予国家工作人员以各种名义的回扣、手续费的，构成行贿罪。但给予公司、企业或者其他单位的工作人员以各种名义的回扣、手续费的，刑法并未规定可以成立对非国家工作人员行贿罪。

（二）主观要件

本罪在主观方面是故意，行为人对自己的行为会收买公司、企业或者其他单位的工作人员有明知，而且具有谋取不正当利益的目的。

十、对外国公职人员、国际公共组织官员行贿罪

第一百六十四条第二款① 为谋取不正当商业利益，给予外国公职人员或者国际公共组织官员以财物的，依照前款的规定处罚。

第三款 单位犯前两款罪的，对单位判处罚金，并对其直接负责的主管人员和其他直接责任人员，依照第一款的规定处罚。

第四款 行贿人在被追诉前主动交待行贿行为的，可以减轻处罚或者免除处罚。

对外国公职人员、国际公共组织官员行贿罪，是指为谋取不正当商业利益，给予外国公职人员或者国际公共组织官员以财物的行为。

本罪的实行行为在联合国《反腐败公约》第16条中有所涉及。该条规定了向外国公职人员和国际公共组织官员行贿的犯罪，并要求各缔约国采取必要的立法和其他措施，将这种行为规定为犯罪。增设本罪是我国履行该公约规定的义务的实际举措。

本罪贿赂的对象是外国公职人员或国际公共组织官员。外国公职人员，是指外国经任命或选举担任立法、行政、行政管理或者司法职务的任何人员，以及为外国，包括为公共机构或者公营企业行使公共职能的任何人员。国际公共组织官员，是指国际公务员或者经国际组织授权代表该组织行事的人员。实施行贿行为，必须是为谋取不正当商业利益的，才构成本罪。为谋取不正当公共利益、政治利益的，不是本罪中的行贿行为。

根据《立案追诉标准（二）》第11条的规定，为谋取不正当商业利益，给予外国公职人员或者国际公共组织官员以财物，个人行贿数额在1万元以上的，单位行贿数额在20万元以上的，应予立案追诉。

十一、非法经营同类营业罪

第一百六十五条 国有公司、企业的董事、经理利用职务便利，自己经营或者为他人经营与其所任职公司、企业同类的营业，获取非法利益，数额巨大的，处三年以下有期徒刑或者拘役，并处或者单处罚金；数额特别巨大的，处三年以上七年以下有期徒刑，并处罚金。

非法经营同类营业罪，是指国有公司、企业的董事、经理利用职务便利，自己经营或者为他人经营与其所任职公司、企业同类的营业，获取非法利益，数额巨大的行为。

---

① 本款为《刑法修正案（八）》第29条所增设。

（一）客观要件

本罪在客观方面表现为利用职务便利，自己经营或者为他人经营与其所任职公司、企业同类的营业，获取非法利益。

利用职务上的便利，是指利用本人职务范围内的权利，即职务上主管、领导、经手国有公司、企业业务的便利条件。

本罪的实行行为是自己经营或者为他人经营与其所任职公司、企业同类的营业。这种行为在公司法理论上被称为竞业经营，即违反竞业禁止义务的行为。自己经营，是指亲自出面另设机构进行经营；为他人经营是指受聘于其他机构，利用自己掌握销售渠道等职务便利参与经营管理活动。同类的营业，是指自己经营或者为他人经营的企业与国有公司、企业营业执照中确定的经营范围的具体种类全部或者部分相同。利用职务便利，自己经营或者为他人经营与其所任职公司、企业当下现实从事的同类营业，获取非法利益的，才能构成本罪。行为人预估本公司要从事某种业务而自己先行开展该业务，之后与其所任职公司的业务之间形成竞争关系的，不构成本罪。

根据《立案追诉标准（二）》第12条的规定，非法经营同类营业，获取非法利益，数额在10万元以上的，应予立案追诉。

非法收受财物后为他人经营与其所任职公司、企业同类的营业的，应以受贿罪和本罪并罚；为他人经营与其所任职公司、企业同类的营业，并参与分配利润的，分配所得数额属于获取非法利益的数额，而不属于国家工作人员在经济往来中接受回扣或者手续费，只构成本罪而不构成受贿罪。

经营同类营业者明知国有公司的董事、经理利用职务便利非法资助自己开展同类营业活动，而单纯接受国有公司的董事、经理提供的各种便利，从而开展业务的，不成立本罪的共犯。指使、策划国有公司的董事、经理利用职务上的便利开展同类营业活动的，可以成立本罪共犯。

本罪的主体是特殊主体，即国有公司、企业的董事、经理。国有公司的董事、经理为非法开展同类营业活动而以侵吞、骗取、窃取或者其他手段非法占有公共财物，并利用该财物实施经营行为的，应以贪污罪和本罪数罪并罚。例如，国有公司、企业董事、经理在违反公司、企业章程的规定或未经股东会同意的情况下，与自己经营或自己参与的同类公司、企业签订经济合同，故意损公肥私，使应当归其所在公司、企业所有或收入的财物归自己经营或者参与的同类公司、企业有所有或收入，最终据为己有的，即属此类。

（二）主观要件

本罪在主观方面是故意，行为人对自己经营或者为他人经营的营业与其所任职的国有公司、企业的营业相同有明确认识。由于行为人必须通过经营行为获取非法利益才能构成本罪，因此，行为人主观上必须具有牟利目的，至于其是否实际获得非法利益，并不影响本罪成立。

十二、为亲友非法牟利罪

第一百六十六条　国有公司、企业、事业单位的工作人员，利用职务便利，有下列情形之一，使国家利益遭受重大损失的，处三年以下有期徒刑或者拘役，并处或者单处罚金；致使国家利益遭受特别重大损失的，处三年以上七年以下有期徒刑，并处罚金：

（一）将本单位的盈利业务交由自己的亲友进行经营的；

（二）以明显高于市场的价格向自己的亲友经营管理的单位采购商品或者以明显低于市场的价格向自己的亲友经营管理的单位销售商品的；

（三）向自己的亲友经营管理的单位采购不合格商品的。

为亲友非法牟利罪，是指国有公司、企业、事业单位的工作人员利用职务便利，为亲友牟取非法利益，致使国家利益遭受重大损失的行为。

（一）客观要件

本罪在客观方面表现为利用职务便利，为亲友非法牟利，致使国家利益遭受重大损失。

本罪是典型的背信罪，即为他人处理事务的人，为谋求自己或者第三人的利益，或损害委托人的利益，而违背其任务，致使委托人的财产受到损失。

本罪的实行行为包括以下情形。

（1）将本单位的盈利业务交由自己的亲友进行经营。盈利业务是指国有公司、企业、事业单位在较长时间以来所一直开展的、一般而言能够获取较大利润的业务。国有公司、企业、事业单位工作人员将本单位经营的盈利业务交给其亲友经营，因其亲友经营管理方法有缺陷而立即亏损的，也应当视为这里的盈利业务。

（2）以明显高于市场的价格向自己的亲友经营管理的单位采购商品或者以明显低于市场的价格向自己的亲友经营管理的单位销售商品。市场价格应当是指相当长时期内某种商品在价值规律的作用下正常反映商品价值的价格，向自己亲友经营管理的单位采购商品或者销售商品，其价格与市场价格大致相当的，不构成本罪。关于“亲友经营管理的单位”，有观点认为只能属于行为人的亲友个人所有或者有股份、参与分红的私有性质的公司、企业。① 这一观点人为地限定了本罪的成立范围，是否合理还值得研究。事实上，行为人的亲友担任领导、经营、管理职务的国家机关、国有公司、人民团体，也应当属于其“亲友经营管理的单位”，行为人利用职务便利，以明显低于市场的价格向这些单位销售商品，为亲友非法谋取利益的，也构成本罪。

（3）向自己的亲友经营管理的单位采购不合格商品。“采购不合格商品”，不仅仅是指以高价购买质量低劣的商品，也包括折价、低价购进不合格商品。国有公司、企业、事业单位工作人员与生产、销售伪劣商品的亲友事前通谋，采购其销售的伪劣商品的，构成本罪和生产、销售伪劣商品犯罪（共犯）的想象竞合犯。

根据《立案追诉标准（二）》第 13 条的规定，为亲友非法牟利，涉嫌下列情形之一的，应予立案追诉：（1）造成国家直接经济损失数额在 10 万元以上的；（2）使其亲友非法获利数额在 20 万元以上的；（3）造成有关单位破产，停业、停产 6 个月以上，或者被吊销许可证和营业执照、责令关闭、撤销、解散的；（4）其他致使国家利益遭受重大损失的情形。

国有公司、企业、事业单位工作人员因受贿而将本单位盈利业务交由自己的亲友经营，或者向自己亲友管理的单位采购或者销售与市场价格严重不相称的商品，或者向亲友经营管理的单位采购不合格商品的，应以受贿罪和本罪并罚。

本罪的主体是特殊主体，即国有公司、企业、事业单位的工作人员。

（二）主观要件

本罪在主观方面是故意，并且行为人对其行为可能导致其亲友获取非法利益有希望或放任。过失不成立本罪。

为亲友非法牟利的行为一般表现为直接与亲友发生业务上的联系；为逃避法律追究而故意通过第三人为亲友非法牟利的，明显具有本罪的故意。但是，将本单位的盈利业务交由亲友以外的第三人进行经营，以明显高于市场的价格向第三人经营管理的单位采购商品，或者以明显低于市场的价格向第三人经营管理的单位销售商品的，或者向第三人经营管理的单位采购不合

---

① 参见黄京平主编：《破坏经济秩序罪研究》，285 页，北京，中国人民大学出版社，1999。

格商品，第三人与国有公司、企业、事业单位工作人员的亲友发生业务上往来，使其亲友客观上获取非法利益，国有公司、企业、事业单位工作人员对此没有认识的，不成立本罪的故意。

十三、签订、履行合同失职被骗罪

第一百六十七条　国有公司、企业、事业单位直接负责的主管人员，在签订、履行合同过程中，因严重不负责任被诈骗，致使国家利益遭受重大损失的，处三年以下有期徒刑或者拘役；致使国家利益遭受特别重大损失的，处三年以上七年以下有期徒刑。

签订、履行合同失职被骗罪，是指国有公司、企业、事业单位直接负责的主管人员，在签订、履行合同过程中，因严重不负责任而被诈骗，或者金融机构和从事对外贸易经营活动的公司、企业的工作人员严重不负责任，造成大量外汇被骗购或者逃汇，致使国家利益遭受重大损失的行为。

（一）客观要件

本罪在客观方面表现为国有公司、企业、事业单位直接负责的主管人员在签订、履行合同过程中，因严重不负责任而被诈骗，致使国家利益遭受重大损失的行为。

本罪的实行行为发生在合同的签订、履行过程中。合同履行，是指债务人全面、适当地完成其合同义务，债权人的合同债权得到实现，如交付约定的标的物，完成约定的工作，提供约定的服务等。在签订并履行合同过程中，国有公司、企业、事业单位直接负责的主管人员因严重不负责任而被骗的，自然构成本罪。未同时参与签订、履行合同两个环节，如只签订合同而不负责履行环节，或者只参与履行合同而未签订合同的，都可能成立本罪。

这里的被诈骗，是指对方当事人的行为已经涉嫌诈骗犯罪，但不以对方当事人已经被人民法院判决构成诈骗犯罪作为本罪立案追诉的前提。

因严重不负责任被诈骗，涉及两方面的内容：就签订、履行合同的对方当事人而言，有设置骗局的积极行为，即故意虚构事实、隐瞒真相，使国有公司、企业、事业单位直接负责的主管人员陷入错误，诱使其作出错误意思表示。对方的诈骗行为需要达到诈骗类犯罪成立的条件，对方的行为只构成民事欺诈行为的，不能被视为本罪中的诈骗行为，相应纠纷应当在民事法律领域得到解决，不成立本罪。就行为人而言，其因为疏忽大意或者过于自信，而不审查对方的履约能力、履约条件，未对交付标的物的时间、地点和违约责任等条款进行严格把关。行为人因严重不负责任被诈骗致使国家利益遭受重大损失，具体而言包括：（1）对合同的对方当事人提供的不符合质量要求、质次价高的货物应该检查而不检查，擅自同意对方发货，不按合同约定的质量标准验收的；（2）不问对方资信，盲目将大量资金付给、借给对方，或者擅自作经济担保的；（3）无视规章制度和工作程序，擅自越权签订、履行经济合同的；（4）未向有关机构了解情况，盲目同无资金、货源者签订、履行合同的；（5）不问外商资信情况，盲目与其开展对外贸易业务或者严重违反国家法律、法规的规定吸引外资而被诈骗；（6）在合同部分履行时，发现被诈骗，但对质量低劣的商品不即时采取补救措施，延误索赔期限或者擅自决定放弃索赔权利的；（7）发现出口商品的质量、数量不符合合同约定而不积极采取措施加以纠正，致使外方索赔，造成重大经济损失或者严重影响外贸信誉、出口商品声誉的；（8）明知商品供销人员签订、履行合同的行为违反法律规定，而不予制止，或者在业务人员提出本单位可能因为签订、履行合同而被诈骗时，不予理会，造成国家利益遭受重大损失的。

根据全国人大常委会《关于惩治骗购外汇、逃汇和非法买卖外汇犯罪的决定》（1998 年 12 月 29 日）第 7 条的规定，金融机构、从事对外贸易经营活动的公司、企业的工作人员严重不负责任，造成大量外汇被骗购或者逃汇，致使国家利益遭受重大损失的，应以本罪论处。这主要是指这些特定主体不履行或者不正确履行职责，滥用职权、放弃职守或者玩忽职守，致使他人得以骗购大量外汇或者逃汇的情形，具体表现为：(1) 金融机构急于扩大经营规模，盲目发展售汇业务，从而审单不严，对短期小金额连续购汇等异常情况缺乏分析即防范意识，造成大量外汇被骗购；(2) 金融机构对于开户单位的账户疏于监督，造成大量逃汇；(3) 从事对外贸易经营活动的公司、企业在从事代理业务时，不严格考察对方是否有商品、货物的真实进口，也不审查进口购汇有效单据的来源，为收取佣金、代理费、回扣而只顾购汇及付汇，导致大量外汇被骗购或者逃汇。

国有公司、企业、事业单位、金融机构、从事对外贸易的公司、企业的直接负责的主管人员已经履行足够的注意义务，从一般人的立场出发难以识破该骗局的，不是“严重不负责任被诈骗”。

根据《立案追诉标准（二）》第 14 条第 1、2 款的规定，签订、履行合同失职被骗，涉嫌下列情形之一的，应予立案追诉：(1) 造成国家直接经济损失数额在 50 万元以上的；(2) 造成有关单位破产，停业、停产 6 个月以上，或者被吊销许可证和营业执照、责令关闭、撤销、解散的；(3) 其他致使国家利益遭受重大损失的情形。金融机构、从事对外贸易经营活动的公司、企业的工作人员严重不负责任，造成 100 万美元以上外汇被骗购或者逃汇 1 000 万美元以上的，应予立案追诉。

行为人在签订、履行合同时虽然被骗，但发现后及时采取措施，避免了可能造成的损失的，不构成本罪；因不可抗力、意外事件、情势变更等因素给国家利益造成损失的，即使签订、履行合同过程中有一定程度的过失，因行为和结果之间也没有因果关系，也不构成本罪。国家利益遭受重大损失既可以是本单位原有财产被合同对方当事人使用欺骗方法取得，也可以是本单位可预期的重大利益因被欺诈而丧失，还可以是因为被骗，对方根本无法供货，造成停产，工厂濒临破产倒闭等。

国有公司、企业、事业单位的主管人员与本单位以外人员相勾结，共同假借签订、履行书面合同的名义骗取国有财产后分赃的，不符合签订、履行合同失职被骗罪的构成要件，实为贪污行为，应以贪污罪论处。

（二）主观要件

本罪在主观方面是过失。行为人既可能是未尽严格审查合同、认识被骗风险的结果预见义务，也可能是对结果有所认识，但未尽避免国家利益遭受重大损失的结果避免义务。

十四、国有公司、企业、事业单位人员失职罪

第一百六十八条[①] 国有公司、企业的工作人员，由于严重不负责任或者滥用职权，造成国有公司、企业破产或者严重损失，致使国家利益遭受重大损失的，处三年以下有期徒刑或者拘役；致使国家利益遭受特别重大损失的，处三年以上七年以下有期徒刑。

国有事业单位的工作人员有前款行为，致使国家利益遭受重大损失的，依照前款的规定处罚。

国有公司、企业、事业单位的工作人员，徇私舞弊，犯前两款罪的，依照第一款的规定从重处罚。

---

① 本条为《刑法修正案》第 2 条所修改。

国有公司、企业、事业单位人员失职罪，是指国有公司、企业、事业单位的工作人员，由于严重不负责任，造成国有公司、企业破产或者严重损失，致使国家利益遭受重大损失的行为。

（一）客观要件

本罪在客观方面表现为国有公司、企业、事业单位的工作人员失职造成国有公司、企业、事业单位破产或者严重损失，致使国家利益遭受重大损失的行为。

失职，即严重不负责任，表现为不履行、不正确履行或者放弃履行自己的职责，具体包括以下情形：(1) 国有公司、企业、事业单位的工作人员在工作中为谋取个人利益，对工作严重不负责任，不履行或者不正确履行职责和义务，草率行事。(2) 国有公司、企业、事业单位的工作人员在经济合同履行完毕之后，发现被诈骗，但仍不及时采取补救措施，不向有关机构报案或者不及时提起民事诉讼。(3) 国有公司、企业、事业单位的工作人员在仓储或者企业管理方面严重失职，造成重大损失，例如，负责管理粮库的保管员，由于严重不负责任，致使库存粮食发霉、变质，给国家利益造成重大损失等。

造成国有公司、企业、事业单位破产或者严重损失，致使国家利益遭受重大损失，是本罪的客观构成要件要素。造成国有公司、企业、事业单位严重损失，是指造成国家直接经济损失数额在50万元以上的情形。本罪中的破产并不必然等于宣告破产，即确定行为人严重不负责任的行为是否造成国有公司、企业、事业单位破产，不需要先有通过民事法庭审理破产案件，或由有关组织参与债权债务关系的清理，分配破产财产的法定程序。换言之，本罪的成立与否，取决于行为人是否使国有公司、企业、事业单位陷入无力清偿到期债务的状态。刑法上的判断是独立判断，不以民事程序是否启动或者有生效裁判为前提。

根据《立案追诉标准（二）》第15条的规定，国有公司、企业、事业单位的工作人员，严重不负责任，涉嫌下列情形之一的，应予立案追诉：(1) 造成国家直接经济损失数额在50万元以上的；(2) 造成有关单位破产，停业、停产1年以上，或者被吊销许可证和营业执照、责令关闭、撤销、解散的；(3) 其他致使国家利益遭受重大损失的情形。

本罪的主体是特殊主体，即国有公司、企业、事业单位的工作人员。

国有公司、企业、事业单位直接负责的主管人员在签订、履行合同过程中，合同的对方当事人并未实施欺骗行为，只是因主管人员自身严重不负责任，致使国家利益遭受重大损失的，不符合签订、履行合同失职被骗罪中因严重不负责任而被诈骗的构成要件，只能以本罪论处。

（二）主观要件

本罪在主观方面是过失，包括疏忽大意的过失和过于自信的过失。

十五、国有公司、企业、事业单位人员滥用职权罪

第一百六十八条① 国有公司、企业的工作人员，由于严重不负责任或者滥用职权，造成国有公司、企业破产或者严重损失，致使国家利益遭受重大损失的，处三年以下有期徒刑或者拘役；致使国家利益遭受特别重大损失的，处三年以上七年以下有期徒刑。

国有事业单位的工作人员有前款行为，致使国家利益遭受重大损失的，依照前款的规定处罚。

国有公司、企业、事业单位的工作人员，徇私舞弊，犯前两款罪的，依照第一款的规定从重处罚。

① 本条为《刑法修正案》第2条所修改。

国有公司、企业、事业单位人员滥用职权罪，是指国有公司、企业、事业单位的工作人员，由于滥用职权，造成国有公司、企业破产或者严重损失，致使国家利益遭受重大损失的行为。

（一）客观要件

本罪在客观方面表现为国有公司、企业、事业单位的工作人员滥用职权，造成国有公司、企业、事业单位破产或者重大损失，致使国家利益遭受重大损失的行为。

滥用职权，是指超越职权、违反行使职权所应遵守的程序开展工作。在实践中，滥用职权包括以下情形：(1) 擅自为他人提供担保，给本单位造成损失。(2) 不履行或者不正确履行职责，对损公肥私、侵占、私分、挪用公司、企业财产的严重违法行为不予制止、置若罔闻。(3) 大肆请客送礼，四处游览，铺张浪费，挥霍公款，致使公司、企业破产或者严重亏损。(4) 违反规定擅自动用公司、企业资金在国际外汇、期货市场上进行外汇、期货投机，造成公司、企业资金严重短缺、无法收回，给国家造成重大损失等。

根据《立案追诉标准（二）》第16条的规定，国有公司、企业、事业单位的工作人员，滥用职权，涉嫌下列情形之一的，应予立案追诉：(1) 造成国家直接经济损失数额在30万元以上的；(2) 造成有关单位破产，停业、停产6个月以上，或者被吊销许可证和营业执照、责令关闭、撤销、解散的；(3) 其他致使国家利益遭受重大损失的情形。

本罪的主体是特殊主体，即国有公司、企业、事业单位的工作人员。

根据有关司法解释，国有电信企业的工作人员，滥用职权，造成国有电信企业破产或者严重损失，致使国家利益遭受重大损失的，依照本罪定罪处罚。

（二）主观要件

本罪在主观方面是故意，即行为人明知自己滥用职权的行为会造成国有公司、企业、事业单位破产或者严重损失，致使国家利益遭受重大损失，而希望或者放任该结果的发生。

十六、徇私舞弊低价折股、出售国有资产罪

> 第一百六十九条　国有公司、企业或者其上级主管部门直接负责的主管人员，徇私舞弊，将国有资产低价折股或者低价出售，致使国家利益遭受重大损失的，处三年以下有期徒刑或者拘役；致使国家利益遭受特别重大损失的，处三年以上七年以下有期徒刑。

徇私舞弊低价折股、出售国有资产罪，是指国有公司、企业或者其上级主管部门直接负责的主管人员，徇私舞弊，将国有资产低价折股或者低价出售，致使国家利益遭受重大损失的行为。

（一）客观要件

本罪在客观方面表现为徇私舞弊，将国有资产低价折股或者低价出售，致使国家利益遭受重大损失的行为。

折股，是指在国有公司、企业改造成股份制企业，或者国家授权投资机构、国家授权的部门单独设立国有独资公司，或者国有资产占有部门投资或创立股份制企业时，将经过评估的国有资产现有价值量换算成公司的股份（国有股或国家控制的股份）。出售是指国有资产占有单位出卖国有资产。低价折股或低价出售是指折算的股份价值或出售价值低于国有资产行政管理机关评估、验证所确认的资产现存价值量。低价折股或低价出售的表现形式多种多样：有的在合资、合营、股份制改造过程中，对国有财产不进行资产评估，或者虽进行资产评估，但背离所评估资产的价值低价折股；有的在国有资产拍卖、转让以及公司、企业清算中，低估实物资产；有的在对国有资产折股时未计算其增值部分，只是按账面原值折股；有的未将公司、企业的商标、信誉等无形资产计入国家股；有的不经主管部门批准，不经评估机构作价，擅自将属

于公司、企业的土地、厂房低价卖给小团体或私营业主，从中收取回扣。①

本罪的行为对象是国有资产，即国家以各种形式对国有公司、企业投资和投资收益形成的财产，以及依据法律、行政法规认定的公司、企业国有资产，包括固定资产、流动资产、无形资产和其他资产，如国有公司、企业的实物、工业产权、非专利技术或者土地使用权等。

根据《立案追诉标准（二）》第17条的规定，国有公司、企业或者其上级主管部门直接负责的主管人员，徇私舞弊，将国有资产低价折股或者低价出售，涉嫌下列情形之一的，应予立案追诉：（1）造成国家直接经济损失数额在30万元以上的；（2）造成有关单位破产，停业、停产6个月以上，或者被吊销许可证和营业执照、责令关闭、撤销、解散的；（3）其他致使国家利益遭受重大损失的情形。

对设备、厂房等正常折旧、更新改造的，不存在徇私舞弊的行为，不构成本罪；国有公司、企业主管人员为掩盖私分国有资产的实质，而将国有资产低价出售给本单位人员的，不构成本罪，而构成私分国有资产罪。

国有公司、企业的上级主管部门直接负责的主管人员，在具有国家机关工作人员徇私舞弊低价折股、出售国有资产情节时，同时触犯本罪与玩忽职守罪、滥用职权罪，两罪之间有法条竞合关系，本罪是特别法条，适用本罪。但是，当其低价折股、出售国有资产时，未徇私舞弊的，应只构成玩忽职守罪、滥用职权罪，或者构成滥用管理公司、证券职权罪和非法低价出让国有土地使用权罪等。

本罪的主体是特殊主体，即国有公司、企业或者其上级主管部门直接负责的主管人员。

（二）主观要件

本罪在主观方面是故意，即行为人明知自己违反国家规定将国有资产低价折股或者低价出售会使国家利益遭受重大损失，而仍徇私舞弊有意为之。过失不构成本罪。

十七、背信损害上市公司利益罪

第一百六十九条之一② 上市公司的董事、监事、高级管理人员违背对公司的忠实义务，利用职务便利，操纵上市公司从事下列行为之一，致使上市公司利益遭受重大损失的，处三年以下有期徒刑或者拘役，并处或者单处罚金；致使上市公司利益遭受特别重大损失的，处三年以上七年以下有期徒刑，并处罚金：

（一）无偿向其他单位或者个人提供资金、商品、服务或者其他资产的；

（二）以明显不公平的条件，提供或者接受资金、商品、服务或者其他资产的；

（三）向明显不具有清偿能力的单位或者个人提供资金、商品、服务或者其他资产的；

（四）为明显不具有清偿能力的单位或者个人提供担保，或者无正当理由为其他单位或者个人提供担保的；

（五）无正当理由放弃债权、承担债务的；

（六）采用其他方式损害上市公司利益的。

上市公司的控股股东或者实际控制人，指使上市公司董事、监事、高级管理人员实施前款行为的，依照前款的规定处罚。

犯前款罪的上市公司的控股股东或者实际控制人是单位的，对单位判处罚金，并对其直接负责的主管人员和其他直接责任人员，依照第一款的规定处罚。

---

① 参见胡康生、李福成主编：《中华人民共和国刑法释义》，208页，北京，法律出版社，1997。

② 本条为《刑法修正案（六）》第9条所增设。

背信损害上市公司利益罪，是指上市公司的董事、监事、高级管理人员违背对公司的忠实义务，利用职务便利，操纵上市公司，致使上市公司利益遭受重大损失的行为。

（一）客观要件

本罪在客观方面表现为违背对公司的忠实义务，利用职务便利，操纵上市公司，致使上市公司利益遭受重大损失。

违背对公司的忠实义务，是指上市公司的董事、监事、高级管理人员、控股股东、实际控制人违背法律、行政法规和公司章程，未对公司保持忠诚，从而损害公司的利益。

本罪的实行行为包括：(1) 无偿向其他单位或者个人提供资金、商品、服务或者其他资产。这通常表现为，上市公司的董事、监事、高级管理人员、控股股东和实际控制人，利用对上市公司的控制权或者影响力，将上市公司的资金或者其他资产直接划拨到关联公司供其使用；控股股东、实际控制人以自己或者关联公司的名义，在无任何真实交易的情况下，占用上市公司的资金或者其他资产；在上市公司与关联企业之间进行没有实质交易的资金划拨；由上市公司代关联公司支付费用；由上市公司以现金出资、关联方以资产出资，共同设立子公司，或者通过资产重组，占用上市公司的资金等行为。(2) 以明显不公平的条件，提供、接受资金、商品、服务或者其他资产。这包括上市公司以明显不公平的高价收购其他公司、企业的资产或接受其提供的商品、服务，或者将上市公司资产低价转让、提供给关联公司、企业，从而掏空上市公司。例如，将上市公司的资金或者其他资产以借款、借用方式转到关联公司供其使用；控股股东、实际控制人以自己或者关联公司的名义，与上市公司签订借款、借用合同，占用上市公司的资金或者其他资产的，都可以成立本罪。(3) 向明显不具有清偿能力的单位或者个人提供资金、商品、服务或者其他资产。这种行为具体表现为：上市公司的董事、监事、高级管理人员、控股股东和实际控制人，明知单位或者个人（包括其控制的关联公司、上市公司的控股股东和实际控制人）没有清偿能力，仍然利用他们对上市公司的控制权或者影响力，让上市公司向该单位或者个人提供资金、商品、服务或者其他资产。(4) 为明显不具有清偿能力的单位或者个人提供担保，或者无正当理由为其他单位或者个人提供担保。在被担保单位或者个人不能偿还到期债务，或者利用上市公司的担保获得贷款后拖欠或者拒绝还贷时，最终由上市公司承担连带赔偿责任。这样就使上市公司的资产不当减少或者处于高风险状态，还有可能造成国有资产的流失。(5) 无正当理由放弃债权、承担债务的。(6) 采用其他方式损害上市公司利益的。

根据《立案追诉标准（二）》第 18 条的规定，背信损害上市公司利益，涉嫌下列情形之一的，应予立案追诉：(1) 无偿向其他单位或者个人提供资金、商品、服务或者其他资产，致使上市公司直接经济损失数额在 150 万元以上的；(2) 以明显不公平的条件，提供或者接受资金、商品、服务或者其他资产，致使上市公司直接经济损失数额在 150 万元以上的；(3) 向明显不具有清偿能力的单位或者个人提供资金、商品、服务或者其他资产，致使上市公司直接经济损失数额在 150 万元以上的；(4) 为明显不具有清偿能力的单位或者个人提供担保，或者无正当理由为其他单位或者个人提供担保，致使上市公司直接经济损失数额在 150 万元以上的；(5) 无正当理由放弃债权、承担债务，致使上市公司直接经济损失数额在 150 万元以上的；(6) 致使公司发行的股票、公司债券或者国务院依法认定的其他证券被终止上市交易或者多次被暂停上市交易的；(7) 其他致使上市公司利益遭受重大损失的情形。

本罪的主体是特殊主体，即对上市公司具有控制权或重大影响力的人，包括上市公司的董事、监事、高级管理人员、控股股东或者实际控制人。这里的董事，是指有限责任公司和股份有限公司中由股东（大）会选出的，作为公司业务的决策者和管理者对公司和股东负有特定义务的自然人。监事，是对董事会决议的执行负有监督职责的人。高级管理人员，是指公司的经理、副经理、财务负责人，上市公司董事会秘书和公司章程规定的其他人员。控股股东，是指其出资额占有限责任公司资本总额50%以上或者其持有的股份占股份有限公司股本总额50%以上的股东；出资额或者持有股份的比例虽然不足50%，但依其出资额或者持有的股份所享有的表决权已足以对股东会、股东大会的决议产生重大影响的股东。实际控制人，是指虽不是公司的股东，但通过投资关系、协议或者其他安排，能够实际支配公司行为的人。

（二）主观要件

本罪在主观上是故意，行为人对违反对公司的忠实义务有认识，对行为可能给上市公司造成损害持希望或者放任的态度。

上市公司的董事、监事、高级管理人员因为对市场判断有误，从而导致决策失误的，欠缺本罪的故意，即使给上市公司的利益造成损害，也不构成本罪。

第五节 破坏金融管理秩序罪

一、伪造货币罪

第一百七十条① 伪造货币的，处三年以上十年以下有期徒刑，并处罚金；有下列情形之一的，处十年以上有期徒刑或者无期徒刑，并处罚金或者没收财产：

（一）伪造货币集团的首要分子；

（二）伪造货币数额特别巨大的；

（三）有其他特别严重情节的。

第一百七十一条第三款 伪造货币并出售或者运输伪造的货币的，依照本法第一百七十条的规定定罪从重处罚。

伪造货币罪，是指违反货币管理法规，依照货币的式样，制造假货币冒充真货币的行为。

（一）保护法益

本罪侵害的法益是作为交易手段的货币的公共信用。维持处于流通状态的货币的信用，保护使用货币的国民的交易安全是本罪的立法宗旨。此外，本罪还保护国家的货币发行权、国家通过货币发行量规制经济生活的权力等利益。

在现代社会，由于经济全球化的影响，国际贸易往来日益频繁，一个主权国家有必要对其他国家发行货币的公共信用给予保护。伪造外国货币的行为对金融自由化的破坏较大，造成的流通危险较高，所以，在惩罚伪造货币罪时坚持世界主义的立场是有必要的。

本罪的行为对象是正在流通或者通用的货币，包括可在国内市场通用的人民币（含普通纪念币、贵金属纪念币）和可流通、兑换的外币。国内货币的通用不是指事实上流通，而是根据法律具有强制流通力；废币、已经丧失强制流通力，但具有很高价值的古币都不是本罪的客体。外国货币的流通，不是指具有强制流通力，而是指其事实上处于流通状态。可在我国境内流通、兑换的外币包括我国港、澳、台地区的货币，美元、欧元、卢布、日元等外国货币。在定罪量刑时，货币面额应当以人民币计算，至于其他币种以案发时国家外汇管理机关公布的外汇牌价折算成人民币。

---

① 本条为《刑法修正案（九）》第11条所修改。

（二）客观要件

本罪在客观方面表现为仿照真实货币的图案、形状、色彩等特征非法制造假币，冒充真币的行为。

要判断行为人伪造的假币是否类似于真币，以假币是否达到使一般人发生误认的程度进行判断。一方面，伪造的假币不要求与真币完全相同，例如，无真币号码、印章的，仍属伪造；另一方面，对假币的判断，不从专家立场出发，因为本罪侵犯的法益是货币的公共信用，假币足以在市场交易中欺骗公众就是伪造，例如，利用激光照相制版等高科技手段伪造货币，但在搭配假币颜色的工序尚未全部完成时即案发的，假币在色彩上与真币虽略有差异，但足以使一般人产生误认，应成立本罪既遂。当然，假币的仿真程度极低、按照一般人的注意力不会将其看作真币的，属于着手实施伪造行为。由于行为人意志以外的原因，未将假币制造出来，是本罪未遂。同时采用伪造和变造手段，制造真伪拼凑货币的行为，以伪造货币罪定罪处罚。

根据《立案追诉标准（二）》第19条的规定，伪造货币，涉嫌下列情形之一的，应予立案追诉：（1）伪造货币，总面额在2 000元以上或者币量在200张（枚）以上的；（2）制造货币版样或者为他人伪造货币提供版样的；（3）其他伪造货币应予追究刑事责任的情形。

伪造货币又出售、持有、使用、运输的，以伪造货币罪定罪处罚，将出售、持有、使用、运输行为作为量刑情节考虑。以使用为目的，伪造停止流通的货币，或者使用伪造的停止流通的货币的，以诈骗罪定罪处罚。

对于制造、销售伪造货币的印刷版、胶片、模具或者其他伪造货币的工具的，或者与他人事前通谋，为他人伪造货币提供版样的，不认定为犯罪数额，以本罪定罪，根据犯罪情节量刑。

（三）主观要件

本罪在主观方面是故意，行为人对制造的是正在强制流通中的货币有认识，并且追求或者放任伪造结果的发生。

本条并不要求行为人具有行使的目的或者流通的意思，但是，在刑法解释论上应当要求有行使、流通的意思（目的犯），即将假币作为真币置于市场上流通，从而危害货币的公共信用。行使的目的是典型的主观违法要素，其使伪造的货币有行使的可能，从而在客观上保证行为样态与非罪行为有区别。行使可以由伪造者直接实施，也可以是交付第三人后由其行使；行使可能是出于支付对价、偿还债务等营利目的，也可能是出于赠送亲友等非营利目的。单纯为了便于教学、艺术表演、私人收藏或展览而设计、伪造货币的，不认为具有行使目的，不构成本罪。

二、出售、购买、运输假币罪

第一百七十一条第一款　出售、购买伪造的货币或者明知是伪造的货币而运输，数额较大的，处三年以下有期徒刑或者拘役，并处二万元以上二十万元以下罚金；数额巨大的，处三年以上十年以下有期徒刑，并处五万元以上五十万元以下罚金；数额特别巨大的，处十年以上有期徒刑或者无期徒刑，并处五万元以上五十万元以下罚金或者没收财产。

出售、购买、运输假币罪，是指出售、购买伪造的货币，或者明知是伪造的货币而进行运输，数额较大的行为。

（一）客观要件

本罪在客观方面表现为出售、购买伪造的货币或者明知是伪造的货币而运输的行为。

出售，是指将本人持有的假币有偿地转让给他人的行为，即告知对方是假币，或者在对方对货币的性质已知情的情况下，实现假币有偿转移的行为。出售假币既可以是假币与真币之间的交易，也可以是假币与实物间的交易。不论行为人是将自己伪造的假币予以出售，还是购买别人的假币予以出售，都构成出售行为。在外汇黑市用假币冒充真币与他人兑换货币，相对方对货币性质并不知情的，相关行为不成立出售假币，而是使用假币。要成立出售假币罪，还要求有对应的真币正在流通。出售无对应的正在流通的真币的假银元的行为，不成立本罪。

购买，是指以行使为目的，明知是假币而有偿买受的行为。购买不限于用真货币有偿取得假币，利用一定价值的财物兑换假币的，实质上也是购买假币。无偿接受假币的，不构成购买假币罪，但事后持有或者使用该假币的，可能成立持有、使用假币罪。

运输，是指明知是假币而利用交通工具或其他方式实现其空间移动的行为。受欺骗或因自身能力无法认识到所运输的是假币的，不构成本罪。不知道是假币，但明知是他人犯罪所得的赃物加以运输的，构成转移赃物罪。运输必须限于在国境内实施。将国外货币输入，将国内货币输出的运输行为，构成走私假币罪，而不构成本罪。

在出售假币时被当场抓获的，现场被查获的假币均应被认定为出售假币的犯罪数额。现场之外另查获的假币，应根据具体情况分别处理：有证据证明另外被查获的假币是用于出售的，全案成立出售假币罪。如没有证据证明另外被查获的假币是用于出售的，也没有证据证明是购买或伪造的，则分别定出售假币罪和持有假币罪，数罪并罚。

对于出售、购买、运输假币罪的行为，不能认为行为人一着手实施出售、购买或者运输伪造货币行为就构成既遂。出售、购买或者运输行为，也存在因行为人意志以外的原因而未实施完毕的可能。由于本罪属选择性罪名，行为人只要将其中任何一种行为而不是三种行为实施完毕即可构成既遂。运输假币的，只要实施了运输假币的行为，即构成运输假币罪的既遂。购买假币的，只要实施了交易行为，即构成购买假币罪的既遂。至于出售方是否取得钱财，购买方是否实际占有和控制假币，均不影响既遂的成立。

根据《立案追诉标准（二）》第 20 条的规定，出售、购买伪造的货币或者明知是伪造的货币而运输，总面额在 4 000 元以上或者币量在 400 张（枚）以上的，应予立案追诉。在出售假币时被抓获的，除现场查获的假币应认定为出售假币的数额外，现场之外在行为人住所或者其他藏匿地查获的假币，也应认定为出售假币的数额。

直接向走私人非法收购假币或者在内海、领海运输、收购、贩卖假币的，构成走私假币罪而不构成出售、购买、运输假币罪。

本罪的主体是一般主体，凡是已满 16 周岁、具有刑事责任能力的人都可以成立本罪。但是，金融机构工作人员购买假币的，不成立本罪。

（二）主观要件

本罪在主观方面是故意。虽然刑法只要求行为人对运输的是伪造的货币应当有明知，但对出售、购买的是伪造的货币也应当明知是不言而喻的。至于行为人是否具有、是否实现营利目的，都不影响本罪成立。

三、金融机构工作人员购买假币、以假币换取货币罪

第一百七十一条第二款　银行或者其他金融机构的工作人员购买伪造的货币或者利用职务上的便利，以伪造的货币换取货币的，处三年以上十年以下有期徒刑，并处二万元以上二十万元以下罚金；数额巨大或者有其他严重情节的，处十年以上有期徒刑或者无期徒刑，并处二万元以上二十万元以下罚金或者没收财产；情节较轻的，处三年以下有期徒刑或者拘役，并处或者单处一万元以上十万元以下罚金。

金融机构工作人员购买假币、以假币换取货币罪，是指银行或者其他金融机构的工作人员购买伪造的货币，或者利用职务上的便利，以伪造的货币换取货币的行为。

本罪在客观方面表现为金融机构工作人员购买伪造的货币，或者利用职务上的便利，以伪造的货币换取货币的行为。以假币换取货币的行为没有利用职务上便利的，视情况成立出售假币罪或使用假币罪。

根据《立案追诉标准（二）》第21条的规定，银行或者其他金融机构的工作人员购买伪造的货币或者利用职务上的便利，以伪造的货币换取货币，总面额在2 000元以上或者币量在200张（枚）以上的，应予立案追诉。

国有金融机构工作人员利用职务上管理金库、出纳现金、吸收付出存款等便利条件，以伪造的货币换取货币的，同时构成本罪和贪污罪，两罪之间有法条竞合的关系，一般应以本罪处理。但是，换取假币数额特别巨大，以本罪处理明显偏轻的，是否应当按照重法优于轻法的原则，以贪污罪定罪处刑，还值得研究。

本罪的主体是特殊主体，即金融机构工作人员。金融机构，是指银行及其他金融机构。银行包括中国人民银行和商业银行；其他金融机构是指依法参与金融活动、开展金融业务，具有法人资格的保险公司、信托投资公司、融资租赁公司、证券公司等组织。在上述机构从事金融业务的人员，都可能成为本罪的主体。

本罪在主观方面是故意，行为人对购买、换取货币的性质应当有明确认识。

四、持有、使用假币罪

第一百七十二条　明知是伪造的货币而持有、使用，数额较大的，处三年以下有期徒刑或者拘役，并处或者单处一万元以上十万元以下罚金；数额巨大的，处三年以上十年以下有期徒刑，并处二万元以上二十万元以下罚金；数额特别巨大的，处十年以上有期徒刑，并处五万元以上五十万元以下罚金或者没收财产。

持有、使用假币罪，是指违反货币管理法规，明知是伪造的货币而持有、使用，数额较大的行为。

（一）客观要件

本罪在客观方面表现为持有、使用伪造的货币的行为。

持有，是指保存、控制、携带假币的状态。明知是假币而运输的，不是持有假币。伪造货币，出售、购买假币后持有假币的，对持有行为都不单独定罪。

使用，是指将假币作为真币置于流通状态，通常表现为依照假币的面值予以流通。假币是否以行使的目的伪造、由谁伪造在所不问。作为教学、演出道具设计、制作的假币，置于流通状态时，也是使用假币。利用假币支付购买货物的对价、利用假币偿还债务、将假币作为保证金提供给他人、以假币作注册资本验资、交换或者赠与假币都是将假币置于流通的行为。利用自动贩卖机的场合，也是使用假币。所使用的假币基于何种原因取得，与成立本罪无关，使用捡拾、窃取、诈欺取得的假币都可以成立本罪。使用的方法是否适法，也在所不问，将假币作为赌金，或用于支付嫖宿费用、购买毒品、购买走私物品、支付聚众斗殴后的赔偿金等，都是使用行为。但是，在签订经济合同等场合，将假币作为证明自己信用能力的担保财物出示的，或者委托他人保管假币或者贩卖假币标本的，都不是以行使为目的而将货币置于流通的使用行为，不成立使用假币罪，必要时，可以持有假币等罪处理。

使用的相对人应当不知道其所接受的是假币，否则使用行为可能成立出售假币罪。对方一开始就知道是假币，交付方以为对方并不知情而使用假币的，构成使用假币罪未遂；将假币交与不知情的第三人，托其购买货物的，交付者构成使用假币罪。

根据《立案追诉标准（二）》第22条的规定，明知是伪造的货币而持有、使用，总面额在4 000元以上或者币量在400张（枚）以上的，应予立案追诉。

伪造、变造假币后使用的，伪造、变造行为与本罪之间有牵连关系；购买假币后使用的，以购买假币罪定罪从重处罚；将盗窃、诈骗等财产犯罪所获取的假币加以使用的，应以相应财产犯罪和本罪并罚。

出售、运输假币构成犯罪，同时有使用假币行为的，依照刑法第171条、第172条的规定，数罪并罚。

将假币在自动贩卖机上使用的，不构成诈骗罪，但构成使用假币罪和盗窃罪的想象竞合犯。

在使用货币买卖的过程中误收假币，后明知是假币而故意使用的，实质上仍是一种行使、使用伪造货币的行为，原则上应以使用假币罪论处。但是，必须考虑使用人多是为了贪图便宜或挽回自己所遭受的损失，期待可能性较低，不论从主观还是从客观危害来看，都比蓄意使用假币的行为轻微，所以这种使用假币行为，数额不大的，不以犯罪论处。对于达到一定数额标准，社会危害性严重的，即使以使用假币罪论处，在量刑上也应酌定从轻。

（二）主观要件

本罪在主观方面是故意，即行为人明知是伪造的货币而仍然持有或者使用。一开始并不知道所收取的是假币，但事后知情仍然使用的，具有使用故意。当然，收取假币后的知情行使者毕竟因为欠缺期待可能性而具有减轻责任的特殊身份，量刑时应适度从轻处罚。此外，教唆、指使取得假币后才知情的他人使用假币的，应当认定为具有本罪的故意，成立本罪的共犯。

虽然持有、使用的是伪造的货币，但是确实不知道所持有、使用的是伪造的货币的，则主观上没有持有、使用假币的故意，不成立本罪。

五、变造货币罪

第一百七十三条 变造货币，数额较大的，处三年以下有期徒刑或者拘役，并处或者单处一万元以上十万元以下罚金；数额巨大的，处三年以上十年以下有期徒刑，并处二万元以上二十万元以下罚金。

变造货币罪，是指对真货币采用剪贴、挖补、揭层、涂改、移位、重印等方法加工处理，改变真币形态、价值，数额较大的行为。

变造，是指没有货币发行权的人对真币进行变更、加工，做成类似于真币的货币，改变货币面额的行为。类似的程度以一般人是否可能发生误认为标准进行判断。至于变造后的货币面额是增大还是减小，都不影响本罪的成立。

根据《立案追诉标准（二）》第23条的规定，变造货币，总面额在2 000元以上或者币量在200张（枚）以上的，应予立案追诉。

由于刑法对伪造货币和变造货币行为所规定的法定刑悬殊，但二者之间的关系又极其微妙，所以在司法实践中必须仔细鉴别伪造行为和变造行为的差异。对真货币进行加工，不仅改变其外观，而且使其失却原来的货币同一性的，是伪造而不是变造。将废币加工成假币，将大量小面额硬币集中在一起熔铸成多枚大面额硬币的行为，都是伪造。对自己伪造的货币进行变造的，也属于伪造。只有保持变造前和变造后货币的同一性的，才是变造。

变造货币后又出售、运输、持有的，都只构成变造货币罪；行为人使用自己变造的货币购物、兑换、偿还债务的，同时构成变造货币罪和诈骗罪，成立牵连犯，应从一重罪处断。购买他人变造的货币又出售、运输、持有、使用的，不构成犯罪。

本罪在主观方面是故意，还要求行为人有使用的目的，即将变造后的货币作为真正的货币投入流通，为作为教具、装饰品使用而变造的，不构成本罪。

六、擅自设立金融机构罪

第一百七十四条第一款[①] 未经国家有关主管部门批准，擅自设立商业银行、证券交易所、期货交易所、证券公司、期货经纪公司、保险公司或者其他金融机构的，处三年以下有期徒刑或者拘役，并处或者单处二万元以上二十万元以下罚金；情节严重的，处三年以上十年以下有期徒刑，并处五万元以上五十万元以下罚金。

第一百七十四条第三款 单位犯前两款罪的，对单位判处罚金，并对其直接负责的主管人员和其他直接责任人员，依照第一款的规定处罚。

擅自设立金融机构罪，是指未经国家有关主管部门批准，擅自设立商业银行、证券交易所、期货交易所、证券公司、期货经纪公司、保险公司或其他金融机构的行为。

（一）保护法益

本罪的保护法益是金融的信用和秩序。金融机构必须合法开设，相对人的经济交易风险才能降低，应得利益才能预期，金融活动以及经济生活的安全感、可靠性才能有所保障。至于国家管理机关设立、撤并金融机构以及其他监督、组织与协调金融的权力，只不过是本罪的次要保护法益。

（二）客观要件

本罪在客观方面表现为擅自设立金融机构的行为。

擅自设立，是指违反金融管理法规，未经中国人民银行批准或者申请未被批准，非法自行设立商业银行或者其他金融机构的情形。地方政府和部门越权批准设立金融机构；伪造公文、证据、印章后设立金融机构；利用他人转让的金融机构经营许可证设立金融机构的，都是擅自设立行为。擅自设立金融机构后，是否开展商业银行或者其他金融机构相应的金融业务，对成立本罪没有影响。

合法设立的商业银行、期货经纪公司或者其他金融机构为了扩展业务，不向主管机关申报而擅自扩建营业网点，增设分支机构，或者虽向主管机关申报，在主管机关批准前擅自设立分支机构进行营业活动的，行为也具有非法性，但是，其与未取得金融业务经营资格的单位或者个人违反法律、法规的规定擅自设立商业银行、证券交易所、期货交易所、证券公司、期货经纪公司、保险公司或其他金融机构的行为有一定区别，原则上不宜以本罪处理。

擅自设立的金融机构包括商业银行和其他金融机构（包括筹备组织）。商业银行是指由中国人民银行批准，以银行名义对外吸收公众存款、发放贷款、办理结算以及开展其他金融业务，具有法人资格并以实现利润为其经营目的的金融机构。其他金融机构，是指除银行以外，其他依法参与金融活动、开展金融业务，具备法人资格的组织，如证券交易所、期货交易所、证券公司、期货经纪公司、保险公司以及信托投资公司、融资租赁公司、城市信用合作社、农

① 本款为《刑法修正案》第3条所修改。

村信用合作社、企业财务公司等。

擅自设立金融机构后非法集资的，与本罪之间有竞合关系，应从一重罪处断。

擅自设立的金融机构开业即为本罪既遂，至于其是否接收储蓄存款、是否实际开展其他金融业务、是否获取非法利益，不影响犯罪既遂的成立。

（三）主观要件

本罪在主观方面是故意，还要求行为人有违法性认识，即明知设立金融机构应当经过国家主管机关的批准，擅自设立金融机关的行为违反金融管理法规并会发生扰乱金融秩序的危害后果，并且希望或者放任这种结果的发生。

七、伪造、变造、转让金融机构经营许可证、批准文件罪

第一百七十四条第二款[①]　伪造、变造、转让商业银行、证券交易所、期货交易所、证券公司、期货经纪公司、保险公司或者其他金融机构的经营许可证或者批准文件的，依照前款的规定处罚。

第一百七十四条第三款　单位犯前两款罪的，对单位判处罚金，并对其直接负责的主管人员和其他直接责任人员，依照第一款的规定处罚。

伪造、变造、转让金融机构经营许可证、批准文件罪，是指个人或单位伪造、变造、转让商业银行、证券交易所、期货交易所、证券公司、期货经纪公司、保险公司或其他金融机构的经营许可证、批准文件的行为。

伪造，是指无中生有，制作假的经营金融业务许可证的行为。变造，是指对现存的金融业务许可证进行加工、改造，赋予其新内容的行为。转让，是指合法、特定的金融机构经营许可证持有者非法让渡该经营许可证的行为（真正身份犯）。转让是有偿的出卖、出租还是无偿的出借、赠与，都在所不问。

本罪的行为对象是金融机构许可证、批准文件。金融机构经营许可证，是指中国人民银行审查批准商业银行、证券交易所、期货交易所、证券公司、期货经纪公司、保险公司或其他金融机构从事金融业务及其经营范围的证明文件。批准文件，是指中国人民银行允许商业银行或其他金融机构经营金融业务，确定其经营范围的相关文件。

利用伪造、变造、转让的金融机构经营许可证擅自设立金融机构的，原则上以结果行为即擅自设立金融机构罪定罪处罚。

本罪在主观方面是故意，行为人对伪造、变造、转让的是金融机构经营许可证、批准文件有认识，并且希望或者放任危害金融秩序的后果发生。行为人对伪造、变造、转让行为为法律所禁止有认识。

八、高利转贷罪

第一百七十五条　以转贷牟利为目的，套取金融机构信贷资金高利转贷他人，违法所得数额较大的，处三年以下有期徒刑或者拘役，并处违法所得一倍以上五倍以下罚金；数额巨大的，处三年以上七年以下有期徒刑，并处违法所得一倍以上五倍以下罚金。

单位犯前款罪的，对单位判处罚金，并对其直接负责的主管人员和其他直接责任人员，处三年以下有期徒刑或者拘役。

---

① 本款为《刑法修正案》第3条所修改。

高利转贷罪，是指以转贷牟利为目的，套取金融机构信贷资金高利转贷他人，违法所得数额较大的行为。

（一）保护法益

本罪侵害的法益是金融机构贷款发放秩序和信贷资金的安全性。信贷资金是金融机构以信用方式积聚和分配的货币资金，具有营利性、有偿性、流动性、融通性等特点，主要来源于财政性存款、企业存款、居民储蓄存款、准备金存款和国家以及其他投资者投入银行的资金及银行留有收益。套取金融机构信贷资金高利转贷的行为违反了信贷资金专款专用、不得转借他人及禁止非金融机构之间拆借资金等项规定，危及贷款发放秩序，使金融机构的信贷资金处于高风险状态，从而严重扰乱了金融秩序。

本罪的行为对象是信贷资金。关于信贷资金是广义上的金融机构发放的贷款（包括担保贷款和信用贷款）还是仅仅指除担保贷款以外的信用贷款，在理论上有争论。① 应该说，金融机构将吸收的客户存款与资本金作为贷款发放给他人时，该贷款就是信贷资金。刑法规定本罪的对象是信贷资金，而未将其限定为信用贷款；同时，从金融机构发放贷款的实践来看，信用贷款所占的比重较小，绝大多数贷款为担保贷款。因此，为有效维护金融秩序，全面保护法益，对信贷资金作广义理解，解释为包括担保贷款和信用贷款在内的“贷款资金”更为合理。如果将这里的信贷资金限缩理解为“信用贷款”，就会不当地认为套取担保贷款再转贷牟利的不构成本罪。

（二）客观要件

本罪在客观方面表现为套取金融机构信贷资金，高利转贷他人牟利的行为。

套取信贷资金，是指借款人向金融机构隐瞒转贷牟利的事实，不法获取贷款资金的行为。套取行为，可以由符合贷款条件的人以正当理由实施，进而取得信贷资金。行为人为转贷牟利，以真实、合法、有效的不动产抵押的方式取得相关银行贷款也是套取信贷资金，即便转贷给第三人的相关银行贷款案发前已足额清偿，仍应追究本罪的刑事责任，因为本罪主要保护的是金融机构的贷款发放秩序，从银行得到贷款后转手放贷赚取利息差的，就是实施了本罪的实行行为。无还本付息意愿和计划，不能按正常程序申请贷款者，伪造信用凭证、担保文件、产权证明或其他贷款文件，编造贷款理由套取信贷资金然后转贷牟利的，应以贷款诈骗罪定罪量刑；接受、使用信贷资金者如有指使、教唆他人实施贷款诈骗行为的，应以贷款诈骗罪共犯处理，均不构成本罪。高利转贷，是指将从金融机构取得的信贷资金以更高的利率借贷给他人或者其他单位，从中赚取利息差价的行为。至于取得信贷资金后，以高于借入贷款利率多少的利率转贷给他人，在所不问，转贷者有收益即可。那种认为行为人必须以比金融机构贷款利率高出许多的利率将套取的金融机构信贷资金转贷给他人才构成本罪的观点②，会人为地限制本罪的成立范围，于法无据，并不妥当。

根据《立案追诉标准（二）》第26条的规定，以转贷牟利为目的，套取金融机构信贷资金高利转贷他人，涉嫌下列情形之一的，应予立案追诉：（1）高利转贷，违法所得数额在10万元以上的；（2）虽未达到上述数额标准，但两年内因高利转贷受过行政处罚2次以上，又高利转贷的。

（三）主观要件

本罪在主观方面是故意，行为人明知自己的行为会发生扰乱金融秩序的结果，并且希望或

① 参见陈兴良：《刑法疏议》，311页，北京，中国人民公安大学出版社，1997。

② 参见胡康生、李福成主编：《中华人民共和国刑法释义》，225页，北京，法律出版社，1997。

者放任这种结果的发生。

本罪是典型的目的犯，行为人以转贷牟利为目的，这意味着其在套取信贷资金的当时必须具有转贷牟利的目的（但没有非法占有信贷资金不归还的意思）。至于套取信贷资金转贷者是否实际取得利益，不影响本罪故意的成立。以生产经营的目的正常申请贷款，后来因为市场变化无法继续从事特定经营活动，转而将贷款转贷给他人并取得收益的，由于行为人在取得贷款的当时，并不是以转贷牟利为目的"套取"信贷资金，欠缺本罪的故意，故不成立本罪。

九、骗取贷款、票据承兑、金融凭证罪

第一百七十五条之一① 以欺骗手段取得银行或者其他金融机构贷款、票据承兑、信用证、保函等，给银行或者其他金融机构造成重大损失的，处三年以下有期徒刑或者拘役，并处或者单处罚金；给银行或者其他金融机构造成特别重大损失或者有其他特别严重情节的，处三年以上七年以下有期徒刑，并处罚金。

单位犯前款罪的，对单位判处罚金，并对其直接负责的主管人员和其他直接责任人员，依照前款的规定处罚。

骗取贷款、票据承兑、金融凭证罪，是指以欺骗手段取得银行或者其他金融机构贷款、票据承兑、信用证、保函等，给银行或者其他金融机构造成重大损失的行为。以欺骗手段获取银行和金融机构贷款，骗取银行开具以金融机构信用为基础的票据承兑、信用证、保函等其他金融凭证的行为，使金融资产处于可能无法收回的巨大风险之中，既扰乱了金融秩序，也危及了金融机构的资金安全，因此，需要加以惩罚。关于本罪的保护法益需要区别讨论：在骗取贷款的场合，其保护法益是金融机构信贷资金（金融机构财物）的安全，而不是贷款发放秩序，因为如果贷款已经得到清偿或者在案发时贷款尚未到期，那么，信贷资金就不存在风险，未产生法益侵害。在骗取票据承兑、金融凭证的情形下，由于定罪的前提是金融机构有重大损失，因此，其保护法益是金融机构的资金安全。由于有其他特别严重情节时法定刑升格，因此，其保护法益还包括金融机构对票据及金融凭证的管理秩序。

本罪在客观方面表现为骗取贷款、票据承兑、金融凭证。

本罪必须以欺骗手段实施。这里的欺骗手段，必须是在"重要事实"上欺骗，否则，对金融安全不会造成刑法意义上的危险。例如，行为人取得贷款后改变贷款用途，且逾期未还款的，如果事后查明，其贷款资料虽然有假，但行为人所提供的担保物足额、真实，不会给金融机构造成重大损失的，不成立本罪的"骗取"。因此，不能认为贷款资料有假，就一定是骗取贷款。因为本罪的保护法益是银行信贷资金安全，对应的欺骗手段必须具有足以引起银行损失的危险。有些手段即使带有一定的欺骗性，但是如果不具有这样的危险，也不应被视为本罪的欺骗手段，而属于一般的市场背信行为。在现有金融体制下，银行贷款过程中，形式审查较多，申请人需要提交的申请材料数量多，手续烦琐，如果要求每一份材料、每一个细节都必须真实，既不可能做到，也不利于银行信贷业务的正常发展，影响经济发展速度。因此，对于贷款资料虽然存在虚假，但并没有虚构担保单位、虚设抵押物的，不构成本罪，实务中不能仅以行为人存在虚构贷款用途、编造虚假的财务报表（虚增销售额、利润、纳税金额）、购销合同等贷款材料等情况，就认定行为人属于骗取贷款。在行为人向银行提供了真实可靠的担保物之

① 本条为《刑法修正案（六）》第10条所增设，根据《刑法修正案（十一）》第11条所修改。

后取得票据承兑、信用证、保函等情形下，也应该认为，银行不会面临资金风险，足以确保银行的资金安全的，相关行为不构成犯罪。

此外，在申请贷款过程中对部分贷款资料作假，以及存在改变贷款资金用途的情况，但相关银行贷款本息均已足额受偿的，相关行为更不应当构成本罪；案发时部分贷款尚未到期，且行为人有足够资金，可以清偿未到期贷款的，相关行为也不应该成立本罪。

在实务中，还大量存在放贷银行并没有因为被欺骗而陷入错误的情形。骗取贷款在构造上要求银行工作人员受到欺骗，并因此放贷给犯罪人。如果银行工作人员已然识破借款人的骗局，但基于完成放贷指标或其他利益追求仍放贷给借款人的，借款人的行为最多成立本罪未遂（但无追究必要性）。在此情况下，欺骗手段和获取贷款之间没有因果关系，借款人不是因为欺骗手段而获取贷款，而是银行工作人员知道真相后仍然自愿放贷。对类似情形论以骗取贷款罪（既遂）明显违背欺骗型犯罪的内在构造。

值得研究的问题是：本罪有两档法定刑，其中第一档法定刑没有关于情节的规定，在有其他特别严重情节时法定刑升格。那么，能否将此理解为：贷款有真实的担保，或者事后贷款本息全部归还了，但是，由于在贷款申请材料上做假之后取得的贷款金额达到数亿元或者数十亿元之巨，在不能适用第一档法定刑的情形下，直接认定为骗取贷款“有其他特别严重情节”，从而直接适用第二档法定刑。这一理解并不妥当，与《刑法修正案（十一）》第11条作出修改的立法宗旨不相符合。在之前的实务中，对于将骗取的贷款全部清偿或者提供足额担保的行为，也认定为骗取贷款情节严重，从而予以定罪。《刑法修正案（十一）》第11条删除了骗取贷款等行为的“其他严重情节”（如贷款资料大量做假、全部贷款的用途均被改变等），故不能被定罪。也可以说，在立法者看来，对于骗取贷款这种情形而言，最为严重的情节体现在给金融机构造成损失这一点上，如果金融机构没有遭受损失，行为人就没有需要司法上作否定评价的情节。这样一来，对于提供真实担保取得贷款，或者事后全部归还贷款本息的，即便利用虚假贷款资料取得的贷款金额数额特别巨大，也不能定罪，在对其不能适用第一档法定刑的情形下，更无法直接认定为骗取贷款“有其他特别严重情节”，适用更重的法定刑。本条第1款中“有其他特别严重情节”时法定刑升格的规定适用于骗取贷款罪的情形仅限于：行为人骗取贷款数额特别巨大，给金融机构造成了重大损失，同时具有其他严重情节的情形（如贷款资料大量作假、贷款被用于违法犯罪活动等）。因此，骗取贷款造成金融机构的损失“接近于特别重大”＋其他严重情节＝法定刑升格。如果贷款已经归还，或者虽未归还但金融机构针对真实、足额担保物提起民事诉讼就能够挽回损失的，仅因贷款金额特别巨大，就径直跳过第一档法定刑，直接适用本条第1款中“有其他特别严重情节”时法定刑升格规定的前提并不存在，对于行为人只能做无罪处理。

但是，在骗取票据承兑、金融凭证的情形下，定罪的前提是金融机构有重大损失，同时，相关行为还可能给金融管理秩序，尤其是票据、金融凭证管理秩序带来危害。这与申请、审批贷款时并不涉及其他金融工具的情形有所不同。因此，于骗取票据承兑、信用证、保函等的场合，有其他特别严重情节时，例如，多次以欺骗手段取得票据承兑、信用证、保函等，以及所采用的欺骗手段十分恶劣等情形，法定刑升格。

本罪的犯罪主体是一般主体，自然人和单位都可成立本罪。

本罪在主观方面是故意，但行为人并不具有非法占有目的，否则，相关行为就可能构成贷款诈骗罪。例如，没有还款能力的单位为了从银行或金融机构获得贷款，隐瞒真相，编造虚假经济效益，获得贷款用以扩大生产规模、搞技术改造，或者为单位员工盖家属楼、改善福利条件等实际项目的，就不能认定其具有非法占有目的，可以成立本罪而非贷款诈骗罪。

十、非法吸收公众存款罪

第一百七十六条① 非法吸收公众存款或者变相吸收公众存款，扰乱金融秩序的，处三年以下有期徒刑或者拘役，并处或者单处罚金；数额巨大或者有其他严重情节的，处三年以上十年以下有期徒刑，并处罚金；数额特别巨大或者有其他特别严重情节的，处十年以上有期徒刑，并处罚金。

单位犯前款罪的，对单位判处罚金，并对其直接负责的主管人员和其他直接责任人员，依照前款的规定处罚。

有前两款行为，在提起公诉前积极退赃退赔，减少损害结果发生的，可以从轻或者减轻处罚。

非法吸收公众存款罪，是指非法吸收公众存款或者变相吸收公众存款，扰乱金融秩序的行为。

（一）客观要件

本罪在客观方面表现为非法吸收公众存款或者变相吸收公众存款的行为。根据最高人民法院《关于审理非法集资刑事案件具体应用法律若干问题的解释》（2010年12月13日）第1条的规定，从性质上看，非法吸收公众存款或者变相吸收公众存款必须同时符合以下条件：(1) 未经有关部门依法批准或者借用合法经营的形式吸收资金（非法性）。(2) 通过媒体、推介会、传单、手机短信等途径向社会公开宣传（公开性），包括以各种途径向社会公众传播吸收资金的信息，以及明知是吸收资金的信息而向社会公众扩散，予以放任等情形。(3) 承诺在一定期限内以货币、实物、股权等方式还本付息或者给付回报（利诱性）。(4) 向社会公众即社会不特定对象吸收资金（社会性）。未向社会公开宣传，只是在亲友或者单位内部针对特定对象吸收资金的，不属于非法吸收或者变相吸收公众存款。但是，在向亲友或者单位内部人员吸收资金的过程中，明知亲友或者单位内部人员向不特定对象吸收资金而予以放任的，以及以吸收资金为目的，将社会人员吸收为单位内部人员，并向其吸收资金的，应当认定为“向社会公众吸收资金”。

非法吸收公众存款在客观方面通常表现为以下情形：(1) 不具有房产销售的真实内容或者不以房产销售为主要目的，以返本销售、售后包租、约定回购、销售房产份额等方式非法吸收资金；(2) 以转让林权并代为管护等方式非法吸收资金；(3) 以代种植（养殖）、租种植（养殖）、联合种植（养殖）等方式非法吸收资金；(4) 不具有销售商品、提供服务的真实内容或者不以销售商品、提供服务为主要目的，以商品回购、寄存代售等方式非法吸收资金；(5) 不具有发行股票、债券的真实内容，以虚假转让股权、发售虚构债券等方式非法吸收资金；(6) 不具有募集基金的真实内容，以假借境外基金、发售虚构基金等方式非法吸收资金；(7) 不具有销售保险的真实内容，以假冒保险公司、伪造保险单据等方式非法吸收资金；(8) 以投资入股的方式非法吸收资金；(9) 以委托理财的方式非法吸收资金；(10) 利用民间“会”“社”等组织非法吸收资金。

近年来，互联网与金融的深度融合促进了金融创新，提高了金融资源的配置效率，但也存在一些问题和风险隐患。单位或个人假借开展网络借贷信息中介业务之名，未经依法批准，归集不特定公众的资金设立资金池，控制、支配资金池中的资金，并承诺还本付息的，应当构成

① 本条为《刑法修正案（十一）》第12条所修改

本罪。根据最高人民检察院公诉厅《关于办理涉互联网金融犯罪案件有关问题座谈会纪要》（2017 年 6 月 1 日）第 8 条的规定，对以下网络借贷领域的非法吸收公众资金的行为，应当以非法吸收公众存款罪分别追究相关行为主体的刑事责任：(1) 中介机构以提供信息中介服务为名，实际从事直接或间接归集资金，甚至自融或变相自融等行为，应当依法追究中介机构的刑事责任。特别要注意识别变相自融行为，如中介机构通过拆分融资项目期限、实行债权转让等方式为自己吸收资金的，应当认定为非法吸收公众存款。(2) 中介机构与借款人存在以下情形之一的，应当依法追究刑事责任：中介机构与借款人合谋或者明知借款人存在违规情形，仍为其非法吸收公众存款提供服务的；中介机构与借款人合谋，采取向出借人提供信用担保、通过电子渠道以外的物理场所开展借贷业务等违规方式向社会公众吸收资金的；双方合谋通过拆分融资项目期限、实行债权转让等方式为借款人吸收资金的。在对中介机构、借款人进行追诉时，应根据各自在非法集资中的地位、作用确定其刑事责任。中介机构虽然没有直接吸收资金，但是通过大肆组织借款人开展非法集资并从中收取费用数额巨大、情节严重的，可以认定为主犯。(3) 借款人故意隐瞒事实，违反规定，以自己名义或借用他人名义利用多个网络借贷平台发布借款信息，借款总额超过规定的最高限额，或将吸收资金用于明确禁止的投资股票、场外配资、期货合约等高风险行业，造成重大损失和社会影响的，应当依法追究借款人的刑事责任。对于借款人将借款主要用于正常的生产经营活动，能够及时清退所吸收资金，不作为犯罪处理。

在实践中，以发行私募基金的形式融资是否构成本罪，有时难以判断。根据法秩序统一性原理的要求，金融犯罪要以违反金融管理法规为前提。就融资行为而言，只要基金管理人没有违反《证券投资基金法》《私募投资基金监督管理暂行办法》的相关规定，其募集基金的行为就是合法的，成立犯罪的前提就不存在。将符合金融法规的行为认定为犯罪，势必阻碍金融创新，且容易导致错案。在实务中，发行私募基金如果同时符合下列四个条件的，通常不构成本罪：(1) 私募基金管理人向基金业协会申请登记，具备从事私募基金管理的资格，其融资行为不属于未经有关部门批准或者借用合法经营的形式吸收资金。(2) 私募基金管理人、私募基金销售机构未向合格投资者之外的单位和个人募集资金，未通过报刊、电台、电视、互联网等公众传播媒体或者讲座、报告会、分析会和布告、传单、手机短信、微信、博客和电子邮件等方式，向不特定对象宣传推介的。如果私募基金管理人、私募基金销售机构不是向特定的合格投资者推介产品，未评估对方的购买力以及风险承担能力，未充分告知对方相关风险的，其行为就具有不法性。(3) 根据《私募投资基金监督管理暂行办法》第 15 条的规定，私募基金管理人、私募基金销售机构未向投资者承诺投资本金不受损失或者承诺最低收益。(4) 私募基金未向社会公众即社会不特定对象吸收资金，而只是向具备相应风险识别能力和风险承担能力的合格投资者推销产品，且其投资于单只私募基金的金额不低于 100 万元的。融资行为不是针对特定的合格投资者，而是向社会公众即社会不特定对象吸收资金的，该私募基金销售行为可能触犯本罪。

根据最高人民法院《关于审理非法集资刑事案件具体应用法律若干问题的解释》第 3 条第 1、2 款的规定，非法吸收或者变相吸收公众存款，具有下列情形之一的，应当依法追究刑事责任：(1) 个人非法吸收或者变相吸收公众存款，数额在 20 万元以上的，单位非法吸收或者变相吸收公众存款，数额在 100 万元以上的；(2) 个人非法吸收或者变相吸收公众存款对象 30 人以上的，单位非法吸收或者变相吸收公众存款对象 150 人以上的；(3) 个人非法吸收或者变相吸收公众存款，给存款人造成直接经济损失数额在 10 万元以上的，单位非法吸收或者变相吸收公众存款，给存款人造成直接经济损失数额在 50 万元以上的；(4) 造成恶劣社会影响或者其他严重后果的。具有下列情形之一的，属于数额巨大或者有其他严重情节：(1) 个人非法吸收或者变相吸收公众存款，数额在 100 万元以上的，单位非法吸收或者变相吸收公众存款，数额在 500 万元以上的；(2) 个人非法吸收或者变相吸收公众存款对象 100 人以上的，单位非法吸收或者变相吸收公众存款对象 500 人以上的；(3) 个人非法吸收或者变相吸收公众存款，给存款人造成直接经济损失数额在 50 万元以上的，单位非法吸收或者变相吸收公众存款，给存款人造成直接经济损失数额在 250 万元以上的；(4) 造成特别恶劣社会影响或者其他特别严重后果的。

本罪属于"涉众型"经济犯罪，如何追回赃物、挽回出资人的损失，是司法上经常会面临的难题。因此，在提起公诉前行为人积极退赃退赔，减少损害结果发生的，虽然不影响犯罪既遂，但在量刑上可以从轻或者减轻处罚。

擅自设立金融机构后非法吸收公众存款的，应从一重罪处断。非法吸收公众存款过程中，偶尔编造事实、骗取存款的，将骗取行为作为非法吸收公众存款的一种实行手段看待，不再单独定罪，因为骗取贷款者只有以非法吸收的贷款牟利的目的，事后要付给利息、返还本金，与普通诈骗罪并不相同。

非法吸收或者变相吸收公众存款，主要用于正常的生产经营活动，能够及时清退所吸收资金，可以免予刑事处罚；情节显著轻微的，不作为犯罪处理。

本罪的主体是一般主体，包括自然人和单位。根据最高人民法院研究室《关于认定非法吸收公众存款罪主体问题的复函》(2001 年 9 月 10 日)，金融机构及其工作人员不能构成非法吸收公众存款罪的犯罪主体。对于银行或者其他金融机构及其工作人员以牟利为目的，采用吸收客户资金不入账并将资金用于非法拆借、发放贷款，构成犯罪的，依照刑法有关规定定罪处罚。但是，这一规定未必合理。应当认为，具有主体资格但具体业务未经批准，或者具有主体资格但经营行为违法的，具备集资的"非法性"特征，因此，金融机构及其工作人员也能成为非法吸收公众存款罪的主体。①

（二）主观要件

本罪在主观方面是故意，行为人明知非法吸收公众存款的行为违反国家规定，可能会造成扰乱金融秩序的后果，而积极追求或者放任危害结果的发生。行为人不具有非法占有目的，具有这种目的的，构成集资诈骗罪而非本罪。

实践中，对于行为人是否具有本罪的违法性认识存在分歧。对此，最高人民检察院公诉厅《关于办理涉互联网金融犯罪案件有关问题座谈会纪要》(2017 年 6 月 2 日) 第 9 条规定，在非法吸收公众存款罪中，原则上认定主观故意并不要求以明知法律的禁止性规定为要件。特别是具备一定涉金融活动相关从业经历、专业背景或在犯罪活动中担任一定管理职务的犯罪嫌疑人，应当知晓相关金融法律管理规定，如果有证据证明其实际从事的行为应当批准而未经批准，行为在客观上具有非法性，原则上就可以认定其具有非法吸收公众存款的主观故意。在证明犯罪嫌疑人的主观故意时，可以收集运用犯罪嫌疑人的任职情况、职业经历、专业背景、培训经历、此前任职单位或者其本人因从事同类行为受到处罚情况等证据，证明犯罪嫌疑人提出的"不知道相关行为被法律所禁止，故不具有非法吸收公众存款的主观故意"等辩解不能成立。除此之外，还可以收集运用以下证据进一步印证犯罪嫌疑人知道或应当知道其所从事行为具有非法性，比如犯罪嫌疑人故意规避法律以逃避监管的相关证据：自己或要求下属与投资人签订虚假的亲

---

① 参见刘为波：《〈关于审理非法集资刑事案件具体应用法律若干问题的解释〉的理解与适用》，载《人民司法》，2011 (5)。

友关系确认书，频繁更换宣传用语逃避监管，实际推介内容与宣传用语、实际经营状况不一致，刻意向投资人夸大公司的兑付能力，在培训课程中传授或接受规避法律的方法，等等。

此外，实践中还存在犯罪嫌疑人提出因信赖行政主管部门出具的相关意见而陷入错误认识的辩解。如果上述辩解确有证据证明，不应作为犯罪处理，但应当对行政主管部门出具的相关意见及其出具过程进行查证，如存在以下情形之一，仍应认定犯罪嫌疑人具有非法吸收公众存款的违法性认识：（1）行政主管部门出具的意见所涉及的行为与犯罪嫌疑人实际从事的行为不一致的；（2）行政主管部门出具的意见未对是否存在非法吸收公众存款问题进行合法性审查，仅对其他合法性问题进行审查的；（3）犯罪嫌疑人在行政主管部门出具意见时故意隐瞒事实、弄虚作假的；（4）犯罪嫌疑人与出具意见的行政主管部门的工作人员存在利益输送行为的；（5）犯罪嫌疑人存在其他影响和干扰行政主管部门出具的意见的公正性的情形的。对于犯罪嫌疑人提出的因信赖专家学者、律师等专业人士，或主流新闻媒体宣传或有关行政主管部门工作人员的个人意见而陷入错误认识的辩解，不能作为犯罪嫌疑人判断自身行为合法性的根据和排除主观故意的理由。

（三）认定

1. 处罚范围的限制

由于本罪是破坏金融秩序犯罪，行为人非法吸收的是公众的"存款"，而不是非法吸收公众的"资金"，所以，按照法益保护的原理，行为人必须是将吸收的存款用于信贷目的，即吸收存款后再发放贷款（用于货币、资本的经营）的，才有可能构成本罪。唯其如此，行为才会对合法的金融机构即银行正常发放贷款这一业务的开展有冲击、有影响，才能危及金融秩序，因而，才应以犯罪论处。如果行为人将非法吸收来的资金不是用于从事金融业务，而是用于正常的生产、经营活动，即便资金用途有所改变，也不应当构成本罪。所以，吸收资金的用途是否改变，并不足以影响定罪，司法上不能以此为由将合法的募集资金行为认定为非法吸收公众存款罪。而最高人民法院《关于审理非法集资刑事案件具体应用法律若干问题的解释》（2010年12月13日）第3条第4款的相关规定（非法吸收或者变相吸收公众存款，主要用于正常的生产经营活动，能够及时清退所吸收资金，可以免予刑事处罚；情节显著轻微的，不作为犯罪处理），其实也是为了表明审判机关的下述立场：即便是非法吸收公众存款，改变其用途的，通常也不定罪。如果是依法募集的资金（例如，依法发行私募基金等），其用途被改变的，应该在民事违约的范围内解决，实务中不应当仅以资金用途被改变这一孤立事实去反推犯罪的成立。

2. 单位犯罪的认定与处罚

最高人民法院、最高人民检察院、公安部《关于办理非法集资刑事案件若干问题的意见》（2019年1月30日）第2条规定：单位实施非法集资犯罪活动，全部或者大部分违法所得归单位所有的，应当认定为单位犯罪。个人为进行非法集资犯罪活动而设立的单位实施犯罪的，或者单位设立后，以实施非法集资犯罪活动为主要活动的，不以单位犯罪论处，对单位中组织、策划、实施非法集资犯罪活动的人员应当以自然人犯罪依法追究刑事责任。判断单位是否以实施非法集资犯罪活动为主要活动，应当根据单位实施非法集资的次数、频度、持续时间、资金规模、资金流向、投入人力物力情况、单位进行正当经营的状况以及犯罪活动的影响、后果等因素综合考虑认定。

关于涉案上、下级单位及其人员的责任划分，前述司法解释第3条规定，办理非法集资刑事案件中，人民法院、人民检察院、公安机关应当全面查清涉案单位，包括上级单位（总公司、母公司）和下属单位（分公司、子公司）的主体资格、层级、关系、地位、作用、资金流向等，区分情况依法作出处理。（1）上级单位已被认定为单位犯罪，下属单位实施非法集资犯罪活动，且全部或者大部分违法所得归下属单位所有的，对该下属单位也应当认定为单位犯罪。上级单位和下属单位构成共同犯罪的，应当根据犯罪单位的地位、作用，确定犯罪单位的刑事责任。(2) 上级单位已被认定为单位犯罪，下属单位实施非法集资犯罪活动，但全部或者大部分违法所得归上级单位所有的，对下属单位不单独认定为单位犯罪。下属单位中涉嫌犯罪的人员，可以作为上级单位的其他直接责任人员依法追究刑事责任。(3) 上级单位未被认定为单位犯罪，下属单位被认定为单位犯罪的，对上级单位中组织、策划、实施非法集资犯罪的人员，一般可以与下属单位按照自然人与单位共同犯罪处理。(4) 上级单位与下属单位均未被认定为单位犯罪的，一般以上级单位与下属单位中承担组织、领导、管理、协调职责的主管人员和发挥主要作用的人员作为主犯，以其他积极参加非法集资犯罪的人员作为从犯，按照自然人共同犯罪处理。

十一、伪造、变造金融票证罪

第一百七十七条　有下列情形之一，伪造、变造金融票证的，处五年以下有期徒刑或者拘役，并处或者单处二万元以上二十万元以下罚金；情节严重的，处五年以上十年以下有期徒刑，并处五万元以上五十万元以下罚金；情节特别严重的，处十年以上有期徒刑或者无期徒刑，并处五万元以上五十万元以下罚金或者没收财产：

（一）伪造、变造汇票、本票、支票的；

（二）伪造、变造委托收款凭证、汇款凭证、银行存单等其他银行结算凭证的；

（三）伪造、变造信用证或者附随的单据、文件的；

（四）伪造信用卡的。

单位犯前款罪的，对单位判处罚金，并对其直接负责的主管人员和其他直接责任人员，依照前款的规定处罚。

伪造、变造金融票证罪，是指伪造、变造票据、银行结算凭证、信用证或者附随的单据、文件或者伪造信用卡的行为。

（一）保护法益

本罪侵害的法益不是金融票证管理制度而是金融票证的信用。金融票证本身大多代表一定数额的金钱并可以流通，或者表明持票人能够支配一定数量的货币，或者可以据其办理结算事宜，具有汇兑、信用、支付、结算、融资五大功能，故随着市场经济的逐步建立和拓展，已经成为现代交易中最重要的金融工具。行为人可以利用伪造、变造的金融票证获得非法利益，必然增大交易风险，损害金融票证的信用度。

本罪的行为对象是金融票证。金融票证是保证金融活动能够正常进行、证明债权债务关系的合法书面凭证，一般包括票据、信用证、信用卡、银行结算凭证等信用证券，也包括股票、债券等有价证券。而作为伪造、变造金融票证罪犯罪对象的金融票证，只包括四大类：(1) 票据，即汇票、本票、支票。汇票是指出票人签发的，委托付款人在见票时或者在指定日期无条件地支付确定的金额给收款人或者持票人的票据。本票是指由出票人签发的，承诺自己在见票时无条件支付确定的金额给收款人或者持票人的票据。支票是指由出票人签发的，委托办理支票存款业务的银行或者其他金融机构在见票时无条件支付确定的金额给收款人或者持票人的票据。(2) 银行结算凭证，即委托收款凭证、汇款凭证、银行存单等银行其他结算凭证。委托收款凭证是指收款人在委托银行向付款人收取款项时所填写的凭证。委托收款是异地结算的一种方式，由收款单位提供收款依据，委托银行向异地付款单位收取款项。汇款凭证是指汇款人委托银行将款项汇到外地收款人时所填写的凭证。银行存单是指储户向银行交存款项，办理开户，银行签发的载有户名、账号、存款金额、存期等项目的单据。(3) 信用证或附随的单据、文件。信用证是银行有条件保证付款的证书，即开证银行根据买方（通常是进口商）的开证申请，开给卖方（通常的受益人是出口商）的一种在其已经具备约定条件后，即可得到由开证银行或支付银行支付的约定金额的保证付款凭证。附随的单据、文件是指使用信用证时必须附随的提货单、装船单、商业发票等单据、文件。(4) 信用卡。信用卡是指银行发给用户，用于购买商品、取得服务或者提取现金的信用凭证。

（二）客观要件

本罪在客观方面表现为伪造、变造汇票、本票、支票、委托收款凭证、汇款凭证、银行存单等银行其他结算凭证、信用证或附随的单据、文件等金融票证，以及伪造信用卡。

伪造，是指仿照金融票证的式样、图案、规格、色彩、特征，采用印刷、描绘、复印、影印等方法，制造出在质地、票面记载事项等外观形式和表面内容上与真正票证相同或相近似的票证的行为。针对不同的对象，伪造的方法有所不同，例如，对汇票、本票和支票，主要是仿造真实的汇票、本票或者支票的形式、图案、颜色、质地，通过印刷、复印、绘制等手法制造假票据。伪造信用证是指行为人（买方）伪造信用证的格式、内容，采用描绘、复制、印刷等手法，非法制作假信用证，编造根本不存在的银行开出的信用证，或者假冒著名银行的名义开出假信用证。对信用证附随单据和文件的伪造，主要集中于伪造提单。对信用卡的伪造方式主要有两种：一是仿照信用卡的质地、规格、图样及磁条密码等制造信用卡；二是对未投入使用的真卡进行加工，输入虚假的用户姓名、账号和密码信息。

复制他人信用卡、将他人信用卡信息资料写入磁条介质、芯片或者以其他方法伪造信用卡、伪造空白信用卡的，应以伪造金融票证罪定罪处罚。最高人民法院、最高人民检察院《关于办理妨害信用卡管理刑事案件具体应用法律若干问题的解释》(2018 年 11 月 28 日修改）对具体的量刑标准作出了详尽规定。

变造，是指以真实的金融票证为基础，采取挖补、拼接、涂改等方法对真票证进行加工改造，变更票证上除签名之外的记载内容的行为，如票面金额、到期日、付款日、付款地等。

根据《立案追诉标准（二）》第 29 条的规定，伪造、变造金融票证，涉嫌下列情形之一的，应予立案追诉：(1) 伪造、变造汇票、本票、支票，或者伪造、变造委托收款凭证、汇款凭证、银行存单等其他银行结算凭证，或者伪造、变造信用证或者附随的单据、文件，总面额在 1 万元以上或者数量在 10 张以上的；(2) 伪造信用卡 1 张以上，或者伪造空白信用卡 10 张以上的。

隐瞒真相，与对方订立货物买卖合同，收到对方开立的信用证后，伪造各种单据骗取对方货款；以根本不存在的公司名义签发提单；故意供给与提单所载明内容不符的其他货物；使用伪造的信用卡诈骗的，同时构成伪造、变造金融票证罪和合同诈骗、金融诈骗等罪名，手段行为和结果行为之间有牵连关系。

（三）主观要件

本罪在主观方面是故意，明知伪造、变造金融票证的行为为国家法律所禁止，而刻意追求伪造、变造结果的发生。

刑法并未将本罪规定为目的犯，但刑法解释论要求本罪行为人有行使的目的。行使的目的是指将伪造、变造的金融票证作为真正的金融票证使用的目的。在签订、履行经济合同时将金融票证作为证明自己经济实力的标志加以出示，使之处于他人可能阅览状态的，也是行使[①]，所以与伪造、变造货币的场合不同，伪造、变造金融票证的行为人可能没有将伪造、变造的金融票证投入流通的目的。

---

① 参见［日］中山研一：《概说刑法Ⅱ》，2 版，248 页，东京，成文堂，2000。

十二、妨害信用卡管理罪

第一百七十七条之一第一款① 有下列情形之一，妨害信用卡管理的，处三年以下有期徒刑或者拘役，并处或者单处一万元以上十万元以下罚金；数量巨大或者有其他严重情节的，处三年以上十年以下有期徒刑，并处二万元以上二十万元以下罚金：

（一）明知是伪造的信用卡而持有、运输的，或者明知是伪造的空白信用卡而持有、运输，数量较大的；

（二）非法持有他人信用卡，数量较大的；

（三）使用虚假的身份证明骗领信用卡的；

（四）出售、购买、为他人提供伪造的信用卡或者以虚假的身份证明骗领的信用卡的。

妨害信用卡管理罪，是指以持有、运输伪造的信用卡等方式妨害金融机构对信用卡进行管理的行为。

本罪的实行行为包括：(1) 明知是伪造的信用卡而持有、运输的，或者明知是伪造的空白信用卡而持有、运输，数量较大的。(2) 非法持有他人信用卡，数量较大的。本罪既然是妨害管理秩序的犯罪，就当然处罚明知是他人的信用卡而批量地非法持有并使用的行为，因此，他人办理银行卡后交给行为人使用，或者他人自愿将个人身份信息提供给行为人，由行为人办理银行卡后自用的，只要达到数量较大的标准，均应成立本罪中的“非法持有”。(3) 使用虚假的身份证明骗领信用卡的，违背他人意愿，使用其居民身份证、军官证、士兵证、港澳居民往来内地通行证、台湾居民来往大陆通行证、护照等身份证明申领信用卡的，或者使用伪造、变造的身份证明申领信用卡的，应当认定为“使用虚假的身份证明骗领信用卡”。(4) 出售、购买、为他人提供伪造的信用卡或者以虚假的身份证明骗领的信用卡的。妨害信用卡管理，又使用伪造、以虚假的身份证明骗领的信用卡的，构成信用卡诈骗罪，而不成立本罪。

根据《立案追诉标准（二）》第30条的规定，妨害信用卡管理，涉嫌下列情形之一的，应予立案追诉：(1) 明知是伪造的信用卡而持有、运输的；(2) 明知是伪造的空白信用卡而持有、运输，数量累计在10张以上的；(3) 非法持有他人信用卡，数量累计在5张以上的；(4) 使用虚假的身份证明骗领信用卡的；(5) 出售、购买、为他人提供伪造的信用卡或者以虚假的身份证明骗领的信用卡的。

根据最高人民法院、最高人民检察院《关于办理妨害信用卡管理刑事案件具体应用法律若干问题的解释》(2018年11月28日) 第2条的规定，明知是伪造的空白信用卡而持有、运输10张以上不满100张的，应当认定为数量较大；非法持有他人信用卡5张以上不满50张的，应当认定为数量较大。

本罪在主观方面是故意。

十三、窃取、收买、非法提供信用卡信息罪

第一百七十七条之一第二款② 窃取、收买或者非法提供他人信用卡信息资料的，依照前款规定处罚。

第一百七十七条之一第三款③ 银行或者其他金融机构的工作人员利用职务上的便利，犯第二款罪的，从重处罚。

---

①②③ 本款为《刑法修正案（五）》第1条所增设。

窃取、收买、非法提供信用卡信息罪，是指窃取、有偿收买或者非法提供他人信用卡信息资料的行为。

信用卡信息资料，是指信用卡磁条信息所载内容，包括发卡行代码、持卡人账户、账号、密码等电子数据。窃取信用卡信息，包括使用摄像头等专用器材偷窥、在银行自助门禁系统安装假设备窃取资料、银行工作人员利用对系统进行维护之机复制客户资料等。收买信用卡信息，是指向特约商户收银员、金融机构工作人员有偿购买其所掌握的信用卡信息。非法提供信用卡信息，是指明知是客户的信用卡资料而向他人提供。

根据《立案追诉标准（二）》第31条的规定，窃取、收买或者非法提供他人信用卡信息资料，足以伪造可进行交易的信用卡，或者足以使他人以信用卡持卡人名义进行交易，涉及信用卡1张以上的，应予立案追诉。

根据最高人民法院、最高人民检察院《关于办理妨害信用卡管理刑事案件具体应用法律若干问题的解释》（2018年11月28日）第3条的规定窃取、收买、非法提供他人信用卡信息资料，足以伪造可进行交易的信用卡，或者足以使他人以信用卡持卡人名义进行交易，涉及信用卡1张以上不满5张的，以本罪定罪处罚；涉及信用卡5张以上的，应当认定为本罪的数量巨大。

十四、伪造、变造国家有价证券罪

第一百七十八条第一款　伪造、变造国库券或者国家发行的其他有价证券，数额较大的，处三年以下有期徒刑或者拘役，并处或者单处二万元以上二十万元以下罚金；数额巨大的，处三年以上十年以下有期徒刑，并处五万元以上五十万元以下罚金；数额特别巨大的，处十年以上有期徒刑或者无期徒刑，并处五万元以上五十万元以下罚金或者没收财产。

第一百七十八条第三款　单位犯前两款罪的，对单位判处罚金，并对其直接负责的主管人员和其他直接责任人员，依照前两款的规定处罚。

伪造、变造国家有价证券罪，是指伪造、变造国库券或者国家发行的其他有价证券，数额较大的行为。

伪造，是指无做成权限者假冒他人名义或者虚构做成名义人，无中生有，制作虚假的国家有价证券的行为。变造，是指在既存的国家有价证券基础上不法加工、改造的行为。伪造、变造的区别在于是否使有价证券失去同一性，将国家有价证券的实质部分加以变更，使其与既存的有价证券无法保持同一性的，乃伪造而不是变造。伪造、变造行为只要在形式上、记载的内容上与真实的有价证券相类似，达到足以使一般人误认的程度就构成本罪，即使做成的有价证券在法律上并不完全齐备国家有价证券的形式要件，也不影响伪造、变造行为的成立。

本罪的犯罪对象是国家有价证券。有价证券，是指记载、表示财产上权利的凭证。国家有价证券包括国库券和国家发行的其他有价证券。

根据《立案追诉标准（二）》第32条的规定，伪造、变造国库券或者国家发行的其他有价证券，总面额在2 000元以上的，应予立案追诉。

本罪在主观方面是故意，行为人对违反国家金融法规有认识，对伪造、变造的是国库券或其他国家有价证券有认识；同时要求有行使的目的。

十五、伪造、变造股票、公司、企业债券罪

第一百七十八条第二款 伪造、变造股票或者公司、企业债券，数额较大的，处三年以下有期徒刑或者拘役，并处或者单处一万元以上十万元以下罚金；数额巨大的，处三年以上十年以下有期徒刑，并处二万元以上二十万元以下罚金。

第一百七十八条第三款 单位犯前两款罪的，对单位判处罚金，并对其直接负责的主管人员和其他直接责任人员，依照前两款的规定处罚。

伪造、变造股票、公司、企业债券罪，是指伪造、变造股票或者公司、企业债券，数额较大的行为。

行为人必须伪造、变造的是股票、公司、企业债券的，才成立本罪。股票，是股份有限公司发给股东表明其入股份额并据以行使权利的凭证，是代表具有财产价值的股东权的有价证券。公司、企业债券，是指股份有限公司、有限责任公司和其他有债券发行资格的企业为筹集资金而依法发行的，并承诺在规定日期内依约定利率还本付息的凭证。

根据《立案追诉标准（二）》第33条的规定，伪造、变造股票或者公司、企业债券，总面额在5000元以上的，应予立案追诉。

十六、擅自发行股票、公司、企业债券罪

第一百七十九条 未经国家有关主管部门批准，擅自发行股票或者公司、企业债券，数额巨大、后果严重或者有其他严重情节的，处五年以下有期徒刑或者拘役，并处或者单处非法募集资金金额百分之一以上百分之五以下罚金。

单位犯前款罪的，对单位判处罚金，并对其直接负责的主管人员和其他直接责任人员，处五年以下有期徒刑或者拘役。

擅自发行股票、公司、企业债券罪，是指违反公司法的规定，未经国家有关主管部门批准，擅自发行股票或者公司、企业债券，数额巨大、后果严重或者有其他严重情节的行为。

擅自发行，指违反公司法规定，未经批准而发行股票或者公司、企业债券。擅自发行包括发行公司和承销公司的擅自发行，即发行公司未经批准发行、超过批准规模发行或未通过承销机构自行发行股票或者公司、企业债券；承销机构明知发行公司提供的股票、债券未经国家证券主管机关批准而发行。中介机构非法代理买卖非上市公司股票的，应以非法经营罪追究刑事责任；所代理的非上市公司涉嫌擅自发行股票的，应构成本罪。非上市公司和中介机构共谋擅自发行股票，构成本罪共犯。

根据《立案追诉标准（二）》第34条的规定，未经国家有关主管部门批准，擅自发行股票或者公司、企业债券，涉嫌下列情形之一的，应予立案追诉：（1）发行数额在50万元以上的；（2）虽未达到上述数额标准，但擅自发行致使30人以上的投资者购买了股票或者公司、企业债券的；（3）不能及时清偿或者清退的；（4）其他后果严重或者有其他严重情节的情形。最高人民法院《关于审理非法集资刑事案件具体应用法律若干问题的解释》第6条则规定，未经国家有关主管部门批准，向社会不特定对象发行、以转让股权等方式变相发行股票或者公司、企业债券，或者向特定对象发行、变相发行股票或者公司、企业债券累计超过200人的，应当以本罪定罪处罚。

伪造、变造股票或者公司、企业债券后发行的，伪造、变造行为和发行行为之间有牵连关

系，应从一重罪处断。

以非法占有为目的，利用擅自发行的股票或者公司、企业债券非法集资的，构成非法集资罪而不构成本罪。

本罪在主观方面是故意，行为人明知发行股票或者公司、企业债券须经国家证券主管部门批准，在未报审批或未获批准的情况下故意发行股票和公司、企业债券。

十七、内幕交易、泄露内幕信息罪

第一百八十条① 证券、期货交易内幕信息的知情人员或者非法获取证券、期货交易内幕信息的人员，在涉及证券的发行，证券、期货交易或者其他对证券、期货交易价格有重大影响的信息未公开前，买入或者卖出该证券，或者从事与该内幕信息有关的期货交易，或者泄露该信息，或者明示、暗示他人从事上述交易活动，情节严重的，处五年以下有期徒刑或者拘役，并处或者单处违法所得一倍以上五倍以下罚金；情节特别严重的，处五年以上十年以下有期徒刑，并处违法所得一倍以上五倍以下罚金。

单位犯前款罪的，对单位判处罚金，并对其直接负责的主管人员和其他直接责任人员，处五年以下有期徒刑或者拘役。

内幕信息、知情人员的范围，依照法律、行政法规的规定确定。

内幕交易、泄露内幕信息罪，是指证券、期货交易内幕信息的知情人员或者非法获取证券、期货交易内幕信息的人员，在涉及证券的发行，证券、期货交易或者其他对证券、期货交易价格有重大影响的信息尚未公开前，买入或者卖出该证券，或者从事与该内幕信息有关的期货交易，或者泄露该信息，或者明示、暗示他人从事上述交易活动，情节严重的行为。

（一）保护法益

本罪侵害的法益是证券、期货市场的客观性、公正性。内幕交易、泄露内幕信息是一种不公平的交易行为，破坏了证券发行、期货交易的公开、公平、公正原则，严重违反证券法以及期货交易管理条例的相关规定，侵害了投资者的利益，同时导致公司股东与管理层之间的不信任，破坏了证券发行者、期货公司的信誉，使其正常的经济发展受危害，严重影响证券发行、期货交易秩序，损害投资者信心，进而危及整个金融市场秩序。

（二）客观要件

本罪在客观方面表现为从事证券、期货的内幕交易，或者泄露内幕信息，或者明示、暗示他人从事上述交易活动。

从事内幕交易，是指在涉及证券的发行，证券、期货交易或者其他对证券、期货交易价格有重大影响的信息尚未公开前，买入或者卖出该证券，或者从事与该内幕信息有关的期货交易。

泄露内幕信息，是指在涉及证券的发行，证券、期货交易或者其他对证券、期货交易价格有重大影响的信息尚未公开前，故意泄露该信息。

明示、暗示他人从事上述交易活动，是指虽未直接从事交易，也没有将内幕信息直接告诉他人，但对交易行为本身进行提示（明示和暗示）的情形。如果行为人提示的是内幕信息本身

① 本条第1款经过多次修订。1997年《刑法》第180条仅处罚证券内幕交易、泄露证券内幕信息的行为。《刑法修正案》第4条增加了处罚期货内幕交易、泄露期货内幕信息的规定。《刑法修正案（七）》进一步增加了处罚“明示、暗示他人从事上述交易活动”的规定。

的内容，对其应按照“泄露该信息”处理，而不属于“明示、暗示他人从事相关交易活动”。

对于这里的内幕信息，需要结合证券、期货管理法律、法规确定。《证券法》(2019 年修订) 第 52 条规定，证券交易活动中，涉及发行人的经营、财务或者对该发行人证券的市场价格有重大影响的尚未公开的信息，为内幕信息。该法第 80 条第 2 款、第 81 条第 2 款所列重大事件，均属于内幕信息。《证券法》第 80 条第 2 款所列对上市公司“股票交易价格产生较大影响”的重大事件包括：(1) 公司的经营方针和经营范围的重大变化；(2) 公司的重大投资行为，公司在 1 年内购买、出售重大资产超过公司资产总额 30%，或者公司营业用主要资产的抵押、质押、出售或者报废一次超过该资产的 30%；(3) 公司订立重要合同、提供重大担保或者从事关联交易，可能对公司的资产、负债、权益和经营成果产生重要影响；(4) 公司发生重大债务和未能清偿到期重大债务的违约情况；(5) 公司发生重大亏损或者重大损失；(6) 公司生产经营的外部条件发生的重大变化；(7) 公司的董事、1/3 以上监事或者经理发生变动，董事长或者经理无法履行职责；(8) 持有公司 5%以上股份的股东或者实际控制人持有股份或者控制公司的情况发生较大变化，公司的实际控制人及其控制的其他企业从事与公司相同或者相似业务的情况发生较大变化；(9) 公司分配股利、增资的计划，公司股权结构的重要变化，公司减资、合并、分立、解散及申请破产的决定，或者依法进入破产程序、被责令关闭；(10) 涉及公司的重大诉讼、仲裁，股东大会、董事会决议被依法撤销或者宣告无效；(11) 公司涉嫌犯罪被依法立案调查，公司的控股股东、实际控制人、董事、监事、高级管理人员涉嫌犯罪被依法采取强制措施；(12) 国务院证券监督管理机构规定的其他事项。《证券法》第 81 条第 2 款所列“对上市公司债券的交易价格产生较大影响的”重大事件包括：(1) 公司股权结构或者生产经营状况发生重大变化；(2) 公司债券信用评级发生变化；(3) 公司重大资产抵押、质押、出售、转让、报废；(4) 公司发生未能清偿到期债务的情况；(5) 公司新增借款或者对外提供担保超过上年末净资产的 20%；(6) 公司放弃债权或者财产超过上年末净资产的 10%；(7) 公司发生超过上年末净资产 10%的重大损失；(8) 公司分配股利，作出减资、合并、分立、解散及申请破产的决定，或者依法进入破产程序、被责令关闭；(9) 涉及公司的重大诉讼、仲裁；(10) 公司涉嫌犯罪被依法立案调查，公司的控股股东、实际控制人、董事、监事、高级管理人员涉嫌犯罪被依法采取强制措施；(11) 国务院证券监督管理机构规定的其他事项。《期货交易管理条例》(2017 年修订) 第 81 条第 11 项规定，期货交易的内幕信息，是指可能对期货交易价格产生重大影响的尚未公开的信息，包括国务院期货监督管理机构，以及其他相关部门制定的对期货交易价格可能发生重大影响的政策，期货交易所作出的可能对期货交易价格发生重大影响的决定，期货交易所会员、客户的资金和交易动向，以及国务院期货监督管理机构认定的对期货交易价格有显著影响的其他重要信息。内幕交易、泄露内部信息情节严重的，才能构成本罪。根据最高人民法院、最高人民检察院《关于办理内幕交易、泄露内幕信息刑事案件具体应用法律若干问题的解释》(2012 年 3 月 29 日) 第 6 条、第 7 条的规定，具有下列情形之一的，应当认定为本罪的“情节严重”：(1) 证券交易成交额在 50 万元以上的；(2) 期货交易占用保证金数额在 30 万元以上的；(3) 获利或者避免损失数额在 15 万元以上的；(4) 3 次以上的；(5) 具有其他严重情节的。具有下列情形之一的，应当认定为“情节特别严重”：(1) 证券交易成交额在 250 万元以上的；(2) 期货交易占用保证金数额在 150 万元以上的；(3) 获利或者避免损失数额在 75 万元以上的；(4) 具有其他特别严重情节的。

根据最高人民法院、最高人民检察院《关于办理内幕交易、泄露内幕信息刑事案件具体应用法律若干问题的解释》(2012 年 3 月 29 日) 第 4 条的规定，具有下列情形之一的，不属于从事与内幕信息有关的证券、期货交易：(1) 持有或者通过协议、其他安排与他人共同持有上市公司5%以上股份的自然人、法人或者其他组织收购该上市公司股份的；（2）按照事先订立的书面合同、指令、计划从事相关证券、期货交易的；（3）依据已被他人披露的信息而交易的；（4）交易具有其他正当理由或者正当信息来源的。

本罪的主体是特殊主体，即证券、期货交易内幕信息的知情人员或者非法获取证券、期货交易内幕信息的人员。《证券法》（2019年修订）第51条、《期货交易管理条例》（2017年修订）第81条所规定的人员，属于证券、期货交易内幕信息的知情人员。根据《证券法》（2019年修订）第51条的规定，证券交易内幕信息的知情人包括：（1）发行人及其董事、监事、高级管理人员；（2）持有公司5%以上股份的股东及其董事、监事、高级管理人员，公司的实际控制人及其董事、监事、高级管理人员；（3）发行人控股或者实际控制的公司及其董事、监事、高级管理人员；（4）由于所任公司职务或者因与公司业务往来可以获取公司有关内幕信息的人员；（5）上市公司收购人或者重大资产交易方及其控股股东、实际控制人、董事、监事和高级管理人员；（6）因职务、工作可以获取内幕信息的证券交易场所、证券公司、证券登记结算机构、证券服务机构的有关人员；（7）因职责、工作可以获取内幕信息的证券监督管理机构工作人员；（8）因法定职责对证券的发行、交易或者对上市公司及其收购、重大资产交易进行管理可以获取内幕信息的有关主管部门、监管机构的工作人员；（9）国务院证券监督管理机构规定的可以获取内幕信息的其他人员。《期货交易管理条例》（2017年修订）第81条规定，期货交易内幕信息的知情人员是指由于其管理地位、监督地位或者职业地位，或者作为雇员、专业顾问履行职务，能够接触或者获得内幕信息的人员，包括：期货交易所的管理人员以及其他由于任职可获取内幕信息的从业人员，国务院期货监督管理机构和其他有关部门的工作人员以及国务院期货监督管理机构规定的其他人员。

根据最高人民法院、最高人民检察院《关于办理内幕交易、泄露内幕信息刑事案件具体应用法律若干问题的解释》（2012年3月29日）第2条的规定，具有下列行为的人员，应当被认定为非法获取证券、期货交易内幕信息的人员：（1）利用窃取、骗取、套取、窃听、利诱、刺探或者私下交易等手段获取内幕信息的。（2）内幕信息知情人员的近亲属或者其他与内幕信息知情人员关系密切的人员，在内幕信息敏感期内，从事或者明示、暗示他人从事，或者泄露内幕信息导致他人从事与该内幕信息有关的证券、期货交易，相关交易行为明显异常，且无正当理由或者正当信息来源的。（3）在内幕信息敏感期内，与内幕信息知情人员联络、接触，从事或者明示、暗示他人从事，或者泄露内幕信息导致他人从事与该内幕信息有关的证券、期货交易，相关交易行为明显异常，且无正当理由或者正当信息来源的。上述后两种人员所从事的相关交易行为是否明显异常，要综合以下情形，从时间吻合程度、交易背离程度和利益关联程度等方面予以认定：（1）开户、销户、激活资金账户或者指定交易（托管）、撤销指定交易（转托管）的时间与该内幕信息形成、变化、公开时间基本一致的；（2）资金变化与该内幕信息形成、变化、公开时间基本一致的；（3）买入或者卖出与内幕信息有关的证券、期货合约的时间与内幕信息的形成、变化和公开时间基本一致的；（4）买入或者卖出与内幕信息有关的证券、期货合约的时间与获悉内幕信息的时间基本一致的；（5）买入或者卖出证券、期货合约行为明显与平时交易习惯不同的；（6）买入或者卖出证券、期货合约行为，或者集中持有证券、期货合约行为与该证券、期货公开信息反映的基本面明显背离的；（7）账户交易资金进出与该内幕信息知情人员或者非法获取人员有关联或者利害关系的；（8）其他交易行为明显异常的情形。

（三）主观要件

本罪在主观方面是故意，行为人对利用、泄露的信息是内幕信息有所认识。将内幕信息误认为是已公开信息加以传播、泄露，或利用其从事证券、期货交易的，不具有本罪的故意。

无意中泄露内幕信息，接收信息者利用其进行内幕交易的，泄露信息者欠缺本罪的故意，与从事内幕交易者不成立共犯关系。

十八、利用未公开信息交易罪

第一百八十条第四款① 证券交易所、期货交易所、证券公司、期货经纪公司、基金管理公司、商业银行、保险公司等金融机构的从业人员以及有关监管部门或者行业协会的工作人员，利用因职务便利获取的内幕信息以外的其他未公开的信息，违反规定，从事与该信息相关的证券、期货交易活动，或者明示、暗示他人从事相关交易活动，情节严重的，依照第一款的规定处罚。

利用未公开信息交易罪，是指证券交易所、期货交易所、证券公司、期货经纪公司、基金管理公司、商业银行、保险公司等金融机构的从业人员以及有关监管部门或者行业协会的工作人员，利用因职务便利获取的内幕信息以外的其他未公开的信息，违反规定，从事与该信息相关的证券、期货交易活动，或者明示、暗示他人从事相关交易活动，情节严重的行为。

（1）"其他未公开信息"的范围。这里的"内幕信息以外的其他未公开的信息"，主要是指资产管理机构、代客投资理财机构即将用客户资金投资购买某个证券、期货等金融产品的决策信息。根据最高人民法院、最高人民检察院《关于办理利用未公开信息交易刑事案件适用法律若干问题的解释》（2019 年 6 月 27 日）第 1 条的规定，内幕信息以外的其他未公开的信息，包括下列信息：1）证券、期货的投资决策、交易执行信息；2）证券持仓数量及变化、资金数量及变化、交易动向信息；3）其他可能影响证券、期货交易活动的信息。

（2）违反规定从事交易活动。违反规定，是指违反法律、行政法规、部门规章、全国性行业规范有关证券、期货未公开信息保护的规定，以及行为人所在的金融机构有关信息保密、禁止交易、禁止利益输送等规定。据此，违反规定从事交易活动，不仅包括证券投资基金法等法律、行政法规所规定的禁止基金等资产管理机构的从业人员从事的损害客户利益的交易等行为，也包括中国证监会发布的禁止资产管理机构从业人员从事的违背受托义务的交易活动等行为，即"老鼠仓"行为，其具体手段包括：资产管理机构的从业人员在用客户资金买入证券或者其衍生品、期货或者期权合约等金融产品前，自己先行买入，或者在卖出前，自己先行卖出，或在自己建仓的同时，以直接或者间接方式示意其亲朋好友同时建仓等。

（3）明示、暗示他人从事相关交易活动。对此，应当综合以下方面进行认定：1）行为人具有获取未公开信息的职务便利；2）行为人获取未公开信息的初始时间与他人从事相关交易活动的初始时间具有关联性；3）行为人与他人之间具有亲友关系、利益关联、交易终端关联等关联关系；4）他人从事相关交易的证券、期货品种、交易时间与未公开信息所涉证券、期货品种、交易时间等方面基本一致；5）他人从事的相关交易活动明显不具有符合交易习惯、专业判断等正当理由；6）行为人对明示、暗示他人从事相关交易活动没有合理解释。

关于对本罪的处罚，有以下问题值得关注：（1）关于情节严重的认定。根据最高人民法院、最高人民检察院《关于办理利用未公开信息交易刑事案件适用法律若干问题的解释》（2019 年 6 月 27 日）第 5 条的规定，利用未公开信息交易，具有下列情形之一的，应当认定为情节严重：违法所得数额在 100 万元以上的；2 年内 3 次以上利用未公开信息交易的；明示、暗示 3 人以上从事相关交易活动的。该解释第 6 条规定，利用未公开信息交易，违法所得数额

① 本款为《刑法修正案（七）》第 2 条所增设。

在50万元以上，或者证券交易成交额在500万元以上，或者期货交易占用保证金数额在100万元以上，具有下列情形之一的，应当认定为情节严重：以出售或者变相出售未公开信息等方式，明示、暗示他人从事相关交易活动的；因证券、期货犯罪行为受过刑事追究的；2年内因证券、期货违法行为受过行政处罚的；造成恶劣社会影响或者其他严重后果的。(2) 该解释第7条规定，刑法第180条第4款规定的“依照第一款的规定处罚”，包括该条第1款关于“情节特别严重”的规定。利用未公开信息交易，违法所得数额在1 000万元以上的，应当认定为“情节特别严重”。违法所得数额在500万元以上，或者证券交易成交额在5 000万元以上，或者期货交易占用保证金数额在1 000万元以上，具有该解释第6条规定的四种情形之一的，应当认定为“情节特别严重”。(3) 行为人的“违法所得”，是指行为人利用未公开信息从事与该信息相关的证券、期货交易活动所获利益或者避免的损失。行为人明示、暗示他人利用未公开信息从事相关交易活动，被明示、暗示人员从事相关交易活动所获利益或者避免的损失，应当被认定为“违法所得”。

十九、编造并传播证券、期货交易虚假信息罪

第一百八十一条第一款① 编造并且传播影响证券、期货交易的虚假信息，扰乱证券、期货交易市场，造成严重后果的，处五年以下有期徒刑或者拘役，并处或者单处一万元以上十万元以下罚金。

第一百八十一条第三款 单位犯前两款罪的，对单位判处罚金，并对其直接负责的主管人员和其他直接责任人员，处五年以下有期徒刑或者拘役。

编造并传播证券、期货交易虚假信息罪，是指故意编造并且传播影响证券、期货交易的虚假信息，扰乱证券、期货交易市场秩序，造成严重后果的行为。

编造，是指积极虚构、捏造根本不存在且足以影响证券、期货交易的事实。传播，是指通过证券、期货交易系统或者新闻媒体、咨询电话、报告会、股评等形式散布虚假事实。虚假信息，是指足以影响证券、期货交易的不真实事实，包括与证券发行、交易以及期货交易活动有关的事实、性质、前景、法律等信息，具体涉及招股说明书、上市公告书、财物会计报告及其他文件中的重要内容；证券、期货服务机构出具的法律意见书、审计报告、资产评估报告中的内容；涉及证券或期货的产业政策、证券或期货监管部门的重要管理措施。

编造行为与传播行为必须同时实施，才能构成本罪。明知是他人编造的证券、期货交易虚假信息，应编造者的要求传播的，不构成本罪的共犯，编造并提供者单独构成犯罪。此外，证券、期货交易的专业分析人士利用已公开的事实、数据、资料以及证券、期货交易原理对交易市场走势进行分析和预测，没有捏造事实，即使其分析及预测对投资者造成了误导，客观上导致证券、期货交易价格波动的，也不构成本罪。

根据《立案追诉标准（二）》第37条的规定，编造并且传播影响证券、期货交易的虚假信息，扰乱证券、期货交易市场，涉嫌下列情形之一的，应予立案追诉：(1) 获利或者避免损失数额累计在5万元以上的；(2) 造成投资者直接经济损失数额在5万元以上的；(3) 致使交易价格和交易量异常波动的；(4) 虽未达到上述数额标准，但多次编造并且传播影响证券、期货交易的虚假信息的；(5) 其他造成严重后果的情形。

① 本条第1、3款为《刑法修正案》第5条所修改。原条文仅处罚证券交易方面的犯罪，未规定期货交易方面的犯罪。

为发行股票而编造事实，制作虚假文件并传播，影响证券交易的，同时构成编造并传播证券交易虚假信息罪和欺诈发行股票罪，两罪之间有想象竞合关系，应从一重罪处断。

二十、诱骗投资者买卖证券、期货合约罪

第一百八十一条第二款[①] 证券交易所、期货交易所、证券公司、期货经纪公司的从业人员，证券业协会、期货业协会或者证券期货监督管理部门的工作人员，故意提供虚假信息或者伪造、变造、销毁交易记录，诱骗投资者买卖证券、期货合约，造成严重后果的，处五年以下有期徒刑或者拘役，并处或者单处一万元以上十万元以下罚金；情节特别恶劣的，处五年以上十年以下有期徒刑，并处二万元以上二十万元以下罚金。

第一百八十一条第三款 单位犯前两款罪的，对单位判处罚金，并对其直接负责的主管人员和其他直接责任人员，处五年以下有期徒刑或者拘役。

诱骗投资者买卖证券、期货合约罪，是指证券交易所、期货交易所、证券公司、期货经纪公司的从业人员，证券业协会、期货业协会或者证券、期货监督管理部门的工作人员，故意提供虚假信息，或者伪造、变造、销毁交易记录，诱骗投资者买卖证券、期货合约，造成严重后果的行为。

提供虚假信息，是指为诱骗投资者买卖证券、期货合约而故意向其提供与事实不符的重要信息，如证券经营机构为非法获取手续费而提供虚假信息，诱导投资者进行损害其自身利益的证券买卖；发行人或代理人在出售证券时向其提供虚假的招股说明书；证券经营机构向客户作出在法律上无效的保证客户交易利益或赔偿客户投资损失的承诺。由于提供虚假信息行为和编造并传播证券、期货交易虚假信息罪之间有法条竞合关系，所以证券、期货从业人员编造虚假信息并提供给客户，诱导其从事证券、期货交易，扰乱证券、期货交易秩序的，都应以诱骗投资者买卖证券、期货合约罪定罪处刑。

伪造交易记录，是指按照证券、期货交易记录的数据、样式，制作假的交易记录单据，或向电脑系统输入虚假的交易数据，隐瞒真相，使客户违背其真实意愿买卖证券。

变造交易记录，是指对真实的证券、期货交易记录进行不法变更，或者在电脑系统上删改证券、期货交易数据，改变证券、期货交易记录内容的行为，如改变客户委托的时间、价格、数量，改变成交时间、价格、数量的。

销毁交易记录，是指将证券、期货交易的数据及相关文书毁灭的行为，如将电脑系统记录的交易数据删除，将打印交易记录单据毁灭等。

为诱骗投资者买卖证券、期货合约而故意提供虚假信息，但同时也泄露内幕信息的，应数罪并罚。投资者将证券、期货从业者提供的虚假信息误认为内幕信息而使用，从事证券、期货交易活动的，原则上可以成立内幕交易罪的未遂。

根据《立案追诉标准（二）》第38条的规定，诱骗投资者买卖证券、期货合约，涉嫌下列情形之一的，应予立案追诉：(1) 获利或者避免损失数额累计在5万元以上的；(2) 造成投资者直接经济损失数额在5万元以上的；(3) 致使交易价格和交易量异常波动的；(4) 其他造成严重后果的情形。

本罪的主体是特殊主体，即合法设立的证券交易所、期货交易所、证券公司、期货经纪公司的从业人员，证券业协会、期货业协会或者证券期货管理部门的工作人员。单位可以成为本

---

① 本条的两款根据《刑法修正案》第5条所修改。

罪的主体。

二十一、操纵证券、期货市场罪

第一百八十二条①有下列情形之一，操纵证券、期货市场，影响证券、期货交易价格或者证券、期货交易量，情节严重的，处五年以下有期徒刑或者拘役，并处或者单处罚金；情节特别严重的，处五年以上十年以下有期徒刑，并处罚金：

（一）单独或者合谋，集中资金优势、持股或者持仓优势或者利用信息优势联合或者连续买卖的；

（二）与他人串通，以事先约定的时间、价格和方式相互进行证券、期货交易的；

（三）在自己实际控制的账户之间进行证券交易，或者以自己为交易对象，自买自卖期货合约的；

（四）不以成交为目的，频繁或者大量申报买入、卖出证券、期货合约并撤销申报的；

（五）利用虚假或者不确定的重大信息，诱导投资者进行证券、期货交易的；

（六）对证券、证券发行人、期货交易标的公开作出评价、预测或者投资建议，同时进行反向证券交易或者相关期货交易的；

（七）以其他方法操纵证券、期货市场的。

单位犯前款罪的，对单位判处罚金，并对其直接负责的主管人员和其他直接责任人员，依照前款的规定处罚。

操纵证券、期货市场罪，是指违反证券、期货交易管理法规，以法律明令禁止的方式操纵证券、期货市场，影响证券、期货交易价格或者证券、期货交易量，情节严重的行为。违反证券、期货交易管理法规，操纵证券、期货市场的行为具体表现为以下情形：(1) 单独或者合谋，集中资金优势、持股优势或者持仓优势或者利用信息优势联合或者连续买卖。一般表现为多个资金、实力雄厚的机构大户、集团互相串通，集中资金，联合买卖或连续买卖，使证券、期货价格大幅升降。(2) 与他人串通，以事先约定的时间、价格和方式相互进行证券、期货交易。(3) 在自己实际控制的账户之间进行证券交易，或者以自己为交易对象，自买自卖期货合约。“自己实际控制的账户”包括：行为人以自己名义开户并使用的实名账户；行为人向账户转入或者从账户转出资金，并承担实际损益的他人账户；行为人通过前述两项以外的方式管理、支配或者使用的他人账户；行为人通过投资关系、协议等方式对账户内资产行使交易决策权的他人账户；其他有证据证明行为人具有交易决策权的账户。一般是交易者为逃避监管开设两个以上的证券交易账户，利用交易优先规则和资金优势，以相互冲销转账的方式，反复对冲抬高或压低价格，支付少量手续费和交易税，把证券、期货交易价格任意抬高或降低，然后乘机买入卖出从中渔利的行为。(4) 不以成交为目的，频繁或者大量申报买入、卖出证券、期货合约并撤销申报。这是一种幌骗交易行为，即交易者虚假报价再撤单，通过假装有意在特定价格频繁或者大量申报买入、卖出证券、期货合约，制造需求假象，促使证券、期货合约价格上升或者下降，引诱其他交易者进行交易，操纵者利用市场的反应按照新的价格买入或者卖出证券、期货合约从中牟利，进而影响证券、期货市场。(5) 利用虚假或者不确定的重大信息，诱导投资者进行证券、期货交易。这是一种蛊惑交易行为，即行为人利用（包括故意编造、传

---

① 本条经多次修改。1997 年《刑法》第 182 条仅处罚操纵证券市场的行为。《刑法修正案》第 6 条将操纵期货市场的行为犯罪化。《刑法修正案（六）》删除了原条文中“获取不正当利益或者转嫁风险”的要件，同时对单位犯罪中的主管人员和其他直接责任人员，按照自然人犯罪的规定处罚。《刑法修正案（十一）》第 13 条增加了三种行为类型。

播、散布）虚假的或者不确定的重大信息，在虚假重大信息发布前后建议他人买卖相关证券、期货合约，误导投资者作出投资决策，使市场出现预期中的变动而自己获利。类似蛊惑行为要成立犯罪，要求相关证券、期货的交易价格或成交量受到影响，且对虚假或者不确定的重大信息的利用与有关证券、期货交易价格或成交量之间存在因果关系。（6）对证券、证券发行人、期货交易标的公开作出评价、预测或者投资建议，同时进行反向证券交易或者相关期货交易。这是一种抢帽子交易行为，即行为人在公开作出评价、预测或者投资建议前，自己已经买入或持有该证券或者进行了期货交易，再通过电视、网络视频以及其他新媒体形式对证券、证券发行人、期货交易标的公开作出评价、预测或者投资建议影响证券、期货交易价格后，同时进行反向证券交易或者相关期货交易，从而在交易中获利。（7）以其他方法操纵证券、期货市场。

上述行为均需要影响证券、期货交易价格或者证券、期货交易量，且情节严重的，才能构成本罪；情节特别严重的，法定刑升格。关于对情节严重、情节特别严重的具体认定标准，最高人民法院、最高人民检察院《关于办理操纵证券、期货市场刑事案件适用法律若干问题的解释》（2019 年 6 月 27 日）第 2、3、4 条予以了明确。

本罪在主观方面是故意。至于行为人是否具有获取不正当利益或转嫁损失的目的，在所不问。如此解释，主要是考虑到：操纵者能否获取利益取决于市场等多方面因素。操纵行为对法益（证券、期货市场秩序和其他投资者的利益）的侵害并不在于操纵者本人能从操纵行为中获利，而在于其人为操纵、扭曲证券、期货价格的行为可能欺骗公众投资者，从而扰乱证券、期货市场秩序。

二十二、背信运用受托财产罪

第一百八十五条之一第一款① 商业银行、证券交易所、期货交易所、证券公司、期货经纪公司、保险公司或者其他金融机构，违背受托义务，擅自运用客户资金或者其他委托、信托的财产，情节严重的，对单位判处罚金，并对其直接负责的主管人员和其他直接责任人员，处三年以下有期徒刑或者拘役，并处三万元以上三十万元以下罚金；情节特别严重的，处三年以上十年以下有期徒刑，并处五万元以上五十万元以下罚金。

背信运用受托财产罪，商业银行、证券交易所、期货交易所、证券公司、期货经纪公司、保险公司或者其他金融机构，违背受托义务，擅自运用客户资金或者其他委托、信托的财产，情节严重的行为。

本罪的实行行为是违背受托义务，擅自运用客户资金或者其他委托、信托的财产。违背受托义务，是指受托人违背其与受托人之间具体的、不违反现行金融管理法规的约定。一般而言，约定包括以下情形：（1）受托人从事资产管理业务，应当对不同客户资产分别设置账户、独立核算、分账管理。（2）对委托人的委托理财财产负有忠实管理的义务。（3）受托人在投资决策可能对委托人的利益产生重大影响时，应当及时向委托人报告并征得委托人的同意。对于“擅自运用客户资金”需要作扩大解释，包括：侵吞客户资产，将客户资产管理业务与其他业务混合操作；以转移资产管理账户收益或者亏损为目的，在自营账户与资产管理账户之间，或者在不同的资产管理账户之间进行买卖，损害客户的利益；以获取佣金或者其他利益为目的运用客户资金进行超出委托授权以外的交易；将委托理财资产用于资金拆借、贷款、抵押融资、对外担保等用途或者用于可能承担无限责任的投资等。

---

① 本款为《刑法修正案（六）》第 12 条所增设。

本罪的行为对象是委托、信托的财产，即广义的委托理财财产。这里的委托理财是指委托人通过委托或者信托与受托人约定，将资金、证券等金融性资产交给受托人，由受托人在一定期限内按照委托人的意愿管理，投资于证券、期货等金融市场，并按期支付给委托人一定比例收益的资产管理活动。由于委托理财过程中，委托人对市场信息掌握可能不充分，在投资知识方面可能有欠缺，其将资金或证券交付受托人后，对资金和证券的使用难以监控，只能被动接受受托人处置财产的结果，所以，在刑法上对受托财产给予特殊保护是必要的。这里的"委托、信托的财产"，主要是指在委托理财业务中，存放在各类金融机构中的客户资金和资产，具体包括：(1) 证券投资业务中，客户在证券公司存放的用于买卖证券的资金（客户交易结算资金）。(2) 金融机构接受客户的委托，对客户存放在金融机构的资产进行管理的客户资产（委托理财的客户资产）。(3) 信托业务中的信托财产，分为资金信托和一般财产信托。(4) 证券投资基金，即通过公开发售基金份额募集的客户资金。

将客户资金用于操纵证券、期货市场的，构成本罪和操作证券、期货市场罪的想象竞合犯。

根据《立案追诉标准（二）》第40条的规定，背信运用受托财产，涉嫌下列情形之一的，应予立案追诉：(1) 擅自运用客户资金或者其他委托、信托的财产数额在30万元以上的；(2) 虽未达到上述数额标准，但多次擅自运用客户资金或者其他委托、信托的财产，或者擅自运用多个客户资金或者其他委托、信托的财产的；(3) 其他情节严重的情形。

本罪的主体为特殊主体，即商业银行、证券交易所、期货交易所、证券公司、期货经纪公司、保险公司或者其他金融机构。"其他金融机构"主要包括信托投资公司、投资咨询公司、投资管理公司等金融机构。由于我国目前有资格开展委托理财业务的机构必须是经国家有关主管部门批准的金融机构，自然人不准进行此项业务，所以，自然人不能成为本罪的主体。自然人违反金融机构管理规定，擅自运用委托人委托、信托的财产的，可能构成挪用资金罪或挪用公款罪。

二十三、违法运用资金罪

第一百八十五条之一第二款① 社会保障基金管理机构、住房公积金管理机构等公众资金管理机构，以及保险公司、保险资产管理公司、证券投资基金管理公司，违反国家规定运用资金的，对其直接负责的主管人员和其他直接责任人员，依照前款的规定处罚。

违法运用资金罪，是指社会保障基金管理机构、住房公积金管理机构等公众资金管理机构，以及保险公司、保险资产管理公司、证券投资基金管理公司，违反国家规定运用资金的行为。

违反国家规定运用资金，主要包括：以他人的名义使用社会保障基金范围内的资金从事投资活动；挪用社会保障基金的委托资产；从事可能使社会保障基金委托资产承担无限责任的投资；用社会保障基金委托资产从事信用交易等情形。

本罪的行为对象是公众资金，即主要是用于保障广大群众基本生活需要的资金。由于公众资金与绝大多数社会成员的切身利益息息相关，所以，对于公众资金，必须在保证基金资产安全性、流动性的前提下，实现基金资产的增值。公众资金包括社会保障基金、住房公积金等。"社会保障基金"是指在法律的强制规定下，通过向劳动者及其所在用人单位征缴社会保险费，或由国家财政直接拨款而集中起来，用于社会保险、社会福利、社会救济和公费医疗事业等社

① 本款为《刑法修正案（六）》第12条所增设。

会保障事业的一种专项基金。基金按社会保障的项目可分为用于支付劳动者养老待遇的养老保险基金、对因失业而造成的劳动风险损失给予补偿的失业保险基金、为劳动者提供疾病所需医疗费用的医疗保险基金、专门针对女性劳动者的生育保险基金，以及对劳动者因工作而受伤、患病、残疾乃至死亡，暂时或永久丧失劳动能力，从国家和社会获得医疗、生活保障及必要的经济补偿所需要的工伤保险基金。“住房公积金”是指国家机关、国有企业、城镇集体企业、外商投资企业、城镇私营企业及其他城镇企业、事业单位、民办非企业单位、社会团体及其在职职工缴存的长期住房储金。

本罪的主体是特殊主体，即社会保障基金管理机构、住房公积金管理机构等公众资金管理机构，以及保险公司、保险资产管理公司、证券投资基金管理公司等金融机构。社会保障基金管理机构是指相对独立的负责社会保险基金的管理、投资营运的社会保险银行、社会保险基金管理公司或基金会等专门机构。保险公司、保险资产管理公司、证券投资管理公司，都是按照我国目前实行的多元分散型公众资金管理模式，接受社会保障基金管理机构委托对社会保障基金进行资产管理的机构。

根据《立案追诉标准（二）》第41条的规定，违法运用资金，涉嫌下列情形之一的，应予立案追诉：（1）违反国家规定运用资金数额在30万元以上的；（2）虽未达到上述数额标准，但多次违反国家规定运用资金的；（3）其他情节严重的情形。

二十四、违法发放贷款罪

第一百八十六条① 银行或者其他金融机构的工作人员违反国家规定发放贷款，数额巨大或者造成重大损失的，处五年以下有期徒刑或者拘役，并处一万元以上十万元以下罚金；数额特别巨大或者造成特别重大损失的，处五年以上有期徒刑，并处二万元以上二十万元以下罚金。

银行或者其他金融机构的工作人员违反国家规定，向关系人发放贷款的，依照前款的规定从重处罚。

单位犯前两款罪的，对单位判处罚金，并对其直接负责的主管人员和其他直接责任人员，依照前两款的规定处罚。

关系人的范围，依照《中华人民共和国商业银行法》和有关金融法规确定。

违法发放贷款罪，是指银行或者其他金融机构的工作人员违反国家规定发放贷款，数额巨大或者造成重大损失的行为。

（一）客观要件

本罪在客观方面表现为银行或者其他金融机构的工作人员违反国家规定发放贷款，数额巨大或者造成重大损失的行为。

违反国家规定，是指金融机构的工作人员违反商业银行法、银行管理规定、借款合同规定以及其他有关信贷管理的法律、法规。违法发放贷款，即违反规定发放贷款，表现为：没有严格按照金融管理法规的规定与贷款人订立书面合同，约定借款的种类、用途、金额、利率、还款期限、违约责任等事项，造成债权债务关系不清；在审查贷款过程中严重不负责任或者滥用职权，不执行贷款管理规定，未严格审查借款人的资信状况或没有执行贷款的审批程序，越权审批、发放人情贷款或以贷谋私；对贷款的用途未进行严格监督等。

---

① 本条第1、2款为《刑法修正案（六）》第13条所修改。

违法向关系人发放贷款的，从重处罚。这里的“关系人”包括下述两种人员：(1) 商业银行或其他金融机构的董事、监事、管理人员、信贷业务人员及其近亲属；(2) 前述人员投资或者担任高级管理职务的公司、企业和其他经济组织。

根据《立案追诉标准（二）》第 42 条的规定，银行或者其他金融机构及其工作人员违反国家规定发放贷款，涉嫌下列情形之一的，应予立案追诉：(1) 违法发放贷款，数额在 100 万元以上的；(2) 违法发放贷款，造成直接经济损失数额在 20 万元以上的。

索取、收受贿赂后违法发放贷款的，应以本罪和受贿罪并罚。

（二）主观要件

本罪在主观方面是故意，即行为人明知自己发放贷款的行为违反法律、行政法规规定，仍然发放贷款。

二十五、吸收客户资金不入账罪

第一百八十七条① 银行或者其他金融机构的工作人员吸收客户资金不入账，数额巨大或者造成重大损失的，处五年以下有期徒刑或者拘役，并处二万元以上二十万元以下罚金；数额特别巨大或者造成特别重大损失的，处五年以上有期徒刑，并处五万元以上五十万元以下罚金。

单位犯前款罪的，对单位判处罚金，并对其直接负责的主管人员和其他直接责任人员，依照前款的规定处罚。

吸收客户资金不入账罪，是指银行或者其他金融机构的工作人员吸收客户资金不入账，数额巨大或者造成重大损失的行为。

金融机构吸收客户资金不入账，进行账外经营的，所造成的负债无法估计，妨害了国家对金融机构运营资金的监管，其潜在风险难以预防，直接影响到金融安全，因此，只要有吸收客户资金不入账的行为，就构成犯罪。行为人利用不入账的资金实施其他犯罪的，原则上应当数罪并罚，例如，个人侵吞、非法拆借、私自发放贷款的，应当同时成立本罪和贪污罪、挪用公款、挪用资金等罪。吸收客户资金不入账，是指不记入金融机构的法定存款账目，以逃避国家金融监管。至于是否记入法定账目以外设立的账目，不影响本罪的成立。

根据《立案追诉标准（二）》第 43 条的规定，吸收客户资金不入账，涉嫌下列情形之一的，应予立案追诉：(1) 吸收客户资金不入账，数额在 100 万元以上的；(2) 吸收客户资金不入账，造成直接经济损失数额在 20 万元以上的。

本罪在主观方面是故意。至于行为人是否具有非法牟利的目的，在所不问。

二十六、违规出具金融票证罪

第一百八十八条② 银行或者其他金融机构的工作人员违反规定，为他人出具信用证或者其他保函、票据、存单、资信证明，情节严重的，处五年以下有期徒刑或者拘役；情节特别严重的，处五年以上有期徒刑。

单位犯前款罪的，对单位判处罚金，并对其直接负责的主管人员和其他直接责任人员，依照前款的规定处罚。

---

① 本条第 1 款为《刑法修正案（六）》第 14 条所修改。

② 本条第 1 款为《刑法修正案（六）》第 15 条所修改。

违规出具金融票证罪，是指银行或者其他金融机构的工作人员违反规定，为他人出具信用证或者其他金融票证，情节严重的行为。

违反规定出具金融票证，包括违反规定出具信用证、保函、票据、存单、资信证明。信用证服务，是指银行与客户约定，按照客户的要求和指示，根据规定的单据并在符合信用证条款的情况下，向第三人或其指定人进行付款，或者支付或承兑受益人开立的汇票，或者授权其他银行进行该项付款或承兑该汇票的行为。保函，是指金融机构以其自身的信用为他人承担责任的担保文件。票据，是指汇票、支票、本票。资信证明是证明个人或单位经济实力的文件，金融机构出具的有关财产的书面委托书、协议书、意向书都属于资信证明文件的范畴。

违规出具金融票证，情节严重的，才构成本罪。根据《立案追诉标准（二）》第44条的规定，银行或者其他金融机构及其工作人员违反规定，为他人出具信用证或者其他保函、票据、存单、资信证明，涉嫌下列情形之一的，应予立案追诉：(1) 违反规定为他人出具信用证或者其他保函、票据、存单、资信证明，数额在100万元以上的；(2) 违反规定为他人出具信用证或者其他保函、票据、存单、资信证明，造成直接经济损失数额在20万元以上的；(3) 多次违规出具信用证或者其他保函、票据、存单、资信证明的；(4) 接受贿赂违规出具信用证或者其他保函、票据、存单、资信证明的；(5) 其他情节严重的情形。

本罪在主观方面是故意，即行为人明知出具金融凭证的行为不符合规定条件，但却故意实施出具证明文件行为。

二十七、对违法票据承兑、付款、保证罪

第一百八十九条 银行或者其他金融机构的工作人员在票据业务中，对违反票据法规定的票据予以承兑、付款或者保证，造成重大损失的，处五年以下有期徒刑或者拘役；造成特别重大损失的，处五年以上有期徒刑。

单位犯前款罪的，对单位判处罚金，并对其直接负责的主管人员和其他直接责任人员，依照前款的规定处罚。

对违法票据承兑、付款、保证罪，是指银行或者其他金融机构的工作人员在票据业务中，对违反票据法规定的票据予以承兑、付款或者保证，造成重大损失的行为。

（一）违法承兑、付款、保证行为

本罪在客观方面表现为对违反票据法规定的票据予以承兑、付款或者保证，造成重大损失的行为。

违反票据法规定的票据，是指在内容、形式上都与法律规定相悖的不可付款、承兑、保证的无效票据。按照票据法的规定，下列票据不能承兑、付款、保证：(1) 票据的绝对应记事项不齐，汇票、本票保证的绝对应记事项不齐；(2) 票据的提示付款、提示承兑、见票超过有效期限；(3) 汇票的出票人与付款人无真实委托关系，出票人无支付汇票金额的可靠资金来源；(4) 汇票无对价的；(5) 出票人在汇票上记载“不得转让”字样但汇票被转让的；(6) 汇票背书无记载被背书人名称的；(7) 汇票背书不连续的；(8) 背书的汇票将汇票金额的一部分转让或者将汇票金额分别转让给二人以上的；(9) 记载“委托收款”字样的背书，背书人又以背书转让汇票权利的；(10) 汇票的保证人是债务人等，本票的出票人无支付本票金额的可靠资金来源的；(11) 本票的出票人不具备中国人民银行规定的资格的；(12) 需补记的支票，无补记的；(13) 空头支票；(14) 支票的签章与印鉴不符的；(15) 见票即付的支票，另行记载付款日期的。

银行或其他金融机构工作人员违反票据法规定，对上述不符合规定的票据予以承兑、付款、保证的，都属于违法承兑、付款、保证行为。承兑，是指汇票付款人承诺在汇票到期日支付汇票金额的票据行为。付款，是指票据债务人向票据债权人支付票据金额的行为。保证，是指对已经存在的票据上的债务进行担保的票据行为。

本罪是结果犯，违法承兑、付款、保证行为必须造成重大损失，才构成本罪。对造成重大损失的考察，应运用经济的观点分析行为是否已经使银行或者其他金融机构、合法票据权利人遭受重大财产损失。根据《立案追诉标准（二）》第45条的规定，银行或者其他金融机构及其工作人员在票据业务中，对违反票据法规定的票据予以承兑、付款或者保证，造成直接经济损失数额在20万元以上的，应予立案追诉。

（二）主观要件

本罪在主观方面是故意，即行为人明知是违反票据法规定的票据而予以承兑、付款、保证。

二十八、逃汇罪

第一百九十条[①] 公司、企业或者其他单位，违反国家规定，擅自将外汇存放境外，或者将境内的外汇非法转移到境外，数额较大的，对单位判处逃汇数额百分之五以上百分之三十以下罚金，并对其直接负责的主管人员和其他直接责任人员处五年以下有期徒刑或者拘役；数额巨大或者有其他严重情节的，对单位判处逃汇数额百分之五以上百分之三十以下罚金，并对其直接负责的主管人员和其他直接责任人员处五年以上有期徒刑。

逃汇罪，是指公司、企业或者其他单位违反国家规定，擅自将外汇存放境外，或者将境内的外汇非法转移到境外，数额较大的行为。

本罪在客观方面表现为违反国家规定，擅自将外汇存放境外，或者将境内外汇非法转移到境外。

逃汇行为，包括将外汇擅自存放境外或者将境内的外汇非法转移到境外两种行为。擅自将外汇存放境外，是指将在境外取得的外汇收入未经外汇管理机关批准而自行存放境外（外国或我国港、澳、台地区）。将境内外汇非法转移到境外，是指违反国家规定携带、邮寄、汇出外币、外币存款凭证、外币有价证券等。

逃汇行为必须数额较大，才构成本罪。根据《立案追诉标准（二）》第46条的规定，公司、企业或者其他单位，违反国家规定，擅自将外汇存放境外，或者将境内的外汇非法转移到境外，单笔在200万美元以上或者累计数额在500万美元以上的，应予立案追诉。

本罪的行为对象是外汇。外汇，是指下列以外币表示的可以用作国际清偿的支付手段和资产：(1) 外国货币，包括纸币、铸币；(2) 外币支付凭证，包括票据、银行存款凭证、邮政储蓄凭证等；(3) 外币有价证券，包括政府债券、公司债券、股票等；(4) 特别提款权、欧洲货币单位；(5) 其他外汇资产。

本罪的主体是公司、企业或其他单位。其既可以是国有的公司、企业、事业单位、国家机关，也可以是非国有的公司、企业，如集体所有制企业、私营企业、外资企业等。自然人不能构成本罪，但国家工作人员将外汇存放境外或者将境内的外汇转移到境外，隐瞒不报的，可以

---

① 本条为1998年12月29日第九届全国人大常委会第六次会议通过的《关于惩治骗购外汇、逃汇和非法买卖外汇犯罪的决定》第3条所修改。

构成隐瞒境外存款罪。

本罪在主观方面是故意，行为人明知违反国家规定而故意将外汇存放境外，或者将境内的外汇非法转移到境外。至于其是否有牟利目的，并不影响本罪的成立。

二十九、骗购外汇罪

第一百九十条之一① 有下列情形之一，骗购外汇，数额较大的，处五年以下有期徒刑或者拘役，并处骗购外汇数额百分之五以上百分之三十以下罚金；数额巨大或者有其他严重情节的，处五年以上十年以下有期徒刑，并处骗购外汇数额百分之五以上百分之三十以下罚金；数额特别巨大或者有其他特别严重情节的，处十年以上有期徒刑或者无期徒刑，并处骗购外汇数额百分之五以上百分之三十以下罚金或者没收财产：

（一）使用伪造、变造的海关签发的报关单、进口证明、外汇管理部门核准件等凭证和单据的；

（二）重复使用海关签发的报关单、进口证明、外汇管理部门核准件等凭证和单据的；

（三）以其他方式骗购外汇的。

伪造、变造海关签发的报关单、进口证明、外汇管理部门核准件等凭证和单据，并用于骗购外汇的，依照前款的规定从重处罚。

明知用于骗购外汇而提供人民币资金的，以共犯论处。

单位犯前三款罪的，对单位依照第一款的规定判处罚金，并对其直接负责的主管人员和其他直接责任人员，处五年以下有期徒刑或者拘役；数额巨大或者有其他严重情节的，处五年以上十年以下有期徒刑；数额特别巨大或者有其他特别严重情节的，处十年以上有期徒刑或者无期徒刑。

骗购外汇罪，是指骗购外汇，数额较大的行为。

骗购行为包括三种情形：(1) 使用伪造、变造的海关签发的报关单、进口证明、外汇管理部门核准件等凭证和单据骗购外汇。骗得外汇后，又将外汇汇往境外的，后一行为属于不可罚的事后行为。(2) 重复使用海关签发的报关单、进口证明、外汇管理部门核准件等凭证和单据骗购外汇。(3) 以其他方式骗购外汇，包括：虚构特定事项欺骗外汇指定银行，向其提出支付清单，在得到先行兑付后，不能提供有效真实的凭证和单据骗购外汇；以签订假合同或虚构外贸合同的方式骗购外汇；利用虚构的提单、发票等凭证或单据骗购外汇；与海关、外汇管理部门、金融机构、对外贸易企业及其工作人员相勾结，使用他人提供的凭证、单据骗购外汇等。

本罪的被害人只能是外汇指定银行，即经国家外汇管理机关批准经营结汇和售汇业务的银行。使用虚假的海关签发的报关单、进口证明、国家外汇管理机关核准件等凭证和单据欺骗外汇指定银行以外的单位，购得该单位自有或支配的外汇的，不构成本罪，而可能成立诈骗罪或合同诈骗罪。

根据《立案追诉标准（二）》第47条的规定，骗购外汇，数额在50万美元以上的，应予立案追诉。

本罪在主观方面是故意，即行为人明知骗购外汇的行为违反外汇管理法规而积极追求该结

---

① 需要特别说明的是，本条为全国人大常委会《关于惩治骗购外汇、逃汇和非法买卖外汇犯罪的决定》第1条所增设。该决定是单行刑法，没有指明骗购外汇罪在刑法典中的条文顺序，本书基于体系编排的考虑，将骗购外汇罪条文编为刑法第190条之一。在刑事实务中，引用本条文序号时，应表述为“根据《关于惩治骗购外汇、逃汇和非法买卖外汇犯罪的决定》第1条的规定”。

果的发生。

三十、洗钱罪

第一百九十一条① 为掩饰、隐瞒毒品犯罪、黑社会性质的组织犯罪、恐怖活动犯罪、走私犯罪、贪污贿赂犯罪、破坏金融管理秩序犯罪、金融诈骗犯罪的所得及其产生的收益的来源和性质，有下列行为之一的，没收实施以上犯罪的所得及其产生的收益，处五年以下有期徒刑或者拘役，并处或者单处罚金；情节严重的，处五年以上十年以下有期徒刑，并处罚金：

（一）提供资金账户的；

（二）将财产转换为现金、金融票据、有价证券的；

（三）通过转账或者其他结算方式转移资金的；

（四）跨境转移财产的；

（五）以其他方法掩饰、隐瞒犯罪所得及其收益的来源和性质的。

单位犯前款罪的，对单位判处罚金，并对其直接负责的主管人员和其他直接责任人员，依照前款的规定处罚。

洗钱罪，是指掩饰、隐瞒毒品犯罪、黑社会性质的组织犯罪、恐怖活动犯罪、走私犯罪、贪污贿赂犯罪、破坏金融管理秩序犯罪、金融诈骗犯罪的所得及其产生的收益的来源和性质的行为。

（一）保护法益

本罪侵害的法益主要是国家金融管理秩序。洗钱犯罪行为主要发生在金融领域内，是各种经济犯罪和有组织犯罪的派生物，也是有组织的毒品、走私、偷税漏税、诈骗、赌博业、色情业以及其他经济犯罪和各种腐败现象等发展的必然结果。毒品、走私等犯罪的行为人主要通过金融机构的业务活动来实现其转移财产或者使财产合法化的目的，洗钱犯罪组织经常依靠有关专业人员的建议投资和洗钱。一些金融机构的专家参与犯罪集团的洗钱活动，犯罪组织对专业人士，如会计师、金融专家、审计师等的依赖性越来越强；犯罪对金融秩序的危害极大，使金融机构的正常业务活动和管理秩序陷入混乱，所以，刑法将本罪规定在破坏金融管理秩序罪中。同时，洗钱行为也是对“上游犯罪”（毒品犯罪、黑社会性质的组织犯罪、恐怖活动犯罪、走私犯罪、贪污贿赂犯罪、破坏金融管理秩序犯罪、金融诈骗犯罪）实施者所获赃物的窝藏、转移行为，给司法机关工作所设置了障碍，影响了司法机关对上游犯罪证据的追查和赃款的追缴，所以，司法秩序也是本罪的保护法益之一。

在今天，开展反洗钱犯罪已成为打击经济领域犯罪的一项重要任务。目前，世界各国反洗钱政策的主要目标是：打击犯罪活动，保证经济和金融系统的透明度。加强对与毒品犯罪、恐怖组织、黑社会性质的组织犯罪、走私犯罪、贪污贿赂犯罪、破坏金融管理秩序犯罪、金融诈骗犯罪紧密相关的洗钱犯罪进行打击，也是我国刑法面临的紧迫任务。

（二）客观要件

本罪在客观方面表现为掩饰、隐瞒毒品犯罪、黑社会性质的组织犯罪、恐怖活动犯罪、走私犯罪、贪污贿赂犯罪、破坏金融管理秩序犯罪、金融诈骗犯罪的违法所得及其收益的性质和来源的行为。

---

① 本条根据《刑法修正案（三）》第7条、《刑法修正案（六）》第16条、《刑法修正案（十一）》第14条三次修改。

洗钱，是指由犯罪者本人或者经由他人，通过金融或非金融体系的运作，阻断犯罪的黑色收入与当初犯罪行为的联系，逃避法律追查，使黑色收入表面合法化的过程（“洗黑钱”）。洗钱活动大致分为三个阶段：(1)“浸泡”阶段，即洗钱人把犯罪所得现金或者直接存入银行，或者通过邮政支票、旅行支票和其他流通工具转移到金融系统。(2)“分根”阶段，即洗钱人通过一系列的金融交易活动把犯罪所得与非法来源相脱离。通过使这些收入来回反复变换账户，使这些收入在洗钱者为洗钱目的而设在世界各地的控股公司之间频繁出入，并依靠银行保密制度和委托律师隐瞒自己身份的特权，制造一个令任何审计部门都无可奈何的复杂的财务交易网络。(3)“甩干”阶段。这是资金回收或者汇总阶段，即通过努力使因犯罪所得的“脏钱”经过清洗和漂白，披上合法外衣，成为合法收入，然后以投资或购买资产的方式直接进入合法的流通领域。

第三人帮助他人“洗黑钱”（“他洗钱”）属于犯罪，但自己犯罪后洗钱的“自洗钱”是否独立成罪是长期以来讨论的问题。刑法理论上一般认为，犯罪后掩饰、隐瞒犯罪所得是犯罪后的自然延伸行为，被上游犯罪吸收，可作为量刑情节处理，不宜单独成罪。但也有意见认为，本人犯罪后又洗钱的，侵害了金融秩序或者市场流通秩序等新的法益，应该单独定罪处罚。我国加入的“反洗钱金融行动特别工作组”（Financial Action Task Force on Money Laundering, FATF）在履约过程中提出将“自洗钱”规定为犯罪。《刑法修正案（十一）》对洗钱犯罪的重要修改是，将实施刑法第 191 条严重上游犯罪后的“自洗钱”明确规定为犯罪。这一规定是重要变化，对司法实践和刑法理论都有较大影响。由于本罪处罚“自洗钱”行为，对洗钱行为的理解就要超越帮助犯的视角：不仅帮助上游犯罪的行为人（本犯）洗钱的可以构成本罪，而且实施毒品犯罪、黑社会性质的组织犯罪、恐怖活动犯罪、走私犯罪、贪污贿赂犯罪、破坏金融管理秩序犯罪、金融诈骗犯罪的人（本犯）洗钱也可以构成本罪。

本罪的具体行为类型包括：(1) 提供资金账户，多数表现为给本犯开设银行账户，或者将现有的资金账户提供给本犯使用。但不能将这类行为的主体理解为本犯之外的帮助者，因为在共同犯罪的场合，共犯人之一将资金账户提供给其他共同犯罪人使用，且主要用于掩饰、隐瞒本次共同犯罪的违法所得及其收益的性质和来源的，也成立洗钱罪。(2) 将财产转换为现金或者金融票据、有价证券。包括本犯或协助者将实物（汽车、船舶、文物、房产等动产或者不动产）转换为现金或金融票据（本票、汇票、支票等），将现金和金融票据互换，将此种现金和彼种现金、此种金融票据和彼种金融票据互换的行为。(3) 通过转账或者其他结算方式转移资金，即本犯或协助者将犯罪的违法所得及其收益混入合法收入，通过银行等金融机构转账，或通过承兑、委托付款等方式，掩饰、隐瞒非法财物的来源和性质，将资金转换为合法收入。(4) 跨境转移资产。包括本犯将犯罪所得的资产通过自己携带、运输、邮寄或交给地下钱庄汇往境外等情形，多数场合表现为享有将资金调往境外的权利的单位或者个人，通过自己在银行或其他金融机构所开设的账号，将本犯的违法所得汇往境外。(5) 以其他方式掩饰、隐瞒犯罪的违法所得及其收益的性质和来源，如通过典当、租赁、买卖、投资等方式，转移、转换犯罪所得及其收益；通过与商场、饭店、娱乐场所等现金密集型场所的经营收入相混合的方式，转移、转换犯罪所得及其收益；通过购买虚拟货币（如比特币）、虚构交易、虚设债权债务、虚假担保、虚报收入等方式，将犯罪所得及其收益转换为“合法”财物；通过买卖彩票、奖券等方式，转换犯罪所得及其收益；通过赌博方式，将犯罪所得及其收益转换为赌博收益；等等。

所有的洗钱行为都是为了隐瞒、掩饰犯罪的违法所得及其产生的收益。这里的“违法所得及其产生的收益”是指犯罪分子实施上游犯罪（毒品犯罪、走私犯罪、恐怖活动犯罪、黑社会性质的组织犯罪、贪污贿赂犯罪、破坏金融管理秩序犯罪、金融诈骗犯罪）所获取的非法利益，以及利用犯罪所得的非法利益所产生的孳息。

无论是“自洗钱”还是帮助本犯洗钱，要构成本罪，均应以上游犯罪事实的存在为前提。上游犯罪尚未依法裁判，但查证属实的，不影响本罪成立；上游犯罪事实可以确认，因行为人死亡等原因而依法不予追究刑事责任的，本罪亦成立。我国 1997 年刑法将洗钱犯罪的“上游犯罪”界定为毒品犯罪、走私犯罪和黑社会性质的组织犯罪，《刑法修正案（三）》第 7 条将恐怖活动犯罪所得及其所产生的收益作为本罪对象。本罪的对象范围在表面上看较为狭窄。但是，毒品犯罪、走私犯罪中具体罪名繁多；黑社会性质的组织犯罪、恐怖活动犯罪的外延很广，并不简单地限定为杀人、爆炸、绑架等暴力性犯罪，还包括这些组织实施的破坏经济领域的经济性犯罪，这些都是本罪的行为对象。《刑法修正案（六）》第 16 条将洗钱犯罪的“上游犯罪”扩大到贪污贿赂犯罪、破坏金融管理秩序犯罪、金融诈骗犯罪。这里的贪污贿赂犯罪、破坏金融管理秩序犯罪、金融诈骗犯罪都是类罪名。例如，挪用公款罪、私分国有资产罪都属于贪污贿赂犯罪，掩饰、隐瞒挪用公款或私分国有资产的犯罪所得，可以构成洗钱罪。

在“自洗钱”的场合，本犯除构成其所实施的毒品犯罪、黑社会性质的组织犯罪、恐怖活动犯罪、走私犯罪、贪污贿赂犯罪、破坏金融管理秩序犯罪、金融诈骗犯罪之外，还构成洗钱罪，应当数罪并罚。例如，行为人（本犯）将贪污犯罪所得转移到境外购买房产的，对其贪污罪和洗钱罪应当分别定罪，予以数罪并罚。换言之，对于自洗钱与上游犯罪，原则上应当数罪并罚。但是，在极个别的情形下，如果上游犯罪数额很大、情节很严重，而洗钱金额只占其中很小的比例，或者情节较轻的，按照罪责刑相适应的原则确定，也不排除对行为人只按照上游犯罪定罪处罚。

由于本罪是妨害金融管理秩序罪，所以，洗钱必须通过金融机构实施，才构成本罪。明知是毒品犯罪、黑社会性质的组织犯罪、走私犯罪、贪污贿赂犯罪、破坏金融管理秩序犯罪、金融诈骗犯罪的犯罪所得及其所产生的收益，而在金融机构之外单纯对上述犯罪所得及其收益予以窝藏、转移、收购、代为销售的，只构成相应的赃物犯罪；在生产、销售伪劣商品，非法集资、非法经营等过程中，使用、吸纳他人毒品犯罪、黑社会性质的组织犯罪、走私犯罪等的犯罪所得及其所产生的收益，事后向上游犯罪的本犯支付本息的，成立生产、销售伪劣商品罪、非法集资罪等，应当与本罪数罪并罚。

（三）主观要件

本罪在主观方面是故意。“自洗钱”的行为人对于违法所得及其产生的收益的来源和性质毫无疑问有明确认识；“他洗钱”的行为人对洗钱的对象属于毒品犯罪、黑社会性质的组织犯罪、走私犯罪等的违法所得及其产生的收益有明知，并希望掩饰、隐瞒犯罪的违法所得及其收益的性质和来源。

根据最高人民法院《关于审理洗钱等刑事案件具体应用法律若干问题的解释》（2009 年 11 月 4 日）第 1 条的规定，对于在“他洗钱”场合的“明知”，应当结合被告人的认知能力，接触他人犯罪所得及其收益的情况，犯罪所得及其收益的种类、数额，犯罪所得及其收益的转换、转移方式以及被告人的供述等主、客观因素进行认定。具有下列情形之一的，可以认定被告人明知系犯罪所得及其收益，但有证据证明确实不知道的除外：（1）知道他人从事犯罪活动，协助转换或者转移财物的；（2）没有正当理由，通过非法途径协助转换或者转移财物的；（3）没有正当理由，以明显低于市场的价格收购财物的；（4）没有正当理由，协助转换或者转移财物，收取明显高于市场的“手续费”的；（5）没有正当理由，协助他人将巨额现金散存于多个银行账户或者在不同银行账户之间频繁划转的；（6）协助近亲属或者其他关系密切的人转换或者转移与其职业或者财产状况明显不符的财物的；（7）其他可以认定行为人明知的情形。

此外，“洗钱”要求行为人主观上具有掩饰、隐瞒犯罪所得及其产生的收益的来源和性质的目的，客观上实施了明显的转移、转换等清洗行为，故对于本人或者他人犯罪后自然地占有、处分犯罪的行为对象的，不宜认定为本罪。例如，走私普通货物后销售该货物的，该销售行为是控制走私财物行为的一部分，不构成本罪；将贪污、受贿所得用于日常消费（包括高消费）的，原则上也不成立本罪。

协助本犯洗钱的行为人将毒品犯罪、黑社会性质的组织犯罪、恐怖活动犯罪、走私犯罪、贪污贿赂犯罪、破坏金融管理秩序犯罪、金融诈骗犯罪的违法所得及其产生的收益误认为普通财产犯罪、经济犯罪所得，而提供资金账户、协助将财产转换为现金或者金融票据、通过转账或者其他结算方式协助资金转移、协助将资金汇往境外的，不具有本罪的故意，但可能构成掩饰、隐瞒犯罪所得、犯罪所得收益罪。

第六节　金融诈骗罪[①]

一、集资诈骗罪

第一百九十二条[②]　以非法占有为目的，使用诈骗方法非法集资，数额较大的，处三年以上七年以下有期徒刑，并处罚金；数额巨大或者有其他严重情节的，处七年以上有期徒刑或者无期徒刑，并处罚金或者没收财产。

单位犯前款罪的，对单位判处罚金，并对其直接负责的主管人员和其他直接责任人员，依照前款的规定处罚。

集资诈骗罪，是指以非法占有为目的，使用诈骗方法非法向公众吸纳资金，数额较大的行为。

（一）客观要件

本罪在客观方面表现为使用诈骗方法非法集资。

使用诈骗方法，是指以非法占有为目的，采用编造谎言、捏造或者隐瞒事实真相等欺骗方法，吸纳、骗取他人资金的行为，如采取虚构资金用途、以共同投资等名义非法集资；以参加投资的人可以获取数倍于同期存款利率的收益等诈骗手段为诱饵吸收公众投资，将筹集的资金据为己有等。

非法集资，是指公司、企业或其他组织、个人未经批准，违反法律、法规，通过不正当的渠道向社会公众或者集体募集资金的行为。资金是企业生产经营正常运作的必要要素，企业获得资金的合法途径是向银行申请贷款，或者依照法定条件和程序向社会发行股票、公司债券或者以合资、合营、联营、企业内部集资等方法筹措资金。此外，获得资金的方法原则上都可能成立非法集资。

根据最高人民法院《关于审理非法集资刑事案件具体应用法律若干问题的解释》第4条的规定，以非法占有为目的，使用诈骗方法实施下列行为之一，应当以本罪定罪处罚：（1）不具有房产销售的真实内容或者不以房产销售为主要目的，以返本销售、售后包租、约定回购、销售房产份额等方式非法吸收资金的；（2）以转让林权并代为管护等方式非法吸收资金的；

① 《刑法修正案（八）》第30条修改了原第199条，从而废除了票据诈骗罪、金融凭证诈骗罪、信用证诈骗罪的死刑；《刑法修正案（九）》第12条规定，删去刑法第199条，从而取消了集资诈骗罪的死刑。

② 本条为《刑法修正案（十一）》第15条所修订。

(3) 以代种植（养殖）、租种植（养殖）、联合种植（养殖）等方式非法吸收资金的；(4) 不具有销售商品、提供服务的真实内容或者不以销售商品、提供服务为主要目的，以商品回购、寄存代售等方式非法吸收资金的；(5) 不具有发行股票、债券的真实内容，以虚假转让股权、发售虚构债券等方式非法吸收资金的；(6) 不具有募集基金的真实内容，以假借境外基金、发售虚构基金等方式非法吸收资金的；(7) 不具有销售保险的真实内容，以假冒保险公司、伪造保险单据等方式非法吸收资金的；(8) 以投资入股的方式非法吸收资金的；(9) 以委托理财的方式非法吸收资金的；(10) 利用民间"会""社"等组织非法吸收资金的；(11) 其他非法吸收资金的行为。

非法集资数额较大的，才能构成本罪。关于如何计算集资诈骗的数额，有三种观点：一是按集资款全额认定，二是按最终损失额认定，三是按案发时未归还的数额认定。第一种观点不符合集资诈骗罪的主观要件。集资诈骗罪必须以非法占有为目的。行为人为了持续不断地扩大资金来源渠道，往往会返还部分本息，兑现承诺。因此，对已返还的本金其主观上并无占有目的。第二种观点忽略了案发前的归还款与案发后的追缴款在性质上的不同，实际上案发后追缴的赃款已经被非法占有，理应计算为犯罪数额。而且，这种做法使定罪量刑受制于执法部门的执法能力和水平，司法实践中不易操作。第三种观点是可行的，它克服了前两种观点的偏颇之处，既严格把握以非法占有为目的这一主观构成要件，又将已追缴的部分作为量刑情节来考虑，符合实际。此外，行为人在集资诈骗活动中支付的非法中介费、手续费、回扣，或者用于行贿、赠与等的费用，均应计人集资诈骗的犯罪数额。

根据最高人民法院《关于审理非法集资刑事案件具体应用法律若干问题的解释》第 5 条的规定，个人进行集资诈骗，数额在 10 万元以上的，应当认定为"数额较大"；数额在 30 万元以上的，应当认定为"数额巨大"；数额在 100 万元以上的，应当认定为"数额特别巨大"。单位进行集资诈骗，数额在 50 万元以上的，应当认定为"数额较大"；数额在 150 万元以上的，应当认定为"数额巨大"；数额在 500 万元以上的，应当认定为"数额特别巨大"。集资诈骗的数额以行为人实际骗取的数额计算，案发前已归还的数额应予扣除。行为人为实施集资诈骗活动而支付的广告费、中介费、手续费、回扣，或者用于行贿、赠与等费用，不予扣除。行为人为实施集资诈骗活动而支付的利息，除本金未归还可予折抵本金以外，应当计人诈骗数额。

（二）主观要件

本罪在主观方面是故意，而且具有非法占有目的。根据司法实践，对于行为人通过集资的方法非法获取资金，造成数额较大资金不能归还，并具有下列情形之一的，可以认定为具有非法占有目的：(1) 集资后不用于生产经营活动或者用于生产经营活动的资金与筹集资金规模明显不成比例，致使集资款不能返还的；(2) 肆意挥霍集资款，致使集资款不能返还的；(3) 携带集资款逃匿的；(4) 将集资款用于违法犯罪活动的；(5) 抽逃、转移资金、隐匿财产，逃避返还资金的；(6) 隐匿、销毁账目，或者搞假破产、假倒闭，逃避返还资金的；(7) 拒不交代资金去向，逃避返还资金的；(8) 其他可以认定非法占有目的的情形。

当然，行为人在集资时虽然在某些方面夸大了集资回报的条件，但主观上并无非法占有他人财物的目的，只是由于客观原因无力及时按约定条件偿还集资款及利息的，不构成本罪，原则上应当以民事上的集资借贷纠纷处理。

违反法律、法规规定，未向有关部门申请，未经批准发行股票或者公司、企业债券，将非法募集的资金用于公司、企业的生产经营，无非法占有他人资金的目的，只构成擅自发行股票、公司、企业债券罪，而不构成本罪。

没有使用诈骗方法，而是以营利为目的，以可信的给付利息方式非法或变相吸收公众存款，由于经营管理不善造成公众存款无法返还，在不能证明其具有非法占有吸收的公众存款的目的时，只应成立非法吸收公众存款罪。

二、贷款诈骗罪

第一百九十三条　有下列情形之一，以非法占有为目的，诈骗银行或者其他金融机构的贷款，数额较大的，处五年以下有期徒刑或者拘役，并处二万元以上二十万元以下罚金；数额巨大或者有其他严重情节的，处五年以上十年以下有期徒刑，并处五万元以上五十万元以下罚金；数额特别巨大或者有其他特别严重情节的，处十年以上有期徒刑或者无期徒刑，并处五万元以上五十万元以下罚金或者没收财产：

（一）编造引进资金、项目等虚假理由的；

（二）使用虚假的经济合同的；

（三）使用虚假的证明文件的；

（四）使用虚假的产权证明作担保或者超出抵押物价值重复担保的；

（五）以其他方法诈骗贷款的。

贷款诈骗罪，是指以非法占有为目的，以诈骗方法，非法取得银行或者其他金融机构的贷款，数额较大的行为。

（一）客观要件

本罪在客观方面表现为诈骗银行或者其他金融机构的贷款，数额交大的行为。

贷款诈骗的实行方法包括以下情形：(1) 编造引进资金、项目等虚假理由。(2) 使用虚假的经济合同，以及采取欺诈、胁迫等手段签订无效经济合同骗取贷款。(3) 使用虚假的证明文件。使用虚假的证明文件主要是指，使用伪造或者无效的存款证明、公司或者金融机构的担保函、划款证明等向银行或者其他金融机构申请贷款所需的证明文件骗取贷款。(4) 使用虚假的产权证明作担保或者超出抵押物价值重复担保。使用虚假的产权证明作担保是指行为人对房屋、土地等不动产或者汽车、货币、可即时兑付的票据等动产并不享有所有权，但是却向金融机构提供其有所有权的证明文件；超出抵押物价值重复担保是指抵押物本身已经担保，又超出其价值再次担保，以骗取金融机构贷款。(5) 以其他方法诈骗贷款。其他方法，是指伪造印章、制作虚假的法人营业执照等具有欺骗性的方法。

根据《立案追诉标准（二）》第50条的规定，以非法占有为目的，诈骗银行或者其他金融机构的贷款，数额在2万元以上的，应予立案追诉。

银行或者其他金融机构的工作人员，利用职务之便，虚拟人名贷款、冒用他人之名贷款的，构成挪用公款或挪用资金罪，而不构成本罪；但是，不是利用职务之便，而只是利用熟悉银行内部情况或人员的方便条件，冒用他人名义骗取银行贷款的，构成贷款诈骗罪。

套取银行或者其他金融机构贷款，高利转贷非法牟利的，不是以诈骗方法取得贷款，只构成高利转贷罪，而不构成本罪。

本罪的主体只能是个人，单位不能构成本罪。对单位实施贷款诈骗行为的，根据最高人民法院《全国法院审理金融犯罪案件工作座谈会纪要》（2001年1月21日），可以按照合同诈骗罪追究直接负责的主管人员和其他直接责任人员的刑事责任。但是，这一规定与全国人大常委会《关于〈中华人民共和国刑法〉第三十条的解释》（2014年4月24日）相矛盾，该解释规定，对单位实施贷款诈骗的，应当认定直接负责的主管人员和其他直接责任人员构成贷款诈骗罪，但不以单位犯罪论处。

（二）主观要件

本罪在主观方面是故意，并且具有非法占有贷款的目的。具有以下情形之一的，可以认定行为人存在非法占有目的：(1) 以支付中间人高额回扣、介绍费、提成的方式非法获取贷款，并由此造成大部分资金不能返还的；(2) 将贷款大部分用于弥补亏空、归还债务的；(3) 没有经营、归还能力而大量骗取贷款的；(4) 将贷款大量用于挥霍、行贿、赠与的；(5) 将贷款用于高风险营利活动造成亏损的；(6) 将贷款用于违法犯罪活动的；(7) 携资金潜逃的；(8) 抽逃、转移、隐匿资金，有条件归还而拒不归还贷款的；(9) 隐匿、销毁财务账目或搞假破产、假倒闭逃避返还贷款的；(10) 为继续骗取贷款，将资金用于亏损或不营利的生产经营项目的。

合法取得贷款，但后来因情况变化而产生非法占有目的，转移、隐匿贷款，拒不还本付息的，不成立本罪，也不成立侵占罪与诈骗罪，应按民事案件处理。但是，如果采用欺骗方法使贷款人免除其还本付息的义务的，可以考虑成立针对财产性利益的普通诈骗罪。

三、票据诈骗罪

第一百九十四条第一款　有下列情形之一，进行金融票据诈骗活动，数额较大的，处五年以下有期徒刑或者拘役，并处二万元以上二十万元以下罚金；数额巨大或者有其他严重情节的，处五年以上十年以下有期徒刑，并处五万元以上五十万元以下罚金；数额特别巨大或者有其他特别严重情节的，处十年以上有期徒刑或者无期徒刑，并处五万元以上五十万元以下罚金或者没收财产：

（一）明知是伪造、变造的汇票、本票、支票而使用的；

（二）明知是作废的汇票、本票、支票而使用的；

（三）冒用他人的汇票、本票、支票的；

（四）签发空头支票或者与其预留印鉴不符的支票，骗取财物的；

（五）汇票、本票的出票人签发无资金保证的汇票、本票或者在出票时作虚假记载，骗取财物的。

第二百条①　单位犯本节第一百九十四条、第一百九十五条规定之罪的，对单位判处罚金，并对其直接负责的主管人员和其他直接责任人员，处五年以下有期徒刑或者拘役，可以并处罚金；数额巨大或者有其他严重情节的，处五年以上十年以下有期徒刑，并处罚金；数额特别巨大或者有其他特别严重情节的，处十年以上有期徒刑或者无期徒刑，并处罚金。

票据诈骗罪，是指以非法占有为目的，利用金融票据进行诈骗活动，数额较大的行为。

本罪的实行行为包括下述情形：(1) 明知是伪造、变造的汇票、本票、支票而使用的。使用是指直接利用伪造、变造的票据，向他人主张票据权利（付款请求权和追索权），或者利用伪造、变造的票据作交易抵押，骗取财物。伪造、变造票据并使用的，同时构成伪造金融票证罪和本罪，两者之间有竞合关系，应从一重罪处断。(2) 明知是作废的汇票、本票、支票而使用的。作废的票据包括：已超过付款期的汇票、本票、支票；对票据金额、日期、收款人名称作过更改的票据；未记载绝对应记载事项的票据；根据国家规定予以作废的票据；已宣布倒闭企业原有的票据。(3) 冒用他人的汇票、本票、支票的。冒用是指冒充合法持票人，使用或转让自己不具备支配权利的他人真实票据的行为。冒用的票据不是通过给付对价有偿取得，或通过继承、赠与而无偿合法取得的票据，而是非法取得的票据，包括以欺骗、胁迫、窃取等形式

① 本条为《刑法修正案（十一）》第16条所修订。

取得的票据或非代理权限内取得的票据，以及代管、捡拾取得而由自己支配的票据。冒用人是否就是非法取得票据者本人，在所不问。(4) 签发空头支票或者与其预留印鉴不符的支票，骗取财物的。签发空头支票是指单位或个人在银行或其他金融机构开立支票存款账户，从银行或其他金融机构中领取支票并建立业务往来关系后，所签发的支票金额超过其付款时在付款人处实有存款金额。签发与其预留印鉴不符的支票是指出票人签发的支票与申请开立支票账户时预留的本人签名和印鉴不一致，使银行和其他金融机构在支付款项时无法有效审查鉴定支付款凭证的真假的行为。(5) 汇票、本票的出票人签发无资金保证的汇票、本票或者在出票时作虚假记载，骗取财物的。单位、个人签发的汇票、本票必须有资金来源作支付保证，如果签发无资金保证的汇票、本票就是一种欺诈行为。

根据《立案追诉标准（二）》第51条的规定，进行金融票据诈骗活动，涉嫌下列情形之一的，应予立案追诉：(1) 个人进行金融票据诈骗，数额在1万元以上的；(2) 单位进行金融票据诈骗，数额在10万元以上的。

本罪在主观方面是故意，行为人明知使用的汇票、本票、支票是伪造、变造、作废、属于他人的票据，或者签发的是空头支票或无资金保证的汇票、本票。是否具有明知，应当结合行为人的社会经历、职业性质、知识结构及行为方式进行具体判断。成立本罪，还要求具有借助于票据的媒介作用非法占有他人财物的目的。

四、金融凭证诈骗罪

第一百九十四条第二款 使用伪造、变造的委托收款凭证、汇款凭证、银行存单等其他银行结算凭证的，依照前款的规定处罚。

第二百条[①] 单位犯本节第一百九十四条、第一百九十五条规定之罪的，对单位判处罚金，并对其直接负责的主管人员和其他直接责任人员，处五年以下有期徒刑或者拘役，可以并处罚金；数额巨大或者有其他严重情节的，处五年以上十年以下有期徒刑，并处罚金；数额特别巨大或者有其他特别严重情节的，处十年以上有期徒刑或者无期徒刑，并处罚金。

金融凭证诈骗罪，是指以非法占有为目的，使用伪造、变造的委托收款凭证、汇款凭证、银行存单等其他银行结算凭证进行诈骗活动的行为。

本罪在客观方面表现为使用伪造、变造的银行结算凭证进行诈骗。银行结算凭证，是指银行办理结算的凭据和证明，包括票据（汇票、本票、支票）、信用证、信用卡以及委托收款凭证、汇款凭证、银行存单等其他银行结算凭证。本罪中的银行结算凭证，仅指委托收款凭证、汇款凭证、银行存单等其他银行结算凭证。委托收款凭证，是指收款人委托银行或其他金融机构向付款人收取款项时所填写的凭据和证明。汇款凭证，是指汇款人委托银行或其他金融机构将款项汇给外地收款人时，所填写、提供的凭据和证明。银行存单，是指存款人将款项存入银行时，由银行签发给存款人据以领取存款的单据。使用伪造、变造的票据、信用证、信用卡等结算凭证的，应分别构成票据诈骗罪、信用证诈骗罪、信用卡诈骗罪。

根据《立案追诉标准（二）》第52条的规定，使用伪造、变造的委托收款凭证、汇款凭证、银行存单等其他银行结算凭证进行诈骗活动，涉嫌下列情形之一的，应予立案追诉：(1) 个人进行金融凭证诈骗，数额在1万元以上的；(2) 单位进行金融凭证诈骗，数额在10万元以上的。

---

① 本条为《刑法修正案（十一）》第16条所修订。

本罪在主观方面是故意，行为人对使用的银行结算凭证属于伪造、变造有明确认识，同时要求其具有非法占有他人财物的目的。

五、信用证诈骗罪

第一百九十五条　有下列情形之一，进行信用证诈骗活动的，处五年以下有期徒刑或者拘役，并处二万元以上二十万元以下罚金；数额巨大或者有其他严重情节的，处五年以上十年以下有期徒刑，并处五万元以上五十万元以下罚金；数额特别巨大或者有其他特别严重情节的，处十年以上有期徒刑或者无期徒刑，并处五万元以上五十万元以下罚金或者没收财产：

（一）使用伪造、变造的信用证或者附随的单据、文件的；

（二）使用作废的信用证的；

（三）骗取信用证的；

（四）以其他方法进行信用证诈骗活动的。

第二百条①　单位犯本节第一百九十四条、第一百九十五条规定之罪的，对单位判处罚金，并对其直接负责的主管人员和其他直接责任人员，处五年以下有期徒刑或者拘役，可以并处罚金；数额巨大或者有其他严重情节的，处五年以上十年以下有期徒刑，并处罚金；数额特别巨大或者有其他特别严重情节的，处十年以上有期徒刑或者无期徒刑，并处罚金。

信用证诈骗罪，是指以非法占有为目的，利用信用证骗取财物的行为。

本罪的实行行为包括使用伪造、变造的信用证或者附随的单据、文件，使用作废的信用证，骗取信用证或者以其他方法进行信用证诈骗。

使用伪造的信用证，是指假冒开证银行的名义开出以描绘、复制、印刷等方法仿造的信用证以及必须附随信用证的单据、文件骗取财物。使用变造的信用证，是指在信用证上，采用涂改等方法改变原信用证的主要条款及内容以及必须附随信用证的单据、文件，实施诈骗的行为。此外，信用证本身真实可靠，只是伪造或变造信用证附随的单据、文件并加以使用，进行诈骗活动的，也应以本罪论处。

只具有伪造或变造信用证行为，尚未使用其骗取货款即被查获的，虽然属于本罪的预备行为，但伪造、变造信用证或者附随的单据、文件的行为本身是伪造、变造金融票证罪的实行行为，所以，未使用伪造、变造的信用证实施诈骗的，应以伪造、变造金融票证罪定罪处罚。伪造、变造信用证或者附随的单据、文件并用于诈骗用途的，成立牵连犯，应从一重罪处断。

使用作废的信用证，是指使用被涂改、超过有效期限（如通知日期、货物装船日期、提示日期、到期日期等）以及因各种原因已失效的信用证骗取财物的情况。至于信用证是原为行为人所有，还是为他人所有但已作废的信用证，都不影响本罪的成立。

骗取信用证，是指欺骗开证银行为其开具信用证的情况。其方法可以是编造交易事实的谎言，也可以是隐瞒企业经营不佳的情况。至于是否使银行为其开具信用证，不影响对行为的认定。欺骗有效信用证的其他合法持有者，从而取得该信用证的，应构成普通诈骗罪而非本罪。

以其他方法进行信用证诈骗活动，是指除上述情形以外的其他使用信用证进行诈骗活动的行为，如在申请开具信用证时，故意设计可以由开证人或者开证银行单方面随时解除付款责任的隐蔽性软条款，使其成为可撤销的陷阱信用证，从而骗取他人财物的，就属此类。

根据《立案追诉标准（二）》第 53 条的规定，进行信用证诈骗活动，涉嫌下列情形之一

---

① 本条为《刑法修正案（十一）》第 16 条所修订。

的，应予立案追诉：(1) 使用伪造、变造的信用证或者附随的单据、文件的；(2) 使用作废的信用证的；(3) 骗取信用证的；(4) 以其他方法进行信用证诈骗活动的。最高人民法院《全国法院审理金融犯罪案件工作座谈会纪要》(2001 年 1 月 21 日) 对信用证诈骗罪的数额规定为：个人进行信用证诈骗数额在 10 万元以上的，属于"数额巨大"；个人进行信用证诈骗数额在 50 万元以上的，属于"数额特别巨大"。单位进行信用证诈骗数额在 50 万元以上的，属于"数额巨大"；单位进行信用证诈骗数额在 250 万元以上的，属于"数额特别巨大"。

本罪在主观方面是故意，并且具有非法占有他人财物的目的。使用作废的信用证诈骗的，行为人主观上应明知是作废的信用证。

六、信用卡诈骗罪

第一百九十六条　有下列情形之一，进行信用卡诈骗活动，数额较大的，处五年以下有期徒刑或者拘役，并处二万元以上二十万元以下罚金；数额巨大或者有其他严重情节的，处五年以上十年以下有期徒刑，并处五万元以上五十万元以下罚金；数额特别巨大或者有其他特别严重情节的，处十年以上有期徒刑或者无期徒刑，并处五万元以上五十万元以下罚金或者没收财产：

(一) 使用伪造的信用卡，或者使用以虚假的身份证明骗领的信用卡的；

(二) 使用作废的信用卡的；

(三) 冒用他人信用卡的；

(四) 恶意透支的。

前款所称恶意透支，是指持卡人以非法占有为目的，超过规定限额或者规定期限透支，并且经发卡银行催收后仍不归还的行为。

盗窃信用卡并使用的，依照本法第二百六十四条的规定定罪处罚。

信用卡诈骗罪，是指以非法占有为目的，使用信用卡进行诈骗活动，数额较大的行为。

(一) 客观要件

本罪在客观方面表现为利用信用卡实施诈骗活动的行为。

这里的"信用卡"，根据 2004 年 12 月 29 日全国人大常委会通过的《关于〈中华人民共和国刑法〉有关信用卡规定的解释》，是指由商业银行或者其他金融机构发行的具有消费支付、信用贷款、转账结算、存取现金等全部功能或者部分功能的电子支付卡。

信用卡诈骗的实行行为具体包括下述情形。

1. 使用伪造的信用卡，或者使用以虚假的身份证明骗领的信用卡

使用，包括用信用卡购物和用信用卡接受有偿服务。对这里的"伪造的信用卡"应作广义理解，包括变造的信用卡在内，其是由使用者本人还是由他人伪造，不影响本罪成立。将自己伪造的信用卡交给他人，委托其代为取款，但向其隐瞒信用卡系伪造的事实的，构成信用卡诈骗罪的间接正犯。

2. 使用作废的信用卡

作废的信用卡，是指因法定理由失去效用的信用卡，包括因超过有效使用期限而自动失效的信用卡、持卡人在信用卡有效期限内中途停止使用并将其交回发卡银行的信用卡、因挂失而失效的信用卡等。

3. 冒用他人信用卡

信用卡必须由持卡人本人使用，不得转借或转让。冒用他人信用卡是指冒充合法持卡人，

并通过银行职员或者商场（特约商户）收银员使用信用卡，使持卡人受到资金损失的行为。至于冒用的信用卡是他人委托保管，还是以欺骗、捡拾等方式取得，在所不问。窃取、收买、骗取或者以其他非法方式获取他人信用卡信息资料，并通过互联网通讯终端等使用的，也是冒用他人信用卡。在信用卡被有效挂失后冒充合法持有人使用信用卡，给特约商店或发卡银行带来经济损失的行为属于使用作废的信用卡而非冒用他人信用卡。

最高人民法院、最高人民检察院《关于办理妨害信用卡管理刑事案件具体应用法律若干问题的解释》（2018年11月28日）第5条第2款规定，“冒用他人信用卡”包括以下情形：（1）拾得他人信用卡并使用；（2）骗取他人信用卡并使用；（3）窃取、收买、骗取或者以其他非法方式获取他人信用卡信息资料，并通过互联网、通讯终端等使用；（4）其他冒用他人信用卡的情形。

根据最高人民法院、最高人民检察院《关于办理妨害信用卡管理刑事案件具体应用法律若干问题的解释》（2018年11月28日）第5条第1款的规定，使用伪造的信用卡、以虚假的身份证明骗领的信用卡、作废的信用卡或者冒用他人信用卡，进行信用卡诈骗活动，数额在5 000元以上不满5万元的，应当认定为本罪的“数额较大”；数额在5万元以上不满50万元的，应当认定为“数额巨大”；数额在50万元以上的，应当认定为“数额特别巨大”。

4. 恶意透支

透支是客户在银行账户上无资金或者资金不足的情况下经银行批准，使用超过其账上资金额度的行为。持卡人透支后，必须在限期内补足资金，并按规定支付利息。持卡人在透支限额内或经批准限额内使用信用卡后即时补足资金、偿还透支款项本息的，是善意透支。而恶意透支，是指持卡人以非法占有为目的，超过规定限额或者规定期限透支，经发卡银行两次有效催收后超过3个月仍不归还的行为。

要成立恶意透支，必须发卡银行的催收为有效催收。根据最高人民法院、最高人民检察院《关于办理妨害信用卡管理刑事案件具体应用法律若干问题的解释》（2018年11月28日）第7条的规定，催收同时符合下列四个条件的，才能认定为“有效催收”：（1）在透支超过规定限额或者规定期限后进行；（2）催收应当采用能够确认持卡人收悉的方式，但持卡人故意逃避催收的除外；（3）两次催收至少间隔30日；（4）符合催收的有关规定或者约定。对于是否属于有效催收，应当根据发卡银行提供的电话录音、信息送达记录、信函送达回执、电子邮件送达记录、持卡人或者其家属签字以及其他催收原始证据材料作出判断。发卡银行提供的相关证据材料，应当有银行工作人员签名和银行公章。

发卡银行违规以信用卡透支形式变相发放贷款，持卡人未按规定归还的，不适用恶意透支的规定。构成骗取贷款等其他犯罪的，以其他犯罪论处。

根据最高人民法院、最高人民检察院《关于办理妨害信用卡管理刑事案件具体应用法律若干问题的解释》（2018年11月28日）第8条的规定，恶意透支，数额在5万元以上不满50万元的，应当认定为本罪的“数额较大”；数额在50万元以上不满500万元的，应当认定为“数额巨大”；数额在500万元以上的，应当认定为“数额特别巨大”。

需要特别指出的是：在本罪中，有一个法律拟制问题值得关注。由于立法和司法解释都未对本罪的实行行为是否必须面对“人”（银行职员或者特约商户收银员）实施才能成立本罪作出限定，因此，可以认为在自动柜员机（ATM）上非法使用他人信用卡的，也构成本罪。如此一来，本罪的规定就属于法律拟制。按理说，本罪是诈骗犯罪，其成立的逻辑线索是欺骗他人，使“他人”陷入错误然后处分财物，犯罪人由此取得财物，使被害人遭受财产损失。由于机器不能陷入错误，不能成为被诈骗的对象，所以，在自动柜员机（ATM）上使用伪造的信用卡，或者使用以虚假的身份证明骗领的信用卡，或者使用作废的信用卡或者恶意透支的，都应当成立盗窃罪。[①] 换言之，信用卡诈骗罪中的使用行为，仅限于针对银行柜台、特约商户的工作人员实施。如此解释“使用”一词，既维持了诈骗概念的同一性，也符合诈骗犯罪实行行为的内在要求。但是，从本罪的规定中看不出立法上有将使用对象限定为“人”的意思。最高人民检察院《关于拾得他人信用卡并在自动柜员机（ATM）上使用的行为如何定性问题的批复》（2008 年 4 月 18 日）规定，拾得他人信用卡并在自动柜员机（ATM）上使用的行为，属于刑法第 196 条第 1 款第 3 项规定的“冒用他人信用卡”的情形，构成犯罪的，以信用卡诈骗罪追究刑事责任。[②] 因此，本罪规定等于肯定了在自动柜员机（ATM）上使用伪造的信用卡，或者使用以虚假的身份证明骗领的信用卡，或者使用作废的信用卡以及恶意透支的场合，机器可以被骗。这明显属于法律拟制规定，因为在不符合本罪构成要件的情形下，不能认为机器可以被骗。例如，行为人持本人合法申领的信用卡到自动柜员机（ATM）上取款时，由于银行电脑交换系统处于调试期间，自动柜员机吐出的金额超过行为人申请领取数额，行为人为取得大量现金，继续任意进行操作，非法获取大量财物的，应构成盗窃罪，而不构成信用卡诈骗罪。由于刑法将信用卡诈骗罪的实行行为限定为使用伪造的信用卡，或者使用以虚假的身份证明骗领的信用卡或者使用作废的信用卡，或者冒用他人的信用卡以及利用信用卡恶意透支四种情形，按照罪刑法定原则，对以其他方式实施的信用卡诈骗行为就不能再以本罪处理。例如，非法在自动柜员机（ATM）上留下“机械故障，请按下列步骤操作……”字样，使合法持卡人意欲领取的款项在持卡人按该步骤操作后进入犯罪人先前合法申请的信用卡账户中，被犯罪人非法占有的，就只构成诈骗罪而不构成信用卡诈骗罪。

根据刑法第 196 条第 3 款的规定，盗窃信用卡并使用的，构成盗窃罪。[③] 虽然使用窃取的信用卡明显具有利用他人信用卡实施诈骗的性质，但是，刑法认为窃取信用卡后使用乃通常现象，使用信用卡实施诈骗是将盗窃得来的信用卡本身所含有的不确定价值转化为具体财物的过程，是窃取行为的自然延伸，窃取信用卡本身才是评价的重点。在盗窃信用卡并使用的场合，应以使用信用卡后实际骗取的财物数额作为定罪处罚的标准。盗窃信用卡并使用，因骗局被识破而未得逞的，成立盗窃罪未遂。盗窃信用卡但并不使用的，不构成犯罪。

（二）主观要件

本罪在主观方面是故意，要求行为人对伪造、作废的信用卡性质有明知，对信用卡原属他人不得冒用、不得恶意透支有明知；同时要求行为人具有非法占有目的。

实务中，对于信用卡透支行为，不能仅凭透支数额较大不能返还的结果就直接推定行为人具有非法占有目的，应当综合持卡人的信用记录、还款能力和意愿、申领和透支信用卡的状况、透支资金的用途、透支后的表现、未按规定还款的原因等情节作出判断。具有以下情形之一的，应当认定为具有非法占有目的：（1）明知没有还款能力而大量透支，无法归还；（2）使用虚假资信证明申领信用卡后透支，无法归还；（3）透支后通过逃匿、改变联系方式等手段，

---

① 按照盗窃罪的法理，捡拾他人信用卡然后在自动柜员机（ATM）上使用的，行为系针对机器而非人实施诈骗，因此，只能成立盗窃罪。不过，对类似行为，也有少数学者认为仍然应当定信用卡诈骗罪，从而认可机器可以被骗。对此，请参见刘明祥：《用拾得的信用卡在 ATM 机上取款行为之定性》，载《清华法学》，2007（4）。

② 事实上，这一规定与最高人民检察院以前作出的其他司法解释有冲突。例如，最高人民检察院《关于非法制作、出售、使用 IC 电话卡行为如何适用法律问题的答复》（2003 年 4 月 2 日）规定，明知是非法制作的 IC 电话卡而使用的，构成盗窃罪而非诈骗罪。按照这一逻辑，对拾得他人信用卡并在自动柜员机（ATM）机上使用的行为，以盗窃罪定罪更为合适。

③ 没有参与信用卡盗窃行为，单纯使用他人盗窃取得的信用卡的，不构成赃物犯罪，原则上也不成立盗窃罪的共犯，而应单独成立信用卡诈骗罪。不知是盗窃来的信用卡而使用的，属于冒用他人信用卡的诈骗行为。

逃避银行催收；(4) 抽逃、转移资金，隐匿财产，逃避还款；(5) 使用透支的资金进行犯罪活动；(6) 其他非法占有资金，拒不归还的情形。

对于具有下列情形之一的，不应推定行为人具有非法占有目的：(1) 持卡人原本有正常、稳定的收入来源，曾有持续还款行为且无大额拖欠，后因失业、突发重大疾病、家庭变故等客观原因导致经济状况严重恶化无力还款的；(2) 持卡人的透支消费未明显超过其收入水平，虽未完全清偿，但有持续超过最低还款额的还款行为；(3) 持卡人因对欠款数额或还款方式有异议，无拒不归还欠款的意思表示，与发卡机构之间保持沟通或积极寻求解决方案的。

七、有价证券诈骗罪

第一百九十七条　使用伪造、变造的国库券或者国家发行的其他有价证券，进行诈骗活动，数额较大的，处五年以下有期徒刑或者拘役，并处二万元以上二十万元以下罚金；数额巨大或者有其他严重情节的，处五年以上十年以下有期徒刑，并处五万元以上五十万元以下罚金；数额特别巨大或者有其他特别严重情节的，处十年以上有期徒刑或者无期徒刑，并处五万元以上五十万元以下罚金或者没收财产。

有价证券诈骗罪，是指使用伪造、变造的国库券或者国家发行的其他有价证券进行诈骗活动，数额较大的行为。

使用，是指为满足不法利益而交付、利用有价证券的一切作为。使用的对象必须是伪造、变造的国库券或国家发行的其他有价证券。使用作废的国家发行的有价证券实施诈骗的，构成普通诈骗罪而不构成本罪。使用伪造、变造的非国家发行的有价证券，如股票或公司、企业债券实施诈骗的，可能构成集资诈骗等罪，也不构成本罪。

根据《立案追诉标准（二）》第55条的规定，使用伪造、变造的国库券或者国家发行的其他有价证券进行诈骗活动，数额在1万元以上的，应予立案追诉。

本罪在主观方面是故意，行为人对使用的是伪造、变造的国库券或国家发行的其他有价证券具有明知，同时具有非法占有他人财物的目的。

八、保险诈骗罪

第一百九十八条　有下列情形之一，进行保险诈骗活动，数额较大的，处五年以下有期徒刑或者拘役，并处一万元以上十万元以下罚金；数额巨大或者有其他严重情节的，处五年以上十年以下有期徒刑，并处二万元以上二十万元以下罚金；数额特别巨大或者有其他特别严重情节的，处十年以上有期徒刑，并处二万元以上二十万元以下罚金或者没收财产：

（一）投保人故意虚构保险标的，骗取保险金的；

（二）投保人、被保险人或者受益人对发生的保险事故编造虚假的原因或者夸大损失的程度，骗取保险金的；

（三）投保人、被保险人或者受益人编造未曾发生的保险事故，骗取保险金的；

（四）投保人、被保险人故意造成财产损失的保险事故，骗取保险金的；

（五）投保人、受益人故意造成被保险人死亡、伤残或者疾病，骗取保险金的。

有前款第四项、第五项所列行为，同时构成其他犯罪的，依照数罪并罚的规定处罚。

单位犯第一款罪的，对单位判处罚金，并对其直接负责的主管人员和其他直接责任人员，处五年以下有期徒刑或者拘役；数额巨大或者有其他严重情节的，处五年以上十年以下有期徒刑；数额特别巨大或者有其他特别严重情节的，处十年以上有期徒刑。

保险事故的鉴定人、证明人、财产评估人故意提供虚假的证明文件，为他人诈骗提供条件的，以保险诈骗的共犯论处。

保险诈骗罪，是指以非法占有为目的，虚构保险标的、制造保险事故或者对发生的保险事故编造虚假的原因、夸大损失程度，或者编造未曾发生的保险事故，骗取保险金，数额较大的行为。

（一）客观要件

本罪客观方面表现为骗取保险金。

保险诈骗的实行行为具体包括下述情形：

（1）投保人故意虚构保险标的，骗取保险金的。虚构保险标的，一般是指投保人为骗取保险金而无中生有，虚构根本不存在的保险对象，与保险人订立保险合同。此外，对保险标的的价值、属性等作虚假描述或隐瞒保险标的缺陷，足以使保险机构陷入误解的，也是虚构保险标的。采用隐瞒保险标的瑕疵的方法虚构保险标的的行为是以不作为的方式实施保险诈骗的情形。

（2）投保人、被保险人或者受益人对发生的保险事故编造虚假的原因或者夸大损失的程度，骗取保险金的。即投保人、被保险人、受益人明知发生的事故属于保险合同条款中规定的不予赔偿范围，为达到索赔、转嫁损失的目的而隐瞒事实真相，编造理由，使事故成为保险责任范围内应当理赔的事实；或者在保险事故发生后，按规定其虽属赔偿范围，但投保人、被保险人、受益人为骗取不应得到的保险金而以伪造、变造受损清单、损失鉴定证明等方法，把保险事故的损失夸大。

（3）投保人、被保险人或者受益人编造未曾发生的保险事故，骗取保险金的。编造，是指保险人、被保险人或者受益人在没有发生保险事故的情况下，虚构事实，谎称发生保险事故骗取保险金的行为。

（4）投保人、被保险人故意造成财产损失的保险事故，骗取保险金的。造成保险财产损失的方法，法律未作限制，包括放火、决水等危险方法，也包括抛弃、毁损等故意损坏财物的方法。

（5）投保人、受益人故意造成被保险人死亡、伤残或者疾病，骗取保险金的。与投保人、被保险人故意造成财产损失的保险事故相类似，投保人、受益人故意造成被保险人死亡、伤残或者疾病，骗取保险金的行为也是投保人、受益人人为地促成赔偿条件实现、制造保险事故的行为，包括杀害、伤害、虐待、遗弃、非法拘禁、传染疾病等一切方法，至于方法本身是否达到成立犯罪的程度，在所不问。

根据最高人民法院《全国法院审理金融犯罪案件工作座谈会纪要》（2001 年 1 月 21 日）的规定，个人进行保险诈骗数额在 1 万元以上的，属于数额较大；个人进行保险诈骗数额在 5 万元以上的，属于数额巨大；个人进行保险诈骗数额在 20 万元以上的，属于数额特别巨大。单位进行保险诈骗数额在 5 万元以上的，属于数额较大；单位进行保险诈骗数额在 25 万元以上的，属于数额巨大；单位进行保险诈骗数额在 100 万元以上的，属于数额特别巨大。

为骗取保险金而实施杀人、伤害行为或者其他制造保险事故的行为，不是本罪的着手，向保险机构提出索赔要求才是着手。已经向保险机构提出要求，但未能使保险机构陷于认识错误而对被保险人或受益人进行理赔的，应成立犯罪未遂。

本罪是针对特殊对象实施的诈骗行为，和普通诈骗罪一样，犯罪数额应当是骗取财物的总价值，而不是财物总价值和对价之间的差额。换言之，保险公司实际支付或者应当支付的保险金全额是犯罪数额，而不应当将保险金全额减去投保时缴纳费用的差额部分作为犯罪数额。

为骗取保险金而放火焚烧或以其他方式处分自己所有的财物，没有危害公共安全的，或者自残、自伤的，都只构成本罪。投保人、被保险人故意造成财产损失或者被保险人死亡、伤残的行为同时构成放火、爆炸、故意杀人、故意伤害等其他犯罪的，应当与本罪并罚。

本罪的主体是特殊主体，即投保人、被保险人或者受益人（身份犯）。投保人，是指与保险机构订立保险合同，并根据保险合同的约定承担支付保险费义务的人。被保险人，是指在保险事故发生或约定保险期间届满时，依据保险合同，有权向保险机构请求补偿损失或领取保险金，受保险合同保障的人。受益人，是指保险合同明确指定或者依照继承法等民事法律规定有权取得保险金的人。投保人、被保险人也可以是受益人。投保人、被保险人、受益人可能是同一个人，也可能是多个人，其或是保险当事人，或是保险关系人，在保险活动中具有相对特殊的身份，其可能实施的保险诈骗的实行行为也不相同。单位也可以成为本罪的主体。

保险事故鉴定人、证明人、财产评估人故意提供虚假的证明文件，为他人诈骗提供条件的，以保险诈骗罪共犯论处。保险公司工作人员利用职务上的便利，故意编造未曾发生的保险事故进行虚假理赔，骗取保险金归自己所有的，依照职务侵占罪的规定定罪处罚。国有保险公司工作人员和国有保险公司委派到非国有保险公司从事公务的人员利用职务上的便利，故意编造未曾发生的保险事故进行虚假理赔，骗取保险金归自己所有的，依照贪污罪的规定定罪处罚。

（二）主观要件

本罪在主观方面是故意，并且具有非法占有保险金的目的。至于该目的是产生于投保以前还是产生于投保之后，都不影响本罪故意的成立。

（三）除斥期间与本罪认定的特殊问题

就本罪的认定而言，特别值得研究的问题是：除斥期间届满，保险公司没有发现被骗的，是否行为人的保险诈骗罪就不再成立？例如，投保人甲隐瞒其父母的疾病“带病投保”；或者投保人乙隐瞒被保险人的真实年龄，欺骗保险公司，如果自合同成立之日起经过2年后，被保险人或者受益人才向保险公司索赔的，甲、乙是否还构成保险诈骗罪？对此，有观点主张行为人无罪，因为《保险法》（2015年修正）第16条第2、3款规定：“投保人故意或者因重大过失未履行前款规定的如实告知义务，足以影响保险人决定是否同意承保或者提高保险费率的，保险人有权解除合同。前款规定的合同解除权，自保险人知道有解除事由之日起，超过三十日不行使而消灭。自合同成立之日起超过二年的，保险人不得解除合同；发生保险事故的，保险人应当承担赔偿或者给付保险金的责任。”根据这一规定，即便投保人有虚构保险标的等欺骗行为，但保险人自合同成立之日起超过2年，就不得解除合同，从而投保人、受益人有权获得保险理赔，当然不能成立诈骗罪。

但是，我认为，上述无罪主张没有准确把握刑法和民法的关系。刑法是民商法等法律的保障法，根据法秩序统一性原理，在民商法等法律上完全合法的行为，不可能构成刑法上的犯罪。但是，由于刑法与民商法等法律的性质与目的不同，民商法中的某些明显带有拟制性质的“不可抗辩条款”并不是表明行为合法，而只是表明对合同相对方的权利行使进行限制，行为人不能以此主张违法性被阻却。

《保险法》第16条关于“自合同成立之日起超过二年的，保险人不得解除合同”的内容，涉及除斥期间的规定。所谓除斥期间，是指法律规定或当事人依法确定的某种权利预定的存续期间，该期间届满，则权利当然消灭，故又称为权利预定存续期间。除斥期间规定的是权利人行使某项权利的期限，以权利人不行使该项民事实体权利作为适用依据；除斥期间届满消灭的是权利人享有的民事实体权利本身，如追认权、撤销权、解除权等形成权。投保人故意未履行如实告知义务，足以影响保险人决定是否同意承保的，保险人有权解除合同，但自合同成立之日起超过2年的，保险人不得解除合同的例外规定，只是说明一旦除斥期间届满，保险人的合同解除权就消灭。关于除斥期间的这一规定，丝毫不能否定投保人、被保险人、受益人行为的欺骗性质；除斥期间届满的效力，不可能回溯性地否定投保当时投保人故意未履行如实告知义务的欺骗性。换言之，自合同成立之日起逾2年后保险人才发现甲、乙隐瞒重大疾病或被保险人的年龄不真实的事实，然而不能解除保险合同的规定，也只是表明该保险合同继续生效，而不能否认甲、乙的行为具备保险诈骗罪的构成要件。如此解释，充分考虑了保险法的规定和刑法设立本罪的规范保护目的：保险合同是最大诚信合同，要求投保人如实告知被保险标的的真实情况，如果投保人违背其告知义务的，保险人有权以此为由主张解除保险合同。但是，为了防止处于相对强势地位的保险人为规避承担理赔义务而随意解除合同，保险法设置了除斥期间的规定，将保险人对投保人是否履行如实告知义务提出异议的期间限制在2年内，超过这段时间，保险合同则成为不可争议的合同。因此，《保险法》第16条的规定纯粹是为了均衡保护投保人与保险人的利益，防止保险人滥用主张保险合同无效的权利；其并不意味着投保人虚构事实、隐瞒真相的行为合法，更不可能鼓励投保人虚构事实、隐瞒真相。刑法设立本罪是为了保护保险人的利益，防止投保人骗取保险人财产；当投保人故意虚构保险标的骗取保险金时，即使保险合同依然有效，也不影响其行为构成保险诈骗罪。当然，考虑到根据《保险法》第16条的规定，投保人或受益人可以得到赔偿的事实，可以认定相关行为构成保险诈骗罪，但以犯罪未遂处理。如此处理，是将保险法上原本也属于违法（仅基于特别抗辩条款认可当事人的部分权利）且符合保险诈骗罪构成要件的行为作为犯罪予以认定，并不违反刑法的谦抑性。

第七节 危害税收征管罪

一、逃税罪

第二百零一条① 纳税人采取欺骗、隐瞒手段进行虚假纳税申报或者不申报，逃避缴纳税款数额较大并且占应纳税额百分之十以上的，处三年以下有期徒刑或者拘役，并处罚金；数额巨大并且占应纳税额百分之三十以上的，处三年以上七年以下有期徒刑，并处罚金。

扣缴义务人采取前款所列手段，不缴或者少缴已扣、已收税款，数额较大的，依照前款的规定处罚。

对多次实施前两款行为，未经处理的，按照累计数额计算。

有第一款行为，经税务机关依法下达追缴通知后，补缴应纳税款，缴纳滞纳金，已受行政处罚的，不予追究刑事责任；但是，五年内因逃避缴纳税款受过刑事处罚或者被税务机关给予二次以上行政处罚的除外。

逃税罪，是指纳税人采取欺骗、隐瞒手段进行虚假纳税申报或者不申报，逃避缴纳税款数额较大并且占应纳税额10%以上的行为，或者扣缴义务人不缴或者少缴已扣、已收税款，数额较大的行为。

（一）客观要件

本罪在客观方面表现为纳税人采取欺骗、隐瞒手段进行虚假纳税申报或者不申报，逃避缴

① 本条为《刑法修正案（七）》第3条所修改。

纳税款数额较大并且占应纳税额10%以上的行为，或者扣缴义务人不缴或者少缴已扣、已收税款，数额较大的行为。

“虚假纳税申报”，是指纳税人制造虚假材料进行申报，例如，不如实地填写或者提供纳税申报表、财务会计报表及其他纳税资料等。行为人为了达到虚假申报的目的，通常采用的欺骗和隐瞒手段主要包括：设立虚假的账簿、记账凭证，或者对账簿、记账凭证进行挖补、涂改、变造甚至隐匿，或者未经税务主管机关批准而擅自将正在使用中或尚未过期的账簿、记账凭证销毁等；在账簿上大量填写超出实际支出的数额以冲抵或减少实际收入的数额或者不列、少列收入数额。“不申报”，是指应依法办理纳税申报的纳税人采取欺骗和隐瞒手段，不履行法律、行政法规规定的义务办理纳税申报的行为（不作为）。

不是采用伪造、变造账簿或凭证，隐瞒收入、涂改发票等手段逃税，而是利用税法上的漏洞、模糊之处或税法所允许的手段（如资金转移、费用转移、成本转移、利润转移等）躲避纳税义务，以少缴或不缴税款的避税行为，不构成本罪。

有逃税行为的，对纳税人而言，只有逃税数额和比例①同时达到数额较大并且占应纳税额10%以上的程度的，才构成本罪。对扣缴义务人而言，只有不缴或者少缴已扣、已收税款，数额较大的，才构成本罪。根据《立案追诉标准（二）》第57条的规定，逃避缴纳税款，涉嫌下列情形之一的，应予立案追诉：（1）纳税人采取欺骗、隐瞒手段进行虚假纳税申报或者不申报，逃避缴纳税款，数额在5万元以上并且占各税种应纳税总额10%以上，经税务机关依法下达追缴通知后，不补缴应纳税款、不缴纳滞纳金或者不接受行政处罚的；（2）纳税人5年内因逃避缴纳税款受过刑事处罚或者被税务机关给予2次以上行政处罚，又逃避缴纳税款，数额在5万元以上并且占各税种应纳税总额10%以上的；（3）扣缴义务人采取欺骗、隐瞒手段，不缴或者少缴已扣、已收税款，数额在5万元以上的。纳税人在公安机关立案后再补缴应纳税款、缴纳滞纳金或者接受行政处罚的，不影响刑事责任的追究。

对多次逃税，未经处理的，按照累计数额计算。这里的“未经处理”，是指纳税人或者扣缴义务人在5年内多次实施逃税行为，但每次逃税数额均未达到入罪数额标准，且未受行政处罚的情形。

特别需要指出的是，刑法第201条第4款规定，纳税人有逃税行为，经税务机关依法下达追缴通知后，补缴应纳税款，缴纳滞纳金，已受行政处罚的，不予追究刑事责任。这是对逃税罪客观处罚条件的规定，也是关于“事实的处罚阻却事由”的规定，即因为补缴税款等事实的不存在，才能进行处罚。这主要是考虑到打击逃税犯罪的目的是加强税收征管力度，保证国家税款收入，巩固税源，提高公民、企业的自觉纳税意识。根据《立案追诉标准（二）》第57条的规定，纳税人在公安机关立案后再补缴应纳税款、缴纳滞纳金或者接受行政处罚的，不影响刑事责任的追究。换言之，纳税人在公安机关立案后仍然没有补缴应纳税款、缴纳滞纳金或者接受行政处罚的，行为违法性可能升高到客观可罚的程度。

本罪的主体是特殊主体，即纳税人、扣缴义务人。

（二）主观要件

本罪在主观方面是故意。行为人由于过失而漏缴税款的，主观上欠缺逃税故意，不构成

① 逃税数额，是指在确定的纳税期间，不缴或者少缴各税种税款的总额。逃税比例，是指一个纳税年度中的各税种逃税总额与该纳税年度应纳税总额的百分比。不按纳税年度确定纳税期的其他纳税人，逃税数额占应纳税额的百分比，按照行为人最后一次逃税行为发生之日前一年中各税种逃税总额与该年纳税总额的比例确定。纳税义务存续期间不足一个纳税年度的，逃税数额占应纳税额的百分比，按照各税种逃税总额与实际发生纳税义务期间应当缴纳税款总额的比例确定。逃税行为跨越若干个纳税年度，只要其中一个纳税年度的逃税数额及百分比达到逃税罪的定罪标准，即构成本罪。各纳税年度的逃税数额应当累计计算，逃税百分比应当按照最高的百分比确定。

本罪。

（三）处罚的其他规定

根据刑法第211条的规定，单位犯本罪的，对单位判处罚金，并对其直接负责的主管人员和其他直接责任人员，依照自然人犯罪的规定处罚。

根据刑法第212条的规定，犯本罪，被判处罚金、没收财产的，在执行前，应当先由税务机关追缴税款和所骗取的出口退税款。

二、抗税罪

第二百零二条　以暴力、威胁方法拒不缴纳税款的，处三年以下有期徒刑或者拘役，并处拒缴税款一倍以上五倍以下罚金；情节严重的，处三年以上七年以下有期徒刑，并处拒缴税款一倍以上五倍以下罚金。

抗税罪，是指纳税人、扣缴义务人违反国家税收征管法规，以暴力、威胁方法拒不缴纳税款的行为。

（一）客观要件

本罪在客观方面表现为以公开对抗的手段拒不缴纳税款的行为。

抗税，是指违反国家税收征收法规，为逃避纳税义务而对税务机关工作人员使用暴力、威胁方法，拒不缴纳税款。暴力行为通常表现为对税务机关工作人员的人身实行打击或强制，如殴打、捆绑、围攻等。对物使用暴力，如砸毁税务机关工作人员的交通工具、冲击或砸打税务机关的，也应被视为抗税罪中的暴力。为不缴、少缴税款而与税务机关工作人员讨价还价并最终发生推搡，暴力程度极其轻微的，不属于本罪中的暴力手段。威胁方法是指对税务机关工作人员以实施杀害、伤害以及其他殴打、人身强制、名誉损害、财产毁损等行为相要挟，意图使其受到精神强制被迫就范，放弃税款征收。

根据《立案追诉标准（二）》第58条的规定，以暴力、威胁方法拒不缴纳税款，涉嫌下列情形之一的，应予立案追诉：（1）造成税务机关工作人员轻微伤以上的；（2）以给税务机关工作人员及其亲友的生命、健康、财产等造成损害为威胁，抗拒缴纳税款的；（3）聚众抗拒缴纳税款的；（4）以其他暴力、威胁方法拒不缴纳税款的。

抗税人故意造成税务机关工作人员伤害或者死亡的，成立本罪和故意伤害罪、故意杀人罪的想象竞合犯，应以重罪处断。

税务机关工作人员因为工作疏忽、对税收征收法规理解错误等而对征收对象、应税项目和应税额有错误理解，对应当减免税款者未予减免，对不应征税者征税或重复征税的，被错误征税者使用暴力、威胁方法抗拒缴纳税款的，不构成本罪。本罪属于针对特定公务执行人员的妨害公务罪，与妨害公务罪之间有法条竞合的关系，公务执行的合法性必须给予强调，抗税罪中的拒不缴纳税款是针对纳税人、扣缴义务人依法应当缴纳的税款而言的，而错征的税款不是应缴税款；此外，抗税罪中暴力、威胁行为的实施者有抗拒缴纳税款、获取非法利益的目的，而在错征的情况下，行为人拒缴税款是为了维护自己的合法权益，行为带有正当防卫的性质。当然，对错征税款行为实施抗拒，造成税务机关工作人员人身损害的，仍然可能成立故意伤害等罪。

本罪的主体是特殊主体，即纳税人或者扣缴义务人。单位不能构成本罪。不具备纳税身份或扣缴义务人身份的其他人员，唆使、煽动纳税人、扣缴义务人抗税，或者在抗税现场为犯罪者提供实际帮助的，都构成本罪共犯。

（二）主观要件

本罪在主观方面是故意，实施暴力或对税务机关工作人员进行威胁是为了达到不缴纳税款的目的。纳税人在依法缴纳税款后，为发泄对税务机关工作人员税收征收行为的不满而报复、殴打税务机关工作人员的，可以成立侵犯人身权利的相应犯罪，而不构成本罪。

根据刑法第 212 条的规定，犯本罪，被判处罚金、没收财产的，在执行前，应当先由税务机关追缴税款和所骗取的出口退税款。

三、逃避追缴欠税罪

第二百零三条　纳税人欠缴应纳税款，采取转移或者隐匿财产的手段，致使税务机关无法追缴欠缴的税款，数额在一万元以上不满十万元的，处三年以下有期徒刑或者拘役，并处或者单处欠缴税款一倍以上五倍以下罚金；数额在十万元以上的，处三年以上七年以下有期徒刑，并处欠缴税款一倍以上五倍以下罚金。

逃避追缴欠税罪，是指纳税人违反税收征管法规，欠缴应纳税款，并采取转移或者隐匿财产的手段，致使税务机关无法追缴欠缴的税款，数额较大的行为。

构成本罪必须要有欠税事实，即纳税人超过税务机关核定的纳税期限，没有按时缴纳或者缴足应纳税款的行为。在应纳税款总额尚未被税务机关有效掌握的场合，不存在欠税事实，纳税人或扣缴义务人转移或隐匿财产，给税务机关工作人员造成其生产经营规模小、收入少的假象，隐瞒缴纳税款的能力的，不构成本罪，而构成逃税罪。

本罪的实行行为是逃避税款的追缴，逃避行为专指转移财产、隐匿财产，如转移开户行、提走存款、运走商品、隐匿货物等。不是转移或隐匿财产，而是欠税人本人逃匿、逃避纳税义务的，不构成本罪。

本罪是结果犯，逃避追缴税款的行为必须造成税务机关无法追缴欠款的事实才构成本罪。这里的“无法追缴”，应当理解为足以使行为人逃税，即只要行为人转移、隐匿财产的行为达到足以使其逃避纳税义务的程度，就可以认定为本罪。“足以使行为人逃税”，一方面是指存在使行为人逃税的现实可能性，另一方面是指存在导致税务机关不能追缴欠税的可能性。欠税人转移、隐匿财产，但明显容易追查财产去向的，没有发生使税务机关无法追缴欠款的结果，不构成本罪，例如，将室内财产转移到室外并加以覆盖，但稍加注意即可发现的，不属于足以使行为人逃税。根据《立案追诉标准（二）》第 59 条的规定，纳税人欠缴应纳税款，采取转移或者隐匿财产的手段，致使税务机关无法追缴欠缴的税款，数额在 1 万元以上的，应予立案追诉。

根据刑法第 211 条的规定，单位犯本罪的，对单位判处罚金，并对其直接负责的主管人员和其他直接责任人员，依照自然人犯罪的规定处罚。

根据刑法第 212 条的规定，犯本罪，被判处罚金、没收财产的，在执行前，应当先由税务机关追缴税款和所骗取的出口退税款。

四、骗取出口退税罪

第二百零四条　以假报出口或者其他欺骗手段，骗取国家出口退税款，数额较大的，处五年以下有期徒刑或者拘役，并处骗取税款一倍以上五倍以下罚金；数额巨大或者有其他严重情节的，处五年以上十年以下有期徒刑，并处骗取税款一倍以上五倍以下罚金；数额特别巨大或者有其他特别严重情节的，处十年以上有期徒刑或者无期徒刑，并处骗取税款一倍以上五倍以下罚金或者没收财产。

纳税人缴纳税款后，采取前款规定的欺骗方法，骗取所缴纳的税款的，依照本法第二百零一条的规定定罪处罚；骗取税款超过所缴纳的税款部分，依照前款的规定处罚。

骗取出口退税罪，是指纳税人以假报出口或者其他欺骗手段，骗取出口退税款，数额较大的行为。

（一）客观要件

本罪在客观方面表现为行为人以假报出口或者其他欺骗手段，骗取国家出口退税款。

本罪的实行行为是假报出口和其他欺骗手段。根据最高人民法院《关于审理骗取出口退税刑事案件具体应用法律若干问题的解释》（2002年9月17日）的规定，假报出口是指以虚构已税货物出口事实为目的，且具有下列情形之一的行为：(1) 伪造或者签订虚假的买卖合同；(2) 以伪造、变造或者其他非法手段取得出口货物报关单、出口收汇核销单、出口货物专用缴款书等有关出口退税单据、凭证；(3) 虚开、伪造、非法购买增值税专用发票或者其他可以用于出口退税的发票；(4) 其他虚构已税货物出口事实的行为。

具有下列情形之一的，应当认定为有“其他欺骗手段”：(1) 骗取出口货物退税资格的；(2) 将未纳税或者免税货物作为已税货物出口的；(3) 虽有货物出口，但虚构该出口货物的品名、数量、单价等要素，骗取未实际纳税部分出口退税款的；(4) 以其他手段骗取出口退税款的。例如，假冒领导批示，虚报退税计税数额等情形。

根据《立案追诉标准（二）》第60条的规定，以假报出口或者其他欺骗手段，骗取国家出口退税款，数额在5万元以上的，应予立案追诉。根据最高人民法院《关于审理骗取出口退税刑事案件具体应用法律若干问题的解释》第3条的规定，骗取国家出口退税款5万元以上的，为数额较大；骗取国家出口退税款50万元以上的，为“数额巨大”；骗取国家出口退税款250万元以上的，为“数额特别巨大”。具有下列情形之一的，属于有其他严重情节：(1) 造成国家税款损失30万元以上并且在一审判决宣告前无法追回的；(2) 因骗取国家出口退税行为受过行政处罚，两年内又骗取国家出口退税款数额在30万元以上的；(3) 情节严重的其他情形。该解释第5条规定，具有下列情形之一的，属于有“其他特别严重情节”：(1) 造成国家税款损失150万元以上并且在第一审判决宣告前无法追回的；(2) 因骗取国家出口退税行为受过行政处罚，两年内又骗取国家出口退税款数额在150万元以上的；(3) 情节特别严重的其他情形。

本罪的行为对象是出口退税款。出口退税是指国家为了鼓励国内企业出口创汇，增强国内企业产品在国际市场上的竞争能力，当企业将已经征收了产品税、增值税、特别消费税的产品出口到国际市场时，国家把已征税款再退还给企业的制度。

实施骗取出口退税犯罪，同时构成虚开增值税专用发票罪等罪的，依照处罚较重的规定定罪处罚。实施骗取国家出口退税行为，没有实际取得出口退税款的，构成本罪未遂，可以比照既遂犯从轻或者减轻处罚。纳税人缴纳税款后，采取假报出口或者其他欺骗方法，骗取所缴纳税款的，依照逃税罪定罪处罚；骗取出口退税款超过所缴纳税款的，超过部分依照本罪定罪处罚。依法获取出口退税款的企业，出口产品因合同纠纷等原因被外商退回，出口退税获得者未依法向有关国家机关返还先前获得的退税款的，不构成本罪，而成立逃税罪。

（二）主观要件

本罪在主观方面是故意，并且具有以欺骗手段骗取出口退税款非法获利的目的。

（三）处罚的其他规定

根据刑法第211条的规定，单位犯本罪的，对单位判处罚金，并对其直接负责的主管人员和其他直接责任人员，依照自然人犯罪的规定处罚。

根据刑法第212条的规定，犯本罪，被判处罚金、没收财产的，在执行前，应当先由税务机关追缴税款和所骗取的出口退税款。

五、虚开增值税专用发票、用于骗取出口退税、抵扣税款发票罪

第二百零五条[①] 虚开增值税专用发票或者虚开用于骗取出口退税、抵扣税款的其他发票的，处三年以下有期徒刑或者拘役，并处二万元以上二十万元以下罚金；虚开的税款数额较大或者有其他严重情节的，处三年以上十年以下有期徒刑，并处五万元以上五十万元以下罚金；虚开的税款数额巨大或者有其他特别严重情节的，处十年以上有期徒刑或者无期徒刑，并处五万元以上五十万元以下罚金或者没收财产。

单位犯本条规定之罪的，对单位判处罚金，并对其直接负责的主管人员和其他直接责任人员，处三年以下有期徒刑或者拘役；虚开的税款数额较大或者有其他严重情节的，处三年以上十年以下有期徒刑；虚开的税款数额巨大或者有其他特别严重情节的，处十年以上有期徒刑或者无期徒刑。

虚开增值税专用发票或者虚开用于骗取出口退税、抵扣税款的其他发票，是指有为他人虚开、为自己虚开、让他人为自己虚开、介绍他人虚开行为之一的。

虚开增值税专用发票、用于骗取出口退税、抵扣税款发票罪，是指违反国家税收征管法规，为他人虚开、为自己虚开、让他人为自己虚开、介绍他人虚开增值税专用发票或者用于骗取出口退税、抵扣税款的其他发票的行为。

1. 虚开行为

虚开，是指开票人为了取得非法所得或者牟取其他私利，在本人没有货物销售或没有提供应税劳务的情况下开具专用发票，或者虽有货物销售或者提供了应税劳务，但开具内容不实的专用发票给受票人，用以骗取抵扣税款或出口退税的行为。虚开包括下述表现形式：(1) 为他人虚开增值税专用发票或者用于骗取出口退税、抵扣税款的其他发票；(2) 为自己虚开增值税专用发票或者用于骗取出口退税、抵扣税款的其他发票；(3) 让他人为自己虚开增值税专用发票或者用于骗取出口退税、抵扣税款的其他发票；(4) 介绍他人虚开增值税专用发票或者用于骗取出口退税、抵扣税款的其他发票。

2. 实务中的关键问题

要准确认定本罪，需要考虑其和行政违法之间的关系。处理类似于本罪的行刑衔接案件需要关注前置法，但并不等于前置法对于犯罪认定有根本性、实质性制约。罪刑法定，当然意味着犯罪、刑罚均只能由刑法来决定，而不是由前置的民商法、行政法所决定。如果认为前置法负责定性，刑事法只做定量判断，就势必会降低刑法上违法性判断的价值，不当扩大处罚范围。具体到本罪的认定而言，实务部门在过去的很长时期内倾向于认为，只要开票人在本人没有货物销售或没有提供应税劳务的情况下开具了增值税专用发票，或者单笔发票与交易关系无法对应的，就构成犯罪，从而将违反税收法规的虚开行为和犯罪行为画等号。这明显属于“前置法定性、刑法定量”的逻辑。

但是，仅考虑虚开行为违反发票管理制度这一侧面，对于虚开增值税专用发票达到一定数量的行为定罪，并不符合刑法判断的独立性原理，实务上也存在“判不下去”的疑虑。为此，

① 本条为《刑法修正案（八）》第32条所修改，废除了本罪的死刑。

在最高人民法院、最高人民检察院的一系列司法解释或批复中，关于对本罪的认定，完全不再遵循“前置法定性、刑法定量”的观点。例如，最高人民法院《关于湖北汽车商场虚开增值税专用发票一案的批复》（2002 年 4 月 16 日）认为，被告人虽然实施了虚开增值税专用发票的行为，但客观上亦未实际造成国家税收损失的，其行为不符合刑法规定的虚开增值税专用发票罪的犯罪构成，不构成犯罪。又如，最高人民法院刑事审判第二庭《对〈关于征求对国税函〔2002〕893 号文件适用暨××公司案定性问题意见的函〉的复函》（2008 年 10 月 17 日）指出，实际从事废旧物资经营的单位只要确有同等数量的货物销售，即使开具的增值税专用发票与物资收购难以对应，也不宜定性为虚开。再如，最高人民法院研究室《关于如何认定以“挂靠”有关公司名义实施经营活动并让有关公司为自己虚开增值税专用发票行为的性质的复函》（2015 年 6 月 11 日）规定，开票名义人与实际交易人不一致的，只要行为人进行了实际的经营活动，客观上未造成国家增值税款损失的，就不宜认定为虚开增值税专用发票罪。此外，最高人民检察院《关于充分发挥检察职能服务保障“六稳”“六保”的意见》（2020 年 7 月 22 日）中强调：“对于有实际生产经营活动的企业为虚增业绩、融资、贷款等非骗税目的且没有造成税款损失的虚开增值税专用发票行为，不以虚开增值税专用发票罪定性处理，依法作出不起诉决定的，移送税务机关给予行政处罚。”

因此，在本罪的认定中，是否存在实际的商品买卖和货物流转，行为人是否骗取、抵扣税款，对于犯罪成立与否具有极为重要的意义。本罪要处罚的是并不存在实际的商品买卖和货物流转，虚开的增值税专用发票直接用于骗取国家税收。构成本罪不仅要求存在形式上的虚开增值税专用发票行为，还要求行为客观上产生骗取国家税收的结果或者具有这种危险。

如此一来，对于存在实际货物购销或流转，但开具发票的主体或者流程违反行政法律、法规的规定，以及虚开增值税专用发票后并不进行抵扣，未使国家遭受税收损失的，不宜以本罪论处。对于依法作出不起诉决定或者判决无罪的，司法机关应当移送税务机关给予行政处罚。

为防止打击扩大化、避免错案，就虚开增值税专用发票罪的认定而言，实践中值得特别关注的裁判规则主要有以下几点。

(1) 对于有实际生产经营活动的企业基于虚增业绩、上市、融资、贷款、把账目“做平”等并非骗税的考虑，虚开增值税专用发票且未进行抵扣，没有造成国家税款损失的，不以本罪论处，可以由税务机关给予行政处罚。

(2) 行为人以其他单位（如被挂靠单位）名义对外签订销售合同，由该单位收取货款、开具增值税专用发票，不具有骗取国家税款的目的，未造成国家税款损失，其行为不构成本罪。

(3) 认定本罪，需要考虑某些行业的特殊性。例如，废旧物资收购行业、煤炭销售行业的交易行为和开具增值税专用发票行为不能完全对应，但经营单位在开具增值税专用发票时确实收取了同等金额的货款，并确有大致同等数量的货物销售的，其开具增值税专用发票的行为不构成本罪。

(4) 作为第三方的开票者为交易双方代开发票的，只要交易关系真实，对开票者也不应以本罪追究刑事责任。

总而言之，刑事违法和前置法不仅在量上不同，在质上也可能有差异。仅站在前置法定性的角度对虚开增值税专用发票犯罪进行形式解释，主张按照税收管理的逻辑定性，再从刑法上根据所开具的发票份数定量的观点存在明显疑问，实务中必须根据行为是否造成国家税收损失或具有危险为标准，对本罪构成要件进行目的性限缩。在这里，重要的不是前置法对行为如何定性，而是刑法上如何进行违法性判断。

以逃税为目的，虚开可以用于抵扣税款的发票冲减营业额偷逃税款的，不构成虚开用于抵扣税款的发票罪，应以逃税罪论处。

本罪的行为对象是增值税专用发票、用于骗取出口退税、抵扣税款的发票。增值税专用发票，是指以商品或者劳动增值额为征税对象，并具有直接抵扣税款功能的专门用于增值税的收付款凭证。出口退税、抵扣税款的其他发票，是指除增值税专用发票以外的，具有出口退税、抵扣税款功能的收付款凭证或者完税凭证。

根据最高人民法院《关于虚开增值税专用发票定罪量刑标准有关问题的通知》（2018 年 8 月 22 日）的规定，虚开的税款数额在 5 万元以上的，以虚开增值税专用发票罪处 3 年以下有期徒刑或者拘役，并处 2 万元以上 20 万元以下罚金；虚开的税款数额在 50 万元以上的，认定为本罪数额较大；虚开的税款数额在 250 万元以上的，认定为数额巨大。

本罪在主观方面是故意，行为人对虚开的是增值税专用发票或者用于骗取出口退税、抵扣税款的其他发票有明确认识，并且行为人主观上具有骗取国家税款的目的。

根据刑法第 212 条的规定，犯本罪，被判处罚金、没收财产的，在执行前，应当先由税务机关追缴税款和所骗取的出口退税款。

六、虚开发票罪

第二百零五条之一[①] 虚开本法第二百零五条规定以外的其他发票，情节严重的，处二年以下有期徒刑、拘役或者管制，并处罚金；情节特别严重的，处二年以上七年以下有期徒刑，并处罚金。

单位犯前款罪的，对单位判处罚金，并对其直接负责的主管人员和其他直接责任人员，依照前款的规定处罚。

虚开发票罪，是指违反国家税收征管法规，虚开增值税专用发票或者用于骗取出口退税、抵扣税款的其他发票之外的普通发票的行为。由于本罪是典型的行政犯，以维护发票管理秩序为最终目标，因此，有虚开发票行为的，即便没有造成国家税收损失的，也可以构成本罪。

实务中，对于有实际生产经营活动的企业为虚增业绩、融资、贷款等非骗税目的且没有造成税款损失的虚开增值税专用发票行为，不以虚开增值税专用发票罪论处，但有的法院认定构成本罪。如果单纯考虑行为的实质危害性，虚开增值税专用发票并未实施抵扣行为，国家税收并未由此遭受损失，但该行为对于发票管理制度仍然有侵害，将增值税专用发票评价为“其他发票”，认定该行为的性质为虚开发票符合实质解释的要求。但是，从文义解释的角度看，这样的结论存在疑问，因为本条构成要件中明确规定“虚开本法第二百零五条规定以外的其他发票”的，才能构成本罪，就在文义上明确地将增值税专用发票排除在普通发票之外，而文义解释是刑法解释不可逾越的界限，因此，我认为，虚开增值税专用发票并未造成国家税收损失的，既不构成虚开增值税专用发票罪，也不构成本罪。

行为人既虚开值税专用发票、用于骗取出口退税、抵扣税款发票，又虚开普通发票情节严重的，应当数罪并罚。

根据《立案追诉标准（二）的补充规定》第 2 条的规定，虚开发票，涉嫌下列情形之一

---

① 本条为《刑法修正案（八）》第 33 条所增设。

的，应予立案追诉：（1）虚开发票100份以上或者虚开金额累计在40万元以上的；（2）虽未达到上述数额标准，但5年内因虚开发票行为受过行政处罚2次以上，又虚开发票的；（3）其他情节严重的情形。

七、伪造、出售伪造的增值税专用发票罪

第二百零六条[①]　伪造或者出售伪造的增值税专用发票的，处三年以下有期徒刑、拘役或者管制，并处二万元以上二十万元以下罚金；数量较大或者有其他严重情节的，处三年以上十年以下有期徒刑，并处五万元以上五十万元以下罚金；数量巨大或者有其他特别严重情节的，处十年以上有期徒刑或者无期徒刑，并处五万元以上五十万元以下罚金或者没收财产。

单位犯本条规定之罪的，对单位判处罚金，并对其直接负责的主管人员和其他直接责任人员，处三年以下有期徒刑、拘役或者管制；数量较大或者有其他严重情节的，处三年以上十年以下有期徒刑；数量巨大或者有其他特别严重情节的，处十年以上有期徒刑或者无期徒刑。

伪造、出售伪造的增值税专用发票罪，是指违反国家对增值税专用发票的管理规定，伪造或者出售伪造的增值税专用发票的行为。

伪造增值税专用发票，是指无权印制增值税专用发票的单位或者个人私自印制增值税发票的行为。变造增值税发票的，属于广义的伪造行为的范畴，按伪造增值税专用发票行为处理。出售伪造的增值税发票，是指以获取对价为目的，销售非法印刷的增值税专用发票的行为。出售一般是指出售他人伪造的增值税发票，本人伪造增值税专用发票后予以出售的，出售行为被伪造行为吸收，只构成伪造增值税专用发票罪。

根据《立案追诉标准（二）》第62条的规定，伪造或者出售伪造的增值税专用发票25份以上或者票面额累计在10万元以上的，应予立案追诉。

八、非法出售增值税专用发票罪

第二百零七条　非法出售增值税专用发票的，处三年以下有期徒刑、拘役或者管制，并处二万元以上二十万元以下罚金；数量较大的，处三年以上十年以下有期徒刑，并处五万元以上五十万元以下罚金；数量巨大的，处十年以上有期徒刑或者无期徒刑，并处五万元以上五十万元以下罚金或者没收财产。

非法出售增值税专用发票罪，是指违反国家对增值税专用发票的管理规定，非法出售增值税专用发票的行为。

非法出售真实的增值税专用发票的，才能构成本罪。出售伪造的增值税专用发票的，不成立本罪，而构成出售伪造的增值税专用发票罪。

根据《立案追诉标准（二）》第63条的规定，非法出售增值税专用发票25份以上或者票面额累计在10万元以上的，应予立案追诉。

根据刑法第211条的规定，单位犯本罪的，对单位判处罚金，并对其直接负责的主管人员和其他直接责任人员，依照自然人犯罪的规定处罚。

---

① 《刑法修正案（八）》第34条废除了本罪的死刑。

九、非法购买增值税专用发票、购买伪造的增值税专用发票罪

第二百零八条　非法购买增值税专用发票或者购买伪造的增值税专用发票的，处五年以下有期徒刑或者拘役，并处或者单处二万元以上二十万元以下罚金。

非法购买增值税专用发票或者购买伪造的增值税专用发票又虚开或者出售的，分别依照本法第二百零五条、第二百零六条、第二百零七条的规定定罪处罚。

非法购买增值税专用发票、购买伪造的增值税专用发票罪，是指违反国家对增值税专用发票的管理规定，非法购买增值税专用发票或者购买伪造的增值税专用发票的行为。

非法购买增值税专用发票，是指从无权出售增值税专用发票的单位或者个人手中非法购买增值税专用发票的行为。购买伪造的增值税专用发票，是指明知是伪造的增值税专用发票而加以收买的行为。

为虚开增值税专用发票，或者为再次出售而非法购买增值税专用发票，或者购买伪造的增值税专用发票又虚开或者出售的，不构成本罪，而应当按照虚开增值税专用发票，用于骗取出口退税、抵扣税款发票罪或者出售伪造的增值税专用发票罪、非法出售增值税专用发票罪定罪处罚。

根据《立案追诉标准（二）》第 64 条的规定，非法购买增值税专用发票或者购买伪造的增值税专用发票 25 份以上或者票面额累计在 10 万元以上的，应予以立案追诉。

本罪在主观方面是故意，行为人对购买增值税专用发票行为的非法性，或者对购买的是伪造的增值税专用发票有明确认识。

根据刑法第 211 条的规定，单位犯本罪的，对单位判处罚金，并对其直接负责的主管人员和其他直接责任人员，依照自然人犯罪的规定处罚。

十、非法制造、出售非法制造的用于骗取出口退税、抵扣税款发票罪

第二百零九条第一款　伪造、擅自制造或者出售伪造、擅自制造的可以用于骗取出口退税、抵扣税款的其他发票的，处三年以下有期徒刑、拘役或者管制，并处二万元以上二十万元以下罚金；数量巨大的，处三年以上七年以下有期徒刑，并处五万元以上五十万元以下罚金；数量特别巨大的，处七年以上有期徒刑，并处五万元以上五十万元以下罚金或者没收财产。

非法制造、出售非法制造的用于骗取出口退税、抵扣税款发票罪，是指违反国家发票管理法规，伪造、擅自制造或者出售伪造、擅自制造的可以用于骗取出口退税、抵扣税款的其他发票的行为。

非法制造用于骗取出口退税、抵扣税款发票的行为，包括伪造和擅自制造。伪造用于骗取出口退税、抵扣税款发票，是指无权印制用于出口退税、抵扣税款发票的单位或者个人私自印制发票的行为。变造用于骗取出口退税、抵扣税款发票的，属于广义的伪造行为的范畴，按非法制造用于出口退税、抵扣税款发票行为处理。擅自制造一般是指有权印制用于出口退税、抵扣税款发票的企业超出税务机关的指定，以行使或出售为目的，自行决定印制用于骗取出口退税、抵扣税款发票的行为。

本罪的行为对象是用于骗取出口退税、抵扣税款的非增值税专用发票，如运输发票、废旧物品收购发票、农业产品收购发票等。

根据《立案追诉标准（二）》第 65 条的规定，伪造、擅自制造或者出售伪造、擅自制造的

可以用于骗取出口退税、抵扣税款的非增值税专用发票 50 份以上或者票面额累计在 20 万元以上的，应予立案追诉。

本罪在主观方面是故意，行为人对制造的是用于骗取出口退税、抵扣税款的发票，或者对出售的是伪造、擅自制造的发票有明确认识。

根据刑法第 211 条的规定，单位犯本罪的，对单位判处罚金，并对其直接负责的主管人员和其他直接责任人员，依照自然人犯罪的规定处罚。

十一、非法制造、出售非法制造的发票罪

第二百零九条第二款 伪造、擅自制造或者出售伪造、擅自制造的前款规定以外的其他发票的，处二年以下有期徒刑、拘役或者管制，并处或者单处一万元以上五万元以下罚金；情节严重的，处二年以上七年以下有期徒刑，并处五万元以上五十万元以下罚金。

非法制造、出售非法制造的发票罪，是指违反国家发票管理法规，伪造、擅自制造或者出售伪造、擅自制造的其他发票的行为。

本罪在客观方面表现为违反国家发票管理法规，伪造、擅自制造或者出售伪造、擅自制造其他发票的行为。本罪的行为对象是可以用于出口退税、抵扣税款的发票以外的其他发票。

根据《立案追诉标准（二）》第 66 条的规定，伪造、擅自制造或者出售伪造、擅自制造的不具有骗取出口退税、抵扣税款功能的普通发票 100 份以上或者票面额累计在 40 万元以上的，应予立案追诉。

根据刑法第 211 条的规定，单位犯本罪的，对单位判处罚金，并对其直接负责的主管人员和其他直接责任人员，依照自然人犯罪的规定处罚。

十二、非法出售用于骗取出口退税、抵扣税款发票罪

第二百零九条第三款 非法出售可以用于骗取出口退税、抵扣税款的其他发票的，依照第一款的规定处罚。

非法出售用于骗取出口退税、抵扣税款发票罪，是指违反国家发票管理法规，非法出售可以用于骗取出口退税、抵扣税款的其他发票的行为。

本罪在客观方面表现为违反国家发票管理法规，非法出售可以用于骗取出口退税、抵扣税款的其他发票的行为。本罪的行为对象是真实的用于骗取出口退税、抵扣税款的发票。出售伪造、擅自制造的可以用于骗取出口退税、抵扣税款的其他发票的，不构成本罪，而构成出售非法制造的用于骗取出口退税、抵扣税款发票罪。

根据《立案追诉标准（二）》第 67 条的规定，非法出售可以用于骗取出口退税、抵扣税款的非增值税专用发票 50 份以上或者票面额累计在 20 万元以上的，应予立案追诉。

本罪在主观方面是故意，行为人对非法出售的是用于骗取出口退税、抵扣税款的其他发票有明确认识。

根据刑法第 211 条的规定，单位犯本罪的，对单位判处罚金，并对其直接负责的主管人员和其他直接责任人员，依照自然人犯罪的规定处罚。

十三、非法出售发票罪

第二百零九条第四款 非法出售第三款规定以外的其他发票的，依照第二款的规定处罚。

非法出售发票罪，是指违反国家发票管理法规，非法出售用于骗取出口退税、抵扣税款的发票以外的其他发票的行为。

本罪在客观方面表现为违反国家发票管理法规，非法出售用于骗取出口退税、抵扣税款的发票以外的其他发票的行为。本罪的行为对象是真实的可以用于骗取出口退税、抵扣税款的发票以外的其他发票。明知是伪造、擅自制造的其他发票而出售的，不构成本罪，而构成出售非法制造的发票罪。

根据《立案追诉标准（二）》第68条的规定，非法出售普通发票100份以上或者票面额累计在40万元以上的，应予立案追诉。

本罪在主观方面是故意，行为人对非法出售的是用于骗取出口退税、抵扣税款的发票以外的其他发票有明确认识。

根据刑法第211条的规定，单位犯本罪的，对单位判处罚金，并对其直接负责的主管人员和其他直接责任人员，依照自然人犯罪的规定处罚。

十四、持有伪造的发票罪

第二百一十条之一① 明知是伪造的发票而持有，数量较大的，处二年以下有期徒刑、拘役或者管制，并处罚金；数量巨大的，处二年以上七年以下有期徒刑，并处罚金。

单位犯前款罪的，对单位判处罚金，并对其直接负责的主管人员和其他直接责任人员，依照前款的规定处罚。

持有伪造的发票罪，是指明知是伪造的发票而持有，数量较大的行为。

本罪的行为对象是伪造的发票，包括伪造的增值税发票和其他具有出口退税、抵扣税款功能的收付款凭证、完税凭证以及其他普通发票。

持有，是指行为人对伪造的发票处于占有、支配、控制的一种状态。随身携带、邮寄、运输伪造的发票是持有；在其住所、驾驶的运输工具上发现的，同样可以被认定为持有。持有伪造的发票，数量较大的才成立犯罪。持有时间长短无关紧要，只要认定行为人对其有事实的支配，即可成立本罪。

根据《立案追诉标准（二）的补充规定》第3条的规定，明知是伪造的发票而持有，具有下列情形之一的，应予立案追诉：（1）持有伪造的增值税专用发票50份以上或者票面额累计在20万元以上的；（2）持有伪造的可以用于骗取出口退税、抵扣税款的其他发票100份以上或者票面额累计在40万元以上；（3）持有伪造的前述两项发票以外的其他发票200份以上或者票面额累计在80万元以上的。

本罪在主观方面是故意，行为人必须明知其持有的是伪造的发票。

第八节　侵犯知识产权罪

一、假冒注册商标罪

第二百一十三条② 未经注册商标所有人许可，在同一种商品、服务上使用与其注册商标相同的商标，情节严重的，处三年以下有期徒刑，并处或者单处罚金；情节特别严重的，处三年以上十年以下有期徒刑，并处罚金。

---

① 本条为《刑法修正案（八）》第35条所增设。

② 本条为《刑法修正案（十一）》第17条所修改。

假冒注册商标罪，是指违反商标管理法规，未经注册商标所有人许可，在同一种商品、服务上使用与其注册商标相同的商标，情节严重的行为。

（一）保护法益

本罪侵害的法益是他人的注册商标专用权。注册商标具有专有性和排他性，具体表现为：注册商标所有人有排他地、独占地使用该项商标的权利；注册商标所有人有转让或出售该注册商标的权利；注册商标所有人的商标可以由他的继承人继承；注册商标所有人可以通过许可协议使他人有条件地使用其商标。注册商标所有人在法律规定时间内享有上述权利，对于已经核准注册的商标，任何人不得假冒。假冒注册商标的行为侵犯了他人对注册商标的专用权和使用许可权，破坏了市场经济中商品交易的秩序。

（二）客观要件

本罪在客观方面表现为违反商标管理法规，未经注册商标所有人许可，在同一种商品、服务上使用与其注册商标相同的商标情节严重的行为。

未经注册商标所有人许可，是指未经申请并取得商标权人许可，或者未继受取得商标权人许可。注册商标所有人享有的商标权利，包括注册商标专用权、禁用权、续展权、许可使用权等，其中专用权是最基本的权利。商标权人可以许可他人使用其注册商标，许可的方式主要有两种：一是排他许可，即许可人授权被许可人在一定期限、一定地域内和指定的商品或服务上独家使用其注册商标。二是普通许可，即许可人授权多人使用该注册商标。未经注册商标所有人许可而使用其商标的，就有成立本罪的可能。

本罪的行为对象是注册的商品商标和服务商标。换言之，假冒他人注册的商品商标，并在“同一种商品”上使用的，构成犯罪；在同一种服务项目上，使用与他人注册的服务商标相同的商标的，也是假冒他人注册商标的行为，可以构成本罪。服务商标是金融、运输、广播、建筑、旅馆等服务行业为把自己的服务业务与他人的服务业务相区别而使用的商标，其只使用在服务项目上，而不使用于同一种商品上。《商标法》所规定的商标包括商品商标和服务商标。保护服务商标是保护企业的品牌、信誉和商誉，对驰名服务商标而言更是如此。其实，服务商标被侵犯和商品商标被侵犯，对权利人所造成的危害本质上是一样的。随着我国现代服务业、互联网经济和市场主体的发展，服务商标代表了服务的品质和保证，是消费者区别其他同类服务的指引，故对其有必要予以刑法保护。实践中许多侵权行为围绕服务商标进行，当侵权行为严重危害商标权人的合法权益时，应当追究行为人的刑事责任。因此，《刑法修正案（十一）》把服务商标纳入刑法保护范围。假冒的商标必须是经商标局注册的商品商标或服务商标，未经注册的商标不属于法律保护的范围，不享有商标专用权，假冒使用该商标的行为不构成犯罪。不是假冒注册商标，而是擅自使用知名商品或服务特有的名称、包装、装潢，造成和他人的知名商品或服务相混淆，使购买者误认为是该知名商品或服务的，或者擅自使用他人的企业名称或者姓名，使人误认为是他人的商品或服务的，但不是假冒注册的商品商标或服务商标的，都不构成本罪。

本罪的构成要件行为是在同一种商品或服务上使用与他人注册商标相同的商品商标或服务商标。对“同一种商品或服务”的认定，必须坚持法定标准和专家标准，不能以人们的习惯分类为准，例如，摩托车和自行车不是同一种商品，而只是类似商品，将他人已注册的“嘉陵”摩托车商标用于自行车，不构成本罪，只属于商标侵权行为。对于名称相同的商品以及名称不同但指同一事物的商品或服务，可以认定为同一种商品或服务。“名称”，是指在商标注册工作中对商品或服务使用的名称，通常即《商标注册用商品和服务国际分类》中规定的商品名称。“名称不同但指同一事物的商品或服务”，是指在功能、用途、主要原料、消费对象、销售渠道等方面相同或者基本相同，相关公众一般认为是同一种事物的商品或服务。认定同一种商品或服务，应当在权利人注册商标核定使用的商品或服务和行为人实际生产销售的商品或服务之间进行比较。使用，是指将注册商标或者假冒的注册商标用于商品、商品包装或者容器以及产品说明书、商品交易文书，或者将注册商标或者假冒的注册商标用于广告宣传、展览以及其他商业活动等行为。相同的商标，是指与被假冒的注册商标完全相同，或者与被假冒的注册商标在视觉上基本无差别，足以对公众产生误导的商标。对于商标是否相同的认定，应坚持常识标准或平均人标准，考虑普通人的识别能力，即应以是否足以使一般消费者误认为是注册商标为准。所以，商标相同，不是指假冒商标与注册商标没有任何差异（绝对相同），而是指基本相同。

根据最高人民法院、最高人民检察院《关于办理侵犯知识产权刑事案件具体应用法律若干问题的解释（三）》（2020 年 9 月 12 日）第 1 条的规定，具有下列情形之一的，可以认定为“与其注册商标相同的商标”：（1）改变注册商标的字体、字母大小写或者文字横竖排列，与注册商标之间基本无差别；（2）改变注册商标的文字、字母、数字等之间的间距，与注册商标之间基本无差别；（3）改变注册商标颜色，不影响体现注册商标显著特征；（4）在注册商标上仅增加商品通用名称、型号等缺乏显著特征的要素，不影响体现注册商标显著特征；（5）与立体注册商标的三维标志及平面要素基本无差别；（6）其他与注册商标基本无差别、足以对公众产生误导的商标。

此外，还应当注意，相同商标与近似商标不同，近似商标是指与注册商标在形状、颜色、读音、意义上接近（而基本上不相同），容易引起人们在视觉、听觉上相混淆的商标。构成本罪仅限于在相同商品上使用相同的商标。在同种商品上使用与他人注册商标近似的商标，或者在类似的商品上使用与他人注册商标相同的商标，都不构成本罪。在同一种服务上使用与其注册商标相同的商标中的“同一种服务”，是指服务行为所发生的领域相同。行为人实施侵权行为，将他人已注册但用于运输业的服务商标，改用于五星级酒店经营的，不属于在同一种服务上使用与注册商标相同的商标，不构成本罪。

实施假冒注册商标犯罪，又销售该假冒注册商标的商品，构成犯罪的，应当以假冒注册商标罪定罪处罚。实施假冒注册商标犯罪，又销售明知是他人的假冒注册商标的商品，构成犯罪的，应当实行数罪并罚。利用他人已注册商标，生产、销售以假充真、完全虚假或者毫无价值的商品，以买卖为名巧设骗局的，构成本罪和诈骗罪的牵连犯，应从一重罪处断。

（三）主观要件

本罪在主观方面是故意，行为人明知未经注册商标所有人的同意，在同一种商品、服务上使用与他人注册商标相同的商标，会侵犯他人注册商标专用权，而追求该结果的发生。

刑法并未将本罪规定为目的犯，但是，在解释论上必须考虑：假冒注册商标是一种贪利型经济犯罪，行为人在主观上必须以牟利为目的，即把自己的商品、服务冒充他人的商品、服务以牟取经济利益。如果不具有此目的，仅仅是为了满足虚荣心理或获得某种荣誉，而在自己的同种商品、服务上使用与他人注册商标相同的商标（如在供自己或者单位职工使用的物品上贴上他人已注册的名牌商标），或者是为了败坏他人商品声誉，而在自己生产或者购买的劣质商品上贴上他人注册商标，然后赠送他人或者抛弃的，都不可能构成本罪。

（四）单位犯罪的处罚

根据刑法第 220 条的规定，单位犯本罪的，对单位判处罚金，并对其直接负责的主管人员和其他直接责任人员，依照自然人犯罪的规定处罚。

二、销售假冒注册商标的商品罪

第二百一十四条①　销售明知是假冒注册商标的商品，违法所得数额较大或者有其他严重情节的，处三年以下有期徒刑，并处或者单处罚金；违法所得数额巨大或者有其他特别严重情节的，处三年以上十年以下有期徒刑，并处罚金。

销售假冒注册商标的商品罪，是指违反商标管理法规，销售明知是假冒注册商标的商品，违法所得数额较大或者有其他严重情节的行为。

（一）客观要件

本罪在客观方面表现为违反商标管理法规，销售明知是假冒注册商标的商品，违法所得数额较大或者有其他严重情节的行为。

销售，既可以是批发，也可以是零售；既可以是为自己的利益而直接贩卖，也可以是代他人出售；既可以是市场销售，也可以是内部销售。假冒他人商标生产商品，又销售假冒注册商标或服务商品的，销售行为被假冒注册商标行为吸收，只成立假冒注册商标罪。违法所得，是指销售假冒注册商标的商品后所得和应得的全部违法收入。有其他严重情节，是指多次销售假冒注册商标的商品，或者销售涉及多个被害人的假冒注册商标的商品等情形。本罪的行为对象是假冒注册商标的商品。注册商标超过有效期限而注册人未申请续展注册或者已经注册的商标在有效期间内被有关机关予以撤销时，假冒商标行为不构成假冒注册商标罪，销售假冒注册商标的商品的行为也不构成本罪。

根据《立案追诉标准（二）》第70条的规定，销售明知是假冒注册商标的商品，涉嫌下列情形之一的，应予立案追诉：(1) 销售金额在5万元以上的；(2) 尚未销售，货值金额在15万元以上的；(3) 销售金额不满5万元，但已销售金额与尚未销售的货值金额合计在15万元以上的。

本罪和掩饰、隐瞒犯罪所得、犯罪所得收益罪之间有法条竞合关系，本罪是特别法条。

销售的商品既属于假冒注册商标的商品，同时又是伪劣商品的，构成本罪和销售伪劣商品罪的想象竞合犯，应从一重罪处断。

（二）主观要件

本罪在主观方面是故意，行为人对销售的商品是假冒注册商标的商品有明知。至于所假冒的注册商标属于何人，以及假冒的程度，都不需要行为人认识。明知，是指：知道自己销售的商品上的注册商标被涂改、调换或者覆盖；因销售假冒注册商标的商品受到过行政处罚或者承担过民事责任，又销售同一种假冒注册商标的商品；伪造、涂改商标注册人授权文件或者知道该文件被伪造、涂改；其他知道或者应当知道是假冒注册商标的商品的情形。对是否“明知”的判断，需要结合行为人是否已被生产者告知是假冒注册商标的商品、销售商品的质量和进价与被假冒的商品是否存在重大悬殊、行为人的经验与知识等进行综合分析。

与假冒注册商标者事前通谋，为假冒注册商标者销售商品的，构成假冒注册商标罪的共犯，不再构成本罪。

根据刑法第220条的规定，单位犯本罪的，对单位判处罚金，并对其直接负责的主管人员和其他直接责任人员，依照自然人犯罪的规定处罚。

---

①　本条为《刑法修正案（十一）》第18条所修改。

三、非法制造、销售非法制造的注册商标标识罪

第二百一十五条[①] 伪造、擅自制造他人注册商标标识或者销售伪造、擅自制造的注册商标标识，情节严重的，处三年以下有期徒刑，并处或者单处罚金；情节特别严重的，处三年以上十年以下有期徒刑，并处罚金。

非法制造、销售非法制造的注册商标标识罪，是指违反商标管理法规，伪造、擅自制造他人注册商标标识或者销售伪造、擅自制造的注册商标标识，情节严重的行为。

（一）客观要件

本罪在客观方面表现为伪造、擅自制造他人注册商标标识或者销售伪造、擅自制造的注册商标标识的行为。

伪造，是指未经注册商标所有人授权，按照他人注册商标标识的式样、文字、图形、颜色、质地及制作技术仿造、假冒他人注册商标标识的行为。擅自制造，是指超越注册商标所有人许可、委托的范围，在未取得市场监督管理机关签发的注册商标印刷证明等文件的情况下，违反商标管理法规，私自印制或超量任意印制他人注册商标标识的行为。销售伪造、擅自制造的注册商标标识，是指明知是伪造、擅自制造的注册商标标识而倒卖谋利的行为。

本罪的行为对象是注册商标标识。注册商标标识，是指文字、图形或者其组合构成的商标图样的物质实体，是表明注册商标的商品显著特征的识别标记。

根据《立案追诉标准（二）》第71条的规定，伪造、擅自制造他人注册商标标识或者销售伪造、擅自制造的注册商标标识，涉嫌下列情形之一的，应予立案追诉：(1) 伪造、擅自制造或者销售伪造、擅自制造的注册商标标识数量在2万件以上，或者非法经营数额在5万元以上，或者违法所得数额在3万元以上；(2) 伪造、擅自制造或者销售伪造、擅自制造两种以上注册商标标识数量在1万件以上，或者非法经营数额在3万元以上，或者违法所得数额在2万元以上；(3) 其他情节严重的情形。

根据最高人民法院、最高人民检察院、公安部《关于办理侵犯知识产权刑事案件适用法律若干问题的意见》第9条的规定，销售他人伪造、擅自制造的注册商标标识，具有下列情形之一的，以销售非法制造的注册商标标识罪（未遂）定罪处罚：(1) 尚未销售他人伪造、擅自制造的注册商标标识数量在6万件以上；(2) 尚未销售他人伪造、擅自制造的两种以上注册商标标识数量在3万件以上；(3) 部分销售他人伪造、擅自制造的注册商标标识，已销售标识数量不满2万件，但与尚未销售标识数量合计在6万件以上；(4) 部分销售他人伪造、擅自制造的两种以上注册商标标识，已销售标识数量不满1万件，但与尚未销售标识数量合计在3万件以上。

非法制造注册商标标识，将其中部分标识使用于同种商品，将另外部分注册商标标识销售谋利的，同时构成非法制造注册商标标识罪与假冒注册商标罪，应当数罪并罚。单纯地将非法制造的他人注册商标标识用于假冒注册商标的商品的，非法制造注册商标标识行为和假冒注册商标行为之间有牵连关系，应从一重罪处断。

（二）主观要件

本罪在主观方面是故意，行为人对自己没有制造注册商标标识的合法资格，没有得到注册商标人的委托许可有明知。

---

① 本条为《刑法修正案（十一）》第19条所修改。

（三）单位犯罪的处罚

根据刑法第220条的规定，单位犯本罪的，对单位判处罚金，并对其直接负责的主管人员和其他直接责任人员，依照自然人犯罪的规定处罚。

四、假冒专利罪

第二百一十六条 假冒他人专利，情节严重的，处三年以下有期徒刑或者拘役，并处或者单处罚金。

假冒专利罪，是指违反专利管理法规，未经专利权人许可，假冒他人专利，情节严重的行为。

（一）客观要件

本罪在客观方面表现为未经专利权人许可，假冒他人专利的行为。专利，包括发明专利、实用新型专利和外观设计专利。

假冒他人专利的行为，是指未经许可，在其制造或者销售的产品、产品的包装上标注他人专利号的行为；未经许可，在广告或者其他宣传材料中使用他人的专利号，使人将所涉及的技术误认为是他人专利技术的行为；未经许可，在合同中使用他人的专利号，使人将合同涉及的技术误认为是他人专利技术的行为；伪造或者变造他人的专利证书、专利文件或者专利申请文件的行为。但是，对于未经专利权人同意，假冒专利权人许可或委托他人实施专利，是否属于假冒专利有争议。一般认为这属于冒充专利权人的行为，行为人并不直接从事假冒专利产品的生产，所以该行为不构成本罪。① 这种观点值得商榷，本罪保护的法益是专利在市场经济秩序中的公信力和专利权人的专有权，冒充专利权人许可或委托他人实施专利的行为侵犯了专利权人的独占许可权，使他人能够利用该专利生产产品，从而使专利权人的合法权利事实上受到侵害。

根据《立案追诉标准（二）》第72条的规定，假冒他人专利，涉嫌下列情形之一的，应予立案追诉：（1）非法经营数额在20万元以上或者违法所得数额在10万元以上；（2）给专利权人造成直接经济损失在50万元以上；（3）假冒两项以上他人专利，非法经营数额在10万元以上或者违法所得数额在5万元以上；（4）其他情节严重的情形。

印制或者使用伪造的专利证书、专利申请号、专利号或其他专利申请标记，印制或者使用明知已被驳回、撤回的专利申请的申请号或者他人专利申请标记，印刷或者使用明知已经被撤销、终止或者被宣告无效专利的权利证书、专利号或者其他专利标记，将非专利产品冒充专利产品或者将非专利方法冒充专利方法，从事商品生产、销售的，可能构成诈骗罪或生产、销售伪劣商品罪，但不构成本罪。

用非专利产品冒充专利产品，或者用非专利方法冒充专利方法的，都不构成假冒专利罪。

（二）主观要件

本罪在主观方面是故意，行为人对假冒的是他人合法所有或持有的专利有明确认识。在专利申请日前已经制造相同产品、使用相同方法或者已经做好制造、使月的必要准备，并且仅在原有范围内制造、使用的，不具有本罪的故意。

构成本罪，不要求行为人有营利目的。出于损坏他人专利产品信誉的目的而假冒专利，生产、销售伪劣商品的，也可以构成本罪。

---

① 参见陈兴良主编：《罪名指南》（上册），536页，北京，中国政法大学出版社，2000。

（三）单位犯罪的处罚

根据刑法第220条的规定，单位犯本罪的，对单位判处罚金，并对其直接负责的主管人员和其他直接责任人员，依照自然人犯罪的规定处罚。

五、侵犯著作权罪

第二百一十七条[①] 以营利为目的，有下列侵犯著作权或者与著作权有关的权利的情形之一，违法所得数额较大或者有其他严重情节的，处三年以下有期徒刑，并处或者单处罚金；违法所得数额巨大或者有其他特别严重情节的，处三年以上十年以下有期徒刑，并处罚金：

（一）未经著作权人许可，复制发行、通过信息网络向公众传播其文字作品、音乐、美术、视听作品、计算机软件及法律、行政法规规定的其他作品的；

（二）出版他人享有专有出版权的图书的；

（三）未经录音录像制作者许可，复制发行、通过信息网络向公众传播其制作的录音录像的；

（四）未经表演者许可，复制发行录有其表演的录音录像制品，或者通过信息网络向公众传播其表演的；

（五）制作、出售假冒他人署名的美术作品的；

（六）未经著作权人或者与著作权有关的权利人许可，故意避开或者破坏权利人为其作品、录音录像制品等采取的保护著作权或者与著作权有关的权利的技术措施的。

侵犯著作权罪，是指以营利为目的，违反著作权管理法规，未经著作权人许可，侵犯他人的著作权或者与著作权有关的权利，违法所得数额较大或者有其他严重情节的行为。

（一）保护法益

本罪侵害的法益是他人的著作权或者与著作权有关的权利。著作权，是指文学、艺术和科学作品的作者依法享有的权利，包括著作权人对其作品享有的著作权，以及图书、报刊出版者，录音录像制品制作者、艺术表演者等作品传播者（著作邻接权人），对其传播作品依法享有的权利。作品，是指在文学、艺术和科学领域内具有独创性并能以某种有形形式复制的智力创作成果，包括文字作品、音乐、美术、视听作品、计算机软件及其他作品；其他作品包括口述作品、戏剧作品、曲艺作品、舞蹈作品、摄影作品、工程设计、产品设计图纸及其说明、地图、示意图等图形作品以及法律、行政法规规定的其他作品。

（二）客观要件

本罪在客观方面表现为未经著作权人许可，侵犯他人著作权或者与著作权有关的权利的行为。

未经著作权人许可，是指没有得到著作权人授权或者伪造、涂改著作权人授权许可文件或者超出授权许可范围的情形。关于著作权人，根据最高人民法院、最高人民检察院《关于办理侵犯知识产权刑事案件具体应用法律若干问题的解释（三）》（2020年9月12日）第2条第1款的规定，在作品、录音制品上以通常方式署名的自然人、法人或者非法人组织，应当推定为著作权人或者录音制作者，且该作品、录音制品上存在着相应权利，但有相反证明的除外。对于是否经著作权人许可，一般应当依据著作权人或者其授权的代理人、著作权集体管理组织、国家著作权行政管理部门指定的著作权认证机构出具的涉案作品版权认证文书，或者证明出版

① 本条为《刑法修正案（十一）》第20条所修改。

者、复制发行者伪造、涂改授权许可文件或者超出授权许可范围的证据，结合其他证据综合予以认定。在涉案作品、录音制品种类众多且权利人分散的案件中，有证据证明涉案复制品系非法出版、复制发行，且出版者、复制发行者不能提供获得著作权人、录音制作者许可的相关证据材料的，可以认定为"未经著作权人许可""未经录音制作者许可"。但是，有证据证明权利人放弃权利、涉案作品的著作权或者录音制品的有关权利不受我国著作权法保护、权利保护期限已经届满的除外。

近年来，在侵犯著作权犯罪领域，出现了很多新情况新问题，包括作品种类、侵权方式、技术手段、牟利模式和侦查取证等方面，从传统的盗版侵权和零售方式向网络侵权等更为复杂翻新的样态转变。《著作权法》(2020 年修正）第 53 条规定："有下列侵权行为的，应当根据情况，承担本法第五十二条规定的民事责任；侵权行为同时损害公共利益的，由主管著作权的部门责令停止侵权行为，予以警告，没收违法所得，没收、无害化销毁处理侵权复制品以及主要用于制作侵权复制品的材料、工具、设备等，违法经营额五万元以上的，可以并处违法经营额一倍以上五倍以下的罚款；没有违法经营额、违法经营额难以计算或者不足五万元的，可以并处二十五万元以下的罚款；构成犯罪的，依法追究刑事责任：（一）未经著作权人许可，复制、发行、表演、放映、广播、汇编、通过信息网络向公众传播其作品的，本法另有规定的除外；（二）出版他人享有专有出版权的图书的；（三）未经表演者许可，复制、发行录有其表演的录音录像制品，或者通过信息网络向公众传播其表演的，本法另有规定的除外；（四）未经录音录像制作者许可，复制、发行、通过信息网络向公众传播其制作的录音录像制品的，本法另有规定的除外；（五）未经许可，播放、复制或者通过信息网络向公众传播广播、电视的，本法另有规定的除外；（六）未经著作权人或者与著作权有关的权利人许可，故意避开或者破坏技术措施的，故意制造、进口或者向他人提供主要用于避开、破坏技术措施的装置或者部件的，或者故意为他人避开或者破坏技术措施提供技术服务的，法律、行政法规另有规定的除外；（七）未经著作权人或者与著作权有关的权利人许可，故意删除或者改变作品、版式设计、表演、录音录像制品或者广播、电视上的权利管理信息的，知道或者应当知道作品、版式设计、表演、录音录像制品或者广播、电视上的权利管理信息未经许可被删除或者改变，仍然向公众提供的，法律、行政法规另有规定的除外；（八）制作、出售假冒他人署名的作品的。"为与《著作权法》的上述修改相衔接，《刑法修正案（十一）》第 20 条作了相应修改。

本罪的实行行为包括下述情形。

(1) 未经著作权人许可，复制发行、通过信息网络向公众传播其文字作品、音乐、美术、视听作品、计算机软件及法律、行政法规规定的其他作品。

复制，包括狭义的复制和广义的复制两种情形。狭义的复制，是指以印刷、复印、拓印、录音、录像、翻录、翻拍等方式将作品制成一份或者多份，如将他人的文字作品进行手抄、印刷，对绘画、雕刻进行临摹，将录音、录像作品进行翻版录制等。广义的复制，包括对作品进行一定程度的改变，但保持其内在一致性的情形，例如，将他人的小说改编成剧本，将草图做成美术作品，将雕刻做成绘画，等等。无论是广义的还是狭义的复制，都是本罪的构成要件行为。发行，是指非法制作侵犯著作权的产品，通过出售、出租、散发、出借等方式提供复制作品的行为，包括总发行、批发、零售、通过信息网络传播以及出租、展销等活动。构成本罪不要求复制与发行行为同时具备，为发行而复制，即使发行行为尚未实施，也成立本罪既遂。复制发行行为必须未经著作权人许可才构成本罪，经著作权人许可的复制发行行为为合法行为。著作权人的许可包括著作权独占许可、著作权独家许可、著作权普通许可和著作权从属许可四种形式。

通过信息网络向公众传播他人文字作品、音乐、美术、视听作品、计算机软件及其他作品的行为，其实是现代信息社会的发行行为，但鉴于其高发趋势，立法将其明确列举出来。

复制发行、通过信息网络向公众传播的作品形式具有开放性，包括文字作品、音乐、美术、视听作品、计算机软件及法律、行政法规规定的其他作品。《著作权法》对作品种类作了开放式的认定。在2020年《刑法修正案（十一）》颁布前，《刑法》第217条规定的保护作品种类为文字作品、音乐、电影、电视、录像作品、计算机软件及其他作品。这一范围相对狭窄。在实践中，被侵权的作品种类多样化，涵盖传统图书、电子数据、网络文学作品、漫画作品、影视作品、网络游戏作品、在线教育、计算机软件等。目前法院审理的侵犯著作权犯罪案件中，涉案侵权产品主要表现为电子网络产品，包括软件、网络游戏和电子书。因此，考虑到当前被侵权的作品，特别是网络作品种类的复杂性，适度拓宽作品保护范围，对于通过刑事手段打击侵权行为，保护著作权，是有实际意义的。所以，这次立法规定的刑法上的作品范围与民法上的基本保持了一致。

在网络时代，要证明存在侵犯著作权的复制、发行行为存在难度。在涉案侵权作品数量众多时，可进行抽样取证，但应注意审查所抽取的样本是否具有代表性、抽样范围与其他在案证据是否相符、抽样是否具备随机性等影响抽样客观性的因素。在达到追诉标准的侵权数量基础上，对抽样作品提交著作权人进行权属认证，以确认涉案作品是否均系侵权作品。

（2）出版他人享有专有出版权的图书。出版他人享有专有出版权的图书，无论是否经著作权人同意，都构成对出版者专有出版权的侵害。

（3）未经录音录像制作者许可，复制发行、通过信息网络向公众传播其制作的录音录像。

（4）未经表演者许可，复制发行录有其表演的录音录像制品，或者通过信息网络向公众传播其表演。这是关于侵犯表演者权的规定。表演者权是与著作权相关的权利。实践中，侵犯表演者权的民事案件日趋增多，如涉及广场舞教学视频侵权的案件已经有多起，本项规定是用刑法手段保护表演者的权利。

（5）制作、出售假冒他人署名的美术作品。美术作品，是指绘画、书法、雕塑、建筑等以线条、色彩或者其他方式构成的有审美意义的平面或者立体的造型艺术作品。这里的美术作品只限于假冒他人署名的作品，实行行为是制作、出售假冒他人署名的美术作品。① 复制发行他人真实创作的美术作品的，属于前述未经著作权人许可，复制发行其文字作品、音乐、美术、视听作品、计算机软件及其他作品的情形，故不能适用本项规定。

（6）未经著作权人或者与著作权有关的权利人许可，故意避开或者破坏权利人为其作品、录音录像制品等采取的保护著作权或者与著作权有关的权利的技术措施。近年来，有的犯罪人利用避开或者破坏保护作品技术措施的手段，或者采取其他网络技术手段侵犯著作权的案件不断增加。例如，使游戏开发者饱受困扰的网络游戏外挂行为，就是采取避开等网络技术手段侵犯著作权。通过破坏技术保护措施实现侵权，则包括伪造授权，利用爬虫技术、视频解析、转码技术、深度链接等情形。故意避开或者破坏著作权人或者与著作权有关的权利人为保护其著作权而采取的技术措施的行为（“恶意规避技术措施”），属于一种独立类型的侵犯软件著作权的行为。这里的技术措施，是指用于限制他人未经权利人许可浏览、欣赏作品、表演、录音录

① 《著作权法》第53条第8项将“制作、出售假冒他人署名的作品”的行为作为侵权行为之一。刑法将制作、出售假冒他人署名的美术作品的行为作为侵犯著作权罪加以规定，是否妥当值得研究。假冒他人署名的美术作品，使得他人的署名权等被假冒，但其对该作品并不享有著作权，制作、出售行为谈不上侵犯著作权的问题，批量生产并出售假冒他人署名的美术作品的，实质上属于生产、销售伪劣商品的行为；少量制作假冒他人署名的美术作品并利用其骗取财物的，应当构成诈骗罪，原则上都没有成立侵犯著作权罪的可能。

像制品，或者通过信息网络向公众提供作品、表演、录音录像制品的有效技术、装置或者部件。该技术措施的核心作用在于保护著作权中的专有权利，防止他人未经权利人许可实施侵权行为。权利人仅仅为了实现捆绑销售、划分销售区域等目的所采取的技术措施，与著作权保护无关，不属于权利人为其作品、录音录像制品等采取的保护著作权或者与著作权有关的权利的技术措施，规避此类与特定商业模式有关的技术措施的，不构成本罪。构成本罪，要求违法所得数额较大或者有其他严重情节。虽然实施了侵犯他人著作权的行为，但是，违法所得没有达到数额较大的标准，也不具有其他严重情节的，不构成侵犯著作权罪，应当按照民事侵权行为处理。根据相关司法解释，以营利为目的，侵犯著作权违法所得数额在3万元以上的，属于“违法所得数额较大”；非法经营数额在5万元以上的，或者复制发行著作权人文字作品、音乐、美术、视听作品、计算机软件及其他作品，复制品数量合计在500张（份）以上的，属于“有其他严重情节”。根据最高人民法院、最高人民检察院、公安部《关于办理侵犯知识产权刑事案件适用法律若干问题的意见》第13条的规定，通过信息网络向公众传播他人文字作品、音乐、美术、视听作品、计算机软件及其他作品，具有下列情形之一的，属于“其他严重情节”：（1）非法经营数额在5万元以上的；（2）传播他人作品的数量合计在500件（部）以上的；（3）传播他人作品的实际被点击数达到5万次以上的；（4）以会员制方式传播他人作品，注册会员达到1 000人以上的；（5）数额或者数量虽未达到前述四项规定标准，但分别达到其中两项以上标准一半以上的；（6）其他严重情节的情形。

（三）主观要件

本罪在主观方面是故意，行为人对复制发行、通过信息网络向公众传播的、出版、制作、出售的是他人享有著作权的文字作品、音乐、美术、视听作品、计算机软件，或者享有专有出版权的图书，以及假冒他人署名的美术作品，有明确认识。同时，行为人有营利目的。根据最高人民法院、最高人民检察院、公安部《关于办理侵犯知识产权刑事案件适用法律若干问题的意见》第10条的规定，除销售外，具有下列情形之一的，可以认定为“以营利为目的”：（1）以在他人作品中刊登收费广告、捆绑第三方作品等方式直接或者间接收取费用的；（2）通过信息网络传播他人作品，或者利用他人上传的侵权作品，在网站或者网页上提供刊登收费广告服务，直接或者间接收取费用的；（3）以会员制方式通过信息网络传播他人作品，收取会员注册费或者其他费用的；（4）其他利用他人作品牟利的情形。

（四）单位犯罪的处罚

根据刑法第220条的规定，单位犯本罪的，对单位判处罚金，并对其直接负责的主管人员和其他直接责任人员，依照自然人犯罪的规定处罚。

六、销售侵权复制品罪

第二百一十八条① 以营利为目的，销售明知是本法第二百一十七条规定的侵权复制品，违法所得数额巨大或者有其他严重情节的，处五年以下有期徒刑，并处或者单处罚金。

销售侵权复制品罪，是指以营利为目的，违反著作权管理法规，明知是侵权复制品而故意销售，违法所得数额巨大或者有其他严重情节的行为。

销售，是指以营利为目的将侵权复制品以批发、零售的方式卖给他人的行为。根据相关司法解释，销售侵权复制品，违法所得数额在10万元以上的，属于违法所得数额巨大，应当追

① 本条为《刑法修正案（十一）》第21条所修改。

究刑事责任。违法所得数额并未达到巨大的标准，但是，有其他严重情节的，也构成本罪。“数额＋情节”的定罪标准，使本罪在未来的适用空间得到拓展。

其实，本罪将明知是侵权复制品而销售的行为予以犯罪化，使之从侵犯著作权罪中独立出来，规定不同的刑罚，目的是惩处“二手”销售或者零售侵权复制品的行为，以贯彻罪刑相适应原则。但是，司法机关历来对这个罪名的适用非常少，其基本上处于休眠的状态，造成这种情况的主要原因是该罪的入罪门槛为“违法所得数额巨大”，定罪起点高，且不具有操作性，取证很难，数额认定存在较大不确定性。因此，规定违法所得数额巨大难以实现设立本罪的立法原意，无法准确打击销售末端。虽然实践中零售环节与出版发行相衔接，但是，销售末端的数量一般较小，行为人一般处于底端，销售人员以个人居多，没有固定经营场所和财务记账等凭证，销售成本与收入难以计算，要求侦查机关证明违法所得数额巨大在操作上很困难。另外，由于有关司法解释对侵犯著作权罪中的“发行”作扩大解释，实践中很多销售侵权复制品的犯罪都被纳入侵犯著作权罪予以处理。为了使销售侵权复制品罪被激活，《刑法修正案（十一）》第21条将本罪的入罪门槛予以降低，规定为“违法所得数额巨大或者有其他严重情节”，把销售侵权复制品的违法所得数额和犯罪情节作为入罪的选择条件，能够使零售盗版作品的行为回归本罪处理。这样一来，销售侵权复制品的零售商、“二道贩子”如果多次实施类似行为，或者销售时间长，以及销售的侵权复制品涉及重大侵权的，都可以认定为情节严重，从而改变本罪在以往司法实践中适用率较低的状况。

不转移侵权复制品的财产所有权的出租行为，不构成销售侵权复制品，但是明知是侵权复制品而进行购买并以营利为目的出租的，可能成立掩饰、隐瞒犯罪所得、犯罪所得收益罪。

本罪的行为对象是侵犯著作权的复制品，即侵犯著作权人权利的文字作品、音乐、美术、视听作品、计算机软件及其他作品的复制品；侵犯图书出版者享有专有出版权的图书的复制品；侵犯录音、录像制作者权利的录音、录像制品的复制品；侵犯他人署名权的假冒他人署名的美术作品的复制品。

明知侵权复制品是没有使用价值的伪劣商品而予以销售的，同时触犯本罪和销售伪劣商品罪，应从一重罪处断。实施侵犯著作权行为，又销售该侵权复制品违法所得数额巨大的，销售行为被侵犯著作权行为所吸收，只构成侵犯著作权罪，不数罪并罚；实施侵犯著作权的犯罪行为，又明知是他人的侵权复制品而予以销售的，应当数罪并罚。

本罪在主观方面是故意，行为人对销售的是侵犯著作权或与著作权有关的权益的复制品有明知，并且具有营利目的。

根据刑法第220条的规定，单位犯本罪的，对单位判处罚金，并对其直接负责的主管人员和其他直接责任人员，依照自然人犯罪的规定处罚。

七、侵犯商业秘密罪

第二百一十九条[①] 有下列侵犯商业秘密行为之一，情节严重的，处三年以下有期徒刑，并处或者单处罚金；情节特别严重的，处三年以上十年以下有期徒刑，并处罚金：

（一）以盗窃、贿赂、欺诈、胁迫、电子侵入或者其他不正当手段获取权利人的商业秘密的；

（二）披露、使用或者允许他人使用以前项手段获取的权利人的商业秘密的；

（三）违反保密义务或者违反权利人有关保守商业秘密的要求，披露、使用或者允许他人使用其所掌握的商业秘密的。

---

① 本条为《刑法修正案（十一）》第22条所修改。

明知前款所列行为，获取、披露、使用或者允许他人使用该商业秘密的，以侵犯商业秘密论。

本条所称权利人，是指商业秘密的所有人和经商业秘密所有人许可的商业秘密使用人。

侵犯商业秘密罪，是指采取不正当手段，获取、使用、披露或者允许他人使用权利人的商业秘密，情节严重的行为。

（一）客观要件

本罪在客观方面表现为采取不正当手段，获取、使用、披露或者允许他人使用权利人的商业秘密的行为。

1. 构成要件行为

本罪的实行行为包括下述情形。

（1）以盗窃、贿赂、欺诈、胁迫、电子侵入或者其他不正当手段获取权利人的商业秘密。对商业秘密的盗窃，可以是将载有商业秘密的文件等非法占为己有，也可以是复制后归还原件但保留复制品，还可以是将商业秘密的内容根据记忆重新形成文字或者图形。贿赂，是指以物质利益诱使他人告知其商业秘密，多表现为直接提供财物或者以高薪为诱饵挖走知情雇员而获得商业秘密。欺诈，是指以欺骗手段获取他人商业秘密。胁迫，是指以给他人的人身或者财产造成损害为要挟，迫使他人告知其商业秘密；胁迫的对象可以是商业秘密的持有者，也可以是与商业秘密持有者有关系的第三人。电子侵入，是指通过非法侵入他人计算机信息系统等方式获取商业秘密。

（2）披露、使用或者允许他人使用以前项手段获取的权利人的商业秘密。以盗窃、利诱、胁迫或者其他不正当手段获取权利人的商业秘密，又将其披露、使用或者允许他人使用的，构成双重的侵犯商业秘密。① 披露是指将以盗窃、利诱、胁迫或者其他不正当手段获取的商业秘密非法公之于众或者告知权利人的竞争对手。披露并不要求具有公然性，向特定人公开，或者向不特定的少数人公开，都是披露；披露是以口头还是书面方式实施，是将载有商业秘密内容的原件还是复制件给第三者，都并不关键。使用是指将非法获取的商业秘密在各种有用的场合加以运用，既可能是把商业秘密用于生产，也可能是将其用于产品销售或企业管理。允许他人使用是指在非法窃取、利诱、胁迫或者以其他不正当手段获取商业秘密后，将其交给第三人使用，是有偿还是无偿交付，在所不问。

（3）违反保密义务或者违反权利人有关保守商业秘密的要求，披露、使用或者允许他人使用其所掌握的商业秘密的。这种情形主要是指通过工作关系、业务关系或许可合同等途径掌握商业秘密的人，违反保密义务，或者违反权利人要求其保守商业秘密的要求，而向他人泄露，向社会公开，由自己使用或者允许他人使用权利人的商业秘密。其构成要素是：行为人是商业秘密权利人以外的人；被侵犯的商业秘密是行为人现实地、合法地知悉或者掌握的商业秘密；行为人负有保密义务；行为人实施了披露、使用或者允许他人使用其所掌握的商业秘密的行为。这里的违反保密义务与违反约定的含义略有差异，即便权利人和行为人之间没有约定，权利人也没有对行为人提出保密要求，但是，行为人违反默示的保密义务的，仍然应当承担相应的法律责任。换言之，违反保密义务的规定，能够将既无约定又欠缺权利人的要求，但行为人违反（默示的）保密义务而实施侵权行为的情形作为处罚对象。

（4）明知前述行为，获取、披露、使用或者允许他人使用该商业秘密的，以侵犯商业秘密

---

① 参见刘春茂主编：《中国民法学·知识产权》，772页，北京，中国人民公安大学出版社，1997。

密论。

2. 行为对象

本罪的行为对象是商业秘密。根据《反不正当竞争法》（2019 年修正）第 9 条的规定，商业秘密，是指不为公众所知悉、具有商业价值并经权利人采取相应保密措施的技术信息、经营信息等商业信息。这里的“技术信息”，是指在产品生产和制造过程中的技术诀窍或技术秘密、非专利技术成果、专有技术（如软件的源代码等），包括各种产品、化学制品、元件、食品、药品的生产方案，产品设计、工艺流程、配方、质量控制和管理方面的技术知识等。“经营信息”，是指与生产经营、产品销售有关的保密资料、情报、计划、方法、经营决策等，包括未公开的产品摊销计划、顾客名单、进货渠道、销售网络、产品价格、供求状况、管理诀窍、招投标中的标底和标书内容等。《反不正当竞争法》第 9 条对商业秘密的外延予以拓展，使之包括技术信息、经营信息之外的其他商业信息，例如，在大数据时代具有重要商业价值的计算机信息数据，就属于这里的其他商业信息的范畴。

商业秘密必须具备以下特征：(1) 不为公众所知悉（非公知性）；(2) 具有商业价值（价值性）；(3) 权利人对商业秘密采取了相应保密措施或者提出保密要求（保密性）。在上述特征中，是否具有价值性的判断有时候是与市场反应有关的，即产品是否能够重复、批量生产，是否有市场销售额，是否能够满足市场需求；是否具有保密性，以是否签订保密合同、权利人是否支付保密费、是否采取其他保密措施为判断依据。在实务中，最难以判断的是商业秘密是否具有新颖性。

商业秘密的新颖性表现在其“不为公众所知悉”。这里的“公众”，一般是指有可能从该商业秘密的利用中取得经济利益的同业竞争者，而不是泛指所有的自然人。所以，商业秘密的非公知性是相对而言的，有行业和地域的限制。判断商业秘密的非公知性，应当考虑以下因素：一方面，技术信息是否在公开发行的出版物上发表。这里的出版物是一个广义的概念，包括正式出版的书籍、报刊、专利文献及打印材料、广告资料等其他书面形式的出版物；同时，还包括缩微胶卷、录音、录像等。如果在出版物上将商业秘密公开或者将载有商业秘密的资料予以散布，将直接导致其非公知性丧失。另一方面，技术信息是否被公开使用。商业秘密如果被广泛应用于工商、教学或者科研等部门，或被权利人出示、销售或者交换利用，或被个人展览、实施、销售、转让等，原则上属于公开使用，即在可以为公众了解、掌握的条件下使用商业秘密。

在实务中，权利人应当有相应证据证明自己的商业秘密具有非公知性。在个案中，有的权利人并不能证明自己是某一技术秘密的权利人，因此其关于商业秘密权利被侵犯的主张自然不应该得到支持。既然商业秘密是一项知识产权，是一种权利，主张权利者就应当有证据证明自己对某些专有技术的独占权。例如，权利人如果要主张某软件技术属于自己所有，就应当明确软件开发中的哪些内容是不易获得的，是具有一定区别性的，是应当保密的。权利人必须证明的内容主要包括两部分：计算机源程序和开发资料。开发资料应当包括开发过程中不同阶段的资料，如需求分析、论证报告、程序结构、设计说明、测试报告、流程图、各版本软件和终极版本、开发合同等；另外还应包括开发中所使用的技术分析资料，如参数定义、模块定义、变量定义、模块关系等。这就是说，商业秘密的非公知性和某种程度的确定性是联系在一起的，商业秘密的权利人必须能够界定秘密的具体内容并划清其界限。对此，有学者明确指出，权利人应当能够说明商业秘密由哪些信息组成、组成部分之间的关系是什么、该信息与其他相关信息如何区别、如何将该信息付诸实施。

在权利人无法提供上述证据证明自己的商业秘密权利存在的场合，司法机关应当要求权利人提供其他足以证明其商业秘密权的说明书、图纸等其他文件，以便进一步确定权利人是否拥有商业秘密。如果在关于证明权利人是某一项技术成果的权利人的证据上，只有一系列证人证言"说"某项技术属于权利人，却没有诸如专属于权利人的图纸、模具、说明书、开发计划、开发资料、测试报告及相关费用的证据，要判定相关行为侵犯技术秘密，缺乏必要的前提。因为不能排除行为人在应商业秘密的权利主张者的要求从事合作技术开发前，已经掌握了有关技术信息这样的情况存在，所以，对于权利人单纯提出商业秘密被侵犯的控告，但是不能证明商业秘密存在，不能证实自己的商业秘密具有非公知性的情形，按照充分说理的方法论来衡量，相关的犯罪指控明显不可能成立。

3. 情节严重

侵犯商业秘密，情节严重的，才构成犯罪。侵犯商业秘密的行为，给权利人造成重大损失的，当然属于情节严重的情形之一。

侵犯商业秘密给权利人造成损失，既可以是由行为人泄露、公开商业秘密造成的，也可以是由行为人使用或者允许他人使用造成的；相关损失可以是有形的损失，也可以是无形的损失。在确定侵犯商业秘密的行为造成的损失时，应当综合考虑商业秘密权利人的产品的市场占有额的大小、商业秘密的利用周期、商业秘密权利人的数量、侵权人的生产能力、商业秘密的权利人目前的产品销售情况等因素。对损失额的计算，要首先考虑权利人遭受的直接损失，同时适当估量计算侵权人非法获利数额的大小。

最高人民法院、最高人民检察院《关于办理侵犯知识产权刑事案件具体应用法律若干问题的解释（三）》（2020年9月12日）第4条规定，实施刑法第219条规定的行为，具有下列情形之一的，应当认定为"给商业秘密的权利人造成重大损失"：（1）给商业秘密的权利人造成损失数额或者因侵犯商业秘密违法所得数额在30万元以上的；（2）直接导致商业秘密的权利人因重大经营困难而破产、倒闭的；（3）造成商业秘密的权利人其他重大损失的。给商业秘密的权利人造成损失数额或者因侵犯商业秘密违法所得数额在250万元以上的，应当认定为"造成特别严重后果"。该解释第5条规定，实施刑法第219条规定的行为造成的损失数额或者违法所得数额，可以按照下列方式认定：（1）以不正当手段获取权利人的商业秘密，尚未披露、使用或者允许他人使用的，损失数额可以根据该项商业秘密的合理许可使用费确定；（2）以不正当手段获取权利人的商业秘密后，披露、使用或者允许他人使用的，损失数额可以根据权利人因被侵权造成销售利润的损失确定，但该损失数额低于商业秘密合理许可使用费的，根据合理许可使用费确定；（3）违反约定、权利人有关保守商业秘密的要求，披露、使用或者允许他人使用其所掌握的商业秘密的，损失数额可以根据权利人因被侵权造成销售利润的损失确定；（4）明知商业秘密是不正当手段获取或者是违反约定、权利人有关保守商业秘密的要求披露、使用、允许使用，仍获取、使用或者披露的，损失数额可以根据权利人因被侵权造成销售利润的损失确定；（5）因侵犯商业秘密行为导致商业秘密已为公众所知悉或者灭失的，损失数额可以根据该项商业秘密的商业价值确定。商业秘密的商业价值，可以根据该项商业秘密的研究开发成本、实施该项商业秘密的收益综合确定；（6）因披露或者允许他人使用商业秘密而获得的财物或者其他财产性利益，应当认定为违法所得。前述第二项、第三项、第四项规定的权利人因被侵权造成销售利润的损失，可以根据权利人因被侵权造成销售量减少的总数乘以权利人每件产品的合理利润确定；销售量减少的总数无法确定的，可以根据侵权产品销售量乘以权利人每件产品的合理利润确定；权利人因被侵权造成销售量减少的总数和每件产品的合理利润均无法确定的，可以根据侵权产品销售量乘以每件侵权产品的合理利润确定。商业秘密系用于服务等其他经营活动的，损失数额可以根据权利人因被侵权而减少的合理利润确定。商业秘密的权利人为减轻对商业运营、商业计划的损失或者重新恢复计算机信息系统安全、其他系统安全而支出的补救费用，应当计入给商业秘密的权利人造成的损失。

除侵权行为造成权利人重大损失之外，行为具有使权利人所在企业陷入破产境地的；把权利人的所有图纸、关键技术信息全部带走的；离职同时把从事核心技术研发的团队全部带走集体“跳槽”，导致公司无法继续生产经营的；以电子侵入方式窃取商业秘密后毁坏他人计算机信息系统的：都属于情节严重。

上述分析表明，成立本罪并不单纯以权利人所遭受的损失是否重大作为定罪的唯一标准。这主要是考虑到：一方面，本罪是妨害市场经济秩序罪，不是侵犯财产罪，对其法益侵害性不能仅仅以权利人的财产受损程度予以评价。另一方面，将商业秘密权利人的损失作为定罪标准，有入罪门槛太高的嫌疑，导致实践中出现取证难、定罪难的局面，权利人寻求刑法保护障碍重重。从《反不正当竞争法》的相关规定看，侵犯商业秘密的损害赔偿计算方法包括根据权利人被侵权而受到的实际损失确定损害，以及根据侵权人因侵权所获得的利益确定损害等。但是，实践中很少有权利人主张按照实际损失这一方法索赔。但是，如果要采用侵权人因侵权所获得利益的计算方法，权利人一方又难以完成证明侵权人非法获利数额的举证义务。因此，在民事侵权中，商业秘密权利人损失的计算一直就是一个老大难问题。也正是考虑到这一点，《反不正当竞争法》第17条第4款才规定，经营者违反本法第6条、第9条的规定，权利人因被侵权所受到的实际损失、侵权人因侵权所获得的利益难以确定的，由人民法院根据侵权行为的情节判决给予权利人500万元以下的赔偿。如果认为在民事审判中，权利人因被侵权所受到的实际损失、侵权人因侵权所获得的利益都难以确定，那么，在刑法中继续将权利人损失的重大与否作为唯一定罪标准就是不合时宜的。为此，《刑法修正案（十一）》第22条将本罪的定罪标准从“给商业秘密的权利人造成重大损失”改为“情节严重”的合理性就是不言而喻的。

本罪的主体是一般主体，包括根据约定或者权利人的要求负有保密义务的人；本公司、企业知悉或者掌握商业秘密的人；实施侵权行为的第三人（单位或者个人）。这些个人也可能与被害单位的生产经营活动完全无关，例如，窃取他人商业秘密后向第三人披露，给权利人造成重大损失的，可以构成本罪。所以，将本罪主体限定为经营者或者其他有特殊身份的人的观点，并不妥当。

（二）主观要件

本罪在主观方面是故意，行为人对自己的行为所侵犯的是他人的商业秘密有明知。

（三）单位犯罪的处罚

根据刑法第220条的规定，单位犯本罪的，对单位判处罚金，并对其直接负责的主管人员和其他直接责任人员，依照自然人犯罪的规定处罚。

八、为境外窃取、刺探、收买、非法提供商业秘密罪

第二百一十九条之一① 为境外的机构、组织、人员窃取、刺探、收买、非法提供商业秘密的，处五年以下有期徒刑，并处或者单处罚金；情节严重的，处五年以上有期徒刑，并处罚金。

为境外窃取、刺探、收买、非法提供商业秘密罪，是指为境外的机构、组织、人员窃取、刺探、收买、非法提供商业秘密的行为。

本条的实行行为与刑法第111条所规定的为境外窃取、刺探、收买、非法提供国家秘密、

① 本条为《刑法修正案（十一）》第23条所增设。

情报罪的实行行为完全相同，仅行为对象上有差异，实务中大多表现为通过电子侵入的方式为境外窃取、刺探、收买、非法提供商业秘密。对于本罪的商业秘密，要与侵犯商业秘密罪中的商业秘密作相同的理解。

本罪在主观方面是故意，行为人对于所窃取、刺探、收买、非法提供的属于商业秘密有明知。至于其是否牟利，在所不问。

根据刑法第 220 条的规定，单位犯本罪的，对单位判处罚金，并对其直接负责的主管人员和其他直接责任人员，依照自然人犯罪的规定处罚。

第九节　扰乱市场秩序罪

一、损害商业信誉、商品声誉罪

第二百二十一条　捏造并散布虚伪事实，损害他人的商业信誉、商品声誉，给他人造成重大损失或者有其他严重情节的，处二年以下有期徒刑或者拘役，并处或者单处罚金。

损害商业信誉、商品声誉罪，是指捏造并散布虚伪事实，损害他人的商业信誉、商品声誉，给他人造成重大损失或者有其他严重情节的行为。

（一）客观要件

本罪在客观方面表现为捏造并散布虚伪事实，损害他人的商业信誉、商品声誉，给他人造成重大损失或者有其他严重情节的行为。

捏造，是指无中生有，虚构不存在的事实。捏造既可能是全部编造，也可能是部分捏造；既可以是编造绝对虚假的事实，也可以是对真实情况的歪曲。散布，是将捏造的事实予以传播。传播的方式包括多人之间的言词、文字、图画方式，也包括依靠大众传播媒体的散布。单纯捏造或者只是散布虚伪事实的，不构成本罪。

但是，在司法实践中，多人经预谋后，由部分行为人负责捏造事实，由其他人负责散布虚伪事实的，应成立本罪的共犯。捏造并传播虚伪事实的具体表现有：利用虚假广告、散发公开信、召开新闻发布会等形式散布捏造的虚伪事实；在所售商品包装说明上，对他人生产、销售的同类商品进行贬低，损害他人的商品声誉；收买或唆使其他人以客户或消费者名义向市场监管部门或新闻单位作虚假投诉；利用商品洽谈会的机会向客户编造并散布虚伪事实，诋毁他人的商业信誉、商品声誉；唆使或收买他人在社会公众中散布自己捏造的虚伪事实。

本罪的行为对象是商业信誉和商品声誉。商业信誉，是指从事商业生产、经营、服务活动获得社会上给予的诚实信用的评价。商品声誉，是指特定商品因货真价实、质优价廉而获得的良好称誉。经营者的商业信誉与商品声誉是其人格权与荣誉权的体现，与财产权相联系，是社会或他人包括同业竞争者对其生产、经营、服务诸方面品质的一般评价。捏造事实并加以散布的行为导致生产者、经营者的商业信誉和商品声誉遭受破坏，使其市场竞争力下降，破坏了市场竞争的正常秩序。

本罪的实行行为属于商业活动中的诽谤行为，但刑法并不要求捏造并散布虚伪事实的行为公然实施。针对他人固定的商业合作伙伴散布捏造的虚假事实，使他人因商业信誉、商品声誉受到破坏而无法开展经营活动的，也构成本罪。

根据《立案追诉标准（二）》第 74 条的规定，捏造并散布虚伪事实，损害他人的商业信誉、商品声誉，涉嫌下列情形之一的，应予立案追诉：（1）给他人造成直接经济损失数额在 50 万元以上的。（2）虽未达到上述数额标准，但利用互联网或者其他媒体公开损害他人商业信誉、商品声誉的；或者造成公司、企业等单位停业、停产 6 个月以上，或者破产的。(3) 其他给他人造成重大损失或者有其他严重情节的情形。

因损害商业信誉、商品声誉而使被害人固定的销售渠道不存在，从而被迫停止生产、经营活动的，相关行为只构成本罪而不构成破坏生产经营罪。

（二）主观要件

本罪在主观方面是故意，行为人对自己捏造并散布的事关他人商业信誉、商品声誉的事实与真实情况不符合，捏造并散布虚伪事实的行为客观上会损害他人的商业信誉、商品声誉，给他人造成重大损失有明确认识。至于其是否有非法获取利益的目的，在所不问。

没有损害他人商业信誉、商品声誉的故意，而听信谣传散布虚假事实，甚至对某种虚伪事实进行一定程度的加工并传播的行为，都不构成本罪。

（三）单位犯罪的处罚

根据刑法第 231 条的规定，单位犯本罪的，对单位判处罚金，并对其直接负责的主管人员和其他直接责任人员，依照自然人犯罪的规定处罚。

二、虚假广告罪

第二百二十二条　广告主、广告经营者、广告发布者违反国家规定，利用广告对商品或者服务作虚假宣传，情节严重的，处二年以下有期徒刑或者拘役，并处或者单处罚金。

虚假广告罪，是指广告主、广告经营者、广告发布者违反国家规定，利用广告对商品或者服务作虚假宣传，情节严重的行为。

（一）保护法益

本罪保护的法益是广告的真实性和信用度。广告主委托制作、发布广告时，委托具有合法经营资格的广告经营者、广告发布者，广告经营者、广告发布者按照法律、法规规定的承接登记、审核制度，依法发布广告的，广告的真实性、信用度就不会受到侵害。而利用广播、电视、报纸以及其他媒体发布虚假广告的行为，使公众对广告在市场经济中的作用产生怀疑，失去对商品的信任感，危害交易安全和秩序，从而阻碍了市场经济的健康发展。

本罪的行为对象是广告，即商品经营者或者服务提供者承担费用通过一定媒介或者形式（如报刊、广播、电视、电影、路牌、橱窗、印刷品、霓虹灯等），直接或者间接地介绍自己所推销商品或所提供服务的商业广告。

（二）客观要件

本罪在客观方面表现为违反国家规定，利用广告对商品或者服务作虚假宣传的行为。

违反国家规定，是指违反广告法、反不正当竞争法以及其他法律、法规的规定。广告法对广告发布的真实合法原则作了规定，并对广告虚假、广告违法的情形进行了列举；反不正当竞争法规定经营者不得利用广告或者其他方法，对商品的质量、制作成分、性能、用途、生产者、有效期限、产地等作引人误解的虚假广告。广告经营者不得在明知或者应知的情况下代理、设计、制作虚假广告。违反国家规定制作、提供、发布虚假广告的行为包括广告中含有虚假内容，可能对消费者产生误导和欺骗；广告中对商品的性能、产地、用途、质量、价格、生产者、有效期限、允诺或者对服务的内容、形式等作虚假表述；广告使用编造的数据、统计资料、调查结果等；未取得专利权，但在广告中谎称取得专利权；使用已终止、撤销、无效的专利做广告。

本罪的实行行为是利用广告对商品或者服务作虚假宣传。根据《广告法》（2018 年修正）

第28条的规定，广告以虚假或者引人误解的内容欺骗、误导消费者的，构成虚假广告。广告有下列情形之一的，为虚假广告：(1) 商品或者服务不存在的；(2) 商品的性能、功能、产地、用途、质量、规格、成分、价格、生产者、有效期限、销售状况、曾获荣誉等信息，或者服务的内容、提供者、形式、质量、价格、销售状况、曾获荣誉等信息，以及与商品或者服务有关的允诺等信息与实际情况不符，对购买行为有实质性影响的；(3) 使用虚构、伪造或者无法验证的科研成果、统计资料、调查结果、文摘、引用语等信息作证明材料的；(4) 虚构使用商品或者接受服务的效果的；(5) 以虚假或者引人误解的内容欺骗、误导消费者的其他情形。

构成本罪，要求情节严重。对此应结合制作虚假广告的手段、动机，虚假广告的散布范围、次数、持续时间、社会影响等进行综合判断。虽然实施虚假广告行为，但是广告传播范围很有限，虚假宣传不足以使一般人陷入错误，夸大的成分在社会容忍的范围内，没有达到情节严重的程度的，属于一般广告违法行为，不构成虚假广告罪。对虚假宣传是否足以使一般人陷入错误的判断，主要应结合广告内容进行：广告内容较为抽象，例如，只是说某种产品质优价廉，说某种服务无与伦比的，不会使一般人陷入错误，即使夸大宣传不符合客观事实，也不构成本罪；广告内容较为具体时，就可能足以使一般人陷入错误，例如，说加入某种化学成分的水可以替代石油，用于汽车工业，就存在虚假宣传，超过社会容忍度，从而构成本罪和生产、销售伪劣产品罪的竞合。

根据《立案追诉标准（二）》第75条的规定，广告主、广告经营者、广告发布者违反国家规定，利用广告对商品或者服务作虚假宣传，涉嫌下列情形之一的，应予立案追诉：(1) 违法所得数额在10万元以上的；(2) 给单个消费者造成直接经济损失数额在5万元以上的，或者给多个消费者造成直接经济损失数额累计在20万元以上的；(3) 假借预防、控制突发事件的名义，利用广告作虚假宣传，致使多人上当受骗，违法所得数额在3万元以上的；(4) 虽未达到上述数额标准，但两年内因利用广告作虚假宣传，受过行政处罚2次以上，又利用广告作虚假宣传的；(5) 造成人身伤残的；(6) 其他情节严重的情形。

只是在广告内容上弄虚作假、夸大商品效能，欺骗和误导消费者，目的是推销商品，行为客观上对市场秩序有损害的，只构成虚假广告罪。以虚假广告为手段骗取财物，并不实际提供商品或者服务的，虚假广告行为和骗取财物行为之间有竞合关系，原则上以诈骗罪处断。

利用虚假广告损害他人商业信誉、商品声誉的，属于一行为触犯数罪名的情况，构成想象竞合犯，应从一重罪处断。但由于两罪的法定刑相同，因而原则上应以其意图实施的损害商业信誉、商品声誉罪定罪处刑。

利用虚假广告销售伪劣商品、假冒他人专利或者商标的商品的，制作、发布虚假广告与销售伪劣商品、假冒专利或商标的商品之间有竞合关系，应从一重罪处断。

在制作、发布虚假广告过程中，伪造国家机关公文、证据、印章或者伪造公司、企业、事业单位、人民团体印章，以欺骗广告审查机关，或者在广告中使用伪造的虚假证明文件的，伪造行为和虚假广告行为之间有竞合关系，应从一重罪处断。

本罪的主体是特殊主体，包括广告主、广告发布者、广告经营者。根据《广告法》第2条的规定，广告主，是指为推销商品或者服务，自行或者委托他人设计、制作、发布广告的自然人、法人或者非法人组织。广告经营者，是指接受委托提供广告设计、制作、代理服务的自然人、法人或者非法人组织。广告发布者，是指为广告主或者广告主委托的广告经营者发布广告的自然人、法人或者非法人组织。

（三）主观要件

本罪在主观方面是故意，对广告主而言是直接故意，对广告经营者、广告发布者而言一般是间接故意，即明知广告内容虚假，有义务根据法律、行政法规查验有关证明文件，核实广告内容，但为了自身经济利益，对虚假广告予以设计、代理、制作和发布。

（四）单位犯罪的处罚

根据刑法第231条的规定，单位犯本罪的，对单位判处罚金，并对其直接负责的主管人员和其他直接责任人员，依照自然人犯罪的规定处罚。

三、串通投标罪

第二百二十三条　投标人相互串通投标报价，损害招标人或者其他投标人利益，情节严重的，处三年以下有期徒刑或者拘役，并处或者单处罚金。

投标人与招标人串通投标，损害国家、集体、公民的合法利益的，依照前款的规定处罚。

串通投标罪，是指在招标投标过程中，投标人相互串通投标报价，损害招标人或者其他投标人的利益，情节严重，或者投标人与招标人串通投标，损害国家、集体、公民的合法利益的行为。

（一）客观要件

本罪在客观方面表现为在招标、投标过程中，投标人相互串通投标报价，损害招标人或者其他投标人的利益，情节严重，或者投标人与招标人串通投标，损害国家、集体、公民的合法权益的行为。

招标，是指招标人为购买商品或者让他人完成一定的工作通过发布招标通告或者投标邀请书，公布特定的标准和条件，公开或者书面邀请投标人投标，从中选取中标人的单方行为。投标，是指符合招标文件规定资格的投标人，按照招标文件的要求，提出自己的报价及相应条件的书面回答行为。招标投标类似于以要约和承诺方式订立合同，是一种特殊表现形式的合同行为，其必须遵守平等自愿、真实合法、公正公开、择优中标原则。规范的招标投标过程是：凡符合招标文件规定或者通过资格预审的单位或者个人都可以参加投标，然后由招标人通过对投标人在价格、质量、生产能力、交货期限和财务状况、信誉等诸方面进行综合考察，在平衡的基础上选定投标条件最好的投标人。

本罪的实行行为包括两种情形：一是投标人相互串通投标报价，损害招标人或者其他投标人利益，情节严重的行为，即投标人彼此之间通过口头或书面协议、约定，就投标报价及其他投标条件（如投标者的技术装备、经济实力、信誉和经营管理等）私下串通，相互勾结，采取非法联合行动，以避免相互竞争，或者相互约定在相关项目招标中轮流中标，形成“围标集团”，中标人给予该集团中其他落标人一定补偿，排斥其他投标人或限制竞价投标，或造成招标工程无法完成、质量低劣，共同损害招标人或其他投标人利益的行为。

二是投标人与招标人串通投标，损害国家、集体、公民合法权益的行为。即招标人在招标投标活动中，确定中标人时不是从价格、质量与工期保证、企业生产能力、人员素质、财产状况、技术水平、信誉等方面进行综合评定，而是以不正当手段与特定投标人私下串通，相互勾结，使招标投标活动流于形式的行为。招标人与投标人串通的方式包括：招标者在公开开标前，开启标书，并将投标情况告知其他投标者，或者协助投标者撤换标书，更改报价；招标者向投标者泄露标的；招标者与投标者商定，在招标投标时压低或者抬高标价，中标后再给投标者或者招标者额外补偿；招标者预先内定中标者并将此情况告知中标者，在确定中标者时以此决定取舍。由于投标人与招标人串通投标的社会危害性较大，所以，成立犯罪不以情节严重为要件。

在实践中，有的行为人按照政府有关部门的要求，参与或者推进某一个工程项目，在已经先行建设的情况下，后续为了完善相关招、投标手续而自行参与投标，或者组织、安排关联企业一起投标，或邀约他人围标，在招标人知情的情况下投标的，不成立本罪。因为工程建设在先，招标投标在后，且招标人对投标人的“串通”行为知情，事实上其他投标人不可能参与已经建设的工作，不会有其他投标人的利益受损，同时，由于工程项目已实际开工建设，不会发生投标人与招标人相互串通，损害国家、集体、公民的合法利益的结果发生。

需要进一步讨论的是：不是串通投标，而是串通拍卖、挂牌竞价的，是否可以适用本罪规定？根据刑法第223条的规定，串通投标罪是指投标人相互串通投标报价，损害招标人或者其他投标人的利益，或者投标人与招标人相互串通，损害国家、集体、公民的合法利益的行为。本罪意欲规制的仅为招投标行为。全国人大常委会颁布的《招标投标法》(2017年修正)、《拍卖法》(2015年修正) 明显将招标、拍卖区分开。拍卖，是指以公开竞价的形式将特定物品或财产权利转让给最高应价者的买卖方式。拍卖是买卖的一种特殊形式，即拍卖人将委托人的物品或者财产权利以竞买的方式卖给竞买人的行为。招标投标的标的主要是完成一定工作的行为，即使其对象是物品，也是为购买物品而寻找物品的卖主，在买卖方向上，与拍卖正好相反，所以串通拍卖不是本罪客观方面的表现形式之一。关于挂牌竞价问题，目前没有全国性法律予以规制，但招标和挂牌竞买的法律性质大不相同：(1) 在招标程序中，投标人的名称、数量，投标方案和其他可能影响公平竞争的情况都需要严格保密；在挂牌程序中，主管部门应当提前将起始价、增价规则、增价涨幅、挂牌时间等在指定场所予以公布。(2) 投标人一旦响应投标，参加投标竞争，就应当按照要求编制投标文件，有义务提出报价，投标文件一经提交便不得撤回；在挂牌程序中，竞买人有权利举牌竞价，但没有举牌报价的义务。(3) 在招标程序中，存在开标、评标环节，评委会对投标文件进行评审，首要标准是能最大限度地满足各项综合评价，投标价格是其次的；在挂牌程序中，价格是唯一竞争标准，竞价高者获得项目。(4) 在招标程序中，投标人不得少于三人，否则，应当重新招标；在挂牌程序中并无参与竞买的人数限制，即使只有一名竞买人，只要出价高于底价就可以成交。(5) 在招标程序中，《招标投标法》明确了投标人、招标人、评标人的法律责任，对于投标人串通投标构成犯罪的，依法追究刑事责任；在挂牌程序中，法律并未对串通竞买行为规定刑事责任。这说明，在挂牌程序中并无参与人数的限制，也无陪标、陪买的必要性，竞买人的出价高于底价就可以成交，相关串通行为不符合构成要件，也不具有刑事违法性。由于立法上将串通投标罪的行为类型明确限定为在“招标、投标”过程中的串通，在拍卖、挂牌竞买过程中的串通行为就不可能符合该罪的客观构成要件，将该罪适用于拍卖、挂牌竞买的场合，就是超越了法条文义的最大射程，使国民行为的预测可能性丧失，最终成为类推解释。

对拍卖、挂牌竞买过程中的串通行为不予定罪，不是立法上的疏漏，而是立法上从一开始就有意“放过”这两种危害性有限、按照行政法规可以处理的行为，从而基于立法明确性的要求对定罪范围进行限缩。对于串通拍卖、挂牌竞买的行为，不能以其具有和拍卖大致相同的危害性就在司法上进行类推解释。对此，最高司法机关已经有所认识。最高人民检察院在其发布的指导性案例（检例第90号“许某某、包某某串通投标立案监督案”）中指出：刑法规定了串通投标罪，但未规定串通拍卖行为构成犯罪。对于串通拍卖行为，不能以串通投标罪予以追诉。公安机关对串通竞拍国有资产的行为以涉嫌串通投标罪刑事立案的，检察机关应当通过立案监督，依法通知公安机关撤销案件。

根据《立案追诉标准（二）》第76条的规定，投标人相互串通投标报价，或者投标人与招标人串通投标，涉嫌下列情形之一的，应予立案追诉：(1) 损害招标人、投标人或者国家、集体、公民的合法利益，造成直接经济损失数额在50万元以上的；（2）违法所得数额在10万元以上的；（3）中标项目金额在200万元以上的；（4）采取威胁、欺骗或者贿赂等非法手段的；（5）虽未达到上述数额标准，但两年内因串通投标，受过行政处罚两次以上，又串通投标的；（6）其他情节严重的情形。

投标人提供贿赂，或者招标人收受投标人财物后与投标人串通投标的，应以受贿犯罪和本罪并罚。

本罪的主体是招标人或者投标人（身份犯），招标人是招标交易的买方，投标人是招标交易的卖方。同时本罪必须由两个以上的投标人或者招标人与投标人相互串通才能实施，所以本罪是必要共犯。不具有招标人、投标人身份的人，可以成为本罪的共犯，例如，参加招标投标工作的主管部门及其负责人、标底审查部门或参加招标投标工作的其他非招标投标人，采取利用、胁迫、贿赂等手段教唆、帮助招标人或投标人实施串通投标行为的，或者未参加招标投标者教唆、帮助他人实施串通行为的，都可以成立本罪的教唆犯或帮助犯。单位可以成为本罪的主体。

（二）主观要件

本罪在主观方面是故意，即招标人或投标人明知自己在招标、投标过程中私下实施的串通投标行为会损害招标人或其他投标人的合法权益，损害相对人以外的国家、集体、公民的合法权益，而希望或放任这种结果的发生。为了防止竞争过于激烈，投标人相互串通，或者投标人与招标人串通投标的，都可以认定为有本罪的故意。过失不构成本罪。

（三）单位犯罪的处罚

根据刑法第231条的规定，单位犯本罪的，对单位判处罚金，并对其直接负责的主管人员和其他直接责任人员，依照自然人犯罪的规定处罚。

四、合同诈骗罪

第二百二十四条　有下列情形之一，以非法占有为目的，在签订、履行合同过程中，骗取对方当事人财物，数额较大的，处三年以下有期徒刑或者拘役，并处或者单处罚金；数额巨大或者有其他严重情节的，处三年以上十年以下有期徒刑，并处罚金；数额特别巨大或者有其他特别严重情节的，处十年以上有期徒刑或者无期徒刑，并处罚金或者没收财产：

（一）以虚构的单位或者冒用他人名义签订合同的；

（二）以伪造、变造、作废的票据或者其他虚假的产权证明作担保的；

（三）没有实际履行能力，以先履行小额合同或者部分履行合同的方法，诱骗对方当事人继续签订和履行合同的；

（四）收受对方当事人给付的货物、货款、预付款或者担保财产后逃匿的；

（五）以其他方法骗取对方当事人财物的。

合同诈骗罪，是指以非法占有为目的，在签订、履行合同过程中，骗取对方当事人的财物，数额较大的行为。

（一）客观要件

本罪在客观方面表现为行为人在签订、履行合同过程中，骗取对方当事人财物的行为。

本罪必须发生在签订、履行合同过程中。利用虚构事实诱骗对方当事人与之订立合同，或者在合同成立之后欺骗对方，使之单方面履行合同义务，都是使对方陷入错误，“自愿”与行为人签订经济合同或者“自愿”承担履约义务的诈骗行为。这里的合同包括买卖、借贷、技术转让、承包、合伙等合同。

对合同概念的理解，应从这样几个因素人手：(1) 从合同诈骗罪的客观性质来看，本罪中的合同必须能够体现市场经济关系，与这种社会关系无关的各种合同、协议，如婚姻、收养、扶养、监护等身份关系的协议，不属于这里的合同。(2) 在不违背罪刑法定原则的前提下，考虑惩治犯罪的实际需要。换言之，除利用经济合同外，还可能有利用其他合同进行诈骗且足以扰乱市场秩序的行为。(3) 考虑定罪证据的客观可见性。在合同诈骗罪的认定中，需要证明行为人所利用的合同存在。从证据的客观可见性要求来说，口头合同一般不应成为合同诈骗罪中的合同。但因为口头合同也是合同法确认的一种合法形式，如果行为人的诈骗行为发生在经济往来过程中，所利用的口头合同符合合同诈骗罪之合同要素，且通过签订、履行口头合同过程骗取财物的，亦应以合同诈骗罪论处，但应从严把握。

合同诈骗的手段是虚构履行合同的能力和诚意，或者隐瞒不能履行合同的情况或者不愿履行合同的意思，骗取对方财物。其具体包括下述五种情形：

(1) 以虚构的单位或者冒用他人名义签订合同的，即虚构合同主体的情形。以虚构的单位签订合同是指采用根本不存在的单位的名义订立合同。冒用他人名义签订合同是指未经他人允许或委托而以他人名义订立合同。

(2) 以伪造、变造、作废的票据或者其他虚假的产权证明作担保的，即虚构担保。票据主要是指汇票、支票、本票等金融票据。产权证明包括土地使用权证、房屋所有权证或者其他能够证明动产、不动产权属的有效证明文件。签订、履行合同过程中对客观事实有虚构或隐瞒，但并非掩盖其根本无法履行合同的事实，而且实际上也并未影响其履行合同，或者虽未能完全履行合同但违约方愿意承担违约责任的，都不属于合同诈骗行为。在无资金、场地、货源等情形下，采用伪造证件、虚构事实、隐瞒真相等手段骗取对方信任，但事实上不履行合同的，属于在签订、履行合同中采用欺骗手段。

(3) 没有实际履行能力，以先履行小额合同或者部分履行合同的方法，诱骗对方当事人继续签订和履行合同的。在这里，行为人有无履行合同的实际能力，是问题的关键。履行合同的实际能力是指合同当事人按照约定，在一定时间内以约定的方式、标的完成规定的民事法律行为的能力或担保。行为人在签订经济合同时已具备履行合同所需要的资金、物资或技术力量属于具有履行合同的能力；不能按照合同规定实际履行义务，但自己或他人能够提供足够担保(代为履行或赔偿损失) 的，或者签订合同时，不具有履约能力，但在合同履行期限内能够筹集到合同标的物的，都是具有履行合同的实际能力。在具有履行合同能力的情形下，不能成立本罪。

(4) 收受对方当事人给付的货物、货款、预付款或者担保财产后逃匿的。利用合同实施诈骗者，由于其明知自己根本不可能履行合同，也没有全面履行合同的诚意，故在取得财物后往往会想方设法逃避承担责任，使对方无法挽回所受损失。

(5) 以其他方法骗取对方当事人财物的。其他方法大致包括：虚构货源或其他合同标的，签订空头合同的，如行为人将暂时借来充数、并不属于自己的货物向被害人出示，在取得被害人信任签订合同后骗取货款的，或者将他人的库房作为自己所有的财物指示给被害人的；将违法、犯罪所得财物作为担保物，利用欺骗手段诱使对方签订合同的，例如，将伪造的货币提供给对方作担保，骗取对方财物；利用虚假广告和信息，诱人签订合同，骗取中介费、立项费、培训费等费用的；假冒联合经商、投资、合作协作名义，签订合同骗取对方当事人财物的；采用贿赂手段与国家机关、国有公司、企业、事业单位签订、履行合同骗取国有资产的；行为人作为债务人，向第三人隐瞒未经债权人同意的事实，将合同的义务全部或部分违法转移给第三人，从而逃避债务的，如一些皮包公司以非法占有为目的，在与他人签订供货合同，取得对方当事人货物、定金或部分货款后，采取欺诈方法将合同义务转让给第三人，待被害人发觉上当受骗时仍借故不履行合同义务，亦不返还收取的货物、定金或货款；等等。

根据《立案追诉标准（二）》第77条的规定，以非法占有为目的，在签订、履行合同过程中，骗取对方当事人财物，数额在2万元以上的，应予立案追诉。

签订、履行经济合同后实际占有对方当事人交付的财物的，构成本罪的既遂。在书面合同的场合，合同的签订和履行是分步进行的，签订与履行的时间、地点都有所不同，对方当事人通过银行转账付款的，应以行为人取得对货款的支配权的时点作为既遂的时点。

本罪和其他发生在具体领域中的合同诈骗行为之间有法条竞合关系，本罪是普通法条。例如，在签订、履行保险合同过程中实施诈骗的，同时构成保险诈骗罪和本罪，应以特别法条定罪处刑，不成立本罪；合同诈骗罪与诈骗罪之间有法条竞合的关系，普通诈骗罪是一般法条，本罪是特别法条，行为人采用特定的手段，即利用签订、履行合同方式进行诈骗的，应以本罪定罪处刑；行为人与他人签订合同，收到他人货款后，交付伪劣商品的，原则上应认定为生产、销售伪劣商品犯罪，而不成立本罪。

在所签订的合同中，因急于推销产品而故意隐瞒某些真实情况，如产品的瑕疵、功效等；在履行合同过程中，对合同的变更或解除产生分歧，但并不是不履行合同，也不具有非法占有对方财物的目的的，不属于合同诈骗行为。

（二）主观要件

本罪在主观方面是故意，要求行为人对虚构事实或隐瞒真相会使对方当事人信以为真，从而签订或履行合同有明确认识。同时，构成本罪，要求行为人有非法占有他人财物的目的。

1. 存在非法占有目的的情形

对“非法占有目的”的判断，应全面综合考察行为人签订合同时的主体资格、履约能力、履行条件和所设定担保的真伪，履行合同过程中有无履约实际行动，对合同的履行情况、未履行合同的原因，对财物的处置情况（如是否隐匿、转移、挥霍财产或携款潜逃，是否将财物用于高风险投资或违法犯罪行为），以及事后行为人的态度等方面的因素。

通常而言，签订、履行合同有下列情形之一的，就可以认定行为人具有“非法占有目的”：(1) 根本没有履行合同的能力或者故意夸大自己履行合同的能力，骗取对方当事人的信任与自己签订合同；合同签订后又不积极努力设法创造履约条件履行合同以避免对方经济损失的。实践中，有的行为人在无履行能力的情况下与他人签订合同，在履约期满后仍不为履约作任何努力，或者在有部分履约能力的条件下只是消极地等待机会履约；有的甚至为了敷衍对方当事人而假装努力履约。(2) 在采取欺骗手段签约的初始只是为了解决一时资金困难，以暂时获取周转资金，但在有能力归还资金的情况下久拖不还。(3) 合同签订后，以支付部分货款、开始履行合同为诱饵，骗取全部货款后，在合同规定的期限内或者双方约定的付款期限内，无正当理由拒不支付其余货款的。(4) 通过签订合同获取对方当事人交付的货物、货款、预付款、定金或保证金后，挥霍浪费，致使上述款物无法返还的。(5) 在履行义务前将对方当事人的货物、货款、预付款、定金或保证金加以使用、处分，进行违法犯罪活动的。(6) 收到对方货款、预付款、定金或保证金后，不按合同约定内容履行合同，如组织约定货源、提供约定服务等，而是将前述款项用于炒股或者其他风险投资的。(7) 因违约给对方造成经济损失，被民事裁判确定继续履行合同义务或赔偿对方损失后，或者在人民法院强制执行其财产时，隐藏、转移财产或抽逃资金，以逃避债务的。(8) 为应付对方当事人索取债务，采用“拆东墙补西墙”的方法与他人签订合同筹措资金，以后来的合同诈骗所获得的货物、货款、预付款、定金或保证金归还前次货款的。

2. 非法占有目的难以认定的情形

实务中，符合以下条件的，难以认定行为人有非法占有目的：(1) 所取得的大部分财产用于投资、经营活动的；(2) 虽虚构主体、冒用他人名义，使用虚假证明文件签订合同，但合同主要义务已经履行完毕的；(3) 取得他人财物后中止合同，或拒不支付剩余货款，但有一定抗辩理由的。

3. 所谓履行合同过程中产生非法占有目的的问题

本罪可能发生在履行合同过程中，因此，实务中有一种观点认为：在收取对方财物或货款之后，在履行合同期间产生非法占有目的的，也可以构成合同诈骗罪。例如，甲因承建高速公路某标段工程建设的需要，借用某工程公司的公章作担保，与某公司签订钢模租赁合同，租期为6个月，该批钢模价值12万元。在履行合同过程中，因承建的工程亏损，甲遂违反合同约定，将租赁物低价出售后抵账，然后逃匿。法院遂对甲以合同诈骗罪定罪。我认为，本案的这一处理结论值得商榷。

本罪中的"以非法占有为目的，在签订、履行合同过程中，骗取对方当事人财物"，是指行为人基于非法占有目的，在签订、履行合同过程中，将尚处于他人占有、控制之下的财物骗取过来，转变占有关系的情形。按照行为与责任同在的原理，在履行合同过程中的诈骗，仅限于财物处于他人控制之下，行为人欺骗对方，对方由此上当受骗的，才能成立诈骗。也就是说，合同诈骗罪的成立，必须是行为人基于非法占有目的，从对方手中骗取财物（占有转移罪）。因此，合同诈骗罪的非法占有目的，必须产生在"取得"他人财物之前。在当事人双方签订合同之后，行为人在取得他人财物之前产生非法占有目的，进而在履行合同过程中骗取他人财物的，可以构成合同诈骗罪。虽然在收取对方财物或货款之后，也可以产生非法占有目的，但是，因为没有欺骗对方转移占有的"骗取"行为，该非法占有目的就只能是侵占（代为保管财物）罪的非法占有目的，相关行为应当成立侵占罪（不转移占有罪），而非诈骗罪。在本案中，行为人在签订合同时，或者在履行合同之初并没有非法占有财物，系合法取得对方财物。在其产生非法占有目的（不法取得意思）时，财物已经在其占有、控制的状态之下，属于基于合同委托保管的他人财物，故相关行为应当构成侵占罪。因此，所谓履行合同过程中产生非法占有目的的说法，其成立一定是有限定条件的。

（三）认定

区分合同诈骗罪与合同纠纷的关键是行为人的主观目的，即行为人是为了非法占有他人财物，还是为了通过履行合同获得经济利益。而要判断行为人的主观目的，必须从是否具有履行合同的能力、是否采用欺骗手段以及是否有履行合同的行为、对标的物的处置、违约后的表现等几方面进行判断。

(1) 行为人有无履行合同的实际能力。符合下列条件的，应视为行为人有履行合同的实际能力：在签订经济合同时即已具备履行合同所需要的资金、物资或技术力量；在签订合同时虽不具备履约能力，但在合同履行期限内能够合法地筹集到履行合同所需的资金和物品；即使行为人不能按照合同规定实际履行义务时，自己或他人能够提供足够担保（包括代为履行和赔偿损失）。

行为人明知自己没有履行合同的实际能力，而且也根本不去创造条件履行合同，非法将他人财物占为己有的，应以合同诈骗罪论处。但是仅仅以此为根据进行判断，也会有失偏颇。因为履行合同能力的有无和大小是受主客观各种因素制约的，并且处于一种可变状态。

(2) 行为人是否采取了欺骗手段。利用合同进行诈骗的手段一般是：无中生有，编造虚伪的事实；有意隐瞒真相、以假充真；规避法律，利用对方的疏忽或不熟悉合同法的特点，以合同形式掩盖骗取对方财物的实质。

(3) 行为人是否有履行合同的实际行为。合同签订后当事人应当按照合同规定的标的、数量和质量、期限、价格、地点、方法等，全面地履行合同规定义务。一般来说，凡有履行合同诚意的，在合同签订以后，总会积极创造条件去履行合同。即使不能履行，也会承担违约责任。而利用合同进行诈骗的人，在合同签订后，根本不去履行合同，即使有履行合同的行为，也只是象征性的。签订合同后得到的财物一到手，即逃之夭夭，或大肆挥霍，或作与合同毫不相干的其他用途，根本无力偿还。对于这种情况，不论其有无履行合同的实际条件，均应以合同诈骗罪论处。合同部分履行，但当事人有履行合同的积极努力，或者因特殊原因而丧失履行合同能力后仍然在为履行合同作积极努力的，都不成立合同诈骗行为。

(4) 对标的物的处置。在行为人已经履行了合同义务的情况下，行为人已经合法取得了依法转移的财物所有权，当事人对其处分固然无实际意义。但若当事人没有履行合同义务或者只履行一部分合同，则当事人对其占有他人财物的处置情况，一定程度上反映了他当时的主观心理态度。不同的心理态度，对合同标的的处置也必然不同。合同诈骗犯由于具备非法占有他人财物的故意，因此，行为人一旦非法取得了他人财物的控制权，则通常将其全部或大部分任意挥霍，或从事非法活动，偿还他人债务，有的则携款潜逃，根本不打算归还。

(5) 违约后的表现。一般来说，具有履行合同诚意的人，在发现自己违约或经对方提出自己违约时，虽然从其自身利益出发，可能进行辩解，以减轻自己的责任，但却不会逃避承担责任。在自己违约确凿无疑之后，会有承担责任的表现，并有一定的承担责任行为。而利用合同进行欺骗的人，由于明知自己根本不可能履行合同或全部履行合同，也根本没有履行合同或全部履行合同的诚意，在纠纷发生后，行为人往往会想方设法逃避承担责任，使对方无法挽回已遭受的损失。

(四) 单位犯罪的处罚

根据刑法第 231 条的规定，单位犯本罪的，对单位判处罚金，并对其直接负责的主管人员和其他直接责任人员，依照自然人犯罪的规定处罚。

五、组织、领导传销活动罪

第二百二十四条之一① 组织、领导以推销商品、提供服务等经营活动为名，要求参加者以缴纳费用或者购买商品、服务等方式获得加入资格，并按照一定顺序组成层级，直接或者间接以发展人员的数量作为计酬或者返利依据，引诱、胁迫参加者继续发展他人参加，骗取财物，扰乱经济社会秩序的传销活动的，处五年以下有期徒刑或者拘役，并处罚金；情节严重的，处五年以上有期徒刑，并处罚金。

组织、领导传销活动罪，是指组织、领导以推销商品、提供服务等经营活动为名，要求参加者以缴纳费用或者购买商品、服务等方式获得加入资格，并按照一定顺序组成层级，直接或者间接以发展人员的数量作为计酬或者返利依据，引诱、胁迫参加者继续发展他人参加，骗取财物，扰乱经济社会秩序的传销活动的行为。

(一) 客观要件

本罪在客观方面表现为组织、领导传销活动的行为。

---

① 本条为《刑法修正案（七）》第 4 条所增设。

这里的“组织”，是指通过策划、发起、设立、指挥、招揽、安排、调配等行为倡导、发起传销活动的行为。“领导”，是指在传销活动中发挥统率、支配的作用。下列人员可以被认定为传销活动的组织者、领导者：(1) 在传销活动中起发起、策划、操纵作用的人员；(2) 在传销活动中承担管理、协调等职责的人员；(3) 在传销活动中承担宣传、培训等职责的人员；(4) 曾因组织、领导传销活动受过刑事处罚，或者1年以内因组织、领导传销活动受过行政处罚，又直接或者间接发展参与传销活动人员在15人以上且层级在3级以上的人员；(5) 其他对传销活动的实施、传销组织的建立、扩大等起关键作用的人员。以单位名义实施组织、领导传销活动犯罪的，对于受单位指派，仅从事劳务性工作的人员，一般不予追究刑事责任。

组织、领导者实施本罪的过程大致是：首先，诱骗他人取得传销资格；其次，按照一定顺序组成层级；再次，以“拉人头”的数量作为计酬或者返利依据；最后，骗取财物，从而扰乱经济社会秩序。其中，“骗取财物”是传销犯罪活动的本质特征。

按理说，本罪是典型的行政犯。如果按照有的学者所主张的“前置法定性、刑事法定量”的逻辑，对本罪的认定只不过是在行政法所认定的违法性基础上确定具体的数额、数量。但是，如此得出的定罪结论明显过于宽泛。在法秩序统一性原理之下，对刑民（行）关系的处理，尤其是刑事违法性的确定，需要顾及民法、行政法等部门法，民法、行政法上不违法的行为，不应当作为犯罪处理。但显然不能反过来说，只要是民法、行政法等部门法上违法的行为，就一定具有刑事违法性。换言之，行政法的违法性与刑事违法性存在必要条件关系（无前者，则无后者），由此决定了出罪机制；但就入罪机制而言，二者并非充分条件关系（有行政法的违法性，未必有刑事违法性）。因此，在入罪的意义上，不应当赞成“前置法定性、刑事法定量”的主张，否则就无法适度抑制司法实践中随时都可能滋长的处罚冲动。

实务中对本罪的认定存在处罚范围过大的疑虑。例如，行为人推广的新能源汽车工业经营项目客观存在，且有相关专利技术支撑，经营活动有一定发展前景，且吸收、募集的资金主要用于真实项目，投资者申请退还会员费时也予以退回，行为人通过推广项目营利的故意很明确的，也被法院认定为成立本罪。又比如，实践中还大量存在行为人建立商品销售网络推销真实的化妆品，但因其存在层级，相关行为也被以本罪定罪处罚的现象。这些实务取向都提出一个问题：在传销活动领域，犯罪认定和行政法的关系究竟应该如何处理？

本罪的前置法是国务院2005年发布的《禁止传销条例》，其第7条规定，下列三种行为均属于传销行为：“拉人头”、收取入门费，以及“组织者或者经营者通过发展人员，要求被发展人员发展其他人员加入，形成上下线关系，并以下线的销售业绩为依据计算和给付上线报酬，牟取非法利益的”。由此可见，行政法上所反对的传销行为范围很广，经营型传销、诈骗型传销都是严厉惩处的对象。

但是，在刑事司法中显然并不是将前置法中的违法性判断标准直接作为刑事违法性的判断依据。刑法仅将“拉人头”、收取入门费，进而骗取他人财物的“诈骗型传销”作为处罚对象。根据最高人民法院、最高人民检察院、公安部《关于办理组织领导传销活动刑事案件适用法律若干问题的意见》(2013年11月14日）第5条的规定，传销活动的组织者、领导者通过发展人员，要求传销活动的被发展人员发展其他人员加入，形成上下线关系，并以下线的销售业绩为依据计算和给付上线报酬，牟取非法利益的，是“团队计酬”式传销活动。对于单纯的“团队计酬”式传销活动，不作为犯罪处理。

上述司法解释的规定是合理的，因为刑法第224条的落脚点在于“骗取财物”，其他规定不过是围绕骗取财物这一目的所作的描述。“以推销商品、提供服务等经营活动为名”强调的是并无真实的商品和服务，行为人使用了虚构事实、隐瞒真相的诈骗手段；“要求参加者以缴纳费用或者购买商品、服务等方式获得加入资格，并按照一定顺序组成层级，直接或者间接以发展人员的数量作为计酬或者返利依据，引诱、胁迫参加者继续发展他人参加”强调的是，由于商品和服务是虚假的，故行为人不可能通过正常的商业经营维持其运转，而只能不断扩大其参与人员的规模，用后加入人员的资金支付前加入人员的返利，由此极有可能导致资金链断裂，导致后加入人员经济上受损；“骗取财物”是上述行为模式的必然结局。按照陈兴良教授的观点，骗取财物并不仅仅是组织、领导传销活动行为的性质，而且是本罪独立的客观要素。这种诈骗型传销在构成要件上具有其特殊性：不仅要有欺骗行为，而且还存在加入者因受欺骗参与传销组织而产生认识错误。在被害人基于这种认识错误而交付财物时，对于组织、领导传销活动者才予以处罚。唯其如此，才是对诈骗型传销犯罪构成要件的完整表述。[①] 因此，“团队计酬”式销售模式不属于本罪的规制范围，处于刑法上“意图性的处罚空白”之中。

由此可见，在司法实践中，确实不宜再将传销组织有层级、外观上有“拉人头”的嫌疑，但上一级成员的提成主要以下一级的商品销售额（而非主要以“人头数”）作为计酬依据的情形认定为本罪，将其作为行政违法行为即为已足（当然，类似行为视情形也可能成立非法吸收公众存款罪）。不考虑刑事违法性和行政违法性之间的差异，人为扩大刑事处罚范围，明显违反罪刑法定原则。

以非法占有为目的，组织、领导传销活动，同时构成本罪和非法吸收公众存款罪或集资诈骗罪的，依照处罚较重的规定定罪处罚。犯本罪，并实施故意伤害、非法拘禁、敲诈勒索、妨害公务、聚众扰乱社会秩序、聚众冲击国家机关、聚众扰乱公共场所秩序、交通秩序等行为，构成犯罪的，依照数罪并罚的规定处罚。

（二）主观要件

本罪在主观方面是故意，并且行为人具有通过传销活动非法获利的目的。

对传销犯罪的认定，有时需要考虑违法性认识问题。有的公司在经营活动开展过程中，曾经就公司经营模式的合法性问题咨询过当地公安机关或市场监管部门，如果有权机关告知其不是传销，行为人基于对行政机关的信赖而继续发展公司业务的，可能欠缺违法性认识可能性。理论上的通说认为，故意犯的成立要求有违法性认识，即使没有违法性认识，也至少要有违法性认识可能性。违法性认识是故意、过失之外独立的责任要素，可能阻却责任。如果一个人陷入了不可避免的违法性认识错误，那就应当考虑免除或减少其责任。在例外、特殊的情况下，违法性认识可能会不存在。当行为人从值得信赖的权威机构那里获得值得信赖的信息，认为自己的行为合法时，违法性认识可能性的有无对于定罪较为重要。某种经营行为是否属于传销，可能涉及数量众多的行政法规，行为人可能就认识不到自身行为的违法性。此时，行为人当然有查明规范的义务。但行为人在对其创新性的业务是否符合法律规定内心有疑惑时，向有关机关进行了咨询，甚至有关机关进行调查后也未给予其行政处罚的，行为人有理由相信自己的经营行为合法，没有违法性认识可能性，不存在有责性。

六、非法经营罪

第二百二十五条[②] 违反国家规定，有下列非法经营行为之一，扰乱市场秩序，情节严重的，处五年以下有期徒刑或者拘役，并处或者单处违法所得一倍以上五倍以下罚金；情节特别严重的，处五年以上有期徒刑，并处违法所得一倍以上五倍以下罚金或者没收财产：

① 参见陈兴良：《组织、领导传销活动罪：性质与界限》，载《政法论坛》，2016（2）。

② 本条经《刑法修正案》第8条、《刑法修正案（七）》第5条先后修订，主要增加和修改了第3项的规定。

（一）未经许可经营法律、行政法规规定的专营、专卖物品或者其他限制买卖的物品的；

（二）买卖进出口许可证、进出口原产地证明以及其他法律、行政法规规定的经营许可证或者批准文件的；

（三）未经国家有关主管部门批准非法经营证券、期货、保险业务的，或者非法从事资金支付结算业务的；

（四）其他严重扰乱市场秩序的非法经营行为。

非法经营罪，是指违反国家规定，进行非法经营活动，扰乱市场秩序，情节严重的行为。

（一）客观要件

本罪在客观方面表现为违反国家规定，进行非法经营活动，扰乱市场秩序的行为。违反国家规定，是指违反法律、行政法规中对部分物品实行专卖、专营，对部分经营活动实施许可证制度、审批制度等管理措施的规定。存在与经营行为相对应的法律、行政法规，是成立本罪的前提。某一特殊行业的特殊经营行为理应属于国家专卖、专营范围，但国家尚无相应法律、法规加以调整的，不能将经营者的行为确定为非法经营，否则与罪刑法定主义相冲突。根据最高人民法院《关于准确理解和适用刑法中“国家规定”的有关问题的通知》（2011年4月8日），各级人民法院审理非法经营犯罪案件，要依法严格把握刑法第225条第4项的适用范围。对被告人的行为是否属于刑法第225条第4项规定的“其他严重扰乱市场秩序的非法经营行为”，有关司法解释未作明确规定的，应当作为法律适用问题，逐级向最高人民法院请示。

本罪的实行行为是违反国家规定的经营行为，具体包括下述四种情形。

1. 未经许可经营法律、行政法规规定的专营、专卖物品或者其他限制买卖的物品

未经许可是指未经国家有关主管部门批准。法律、行政法规规定的专营、专卖物品是指根据法律、行政法规明确规定由专门的机构销售、经营的特殊物品，如烟草专卖法规定，国家对卷烟、烟丝、烟叶等的生产、销售、进出口依法实行专卖管理，并实行烟草专卖许可证制度。专营是指对某些重要物品由物资部门或者有条件的商业部门统一经销的垄断性经营方式。专卖是指对重要商品的生产、经营以及生产所需原材料、机械设备供应等实施统一管理的生产经营方式。我国实施专营、专卖的物品主要有军工产品、火药产品、天然金刚石、麻醉药品、卷烟等。刑法对专营、专卖物品规定为特定犯罪对象的，其不再是本罪中的专营、专卖物品，如非法买卖军工产品的，构成非法买卖枪支、弹药、爆炸物罪，不再构成本罪。其他限制买卖的物品是指国家根据经济发展和维护国家、社会和公众利益的需要，规定在一定时期内实行限制性经营的物品，其主要是一些重要生产资料和紧俏耐用的消费品，如煤炭、粮棉、原油、成品油、进出口汽车等。专营、专卖的物品和其他限制买卖的物品的范围，不是固定不变的，随着市场经济的发展，国家对这些物品的种类可能会经常性地进行调整，所以确定某一物品是否属于专营、专卖或者限制买卖的对象，需要严格根据法律、行政法规的规定进行。

实务中需要注意的是：(1) 行为人持有烟草专卖零售许可证，但多次实施批发业务，而且从非指定烟草专卖部门进货的行为，属于超范围和地域经营的情形，对此不宜按照非法经营罪处理，应由相关主管部门进行处理。(2) 国务院〔2003〕5号文件发布后，个人收购、销售黄金的行为，不构成非法经营罪。(3) 关于成品油批发经营，2008年12月1日最高人民法院刑事审判第二庭《关于对未经行政许可审批经营成品油批发业务是否构成非法经营罪的意见》（〔2008〕刑二函字第108号）指出，在未取得合法有效的“成品油批发经营批准证书”的情况下，进行成品油批发经营业务，属于违反国家规定，未经许可经营法律、行政法规规定限制买

卖的物品的行为，可以非法经营罪追究刑事责任。但是，2019 年 8 月 16 日《国务院办公厅关于加快发展流通促进商业消费的意见》（国办发〔2019〕42 号）第 17 条规定，取消石油成品油批发仓储经营资格审批，将成品油零售经营资格审批下放至地市级人民政府，加强成品油流通事中事后监管，强化安全保障措施落实。据此，对无证经营成品油的行为不宜再以非法经营罪追究刑事责任。（4）违反国家有关盐业管理规定，非法生产、储运、销售食盐，扰乱市场秩序的行为构成非法经营罪的规定，已被废止。对于以非碘盐充当碘盐或者以工业用盐等非食盐充当食盐等危害食盐安全的行为，可以分别不同情况，以生产、销售伪劣产品罪，或者生产、销售不符合安全标准的食品罪，或者生产、销售有毒、有害食品罪追究刑事责任。（5）判断违反行政管理有关规定的经营行为是否构成非法经营罪，应当考虑该经营行为是否严重扰乱了市场秩序。对于虽然违反行政管理有关规定，但尚未严重扰乱市场秩序的经营行为，不应当认定为非法经营罪。

2. 买卖进出口许可证、进出口原产地证明以及其他法律、行政法规规定的经营许可证或者批准文件

进出口许可证是指国家外贸主管部门对企业颁发的可以从事某项货物、物品进出口业务的确认资格的文件，以及就进出口某些货物、物品由外贸主管部门按照国家有关部门的审批向进口人或者出口人颁发的进出口配额批件和其他许可证明。进出口许可证是对外贸易经营者合法进行进出口贸易的有效依据，也是海关对进出口货物、物品查验放行的重要依据。按照对外贸易法的规定，国家对限制进口或者出口的货物、技术实行许可证制；对文物、野生动植物及其产品等货物、物品的进出口，必须依照野生动物保护法的规定，经国家野生动植物行政管理部门批准、取得国家濒危物种进出口管理机构核发的允许进出口证明书。进出口原产地证明是指法律规定的进出口产品必须附带的由原产地有关主管机关出具的确认产品原产地国家或者地区的证明文件，其必须由国家进出口商品检验部门、中国国际贸易促进会以及国家对外经济贸易主管部门签发。由于进口国或地区根据原产地不同征收差别关税和实施其他差别待遇，所以进出口原产地证明有其独特价值，容易成为非法买卖的对象。其他法律、行政法规规定的经营许可证或者批准文件，是指依法有效的特种行业经营许可证或者批准文件，如药品经营企业许可证、种子经营许可证、烟草专卖零售许可证、野生动物特许捕猎证、采矿许可证等。买卖上述许可证或批准文件的，都构成本罪，买卖是指出售或者购买，要求体现出一种对价的关系；非法出租许可证或批准文件的，也是买卖。但无偿转让经营许可证、批准文件的，不构成本罪，可以考虑成立其他罪名。此外，刑法对买卖许可证或批准文件的行为有特别规定的，不再构成本罪。例如，非法买卖金融机构经营许可证的，构成转让金融机构经营许可证罪。

非法买卖进出口许可证等经营许可证明，同时构成买卖国家机关公文、证件罪和非法经营罪，依照处罚较重的规定定罪处刑。

3. 未经国家有关主管部门批准，非法经营证券、期货或者保险业务，或者非法从事资金支付结算业务

这主要表现为有的单位或个人虽未正式设立期货交易所、期货经纪公司，也没有挂牌，但却暗中从事期货交易所、期货经纪公司的经纪业务。有的行为人只在宾馆、饭店租用一些房间，设几个终端，就以期货信息公司或者期货咨询公司的名义到处招揽客户，使不少单位和个人信以为真，盲目投资，致使客户投入的资本血本无归。

认定非法经营证券、期货或者保险业务的犯罪行为时，必须注意区分：（1）非法经营罪和违规投资或进行期货、证券投机行为的界限。由于证券、期货方面的投机行为往往具有较大的风险性，所以，国家对国有公司、企业进行这方面的活动有明确的规定和限制。国有公司、企

业违反国家规定进行相应投资或投机行为都是违规的，但不属于非法经营证券、期货或者保险业务的行为。如果国有公司、企业工作人员，由于严重不负责任或者滥用职权，违规投资证券、期货或者保险业务，造成国有公司、企业破产或者严重损失，致使国家利益遭受重大损失的，应以国有公司、企业人员失职罪、滥用职权罪论处。(2) 非法经营罪和诈骗罪、金融诈骗罪的区别。诈骗罪的客观方面表现为以欺骗方法或手段，如制造假象或者编造谎言，欺骗受害人，将他人财物非法据为己有。金融诈骗罪是以伪造、变造的金融票据进行诈骗，在骗取财物后，行为人往往逃之夭夭。非法经营证券、期货或者保险业务的犯罪行为则是以非法经营证券、期货和保险业务的方法，赚取非法利润。实践中，非法从事证券、期货和保险业务者多与合法成立的证券公司、期货经纪公司和保险公司内部的工作人员串通一气，从后者手中取得正规单据、发票、表格和合同文本等，然后非法经营证券、期货或者保险业务；在投资者提出索赔要求后，非法经营者一般会承认自己违规操作的事实并就赔偿事宜与投资者讨价还价，原则上并不携款潜逃。

非法从事资金支付结算业务的“非法”，是指违反《商业银行法》、《支付结算办法》、《人民币银行结算账户管理办法》以及《商业银行中间业务暂行规定》等规定。非法从事支付结算业务，是和合法从事这种业务相对应的行为。根据最高人民法院、最高人民检察院《关于办理非法从事资金支付结算业务、非法买卖外汇刑事案件适用法律若干问题的解释》(2019 年 1 月 31 日) 第 1 条的规定，违反国家规定，具有下列情形之一的，属于“非法从事资金支付结算业务”：(1) 使用受理终端或者网络支付接口等方法，以虚构交易、虚开价格、交易退款等非法方式向指定付款方支付货币资金的；(2) 非法为他人提供单位银行结算账户套现或者单位银行结算账户转个人账户服务的；(3) 非法为他人提供支票套现服务的；(4) 其他非法从事资金支付结算业务的情形。

4. 其他严重扰乱市场秩序的非法经营行为

这种行为必须发生在生产经营中，主要是生产流通领域，行为必须违反法律、行政法规的规定，同时具有严重扰乱市场秩序的社会危害性。恶意哄抬物价、压价倾销，牟取暴利的；倒卖国家禁止或限制进出口的废弃物的；非法从事彩票交易的；倒卖汽油品、特定许可证、执照、有伤风化的物品的；非法买卖珍稀植物及其制品、国家统一征收的矿产品；违反国家规定，实施倒买倒卖外汇或者变相买卖外汇等非法买卖外汇行为，扰乱金融市场秩序，情节严重的，都属于其他严重扰乱市场秩序的非法经营行为。违反国家规定，采取租用国际专线、私设转接设备或者其他方法，擅自经营国际电信业务或者涉港澳台电信业务进行营利活动，扰乱电信市场管理秩序，情节严重的，应以非法经营罪定罪处罚。此外，违反国家规定，出版、印刷、复制、发行危害国家安全、侮辱诽谤他人、煽动民族歧视、侵犯著作权、淫秽物品以外的其他严重扰乱市场秩序的非法出版物的，以非法经营罪定罪处罚。经营数额以非法出版物的定价数额乘以经营的非法出版物数量所得的数额确定。非法出版物没有定价或者以境外货币定价的，其单价数额应当按照实际出售的价格认定。违反国家规定，使用销售点终端机具（POS机）等方法，以虚构交易、虚开价格、现金退货等方式向信用卡持卡人直接支付现金，情节严重的，应以本罪追究刑事责任。违反国家规定，以营利为目的，通过信息网络有偿提供删除信息服务，或者明知是虚假信息，通过信息网络有偿提供发布信息等服务，扰乱市场秩序的，以本罪定罪处罚。

此外，根据最高人民法院、最高人民检察院、公安部、司法部《关于办理非法放贷刑事案件若干问题的意见》(2019 年 7 月 23 日) 第 1 条的规定，违反国家规定，未经监管部门批准，或者超越经营范围，以营利为目的，经常性地向社会不特定对象发放贷款，扰乱金融市场秩序，情节严重的，依照刑法第 225 条第 4 项的规定，以本罪定罪处罚。这里的"经常性地向社会不特定对象发放贷款"，是指 2 年内向不特定多人（包括单位和个人）以借款或其他名义出借资金 10 次以上。

值得注意的是：对于刑法第 225 条第 4 项规定的"其他严重扰乱市场秩序的非法经营行为"的适用，应当根据相关行为是否具有与该条前三项规定的非法经营行为相当的社会危害性、刑事违法性和刑事处罚必要性进行判断。

关于本罪与其他罪的关系，实务中主要涉及以下问题：(1) 伪造、变造、买卖国家机关颁发的野生动物允许进出口证明书、特许猎捕证、狩猎证、驯养繁殖许可证等公文、证件构成犯罪的，原则上应以伪造、变造、买卖国家机关公文、证件罪定罪处罚。但实施上述行为构成犯罪，同时构成非法经营罪的，依照处罚较重的规定定罪处罚。(2) 本罪与非法经营同类营业罪的区别是：本罪侵害的是市场交易秩序；后罪侵害的是国家对公司、企业的管理制度。本罪的实行行为发生在市场经营过程中；后罪的实行行为也有非法经营的特点，但其经营方式限定为国有公司、企业的董事、经理利用职务上的便利，为自己或者他人经营与自己所任公司、企业同类的营业。(3) 生产、销售伪劣产品，产品本身是法律、行政法规规定的专营、专卖物品或者其他限制买卖的物品的，构成生产、销售伪劣产品罪和本罪的想象竞合犯，应从一重罪处断。(4) 对地下工厂和利用非法途径生产、销售"瘦肉精"，或者药品生产经营单位违反有关规定非法生产、销售"瘦肉精"，情节严重的，应当以非法经营罪追究刑事责任。(5) 未经国家批准擅自发行、销售彩票，构成犯罪的，应当以非法经营罪追究刑事责任。

（二）主观要件

本罪在主观方面是故意，行为人对行为违反国家规定，属于非法经营行为，会扰乱市场秩序有认识而希望及放任结果的发生。行为人是否明知自己的行为违反国家规定，应结合其所经营的物品、非法提供的证明文件等的性质以及行为人的知识水平、经营经验，是否受过行政处罚等进行判断。

（三）单位犯罪的处罚

根据刑法第 231 条的规定，单位犯本罪的，对单位判处罚金，并对其直接负责的主管人员和其他直接责任人员，依照自然人犯罪的规定处罚。

七、强迫交易罪

第二百二十六条① 以暴力、威胁手段，实施下列行为之一，情节严重的，处三年以下有期徒刑或者拘役，并处或者单处罚金；情节特别严重的，处三年以上七年以下有期徒刑，并处罚金：

（一）强买强卖商品的；

（二）强迫他人提供或者接受服务的；

（三）强迫他人参与或者退出投标、拍卖的；

（四）强迫他人转让或者收购公司、企业的股份、债券或者其他资产的；

（五）强迫他人参与或者退出特定的经营活动的。

强迫交易罪，是指在商品交易中，以暴力、威胁手段强行和他人从事交易活动，情节严重的行为。

① 本条为《刑法修正案（八）》第 36 条所修改。

（一）客观要件

本罪在客观方面表现为以暴力、威胁手段强行和他人从事交易活动的行为。

本罪的手段是暴力、威胁。暴力，是指殴打、捆绑、强拉硬拽等损害他人人身健康安全的行为，暴力不限于直接针对人身实施；暴力致人伤残的，只能限于轻伤范围，不包括杀害、重伤行为在内，以杀害、重伤等方式强买强卖商品的，构成故意杀人、故意伤害或抢劫罪，不构成本罪。同时，暴力应当是最广义的暴力，其程度较为轻微，不需要达到抢劫罪中足以压制被害人反抗的程度。由于本罪是扰乱市场秩序罪，暴力行为使被害人反抗存在一定困难时，即为已足。威胁，是指以实施暴力侵害相胁迫或者以其他方式进行精神强制，使被害人处于恐惧、无奈而被迫出卖或购买商品。强买强卖包括强迫他人销售其经营的商品或者强迫他人购买行为人本人经营的商品，也包括行为人强迫他人购买第三者经营的商品。

本罪的行为方式包括五种情形：（1）强买强卖商品，即偏离商品正常价格、违背对方意愿购买或者销售商品。（2）强迫他人提供服务或者接受服务，即在享受服务性消费时，违反公平自愿原则，在提供服务方不同意时以暴力、威胁手段强迫对方提供服务或接受服务。强迫行为一般发生在餐饮业、旅游业、娱乐业、维修业等服务性质的行业中，但并不以此为限，强迫施工单位接受垃圾清运服务、强迫渔业销售者统一进货渠道的，仍然可能构成本罪。（3）强迫他人参与或者退出投标、拍卖。这是指行为人利用暴力、威胁手段，逼迫其他本不愿意参加投标或者竞拍的人参加投标或竞拍，故意让他人“凑数”，以合法形式掩盖自己或者第三人操纵投标或者竞拍的违法性，或者利用暴力、威胁手段，逼迫他人退出投标或者竞拍，以排挤竞争对手，使自己或者其他第三人在竞标者、竞拍者尽量少的情况下以明显违背市场规律的价格获取不法利益。（4）强迫他人转让或者收购公司、企业的股份、债券或者其他资产，即在资产转让过程中，行为人利用暴力、威胁手段，迫使他人低价转让公司、企业的股份、债券或者其他资产，使自己或者其他第三人从中获利；或者在资产收购过程中，利用暴力、威胁手段，迫使他人在违背市场价值规律和不利于收购人的情况下高价收购自己或者第三者的公司、企业的股份、债券或者其他资产，使自己或者其他第三者从中获利，被害人由此遭受财产损失。（5）强迫他人参与或者退出特定的经营活动。这是指以暴力、威胁手段强迫他人参与高投资低收益的活动，或者强迫他人退出特定利润丰厚的经营活动等。强迫交易行为必须情节严重，才构成本罪。根据最高人民检察院、公安部《关于公安机关管辖的刑事案件立案追诉标准的规定（一）的补充规定》（2017 年 4 月 27 日）第 5 条的规定，以暴力、威胁手段强买强卖商品，强迫他人提供服务或者接受服务，涉嫌下列情形之一的，应予立案追诉：（1）造成被害人轻微伤的；（2）造成直接经济损失 2 000 元以上的；（3）强迫交易 3 次以上或者强迫 3 人以上交易的；（4）强迫交易数额 1 万元以上，或者违法所得数额 2 000 元以上的；（5）强迫他人购买伪劣商品数额 5 000 元以上，或者违法所得数额 1 000 元以上的；（6）其他情节严重的情形。以暴力、威胁手段强迫他人参与或者退出投标、拍卖，强迫他人转让或者收购公司、企业的股份、债券或者其他资产，强迫他人参与或者退出特定的经营活动，具有多次实施、手段恶劣、造成严重后果或者恶劣社会影响等情形之一的，应予立案追诉。

行为虽然含有部分从事交易的因素，但主要是以暴力、胁迫或其他方法强行劫取他人财物，客观上交易内容严重不真实，对市场秩序危害不大，但对特定被害人个人的人身、财产权利危害较大的，构成抢劫罪和本罪的想象竞合犯，应当从一重罪处断。

（二）主观要件

本罪在主观方面是故意，行为人对强迫交易行为会破坏市场秩序有认识。

（三）单位犯罪的处罚

根据刑法第 231 条的规定，单位犯本罪的，对单位判处罚金，并对其直接负责的主管人员和其他直接责任人员，依照自然人犯罪的规定处罚。

八、伪造、倒卖伪造的有价票证罪

第二百二十七条第一款　伪造或者倒卖伪造的车票、船票、邮票或者其他有价票证，数额较大的，处二年以下有期徒刑、拘役或者管制，并处或者单处票证价额一倍以上五倍以下罚金；数额巨大的，处二年以上七年以下有期徒刑，并处票证价额一倍以上五倍以下罚金。

伪造、倒卖伪造的有价票证罪，是指伪造或者倒卖伪造的车票、船票、邮票或者其他有价票证，数额较大的行为。

（一）客观要件

本罪在客观方面表现为伪造或者倒卖伪造的车票、船票、邮票或者其他有价票证的行为。

伪造，是指模仿真实有效的有价票证的形状、样式、图案、规格、色彩、面值等特征，用印刷、影印、手绘等手段，制作假有价票证的行为。广义的伪造包括变造在内，所以，变造或者倒卖变造的邮票数额较大的，应当以本罪定罪处罚。

倒卖，是指低价买进伪造的有价票证，充作真实有效的有价票证高价出卖的行为，或者为了出卖而收买伪造的有价票证的行为。

本罪的行为对象是车票、船票、邮票或者其他有价票证。其他有价票证，是指由有关部门制作发行、具有一定价值、在一定范围内流通使用的书面凭证，如机场建设费收据等。伪造、倒卖伪造的金融票证的，应成立破坏金融秩序的犯罪。

（二）主观要件

本罪在主观方面是故意，行为人对伪造、倒卖的是有价票证有明确认识。在伪造有价票证的场合，行为人应当有行使的目的。为个人收藏、教学等目的而伪造有价票证的，不构成本罪。在倒卖伪造的有价票证的场合，行为人对有价票证是伪造的有明确认识，其非法牟利的目的是否实际实现，不影响本罪故意的成立。

（三）单位犯罪的处罚

根据刑法第231条的规定，单位犯本罪的，对单位判处罚金，并对其直接负责的主管人员和其他直接责任人员，依照自然人犯罪的规定处罚。

九、倒卖车票、船票罪

第二百二十七条第二款　倒卖车票、船票，情节严重的，处三年以下有期徒刑、拘役或者管制，并处或者单处票证价额一倍以上五倍以下罚金。

倒卖车票、船票罪，是指非法倒卖车票、船票，情节严重的行为。

倒卖既包括以原价从售票处套购车票、船票或者以其他手段获得车票、船票后加价、变相加价转手出售牟利的行为，也包括以出售为目的收购车票、船票的行为。

本罪的行为对象是真实有效的车票、船票。车票主要是指客运火车票、长途客运汽车票。船票主要是指客船票。

根据最高人民法院《关于审理倒卖车票刑事案件有关问题的解释》（1999年9月6日）的规定，高价、变价、变相加价倒卖车票或者倒卖坐席、卧铺签字号及订购车票凭证，票面数额在5 000元以上，或者非法获利数额在2 000元以上的，应以本罪追究。对于铁路职工倒卖车票或者与其他人员勾结倒卖车票；组织倒卖车票的首要分子；曾因倒卖车票受过治安处罚两次以上或者被劳动教养（该制度已于2013年12月28日被全国人大常委会废止——引者注）1次以上，两年内又倒卖车票，构成倒卖车票罪的，依法从重处罚。

本罪在主观方面是故意，行为人对倒卖的是真实有效的车票、船票有明确认识。因为被欺骗而误将伪造、变造的车票、船票倒卖的，构成本罪的未遂。明知是伪造的车票、船票而倒卖的，构成倒卖伪造的有价票证罪。

根据刑法第231条的规定，单位犯本罪的，对单位判处罚金，并对其直接负责的主管人员和其他直接责任人员，依照自然人犯罪的规定处罚。

十、非法转让、倒卖土地使用权罪

第二百二十八条　以牟利为目的，违反土地管理法规，非法转让、倒卖土地使用权，情节严重的，处三年以下有期徒刑或者拘役，并处或者单处非法转让、倒卖土地使用权价额百分之五以上百分之二十以下罚金；情节特别严重的，处三年以上七年以下有期徒刑，并处非法转让、倒卖土地使用权价额百分之五以上百分之二十以下罚金。

非法转让、倒卖土地使用权罪，是指以牟利为目的，违反土地管理法规，非法转让、倒卖土地使用权，情节严重的行为。

（一）客观要件

本罪在客观方面表现为违反土地管理法规，非法转让、倒卖土地使用权的行为。

违反土地管理法规是构成本罪的前提。根据全国人大常委会《关于〈中华人民共和国刑法〉第二百二十八条、第三百四十二条、第四百一十条的解释》（2009年修正），这里的“违反土地管理法规”，是指违反土地管理法、森林法、草原法等法律以及有关行政法规中关于土地管理的规定。土地管理法规规定，任何单位和个人不得侵占、买卖或者以其他形式非法转让土地；国有土地和集体所有的土地的使用权可以依法转让；依法改变土地使用权的，必须向县级以上人民政府土地管理部门申请办理土地使用权变更登记手续。

本罪的构成要件行为是法律、行政法规严格禁止的转让或者倒卖土地使用权的行为。实践中可能构成本罪的情形大致包括以下几点。

（1）将农村集体土地直接出租、出售的。通常是指以下情形：将农村土地作为宅基地出售的；把农村集体土地非法直接变卖的；农民将本人承包经营的责任田转让给他人用于房地产开发的；将集体土地租赁给他人投资办厂的。以上情形均构成本罪。这主要是因为《土地管理法》（2019年修正）第74条明确规定，禁止违反土地利用总体规划擅自将农用地改为建设用地。符合法律规定的用地者在按照《土地管理法》（2019年修正）第63条的规定，通过出让、出租等方式取得集体经营性建设用地后，将其非法转让、倒卖给他人的，显而易见具有违法性。对于获得或购买农村集体土地开发别墅或其他小产权房出售的，实践中有以非法经营罪定罪的先例，但未必妥当。

（2）擅自改变城市土地用途出售的。例如，以修建教学科研配套设施、教职工宿舍、老年大学等名义获得土地使用权，但擅自改变土地用途，修建住房后出售牟利的，构成本罪。

（3）合法获批土地后直接出售的。例如，实务界认为，为投资办厂获批土地后，因为无力继续建厂而将土地使用权转让的，应以本罪处理。

（4）直接转手倒卖城市土地的。例如，作为地方国土部门领导的被告人伙同他人非法倒卖某学校30余亩土地，从中获利数百万元的，理应构成本罪。

非法转让、倒卖土地使用权情节严重的，才构成本罪。根据《立案追诉标准（二）》第80

条的规定，非法转让、倒卖土地使用权，涉嫌下列情形之一的，应予立案追诉：（1）非法转让、倒卖基本农田5亩以上的；（2）非法转让、倒卖基本农田以外的耕地10亩以上的；（3）非法转让、倒卖其他土地20亩以上的；（4）违法所得数额在50万元以上的；（5）虽未达到上述数额标准，但因非法转让、倒卖土地使用权受过行政处罚，又非法转让、倒卖土地的；（6）其他情节严重的情形。

非法转让土地使用权的接受者原则上不构成本罪，但是其接受土地使用权后违反土地管理法规，非法占用耕地、林地改作他用，造成耕地、林地大量毁坏的，构成非法占用农用地罪。

（二）主观要件

本罪在主观方面是故意，行为人对非法转让、倒卖的是土地使用权，行为违反土地管理法规有明确认识。

（三）以土地使用权为内容的股权转让行为不构成本罪

实践中，出现大量以股权转让方式转让土地使用权的情形，有的司法机关对此以本罪论处。但是，我认为，类似行为不属于“以股权转让为名，变相违规转让土地使用权”，不应构成本罪。主要理由有以下几点。

1. 将股权转让视为土地使用权非法转让不符合基本法理

（1）根据公司法的相关规定，土地使用权是和知识产权等财产权性质相同的非货币财产，其可以用于出资，当然就可以用于以转让股权方式转让。公司法还规定，有限责任公司的股东之间可以相互转让其全部或者部分股权。因此，以转让股权方式转让土地使用权益，从股权转让的角度完全符合我国公司法、土地管理法等相关法律的规定，因为形式上转让土地使用权的行为，实质上只不过是转让了公司的非货币财产。即使是股权的价值、价格受公司享有的土地使用权的影响，此类股权转让在公司法上也是允许的。

（2）股权转让并不引起目标公司名下土地使用权的转让，因为股权转让不会导致土地使用权主体的变更，土地使用权的享有者仍然是原来的公司；部分股东转让部分股权之前和之后，享有该土地使用权的合法主体都是同一主体。因此，从物权流转的角度分析，这一交易模式并没有真正实现土地使用权主体的变更，当然也不存在违反土地流转等方面的法律法规的可能。①

（3）事实上，房地产企业和非房地产企业大量存在包含土地使用权益的股权转移的情况（股市每天都在进行股权转移，包括房地产企业与非房地产企业包含土地权益的股权转移，其行为完全合法）。如果对类似行为作为犯罪追究，将使股权转让行为存在严重的不安全性和不可预期性，从而严重损害市场交易秩序，不利于市场经济的发展。

2. 对犯罪的认定不能违背法秩序统一性原理

有学者认为，名义上是入股或转让股权，但其背后涉及土地转让的，都应以非法转让土地的犯罪论处。② 这种观点初看起来合理，但其没有考虑法秩序统一性原理。刑法对犯罪的认定，“理应考虑民法的权利关系以作出界定，仅从刑法独立性的立场出发进行考虑的见解是不妥当的”③。这主要是因为刑法是保障法，是“第二次法”，需要动用刑法来定罪处刑的行为，一定是违反其他法律，且其他法律的处理难以和行为的危害性相当，难以达到预防效果的情形。

---

① 类似的观点，请参见彭文华、刘德法：《论非法倒卖、转让土地使用权罪》，载《法学家》，2001（5）。

② 参见邹清平：《非法转让倒卖土地使用权罪探析》，载《法学评论》，2007（4）。

③ ［日］佐伯仁志等：《刑法与民法的对话》，于改之、张小宁译，59页，北京，北京大学出版社，2012。

民事审判实践认为，股权转让的目的是转让土地使用权，股权转让合同的内容和形式也并不违反法律法规的强制性规定，因此应当认定股权转让合同合法有效。对此，最高人民法院（2004）民一终字第68号判决、最高人民法院（2007）民二终字第219号判决、最高人民法院（2013）民一终字第138号判决都予以认可。因此，在刑事上就不能无视民法立场和公司法律制度，将公司法、合同法明确允许的股权交易行为认定为实现某种非法目的的“形式”，对于以股权转让方式转让土地使用权的行为不能认定为非法转让、倒卖土地使用权罪。必须将本罪的适用范围严格限定为股权转让之外的法律、行政法规严格禁止的非法转让、倒卖土地使用权的行为。

因此，在民事审判的通行观点认定以土地使用权为内容的股权转让合法的前提下①，如果对同一行为在刑事上认定为犯罪，就是将民事上合法的行为在刑法上以犯罪论处。这种做法是违反法秩序统一性的基本原理的。

十一、提供虚假证明文件罪

第二百二十九条②　承担资产评估、验资、验证、会计、审计、法律服务、保荐、安全评价、环境影响评价、环境监测等职责的中介组织的人员故意提供虚假证明文件，情节严重的，处五年以下有期徒刑或者拘役，并处罚金；有下列情形之一的，处五年以上十年以下有期徒刑，并处罚金：

（一）提供与证券发行相关的虚假的资产评估、会计、审计、法律服务、保荐等证明文件，情节特别严重的；

（二）提供与重大资产交易相关的虚假的资产评估、会计、审计等证明文件，情节特别严重的；

（三）在涉及公共安全的重大工程、项目中提供虚假的安全评价、环境影响评价等证明文件，致使公共财产、国家和人民利益遭受特别重大损失的。

有前款行为，同时索取他人财物或者非法收受他人财物构成犯罪的，依照处罚较重的规定定罪处罚。

提供虚假证明文件罪，是指承担资产评估、验资、验证、会计、审计、法律服务、保荐、安全评价、环境影响评价、环境监测等职责的中介组织的人员，故意提供虚假证明文件，情节严重的行为。

（一）保护法益

本罪保护的法益是中介组织证明文件的公信力。在市场交易不发达的“熟人”社会中，交往者之间知根知底，任何人都会本能地选择自己熟悉的对方进行交易活动，对方的交易主体资格、诚信度、实力都不需要第三方来证明。但是，随着市场经济的发达，市场交易活动频繁发生，交往者之间往往是不熟悉的、匿名的，社会已经不再是一个“熟人”社会，如果交易双方都不诚信，交易就带有很大的风险。因此，市场经济的发展，要求有一套法律制度来保障陌生人之间的交易不带有欺骗的成分。市场参与者是否诚信，需要中立的第三方来证明，因为交易

① 在最高人民法院（2013）民一终字第138号判决书中，针对一方当事人提出的合同相对方以股权转让的形式掩盖非法转让土地使用权目的的说法，该判决明确予以回应：“公司股权转让与作为公司资产的土地使用权转让为两个独立的法律关系，现行法律并无效力性强制性规定禁止房地产项目公司以股权转让形式实现土地使用权或房地产项目转让的目的。”

② 本条为《刑法修正案（十一）》第25条所修改。

一方往往没有精力和能力来亲自审查对方的诚信程度。而承担证明职责的，在很多情况下就是中介组织。中介组织出具的证明文件真实性如何，会影响交易相对方的判断。如果证明文件真实，可以确保交易顺利进行，维护交易秩序。但是，如果证明文件虚假，可能会使市场监管机关作出错误判断和错误决策，使遵守市场交易规则的一方蒙受损失，会严重损害投资人的利益。因此，要建立完善的市场经济秩序，承担资产评估、验资、验证、会计、审计、法律服务、保荐、安全评价、环境影响评价、环境监测等职责的单位及其工作人员必须恪尽职守，诚实可信，切实履行其社会责任。否则，其公信力将大打折扣，最终会冲击良好的市场经济秩序。

（二）客观要件

本罪在客观方面表现为故意提供虚假的资产评估、验资、验证、会计、审计、法律服务、保荐、安全评价、环境影响评价、环境监测等证明文件的行为。本罪必须发生在资产评估、验资、验证、会计、审计、法律服务、保荐、安全评价、环境影响评价、环境监测等过程中。(1) 资产评估，是指由专门的机构和人员依照国家有关规定和数据资料，按照特定的评估目的，遵循评估原则、程序、计价标准对资产的价格进行评定估算的活动。(2) 验资，是指法定的验资机构及其工作人员，依照公司法、会计法等法律规定，在公司成立时对股东是否出资、是否足额出资等进行验证并出具的相应证明，或者在其他企业成立时对注册资本是否足额、到位进行验证并出具的证明。(3) 验证，是指会计师事务所等法定承担验证职责的机构和人员对公司财务报告的真实性、准确性和可信性进行审查、核实并出具相应证明。(4) 会计，是指依法取得资格的会计师接受委托从事会计服务业务的活动。(5) 审计，是指法定的审计机构及其工作人员依照公司法的规定，对公司的财务会计报表进行审查，办理公司合并、分离、清算事宜中的审计业务以及法律、行政法规规定的其他审计业务，并出具相应的审计报告。(6) 法律服务，是指律师事务所及其从业人员依据有关法律的规定针对特定业务提供法律意见或服务的行为。(7) 保荐，是证券发行的一种方式，由保荐人（券商）作为企业上市的推荐人，对发行人（公司）发行文件中所载资料是否真实、准确、完整进行核实，并协助发行人建立严格的信息披露制度。在保荐过程中，保荐人应当遵守相关法律法规，诚实守信，勤勉尽责，尽职推荐发行人的证券发行上市，持续督导发行人履行相关义务。(8) 安全评价，是一种风险评价，是掌握某些特殊企业内部可能存在的危险种类、危险程度和危险后果，并对其进行定量、定性的分析，从而提出有效的危险控制措施的评估。按照我国有关安全生产的法律、法规，矿山、金属冶炼建设项目和用于生产、储存、装卸危险物品的建设项目，应当按照国家有关规定进行安全条件论证和安全评价。国家对矿山企业、建筑施工企业和危险化学品、烟花爆竹、民用爆破器材生产企业实行安全生产许可制度，这些企业取得安全生产许可证的前提之一是依法进行安全评价。(9) 环境影响评价，是指对规划和建设项目实施后可能造成的环境影响进行分析、预测和评估，提出预防或者减轻不良环境影响的对策和措施，进行跟踪监测的方法与制度。(10) 环境监测，是运用现代科学技术方法定量地测定环境因子及其他有害于人体健康的环境变化，分析其环境影响过程与程度的科学活动。其是环境管理法律、法规的制定，环境规划、治理和考核，环境工程验收服务的重要依据。

本罪的实行行为是提供虚假证明文件。虚假证明文件，是指内容和实际情况不相符合的资产评估报告、验资报告、验证报告、会计报告、审计报告、法律意见书、保荐书、安全评价报告、环境影响评价报告、环境监测报告等证明文件。提供虚假的资产评估报告，具体表现为对所评估私人资产的价值予以高估或者对国有资产的价值予以低估。提供虚假的验资报告一般是指委托人的注册资本没有达到规定数额而故意出具夸大出资的验资证明，或者明知公司股东的出资没有全部足额缴纳而在出具的报告中证明已全部缴纳。提供虚假的验证、审计报告，一般是在通过审查公司的会计凭证、账簿、报表，检查现金、实物、有价证券等，明知公司的财务收支情况与会计报表不符的情形下，仍然违反法律、法规的规定，出具证明文件对验证、审计事项等证明事项作虚伪陈述。此外，完全没有进行实际的资产评估、验资、验证、会计、审计、法律服务保荐、安全评价、环境影响评价、环境监测工作，而经当事人的请托，直接提供伪造的资产评估、验资、验证、会计、法律服务保荐、安全评价、环境影响评价、环境监测结果的证明文件的，也自然属于提供虚假证明文件。提供的虚假证明文件可能是全部内容都与事实不符，也可能是在涉及重要事项的部分作虚伪陈述；其可能是夸大或者缩小了实际情况，也可能是虚构一种事实的存在而否定另一种事实。

中介组织人员索取他人财物或者非法收受他人财物后提供虚假证明文件罪的，同时构成本罪和非国家工作人员受贿罪的，依照处罚较重的规定定罪处罚。

本罪的主体是特殊主体，包括承担资产评估、验资、验证、会计、审计、法律服务、保荐、安全评价、环境影响评价、环境监测等职责的中介组织的人员。例如，承担资产评估、验资、验证、会计、审计、法律服务等职责的中介组织或其人员，为信用卡申请人提供虚假的财产状况、收入、职务等资信证明材料的人员。在犯罪者为自然人的场合，本罪是身份犯，没有承担资产评估、验资、验证、会计、审计、法律服务保荐、安全评价、环境影响评价、环境监测职责的人员，其相关行为不可能构成本罪。当然，这里的身份犯，不是指资产评估、验资、验证、会计、审计、法律服务保荐、安全评价、环境影响评价、环境监测机构的工作人员必须具有相应的资质，如注册会计师、审计师等资格，而是指他们必须承担相应职责。所以，实践中，没有取得注册会计师资格的人，受聘于会计师事务所实际承担验资职责，在公司成立时对股东是否出资、是否足额出资等进行验证并出具相应虚假证明的，自应成为本罪的主体。换言之，对本罪的主体而言，在司法实务中，存在“资格论”和“职责论”争论。但是，应该说“职责论”是有道理的，理由主要是：一方面，刑法规定承担资产评估、验资、验证、会计、审计、法律服务、保荐、安全评价、环境影响评价、环境监测等职责的中介组织的人员可以成立本罪，其强调中介组织人员的职责而非资格。另一方面，对相关行为是否构成犯罪的评价，在很多时候，要看实质而不能只看形式。行为人是否具有某种资格，往往是形式上的。当没有这种资格丝毫不妨碍其实施犯罪时，资格的有无就是不重要的。对此，有关司法解释也承认了这一点。例如，最高人民法院研究室《关于对行为人通过伪造国家机关公文、证件担任国家工作人员职务并利用职务上便利侵占本单位的财物、收受贿赂、挪用本单位资金等行为如何适用法律问题的答复》（2004 年 3 月 30 日）中就规定：行为人通过伪造国家机关公文、证件担任国家工作人员职务以后，又利用职务上的便利实施侵占本单位的财物、收受贿赂、挪用本单位资金等行为，构成犯罪的，应当分别以伪造国家机关公文、证件罪和相应的贪污罪、受贿罪、挪用公款罪等追究刑事责任，实行数罪并罚。其实，贪污、受贿、挪用公款罪的主体是具有国家工作人员这种身份或者“资格”的人，行为人通过伪造国家机关公文、证件担任国家工作人员职务以后贪污、受贿的，要对其进行处罚，主要不是因为其骗取了“国家工作人员”这种资格。由于其取得资格的手段是欺骗，所以对其身份或者资格，法律自始就不会认可。法律要惩罚的，主要是其骗取资格后，利用这种假的资格，获得了某种职权，从而能够顺利实施犯罪。在这里，重要的是职权和职责，其身份、资格是否真正存在，是否通过骗取方式得来，都并不重要。基于同样的道理，在本罪中，行为人是否真的具有资产评估、验资、验证、会计、审计、法律服务保荐、安全评价、环境影响评价、环境监测的从业资格，对其行为成立犯罪并无影响。

需要指出，《刑法修正案（十一）》第25条将承担环境监测职责的中介组织人员明确列举为本罪的主体之后，应当带来刑法解释上的变化。根据最高人民法院、最高人民检察院《关于办理环境污染刑事案件适用法律若干问题的解释》第10条第1款第2项的规定，干扰环境质量监测系统的采样，致使监测数据严重失真的行为，属于构成破坏计算机信息系统罪。最高人民法院发布的指导案例第104号“李森、何利民、张锋勃等人破坏计算机信息系统案”（2018年12月25日）指出：“环境质量监测系统属于计算机信息系统。用棉纱等物品堵塞环境质量监测采样设备，干扰采样，致使监测数据严重失真的，构成破坏计算机信息系统罪。”其实，该案中被告人的类似行为，从来就没有进入过计算机信息系统并进行破坏，其在计算机信息系统之外实施物理性干扰的结局是伪造出环境质量监测数据，计算机信息系统的自身功能完好无损。因此，上述解释及指导性案例的规定有类推解释的嫌疑，应当及时废除。在本罪的主体中明确增加了承担环境影响评价、环境监测职责的中介组织的人员，并且其加重构成要件中增加了“在涉及公共安全的重大工程、项目中提供虚假的安全评价、环境影响评价等证明文件，致使公共财产、国家和人民利益遭受特别重大损失”这一规定之后，适用本罪，就能够准确全面地处理干扰采样，致使监测数据严重失真的危害行为，不需要类推适用破坏计算机信息系统罪。①

根据《立案追诉标准（二）》第81条的规定，故意提供虚假证明文件，涉嫌下列情形之一的，应予立案追诉：（1）给国家、公众或者其他投资者造成直接经济损失数额在50万元以上的。（2）违法所得数额在10万元以上的。（3）虚假证明文件虚构数额在100万元且占实际数额30%以上的。（4）虽未达到上述数额标准，但在提供虚假证明文件过程中索取或者非法接受他人财物的；或者两年内因提供虚假证明文件，受过行政处罚2次以上，又提供虚假证明文件的。（5）其他情节严重的情形。

提供虚假证明文件，有下列情形之一的，法定刑升格为5年以上10年以下有期徒刑：（1）提供与证券发行相关的虚假的资产评估、会计、审计、法律服务、保荐等证明文件，情节特别严重的。（2）提供与重大资产交易相关的虚假的资产评估、会计、审计等证明文件，情节特别严重的。（3）在涉及公共安全的重大工程、项目中提供虚假的安全评价、环境影响评价等证明文件，致使公共财产、国家和人民利益遭受特别重大损失的。

（三）主观要件

本罪在主观方面是故意，行为人对提供的资产评估、验资、验证、会计、审计、法律服务、保荐、安全评价、环境影响评价、环境监测等方面的证明文件与被审核、检验对象的实际情况不一致有明知。

（四）单位犯罪的处罚

根据刑法第231条的规定，单位犯本罪的，对单位判处罚金，并对其直接负责的主管人员和其他直接责任人员，依照自然人犯罪的规定处罚。

十二、出具证明文件重大失实罪

第二百二十九条第三款　第一款规定的人员，严重不负责任，出具的证明文件有重大失实，造成严重后果的，处三年以下有期徒刑或者拘役，并处或者单处罚金。

---

① 如果干扰采样，致使监测数据严重失真的行为是由环境保护行政主管部门的工作人员实施的，由于其不属于中介组织的人员，故难以适用本罪。其行为若造成恶劣社会影响，致使国家和人民利益遭受重大损失，可以构成滥用职权等渎职犯罪。如果其行为的危害后果不符合渎职罪的构成要件的，应当作无罪处理，不能类推适用破坏计算机信息系统罪。

出具证明文件重大失实罪，是指承担资产评估、验资、验证、会计、审计、法律服务、保荐、安全评价、环境影响评价、环境监测等职责的中介组织的人员，严重不负责任，出具的证明文件有重大失实，造成严重后果的行为。

严重不负责任，是指依法承担资产评估、验资、验证、会计、审计、法律服务、保荐、安全评价、环境影响评价、环境监测等职责的中介组织的人员严重违反公司法、会计法、律师法、环境保护法等方面的法律、法规的规定，不履行或者不正确履行应尽职责，应当查验有关文件却不查验或者不仔细查验的行为。证明文件重大失实，是指评估报告、验资报告、审计报告、法律服务意见书、保荐书、安全评价报告、环境影响评价报告、环境监测报告等证明文件的主要、重大内容与客观事实不相符合，由此足以造成其他公司、企业或者个人的重大经济损失。

构成本罪，要求造成严重后果。造成严重后果，在理论上主要是指：由于中介组织的人员出具的证明文件重大失实，导致有关的公司、企业遭受重大经济损失，或者导致公司、企业停产、破产等严重后果。因为提供虚假的验资报告而使公司、企业登记主管机关发生决策失误，错误发放公司登记的，也属于过失提供虚假证明文件造成严重后果。

根据《立案追诉标准（二）》第 82 条的规定，承担资产评估、验资、验证、会计、审计、法律服务等职责的中介组织的人员严重不负责任，出具的证明文件有重大失实，涉嫌下列情形之一的，应予立案追诉：(1) 给国家、公众或者其他投资者造成直接经济损失数额在 100 万元以上的；(2) 其他造成严重后果的情形。这里的给国家、公众或者其他投资者造成的直接经济损失通常表现为两方面：(1) 由于验资等报告严重失实，新设立的公司不具备资质，使交易相对人陷入错误判断，实施交易行为，卷入民事纠纷，从而造成相对人的损失无法通过民事诉讼以及执行程序挽回的，该损失就是前述的直接经济损失。(2) 验资等报告不真实，导致某些不具备条件的公司得以成立，而新设立的公司实施合同诈骗等犯罪，给受害方造成经济损失的。

本罪在主观方面是过失，行为人对出具中介证明文件可能造成严重后果没有预见，或已经预见而轻信能够避免。

根据刑法第 231 条的规定，单位犯本罪的，对单位判处罚金，并对其直接负责的主管人员和其他直接责任人员，依照自然人犯罪的规定处罚。

十三、逃避商检罪

第二百三十条　违反进出口商品检验法的规定，逃避商品检验，将必须经商检机构检验的进口商品未报经检验而擅自销售、使用，或者将必须经商检机构检验的出口商品未报经检验合格而擅自出口，情节严重的，处三年以下有期徒刑或者拘役，并处或者单处罚金。

逃避商检罪，是指违反进出口商品检验法的规定，逃避商品检验，将必须经商检机构检验的进口商品未经检验而擅自销售、使用，或者将必须经商检机构检验的出口商品未经检验合格而擅自出口，情节严重的行为。

（一）客观要件

本罪在客观方面表现为违反进出口商品检验法的规定，逃避商品检验，将必须经商检机构检验的进口商品未经检验而擅自销售、使用，或者将必须经商检机构检验的出口商品未经检验合格而擅自出口的行为。

本罪的实行行为是逃避商品检验。按照进出口商品检验法的规定，必须经商检机构检验的进口商品收货人应向卸货口岸或者到达站的商检机构办理进口商品登记，同时在商检机构规定的地点和期限内，持合同、发票、装货单、提单等必要的单证向商检机构报检。将应检验而逃避检验的进口商品擅自在境内销售谋利、自行使用的，均构成本罪。

此外，未经检验合格擅自出口的，也是本罪的实行行为之一。出口商品是否符合国家规定的出口条件，必须经商检机构检验后才能确定，任何出口商品在经商检前均被视为未经检验合格。经商检机构检验合格发给检验证书或者发行单的出口商品，应当在商检机构规定期限内报运出口；超过期限的，应重新检验。为出口危险货物生产包装容器的企业，必须申请商检机构进行包装容器的性能鉴定；生产出口危险品的企业，必须申请商检机构进行包装容器的使用鉴定，使用未经鉴定合格的包装容器的危险货物不得出口。

根据《立案追诉标准（二）》第83条的规定，逃避商品检验，涉嫌下列情形之一的，应予立案追诉：(1) 给国家、单位或者个人造成直接经济损失数额在50万元以上的；(2) 逃避商检的进出口货物货值金额在300万元以上的；(3) 导致病疫流行、灾害事故的；(4) 多次逃避商检的；(5) 引起国际经济贸易纠纷，严重影响国家对外贸易关系，或者严重损害国家声誉的；(6) 其他情节严重的情形。

（二）主观要件

本罪在主观方面是故意，行为人对商品属于法律、法规规定必须经过检验的特殊商品有明确认识，对行为违反进出口商品检验法的规定有明确认识。

不具有逃避商检的故意，只是由于国家商检部门、商检机构的工作人员严重不负责任，对应当检验的物品不检验，而客观上将未检验合格的商品出口的，不构成本罪。

（三）单位犯罪的处罚

根据刑法第231条的规定，单位犯本罪的，对单位判处罚金，并对其直接负责的主管人员和其他直接责任人员，依照自然人犯罪的规定处罚。

第五章　妨害社会管理秩序罪

第一节　概述

妨害社会管理秩序罪，是指妨害国家机关对日常社会生活的管理活动，破坏社会管控秩序，情节严重的行为。

一、保护法益

本章罪侵害的法益是社会管理秩序。社会管理秩序，是指个人参与社会生活所必须遵守的行为准则与国家管理活动所调整的社会模式、结构体系，其体现为社会关系的有序性、稳定性与连续性。社会管理秩序的外延广泛，内容庞杂，包括社会生活各个方面的秩序（广义的社会管理秩序），例如，国家安全、公共安全、经济秩序、公民财产与人身权利、国防利益、军事利益等，都无不与社会管理秩序有关。本章所讨论的社会管理秩序，是基于国家机关对社会日常生活的管理活动而形成的有序状态（狭义的社会管理秩序），其涉及公共生活管理、国（边）境管理、公共卫生管理、文化管理、自然资源和环境保护、社会善良风俗的维持等方面，它们是社会整体发展和有序化的基础。

二、客观要件

本章罪在客观方面表现为严重妨害国家机关对社会日常生活进行正常管理，破坏社会管控秩序的行为。

妨害社会管理秩序罪的成立，大多以行为违反社会秩序管理法规为前提，例如，扰乱公共秩序罪以违反治安管理处罚法为前提，破坏环境资源保护罪以行为违反国家环境保护法规为前提。社会秩序管理法规多数属于与传统伦理道德观念无关的成文法律规范，但是，有的管理法规与道德规范关系极其密切，例如，涉及淫秽物品的犯罪，以及组织、强迫、容留他人卖淫等犯罪，都与社会的善良风俗紧密相关，有关的管理规范表达了对道德观念的认同和支持。

妨害行为多种多样，一般都以作为的方式实施，但是有少数犯罪，如非法集会、游行、示威罪，拒绝提供间谍犯罪证据罪，可能以不作为的方式实施。此外，许多犯罪的成立，要求造成严重后果或者情节严重。

本章罪的主体多为一般主体，除贩卖毒品罪的主体可以是已满14周岁、具有辨认和控制能力的自然人以外，其他自然人主体都必须是已满16周岁的人。有少数犯罪的主体是特殊主体，例如，故意延误投递邮件罪的主体只能是邮政工作人员，传染病菌种、毒种扩散罪的主体必须是从事实验、保藏、携带、运输传染病菌种、毒种的人，破坏监管秩序罪的主体只能是依法被关押的罪犯，等等。不具有上述身份的人，不构成相应犯罪。

此外，多数妨害社会秩序罪只能由自然人实施，但是，少数犯罪也可能由单位构成。例如，破坏环境资源保护罪中的所有犯罪，制作、贩卖、传播淫秽物品罪中的全部犯罪，非法提供麻醉药品、精神药品罪等，都可以由单位实施。而非法出售、私赠文物藏品罪，非法采集、供应血液、制作、供应血液制品事故罪的犯罪主体只能是单位。

三、主观要件

本章罪在主观方面多数是故意，有的故意犯罪还要求行为人主观上必须具备特定目的，例如，赌博罪主观方面必须具有营利目的，倒卖文物罪，制作、复制、出版、贩卖、传播淫秽物品罪必须具有牟利目的等。有少数犯罪的主观方面是过失，如过失损毁文物罪、医疗事故罪、污染环境罪等。

第二节　扰乱公共秩序罪

一、妨害公务罪

第二百七十七条　以暴力、威胁方法阻碍国家机关工作人员依法执行职务的，处三年以下有期徒刑、拘役、管制或者罚金。

以暴力、威胁方法阻碍全国人民代表大会和地方各级人民代表大会代表依法执行代表职务的，依照前款的规定处罚。

在自然灾害和突发事件中，以暴力、威胁方法阻碍红十字会工作人员依法履行职责的，依照第一款的规定处罚。

故意阻碍国家安全机关、公安机关依法执行国家安全工作任务，未使用暴力、威胁方法，造成严重后果的，依照第一款的规定处罚。

妨害公务罪，是指以暴力、威胁方法，阻碍国家机关工作人员、人大代表、红十字会工作人员依法执行职务或者履行职责，或者故意阻碍国家安全机关、公安机关依法执行国家安全工作任务，未使用暴力、威胁方法，造成严重后果的行为。

（一）保护法益

本罪侵害的法益是国家作用[1]，而不是一般的社会秩序，也不是公务人员的人身自由权利本身。公务执行活动能够正常开展，是国家作用得到发挥的前提。法律对公务给予比个人事务更为严密的保护，主要是考虑到公务行为代表了国民的利益，其公正和顺利执行与国民生活、社会秩序密切相关。

本罪的行为对象是正在依法执行公务的国家机关工作人员，以及人大代表、红十字会工作人员等。这里的国家机关，主要是指国家行政机关。妨害国家司法机关工作人员、军事机关工作人员依法执行职务的，构成拒不执行判决、裁定罪或其他犯罪。妨害公司、企业人员开展业务的，不构成本罪，对类似行为只能按其实际造成的后果以相应的侵犯公民人身权利等罪处理。

（二）客观要件

本罪在客观方面表现为阻碍公务执行的行为。

---

① 妨害公务罪、妨害司法罪是对公务员、司法工作人员执行职务从外部实施妨害，阻碍了国家机关作用的正常发挥，是典型的侵害国家法益的犯罪。刑法设立该妨害公务罪、妨害司法罪是为了对国家作用的发挥给予一般保护。这些犯罪理应被放到侵害国家法益的犯罪中讨论，但是由于刑法将其规定在妨害社会管理秩序罪中，如果将其纳入侵害国家法益的犯罪，会造成与其他罪名在论述篇幅上的不平衡，也会过分打乱刑法典的编排顺序，所以，仍然在妨害社会管理秩序罪中对这些犯罪加以讨论。

1. 公务

公务是指公共事务。这里的公务是指国家立法、行政机关以及红十字会的事务，是现在的、职权范围内的事务。

(1) 公务的合法性。

被妨害的公务行为必须具有合法性，即公务必须是依法执行的。这主要是由于职务行为相对人的权利也需要保障，非法职务行为不值得用刑法加以保护，对非法执行的职务加以保护将导致法秩序的混乱。

在我国社会中，一方面，公务执行机构多、权力广泛，公务执行效果一直较为良好；另一方面，公务执行者越权执法、滥用职权的现象在有的地方、有的时候比较严重。因此，强调妨害公务罪中的公务必须是合法执行的公务，可以对处于弱势地位的公务相对人给予适度的倾斜保护。在这里，公务行为的合法性是构成要件要素，违法的职务行为可能构成滥用职权罪；同时，违法执行职务的相对人还可以实施正当防卫。

公务合法性的实质要件包括四方面的内容：

首先，执行公务的人应当具有一般的、抽象的职务权限。公务人员的行为超越职务范围的限定，与抽象的权限脱离的，其行为不是执行公务的行为。例如，没有犯罪侦查权限的税务机关工作人员，就不能执行刑事司法的公务；检察官不能出面为他人追讨债务。

其次，公务执行者当时的行为必须在具体职务权限范围、执法区域之内。如果行为人只有抽象的职务权限，没有现实地执行职务的权限，其行为也不是公务人员的执行行为。例如，法院执行人员并未取得生效判决书，在缺乏依据的条件下强制执行他人财产的行为属于违法行为。此外，执行职务者不在法律规定的辖区，而是未经批准到其他辖区执行公务的，其行为具有非法性。

再次，公务的合法性是指形式上合法，而非实质上合法，即公务行为只需要在形式上有合法的依据，即可被认定为合法。例如，持有法院的判决书或者警察机构基于对违反治安管理规定的人的处罚决定实施职务行为的，即为合法的公务。至于该判决书和处罚决定书的内容事实上是否正确，不影响公务的合法性。相对人对该判决书或者处罚决定书只能依照法定程序申请救济，而不能以私力阻碍公务的执行。①

最后，职务行为必须根据法律上确定的有效条件、方式执行。当然，形式上合法的公务不需要绝对地满足法律上所确定的全部要件，执行职务时没有重大的违背法律要件的情形，而只是轻微违反程序、手续的，职务执行的保护必要性仍然存在，公务行为没有违法性。税务机关工作人员在手续有欠缺的情况下进入公司审查纳税情况，可以认为职务行为具有合法性。但是，侦查人员没有搜查证、逮捕证而实施涉及公民人身、财产等重大利益的入室搜查、拘捕行为的，该公务执行行为属于重大违背法律要件的行为，具有违法性。

关于应当依据何种标准对公务的合法性进行判断，历来有三种观点：一是公务人员标准说(主观说)，即从公务人员自身出发进行判断。二是法官标准说（客观说），即以法官的独立判断为准。三是折中说（一般人标准说），强调从一般的社会观念出发客观地看待公务执行行为的性质。如果贯彻公务人员标准说，因为公务人员代表国家利益，以其为标准进行判断，就可能造成公务人员的判断和被执行者的利益无法平衡的情况，也可能会出现所有的公务执行都具有合法性的局面；在公务人员有恣意的情形下，公务人员的主观判断是否妥当更是值得怀疑。一般人标准说不能提供切实有效的判断标准，哪些人是一般人极其模糊，本身就需要界定。所

① 类似的观点，请参见林山田：《刑法各罪论》（下册），修订5版，140页，台北，作者自版，2006。

以，通说以站在中立立场上的法官判断为基准。但是，法官的判断是以“行为时”为基准还是以“裁判时”为基准，值得讨论。以行为时为标准，考虑公务执行行为的外观是否具有合法性，实际的效果与折中说相差无几。同时，以行为当时为标准进行判断有时会导致实质上不合理的结论，例如，在抢劫犯罪现场，甲因长相与犯罪嫌疑人乙酷似而遭受抓捕，按照行为时标准说，甲就不能对抗公务执行行为。

裁判时基准说是大致合理的，在作出裁判时对公务执行行为的合法性进行客观的、事后的判断，有利于保护公务执行行为，也可以调和其与公民权利之间的矛盾。但是，这一主张也会产生一些问题，例如，法律手续齐备的搜查行为，事后被证明完全是错误的，以裁判时基准说判断公务的合法性也可能不妥当。这样就会得出同一执行职务行为一方面符合刑事诉讼法的规定，另一方面又是违法执行公务行为的结论，从而造成实质上的混乱。不过，比较而言，裁判时基准说考虑了需要保护的公务行为的公正性，对于恰当平衡国家利益和个人利益，并在强大的国家作用之下保护个人有积极意义。

（2）公务正在执行。

犯罪行为必须发生在公务正在执行之时。在国家机关工作人员公务执行完毕之后，对其实施报复的，可能分别构成侮辱罪、故意伤害罪等，但不构成本罪。这里的“正在执行”公务，不局限于公务执行的具体行为实施的当时。执行开始之前的职务行为，只要是处于密切关联的等待行动状态，也是职务执行行为。此外，具体的职务行为业已终了，但处于为执行下一个任务而移动的状态时，如果职务行为之间有一定程度的连续性，职务执行的具体性、个别性并不丧失的，该行为也属于正在执行公务。

2. 妨害行为

妨害公务的行为，具体表现在：（1）以暴力、威胁方法阻碍国家机关工作人员依法执行职务。（2）以暴力、威胁方法阻碍全国人大代表和地方各级人大代表依法执行代表职务。（3）在自然灾害和突发事件中，以暴力、威胁方法阻碍红十字会工作人员依法履行职责。（4）故意阻碍国家安全机关、公安机关依法执行国家安全工作任务，未使用暴力、威胁方法，造成严重后果的行为。如果对依法执行国家安全工作任务的国家机关工作人员采用暴力、威胁方法，妨害公务的，应以本罪从重处罚。根据有关司法解释，以暴力、威胁方法阻碍国有事业单位人员依照法律、行政法规的规定执行行政执法职务的，或者以暴力、威胁方法阻碍国家机关中受委托从事行政执法活动的事业编制人员执行行政执法职务的，可以对侵害人以妨害公务罪追究刑事责任。①

妨害公务，不仅表现为使被害人员无法执行公务或者不得不放弃执行某项职务，而且还表现为迫使其违背自己的意志和职责，实施不应当实施的行为，如迫使执行公务人员放走逮捕的人犯等。至于实施妨害行为者是公务执行的相对人还是毫无关联的第三人，均在所不问。

妨害公务行为多数以暴力、威胁方法实施。暴力，是指不法行使有形力，是最广义的暴力概念，即向他人当面实施有形力，但不一定是向身体直接实施暴力行为，间接暴力以及毁损公务人员周边财物的行为也包括在内，例如，向公务人员乘坐的汽车扔石块、将被公务人员扣押的伪劣商品拖下汽车砸毁、将税务机关工作人员查封的账目浇水淋湿等即属此类。威胁，是指告知足以使他人产生畏惧感的恶害，但限于使他人的人身、财产安全感受到侵害的情况。至于告知恶害的内容、方法，不受限制。对与公务执行密切相关、直接辅助公务人员的人实施暴

---

① 参见最高人民检察院《关于以暴力威胁方法阻碍事业编制人员依法执行行政执法职务是否可对侵害人以妨害公务罪论处的批复》（2000年4月24日）。

力、威胁，使公务人员的执行行为无法开展，也是本罪中的暴力、威胁行为。从本罪的性质看，暴力、威胁行为只要达到足以妨害公务执行的程度即为已足，所以本罪是抽象危险犯，不需要发生现实的妨害公务执行的结果，也不需要达到导致公务人员身体受伤害的程度。

值得研究的问题是：本罪的暴力必须是行为人基于积极攻击的意思所实施的行为，按照行为无价值（二元）论，主观要素是否存在，对违法行为的成立很重要。公务行为的相对人没有暴力攻击的意思，而是在被抓捕或采取强制措施时，出于摆脱、挣扎、反抗本能而实施的行为，即便有一定程度的暴力性，也不属于本罪行为。例如，在当事双方发生争执和肢体碰撞时，在执行公务的警察到场对行为人采取强制传唤的措施时，行为人基于其本能进行摆脱、挣扎、反抗，导致公务人员轻微伤的，不宜认定为妨害公务罪。这一结论考虑了期待可能性的法理。因为要求个人在不服从的情况下，面对公务人员都必须“束手就擒”，不能有任何反抗，否则就以妨害公务罪论处，是对国家权力性质的不当理解，超出了人性、人情的合理范围，有强人所难之嫌。在个人的合理要求没有得到满足，或公务人员明显放纵、偏袒争议的某一方时，自认为有理的行为人在本能反抗时与公务人员发生轻微冲突的行为，更不宜认定为本罪。当然，不是因为本能的不服从，而是从反抗方式和后果来看，属于主动地对公务人员发起攻击的，理应成立本罪。

为妨害公务，实施暴力、威胁行为对国家机关工作人员造成轻伤害的，仍然只构成妨害公务罪；但使用伤害手段妨害执行公务，造成国家机关工作人员重伤、死亡的，构成故意伤害罪，而非本罪。杀害、伤害、非法拘禁公务人员、抢夺公务人员枪支的，属于想象竞合犯，应从一重罪处断。

（三）主观要件

本罪在主观方面是故意，行为人明知他人在合法执行公务，而故意实施暴力、威胁加以妨害。犯罪动机如何，并不影响本罪成立。

行为人一方面要对他人具有国家机关工作人员、红十字会工作人员、人大代表身份有所认识，例如，对未表明身份、未着制服的警察进行殴打，行为人事实上无法认识对方的特定身份的，不构成本罪；另一方面，要对公务执行的合法性有所认识。

与此相关的问题是：行为人误将他人合法执行的职务认为是违法的职务而加以妨害的（公务行为合法性的错误），其认识错误是否阻却本罪的故意？按照事实错误说，该认识错误就阻却故意。① 因为职务的合法性是刑法所规定的构成要件要素，对公务性质的认识必须具备。将合法的职务误认为是违法的职务的，对构成要件客观要素的认识欠缺，行为一开始就不具有妨害公务罪的构成要件该当性。按照法律错误说，故意不能被阻却②，因为职务行为是否合法，是从刑法角度作出的独立法律评价，所以它不是故意中的认识对象，不需要行为人认识；同时，在轻率错误的场合，应该保护公务。二分说认为，需要区别行为人对职务合法性的认识错误究竟属于哪种类型，行为人如果对奠定合法性基础的基本事实有认识错误，属于事实认识错误；如果对与职务执行有关的事实的法律评价有认识错误，则属于法律认识错误。③ 我认为，原则上，二分说是合理的。不过，在绝大多数情况下，对公务合法性的认识错误，可能都应该被评价为法律认识错误，并不阻却本罪的故意。

---

① 参见［日］前田雅英：《刑法各论讲义》，7版，454页，东京，东京大学出版会，2020。

② 参见［日］藤木英雄：《刑法讲义各论》，26页，东京，弘文堂，1976。

③ 参见［日］大塚仁：《刑法概说·各论》，3版，572页，东京，有斐阁，1996。

二、袭警罪

第二百七十七条第五款①　暴力袭击正在依法执行职务的人民警察的，处三年以下有期徒刑、拘役或者管制；使用枪支、管制刀具，或者以驾驶机动车撞击等手段，严重危及其人身安全的，处三年以上七年以下有期徒刑。

袭警罪，是指暴力袭击正在依法执行职务的人民警察的行为。

（一）客观要件

本罪在客观上表现为使用暴力，袭击正在依法执行职务的人民警察的行为。

本罪的暴力，是广义的暴力，即使用有形力对警察实施人身侵害，通常的表现是拳打脚踢。其不要求达到压制警察反抗的程度，更不要求造成轻伤后果。未使用暴力，仅使用威胁方法阻碍警察依法执行职务的，按照妨害公务罪论处，不构成本罪。

本罪的侵害对象是依法执行职务的人民警察。这里的依法执行职务，是指人民警察的执法行为符合警察法、治安管理处罚法、刑事诉讼法以及人民警察执法规范等法律、法规的规定。执法行为有一定瑕疵，但不影响相对人的程序或实体权利的，属于依法执行职务。对违法执行的职务使用暴力进行阻止的，行为具有正当防卫的性质，不构成本罪。这里的人民警察，是指依照警察法的规定，取得执法资格的人民警察，不包括警察的辅助人员（辅警、临时工等）。因此，在警察的辅助人员单独执行任务时对其进行妨害的，并不构成本罪。但是，在人民警察在场时，即便仅对协助警察执行职务的辅警等实施暴力袭击，也是对人民警察正在依法执行职务的进行妨碍，可以构成本罪。本罪与其他犯罪之间存在竞合关系。暴力袭击正在依法执行职务的人民警察，造成伤害后果的，构成本罪和故意伤害罪的想象竞合。以高速驾驶机动车撞击等手段，严重危及警察及周围其他人的人身安全的，构成本罪和以危险方法危害公共安全罪的想象竞合犯。非法持有枪支并使用暴力袭击警察的，应以非法持有枪支罪和本罪并罚。醉酒后驾驶机动车撞击人民警察的，构成危险驾驶罪和本罪，应当数罪并罚。

（二）主观要件

本罪在主观方面是故意，行为人对于暴力袭击的是正在依法执行职务的人民警察有明知。

三、煽动暴力抗拒法律实施罪

第二百七十八条　煽动群众暴力抗拒国家法律、行政法规实施的，处三年以下有期徒刑、拘役、管制或者剥夺政治权利；造成严重后果的，处三年以上七年以下有期徒刑。

煽动暴力抗拒法律实施罪，是指煽动群众暴力抗拒国家法律、行政法规实施的行为。

煽动，是指以鼓动性言词或文字劝诱、引导、促使他人实施犯罪活动。煽动的内容必须是通过暴力方式抗拒国家法律实施，至于行为时所使用的文字、图形、演讲词等是否为行为人原创，则非所问。煽动他人静坐示威或以其他平和方式抗拒国家法律实施的，不构成本罪。对这里的“国家法律”，应当从广义上理解，包括宪法、法律、法规、规章等。不是煽动群众暴力抗拒国家法律、行政法规的实施，而是煽动他人使用暴力抗拒特定国家机关工作人员的具体职务行为的，可以构成妨害公务罪的教唆犯，而不构成本罪。

被煽动者必须是不特定或者多数的群众，应当是三人以上。煽动三人以下暴力抗拒国家法

---

① 本款为《刑法修正案（九）》第21条所增设，《刑法修正案（十一）》第31条将本款修改为独立罪名。

律、行政法规实施的，不构成本罪，即本罪属于公然犯。但是，在事先得知少数人肯定要纠集不特定或者多数群众以暴力方式抗拒法律实施的情况下，针对特定少数人实施煽动行为的，也可以构成本罪。被煽动者既可以是守法公民，也可以是违法犯罪分子。

本罪属于抽象危险犯，只要行为人将暴力抗拒国家法律实施这一特定内容以煽动的形式灌输给了他人，不管被煽动者是否付诸实施，均构成本罪。虽已实施煽动行为，但没有扰乱社会秩序的抽象危险的，不构成本罪。例如，怂恿多人破坏选举、煽动他人暴力抗拒缴纳税款的，虽妨碍了国家选举法规、税收法规的执行，但其直接侵害的是公民的民主权利、国家税收征收管理秩序，而没有妨害社会秩序，所以，可能构成破坏选举罪、抗税罪的教唆犯，而不构成本罪。

本罪与煽动颠覆国家政权罪、煽动分裂国家罪及煽动民族仇恨、民族歧视罪之间有法条竞合关系，本罪为普通法条，所以，在煽动颠覆国家政权、煽动分裂国家以及煽动民族仇恨、民族歧视的场合，虽然都有使群众抗拒国家法律实施，导致社会秩序陷入混乱的危险，但均不构成本罪，而应以特别法定罪处刑。

四、招摇撞骗罪

第二百七十九条　冒充国家机关工作人员招摇撞骗的，处三年以下有期徒刑、拘役、管制或者剥夺政治权利；情节严重的，处三年以上十年以下有期徒刑。

冒充人民警察招摇撞骗的，依照前款的规定从重处罚。

招摇撞骗罪，是指为了谋取非法利益，冒充国家机关工作人员进行招摇撞骗的行为。

冒充国家机关工作人员身份，既可以是非国家机关工作人员冒充国家机关工作人员，也可以是有此种职务、地位的国家机关工作人员冒充有彼种职务、地位的国家机关工作人员。不是冒充国家机关工作人员，而是冒充党员、高干子弟、烈士子弟并借此进行欺骗活动的，可能构成诈骗罪，但不构成本罪。冒充军人招摇撞骗的，构成他罪。

招摇撞骗，是指以国家机关工作人员的名义到处炫耀，取得信任、进行欺骗。行为人招摇撞骗的动机在于谋取各种非法利益，包括物质性和非物质性利益，例如，骗取某种职务、荣誉、资格或待遇，骗取女性的感情等。如果只是出于个人虚荣而谎称自己是国家干部，并不是为了谋取非法利益，而且事实上也没有取得不法利益的，只有“招摇（过市）”行为而无“撞骗”行为，并不构成本罪。

虽然冒充国家机关工作人员招摇撞骗，但取得的利益与招摇撞骗行为之间没有因果联系的，只构成本罪未遂；已实施招摇撞骗行为，但被害人不是基于被骗（有瑕疵的同意）而是因为怜悯而提供利益的，也构成本罪未遂；行为人乘没有交付意思的被骗者不注意之机夺取财物的，可以构成抢夺罪，但不构成本罪。

冒充国家司法、行政执法工作人员进入走私、赌博、生产销售伪劣商品的违法犯罪现场，勒令他人交付财物的，构成本罪；冒充行为被识破或完全不被接受后，使用暴力取得财物的，构成抢劫罪，应与招摇撞骗罪并罚。问题是：冒充者恐吓违法犯罪分子，使之交付财物的，恐吓行为是否另构成敲诈勒索罪？对此，要结合恐吓的内容加以判断：如果恐吓的内容仅为一旦违法犯罪分子拒绝交付财物，就要利用假冒者自己的“职权”将其按照法律规定给予处罚，从而使被恐吓者交付财物或者提供利益的，恐吓行为仍然属于招摇撞骗行为的一部分；如果恐吓的内容是兑现暴力或者毁损名誉，则与冒充的国家机关工作人员身份无关，应以敲诈勒索罪处理。

招摇撞骗罪和诈骗罪之间存在想象竞合关系，而不宜理解为法条竞合。理由在于：一方面，法条竞合，是指一个行为侵害相同法益（法益同一性）、符合数个犯罪的成立条件的情形。但本罪侵害的法益是国家机关的威信及其正常活动，诈骗罪侵害的法益是财产权，两罪的保护法益并不相同。另一方面，对法条竞合通常按照特别法条优于一般法条的原则处理。尽管在我国立法中也规定了个别特殊的法条竞合处理方式，即按照重法优于轻法来处理，如在生产、销售伪劣商品罪中，刑法第149条第2款规定重法优先，但是，这种法条竞合的特殊处理方式，以法律有明文规定为限，否则可能违背法条竞合"特别法条优先"的法理。而如果认为本罪和诈骗罪之间是法条竞合，本罪就成为特别法条，但在诈骗财物数额特别巨大的场合，本罪的法定最高刑又低于诈骗罪的，因此，认定二者属于法条竞合会带来处理上的困难。肯定本罪和诈骗罪之间的想象竞合关系，却能够避免上述弊端：冒充国家工作人员招摇撞骗，即便行为人主要是为了骗取财物，也是一个行为侵害两个法益，符合两个犯罪的成立条件。在骗取财物数额特别巨大的场合，应当以想象竞合犯中的重罪（即诈骗罪）处理。

五、伪造、变造、买卖国家机关公文、证件、印章罪

第二百八十条第一款① 伪造、变造、买卖或者盗窃、抢夺、毁灭国家机关的公文、证件、印章的，处三年以下有期徒刑、拘役、管制或者剥夺政治权利，并处罚金；情节严重的，处三年以上十年以下有期徒刑，并处罚金。

伪造、变造、买卖国家机关公文、证件、印章罪，是指伪造、变造、买卖国家机关的公文、证件、印章的行为。

本罪的保护法益是国家机关公文、证件、印章的公信力，以及国家机关依法管理公共事务的权力。

伪造公文、证件，既包括没有制作权限者冒用国家机关名义制作公文、证件（有形伪造），也包括有制作权限者擅自以国家机关的名义制作与事实不符的公文、证件（无形伪造）。伪造印章，是指无权制作者私刻印章，或者在纸张等物体上描绘、标示出足以使一般人误认的印影。变造，是指采用涂改、抹擦、拼接等方法，对真实的公文、证件、印章进行加工，改变其内容的行为。

伪造行为和变造行为之间有一定的界限，伪造行为是无中生有，变造行为是在已有的基础上作改动。例如，为证明自己清白，把一份有罪判决书涂改、拼接成无罪判决书，属于变造行为；为便于上访，把几份判决书拼接成一份判决书，改变了公文的本质部分，属于伪造行为。买卖是指非法购买或者销售公文、证件、印章的行为。行为人可能只实施伪造、变造、买卖中的一种，也可能结合实施其中几种行为，例如，伪造印章、证件之后进行买卖等。只要实施其中一种行为就成立本罪；同时实施多种行为的，也不数罪并罚。

本罪的行为对象是国家机关制作的公文、证件、印章。公文是指以国家机关的名义制作的，用以联系、指导工作，处理公共事务的书面文件，如命令、指示、决定、函件等。证件是指国家机关颁布的用以证明有关权利义务关系或事实存在的凭证，如工作证、结婚证、护照、户口迁移证、营业执照等。印章包括印形与印影。印形，是指国家机关刻制的、载明国家机关名称等内容，并可以通过一定方式在其他物体上留下痕迹的图章。印影，是指印形加盖在纸张等物体上所呈现的形象。印章包括代表本单位的公章，以及本单位各部门所使用的具有特殊用

① 本款为《刑法修正案（九）》第22条所修改。

途的各种专用章（如财物专用章、税务专用章）等。私人图章用于公务，发挥国家机关证明作用时，也可以成为本罪的对象。公司、企业、事业单位的公文、证件、印章，以及一般的个人印章，都不属于本罪的对象；伪造、变造、买卖武装部队公文、证件、印章的，构成其他犯罪。

关于机动车号牌是否属于国家机关证件，在实践中有一定争议。对此，最高人民法院研究室《〈关于伪造、变造、买卖民用机动车号牌行为能否以伪造、变造、买卖国家机关证件罪定罪处罚问题的请示〉的答复》（2009 年 1 月 1 日）认为，不能将机动车号牌认定为国家机关证件，伪造、变造、买卖民用机动车号牌行为不能以伪造、变造、买卖国家机关证件罪定罪处罚。理由在于：（1）刑法第 280 条第 1 款规定了伪造、变造、买卖国家机关公文、证件、印章罪，第 281 条规定了非法生产、买卖警用装备罪，将警用车辆号牌归属于警察专用标志，属于警用装备的范围。从这一点分析，证件与车辆号牌不具有同一性。如果具有同一性，刑法第 280 条中的证件就包括了警用车辆号牌，也就没有必要在第 281 条中单独明确列举警用车辆号牌了。同样的道理适用于刑法第 375 条的规定（刑法第 375 条第 1 款规定了伪造、变造、买卖武装部队公文、证件、印章罪，盗窃、抢夺武装部队公文、证件、印章罪，第 2 款规定了非法生产、买卖军用标志罪，而军用标志包括武装部队车辆号牌）。刑法规定非法生产、买卖警用装备罪和非法生产、买卖军用标志罪，明确对警用车辆号牌和军用车辆号牌进行保护，目的在于维护警用、军用标志性物品的专用权，而不是将警用和军用车辆号牌作为国家机关证件来保护。如果将机动车号牌认定为证件，那么非法买卖警用机动车号牌的行为，是认定为非法买卖国家机关证件罪还是非法买卖警用装备罪？这会导致刑法适用的混乱。（2）从刑罚处罚上看，如果将机动车号牌认定为国家机关证件，那么非法买卖的机动车号牌如果分别属于人民警察车辆号牌、武装部队车辆号牌、普通机动车号牌，同样一个行为就会得到不同的处理结果：对于前两者，根据刑法第 281 条、第 375 条第 2 款的规定，情节严重的，分别构成非法买卖警用装备罪、非法买卖军用标志罪，法定刑为 3 年以下有期徒刑、拘役或者管制，并处或者单处罚金。对于非法买卖民用机动车号牌，根据刑法第 280 条第 1 款的规定，不论情节是否严重，均构成买卖国家机关证件罪，情节一般的，处 3 年以下有期徒刑、拘役、管制或者剥夺政治权利；情节严重的，处 3 年以上 10 年以下有期徒刑。可见，将机动车号牌认定为证件，将使对非法买卖普通机动车号牌的刑罚处罚重于对非法买卖人民警察、武装部队车辆号牌的刑罚处罚。这显失公平，也有悖立法本意。

实际伪造、变造出公文、证件、印章或者加以买卖，就构成本罪既遂。如果完成了上述行为以后，又利用这些公文、证件或印章进行诈骗、重婚、毁损他人名誉等犯罪活动，则同时触犯了其他罪名，应从一重罪处断。伪造某国家机关的公文、证件、印章，以该国家机关的真实存在为前提。制造出根本不存在的国家机关的公文、证件、印章之后，又利用其实施其他犯罪的，则按照实际实施的后续行为定罪。根据最高人民法院研究室《关于对行为人通过伪造国家机关公文、证件担任国家工作人员职务并利用职务上便利侵占本单位的财物、收受贿赂、挪用本单位资金等行为如何适用法律问题的答复》（2004 年 3 月 30 日）的规定，行为人通过伪造国家机关公文、证件担任国家工作人员职务以后，又利用职务上的便利实施侵占本单位财物、收受贿赂、挪用本单位资金等行为，构成犯罪的，应当分别以伪造国家机关公文、证件罪和相应的贪污罪、受贿罪、挪用公款罪等追究刑事责任，实行数罪并罚。根据最高人民法院、最高人民检察院《关于办理与盗窃、抢劫、诈骗、抢夺机动车相关刑事案件具体应用法律若干问题的解释》（2007 年 5 月 9 日）的规定，伪造、变造、买卖机动车行驶证、登记证书，累计 3 本以上的，以伪造、变造、买卖国家机关证件罪定罪。

六、盗窃、抢夺、毁灭国家机关公文、证件、印章罪

第二百八十条第一款　伪造、变造、买卖或者盗窃、抢夺、毁灭国家机关的公文、证件、印章的，处三年以下有期徒刑、拘役、管制或者剥夺政治权利，并处罚金；情节严重的，处三年以上十年以下有期徒刑，并处罚金。

盗窃、抢夺、毁灭国家机关公文、证件、印章罪，是指盗窃、抢夺、毁灭国家机关的公文、证件、印章的行为。

盗窃，是指窃取公文、证件、印章的行为；抢夺是乘人不备，使用不法有形力夺取公文、证件、印章的行为；毁灭是指使公文、证件、印章的效用在物理上丧失的行为。

盗窃、抢夺、毁灭的对象是国家机关制作的公文、证件、印章。盗窃、抢夺武装部队公文、证件、印章的，构成盗窃、抢夺武装部队公文、证件、印章罪。但刑法第375条第1款并未对毁灭武装部队公文、证件、印章的行为作出规定，所以，毁灭武装部队公文、证件、印章的行为，可以构成毁灭国家机关公文、证件、印章罪。

行为人把公文、证件、印章置于自己控制之下，就构成盗窃、抢夺的既遂；将其部分功能毁损（而不要求使其全部功能丧失或整体灭失），构成毁坏的既遂。至于行为人是否有不法取得或者不法行使的意思，在所不问。行为人完成了上述行为以后，又利用这些公文、证件或印章进行了其他犯罪活动，则同时触犯了其他罪名，应从一重罪处断。

七、伪造公司、企业、事业单位、人民团体印章罪

第二百八十条第二款[①]　伪造公司、企业、事业单位、人民团体的印章的，处三年以下有期徒刑、拘役、管制或者剥夺政治权利，并处罚金。

伪造公司、企业、事业单位、人民团体印章罪，是指没有制作权限的人，擅自伪造公司、企业、事业单位、人民团体的印章，妨害社会管理秩序的行为。

这里的公司、企业，包括国有公司、企业，集体性质的公司、企业，私营公司、企业，以及“外资”企业。这里的事业单位，没有所有制性质的限定。人民团体只包括共青团、妇联、工会等组织机构，其应当是与社会团体不同的概念。

伪造，即无权制作者制造假的公司、企业、事业单位、人民团体的印章。例如，伪造高等院校印章制作学历、学位证明的，即成立本罪。根据最高人民法院、最高人民检察院《关于办理伪造、贩卖伪造的高等院校学历、学位证明刑事案件如何适用法律问题的解释》（2001年7月3日）的规定，明知是伪造高等院校印章制作的学历、学位证明而贩卖的，以伪造事业单位印章罪的共犯论处。变造、买卖公司、企业、事业单位的印章，不构成犯罪。

本罪的行为对象是公司、企业、事业单位、人民团体的印章。伪造足以产生上述单位证明作用的私人印章的，也应以本罪论处。伪造、买卖公司、企业、事业单位的公文、证件的，不构成犯罪。但是，非法获取并出卖载有国家经济秘密的国有公司、企业、事业单位、人民团体公文的，可能构成其他犯罪。

---

① 本款为《刑法修正案（十一）》第22条所修改。

八、伪造、变造、买卖身份证件罪

第二百八十条第三款①　伪造、变造、买卖居民身份证、护照、社会保障卡、驾驶证等依法可以用于证明身份的证件的，处三年以下有期徒刑、拘役、管制或者剥夺政治权利，并处罚金；情节严重的，处三年以上七年以下有期徒刑，并处罚金。

伪造、变造、买卖身份证件罪，是指违反国家身份证件管理规定，伪造、变造、买卖身份证件的行为。

本罪在客观方面表现为伪造、变造、买卖居民身份证、护照、社会保障卡、驾驶证等依法可以用于证明身份的证件的行为。不是伪造、变造、买卖证明身份的证件，而是伪造、变造、买卖仅仅证明财产归属的证件（如房产证、行驶证等）的，不构成本罪。这里的买卖，既包括出售、贩卖，也包括为出卖而购买的行为。对实践中单纯购买伪造、变造的身份证件的行为，不宜以本罪定罪，但对其购买后实际使用的行为，可以按照使用虚假身份证件罪定罪处罚。

由于居民身份证是公安机关颁发的证明公民个人身份的特殊证件，所以，伪造、变造居民身份证行为和伪造、变造国家机关证件罪之间有法条竞合关系。按照特别法条优于普通法条的原则，对伪造、变造居民身份证的行为一般应适用刑法第 280 条第 3 款的规定处理。但是，行为人大量伪造、多次伪造身份证，或者以伪造身份证为业，或者使多人利用伪造的身份证实施偷越国（边）境、劫持航空器等行为的，由于本罪的法定最高刑（7 年）低于伪造、变造国家机关证件罪的刑罚（10 年），可以根据重法优于轻法的原则，以伪造、变造国家机关证件罪处理。

九、使用虚假身份证件、盗用虚假身份证件罪

第二百八十条之一②　在依照国家规定应当提供身份证明的活动中，使用伪造、变造的或者盗用他人的居民身份证、护照、社会保障卡、驾驶证等依法可以用于证明身份的证件，情节严重的，处拘役或者管制，并处或者单处罚金。

有前款行为，同时构成其他犯罪的，依照处罚较重的规定定罪处罚。

使用虚假身份证件、盗用身份证件罪，是指在依照国家规定应当提供身份证明的活动中，使用伪造、变造的或者盗用他人的居民身份证、护照、社会保障卡、驾驶证等依法可以用于证明身份的证件，情节严重的行为。

本罪在客观方面表现为在依照国家规定应当提供身份证明的活动中，使用虚假身份证件或者盗用他人的身份证件。依照国家规定应当提供身份证明的活动，是指依照全国人大及其常委会制定的法律和决定，以及国务院制定的行政法规、规定的行政措施、发布的决定和命令，应当提供真实身份证件的情形。根据《居民身份证法》（2011 年）第 14 条的规定，有下列情形之一的，公民应当出示居民身份证证明身份：（1）常住户口登记项目变更；（2）兵役登记；（3）婚姻登记、收养登记；（4）申请办理出境手续；（5）法律、行政法规规定需要用居民身份证证明身份的其他情形。国务院《铁路安全管理条例》（2013 年）第 64 条规定，铁路运输企业

---

① 本款为《刑法修正案（九）》第 22 条所修改。

② 本条为《刑法修正案（九）》第 23 条所增设。

应当按照国务院铁路行业监督管理部门的规定实施火车票实名购买、查验制度。实施火车票实名购买、查验制度的，旅客应当凭有效身份证件购票乘车；对车票所记载身份信息与所持身份证件或者真实身份不符的持票人，铁路运输企业有权拒绝其进站乘车。此外，在申请社会保障、购买商业保险时，依照国家规定也应当提供有效身份证明等。本罪的使用，是指出示、出具；盗用，不是“盗窃后使用”，而是指明知是他人的身份证件而冒用，即“盗用”他人名义。得到他人许可后使用，或与他人串通后的使用虽对社会秩序有妨害，但与“盗用”的含义不符，不是盗用。实施本罪规定的行为，必须达到情节严重的程度，才构成犯罪。

本罪和其他犯罪之间有竞合关系。例如，在使用虚假身份证件骗领社会保障的场合，行为同时构成诈骗罪；为实施信用卡诈骗，盗用他人身份证件申领信用卡的，同时构成信用卡诈骗罪，均应从一重罪处断。

十、冒名顶替罪

第二百八十条之二[①] 盗用、冒用他人身份，顶替他人取得的高等学历教育入学资格、公务员录用资格、就业安置待遇的，处三年以下有期徒刑、拘役或者管制，并处罚金。

组织、指使他人实施前款行为的，依照前款的规定从重处罚。

国家工作人员有前两款行为，又构成其他犯罪的，依照数罪并罚的规定处罚。

冒名顶替罪，是指盗用、冒用他人身份，顶替他人取得的高等学历教育入学资格、公务员录用资格、就业安置待遇的行为。

盗用他人身份，是指暗中使用他人的姓名、身份证号、住址等身份信息；冒用他人身份，是指以他人名义开展活动。盗用行为违背被害人的意思。值得研究的问题是：取得他人同意之后，以他人身份接受高等教育、参加公务员考试、取得就业安置待遇等，是否属于冒用？如果考虑到冒用是指假冒他人的名义，且本罪的保护法益是社会管理秩序而非被冒用者的人身法益，得到被冒用者同意的行为仍然属于这里的冒用，可以构成本罪。

行为人只有通过盗用、冒用身份的行为，顶替他人取得的高等学历教育入学资格、公务员录用资格、就业安置待遇的，才构成本罪。冒名顶替他人取得的优质高中入学资格、事业单位人员录用资格、特殊抚恤优待的，不构成本罪。

行为人伪造国家机关公文、证件、印章实施冒名顶替行为的，不数罪并罚，从一重罪处断；盗用、冒用他人身份，顶替他人取得的公务员录用资格、就业安置待遇取得财物的，构成本罪和诈骗罪的想象竞合犯，应从一重罪处断；国家工作人员参与实施冒名顶替行为，又有受贿等犯罪的，数罪并罚。

组织、指使他人冒名顶替的，从重处罚。可以认为，这是刑法分则对共犯处罚的特殊规定。根据刑法第 26 条的规定，对犯罪集团的首要分子，按照集团所犯的全部罪行处罚；对其他主犯，应当按照其所参与的或者组织、指挥的全部犯罪处罚。对于这两种情形，刑法都没有作出从重处罚的规定。但是，依据本条第 2 款的规定，对组织、指使他人冒名顶替的处罚，明显重于依刑法第 26 条的规定作出的处罚，有“造意为首”的痕迹。为此，应当把这里的组织、指使理解为，行为人客观上所起的作用与具有犯罪集团性质的有组织犯罪中主犯所起的作用相当的情形，否则，从重处罚的实质根据欠缺。

---

① 本条为《刑法修正案（十一）》第 32 条所增设。

十一、非法生产、买卖警用装备罪

第二百八十一条　非法生产、买卖人民警察制式服装、车辆号牌等专用标志、警械，情节严重的，处三年以下有期徒刑、拘役或者管制，并处或者单处罚金。

单位犯前款罪的，对单位判处罚金，并对其直接负责的主管人员和其他直接责任人员，依照前款的规定处罚。

非法生产、买卖警用装备罪，是指非法生产、买卖人民警察制式服装、车辆号牌等专用标志、警械，情节严重的行为。

（一）客观要件

本罪在客观方面表现为非法生产、买卖人民警察制服、车辆号牌等专用标志、警械的行为。非法生产、买卖是指无生产、经营、使用权的单位或个人擅自生产、销售、购买人民警察制式服装、专用标志、警械；或者虽有生产、经营权，但违反有关规定擅自超额进行生产、销售。

本罪的行为对象仅限于人民警察的制式服装、车辆牌号等专用标志、警械。制式服装，是指统一设计、制作并有别于其他服装的专用服装。车辆号牌，即为便于管理而制作的用以标明汽车归属、类型、排列顺序等的牌照。专用标志，主要是指警衔标志。警械，是指人民警察按照规定装备的警棍、催泪弹、高压水枪、特种防暴枪、手铐、脚镣、警绳等警用器械。上述物品在禁止自由流通之列，非法生产、买卖上述物品的行为，实际上也是一种非法经营的行为，所以，本罪和非法经营罪之间存在法条竞合关系，本罪是特别法条。

（二）主观要件

本罪在主观方面是故意。行为人必须明知是人民警察的制服、车辆号牌等专用标志、警械而加以非法生产、买卖的，才构成本罪；如果对犯罪对象的特殊性的确不具有明知，不构成本罪。制式服装已经更换，但行为人并不知情，仍然当作是正在使用中的服装加以生产或者买卖的，构成本罪的未遂。

十二、非法获取国家秘密罪

第二百八十二条第一款　以窃取、刺探、收买方法，非法获取国家秘密的，处三年以下有期徒刑、拘役、管制或者剥夺政治权利；情节严重的，处三年以上七年以下有期徒刑。

非法获取国家秘密罪，是指以窃取、刺探、收买方法，非法获取国家秘密的行为。

窃取是以秘密方式取得；刺探是指通过各种途径和手段非法探听国家秘密；收买是指给予他人财物、美色或其他非法利益换取国家秘密。以窃取、刺探、收买方法非法获取国家秘密以外的情报的，不构成本罪。

行为人非法获取国家秘密，然后向境外机构、组织、人员提供的，构成为境外窃取、刺探、收买、非法提供国家秘密罪，而不成立本罪。在非法获取国家秘密的当时，并无非法提供给境外机构后者人员的意思，但事后又将其提供给境外机关或者人员的，原则上也只成立为境外窃取、刺探、收买、非法提供国家秘密罪，而不数罪并罚。

十三、非法持有国家绝密、机密文件、资料、物品罪

第二百八十二条第二款　非法持有属于国家绝密、机密的文件、资料或者其他物品，拒不说明来源与用途的，处三年以下有期徒刑、拘役或者管制。

非法持有国家绝密、机密文件、资料、物品罪，是指非法持有国家绝密、机密的文件、资料或者其他物品，拒不说明来源与用途的行为。

非法持有，是指不应知悉某项国家绝密、机密者携带、存放、控制相关物品，或者可以知悉某项国家绝密、机密者在未办理相关手续的情况下，私自携带、留存相关文件、资料或物品。持有国家绝密、机密文件、资料或其他物品，同时在有关机关和人员询问其来源与用途时，拒不加以说明的，才构成本罪。拒不说明来源与用途，包括不提供任何说明，也包括编造事实、提供虚假的说明。

本罪的行为对象是国家绝密、机密文件、资料或其他物品。国家秘密具有特殊意义，一旦泄露，就会对国家和社会造成严重损害，所以非法持有相关文件、资料或其他物品本身就对国家利益有高度危险。持有绝密、机密以外的一般秘密文件、资料、物品的，不构成本罪。

文件、资料或其他物品本身是国家绝密、机密，行为人对具体密级并不清楚，但认识到其属于国家秘密而持有，并拒不说明来源与用途的，即构成本罪。换言之，行为人对持有物的国家秘密性有认识即为已足，并不以具体认识到其密级为必要。

以窃取、刺探、收买方法获取国家绝密、机密文件、资料等，而且非法持有并拒不说明来源与用途的，不应数罪并罚，持有行为只是以犯罪方法取得赃物后的处分行为（不可罚的事后行为）。行为人持有国家绝密、机密文件、资料或其他物品，然后伺机向境外机构、组织、人员提供的，应以为境外非法提供国家秘密罪定罪处罚，不应数罪并罚，因为在任何情况下，为境外机构、组织、人员非法提供国家秘密之前都有一个事实上的持有过程，该持有行为可以被后续的非法提供行为吸收。

十四、非法生产、销售专用间谍器材、窃听、窃照专用器材罪

第二百八十三条① 非法生产、销售专用间谍器材或者窃听、窃照专用器材的，处三年以下有期徒刑、拘役或者管制，并处或者单处罚金；情节严重的，处三年以上七年以下有期徒刑，并处罚金。

单位犯前款罪的，对单位判处罚金，并对其直接负责的主管人员和其他直接责任人员，依照前款的规定处罚。

非法生产、销售专用间谍器材、窃听、窃照专用器材罪，是指非法生产、销售专用间谍器材或者窃听、窃照专用器材的行为。

（一）保护法益

本罪侵害的法益是国家对专用间谍器材或者窃听、窃照专用器材的生产、销售等的管控制度。

近年来，在政治、经济和社会生活中，采用非法手段窃取、刺探政治、经济情报和个人隐私的情况时有发生，非法生产、销售专用间谍器材或者窃听、窃照专用器材的违法犯罪活动也越来越猖獗，严重扰乱了正常的社会、生产和生活秩序。非法生产、销售的上述装置一旦流入社会，将对市场经济的有效发展及公民个人隐私的保护造成较大影响，所以，法律规定，任何组织和个人都不得非法生产、销售专用间谍器材或者窃听、窃照专用器材。为了维护正常的社会、生产和生活秩序，刑法将非法生产、销售此类器材的行为规定为犯罪，体现了立法的必要性和及时性。

---

① 本条为《刑法修正案（九）》第24条所修改。

（二）客观要件

本罪在客观方面表现为无权生产、销售的单位或个人，违反国家规定，擅自制造、买卖专用间谍器材或者窃听、窃照专用器材的行为。本罪的行为对象是专用间谍器材或者窃听、窃照专用器材。根据《反间谍法》（2014 年 11 月 1 日）第 25 条的规定，专用间谍器材由国务院国家安全主管部门依照国家有关规定确认，其包括：（1）暗藏式窃听、窃照器材；（2）突发式收发报机、一次性密码本、密写工具；（3）用于获取情报的电子监听、截收器材；（4）其他专用间谍器材。

本罪是选择性罪名，只要具有生产、销售二种行为之一的，即可构成本罪。单纯购买的，不具有犯罪性。但是，为出售而购买的，构成本罪。

本罪是行为犯，即只要单位或个人实施了非法生产、销售专用间谍器材或窃听、窃照专用器材的行为，非法生产、销售行为对社会秩序就有危害，无论其数量、数额多寡，也不论该种行为是否造成其他法律后果，均应以本罪论处。

十五、非法使用窃听、窃照专用器材罪

第二百八十四条　非法使用窃听、窃照专用器材，造成严重后果的，处二年以下有期徒刑、拘役或者管制。

非法使用窃听、窃照专用器材罪，是指使用窃听、窃照专用器材，非法窃取他人隐私，造成严重后果的行为。

（一）保护法益

关于本罪的保护法益一般认为是公民的私生活秘密权，即公民的隐私权，因为使用窃听、窃照专用器材，可能获知公民个人生活中不愿为外人了解和散布的事实，从而危害公民个人权利。但是，这种观点并不全面。本罪是妨害社会管理秩序罪，其与《反间谍法》（2014 年 11 月 1 日）第 25 条规定的任何个人和组织都不得非法持有、使用间谍活动特殊需要的专用间谍器材相互呼应。由于窃听、窃照专用器材本身只能由法定的组织、个人经法定程序许可后使用，非法使用行为违反了国家对专用器材的管理制度；同时使用专用器材行为本身具有隐秘性，可能造成不特定或者多数人的人权受到侵犯，由此带来社会不安定，所以本罪应当属于侵害社会法益的犯罪。

（二）客观要件

本罪在客观方面表现为非法使用窃听、窃照专用器材，非法窃取他人隐私，并造成严重后果的行为。

非法使用窃听、窃照专用器材的方法不受限制，公然还是秘密使用，在所不问。只要是行为人利用专用器材窃听他人的谈话、录音、电话等，或利用专用器材拍摄有关的景物、设施、信息资料、文书的，就是非法使用。所谓窃听、窃照专用器材，是指可暗藏的窃听、窃照器材，用于获取情报的电子监听、截收器材等。如果行为人使用的不是窃听、窃照专用器材，而是普通的收听、摄照器材，就不能按本罪处理。使用专用器材，造成严重后果的才构成本罪。严重后果，一般是指造成他人精神失常、家庭破裂以及受害者自杀等。严重后果和非法使用行为之间应当有因果关系。

为获取、刺探国家秘密而将窃听、窃照专用器材放入国家机关办公场所或国家工作人员使用的车辆、住处的，构成本罪与非法获取国家秘密罪之间的想象竞合犯，应从一重罪处断。将窃听、窃照所获得的事实或材料加以扩散，或捏造事实并散布的，可能构成侮辱罪、诽谤罪，

应与本罪并罚。

有权使用窃听、窃照专用器材的国家机关工作人员，在从事公务过程中，未经批准擅自使用该器材的，或者经过批准但改变使用用途偷听、偷拍他人隐私以满足好奇心或实现报复欲望的，也属于非法使用窃听、窃照专用器材，成立本罪，但其与滥用职权罪之间有想象竞合关系，应从一重罪处断。

（三）主观要件

本罪在主观方面是故意。行为人明知是窃听、窃照专用器材而使用的，才构成本罪。

十六、组织考试作弊罪

第二百八十四条之一第一款　在法律规定的国家考试中，组织作弊的，处三年以下有期徒刑或者拘役，并处或者单处罚金；情节严重的，处三年以上七年以下有期徒刑，并处罚金。

第二款　为他人实施前款犯罪提供作弊器材或者其他帮助的，依照前款的规定处罚。

组织考试作弊罪，是指在法律规定的国家考试中，组织作弊的行为。

（一）保护法益

本罪的保护法益是公平竞争的环境和诚信的社会风尚。我国是一个考试大国，每年全国举行的各级各类考试不计其数。近年来，考试作弊现象充斥考场，有些作弊呈现出高度组织化特点，参与人数多，涉及面广，影响极坏，令人震惊。考试作弊具有极大的社会危害性，严重败坏了社会风气，破坏了公平竞争、诚信的社会环境，扰乱了教育秩序、人才培养和选拔的正常秩序，使通过考试选拔人才和根据成果评价人才的机制失去了应有意义。为了保护考试参加者的合法权益，保障考试公平、公正，倡导诚信的社会风气，有必要严厉惩治组织考试作弊行为。

（二）客观要件

本罪在客观方面表现为在法律规定的国家考试中，组织作弊的行为。

组织作弊，不仅仅指组织考生作弊。组织家长、监考人员或者相关辅导教师参与作弊的，也是组织作弊。这里的“法律规定的国家考试”，范围有严格限定，仅限于全国人大及其常委会制定的法律所规定的考试。根据有关法律规定，下列考试属于“法律规定的国家考试”：(1) 普通高等学校招生考试、研究生招生考试、高等教育自学考试、成人高等学校招生考试等国家教育考试；(2) 中央和地方公务员录用考试；(3) 国家统一法律职业资格考试、国家教师资格考试、注册会计师全国统一考试、会计专业技术资格考试、资产评估师资格考试、医师资格考试、执业药师职业资格考试、注册建筑师考试、建造师执业资格考试等专业技术资格考试；(4) 其他依照法律由中央或者地方主管部门以及行业组织的国家考试。上述考试所涉及的特殊类型招生、特殊技能测试、面试等考试，属于“法律规定的国家考试”。

为他人实施前述犯罪提供作弊器材或者其他帮助的（协助组织作弊行为），依照本罪的相关规定处罚。具有避开或者突破考场防范作弊的安全管理措施，获取、记录、传递、接收、存储考试试题、答案等功能的程序、工具，以及专门设计用于作弊的程序、工具，属于作弊器材。依托互联网和无线通信等技术实施的各类涉及考试的违法犯罪活动日益猖獗，为他人作弊提供无线电设备的生产厂商、作弊器材销售商等，都属于这里的提供作弊器材的人。这里的“其他帮助”，包括非法获取、贩卖考生信息，制作、贩卖伪造的证件，为组织者运送作弊学生，安排替考者住宿，为被组织的考生、家长或监考人员传递与作弊有关的纸条或其他信息等情形。

组织考试作弊，在考试开始之前被查获，但已经非法获取考试试题、答案或者具有其他严重扰乱考试秩序情形的，应当认定为组织考试作弊罪既遂。

组织作弊情节严重的，法定刑升格。根据最高人民法院、最高人民检察院《关于办理组织考试作弊等刑事案件适用法律若干问题的解释》（2019年9月2日）第2条的规定，组织作弊，具有下列情形之一的，应当认定为情节严重：（1）在普通高等学校招生考试、研究生招生考试、公务员录用考试中组织考试作弊的；（2）导致考试推迟、取消或者启用备用试题的；（3）考试工作人员组织考试作弊的；（4）组织考生跨省、自治区、直辖市作弊的；（5）多次组织考试作弊的；（6）组织30人次以上作弊的；（7）提供作弊器材50件以上的；（8）违法所得30万元以上的；（9）其他情节严重的情形。

（三）主观要件

本罪在主观方面是故意，行为人对被组织者参与的是法律规定的国家考试有认识，对行为可能扰乱国家考试的秩序有希望或者放任。

十七、非法出售、提供试题、答案罪

第二百八十四条之一第三款 为实施考试作弊行为，向他人非法出售或者提供第一款规定的考试的试题、答案的，依照第一款的规定处罚。

非法出售、提供试题、答案罪，是指为实施考试作弊行为，向他人非法出售或者提供法律规定的国家考试的试题、答案的行为。

出售，是指以牟利为目的销售法律规定的国家考试的试题、答案的行为。提供，是指并非出于牟利目的，但是基于人情或为显示自己的本事，而将试题、答案交付给他人的行为。本罪对单纯购买、取得试题、答案的行为不处罚。

法律规定的国家考试的试题、答案在开考启封之前均属机密级以上的国家秘密，但开考后即解密。例如，国家高等教育入学考试的考题、参考答案及评分标准在开考启封前均为绝密级国家秘密。实践中，一些组织考试作弊者，既有考前通过非法渠道拿到有关试题和答案的，也有在考试过程中里应外合，在开考之后，利用设备在考场内将考试的试题传送到场外，场外再组织枪手解题，将答案传到场内的。因此，本罪与非法获取国家秘密罪之间有竞合关系，应当从一重罪处断。

本罪的行为人不是组织考试作弊的人。在组织考试作弊过程中，向他人非法出售或者提供法律规定的国家考试的试题、答案的行为是组织考试作弊罪的构成要件行为的组成部分，不再论以本罪。

为实施考试作弊行为，向他人非法出售或者提供法律规定的国家考试的试题、答案，试题不完整或者答案与标准答案不完全一致的，不影响认定为本罪。

十八、代替考试罪

第二百八十四条之一①第四款 代替他人或者让他人代替自己参加第一款规定的考试的，处拘役或者管制，并处或者单处罚金。

代替考试罪，是指代替他人或者让他人代替自己参加法律规定的国家考试的行为。

① 本条为《刑法修正案（九）》第25条所增设。

代替他人考试，是指假冒他人名义参加法律规定的国家考试。此时，行为人一定会同时实施非法使用身份证件的行为。因此，本罪和使用虚假身份证件罪之间有想象竞合关系，应当从一重罪处断。

本罪是典型的对向犯，刑法同时处罚双方行为人（考生和“枪手”），且定罪和法定刑都相同。

十九、非法侵入计算机信息系统罪

第二百八十五条第一款　违反国家规定，侵入国家事务、国防建设、尖端科学技术领域的计算机信息系统的，处三年以下有期徒刑或者拘役。

第四款①　单位犯前三款罪的，对单位判处罚金，并对其直接负责的主管人员和其他直接责任人员，依照各该款的规定处罚。

非法侵入计算机信息系统罪，是指违反国家规定，侵入国家事务、国防建设、尖端科学技术领域的计算机信息系统的行为。

（一）保护法益

本罪侵害的法益是国家事务、国防建设、尖端科学技术等重要领域的计算机信息系统的信息安全和计算机功能的安全。

随着计算机在我国的日益普及，各种国家事务秘密、国防建设秘密以及尖端科学技术秘密越来越多地保存在计算机信息系统中或者以计算机存储数据的方式出现，因而计算机信息系统安全对国家重要部门和重要事务的影响越来越大，保证这些重要部门的计算机信息系统安全，对于保护各种国家秘密、国防秘密、尖端科学技术秘密不受侵犯，对于维护正常的社会秩序都起着重要作用。

（二）客观要件

本罪在客观方面表现为违反国家规定，侵入国家事务、国防建设、尖端科学技术领域的计算机信息系统的行为。

行为人通过各种手段进入特定计算机信息系统的行为必须是违反国家规定的，也即是未经合法授权的“非法”入侵行为。这里的“违反国家规定”，包括违反计算机安全保护法规和保守国家秘密的一般性法规。

非法侵入行为可以分为两类：一是非法用户侵入信息系统，也即无权访问特定信息系统的人非法侵入该信息系统。二是合法用户的越权访问，未办理手续而擅自访问该信息系统或者超出授权范围使用账号、密码登录计算机信息系统。在现实中发生的非法入侵行为主要是指前者，即在未得到国家有关主管部门的合法授权或批准的情况下，通过计算机终端擅自访问有关计算机信息系统或者进行数据截收的行为，如利用所掌握的计算机知识、技术，以非法手段获取指令或者许可后，冒充合法使用者进入特定的计算机信息系统，或者擅自将自己的计算机与某些特定的计算机信息系统联网等。

非法侵入的对象仅限于国家事务、国防建设、尖端科学技术领域的计算机信息系统。所谓计算机信息系统，是指具备自动处理数据功能的系统，包括计算机、网络设备、通信设备、自动化控制设备等。确定一个系统是否属于国家事务、国防建设和尖端科学技术领域的计算机信息系统，主要是看该系统所采集、加工、存储、传输、检索的信息属于何种性质，例如，银

① 本款为《刑法修正案（九）》第26条所增设。

行、国家电力、国有铁路、民航、军事机构、国有事业单位的事务，均属于国家事务的范围，非法侵入其计算机信息系统的，构成本罪。

试图非法侵入国防建设的计算机信息系统，而且多次尝试攻击，但因个人技术的欠缺而均告失败的，属于犯罪未遂。犯罪既遂与否的标准应当是入侵行为是否已突破或者绕过系统的安全保卫机制。

破坏安全系统，进而实施的犯罪行为可能涉及对隐私权、商业秘密或者知识产权的侵害，因而与侵入行为本身对安全系统的破坏形成牵连关系，应当从一重罪论处。

（三）主观要件

本罪在主观方面是故意，即行为人明知是国家事务、国防建设、尖端科学技术领域的计算机信息系统而侵入。过失进入国家重要的计算机信息系统的，不构成本罪。

二十、非法获取计算机信息系统数据罪

第二百八十五条第二款① 违反国家规定，侵入前款规定以外的计算机信息系统或者采用其他技术手段，获取该计算机信息系统中存储、处理或者传输的数据，或者对该计算机信息系统实施非法控制，情节严重的，处三年以下有期徒刑或者拘役，并处或者单处罚金；情节特别严重的，处三年以上七年以下有期徒刑，并处罚金。

第四款② 单位犯前三款罪的，对单位判处罚金，并对其直接负责的主管人员和其他直接责任人员，依照各该款的规定处罚。

非法获取计算机信息系统数据罪，是指违反国家规定，侵入国家事务、国防建设、尖端科学技术领域的计算机信息系统之外的其他计算机或者采用其他技术手段，获取该计算机信息系统中存储、处理或者运输的数据，情节严重的行为。

本罪的行为对象是刑法第285条第1款规定的计算机信息系统以外的普通计算机信息系统中存储、处理或者运输的数据。计算机信息系统中“存储”的数据，是指用户在计算机信息系统的硬盘或者其他存储介质中保存的信息。“处理”的数据，是指他人计算机信息系统中正在运行的信息。“运输”的数据，是指他人计算机信息系统各设备、设施之间，或者与其他计算机信息系统之间正在进行交换、输送、传送的信息。本罪的行为方式是两种：（1）侵入计算机信息系统获取数据，即未经他人同意，采取破解密码等技术手段，突破、穿越、绕过或者解除特定计算机信息系统的安全防护体系，擅自进入该系统后下载其储存的数据。（2）采用其他技术手段获取数据，如设立假冒网站，欺骗用户输入账号、密码等信息获取计算机信息系统数据。

构成本罪，要求情节严重。根据最高人民法院、最高人民检察院《关于办理危害计算机信息系统安全刑事案件应用法律若干问题的解释》（2011年8月1日）第1条的规定，具有下列情形之一的，应当认定为情节严重：（1）获取支付结算、证券交易、期货交易等网络金融服务的身份认证信息10组以上的；（2）获取第1项以外的身份认证信息500组以上的；（3）非法控制计算机信息系统20台以上的；（4）违法所得5 000元以上或者造成经济损失1万元以上的；（5）其他情节严重的情形。

---

① 本款为《刑法修正案（七）》第9条所增设。

② 本款为《刑法修正案（九）》第26条所增设。

二十一、非法控制计算机信息系统罪

第二百八十五条第二款① 违反国家规定，侵入前款规定以外的计算机信息系统或者采用其他技术手段，获取该计算机信息系统中存储、处理或者传输的数据，或者对该计算机信息系统实施非法控制，情节严重的，处三年以下有期徒刑或者拘役，并处或者单处罚金；情节特别严重的，处三年以上七年以下有期徒刑，并处罚金。

第四款② 单位犯前三款罪的，对单位判处罚金，并对其直接负责的主管人员和其他直接责任人员，依照各该款的规定处罚。

非法控制计算机信息系统罪，是指违反国家规定，对普通计算机信息系统实施非法控制，情节严重的行为。

这里的“非法控制”，是指通过侵入或者其他技术手段，使计算机信息系统处于其掌控之中，能够接受其发出的指令，完成相应的操作活动。实务中，通过植入木马程序的方式，非法获取网站服务器的控制权限，进而修改、增加计算机信息系统数据，向相关计算机信息系统上传网页链接代码的，应当认定为采用其他技术手段非法控制计算机信息系统的行为。成立本罪，只要求行为人客观上对他人计算机进行实际控制即可，不要求实施进一步的侵害行为（法益保护的早期化）。因此，在有的情况下，似乎可以认为本罪是将非法获取计算机信息系统数据罪的预备行为予以正犯化。

构成本罪，要求情节严重。对此，可以结合行为人非法控制的计算机信息系统的重要性和数量等方面考虑。如对金融、医疗、交通等重要的计算机信息系统实施控制，其危险性就大于对其他普通的个人计算机信息系统实施控制。具体认定标准和非法获取计算机信息系统数据罪相同。

通过修改、增加计算机信息系统数据，对该计算机信息系统实施控制，是否造成系统功能实质性破坏或者不能正常运行，对于区分破坏计算机信息系统罪和本罪具有重大影响。在这个意义上，可以认为最高人民检察院第 34 号指导性案例“李骏杰等破坏计算机信息系统案”的结论（冒用购物网站买家身份进入网站内部评价系统删改购物评价，属于对计算机信息系统内存储数据进行修改操作，应当认定为破坏计算机信息系统的行为）存在疑问。在最高人民法院第 145 号指导性案例“张竣杰等非法控制计算机信息系统案”中，有关的裁判要旨则具有合理性：（1）通过植入木马程序的方式，非法获取网站服务器的控制权限，进而通过修改、增加计算机信息系统数据，向相关计算机信息系统上传网页链接代码的，应当认定为刑法第 285 条第 2 款“采用其他技术手段”非法控制计算机信息系统的行为。（2）通过修改、增加计算机信息系统数据，对该计算机信息系统实施非法控制，但未造成系统功能实质性破坏或者不能正常运行的，不应当认定为破坏计算机信息系统罪，符合刑法第 285 条第 2 款规定的，应当认定为非法控制计算机信息系统罪。

二十二、提供侵入、非法控制计算机信息系统程序、工具罪

第二百八十五条第三款③ 提供专门用于侵入、非法控制计算机信息系统的程序、工具，或者明知他人实施侵入、非法控制计算机信息系统的违法犯罪行为而为其提供程序、工具，情节严重的，依照前款的规定处罚。

---

① 本款为《刑法修正案（七）》第 9 条所增设。

② 本款为《刑法修正案（九）》第 26 条所增设。

③ 本款为《刑法修正案（七）》第 9 条所增设。

第四款① 单位犯前三款罪的，对单位判处罚金，并对其直接负责的主管人员和其他直接责任人员，依照各该款的规定处罚。

提供侵入、非法控制计算机信息系统程序、工具罪，是指提供专门用于侵入、非法控制计算机信息系统的程序、工具，或者明知他人实施侵入、非法控制计算机信息系统的违法犯罪行为而为其提供程序、工具，情节严重的行为。

这里的"提供"，包括出售等有偿提供，也包括免费提供；包括直接提供给他人，也包括放置在网络上供他人下载。本罪的实行行为包括两种情形：(1) 提供专门用于实施侵入、非法控制计算机信息系统的程序、工具，如为他人提供专门用于窃取网上银行账号的"网银木马"程序等。对有证据证明用途单一，只能用于侵入计算机信息系统的程序，司法机关可依法认定为专门用于侵入计算机信息系统的程序；难以确定的，应当委托专门部门或司法鉴定机构作出检验或鉴定。(2) 明知他人实施侵入、非法控制计算机信息系统的违法犯罪行为而为其提供程序、工具。行为人所提供的程序、工具本身，既可以用于非法用途，也可以用于合法用途，但行为人明知程序或工具可能用于非法用途时仍予以提供的，即构成本罪。实践中，本罪发案率较高的情形是，行为人制作钓鱼网站和木马病毒程序（其功能是避开、突破计算机信息系统安全保护措施，在互联网上盗取他人使用的聊天程序、工具），然后将其有偿提供给他人使用，使他人利用该程序、工具实现侵入、非法控制计算机信息系统而从事非法诈骗活动。

本罪行为人提供的对象是专门用于侵入、非法控制计算机信息系统的程序、工具。根据最高人民法院、最高人民检察院《关于办理危害计算机信息系统安全刑事案件应用法律若干问题的解释》(2011 年 8 月 1 日) 第 2 条的规定，具有下列情形之一的程序、工具，应当被认定为专门用于侵入、非法控制计算机信息系统的程序、工具：(1) 具有避开或者突破计算机信息系统安全保护措施，未经授权或者超越授权获取计算机信息系统数据的功能的；(2) 具有避开或者突破计算机信息系统安全保护措施，未经授权或者超越授权对计算机信息系统实施控制的功能的；(3) 其他专门设计用于侵入、非法控制计算机信息系统、非法获取计算机信息系统数据的程序、工具。

构成本罪，要求情节严重。对此，可以结合行为人所提供的程序、工具的数量、具体用途，行为持续的时间，所造成的实际危害后果等方面进行考虑。根据最高人民法院、最高人民检察院《关于办理危害计算机信息系统安全刑事案件应用法律若干问题的解释》(2011 年 8 月 1 日) 第 3 条的规定，具有下列情形之一的，应当认定为情节严重：(1) 提供能够用于非法获取支付结算、证券交易、期货交易等网络金融服务身份认证信息的专门性程序、工具 5 人次以上的；(2) 提供前项以外的专门用于侵入、非法控制计算机信息系统的程序、工具 20 人次以上的；(3) 明知他人实施非法获取支付结算、证券交易、期货交易等网络金融服务身份认证信息的违法犯罪行为而为其提供程序、工具 5 人次以上的；(4) 明知他人实施前述第三项以外的侵入、非法控制计算机信息系统的违法犯罪行为而为其提供程序、工具 20 人次以上的；(5) 违法所得 5 000 元以上或者造成经济损失 1 万元以上的；(6) 其他情节严重的情形。

二十三、破坏计算机信息系统罪

第二百八十六条 违反国家规定，对计算机信息系统功能进行删除、修改、增加、干扰，造成计算机信息系统不能正常运行，后果严重的，处五年以下有期徒刑或者拘役；后果特别严重的，处五年以上有期徒刑。

① 本款为《刑法修正案（九）》第 26 条所增设。

违反国家规定，对计算机信息系统中存储、处理或者传输的数据和应用程序进行删除、修改、增加的操作，后果严重的，依照前款的规定处罚。

故意制作、传播计算机病毒等破坏性程序，影响计算机系统正常运行，后果严重的，依照第一款的规定处罚。

单位犯前三款罪的，对单位判处罚金，并对其直接负责的主管人员和其他直接责任人员，依照第一款的规定处罚。①

破坏计算机信息系统罪，是指违反国家规定，对计算机信息系统功能进行删除、修改、增加、干扰，造成计算机信息系统不能正常运行，对计算机信息系统中存储、处理或者传输的数据和应用程序进行删除、修改、增加的操作，以及故意制作、传播计算机病毒等破坏性程序，影响计算机系统正常运行，后果严重的行为。

破坏计算机信息系统功能的行为，是指违反计算机信息系统安全保护、计算机软件保护法规等国家规定，对计算机中按照一定的应用目标和规则进行采集、加工、储存、传输、检索信息的功用和能力予以删除、修改、增加、干扰，使计算机信息系统失去正常功能，不能运行或者不能按照原来设计的要求运行。例如，通过修改路由器、浏览器设置、锁定主页或者弹出新窗口等技术手段，强制网络用户访问指定网站的"DNS（域名系统）劫持"行为，都属于破坏计算机信息系统功能的情形。

破坏计算机信息系统数据和应用程序，是指违反国家规定，对计算机信息系统中实际处理的一切有意义的文字、符号、声音、图像等内容的组合以及用户按计算机数据库授予的子模式的逻辑结构、书写方式进行数据操作运算的程序予以全部或部分删除、修改、增加。

故意制作、传播计算机病毒等破坏性程序，是指通过计算机编制，设计针对计算机信息系统，隐藏在可执行程序中或数据文件中，在计算机内部运行的一种破坏计算机功能或毁坏数据、影响计算机使用并能自我复制的计算机指令或程序代码等破坏计算机信息系统；或者通过计算机信息系统直接输入、输出破坏性程序，以及将已经输入破坏性程序的软件加以发送、散布，影响计算机系统正常运行的行为。根据最高人民法院、最高人民检察院《关于办理危害计算机信息系统安全刑事案件应用法律若干问题的解释》（2011年8月1日）第5条的规定，具有下列情形之一的程序，应当被认定为计算机病毒等破坏性程序：（1）能够通过网络、存储介质、文件等媒介，将自身的部分、全部或者变种进行复制、传播，并破坏计算机系统功能、数据或者应用程序的；（2）能够在预先设定条件下自动触发，并破坏计算机系统功能、数据或者应用程序的；（3）其他专门设计用于破坏计算机系统功能、数据或者应用程序的程序。

上述三种破坏计算机信息系统的行为必须后果严重才构成犯罪。根据最高人民法院、最高人民检察院《关于办理危害计算机信息系统安全刑事案件应用法律若干问题的解释》（2011年8月1日）第4条的规定，具有下列情形之一的，应当认定为刑法第286条第1款、第2款所规定的后果严重：（1）造成10台以上计算机信息系统的主要软件或者硬件不能正常运行；（2）对20台以上计算机信息系统中存储、处理或者传输的数据进行删除、修改、增加操作；（3）违法所得5 000元以上或者造成经济损失1万元以上的；（4）造成为100台以上计算机信息系统提供域名解析、身份认证、计费等基础服务或者为1万以上用户提供服务的计算机信息系统不能正常运行累计1小时以上的；（5）造成其他严重后果的。根据前述司法解释第6条的规定，故意制作、传播计算机病毒等破坏性程序，影响计算机系统正常运行，具有下列情形之

① 本款为《刑法修正案（九）》第27条所增设。

一的，应当认定为刑法第 286 条第 3 款所规定的后果严重：(1) 制作、提供、传输能够通过网络、存储介质、文件等媒介，将自身的部分、全部或者变种进行复制、传播，并破坏计算机系统功能、数据或者应用程序的程序，导致该程序通过网络、存储介质、文件等媒介传播；(2) 造成 20 台以上计算机系统被植入能够在预先设定条件下自动触发，并破坏计算机系统功能、数据或者应用程序，或者其他专门设计用于破坏计算机系统功能、数据或者应用程序的程序；(3) 提供计算机病毒等破坏性程序 10 人次以上的；(4) 违法所得 5 000 元以上或者造成经济损失 1 万元以上的；(5) 造成其他严重后果的。

根据最高人民法院、最高人民检察院《关于办理环境污染刑事案件适用法律若干问题的解释》(2016 年 12 月 23 日) 第 10 条的规定，干扰采样，致使监测数据严重失真的，应当以破坏计算机信息系统罪论处。但是，这一解释属于类推解释，其合理性存疑，因为对计算机信息系统实施外在干扰，没有进入其系统内部，谈不上破坏系统功能。对类似行为的合理处理方案是：如果行为人是中介性质的环境监测机构工作人员，以提供虚假证明文件罪论处；如果行为人是各级环境保护行政主管部门工作人员，以滥用职权或玩忽职守等渎职犯罪定罪处罚。

非法侵入国家事务、国防建设、尖端科学技术领域的计算机信息系统，并破坏该信息系统功能或信息系统数据和应用程序，或者故意制作、传播计算机病毒等破坏性程序的，同时构成非法侵入计算机信息系统罪和破坏计算机信息系统罪，两罪之间有竞合关系，应从一重罪处断。

二十四、拒不履行信息网络安全管理义务罪

第二百八十六条之一[①] 网络服务提供者不履行法律、行政法规规定的信息网络安全管理义务，经监管部门责令采取改正措施而拒不改正，有下列情形之一的，处三年以下有期徒刑、拘役或者管制，并处或者单处罚金：

(一) 致使违法信息大量传播的；

(二) 致使用户信息泄露，造成严重后果的；

(三) 致使刑事案件证据灭失，情节严重的；

(四) 有其他严重情节的。

单位犯前款罪的，对单位判处罚金，并对其直接负责的主管人员和其他直接责任人员，依照前款的规定处罚。

有前两款行为，同时构成其他犯罪的，依照处罚较重的规定定罪处罚。

拒不履行信息网络安全管理义务罪，是指网络服务提供者不履行法定的信息网络安全管理义务，经监管部门责令采取改正措施而拒不改正，情节严重的行为。

本罪在客观方面是不作为，具体表现为行为人经监管部门责令采取改正措施后拒不改正，不履行法律、行政法规规定的信息网络安全管理义务。

经监管部门责令采取改正措施，是指网信、电信、公安等依照法律、行政法规的规定承担信息网络安全监管职责的部门，以责令整改通知书或者其他文书形式，责令网络服务提供者采取改正措施。认定经监管部门责令采取改正措施而拒不改正，应当综合考虑监管部门责令改正是否具有法律、行政法规依据，改正措施及期限要求是否明确、合理，网络服务提供者是否具有按照要求采取改正措施的能力等因素进行判断。

---

① 本条为《刑法修正案（九）》第 28 条所增设。

拒不履行信息网络安全管理义务，情节严重的，才能构成本罪。关于具体情节，立法规定为四种：(1) 致使违法信息大量传播。接到改正通知后立即采取措施，侵权、淫秽、危害国家安全的信息及虚假信息等违法信息虽仍有所传播，但数量明显减少的，不构成本罪。(2) 致使用户信息泄露，造成严重后果的。这主要是指涉及公民个人隐私的信息泄露，数量大，引发社会恐慌等情形。(3) 致使刑事案件证据灭失，情节严重。这主要是指在接到不得删除、销毁有关信息的指令后，仍然违反指令，违法删除有关数据、信息，使司法机关查处特定案件变得很困难，从而妨害司法秩序的情形。(4) 有其他严重情节。最高人民法院、最高人民检察院《关于办理非法利用信息网络、帮助信息网络犯罪活动等刑事案件适用法律若干问题的解释》(2019 年 10 月 21 日) 第 3 条至第 6 条对这四种情节的具体认定作出了详尽解释。

本罪中的信息网络，包括以计算机、电视机、固定电话机、移动电话机等电子设备为终端的计算机互联网、广播电视网、固定通信网、移动通信网等信息网络，以及向公众开放的局域网络。

本罪的主体是特殊主体，即网络服务提供者。提供下列服务的单位和个人，属于网络服务提供者：(1) 网络接入、域名注册解析等信息网络接入、计算、存储、传输服务；(2) 信息发布、搜索引擎、即时通讯、网络支付、网络预约、网络购物、网络游戏、网络直播、网站建设、安全防护、广告推广、应用商店等信息网络应用服务；(3) 利用信息网络提供的电子政务、通信、能源、交通、水利、金融、教育、医疗等公共服务。

本罪在主观方面是故意，行为人经监管部门责令采取改正措施而拒不改正的，其对于致使违法信息大量传播、用户信息泄露及刑事案件证据灭失等至少有放任。主观上没有不履行法定信息网络安全管理义务的动机，而是由于技术条件限制或者违法信息数量太大，虽网络服务提供者在接到监管部门责令采取改正措施的指令后予以改正，但违法信息仍然大量传播，或者用户信息被泄露或导致刑事案件证据灭失的，欠缺本罪的故意。

二十五、非法利用信息网络罪

第二百八十七条之一① 利用信息网络实施下列行为之一，情节严重的，处三年以下有期徒刑或者拘役，并处或者单处罚金：

（一）设立用于实施诈骗、传授犯罪方法、制作或者销售违禁物品、管制物品等违法犯罪活动的网站、通讯群组的；

（二）发布有关制作或者销售毒品、枪支、淫秽物品等违禁物品、管制物品或者其他违法犯罪信息的；

（三）为实施诈骗等违法犯罪活动发布信息的。

单位犯前款罪的，对单位判处罚金，并对其直接负责的主管人员和其他直接责任人员，依照第一款的规定处罚。

有前两款行为，同时构成其他犯罪的，依照处罚较重的规定定罪处罚。

非法利用信息网络罪，是指利用信息网络为实施违法犯罪活动设立网站、通讯群组，以及发布信息，情节严重的行为。

（一）客观要件

本罪在客观方面表现为利用信息网络为实施其他违法犯罪活动进行准备的行为。

---

① 本条为《刑法修正案（九）》第 29 条所增设。

1. 拟制的正犯

本罪属于拟制的正犯的规定，其将发布违法犯罪信息的网络犯罪的预备行为作为正犯予以处罚。“违法犯罪信息”从文义上讲，似乎可以包括犯罪信息以及所有违法信息。但是，无论理论界还是实务界都会认为，对这里的违法信息应当有所限定，对于发布招嫖信息、制售管制刀具、娱乐性赌博等一般违法信息中的哪些情形需要以本罪定罪处罚，还需要认真斟酌。规定本罪固然有维护网络安全、秩序的考虑，但也不能无视公民在网络空间的言论自由等基本权利，不能过于扩大本罪的处罚范围。基于此，这里的“违法犯罪信息”可能包括以下情形：(1) 与本条明文列举的诈骗、传授犯罪方法、制售违禁物品、管制物品行为信息的行为样态及法益侵害性大致相当的犯罪预备活动的信息。例如，受雇利用信息网络发送“推荐股票”、婚介信息，其中虚假内容占比极大，可以认定其属于诈骗的预备行为，有成立本罪的可能。(2) 属于刑法分则规定的行为类型但尚未达到定罪标准的违法行为的信息。必须承认，在网络空间传播的信息中存在大量“与犯罪的界限极其模糊”的违法信息。在我国，行政违法的成立范围很广，有的违法行为和犯罪之间就是“一纸之隔”（例如，违反治安管理规定处罚的寻衅滋事行为和刑法上的对应犯罪，食品安全法中的销售不符合标准的食品行为和刑法上的对应犯罪），对于符合刑法分则的行为样态要求但没有达到定罪数量标准，违法和犯罪界限相对模糊的情形，如果不阻止违法信息在信息网络的传播，不及时建构网络社会的犯罪对策，就难以有效遏制足以扰乱社会管理秩序的犯罪行为的实施。因此，对于为实施销售有毒有害食品、伪劣产品的违法活动而通过信息网络发布信息的，理所当然地可以按照本罪处理。(3)“行为向前发展极易演变为犯罪”的违法行为的信息。这类信息看起来仅为事关违法的信息，但是，该类信息一旦传播，被犯罪分子利用是大概率事件，不能认为这类违法信息的发布与犯罪无关而将其排斥在本罪的惩罚范围之外。例如，行为人发布招嫖信息的行为似乎仅涉及一般违法活动，但招嫖信息与组织卖淫、强迫卖淫、介绍卖淫、协助组织卖淫等犯罪行为直接相关，利用信息网络发布招嫖信息的违法行为向前发展极易演变为犯罪，因此，有成立本罪的余地。

2. 实行行为

本罪的实行行为具体包括：(1) 为实施诈骗、传授犯罪方法、制作或者销售违禁物品、管制物品等违法犯罪活动而设立非法网站、通讯群组。① 例如，利用信息网络，设立用于实施传授制造毒品、非法生产制毒物品的方法，贩卖毒品，非法买卖制毒物品或者组织他人吸食、注射毒品等违法犯罪活动的网站、通讯群组的，应当以本罪定罪处罚。从行为的法益侵害性看，单纯为实施违法犯罪活动而设立网站、通讯群组的行为，对法益的危险极其抽象（等于是针对具有预备性质的本罪所实施的预备行为），尚未达到值得刑罚处罚的程度。在本人或者他人利用其所设立的网站、通讯群组实际发布了违法犯罪信息或者实施了其他具体违法犯罪活动时，才成立本罪。(2) 发布有关制作或者销售毒品、枪支、淫秽物品等违禁、管制物品或者其他违法犯罪的信息。(3) 为实施诈骗等违法犯罪活动发布有害信息，情节严重的行为。在近年来的司法实践中表现较为突出的是利用“伪基站”设备发送电信诈骗信息，该类行为可能构成本罪、扰乱无线电通讯管理秩序罪、诈骗罪（预备）的想象竞合犯，应当从一重罪处断。当然，如果发送的电信诈骗短信的内容“套路很深”，话术设计很好，被害人难以识破，具有导致被害人处分财产的现实危险的，该类行为可能构成诈骗罪（未遂）。前述第二、三种行为中的

① 将为实施诈骗、传授犯罪方法、制作或者销售违禁物品、管制物品等违法活动而设立非法网站、通讯群组的预备行为，在刑法上单独规定为犯罪行为，是将处罚早期化理念运用到了极致，是否合适，还值得研究。

“发布信息”，是指利用信息网络提供信息的链接、截屏、二维码、访问账号密码及其他指引访问服务的。

3. 情节严重

非法利用信息网络罪，情节严重的，才能构成本罪。最高人民法院、最高人民检察院《关于办理非法利用信息网络、帮助信息网络犯罪活动等刑事案件适用法律若干问题的解释》（2019年10月21日）第10条对情节严重的认定作出了详尽解释，实务中应当参照执行。

（二）主观要件

本罪在主观方面表现为故意，行为人对设立网站、通讯群组，发布违法犯罪信息持希望或者放任态度。

（三）想象竞合犯

非法利用信息网络，同时构成其他罪的，从一重罪处断。例如，行为人利用信息网络发布违法犯罪信息是为了实施贩卖毒品、买卖枪支、制假售假、非法经营等犯罪的，其发布违法犯罪信息后所实施的贩卖毒品、买卖枪支、制假售假、非法经营等犯罪活动的处罚要比本罪的更重，就应以法定刑相对较重的具体犯罪定罪处罚。设立用于实施考试作弊的网站、通信群组或者发布有关考试作弊的信息，同时构成本罪和组织考试作弊罪，非法出售、提供试题、答案罪，非法获取国家秘密罪等其他犯罪的，也应依照处罚较重的规定定罪处罚。

二十六、帮助信息网络犯罪活动罪

第二百八十七条之二① 明知他人利用信息网络实施犯罪，为其犯罪提供互联网接入、服务器托管、网络存储、通讯传输等技术支持，或者提供广告推广、支付结算等帮助，情节严重的，处三年以下有期徒刑或者拘役，并处或者单处罚金。

单位犯前款罪的，对单位判处罚金，并对其直接负责的主管人员和其他直接责任人员，依照第一款的规定处罚。

有前两款行为，同时构成其他犯罪的，依照处罚较重的规定定罪处罚。

帮助信息网络犯罪活动罪，是指为他人利用信息网络实施犯罪提供技术支持、广告推广等帮助，情节严重的行为。

（一）客观要件

本罪在客观方面表现为明知他人利用信息网络实施犯罪，为其犯罪提供互联网接入、服务器托管、网络存储、通讯传输等技术支持，或者提供广告推广、支付结算等帮助，情节严重的行为。

1. 本条规定属于拟制的正犯而非量刑规则

本条规定属于帮助犯的正犯化（拟制的正犯），即本条直接将原本仅具有帮助性质的行为规定为正犯，并且设置独立的法定刑。将本条规定理解为拟制的正犯，对实务的影响是：(1) 既然帮助犯已经被正犯化，其成立就不再以正犯实施符合构成要件的不法行为为前提。因此，直接利用信息网络实施犯罪的人未被查获或未被生效判决确认，或者利用者实施犯罪和帮助信息网络犯罪活动的行为之间的关联性无法被准确认定，但该帮助者归案的，都并不妨碍本罪的认定。尤其在跨国的电信诈骗案件中，往往仅有被害人的报案，认定利用信息网络实施犯罪的证据本身难以查实，诈骗行为人的犯罪金额无法具体确认，甚至其与被害人的损失之间是

① 本条为《刑法修正案（九）》第29条所增设。

否具有直接关联性都存疑，但对帮助信息网络犯罪活动的行为人并非绝对不能定罪，直接将其帮助行为按照拟制正犯的规定进行处罚具有合理性，对于利用信息网络实施犯罪的事实并未查实这一情形在量刑时予以酌情考虑。如此一来，就本罪的成立而言，没有必要要求帮助者与被帮助者之间具有单独对应的共犯从属关系，也不必固守只有利用网络实施犯罪的正犯行为达到量的要求且证据确实充分，才能认定本罪的观念。(2) 由于原本的帮助行为被提升为正犯行为，因而对该正犯行为的教唆、帮助行为又能成立狭义共犯。对这些参与人，可以适用刑法第27条关于从犯“应当从轻、减轻处罚或者免除处罚”的规定。(3) 在他人没有实施相应的网络犯罪活动或者没有使用其提供的网络技术支持时，可能对行为人不处罚。此时行为人无罪的理由并非其无法从属于正犯，而是这种情形下的拟制的正犯行为不具有实质的可罚性。

有观点将本条规定理解为帮助犯的量刑规则，认为立法在本条中并未将帮助犯提升为正犯，为他人犯罪提供互联网技术支持的行为依然是帮助行为，其成立犯罪以正犯实施了符合构成要件的不法行为为前提，只是因为分则条文对其规定了独立的法定刑，而不再适用刑法第27条关于从犯“应当从轻、减轻处罚或者免除处罚”的规定。但是，这种观点忽略了网络犯罪的特殊性、时空跨越性，未必妥当。如果认为本条规定的不是独立的正犯行为，就一定要求只有在侦查机关查明正犯的构成要件该当性和违法性时才能适用本罪，而这会给司法带来困难，从而使设立本罪的意图落空。

2. 实行行为

本罪的实行行为具体表现为，明知他人利用信息网络实施犯罪，为其犯罪提供互联网接入、服务器托管、网络存储、通讯传输等技术支持，或者提供广告推广、支付结算等帮助。(1) 互联网接入，是指利用接入服务器和相应的软硬件资源建立业务节点，并利用公用电信基础设施将业务节点与因特网骨干网相连接，为各类用户提供接入因特网的服务。(2) 服务器托管，是指将服务器及相关设备托管到具有专门数据中心的机房。所托管的服务器一般由客户通过远程方式自行维护，而由机房负责提供稳定的电源、带宽、温湿度等物理环境。(3) 网络存储，是指将存储设备连接在计算机网络，并配以辅助软件和硬件，实现数据存储、数据传输和数据共享，从而提高存储设备的利用率，降低数据存储成本。(4) 通讯传输以及其他技术支持。通讯传输，是指提供信息网络，实现数据传输和远程连接。其他网络技术支持，大致有销售赌博网站代码，为病毒、木马程序提供免杀毒服务，为网络盗窃、视频诈骗制作专用木马程序，为设立钓鱼网站等提供技术支持等。(5) 广告推广，是指制作或者投放广告，进行广告宣传，对产品或者服务进行营销，从而推广产品或者服务。(6) 支付结算，包括提供互联网结算工具、借用银行卡给诈骗的罪犯、非法经营的罪犯使用等。

提供互联网接入、服务器托管、网络存储、通讯传输等网络技术支持以及广告推广、支付结算等行为，通常属于不针对特定对象的中性业务行为，要成立本罪，需要查明该类行为是否违反了相关行业规范，是否属于基于明确的帮助故意提供专门用于犯罪活动的网络技术支持或其他帮助的行为。因此，认定本罪要坚持客观归责的法理，避免将基于中性业务的帮助（网络技术服务提供者的正常营业行为）作为处罚对象。

3. 情节严重

帮助信息网络犯罪活动，情节严重的才能构成本罪。最高人民法院、最高人民检察院《关于办理非法利用信息网络、帮助信息网络犯罪活动等刑事案件适用法律若干问题的解释》(2019年10月21日) 第12条对情节严重的认定作出了详尽规定，实践中应当参照执行。

(二) 主观要件

本罪在主观方面是故意，行为人对于他人利用信息网络实施犯罪有明知。根据最高人民法院、最高人民检察院《关于办理非法利用信息网络、帮助信息网络犯罪活动等刑事案件适用法律若干问题的解释》（2019年10月21日）第11条的规定，为他人实施犯罪提供技术支持或者帮助，具有下列情形之一的，可以认定行为人明知他人利用信息网络实施犯罪（但是有相反证据的除外）：（1）经监管部门告知后仍然实施有关行为；（2）接到举报后不履行法定管理职责；（3）交易价格或者方式明显异常；（4）提供专门用于违法犯罪的程序、工具或者其他技术支持、帮助；（5）频繁采用隐蔽上网、加密通信、销毁数据等措施或者使用虚假身份，逃避监管或者规避调查；（6）为他人逃避监管或者规避调查提供技术支持、帮助；（7）其他足以认定行为人明知的情形。

（三）想象竞合犯

1. 本罪与非法利用信息网络罪的关系

设立用于实施违法犯罪活动的网站、通讯群组，并利用该网站、通讯群组发布违法犯罪信息，为相关犯罪进行预备的，即构成非法利用信息网络罪。明知他人利用信息网络实施犯罪，为其制作、维护网站，提供技术支持与帮助，为相关犯罪的着手实行提供帮助的，属于帮助信息网络犯罪活动罪中提供技术支持的行为，因此，非法利用信息网络罪是比帮助信息网络犯罪活动罪更为“早期”的行为，二者的界限是相对清晰的。换言之，对于非法利用信息网络罪而言，只要行为人发布了违法犯罪信息，即使本人或者他人尚未着手实行相关犯罪，犯罪就成立；对于帮助信息网络犯罪活动罪来说，其成立以被帮助对象着手实行犯罪为前提。但是，利用网站发布违法犯罪信息，也属于为正犯提供通讯传输等技术支持或广告推广的行为，可能同时符合非法利用信息网络罪与帮助信息网络犯罪活动罪的构成要件，成立想象竞合犯，应当从一重罪处断。

2.“同时构成其他犯罪”

根据本条第3款的规定，帮助信息网络犯罪活动，可能同时构成其他犯罪，应当从一重罪处断。例如，甲试图颠覆国家政权，委托乙利用其设立的网络接入服务机构从事互联网接入、通讯传输活动发布相关反动信息的，同时构成本罪和颠覆国家政权罪（帮助犯）；在为传播淫秽物品、贩卖毒品、赌博、侵犯著作权、非法经营等犯罪提供信息帮助时，也构成本罪和其他犯罪之间的想象竞合关系，应当从一重罪处断。在这里，值得讨论的问题是本条第3款的适用空间问题。

例如，实践中，某些互联网公司利用其搜索引擎，为个别专科医院有偿提供搜索信息虚假的置顶服务的，其行为可能同时成立销售假药罪（共犯）和本罪。再如，行为人为他人进行诈骗活动提供跳转软件等技术支持，获取高额报酬，其参与的诈骗数额特别巨大的，其行为构成诈骗罪和本罪的想象竞合犯。但是，必须承认，在实务中，本条第3款规定的适用空间是极其有限的。例如，针对电信诈骗而言，即便已经查清诈骗罪犯利用他人的广告推广业务所骗取的数额特别巨大，在对帮助信息网络犯罪活动者定罪，尤其认定其能否构成诈骗罪的共犯及量刑时，需要考虑帮助者对利用信息网络实施犯罪行为的具体“贡献”程度。但是，对大量电信诈骗而言，行为人往往运用多种手段实施诈骗，正犯行为中有很多实质“努力”及其成效与帮助信息网络犯罪活动者的行为并无因果联系，或者这种因果关系无法被确实地查清（例如，显然无法查清诈骗罪犯所取得的每一笔财物是否都与帮助者的广告推广有关），此时，按照存疑有利于被告人的原理，就应当将被告人的行为认定为情节较轻的诈骗罪，对被告人按照本罪定罪，判处3年以下有期徒刑，这比对其论以情节较轻的诈骗罪的从犯的处罚可能还重。这样一来，在想象竞合的前提下，仍然是本罪的适用空间更大，所谓的想象竞合时从重处罚基本上都是按照本罪处罚，最终可能使本条第3款的规定事实上被虚置。

二十七、扰乱无线电通讯管理秩序罪

第二百八十八条 违反国家规定，擅自设置、使用无线电台（站），或者擅自使用无线电频率，干扰无线电通讯秩序，情节严重的，处三年以下有期徒刑、拘役或者管制，并处或者单处罚金；情节特别严重的，处三年以上七年以下有期徒刑，并处罚金。①

单位犯前款罪的，对单位判处罚金，并对其直接负责的主管人员和其他直接责任人员，依照前款的规定处罚。

扰乱无线电通讯管理秩序罪，是指违反国家规定，擅自设置、使用无线电台（站），或者擅自使用无线电频率，干扰无线电通讯秩序，情节严重的行为。

行为必须违反国家规定。国家对无线电实行统一领导、统一规划、分工管理的原则，无线电频谱资源由国家享有，国家对其实行合理开发、科学管理、有偿使用的原则，设置、使用无线电台（站）的单位和个人必须提出申请，办理审批手续，领取执照。而非法擅自设置无线电台（站）或者擅自占用频率的行为是对国家关于无线电管理的法律、法规的违反。本罪的行为方式有两种：一种是擅自设置、使用无线电台（站），即违反国家无线电管理法律、法规，未提出书面申请，未办理设置无线电台（站）审批手续或未领取无线电台（站）执照而设置、使用无线电台（站）。另一种是擅自使用无线电频率，干扰无线电通讯秩序，主要是指利用个人设置的“伪基站”发送虚假信息，扰乱无线电通讯秩序的行为。根据最高人民法院、最高人民检察院《关于办理扰乱无线电通讯管理秩序等刑事案件适用法律若干问题的解释》（2017 年 6 月 27 日）第 1 条的规定，具有下列情形之一的，应当认定为擅自设置、使用无线电台（站），或者擅自使用无线电频率，干扰无线电通讯秩序：（1）未经批准设置无线电广播电台（“黑广播”），非法使用广播电视专用频段的频率的；（2）未经批准设置通信基站（“伪基站”），强行向不特定用户发送信息，非法使用公众移动通信频率的；（3）未经批准使用卫星无线电频率的；（4）非法设置、使用无线电干扰器的；（5）其他擅自设置、使用无线电台（站），或者擅自使用无线电频率，干扰无线电通讯秩序的情形。

实施上述行为，干扰无线电通讯正常进行，情节严重的，构成本罪；情节特别严重的，法定刑升格。关于情节严重、情节特别严重的具体认定标准，最高人民法院、最高人民检察院《关于办理扰乱无线电通讯管理秩序等刑事案件适用法律若干问题的解释》（2017 年 6 月 27 日）第 2 条、第 3 条作出了明确规定。

违反国家规定，擅自设置、使用无线电台（站），非法经营国际电信业务或者涉港澳台电信业务进行营利活动的，同时构成非法经营罪和扰乱无线电通讯管理秩序罪，应从一重罪处断。

二十八、聚众扰乱社会秩序罪

第二百九十条第一款② 聚众扰乱社会秩序，情节严重，致使工作、生产、营业和教学、科研、医疗无法进行，造成严重损失的，对首要分子，处三年以上七年以下有期徒刑；对其他积极参加的，处三年以下有期徒刑、拘役、管制或者剥夺政治权利。

① 本款为《刑法修正案（九）》第 30 条所修改。
② 本款为《刑法修正案（九）》第 31 条所修改。

聚众扰乱社会秩序罪，是指聚众扰乱社会秩序，情节严重，致使工作、生产、营业和教学、科研、医疗无法进行，造成严重损失的行为。

（一）保护法益

本罪的保护法益是（狭义的）社会管理秩序，即国家机关、企业、事业单位、人民团体的工作、生产、营业和教学、科研、医疗秩序。

（二）客观要件

本罪在客观方面表现为聚众扰乱社会秩序的行为。

聚众，通常是指纠集多人，使之可以直接地聚集在一起，即基于首要分子的发动引诱，特定或不特定的多数人公开地聚集于一定地点，而成为可以从事共同行为的一群人。此外，首要分子利用多人已经聚集的状态，通过煽动、号令、利诱等方式使聚集状态得以持续并据此与之共同从事扰乱行为的，实质上对他人的聚众有支配，而非单纯地利用聚集状态，属于事中的聚众。聚众行为本身带有公然性，表现为众人处于集合状态。为表达对某项公共政策的不满，或为实现个人特殊目的，通过手机短信的方式煽动他人罢工的，即便煽动者的意图得到实现，由于罢工者实施相关行为时并未聚集在一起，不处于聚集或集合状态，煽动行为不应当构成本罪。

扰乱，是指对社会秩序和社会心理进行干扰与骚乱，造成不安，使社会秩序从有序变为无序、从连续性变为间断性、从稳定性变为动乱性。由于扰乱社会秩序的行为多种多样，难以被具体描述，所以刑法对行为本身的内容没有作明确规定。一般而言，扰乱方式有暴力性扰乱与非暴力性扰乱之分。暴力性扰乱包括聚众强行进入企业、事业单位、人民团体的工作场所，殴打、威胁有关工作人员；使用有形力砸毁办公用品、门窗或烧毁文件；强行扣留国家工作人员或其他相关人员。但聚众冲击国家机关的，不构成本罪。非暴力性扰乱包括在国家机关、企业、事业单位、人民团体工作、生产、营业和教学、科研、医疗场所内长时间哄闹、辱骂；擅自堵塞机关单位的出入通道；占据办公室、实验室、生产车间以及其他工作场所。聚众行为是扰乱行为的预备行为，只有聚众，没有实施扰乱行为的，成立本罪预备，而非未遂。

行为只要能够达到破坏一定范围内的社会秩序的效果，其在何处实施并不是关键。本罪的行为通常在国家机关、企业、事业单位、人民团体工作场所内实施，例如，“医闹”通常是在医院门诊大楼内、住院部实施扰乱医疗单位秩序，严重侵害医护人员的身心健康，损害社会公共利益的行为。但是，在这些场所之外的公共场所实施聚众扰乱行为，对工作、生产、营业和教学、科研、医疗秩序有实际影响的，也应构成本罪。例如，为敦促地方政府解决纠纷而聚集多人在其办公楼门口，强行要求政府领导出面解决的，行为虽在公共场所实施，也没有冲击国家机关的行为，但仍属于扰乱国家机关工作秩序的行为，可以考虑成立本罪。在公共场所聚众闹事，冲击影剧院、运动场，其行为虽然破坏了社会秩序，但刑法对其规定了其他罪名的，不构成本罪。

实践中，聚众扰乱行为可能是在行为人与他人有各种各样纠纷的情况下实施。对此，行为人可能辩解：纠纷双方在权利义务的履行过程中出现了一些冲突，不涉及犯罪。但是，这种看法是片面的。从刑法和相关司法解释的规定可以看出，纠纷，甚至是较为明确的民商事债权债务关系的存在，都不能当然地排除犯罪。例如，刑法第238条第3款规定，为索取债务非法扣押、拘禁他人的，依照非法拘禁罪定罪处罚。最高人民法院《关于审理抢劫、抢夺刑事案件适用法律若干问题的意见》（2005年6月8日）第9条规定，行为人为索取债务，使用暴力、暴力威胁等手段的，一般不以抢劫罪定罪处罚。构成故意伤害罪等其他犯罪的，依照刑法第234条等规定处罚。由此可见，即使确实存在有正当根据的债务，但是行为人在索取债务的过程中，使用危及人身安全的非法手段的，仍然构成非法拘禁罪或故意伤害罪。债权债务关系的存在，至多只能成为改变定罪的理由，但是，行为人不能由此主张行为阻却违法。同理，即使存在经济纠纷，即存在法律上承认的债权债务关系，如果债务人在索取债务的过程中，使用的手段妨害了社会管理秩序，扰乱了工作、生产、营业和教学、科研、医疗等秩序的，仍然成立聚众扰乱社会秩序罪。民事、经济纠纷或者还款履行等理由，至多只是在认定财产犯罪能否成立时需要考虑的因素，对聚众扰乱社会秩序罪的成立而言，并没有实质影响。

聚众扰乱行为只有达到情节严重，致使工作、生产、营业和教学、科研、医疗无法进行，造成严重损失的，才构成本罪。

对本罪，刑法只处罚在聚众犯罪中起组织、策划、指挥作用的首要分子，以及实行犯罪时表现主动、作用显著的其他积极参加者；对一般参加者不能以犯罪论处，更不能将一般围观者视作积极参加者。

二十九、聚众冲击国家机关罪

第二百九十条第二款 聚众冲击国家机关，致使国家机关工作无法进行，造成严重损失的，对首要分子，处五年以上十年以下有期徒刑；对其他积极参加的，处五年以下有期徒刑、拘役、管制或者剥夺政治权利。

聚众冲击国家机关罪，是指聚集多人冲击国家机关，致使国家机关工作无法正常进行，造成严重损失的行为。

本罪必须聚众实施，刑法只处罚首要分子和其他积极参加者，一般参加、附和者的行为不构成本罪。

冲击的具体方式不受限制，通常以暴力方式实施，一般表现为在国家机关门前或院内摇旗呐喊、肆意哄闹，攻击国家机关的门卫、岗哨人员，强占国家机关办公场所，毁坏办公设备或其他财物，封堵出入通道。冲击的对象是国家机关，包括国家立法机关、行政机关、司法机关、监督机关。聚众冲击国家军事机关的，构成其他犯罪。没有冲击行为，而只是单纯在国家机关门前或院内静坐示威的，或者国家机关与其他企业、事业单位、人民团体处于同一办公场所，聚众冲击者的目的是扰乱非国家机关的工作、生产秩序，完全没有冲击国家机关的意思的，原则上都不构成本罪，而应以聚众扰乱社会秩序罪处理。

聚众冲击国家机关过程中，抢夺、抢劫国家机关执勤、保卫人员的枪支、弹药，或者故意杀害、伤害国家机关工作人员，同时构成本罪与抢夺、抢劫枪支、弹药罪和故意杀人罪、故意伤害罪的，应当将本罪与其他犯罪并罚。

三十、扰乱国家机关工作秩序罪

第二百九十条第三款① 多次扰乱国家机关工作秩序，经行政处罚后仍不改正，造成严重后果的，处三年以下有期徒刑、拘役或者管制。

扰乱国家机关工作秩序罪，是指多次扰乱国家机关工作秩序，经行政处罚后仍不改正，造成严重后果的行为。

构成本罪的前置程序是存在对多次扰乱国家机关工作秩序的行为的行政处罚措施，只有经

① 本款为《刑法修正案（九）》第31条所增设。

处罚后仍不改正的行为人，才有可能成为本罪的主体。

三十一、组织、资助非法聚集罪

第二百九十条第四款① 多次组织、资助他人非法聚集，扰乱社会秩序，情节严重的，依照前款的规定处罚。

组织、资助非法聚集罪，是指多次组织、资助他人非法聚集，扰乱社会秩序，情节严重的行为。

组织，是指对他人的非法聚集行为进行策划和号令；资助，是指对他人的非法聚集提供物质和经费上的帮助。组织、资助行为发生在境内还是境外在所不问，是在现场实施还是通过信息网络实施，也对定罪没有实质性影响。

三十二、聚众扰乱公共场所秩序、交通秩序罪

第二百九十一条 聚众扰乱车站、码头、民用航空站、商场、公园、影剧院、展览会、运动场或者其他公共场所秩序，聚众堵塞交通或者破坏交通秩序，抗拒、阻碍国家治安管理工作人员依法执行职务，情节严重的，对首要分子，处五年以下有期徒刑、拘役或者管制。

聚众扰乱公共场所秩序、交通秩序罪，是指聚众扰乱车站、码头、民用航空站、商场、公园、影剧院、展览会、运动场或者其他公共场所秩序，聚众堵塞交通或者破坏交通秩序，抗拒、阻碍治安管理人员依法执行职务，情节严重的行为。

（一）保护法益

本罪的保护法益是公共场所秩序或交通秩序。公共场所秩序，是指保证公众安全出入，使公共场所规定的公共行为规则得到普遍遵守的状态。交通秩序，是指交通工具与行人在交通线路上安全、顺利通行的正常状态，它是依靠交通规则维持的。公共场所、交通线路都有人员聚集量大、流动量大的特点，如果这种秩序受到破坏，就会使一定范围内的社会平稳状态受到破坏。

（二）客观要件

本罪在客观方面表现为聚众扰乱公共场所秩序，聚众堵塞交通或者破坏交通秩序的行为。

本罪必须聚众实施。聚众犯罪中有的是必要共同犯罪，有的是单独犯罪。本罪中的聚众犯罪属于单独犯罪，刑法只处罚首要分子，对其他积极参加者和一般的参与、附和者均不构成处理。

扰乱公共场所秩序、交通秩序的行为，手段多样，法律未作限制。扰乱公共场所秩序包括在公共场所聚众哄闹，进行煽动性演讲，聚众示威，围攻公共场所维持秩序的治安管理人员。扰乱交通秩序的行为，包括在交通要道聚众长时期停留，或设置障碍物阻塞交通，聚众拦截火车、汽车等交通工具，聚集多人在码头边阻止轮船靠岸，在交通要道聚众游行，以及其他造成交通阻塞秩序混乱的情形。聚众通过某一交通要道，然后才抵达公共场所的，同时扰乱了交通秩序和公共场所秩序，但不数罪并罚。

聚众扰乱公共场所秩序，但其是为了向有关机关、单位施加压力，以达到解决问题或满足非法要求的目的，致使国家机关、单位、团体的生产、工作、营业和教学、科研、医疗秩序受

① 本款为《刑法修正案（九）》第31条所增设。

到严重影响的，构成本罪和聚众扰乱社会秩序罪的想象竞合犯。

聚众扰乱公共场所秩序过程中，以暴力、威胁方法阻碍国家机关工作人员执行职务的，同时构成妨害公务罪，其与本罪之间有想象竞合关系，应从一重罪处断。

三十三、投放虚假危险物质罪

第二百九十一条之一第一款① 投放虚假的爆炸性、毒害性、放射性、传染病病原体等物质，或者编造爆炸威胁、生化威胁、放射威胁等恐怖信息，或者明知是编造的恐怖信息而故意传播，严重扰乱社会秩序的，处五年以下有期徒刑、拘役或者管制；造成严重后果的，处五年以上有期徒刑。

投放虚假危险物质罪，是指投放虚假的爆炸性、毒害性、放射性、传染病病原体等物质，严重扰乱社会秩序的行为。

（一）客观要件

本罪在客观方面表现为投放虚假危险物质的行为。

投放，是指故意投掷、传递、邮寄、置放、遗留等，一般表现为行为人出于各种动机，向机关、团体、企业、事业单位或者个人以及向公共场所、公共交通工具投放假炭疽菌、假炸药等物质。

由于行为人投放的是虚假的危险物质，更多地具有借此在社会上造成恐怖气氛、引起社会秩序混乱的目的，所以，本罪不具有危害公共安全的性质。故意投放真实的爆炸性、毒害性、放射性、传染病病原体等物质，使公众的生命安全和重大公私财产面临重大危险的，应以投放危险物质罪定罪处罚，而不论以本罪。

投放虚假的危险物质，只有严重扰乱社会秩序的，才成立本罪。严重扰乱社会秩序，主要是指引起大面积的社会恐慌，致使工作、生产、营业和教学、科研、医疗等活动无法正常进行。

（二）主观要件

本罪在主观方面是故意，即明知是虚假的危险物质而有意投放。误将虚假的危险物质认为是爆炸性、毒害性、放射性、传染病病原体等物质投放的，构成投放危险物质罪的未遂，而不成立本罪。

三十四、编造、故意传播虚假恐怖信息罪

第二百九十一条之一第一款② 投放虚假的爆炸性、毒害性、放射性、传染病病原体等物质，或者编造爆炸威胁、生化威胁、放射威胁等恐怖信息，或者明知是编造的恐怖信息而故意传播，严重扰乱社会秩序的，处五年以下有期徒刑、拘役或者管制；造成严重后果的，处五年以上有期徒刑。

编造、故意传播虚假恐怖信息罪，是指编造爆炸威胁、生化威胁、放射威胁等恐怖信息，或者明知是编造的恐怖信息而故意传播，严重扰乱社会秩序的行为。

（一）客观要件

本罪在客观方面表现为编造、故意传播虚假恐怖信息的行为。

---

①② 本款为《刑法修正案（三）》第8条所增设。

编造，是指无中生有地捏造。传播，是指将明知是虚假的恐怖信息予以扩散。编造、传播的内容必须涉及爆炸威胁、生化威胁、放射威胁、劫持航空器威胁等恐怖信息，该信息的传播可能引起社会恐慌；编造、传播行为都不要求公然实施。编造、故意传播虚假的重大灾情、重大疫情（尤其是突发传染病疫情）信息的，不构成本罪。

编造虚假恐怖信息，只有严重扰乱社会秩序的，才构成本罪。根据最高人民法院《关于审理编造、故意传播虚假恐怖信息刑事案件适用法律若干问题的解释》（2013年9月18日）第2条的规定，编造、故意传播虚假恐怖信息，具有下列情形之一的，应当认定为严重扰乱社会秩序：(1)致使机场、车站、码头、商场、影剧院、运动场馆等人员密集场所秩序混乱，或者采取紧急疏散措施的；(2)影响航空器、列车、船舶等大型客运交通工具正常运行的；(3)致使国家机关、学校、医院、厂矿企业等单位的工作、生产、经营、教学、科研等活动中断的；(4)造成行政村或者社区居民生活秩序严重混乱的；(5)致使公安、武警、消防、卫生检疫等职能部门采取紧急应对措施的；(6)其他严重扰乱社会秩序的。

（二）主观要件

本罪在主观方面是故意。不是编造，而是将他人传播的虚假信息误认为真实的事实而提供给他人的，不成立本罪。

不具有扰乱公共秩序的意思，在听到恐怖信息，或者根据某些事实简单地得出爆炸威胁、生化威胁、放射威胁可能发生的错误结论之后，因难以分清信息真伪，而主动告诉他人或者向有关机关报告，经查实后证明是谣言或者虚假险情的，因行为人欠缺本罪的故意，不成立本罪。

三十五、编造、故意传播虚假信息罪

第二百九十一条之一第二款[①] 编造虚假的险情、疫情、灾情、警情，在信息网络或者其他媒体上传播，或者明知是上述虚假信息，故意在信息网络或者其他媒体上传播，严重扰乱社会秩序的，处三年以下有期徒刑、拘役或者管制；造成严重后果的，处三年以上七年以下有期徒刑。

编造、故意传播虚假信息罪，是指故意编造虚假的险情、疫情、灾情、警情，在信息网络或者其他媒体上传播，或者明知是上述虚假信息，故意在信息网络或者其他媒体上传播，严重扰乱社会秩序的行为。

本罪在客观方面表现为编造、故意传播虚假信息的行为。在编造虚假信息的场合，虽然刑法条文上表述为编造、传播，但本罪不是复数行为犯，而是单一行为犯，构成要件行为是传播、散布虚假信息。因此，传播是本罪构成要件行为的着手，编造只是预备行为。在故意传播虚假信息的场合，行为人传播的是第三人捏造的事实。这里的虚假信息，特指虚假的险情、疫情、灾情、警情信息，包括根本没有险情、疫情、灾情、警情，无中生有编造相关虚假信息；也包括夸大险情、疫情、灾情、警情的情形。虚假警情，是指一切足以引起警力出动，或者歪曲警力动用事由的虚假事实。虚假的险情、疫情、灾情、警情之间可能有交叉，有时难以分清（例如，某些突发的火灾、爆炸事故，可以说是险情、灾情，也可能是后续会很快引发流行性传染病的疫情，也可以说是警情），因此，没有必要在实务中分得特别清楚。

在编造虚假警情的场合，本罪和编造、故意传播虚假恐怖信息罪之间有法条竞合关系，后罪是

① 本款为《刑法修正案（九）》第32条所增设。

特别法条；利用信息网络散布虚假信息诽谤他人，情节恶劣的，构成诽谤罪；利用信息网络散布虚假信息，辱骂、恐吓他人，情节恶劣，破坏社会秩序的，或者编造、故意传播虚假信息，起哄闹事，造成公共秩序严重混乱的，按照相关司法解释的精神，构成寻衅滋事罪；设立非法网站、通讯群组，为实施诈骗等违法犯罪活动发布虚假信息，情节严重的，构成非法利用信息网络罪。

本罪在主观方面是故意，行为人对于相关险情、疫情、灾情、警情为虚假有认识，对于通过信息网络或者其他媒体传播该信息，从而严重扰乱社会秩序持积极追求或者放任态度。

三十六、高空抛物罪

第二百九十一条之二① 从建筑物或者其他高空抛掷物品，情节严重的，处一年以下有期徒刑、拘役或者管制，并处或者单处罚金。

有前款行为，同时构成其他犯罪的，依照处罚较重的规定定罪处罚。

高空抛物罪，是指从建筑物或者其他高空抛掷物品，情节严重的行为。

（一）保护法益

本罪的保护法益是公共秩序和公民的人身安全。《民法典》第1254条规定：禁止从建筑物中抛掷物品。从建筑物中抛掷物品或者从建筑物上坠落的物品造成他人损害的，由侵权人依法承担侵权责任；经调查难以确定具体侵权人的，除能够证明自己不是侵权人的外，由可能加害的建筑物使用人给予补偿。可能加害的建筑物使用人补偿后，有权向侵权人追偿。物业服务企业等建筑物管理人应当采取必要的安全保障措施防止前款规定情形的发生；未采取必要的安全保障措施的，应当依法承担未履行安全保障义务的侵权责任。对高空抛（坠）物行为，公安等机关应当依法及时调查，查清责任人。高空抛（坠）物行为危及老百姓“头顶上的安全”，《民法典》第1254条是对高空抛（坠）物的法律规定，既明确了侵权后的法律责任承担问题；也要求物业服务企业等建筑物管理人履行安全保障义务，尽可能事前防止此类侵权事件的发生；还规范了事后的积极调查，充分体现了相关法律制度的系统性和公平性。但是，高空抛（坠）物行为在某些地方成为顽疾，成为社会各界都非常关心的问题，在治理上需要多管齐下，综合运用各种手法律手段。因为民事侵权行为的治理手段毕竟效果有限，不足以发挥法律的一般预防效果，而且侵权损害赔偿在有的时候不足以弥补被害人的物质损失，更难以抚慰被害人及其家属内心所受的伤害。因此，将类似行为规定为犯罪，有助于维护公共秩序、公民的生命安全和身体健康。

（二）客观要件

本罪在客观方面表现为从建筑物或者其他高空抛掷物品，情节严重的行为。

高空，是与低空或者平地相对的概念。如果结合本罪的保护法益可以认为，只要是在高于被害人所处楼层、位置的建筑物或场所抛掷物品，可能对他人造成伤害，使公共场所秩序被破坏的，就属于在高空抛掷物品。至于抛掷的是何种物品，对定罪并无影响。

（三）主观要件

本罪在主观方面是故意，行为人对于自己处于建筑物或者其他高空有明知，对于抛掷的物品可能扰乱公共秩序、威胁人身安全有认识。对于过失抛掷物品的，要么作为民事侵权行为处理，要么视其具体情况以过失致人重伤罪、过失致人死亡罪论处，但不论以本罪。

（四）认定

1. 对于大量的高空抛物案件，不能适用以危险方法危害公共安全罪

在《刑法修正案（十一）》颁布之前，最高人民法院制定了《关于依法妥善审理高空抛物、

---

① 本条为《刑法修正案（十一）》第33条所增设。

坠物案件的意见》（2019年10月21日），其中规定：故意从高空抛弃物品，尚未造成严重后果，但足以危害公共安全的，依照刑法第114条规定的以危险方法危害公共安全罪定罪处罚；致人重伤、死亡或者使公私财产遭受重大损失的，依照刑法第115条第1款的规定处罚。这一解释有类推解释的嫌疑，可能违反罪刑法定原则。由于过去的立法中缺乏惩罚高空抛物的轻罪，实务中也就出现了不少将高空抛物行为简单认定为以危险方法危害公共安全罪的案件，判决的主要理由大致是：抛掷物品的场所是人来人往的公共场所，被告人所扔下去的物体有使他人的人身和财产遭受损害的危险。① 但是，通常的从高空抛掷的物品砸中一定对象时，该结果是固定化、特定化的，不会再波及其他人，行为不具有“危险的不特定扩大”的性质，不具有进一步导致不特定或者多数人伤亡的具体危险，故不能将其认定为以危险方法危害公共安全罪；即便在人员密集的场所实施高空抛物行为，可能侵犯多数人的生命、身体，但由于其也不具有“危险的不特定扩大”的特点，故不应认定为以危险方法危害公共安全罪。② 也正是为了避免将高空抛物行为人为地“拔高”认定为重罪，《刑法修正案（十一）》第33条才对高空抛掷物品规定独立的罪名和法定刑。根据这一规定，高空抛物行为原则上就不再具有危害公共安全罪的性质，其属于最高刑为1年有期徒刑的轻罪，如果其行为造成死伤的，根据具体情形分别认定为故意杀人、过失致人死亡、故意伤害、过失致人重伤、重大责任事故、故意毁坏财物等罪，不成立以危险方法危害公共安全罪。

2. 可能成立以危险方法危害公共安全罪的极个别高空抛物行为

必须承认，高空抛物行为和以危险方法危害公共安全罪的关系，一直是有争议的复杂问题。如前所述，一般来说，高空抛物行为实施后不会导致危险随时、无限扩大，因此，其并不危及公共安全。但是，实践中有的情况比较复杂：(1) 直接抛掷汽油桶、煤气罐甚至爆炸装置的，行为与爆炸行为相当。(2) 虽然行为人从高空抛弃的不是爆炸性物质，但是，该物体从高空抛下与地面碰撞以后温度升高，可能发生燃烧或爆炸危险的，此时的高空抛物行为也与爆炸行为相当，认定该行为构成以危险方法危害公共安全罪并无障碍。(3) 从二三十层抛掷物品，该物品在空中分裂，形成锐器状的凶器“刺”向路人，致使危险无限扩散，对不特定或者多数人的生命、身体形成严重威胁的，属于以危险方法危害公共安全。(4) 行为人抛下的某些球形物质，在有斜坡的地面等特殊空间加速滚动后可能冲撞人群，从而导致危险无限扩大的，该行为也与爆炸、放火行为大致相当，定以危险方法危害公共安全罪也是合适的。因此，高空抛物行为在不同的情形下，也可能发生危及不特定多数人生命、身体的危险，其与以危险方法危害公共安全罪就可能产生竞合。因此，实施高空抛物行为，如果同时构成其他犯罪，依照处罚较重的规定定罪处罚。

当然，实务中确实要考虑高空抛物行为在绝大多数时候并不危害公共安全，司法上也必须让这一轻罪有更多适用空间，而不能将几乎所有的高空抛物行为都直接认定为以危险方法危害公共安全罪，从而架空了本罪。

三十七、聚众斗殴罪

第二百九十二条　聚众斗殴的，对首要分子和其他积极参加的，处三年以下有期徒刑、拘役或者管制；有下列情形之一的，对首要分子和其他积极参加的，处三年以上十年以下有期徒刑：

（一）多次聚众斗殴的；

（二）聚众斗殴人数多，规模大，社会影响恶劣的；

① 参见四川省成都市高新区人民法院（2015）高新刑初字第269号刑事判决书等。

② 参见张明楷：《高空抛物案的刑法学分析》，载《法学评论》，2020（3）。

（三）在公共场所或者交通要道聚众斗殴，造成社会秩序严重混乱的；
（四）持械聚众斗殴的。
聚众斗殴，致人重伤、死亡的，依照本法第二百三十四条、第二百三十二条的规定定罪处罚。

聚众斗殴罪，是指聚集多人相互攻击对方身体的行为。

（一）客观要件

本罪在客观方面表现为聚集多人斗殴的行为。

聚众斗殴，是指出于私仇、争霸或其他流氓动机而纠集他人成帮结伙地互相进行殴斗，从而破坏公共秩序的行为。

本罪在客观方面具有复合性。一方面是聚众，即必须人数在三人以上，成立必要共犯关系。两人之间的斗殴行为，不成立本罪。刑法只处罚聚众斗殴的首要分子和其他积极参加者，对一般参加者，不以犯罪论处。但聚众行为不要求对合性，不以斗殴对方是否聚众为客观方面的构成要件。如斗殴一方为聚众三人以上，另一方仅二人，甚或一人，如果斗殴双方都出于逞强称霸、夺取地盘或者其他变态心理，且行为的指向并不局限于某个特定的对象，而是某一股势力中的成员，那么对聚众方的首要分子和积极参加者，构成犯罪的，应按聚众斗殴罪追究刑事责任。非聚众方构成犯罪的，可按寻衅滋事或故意伤害罪处理。

另一方面是斗殴，即直接或间接地参与以暴力形式进行的互相搏斗。斗殴通常是不法团伙（包括犯罪集团和临时纠集的不法分子团伙）之间大规模地打群架、械斗，即双方事先都有一定的准备，如带有匕首、棍棒、枪支、爆炸物等凶器，因此极易造成一方或双方的人身伤亡、财产损失。所以，与“聚众”行为不同，斗殴行为应当具有对合性，即互相搏斗的双方都必须具有斗殴的主观故意，并且都为了压倒对方而实施暴力。如果聚众方只为寻仇报怨或者寻找精神上的刺激，以暴力侵害的意思随意殴打仅有一人或者二人的对方，对方实施抵抗和防卫，以致当场引发暴力冲突的，因具有聚众斗殴故意的一方客观上无斗殴对象，所以相关行为只构成寻衅滋事罪或者故意伤害罪，而不构成本罪。

只是聚众斗殴的一般参加者，在整个斗殴过程中都表现不积极、不主动，原本不构成聚众斗殴罪，在斗殴行为接近尾声时，偶然实施暴力致他人重伤、死亡的，应当直接以故意杀人、故意伤害罪定罪处理。

购买枪支、弹药，非法持有、私藏枪支，并使用这些凶器聚众斗殴的，应与本罪并罚。聚众斗殴过程中，为减少对方战斗力而扣押他人的，构成本罪与非法拘禁罪之间的牵连犯，应从一重罪处断；斗殴结束后，将落败方人员作为“战利品”扣押的，应以本罪和非法拘禁罪并罚。

由于我国刑法中并未设立聚众斗殴助势罪，所以，聚众斗殴者以外的一般人，在聚众斗殴的现场鼓噪起哄的，即使其行为足以刺激斗殴者的心理与气氛，而且容易提高斗殴的程度与扩大其规模的，也不能成立本罪。但是，聚众斗殴某一方团伙的成员，为使本方取胜，虽未实际参与打斗，但在现场助势，对本方成员提供精神帮助的，系本罪的共犯。

（二）故意

本罪在主观方面是故意，行为人犯罪一般不是基于某种个人的利害冲突，也不是为了取得某种特定的物质利益，而只是对人们根据法律和社会公德所确立的公共生活规则、社会正常状态给予高度蔑视，寻求精神刺激、填补精神空虚。

只要是具有聚众的意思，相互进行打斗的，就会破坏社会管理秩序，符合本罪的主观构成要件。行为人是否具有进行流氓活动的动机、目的，对主观要件并无影响。因此，种种利益冲突、情绪失控导致殴斗的，亦有本罪的故意。

（三）处罚的特殊问题

关于对本罪的处罚，有以下特殊问题值得讨论：（1）在公共场所或者交通要道聚众斗殴，造成社会秩序严重混乱的，构成本罪和聚众扰乱公共场所秩序、交通秩序罪的想象竞合犯。（2）持械聚众斗殴的，应判处3年以上10年以下有期徒刑。持械聚众斗殴，是指持有凶器进行斗殴。这里的凶器包括性质上的凶器、使用上的凶器。对未持械的积极参加者，是否也与持械斗殴的积极参加者适用同一个量刑幅度，应视不同情况定：一方面，在有预谋持械聚众斗殴中，如果事先为己方人员提供器械，或明知是持械聚众斗殴，而与斗殴对方联络斗殴时间、地点，或积极纠集人员等的，即使在斗殴过程中其本人未持械而参与其中，也应认定为持械聚众斗殴。另一方面，在聚众斗殴进行过程中，斗殴一方或双方中的个别参加者，“就地取材”或者突然拿出随身携带的器械并使用的，该加重情节只适用于特定个人。（3）聚众斗殴致人重伤、死亡的，构成故意杀人罪、故意伤害罪。但这不是说所有人的行为都不再构成聚众斗殴罪。为贯彻罪刑相适应原则，只有实际致人重伤、死亡的行为人以及聚众斗殴的首要分子，才应承担故意伤害罪或故意杀人罪的刑事责任，对其他未实际实施杀人、伤害行为的积极参加者仍应按聚众斗殴罪定罪处罚。在聚众斗殴过程中，由于现场混乱或打斗激烈，而错误导致本方人员重伤、死亡时，按照客观归责论中被害人自我答责的法理，以及偶然防卫的处理思路①，导致他人死伤的行为不应构成故意伤害或者故意杀人罪；如果不能查清下手导致他人死伤者是谁，己方的首要分子不需要对死伤结果负责，但对方的首要分子的行为可能构成故意杀人或者故意伤害罪。

三十八、寻衅滋事罪

第二百九十三条② 下列寻衅滋事行为之一，破坏社会秩序的，处五年以下有期徒刑、拘役或者管制：

（一）随意殴打他人，情节恶劣的；

（二）追逐、拦截、辱骂、恐吓他人，情节恶劣的；

（三）强拿硬要或者任意损毁、占用公私财物，情节严重的；

（四）在公共场所起哄闹事，造成公共场所秩序严重混乱的。

纠集他人多次实施前款行为，严重破坏社会秩序的，处五年以上十年以下有期徒刑，可以并处罚金。

寻衅滋事罪，是指无事生非，肆意挑衅和骚扰，破坏社会秩序的行为。

（一）客观要件

本罪在客观方面表现为寻衅滋事的行为，即在公共场所寻求刺激、发泄情绪、起哄捣乱、逞强耍横等，无事生非，破坏社会秩序，情节严重的行为。

在司法实务中，按照历来的司法解释的精神，“无事生非”成为能否认定寻衅滋事的关键。事出有因而发生的殴打或者索要财物等，不属于无事生非，不构成本罪。因此，因婚恋、家庭、邻里、债务等纠纷，实施殴打、辱骂、恐吓他人或者损毁、占用他人财物等行为的，原则

① 按照行为无价值二元论，偶然防卫人的行为具有违法性，但对其结果法律不反对，因此其成立故意犯罪未遂。

② 本条为《刑法修正案（八）》第42条所修改，增加第2款规定，将本罪的法定最高刑提高至10年有期徒刑，并在原第1款第2项中增加了“恐吓他人”的规定。

上不构成寻衅滋事。但是，经有关部门批评制止或者处罚后，继续实施类似行为，破坏社会秩序的，可以成立本罪。

根据刑法第293条的规定，寻衅滋事行为，包括下列四种情形。

1. 随意殴打他人，情节恶劣的

"随意殴打"，主要是为了说明殴打不具有"大致说得通"的理由。父母基于教育目的偶尔对子女的责打，不是随意殴打。在其他情形下，毫无理由地殴打他人，当然应该被认定为随意殴打。只要足以被认定为随意殴打，那么，殴打的对象是否特定，行为人是否具有流氓动机，都并不重要。[①] 行为人只要置法律于不顾，对他人的人身实施暴力攻击，就属于随意殴打他人。

随意殴打他人，情节恶劣的，才能构成本罪。根据最高人民法院、最高人民检察院《关于办理寻衅滋事刑事案件适用法律若干问题的解释》(2013年7月15日)第2条的规定，这里的情节恶劣包括以下情形：(1) 致1人以上轻伤或者2人以上轻微伤的；(2) 引起他人精神失常、自杀等严重后果的；(3) 多次随意殴打他人的；(4) 持凶器随意殴打他人的；(5) 随意殴打精神病人、残疾人、流浪乞讨人员、老年人、孕妇、未成年人，造成恶劣社会影响的；(6) 在公共场所随意殴打他人，造成公共场所秩序严重混乱的；(7) 其他情节恶劣的情形。

2. 追逐、拦截、辱骂、恐吓他人，情节恶劣的

恐吓他人，是指以威胁、吓唬等方式使他人产生恐惧心理。在寻衅滋事过程中，公然侮辱他人或者捏造事实损害他人名誉、人格的，仍然是这里的辱骂行为，不再单独构成侮辱罪、诽谤罪。

追逐、拦截、辱骂、恐吓他人，情节恶劣的，才能构成本罪。具有下列情形之一，应当认定为情节恶劣：(1) 多次追逐、拦截、辱骂、恐吓他人，造成恶劣社会影响的；(2) 持凶器追逐、拦截、辱骂、恐吓他人的；(3) 追逐、拦截、辱骂、恐吓精神病人、残疾人、流浪乞讨人员、老年人、孕妇、未成年人，造成恶劣社会影响的；(4) 引起他人精神失常、自杀等严重后果的；(5) 严重影响他人的工作、生活、生产、经营的；(6) 其他情节恶劣的情形。

3. 强拿硬要或者任意毁损、占用公私财物，情节严重的

虽占取他人财物，但不具有不法取得的意思，即使财物价值较高，也只构成本罪；长期寻衅滋事，但偶尔基于不法取得的意思，以暴力、威胁方法强取财物，或者乘人不备夺取财物，或者使用恐吓方法迫使他人交付财物的，都应以本罪和抢劫罪、抢夺罪、敲诈勒索罪并罚。长期任意毁损他人财物，偶尔毁损他人价值很高的财物，而且行为当时是出于流氓动机还是只有单纯地损害他人财物效用的意思难以确定时，应以故意毁坏财物罪定罪处理。

强拿硬要或者任意毁损、占用公私财物，情节严重的，才能构成本罪。具有下列情形之一，应当认定为情节严重：(1) 强拿硬要公私财物价值1 000元以上，或者任意损毁、占用公私财物价值2 000元以上的；(2) 多次强拿硬要或者任意损毁、占用公私财物，造成恶劣社会影响的；(3) 强拿硬要或者任意损毁、占用精神病人、残疾人、流浪乞讨人员、老年人、孕妇、未成年人的财物，造成恶劣社会影响的；(4) 引起他人精神失常、自杀等严重后果的；(5) 严重影响他人的工作、生活、生产、经营的；(6) 其他情节严重的情形。

4. 在公共场所起哄闹事，造成公共场所秩序严重混乱的

这里出现了两个"公共场所"，对其含义通常应作相同理解，即都是指现实社会的物理空

---

① 即便是赞成行为无价值二元论，也应该从殴打行为对社会管理秩序所造成的侵害这一角度评价行为的违法性。至于行为人是否具有流氓动机，或者是否仅因内心空虚而随意殴打他人，对本罪的成立都无关紧要。

间，通常包括车站、码头、机场、医院、商场、公园、影剧院、展览会、运动场等。

成为问题的是，在虚拟的信息网络空间发布虚假事实，导致多人受到蛊惑，可能由此在现实社会空间出现聚集状态，引起现实社会的公共场所秩序混乱；但也可能仅仅造成人心混乱而并不会造成物理秩序的混乱。基于此，对编造、发布虚假信息的人，是否能够以刑法第293条第1款第4项的规定定罪处罚，一直是有争议的问题。根据最高人民法院、最高人民检察院《关于办理利用信息网络实施诽谤等刑事案件适用法律若干问题的解释》（2013年9月6日）第5条第2款的规定，编造虚假信息，或者明知是编造的虚假信息，在信息网络上散布，或者组织、指使人员在信息网络上散布，起哄闹事，造成公共秩序严重混乱的，依照刑法第293条第1款第4项的规定，以本罪定罪处罚。我认为，这一规定明显不妥，理由是：（1）该解释有意偷换了概念。因为刑法第293条第1款第4项规定的行为内容是在公共场所起哄闹事，造成“公共场所”秩序严重混乱，而不是“公共秩序”严重混乱。将网络空间解释为公共场所，将发布虚假信息引起的秩序混乱解释为公共场所秩序混乱，明显有类推解释的嫌疑。因为公共场所秩序的范围与公共秩序的范围明显不同，前者外延更窄，行为造成公共秩序严重混乱的，可能并不会引起公共场所秩序严重混乱。（2）刑法第293条第1款第4项规定了两个“公共场所”，前者是指行为发生的场所，后者是指结果发生的场所，许多学者认为二者必须具有同一性，即都发生在现实空间。但是，即便承认网络空间是公共空间（公共场所），也不能将所有恶意编造、散布虚假信息的行为以本罪论。只有发布虚假信息，起哄闹事，引发现实社会公共场所的物理秩序严重混乱的，才勉强可以肯定行为具有扰乱公共场所秩序的法益侵害性，以本罪追究刑事责任。在信息网络空间起哄闹事的行为，如果仅仅导致网络空间秩序本身严重混乱，或者仅造成人们心理上混乱或恐慌，该行为不可能引起现实社会的公共场所秩序混乱，对公共场所管理秩序的危害极其有限的，不应以本罪论处。对于导致网络空间秩序本身严重混乱（如致使计算机系统及通信网络瘫痪）的行为，以破坏计算机信息系统罪或编造、故意传播虚假信息罪定罪处罚即为已足。

本罪和故意杀人罪、故意伤害罪、故意毁坏财物罪、敲诈勒索罪、抢夺罪、抢劫罪等罪之间存在想象竞合关系。实践中，很多人认为，出于流氓动机随意殴打他人的，只能构成寻衅滋事罪，不能构成故意伤害罪。这一观点值得商榷。随意殴打他人致人伤害的行为，完全可能既符合故意伤害罪的构成要件也符合寻衅滋事罪的构成要件：一方面，出于报复的动机故意造成轻伤的，能够成立故意伤害罪；出于更为恶劣的流氓动机故意造成轻伤的，更应该成立故意伤害罪，故意伤害罪的成立和行为人出于何种动机没有关系。在故意造成伤害后果的场合，无论行为人的动机是什么，其伤害故意及行为都能够被认定。另一方面，既然多次殴打他人，没有造成轻伤的行为都能构成寻衅滋事罪，那么造成轻伤以上更重结果的行为，更能成立寻衅滋事罪。因此，完全可能出现一个寻衅滋事行为同时触犯本罪和故意伤害罪的情形。

用聚众闹事的形式，冲击国家机关、企业、事业单位、人民团体，或者扰乱公共场所秩序或交通秩序，同时随意殴打、追逐、拦截、辱骂他人，故意毁损、占用公私财物，要挟政府、施加压力的，构成聚众冲击国家机关罪、聚众扰乱社会秩序罪或聚众扰乱公共场所秩序、交通秩序罪，而不构成本罪。

寻衅滋事罪不是聚众犯罪，在多人参与的场合，对首要分子、积极参加者、一般参加者都可以依法追究刑事责任。

根据最高人民法院《关于审理未成年人刑事案件具体应用法律若干问题的解释》的规定，已满16周岁不满18周岁的人出于以大欺小、以强凌弱或者寻求精神刺激，随意殴打其他未成年人，多次对其他未成年人强拿硬要或者任意损毁公私财物，扰乱学校及其他公共场所秩序，情节严重的，以寻衅滋事罪定罪处罚。

（二）主观要件

本罪在主观方面是故意，即行为人明知自己的行为会发生破坏公共秩序的后果，而积极希望并促使这种结果发生。犯罪动机是否属于寻求精神刺激、哗众取宠，以引起他人注意、填补空虚、满足畸形欲望等情形，对于认定本罪的故意没有影响。

三十九、催收非法债务罪

第二百九十三条之一[①] 有下列情形之一，催收高利放贷等产生的非法债务，情节严重的，处三年以下有期徒刑、拘役或者管制，并处或者单处罚金：

（一）使用暴力、胁迫方法的；

（二）限制他人人身自由或者侵入他人住宅的；

（三）恐吓、跟踪、骚扰他人的。

催收非法债务罪，是指催收高利放贷等产生的非法债务，情节严重的行为。

（一）保护法益

本罪的保护法益是公共秩序和公民私生活的安宁。

有学者认为，关于催收不受法律保护的债务构成犯罪的规定导致刑法与民法相冲突，严重损害了法秩序的统一性。其主要理由是：既然高利贷产生的债务不受民法保护，就意味着被害人没有债务，行为人采取暴力、胁迫等手段催收的，理当成立抢劫罪或者敲诈勒索罪。本条规定事实上形成了这样局面：虽然民法不保护这种债务，但刑法要保护这种债务。对于民法不保护的债务，行为人的暴力、胁迫催收行为原本成立较重的抢劫罪、敲诈勒索罪，但本罪对上述行为规定较轻的法定刑。这便是在保护民法不保护的债务，造成刑法与民法的明显不协调。[②]但是，我认为，就高利放贷而言，“如果是不受法律保护的债务，就是没有债务”的说法值得推敲，由此得出强索债务都成立抢劫或者敲诈勒索犯罪的结论也就不妥当。

诚然，《民法典》第 680 条第 1 款明确规定，“禁止高利放贷，借款的利率不得违反国家有关规定”，但是，该规定并不认为当事人之间“就是没有债务”，而是肯定其就借款本金部分“事实上存在债务关系”。《民法典》第 680 条第 1 款中在“禁止高利放贷”之后紧跟的是“借款的利率不得违反国家有关规定”，也说明立法的着眼点在于禁止放贷人获取高额收益，即“法律能承认、法院能保护的借款利息必须从严控制，不得违反国家有关规定”[③]。因此，民法并不认为高利放贷行为全面违法，只是强调“借款的利率不得违反国家有关规定”。就单独的每一起高利放贷而言，其体现的就是特定借款合同关系，只要出借人自愿放弃高利，民法对出借人的本金部分仍然是予以认可的，借款人对此部分也应当“欠债还钱”。这样一来，行为人催收高利放贷产生的非法债务，仅有一定程度的违法性，对该行为规定一个轻罪也是合适的。换言之，为追讨借款本金而实施的相关行为，是行使权利的行为，不构成犯罪；催收高利放贷等产生的（超过法律保护利息部分的）非法债务的行为具有一定程度的违法性，但由于民法上认可，对本金部分出借人事实上存在返还请求权，故规定处罚比抢劫罪、敲诈勒索罪更轻的犯罪与行为的法益侵害性相匹配。因此，这一轻罪的设置，考虑了行为人“事实上”可以主张部

---

① 本条为《刑法修正案（十一）》第 34 条所增设。

② 参见张明楷：《增设新罪的原则——对〈刑法修正案十一（草案）〉的修改意见》，载《政法论丛》，2020（6）。

③ 参见黄薇主编：《中华人民共和国民法典释义及适用指南》，1019 页，北京，中国民主法制出版社，2020。

分民事权利（至于其主张最终是否能够得到支持，是另外一回事）的现实，是对民法上有权利的情形，在刑法上认定为轻罪、予以适度“照顾”，因此，不存在用刑法保护了民法并不保护的债务的问题。在这个意义上，法秩序仍然是统一的。此外，还可以认为，在每一起独立的借款合同纠纷中，由于出借人有权追讨本金部分，讨债行为总是事出有因，行为人发放高利贷之后不去追讨的期待可能性弱，因此，立法上将责任较低的情形在构成要件中予以类型化，进而设置独立罪名和较轻的法定刑，也是具有合理性的。

（二）客观要件

本罪在客观方面表现为催收高利放贷等产生的非法债务，情节严重的行为。

本罪的实行行为具体表现为以下列手段催收高利贷等产生的非法债务：(1) 使用暴力、胁迫方法。这是最广义的暴力、胁迫，只要使被害人由此产生恐惧感即为已足，不要求压制被害人的反抗。(2) 限制他人人身自由或者侵入他人住宅。这里的限制他人人身自由，不要求达到刑法第238条非法拘禁罪中的非法剥夺他人的人身自由的程度，换言之，限制人身自由的时间比非法拘禁罪的时间短的，才有成立本罪的余地。如果限制他人人身自由的时间长、暴力程度高，不宜再以本罪论处。(3) 恐吓、跟踪、骚扰他人。恐吓与前述的胁迫不同，胁迫是以实施暴力相威胁，恐吓的内容更为广泛，告知被害人不利的事实进行威吓即可成立。跟踪，是对他人的跟随，以对被害人的行动自由形成一定程度的限制，对其心理施加压力。骚扰，是指以各种借口对被害人进行反复滋扰。行为人以滋扰、守候、堵门等方式索要真实债务，并在该过程中索要“外观上”有一定合理性的劳务费、辛苦费的，应当以本罪论处，不再构成寻衅滋事罪、敲诈勒索罪，自然也就没有数罪并罚的可能。

行为人催收的是高利放贷等产生的非法债务。这里的“等非法债务”可以包括赌债等“事实债务”，但非法债务的范围不能扩展过宽，尤其是在权利根据不明确或者事实上无权利可以主张时，对其非法讨债行为不能适用本罪，例如，以催收所谓的“青春损失费”名义对他人使用暴力的，不构成本罪，但可能成立抢劫罪。

（三）认定

1. 本罪和寻衅滋事罪的关系

在实践中，大量存在使用暴力或“软暴力”讨债的情形，在近年来的司法实务中，许多由民间高利借贷纠纷引发的出借人索取债务行为被认定为“软暴力”，进而被以寻衅滋事罪论处，并被作为黑恶势力犯罪的主要内容看待。但是，这些滋扰行为都是由借款纠纷所引起，而且被害人大多长期拖欠债务，有的无理拒不归还欠款，存在严重过错，被告人的催收行为带有私力救济性质。对于基于一定债权债务进行催收而实施的违法行为，认定为寻衅滋事违反罪刑法定原则。最高人民法院、最高人民检察院《关于办理寻衅滋事刑事案件适用法律若干问题的解释》(2013年7月15日) 第1条第3款规定，行为人因婚恋、家庭、邻里、债务等纠纷，实施殴打、辱骂、恐吓他人或者损毁、占用他人财物等行为的，一般不认定为“寻衅滋事”，但经有关部门批评制止或者处理、处罚后，继续实施前列行为，破坏社会秩序的除外。这也说明，行为人基于债务纠纷而实施了恐吓、辱骂等不当讨债行为的，本身就不可能符合寻衅滋事罪的构成要件。但是，实践中，由于在寻衅滋事罪之外没有能够替代的轻罪，对于索债过程中实施的殴打、辱骂、恐吓他人或者毁损、占用他人财物等行为，司法机关最终通过类推解释以寻衅滋事罪定罪处罚。

据此可以认为，本罪和寻衅滋事罪之间是排斥关系，为了催收非法债务而使用暴力、胁迫方法的，或者限制他人人身自由或者侵入他人住宅的，或者恐吓、跟踪、骚扰他人的，即便其行为性质属于在索要债务场合实施的强拿硬要行为，也属于事出有因，而不是为了寻求刺激、发泄情绪、起哄捣乱、逞强耍横等，无事生非，破坏社会秩序，因而不可能构成寻衅滋事罪，只能以本罪论处。

2. 本罪与其他犯罪之间的竞合关系

就本罪的犯罪竞合关系而言，值得研究的问题大致有：一方面，在催收高利放贷产生的债务过程中，如果使用暴力、胁迫、非法侵入住宅等手段催收的本息在大致“合理”范围内，或者在索取真实债务的过程中，要求借款人支付索债期间相关协助催讨债务人员的劳务费、辛苦费，且该费用数额不大的，该行为不属于寻衅滋事罪中所规定的强拿硬要行为可以成立本罪；由于行为人索要债务有“事实根据”（但没有法律根据，其债权不为法律所保护），属于事出有因，也就难以认定行为人具有非法占有目的，其行为无从构成敲诈勒索、抢劫等财产犯罪。换言之，“小贷公司”或专门的催收公司为了索取高利贷等非法债务，在事实上的债务之外还强要了一定的劳务费或者辛苦费的，也是索取债务行为的一部分，整体上应该被评价为具有一定程度的“主张权利”的性质，阻却敲诈勒索罪的成立。但是，索要的财物明显超过高利贷本金及利息（例如，借贷给他人20万元，一年后使用暴力索要对方1 000万元）的，行为人完全是借机无端索要他人财物的，该催收行为视其手段的不同可能成立敲诈勒索或抢劫罪。因此，本罪就可能和财产犯罪之间存在竞合关系。另一方面，在他人发放高利贷行为实施之时，与其共谋催收债务且事后实施相应行为的，构成非法经营罪的共犯。但是，在他人发放高利贷的当时并无通谋，事后接受任务进行催收的，无从构成非法经营罪的共犯，只能以本罪论处。

四十、组织、领导、参加黑社会性质组织罪

第二百九十四条第一款① 组织、领导黑社会性质的组织的，处七年以上有期徒刑，并处没收财产；积极参加的，处三年以上七年以下有期徒刑，可以并处罚金或者没收财产；其他参加的，处三年以下有期徒刑、拘役、管制或者剥夺政治权利，可以并处罚金。

第四款 犯前三款罪又有其他犯罪行为的，依照数罪并罚的规定处罚。

第五款 黑社会性质的组织应当同时具备以下特征：

（一）形成较稳定的犯罪组织，人数较多，有明确的组织者、领导者，骨干成员基本固定；

（二）有组织地通过违法犯罪活动或者其他手段获取经济利益，具有一定的经济实力，以支持该组织的活动；

（三）以暴力、威胁或者其他手段，有组织地多次进行违法犯罪活动，为非作恶，欺压、残害群众；

（四）通过实施违法犯罪活动，或者利用国家工作人员的包庇或者纵容，称霸一方，在一定区域或者行业内，形成非法控制或者重大影响，严重破坏经济、社会生活秩序。

组织、领导、参加黑社会性质组织罪，是指组织、领导以暴力、威胁或者其他手段，有组织地进行违法犯罪活动，称霸一方，为非作恶，欺压、残害群众，严重破坏经济、社会生活秩序的黑社会性质的组织，或者其他参加黑社会组织进行违法活动的行为。

（一）保护法益

本罪的保护法益是一方的平稳和平和。黑社会性质组织频繁和大规模地进行违法犯罪活动，称霸一方，为非作恶，欺压、残害群众，使一定范围内的社会治安和经济、社会管理秩序

① 本款为《刑法修正案（八）》第43条所修改。

受到极大威胁，社会秩序的平稳变得不可能。这也是本罪和组织、领导、参加恐怖组织罪所不同的地方，后罪的保护法益是社会的公共安全：恐怖组织的犯罪是以制造恐怖事件和不安定因素并进行暴力活动为主的，其必然针对的是不特定或者多数人的生命健康和财产安全。

（二）客观要件

本罪在客观方面表现为组织、领导、参加黑社会性质组织进行违法活动的行为。这是一种典型的有组织犯罪，其具有组织机构的层次性、组织功能的协调性、组织指令的规范性和组织成员的稳定性。

1. 黑社会性质组织的概念

黑社会性质组织和黑社会组织有细微的不同。黑社会组织，通常指秘密从事卖淫、盗窃、敲诈勒索、走私、贩毒等一系列非法活动的犯罪组织。黑社会性质的有组织犯罪与黑社会犯罪不应被等同视之，因为黑社会犯罪的显著特征之一是其具有一个“社会化”的组织，具备了社会的结构、功能、运转管理方式和人数众多的特征。而黑社会性质组织，是具有黑社会犯罪的某些特征，但尚未形成较为严密的黑社会组织结构的一种组织，它是黑社会组织的雏形，在危害性上没有达到黑社会组织的危害程度。

2. 黑社会性质组织的特征

刑法第294条第5款明确规定：黑社会性质的组织应当同时具备组织特征、经济特征、行为特征和危害性特征这四个特征。对此，最高人民法院、最高人民检察院、公安部《办理黑社会性质组织犯罪案件座谈会纪要》（2009年12月9日），最高人民法院、最高人民检察院、公安部、司法部《关于办理黑社会性质组织犯罪案件若干问题的规定》（2012年9月11日），最高人民法院《全国部分法院审理黑社会性质组织犯罪案件工作座谈会纪要》（2015年10月13日），最高人民法院、最高人民检察院、公安部、司法部《关于办理黑恶势力犯罪案件若干问题的指导意见》（2018年1月16日），最高人民法院、最高人民检察院、公安部、司法部《关于办理利用信息网络实施黑恶势力犯罪刑事案件若干问题的意见》（2019年7月23日）等作出了明确规定。

（1）组织特征：形成较稳定的犯罪组织，人数较多，有明确的组织者、领导者，骨干成员基本固定。

第一，黑社会性质组织应有明确的组织者、领导者，骨干成员基本固定，并有比较明确的层级和职责分工。黑社会性质组织应当具有一定规模，人数较多，组织成员一般在10人以上。其中，既包括已有充分证据证明但尚未归案的组织成员，也包括虽有参加黑社会性质组织的行为但因尚未达到刑事责任年龄或因其他法定情形而未被起诉，或者根据具体情节不作为犯罪处理的组织成员。

第二，对于黑社会性质组织的组织纪律、活动规约，应当结合制定、形成相关纪律、规约的目的与意图来进行审查判断。凡是为了增强实施违法犯罪活动的组织性、隐蔽性而制定或者自发形成，并用以明确组织内部人员管理、职责分工、行为规范、利益分配、行动准则等事项的成文或不成文的规定、约定，均可被认定为黑社会性质组织的组织纪律、活动规约。

第三，黑社会性质组织存续时间的起点，可以根据涉案犯罪组织举行成立仪式或者进行类似活动的时间来认定。没有这些活动的，可以根据足以反映其初步形成核心利益或强势地位的重大事件发生时间进行审查判断。没有明显标志性事件的，也可以根据涉案犯罪组织为维护、扩大组织势力、实力、影响、经济基础或按照组织惯例、纪律、活动规约而首次实施有组织的犯罪活动的时间进行审查判断。存在、发展时间明显过短，犯罪活动尚不突出的，一般不应认定为黑社会性质组织。

(2) 经济特征：有组织地通过违法犯罪活动或者其他手段获取经济利益，具有一定的经济实力，以支持该组织的活动。

第一，在组织的形成、发展过程中，有组织地通过违法犯罪活动或其他不正当手段聚敛资产，有组织地以投资、控股、参股、合伙等方式通过合法的生产、经营活动获取经济利益，由组织成员提供或通过其他单位、组织、个人资助取得经济利益的，属于“有组织地通过违法犯罪活动或者其他手段获取经济利益”。

第二，黑社会性质组织的敛财方式具有多样性。实践中，黑社会性质组织不仅会通过实施赌博、敲诈、贩毒等违法犯罪活动攫取经济利益，而且还往往会通过开办公司、企业等方式“以商养黑”“以黑护商”。因此，无论其财产是通过非法手段聚敛的，还是通过合法的方式获取的，只要求将其中部分或全部用于违法犯罪活动或者维系犯罪组织的生存、发展。

第三，黑社会组织所获取的经济利益，即使是由部分组织成员个人掌控的，也应计入黑社会性质组织的“经济实力”。组织成员主动将个人或者家庭资产中的一部分用于支持该组织活动的，其个人或者家庭资产可全部计入“一定的经济实力”。

第四，是否将所获经济利益全部或部分用于违法犯罪活动或者维系犯罪组织的生存、发展，是认定经济特征的重要依据。无论获利后的分配与使用形式如何变化，只要在客观上能够起到豢养组织成员、维护组织稳定、壮大组织势力的作用即可认定。实务中，黑社会性质组织一般将所获经济利益用于购买作案工具、提供作案经费，为受伤、死亡的组织成员提供医疗费、丧葬费，为组织成员及其家属提供工资、奖励、福利、生活费用，寻求非法保护以及其他与实施有组织的违法犯罪活动有关的费用支出等。

(3) 行为特征：以暴力、威胁或者其他手段，有组织地多次进行违法犯罪活动，为非作恶，欺压、残害群众。

第一，黑社会性质组织实施的违法犯罪活动主要是暴力犯罪。在该组织实施的非暴力性的违法犯罪活动中，暴力或以暴力相威胁始终是黑社会性质组织实施违法犯罪活动的基本手段，并随时可能付诸实施。因此，在黑社会性质组织所实施的违法犯罪活动中，一般应有一部分能够较明显地体现出暴力或以暴力相威胁的基本特征，否则，定性时应当特别慎重。

第二，“其他手段”主要包括以暴力、威胁为基础，在组织势力和影响已对他人形成心理强制或威慑的情况下，进行所谓的“谈判”“协商”“调解”；滋扰、哄闹、聚众等其他干扰、破坏正常经济、社会生活秩序的非暴力手段。

第三，“黑社会性质组织实施的违法犯罪活动”主要包括以下情形：由组织者、领导者直接组织、策划、指挥、参与实施的违法犯罪活动；由组织成员以组织名义实施，并得到组织者、领导者认可或者默许的违法犯罪活动；多名组织成员为逞强争霸、插手纠纷、报复他人、替人行凶、非法敛财而共同实施，并得到组织者、领导者认可或者默许的违法犯罪活动；组织成员为组织争夺势力范围、排除竞争对手、确立强势地位、谋取经济利益、维护非法权威或者按照组织的纪律、惯例、共同遵守的约定而实施的违法犯罪活动；由黑社会性质组织实施的其他违法犯罪活动。

第四，“有组织地多次进行违法犯罪活动，为非作恶，欺压、残害群众”，是指为确立、维护、扩大组织的势力、影响、利益，或者按照纪律规约、组织惯例多次实施违法犯罪活动，侵犯不特定或多数人的人身权利、民主权利、财产权利，破坏经济秩序、社会秩序的行为。

第五，需要区分黑社会性质组织内部成员的个人违法犯罪与该组织实施的违法犯罪活动。具有下列情形之一的，属于黑社会性质组织的犯罪：为该组织争夺势力范围、打击竞争对手、形成强势地位、谋取经济利益、树立非法权威、扩大非法影响、寻求非法保护、增强犯罪能力等而实施的；按照该组织的纪律规约、组织惯例实施的；组织者、领导者直接组织、策划、指挥、参与实施的；由组织成员以组织名义实施，并得到组织者、领导者认可或者默许的；多名组织成员为逞强争霸、插手纠纷、报复他人、替人行凶、非法敛财而共同实施，并得到组织者、领导者认可或者默许的；其他应当认定为黑社会性质组织实施的。

(4) 危害性特征：通过实施违法犯罪活动，或者利用国家工作人员的包庇或者纵容，称霸一方，在一定区域或者行业内，形成非法控制或者重大影响，严重破坏经济、社会生活秩序。这是黑社会性质组织的本质特征，也是黑社会性质组织区别于一般犯罪集团的关键所在。

第一，具有下列情形之一的，属于在一定区域或者行业内，形成非法控制或者重大影响，严重破坏经济、社会生活秩序：致使在一定区域内生活或者在一定行业内从事生产、经营的多名群众，合法利益遭受犯罪或严重违法活动侵害后，不敢通过正当途径举报、控告的；对一定行业的生产、经营形成垄断，或者对涉及一定行业的准入、经营、竞争等经济活动形成重要影响的；插手民间纠纷、经济纠纷，在相关区域或者行业内造成严重影响的；干扰、破坏他人正常生产、经营、生活，并在相关区域或者行业内造成严重影响的；干扰、破坏公司、企业、事业单位及社会团体的正常生产经营、工作秩序，在相关区域、行业内造成严重影响，或者使其不能正常生产、经营、工作的；多次干扰、破坏党和国家机关、行业管理部门以及村委会、居委会等基层群众自治组织的工作秩序，或者致使上述单位、组织的职能不能正常行使的；利用组织的势力、影响，帮助组织成员或他人获取政治地位，或者在党政机关、基层群众自治组织中担任一定职务的；其他形成非法控制或者重大影响，严重破坏经济、社会生活秩序的情形。

第二，“一定区域”的含义。区域的大小具有相对性，且黑社会性质组织非法控制和影响的对象并不是区域本身，而是在一定区域中生活的人，以及该区域内的经济、社会生活秩序。因此，不能简单地要求“一定区域”必须达到某一特定的空间范围，而应当根据具体案情，并结合黑社会性质组织对经济、社会生活秩序的危害程度加以综合分析判断。如果涉案犯罪组织的控制和影响仅存在于一座酒店、一处娱乐会所等空间范围有限的场所或者人口数量、流量、经济规模较小的其他区域，则一般不能视为对“一定区域”的控制和影响。

第三，“一定行业”的含义。黑社会性质组织所控制和影响的行业，既包括合法行业，也包括黄、赌、毒等非法行业。这些行业一般涉及生产、流通、交换、消费等一个或多个市场环节。

第四，对于利用信息网络实施黑恶势力犯罪有非法控制和影响的“一定区域或者行业”，应当结合危害行为发生地或者危害行业的相对集中程度，以及犯罪嫌疑人、被告人在网络空间和现实社会中的控制和影响程度综合判断。虽然危害行为发生地、危害的行业比较分散，但涉案犯罪组织利用信息网络多次实施强迫交易、寻衅滋事、敲诈勒索等违法犯罪活动，在网络空间和现实社会造成重大影响，严重破坏经济、社会生活秩序的，应当认定为“在一定区域或者行业内，形成非法控制或者重大影响”。

3. 组织、领导、参加黑社会性质组织

本罪并不针对黑社会性质组织具体实施的犯罪行为，而只处罚组织、领导、参加黑社会性质组织的行为。

(1) 组织、领导者。发起、创建黑社会性质组织，或者对黑社会性质组织进行合并、分立、重组的行为，应当被认定为“组织黑社会性质组织”；实际对整个组织的发展、运行、活动进行决策、指挥、协调、管理的行为，应当被认定为“领导黑社会性质组织”。黑社会性质组织的组织者、领导者，既包括通过一定形式产生的有明确职务、称谓的组织者、领导者，也包括在黑社会性质组织中被公认的事实上的组织者、领导者。

对黑社会性质组织的组织者、领导者，应根据法律规定和《办理黑社会性质组织犯罪案件座谈纪要》中关于“黑社会性质组织实施的违法犯罪活动”的规定，按照该组织所犯的全部罪行承担刑事责任。至于组织者、领导者对具体犯罪所承担的刑事责任，应当根据其在该起犯罪中的具体地位、作用来确定。

(2) 积极参加者。积极参加者，是指接受黑社会性质组织的领导和管理，多次积极参与黑社会性质组织的违法犯罪活动，或者积极参与较严重的黑社会性质组织的犯罪活动且作用突出，以及其他在组织中起重要作用的犯罪分子，如具体主管黑社会性质组织的财务、人员管理等事项的犯罪分子。

积极参加者中，有少数人属于黑社会性质组织的骨干成员，即直接听命于组织者、领导者，并多次指挥或积极参与实施有组织的违法犯罪活动或者其他长时间在犯罪组织中起重要作用。

(3) 其他参加者。其他参加者（也即“一般参加者”），是指除上述组织成员之外，其他接受黑社会性质组织的领导和管理的犯罪分子。其他参加者不可能成为黑社会性质组织的骨干成员。

对于黑社会性质组织中的积极参加者和其他参加者，应按照其所参与的犯罪，根据其在具体犯罪中的地位和作用，依照罪责刑相适应的原则，确定应承担的刑事责任。

本罪属于行为犯，即只要行为人实施了组织、领导、积极参加黑社会性质组织的行为，就构成犯罪既遂。

组织、领导、参加黑社会性质组织后又有其他犯罪行为（如爆炸、放火、杀人、伤害、绑架以及抢劫、盗窃、敲诈勒索、赌博等罪）的，应当数罪并罚。

（三）故意

本罪在主观方面是故意，但是，并不要求行为人主观上认为自己参加的是黑社会性质组织，只要其知道或者应当知道该组织具有一定规模，且是以实施违法犯罪为主要活动的，即可认定。最高人民法院《全国部分法院审理黑社会性质组织犯罪案件工作座谈会纪要》（2015年10月13日）第二部分规定，以下人员不属于黑社会性质组织的成员：(1) 主观上没有加入黑社会性质组织的意愿，受雇到黑社会性质组织开办的公司、企业、社团工作，未参与或者仅参与少量黑社会性质组织的违法犯罪活动的人员；(2) 因临时被纠集、雇用或受蒙蔽为黑社会性质组织实施违法犯罪活动或者提供帮助、支持、服务的人员；(3) 为维护或扩大自身利益而临时雇用、收买、利用黑社会性质组织实施违法犯罪活动的人员。上述人员构成其他犯罪的，按照具体犯罪处理。之所以认定上述人员不成立黑社会性质组织的犯罪，其实主要还是因为这些人欠缺本罪故意。

（四）认定

1. 需要高度关注实务中认定黑社会性质组织犯罪所存在的偏差

我国现行刑法以及相关司法解释对组织、领导、参加黑社会性质组织罪的犯罪构成有明确规定，但是，从部分公开的裁判文书、有关媒体报道看，目前在实践中，在个别地方出现了在处理涉黑涉恶案件时对法律精神“吃不准”的现象，突出表现在：一方面，对刑法规定的犯罪构成要件不能准确把握。根据刑法第294条的规定，黑社会性质组织必须同时具备组织特征、经济特征、行为特征和危害性特征。但是，在实务中对这一构成特征的理解存在一定偏差。另一方面，在个案中存在打击扩大化问题。在有的案件中，合法成立的经济组织在开展业务活动过程中，偶尔实施暴力、威胁等犯罪行为，或者有其他非暴力犯罪行为的，也被作为黑社会性质组织处理。对此，应予以高度关注。司法机关在处理涉黑涉恶案件时，应当严格遵守罪刑法定原则，准确适用法律，确保对涉黑涉恶组织的犯罪“一个不放过、一个不拔高”。

为此，应当重点强调以下内容。

（1）全面准确地理解黑社会性质组织的四个特征。在黑社会性质组织的四个特征中，组织特征和经济特征似乎相对比较好认定。但是，在实践中，也有一些司法偏差：就黑社会性质组织的“组织特征”而言，在有的案件中，仅有一个组织者、领导者，骨干成员并不固定，没有明确的层级和职责分工，故不是“较稳定的犯罪组织”；在另外的案件中，组织者请他人办事时，需要按时、按人数付费，按件结算的，这种临时聘请完成某一劳务的合作关系，不符合黑社会性质组织的组织性特点。但实践中也有不少组织被判定为黑社会性质组织。

就黑社会性质组织的经济特征而言，根据刑法和司法解释的规定，黑社会性质的组织应以违法犯罪性收入为其主要经济收入来源。但是，在有的案件中，公司的主要业务是合法经营活动，虽存在串通投标等犯罪行为，但只在少数业务中存在，指控的犯罪获利与公司合法经营的获利相比，仅占很小部分；在另外一些案件中，犯罪集团前期犯罪所取得的经济利益并没有用来支撑后续的犯罪行为。上述这些情形中，都远未达到“以黑护商”“以商养黑”程度，不宜认为存在黑社会性质组织。

在实践中，认定上更容易出现偏差的是黑社会性质组织的行为特征、危害性特征。

一方面，关于黑社会性质组织的行为特征。前述有关司法解释性文件规定，在黑社会性质组织所实施的违法犯罪活动中，一般应有一部分能够较明显地体现出暴力或以暴力相威胁的基本特征，否则，定性时应当特别慎重。但是，在有的案件中，行为人偶尔实施暴力程度较低的行为，且主要是为了发泄个人不满的，完全达不到“惯常使用暴力”的程度，且并未实施以暴力等手段大肆进行敲诈勒索、欺行霸市、聚众斗殴、寻衅滋事、故意伤害的违法犯罪活动。按照学界有力的观点，一个犯罪集团实施犯罪，如果仅造成被害方轻伤及以下后果，连一起重伤都没有的，不宜将这个组织认定为黑社会组织。

另一方面，在有的案件中，认定黑社会性质组织的危害性特征（非法控制特征）时较为牵强。行为人没有在特定行业形成垄断，并未排挤竞争对手，没有干扰、破坏他人的正常生产经营，在相关行业的影响力十分有限的，即使其在一些纠纷中采取一定暴力殴打、非法拘禁等行为，也不足以对特定行业形成控制力，不符合危害性特征。

（2）对于企业经营中的违法犯罪行为，不宜轻易认定为黑社会性质组织犯罪，以防止打击扩大化。合法成立的经济组织在开展业务活动过程中，偶尔实施暴力、威胁等犯罪行为，或者有其他非暴力犯罪行为的，不能将其视为黑社会性质组织，只能视为一般的单位犯罪，以其所触犯的具体罪名追究刑事责任，对于企业及其负责人的财产也应当严格按照刑法的规定处理，不宜予以全部没收。尤其对于民营企业生产经营过程中的不规范乃至犯罪行为，要在法律范围内有一定的“容错”空间，轻易不能认定其涉黑、涉恶。因此，需要严格区分企业经营中所实施的普通犯罪与黑社会性质组织、恶势力团伙犯罪之间的界限，在打击黑恶势力犯罪的同时保护好民营企业的合法财产权。

总之，处理涉黑、涉恶案件，不能仅考虑办案数量，还要考虑案件质量和社会效果，考虑民众对判决结论是不是认同，不能不顾及民众的常识，尤其是要回到认定这类犯罪的法律标准上来，绝不放纵真正的黑、恶犯罪分子，但是，也绝不人为拔高、凑数。

2. 恶势力、恶势力集团的认定与处罚

我国当前存在的恶势力、恶势力集团犯罪在法律性质上，既不同于一般的共同犯罪，也不同于黑社会性质组织犯罪，而是在从一般团伙犯罪、犯罪集团向黑社会性质组织的动态发展过程中处于较高级阶段的有组织犯罪形态，是黑社会性质组织的雏形。对于恶势力犯罪，也应当予以严厉打击。最高人民法院、最高人民检察院、公安部、司法部《关于办理恶势力刑事案件若干问题的意见》（2019年2月28日）第2条对恶势力和恶势力集团分别作出了规定。（1）恶势力。恶势力，是指经常纠集在一起，以暴力、威胁或者其他手段，在一定区域或者行业内多次实施违法犯罪活动，为非作恶，欺压百姓，扰乱经济、社会生活秩序，造成较为恶劣的社会影响，但尚未形成黑社会性质组织的违法犯罪组织。“经常纠集在一起，以暴力、威胁或者其他手段，在一定区域或者行业内多次实施违法犯罪活动”，是指犯罪嫌疑人、被告人于两年之内，以暴力、威胁或者其他手段，在一定区域或者行业内多次实施违法犯罪活动，且包括纠集者在内，至少应有两名相同的成员多次参与实施违法犯罪活动。恶势力一般为三人以上，纠集者相对固定。纠集者，是指在恶势力实施的违法犯罪活动中起组织、策划、指挥作用的违法犯罪分子。成员较为固定且符合恶势力其他认定条件，但多次实施违法犯罪活动是由不同的成员组织、策划、指挥的，也可以被认定为恶势力，有前述行为的成员均可以被认定为纠集者。对于恶势力犯罪，在司法实践中，应当按照其实施的单个行为所构成的具体犯罪进行处罚。

（2）恶势力集团。这是指符合恶势力全部认定条件，同时又符合犯罪集团法定条件的犯罪组织。恶势力集团应当有组织地实施多次犯罪活动，同时还可能伴随实施违法活动。恶势力集团的首要分子，是指在恶势力集团中起组织、策划、指挥作用的犯罪分子。恶势力集团的其他成员，是指知道或者应当知道是为共同实施犯罪而组成的较为固定的犯罪组织，仍接受首要分子领导、管理、指挥，并参与该组织犯罪活动的犯罪分子。

对于恶势力犯罪集团的首要分子，应当按照集团所犯的全部罪行处罚。

四十一、入境发展黑社会组织罪

第二百九十四条第二款　境外的黑社会组织的人员到中华人民共和国境内发展组织成员的，处三年以上十年以下有期徒刑。

第四款　犯前三款罪又有其他犯罪行为的，依照数罪并罚的规定处罚。

入境发展黑社会组织罪，是指境外的黑社会组织的人员到我国境内发展组织成员的行为。

境外黑社会组织，是指在我国境外发展和存在的黑社会组织，包括外国以及我国港、澳、台地区的黑社会组织。至于其是否被所在国家、地区确定为黑社会组织，无关紧要。境外黑社会组织的人员，是指境外黑社会组织的正式成员，包括组织者、领导者和参加者。

发展组织成员，是指将境内、外人员吸收为该黑社会组织成员的行为。其具体方式不受限制，只要是能使境内、外人员加入境外黑社会组织的劝说、引诱、胁迫或其他方法，都是这里的发展行为。入境后实施发展黑社会组织成员的行为，即构成本罪。至于是否有人实际成为该组织的成员，对定罪没有影响；入境发展黑社会组织成员之后，对该组织履行日常领导、指挥职责的，也不再构成其他犯罪。对黑社会组织成员进行内部调整等行为，可视为发展组织成员。

承担境外黑社会组织发展成员的任务，但入境后自己另行成立与境外黑社会组织在名称、宗旨、性质上完全不同的黑社会性质组织，并发展成员的，不构成本罪，而应当成立组织黑社会性质组织罪。

入境发展黑社会组织后以暴力、威胁或者其他手段，有组织地进行违法犯罪活动，称霸一方，为非作恶，欺压、残害群众，严重破坏经济、社会生活秩序的，应当以本罪和该组织的后续犯罪并罚。

本罪的主体是境外黑社会组织的成员（组织者、领导者和参加者），通常是外国人或无国籍人。在境外的中国公民加入黑社会组织后回国发展该黑社会组织成员的，可以成为本罪的主体。中国公民在中国境内接受境外黑社会组织的委托为其发展成员，或者境外黑社会组织在我国境内发展的人员接受为其扩充组织的任务，发展成员的，构成入境发展黑社会组织罪的共犯。

四十二、包庇、纵容黑社会性质组织罪

第二百九十四条第三款　国家机关工作人员包庇黑社会性质的组织，或者纵容黑社会性质的组织进行违法犯罪活动的，处五年以下有期徒刑；情节严重的，处五年以上有期徒刑。

第四款　犯前三款罪又有其他犯罪行为的，依照数罪并罚的规定处罚。

包庇、纵容黑社会性质组织罪，是指国家机关工作人员包庇黑社会性质的组织，纵容黑社会性质的组织进行违法犯罪活动的行为。

（一）客观要件

本罪在客观方面表现为包庇黑社会性质的组织，纵容其进行违法犯罪活动的行为。

包庇黑社会性质的组织，是指利用职务上的便利，以及其他地位、影响、机会等条件，故意袒护或掩护黑社会性质组织进行违法犯罪活动，为使黑社会性质组织及其成员逃避查禁而通风报信，隐匿、毁灭、伪造证据，阻止他人作证、检举揭发，指使他人作伪证，帮助逃匿，阻挠查禁黑社会性质组织的行为。包庇行为一般以积极的作为方式实施。在故意包庇黑社会性质组织的场合，国家机关工作人员是否有追究犯罪的职责，在所不问。

纵容黑社会性质组织，是指国家机关工作人员明知有黑社会性质组织存在或者其正在进行违法犯罪活动，而不依法履行职责，放纵黑社会性质组织进行违法犯罪活动的行为（不作为）。在消极纵容黑社会性质组织的场合，只有具有打击黑社会性质组织的职责的国家机关工作人员的相关行为才能构成本罪。一般国家机关工作人员明知是黑社会性质组织而知情不举的，不是这里的纵容，不构成本罪。

有查禁犯罪活动职责的国家机关工作人员，向黑社会性质组织的犯罪分子通风报信、提供便利、帮助犯罪分子逃避处罚的，同时构成包庇、纵容黑社会性质组织罪和帮助犯罪分子逃避处罚罪，但两罪之间有法条竞合的关系，应按特别法条优于普通法条的原则，以包庇、纵容黑社会性质组织罪论处。

国家机关工作人员在接受贿赂后，实施包庇、纵容黑社会性质组织犯罪行为的，应数罪并罚。国家机关工作人员为包庇、纵容黑社会性质组织，而窃取、刺探、故意泄露国家秘密的，应与本罪并罚。国家工作人员的包庇、纵容，导致黑社会性质组织更为大胆和便利地继续实施犯罪的，包庇、纵容者对这些犯罪不应当承担刑事责任。但在包庇、纵容的场合，又有教唆、物质帮助行为的，可能成立共同犯罪。

国家机关工作人员在庇护黑社会性质组织的同时，逐渐发展成为该组织的成员，成为该组织在国家机关内部的卧底人员的，构成参加黑社会性质组织罪，应与包庇、纵容黑社会性质组织罪并罚。

（二）主观要件

本罪在主观方面是故意，国家机关工作人员只有明知是黑社会性质组织而予以包庇或纵容才能构成本罪。没有这种明知的，可能构成其他罪，例如，明知对方是走私、洗钱、生产销售伪劣商品、拐卖人口的犯罪组织而加以包庇的，构成包庇罪；明知对方是毒品犯罪组织而包庇的，构成包庇毒品犯罪分子罪，而不构成本罪。

四十三、传授犯罪方法罪

第二百九十五条① 传授犯罪方法的，处五年以下有期徒刑、拘役或者管制；情节严重的，处五年以上十年以下有期徒刑；情节特别严重的，处十年以上有期徒刑或者无期徒刑。

传授犯罪方法罪，是指用语言、文字、动作或者其他方式，把犯罪方法传授给他人的行为。

（一）客观要件

本罪在客观方面表现为把犯罪方法传授给他人的行为。

对传授犯罪方法的具体手段，法律未作限制，语言、文字、动作或者其他方式均可。被传授的他人是多数人还是极少数人，都不影响本罪的成立。只要着手实施传授行为，对公共秩序有危险的，即构成本罪，至于相对方是否理解、接受所传授的内容并付诸实施，对成立犯罪无关紧要。

行为人所传授的必须是犯罪方法。这里的犯罪方法，只能是直接故意犯罪中的犯罪方法：包括对于他人实现犯罪目的所必要的一切方法，既包括实施犯罪的方法，如脱逃、强奸等方法；也包括为实施犯罪制造条件的方法，如为盗窃而制作万能钥匙、为抢劫而物色犯罪对象等；还包括完成犯罪后湮灭罪迹、逃避打击的方法。传授犯罪方法的具体犯罪范围，应当限于传授故意杀人、故意伤害、放火、爆炸、抢劫、盗窃、强奸等社会危害性较大的犯罪，而不是指传授一切犯罪的方法。

传授犯罪方法中的“犯罪方法”，应当具有两大特征：(1) 必须是一般公众所不知晓的方法。如果是众所周知的某种“方法”，根本不需要行为人传授，其传授行为也没有实际意义。但通过网络方式传授伪造信用卡、用铁丝捅开他人机动车锁窃取财物的方法，及利用信息网络传授制造毒品等犯罪的方法，均属于传授公众所不知晓的方法。(2) 所传授的方法本身具有危险性，可能被他人用于犯罪，传授行为明显会增加社会风险。行为人向他人所传递的信息不具有上述特征的，不构成本罪。例如，甲自行从网上下载涉及炸药制造的信息，经整理形成一个电子文档，命名为《恐怖分子手册》。后甲先后两次在某知名网站的“文库”栏目中发布《恐怖分子手册》电子文档，向他人传授各种炸药、燃烧剂、汽油弹、炸弹、燃烧弹等的配方及制作方法。文档在网络上共被浏览数千次，下载数百次。相关检验机构的书面材料证明：文档中所涉及的各种炸药知识、制法等均具有一定的科学性、可行性，但其内容不涉密，一般人通过正常渠道如专业图书、网络等均可进行查询。在这种情况下，不能对甲的行为论以本罪。

先传授犯罪方法，在接受者使用该方法不能成功时，传授者又亲临现场具体帮助实行犯罪的，应当以本罪和具体实施的犯罪并罚；以到现场实际实施犯罪的方式传授犯罪方法的，构成本罪和实际实施犯罪的想象竞合犯，应从一重罪处断。

（二）主观要件

本罪在主观方面是故意，可能是直接故意，也可能是间接故意。也即行为人明知自己所传授的是犯罪方法，将其传授给他人（传授意思），希望或者放任危害社会管理秩序结果的发生。讲授强身健体的方法、日常生活中的技能（如修锁、电力使用方法）、在文学创作中描述犯罪过程等，都不具有传授意思，不构成本罪。

构成本罪的故意，不要求行为人对被传授的责任状况有所认识，即不需要其认识到相对方

① 本条为《刑法修正案（八）》第44条所修改，废除了本罪的死刑。

是有刑事责任能力、达到刑事责任年龄的人。被传授的人是年幼且无理解能力者、精神病人、未成年但有理解能力者，行为人对此没有认识的，相关行为仍然构成本罪；行为人已经认识到对方是完全不能理解、实施所传授内容者，仍然进行传授的，相关行为也具有危害社会管理秩序的抽象危险性，可以构成本罪。

（三）认定

传授犯罪方法罪和教唆犯的区别表现在：(1) 侵犯的客体不同。传授犯罪方法罪侵害的客体是社会治安管制秩序，不以其所传授的犯罪所侵害的客体为转移；教唆犯所侵害的客体是不确定的，取决于被教唆犯罪的性质。(2) 客观方面的表现不同。教唆行为实质在于引起他人犯罪的决意，被教唆的对象只限于具有刑事责任能力、达到刑事责任年龄的人，否则教唆人就成立间接正犯，而不是共同犯罪中的教唆犯。教唆犯在被教唆的人没有犯被教唆的罪时，构成教唆未遂；已经实现教唆结果的是教唆犯的既遂。传授犯罪方法的行为实质在于把犯罪方法教给他人，可以通过现场直接实施犯罪进行演示、传授，被传授者是否为具有刑事责任能力、达到刑事责任年龄的人，并不重要。传授犯罪方法属于抽象危险犯，一经实施传授犯罪方法的行为就构成本罪的既遂。(3) 主观方面不同。虽然教唆犯和传授犯罪方法罪都可能有直接故意、间接故意构成，但认识的内容不相同。教唆犯必须认识到他人没有犯罪意图，自己的教唆会使他人产生犯罪决意，并与被教唆的人具有共同犯罪故意；至于是否向对方提示了犯罪方法，在所不问。传授犯罪方法罪只要认识到是有意识地向他人传授犯罪方法即为已足，而不管被传授者原来是否有犯罪意思，传授者与相对方一般也不具有共同犯罪故意。(4) 处罚标准不同。教唆犯不是独立罪名，没有确定的法定刑，对教唆犯结合其所教唆的犯罪，按照其在共同犯罪中所起的作用处罚。而传授犯罪方法罪有独立的法定刑，量刑与所传授的犯罪方法所涉及的罪行没有根本上的关联。

实践中，也可能出现传授犯罪方法和教唆犯罪竞合的情况。对同一人先传授犯罪方法，又教唆其利用该方法实施犯罪的，构成传授犯罪方法罪和实行行为的教唆犯，原则上按吸收犯处理。行为人分别对不同对象进行教唆与传授犯罪方法，或者向同一对象教唆此种罪而传授彼种罪的犯罪方法的，均应数罪并罚。

四十四、非法集会、游行、示威罪

第二百九十六条　举行集会、游行、示威，未依照法律规定申请或者申请未获许可，或者未按照主管机关许可的起止时间、地点、路线进行，又拒不服从解散命令，严重破坏社会秩序的，对集会、游行、示威的负责人和直接责任人员，处五年以下有期徒刑、拘役、管制或者剥夺政治权利。

非法集会、游行、示威罪，是指未依照法律规定申请或者申请未获许可，或者未按照主管机关许可的起止时间、地点、路线举行集会、游行、示威，又拒不服从解散命令，严重破坏社会秩序的行为。

（一）保护法益

本罪的保护法益是国家对集会、游行、示威活动的管理制度。集会，是指聚集于公共场所商讨问题、发表意见、表达意愿。游行，是指公民在公共场所以列队行进的方式来表达意愿。示威，是指公民在公共场所以集会、游行、静坐等方式表达要求、抗议或支持、声援等共同意愿的活动。集会、游行、示威是公民的基本政治权利，但其必须依照宪法和法律的规定行使，有关国家机关有权对集会、游行、示威活动的过程进行监管，其主要工作环节包括审查批准、活动事件和路线的确定、对违法犯罪行为的惩治等。非法举行集会、游行、示威就是违反了这些管理规定和程序，其必将损害国家、社会和他人的利益，严重破坏社会秩序。

（二）客观要件

本罪在客观方面表现为非法举行集会、游行、示威，又拒不服从解散命令的行为。

非法举行集会、游行、示威，包括两种情况：一是事先未获批准，擅自举行集会、游行、示威，拒不服从解散命令的行为。未获批准，包括未依照法律规定申请和在申请未获许可时举行集会、游行、示威的情形。二是提出申请并获许可之后举行集会、游行、示威，但未按照主管机关许可的起止时间、地点、路线进行，又拒不服从解散命令的行为。

事先未获批准，擅自举行集会、游行、示威，或者集会、游行、示威行为未按照主管机关许可的起止时间、地点、路线进行的，如果根据有关国家机关的命令及时解散，并不构成本罪。这样，拒不服从解散命令就是本罪客观方面的决定性要件，非法集会、游行、示威的罪与非罪也由是否执行解散命令所决定，所以，本罪是真正不作为犯。

拒不服从解散命令这一客观构成要件要素意味着：一方面，解散命令必须是由有权限的机关或公务员发出的，通常应由警察发出该命令。命令的形式是书面的还是口头的，在所不限，但是必须符合法律的规定，且应当连续发出多次，每次之间应该有相当的时间间隔。另一方面，命令必须得到传达，而且要达到让参与集会、游行、示威的绝大多数人都知晓的程度，否则无法执行解散命令；发出命令之后应当留有一定时间供集会、游行、示威的组织者、参加者决定是否解散。发出命令的次数过少，命令传达的范围有限，命令和决定解散之间的时间间隔过短，集会、游行、示威者难以自由、任意地决定是否解散的，都不认为是拒不执行解散命令，不构成本罪。非法集会、游行、示威者中只有极个别或者少数人根据解散命令离开现场的，不是执行解散命令；只有绝大多数人解散，剩余者难以将集会、游行、示威继续进行下去时，才认为已执行解散命令。非法集会、游行、示威的组织者或者主要参加者在现场实施盗窃、抢夺等行为时，为抗拒抓捕而在解散命令发布之后逃离现场的，不属于执行解散命令。

已获得批准并按照主管机关许可的起止时间、地点、路线集会、游行、示威，但在此过程中有参与者实施侵犯人身、财产权利的犯罪，导致局面混乱，主管机关要求解散，而拒不解散的，不构成本罪。非法集会、游行、示威，拒不执行解散命令的行为必须达到严重破坏社会秩序的程度，才能构成本罪，否则只能作为一般违法行为处理。

本罪与聚众扰乱公共场所秩序、交通秩序罪，聚众扰乱社会秩序罪，聚众冲击国家机关罪之间有法条竞合关系，本罪为特别法，所以，在非法集会、游行、示威过程中，发生扰乱公共场所秩序、交通秩序等严重破坏社会秩序的结果的，只能适用本罪。

本罪的主体是非法集会、游行、示威的负责人和直接责任人员。即使拒不执行解散命令的决意是由多数或者所有参与者作出的，一般的拒不解散者的行为也不构成本罪。

（三）主观要件

本罪在主观方面是故意。

四十五、非法携带武器、管制刀具、爆炸物参加集会、游行、示威罪

第二百九十七条　违反法律规定，携带武器、管制刀具或者爆炸物参加集会、游行、示威的，处三年以下有期徒刑、拘役、管制或者剥夺政治权利。

非法携带武器、管制刀具、爆炸物参加集会、游行、示威罪，是指违反法律规定，携带武器、管制刀具或者爆炸物参加集会、游行、示威的行为。

携带，既包括随身握持，也包括利用他人身体、容器、运输工具夹带武器、管制刀具、爆炸物品。武器，是指可直接用于杀伤人体的军用或者民用枪支、弹药等。管制刀具，是指国家法律、法规规定限定特定人员、特定范围和特定用途的刀具或者禁止民间生产、运输、买卖、持有的刀具，包括匕首、三棱刀、带有自锁装置的弹簧刀以及其他类似的单刃、双刃刀和三棱尖刀等。爆炸物，是指具有爆发力和破坏性，可以瞬间造成人畜伤亡、物品毁坏的危险物品，主要包括炸药、雷管、导火索等。至于集会、游行、示威本身是否合法，在所不问。

本罪的主体是一般主体。依法配备公务用枪或者依法配置民用枪支的人员违反法律规定，携带枪支、弹药参加集会、游行、示威的，仍然可能成为本罪的主体；组织非法集会、游行、示威行为的负责人或直接责任人员携带武器、管制刀具、爆炸物参加集会、游行、示威的，应当以非法集会、游行、示威罪和本罪并罚。

四十六、破坏集会、游行、示威罪

第二百九十八条　扰乱、冲击或者以其他方法破坏依法举行的集会、游行、示威，造成公共秩序混乱的，处五年以下有期徒刑、拘役、管制或者剥夺政治权利。

破坏集会、游行、示威罪，是指扰乱、冲击或者以其他方法破坏依法举行的集会、游行、示威，造成公共秩序混乱的行为。

扰乱，是指对依法举行的集会、游行、示威的各种干扰与骚乱，主要以非暴力方法实施。冲击，则是指暴力性的干扰与骚乱。其他方法，是指扰乱、冲击以外的其他方法。其共性在于具有破坏性。

破坏行为本身导致他人的人身、财产法益遭受侵害，构成犯罪的，属于一行为触犯数罪名，应成立想象竞合犯。但是，行为人只具有侵犯个别被害人的人身、财产的故意，例如，在游行过程中实施盗窃，客观上不会造成公共秩序混乱的结果的，不构成本罪。破坏行为可能由参与合法集会、游行、示威者实施，也可能由旁观者实施。旁观者必须对正在举行的集会、游行、示威具有合法性有所认识，误将合法举行的活动误认为是非法的集会、游行、示威而加以破坏的，阻却犯罪故意，不构成本罪。

非法持有枪支、弹药参加集会、游行、示威的，又用其扰乱、冲击依法举行的集会、游行、示威活动，造成公共秩序混乱的，同时触犯了非法持有枪支、弹药罪，非法携带武器、管制刀具、爆炸物参加集会、游行、示威罪和本罪，应当数罪并罚。

四十七、侮辱国旗、国徽、国歌罪

第二百九十九条[①]　在公共场合，故意以焚烧、毁损、涂划、玷污、践踏等方式侮辱中华人民共和国国旗、国徽的，处三年以下有期徒刑、拘役、管制或者剥夺政治权利。

在公共场合，故意篡改中华人民共和国国歌歌词、曲谱，以歪曲、贬损方式奏唱国歌，或者以其他方式侮辱国歌，情节严重的，依照前款的规定处罚。

侮辱国旗、国徽、国歌罪，是指在公共场合，故意以焚烧、毁损、涂划、玷污、践踏等方式侮辱中华人民共和国国旗、国徽，故意篡改中华人民共和国国歌歌词、曲谱，以歪曲、贬损方式奏唱国歌，或者以其他方式侮辱国歌，情节严重的行为。

---

① 本条第2款为《刑法修正案（十）》所增设。

侮辱国旗、国徽的行为可能以焚烧、毁损、涂划、玷污、践踏等方式实施。焚烧，是指将国旗、国徽烧毁。毁损，是指使用各种破坏工具或方法将国旗、国徽加以损坏，如撕毁、剪毁。涂划，是指在国旗、国徽上涂抹、刻画。玷污，是指在国旗、国徽上投掷污秽物，使国旗、国徽的外观受到污损而失去庄重感。践踏，是指采用脚踏、汽车碾轧等方式破坏国旗、国徽。其他方法，是指以国旗、国徽作靶子，或者砍伐国旗旗杆，任意投掷国旗、国徽，使特定场所的国旗、国徽发生位置移动，使用其他物体遮蔽国旗、国徽等行为。此外，不是对国旗、国徽进行物理上的毁损，而是将他人已然焚烧、毁损、涂划、玷污、践踏过的国旗、国徽在公开场合加以展示的，也构成本罪。

侮辱国歌的行为方式，包括故意篡改中华人民共和国国歌歌词、曲谱，以歪曲、贬损方式奏唱国歌，或者以其他方式侮辱国歌。侮辱国歌情节严重的，才构成犯罪。

侮辱国旗、国徽、国歌的行为必须发生在公共场合。公共场合，是指悬挂国旗、国徽的场所或党政机关所在地，或者是不特定或者多数人聚集的场所，如车站、码头、公园、商场、影剧院等。行为人私下侮辱国旗、国徽、国歌的行为，不构成本罪。

四十八、侵害英雄烈士名誉、荣誉罪

第二百九十九条之一① 侮辱、诽谤或者以其他方式侵害英雄烈士的名誉、荣誉，损害社会公共利益，情节严重的，处三年以下有期徒刑、拘役、管制或者剥夺政治权利。

侵害英雄烈士名誉、荣誉罪，是指侮辱、诽谤或者以其他方式侵害英雄烈士的名誉、荣誉，损害社会公共利益，情节严重的行为。

（一）保护法益

对于本罪的保护法益，需要结合英雄烈士是否健在分别讨论。《民法典》第185条规定，侵害英雄烈士等的姓名、肖像、名誉、荣誉，损害社会公共利益的，应当承担民事责任。《英雄烈士保护法》（2018年）第2条第2款规定，英雄烈士是指“近代以来，为了争取民族独立和人民解放，实现国家富强和人民幸福，促进世界和平和人类进步而毕生奋斗、英勇献身的英雄烈士”。可以认为，这些规定都是对已经牺牲的英雄烈士的特殊保护规定。对于目前尚健在的英雄，如果其姓名、肖像、名誉、荣誉被侵害，可以直接由其本人或者家属依照《民法典》侵权责任编的规定行使民事权利。因此，民法上对所有英雄烈士的姓名、肖像、名誉、荣誉给予全面保护，不存在只保护已经去世的英雄、不保护健在的英雄的问题。从法秩序统一性的角度看，本罪在这个意义上和民法典对接。这样说来，如果英雄烈士已经牺牲，本罪的保护法益就是活着的人不希望英雄烈士被不当对待的期待或社会情感；如果英雄尚且健在，本罪的保护法益就是其本人的名誉、荣誉。

（二）客观要件

本罪在客观方面表现为侮辱、诽谤或者以其他方式侵害英雄烈士的名誉、荣誉，损害社会公共利益，情节严重的行为。

侮辱，是指公然毁损英雄烈士的荣誉、名誉。目前，实务中办理了为数不少的通过互联网侮辱、诋毁英雄烈士荣誉、名誉的案件。诽谤，是指捏造事实侵害英雄烈士的荣誉、名誉。其他方式，包括损害烈士陵园、毁损纪念设施等侵害英雄烈士的名誉、荣誉，损害社会公共利益的行为。

① 本条为《刑法修正案（十一）》第35条所增设。

成立本罪，要求情节严重。因此，定罪时需要考虑行为是否具备实质的违法性、是否符合情节严重的要求。如果某种侵害英雄烈士名誉、荣誉，损害社会公共利益的行为，通过侵权损害赔偿或者公益诉讼等就能够妥善解决，则难以将其认定为情节严重，不宜将其作为犯罪处理，从而在实务中对定罪范围作出必要限制。

（三）主观要件

本罪在主观上是故意，行为人对于其侮辱、诽谤或者以其他方式侵害的对象是英雄烈士有明确的认识。

四十九、组织、利用会道门、邪教组织、利用迷信破坏法律实施罪

第三百条①第一款　组织、利用会道门、邪教组织或者利用迷信破坏国家法律、行政法规实施的，处三年以上七年以下有期徒刑，并处罚金；情节特别严重的，处七年以上有期徒刑或者无期徒刑，并处罚金或者没收财产；情节较轻的，处三年以下有期徒刑、拘役、管制或者剥夺政治权利，并处或者单处罚金。

第三款　犯第一款罪又有奸淫妇女、诈骗财物等犯罪行为的，依照数罪并罚的规定处罚。

组织、利用会道门、邪教组织、利用迷信破坏法律实施罪，是指组织、利用会道门、邪教组织或者利用迷信破坏国家法律、行政法规实施的行为。

会道门，主要是指一贯道、九宫道、先天道、后天道等非法组织。邪教组织是指冒用宗教、气功或者其他名义建立，神化首要分子，利用制造、散布迷信邪说等手段蛊惑、蒙骗他人，发展、控制成员，危害社会的非法组织。迷信是指盲目信仰、崇拜鬼神、神仙等与科学相对的主张，例如，占卦、看风水、看阴阳宅等。

组织、利用邪教组织破坏法律实施犯罪的情形，情节严重的，构成本罪；情节特别严重的，法定刑升格。关于对情节严重、情节特别严重的认定，最高人民法院、最高人民检察院《关于办理组织、利用邪教组织破坏法律实施等刑事案件适用法律若干问题的解释》（2017 年 1 月 25 日）第 2 条、第 3 条对此作出了明确规定。组织、利用邪教组织，制造、散布迷信邪说，组织、策划、煽动、胁迫、教唆、帮助其成员或者他人实施自杀、自伤的，以故意杀人罪或者故意伤害罪定罪处罚；邪教组织人员以自焚、自爆或者其他危险方法危害公共安全的，以放火罪、爆炸罪、以危险方法危害公共安全罪等定罪处罚；犯本罪，又实施强奸、诈骗等犯罪行为的，应当依照数罪并罚的规定处罚。

五十、组织、利用会道门、邪教组织、利用迷信致人重伤、死亡罪

第三百条第二款②　组织和利用会道门、邪教组织或者利用迷信蒙骗他人，致人重伤、死亡的，依照前款的规定处罚。

组织、利用会道门、邪教组织、利用迷信致人重伤、死亡罪，是指组织、利用会道门、邪教组织或利用迷信蒙骗他人，致人重伤、死亡的行为。

对蒙骗他人的具体方法，法律未作限制，包括组织、利用邪教组织制造、散布歪理邪说，蒙蔽、欺骗其成员或者其他人，致其实施绝食、自残、自虐、自杀等行为，以及阻止病人进行

---

① 本条为《刑法修正案（九）》第 33 条所修改。

② 本款为《刑法修正案（九）》第 33 条所修改。

正常治疗，最终致人重伤、死亡等。

组织、利用邪教组织制造、散布迷信邪说，指使、胁迫其成员或者其他人实施自杀、自伤行为的，以故意杀人罪或者故意伤害罪定罪处罚。

行为人主观上对组织、利用的会道门、邪教组织、迷信活动具有非法性有认识，并且对发生妨害社会管理秩序、蒙骗他人的后果持希望或者放任态度。行为人对重伤、死亡结果的发生一般应具有过失。

五十一、聚众淫乱罪

第三百零一条第一款　聚众进行淫乱活动的，对首要分子或者多次参加的，处五年以下有期徒刑、拘役或者管制。

聚众淫乱罪，是指聚集众人集体实施淫乱活动的行为。

聚众，是指聚集三人以上的多人。淫乱，是指进行淫乱活动，包括性交以及其他刺激性兴奋、满足性欲的行为。本罪既然是聚众犯罪，就要求行为人存在聚众意思，实施事前或者事中的聚众行为，否则就难以成立本罪。这里的聚众性和公然性紧密关联，或者说聚众和公然实施是一体之两面。只有聚众、公然实施的行为才属于挑战公共秩序、妨害社会善良风俗的行为，也才能够产生妨害社会管理秩序的危险（体系解释和规范思考）。因此，聚众性（公然性）加上淫乱性，才等于聚众淫乱。不能简单地认为三人以上同处一个与外界相对隔离的场所发生性行为就是聚众淫乱。其实，这种行为至多具有淫乱性，但并无事前或者事中的聚众性（公然性），不宜被作为犯罪处理。例如，甲男被招嫖后，和两个卖淫女同处一室，分别发生性行为的，就难以构成本罪，可以作为治安管理处罚的对象。

使用暴力、胁迫方式强迫妇女参加聚众淫乱活动的，应以强奸罪、强制猥亵、侮辱罪和本罪并罚。

本罪的主体是聚众淫乱活动中起组织、策划、指挥作用的首要分子，或者多次（三次以上）参加聚众淫乱的人。在这个意义上，聚众淫乱罪的客观行为应当被限定为在首要分子、多次参加聚众淫乱者的组织、纠集下实施的淫乱活动。

五十二、引诱未成年人聚众淫乱罪

第三百零一条第二款　引诱未成年人参加聚众淫乱活动的，依照前款的规定从重处罚。

引诱未成年人聚众淫乱罪，是指引诱未成年人参加聚众淫乱活动的行为。

引诱，是指以金钱、物质或其他利益为诱饵，通过语言、表演、示范、观看影像等手段，诱惑未成年男女参加淫乱活动。引诱的对象限于未满 18 周岁的男女，成立本罪要求行为人对此有所认识。被引诱者是否实际接受劝导，参加聚众淫乱活动，对成立本罪没有影响，例如，引诱未成年人观看他人聚众从事的淫乱活动的，也可以成立本罪。此外，由于未成年人身心发育不全，辨别能力有限，性道德观尚未完全确立，所以应给予特别保护，在被引诱者有意参加但尚未实际加入聚众淫乱活动的场合，实施引诱行为的，也构成本罪。

不是引诱未成年人参加聚众淫乱活动，而是引诱不满 14 周岁的幼女卖淫的，应成立引诱幼女卖淫罪；以直接组织性交等淫秽表演的方式引诱未成年人参加聚众淫乱活动的，构成本罪和组织淫秽表演罪的想象竞合犯，应从一重罪处断；在引诱未成年人参加聚众淫乱活动过程中，又以营利为目的指使部分参加者卖淫的，构成本罪和组织卖淫罪，应当数罪并罚。

五十三、盗窃、侮辱、故意毁坏尸体、尸骨、骨灰罪

第三百零二条[①] 盗窃、侮辱、故意毁坏尸体、尸骨、骨灰的，处三年以下有期徒刑、拘役或者管制。

盗窃、侮辱、故意毁坏尸体、尸骨、骨灰罪，是指窃取、凌辱、故意毁坏尸体、尸骨、骨灰的行为。

盗窃尸体、尸骨、骨灰，是指从坟墓、停尸间、空难、地震现场或其他场所窃取尸体、尸骨、骨灰。侮辱，是指用有形力对尸体、尸骨、骨灰进行凌辱，如猥亵、肢解、鞭打、焚烧、遗弃尸体、尸骨以及奸尸等。针对尸体、尸骨、骨灰进行口头辱骂或者文字谩骂，不构成本罪，但如果侮辱行为涉及生者名誉、人格的，可以构成侮辱罪。抢劫、抢夺尸体、尸骨、骨灰的，不构成侵犯财产犯罪。但是，抢夺、抢劫尸体、尸骨、骨灰行为会同时产生侮辱尸体、尸骨、骨灰的结果，所以会构成侮辱尸体、尸骨、骨灰罪。故意杀人、故意伤害致人死亡之后，侮辱尸体的，应当数罪并罚。毁坏，是指对尸体、尸骨、骨灰的物理上的毁损。

本罪的行为对象是尸体、尸骨、骨灰。这里的尸体，是指人死亡后的身体，即由头、胴体、四肢组成的完整死体。露出母体时存活但随即死亡的胎儿如果具备人的形状的，也是本罪的侵害对象。尸骨是尸体的一部分。骨灰不属于尸体，但也是本罪的对象。

本罪的主体是一般主体。有埋葬、祭奠义务的死者亲属在某些情况下也可以成为本罪的主体，例如，死者在公共场所心脏病发作死亡，死者亲属拒不履行送葬义务，长时间不移置尸体，使其停留在公共场所受到动物或风雨侵袭，客观上造成侮辱效果的，原则上有成立侮辱尸体罪的可能（不作为）。

五十四、赌博罪

第三百零三条第一款[②] 以营利为目的，聚众赌博或者以赌博为业的，处三年以下有期徒刑、拘役或者管制，并处罚金。

赌博罪，是指以营利为目的，聚众赌博或者以赌博为业的行为。

（一）保护法益

本罪的保护法益是公众健全的经济生活风俗。赌博行为助长了不劳而获的心态，腐蚀人们的思想，严重影响生活秩序，引起社会冲突，诱发贪污、盗窃、诈骗、杀人等多种犯罪，所以，设置本罪意在防止以诚实劳动换取利益、维持生计的善良社会风俗被败坏。

（二）客观要件

本罪在客观方面表现为聚众赌博或者以赌博为业的行为。

赌博，是指以财物进行博彩的行为，其实质是二人以上根据偶然的因素决定胜败和财产得失。赌博包括赌事和博戏两种情形。赌事，是指结果的产生与行为者的动作无关、胜败完全取决于偶然因素的场合，例如，足球赌博、赛马赌博等；博戏，是指偶然因素、行为者自身的动作和能力同时对胜负有影响的情形，例如，使用麻将、棋牌赌博。在我国，赌事和博戏都要受到处罚。

---

① 本条为《刑法修正案（九）》第 34 条所修改。

② 本款为《刑法修正案（六）》第 18 条所修改。

聚众赌博，是指以公开或秘密的方式为赌博活动提供场所、赌具，聚集他人参加赌博。聚众者自己不参赌，但从中渔利的，也成立本罪；参赌人员利用赌具就财物或财产上利益的得失展开争夺，就是本罪行为的着手。根据最高人民法院、最高人民检察院《关于办理赌博刑事案件具体应用法律若干问题的解释》（2005年5月11日）的规定，以营利为目的，组织3人以上赌博，抽头渔利数额累计达到5 000元以上的；组织3人以上赌博，赌资数额累计达到5万元以上的；组织3人以上赌博，参赌人数累计达到20人以上的；组织中国公民10人以上赴境外赌博，从中收取回扣、介绍费的，属于聚众赌博。

以赌博为业，是指嗜赌成性，反复实施赌博行为，以赌博所得作为生活或挥霍的重要来源的行为（常业犯）。

成立本罪要求赌博者以偶然因素决定胜负，即参与者主观上对结果不能作确实的预测。当然，在参与者依靠自己的技能可以对胜败发生一定影响的场合（例如，围棋、麻将、扑克牌等），对行为的偶然性也不能否认，可以成立赌博罪。但是，行为人以赌博之名，行诈骗之实，利用欺骗方法支配胜负结果的，例如，在赌具中弄虚作假，或者采用黑话、暗语为号，诱骗他人与之赌博，参赌者对此并不知情而参赌的场合（片面赌博），参赌者不成立赌博罪的共犯，行为人应成立诈骗罪。这样一来，设置圈套诱骗他人参赌，又向索还钱财的受骗者施加暴力或以暴力威胁的，理应构成（转化）抢劫罪。但最高人民法院《关于对设置圈套诱骗他人参赌又向索还钱财的受骗者施以暴力或暴力威胁的行为应如何定罪问题的批复》（1995年11月6日）认为，行为人设置圈套诱骗他人参赌获取钱财，构成赌博罪。参赌者识破骗局要求退还钱财，设赌者又使用暴力或者以暴力相威胁，拒绝退还的，应以赌博罪从重处罚；致参赌者伤害或者死亡的，应以赌博罪和故意伤害罪或者故意杀人罪，依法实行数罪并罚。这一解释是否妥当，还值得讨论。即便肯定“诱赌行为”有成立赌博罪的可能，也要压缩前述司法解释的适用空间。即在公共场所针对不特定人实施的、赌资较小的“诱赌行为”成立赌博罪；设赌者在参赌者识破骗局要求退还钱财时，使用暴力或者以暴力相威胁，拒绝退还的，以赌博罪从重处罚。

（三）主观要件

本罪在主观方面是故意，并且要求行为人具有营利的目的。至于其是否实际取得利益，在所不问。

以营利为目的，是指实施聚众赌博、以赌博为业的行为，是为了获取数额较大的金钱或者其他财物，而不是为了消遣、娱乐。不以营利为目的，进行带有少量财物输赢的娱乐活动的，欠缺本罪的故意。为一时的娱乐、消遣等进行赌博的，不构成本罪。虽本着营利目的参加赌博，但只是一般的参赌人员，而不属于赌博活动的聚众者或者不是以赌博为业的，也不符合本罪的主观要件。

五十五、开设赌场罪

第三百零三条第二款① 开设赌场的，处五年以下有期徒刑、拘役或者管制，并处罚金；情节严重的，处五年以上十年以下有期徒刑，并处罚金。

开设赌场罪，是指为他人赌博设立、提供、经营特定场所的行为。

（一）客观要件

本罪在客观方面表现为经营、控制赌场的行为。

① 本款为《刑法修正案（六）》第18条所增设，为《刑法修正案（十一）》第36条所修改。

开设赌场罪和聚众赌博的区别在于，本罪的行为人对赌博活动有较强的支配性，即组织者对赌博的场地、赌博的规则、参与管理的人员等均具有实质上的控制力。利用互联网、移动通讯终端等传输赌博视频、数据，组织赌博活动的，具备开设赌场行为的支配性。

对于“开设”的含义，应当作广义理解：除传统的营业性地为赌博者提供场地，设定赌博方式，提供赌具、筹码，接受赌客投注，以供他人赌博外，在计算机网络上建立赌博网站，或者为赌博网站担任代理，接受投注的，以及以接受电话投注的方式进行赌博，而参与者并不集中在一起的，也属于开设赌场。提供棋牌室等娱乐场所只收取正常的场所和服务费用的行为，不构成本罪。提供赌场之后，本人是否参赌，是否从他人的赌博行为中抽头渔利，都不影响本罪成立。由于开设赌场，吸引他人前去赌博，参赌人数多，赌资数额大，赌场收入更加丰厚，社会危害性也较一般的聚众赌博更大，所以，刑法在赌博罪之外单设开设赌场罪。

实务中，利用互联网开设赌场的现象较为突出。以营利为目的，通过邀请人员加入微信群的方式招揽赌客，根据竞猜游戏网站的开奖结果等方式进行赌博，设定赌博规则，利用微信群进行控制管理，在一段时间内持续组织网络赌博活动的，属于开设赌场。利用微信群进行控制管理，以抢红包方式进行赌博，在一段时间内持续组织赌博活动的行为，也是开设赌场。行为人在合法的游戏平台内再建立一个“俱乐部”，邀约赌客进入俱乐部进行赌博，该俱乐部的模式基本和赌博网站相似，其内部自行设立了赌博规则，能够将钱财兑换成筹码的，应当认为是在游戏平台内部搭建了一个赌场，行为人控制着该赌场的经营，可以构成本罪。而某些直播平台提供的竞猜活动虽带有一定的赌博色彩，但该平台不存在筹码兑换成现金的渠道的，很难认定相关行为构成本罪。当然，假如有证据证明该直播平台在明知有人利用这种竞猜进行赌博，且有第三方支付机构为其提供货币筹码的，该直播平台经营者的行为可能构成本罪，提供筹码与现金互换业务的资金结算第三方的行为可能构成非法经营罪。

一旦赌场开始正式营业，并有人实际使用，就成立本罪的既遂。至于开设者是否实际获取利润，无关紧要。开设赌场的人自己参与赌博，并以赌博为业的，可以考虑以本罪和赌博罪并罚。

（二）主观要件

本罪在主观上是故意。开设赌场本身是一种具有经营性质的行为，行为人一般具有营利目的。但是，由于本罪是妨害社会管理秩序罪，行为人通过提供场所、开设赌局、购置赌具等行为招揽赌客，组织赌博活动，仅为了获得精神上的满足的，也不影响本罪的成立。

五十六、组织参与国（境）外赌博罪

> 第三百零三条第三款① 组织中华人民共和国公民参与国（境）外赌博，数额巨大或者有其他严重情节的，依照前款的规定处罚。

组织参与国（境）外赌博罪，是指组织中华人民共和国公民参与国（境）外赌博，数额巨大或者有其他严重情节的行为。

本罪在客观方面表现为组织我国公民到国外、境外参与赌博（且通常表现为“豪赌”）。这里的组织，是指游说、号令、招揽赌客，为他人开设赌场造声势、聚人气、确定赌博对象的行为。主要的组织方式有：在我国境内设立各种名目的专门负责寻找、组织我国公民到境外赌博的办事机构（或分支机构），或者借组织出境游的名义招揽我国公民到境外“豪赌”等。本罪

① 本款为《刑法修正案（十一）》第36条所增设。

处罚的是组织中华人民共和国公民参与国（境）外赌博，而非组织中华人民共和国公民“前往”国（境）外赌博，因此，组织行为发生在我国境外或者境内，在所不问。在境外，对他人合法组织的境外旅游团体中的中国公民进行组织、游说、招揽的，仍然可以构成本罪。本罪从形式上看，是将开设赌场罪的帮助犯予以正犯化；但是，如果从犯罪支配的角度看，也可以认为，本罪的组织行为就是对开设赌场具有犯罪支配性的行为，只不过刑法对这种具有正犯性的行为单独设立罪名而已。近年来，境外赌博机构在我国境内大肆开展招揽赌客的活动，由于这些行为具有类型性和巨大危害性，该组织、招揽行为甚至决定着境外赌博机构的生存发展，从实质角度看，可以认为其对于开设赌场具有支配性质，离开这些人的组织、招揽行为，开设赌场活动难以为继，因此，此类行为与开设赌场罪具有同等危害。但是，与开设赌场的现场经营者、管理者所具体承担的工作不同，本罪行为人负责组织参赌人员。根据其分工确定行为类型，规定独立罪名，并将其与开设赌场罪同罚就是合理的。将这类行为单列出来予以明确规定，能够发挥刑法的一般预防效果。对本条规定作如此理解，就能够说明本罪设立的正当性及法定刑设置的合理性。

本罪的主体是一般主体，主要是境外赌场经营人、实际控制人、投资人，境外赌场管理人员，受境外赌场指派、雇用的人，以及在境外赌场包租赌厅、赌台的人等。

五十七、故意延误投递邮件罪

第三百零四条　邮政工作人员严重不负责任，故意延误投递邮件，致使公共财产、国家和人民利益遭受重大损失的，处二年以下有期徒刑或者拘役。

故意延误投递邮件罪，是指邮政工作人员不负责任，故意延误投递邮件，致使公共财产、国家和人民利益遭受重大损失的行为。

这里的邮件，是指通过邮政企业寄送、传递的信件、印刷品、邮包、汇款通知、报刊等。邮政工作人员，是指邮政企业的负责人员、营业员、分拣员、投递员、押运员等。

邮政工作人员不是由于不负责任延误投递邮件，而是故意隐匿、毁弃或非法开拆他人邮件，导致信件无法按时投递或者绝对不能投递的，不构成本罪，而构成私自开拆、隐匿、毁弃邮件、电报罪。

第三节　妨害司法罪

一、伪证罪

第三百零五条　在刑事诉讼中，证人、鉴定人、记录人、翻译人对与案件有重要关系的情节，故意作虚假证明、鉴定、记录、翻译，意图陷害他人或者隐匿罪证的，处三年以下有期徒刑或者拘役；情节严重的，处三年以上七年以下有期徒刑。

伪证罪，是指在刑事诉讼中，证人、鉴定人、记录人、翻译人对与案件有重要关系的情节，故意作虚假的证明、鉴定、记录、翻译，意图陷害他人或者隐匿罪证的行为。

（一）客观要件

本罪在客观方面表现为在刑事诉讼中作虚假陈述，即证人、鉴定人、记录人、翻译人对与案件有重要关系的情节，故意作虚假的证明、鉴定、记录、翻译。

行为人必须有积极提供虚假证明、鉴定、记录、翻译的行为，才能构成本罪。证人始终保持沉默，拒绝作证；或者只提供部分证言，但在司法工作人员故意提出不利于被告人的问题时，表示默认的，都属于并未作出陈述，不构成本罪。

1. 虚假陈述的本质

关于何为虚假陈述，有主观说和客观说的争议。

主观说（通说）认为：虚假是指违反证人记忆。虚假陈述应当以证人的主观记忆为标准，与自己的体验、观察、确信相反的陈述就是虚假陈述。换言之，证人根据自己的记忆作出诚实的陈述，即使该陈述与客观事实相反也不构成伪证罪。反过来，陈述与客观事实相一致，但违反证人记忆的，也构成伪证罪。①

主观说的理由是：作为证据的一种，证言的意义在于使证人通过五官实际感知的事实能够正确地再现，而且与证人的所见、所思、所想相一致，即证人的陈述应当是将自己真实发现的材料提供给司法工作人员，自己的体验、认识应当具有真实性。与自己的确信相反的陈述，即使偶然地与客观真实相符，也存在导致司法错误的危险，所以，陈述的虚伪性是存在的。主观说的基本出发点是违反记忆作出陈述有导致司法裁判错误的抽象危险性。② 由此，根据主观说，伪证罪是抽象的危险犯，作为外部表现的陈述与主观的记忆内容的不一致决定了行为具有危险性，所以伪证罪是包含主观违法要素的表现犯。

客观说认为：所谓虚假，是指违反客观事实。即陈述的内容与客观事实相反的场合，才是虚假陈述。证言的内容即使违反证人记忆，但是只要最终与客观事实相一致，也不构成伪证。伪证罪的保护法益是国家公正审判权利的行使，与客观事实相符合的证言，对公正审判作用的发挥没有危害。

客观说的依据是：司法活动的目标是通过一定的程序发现客观真实，为此需要证人根据各自的体验内容作出陈述。但是人的记忆可能存在变化，认为自己看到的事实与客观事实有不同，作出的陈述与自己的体验和记忆相反，但其陈述最终与客观事实相符的，不成立伪证。例如，证人看到甲入室盗窃，但在向司法机关提供证言时提出，经过自己反复思考，认为从身高看，罪犯应当是乙，司法机关最终查明罪犯的确是乙。证人的陈述违反其记忆，但不成立本罪。对此，主观说的批评是：认为将与自己记忆相反的事实误信为真实并加以陈述，欠缺本罪的故意，不构成本罪，这似乎不合理。对证言虚假性的判断，不是就证言与作为审判对象的整个事件之间的关系作判断，而是就各个陈述之间的关系进行判断。就并未亲眼看到的事实，行为人以目击者的身份作出陈述，将传闻事实作为自己体验过的事实进行陈述，自然是虚假陈述。

由于我国刑法将本罪作为目的犯看待，行为人主观上要有诬告陷害或者隐匿罪证的目的，否则不构成本罪。这样，主观说的合理性就更多一些。本罪中的虚假陈述包括两种情况：一是无中生有，捏造或者夸大事实以陷人入罪；二是化有为无，掩盖或者缩小事实以开脱罪责。

2. 虚假陈述与案件关联性

虚假的证明、鉴定、记录、翻译的内容，必须是与案件有重要关系的情节，即与案件是否构成犯罪、犯罪的性质或罪行的轻重具有重要关系的情节。无论是主观说还是客观说都主张限定本罪的成立范围，即虚假陈述只有对正确的司法裁决的求得存在抽象危险性时，才成立伪证罪。即使证人作出了虚假陈述，但是该陈述既不涉及罪犯的确定也不涉及刑罚的裁量，只与案件的枝节问题有关，不足以影响案件结论的，不构成本罪。

---

① 参见［日］藤木英雄：《刑法讲义各论》，47页，东京，弘文堂，1976。

② 参见［日］团藤重光：《刑法纲要各论》，3版，101页，东京，创文社，1990。

3. 虚假陈述的时间

伪证行为必须发生在刑事诉讼中，即必须是在从公安机关立案侦查、检察机关审查起诉，人民法院一、二审判决的过程中作伪证。不是在刑事诉讼中与案件有重要关系的个别情节上提供虚假陈述，而是在立案侦查之前捏造整个犯罪事实，导致刑事程序错误启动的，构成诬告陷害罪而不是伪证罪；不是在刑事诉讼中作伪证，而是在他人为骗取财物伪造证据起诉（诉讼诈骗）之后的民事诉讼中作伪证的，要么构成诈骗罪的共犯，要么构成帮助毁灭、伪造证据罪，但不构成本罪。

本罪的主体是特殊主体，只能是证人、鉴定人、记录人、翻译人。证人是指与刑事案件无直接利害关系的、向司法机关提供自己知道的案件情况的诉讼参与人。鉴定人是指受司法机关的指派、聘请，对案件中某些专门性的问题进行鉴定并作出书面结论的具有专门知识的诉讼参与人。记录人是指司法机关在案件的侦查、起诉和审判过程中，为调查、搜查、询问证人、被害人或审讯被告人担任文字记录的人。翻译人是在诉讼中受司法机关的指派或聘请担任外国语、民族语或哑语翻译的诉讼参与人。

按照主观说，本罪的虚假陈述是证人违反自己的记忆所作的陈述，那么间接正犯的形态就不存在，而只具有自手犯。① 按照客观说，本罪不是自手犯，间接正犯的形态也存在，只要行为对国家公正审判作用的发挥有抽象危险就成立本罪，所以，共谋共同正犯、间接正犯都有可能成立。②

（二）主观要件

本罪在主观方面是故意，即行为人对于证明、鉴定、记录或翻译的虚假性是明知的。按照主观说，行为人对于陈述的内容与自己体验的事实相反有认识；按照客观说，行为人对于陈述的内容与客观的真实不一致有认识。行为人除有故意外，还要有特定的犯罪目的（目的犯），即陷害他人，或者隐匿罪证、包庇罪犯。

二、辩护人、诉讼代理人毁灭证据、伪造证据、妨害作证罪

第三百零六条　在刑事诉讼中，辩护人、诉讼代理人毁灭、伪造证据，帮助当事人毁灭、伪造证据，威胁、引诱证人违背事实改变证言或者作伪证的，处三年以下有期徒刑或者拘役；情节严重的，处三年以上七年以下有期徒刑。

辩护人、诉讼代理人提供、出示、引用的证人证言或者其他证据失实，不是有意伪造的，不属于伪造证据。

辩护人、诉讼代理人毁灭证据、伪造证据、妨害作证罪，是指在刑事诉讼中，辩护人、诉讼代理人毁灭、伪造证据，帮助当事人毁灭、伪造证据，威胁、引诱证人违背事实改变证言或者作伪证的行为。

（一）客观要件

本罪在客观方面表现为在刑事诉讼中，毁灭、伪造证据，帮助当事人毁灭、伪造证据，威胁、引诱证人违背事实改变证言或者作伪证的行为。

本罪的行为方式有三种：一是毁灭、伪造证据。毁灭是指使用有形力使证据从实体上消灭，或完全丧失了证明力。伪造证据是指凭空捏造虚假的证据。这里的证据包括刑事诉讼法第

① 参见［日］大塚仁：《刑法概说·各论》，3版，609页，东京，有斐阁，1996。

② 参见［日］西田典之著，［日］桥爪隆补订：《日本刑法各论》，7版，498页，东京，弘文堂，2018。

50条所确立的物证，书证，证人证言，被害人陈述，犯罪嫌疑人、被告人供述和辩解，鉴定意见，勘验、检查、辨认、侦查实验等笔录，视听资料、电子数据等八种法定证据种类，它们都可以成为毁灭、伪造的对象。但是，在刑事附带民事诉讼中，辩护人、诉讼代理人只就与民事赔偿部分有关的事实伪造、毁灭证据的，如果行为并不涉及对被告人的定罪和量刑，原则上不成立本罪。因为本罪发生在刑事诉讼中，伪造、毁灭证据的行为对刑事裁判的公正性有影响，才具有法益侵害性。而附带民事诉讼的赔偿问题，是原、被告双方可以协商的内容，如果辩护人、诉讼代理人就本部分内容毁灭、伪造证据，相对方可以发现并提出反驳，所以行为对刑事诉讼裁判没有影响。对此还值得进一步研究。

二是帮助当事人毁灭、伪造证据。当事人和辩护人、诉讼代理人共同实施了毁灭、伪造证据的行为，而且辩护人、诉讼代理人只是起辅助的作用。在当事人是被告人的场合，被告人教唆辩护人、诉讼代理人毁灭伪造证据的，缺乏期待可能性，不构成教唆犯。在当事人是被告人以外的人的场合，教唆行为超越了社会期待，教唆者与辩护人、诉讼代理人应在毁灭、伪造证据的范围内成立共同犯罪。教唆者因不具有本罪主体身份而不构成本罪的，应以帮助毁灭、伪造证据罪处理。

三是威胁、引诱证人违背事实改变证言或者作伪证。这里的证人应当包括被害人在内。威胁的方法可以是暴力，也可以是精神要挟；既可以针对证人本人，也可以针对与证人有关联的人。引诱，既可以采用物质利益，也可以采用非物质利益来实现，例如，以结婚为由诱使被害人改变强奸的指控为男女热恋中的过激行为。违背事实改变证言，是指证人不再认同先前与案件真实情况相符合的陈述，另行作证。作伪证，是指作出虚假的证明，即违背其主观的意思作证。证人第一次所作的陈述与客观事实相反，但无作伪证的意思，在被辩护人、诉讼代理人引诱以后，证人产生了作伪证的故意的，虽然所作的陈述与客观事实相符合，引诱者的行为仍然构成本罪。被引诱、威胁作伪证的人，原则上应与辩护人、诉讼代理人构成共犯，证人成立伪证罪，辩护人、诉讼代理人则成立本罪。

辩护人、诉讼代理人毁灭、伪造证据或者威胁、引诱证人违背事实改变证言或者作伪证，涉及的证据是间接证据，且只能证明案件中的枝节问题，与构成事实和刑罚裁量关联性不强，证据的证明力较弱，行为对刑事司法的公正性不会带来危险的，可不作为犯罪处理。

本罪的主体是特殊主体，即刑事诉讼的辩护人、诉讼代理人。在自诉案件中，被告人可以随时聘请辩护人、诉讼代理人。自原告提起自诉之时起，辩护人、诉讼代理人伪造、毁灭证据、妨害作证的，即可成立本罪。在公诉案件的场合，按照刑事诉讼法第34条的规定，犯罪嫌疑人自被侦查机关第一次讯问或被采取强制措施之日起，有权委托辩护人。辩护人在此期间毁灭证据、伪造证据的，就可以成立本罪。

（二）主观要件

本罪在主观方面是故意：在毁灭、伪造证据，帮助当事人毁灭、伪造证据的场合，是直接故意；在诱使证人改变证言或作伪证时，是放任的故意。犯罪动机多是给犯罪嫌疑人、被告人开脱罪责，使其逃避刑罚处罚。辩护人、诉讼代理人提供、出示、引用证人证言或者其他证据失实，不是有意伪造的，不属于伪造证据，不具有本罪的故意。

（三）犯罪排除事由

辩护人、诉讼代理人为对抗犯罪指控而收集、运用检察机关尚未掌握的新证据，启发证人仔细回忆案件事实等，都属于正当履行辩护职责、维护刑事被告人合法权益的行为。即便其出示、提供的证据事后被证明有不真实的地方，其履行辩护人、代理人职责的行为也阻却违法。

三、妨害作证罪

第三百零七条第一款　以暴力、威胁、贿买等方法阻止证人作证或者指使他人作伪证的，处三年以下有期徒刑或者拘役；情节严重的，处三年以上七年以下有期徒刑。

第三款　司法工作人员犯前两款罪的，从重处罚。

妨害作证罪，是指以暴力、威胁、贿买等方法阻止证人作证或者指使他人作伪证的行为。

妨害作证的行为方式包括两种情况：一是阻止证人作证。即对知道案件情况的人，采用暴力、威胁、贿买等方法使证人无法作证、不敢作证或者不愿作证。暴力、威胁都是最广义的暴力、威胁概念。贿买，是指利用或者许诺以金钱、财物或其他利益使证人不愿作证。贿买以外的引诱、唆使、劝说、利用职务的诱迫等，如果使证人的意思决定自由受到限制，可以认定为是威胁。二是指使他人作伪证，即指使他人违背客观事实提供证言，既包括本来无罪却伪证其有罪，也包括本来有罪却伪证其无罪。本罪的行为可能发生在民事诉讼、行政诉讼和刑事诉讼过程中。

在刑事诉讼中，辩护人、诉讼代理人以威胁、引诱等方式指使证人作伪证的，辩护人、诉讼代理人妨害作证罪与本罪之间有法条竞合关系，应以特别法条即辩护人、诉讼代理人妨害作证罪定罪处罚。但是，辩护人、诉讼代理人在刑事诉讼中指使证人以外的其他人（如翻译人、鉴定人等）作伪证的，则应以本罪处理。

本罪在主观方面是故意，行为人对行为可能发生妨害司法程序的结果有希望或者放任。

四、帮助毁灭、伪造证据罪

第三百零七条第二款　帮助当事人毁灭、伪造证据，情节严重的，处三年以下有期徒刑或者拘役。

第三款　司法工作人员犯前两款罪的，从重处罚。

帮助毁灭、伪造证据罪，是指以各种方法帮助当事人毁灭、伪造证据，情节严重的行为。

（一）客观要件

本罪在客观方面表现为帮助他人毁灭、伪造证据的行为，如毁坏物证、书证，篡改证言，编造证词，伪造书证，串供等。

1. 帮助毁灭、伪造

帮助的形式多种多样，如出谋划策、提供工具等。毁灭，是指使证据的效力消失或减少的一切行为，包括对物证、书证进行物理上的毁损，还包括隐匿证据、隐匿证人的行为。伪造，是指制作并不存在的证据。将现存的证据进行加工导致其证据效力变更的变造行为，与伪造行为在本质上没有区别，也是本罪的实行行为。将与犯罪无关的物品作为与犯罪事实有关的证据加以提供的，也是伪造行为。毁灭、伪造行为可以发生在诉讼进程展开以前，也可以发生在诉讼活动开始之后。

2. 他人的

因为难以期待本犯不毁灭、伪造与自己有关的证据，所以，本罪的行为对象仅限于“他人的”证据。至于该证据对当事人是有利还是有弊，在所不问。

共犯者毁灭、伪造自己与其他共犯者有关的共同证据的，是否构成本罪，值得研究。例如，甲在与乙共同实施故意杀人行为，且乙被捕之后，将乙使用的凶器扔到河中的行为，是否构成本罪？我认为，在共犯的场合，共犯者毁灭证据的行为往往具有同时兼顾共犯者双方利益的可能，证据具有共同性，涉及其他共犯者的证据实际上也是自己的证据，毁灭、伪造类似证据的行为在类型上缺乏期待可能性，不应当成立本罪。

3. 证据

刑法并未规定行为人必须是出于使他人逃避刑事追究之目的帮助毁灭、伪造证据，所以，这里的证据不能限于刑事案件中的证据，帮助毁灭民事诉讼、行政诉讼案件证据的，也构成本罪。《民事诉讼法》（2017年）第111条第1款第1项规定，在民事诉讼中，诉讼参与人或者其他人，伪造、毁灭重要证据，妨碍人民法院审理案件而构成犯罪的，依法追究刑事责任。《行政诉讼法》（2017年）第59条第1款第2项规定，在行政诉讼中，诉讼参与人或者其他人伪造、隐藏、毁灭证据构成犯罪的，依法追究刑事责任。

在刑事案件中帮助毁灭、伪造的证据既包括人证，也包括物证。它们可能与犯罪的成立有关，也可能与刑罚的裁量有关。这里的刑事案件为已经起诉的案件。仅有犯罪嫌疑，搜查已开始的事件也属于刑事案件。他人最终被证明无罪，或者只受不起诉处分的，毁坏、伪造证据者的行为对司法秩序仍然存在侵害性，也可以构成本罪。

4. 情节严重

构成本罪，要求情节严重。犯罪动机卑鄙，手段特别恶劣，且嫁祸于人，使刑事罪犯逃脱刑事处罚，使侦查、审判工作遭受严重破坏的，都可认为属于情节严重的情形。

证人对侦查人员作虚假的陈述，意图使他人免受刑事追究的，构成伪证罪，而不构成本罪。因为本罪与伪证之间有法条竞合关系，对证人的行为应按照特别法即伪证罪处理。对辩护人、诉讼代理人妨害作证罪与本罪的关系也应当作此理解。

在他人实施杀人行为之后，为使他人逃避刑事追究而帮助其毁灭尸体的，行为侵害的法益是司法秩序而非一般的社会管理秩序，所以该行为不构成侮辱尸体罪，但同时符合包庇罪和本罪的构成要件。在法条竞合的情况下，因为帮助当事人毁灭、伪造证据的行为属于广义上的作假证明的范畴，本罪是特别法，应以本罪处理。为帮助他人毁灭证据而实施窃取、杀害证人、非法拘禁等行为的，构成本罪与盗窃罪、故意杀人罪、非法拘禁罪之间的想象竞合犯，应从一重罪处断。

本罪的主体为一般主体，即本犯以外的人。本犯教唆他人毁灭、伪造证据的，也不构成本罪的教唆犯。因为本罪中毁灭、伪造的是“他人（当事人）的证据”。他人的证据，在这里是构成要件结果。在本犯教唆、请求他人毁灭、伪造“自己”的犯罪证据时，不能将该本犯作为本罪的共犯加以处罚。对不以本罪处罚本犯的理由，一般按照欠缺期待可能性进行解释，即不可能期待本犯不参与他人的毁灭证据行为。但是，从不法的角度进行解释可能更为合理。一方面，虽然期待可能性的考虑在立法上确实存在，但是，应该认为，只要在条文中明确规定了成立犯罪的某个客观性要素，其就应该属于构成要件要素，“他人的犯罪证据”这一规定完全可以被解读为不处罚本犯的客观不法要素。另一方面，按照共犯处罚根据的混合惹起说，处罚共犯是因为其惹起了构成要件结果，其不仅具有自身的不法（违法地惹起了构成要件结果），而且这种惹起还要以正犯实施了符合构成要件的违法行为为前提。但是，在本犯教唆、请求他人毁灭“自己”的证据的场合，其只是在间接地毁灭关于“自己”的犯罪证据，而不是“他人”的犯罪证据，行为并没有产生构成要件结果，因此不是不法，对其进行处罚缺乏根据。[①] 应当

① 从这里可以看出，构成要件该当结果因参与犯罪的人不同而被相对化：本犯请求他人“毁灭我犯罪的证据”的行为，对“我”而言，不具有违法性；但被教唆者的毁灭行为具有违法性。在这个意义上，违法是与不同参与人相关联的“人的不法”。

指出，这里对本犯不处罚的分析，也适用于前述的伪证罪，辩护人、诉讼代理人毁灭证据、伪造证据、妨害作证罪以及妨害作证罪中本犯对他人实施教唆的情形。

（二）主观要件

本罪在主观方面是直接故意，并且行为人具有意图使他人逃避罪责，免受刑事追究的目的。意图使他人受到刑事追究而捏造证据的，可能构成诬告陷害等罪，但不构成本罪。在帮助他人伪造证据的场合，还必须具有明知是伪造的证据并将其视作真实的证据提供给司法工作人员的主观认识。

行为人由于不知情或受骗上当而过失帮助当事人毁灭、伪造证据的，不构成本罪。

五、虚假诉讼罪

第三百零七条之一① 以捏造的事实提起民事诉讼，妨害司法秩序或者严重侵害他人合法权益的，处三年以下有期徒刑、拘役或者管制，并处或者单处罚金；情节严重的，处三年以上七年以下有期徒刑，并处罚金。

单位犯前款罪的，对单位判处罚金，并对其直接负责的主管人员和其他直接责任人员，依照前款的规定处罚。

有第一款行为，非法占有他人财产或者逃避合法债务，又构成其他犯罪的，依照处罚较重的规定定罪从重处罚。

司法工作人员利用职权，与他人共同实施前三款行为的，从重处罚；同时构成其他犯罪的，依照处罚较重的规定定罪从重处罚。

虚假诉讼罪，是指以捏造的事实提起民事诉讼，妨害司法秩序或者严重侵害他人合法权益的行为。

（一）保护法益

本罪的保护法益是司法秩序。近年来，在民事诉讼活动中，存在较为严重的虚假诉讼现象。有的虚假诉讼不是为了骗取对方财物，而是为了拖延诉讼时间，或者是为了取得财产之外的利益（例如，当事人双方相互勾结，通过诉讼骗取法院判决执行对方机动车，从而规避某些城市实行的机动车“摇号”政策）。当然，多数虚假诉讼是为了通过欺骗法官来骗取对方当事人财物或者逃避履行财产交付的义务。无论属于哪种情形，虚假诉讼行为都侵害了人民法院的正常审判活动，理应成为刑法规制的对象。

（二）客观要件

本罪在客观方面表现为以捏造的事实提起民事诉讼，妨害司法秩序或者严重侵害他人合法权益的行为。

对于本罪的实行行为，实务中持限定处罚的态度。对于以捏造的事实提起民事诉讼的，一般理解为通过积极的伪造证据、虚假陈述的方式，捏造“全新”的民事法律关系提起虚假的民事诉讼。最高人民法院、最高人民检察院《关于办理虚假诉讼刑事案件适用法律若干问题的解释》（2018 年 9 月 26 日）第 1 条规定，采取伪造证据、虚假陈述等手段，实施下列行为之一，捏造民事法律关系，虚构民事纠纷，向人民法院提起民事诉讼的，应当认定为“以捏造的事实提起民事诉讼”：（1）与夫妻一方恶意串通，捏造夫妻共同债务的；（2）与他人恶意串通，捏造债权债务关系和以物抵债协议的；（3）与公司、企业的法定代表人、董事、监事、经理或者

① 本条为《刑法修正案（九）》第 35 条所增设。

其他管理人员恶意串通，捏造公司、企业债务或者担保义务的；（4）捏造知识产权侵权关系或者不正当竞争关系的；（5）在破产案件审理过程中申报捏造的债权的；（6）与被执行人恶意串通，捏造债权或者对查封、扣押、冻结财产的优先权、担保物权的；（7）单方或者与他人恶意串通，捏造身份、合同、侵权、继承等民事法律关系的其他行为。此外，隐瞒债务已经全部清偿的事实，向人民法院提起民事诉讼，要求他人履行债务的，以及向人民法院申请执行基于捏造的事实作出的仲裁裁决、公证债权文书，或者在民事执行过程中以捏造的事实对执行标的提出异议、申请参与执行财产分配的，均属于“以捏造的事实提起民事诉讼”。由此可见，行为人只有“无中生有”地提起一个民事诉讼，才有成立本罪的可能性。

行为人没有伪造证据，只是对部分事实或者证据作隐瞒或者虚构，滥用诉权，或者利用现有证据夸大损害、歪曲案件客观事实，漫天要价，通过诉讼技巧说服法官从而赢得诉讼，获取他人财物的，或者就极其微小的损害反复变换诉讼请求提起民事诉讼的（恶意诉讼、无理诉讼），都不是以捏造的事实提起民事诉讼，不构成本罪。

相关司法解释将刑法规定的虚假诉讼罪限定为“无中生有、纯属虚构”的捏造事实行为，即凭空捏造根本不存在的民事法律关系再提起诉讼的情形。如果存在真实的民事法律关系，行为人采取伪造证据等手段篡改案件事实，夸大被害程度，从而导致“部分虚假”，向人民法院提起民事诉讼的，不能认定为虚假诉讼罪，如有处罚必要，可以按照伪造公司、企业、事业单位、人民团体印章罪或者妨害作证罪等罪名追究其刑事责任。基于此，实施犯罪行为的人通常是一方当事人，但也存在原、被告双方勾结，共同伪造证据欺骗法院，损害第三人利益的情形。

本罪的实行行为只能发生在民事诉讼中。在刑事诉讼中实施类似行为的，可能构成诬告陷害等犯罪。在行政诉讼中以捏造的事实提起诉讼，妨害司法秩序的，由人民法院根据诉讼规则对当事人进行处罚，不构成本罪。

本罪不是危险犯，行为只有妨害司法秩序或者严重侵害他人合法权益，才能构成本罪。根据最高人民法院、最高人民检察院《关于办理虚假诉讼刑事案件适用法律若干问题的解释》（2018年9月26日）第2条的规定，以捏造的事实提起民事诉讼，有下列情形之一，应当认定为“妨害司法秩序或者严重侵害他人合法权益”：（1）致使人民法院基于捏造的事实采取财产保全或者行为保全措施的；（2）致使人民法院开庭审理，干扰正常司法活动的；（3）致使人民法院基于捏造的事实作出裁判文书、制作财产分配方案，或者立案执行基于捏造的事实作出的仲裁裁决、公证债权文书的；（4）多次以捏造的事实提起民事诉讼的；（5）曾因以捏造的事实提起民事诉讼被采取民事诉讼强制措施或者受过刑事追究的；（6）其他妨害司法秩序或者严重侵害他人合法权益的情形。

本罪的典型表现形式是以提起民事诉讼为手段，提供虚假的陈述、出示虚假的证据，使法院作出有利于自己的判决，从而获得他人的财物。对此，最高人民检察院法律政策研究室《关于通过伪造证据骗取法院民事裁判占有他人财物的行为如何适用法律问题的答复》（2002年10月）规定：以非法占有为目的，通过伪造证据骗取法院民事裁判占有他人财物的行为所侵害的主要是人民法院正常的审判活动，可以由人民法院依照民事诉讼法的有关规定作出处理，不宜以诈骗罪追究行为人的刑事责任。有定罪必要的，视情形以伪造公司、企业、事业单位、人民团体印章罪或妨害作证罪追究刑事责任。该答复对虚假诉讼妨害司法的性质有所揭示，但其绝对否定行为构成诈骗罪的做法违反犯罪竞合的基本原理。因此，提起虚假的民事诉讼，通过法院判决骗取对方当事人或者第三人财物的，存在本罪和诈骗型犯罪（普通诈骗罪、职务侵占罪或贪污罪）的竞合关系。因此，本条第3款规定，虚假诉讼，非法占有他人财产或者逃避合法债务，又构成其他犯罪的，依照处罚较重的规定定罪从重处罚。

（三）主观要件

本罪在主观方面是故意，行为人对于事实和证据属于捏造有认识，对行为可能妨害司法秩序、侵害他人利益持希望或者放任的心态。

六、打击报复证人罪

第三百零八条　对证人进行打击报复的，处三年以下有期徒刑或者拘役；情节严重的，处三年以上七年以下有期徒刑。

打击报复证人罪，是指对证人进行打击报复的行为。

（一）客观要件

本罪在客观方面表现为打击报复证人的行为。

打击报复的手段和方法在实践中多种多样，可以是暴力，也可以是非暴力，所以，为打击报复证人而使用侮辱、诽谤方法的，不再构成侮辱罪、诽谤罪。打击报复行为可能实施在诉讼活动过程中，也可以发生在诉讼活动结束之后。

本罪的行为对象是证人，包括刑事诉讼、民事诉讼以及行政诉讼案件中的证人。但是，为了切实地保护司法秩序和公民的人身权利，应当对这里的证人和程序法上的证人作不同的解释：被害人受到打击报复的，是作为本罪对象的（被害）证人；因生理上、精神上有缺陷或者年幼，而不能辨别是非、不能正确表达的人，在程序法上不是证人，但司法机关误以为其有作证能力，而向其调查取证，行为人事后对其打击报复的，其也属于本罪中的证人。

国家工作人员滥用职权、假公济私，在对控告人、申述人、批评人、举报人实行报复陷害的同时，也对向司法机关作证的人进行打击报复的，构成报复陷害罪和本罪的想象竞合犯。辩护人、诉讼代理人对已向司法机关提供证言的人实施打击，一方面有对其作证的行为实施报复的意思，另一方面又有阻止他人作证或迫使他人作伪证的目的，构成辩护人、诉讼代理人妨害作证罪与本罪的想象竞合犯，应从一重罪处断。

为打击报复证人，而对其近亲属实施殴打、侮辱、威胁的，不构成本罪，可能构成故意伤害、侮辱等罪。长期打击报复证人，偶然使用伤害等方法，且伤害行为难以为本罪所评价的，应数罪并罚。

（二）主观要件

本罪在主观方面是故意。行为人只有认识到对方是证人而打击报复，才能构成本罪。虽有暴力行为，但不是因为证人作证而是因为行为人与以前作证的人之间有尚未清结的债务纠纷或者其他过节，或者误将证人作为一般的打击对象而实施侵害的，不构成本罪，应以故意伤害等罪处理。

七、泄露不应公开的案件信息罪

第三百零八条之一①　司法工作人员、辩护人、诉讼代理人或者其他诉讼参与人，泄露依法不公开审理的案件中不应当公开的信息，造成信息公开传播或者其他严重后果的，处三年以下有期徒刑、拘役或者管制，并处或者单处罚金。

有前款行为，泄露国家秘密的，依照本法第三百九十八条的规定定罪处罚。

泄露不应公开的案件信息罪，是指泄露依法不公开审理的案件中不应当公开的信息，造成

① 本条为《刑法修正案（九）》第36条所增设。

信息公开传播或者其他严重后果的。

泄露，是指对案件事实、信息进行揭示、传播。本罪仅发生在泄露依法不公开审理的案件中不应当公开的信息的场合。不公开审理的案件，包括涉及未成年人、国家安全，侵害个人隐私、企业商业秘密等情形的案件。依法不公开审理的案件中，也可能有可以公开的信息，例如被害人是未成年人的刑事案件中，关于被告人的有关信息（例如，其是否属于累犯，是否能够成立自首等）属于可以公开的事实，对可以公开信息的揭示、泄露等，不构成本罪。辩护人、诉讼代理人或者被告人家属出于辩护的需要，在隐去被害人具体个人信息等情形下，抽象出案件事实，就依法不公开审理的案件的定性问题向有关专家咨询的，不属于泄露不应公开的案件信息。

依法可以公开审理的案件，在不同的诉讼环节，司法工作人员将不应公开的信息（如被害人的公民个人信息、毒品犯罪案件中的侦查人员信息、案件所牵涉的国家机密或者个人隐私等）予以泄露的，不构成本罪，视情形以故意泄露国家秘密罪、过失泄露国家秘密罪等罪名追究刑事责任。

本罪不是专门为辩护人、诉讼代理人"量身定做"的罪名，其主体是所有参与处理依法不公开审理的案件的人，包括司法工作人员、辩护人、诉讼代理人或者其他诉讼参与人。

八、披露、报道不应公开的案件信息罪

第三百零八条之一[①] 公开披露、报道第一款规定的案件信息，情节严重的，依照第一款的规定处罚。

单位犯前款罪的，对单位判处罚金，并对其直接负责的主管人员和其他直接责任人员，依照第一款的规定处罚。

披露、报道不应公开的案件信息罪，是指公开披露、报道依法不公开审理的案件中不应当公开的信息，情节严重的行为。

披露、报道都是指公开揭示，能够传播并为公众所知晓。对披露、报道的载体、形式、影响范围等，刑法并无限制。但行为并未达到情节严重程度的，不构成本罪。

本罪的主体通常是新闻媒体等有权公开报道、披露案件信息的单位和个人，但也不限于此。普通公民认为犯罪嫌疑人、被告人所受到的追诉不公平，而向其辩护人打听不公开审理案件中的不公开信息，然后通过信息网络予以披露、传播的，也可以构成本罪。换言之，本罪的主体是司法工作人员、辩护人、诉讼代理人或者其他诉讼参与人之外的其他人。

九、扰乱法庭秩序罪

第三百零九条[②] 有下列扰乱法庭秩序情形之一的，处三年以下有期徒刑、拘役、管制或者罚金：

（一）聚众哄闹、冲击法庭的；

（二）殴打司法工作人员或者诉讼参与人的；

（三）侮辱、诽谤、威胁司法工作人员或者诉讼参与人，不听法庭制止，严重扰乱法庭秩序的；

（四）有毁坏法庭设施，抢夺、损毁诉讼文书、证据等扰乱法庭秩序行为，情节严重的。

---

① 本条为《刑法修正案（九）》第36条所增设。

② 本条为《刑法修正案（九）》第37条所修改。

扰乱法庭秩序罪，是指聚众哄闹、冲击法庭，侵害司法工作人员或诉讼参与人的人身权利，或毁坏法庭设施，抢夺、损毁诉讼文书、证据，扰乱法庭秩序的行为。

（一）保护法益

本罪的保护法益是司法权威和司法公正。法官在法庭上能够按照法定程序正常审理案件，其他司法工作人员和诉讼参与人在不受到干扰和伤害的情形下参与诉讼，司法活动才能井然有序、公正高效。扰乱法庭秩序行为会使法官没有尊严，诉讼无法正常推进，诉讼参与人的人身权利没有保障，因此，危害很大，必须依法予以惩处。

（二）客观要件

本罪在客观方面表现为以暴力、威胁、毁坏等方式扰乱法庭秩序的行为。

关于本罪的行为《民事诉讼法》（2017 年）中有一些照应性规定，例如，《民事诉讼法》第 110 条规定，人民法院对哄闹、冲击法庭，侮辱、诽谤、威胁、殴打审判人员，严重扰乱法庭秩序的人，依法追究刑事责任。第 111 条还规定，诉讼参与人或者其他人对司法工作人员、诉讼参加人、证人、翻译人员、鉴定人、勘验人、协助执行的人，进行侮辱、诽谤、诬陷、殴打或者打击报复的，依法追究刑事责任。但本罪的构成要件行为比上述《民事诉讼法》的照应性规定处罚的范围更宽，具体包括：(1) 聚众哄闹、冲击法庭。聚众哄闹，是指在为首分子的煽动组织下，纠集多人在法庭内进行喧哗、吵闹、录音、录像、摄影等。聚众冲击法庭，是指在为首分子的煽动组织下，纠集多人用暴力方式强行进入法庭，不听法庭劝阻等情形。(2) 殴打司法工作人员或者诉讼参与人。对他人的人身实施暴力侵害就是这里的殴打，其不要求达到故意伤害罪的程度，被殴打的人不限于司法工作人员，也包括当事人、辩护人、诉讼代理人等诉讼参与人。(3) 侮辱、诽谤、威胁司法工作人员或者诉讼参与人，不听法庭制止，严重扰乱法庭秩序。对侮辱、诽谤，应当与侮辱、诽谤罪中的行为方式作相同理解。威胁，不是泛指一般意义上的告知对方不利的事实，而是指与前述侮辱、诽谤性质大致相同的，针对司法工作人员或者诉讼参与人人身权利的恐吓行为，即以对司法工作人员、诉讼参与人及其家属的人身实施暴力侵害相威胁，才属于这里的威胁。如果辩护人、诉讼代理人认为其在法庭上受到不公正待遇，其诉讼平等权利被侵害而告知法官“再不让我说话，我就退庭”的，不是这里的威胁。(4) 有毁坏法庭设施，抢夺、损毁诉讼文书、证据等扰乱法庭秩序行为，情节严重的。这是以有形力扰乱法庭秩序的情形。毁坏法庭设施，抢夺、损毁诉讼文书、证据中的毁坏、抢夺的含义，和财产犯罪中相关犯罪的行为相同。聚众强行进入法庭，毁坏法庭设施的，同时符合前述的聚众冲击法庭和这里的毁坏法庭设施的规定，但也不数罪并罚。在毁坏法庭设施，抢夺、损毁诉讼文书、证据之外，立法上还概括地规定了“等扰乱法庭秩序行为”，按照同类解释的原则，其必须是与毁坏法庭设施，抢夺、损毁诉讼文书、证据相当的，借助于一定程度的暴力来实施的扰乱法庭秩序行为，例如，抢夺法警控制、持有的器械，撕扯法官的法袍、检察官的制服，不听法庭劝阻以保障被告人的权利为由试图打开重刑犯的脚镣等，都属于以有形力扰乱法庭秩序的行为。

这里的法庭不限于设置于法院内的固定审判场所，还包括在审判庭外临时审理案件的场所，如巡回法庭、公审法庭等。

本罪在时间上具有特定性，即必须发生在法庭审理活动过程中，或与庭审紧密相连的司法活动中（例如，开庭准备、合议庭评议等阶段）。在此期间以外的行为，没有成立本罪的可能。在法庭审判活动尚未开始或者已经结束之后，实施聚众哄闹行为的，可以构成聚众冲击国家机关罪；对庭外调查取证的司法工作人员实施人身攻击的，可以构成妨害公务罪或者故意伤害罪。

为干扰正在进行的法庭审理活动而聚众闹事，但聚众者之间有内部分工，一部分人负责扰乱法庭秩序，其他人负责在庭外的公共场所或者其他国家机关附近扰乱社会秩序，借以向法院施加压力的，应成立本罪的共犯。

聚众冲击法庭，砸毁法庭重要设备的，以及殴打司法工作人员，致其重伤的，构成本罪和故意毁坏财物罪或故意伤害罪之间的想象竞合犯，应从一重罪处断。

（三）主观要件

本罪在主观方面是故意。行为人必须认识到所扰乱、冲击的场所是法庭，正在进行的活动是法庭审理活动，其主观上有使法庭审理活动难以继续进行的意思，才能构成本罪。

误将法庭审理活动认为一般国家机关正在进行的会议或其他活动而进行冲击或干扰的，可以分别成立妨害公务罪或者聚众冲击国家机关罪，而不构成本罪。

十、窝藏、包庇罪

第三百一十条　明知是犯罪的人而为其提供隐藏处所、财物，帮助其逃匿或者作假证明包庇的，处三年以下有期徒刑、拘役或者管制；情节严重的，处三年以上十年以下有期徒刑。

犯前款罪，事前通谋的，以共同犯罪论处。

窝藏、包庇罪，是指明知是犯罪的人而为其提供隐藏处所、财物，帮助其逃匿或者作假证明包庇的行为。

（一）保护法益

本罪的保护法益是国家的刑事司法作用，即行为因对犯罪的人提供庇护，对司法作用的发挥有实际的阻碍。窝藏、包庇行为人如果事前与原来的犯罪的人有共谋，构成本罪的共犯。没有共谋的，不属于事后从犯。毁灭证据的行为和隐匿、庇护本犯的行为不相同，只是毁灭与被告人、犯罪嫌疑人相关的证据的，不属于窝藏、包庇行为。

（二）客观要件

本罪在客观方面表现为明知是犯罪的人而为其提供隐藏处所、财物，帮助其逃匿或者故意作假证明包庇的行为。本罪是抽象危险犯。

提供隐藏处所、财物，帮助其逃匿，是指为了避免被司法机关发现、逮捕而提供藏匿的场所、资金，协助其逃走的行为。提供隐藏处所、财物，与帮助其逃匿之间，不是列举与概括的关系，更不是手段行为与目的行为的关系，而是并列关系，是指为了避免被司法机关发现、逮捕而提供藏匿的场所、资金，协助其逃走的一切方法。换言之，帮助犯罪的人逃匿的方法行为，不限于为犯罪的人提供隐藏处所或者财物。本罪属于抽象危险犯，只要存在藏匿行为，即使司法工作人员知道被窝藏者所处场所，窝藏罪仍然成立。窝藏行为的特点是加大司法机关开展有效活动的难度，妨害有关司法机关发现犯罪的人。窝藏的方式包括两种：（1）有形的方式，包括为犯罪的人化装、换衣服，提供逃走的资金、伪造的身份证、逃匿必需的工具（如地图、伪造的身份证、指南针等），假扮本犯站在司法机关追捕罪犯所必经的场所等。（2）无形的方式，包括向犯罪的人通报侦查或者追捕的动向、劝犯罪的人逃避、将搜查措施告知逃避中的犯罪的人、对欲告发或告诉犯罪的第三人施加压力、为犯罪的人指明逃跑路线等。发现现行犯的警察故意放走现行犯的，属于不作为的窝藏行为。因此，在理论上，有必要将窝藏扩大解释为一切帮助犯罪的人逃匿的方法。日本刑法第 103 条规定了犯人藏匿罪，对“藏匿”一词，理论上就扩张解释为藏匿或者隐蔽。藏匿，是指提供能够避免官方发现、逮捕的场所并加隐藏；隐蔽，是指一切以隐藏以外的方法来避免官方发现、逮捕犯罪的人的行为。判例上曾经将劝告犯罪的人逃往特定地域的行为认定为隐蔽，以犯人藏匿罪定罪。① 当然，如果劝告意见完全没有被本犯听从，行为对司法秩序并未产生危险，则不能成立本罪。

包庇，是指作假证明包庇犯罪的人的行为。包庇者作假证明可以针对与案件有重要关系的情节，也可以针对与案件有次要关系的情节以及与案件本身关系不大但足以对司法机关裁量刑罚发生影响的事实，例如，捏造事实证明受贿的人曾经试图在案发前退赃。

被窝藏、包庇者是“犯罪的人”，包括真正的犯罪人，以及因为有高度的犯罪嫌疑而被搜查、追诉者。犯罪没有被司法机关发现，但其是真正实施犯罪的人，也属于犯罪的人。告诉权消灭、时效完成导致追诉、处罚的可能性丧失，刑事司法作用不能发挥的，本犯不属于这里的犯罪的人。但是，亲属尚未提出告诉或实际只能承受不起诉处分者，有被追诉、处罚的可能性的，是这里的犯罪的人。被判处罚金、管制的人，也是这里的犯罪的人。被判处有期徒刑宣告缓行、被假释的人，如果在缓行、假释考验期内再犯新罪，也可以成为窝藏、包庇的对象。如果包庇的对象属于走私、贩卖、运输、制造毒品犯罪分子，则应以包庇毒品犯罪分子罪论处，不再论以本罪。

本犯教唆第三人藏匿自己的，是否构成窝藏罪的教唆犯？国外判例认为，本犯属于滥用防御权，应当成立教唆犯。理论上也有人认为，本犯不惜让他人实施藏匿行为，以达到自己的目的，与本犯自己藏匿相比，二者的情节并不相同，已经不能说教唆他人藏匿自己没有定型性的期待可能性。② 但是，这种观点可能是责任共犯论的见解，即认为共犯的处罚根据在于使他人堕落，使他人陷入罪责。对不处罚本犯的理由，从期待可能性角度进行解释，存在明显不足，司法上基本不会将其作为宣告被告人无罪的理由。其实，窝藏“他人”以及帮助毁灭证据罪中使“他人”的犯罪证据被毁灭、隐匿，都是构成要件结果。在本犯请求他人包庇、窝藏自己，或者毁灭自己的犯罪证据时，构成要件结果都不存在，违法性也不存在，即教唆犯自身的违法性不存在，因此，按照共犯处罚根据的混合惹起说，不能将该本犯作为窝藏、包庇罪或帮助毁灭证据罪的教唆犯加以处罚。这样，对不处罚的理由，就不是从不可能期待本犯不参与他人的窝藏、包庇、毁灭证据行为切入，而是从不法论（共犯处罚根据论）的角度进行解释，其思考方法可能更为合理。虽然期待可能性的考虑在立法上确实存在，但是，“他人的犯罪证据”是客观不法要素，在本犯教唆、帮助他人藏匿自己之时，其自身的不法生欠缺，即本犯只是在间接地毁灭关于“自己”的犯罪证据，而不是他人的犯罪证据，其行为没有产生构成要件结果，因此，其教唆、帮助行为不是不法。这样一来，采用混合惹起说，完全能够得出不处罚本犯的结论：从参与人方面来看，如果不存在参与人自身符合构成要件的不法，即便其行为违法地惹起了构成要件结果，正犯实施了符合构成要件的违法行为，对共犯也不能处罚。

需要讨论的另外一个问题是：在真正的犯罪的人被抓捕以后，行为人以自己是真正的犯罪的人的名义，将真凶取保出来，自己甘愿承受刑罚的，是否构成包庇罪？否定说认为，本罪是侵害犯，以真正犯罪的人的名义替代他人承受刑罚的行为，发生在司法机关逮捕、拘留他人之后，所以行为没有具体的危险性。肯定说认为，行为对司法程序的正常进行有妨害，侵害了刑事司法的作用，所以成立犯罪。肯定说更为合理。

具有证人身份，对与案件有重要关系的情节作虚假的有利于犯罪的人的陈述，构成伪证罪，而不构成包庇罪。不具有证人身份，假冒证人对与案件有重要关系的情节作虚伪陈述的，构成包庇罪而不构成伪证罪；具有证人身份，但只对与案件无重要关系的情节作有利于本犯的

---

① 参见［日］山口厚：《刑法各论》（第2版），王昭武译，677页，北京，中国人民大学出版社，2011。

② 参见［日］团藤重光：《刑法纲要各论》，3版，90页，东京，创文社，1990。

虚假陈述的，不构成伪证罪，有追究必要的，可以包庇罪处理。

明知对方是真正的犯罪的人，而加以隐匿、包庇的，即使司法机关尚未掌握本犯的犯罪情况，没有展开侦查、搜查行为，隐匿、包庇者开始实施提供隐藏处所、财物，帮助其逃匿或者作假证明包庇就是本罪的着手；对方只是有一定程度的犯罪嫌疑的，只有在司法机关开始搜查、侦查时才是本罪的着手。

此外，刑法第 362 条规定，旅馆业、饮食服务业、文化娱乐业、出租汽车业等单位的人员，在公安机关查处卖淫、嫖娼活动时，为违法犯罪分子通风报信，情节严重的，应以窝藏、包庇罪定罪处罚。

（三）主观要件

本罪在主观方面是故意，具体表现为行为人明知他人是犯罪的人而加以窝藏、包庇。提供隐藏处所或者协助其藏匿的当时并不知道对方是犯罪的人，但在窝藏过程中认识到对方身份，仍然进行窝藏的，具有本罪的故意。

不知对方身份而容留、帮助的，缺乏窝藏、包庇故意，不构成本罪，所以对于对方是“犯罪的人”有明知这一要素在司法实践中必须加以证明。关于对什么人才是犯罪的人、具有何种身份状态有认识才属于明知，理论上有限定说、非限定说、折中说的争议。

限定说认为，这里的犯罪的人必须是真正的罪犯，包括已被定罪的人，以及罪行一旦被司法机关发现即足以被定罪的人。不是真正的罪犯，对其加以窝藏、包庇的，对司法作用的损害程度很低，期待可能性较小，不具有实质的处罚价值。① 限定说遭到的批评是，对于知道对方可能是犯罪嫌疑人，但轻信其不是真正的罪犯而加以隐匿的，因欠缺犯罪故意而不罚，这并不合理；要确定被隐匿者不是真正的罪犯，隐匿者不能被处罚，需要非常复杂的手续，刑事法官承担了过重的负担。

非限定说认为，有犯罪嫌疑而被搜查、追诉的人就是这里的犯罪的人。② 本罪是妨害国家司法作用而被处罚的行为，有犯罪嫌疑而被搜查的人如果不被认为是犯罪的人，立法的目的就难以达到；行为人是否属于真正的罪犯，需要后续的刑事裁判加以明确，隐匿者没有充足的证据相信对方不是真正的罪犯，对刑事司法的作用仍然有妨害。这种学说受到的批评是，对于确实无辜者被隐匿的，对隐匿者给予处罚，就是对司法作用的不当保护。

折中说认为，对于是否属于罪犯的判断，要结合隐匿行为开始的时点从客观的、合理的判断基准出发，认识到对方极可能是真正的罪犯的，其就是这里的犯罪的人。③ 也即被隐匿者是否属于真正的罪犯要从行为时对方犯罪嫌疑程度高低的角度加以判断（行为时基准说），如果程度很高，就不能否定窝藏、包庇行为的法益侵害性。但是，明知对方不是真正的罪犯，只是由于司法机关的重大过失而被怀疑、被指控，对其加以隐匿、包庇的，不能成立本罪。折中说区别情况考虑，故可能更为合理。

被包庇的人会受到多重的刑罚处罚，不需要行为人具体认识。对被窝藏者所犯罪行的种类有错误认识的，不影响犯罪故意，例如，故意杀人犯编造事实，告知窝藏者自己只有伤害行为，窝藏者信以为真予以收留的，仍然成立窝藏罪。此外，按照限定说，误以为罪犯的人为无辜者而隐藏的，不具有犯罪故意。

为劝说本犯自首而在一定时期内为其提供居住的场所和生活用品，客观上虽然使司法机关

---

① 参见［日］团藤重光：《刑法纲要各论》，3 版，80 页，东京，创文社，1990。

② 参见［日］藤木英雄：《刑法讲义各论》，39 页，东京，弘文堂，1976。

③ 参见［日］大塚仁：《刑法概说・各论》，3 版，593 页，东京，有斐阁，1996。

的追捕活动迟延，但行为人本身不具有窝藏、包庇故意，行为对刑事司法作用的妨害并不存在，反而是在协助司法机关的，即使本犯最终脱逃，也不构成本罪。此外，本犯早有自首的意图，行为人容留本犯的，不构成本罪。

十一、拒绝提供间谍犯罪、恐怖主义犯罪、极端主义犯罪证据罪

第三百一十一条① 明知他人有间谍犯罪行为或者恐怖主义、极端主义犯罪行为，在司法机关向其调查有关情况、收集有关证据时，拒绝提供，情节严重的，处三年以下有期徒刑、拘役或者管制。

拒绝提供间谍犯罪、恐怖主义犯罪、极端主义犯罪证据罪，是指明知他人有间谍犯罪行为、恐怖主义、极端主义犯罪行为，在司法机关向其调查有关情况、收集有关证据时，拒绝提供，情节严重的行为。

（一）客观要件

本罪在客观方面表现为拒绝向司法机关提供他人与间谍犯罪、恐怖主义犯罪、极端主义犯罪有关的证据的行为。

本罪是真正不作为犯。行为人在司法机关向其调查有关情况、收集有关证据时拒绝提供的，才构成本罪。一般刑事案件的证人有作证的义务，但是，法律对其单纯消极逃避作证义务的行为，缺乏有效的惩罚措施，更不会作为犯罪来追究。然而，间谍犯罪、恐怖主义犯罪、极端主义犯罪严重危及国家安全、公共安全，公民有维护国家和公共利益的特殊义务，所以，其拒绝作证行为具有刑事违法性。

拒绝提供间谍犯罪、恐怖主义犯罪、极端主义犯罪证据的行为包括两种情况：一是明确拒绝，即完全不提供相关证据；二是暗中拒绝，即知情人虽不明示拒绝，但对应该提供的情况采取推诿、躲避、装糊涂的态度，避重就轻、只提供次要证据的行为。对司法机关的调查取证并不拒绝，但故意提供虚假证据的，属于证人以积极的作为方式对与案件有重要关系的情节故意作虚假陈述以隐匿罪证的行为，构成伪证罪，而不成立本罪。

拒绝提供的内容包括与间谍犯罪行为、恐怖主义犯罪、极端主义犯罪有关的情况（包括间谍犯罪、恐怖主义犯罪、极端主义犯罪行为本身的情况，参加间谍犯罪、恐怖主义犯罪、极端主义犯罪活动的人员、规律、线索以及方法、手段、时间、地点等），以及能够证实间谍犯罪、恐怖主义犯罪、极端主义犯罪行为的证人证言和物证、书证等。

（二）主观要件

本罪在主观方面是故意，即行为人明知他人有间谍犯罪、恐怖主义犯罪、极端主义犯罪等犯罪行为，而在司法机关向其做调查时，故意不提供相关证据，行为人对妨害司法作用的结果有希望或者放任。

行为人必须对他人犯有间谍犯罪、恐怖主义犯罪、极端主义犯罪行为有明知，是知晓间谍犯罪、恐怖主义犯罪、极端主义犯罪案件情况的证人。明知，包括行为人亲眼所见而肯定地知道他人实施了间谍犯罪、恐怖主义犯罪、极端主义犯罪行为，或者有相当根据可以推测出他人实施了间谍犯罪、恐怖主义犯罪、极端主义犯罪行为，或者在司法机关出示重要证据之后知道他人是间谍犯罪、恐怖主义犯罪、极端主义犯罪者。行为人本不具有这种明知，司法机关误以为其知道他人的间谍犯罪行为、恐怖主义犯罪行为、极端主义犯罪行为，向其调查有关情况、搜集有关

① 本条为《刑法修正案（九）》第38条所修改。

证据而其拒绝提供的，其因无实施提供行为的资格和义务，所以，其行为不构成本罪。

十二、掩饰、隐瞒犯罪所得、犯罪所得收益罪

第三百一十二条① 明知是犯罪所得及其产生的收益而予以窝藏、转移、收购、代为销售或者以其他方法掩饰、隐瞒的，处三年以下有期徒刑、拘役或者管制，并处或者单处罚金；情节严重的，处三年以上七年以下有期徒刑，并处罚金。

单位犯前款罪的，对单位判处罚金，并对其直接负责的主管人员和其他直接责任人员，依照前款的规定处罚。

掩饰、隐瞒犯罪所得、犯罪所得收益罪，是指明知是犯罪所得及其产生的收益而予以窝藏、转移、收购、代为销售或者以其他方法掩饰、隐瞒的行为。

（一）保护法益

本罪侵害的法益是国家对犯罪所得、犯罪所得收益的司法追查权。通过这种保护，一方面消除赃物持有、转移、收买、销售者对犯罪所得、犯罪所得收益的违法持有状态，从而从源头上杜绝财产犯罪、经济犯罪以及贪污贿赂、赌博等犯罪的发生：另一方面有利于被害人对因本犯的犯罪行为而丧失的财产的索取，以实现其返还请求权。②

由于本罪最终保护的是司法秩序，而非被害人的追索权，在赃物为禁制品、不法原因给付物的场合，被害人没有民法上的返还请求权，但本犯成立侵犯财产罪或贪污贿赂罪的，窝藏、转移、收购、代为销售或者以其他方法掩饰、隐瞒赃物的行为对司法追查权仍然有侵害，仍应成立本罪。

值得注意的是，《刑法修正案（十一）》第 14 条对刑法第 191 条规定的洗钱罪进行了修改，针对毒品犯罪等七类严重上游犯罪的洗钱，删去了条文中有关“协助”的表述，意在表明本人实施上游犯罪后也可构成洗钱罪（“自洗钱”）。本罪也是一种广义的洗钱犯罪，但其是从传统赃物犯罪演化而来的，犯罪情形中包括了对犯罪所得予以“窝藏、转移”等传统的赃物犯罪行为。“自窝赃”和“自洗钱”不同，对“自窝赃”不作单独处理，例如，本人实施盗窃罪后对赃物予以窝藏、使用等的，属于盗窃罪的延伸行为、后续处理行为，不单独定罪处罚。因此，本罪不处罚实施犯罪的本犯掩饰、隐瞒犯罪所得的行为。

这样说来，本罪的行为对象只能是他人的犯罪所得、犯罪所得收益。对“他人的犯罪”的理解要注意三点：（1）这里的他人，即本犯，并不限于实行犯，还包括获取赃物的上游犯罪的教唆犯、帮助犯。（2）存在“他人的犯罪”，并不意味着本犯的行为完全符合犯罪成立条件，在本犯是无刑事责任能力的精神病人或者年幼者，而不具有可谴责性的场合，对其利用盗窃、抢劫、抢夺等方法所获得的财物仍然应当认为是赃物，可以成为本罪对象。（3）他人的犯罪应当是既遂犯罪。在未遂的场合，本犯通常未取得财物。本犯已经取得财物，但行为并没有既遂，而行为人参与处理财物的，原则上可以成立共同犯罪（相续的共同犯罪）。（4）认定掩饰、隐瞒犯罪所得、犯罪所得收益罪，以上游犯罪事实上成立为前提。上游犯罪尚未被依法裁判，但查证属实的，不影响掩饰、隐瞒犯罪所得、犯罪所得收益罪的认定。上游犯罪事实经查证属实，但因行为人未达到刑事责任年龄等原因依法不予追究刑事责任的，不影响掩饰、隐瞒犯罪

---

① 本条第 1 款为《刑法修正案（六）》第 19 条所修改。本条第 2 款为《刑法修正案（七）》第 10 条所增设。

② 关于赃物犯罪的本质，有事后帮助犯说、犯罪隐匿说、妨害返还请求权说、受益说、违法财产状态维持说、犯罪助长说的争论。我国刑法将赃物犯罪作为妨害司法罪而不是侵犯财产罪看待，所以，关于赃物犯罪的本质应当是要犯罪隐匿说和违法财产状态维持说。

所得、犯罪所得收益罪的认定。通过犯罪直接得到的赃款、赃物，属于本罪的“犯罪所得”。上游犯罪的行为人对犯罪所得进行处理后得到的孳息、租金等，属于“犯罪所得产生的收益”。犯罪所得和用于犯罪的物品有所区别，本犯为实施犯罪而使用的工具或其他财物应被追缴、没收，但其并非本罪对象。只有本犯通过犯罪行为所实际获得的财物及其产生的收益，才属于本罪的行为对象。

（二）客观要件

本罪在客观方面表现为对犯罪所得及其产生的收益予以窝藏、转移、收购、代为销售或者以其他方法掩饰、隐瞒。

窝藏，是指提供藏匿赃物的场所，加工、改造赃物的外观，接受犯罪分子的赠与而无偿领得赃物等藏匿赃物的行为。

转移，是指使赃物发生位置移动，以对抗司法追查的行为。例如，将本犯盗窃来的摩托车从甲地骑往乙地就是转移赃物。在犯罪地附近就近搬动、藏匿赃物的，属于窝藏而非转移赃物。行为人着手转移、搬运，使赃物离开原来的场所时，即为既遂。是否转移至预定地点，对于成立本罪并无影响。

收购，是指明知是犯罪所得的赃物而加以收买的行为。买赃自用情节严重的，亦构成本罪。根据有关立法解释，知道或者应当知道是刑法第341条第2款规定的非法狩猎的野生动物而购买的，属于这里的明知是犯罪所得而收购的行为。①

代为销售，是指接受本犯的委托，为本犯销售赃物的行为，既包括直接把赃物卖给他人，也包括低价买进、高价卖出的行为。在本犯与收赃人之间进行联络，充当赃物买卖的介绍人，或者以公开的名义，为本犯销售赃物的，都是代为销售赃物。销售的赃物可以是原物，也可以是拆卸改装、化整为零的财物。销售赃物的价格、方式、时间、地点等，对犯罪成立没有影响。

以其他方法掩饰、隐瞒犯罪所得、犯罪所得收益，是指除上述方法之外，足以阻碍司法机关对犯罪所得、犯罪所得收益进行追查的一切手段，如居间介绍买卖，收受，持有，使用，加工，提供资金账户，协助将财物转换为现金、金融票据、有价证券，协助将资金转移、汇往境外等。有的司法解释明确规定了掩饰、隐瞒犯罪所得、犯罪所得收益的“其他方法”，例如，最高人民法院、最高人民检察院《关于办理与盗窃、抢劫、诈骗、抢夺机动车相关刑事案件具体应用法律若干问题的解释》（2007年5月9日）规定，明知是盗窃、抢劫、诈骗、抢夺的机动车而对其拆解、拼装或者组装；修改发动机号、车辆识别代号；更改车身颜色或者车辆外形；提供或者出售机动车来历凭证、整车合格证、号牌以及有关机动车的其他证明和凭证；提供或者出售伪造、变造的机动车来历凭证、整车合格证、号牌以及有关机动车的其他证明和凭证的，就是掩饰、隐瞒犯罪所得、犯罪所得收益的行为。根据最高人民法院、最高人民检察院《关于办理危害计算机信息系统安全刑事案件应用法律若干问题的解释》（2011年8月1日）第7条规定，明知是非法获取计算机信息系统数据犯罪所获取的数据、非法控制计算机信息系统犯罪所获取的计算机信息系统控制权，而予以转移、收购、代为销售或者以其他方法掩饰、隐瞒，违法所得5 000元以上的，应当以本罪定罪处罚。

实践中值得研究的问题是：行为人从本犯手中得到赃物之后，再交由第三人予以掩饰、隐瞒的，该第三人是否构成本罪？例如，甲为了倒卖文物而从盗窃犯乙那里收购赃物，然后转手销售给丙的，丙是否属于掩饰、隐瞒犯罪所得？如果将本罪理解为赃物犯罪，则似乎只有行为

① 全国人大常委会《关于〈中华人民共和国刑法〉第三百四十一条、第三百一十二条的解释》（2014年4月24日）。

人从本犯那里取得犯罪所得之物的，才能成立本罪。但本罪是妨害司法秩序罪，在甲构成掩饰、隐瞒犯罪所得罪和倒卖文物罪的想象竞合犯的情形下，丙知道相关财物是赃物，仍然从甲手中收购的，其行为对司法秩序亦有所妨害，可以成立掩饰、隐瞒犯罪所得罪。

最高人民法院《关于审理掩饰、隐瞒犯罪所得、犯罪所得收益刑事案件适用法律若干问题的解释》（2021年4月13日）第1条规定，具有下列情形之一的，以本罪定罪处罚：（1）1年内曾因掩饰、隐瞒犯罪所得及其产生的收益行为受过行政处罚，又实施掩饰、隐瞒犯罪所得及其产生的收益行为的；（2）掩饰、隐瞒的犯罪所得系电力设备、交通设施、广播电视设施、公用电信设施、军事设施或者救灾、抢险、防汛、优抚、扶贫、移民、救济款物的；（3）掩饰、隐瞒行为致使上游犯罪无法及时查处，并造成公私财物损失无法挽回的；（4）实施其他掩饰、隐瞒犯罪所得及其产生的收益行为，妨害司法机关对上游犯罪进行追究的。人民法院审理掩饰、隐瞒犯罪所得、犯罪所得收益刑事案件，应综合考虑上游犯罪的性质、掩饰、隐瞒犯罪所得及其收益的情节、后果及社会危害程度等，依法定罪处罚。依照全国人大常委会《关于〈中华人民共和国刑法〉第三百四十一条、第三百一十二条的解释》，明知是非法狩猎的野生动物而收购，数量达到50只以上的，以掩饰、隐瞒犯罪所得罪定罪处罚。掩饰、隐瞒犯罪所得及其产生的收益行为符合前述定罪起点规定，但认罪、悔罪并退赃、退赔，且具有下列情形之一的，可以认定为犯罪情节轻微，免予刑事处罚：（1）具有法定从宽处罚情节的；（2）为近亲属掩饰、隐瞒犯罪所得及其产生的收益，且系初犯、偶犯的；（3）有其他情节轻微情形的。

前述司法解释第3条规定，有下列情形之一的，应当认定为情节严重：（1）掩饰、隐瞒犯罪所得及其产生的收益价值总额达到10万元以上的；（2）掩饰、隐瞒犯罪所得及其产生的收益10次以上，或者3次以上且价值总额达到5万元以上的；（3）掩饰、隐瞒的犯罪所得系电力设备、交通设施、广播电视设施、公用电信设施、军事设施或者救灾、抢险、防汛、优抚、扶贫、移民、救济款物，价值总额达到5万元以上的；（4）掩饰、隐瞒行为致使上游犯罪无法及时查处，并造成公私财物重大损失无法挽回或其他严重后果的；（5）实施其他掩饰、隐瞒犯罪所得及其产生的收益行为，严重妨害司法机关对上游犯罪予以追究的。掩饰、隐瞒犯罪所得及其产生的收益的数额，应当以实施掩饰、隐瞒行为时为准。但是，收购或者代为销售财物的价格高于其实际价值的，以收购或者代为销售的价格计算。多次实施掩饰、隐瞒犯罪所得及其产生的收益的行为，未经行政处罚，依法应当追诉的，犯罪所得、犯罪所得收益的数额应当累计计算。

本罪属于选择性罪名，只要行为人实施了窝藏、转移、收购、代为销售或者以其他方法掩饰、隐瞒行为之一的，即可构成犯罪。如果行为人同时实施了多个行为，如先窝藏而后销售，也不实行数罪并罚。

犯罪分子将自己犯罪所得的赃物予以隐藏或者销售的，不属于窝藏、代为销售他人犯罪所得的赃物，而是不可罚的事后行为，不构成本罪。

明知是毒品犯罪、黑社会性质的组织犯罪、恐怖活动犯罪、走私犯罪、贪污贿赂犯罪、破坏金融管理秩序犯罪、金融诈骗犯罪的犯罪所得及其产生的收益，而掩饰、隐瞒其来源或性质的，构成洗钱罪；隐瞒毒品、毒赃的，构成隐瞒毒品、毒赃罪。洗钱罪，隐瞒毒品、毒赃罪和本罪之间属于想象竞合犯。

此外，实施本罪行为，还可能同时触犯其他罪名，例如，窝藏他人用犯罪手段得到的枪支，构成非法私藏枪支罪；倒卖他人犯罪所得的珍贵文物，构成走私文物罪；通过窝藏、转移、收购、代为销售赃物等方式来窝藏犯罪分子的，应成立窝藏罪。这些犯罪和本罪之间有想象竞合关系，应从一重罪处断。

（三）主观要件

本罪在主观方面是故意。同时，成立本罪要求行为人明知是赃物。明知是赃物，包括明知肯定是赃物与明知可能是赃物。明知肯定是赃物，是指行为人根据有关事项，判断出自己掩饰、隐瞒的肯定是犯罪所得的赃物，不会是其他性质的财物。在这种情况下，只能是直接故意犯罪。明知可能是赃物，是指行为人根据有关事项，判断出自己掩饰、隐瞒的可能是犯罪的赃物，但又不能充分肯定是赃物。如行为人根据财物的数量、种类、价值等，认识到财物的来源可能不正常，就属于一种可能是赃物的判断。在这种情况下，行为人如果对危害结果持希望态度，就是直接故意；如果对危害结果持放任态度，则是间接故意。由此可见，行为人对赃物的认识不要求是确定的，只要认识到或许是赃物即可。换言之，本罪的故意，既可以是确定的故意，也可以是不确定的故意。不能为了将窝赃、销赃罪限定在直接故意之内，便将明知限定为明确知道是赃物。

明知是赃物只意味着行为人明知掩饰、隐瞒的对象是他人犯罪所得之物。至于本犯是谁、被害人是谁，本犯触犯何种罪名，本犯的犯罪时间与地点，赃物的品名、性能、价值等，都不要求行为人明知。因为在明知是犯罪所得赃物的前提下，即使不明知上述内容，也能明知行为的危害性质与危害结果，也能说明行为人的主观恶性。

行为人在掩饰、隐瞒前就明知是赃物的，具有本罪的故意。一开始对财物的性质并不知情，但在掩饰、隐瞒过程中发现是赃物，此后继续窝藏、代为销售的，也属于明知是赃物，具有本罪的故意。与犯罪分子事前有通谋，事后对赃物予以窝藏、转移、收购、代为销售或者以其他方法掩饰、隐瞒的，不构成本罪，而应当以共同犯罪论处。

关于对是否明知的判断，既要考虑行为人自身的认识能力，又要考察案件的具体情况，从财物的来源、数量与价值，本犯提供财物的时间、地点、方法，行为人与本犯之间的关系等方面来综合判断行为人是否明知。此外，对明知的分析，在有的案件中，还可以采取推定的方法，即可以根据行为人接受物品的时间、地点、品种、数量、价格，行为人与本犯之间的关系、对本犯的了解程度等推定行为人是否明知是犯罪所得的赃物。例如，在下列情况下，就可以推定行为人明知是赃物：行为人接受财物的时间、地点、方式都极其异常的；行为人以明显低于市场的价格接受物品，然后窝藏、代为销售的；行为人接受的是个人不可能持有的公用设施器材或机械零部件，提供方又没有相应证明的；行为人接受国家禁止个人经营的物品，然后掩饰、隐瞒的；行为人知道对方是财产犯罪、经济犯罪的惯犯，而接受其物品并予以掩饰、隐瞒的；行为人接受的财物数量极大，或发现接受物品的疑点很多，但故意不查明来源的。

十三、拒不执行判决、裁定罪

第三百一十三条① 对人民法院的判决、裁定有能力执行而拒不执行，情节严重的，处三年以下有期徒刑、拘役或者罚金；情节特别严重的，处三年以上七年以下有期徒刑，并处罚金。

单位犯前款罪的，对单位判处罚金，并对其直接负责的主管人员和其他直接责任人员，依照前款的规定处罚。

拒不执行判决、裁定罪，是指对人民法院的判决、裁定有能力执行而拒不执行，情节严重的行为。

① 本条为《刑法修正案（九）》第39条所修改。

（一）保护法益

本罪侵害的法益不是私法上的债权而是国家利益。强制执行是实现债权的手段，所以它要考虑对公民权利给予保护的问题。但是，强制执行制度是从社会的安定着眼，防止个人采取自力救济、自力执行等手段，所以国家的执行作用是为实现债权人的利益提供保障，执行活动的顺利开展对于维持国家的法秩序意义重大，将本罪的保护法益定位为国家利益是妥当的。

（二）客观要件

本罪在客观方面表现为对人民法院的判决、裁定有能力执行而拒不执行。

1. 拒不执行判决、裁定

这里的判决、裁定，是指人民法院依法作出的具有执行内容并已发生法律效力的判决、裁定。根据全国人大常委会《关于〈中华人民共和国刑法〉第三百一十三条的解释》（2002 年 8 月 29 日）的规定，人民法院为依法执行支付令、生效的调解书、仲裁裁决、公证债权文书等所作的裁定属于本条规定的裁定。

人民法院的生效判决、裁定是执行的依据，不是对执行判决、裁定的活动加以妨害，而是对执行人员的调查、取证、勘验、检查等执行审判职务的活动加以阻挠的，构成妨害公务罪而不构成本罪。生效判决只要能够证明债权在执行行为的当时存在即为已足，在审理拒不执行刑事案件过程中有新的证据证明债权并不存在的，也不影响本罪的成立。换言之，民事判决是否生效，由刑事法官以行为时的事实作为基础进行客观判断，只要认定债权在民事判决中已经得到承认，即使该判决在民事诉讼法上有瑕疵，强制执行活动也应当受保护，公务执行行为的合法性也应当得到承认，否则，利用强制执行实现债权人利益的可能性就会落空。

2. 有能力执行而拒不执行

有能力执行是指查实的证据证明，负有执行人民法院判决、裁定义务的人能够以自己的财产或行为履行法院判决、裁定所确定义务。

拒不执行可能以作为的方式实施，也可能以不作为的方式实施。作为的方式是实施积极的对抗妨害执行的行为；不作为的方式是有义务履行判决而拒绝实施的行为，例如，判决指令排除妨害、交付财物，而义务人拒绝执行。拒不执行的行为可能公然实施，如对执行人员予以围攻、殴打，哄抢执行标的物等；也可能以隐蔽的方式实施，如秘密转移被执行财物。

3. 情节严重

具有下列情形之一，应当认定为拒不执行人民法院判决、裁定的行为情节严重：（1）被执行人隐藏、转移、故意毁损财产或者无偿转让财产、以明显不合理的低价转让财产，致使判决、裁定无法执行的；（2）担保人或者被执行人隐藏、转移、故意毁损或者转让已向人民法院提供担保的财产，致使判决、裁定无法执行的；（3）协助执行义务人接到人民法院协助执行通知书后，拒不协助执行，致使判决、裁定无法执行的；（4）被执行人、担保人、协助执行义务人与国家机关工作人员通谋，利用国家机关工作人员的职权妨害执行，致使判决、裁定无法执行的；（5）其他有能力执行而拒不执行，情节严重的情形。

对前述“其他有能力执行而拒不执行，情节严重的情形”，最高人民法院《关于审理拒不执行判决、裁定刑事案件适用法律若干问题的解释》（2020 年 12 月 29 日）第 2 条作出如下规定：（1）具有拒绝报告或者虚假报告财产情况、违反人民法院限制高消费及有关消费令等拒不执行行为，经采取罚款或者拘留等强制措施后仍拒不执行的；（2）伪造、毁灭有关被执行人履行能力的重要证据，以暴力、威胁、贿买方法阻止他人作证或者指使、贿买、胁迫他人作伪证，妨碍人民法院查明被执行人财产情况，致使判决、裁定无法执行的；（3）拒不交付法律文书指定交付的财物、票证或者拒不迁出房屋、退出土地，致使判决、裁定无法执行的；（4）与他人串通，通过虚假诉讼、虚假仲裁、虚假和解等方式妨害执行，致使判决、裁定无法执行的；(5) 以暴力、威胁方法阻碍执行人员进入执行现场或者聚众哄闹、冲击执行现场，致使执行工作无法进行的；(6) 对执行人员进行侮辱、围攻、扣押、殴打，致使执行工作无法进行的；(7) 毁损、抢夺执行案件材料、执行公务车辆和其他执行器械、执行人员服装以及执行公务证件，致使执行工作无法进行的；(8) 拒不执行法院判决、裁定，致使债权人遭受重大损失的。

本罪的主体是特殊主体，即负有执行义务的人。其具体包括三类人：(1) 被执行人。(2) 判决、裁定所确定的执行协助人，例如，民事判决书指定的有协助执行义务的金融机构、被执行人所在单位、持有被执行财物的个人。(3) 担保人。其隐藏、转移、故意毁损或者转让已向人民法院提供担保的财产的，也可以成立本罪。

国家机关工作人员与被执行人、担保人、协助执行义务人通谋，利用其职权妨害执行的，是本罪的共犯。国家机关工作人员收受贿赂或者滥用职权，又妨害执行的，成立牵连犯，应从一重罪处断。

(三) 主观要件

本罪在主观方面是故意，行为人对拒不执行的是人民法院生效的判决、裁定有明确认识。

十四、非法处置查封、扣押、冻结的财产罪

第三百一十四条 隐藏、转移、变卖、故意毁损已被司法机关查封、扣押、冻结的财产，情节严重的，处三年以下有期徒刑、拘役或者罚金。

非法处置查封、扣押、冻结的财产罪，是指隐藏、转移、变卖、故意毁损已被司法机关查封、扣押、冻结的财产，情节严重的行为。

非法处置行为包括隐藏、转移、变卖、故意毁损。隐藏是指通过一定的场所或者装置加以藏匿。转移是指实现位置的移动，至于距离长短并不重要。变卖是指出售，至于是高价出售还是折价倾销，在所不问。在财物的所有者和购买人之间作中介的，也构成变卖行为，其是否获得利益也对成立犯罪没有影响。故意毁损是指使财物的效用丧失的一切行为，单纯撕毁封条的行为不是这里的故意毁损。

本罪的行为对象是经司法机关查封、扣押、冻结的财产及其所产生的收益。查封，是指司法机关对财物进行封存，不准任何人转移和处理的临时性措施。扣押，是指司法机关将特定财产运到其他场所加以扣留，以便将来拍卖、变卖或作其他处理。冻结，是指司法机关向存有特定款项的金融机构发出协助执行通知书，不准他人提取和转移特定财物的行为。财产被司法机关查封、扣押、冻结的，才能成为本罪的对象。对因生产销售伪劣商品或妨害市场管理秩序而被市场监督管理部门、技术监督部门查封、扣押的财物非法进行处置的，不构成本罪。

隐藏、转移、变卖的已被查封、扣押、冻结的财产是赃物时，同时构成的掩饰、隐瞒犯罪所得、犯罪所得收益罪和本罪之间有法条竞合关系，因本罪是特别法，故应以本罪处理。故意毁坏被司法机关查封、扣押、冻结的财产的，同时触犯本罪和故意毁坏财物罪，毁坏行为导致财产损失特别巨大时，应以故意毁坏财物罪处理。为逃避执行义务而非法处置被查封、扣押、冻结的财产的，构成本罪和拒不执行判决、裁定罪之间的想象竞合犯，应从一重罪处理。隐瞒财产被司法机关查封、扣押、冻结的事实将其出卖的，构成诈骗罪和本罪的想象竞合犯，应从一重罪处断。司法工作人员利用职务上的便利贪污、挪用依法被查封、扣押、冻结的财产的，不再成立本罪，应以渎职犯罪论处。

十五、破坏监管秩序罪

第三百一十五条　依法被关押的罪犯，有下列破坏监管秩序行为之一，情节严重的，处三年以下有期徒刑：

（一）殴打监管人员的；

（二）组织其他被监管人破坏监管秩序的；

（三）聚众闹事，扰乱正常监管秩序的；

（四）殴打、体罚或者指使他人殴打、体罚其他被监管人的。

破坏监管秩序罪，是指依法被关押的罪犯，故意破坏监管秩序，情节严重的行为。

破坏监管秩序，是指在特定时间、特定空间，实施了破坏监管秩序的特定行为。特定时间，是指被判处刑罚后罪犯依法被关押期间。在这一时期以外实施的危害行为，不构成本罪。特定空间是指依法关押罪犯的处所，包括看守所、监狱、少年犯管教所等。监狱组织罪犯外出劳动的，罪犯仍然处于监狱管理机关及监管人员的严格控制管理之下，所以该外出地应视为服刑场所。经人民法院判决有罪后，罪犯被押解前往服刑场所的途中，应视为处于羁押场所。特定的危害行为包括：(1) 殴打监管人员。监管人员包括司法警察、专业技术人员和辅助人员。(2) 组织其他被监管人破坏监管秩序。例如，集体拒绝劳动，有组织地破坏生产工具或生产设备，与其他罪犯结成的团伙斗殴，或在监舍及劳动场所集体赌博等有组织地破坏监管秩序的行为。(3) 聚众闹事，扰乱正常监管秩序，例如，煽动众多的罪犯聚集闹事如静坐、绝食、对监管人员进行要挟或者聚众哄闹甚至进行骚乱。(4) 殴打、体罚或者指使他人殴打、体罚其他被监管人的行为。殴打是指行为人用肢体或其他物品暴力作用于他人身体的行为。体罚则是指行为人以暴力威胁、胁迫等方法，强令他人自行长时间站立、跪、卧或作出其他难以持久的姿势以及冬天淋冷水浴等使被害人感到痛苦的行为。实施这些行为的主要是在监所中充当牢头狱霸的罪犯，他们为了迫使其他被监管人员服从自己，而亲自对其他被监管人进行殴打、体罚或者指使其他人殴打、体罚被监管人员。

实施上述四种行为，必须情节严重才构成犯罪。情节严重是指破坏监管秩序造成严重后果，如多次殴打监管人员或被监管人员；殴打监管人员或被监管人员，在监所里影响极坏；长期体罚、殴打其他被监管人员导致其不堪忍受而自杀、精神失常；组织被监管人员抗拒改造，拒绝参加劳动，破坏生产工具或机械设备；聚众闹事，导致监所秩序严重混乱，致使人员伤亡、罪犯脱逃；等等。如果行为人实施的行为，尚未达到"情节严重"的程度，不构成犯罪，只能按照监狱法等法律、规章、制度对行为人进行行政处罚。

罪犯在被关押期间，故意殴打监管人员、殴打体罚或者指使他人殴打体罚其他被监管人员并造成伤害、死亡结果的，同时触犯了破坏监管秩序罪、故意伤害罪、故意杀人罪，成立想象竞合犯，应从一重罪处断。

本罪的主体是特殊主体，即依法被关押的罪犯。根据无罪推定原则，只有被人民法院依法判决有罪的人，才能被称为罪犯。未决犯是没有被判决的人，不能被称为罪犯，不是本罪的主体。行为人具有罪犯身份，只有在依法关押的情况下才能构成本罪的主体。没有被关押的罪犯（包括被认定有罪但免予刑事处分的，判处拘役或 3 年以下有期徒刑同时宣告缓刑的，本应关押但因病保外就医的罪犯，被假释、暂予监外执行的罪犯），不受监管法规的约束，因而也就谈不上破坏、扰乱监管秩序，不能成为本罪的主体。

十六、脱逃罪

第三百一十六条第一款 依法被关押的罪犯、被告人、犯罪嫌疑人脱逃的，处五年以下有期徒刑或者拘役。

脱逃罪，是指依法被关押的罪犯、被告人、犯罪嫌疑人脱逃的行为。

（一）保护法益

本罪侵害的法益是国家对罪犯、犯罪嫌疑人、被告人进行拘禁的权力和司法作用。国家只有对实施或者涉嫌实施犯罪行为的人进行羁押，才能保障刑事诉讼活动的开展。脱逃行为就是对这种国家司法作用的侵犯。

（二）客观要件

本罪在客观方面表现为脱离被羁押状态。

脱逃行为必须针对形式上合法的关押而实施。合法的关押，是指作出关押决定的机关得到法律的抽象授权，且该机关有处理当前事项的具体权利，作出的决定符合法律条件和程序。关押的手续在程序法上有一定的缺陷，例如，逮捕罪犯后没有在法定期限内通知其家属，并不影响关押的合法性。但是，非法关押（例如，非紧急情况下的无证逮捕）、超期关押，完全不符合法律条件，在此情况下脱逃的，行为属于正当防卫，不构成本罪。

摆脱实力支配的脱逃行为可能通过对监舍设备、脱逃者身上的脚镣手铐进行物理上毁损的方式实施，但更多的是通过暴力、胁迫方式实施。这里的暴力、胁迫是对看守者、协助者实施。暴力行为包括对物的暴力。在发生自然灾害的情形下，按照看守者的要求自行转移、暂时逃避灾难，在危急情形消除以后，或者在看守者约定的时间内，没有出现，拒不向看守者报到的，是以不作为的方式构成本罪。

本罪实行的着手时间是侵害拘禁、羁押作用开始的时点。从关押的房间出走当然是本罪的着手，在一定场所从事劳动或者正处于移动状态时，开始脱逃即为着手。本罪的既遂时期从完全脱离拘禁状态、摆脱监管人员的实力控制时开始计算。翻出监狱外墙、在狱外劳动场所脱离警戒线，没有受到追捕的，属于完全地摆脱实力支配，是本罪的既遂。走出监舍，但仍在监狱、看守所的院墙范围之内的，或者已逃出监狱、看守所，但是始终被追捕，没有摆脱司法工作人员实力支配的，只构成本罪未遂。行为人脱逃后立即受到追捕，但 5 分钟后消失在人群中，后因警察搜捕范围扩大，20 分钟后即被抓获的，仍应成立本罪既遂。二人以上有共同的意思联络，然后实施脱逃行为的，脱离看守者控制的犯罪嫌疑人、被告人或者罪犯成立犯罪既遂，未脱离者亦应成立犯罪既遂（部分行为全部责任原则）。

本罪的主体是依法被关押的犯罪嫌疑人、被告人、罪犯（真正身份犯）。其可能是已决犯，包括自由刑的承受者、已判决死刑但尚未执行的罪犯；也可能是未决者，即基于刑事程序而被拘禁的犯罪嫌疑人、被告人。上述主体必须是被现实地关押。罪犯被送往法院接受审判途中脱离的，或者在转监途中脱逃的，均构成本罪。

被公民扭送的现行犯、通缉犯、越狱逃跑犯、正在被追捕的人，在此过程中脱逃的，不构成脱逃罪的主体。扭送行为虽然带有一定的强制性，但不是刑事诉讼中的强制措施，扭送途中脱逃的行为，没有直接侵害司法活动。

（三）主观要件

本罪在主观方面是故意，且具有逃避监管的目的。至于逃避监管的时间长短，对于成立犯罪故意没有影响。没有逃避监管的目的，只是因为特殊原因（如罪犯父母病故等）离开关押场所，在特殊原因消失以后立即返回监狱的，不宜被认定为本罪。

犯罪嫌疑人、被告人、已决的罪犯本身有罪，但认为司法机关的关押有错误而脱逃的，属于法律上的认识错误，不阻却本罪的故意，仍然构成本罪。

（四）犯罪排除事由

犯罪嫌疑人、被告人、已决的罪犯脱逃，但事后证明原来证实其有罪的证据并不充分，或者结论完全是错误的，只要作出羁押、判决当时的相应证据符合刑事程序法的要求，且是由有抽象的司法权力的机关作出的，犯罪嫌疑人、被告人、已决的罪犯就属于依法被关押者，其脱逃行为实施的当时对正在展开的司法程序、正在执行的职务有妨害，甚至还对司法机关进一步调查案件事实、纠正错误，恢复被错误追究者的自由、名誉设置障碍，所以其行为的违法性仍然存在。当然，脱逃者完全是无辜者，或者在脱离司法工作人员的实力控制的当时，有充足的证据证明自己无罪，实施犯罪行为不具有期待可能性的，可以阻却其责任，以避免在特殊情况下因司法活动的重大瑕疵而将无辜但脱逃者“制造”成罪犯。

十七、劫夺被押解人员罪

第三百一十六条第二款　劫夺押解途中的罪犯、被告人、犯罪嫌疑人的，处三年以上七年以下有期徒刑；情节严重的，处七年以上有期徒刑。

劫夺被押解人员罪，是指劫夺押解途中的罪犯、被告人、犯罪嫌疑人的行为。

（一）客观要件

本罪在客观方面表现为劫夺被押解人员的行为。

劫夺，是指使司法机关丧失对被押解人员控制的一切方法，一般通过使用暴力或有形力的方式实施，如设置路障、袭击押送人员，但又不仅限于此。欺骗司法工作人员，使之转移注意力，或者在承担押解任务的司法工作人员的食物、饮用水中投放安眠剂等药物，然后伺机将被押解人员带走的，或者乘押送人员不备强行将被押解人员带走的，也是劫夺。本罪是抽象危险犯，不需要实际导致罪犯、被告人、犯罪嫌疑人被劫夺的结果发生。

劫夺的对象是罪犯、被告人、犯罪嫌疑人，他们都必须处于押解途中。押解途中是指押解正在进行当中，包括拘留、逮捕之后的押解，也包括为接受庭审、为执行刑罚而实施的押解。将罪犯从监狱送到外地农场参加集体劳动的，也属于押解。

本罪的主体是一般主体，而且必须是被押解的罪犯、被告人、犯罪嫌疑人以外的人。狱外的人与被关押的已决犯相勾结，将假装有病被送到医院候诊的已决犯劫夺的，狱外人员构成本罪，已决犯则构成脱逃罪。

（二）主观要件

本罪在主观方面是故意，行为人对被劫夺者的特定身份有明确认识的，才能构成本罪。对此有错误认识而实施劫夺行为的，可能构成妨害公务等犯罪。同时，行为人还有使罪犯、被告人、犯罪嫌疑人脱离监管人员实力支配的意思。

十八、组织越狱罪

第三百一十七条第一款　组织越狱的首要分子和积极参加的，处五年以上有期徒刑；其他参加的，处五年以下有期徒刑或者拘役。

组织越狱罪，是指依法被关押的罪犯、被告人、犯罪嫌疑人，在首要分子组织、策划、指挥下，有组织、有计划地脱逃的行为。

越狱行为大多采用秘密脱逃的非暴力手段（如挖地道、打通监房的墙体等）实施。在狱外劳动时集体脱逃的，也成立本罪。

本罪的主体是特殊主体，即组织越狱的首要分子、积极参加者。本罪是共同犯罪，是指三人以上的越狱者在首要分子的组织、策划、指挥下，制订方案，经过周密准备，进行分工，选择适当的时机、方法和手段后，付诸实施，集体从关押场所脱逃。首要分子、积极参加者同时具备越狱逃跑的共同犯罪意思，但其他参加者不是本罪的主体。首要分子在监狱中实施教唆、煽动他人越狱的行为，造成监管场所混乱的，不构成破坏监管秩序罪，而构成本罪。

十九、暴动越狱罪

> 第三百一十七条第二款　暴动越狱或者聚众持械劫狱的首要分子和积极参加的，处十年以上有期徒刑或者无期徒刑；情节特别严重的，处死刑；其他参加的，处三年以上十年以下有期徒刑。

暴动越狱罪，是指依法被关押的罪犯、被告人、犯罪嫌疑人，在首要分子组织、策划、指挥下，采用暴动方式，有组织地脱逃的行为。

暴动，是指多人同时使用暴力的行为。其具有暴力性、大规模性。组织越狱过程中，被司法机关及时发现，行为人纠集多人使用暴力方法脱逃的，构成本罪而不构成组织越狱罪。由于本罪是必要共同犯罪，行为者之间没有意思联络而使用暴力脱逃的，构成脱逃罪而不构成本罪。未经组织、未使用暴力手段而集体或多人逃跑的，可能构成破坏监管秩序、脱逃等罪，但不应以本罪论处。

二十、聚众持械劫狱罪

> 第三百一十七条第二款　暴动越狱或者聚众持械劫狱的首要分子和积极参加的，处十年以上有期徒刑或者无期徒刑；情节特别严重的，处死刑；其他参加的，处三年以上十年以下有期徒刑。

聚众持械劫狱罪，是指狱外人员在首要分子组织、策划、指挥下，持械劫夺在押罪犯、被告人、犯罪嫌疑人的行为。

聚众，是指聚集多人，即狱外人员在首要分子的组织、策划下临时组成团伙实施劫狱的共同犯罪行为。持械，是指携带器械，包括性质上的凶器和使用上的凶器等器械。劫狱，是指劫夺在押人犯或便利其脱逃，使之逃避司法监管的行为。本罪一般表现为狱外人员采用暴力手段，杀害、殴打监管人员或警卫人员，捣毁监门、围墙，破坏监管设施，抢夺枪支、弹药，将在押人犯放出等行为。

第四节　妨害国（边）境管理罪

一、组织他人偷越国（边）境罪

> 第三百一十八条　组织他人偷越国（边）境的，处二年以上七年以下有期徒刑，并处罚金；有下列情形之一的，处七年以上有期徒刑或者无期徒刑，并处罚金或者没收财产：
> （一）组织他人偷越国（边）境集团的首要分子；

（二）多次组织他人偷越国（边）境或者组织他人偷越国（边）境人数众多的；
（三）造成被组织人重伤、死亡的；
（四）剥夺或者限制被组织人人身自由的；
（五）以暴力、威胁方法抗拒检查的；
（六）违法所得数额巨大的；
（七）有其他特别严重情节的。

犯前款罪，对被组织人有杀害、伤害、强奸、拐卖等犯罪行为，或者对检查人员有杀害、伤害等犯罪行为的，依照数罪并罚的规定处罚。

组织他人偷越国（边）境罪，是指违反国家出入国（边）境管理法规，组织他人偷越国（边）境的行为。

（一）客观要件

本罪在客观方面表现为组织他人偷越国（边）境。

组织，是指领导、策划、指挥他人偷越国（边）境，或者在首要分子指挥下，采取动员、串联、拉拢、引诱、欺骗、介绍他人偷越国（边）境，以及创造必要条件，安排偷越的时间、地点、路线、运输工具等。他人是指行为人以外的任何人，无男女、老幼、国籍的限制。

我国《出境入境管理法》（2012年）第12条规定，中国公民有下列情形之一的，不准出境：(1) 未持有效出境入境证件或者拒绝、逃避接受边防检查的；(2) 被判处刑罚尚未执行完毕或者属于刑事案件被告人、犯罪嫌疑人的；(3) 有未了结的民事案件，人民法院决定不准出境的；(4) 因妨害国（边）境管理受到刑事处罚或者因非法出境、非法居留、非法就业被其他国家或者地区遣返，未满不准出境规定年限的；(5) 可能危害国家安全和利益，国务院有关主管部门决定不准出境的；(6) 法律、行政法规规定不准出境的其他情形。第25条规定，外国人有下列情形之一的，不准入境：(1) 未持有效出境入境证件或者拒绝、逃避接受边防检查的；(2) 具有本法第21条第1款第1项至第4项规定情形的；(3) 入境后可能从事与签证种类不符的活动的；(4) 法律、行政法规规定不准入境的其他情形。第28条规定，外国人有下列情形之一的，不准出境：(1) 被判处刑罚尚未执行完毕或者属于刑事案件被告人、犯罪嫌疑人的，但是按照中国与外国签订的有关协议，移管被判刑人的除外；(2) 有未了结的民事案件，人民法院决定不准出境的；(3) 拖欠劳动者的劳动报酬，经国务院有关部门或者省、自治区、直辖市人民政府决定不准出境的；(4) 法律、行政法规规定不准出境的其他情形。偷越国（边）境一定是违反上述规定的行为。

这里的国境是指我国的国界线，包括水、陆、空境界线；边境是指同属我国之内的实行不同政治制度的区域（港、澳、台地区）与中国大陆（内地）之间的界线。

偷越国（边）境，是指不具备合法出入国（边）境条件而擅自出入国（边）境，包括使用伪造、变造的出入境证件在国（边）口岸越境，也包括在不设边防检查站的陆地、海上秘密越境。根据最高人民法院、最高人民检察院《关于办理妨害国（边）境管理刑事案件应用法律若干问题的解释》（2012年12月12日）第6条的规定，具有下列情形之一的，应当认定为“偷越国（边）境”行为：(1) 没有出入境证件出入国（边）境或者逃避接受边防检查的；(2) 使用伪造、变造、无效的出入境证件出入国（边）境的；(3) 使用他人出入境证件出入国（边）境的；(4) 使用以虚假的出入境事由、隐瞒真实身份、冒用他人身份证件等方式骗取的出入境证件出入国（边）境的；(5) 采用其他方式非法出入国（边）境的。他人在行为人的煽动、拉拢、诱使、串联或者安排下，被组织起来，组织者即构成本罪既遂。至于被组织者在行为人的安排、组织下偷越国（边）境最终是否成功，也不影响本罪既遂的成立。

组织他人偷越国（边）境后，又运送其他人偷越国（边）境的，应以本罪和运送他人偷越国（边）境罪并罚；先组织，后运送同一批人偷越国（边）境的，成立本罪和运送他人偷越国（边）境罪，但不数罪并罚。

组织偷越国（边）境过程中过失造成被组织人重伤、死亡，或者剥夺或者限制被组织人人身自由，或者以暴力、威胁方法抗拒检查的，只构成本罪而不再构成过失致人重伤、死亡罪，非法拘禁罪，妨害公务罪。但实施组织他人偷越国（边）境行为，对被组织人有杀害、伤害、强奸、拐卖等行为，或者对检查人员有杀害、伤害等行为的，应与本罪并罚。

本罪的主体是一般主体。为组织偷越国（边）境的人通风报信、充当打手，承担运送偷越国（边）境人员任务，或明知他人组织偷越国（边）境而为其介绍偷越者的，可以成为本罪的共犯。有偷越国（边）境的意思，又介绍他人偷越国（边）境，并在偷越过程中起组织、策划、联络作用的，可以构成本罪。被组织者一般不构成本罪的共犯，但其行为可以构成偷越国（边）境罪。

（二）主观要件

本罪在主观方面是故意。组织者是否有营利目的，是否实际获得利益，均在所不问。

二、骗取出境证件罪

第三百一十九条　以劳务输出、经贸往来或者其他名义，弄虚作假，骗取护照、签证等出境证件，为组织他人偷越国（边）境使用的，处三年以下有期徒刑，并处罚金；情节严重的，处三年以上十年以下有期徒刑，并处罚金。

单位犯前款罪的，对单位判处罚金，并对其直接负责的主管人员和其他直接责任人员，依照前款的规定处罚。

骗取出境证件罪，是指行为人以劳务输出、经贸往来或者其他名义，弄虚作假，骗取护照、签证等出境证件，为组织他人偷越国（边）境使用的行为。

为组织他人偷越国（边）境，编造出境事由、身份信息或者相关的境外关系证明的，应当认定为这里的弄虚作假。

出境证件，包括护照或者代替护照使用的国际旅行证件，中华人民共和国海员证，中华人民共和国出入境通行证，中华人民共和国旅行证，中国公民往来香港、澳门、台湾地区证件，边境地区出入境通行证，签证、签注，出国（境）证明、名单，以及其他出境时需要查验的资料。但是，办理出入境证件所需的邀请函不属于这里的出入境证件。

根据最高人民法院、最高人民检察院《关于办理妨害国（边）境管理刑事案件应用法律若干问题的解释》（2012 年 12 月 12 日）第 2 条的规定，具有下列情形之一的，应当认定为本罪的“情节严重”：(1) 骗取出境证件 5 份以上的；(2) 非法收取费用 30 万元以上的；(3) 明知是国家规定的不准出境的人员而为其骗取出境证件的；(4) 其他情节严重的情形。在组织劳务输出、经贸往来、出境旅游等活动过程中，审批出境证件时审查不严，导致出境人员逾期不归的，不具有本罪的故意，不构成本罪。

本罪实质上是组织他人偷越国（边）境的帮助行为，但刑法将其作为独立的实行行为看待，所以只要行为人为组织他人偷越国（边）境而骗取出境证件，即构成本罪。当然，行为人为组织他人偷越国（边）境，不仅实施了骗取出境证件的行为，而且用骗取的出境证件组织他人偷越国（边）境的，则应以组织他人偷越国（边）境罪定罪处刑。

三、提供伪造、变造的出入境证件罪

第三百二十条　为他人提供伪造、变造的护照、签证等出入境证件，或者出售护照、签证等出入境证件的，处五年以下有期徒刑，并处罚金；情节严重的，处五年以上有期徒刑，并处罚金。

提供伪造、变造的出入境证件罪，是指故意为他人提供伪造、变造的护照、签证等出入境证件的行为。

提供行为是有偿的还是无偿的，对成立犯罪没有影响。出入境证件，主要包括能够证明持件人身份、国籍的护照、旅行证以及准许持证人出入国（边）境的签证和居留证、临时居留证，以及其他入境时需要查验的资料等证件。

行为人所提供的必须是伪造、变造的出入境证件。伪造是指无权制作护照、签证等出入境证件的人，非法制作假的出入境证件。变造是指用涂改、抹擦、拼接等方法，对真实的出入境证件进行加工改造，改变其真实内容的活动。伪造、变造的护照、签证等出入境证件必须提供给他人使用。“他人”是指行为人以外的人，可能是偷越国（边）境的人，也可能是组织偷越国（边）境的人。行为人只要有提供行为即构成本罪，至于这些证件是否由行为人所伪造、变造，不影响本罪的成立。

根据最高人民法院、最高人民检察院《关于办理妨害国（边）境管理刑事案件应用法律若干问题的解释》（2012 年 12 月 12 日）第 3 条的规定，具有下列情形之一的，应当认定为本罪的“情节严重”：（1）为他人提供伪造、变造的出入境证件或者出售出入境证件 5 份以上的；（2）非法收取费用 30 万元以上的；（3）明知是国家规定的不准出入境的人员而为其提供伪造、变造的出入境证件或者向其出售出入境证件的；（4）其他情节严重的情形。

如果行为人只是伪造、变造出入境证件，但没有向他人提供，可能构成伪造、变造证件罪，而不构成本罪。行为人自己伪造、变造后又向他人提供的，构成伪造、变造证件罪与提供伪造、变造的出入境证件罪，两罪之间形成牵连关系，应从一重罪处断。

伪造、变造的出入境证件仅供自己偷越国（边）境使用，而不是向他人提供的，应按偷越国（边）境罪处理；组织他人偷越国（边）境共同犯罪成员分工伪造、变造出入境证件，供组织偷越国（边）境使用的，应以组织他人偷越国（边）境罪的共犯论处。

以不法取得财物为目的，虚构事实、隐瞒真相，将伪造、变造的出入境证件冒充为合法取得的真实证件提供给他人，骗取财物的，构成诈骗罪而不构成本罪。

四、出售出入境证件罪

第三百二十条　为他人提供伪造、变造的护照、签证等出入境证件，或者出售护照、签证等出入境证件的，处五年以下有期徒刑，并处罚金；情节严重的，处五年以上有期徒刑，并处罚金。

出售出入境证件罪，是指非法出售护照、签证等出入境证件的行为。

出售，是指以对方支付一定对价为内容的交付。购买者已支付现金而出售者尚未交付证件，或者双方仅就交易价格取得一致意见但未实现证件即对价的转移的，均为出售。出售的对象必须是经国家出入境主管部门批准发放的真实证件，既可以是以他人名义申请的证件，也可以是持证人本人的证件。出售伪造、变造的出入境证件，构成提供伪造、变造的出入境证件罪，而不构成本罪。

五、运送他人偷越国（边）境罪

第三百二十一条 运送他人偷越国（边）境的，处五年以下有期徒刑、拘役或者管制，并处罚金；有下列情形之一的，处五年以上十年以下有期徒刑，并处罚金：

（一）多次实施运送行为或者运送人数众多的；

（二）所使用的船只、车辆等交通工具不具备必要的安全条件，足以造成严重后果的；

（三）违法所得数额巨大的；

（四）有其他特别严重情节的。

在运送他人偷越国（边）境中造成被运送人重伤、死亡，或者以暴力、威胁方法抗拒检查的，处七年以上有期徒刑，并处罚金。

犯前两款罪，对被运送人有杀害、伤害、强奸、拐卖等犯罪行为，或者对检查人员有杀害、伤害等犯罪行为的，依照数罪并罚的规定处罚。

运送他人偷越国（边）境罪，是指违反国家出入国（边）境管理法规，非法将偷越国（边）境人员送出或者接入国（边）境的行为。

运送他人偷越国（边）境，是指使用车、船、航空器等交通工具或者徒步带领等方法，将他人非法送出或者接入国（边）境的行为。运送规模大小、人数的多少、运送手段的选择等，均不影响本罪的成立。

根据最高人民法院、最高人民检察院《关于办理妨害国（边）境管理刑事案件应用法律若干问题的解释》（2012 年 12 月 12 日）第 4 条的规定，运送他人偷越国（边）境人数在 10 人以上的，应当认定为本罪法定刑升格条件中的“人数众多”；违法所得数额在 20 万元以上的，应当认定为“违法所得数额巨大”。运送者与被运送者之间事前有通谋的，在偷越国（边）境罪的范围内成立共犯，被运送者构成偷越国（边）境罪，运送者构成本罪；运送者自己有偷越国（边）境的意思，将他人运达目的地后，自己也不再返回国（边）境以内的，构成偷越国（边）境罪，应与本罪并罚。

运送者因船只、汽车被劫持或受其他暴力强制不得不实施运送行为的，欠缺本罪的故意；运送者对被运送者的身份发生错误认识，将偷越国（边）境者误认为是毒品犯罪、走私犯罪等组织的成员加以运送的，也不具有本罪的故意，可以成立其他犯罪的帮助犯。

在运送他人偷越国（边）境中过失造成被运送人重伤、死亡，或以暴力、威胁方法抗拒检查的，都只构成本罪，不再单独定罪处刑；运送他人偷越国（边）境，对被运送人有杀害、伤害、强奸、拐卖等犯罪行为，或者对检查人员有杀害、伤害等犯罪行为的，依照数罪并罚的规定处罚。

六、偷越国（边）境罪

第三百二十二条① 违反国（边）境管理法规，偷越国（边）境，情节严重的，处一年以下有期徒刑、拘役或者管制，并处罚金；为参加恐怖活动组织、接受恐怖活动培训或者实施恐怖活动，偷越国（边）境的，处一年以上三年以下有期徒刑，并处罚金。

偷越国（边）境罪，是指违反出入国（边）境管理法规，偷越国（边）境，情节严重的行为。

偷越的手段和途径多种多样，法律未作限制，一般表现为在不准通过的地点秘密出入境，或虽在指定地点通过，但采用了伪造、涂改、冒用出入境证件或用其他蒙骗手段蒙混过关。行

① 本条为《刑法修正案（九）》第 40 条所修改。

为人可以是在陆地上偷越，也可以是从海上、河流偷渡，还可以是从空中偷越。

偷越行为情节严重的，才构成本罪。根据最高人民法院、最高人民检察院《关于办理妨害国（边）境管理刑事案件应用法律若干问题的解释》（2012 年 12 月 12 日）第 5 条的规定，具有下列情形之一的，应当认定为本罪的“情节严重”：（1）在境外实施损害国家利益行为的；（2）偷越国（边）境 3 次以上或者 3 人以上结伙偷越国（边）境的；（3）拉拢、引诱他人一起偷越国（边）境的；（4）勾结境外组织、人员偷越国（边）境的；（5）因偷越国（边）境被行政处罚后 1 年内又偷越国（边）境的；（6）其他情节严重的情形。

行为人已跨越国（边）境或者欺骗边防检查人员后被放行的，构成本罪既遂；已经着手实施偷越行为，但由于意志以外的原因，未能跨越国（边）境线的，是犯罪未遂。

七、破坏界碑、界桩罪

第三百二十三条　故意破坏国家边境的界碑、界桩或者永久性测量标志的，处三年以下有期徒刑或者拘役。

破坏界碑、界桩罪，是指故意破坏界碑、界桩的行为。

破坏的手段不一而足，法律未作限制，一般是指拆毁、损坏、改变、移动、掩盖、窃取以及其他使界碑、界桩丧失其本来效用的行为。破坏的对象是永久性的还是临时性的，是一般的木桩还是钢筋水泥浇铸的，是根据条约还是按照历史形成的管辖范围埋设的，都不影响本罪的成立。

八、破坏永久性测量标志罪

第三百二十三条　故意破坏国家边境的界碑、界桩或者永久性测量标志的，处三年以下有期徒刑或者拘役。

破坏永久性测量标志罪，是指故意非法毁灭或者损坏永久性测量标志，使其功能完全丧失或者部分丧失的行为。

破坏，包括拆毁、损坏、改变、非法拆迁、掩盖以及其他使永久性测量标志丧失其本来效用的行为。

本罪的行为对象是永久性测量标志，即国家在全国各地进行测量过程中所设置的特殊标志，包括各种登记的天文站、重力站、水准站、三角点、海控点等；此外，地形测图的固定标志、人造卫星观测点也属于永久性测量标志。这些标志有钢制的、铜制的、石制的、木制的。由于永久性测量标志并不限于在国（边）境设置的标志，还包括在内陆、内海设置的永久性测量标志，所以从严格意义上讲，刑法将破坏永久性测量标志的行为列为妨害社会管理秩序罪中妨害国（边）境管理罪的一种，是否妥当，还值得推敲。破坏临时性测量标志，或者误将永久性测量标志视作一般的财物加以毁损的，均不构成本罪。

第五节　妨害文物管理罪

一、故意损毁文物罪

第三百二十四条第一款　故意损毁国家保护的珍贵文物或者被确定为全国重点文物保护单位、省级文物保护单位的文物的，处三年以下有期徒刑或者拘役，并处或者单处罚金；情节严重的，处三年以上十年以下有期徒刑，并处罚金。

故意损毁文物罪，是指故意损毁国家保护的珍贵文物或者被确定为全国重点文物保护单位、省级文物保护单位的文物的行为。

损毁，是指改变文物的性质、面貌、形状，降低或彻底消灭文物价值的行为。损毁的方法是捣毁、焚烧、污损、拆除、挖掘、炸毁等。损毁的程度可轻可重，可以是部分损毁，也可以是全部损毁。

毁损的对象是珍贵文物和被确定为全国重点文物保护单位、省级文物保护单位的文物。全国重点文物保护单位、省级文物保护单位的本体，也是“被确定为全国重点文物保护单位、省级文物保护单位的文物”。根据有关立法解释，刑法有关文物的规定，适用于具有科学价值的古脊椎动物化石、古人类化石。① 故意毁损本罪对象以外的其他文物的，可能构成故意毁坏财物罪。

以放火、爆炸、决水等方法故意毁损珍贵文物或者被确定为全国重点文物保护单位、省级文物保护单位的文物，同时危害公共安全的，本罪和放火罪、爆炸罪、决水罪等之间有想象竞合的关系；使用有形力使文物分割，然后窃取的，构成本罪和盗窃罪之间的竞合，应从一重罪处断。

二、故意损毁名胜古迹罪

第三百二十四条第二款　故意损毁国家保护的名胜古迹，情节严重的，处五年以下有期徒刑或者拘役，并处或者单处罚金。

故意损毁名胜古迹罪，是指故意损坏国家保护的名胜古迹，情节严重的行为。

损毁的方式多种多样，一般包括拆除、涂抹、刻画、砸毁、污损、焚烧、炸毁等等。毁损的对象必须是名胜古迹。名胜古迹，是指古代流传下来的有名建筑物或者具有研究和纪念意义，受到国家和省级人民政府保护的场所。风景名胜区的核心景区以及未被确定为全国重点文物保护单位、省级文物保护单位的古文化遗址、古墓葬、古建筑、石窟寺、石刻、壁画、近代现代重要史迹和代表性建筑等不可移动文物的本体，应当被认定为“国家保护的名胜古迹”。损毁与名胜古迹无关的场所或物品，不构成本罪，但可能构成故意毁坏财物罪。毁损行为只有情节严重的才能构成本罪。根据最高人民法院、最高人民检察院《关于办理妨害文物管理等刑事案件适用法律若干问题的解释》（2015 年 12 月 30 日）第 4 条第 2 款的规定，具有下列情形之一的，属于情节严重：（1）致使名胜古迹严重损毁或者灭失的；（2）多次损毁或者损毁多处名胜古迹的；（3）其他情节严重的情形。此外，最高人民法院在指导性案例“张永明、毛伟明、张鹭故意损毁名胜古迹案”中指出，对核心景区内的世界自然遗产实施打岩钉等破坏活动，严重破坏自然遗产的自然性、原始性、完整性和稳定性的，综合考虑有关地质遗迹的特点、损坏程度等，可以认定为故意损毁国家保护的名胜古迹“情节严重”。

三、过失损毁文物罪

第三百二十四条第三款　过失损毁国家保护的珍贵文物或者被确定为全国重点文物保护单位、省级文物保护单位的文物，造成严重后果的，处三年以下有期徒刑或者拘役。

---

① 参见全国人大常委会《关于〈中华人民共和国刑法〉有关文物的规定适用于具有科学价值的古脊椎动物化石、古人类化石的解释》（2005 年 12 月 29 日）。根据该立法解释，除了妨害文物管理罪中的文物包括具有科学价值的古脊椎动物化石、古人类化石，对刑法第 151 条第 2 款规定的走私文物罪、第 419 条规定的失职造成珍贵文物损毁、流失罪中所规定的“文物”，也应当如此作扩张解释。

过失毁损文物罪，是指过失毁损国家保护的珍贵文物，或者被确定为全国重点文物保护单位、省级文物保护单位的文物，造成严重后果的行为。

毁损行为造成严重后果的，才能构成本罪。严重后果包括使大量文物毁损、使重要文物毁损严重等。毁损的对象必须是国家保护的珍贵文物，或者被确定为全国重点文物保护单位、省级文物保护单位的文物。

四、非法向外国人出售、赠送珍贵文物罪

第三百二十五条　违反文物保护法规，将收藏的国家禁止出口的珍贵文物私自出售或者私自赠送给外国人的，处五年以下有期徒刑或者拘役，可以并处罚金。

单位犯前款罪的，对单位判处罚金，并对其直接负责的主管人员和其他直接责任人员，依照前款的规定处罚。

非法向外国人出售、赠送珍贵文物罪，是指违反国家文物保护法规的有关规定，将收藏的国家禁止出口的珍贵文物私自出卖或赠送给外国人的行为。

出售，是以一定对价为条件的文物交付。赠送，是指无任何条件和代价把珍贵文物送给外国人。出售、赠送行为违反了国家文物保护法规的规定，在外事活动中或经过批准向外国人赠送珍贵文物的，不具有违法性。

出售、赠送的必须是国家禁止出口的珍贵文物，即具有历史、艺术、科学价值的重要文物。出售、赠送一般历史文物的，不构成本罪。出售、赠送的珍贵文物必须是单位或个人业已收藏的；不是将自己收藏的珍贵文物出售给外国人，而是根据外国人的需要先购买文物，然后向其出售的，构成以营利为目的的倒卖文物行为，不成立本罪。赠送与出售的对象只能是外国人，包括外国的个人、法人或其他机构、相关组织；将自己收藏的文物在我国公民或单位之间相互出售、赠送的，不构成本罪。

出售者只有对于赠送、出售行为具有违法性，以及文物属于国家禁止出口的珍贵文物有明确认识才能构成本罪。至于其是否以牟利为目的，则与本罪的成立无关。明知接受文物的外国人是走私文物的犯罪者，而向其出售自己收藏的国家禁止出口的珍贵文物的，不构成本罪而构成走私文物罪。

五、倒卖文物罪

第三百二十六条　以牟利为目的，倒卖国家禁止经营的文物，情节严重的，处五年以下有期徒刑或者拘役，并处罚金；情节特别严重的，处五年以上十年以下有期徒刑，并处罚金。

单位犯前款罪的，对单位判处罚金，并对其直接负责的主管人员和其他直接责任人员，依照前款的规定处罚。

倒卖文物罪，是指以牟利为目的，倒卖国家禁止经营的文物，情节严重的行为。

倒卖，是指以谋取非法利益为目的，出售、为出售而收购、运输、储存国家禁止买卖的文物的行为。倒卖的犯罪对象是国家禁止经营的文物。按照文物保护法的规定，全民所有的博物馆、图书馆和其他单位的文物藏品禁止出卖；私人收藏的文物可以由文化行政部门指定的单位收购，其他任何单位或个人不得经营文物收购业务；私人收藏的文物严禁倒卖谋利。此外，倒卖文物的行为还必须情节严重才构成本罪。情节严重是指倒卖国家珍贵文物的；多次或者经营倒卖国家禁止经营的文物；倒卖国家禁止经营的文物数量较大或者非法获利数额较大的。

不具有牟利目的，而是为了自己收藏，非法购买国家禁止经营的文物的，不构成本罪；向外国人倒卖文物过程中，又将一部分国家禁止出口的珍贵文物赠送给同一对象的，构成倒卖文物罪和非法向外国人赠送珍贵文物罪，原则上应当数罪并罚。

六、非法出售、私赠文物藏品罪

第三百二十七条　违反文物保护法规，国有博物馆、图书馆等单位将国家保护的文物藏品出售或者私自送给非国有单位或者个人的，对单位判处罚金，并对其直接负责的主管人员和其他直接责任人员，处三年以下有期徒刑或者拘役。

非法出售、私赠文物藏品罪，是指国有博物馆、图书馆等单位，违反国家文物保护法规，将国家保护的文物藏品出售或私自送给非国有单位或者个人的行为。

非法出售或者私自赠送，是指违反文物保护法的规定，将国家保护的文物藏品出售或私自送给非国有单位或者个人的行为。非法出售、私赠的对象是国有博物馆、图书馆、有关国家机关、部队、国有企业、事业单位收藏的文物藏品。至于是哪一级馆藏文物，不影响本罪的成立。

接受文物的一方是非国有的单位或者个人，国有博物馆、图书馆等单位与其他国有单位之间的文物藏品买卖或赠与行为，不构成本罪。买受或者受赠的个人既包括中国人也包括外国人在内。但向外国人出售或赠送的不是文物藏品而是国家禁止出口的珍贵文物的，应构成非法向外国人出售、赠送珍贵文物罪。

七、盗掘古文化遗址、古墓葬罪

第三百二十八条①　盗掘具有历史、艺术、科学价值的古文化遗址、古墓葬的，处三年以上十年以下有期徒刑，并处罚金；情节较轻的，处三年以下有期徒刑、拘役或者管制，并处罚金；有下列情形之一的，处十年以上有期徒刑或者无期徒刑，并处罚金或者没收财产：

（一）盗掘确定为全国重点文物保护单位和省级文物保护单位的古文化遗址、古墓葬的；

（二）盗掘古文化遗址、古墓葬集团的首要分子；

（三）多次盗掘古文化遗址、古墓葬的；

（四）盗掘古文化遗址、古墓葬，并盗窃珍贵文物或者造成珍贵文物严重破坏的。

盗掘古文化遗址、古墓葬罪，是指违反国家文物保护法规，盗掘具有历史、艺术、科学价值的古文化遗址、古墓葬的行为。

（一）客观要件

本罪在客观方面表现为盗掘古文化遗址、古墓葬的行为。

盗掘，不同于狭义的窃取行为，是指未经国家文化主管部门批准的一切私自挖掘、盗取行为。至于其是秘密还是公然掘取的，是单个人实施还是聚众实施的，均在所不问。实施盗掘古文化遗址、古墓葬的行为，即构成本罪的既遂。是否实际取得财物，是否实际造成古文化遗址、古墓葬被破坏的后果，对犯罪既遂均无影响。

本罪的行为对象是古文化遗址、古墓葬。古文化遗址包括石窟、地下城、古建筑，以及水下古文化遗址、古墓葬等；古墓葬包括皇帝陵墓、革命烈士墓等。这里的古文化遗址、古墓葬

---

① 本条为《刑法修正案（八）》第45条所修改，该条废除了本罪的死刑。

有一定的范围，具体指清代和清代以前的具有历史、艺术、科学价值的古文化遗址、古墓葬以及辛亥革命以后与著名历史事件有关的名人墓葬、遗址和纪念地。古文化遗址、古墓葬不以公布为不可移动的古文化遗址、古墓葬为限。盗掘一般文物的，构成盗窃罪而不构成本罪；为盗掘古文化遗址、古墓葬而故意毁坏其他财物的，成立本罪和故意毁坏财物罪之间的想象竞合犯，应从一重罪处断。盗掘古文化遗址、古墓葬后为破坏现场而故意损毁文物、故意损毁名胜古迹的，应数罪并罚。

（二）主观要件

本罪在主观方面是故意。盗掘的意思一般在实施行为之初就具备；开始实施挖掘行为时不知道是古文化遗址、古墓葬，不具有盗掘意识，但随着挖掘行为的继续，意识到可能是古文化遗址、古墓葬，而继续进行挖掘的，具有本罪的故意。因为本罪不是财产犯罪，所以行为人实施盗掘行为的目的，不能限定为非法占有古文化遗址、古墓葬中的文物。为毁坏古文化遗址、古墓葬，或者为占用古文化遗址、古墓葬所在地的土地而实施挖掘的，仍然构成本罪。换言之，只要是故意实施盗掘行为的，都可以构成本罪。犯罪动机和目的如何与本罪的成立无关。

不是有意盗掘，而是在生产、作业过程中偶然发现古文化遗址、古墓葬，或者因洪灾、地震等自然灾害而使古文化遗址、古墓葬内的珍贵文物暴露，行为人以不法占有为目的，取得古文化遗址、古墓葬内的财物的，构成侵占（埋藏物）罪，而不构成本罪。

八、盗掘古人类化石、古脊椎动物化石罪

第三百二十八条第二款　盗掘国家保护的具有科学价值的古人类化石和古脊椎动物化石的，依照前款的规定处罚。

盗掘古人类化石、古脊椎动物化石罪，是指违反国家文物保护法规，盗掘国家保护的具有科学价值的古人类化石、古脊椎动物化石的行为。

盗掘，是指违反国家规定，擅自挖掘、盗取古人类化石、古脊椎动物化石的行为。盗掘的对象是古人类化石、古脊椎动物化石，即古代人类的遗体和古脊椎动物的遗体埋藏在地下，经过长期的物理和化学作用变成的石头状物体。

盗掘古文化遗址、古墓葬过程中，同时取得古人类化石、古脊椎动物化石的，成立本罪和盗掘古文化遗址、古墓葬罪之间的想象竞合犯，应从一重罪处断。

九、抢夺、窃取国有档案罪

第三百二十九条第一款　抢夺、窃取国家所有的档案的，处五年以下有期徒刑或者拘役。

第三款　有前两款行为，同时又构成本法规定的其他犯罪的，依照处罚较重的规定定罪处罚。

抢夺、窃取国有档案罪，是指抢夺、窃取国家所有的档案的行为。

（一）客观要件

本罪在客观方面表现为抢夺、窃取国有档案的行为。

抢夺，是指乘国有档案管理人员不防备之机，使用强力夺取的行为。窃取，是指以平和手段取得国有档案的行为。抢夺、窃取的场所，不受限制。由于刑法没有对抢劫国有档案的行为进行规范，而抢夺行为本身可以以暴力的方式实施，按照举轻以明重的刑法解释原则，如果实践中出现抢劫国有档案的行为，可以按抢夺国有档案罪定罪处刑。这也说明妨害社会管理秩序

罪中的抢劫、抢夺、窃取行为与侵犯财产罪中的相应行为有一定区别。

本罪的行为对象必须是国有档案。档案，是指过去和现在的国家机构、社会组织以及个人从事政治、军事、经济、科学、技术、文化、宗教等活动即直接形成的对国家和社会有保存价值的各种文字、图表、声像等不同形式的历史记录。国有档案，是指国家所有，涉及国家事务的档案材料。集体、个人所有的档案不能成为本罪的行为对象。

（二）主观要件

本罪在主观方面是故意。行为人在实施抢夺、窃取的当时必须对行为对象有明确认识，没有认识到是国有档案而实施抢夺、窃取行为的，可能构成抢夺罪、盗窃罪，而不构成本罪。抢夺、窃取一般财物之后发现其中有国有档案，且该档案中涉及国家绝密、机密，行为人拒不交出的，可以构成非法持有国家绝密、机密文件、资料、物品罪，应与抢夺、盗窃罪并罚。

十、擅自出卖、转让国有档案罪

第三百二十九条第二款　违反档案法的规定，擅自出卖、转让国家所有的档案，情节严重的，处三年以下有期徒刑或者拘役。

第三款　有前两款行为，同时又构成本法规定的其他犯罪的，依照处罚较重的规定定罪处罚。

擅自出卖、转让国有档案罪，是指违反档案法的规定，擅自出卖、转让国家所有的档案，情节严重的行为。

出卖，是指违反国有档案管理的法律规定，为获取对价而交付国有档案的行为。转让，是指违反法律规定，复制、抄录并提供给他人或公布国有档案的行为。出卖、转让的对象是国有单位还是非国有单位，是中国人还是外国人，均在所不同。

出卖、转让国有档案给外国人的，如果该档案涉及国家秘密，则成立本罪和为境外非法提供国家秘密、情报罪之间的想象竞合犯，应从一重罪处断。接受外国间谍组织的任务而非法提供国有档案的，构成间谍罪，而不构成本罪。抢夺、窃取国有档案后擅自出卖、转让国有档案的，属于不可罚的事后行为，应按抢夺、窃取国有档案罪处理。

第六节　危害公共卫生罪

一、妨害传染病防治罪

第三百三十条①　违反传染病防治法的规定，有下列情形之一，引起甲类传染病以及依法确定采取甲类传染病预防、控制措施的传染病传播或者有传播严重危险的，处三年以下有期徒刑或者拘役；后果特别严重的，处三年以上七年以下有期徒刑：

（一）供水单位供应的饮用水不符合国家规定的卫生标准的；

（二）拒绝按照疾病预防控制机构提出的卫生要求，对传染病病原体污染的污水、污物、场所和物品进行消毒处理的；

（三）准许或者纵容传染病病人、病原携带者和疑似传染病病人从事国务院卫生行政部门规定禁止从事的易使该传染病扩散的工作的；

（四）出售、运输疫区中被传染病病原体污染或者可能被传染病病原体污染的物品，未进行消毒处理的；

① 本条第1款为《刑法修正案（十一）》第37条所修改。

（五）拒绝执行县级以上人民政府、疾病预防控制机构依照传染病防治法提出的预防、控制措施的。

单位犯前款罪的，对单位判处罚金，并对其直接负责的主管人员和其他直接责任人员，依照前款的规定处罚。

甲类传染病的范围，依照《中华人民共和国传染病防治法》和国务院有关规定确定。

妨害传染病防治罪，是指违反传染病防治法的规定，引起甲类传染病以及依法确定采取甲类传染病预防、控制措施的传染病传播或者有传播严重危险的行为。

（一）客观要件

本罪在客观方面表现为违反传染病防治法的规定，实施特定行为，引起甲类传染病以及依法确定采取甲类传染病预防、控制措施的传染病传播或者有传播严重危险的行为。

引起甲类传染病以及依法确定采取甲类传染病预防、控制措施的传染病传播或者有传播严重危险的行为包括：(1) 供水单位供应的饮用水不符合国家规定的卫生标准的。(2) 拒绝按照疾病预防控制机构提出的卫生要求，对传染病病原体污染的污水、污物、场所和物品进行消毒处理的。(3) 准许或者纵容传染病病人、病原携带者和疑似传染病病人从事国务院卫生行政部门规定禁止从事的易使该传染病扩散的工作的。(4) 出售、运输疫区中被传染病病原体污染或者可能被传染病病原体污染的物品，未进行消毒处理的。(5) 拒绝执行县级以上人民政府、疾病预防控制机构依照传染病防治法提出的预防、控制措施的。例如，拒不按照县级以上人民政府、疾病预防控制机构的要求隔离，或者未履行有关行程、接触史报告义务的，都可能构成本罪。本罪既处罚结果犯，也处罚危险犯，即引起甲类传染病或者依法确定采取甲类传染病预防、控制措施的传染病传播或者有传播的严重危险的，都可能构成本罪。

这里的甲类传染病，是指鼠疫、霍乱等传染病，其范围依照《传染病防治法》和国务院有关规定确定。依法确定采取甲类传染病预防、控制措施的传染病，是指新冠肺炎等不属于甲类传染病，但由国务院依法确定采取甲类传染病预防、控制措施的传染病。

使用暴力阻碍国家卫生行政管理机关工作人员进行传染病防治工作的，同时构成本罪和妨害公务罪，成立想象竞合犯，应从一重罪处断；国家机关工作人员工作严重不负责任，导致传染病传播或流行的，不构成本罪，而构成传染病防治失职罪。

（二）主观要件

本罪在主观方面是过失，即行为人对引起甲类传染病传播或者有传播的严重危险具有疏忽大意的过失或过于自信的过失。但行为人对于违反传染病防治法的具体规定具有事实上的明知。

故意实施本罪中列举的客观行为，可能构成投放危险物质、故意伤害等犯罪，而不构成本罪。

二、传染病菌种、毒种扩散罪

第三百三十一条　从事实验、保藏、携带、运输传染病菌种、毒种的人员，违反国务院卫生行政部门的有关规定，造成传染病菌种、毒种扩散，后果严重的，处三年以下有期徒刑或者拘役；后果特别严重的，处三年以上七年以下有期徒刑。

传染病菌种、毒种扩散罪，是指从事实验、保藏、携带、运输传染病菌种、毒种的人员，违反国务院卫生行政部门的有关规定，造成传染病菌种、毒种扩散，后果严重的行为。

（一）客观要件

本罪在客观方面表现为违反国务院卫生行政部门的有关规定，造成传染病菌种、毒种的扩散，后果严重的行为。

行为人必须违反国务院卫生行政部门的有关规定，在从事传染病菌种、毒种的实验、保藏、携带、运输过程中，没有建立健全防止其扩散的制度和人身保护措施，没有按照国家有关规定进行操作和管理。违反规定的行为导致了传染病菌种、毒种的扩散，并造成了严重后果。这里的传染病菌种、毒种包括三类：一类是鼠疫耶尔森氏菌、霍乱弧菌、艾滋病病毒等，二类是布氏菌、麻风杆菌、肝炎病毒、出血热病毒等，三类是脑膜炎双球菌、链球菌、梅毒螺旋体等。

本罪的主体是特殊主体，即依法从事实验、保藏、携带、运输传染病菌种、毒种的人员。不具有这种身份的人员，因为过失造成传染病菌种、毒种扩散的，可能构成危险物品肇事罪。

（二）主观要件

本罪在主观方面是过失，行为人对于在实验、保藏、运输、携带传染病菌种、毒种过程中造成扩散的严重后果有疏忽或轻信。但如果行为人遵守了实验、保藏等规则，就不能认定为有犯罪过失。

三、妨害国境卫生检疫罪

> 第三百三十二条　违反国境卫生检疫规定，引起检疫传染病传播或者有传播严重危险的，处三年以下有期徒刑或者拘役，并处或者单处罚金。
>
> 单位犯前款罪的，对单位判处罚金，并对其直接负责的主管人员和其他直接责任人员，依照前款的规定处罚。

妨害国境卫生检疫罪，是指违反国境卫生检疫规定，引起检疫传染病传播或者有传播严重危险的行为。

（一）客观要件

本罪在客观方面表现为违反国境卫生检疫规定，引起检疫传染病传播或者有传播严重危险的行为。

违反国境卫生检疫规定，主要表现为逃避国境卫生检疫机关对人身及物品的医学检查和卫生检查。例如，入境的交通工具和人员未在最先到达的国境口岸的指定地点接受检疫，未经国境卫生检疫机关的许可，擅自上下交通工具，或者装卸行礼、货物、邮包等物品，不听劝阻；出境的交通工具和人员未在其最后离开的国境口岸接受检疫；前往其他国家的船舶、航空器因故停泊、降落在中国境内非口岸地点时，未立即向就近的国境卫生检疫机关或卫生行政部门报告；在国境口岸发现检疫传染病或死因不明者，交通工具的负责人未立即向有关机关报告并申请临时检疫，或者向国境卫生检疫机关隐瞒真实情况。

根据最高人民法院、最高人民检察院、公安部、司法部、海关总署《关于进一步加强国境卫生检疫工作 依法惩治妨害国境卫生检疫违法犯罪的意见》（2020 年 3 月 13 日）的规定，违反国境卫生检疫规定，实施下列行为之一的，属于妨害国境卫生检疫行为：（1）检疫传染病染疫人或者染疫嫌疑人拒绝执行海关依照国境卫生检疫法等法律法规提出的健康申报、体温监测、医学巡查、流行病学调查、医学排查、采样等卫生检疫措施，或者隔离、留验、就地诊验、转诊等卫生处理措施的；（2）检疫传染病染疫人或者染疫嫌疑人采取不如实填报健康申明卡等方式隐瞒疫情，或者伪造、涂改检疫单、证等方式伪造情节的；（3）知道或者应当知道实施审批管理的微生物、人体组织、生物制品、血液及其制品等特殊物品可能造成检疫传染病传播，未经审批仍逃避检疫，携运、寄递出入境的；(4) 出入境交通工具上发现有检疫传染病染疫人或者染疫嫌疑人，交通工具负责人拒绝接受卫生检疫或者拒不接受卫生处理的；(5) 来自检疫传染病流行国家、地区的出入境交通工具上出现非意外伤害死亡且死因不明的人员，交通工具负责人故意隐瞒情况的；(6) 其他拒绝执行海关依照国境卫生检疫法等法律法规提出的检疫措施的。实施上述行为，引起鼠疫、霍乱、黄热病以及新冠肺炎等国务院确定和公布的其他检疫传染病传播或者有传播严重危险的，以本罪定罪处罚。

（二）主观要件

本罪在主观方面是过失。行为人对引起检疫传染病传播或者有传播严重危险的结果的发生是疏忽大意或者过于自信，但是，对于行为具有违反国境卫生检疫规定的性质应当有所认识。

四、非法组织卖血罪

第三百三十三条　非法组织他人出卖血液的，处五年以下有期徒刑，并处罚金；以暴力、威胁方法强迫他人出卖血液的，处五年以上十年以下有期徒刑，并处罚金。

有前款行为，对他人造成伤害的，依照本法第二百三十四条的规定定罪处罚。

非法组织卖血罪，是指违反法律规定，组织他人出卖血液的行为。

违反法律规定，是指没有采集血液的合法资格，未经国家有关机关批准而组织他人出卖血液。医疗机构为满足抢救病人和从事科学实验的需要开展的义务献血活动，不具有非法性。

对组织行为的具体方式，法律未作限制。利用金钱诱惑、欺骗、怂恿多人卖血的，都是组织行为。对他人的组织行为给予帮助，例如，负责召集卖血者、带领卖血者前往抽血场所、发放卖血款项等，都属于组织行为的一部分，构成本罪。至于血液卖往何处，行为人是否具有出卖牟利的目的，以及是否已经将血液出卖，均不影响本罪成立。

组织卖血过程中可能对他人造成伤害，例如，组织者中分工负责抽血的人野蛮操作，使卖血者的身体健康权受到严重侵害的，或者使输血者因输入不合格血液而遭受伤害的，根据刑法第 333 条第 2 款的规定，应依照刑法第 234 条故意伤害罪的规定定罪处罚。但是，需要注意的是，故意伤害罪中轻伤害行为的法定刑是 3 年以下有期徒刑、拘役或者管制，在组织卖血造成轻伤害的情况下，如果以非法组织卖血罪处刑，行为人所受到的惩罚更重，而以故意伤害罪处刑难以做到罪刑相当，所以，对刑法第 333 条第 2 款应当限制解释为组织卖血行为造成伤害，致人重伤或者死亡的，按照故意伤害罪定罪处罚；非法组织卖血致人轻伤的，仍然只构成本罪。

五、强迫卖血罪

第三百三十三条　非法组织他人出卖血液的，处五年以下有期徒刑，并处罚金；以暴力、威胁方法强迫他人出卖血液的，处五年以上十年以下有期徒刑，并处罚金。

有前款行为，对他人造成伤害的，依照本法第二百三十四条的规定定罪处罚。

强迫卖血罪，是指以暴力、威胁方法强迫他人出卖血液的行为。

（一）保护法益

本罪的保护法益是人身权利。强迫卖血的行为和组织卖血的行为有一些区别：在非法组织卖血的情形下，出卖血液的人的意志往往不会被违反，行为人侵害的法益是国家对血液的采集和管理制度。而在强迫卖血的情形下，出卖血液的人的意思完全被违反，强迫行为侵害了其身体健康权和行动自由权，所以，本罪是典型的侵犯个人法益的犯罪。

（二）客观要件

本罪在客观方面表现为强迫他人出卖血液的行为。

强迫的具体手段包括暴力和威胁，即在他人不愿意，甚至反抗的情况下，采用殴打、禁闭、捆绑、恐吓、折磨等剥夺或者限制人身自由的方式，以及威胁方法，迫使其出卖血液。威胁行为既可以对被害人本人实施，也可以对被害人以外的其他人实施。

强迫他人出卖血液之后，未按照事前约定向卖血者支付款项的，仍然只构成本罪，而不单独构成强迫交易罪。强迫者向卖血者支付款项后，又使用暴力抢劫所支付的款项的，应以本罪和抢劫罪并罚。

不是以暴力、威胁方法强迫他人出卖血液，而是非法组织他人出卖血液的，不构成本罪而构成非法组织卖血罪。在组织多人卖血过程中，又使用暴力强迫不服从其意思者卖血的，应当以本罪和非法组织卖血罪并罚。

刑法第 333 条第 2 款规定，强迫卖血行为对他人造成伤害的，依照刑法第 234 条的规定定罪处罚。为贯彻罪刑均衡原则，在强迫卖血造成轻伤害的情况下，仍然应当以强迫卖血罪定罪处刑，而强迫卖血行为造成他人伤害，致人重伤或者死亡的，按照故意伤害罪定罪处罚。

值得研究的问题是：强迫卖血，造成他人伤害一般是指暴力强迫行为、抽血过程中的野蛮操作行为导致卖血者的身体健康受到损害。但是，如果抽血场所卫生条件较差，使用器械未严格执行消毒等规定，导致卖血者感染艾滋病等血液传染病病毒，身体受到伤害的结果经过相当长的时间才能显露出来的，强迫者是否对由第三人（抽血者）的行为所导致的伤害结果承担责任？对此，应当认定是强迫行为造成他人伤害，应对强迫者以故意伤害罪定罪处罚，因为强迫卖血行为和导致卖血者感染血液传染病病毒的结果之间具有因果关系。国家近年来加大了打击非法组织、强迫卖血行为的力度，对于通过非正规渠道采集血液可能传染疾病的宣传也更为全面，强迫者对卖血者出卖血液的场所的卫生条件、抽血人员的技术水准应当有所了解，对他人感染传染病病毒的可能性较一般人有更为明确的认识。强迫者在对结果发生的高度可能性有认识的前提下，对他人感染病毒持放任不顾的态度，主观上存在伤害的间接故意。所以，无论是从客观上还是主观方面看，强迫者都应当对伤害结果负责。

六、非法采集、供应血液、制作、供应血液制品罪

第三百三十四条第一款　非法采集、供应血液或者制作、供应血液制品，不符合国家规定的标准，足以危害人体健康的，处五年以下有期徒刑或者拘役，并处罚金；对人体健康造成严重危害的，处五年以上十年以下有期徒刑，并处罚金；造成特别严重后果的，处十年以上有期徒刑或者无期徒刑，并处罚金或者没收财产。

非法采集、供应血液、制作、供应血液制品罪，是指非法采集、供应血液或者制作、供应血液制品，不符合国家规定的标准，足以危害人体健康的行为。

非法采集、供应血液或者制作、供应血液制品，是指未经国家主管部门批准或者超过批准的业务范围，采集、供应血液或者制作、供应血液制品。这里的“血液”，是指全血、成分血和特殊血液成分；“血液制品”，是指各种人血浆蛋白制品。

非法采集、供应血液或制作、供应血液制品，不符合国家规定的标准，足以危害人体健康的，即构成本罪。根据最高人民法院、最高人民检察院《关于办理非法采供血液等刑事案件具体应用法律若干问题的解释》（2008 年 9 月 22 日）的规定，具有下列情形之一的，应认定为

“不符合国家规定的标准，足以危害人体健康”：(1) 采集、供应的血液含有艾滋病病毒、乙型肝炎病毒、丙型肝炎病毒、梅毒螺旋体等病原微生物的；(2) 制作、供应的血液制品含有艾滋病病毒、乙型肝炎病毒、丙型肝炎病毒、梅毒螺旋体等病原微生物，或者将含有上述病原微生物的血液用于制作血液制品的；(3) 使用不符合国家规定的药品、诊断试剂、卫生器材，或者重复使用一次性采血器材采集血液，造成传染病传播危险的；(4) 违反规定对献血者、供血浆者超量、频繁采集血液、血浆，足以危害人体健康的；(5) 其他不符合国家有关采集、供应血液或者制作、供应血液制品的规定标准，足以危害人体健康的。

开设非法血液采集站点，对被动接受他人组织、强迫来的卖血者抽取血液的，构成非法采集血液罪。与组织、强迫卖血者相勾结，在组织、强迫卖血过程中分工负责抽血任务的，构成非法组织、强迫卖血罪的共犯，与本罪之间有想象竞合关系，应从一重罪处断。非法供应血液或血液制品时，故意抬高价格，或者大量、大范围非法提供血液的，都只构成本罪而不再构成非法经营罪。

根据刑法第 334 条第 1 款的规定，犯本罪，对人体健康造成严重危害或造成特别严重后果的，法定刑升格。根据最高人民法院、最高人民检察院《关于办理非法采供血液等刑事案件具体应用法律若干问题的解释》(2008 年 9 月 22 日) 的规定，具有下列情形之一的，应认定为“对人体健康造成严重危害”：(1) 造成献血者、供血浆者、受血者感染乙型肝炎病毒、丙型肝炎病毒、梅毒螺旋体或者其他经血液传播的病原微生物的；(2) 造成献血者、供血浆者、受血者重度贫血、造血功能障碍或者其他器官组织损伤导致功能障碍等身体严重危害的；(3) 对人体健康造成其他严重危害的。具有下列情形之一的，应认定为“造成特别严重后果”：(1) 因血液传播疾病导致人员死亡或者感染艾滋病病毒的；(2) 造成 5 人以上感染乙型肝炎病毒、丙型肝炎病毒、梅毒螺旋体或者其他经血液传播的病原微生物的；(3) 造成 5 人以上重度贫血、造血功能障碍或者其他器官组织损伤导致功能障碍等身体严重危害的；(4) 造成其他特别严重后果的。

七、采集、供应血液、制作、供应血液制品事故罪

第三百三十四条第二款　经国家主管部门批准采集、供应血液或者制作、供应血液制品的部门，不依照规定进行检测或者违背其他操作规定，造成危害他人身体健康后果的，对单位判处罚金，并对其直接负责的主管人员和其他直接责任人员，处五年以下有期徒刑或者拘役。

采集、供应血液、制作、供应血液制品事故罪，是指经国家主管部门批准采集、供应血液或者制作、供应血液制品的部门，不依照规定进行检测或者违背其他操作规定，造成危害他人身体健康后果的行为。

本罪的实行行为是不依照规定进行检测或者违背其他操作规定。根据最高人民法院、最高人民检察院《关于办理非法采供血液等刑事案件具体应用法律若干问题的解释》(2008 年 9 月 22 日) 的规定，具有下列情形之一的，应认定为“不依照规定进行检测或者违背其他操作规定”：(1) 血站未用两个企业生产的试剂对艾滋病病毒抗体、乙型肝炎病毒表面抗原、丙型肝炎病毒抗体、梅毒抗体进行两次检测的；(2) 单采血浆站不依照规定对艾滋病病毒抗体、乙型肝炎病毒表面抗原、丙型肝炎病毒抗体、梅毒抗体进行检测的；(3) 血液制品生产企业在投料生产前未用主管部门批准和检定合格的试剂进行复检的；(4) 血站、单采血浆站和血液制品生产企业使用的诊断试剂没有生产单位名称、生产批准文号或者经检定不合格的；(5) 采供血机构在采集检验标本、采集血液和成分血分离时，使用没有生产单位名称、生产批准文号或者超

过有效期的一次性注射器等采血器材的；(6) 不依照国家规定的标准和要求包装、储存、运输血液、原料血浆的；(7) 对国家规定检测项目结果呈阳性的血液未及时按照规定予以清除的；(8) 不具备相应资格的医务人员进行采血、检验操作的；(9) 对献血者、供血浆者超量、频繁采集血液、血浆的；(10) 供血机构采集血液、血浆前，未对献血者或供血浆者进行身份识别，采集冒名顶替者、健康检查不合格者血液、血浆的；(11) 血站擅自采集原料血浆，单采血浆站擅自采集临床用血或者向医疗机构供应原料血浆的；(12) 重复使用一次性采血器材的；(13) 其他不依照规定进行检测或者违背操作规定的。

本罪是结果犯，行为必须造成危害他人身体健康的后果，才成立犯罪。根据最高人民法院、最高人民检察院《关于办理非法采供血液等刑事案件具体应用法律若干问题的解释》(2008年9月22日) 的规定，具有下列情形之一的，应认定为"造成危害他人身体健康后果"：(1) 造成献血者、供血浆者、受血者感染艾滋病病毒、乙型肝炎病毒、丙型肝炎病毒、梅毒螺旋体或者其他经血液传播的病原微生物的；(2) 造成献血者、供血浆者、受血者重度贫血、造血功能障碍或者其他器官组织损伤导致功能障碍等身体严重危害的；(3) 造成其他危害他人身体健康后果的。当然，由于检验手段、检验技术的客观障碍，造成事故的，不属于违反操作规程，不构成本罪。

本罪的主体是单位，只能是经国家主管部门批准采集、供应血液或者制作、供应血液制品的部门，即经国家主管部门批准的采供血机构（包括血液中心、中心血站、中心血库、脐带血造血干细胞库和国家卫生行政主管部门根据医学发展需要批准、设置的其他类型血库、单采血浆站）和血液制品生产经营单位。其他单位或者自然人不能成为本罪的主体。

八、非法采集人类遗传资源、走私人类遗传资源材料罪

第三百三十四条之一① 违反国家有关规定，非法采集我国人类遗传资源或者非法运送、邮寄、携带我国人类遗传资源材料出境，危害公众健康或者社会公共利益，情节严重的，处三年以下有期徒刑、拘役或者管制，并处或者单处罚金；情节特别严重的，处三年以上七年以下有期徒刑，并处罚金。

非法采集人类遗传资源、走私人类遗传资源材料罪，是指违反国家有关规定，非法采集我国人类遗传资源或者非法运送、邮寄、携带我国人类遗传资源材料出境，危害公众健康或者社会公共利益，情节严重的行为。

本罪在客观方面表现为非法采集我国人类遗传资源，或者非法运送、邮寄、携带我国人类遗传资源材料出境。成立本罪，以违反国家有关规定为前提。这里的"违反国家有关规定"，主要是指违反《生物安全法》的有关规定。该法第56条明确规定，从事下列活动，应当经国务院科学技术主管部门批准：(1) 采集我国重要遗传家系、特定地区人类遗传资源或者采集国务院科学技术主管部门规定的种类、数量的人类遗传资源；(2)保藏我国人类遗传资源；(3) 利用我国人类遗传资源开展国际科学研究合作；(4) 将我国人类遗传资源材料运送、邮寄、携带出境。

这里的人类遗传资源，按照《生物安全法》第85条第8项的规定，包括人类遗传资源材料和人类遗传资源信息。其中，人类遗传资源材料，是指含有人体基因组、基因等遗传物质的器官、组织、细胞等遗传材料；人类遗传资源信息，是指利用人类遗传资源材料产生的数据等信息资料。

① 本条为《刑法修正案（十一）》第38条所增设。

九、医疗事故罪

第三百三十五条　医务人员由于严重不负责任，造成就诊人死亡或者严重损害就诊人身体健康的，处三年以下有期徒刑或者拘役。

医疗事故罪，是指医务人员由于严重不负责任，造成就诊人死亡或者严重损害就诊人身体健康的行为。

（一）客观要件

本罪在客观方面表现为在医疗过程中，严重不负责任，造成就诊人死亡或严重损害就诊人身体健康的行为。

严重不负责任，是指医务人员在诊疗护理过程中，违反规章制度与诊疗护理常规，不履行或不正确履行诊疗护理职责，粗心大意，马虎草率，擅离岗位。严重不负责任的行为，既可以是作为，也可以是不作为。实践中，有下列情形之一的，通常属于“严重不负责任”：擅离职守的；无正当理由拒绝对危急就诊人实行必要的医疗救治的；未经批准擅自开展实验性医疗的；严重违反查对、复核制度的；使用未经批准使用的药品、消毒药剂、医疗器械的；严重违反国家法律法规及有明确规定的诊疗技术规范、常规的；等等。本罪是结果犯，相关行为造成就诊人死亡或者严重损害就诊人身体健康的，才能构成本罪。

本罪的主体是特殊主体，即有合法医生执业资格，直接从事医疗诊断、护理事务的人员，包括国有、集体所有医疗机构的医疗防疫人员、护士、药剂人员，以及经主管部门批准的个体行医人员。

（二）主观要件

本罪在主观方面是过失。是医务人员不能预见或不可抗拒的原因导致就诊人死亡或严重损害就诊人身体健康的，行为人主观上没有过失，不能认定为本罪。

医务人员因技术水平不高、缺乏临床经验技术上的失误而产生的事故（技术事故），因不是严重不负责任所致，不应当认定为本罪。

十、非法行医罪

第三百三十六条第一款　未取得医生执业资格的人非法行医，情节严重的，处三年以下有期徒刑、拘役或者管制，并处或者单处罚金；严重损害就诊人身体健康的，处三年以上十年以下有期徒刑，并处罚金；造成就诊人死亡的，处十年以上有期徒刑，并处罚金。

非法行医罪，是指未取得医生执业资格的人非法行医，情节严重的行为。

（一）客观要件

本罪在客观方面表现为非法行医，情节严重的行为。

1. 未取得医生执业资格的人非法行医

非法，是指行为人未取得医生执业资格行医，其医务活动不符合医疗行政机构管理规定的各种条件。例如，根据相关法律、法规规定，在城市设置诊所，必须同时具备以下条件：(1) 经医师技术考核合格，取得医师执业证书；(2) 取得医师执业证书或者医师职称后，从事5年以上同一专业的临床工作；(3) 省、自治区、直辖市卫生行政部门规定的其他条件。不具备上述条件的人从事医疗业务的，即为非法行医。行医，是指以为他人治病为目的开业行医，通过医疗服务，收取一定费用的行为。判断行为人是否在行医，应从以下两方面进行：一是行为人是否开展了医疗活动；二是行为人通过医疗活动是否收取了费用，即是否实施了营利性的医疗活动。非法行医行为人如果不收取费用，便失去了其进行医疗活动的动力。在日常生活中，非法行医人均是以其收取的费用牟取利益并以之作为其主要经济收入和主要生活来源的。不过，在认定本罪时，只需要确定行为人有牟利的意思，即可确定犯罪的成立。至于其牟利意思是否向被害人及其家属表明，双方是否有明确约定，行为时是否已经实际收取费用等，均非所问。根据最高人民法院《关于审理非法行医刑事案件具体应用法律若干问题的解释》（2016年12月16日）第1条的规定，具有下列情形之一的，应认定为刑法第336条第1款规定的“未取得医生执业资格的人非法行医”：（1）未取得或者以非法手段取得医师资格从事医疗活动的；（2）被依法吊销医师执业证书期间从事医疗活动的；（3）未取得乡村医生执业证书，从事乡村医疗活动的；（4）家庭接生员实施家庭接生以外的医疗行为的。

2. 情节严重

非法行医，情节严重的才能构成本罪。根据最高人民法院《关于审理非法行医刑事案件具体应用法律若干问题的解释》（2016年12月16日）第2条的规定，具有下列情形之一的，应认定为本罪的“情节严重”：（1）造成就诊人轻度残疾、器官组织损伤导致一般功能障碍的；（2）造成甲类传染病传播、流行或者有传播、流行危险的；（3）使用假药、劣药或不符合国家规定标准的卫生材料、医疗器械，足以严重危害人体健康的；（4）非法行医被卫生行政部门行政处罚2次以后，再次非法行医的；（5）其他情节严重的情形。

本罪是典型的常业犯，行为人有反复从事医疗行为的意思。多次从事非法行医，自然构成本罪。具有反复从事医疗行为的意思，只开展一次行医活动就导致就诊人重伤、死亡的，也应当构成本罪。

非法行医行为致人重伤、死亡的，都不再构成过失致人重伤罪、过失致人死亡罪，而只构成本罪。非法行医行为与就诊人死亡之间的因果关系如何认定，也值得研究。患者本身生命垂危、不可救治，非法行医行为将其死亡时间稍微提前的，不属于本条中非法行医造成就诊人死亡的情形，不能适用结果加重犯的法定刑，而只能认定为非法行医情节严重，从而适用第一档法定刑。

本罪的主体是未取得医生执业资格的人（身份犯）。取得医生执业资格的人，由于某种原因被有关行政主管机关依法取消其中一种或两种资格后仍然行医的，也可以成为本罪的主体。至于个别已经取得医师执业资格、医生执业证书的医生根据医院的临时安排，超出执业类别、执业范围开展工作，例如，应当从事外科医疗而进行内科诊治活动的，因为主体身份欠缺而不构成本罪。

（二）主观要件

本罪在主观方面只能是故意，行为人有反复进行非法行医行为的意思。

不具有反复进行非法行医行为的故意，而诈称有医术，以此进行诈骗的，不构成本罪，而构成诈骗罪。

十一、非法进行节育手术罪

第三百三十六条第二款　未取得医生执业资格的人擅自为他人进行节育复通手术、假节育手术、终止妊娠手术或者摘取宫内节育器，情节严重的，处三年以下有期徒刑、拘役或者管制，并处或者单处罚金；严重损害就诊人身体健康的，处三年以上十年以下有期徒刑，并处罚金；造成就诊人死亡的，处十年以上有期徒刑，并处罚金。

非法进行节育手术罪，是指未取得医生执业资格的人擅自为他人进行节育复通手术、假节育手术、终止妊娠手术或者摘取宫内节育器，情节严重的行为。

非法实施节育手术的行为具体包括四种手段：节育复通手术、假节育手术、终止妊娠手术、摘取宫内节育器。节育复通手术，是指行为人通过给就诊人做手术，使就诊人本来已被结扎的输精管或输卵管重新畅通，从而恢复生育能力。假节育手术，是指行为人给就诊人做不真实的绝育手术，手术后，就诊人仍具有生育能力。摘取宫内节育器，是指将安放的育龄妇女节育器摘除以恢复妇女生育能力。终止妊娠手术，是指在他人怀孕以后，非法进行人工流产手术。

由于只有未取得医生执业资格的人才能构成本罪，所以本罪和非法行医罪之间有法条竞合的关系，本罪是特别法条，非法实施节育手术后，又长期为接受手术者提供药物治疗的，都只构成本罪，而不构成非法行医罪。但是，为一些人提供节育手术，又为其他的人提供非法医疗的，应当数罪并罚。

十二、非法植入基因编辑、克隆胚胎罪

第三百三十六条之一① 将基因编辑、克隆的人类胚胎植入人体或者动物体内，或者将基因编辑、克隆的动物胚胎植入人体内，情节严重的，处三年以下有期徒刑或者拘役，并处罚金；情节特别严重的，处三年以上七年以下有期徒刑，并处罚金。

非法植入基因编辑、克隆胚胎罪，是指将基因编辑、克隆的人类胚胎植入人体或者动物体内，或者将基因编辑、克隆的动物胚胎植入人体内，情节严重的行为。

（一）保护法益

本罪的保护法益是对人体基因、人体胚胎等进行利用活动的管制秩序以及人类的安全繁衍。《民法典》第1009条规定，从事与人体基因、人体胚胎等有关的医学和科研活动，应当遵守法律、行政法规和国家有关规定，不得危害人体健康，不得违背伦理道德，不得损害公共利益。某些基因编辑、对人体胚胎的克隆行为与人的生存、发展紧密关联，不对其中的部分行为进行刑事规制将会产生不可预测的危险，最终危及人类的繁衍。为了与上述规定相协调，《刑法修正案（十一）》第39条增设了本罪。这对于真正落实《民法典》的相关规定有重要意义。

（二）客观要件

本罪在客观方面表现为将基因编辑、克隆的人类胚胎植入人体或者动物体内，或者将基因编辑、克隆的动物胚胎植入人体内的行为。类似行为，必须与人类有直接关联。将基因编辑、克隆的动物胚胎植入动物体内的，不构成犯罪，以允许一定范围内与基因编辑、克隆胚胎植入有关的科研活动的开展。

（三）主观要件

本罪在主观上是故意，行为人对于非法植入的是经基因编辑、克隆的胚胎有认识。

十三、妨害动植物防疫、检疫罪

第三百三十七条 违反有关动植物防疫、检疫的国家规定，引起重大动植物疫情的，或者有引起重大动植物疫情危险，情节严重的，处三年以下有期徒刑或者拘役，并处或者单处罚金。②

单位犯前款罪的，对单位判处罚金，并对其直接负责的主管人员和其他直接责任人员，依照前款的规定处罚。

---

① 本条为《刑法修正案（十一）》第39条所增设。

② 本款为《刑法修正案（七）》第11条所修改。

妨害动植物防疫、检疫罪，是指违反有关动植物防疫、检疫的国家规定，引起重大动植物疫情的，或者有引起重大动植物疫情危险，情节严重的行为。

（一）客观要件

本罪在客观方面表现为，违反有关动植物防疫、检疫的国家规定，引起重大动植物疫情的，或者有引起重大动植物疫情危险，情节严重的行为。违反动植物防疫、检疫的国家规定，主要是指违反《动物防疫法》《进出境动植物检疫法》《植物检疫条例》《进出境动植物检疫法实施条例》等。

本罪的行为对象，是指需要遵照国家有关规定进行防疫、检疫的动植物、动植物产品和其他检疫物，装载动植物、动植物产品和其他检疫物的装载容器、包装物，以及来自动植物疫区的运输工具。动物，是指饲养或者野生的活动物，如禽类、兽类、龟、鱼虾蟹贝等；动物产品，主要是指来源于动物的未经加工或者虽经加工但仍有可能传播疫情的产品，如肉类、生皮、脏器、油脂、奶制品、蛋类、胚胎和血液等；植物产品，是指来源于植物的未经加工或者虽经加工但仍有可能传播病虫害的产品，如粮食、水果、蔬菜、药材、木料等；其他检疫物，是指染疫动物的排泄物、动植物废弃物及存用、运输检疫物的器皿、包装物、运输工具等。

行为在客观上违反防疫规定引起疫情（或危险）的情形有：违法处置染疫动物、动物制品、排泄物、污染物；未按照规定采集、保存、运输、使用病危动物，导致其遗失、扩散；等等。违反检疫规定引起疫情（或危险）的情形有：违反规定逃避检疫；违反规定藏匿、转移、盗掘被依法隔离、封存、处理的染疫动物及其产品。

成立本罪，必须引起重大动植物疫情（实害犯），或者有引起重大动植物疫情的危险且情节严重（具体危险犯）。

（二）主观要件

本罪在主观方面是过失。行为人对于逃避或拒绝接受检疫违反相关法律规定有明知，但对于引起重大动植物疫情或危险的结果发生则是具有过失。行为人对于引起重大动植物疫情或危险的结果持希望或放任态度的，可能构成以危险方法危害公共安全等罪。

第七节 破坏环境资源保护罪

一、污染环境罪

第三百三十八条[①] 违反国家规定，排放、倾倒或者处置有放射性的废物、含传染病病原体的废物、有毒物质或者其他有害物质，严重污染环境的，处三年以下有期徒刑或者拘役，并处或者单处罚金；情节严重的，处三年以上七年以下有期徒刑，并处罚金；有下列情形之一的，处七年以上有期徒刑，并处罚金：

（一）在饮用水水源保护区、自然保护地核心保护区等依法确定的重点保护区域排放、倾倒、处置有放射性的废物、含传染病病原体的废物、有毒物质，情节特别严重的；

（二）向国家确定的重要江河、湖泊水域排放、倾倒、处置有放射性的废物、含传染病病原体的废物、有毒物质，情节特别严重的；

（三）致使大量永久基本农田基本功能丧失或者遭受永久性破坏的；

（四）致使多人重伤、严重疾病，或者致人严重残疾、死亡的。

有前款行为，同时构成其他犯罪的，依照处罚较重的规定定罪处罚。

---

① 本条为《刑法修正案（八）》第46条、《刑法修正案（十一）》第40条所修改。

污染环境罪，是指违反国家规定，排放、倾倒或者处置有放射性的废物、含传染病病原体的废物、有毒物质或者其他有害物质，严重污染环境的行为。

（一）保护法益

本罪的保护法益是维持人类存续的生态环境。《刑法修正案（八）》对1997年刑法的重大环境污染事故罪作出修改，以严重污染环境取代造成“人身伤亡或公私财产损失”，改变了原来立法所固守的以人身、财产法益遭受严重侵害作为环境犯罪成立条件的做法，降低了环境犯罪的入罪门槛，凸显了环境所具有的独立价值。这势必要求将环境犯罪保护法益观从人类中心论转向生态中心论。以人类为中心的环境犯罪保护法益观认为，人与自然之间利益休戚相关，人类的利益是最高利益，环境刑法的主旨在于维护人的本体利益，某种破坏环境的行为如果没有最终对人的生命、身体造成侵害，就不应当以犯罪论处。但是，从环境整体角度看，人类仅仅是自然环境系统中的一个部分，环境的整体性与独立性并不以人的意识为转移，只有保护好人类自然生活空间里的种种生态形态，如水、空气、风景区以及动植物世界等，才能最终保护好人的生命、身体法益。从各国环境刑法立法趋势看，保护以生态为中心的环境法益已经成为环境刑事立法的主要目的，立法逐步摆脱对个人法益的依赖，不再固守较为落后的以个人法益或抽象的社会管理秩序作为环境刑法保护法益的主张，凡是对环境作不利改变的行为都可能成为犯罪行为。当然，生态中心论并不是脱离人类利益去抽象地看待环境法益，保护环境的最终目的仍是保护人类利益，但这种人类利益是一种未来的、预期的利益，就现实保护而言，只能转换为保护与人类生存密切联系的现实整体环境。个人法益受到实际损害的事实可能成为环境犯罪的加重处罚事由。

本罪的对象是环境，其是环境犯罪保护法益的载体。这里的环境，是指影响人类生存和发展的各种天然的和经过人工改造的自然因素的总体，包括大气、水、海洋、土地、矿藏、森林、草原、湿地、野生生物、自然遗迹、人文遗迹、自然保护区、风景名胜区、城市和乡村等。环境要素分为生存型环境要素与资源型环境要素两类：前者是指与人类生存直接相关的水、空气和土地等要素，后者是指与经济和社会发展有关的矿产、林木、动植物等要素。由于后者中的多数已被规定于其他罪名中，因而本罪中的环境要素主要是指生存型环境要素，即水体、空气及土地要素等。

（二）客观要件

本罪在客观方面表现为违反国家规定，排放、倾倒或者处置有放射性的废物、含传染病病原体的废物、有毒物质或者其他有害物质，严重污染环境的行为。

1. 违反国家规定，排放、倾倒或处置有害物质

违反国家规定，是指违反国家关于环境保护的法律、法规、条例以及与环境保护有关的标准、规程，主要包括《环境保护法》《大气污染防治法》《水污染防治法》《海洋环境保护法》《固体废物污染环境防治法》等法律，以及其他法规，国务院颁布的有关实施细则。这些法律法规对排放、倾倒或者处置有害物质分别作了比较具体的规定。

违反国家规定，排放、倾倒或处置有害物质的行为主要有：在生活饮用水源地、风景名胜区水体、重要渔业水体和其他有特殊经济文化价值的水体的保护区内，新建排污口，使水体受污染的；在水体清洗装贮油类有毒污染物的车辆和容器的；向水体排放、倾倒工业废渣、城市垃圾和其他废弃物的；不符合船舶污染物排放标准，向水体排入残油、废油的；不采取防燃措施，在人口集中地区存放煤炭、煤矸石、煤渣的；未经净化处理，向大气排放有毒物质的废气、粉尘的；违反放射性保护规定，向大气超标排放含放射性物质的气体的；在人口集中地区焚烧沥青、油毡、橡胶、塑料、皮革以及其他产生有毒有害烟尘和恶臭气体的物质的；等等。

排放，是指把各种危险废物排入土地、水体、大气的行为，包括泵出、溢出、泄出、喷出、倒出。倾倒，是指通过船舶、航空器、平台或者其他载运工具，向土地、水体、大气处理各种危险废物的行为。处置，是指以改变危险废物物理、化学、生物特性的方法，达到减少其数量、缩小其体积、减少或消除其危险成分的活动。这里的有害物质，包括有放射性的废物、含传染病病原体的废物、有毒物质或者其他有害物质。放射性废物，是指放射性核素含量超过国家规定限值的固体、液体和气体废弃物。含传染病病原体的废物，是指对人体有毒害，可能对人体健康和环境造成严重危害的废物。有毒物质包括以下类型：(1) 危险废物，包括列入《国家危险废物名录》的废物，以及根据国家规定的危险废物鉴别标准和鉴别方法认定的具有危险特性的废物；(2) 剧毒化学品、列入重点环境管理危险化学品名录的化学品，以及含有上述化学品的物质；(3) 含有铅、汞、镉、铬等重金属的物质；(4)《关于持久性有机污染物的斯德哥尔摩公约》附件所列物质；(5) 其他具有毒性，可能污染环境的物质。其他有害物质，包括其他列入《国家危险废物名录》或者根据国家规定的危险废物鉴别标准和鉴别方法认定的具有危险特性的废物以及其他普通污染物。

违反国家规定，排放、倾倒、处置含有毒害性、放射性、传染病病原体等物质的污染物，同时构成污染环境罪、非法处置进口的固体废物罪、投放危险物质罪等犯罪的，依照处罚较重的犯罪定罪处罚。

2. 严重污染环境

根据最高人民法院、最高人民检察院《关于办理环境污染刑事案件适用法律若干问题的解释》(2016 年 12 月 23 日) 第 1 条的规定，具有下列情形之一的，应当认定为“严重污染环境”：(1) 在饮用水水源一级保护区、自然保护区核心区排放、倾倒、处置有放射性的废物、含传染病病原体的废物、有毒物质的；(2) 非法排放、倾倒、处置危险废物 3 吨以上的；(3) 排放、倾倒、处置含铅、汞、镉、铬、砷、铊、锑的污染物，超过国家或者地方污染物排放标准 3 倍以上的；(4) 排放、倾倒、处置含镍、铜、锌、银、钒、锰、钴的污染物，超过国家或者地方污染物排放标准 10 倍以上的；(5) 通过暗管、渗井、渗坑、裂隙、溶洞、灌注等逃避监管的方式排放、倾倒、处置有放射性的废物、含传染病病原体的废物、有毒物质的；(6) 2 年内曾因违反国家规定，排放、倾倒、处置有放射性的废物、含传染病病原体的废物、有毒物质受过 2 次以上行政处罚，又实施前列行为的；(7) 重点排污单位篡改、伪造自动监测数据或者干扰自动监测设施，排放化学需氧量、氨氮、二氧化硫、氮氧化物等污染物的；(8) 违法减少防治污染设施运行支出 100 万元以上的；(9) 违法所得或者致使公私财产损失 30 万元以上的；(10) 造成生态环境严重损害的；(11) 致使乡镇以上集中式饮用水水源取水中断 12 小时以上的；(12) 致使基本农田、防护林地、特种用途林地 5 亩以上，其他农用地 10 亩以上，其他土地 20 亩以上基本功能丧失或者遭受永久性破坏的；(13) 致使森林或者其他林木死亡 50 立方米以上，或者幼树死亡 2 500 株以上的；(14) 致使疏散、转移群众 5 000 人以上的；(15) 致使 30 人以上中毒的；(16) 致使 3 人以上轻伤、轻度残疾或者器官组织损伤导致一般功能障碍的；(17) 致使 1 人以上重伤、中度残疾或者器官组织损伤导致严重功能障碍的；(18) 其他严重污染环境的情形。实施本罪行为，情节严重的，处 3 年以上 7 年以下有期徒刑。

有下列情形之一的，法定刑升格为 7 年以上有期徒刑：(1) 在饮用水水源保护区、自然保护地核心保护区等依法确定的重点保护区域排放、倾倒、处置有放射性的废物、含传染病病原体的废物、有毒物质，情节特别严重的；(2) 向国家确定的重要江河、湖泊水域排放、倾倒、处置有放射性的废物、含传染病病原体的废物、有毒物质，情节特别严重的；(3) 致使大量永久基本农田基本功能丧失或者遭受永久性破坏的；(4) 致使多人重伤、严重疾病，或者致人严重残疾、死亡的。

（三）主观要件

本罪在主观方面是故意，即行为人具有违反国家规定，排放、倾倒或者处置有放射性的废物、含传染病病原体的废物、有毒物质或者其他有害物质的故意，对严重污染环境这一结果的出现至少持放任态度。

在行为人多次排污的情况下，有的明知排放危险废物超出了规定限制，仍继续排放；有的虽经制止仍实施生产经营活动的，都应该构成本罪。行为人向饮用水水源保护区，饮用水供水单位取水口和出水口，南水北调水库、干渠、涵洞等配套工程，重要渔业水体以及自然保护区核心区等特殊保护区域，排放、倾倒、处置毒害性极强的污染物的，可能构成投放危险物质罪和本罪的想象竞合犯。

根据最高人民法院、最高人民检察院、公安部、司法部、生态环境部《关于办理环境污染刑事案件有关问题座谈会纪要》（2019 年 2 月 20 日）第 3 条的规定，判断犯罪嫌疑人、被告人是否具有环境污染犯罪的故意，应当依据犯罪嫌疑人、被告人的任职情况、职业经历、专业背景、培训经历、本人因同类行为受到行政处罚或者刑事追究情况以及污染物种类、污染方式、资金流向等证据，结合其供述，进行综合分析判断。实践中，具有下列情形之一的，通常可以认定其系故意实施本罪：（1）企业没有依法通过环境影响评价，或者未依法取得排污许可证，排放污染物，或者已经通过环境影响评价并且防治污染设施验收合格后，擅自更改工艺流程、原辅材料，导致产生新的污染物质的；（2）不使用验收合格的防治污染设施或者不按规范要求使用的；（3）防治污染设施发生故障，发现后不及时排除，继续生产放任污染物排放的；（4）生态环境部门责令限制生产、停产整治或者予以行政处罚后，继续生产放任污染物排放的；（5）将危险废物委托第三方处置，没有尽到查验经营许可的义务，或者委托处置费用明显低于市场价格或者处置成本的；（6）通过暗管、渗井、渗坑、裂隙、溶洞、灌注等逃避监管的方式排放污染物的；（7）通过篡改、伪造监测数据的方式排放污染物的；（8）其他足以认定的情形。

（四）对单位犯罪的处罚

根据刑法第 346 条的规定，单位犯本罪的，对单位判处罚金，并对其直接负责的主管人员和其他直接责任人员，依照自然人犯罪的规定处罚。

二、非法处置进口的固体废物罪

第三百三十九条第一款　违反国家规定，将境外的固体废物进境倾倒、堆放、处置的，处五年以下有期徒刑或者拘役，并处罚金；造成重大环境污染事故，致使公私财产遭受重大损失或者严重危害人体健康的，处五年以上十年以下有期徒刑，并处罚金；后果特别严重的，处十年以上有期徒刑，并处罚金。

非法处置进口的固体废物罪，是指违反国家规定，将境外的固体废物进境倾倒、堆放、处置的行为。

（一）客观要件

本罪在客观方面表现为违反国家有关规定，将境外的固体废物进境倾倒、堆放、处置的行为。

违反国家规定，主要是指违反国家有关固体废物的处置和管理规定。根据有关规定，国家禁止境外固体废物进境倾倒、堆放、处置，行为人违反的，就可以构成本罪。

倾倒固体废物，是指将固体废物予以倾泻、排放的行为。堆放固体废物，是指将境外固体废物直接弃置在土地上的行为。处置固体废物，是指将境外的固体废物焚烧和用其他改变其物理、化学、生物特性的方法，以减少其数量、缩小其体积、减少或消除其成分的行为，或者将固体废物最终置于符合环境保护规定要求的场所或者设施并不再取回的行为。

本罪是抽象危险犯，行为人违反国家规定，将境外的固体废物进境倾倒、堆放、处置的，就构成犯罪；造成重大环境污染事故，致使公私财产遭受重大损失或者严重危害人体健康的，法定刑升格。根据最高人民法院、最高人民检察院《关于办理环境污染刑事案件适用法律若干问题的解释》（2016 年 12 月 23 日）第 2 条的规定，具有下列情形之一的，应当认定为“致使公私财产遭受重大损失或者严重危害人体健康”：（1）致使公私财产损失 30 万元以上的；（2）造成生态环境严重损害的；（3）致使乡镇以上集中式饮用水水源取水中断 12 小时以上的；（4）致使基本农田、防护林地、特种用途林地 5 亩以上，其他农用地 10 亩以上，其他土地 20 亩以上基本功能丧失或者遭受永久性破坏的；（5）致使森林或者其他林木死亡 50 立方米以上，或者幼树死亡 2 500 株以上的；（6）致使疏散、转移群众 5 000 人以上的；（7）致使 30 人以上中毒的；（8）致使 3 人以上轻伤、轻度残疾或者器官组织损伤导致一般功能障碍的；（9）致使 1 人以上重伤、中度残疾或者器官组织损伤导致严重功能障碍的。实施本罪行为，后果特别严重的，成立结果加重犯。根据前述司法解释第 3 条的规定，具有下列情形之一的，应当认定为“后果特别严重”：（1）致使县级以上城区集中式饮用水水源取水中断 12 个小时以上的；（2）非法排放、倾倒、处置危险废物 100 吨以上的；（3）致使基本农田、防护林地、特种用途林地 15 亩以上，其他农用地 30 亩以上，其他土地 60 亩以上基本功能丧失或者遭受永久性破坏的；（4）致使森林或者其他林木死亡 150 立方米以上，或者幼树死亡 7 500 株以上的；（5）致使公私财产损失 100 万元以上的；（6）造成生态环境特别严重损害的；（7）致使疏散、转移群众 15 000 人以上的；（8）致使 100 人以上中毒的；（9）致使 10 人以上轻伤、轻度残疾或者器官组织损伤导致一般功能障碍的；（10）致使 3 人以上重伤、中度残疾或者器官组织损伤导致严重功能障碍的；（11）致使 1 人以上重伤、中度残疾或者器官组织损伤导致严重功能障碍，并致使 5 人以上轻伤、轻度残疾或者器官组织损伤导致一般功能障碍的；（12）致使 1 人以上死亡或者重度残疾的；（13）其他后果特别严重的情形。

（二）主观要件

本罪在主观方面是故意，亦即行为人明知将境外的固体废物进境倾倒、堆放、处置违反国家规定，并有可能污染环境却故意为之。至于犯罪的动机可能多种多样，如有的是为了牟利，有的是为了实现污染转嫁，动机如何，并不影响本罪的成立。

（三）单位犯罪的处罚

根据刑法第 346 条的规定，单位犯本罪的，对单位判处罚金，并对其直接负责的主管人员和其他直接责任人员，依照自然人犯罪的规定处罚。

三、擅自进口固体废物罪

第三百三十九条第二款　未经国务院有关主管部门许可，擅自进口固体废物用作原料，造成重大环境污染事故，致使公私财产遭受重大损失或者严重危害人体健康的，处五年以下有期徒刑或者拘役，并处罚金；后果特别严重的，处五年以上十年以下有期徒刑，并处罚金。

擅自进口固体废物罪，是指未经国务院有关主管部门许可，擅自进口固体废物用作原料，造成重大环境污染事故，致使公私财产遭受重大损失或者严重危害人体健康的行为。

国家禁止进口不能用作原料的固体废物；限制进口可以用作原料的固体废物。对于确有必要进口列入目录的固体废物用作原料的必须经国务院环境保护行政主管部门会同国务院对外经济贸易主管部门审查许可，方可进口。未经国家环境保护行政主管部门与对外经济贸易主管部门审查许可，擅自进口固体废物用作原料的，就违反了相关的管理规定。以原料利用为名，进口不能用作原料的固体废物的，构成走私废物罪。这里的固体废物，只能是列入可以用作原料进口的固体废物目录中的固体废物，而不包括国家禁止进口的固体废物，对这类固体废物，国务院主管部门无权审查许可。

行为造成重大环境污染事故，致使公私财产遭受重大损失或者严重危害人体健康的，才构成本罪。根据最高人民法院、最高人民检察院《关于办理环境污染刑事案件适用法律若干问题的解释》(2016年12月23日）第2条的规定，具有下列情形之一的，应当认定为致使公私财产遭受重大损失或者严重危害人体健康：(1）致使公私财产损失30万元以上的；(2）造成生态环境严重损害的；(3）致使乡镇以上集中式饮用水水源取水中断12小时以上的；(4）致使基本农田、防护林地、特种用途林地5亩以上，其他农用地10亩以上，其他土地20亩以上基本功能丧失或者遭受永久性破坏的；(5）致使森林或者其他林木死亡50立方米以上，或者幼树死亡2 500株以上的；(6）致使疏散、转移群众5 000人以上的；(7）致使30人以上中毒的；(8）致使3人以上轻伤、轻度残疾或者器官组织损伤导致一般功能障碍的；(9）致使1人以上重伤、中度残疾或者器官组织损伤导致严重功能障碍的。实施本罪行为，后果特别严重的，成立结果加重犯。

实施本罪行为，后果特别严重的，法定刑升格。根据前述司法解释第3条的规定，具有下列情形之一的，应当认定为“后果特别严重”：(1）致使县级以上城区集中式饮用水水源取水中断12个小时以上的；(2）非法排放、倾倒、处置危险废物100吨以上的；(3）致使基本农田、防护林地、特种用途林地15亩以上，其他农用地30亩以上，其他土地60亩以上基本功能丧失或者遭受永久性破坏的；(4）致使森林或者其他林木死亡150立方米以上，或者幼树死亡7 500株以上的；(5）致使公私财产损失100万元以上的；(6）造成生态环境特别严重损害的；(7）致使疏散、转移群众15 000人以上的；(8）致使100人以上中毒的；(9）致使10人以上轻伤、轻度残疾或者器官组织损伤导致一般功能障碍的；(10）致使3人以上重伤、中度残疾或者器官组织损伤导致严重功能障碍的；(11）致使1人以上重伤、中度残疾或者器官组织损伤导致严重功能障碍，并致使5人以上轻伤、轻度残疾或者器官组织损伤导致一般功能障碍的；(12）致使1人以上死亡或者重度残疾的；(13）其他后果特别严重的情形。

本罪在主观方面是过失，即行为人应当预见到自己的行为可能造成重大环境污染事故，致使公私财产遭受重大损失或者严重危害人体健康，因疏忽大意而没有预见，或者已经预见，但轻信能够避免，以致发生了这种结果。

根据刑法第346条的规定，单位犯本罪的，对单位判处罚金，并对其直接负责的主管人员和其他直接责任人员，依照自然人犯罪的规定处罚。

四、非法捕捞水产品罪

第三百四十条　违反保护水产资源法规，在禁渔区、禁渔期或者使用禁用的工具、方法捕捞水产品，情节严重的，处三年以下有期徒刑、拘役、管制或者罚金。

非法捕捞水产品罪，是指违反保护水产资源法规，在禁渔区、禁渔期或者使用禁用的工具、方法捕捞水产品，情节严重的行为。

禁渔区，是指渔业行政主管部门依照有关法律或国际间渔业协定，对重要的经济水产动植物产卵场、越冬场、索饵场及生长繁殖场所等，划定的禁止作业或者限制作业种类和某些作业渔具数量的一定区域。禁渔期，是指渔业行政主管部门依法或依国家间的渔业协定，对某些重要的水产动植物，如重要的鱼、虾、贝类等依其幼体出现的不同盛期，规定禁止全部作业或限制作业的一定期限。禁用的工具，是指禁止使用的超过国家按照不同的捕捞对象所分别规定的最小网眼尺寸的捕捞工具或其他禁用的工具。禁用的方法，是指渔业法等法律中规定的，国家禁止使用的炸鱼、毒鱼、鱼鹰捕鱼、电鱼等严重损害水产资源的方法。

非法捕捞水产品的行为，只有情节严重的，才构成犯罪。情节严重，是指以下几种情形：大量非法捕捞水产品；为首组织或者聚众非法捕捞水产品；一贯或多次捕捞水产品，屡教不改；使用炸鱼、毒鱼、电鱼和渔船作业等毁灭性捕捞方法捕捞水产品，严重破坏水产资源；在非法捕捞中，抗拒渔政管理，行凶殴打渔政管理人员。

以非法占有为目的，在水面或他人承包的鱼塘中，毒死、炸死数量较大的鱼并将其偷走，未引起其他严重后果的，行为主要侵犯了他人的财产权，客观方面属于秘密窃取，因此应以盗窃罪论处。非法捕捞水产品罪是侵犯水产资源管理秩序的犯罪，如果行为人不顾人畜安危，在供饮用的池塘中投放大量剧毒药物，或者向堤坝、其他公共设施附近的水库投掷大量炸药，以捕捞水产品的，因其行为已严重危害公共安全，应分别以投放危险物质罪、爆炸罪论处。

根据刑法第 346 条的规定，单位犯本罪的，对单位判处罚金，并对其直接负责的主管人员和其他直接责任人员，依照自然人犯罪的规定处罚。

五、危害珍贵、濒危野生动物罪

第三百四十一条第一款　非法猎捕、杀害国家重点保护的珍贵、濒危野生动物的，或者非法收购、运输、出售国家重点保护的珍贵、濒危野生动物及其制品的，处五年以下有期徒刑或者拘役，并处罚金；情节严重的，处五年以上十年以下有期徒刑，并处罚金；情节特别严重的，处十年以上有期徒刑，并处罚金或者没收财产。

危害珍贵、濒危野生动物罪，是指违反国家野生动物保护法规，未经有关部门批准，非法猎捕、杀害国家重点保护的珍贵、濒危野生动物，或者非法收购、运输、出售国家重点保护的珍贵、濒危野生动物及其制品的行为。

（一）客观要件

本罪在客观方面表现为违反国家野生动物保护法规，未经有关部门批准，非法猎捕、杀害国家重点保护的珍贵、濒危野生动物，或者非法收购、运输、出售国家重点保护的珍贵、濒危野生动物及其制品的行为。

1. 非法猎捕、杀害珍贵、濒危野生动物

《野生动物保护法》（2018 年 10 月 26 日）第 21 条规定，禁止猎捕、杀害国家重点保护野生动物。因科学研究、种群调控、疫源疫病监测或者其他特殊情况，需要猎捕国家一级保护野生动物的，应当向国务院野生动物保护主管部门申请特许猎捕证；需要猎捕国家二级保护野生动物的，应当向省、自治区、直辖市人民政府野生动物保护主管部门申请特许猎捕证。第 23 条规定，猎捕者应当按照特许猎捕证、狩猎证规定的种类、数量、地点、工具、方法和期限进行猎捕。

这里的“猎捕”包括狩猎、捕捉和捕捞在内。杀害行为是在什么时间、什么地点，采用什么工具，使用什么方法等，都不影响本罪的成立。

该行为构成本罪的既遂，必须是行为人实际捕获或者杀死国家重点保护的珍贵、濒危野生动物。在实施猎捕行为时，动物逃脱的，或实施杀害行为时因被管理人员、其他人即时发现后制止等原因而未得逞的，只能成立本罪的未遂。

2. 非法收购、运输、出售珍贵、濒危野生动物及其制品

收购，指未经有关部门批准，以金钱作价，购买野生动物及其制品的行为。至于购买是为了食用、出售营利还是其他目的，均不影响本罪的成立。① 运输，包括采用携带、邮寄、利用他人、使用交通工具等方法进行运送的行为。运输的空间仅限于中国境内，否则，可能构成走私犯罪。出售，是指未经批准，出卖野生动物及其制品。以营利为目的的加工利用行为也是出售。

犯本罪，情节严重或者情节特别严重的，法定刑升格。具有下列情形之一的，属于“情节严重”：(1) 价值在 10 万元以上的；(2) 非法获利 5 万元以上的；(3) 具有其他严重情节的。具有下列情形之一的，属于“情节特别严重”：(1) 价值在 20 万元以上的；(2) 非法获利 10 万元以上的；(3) 具有其他特别严重情节的。

3. 行为对象

本罪的行为对象是国家重点保护的珍贵、濒危陆生、水生野生动物。根据最高人民法院《关于审理破坏野生动物资源刑事案件具体应用法律若干问题的解释》(2000 年 11 月 27 日) 第 1 条的规定，珍贵、濒危野生动物，包括列入《国家重点保护野生动物名录》的国家一、二级保护野生动物，列入《濒危野生动植物种国际贸易公约》附录一、附录二的野生动物，以及驯养繁殖的上述物种。经国务院批准，由国家林业和草原局、农业农村部发布的《国家重点保护野生动物名录》(2021 年 2 月 1 日) 共列入野生动物 980 种和 8 类，其中，国家一级保护野生动物 234 种和 1 类、国家二级保护野生动物 746 种和 7 类。对此，在刑事司法实务中需要认真参酌适用。

值得研究的问题是：猎捕、杀害、收购、运输、出售被列入《国家重点保护野生动物名录》，但系人工繁育的重点保护野生动物的，是否构成本罪？2016 年 5 月，王某因售卖 6 只“家养鹦鹉”(其中 2 只为小太阳鹦鹉，属濒危野生动物) 被刑事拘留。随后，公安机关在其宿舍查获该种鹦鹉 35 只。2017 年 4 月，广东省深圳市宝安区人民法院以非法出售珍贵、濒危野生动物罪判处被告人王某有期徒刑 5 年。2018 年 3 月 30 日，广东省深圳市中级人民法院判处其有期徒刑 2 年。其后，最高人民法院核准了该二审判决。本案一、二审判决的量刑存在明显差异，就是由于不同法院对人工繁育野生动物的量刑意义有不同认识。

最高人民法院《关于审理破坏野生动物资源刑事案件具体应用法律若干问题的解释》第 1 条明确将“驯养繁殖的”珍贵、濒危野生动物作为本罪对象。但是，国家重点保护野生动物的野外种群和人工繁殖种群客观上存在一定差别（例如，对于将自己驯养繁殖的鹦鹉予以出售的行为，和将在野外捕捉的鹦鹉出售的行为同罚，势必违反罪刑相适应原则），同时，有些水生、陆生野生动物的商业性经营利用驯养繁殖技术成熟，并且可以从事经营利用性驯养繁殖和经营，所以在定罪量刑上不区分国家重点保护野生动物的野外种群和人工繁殖种群并不合适。随着有关主管部门在 2003 年放开了 54 种陆生野生动物的商业性经营利用，最高人民法院改变了其以往非法猎捕、杀害、收购、运输、出售人工繁育重点保护野生动物一概构成犯罪的态度。最高人民法院在《关于被告人郑喜和非法收购珍贵、濒危野生动物、珍贵、濒危野生动物制品

① 参见全国人大常委会《关于〈中华人民共和国刑法〉第三百四十一条、第三百一十二条的解释》(2014 年 4 月 24 日)。

罪请示一案的批复》(〔2011〕刑他字第86号)中认为,人工养殖的可以进行商业性经营利用的梅花鹿等54种陆生野生动物不属于刑法第341条第1款规定的犯罪对象。此后,最高人民法院研究室《关于收购、运输、出售部分人工驯养繁殖技术成熟的野生动物适用法律问题的复函》(2016年3月2日)认为,由于驯养繁殖技术的成熟,对有的珍贵、濒危野生动物的驯养繁殖、商业利用在某些地区已成规模,有关野生动物的数量极大增加,收购、运输、出售这些人工驯养繁殖的野生动物实际已无社会危害性。最高人民法院、最高人民检察院、公安部、司法部《关于依法惩治非法野生动物交易犯罪的指导意见》(2020年12月18日)第9条明确规定,在认定是否构成涉及国家重点保护的野生动物的犯罪以及裁量刑罚时,应当考虑涉案动物是否系人工繁育、物种的濒危程度、野外存活状况、人工繁育情况、是否列入国务院野生动物保护主管部门制定的人工繁育国家重点保护野生动物名录。

《野生动物保护法》第25条规定:国家支持有关科学研究机构因物种保护目的人工繁育国家重点保护野生动物。前款规定以外的人工繁育国家重点保护野生动物实行许可制度。第28条第2款规定,对有关人工繁育技术成熟稳定野生动物的人工种群,不再列入国家重点保护野生动物名录,实行与野外种群不同的管理措施。《国家重点保护野生动物名录》将梅花鹿、貉、乌龟、虎纹蛙等64种珍贵野生动物"仅限野外种群",而将这些动物的人工驯养繁育种群排除在国家重点保护野生动物范围之外。国家之所以对少量重点保护野生动物仅保护野外种群,不再保护人工种群,其主要考虑是这些珍贵野生动物的野外种群仍处于濒危、稀少状况,应当予以重点保护;同时其人工繁育技术成熟,并且繁育种群达到较大规模,其人工繁育种群没有必要再被纳入重点保护范围,不必再按照国家重点野生动物进行管理。

结合上述规定,对于人工驯养繁育且已不在国家重点保护野生动物范围的64种动物实施猎捕、杀害、收购、运输、出售的,不构成本罪。对其他同时保护野外种群、人工繁育种群的国家重点保护野生动物中的人工繁育珍贵、濒危野生动物实施危害行为的,仍应以本罪追究刑事责任,但是,必须将人工繁育情况作为量刑情节考虑,必要时根据刑法第63条第2款的规定,层报最高人民法院核准予以特殊减轻处罚,对大量案件判处轻刑,甚至宣告缓刑。

这样说来,在实务中,一方面,不能将所有国家重点保护野生动物的人工繁育种群都排除在刑法保护范围之外。除上述64种"仅限野外种群"的珍贵野生动物外,对多数重点保护野生动物必须既保护野外种群,也保护人工种群,因为多数珍贵野生动物的野外种群仍处于濒危状况,相关人工繁殖技术并不成熟,或繁育种群规模极小,对人工繁育种群进行刑法保护是必要的。另一方面,既然区分国家重点保护野生动物的野外种群和人工种群在个别情况下可能影响定罪,在多数场合会影响量刑,那么,就有必要通过形态学特征、生长状况(比如角、毛色、性状、活跃度等),或者分子生物学等方法(比如DNA检测),或者合法来源证明、销售台账等管理手段(比如人工繁育证明材料、狩猎材料或者允许进出口证明书等),以及对人工繁育种群统一施加专用标识等,对某一珍贵动物属于野外种群还是人工种群进行判定。

本罪中珍贵、濒危野生动物制品的价值,依照国家野生动物保护主管部门的规定核定;核定价值低于实际交易价格的,以实际交易价格认定。

使用爆炸、投毒、设置电网等危险方法破坏野生动物资源,构成本罪和危害公共安全犯罪的想象竞合犯,应从一重罪处断。非法猎捕、杀害珍贵、濒危野生动物,又以暴力、威胁方法抗拒查处的,应以本罪和妨害公务罪并罚。

(二)主观要件

本罪在主观方面是故意,包括直接故意和间接故意。行为人确实不知道是国家重点保护的野生动物或出于过失而捕杀、收购、运输、出售的,均不构成本罪。行为人的动机可能是多种多样的，有的是为了牟利，有的是为了食用，有的则为了驯养等。动机如何，不影响本罪成立。

（三）对单位犯罪的处罚

根据刑法第 346 条的规定，单位犯本罪的，对单位判处罚金，并对其直接负责的主管人员和其他直接责任人员，依照自然人犯罪的规定处罚。

六、非法狩猎罪

第三百四十一条第二款　违反狩猎法规，在禁猎区、禁猎期或者使用禁用的工具、方法进行狩猎，破坏野生动物资源，情节严重的，处三年以下有期徒刑、拘役、管制或者罚金。

非法狩猎罪，是指违反狩猎法规，在禁猎区、禁猎期或者使用禁用的工具、方法进行狩猎，破坏野生动物资源，情节严重的行为。

禁猎区，是指国家因适宜野生动物栖息、繁殖或者资源比较贫乏以及为保护自然环境而划定的区域。禁猎区包括：国家划定的一、二、三类保护动物的主要栖息、繁殖地区，例如，自然保护区、城镇、工矿区、著名风景区等。禁猎期，是指根据野生动物的繁殖和皮毛、肉食、药材的成熟季节，特别规定的禁止猎捕的期间。禁用的工具，是指足以破坏野生动物资源，危害人畜安全的工具，如地弓、地枪、大铁夹、大挑杆子等。禁用的方法，是指禁止使用的足以损害野生动物正常繁殖和生长的办法，如投毒、爆炸、火攻、挖洞等。使用投毒、爆炸、火攻、烟熏等危险方法进行狩猎，以致危害公共安全，造成严重后果的，应当依照危害公共安全罪中的有关犯罪追究刑事责任，不再按非法狩猎罪定罪处罚。

根据刑法第 346 条的规定，单位犯本罪的，对单位判处罚金，并对其直接负责的主管人员和其他直接责任人员，依照自然人犯罪的规定处罚。

七、非法猎捕、收购、运输、出售陆生野生动物罪

第三百四十一条第三款①　违反野生动物保护管理法规，以食用为目的非法猎捕、收购、运输、出售第一款规定以外的在野外环境自然生长繁殖的陆生野生动物，情节严重的，依照前款的规定处罚。

非法猎捕、收购、运输、出售陆生野生动物罪，是指违反野生动物保护管理法规，以食用为目的非法猎捕、收购、运输、出售国家重点保护的珍贵、濒危野生动物以外的在野外环境自然生长繁殖的陆生野生动物，情节严重的行为。

（一）保护法益

本罪的保护法益是国家重点保护的珍贵、濒危野生动物以外的在野外环境自然生长繁殖的陆生野生动物。

全国人大常委会《关于全面禁止非法野生动物交易、革除滥食野生动物陋习、切实保障人民群众生命健康安全的决定》（2020 年）明确规定：凡野生动物保护法和其他有关法律禁止猎捕、交易、运输、食用野生动物的，必须严格禁止。全面禁止食用国家保护的“有重要生态、科学、社会价值的陆生野生动物”以及其他陆生野生动物，包括人工繁育、人工饲养的陆生野生动物。全面禁止以食用为目的猎捕、交易、运输在野外环境自然生长繁殖的陆生野生动物。

① 本款为《刑法修正案（十一）》第 41 条所增设。

为与上述决定相衔接，《刑法修正案（十一）》第41条将以食用为目的非法猎捕、收购、运输、出售国家重点保护的珍贵、濒危野生动物以外的在野外环境自然生长繁殖的陆生野生动物，情节严重的行为增加规定为犯罪，从源头上防范和控制重大公共卫生风险的发生。

（二）客观要件

本罪在客观方面表现为违反野生动物保护管理法规，以食用为目的非法猎捕、收购、运输、出售国家重点保护的珍贵、濒危野生动物以外的在野外环境自然生长繁殖的陆生野生动物，情节严重的行为。

本罪的行为对象并非一切野生动物，对此的限定是：(1) 必须是陆生野生动物。水生的野生动物不在本罪保护范围内。(2) 必须是国家重点保护的珍贵、濒危野生动物以外的陆生野生动物，对于非法猎捕、收购、运输、出售国家重点保护的珍贵、濒危野生动物的，以其他犯罪论处。(3) 必须是在野外环境下自然生长繁殖的陆生野生动物。人工繁殖的被排除在外。

（三）主观要件

本罪在主观方面是故意，行为人对于非法猎捕、收购、运输、出售的是国家重点保护的珍贵、濒危野生动物以外的在野外环境自然生长繁殖的陆生野生动物有认识，同时要求行为人以食用为目的。不是为了食用，而是为了长期豢养、观赏、人工繁殖等目的，非法猎捕、收购、运输、出售前述陆生野生动物的，不构成本罪。

（四）单位犯罪的处罚

根据刑法第346条的规定，单位犯本罪的，对单位判处罚金，并对其直接负责的主管人员和其他直接责任人员，依照自然人犯罪的规定处罚。

八、非法占用农用地罪

第三百四十二条①　违反土地管理法规，非法占用耕地、林地等农用地，改变被占用土地用途，数量较大，造成耕地、林地等农用地大量毁坏的，处五年以下有期徒刑或者拘役，并处或者单处罚金。

非法占用农用地罪，是指违反土地管理法规，非法占用耕地、林地等农用地，改变被占用土地用途，数量较大，造成耕地、林地等农用地大量毁坏的行为。

违反土地管理法规，是指违反土地管理法、森林法、草原法等法律以及有关行政法规中关于土地管理的规定。非法占用，是指未获土地使用批准而占用耕地、林地等农用地，或虽然获得批准但超越批准权限占用耕地、林地等农用地。农用地，是指直接用于农业生产的土地，包括耕地、林地、草地、农田水利用地、养殖水面等。

改变被占用土地用途，主要是指违反土地利用总体规划或计划，未经批准或骗取批准擅自将耕地、林地等农用地改为建设用地或者作其他用途的情况。具体包括：非法从事露天开采，破坏土地表面肥土层；从事副产业生产时，乱挖乱倒土石；从事水利、铁路、交通、工矿、电力建设时，未妥善处理废弃的土、石、沙料、矿渣等，致使耕地严重损害；非法占用耕地、林地等农用地，在耕地、林地等农用地上非法进行建设或建设其他设施，致使土地板结、肥土丧失。

非法占用耕地、林地等农用地改作他用，数量较大，同时造成耕地、林地等农用地大量毁坏结果的，才构成本罪。造成耕地、林地等农用地大量毁坏，包括由于将耕地改作他用而严重破坏耕地种植条件，又难以复耕的情况，如将耕地改作垃圾场，使耕地和水源被严重污染，植

① 本条为《刑法修正案（二）》所修改。

被层被破坏，不能再耕作。还有的非法占用大量耕地建设商品房，由于钢筋水泥打入地下，耕地种植层被完全破坏，这种情况即使退耕，也无法再耕种，严重破坏了土地资源，对此，亦认定为造成耕地、林地等农用地大量毁坏。根据最高人民法院《关于审理破坏土地资源刑事案件具体应用法律若干问题的解释》（2000 年 6 月 19 日）的规定，非法占用耕地“数量较大”，是指非法占用基本农田 5 亩以上或者非法占用基本农田以外的耕地 10 亩以上；“造成耕地大量毁坏”，是指行为人非法占用耕地建窑、建坟、建房、挖沙、采石、采矿、取土、堆放固体废弃物或者进行其他非农业建设，造成基本农田 5 亩以上或者基本农田以外的耕地 10 亩以上种植条件严重毁坏或者严重污染。按照最高人民法院《关于审理破坏林地资源刑事案件具体应用法律若干问题的解释》（2005 年 12 月 26 日）的规定，违反土地管理法规，非法占用林地，改变被占用林地用途，在非法占用的林地上实施建窑、建坟、建房、挖沙、采石、采矿、取土、种植农作物、堆放或排泄废弃物等行为或者进行其他非林业生产、建设，造成林地的原有植被或林业种植条件严重毁坏或者严重污染，并有下列情形之一的，属于“数量较大，造成林地大量毁坏”的行为：（1）非法占用并毁坏防护林地、特种用途林地数量分别或者合计达到 5 亩以上；（2）非法占用并毁坏其他林地数量达到 10 亩以上的；等等。违反草原法等土地管理法规，非法占用草原，改变被占用草原用途，数量较大，造成草原大量毁坏的，构成本罪。根据最高人民法院《关于审理破坏草原资源刑事案件应用法律若干问题的解释》（2012 年 11 月 2 日）第 2 条的规定，非法占用草原，改变被占用草原用途，数量在 20 亩以上的，或者曾因非法占用草原受过行政处罚，在 3 年内又非法占用草原，改变被占用草原用途，数量在 10 亩以上的，应当认定为数量较大。非法占用草原，改变被占用草原用途，数量较大，具有下列情形之一的，应当认定为“造成耕地、林地等农用地大量毁坏”：（1）开垦草原种植粮食作物、经济作物、林木的；（2）在草原上建窑、建房、修路、挖砂、采石、采矿、取土、剥取草皮的；（3）在草原上堆放或者排放废弃物，造成草原的原有植被严重毁坏或者严重污染的；（4）违反草原保护、建设、利用规划种植牧草和饲料作物，造成草原沙化或者水土严重流失的；（5）其他造成草原严重毁坏的情形。本罪在主观方面是故意，对非法占用的是农用地有认识。

根据刑法第 346 条的规定，单位犯本罪的，对单位判处罚金，并对其直接负责的主管人员和其他直接责任人员，依照自然人犯罪的规定处罚。

九、破坏自然保护地罪

第三百四十二条之一① 违反自然保护地管理法规，在国家公园、国家级自然保护区进行开垦、开发活动或者修建建筑物，造成严重后果或者有其他恶劣情节的，处五年以下有期徒刑或者拘役，并处或者单处罚金。

有前款行为，同时构成其他犯罪的，依照处罚较重的规定定罪处罚。

破坏自然保护地罪，是指违反自然保护地管理法规，在国家公园、国家级自然保护区进行开垦、开发活动或者修建建筑物，造成严重后果或者有其他恶劣情节的行为。

本罪的实行行为是在国家公园、国家级自然保护区进行开垦、开发活动或者修建建筑物。这里的“国家公园”，是指国家为了保护生态系统的完整性，为了为生态旅游、科学研究和环境教育提供场所而划定的需要特殊保护、管理和利用的自然区域。自然保护区，是指国家对于有代表性的自然生态系统、珍稀或濒危野生动植物物种的天然集中分布区、有特殊意义的自然

---

① 本条为《刑法修正案（十一）》第 42 条所增设。

遗迹等保护对象所在的陆地、陆地水体或者海域，依法划出一定面积予以特殊保护和管理的区域，包括国家级自然保护区和地方各级自然保护区。其中，在国内外有典型意义、在科学上有重大国际影响或者有特殊科学研究价值的自然保护区，是国家级自然保护区。

实施本罪的实行行为，同时构成非法采矿、破坏性采矿或者其他犯罪的，依照处罚较重的规定定罪处罚。

根据刑法第 346 条的规定，单位犯本罪的，对单位判处罚金，并对其直接负责的主管人员和其他直接责任人员，依照自然人犯罪的规定处罚。

十、非法采矿罪

第三百四十三条第一款① 违反矿产资源法的规定，未取得采矿许可证擅自采矿，擅自入国家规划矿区、对国民经济具有重要价值的矿区和他人矿区范围采矿，或者擅自开采国家规定实行保护性开采的特定矿种，情节严重的，处三年以下有期徒刑、拘役或者管制，并处或者单处罚金；情节特别严重的，处三年以上七年以下有期徒刑，并处罚金。

非法采矿罪，是指违反矿产资源法的规定，未取得采矿许可证擅自采矿，擅自进入国家规划矿区、对国民经济具有重要价值的矿区和他人矿区范围采矿，或者擅自开采国家规定实行保护性开采的特定矿种，情节严重的行为。

违反《矿产资源法》《水法》等法律、行政法规有关矿产资源开发、利用、保护和管理的规定的，属于“违反矿产资源法的规定”。

非法采矿行为包括：(1) 未取得采矿许可证擅自采矿。无采矿许可证开采矿产资源的；采矿许可证被依法暂扣期间，或者被注销、吊销后继续开采矿产资源的；超越采矿许可证规定的矿区范围开采矿产资源的；未按采矿许可证规定的矿种开采矿产资源的（共生、伴生矿种除外），都属于“未取得采矿许可证擅自采矿”。(2) 擅自进入国家规划矿区、对国民经济具有重要价值的矿区和他人矿区采矿。(3) 擅自开采国家规定实行保护性开采的特定矿种。非法开采或者破坏性开采石油、天然气资源的，属于非法采矿。

构成本罪，要求情节严重。造成矿产资源被破坏，只是情节严重的表现形式之一。换言之，多次非法采矿，但未造成矿产资源被破坏的，或者非法采矿，经责令停止开采后拒不停止开采的，都可以视为情节严重。

在河道管理范围内采砂，依据相关规定应当办理河道采砂许可证而未取得河道采砂许可证，或者应当办理河道采砂许可证和采矿许可证，既未取得河道采砂许可证又未取得采矿许可证的，以及采挖海砂，未取得海砂开采海域使用权证且未取得采矿许可证的，均可以构成本罪。

违反矿产资源法的规定，非法采矿或者采取破坏性的开采方法开采矿产资源，造成重大伤亡事故或者其他严重后果的，应当数罪并罚。

根据刑法第 346 条的规定，单位犯本罪的，对单位判处罚金，并对其直接负责的主管人员和其他直接责任人员，依照自然人犯罪的规定处罚。

十一、破坏性采矿罪

第三百四十三条第二款 违反矿产资源法的规定，采取破坏性的开采方法开采矿产资源，造成矿产资源严重破坏的，处五年以下有期徒刑或者拘役，并处罚金。

---

① 本款为《刑法修正案（八）》第 47 条所修改。

破坏性采矿罪，是指违反矿产资源法的规定，采取破坏性的开采方法开采矿产资源，造成矿产资源严重破坏的行为。

破坏性的开采方法，是指违反合理的开采顺序、开采方法和选矿工艺的采矿方法。采取破坏性的开采方法开采矿产资源，是指行为人违反地质矿产主管部门审查批准的矿产资源开发利用方案开采矿产资源，并造成矿产资源严重破坏的行为。利用破坏性方法开采石油、天然气资源的，属于破坏性采矿。根据最高人民法院、最高人民检察院《关于办理非法采矿、破坏性采矿刑事案件适用法律若干问题的解释》（2016 年 11 月 28 日）第 6 条的规定，破坏性采矿造成矿产资源破坏的价值在 50 万元至 100 万元以上，或者造成国家规划矿区、对国民经济具有重要价值的矿区和国家规定实行保护性开采的特定矿种资源破坏的价值在 25 万元至 50 万元以上的，应当认定为本罪的“造成矿产资源严重破坏”。

未取得采矿许可证擅自采矿，擅自进入国家规划矿区、对国民经济具有重要价值的矿区和他人矿区范围采矿，擅自开采国家规定实行保护性开采的特定矿种过程中，采取破坏性的开采方法开采矿产资源，造成矿产资源严重破坏的，同时构成非法采矿罪和破坏性采矿罪，两罪之间有想象竞合关系。

根据刑法第 346 条的规定，单位犯本罪的，对单位判处罚金，并对其直接负责的主管人员和其他直接责任人员，依照自然人犯罪的规定处罚。

十二、危害国家重点保护植物罪

第三百四十四条[①] 违反国家规定，非法采伐、毁坏珍贵树木或者国家重点保护的其他植物的，或者非法收购、运输、加工、出售珍贵树木或者国家重点保护的其他植物及其制品的，处三年以下有期徒刑、拘役或者管制，并处罚金；情节严重的，处三年以上七年以下有期徒刑，并处罚金。

危害国家重点保护植物罪，是指违反国家规定，非法采伐、毁坏珍贵树木或者国家重点保护的其他植物，或者非法收购、运输、加工、出售珍贵树木或者国家重点保护的其他植物及其制品的行为。

非法采伐，是指未经合法许可，擅自砍伐。毁坏，是指采用剥皮、砍枝、取脂使用等方式，使珍贵树木或者国家重点保护的其他植物死亡或者影响其正常生长。非法收购、运输、加工、出售，是选择性罪名，实施上述行为之一的，即成立犯罪。

本罪的行为对象是珍贵树木或者国家重点保护的其他植物及其制品。古树名木以及被列入《国家重点保护野生植物名录》的野生植物，属于本罪中的“珍贵树木或者国家重点保护的其他植物”。本罪仅保护野生植物，即原生地天然生长的植物。人工培育的植物，除古树名木外，不属于珍贵树木或者国家重点保护的其他植物。非法采伐、毁坏或者非法收购、运输、加工、出售人工培育的植物（古树名木除外），构成盗伐林木罪，滥伐林木罪，非法收购、运输盗伐、滥伐的林木罪等犯罪，不成立本罪。

本罪在主观方面是故意，行为人对于危害的是珍贵树木或者国家重点保护的其他植物及其制品必须有明确认识。采伐作业中由于无法辨认而误将珍贵树木采伐的，由于主观上不存在犯罪故意，不构成本罪。

根据刑法第 346 条的规定，单位犯本罪的，对单位判处罚金，并对其直接负责的主管人员

① 本条为《刑法修正案（四）》第 6 条所修改。

和其他直接责任人员，依照自然人犯罪的规定处罚。

十三、非法引进、释放、丢弃外来入侵物种罪

第三百四十四条之一[①]　违反国家规定，非法引进、释放或者丢弃外来入侵物种，情节严重的，处三年以下有期徒刑或者拘役，并处或者单处罚金。

非法引进、释放、丢弃外来入侵物种罪，是指违反国家规定，非法引进、释放或者丢弃外来入侵物种，情节严重的行为。

这里的"违反国家规定"，主要是指违反《生物安全法》的有关规定。该法第 60 条规定：国家加强对外来物种入侵的防范和应对，保护生物多样性；任何单位和个人未经批准，不得擅自引进、释放或者丢弃外来物种。这里的引进，是指将外来物种通过运输、携带、邮寄等方式引入我国；释放，是指使外来物种得以扩散；丢弃，是指抛弃、毁弃外来入侵物种。构成本罪，以情节严重为前提。

根据刑法第 346 条的规定，单位犯本罪的，对单位判处罚金，并对其直接负责的主管人员和其他直接责任人员，依照自然人犯罪的规定处罚。

十四、盗伐林木罪

第三百四十五条第一款　盗伐森林或者其他林木，数量较大的，处三年以下有期徒刑、拘役或者管制，并处或者单处罚金；数量巨大的，处三年以上七年以下有期徒刑，并处罚金；数量特别巨大的，处七年以上有期徒刑，并处罚金。

第四款　盗伐、滥伐国家级自然保护区内的森林或者其他林木的．从重处罚。

盗伐林木罪，是指盗伐森林或者其他林木，数量较大的行为。

（一）客观要件

本罪在客观方面表现为盗伐森林或者其他林木，数量较大的行为。

盗伐，是指未经国家林业主管部门或者法律规定的其他主管部门批准，未取得采伐许可证，擅自砍伐林木。在人所共知的情况下，擅自砍伐林木的，仍然可能成立盗伐。盗伐行为主要表现为：(1) 擅自砍伐国家、集体、他人所有或者他人承包经营管理的森林或者其他林木；(2) 擅自砍伐本单位或者本人承包经营管理的森林或者其他林木；(3) 在林木采伐许可证规定的地点以外采伐国家、集体、他人所有或者他人承包经营管理的森林或者其他林木。本罪的行为对象是森林和其他林木。森林，是指具有一定面积的林木的总体，包括竹林。其他林木包括防护林、用材林、经济林、薪炭林、特种用途林等林木。

盗伐林木，必须数量较大，才构成本罪。盗伐林木数量较大，以 2 至 5 立方米或者幼树 100 至 200 株为起点。对于 1 年内多次盗伐林木的，应累计未经处理的盗伐数量。

本罪既遂的认定，应当以行为人取得对财物的占有，从而排除他人占有为原则（取得说）。将所欲盗伐的林木砍倒，就是本罪既遂，而不以将林木运出林区，脱离护林人员的监控作为既遂成立的条件。

行为人将国家、集体或者他人所有的并且已经伐倒的树木秘密非法据为己有的，以及偷砍他人房前屋后、自留地种植的零星树木数额较大或者多次偷砍的，可能构成盗窃罪而不构成本

① 本条为《刑法修正案（十一）》第 43 条所增设。

罪。毁坏苗木或生长中的树木，如果故意毁坏的是珍贵树木，则应按危害国家重点保护植物罪论处。

（二）主观要件

本罪在主观方面是直接故意，而且具有非法占有林木或者谋取不正当利益的目的。这里的非法占有应作广义的理解，既包括自用、出售谋利，也包括转送他人或单位占有。虽然行为人主观上出于故意，但不具有上述目的的，不能构成本罪，例如，以毁坏为目的砍伐林木的，应按故意毁坏财物罪处理。

（三）单位犯罪的处罚

根据刑法第 346 条的规定，单位犯本罪的，对单位判处罚金，并对其直接负责的主管人员和其他直接责任人员，依照自然人犯罪的规定处罚。

十五、滥伐林木罪

第三百四十五条第二款　违反森林法的规定，滥伐森林或者其他林木，数量较大的，处三年以下有期徒刑、拘役或者管制，并处或者单处罚金；数量巨大的，处三年以上七年以下有期徒刑，并处罚金。

第四款　盗伐、滥伐国家级自然保护区内的森林或者其他林木的，从重处罚。

滥伐林木罪，是指违反森林法的规定，滥伐森林或者其他林木，数量较大的行为。

滥伐表现为以下情形：(1) 未经国家林业主管部门及法律规定的其他主管部门批准并核发林木采伐许可证，或者虽持有林木采伐许可证，但违反林木采伐许可证规定的时间、数量、树种或者方式，任意采伐本单位所有或者本人所有的森林或者其他林木的。根据最高人民法院《关于在林木采伐许可证规定的地点以外采伐本单位或者本人所有的森林或者其他林木的行为如何适用法律问题的批复》（2004 年 3 月 26 日）的规定，违反森林法的规定，在林木采伐许可证规定的地点以外，采伐本单位或者本人所有的森林或者其他林木，除农村居民采伐自留地和房前屋后个人所有的零星林木以外，数量较大的，以滥伐林木罪定罪处罚。(2) 超过林木采伐许可证规定的数量采伐他人所有的森林或者其他林木的。林木权属争议一方在林木权属确权之前，擅自砍伐森林或者其他林木，数量较大的。滥伐的对象是归本单位所有或管理的，以及本人自留山上的森林或其他林木。归国家、其他单位或他人所有的林木，不属于本罪的对象；个人零星种植的林木，也不属于本罪的对象。滥伐林木须数量较大，以 10 至 20 立方米或者幼树 500 至 1 000 株为起点。

实践中，盗伐、滥伐行为同时进行、交织在一起的情况较多：盗伐行为，不可能是合理的采伐，必然同时是滥伐行为；而滥伐的行为，也往往是为了超量多采伐、采伐好的木材，兼有盗伐的行为。如果行为人对多采伐的树木本身具有所有权，这种多伐行为仍属滥伐性质而不属盗伐性质。如果行为人对多伐的树木没有所有权，则这种故意多伐的行为具有非法占有的性质，应被视为盗伐。

伪造、变造、买卖林木采伐许可证、木材运输证件，森林、林木、林地权属证书，占用或者征用林地审核同意书以及其他国家机关批准的林业证件，供他人盗伐、滥伐林木使用的，以伪造、变造、买卖国家机关公文、证件罪定罪处罚。为盗伐、滥伐林木而购买林业证件的，同时构成买卖国家机关公文、证件罪和盗伐、滥伐林木罪，应从一重罪处断。

根据刑法第 346 条的规定，单位犯本罪的，对单位判处罚金，并对其直接负责的主管人员和其他直接责任人员，依照自然人犯罪的规定处罚。

十六、非法收购、运输盗伐、滥伐的林木罪

第三百四十五条第三款[①]　非法收购、运输明知是盗伐、滥伐的林木，情节严重的，处三年以下有期徒刑、拘役或者管制，并处或者单处罚金；情节特别严重的，处三年以上七年以下有期徒刑，并处罚金。

非法收购、运输滥伐、盗伐的林木罪，是指非法收购、运输明知是盗伐、滥伐的林木，情节严重的行为。

收购、运输明知是盗伐、滥伐的林木，实际上是盗伐、滥伐林木之后的销赃、转移赃物行为。但由于刑法对其作了特别规定，所以，不再以掩饰、隐瞒犯罪所得罪论处（拟制的正犯）。收购、运输行为是否发生在林区，并不重要。

本罪在主观方面是故意，行为人明知该林木为他人所盗伐、滥伐。具有下列情形之一的，可以认定行为人具有明知：(1) 在非法的木材交易场所或者销售单位收购木材；(2) 收购以明显低于市场价格出售的木材；(3) 收购违反规定出售的木材。不能认识到是他人盗伐、滥伐的林木而予以收购的，不能认定为本罪。行为人是否具有牟利为目的，并非所问。

根据刑法第 346 条的规定，单位犯本罪的，对单位判处罚金，并对其直接负责的主管人员和其他直接责任人员，依照自然人犯罪的规定处罚。

第八节　走私、贩卖、运输、制造毒品罪

一、走私、贩卖、运输、制造毒品罪

第三百四十七条　走私、贩卖、运输、制造毒品，无论数量多少，都应当追究刑事责任，予以刑事处罚。

走私、贩卖、运输、制造毒品，有下列情形之一的，处十五年有期徒刑、无期徒刑或者死刑，并处没收财产：

（一）走私、贩卖、运输、制造鸦片一千克以上、海洛因或者甲基苯丙胺五十克以上或者其他毒品数量大的；

（二）走私、贩卖、运输、制造毒品集团的首要分子；

（三）武装掩护走私、贩卖、运输、制造毒品的；

（四）以暴力抗拒检查、拘留、逮捕，情节严重的；

（五）参与有组织的国际贩毒活动的。

走私、贩卖、运输、制造鸦片二百克以上不满一千克、海洛因或者甲基苯丙胺十克以上不满五十克或者其他毒品数量较大的，处七年以上有期徒刑，并处罚金。

走私、贩卖、运输、制造鸦片不满二百克、海洛因或者甲基苯丙胺不满十克或者其他少量毒品的，处三年以下有期徒刑、拘役或者管制，并处罚金；情节严重的，处三年以上七年以下有期徒刑，并处罚金。

单位犯第二款、第三款、第四款罪的，对单位判处罚金，并对其直接负责的主管人员和其他直接责任人员，依照各该款的规定处罚。

---

① 本款为《刑法修正案（四）》第 7 条所修改。

利用、教唆未成年人走私、贩卖、运输、制造毒品，或者向未成年人出售毒品的，从重处罚。

对多次走私、贩卖、运输、制造毒品，未经处理的，毒品数量累计计算。

走私、贩卖、运输、制造毒品犯罪，是指明知是毒品而故意实施走私、贩卖、运输、制造的行为。

（一）客观要件

本罪在客观方面表现为走私、贩卖、运输、制造毒品。

1. 走私毒品

走私毒品，是指违反毒品管理法规和海关法规逃避海关监管，非法运输、携带、邮寄毒品进出国（边）境的行为。携带毒品但没有采取措施逃避海关监管的，只构成运输毒品或非法持有毒品罪；只违反了海关法规而没有违反毒品管理法规的，只构成普通走私罪而不构成走私毒品罪。在领海、内海、界河、界湖运输、收购、贩卖毒品的，成立走私毒品罪。走私普通货物、物品的同时，又走私毒品的，应数罪并罚。

2. 贩卖毒品

贩卖毒品，是指明知是毒品而非法销售，或者以销售为目的而购买毒品的行为。贩卖次数多少、数量大小以及是否有营利目的，都不影响本罪成立。

贩毒人员被抓获后，对于从其住所、车辆等处查获的毒品，一般均应认定为其贩卖的毒品。行为人为他人代购仅用于吸食的毒品，在交通、食宿等必要开销之外收取介绍费、劳务费，或者以贩卖为目的收取部分毒品作为酬劳的，应视为从中牟利，属于变相加价贩卖毒品，以贩卖毒品罪定罪处罚。

3. 运输毒品

运输毒品，是指明知是毒品而非法运载毒品的行为。运输的方式多种多样，凡是使毒品所在地发生变化的一切行为都是运输，包括自身携带，伪装后交付托运和邮政部门邮寄，利用、教唆未成年人、怀孕的妇女及其他有合法身份的人运输，武装押运。运输距离的长短、运输的数量多少、运输者是否实际获得利益，都对成立犯罪没有影响。行为人先将毒品从A地运到B地，后来又将其从B地运回A地的，虽然从结局上看毒品还在A地，但仍然属于运输毒品。吸毒者在运输毒品过程中被查获，没有证据证明其是为了实施贩卖毒品等其他犯罪，毒品数量达到较大以上的，以运输毒品罪定罪处罚。行为人为吸毒者代购毒品，在运输过程中被查获，没有证据证明托购者、代购者是为了实施贩卖毒品等其他犯罪，毒品数量达到较大以上的，对托购者、代购者以运输毒品罪的共犯论处。

4. 制造毒品

制造毒品，是指非法利用毒品原植物直接提炼或者用化学方法加工、配制毒品，或者以改变毒品成分和效用为目的，用混合等物理方法加工、配制毒品的行为。为了便于隐蔽运输、销售、使用、欺骗购买者，或者为了增重，对毒品掺杂使假，添加其他非毒品物质，不属于制造毒品的行为。为了制造毒品而采用生产、加工、提炼等方法非法制造易制毒化学品的，成立制造毒品罪预备；购进制造毒品的设备和原材料，开始着手制造毒品，尚未制造出毒品或者半成品的，成立制造毒品罪未遂。明知他人制造毒品而为其生产、加工、提炼、提供醋酸酐、乙醚、三氯甲烷等制毒物品的，系制造毒品罪共犯。利用民间方法制造的物品中完全不含有毒品成分，对其按毒品加以贩卖的，构成诈骗罪。

本罪属于选择性罪名，对同一宗毒品实施了两种以上犯罪行为，并有相应确凿证据的，应当按照所实施的犯罪行为的性质并列适用罪名，毒品数量不重复计算。对同一宗毒品可能实施了两种以上犯罪行为，但依据相应证据只能认定其中一种或者几种行为，认定其他行为的证据不够确实、充分的，只按照依法能够认定的行为的性质适用罪名。对不同宗毒品分别实施了不同种犯罪行为的，应对不同行为并列适用罪名，累计计算毒品数量。

本罪既遂的标准因具体行为方式不同而有所差别：走私毒品的，应以将毒品运输、携带、邮寄出境或入境为标准；贩卖毒品的，应以毒品实际上已经转移给买方为标准，因此，已将毒品出售，或者为出卖而购买并实际过手的，都是贩卖毒品罪既遂；运输毒品的，应以毒品到达目的地为标准；制造毒品的，则以毒品实际制成为标准，已经制造出粗制毒品或者半成品的，亦应以制造毒品罪的既遂论处。

走私、贩卖、运输、制造的毒品，包括鸦片、海洛因、甲基苯丙胺（冰毒）、吗啡、大麻、可卡因以及国家规定管制的其他能够使人形成瘾癖的麻醉药品和精神药品。刑法第357条第2款规定，毒品的数量以查证属实的走私、贩卖、运输、制造、非法持有毒品的数量计算，不以纯度折算。刑法这一规定的主要考虑是：毒品犯罪的数量对毒品犯罪的定罪量刑具有重要的意义。实践中，不同种类的毒品，其中真毒品的含量不同，纯度高的毒品比纯度低的毒品危害更大，对犯罪分子的吸引力也更大。但是，犯罪分子不是以毒品的含量作为单位交易的，况且所有毒品都必须掺入添加剂方可吸食，如果强调对毒品纯度折算后再确定毒品的数量，就忽视了毒品犯罪的危害性和毒品犯罪分子的人身危险性。一般来讲，司法机关所查获的毒品数量就是毒品犯罪分子主观上意欲实施的毒品犯罪的数量。在我国，司法机关缴获的毒品几乎全是几经转手，纯度较低，尤其是依民间土法加工合成的毒品，由于技术落后，掺杂使假，不但纯度低，而且杂质很多。在这种情况下再对毒品纯度进行折算，人为地改变毒品数量，并以此为根据进行定罪量刑，有悖罪刑相适应原则，所以，在对毒品犯罪量刑时，原则上只考虑毒品数量，不应以纯度折算毒品。在这里，有以下问题值得重视：(1) 办理毒品犯罪案件，无论毒品纯度高低，一般均应将查证属实的毒品数量认定为毒品犯罪的数量，并据此确定适用的法定刑幅度。不过，对于大量掺假、涉案毒品纯度明显低于同类毒品的正常纯度的，量刑时可以酌情考虑，尤其是可能影响处刑时，应例外考虑毒品的含量。为掩护运输毒品而将毒品融入其他物品中，改变毒品常规形态的，不应将被混入物计入毒品的数量。(2) 走私、贩卖、运输、制造、非法持有两种以上毒品的，可以将不同种类的毒品分别折算为海洛因的数量，以折算后累加的毒品总量作为量刑的根据。对于刑法、司法解释或者其他规范性文件明确规定了定罪量刑数量标准的毒品，应当按照该毒品定罪量刑数量标准与海洛因的折算比例进行折算后累加。对于刑法、司法解释及其他规范性文件没有规定定罪量刑数量标准，但《非法药物折算表》规定了与海洛因的折算比例的毒品，可以按照《非法药物折算表》折算为海洛因后进行累加。对于既未规定定罪量刑数量标准，又不具备折算条件的毒品，综合考虑其致瘾癖性、社会危害性、数量、纯度等因素依法量刑。(3) 对于未查获实物的甲基苯丙胺片剂（俗称“麻古”等）、MDMA片剂（俗称“摇头丸”）等混合型毒品，可以根据在案证据证明的毒品粒数，参考本案或者本地区查获的同类毒品的平均重量计算出毒品数量。(4) 制造毒品案件中，毒品成品、半成品的数量应当全部被认定为制造毒品的数量，对于无法再加工出成品、半成品的废液、废料则不应计入制造毒品的数量。对废液、废料的认定，可以根据其毒品成分的含量、外观形态，结合被告人对制毒过程的供述等证据进行分析判断。(5) 毒品数量只是毒品犯罪的一个重要情节，而不是全部情节；数量标准是一个重要标准，但不是唯一标准。在执行数量标准时不能将其机械化和简单化，更不能唯数量是从，要综合考虑犯罪的具体情节、危害后果、犯罪分子的主观恶性等多种因素。

（二）主观要件

本罪在主观方面是故意，行为人必须明知是毒品而走私、贩卖、运输、制造的，才成立本罪。

1. 走私、贩卖、运输毒品罪的明知

根据最高人民检察院、公安部《关于公安机关管辖的刑事案件立案追诉标准的规定（三）》（2012年5月16日）第1条的规定，走私、贩卖、运输毒品主观故意中的明知，是指行为人知道或者应当知道所实施的是走私、贩卖、运输毒品行为。具有下列情形之一，结合行为人的供述和其他证据综合审查判断，可以认定其“应当知道”，但有证据证明确属被蒙骗的除外：（1）执法人员在口岸、机场、车站、港口、邮局和其他检查站点检查时，要求行为人申报携带、运输、寄递的物品和其他疑似毒品物，并告知其法律责任，而行为人未如实申报，在其携带、运输、寄递的物品中查获毒品的；（2）以伪报、藏匿、伪装等蒙蔽手段逃避海关、边防等检查，在其携带、运输、寄递的物品中查获毒品的；（3）执法人员检查时，有逃跑、丢弃携带物品或者逃避、抗拒检查等行为，在其携带、藏匿或者丢弃的物品中查获毒品的；（4）体内或者贴身隐秘处藏匿毒品的；（5）为获取不同寻常的高额或者不等值的报酬为他人携带、运输、寄递、收取物品，从中查获毒品的；（6）采用高度隐蔽的方式携带、运输物品，从中查获毒品的；（7）采用高度隐蔽的方式交接物品，明显违背合法物品惯常交接方式，从中查获毒品的；（8）行程路线故意绕开检查站点，在其携带、运输的物品中查获毒品的；（9）以虚假身份、地址或者其他虚假方式办理托运、寄递手续，在托运、寄递的物品中查获毒品的；（10）有其他证据足以证明行为人应当知道的。

2. 制造毒品罪的明知

制造毒品罪的明知，是指行为人知道或者应当知道所实施的是制造毒品行为。有下列情形之一，结合行为人的供述和其他证据综合审查判断，可以认定其“应当知道”，但有证据证明确属被蒙骗的除外：（1）购置了专门用于制造毒品的设备、工具、制毒物品或者配制方案的；（2）为获取不同寻常的高额或者不等值的报酬为他人制造物品，经检验是毒品的；（3）在偏远、隐蔽场所制造，或者采取对制造设备进行伪装等方式制造物品，经检验是毒品的；（4）制造人员在执法人员检查时，有逃跑、抗拒检查等行为，在现场查获制造出的物品，经检验是毒品的；（5）有其他证据足以证明行为人应当知道的。

（三）毒品犯罪的刑罚适用问题

最高人民法院《全国部分法院审理毒品犯罪案件工作座谈会纪要》（2008年12月1日）、《全国法院毒品犯罪审判工作座谈会纪要》（2015年5月18日）对毒品犯罪的刑罚适用，尤其是存在犯意引诱时的量刑，以及死刑适用的原则和具体标准进行了明确。

1. 犯意引诱与刑罚适用

根据最高人民法院《全国部分法院审理毒品犯罪案件工作座谈会纪要》第6条的规定，行为人本没有实施毒品犯罪的主观意图，而是在特情诱惑和促成下形成犯意，进而实施毒品犯罪的，属于“犯意引诱”。对于因“犯意引诱”而实施毒品犯罪的被告人，根据罪刑相适应原则，应当依法从轻处罚，无论涉案毒品数量多大，都不应判处死刑立即执行。行为人在特情既为其安排上线又提供下线的双重引诱即“双套引诱”下实施毒品犯罪的，处刑时可予以更大幅度的从宽处罚或者依法免予刑事处罚。行为人本来只有实施数量较小的毒品犯罪的故意，在特情引诱下实施了数量较大，甚至达到实际掌握的死刑数量标准的毒品犯罪的，属于“数量引诱”。对于因“数量引诱”而实施毒品犯罪的被告人，应当依法从轻处罚，即使毒品数量超过实际掌握的死刑数量标准，一般也不判处死刑立即执行。

2. 死刑适用

（1）毒品犯罪死刑适用的一般标准。

审理毒品犯罪案件，应当切实贯彻宽严相济的刑事政策，突出毒品犯罪的打击重点。必须依法严惩毒枭、职业毒犯、再犯、累犯、惯犯、主犯等主观恶性深、人身危险性大、危害严重的毒品犯罪分子，以及具有将毒品走私入境，多次、大量或者向多人贩卖，诱使多人吸毒，武装掩护、暴力抗拒检查、拘留或者逮捕，或者参与有组织的国际贩毒活动等情节的毒品犯罪分子。对于其中罪行极其严重，依法应当判处死刑的，必须坚决依法判处死刑。

毒品数量是毒品犯罪案件量刑的重要情节，但不是唯一情节。对被告人量刑时，特别是在考虑是否适用死刑时，应当综合考虑毒品数量、犯罪情节、危害后果、被告人的主观恶性、人身危险性以及当地禁毒形势等各种因素，做到区别对待。审理毒品犯罪案件掌握的死刑数量标准，应当结合本地毒品犯罪的实际情况和依法惩治、预防毒品犯罪的需要，并参照最高人民法院复核的毒品死刑案件的典型案例，恰当把握。量刑既不能只片面考虑毒品数量不考虑犯罪的其他情节，也不能只片面考虑其他情节而忽视毒品数量。

对于虽然已达到实际掌握的判处死刑的毒品数量标准，但是具有法定、酌定从宽处罚情节的被告人，可以不判处死刑；反之，对于毒品数量接近实际掌握的判处死刑的数量标准，但具有从重处罚情节的被告人，也可以判处死刑。毒品数量达到实际掌握的死刑数量标准，既有从重处罚情节又有从宽处罚情节的，应当综合考虑各方面因素决定刑罚，判处死刑立即执行应当慎重。

（2）通常可以适用死刑的情形。

具有下列情形之一的，可以判处被告人死刑：其一，具有毒品犯罪集团首要分子、武装掩护毒品犯罪、暴力抗拒检查、拘留或者逮捕、参与有组织的国际贩毒活动等严重情节的；其二，毒品数量达到实际掌握的死刑数量标准，并具有毒品再犯、累犯，利用、教唆未成年人走私、贩卖、运输、制造毒品，或者向未成年人出售毒品等法定从重处罚情节的；其三，毒品数量达到实际掌握的死刑数量标准，并具有多次走私、贩卖、运输、制造毒品，向多人贩毒，在毒品犯罪中诱使、容留多人吸毒，在戒毒监管场所贩毒，国家工作人员利用职务便利实施毒品犯罪，或者职业犯、惯犯、主犯等情节的；其四，毒品数量达到实际掌握的死刑数量标准，并具有其他从重处罚情节的；其五，毒品数量超过实际掌握的死刑数量标准，且没有法定、酌定从轻处罚情节的。

（3）通常不应适用死刑的情形。

毒品数量达到实际掌握的死刑数量标准，具有下列情形之一的，可以不判处被告人死刑立即执行：具有自首、立功等法定从宽处罚情节的；已查获的毒品数量未达到实际掌握的死刑数量标准，到案后坦白尚未被司法机关掌握的其他毒品犯罪，累计数量超过实际掌握的死刑数量标准的；经鉴定毒品含量极低，掺假之后的数量才达到实际掌握的死刑数量标准的，或者有证据表明可能大量掺假但因故不能鉴定的；因特情引诱毒品数量才达到实际掌握的死刑数量标准的；以贩养吸的被告人，被查获的毒品数量刚达到实际掌握的死刑数量示准的；毒品数量刚达到实际掌握的死刑数量标准，确属初次犯罪即被查获，未造成严重危害后果的；共同犯罪毒品数量刚达到实际掌握的死刑数量标准，但各共同犯罪人作用相当，或者责任大小难以区分的；家庭成员共同实施毒品犯罪，其中起主要作用的被告人已被判处死刑立即执行，其他被告人罪行相对较轻的；其他不是必须判处死刑立即执行的。

（4）运输毒品犯罪的死刑适用。

对于运输毒品犯罪，应重点打击运输毒品犯罪集团首要分子，组织、指使、雇用他人运输毒品的主犯或者毒枭、职业毒犯、毒品再犯，以及具有武装掩护运输毒品、以运输毒品为业、多次运输毒品等严重情节的被告人，对其中依法应当判处死刑的，坚决依法判处。

对于受人指使、雇用参与运输毒品的被告人，应当综合考虑毒品数量、犯罪次数、犯罪的主动性和独立性、在共同犯罪中的地位作用、获利程度和方式及其主观恶性、人身危险性等因素，予以区别对待，慎重适用死刑。对于有证据证明确属受人指使、雇用参与运输毒品，又系初犯、偶犯的被告人，即使毒品数量超过实际掌握的死刑数量标准，也可以不判处死刑立即执行；尤其对于其中被动参与犯罪，从属性、辅助性较强，获利较少的被告人，一般不应当判处死刑。对于不能排除受人指使、雇用初次运输毒品的被告人，毒品数量超过实际掌握的死刑数量标准，但尚不属数量巨大的，一般也可以不判处死刑。

一案中有多人受雇运输毒品的，在决定死刑适用时，除考虑各被告人运输毒品的数量外，还应综合考虑其具体犯罪情节、参与犯罪程度、与雇用者关系的紧密性及其主观恶性、人身危险性等因素，同时判处二人以上死刑要特别慎重。

（5）毒品共同犯罪、上下家犯罪的死刑适用。

毒品共同犯罪案件的死刑适用应当与该案的毒品数量、社会危害及被告人的犯罪情节、主观恶性、人身危险性相适应。涉案毒品数量刚超过实际掌握的死刑数量标准，依法应当适用死刑的，要尽量区分主犯间的罪责大小，一般只对其中罪责最大的一名主犯判处死刑；各共同犯罪人地位作用相当，或者罪责大小难以区分的，可以不判处被告人死刑；二名主犯的罪责均很突出，且均具有法定从重处罚情节的，也要尽可能比较其主观恶性、人身危险性方面的差异，判处二人死刑要特别慎重。涉案毒品数量达到巨大以上，二名以上主犯的罪责均很突出，或者罪责稍次的主犯具有法定、重大酌定从重处罚情节，判处二人以上死刑符合罪刑相适应原则，并有利于全案量刑平衡的，可以依法判处。

对于部分共同犯罪人未到案的案件，在案被告人与未到案共同犯罪人均属罪行极其严重，即使共同犯罪人到案也不影响对在案被告人适用死刑的，可以依法判处在案被告人死刑；在案被告人的罪行不足以判处死刑，或者共同犯罪人归案后全案只宜判处其一人死刑的，不能因为共同犯罪人未到案而对在案被告人适用死刑；在案被告人与未到案共同犯罪人的罪责大小难以准确认定，进而影响准确适用死刑的，不应对在案被告人判处死刑。

对于贩卖毒品案件中的上下家，要结合其贩毒数量、次数及对象范围，犯罪的主动性，对促成交易所发挥的作用，犯罪行为的危害后果等因素，综合考虑其主观恶性和人身危险性，慎重、稳妥地决定死刑适用。对于买卖同宗毒品的上下家，涉案毒品数量刚超过实际掌握的死刑数量标准的，一般不能同时判处死刑；上家主动联络销售毒品，积极促成毒品交易的，通常可以判处上家死刑；下家积极筹资，主动向上家约购毒品，对促成毒品交易起更大作用的，可以考虑判处下家死刑。涉案毒品数量达到巨大以上的，也要综合上述因素决定死刑适用，同时判处上、下家死刑符合罪刑相适应原则，并有利于全案量刑平衡的，可以依法判处。

（6）新类型、混合型毒品犯罪的死刑适用。

甲基苯丙胺片剂（俗称“麻古”等）是以甲基苯丙胺为主要毒品成分的混合型毒品，其甲基苯丙胺含量相对较低，危害性亦有所不同。为体现罚当其罪，甲基苯丙胺片剂的死刑数量标准一般可以按照甲基苯丙胺（冰毒）的2倍左右掌握，具体可以根据当地的毒品犯罪形势和涉案毒品含量等因素确定。

涉案毒品为氯胺酮（俗“K粉”）的，结合毒品数量、犯罪性质、情节及危害后果等因素，对符合死刑适用条件的被告人可以依法判处死刑。综合考虑氯胺酮的致瘾癖性、滥用范围和危害性等因素，其死刑数量标准一般可以按照海洛因的10倍掌握。

涉案毒品为其他滥用范围和危害性相对较小的新类型、混合型毒品的，一般不宜判处被告人死刑。但对于司法解释、规范性文件明确规定了定罪量刑数量标准，且涉案毒品数量特别巨大，社会危害大，不判处死刑难以体现罚当其罪的，必要时可以判处被告人死刑。

二、非法持有毒品罪

第三百四十八条　非法持有鸦片一千克以上、海洛因或者甲基苯丙胺五十克以上或者其他毒品数量大的，处七年以上有期徒刑或者无期徒刑，并处罚金；非法持有鸦片二百克以上不满一千克、海洛因或者甲基苯丙胺十克以上不满五十克或者其他毒品数量较大的，处三年以下有期徒刑、拘役或者管制，并处罚金；情节严重的，处三年以上七年以下有期徒刑，并处罚金。

非法持有毒品罪，是指明知是毒品而非法持有，数量较大的行为。

（一）客观要件

本罪在客观方面表现为违反毒品管理法规，非法持有毒品数量较大的行为。

非法，是指违反国家毒品管理法规，未经主管部门批准或许可而持有毒品。持有，是指行为人拥有、保存、控制毒品。持有的形式不限于随身携带，也包括保存在可以控制的地方，还可以是委托其他人代为保管。至于持有的毒品是自己所有的还是赠与、继承的，都对成立本罪没有影响。

实务中，贩毒人员被抓获后，对于从其住所、车辆等处查获的毒品，确有证据证明查获的毒品并非用于贩卖的，其行为应构成非法持有毒品罪；不以牟利为目的，为他人代购仅用于吸食、注射的毒品，毒品数量达到规定的数量标准的，对托购者和代购者以非法持有毒品罪定罪处罚；吸毒者在购买、存储毒品过程中被查获，没有证据证明其是为了实施贩卖毒品等其他犯罪，毒品数量达到非法持有毒品罪的数量标准的，以本罪定罪处罚；购毒者接收贩毒者通过物流寄递方式交付的毒品，没有证据证明其是为了实施贩卖毒品等其他犯罪的，也成立本罪；代收者明知物流寄递的是毒品而代购毒者接收，没有证据证明其与购毒者有实施贩卖、运输毒品等犯罪的共同故意的，应以本罪定罪处罚。

非法持有毒品，数量较大的，才构成本罪。非法持有鸦片200克以上，海洛因或者甲基苯丙胺10克以上，或者其他毒品数量较大的，以非法持有毒品罪论处。

盗窃、抢劫、抢夺毒品后又持有的，一般认为持有行为是不可罚的事后行为，只构成相应的财产犯罪，而不应与本罪并罚。但是，也有人认为持有行为导致了新的法益侵害，应与财产犯罪并罚。对此还值得进一步研究。

（二）主观要件

本罪在主观方面是故意，即明知是毒品而非法持有的，才能构成本罪。对明知的判断，应当采前述走私、贩卖、运输、制造毒品罪中的标准。持有的动机在所不问。为满足自己吸食、注射毒品的需要而购买、运输、存储毒品的，如果被查获的毒品数量大，可以构成本罪。对持有物品的特殊性无法认识的，不能作为犯罪处理。盗窃普通财物后发现有毒品而继续持有的，以盗窃罪和本罪并罚。

三、包庇毒品犯罪分子罪

第三百四十九条　包庇走私、贩卖、运输、制造毒品的犯罪分子的，为犯罪分子窝藏、转移、隐瞒毒品或者犯罪所得的财物的，处三年以下有期徒刑、拘役或者管制；情节严重的，处三年以上十年以下有期徒刑。

缉毒人员或者其他国家机关工作人员掩护、包庇走私、贩卖、运输、制造毒品的犯罪分子的，依照前款的规定从重处罚。

犯前两款罪，事先通谋的，以走私、贩卖、运输、制造毒品罪的共犯论处。

包庇毒品犯罪分子罪，是指明知是走私、贩卖、运输、制造毒品的犯罪分子，而向司法机关作假证明掩盖其罪行，或者帮助其湮灭罪证，以使其逃避法律制裁的行为。

（一）客观要件

本罪在客观方面表现为明知是走私、贩卖、运输、制造毒品的犯罪分子而作假证明包庇。

包庇，包括向司法机关作假证明掩盖犯罪分子罪行，或者帮助犯罪分子湮灭罪证，以使其逃避法律制裁的行为。这里的“包庇毒品犯罪分子”，包括以下情形：（1）作虚假证明，帮助其掩盖罪行；（2）帮助其隐藏、转移或者毁灭证据；（3）帮助其取得虚假身份或者身份证件；（4）以其他方式包庇毒品犯罪分子。由于本罪和普通包庇罪之间存在法条竞合的关系，在被包庇者实施前述四种罪以外的其他毒品犯罪的场合，行为人的行为可能构成普通包庇罪。帮助毒品犯罪者湮灭罪证的行为，构成本罪。但其原则上属于帮助当事人毁灭罪证的行为，不在狭义包庇罪的范畴之内，所以本罪中的包庇与普通包庇罪中的包庇概念并不完全一致。由此推知，明知是走私、贩卖、运输、制造毒品的犯罪分子而为其提供财物、提供隐藏的处所，帮助其逃匿的行为，虽然严格地说属于窝藏行为，但是刑法对窝藏毒品犯罪分子未作专门的规定，而广义上的包庇行为包括窝藏行为，实践中包庇毒品犯罪分子的行为与窝藏行为往往相互交错，所以，对于窝藏毒品犯罪分子的，也应当以本罪论处。

包庇的对象是走私、贩卖、运输、制造毒品的犯罪分子，既包括作案后在逃、被采取强制措施后又逃跑的未决犯，也包括毒品犯罪的已决犯。

缉毒人员或者其他国家机关工作人员掩护、包庇走私、贩卖、运输、制造毒品罪的犯罪分子的，应以本罪从重处罚。但是，缉毒人员或者其他国家机关工作人员利用职务上的便利，实施掩护、包庇行为，使毒品犯罪分子逃避刑事追究的，应构成徇私舞弊犯罪。

包庇毒品犯罪分子情节严重的，法定刑升格。根据最高人民法院《关于审理毒品犯罪案件适用法律若干问题的解释》（2016年4月6日）第6条的规定，具有下列情形之一的，应当认定为本罪中的“情节严重”：（1）被包庇的犯罪分子依法应当判处15年有期徒刑以上刑罚；（2）包庇多名或者多次包庇走私、贩卖、运输、制造毒品的犯罪分子；（3）严重妨害司法机关对被包庇的犯罪分子实施的毒品犯罪进行追究；（4）其他情节严重的情形。

（二）主观要件

本罪在主观方面是故意，即包庇者必须明知他人是走私、贩卖、运输、制造毒品的犯罪分子。明知包括可能知道在内，所以被包庇者实质上是走私、贩卖、运输、制造毒品的犯罪分子，包庇者对此没有明确、肯定的认识，而只认识到其是广义上的毒品犯罪分子，加以窝藏、包庇的，仍然构成本罪。

与毒品犯罪分子事前通谋，事后加以包庇的，构成走私、贩卖、运输、制造毒品罪的共犯。只认识到他人是犯罪分子，而无法认识其为特定毒品犯罪的实施者的，可能构成包庇罪而不构成本罪。

四、窝藏、转移、隐瞒毒品、毒赃罪

第三百四十九条第一款 包庇走私、贩卖、运输、制造毒品的犯罪分子的，为犯罪分子窝藏、转移、隐瞒毒品或者犯罪所得的财物的，处三年以下有期徒刑、拘役或者管制；情节严重的，处三年以上十年以下有期徒刑。

第三百四十九条第三款 犯前两款罪，事先通谋的，以走私、贩卖、运输、制造毒品罪的共犯论处。

窝藏、转移、隐瞒毒品、毒赃罪是指明知是毒品或者毒品犯罪所得的财物而为犯罪分子窝藏、转移、隐瞒的行为。

（一）客观要件

本罪在客观方面表现为为毒品犯罪分子窝藏、转移、隐瞒毒品或者毒赃的行为。

窝藏是指将毒品犯罪分子的毒品或者毒赃藏匿在隐蔽场所以逃避司法机关的追查。转移是指将犯罪分子的毒品、毒赃实现空间的移动，以抗拒追缴，帮助毒品犯罪分子逃避制裁。转移一般是对毒品进行短距离移位，例如，为逃避司法机关的搜查，将毒品转移至安全地点。转移超过一定范围或者将毒品按流动方向转移，则构成运输毒品罪。隐瞒是指在司法机关询问调查有关犯罪的情况时，行为人明知犯罪分子的毒品或毒赃的藏匿场所，而有意对司法机关作隐瞒的行为。偶然发现毒品、毒赃而未告发的知情不举行为，不构成本罪。

与毒品犯罪分子事前有通谋，而为其窝藏、转移、隐瞒毒品、毒赃的，应以走私、贩卖、运输、制造毒品罪的共犯论处。所以，窝藏、转移、隐瞒毒品、毒赃的行为要成立本罪，必须发生在毒品犯罪分子实施走私、贩卖、运输、制造毒品之后，而且行为人与毒品犯罪分子事前没有通谋。事前虽无通谋，但在他人走私、贩卖、运输、制造毒品过程中，明知是毒品、毒赃，明知他人的行为是毒品犯罪行为，而窝藏、转移、隐瞒毒品、毒赃的，属于帮助毒品犯罪分子，使其相应犯罪得以遂行的行为，应成立走私、贩卖、运输、制造毒品罪的共犯。对此，还应进一步讨论。

为包庇毒品犯罪分子而窝藏毒品、毒赃的，成立本罪和包庇毒品犯罪分子罪的牵连犯，在两罪法定刑一样的情况下，应以包庇毒品犯罪分子罪从重处罚。

窝藏毒品后又代为销售的，分别构成窝藏毒品罪和贩卖毒品罪，前罪侵害的法益是司法秩序，后罪侵害的法益是毒品管理制度，罪质不同，应当数罪并罚。在为毒品犯罪分子寻找买主期间藏匿毒品的，因窝藏只是贩卖的手段行为，故应以贩卖毒品罪论处。

（二）主观要件

本罪在主观方面是故意。行为人必须明知是毒品或者毒品犯罪所得的财物而窝藏、转移、隐瞒的，才构成本罪。对犯罪目的，法律未作限制，但一般应当理解为是为了帮助本犯逃避司法机关的搜查，使其逃避刑事追究。

明知是走私、贩卖、运输、制造等毒品犯罪所得而加以窝藏、转移、隐瞒的，自然具有本罪的故意。但明知是抢劫、盗窃、诈骗来的毒品而加以窝藏、转移、隐瞒的，是否构成本罪，值得研究。

有观点认为：只有窝赃的故意而没有窝藏毒品、毒赃的故意，应当以窝赃犯罪论处，而不构成本罪，因为本罪的明知要求一方面知道窝藏、转移、隐瞒的对象是毒品、毒赃，另一方面知道毒品、毒赃与走私、贩卖、运输、制造毒品犯罪有关。① 这种观点并不正确，按照刑法的

① 参见陈兴良主编：《罪名指南》（下册），1293页，北京，中国政法大学出版社，2000。

规定，明知是毒品而加以窝藏、转移、隐瞒的，就构成本罪。所以，他人的毒品通过何种途径得来，本犯是否构成走私、贩卖、运输、制造毒品罪，都并不关键。本罪与包庇毒品犯罪分子罪的立法表述明显不同，该罪将明知的对象限定为走私、贩卖、运输、制造毒品的犯罪分子，所以包庇盗窃、抢劫毒品犯罪行为并不构成包庇毒品犯罪分子罪。而本罪对明知的内容并未作这种限制，明知是通过盗窃等财产犯罪取得的毒品、他人非法持有的毒品，出于使犯罪分子逃避刑事追究的意图，而加以窝藏、转移、隐瞒的，都具有本罪的故意。

五、非法生产、买卖、运输制毒物品、走私制毒物品罪

第三百五十条① 违反国家规定，非法生产、买卖、运输醋酸酐、乙醚、三氯甲烷或者其他用于制造毒品的原料、配剂，或者携带上述物品进出境，情节较重的，处三年以下有期徒刑、拘役或者管制，并处罚金；情节严重的，处三年以上七年以下有期徒刑，并处罚金；情节特别严重的，处七年以上有期徒刑，并处罚金或者没收财产。

明知他人制造毒品而为其生产、买卖、运输前款规定的物品的，以制造毒品罪的共犯论处。

单位犯前两款罪的，对单位判处罚金，并对其直接负责的主管人员和其他直接责任人员，依照前两款的规定处罚。

非法生产、买卖、运输制毒物品、走私制毒物品罪，是指违反国家规定，非法生产、买卖、运输醋酸酐、乙醚、三氯甲烷或者其他用于制造毒品的原料、配剂，或者携带上述物品进出境，情节较重的行为。

（一）客观要件

非法生产，是指制造制毒物品的行为。买卖，限于在境内出售或者购买的行为，不涉及进出境和在国外买卖。这是买卖区别于走私行为的关键。根据最高人民法院、最高人民检察院、公安部《关于办理制毒物品犯罪案件适用法律若干问题的意见》(2009年6月23日）第1条的规定，非法买卖制毒物品行为包括下列情形：(1）未经许可或者备案，擅自购买、销售易制毒化学品的；（2）超出许可证明或者备案证明的品种、数量范围购买、销售易制毒化学品的；(3）使用他人的或者伪造、变造、失效的许可证明或者备案证明购买、销售易制毒化学品的；(4）经营单位违反规定，向无购买许可证明、备案证明的单位、个人销售易制毒化学品的，或者明知购买者使用他人的或者伪造、变造、失效的购买许可证明、备案证明，向其销售易制毒化学品的；（5）以其他方式非法买卖易制毒化学品的。运输，是指实现制毒物品空间转移的一切行为，包括携带、邮寄等方式。走私，是指违反国家关于毒品管制和海关管理的有关规定，将醋酸酐、乙醚、三氯甲烷或者其他制毒物品运输、携带进出境的行为。

本罪的行为对象是国家规定进行管制的用于制造毒品的原料、配剂。不是走私用于制造毒品的原料或者配剂，而是走私、贩卖国家管制的能够使人形成瘾癖的毒品的，构成走私、贩卖毒品罪而不构成本罪。明知他人制造毒品而为其生产、买卖、运输前述物品的，以制造毒品罪的共犯论处。

（二）主观要件

非法买卖、运输制毒物品、走私制毒物品，有下列情形之一的，可以认定其明知是制毒物品，但有证据证明确属被蒙骗的除外：(1）改变产品形状、包装或者使用虚假标签、商标等产

① 本条第1、2款为《刑法修正案（九）》第41条所修改。

品标志；(2) 以藏匿、夹带或者其他隐蔽方式运输、携带易制毒化学品逃避检查；(3) 抗拒检查或者在检查时丢弃货物逃跑；(4) 以伪报、藏匿、伪装等蒙蔽手段逃避海关、边防等检查；(5) 选择不设海关或者边防检查站的路段绕行出入境的；(6) 以虚假身份、地址办理托运、邮寄手续；(7) 以其他方法隐瞒真相，逃避对易制毒化学品依法监管。

六、非法种植毒品原植物罪

第三百五十一条　非法种植罂粟、大麻等毒品原植物的，一律强制铲除。有下列情形之一的，处五年以下有期徒刑、拘役或者管制，并处罚金：

(一) 种植罂粟五百株以上不满三千株或者其他毒品原植物数量较大的；

(二) 经公安机关处理后又种植的；

(三) 抗拒铲除的。

非法种植罂粟三千株以上或者其他毒品原植物数量大的，处五年以上有期徒刑，并处罚金或者没收财产。

非法种植罂粟或者其他毒品原植物，在收获前自动铲除的，可以免除处罚。

非法种植毒品原植物罪，是指明知是罂粟、大麻等毒品原植物而非法种植，情节严重的行为。

(一) 客观要件

本罪在客观方面表现为非法种植毒品原植物的行为，包括非法种植毒品原植物数量较大的，经公安机关处理后又种植的，抗拒铲除的等情形。

种植，一般包括从播种、移栽、插苗、施肥、灌溉到收割的整个过程。但只参与其中几个环节的，也是种植；种植的场所、是否实际收获，对成立犯罪没有影响。本罪是非法种植可以制造毒品的植物，不对其进行加工，其产品也只是制造毒品的原材料，所以，种植毒品原植物期间的加工行为，即在活体的毒品原植物上加工、割取毒品的，属于用原材料提炼、加工、配制成毒品成品的制造毒品行为，构成制造毒品罪。

经公安机关禁止后又种植，是指曾经种植罂粟或其他毒品原植物，被公安机关强行铲除或予以治安拘留、罚款等行政处罚后，仍不悔改，继续非法种植的。经公安机关处理不包括被法院判处过刑罚的情节。处理后又种植，是指至少有 2 次以上的种植行为。因非法种植毒品原植物曾经受过处理，再次种植的行为已经实施，撒下种子，即使尚未出苗的，也可以构成本罪。对于前后 2 次种植毒品原植物的时间间隔法律虽未作严格限定，但间隔过长的，不应当认定为经处理后又种植。

抗拒铲除，是指非法种植毒品原植物的行为被发现，在执法人员铲除时，以暴力或其他手段抗拒铲除的行为。从理论上看，使用暴力、威胁手段抗拒国家相关行政主管部门依法铲除毒品原植物的，既触犯妨害公务罪，又是非法种植毒品原植物罪成立的情形之一，属于刑法上的法条竞合，应按特别法优于普通法的原则，以非法种植毒品原植物罪论处。

本罪的行为对象是毒品原植物，即可以用于提炼、加工成鸦片、海洛因、吗啡、可卡因等麻醉药品和精神药品的原植物。

(二) 主观要件

本罪在主观方面是故意，即种植毒品原植物的行为应当是故意为之。至于其是否以营利或制造毒品为目的，在所不问。

七、非法买卖、运输、携带、持有毒品原植物种子、幼苗罪

第三百五十二条　非法买卖、运输、携带、持有未经灭活的罂粟等毒品原植物种子或者幼苗，数量较大的，处三年以下有期徒刑、拘役或者管制，并处或者单处罚金。

非法买卖、运输、携带、持有毒品原植物种子、幼苗罪，是指明知是毒品原植物种子或者幼苗，而非法买卖、运输、携带或者持有的行为。

（一）客观要件

本罪在客观方面表现为非法买卖、运输、携带、持有未经灭活的毒品原植物种子和幼苗的行为。

买卖，是指未经国家相关行政主管部门批准，以金钱或实物作价购买或出售未经灭活的罂粟等毒品原植物种子或幼苗的行为。运输，是指未经批准非法运载毒品原植物种子或幼苗的行为。携带，是指随身携带或通过邮寄、利用他人合法身份等方法携带毒品原植物种子或幼苗的行为。持有，是指拥有、控制毒品原植物种子或幼苗的行为。构成本罪要求达到数量较大的标准。数量较大，可以根据这些种苗的种植能力和收获毒品的可能预测数量，参照制造毒品罪的数量予以确定。

本罪的行为对象是未经灭活的毒品原植物种子和幼苗，即未经杀死，可以用于种植的种子和幼苗，其用途显然是种植毒品原植物，在我国主要是指罂粟和大麻的种子与幼苗。

非法买卖后运输、携带、持有毒品原植物种子或幼苗的，只构成一罪，不实行数罪并罚。为了非法种植毒品原植物，而非法买卖、运输、携带、持有毒品原植物种子、幼苗的，应按照非法种植毒品原植物罪处理。

（二）主观要件

本罪在主观方面是故意，即行为人明知其为毒品原植物种子、幼苗而予以买卖、运输、携带、持有。如果确实不知道所涉及的物品为毒品原植物种子、幼苗或有重大误解，不具有本罪故意。

八、引诱、教唆、欺骗他人吸毒罪

第三百五十三条第一款　引诱、教唆、欺骗他人吸食、注射毒品的，处三年以下有期徒刑、拘役或者管制，并处罚金；情节严重的，处三年以上七年以下有期徒刑，并处罚金。

第三款　引诱、教唆、欺骗或者强迫未成年人吸食、注射毒品的，从重处罚。

引诱、教唆、欺骗他人吸毒罪，是指使用各种手段，引诱、教唆、欺骗他人吸食、注射毒品的行为。

（一）客观要件

本罪在客观方面表现为非法实施引诱、教唆、欺骗他人吸食、注射毒品的行为。引诱，是指以宣扬吸毒后的快感、体验或者金钱、物质为诱饵来诱使他人尝试毒品的行为。教唆，是指用请求、劝说、怂恿等方式使他人吸食、注射毒品的行为。向他人传授、示范吸毒的方法、技巧的，也是教唆行为。欺骗，是指编造事实、隐瞒真相，使他人在不知情的情况下吸食、注射毒品的行为。对于在食品中掺用罂粟壳的，应以欺骗他人吸毒罪处理。引诱、教唆、欺骗的行为方式可以是口头的，也可以是书面的，还可以是语言与行动相配合的；可以是亲自实施的，也可以是借他人之手实施的。对于近年来常见的行为人开设网站、利用网络聊天室等组织他人共同吸毒的情形，应以本罪定罪处罚。

被引诱、教唆、欺骗者应当是从来没有吸食、注射过毒品或者虽然吸食、注射过毒品但已彻底戒除的人。至于其成年还是未成年，与行为人的关系如何，是中国人还是外国人，都对成立本罪没有影响。引诱、教唆、欺骗患有精神病、患有严重痴呆疾病的人或未成年人吸食、注射毒品的，应当以本罪从重处罚。

行为人误将吸食、注射毒品者作为从未接触过毒品的人看待，加以引诱、教唆、欺骗的，构成本罪未遂；被引诱、教唆、欺骗者一般来说是特定的人，但是本罪的实行行为和共同犯罪中教唆他人实施犯罪的行为毕竟有区别，所以在歌舞厅等公共场所，针对不特定或者多数人实施引诱、教唆、欺骗的，仍然可以成立本罪。

为销售毒品而向他人赠送微量毒品，使其产生毒瘾的，引诱吸毒的行为为销售毒品行为所吸收，不单独成立犯罪。传授制造毒品的方法，又引诱、教唆他人吸毒的，应以传授犯罪方法罪和本罪并罚。

（二）主观要件

本罪在主观方面是故意，即行为人明知自己的引诱、教唆、欺骗行为会引起他人吸食、注射的后果，却希望或放任这种结果的发生。其中，引诱、欺骗他人吸毒只能由直接故意构成。教唆他人吸毒的，可能由间接故意构成，但只有在客观上导致了他人吸食、注射毒品的结果时，才以犯罪论处。为治疗疾病而在紧急情况下将毒品提供给他人治病止痛的行为，不具有本罪的故意。

为故意杀人而引诱、教唆、欺骗他人吸食毒品的，构成故意杀人罪。引诱、教唆、欺骗他人吸食大剂量毒品，导致被害人死亡的，也可以认定为（间接）故意杀人罪。被害人吸食的剂量较小，但发生死亡结果，引诱、教唆、欺骗者对此结果无法预见的，应以本罪从重处罚。

九、强迫他人吸毒罪

第三百五十三条第二款 强迫他人吸食、注射毒品的，处三年以上十年以下有期徒刑，并处罚金。

第三款 引诱、教唆、欺骗或者强迫未成年人吸食、注射毒品的，从重处罚。

强迫他人吸毒罪，是指违反他人意志，以暴力、胁迫或者其他方法，迫使他人吸食、注射毒品的行为。

强迫，是指违背被害人意志，用暴力、胁迫或其他方法强行逼迫他人吸食、注射毒品的行为。暴力应当达到使被害人的反抗显著困难的程度。胁迫，是指以实施暴力相威胁，实行精神强制，使他人产生恐惧感，违心地吸食、注射毒品。医务人员向处于发病期间的精神病患者强制使用精神药品的，是合法的业务行为，不属于强迫吸毒行为。

被害人受暴力、胁迫强制之后吸食毒品的，行为人的行为即构成本罪。至于吸食、注射的方法并无限制，既可以是行为人对被害人强行灌服、注射，也可以是被害人在不得已的情况下自行吸食、吞服、注射。乘他人熟睡、病重、昏迷之际，给他人注射毒品，先用酒或麻醉药使他人失去知觉，然后注射的毒品的，也是强迫他人吸毒的行为。

引诱、教唆、欺骗他人吸毒未得逞，使用暴力、威胁或其他方法强迫他人吸毒的，应以强迫他人吸毒罪论处，而不实行数罪并罚。强迫他人吸毒，他人吸食、注射的毒品剂量较小，但发生死亡结果的，成立本罪和过失致人死亡等罪之间的想象竞合犯。实施强迫行为之后，被害人极力反抗而最终没有吸食、注射毒品的，或者行为人由于认识上的错误，强迫被害人将非毒品的物质当作毒品吸食、注射的，都构成本罪的未遂。

十、容留他人吸毒罪

第三百五十四条　容留他人吸食、注射毒品的，处三年以下有期徒刑、拘役或者管制，并处罚金。

容留他人吸毒罪，是指为他人吸食、注射毒品提供场所或者其他便利条件的行为。

（一）客观要件

本罪在客观方面表现为容留他人吸毒的行为。

容留是主动还是被动的，是收费还是免费的，均不影响本罪成立。容留，包括为他人吸毒提供场所或其他便利。这里的“场所”，包括自己的住所、借用或租用的他人住所，以及宾馆、旅馆、咖啡馆、酒吧等营业性场所和汽车、轮船等空间。(1) 该场所不要求完全封闭，只要相对于外界隔绝，一般人难于发现吸毒行为即可，例如，在一片废弃的工地，行为人安排多人在出入口望风，从而为多人吸毒提供方便的，也是提供吸毒场所；(2) 该场所不要求是专门用于吸毒的场所，例如，在主要为聚众赌博开设的场所，行为人允许他人在此吸毒的，也构成本罪；(3) 该场所不要求行为人有绝对支配权、控制权，其多少有一些管理权即可，例如，行为人租赁他人的中巴车，在组织多人外出旅游过程中，允许多人在中巴车后排偷偷吸毒，驾驶车辆的车主不知情的，虽该场所的控制权归属于车主，但容留者行为仍然构成本罪；(4) 该场所不要求是固定的场所，临时性、可移动的场所也是容留吸毒的场所，例如，行为人将某一列车四个包厢的卧铺车票全部买下，为多人在车内吸毒提供方便的，也构成本罪。其他便利条件，包括为吸食、注射者提供针管、针头等吸食、注射工具，为吸食、注射者代为保管毒品，为吸食、注射者望风、提供服务等。

根据最高人民法院《关于审理毒品犯罪案件适用法律若干问题的解释》(2016 年 4 月 6 日) 第 12 条的规定，容留他人吸食、注射毒品，具有下列情形之一的，以本罪定罪处罚：(1) 1 次容留多人吸食、注射毒品的；(2) 2 年内多次容留他人吸食、注射毒品的；(3) 2 年内曾因容留他人吸食、注射毒品受过行政处罚的；(4) 容留未成年人吸食、注射毒品的；(5) 以牟利为目的容留他人吸食、注射毒品的；(6) 容留他人吸食、注射毒品造成严重后果的；(7) 其他应当追究刑事责任的情形。

容留他人吸毒，并向其销售毒品的，构成贩卖毒品罪。引诱、教唆、欺骗他人吸毒，待其成瘾后又提供场所容留他人吸毒，但前后行为有一定的时间间隔，各自具有独立性的，应以引诱、教唆、欺骗他人吸毒罪和本罪并罚。

（二）主观要件

本罪在主观方面是故意，且一般为直接故意。在餐馆、酒吧等营业性场所，明知他人吸食、注射毒品，为了营利而对其加以容留的，具有本罪的间接故意。单纯为他人提供栖身场所，对他人吸食毒品完全不知情的，因只有容留的意思而没有容留他人吸毒的故意，故不构成本罪。

十一、非法提供麻醉药品、精神药品罪

第三百五十五条　依法从事生产、运输、管理、使用国家管制的麻醉药品、精神药品的人员，违反国家规定，向吸食、注射毒品的人提供国家规定管制的能够使人形成瘾癖的麻醉药品、精神药品的，处三年以下有期徒刑或者拘役，并处罚金；情节严重的，处三年以上七年以下有期徒刑，并处罚金。向走私、贩卖毒品的犯罪分子或者以牟利为目的，向吸食、注

射毒品的人提供国家规定管制的能够使人形成瘾癖的麻醉药品、精神药品的，依照本法第三百四十七条的规定定罪处罚。

单位犯前款罪的，对单位判处罚金，并对其直接负责的主管人员和其他直接责任人员，依照前款的规定处罚。

非法提供麻醉药品、精神药品罪，是指从事国家管制的麻醉药品和精神药品的合法生产、运输、管理、使用的人员或单位，违反国家的有关规定，向明知是吸毒的人提供国家管制的麻醉药品和精神药品的行为。

非法提供行为必须是在生产、运输、管理、使用麻醉药品或精神药品的过程中实施的，一般表现为改变生产计划，扩大生产规模，增加开药剂量，截留自己所管理、使用的毒品。提供行为必须是无偿的。以牟利为目的对走私、贩卖毒品的人有偿提供麻醉药品、精神药品的，应以走私毒品罪、贩卖毒品罪论处。

提供麻醉药品和精神药品的对象必须是吸毒的人，行为人对此应当有明知。如果提供的对象是正常使用麻醉药品和精神药品的人，即使出现提供药品的手续不全等违法情况，也不能按本罪处理。如果提供的对象是走私、贩卖毒品的人或单位，则不属于非法提供麻醉药品、精神药品罪的行为，应按照走私、贩卖毒品罪的共犯处理。以牟利为目的，向吸食、注射毒品的人提供国家规定管制的能够使人形成瘾癖的麻醉药品、精神药品的，也成立贩卖毒品罪。

本罪的行为对象是能够使人形成瘾癖的麻醉药品和精神药品，即在使用后能使人的中枢神经系统兴奋或者抑制，连续使用能使人产生依赖性的药品。麻醉药品除鸦片、吗啡、海洛因以及人工合成的药品如杜冷丁（哌替啶）等鸦片类物质外，还包括可卡因、大麻。精神药品包括各种镇静催眠药、中枢兴奋剂和致幻剂，也包括安定注射液在内。

本罪的主体是特殊主体，即依法从事生产、运输、管理、使用国家管制的麻醉药品和精神药品的单位或自然人。吸毒者之间不以牟利为目的相互提供毒品的，不构成本罪。但依法从事生产、运输、管理、使用麻醉药品、精神药品的不同吸毒者之间相互提供毒品的，可能构成本罪。

十二、妨害兴奋剂管理罪

第三百五十五条之一① 引诱、教唆、欺骗运动员使用兴奋剂参加国内、国际重大体育竞赛，或者明知运动员参加上述竞赛而向其提供兴奋剂，情节严重的，处三年以下有期徒刑或者拘役，并处罚金。

组织、强迫运动员使用兴奋剂参加国内、国际重大体育竞赛的，依照前款的规定从重处罚。

妨害兴奋剂管理罪，是指引诱、教唆、欺骗运动员使用兴奋剂参加国内、国际重大体育竞赛，或者明知运动员参加上述竞赛而向其提供兴奋剂，情节严重，或者组织、强迫运动员使用兴奋剂参加国内、国际重大体育竞赛的行为。

（一）保护法益

本罪的保护法益是体育竞赛的公平竞争原则以及运动员的身心健康。现代体育运动最强调公平竞争的原则，国内、国际体育比赛必须是“最干净的比赛”，运动员通过正当方法和光明

① 本条为《刑法修正案（十一）》第44条所增设。

磊落的行为取得应有成绩。使用兴奋剂让重大赛事蒙羞，使体育比赛变得不公平，运动员不再处于同一起点，严重损害体育精神。同时，使用兴奋剂会对人的生理、心理产生极大的危害，使服用者心力衰竭、激动狂躁，极易患上心脏病等多种疾病，严重损害运动员的身心健康。

（二）客观要件

本罪在客观方面表现为引诱、教唆、欺骗运动员使用兴奋剂参加国内、国际重大体育竞赛，或者明知运动员参加上述竞赛而向其提供兴奋剂，情节严重，或者组织、强迫运动员使用兴奋剂参加国内、国际重大体育竞赛的行为。

引诱，是指以许诺给予物质奖励等方式引诱。教唆，是指对运动员进行唆使和不当指导。欺骗，是指进行哄骗。提供，是指给予、交付兴奋剂。引诱、教唆、欺骗运动员使用兴奋剂参加国内、国际重大体育竞赛，或者明知运动员参加上述竞赛而向其提供兴奋剂，必须情节严重，才能构成本罪。组织、强迫运动员使用兴奋剂参加国内、国际重大体育竞赛的行为成立犯罪并不要求情节严重。

本罪的实行行为必须针对国内、国际重大体育赛事，但是，引诱、教唆、欺骗、提供、组织、强迫等妨害兴奋剂管理的行为可能从备赛时就着手实施，一直持续到赛事正式举办之时。不是针对国内、国际重大体育赛事，而是针对省市级体育比赛，甚至学校内的体育赛事实施妨害兴奋剂管理行为的，不构成本罪。

这里的兴奋剂，是对能暂时性改变运动员身体条件和精神状态的一切禁用药物的统称，包括起兴奋作用的药物，以及不都具有兴奋性的药物（如利尿剂）和具有抑制性的药物（如b-阻断剂）等，这些药物可能使运动员在比赛中不当获得优势和提高成绩。

对于是否属于本罪的兴奋剂，以及是否属于国内、国际重大体育竞赛等专门性问题，应当依据《体育法》《反兴奋剂条例》等法律法规，结合国务院体育行政主管部门出具的认定意见等证据材料作出认定。

对未成年人、残疾人负有监护、看护职责的人，引诱、教唆、欺骗未成年人、残疾人在国内、国际重大体育竞赛中使用兴奋剂，情节恶劣的，构成虐待被监护、看护人罪和本罪的想象竞合犯。不是在国内、国际重大体育竞赛中妨害兴奋剂管理，而是在普通高等学校招生、公务员录用等法律规定的国家考试所涉及的体育、体能测试等体育运动中，组织考生非法使用兴奋剂的，构成组织考试作弊罪，而不成立本罪。

（三）主观要件

本罪在主观方面是故意，行为人对于引诱、教唆、欺骗运动员使用，或者提供给运动员使用，以及组织、强迫运动员使用的是兴奋剂有认识，同时对运动员在国内、国际重大体育竞赛中获得竞争优势这一目标有明确追求。

第九节 组织、强迫、引诱、容留、介绍卖淫罪

一、组织卖淫罪

第三百五十八条[①]第一款　组织、强迫他人卖淫的，处五年以上十年以下有期徒刑，并处罚金；情节严重的，处十年以上有期徒刑或者无期徒刑，并处罚金或者没收财产。

组织、强迫未成年人卖淫的，依照前款的规定从重处罚。

犯前两款罪，并有杀害、伤害、强奸、绑架等犯罪行为的，依照数罪并罚的规定处罚。

① 本条为《刑法修正案（九）》第42条所修改。

组织卖淫罪，是指以招募、雇用、强迫、引诱、容留等手段，控制他人从事卖淫活动的行为。

（一）客观要件

本罪在客观方面表现为组织他人卖淫。

组织，是指采用动员纠集、安排布置、发令调度等方法，控制他人，使分散的个人有秩序地进行某种活动。组织卖淫一般是以招募、雇用、强迫、引诱、容留等手段，控制多人从事卖淫活动。卖淫，是指以营利或满足性欲为目的，与不特定的异性发生性交或者从事其他淫乱活动（如口交、鸡奸、手淫等）的行为。

组织行为在实践中的表现为两种形式：一种形式是设置卖淫场所或者变相卖淫场所，招募卖淫人员到该场所从事卖淫活动。另一种形式是指没有固定的卖淫场所，但行为人通过自己控制的卖淫人员有组织地进行卖淫活动。组织卖淫过程中的强迫、引诱、容留行为，都是本罪的实行行为之一，不再单独定罪。组织者是否具有营利目的，是否实际获得利益，都不影响本罪成立。

被组织的他人应当是三人以上的多人，既包括女性，也包括男性。组织者自己参与卖淫活动的，也不影响本罪的成立。

组织卖淫情节严重的，法定刑升格。根据最高人民法院、最高人民检察院《关于办理组织、强迫、引诱、容留、介绍卖淫刑事案件适用法律若干问题的解释》（2017年7月21日）第2条的规定，组织他人卖淫，具有下列情形之一的，应当认定为“情节严重”：（1）卖淫人员累计达10人以上的；（2）卖淫人员中未成年人、孕妇、智障人员、患有严重性病的人累计达5人以上的；（3）组织境外人员在境内卖淫或者组织境内人员出境卖淫的；（4）非法获利人民币100万元以上的；（5）造成被组织卖淫的人自残、自杀或者其他严重后果的；（6）其他情节严重的情形。

组织、强迫卖淫，并有杀害、伤害、强奸、绑架等犯罪行为的，依照数罪并罚的规定处罚。在组织卖淫犯罪活动中，对被组织卖淫的人有引诱、容留、介绍卖淫行为的，依照处罚较重的规定定罪处罚。但是，对被组织卖淫的人以外的其他人有引诱、容留、介绍卖淫行为的，应当分别定罪，实行数罪并罚。

本罪的主体是已满16周岁，发起、建立卖淫团伙，操纵、安排团伙内的人进行卖淫活动，协调卖淫组织中的活动，策划发展卖淫团伙的人。其可以是一人，也可以是数人。卖淫组织中的一般参与人员不构成本罪的主体。

（二）主观要件

本罪在主观方面是故意。至于行为人是否实际牟利，在所不问。

二、强迫卖淫罪

第三百五十八条①第一款　组织、强迫他人卖淫的，处五年以上十年以下有期徒刑，并处罚金；情节严重的，处十年以上有期徒刑或者无期徒刑，并处罚金或者没收财产。

组织、强迫未成年人卖淫的，依照前款的规定从重处罚。

犯前两款罪，并有杀害、伤害、强奸、绑架等犯罪行为的，依照数罪并罚的规定处罚。

强迫卖淫罪，是指以暴力、胁迫、虐待或其他强制方法，迫使他人卖淫的行为。

① 本条为《刑法修正案（九）》第42条所修改。

强迫，是指使用暴力、胁迫、虐待或其他强制方法，迫使他人卖淫。暴力，是指对被害人的人身实施直接的攻击，暴力程度应当达到使被害人反抗显著困难的程度。胁迫，是指以使用暴力、揭发隐私、利用从属关系等相威胁。虐待，是指对被强迫者进行肉体、精神上的种种摧残或折磨，如经常辱骂、强迫超体力劳动、有病不给治疗等。其他强制方法，是指行为人利用被害人患病之机或者使其处于醉酒、药物麻醉状态，导致被害人无力反抗或不知反抗，不得不从事卖淫行为。强迫行为中的暴力、胁迫、虐待必须达到足以使被害人失去意思决定能力，失去反抗自由，违背其意愿，忍辱屈从，被迫在他人控制之下进行卖淫活动的程度。

被强迫者可以是单个人，也可以是多人，其性别、年龄均在所不限。被强迫者应当是从未从事过卖淫活动的人，或者是曾经卖淫但拒绝再次卖淫的人。行为人误将有卖淫习性的人作为不愿卖淫者进行暴力强迫的，构成本罪的未遂。

强迫卖淫情节严重的，法定刑升格。根据最高人民法院、最高人民检察院《关于办理组织、强迫、引诱、容留、介绍卖淫刑事案件适用法律若干问题的解释》（2017 年 7 月 21 日）第 6 条的规定，强迫他人卖淫，具有下列情形之一的，应当认定为“情节严重”：（1）卖淫人员累计达 5 人以上；（2）卖淫人员中未成年人、孕妇、智障人员、患有严重性病的人累计达 3 人以上；（3）强迫不满 14 周岁的幼女卖淫；（4）造成被强迫卖淫的人自残、自杀或者其他严重后果；（5）其他情节严重的情形。

三、协助组织卖淫罪

第三百五十八条第三款[①] 为组织卖淫的人招募、运送人员或者有其他协助组织他人卖淫行为的，处五年以下有期徒刑，并处罚金；情节严重的，处五年以上十年以下有期徒刑，并处罚金。

协助组织卖淫罪，是指为组织卖淫的人招募、运送人员或者有其他协助组织他人卖淫行为的情形。

这里的招募，是指为组织卖淫的人招聘、挑选、召集卖淫的人员。运送，是指使卖淫妇女实现空间转移的一切方法。运送的工具种类、空间距离大小，均在所不问。协助组织他人卖淫行为，除为组织卖淫的人招募、运送人员外，还包括：在组织卖淫的各个环节按照组织者的指挥、安排、操纵、雇用为组织行为提供帮助，创造条件，如为组织者充当保镖、管账人、打手，按照组织者的指令外出充当皮条客，独立承担对付有关机关的检查任务等。

协助组织行为的目的是避免他人干涉、抗拒他人检查、防止嫖客闹事，最终维护卖淫组织的利益。不是在组织卖淫过程中，而是在强迫他人卖淫时充当打手的，则不能认定为协助组织卖淫罪，而应认定为强迫卖淫罪的共犯。本罪原本是组织卖淫罪的帮助犯，没有组织卖淫罪的构成，也就没有协助组织卖淫罪的构成，但刑法将其作为独立的实行行为看待，不以组织卖淫罪的从犯论处，不再适用刑法总则关于从犯的处罚原则（拟制的正犯）。

协助组织卖淫情节严重的，法定刑升格。根据最高人民法院、最高人民检察院《关于办理组织、强迫、引诱、容留、介绍卖淫刑事案件适用法律若干问题的解释》（2017 年 7 月 21 日）第 5 条的规定，协助组织他人卖淫，具有下列情形之一的，应当认定为“情节严重”：（1）招募、运送卖淫人员累计达 10 人以上的；（2）招募、运送的卖淫人员中未成年人、孕妇、智障人员、患有严重性病的人累计达 5 人以上；（3）协助组织境外人员在境内卖淫或者协助组织境

① 本款为《刑法修正案（八）》第 48 条所修改。

内人员出境卖淫的；(4) 非法获利人民币50万元以上的；(5) 造成被招募、运送或者被组织卖淫的人自残、自杀或者其他严重后果的；(6) 其他情节严重的情形。

在协助他人组织卖淫过程中表现突出，得到组织者赏识后，实际上发挥的作用与组织者相当的，应当以组织卖淫罪的实行犯看待，其行为不再构成本罪。

在具有营业执照的会所、洗浴中心等经营场所担任保洁员、收银员、保安员等，从事一般服务性、劳务性工作，仅领取正常薪酬，且无前述协助组织卖淫行为的，不认定其行为构成协助组织卖淫罪。

四、引诱、容留、介绍卖淫罪

第三百五十九条第一款　引诱、容留、介绍他人卖淫的，处五年以下有期徒刑、拘役或者管制，并处罚金；情节严重的，处五年以上有期徒刑，并处罚金。

引诱、容留、介绍卖淫罪，是指诱惑、勾引他人卖淫，为他人卖淫提供场所，或者介绍他人卖淫的行为。

引诱，是指以金钱、物质或其他利益，以及宣扬腐化堕落的生活方式等手段勾引、诱惑他人卖淫的行为。容留，是指在一定时期内为他人卖淫提供场所的行为；既可能是主动提供，也可能是应卖淫者的要求提供。介绍，是指在卖淫活动的实施者与接受者之间相互介绍，使卖淫人员的意图得到实现的行为。引诱、容留、介绍者是否具有营利目的，对成立本罪没有影响。

被引诱者应当是没有卖淫习性或者在被引诱的当时没有卖淫意思的人，也不能是幼女；被容留、介绍者应当是自愿实施卖淫行为的人。至于其性别、年龄，均非所问。

根据最高人民法院、最高人民检察院《关于办理组织、强迫、引诱、容留、介绍卖淫刑事案件适用法律若干问题的解释》(2017年7月21日) 第8条的规定，引诱、容留、介绍他人卖淫，具有下列情形之一的，应当以本罪定罪处罚：(1) 引诱他人卖淫的；(2) 容留、介绍2人以上卖淫的；(3) 容留、介绍未成年人、孕妇、智障人员、患有严重性病的人卖淫的；(4) 1年内曾因引诱、容留、介绍卖淫行为被行政处罚，又实施容留、介绍卖淫行为的；(5) 非法获利人民币1万元以上的。

利用信息网络发布招嫖违法信息，情节严重的，依照刑法第287条之一的规定，以非法利用信息网络罪定罪处罚；同时构成介绍卖淫罪的，依照处罚较重的规定定罪处罚。在实施引诱、容留、介绍卖淫行为过程中，与卖淫嫖娼人员群奸群宿、聚众淫乱的，原则上应以本罪和聚众淫乱罪并罚。

引诱、容留、介绍他人卖淫是否以营利为目的，不影响本罪的成立。

五、引诱幼女卖淫罪

第三百五十九条第二款　引诱不满十四周岁的幼女卖淫的，处五年以上有期徒刑，并处罚金。

引诱幼女卖淫罪，是指引诱不满14周岁的幼女卖淫的行为。

引诱，是指以各种利益为诱饵，诱惑不满14周岁的幼女卖淫的行为。这里的利益，除金钱、物质外，还包括外出旅游、留学、办理户口迁移等物质或非物质利益。此外，由于幼女认识事物、辨别是非的能力有限，所以使用欺骗手段使幼女卖淫，例如，以带幼女到娱乐场所活动为由，将其送到“地下妓院”的，也应当构成本罪。被引诱的幼女是否有卖淫习性或者在被引诱的当时是否有卖淫的意思，都对成立本罪没有影响。

引诱幼女卖淫过程中，与幼女发生性行为的，即使性行为不违背幼女的意愿，原则上也应当以引诱幼女卖淫罪与强奸罪并罚；为容留、介绍幼女卖淫而以带有诱惑性的语言挽留、劝说的，不构成本罪，应以容留、介绍卖淫罪处理。

被引诱卖淫的人员中既有不满14周岁的幼女，又有其他人员的，分别以引诱幼女卖淫罪和引诱卖淫罪定罪，实行数罪并罚。

本罪在主观方面是故意，行为人对被引诱的幼女不满14周岁具有明知。明知包括确实知道、可能知道、应当知道对方是未满14周岁的幼女的情况。如果根据案件的具体情况，因为幼女的隐瞒、欺骗或者其他客观原因无法知道对方是幼女而予以引诱的，不构成本罪，应按引诱卖淫罪处理。

六、传播性病罪

第三百六十条　明知自己患有梅毒、淋病等严重性病卖淫、嫖娼的，处五年以下有期徒刑、拘役或者管制，并处罚金。

传播性病罪，是指明知自己患有梅毒、淋病等严重性病而卖淫、嫖娼的行为。

（一）客观要件

本罪在客观方面表现为明知自己患有严重性病而卖淫、嫖娼的行为。

本罪的实行行为不是传播性行为而是严重性病患者卖淫、嫖娼行为本身。这里的“严重性病”，包括梅毒、淋病等。其他性病是否被认定为严重性病，应当根据《传染病防治法》等的规定，在卫生行政主管部门规定实行性病监测的性病范围内，依照其危害、特点与梅毒、淋病相当的原则，从严掌握。

本罪为抽象危险犯，并不以实际导致性病传播为要件。只要性病患者实施了卖淫、嫖娼行为，有足以造成性病传播的严重危险的，即构成本罪既遂。

明知自己患有严重性病，但被他人强迫，在丧失意思决定自由的情况下卖淫的，阻却违法性，不构成本罪。

不是通过卖淫、嫖娼途径传播性病，而是通过强奸、聚众淫乱等犯罪传播性病的，应按强奸罪、聚众淫乱罪从重处罚。根据最高人民法院、最高人民检察院《关于办理组织、强迫、引诱、容留、介绍卖淫刑事案件适用法律若干问题的解释》（2017年7月21日）第12条第2款的规定，具有下列情形之一，致使他人感染艾滋病病毒的，应当以故意伤害罪定罪处罚：（1）明知自己感染艾滋病病毒而卖淫、嫖娼的；（2）明知自己感染艾滋病病毒，故意不采取防范措施而与他人发生性关系的。

（二）主观要件

本罪在主观方面是故意，即行为人对于自己患有梅毒、淋病以及其他容易通过卖淫、嫖娼途径传染的严重性病具有明知仍卖淫、嫖娼。具有下列情形之一的，应当认定为行为人具有“明知”：（1）有证据证明曾到医院或其他医疗机构就医或者检查，被诊断为患有严重性病的；（2）根据本人的知识和经验，能够知道自己患有严重性病的；（3）通过其他方法能够证明行为人是明知的，如行为人告知他人自己有性病等。

构成本罪，不要求有传播性病的目的，所以，即使行为人明知自己患有严重性病，因而在卖淫、嫖娼时为防止性病传播而采取避免传播的措施的，仍然具有本罪的故意，构成本罪。

第十节 制作、贩卖、传播淫秽物品罪

一、制作、复制、出版、贩卖、传播淫秽物品牟利罪

第三百六十三条第一款 以牟利为目的，制作、复制、出版、贩卖、传播淫秽物品的，处三年以下有期徒刑、拘役或者管制，并处罚金；情节严重的，处三年以上十年以下有期徒刑，并处罚金；情节特别严重的，处十年以上有期徒刑或者无期徒刑，并处罚金或者没收财产。

制作、复制、出版、贩卖、传播淫秽物品牟利罪，是指以牟利为目的，制作、复制、出版、贩卖、传播淫秽物品的行为。

（一）保护法益

本罪侵害的法益是社会的善良风俗。行为是否侵害了作为社会法益的善良风俗，应该以社会中一般人的评价为标准。不同国家、不同时代、不同阶层的人由于其文化背景、宗教信仰、道德观念、价值取向及受教育程度等方面的差异，对淫秽物品的判断可能有不同，也即判断带有较强的主观性，但同一时代、同一文化背景中的人在评价标准方面具有一定的共性，刑法对淫秽物品的评价标准就必须与社会上多数人的评价标准保持一致。

本罪的行为对象是淫秽物品。淫秽物品，是指具体描绘性行为或者露骨宣扬色情的诲淫性的书刊、影片、录像带、录音带、图片以及其他淫秽物品。这些物品可能刺激人的性欲，侵害普通人的正常性羞耻心，对善良的社会风俗有违反。淫秽物品中除淫秽实物之外，淫秽的音像制品、印刷制品都是出版物。淫秽出版物，是指在整体上宣扬淫秽行为，而又没有艺术价值或科学价值的出版物。淫秽音像制品、印刷制品等出版物中所宣扬的淫秽行为包括以下内容：淫秽性地具体描写性行为、性交及心理感受；公然宣扬色情淫荡形象；淫秽性地描写或传授性技巧；具体描写乱伦、强奸或者其他犯罪的手段、过程或者细节，容易诱发犯罪的；具体描写少年儿童的性行为；淫秽性地具体描写同性恋的性行为或者其他性变态行为，或者具体描写与性变态有关的暴力、虐待、侮辱行为等。其他淫秽物品，包括具体描绘性行为或者露骨宣扬色情的诲淫性的视频文件、音频文件、电子刊物、图片、文章、短信息等互联网、移动通讯终端电子信息和声讯台语音信息。

是否属于淫秽物品，应当按照刑法关于淫秽物品的界定并结合社会上一般人的感受进行判断。有关人体生理、医学知识的科学著作、电子信息和声讯台语音信息，或包含有色情内容但有艺术价值的文学、艺术作品，不视为淫秽物品。

此外，对淫秽物品的判断，与宪法上对表现自由权的保护有关。小说、人体艺术摄影等有艺术性的东西可能有涉及淫秽性描写的内容，此时要判断其是否属于淫秽物品必须考虑艺术性是否能够从通常的性描写中得到升华，否则艺术性很高但淫秽性描写内容广泛存在的，也是淫秽物品。但是，对淫秽物品的判断必须结合作品整体加以考虑，在部分露骨的性描写存在的场合，也不应当承认其淫秽性。司法实践的立场是判断基准严格化，结合性描写的程度与方法、性描写内容在作品整体中所占的比重、作品表现的思想与性描写的关联性、作品的构成和展开等进行综合判断。

（二）客观要件

本罪在客观方面表现为制作、复制、出版、贩卖、传播淫秽物品的行为。

制作，是指生产、录制、摄制、编写、加工、印刷淫秽物品的行为。制作行为是带有原创

性的、产生淫秽物品的行为。制作的方式是手工还是现代化的机械生产，都不影响本罪成立。

复制，是对已有的淫秽物品进行仿造或重复制作，使之得到再现的行为，如复印、翻印、复录、抄写、翻拍等。复制和制作有时难以区分，也没有必要区分，例如，用现代科技大规模、批量式复制淫秽光盘的，可以视为制作行为。

出版，一般是指合法的出版单位非法编辑、印刷、发行淫秽书刊和音像制品的行为。不具有出版资格的单位或个人假借、盗用出版单位名义出版淫秽物品的，只是制作淫秽物品的行为。从操作方式上讲，出版是一种行业性的生产行为，有编辑、排版、装订、印刷等一套复杂的程序，一般的制作行为不是出版。

贩卖，是指对不特定或者多数人有偿地出让淫秽物品的行为。实际将淫秽物品交付对方或达成契约上的一致即成立贩卖；在邮寄的场合，淫秽物品到达买受人时是贩卖既遂。贩卖包括以出卖牟利为目的购买淫秽物品的行为，也包括自己制作、复制淫秽物品后又出卖的行为。单纯以自己收看或者收藏为目的而购买淫秽物品的，不是这里的“贩卖”。但是，直接向走私人非法收购走私进口的淫秽物品或者在内海、领海贩卖国家禁止进口的淫秽物品的，构成走私淫秽物品罪而不构成本罪。

贩卖淫秽物品行为和购买淫秽物品之间有对合关系，但是，刑法只处罚贩卖者。对于单纯购买淫秽物品、接受传播的人，刑法没有专门作出处罚规定，原则上其不成立贩卖淫秽物品牟利罪的教唆犯或者帮助犯。

传播，是指通过出租、出借、运输、携带、播放等方式使淫秽物品在社会上流散或者使淫秽物品的内容在社会上扩散的行为。使淫秽物品处于供不特定或者多数人浏览状态的公然陈列行为，也是传播。但是，违反海关法规，以牟利为目的，非法偷运、携带、邮寄淫秽物品进出国（边）境的，应构成走私淫秽物品罪。

根据最高人民法院、最高人民检察院《关于办理利用互联网、移动通讯终端、声讯台制作、复制、出版、贩卖、传播淫秽电子信息刑事案件具体应用法律若干问题的解释》（2004年9月3日）的规定，以牟利为目的，利用互联网、移动通讯终端制作、复制、出版、贩卖、传播淫秽电子信息的；利用聊天室、论坛、即时通信软件、电子邮件等方式，制作、复制、出版、贩卖、传播淫秽电子信息的，均成立本罪。

根据最高人民法院、最高人民检察院《关于利用网络云盘制作、复制、贩卖、传播淫秽电子信息牟利行为定罪量刑问题的批复》（2017年11月22日）的规定，对于以牟利为目的，利用网络云盘制作、复制、贩卖、传播淫秽电子信息的行为，应当以本罪追究刑事责任。同时，鉴于网络云盘的特点，不应单纯考虑制作、复制、贩卖、传播淫秽电子信息的数量，还应充分考虑传播范围、违法所得、行为人的一贯表现以及淫秽电子信息、传播对象是否涉及未成年人等情节，综合评估社会危害性，恰当裁量刑罚，确保罪责刑相适应。

本罪为选择性罪名，实施上述行为之一的，即可成立本罪；同时实施制作、贩卖、传播等行为的，也不数罪并罚。

（三）主观要件

本罪在主观方面是直接故意，行为人对于制作、复制、出版、贩卖、传播的物品具有淫秽性必须有所认识，同时具有牟利目的。以牟利为目的，并不需要行为人已经实际取得利益。未实际获利或者获利较少的，均不影响本罪成立。

（四）单位犯罪的处罚

根据刑法第366条的规定，单位犯本罪的，对单位判处罚金，并对其直接负责的主管人员和其他直接责任人员，依照自然人犯罪的规定处罚。

二、为他人提供书号出版淫秽书刊罪

第三百六十三条第二款　为他人提供书号，出版淫秽书刊的，处三年以下有期徒刑、拘役或者管制，并处或者单处罚金；明知他人用于出版淫秽书刊而提供书号的，依照前款的规定处罚。

为他人提供书号出版淫秽书刊罪，是指为他人提供书号，致使淫秽书刊得以出版的行为。

本罪的实行行为是提供书号。书号是国家新闻广电出版主管部门出具的允许出版凭条，表示国家相关主管部门对书刊出版的认可与批准。提供书号的行为必须发生了他人利用书号出版淫秽书刊的结果，如果他人并未利用该书号出版淫秽书刊，或者提供者在发现对方准备利用该书号出版淫秽书刊时及时制止、撤回书号，没有造成淫秽书刊流散的后果，或者提供书号事宜被有关部门发现而未能出版的，不成立本罪。被提供书号的人利用该书号出版淫秽书刊牟利的，构成出版淫秽物品牟利罪，而不构成本罪的共犯。

本罪在主观方面是过失，为他人提供书号本身是有意识实施的，但提供者对于他人利用书号出版淫秽书刊的结果发生并不明知，而是没有预见或轻信可以避免。明知他人出版淫秽书刊而以牟利为目的提供书号，构成出版淫秽物品牟利罪的共犯。出版行为被有关部门发现，及时制止的，提供者仍构成出版淫秽物品牟利罪的未遂犯。

根据刑法第366条的规定，单位犯本罪的，对单位判处罚金，并对其直接负责的主管人员和其他直接责任人员，依照自然人犯罪的规定处罚。

三、传播淫秽物品罪

第三百六十四条第一款　传播淫秽的书刊、影片、音像、图片或者其他淫秽物品，情节严重的，处二年以下有期徒刑、拘役或者管制。

第四款　向不满十八周岁的未成年人传播淫秽物品的，从重处罚。

传播淫秽物品罪，是指不以牟利为目的，在社会上传播淫秽书刊、影片、音像、图片或者其他淫秽物品，情节严重的行为。

传播，是指使淫秽物品的内容在公共场所或不特定多数人能够任意进入的场所扩散的一切行为。传播的方式有传抄、交换、赠与、散发、展示、播放、讲解等。传播是公然进行的还是私下实施的，都在所不问。不是在公共场所或者针对不特定多数人传播，而是在特定范围内（家庭成员之间、亲朋好友之间）传播淫秽物品的，不构成本罪。

根据最高人民法院、最高人民检察院《关于办理利用互联网、移动通讯终端、声讯台制作、复制、出版、贩卖、传播淫秽电子信息刑事案件具体应用法律若干问题的解释》的规定，不以牟利为目的，利用互联网或者移动通讯终端传播淫秽电子信息，数量达到以牟利为目的，制作、复制、出版、贩卖、传播淫秽物品行为规定标准的两倍的，或者数量分别符合两种以牟利为目的，制作、复制、出版、贩卖、传播淫秽物品的行为规定标准，或者造成严重后果的行为，为传播淫秽物品的行为。利用聊天室、论坛、即时通信软件、电子邮件等方式实施上述行为的，为传播淫秽物品行为。明知是淫秽电子信息而在自己所有、管理或者使用的网站或者网页上提供直接链接的，其数量标准根据所链接的淫秽电子信息的种类计算。以牟利为目的，通过声讯台向100人次以上传播淫秽语音信息、违法所得1万元以上或者造成严重后果的，对直接负责的主管人员和其他直接责任人员以传播淫秽物品牟利罪定罪处罚。实施前述行为，数量或者数额达到上述标准5倍以上的，认定为情节严重；达到规定标准25倍以上的，认定为情节特别严重。明知他人实施制作、复制、出版、贩卖、传播淫秽电子信息犯罪，为其提供互联网接入、服务器托管、网络存储空间、通讯传输通道、费用结算等帮助的，对直接负责的主管人员和其他直接责任人员，以共同犯罪论处。

根据刑法第366条的规定，单位犯本罪的，对单位判处罚金，并对其直接负责的主管人员和其他直接责任人员，依照自然人犯罪的规定处罚。

四、组织播放淫秽音像制品罪

第三百六十四条第二款 组织播放淫秽的电影、录像等音像制品的，处三年以下有期徒刑、拘役或者管制，并处罚金；情节严重的，处三年以上十年以下有期徒刑，并处罚金。

第三款 制作、复制淫秽的电影、录像等音像制品组织播放的，依照第二款的规定从重处罚。

第四款 向不满十八周岁的未成年人传播淫秽物品的，从重处罚。

组织播放淫秽音像制品罪，是指不以牟利为目的，组织播放淫秽电影、录像等音像制品的行为。

组织，是指为传播淫秽音像制品而筹划、安排和召集观众，寻找或提供播放淫秽音像制品的场所的行为。播放，是指操纵录像机、放映机、影碟机等传播淫秽物品的器材的行为。组织行为和播放行为必须同时具备，才能以本罪既遂处理。只有组织行为而未播放的，可能构成本罪未遂；只有播放行为而无组织行为的，不构成本罪，可以传播淫秽物品罪论处。

组织播放的是淫秽音像制品。淫秽音像制品，是指将声音和图像储存在一定载体之内，通过一定的转换装置才能显示的诲淫性电影、录像带、幻灯片、激光唱盘、激光视盘、电脑磁盘等。组织他人观看或收听的不是淫秽音像制品的，不构成本罪。例如，组织多人旁听由某人朗读的淫秽小说或者组织多人观看淫秽图片的，构成传播淫秽物品罪。

以牟利为目的组织播放淫秽音像制品的，应以传播淫秽物品牟利罪处理。聚众淫乱过程中组织播放淫秽物品的，原则上应当以本罪和聚众淫乱罪并罚。

根据刑法第366条的规定，单位犯本罪的，对单位判处罚金，并对其直接负责的主管人员和其他直接责任人员，依照自然人犯罪的规定处罚。

五、组织淫秽表演罪

第三百六十五条 组织进行淫秽表演的，处三年以下有期徒刑、拘役或者管制，并处罚金；情节严重的，处三年以上十年以下有期徒刑，并处罚金。

组织淫秽表演罪，是指组织多人进行淫秽表演的行为。

组织，是指主动策划、指挥、招募、聚集多人从事淫秽表演的行为。淫秽表演是指内容猥亵、格调低下，具体描绘性行为或者露骨宣扬色情的诲淫性表演，包括形体或语言的表演，如性交表演、脱衣舞、裸体舞或者其他有伤风化的表演。组织人和动物进行变态性行为的表演，也属于组织淫秽表演。组织者是否亲自参与淫秽表演，表演场合是否为公开，是否有不特定多数人观看，对成立本罪都没有影响。

组织卖淫过程中，为吸引嫖客，促成卖淫活动的进行，而组织淫秽表演的，只构成组织卖淫罪；聚众淫乱过程中，组织参与者进行淫秽表演的，只构成聚众淫乱罪，而不数罪并罚。组织播放淫秽音像制品过程中，组织、指使观看者、收听者仿照淫秽音像制品的内容进行表演的，原则上应以本罪和组织播放淫秽音像制品罪并罚。但是，组织淫秽表演者为利于被组织者观摩，以提高其表演技巧，而组织播放淫秽音像制品的，只构成本罪。

本罪的主体是淫秽表演的组织者。一般的参与表演人员、观看淫秽表演者，都不构成本罪的主体。

根据刑法第 366 条的规定，单位犯本罪的，对单位判处罚金，并对其直接负责的主管人员和其他直接责任人员，依照自然人犯罪的规定处罚。

第三编

侵害国家法益的犯罪

第六章　侵害国家作用的犯罪Ⅰ：贪污贿赂罪

第一节　概　述

贪污贿赂罪，是指国家工作人员利用职务上的便利，贪污、挪用公款、受贿，或者拥有不能说明来源的巨额财产，以及其他人员行贿、介绍贿赂，玷污国家工作人员职务行为的廉洁性、不可收买性的行为。

一、保护法益

本章罪侵害的法益是国家机关、国有公司、企业、事业单位及其工作人员职务行为的廉洁性、不可收买性。

贪污贿赂罪和其他渎职罪一样，属于侵犯国家作用的犯罪，即行为对国家的立法、行政、司法作用的正常发挥和公正运用有损害。渎职罪、贪污贿赂罪的设立是为了防止公职人员的腐败、堕落，对从国家机构内部侵害国家作用的犯罪给予惩治。

贪污罪、挪用公款罪、私分国有资产罪、私分罚没财物罪是违背职务行为廉洁性的行为，在多数情况下还产生了非法占有公共财物的后果。巨额财产来源不明罪、隐瞒境外存款罪侵犯了职务行为的廉洁性。而贿赂犯罪则主要侵犯了职务行为的不可收买性，行贿罪、对单位行贿罪、介绍贿赂罪、单位行贿罪还同时扰乱了国家机关、国有公司、企业、事业单位的正常活动和内部管理秩序。

二、客观要件

本章罪在客观方面表现为侵犯职务行为的廉洁性、不可收买性的行为，即国家工作人员利用职务上的便利，贪污、挪用公款、受贿，或者拥有不能说明来源的巨额财产，私分国有资产、私分罚没财物，或者国家机关、国有公司、企业、事业单位索取、收受贿赂的行为，以及其他人员行贿、介绍贿赂的行为。绝大多数犯罪通常表现为作为，巨额财产来源不明罪是不作为。

本章罪的主体多数是特殊主体，如贪污罪、挪用公款罪、受贿罪、单位受贿罪、巨额财产来源不明罪、隐瞒境外存款罪、私分国有资产罪、私分罚没财物罪的主体有的是国家工作人员，有的是国家机关、国有公司、企业、事业单位。行贿罪、对单位行贿罪、介绍贿赂罪、单位行贿罪的主体是一般主体，即不具有特殊身份的自然人或者单位。

三、犯罪类型

本章罪可以分为三类：第一类是广义上的贪污型犯罪，即国家工作人员利用职务上的便利，非法占有、使用公共财物或者巨额财产来源不明等犯罪行为。其具体包括：贪污罪、巨额财产来源不明罪、隐瞒境外存款罪、私分国有资产罪、私分罚没财物罪。第二类是挪用公款罪。第三类是贿赂犯罪，即国家机关、国有公司、企业、事业单位及其工作人员利用职务便利，索取、收受贿赂的犯罪以及使贿赂行为得以实现的相关犯罪，包括受贿罪、单位受贿罪、行贿罪、对单位行贿罪、介绍贿赂罪、单位行贿罪。

第二节 贪污犯罪

一、贪污罪

第三百八十二条 国家工作人员利用职务上的便利，侵吞、窃取、骗取或者以其他手段非法占有公共财物的，是贪污罪。

受国家机关、国有公司、企业、事业单位、人民团体委托管理、经营国有财产的人员，利用职务上的便利，侵吞、窃取、骗取或者以其他手段非法占有国有财物的，以贪污论。

与前两款所列人员勾结，伙同贪污的，以共犯论处。

第三百八十三条① 对犯贪污罪的，根据情节轻重，分别依照下列规定处罚：

（一）贪污数额较大或者有其他较重情节的，处三年以下有期徒刑或者拘役，并处罚金。

（二）贪污数额巨大或者有其他严重情节的，处三年以上十年以下有期徒刑，并处罚金或者没收财产。

（三）贪污数额特别巨大或者有其他特别严重情节的，处十年以上有期徒刑或者无期徒刑，并处罚金或者没收财产；数额特别巨大，并使国家和人民利益遭受特别重大损失的，处无期徒刑或者死刑，并处没收财产。

对多次贪污未经处理的，按照累计贪污数额处罚。

犯第一款罪，在提起公诉前如实供述自己罪行、真诚悔罪、积极退赃，避免、减少损害结果的发生，有第一项规定情形的，可以从轻、减轻或者免除处罚；有第二项、第三项规定情形的，可以从轻处罚。

犯第一款罪，有第三项规定情形被判处死刑缓期执行的，人民法院根据犯罪情节等情况可以同时决定在其死刑缓期执行二年期满依法减为无期徒刑后，终身监禁，不得减刑、假释。

贪污罪，是指国家工作人员利用职务上的便利，侵吞、窃取、骗取或者以其他手段不法取得公共财物的行为。

（一）保护法益

本罪侵害的法益是双重的：一方面是国家工作人员职务行为的廉洁性，另一方面是公共财物的所有权。国家工作人员利用职务上的便利，侵吞、窃取、骗取或者以其他手段非法占有公共财物的行为，既使国家对其职务行为廉洁性的期待落空，也使公共财物的占有被非法转移，所以具有比普通侵犯财产罪更为严重的危害。

本罪的行为对象主要是公共财物。公共财物包括国有财产、劳动群众集体所有的财产以及用于扶贫和其他公益事业的社会捐助或者专项基金的财产。公共财物即使没有交易上的经济价值，也可以成为本罪的对象，例如，国有金融机构工作人员误以收缴来的假币为真币而利用职务之便加以窃取时，仍然可以成立贪污罪未遂。在国有公司、企业、事业单位和人民团体管理、使用或运输中的私人财产，以公共财物论。国有单位取得对私人财产的支配权的方式是否合法，并不影响犯罪成立。

贪污的公共财物一般来说是本人直接占有的财物，但是对他人占有、共同占有的财物，行

① 本条为《刑法修正案（九）》第44条所修改。

为人利用职务上的便利可以支配、取得的，它们也可以成为本罪的侵害对象。此外，对这里的“公共财产”也并不要求是国有单位合法占有的财产，例如，A国有公司工作人员甲经单位同意以明显高于市场的价格向自己的亲友乙经营管理的单位采购商品，但事前约定货款中的一部分必须返还给A公司作为小金库收入的，如甲将返还款非法占为已有，仍然可能成立本罪。

需要说明的是，本罪的对象通常是公共财物①，但在特殊情况下，也可能是公共财物之外的其他财产（包括民营企业的财产）。国有公司、企业或者其他国有单位中从事公务的人员和国有公司、企业或者其他国有单位委派到非国有公司、企业以及其他单位从事公务的人员，将公司、企业财产非法占为己有的，依照贪污罪的规定定罪处罚。在这里，重视的是国家工作人员的身份和行为性质（从事公务），而非财产性质。因此，对于成立本罪而言，被侵吞、窃取或者骗取的财物是否为公共财物，有时对于定罪并不重要，只要财物具有他人性即可。

（二）客观要件

本罪在客观方面表现为国家工作人员利用职务上的便利，不法取得公共财物的行为。

1. 利用职务上的便利

利用职务上的便利，是指利用职权范围内主管、管理、直接经手公共财物的职权和便利条件。主管，是指具有调拨、转移、使用或者以其他方式支配公共财产的职权，如国家机关、国有企业处于领导地位的人享有的在一定范围内支配、审批公共财物的权利。管理，是指具有监守或保管公共财物的职权，如会计员、出纳员、保管员所享有的权利。经手，是指具有领取、支出等经办公共财物，或者使财物处于流转状态的权限。最高人民检察院《关于人民检察院直接受理立案侦查案件中立案标准的规定（试行）》（1999年9月16日）指出，贪污罪中的“利用职务上的便利”，是指利用职务上主管、管理、经手公共财物的权力及方便条件。主管，是指行为人本人虽然不具体管理、经手公共财物，但是对公共财物具有调拨、统筹、使用的决定权、决策权。例如，国家行政机关中的县长、处长等在一定范围内拥有调配、处置本单位甚至下属单位公共财物的权利。管理，是指具有监守、保管、使用公共财物的职权。例如，国家机关、国有公司、企业、事业单位、人民团体的会计、出纳具有管理本单位财务、直接掌管资金的权利。经手，是指具有领取、支出等经办公共财物的某些方便条件。

不是利用执行职务的便利非法占有公共财物，而是利用因工作关系形成的某些方便条件，如因工作关系而熟悉作案环境、凭借工作人员身份可进出某些机关、容易接近作案目标等方便条件，实施窃取、诈骗公共财物行为的，不构成本罪，而应构成盗窃、诈骗等财产犯罪。例如，某日下午下班时，A市建设银行某储蓄所记账员李某发现本所出纳员陈某将2万元营业款遗忘在办公桌抽屉内（未锁）。当日下班后，李某趁所内无人之机，返回所内将该2万元取出，用报纸包好后藏到自己办公桌下面的垃圾袋中，并用纸箱遮住垃圾袋。次日上午案发，赃款被他人找出。由于李某并不属于真正的“利用职务上的便利”，因而不构成贪污罪，而构成盗窃罪。

2. 贪污手段

贪污必须以侵吞、窃取、骗取或者其他手段实施。

侵吞，是指行为人将自己管理或经手的公共财物非法转归自己或他人所有的行为，包括将自己管理或经手的公共财物加以隐匿、扣留，应上交的不上交，应支付的不支付，应入账的不入账；将公共财物非法转卖或擅自赠送他人；将追缴的赃款赃物或罚没财物私自用掉或非法据

① 因此，本书将贪污罪的对象（行为客体）按通常情形表述为“公共财物”。

为己有。

窃取，是指将自己管理、使用的公共财物以秘密窃取手段转归自己控制的行为（监守自盗），如国有金融机构出纳员利用保管存款的条件窃取存款。盗窃罪中的窃取是以平和方式取得财物，并不以秘密实施为限；贪污罪中的窃取一般限于秘密实施取得财物的行为，所以其比盗窃罪中窃取的含义狭窄，否则就可以被认定为侵吞。

骗取，是指采取虚构事实、隐瞒真相的方法占有公共财物的行为。例如，国有公司负责人用涂改伪造的单据，谎报、冒领公款；工地负责人多报购买材料的支出从中骗取公款的。

其他手段，是指除侵吞、窃取、骗取以外的非法占有公共财物的方法。利用公款私存坐吃利息；将公款支付给对方又以回扣名义部分索回；国家工作人员在国内公务活动或者对外交往中接受礼物应交公而不交公的，都属于以其他方法非法占有公共财物的情形。

此外，根据刑法第 394 条的规定，国家工作人员在国内公务活动或者对外交往中接受礼物，依照国家规定应当交公而不交公，数额较大的，依照本罪定罪处罚。

3. 不法取得他人财物

不法取得，是指将财物转移为行为人占有。其既可能是对财物法律上的占有，也可能是对财物事实上的占有。

行为人取得对主要为公共财物的他人财物的支配时，为本罪既遂。已经着手实施侵吞、窃取、骗取行为，但由于意志以外的原因未不法取得公共财物的，成立本罪未遂，例如，已做好假账但在银行划款时被发现的，即是犯罪未遂。基于贪污故意，非法占有公共财物之后，将赃款赃物用于单位公务支出或者社会捐赠的，不影响贪污罪的认定，其犯罪数额不予扣减，但在量刑时可以予以酌情考虑。

严格地说，本罪并没有数额限制，贪污公共财物无论价值多少都构成本罪。这样的解释，既与刑法第 383 条第 1 款第 1 项关于贪污行为有其他较重情节即可定罪的规定相一致，也符合对国家工作人员严格要求以保持其廉洁性的立法旨趣。当然，贪污数额过于微小，又未造成严重后果或没有其他较重情节的，不作为犯罪处理。

4. 国家工作人员

本罪的主体是特殊主体，即国家工作人员。

(1) 刑法第 93 条规定的国家工作人员。

根据刑法第 93 条的规定，国家工作人员，是指国家机关中从事公务的人员。国有公司、企业、事业单位、人民团体中从事公务的人员和国家机关，国有公司、企业、事业单位委派到非国有公司、企业、事业单位、社会团体从事公务的人员，以及其他依照法律从事公务的人员，以国家工作人员论。国家工作人员的范围应该包括四种类型。

首先是国家机关中从事公务的人员，即在各级国家权力机关、监察机关、司法（审判、检察）机关、行政机关、军事机关中从事公务的人员。中国共产党的各级机关、中国人民政治协商会议的各级机关中从事公务的人员，属于国家机关工作人员。

其次是在国有公司、企业、事业单位、人民团体中从事公务的人员，具体包括：第一，国有公司、企业中从事公务的人员。国有公司是指公司财产完全属于国家所有的公司；国有企业是指财产完全属于国家所有的从事生产、经营活动的经济联合体。国有独资公司、企业和国有控股公司、企业都是国有公司、企业。国有控股公司、企业中因为存在非国有资本，不再是典型的国有公司、企业。但是，代表国有资本出资人的管理人员属于国有公司、企业委派到非国有公司、企业从事公务的人员，也是国家工作人员，其国家工作人员身份的有无取决于是否从事公务。所以，在公司、企业中，国家工作人员这一主体的确定取决于是否受委派，从而代表国有公司、企业行使管理职责。第二，国有事业单位中从事公务的人员。国有事业单位是指国家投资兴办管理的科研、教育、文化、卫生、体育、新闻、广播、出版等单位。国有事业单位工作人员一直被视为国家工作人员，国有事业单位中从事劳务的工勤人员不是从事公务的人员。但是集体事业单位，如农村卫生院、村办中小学等，私营或民营（实为私有）的事业单位，如私营科研机构、民办中小学、图书馆、博物馆等，是由集体出资或私人出资设立的，其工作人员不是国家工作人员。第三，人民团体中从事公务的人员。人民团体是具有官方和半官方性质的团体，如各民主党派、工会、妇联、共青团等，其中从事公务的人员一直都被视为国家工作人员，与根据有关社会团体登记管理法规成立的，在民政部门登记注册的社会团体中的工作人员不同。

再次是国家机关、国有公司、企业、事业单位委派到非国有公司、企业、事业单位、社会团体从事公务的人员。委派，主要指在一些具有国有资产成分的中外合资企业、合作企业和股份制企业当中，国有公司、企业或其他有关国有单位为了行使对所参与的国有资产的管理权，而派驻管理人员。也包括有的国家机关、国家事业单位委派一些人员到非国家事业单位、社会团体中从事公务。一般不包括国家机关、国有公司、企事业单位为了加强指导、监督而委派人员到没有国有资产投资的非国有单位中。委派对象必须是在接收单位中从事公务的人员。从事公务是国家工作人员的本质属性，构成国家工作人员的核心因素。国有单位委派到非国有单位从事公务的人员，在委派前无论其是否具有国家工作人员身份，均应按国家工作人员对待。这是因为从事公务是刑法中国家工作人员的本质特征。委派单位委派到非国有单位从事公务的人员之所以以国家工作人员论，在于其代表国有单位在非国有单位中行使对国有资产的管理权，因此关注委派对象原来在委派单位是否从事公务，即是否具有国家工作人员身份已无实际意义。换言之，委派的本质是单位对内部人员的委任、派遣，被委派的人员在性质上是属于委派单位内部的人员，其原来是否具有国家工作人员身份，是否属于委派单位临时从社会上聘用来的，在所不问。根据最高人民法院《关于如何认定国有控股、参股股份有限公司中的国有公司、企业人员的解释》（2005年8月1日）的规定，国有公司、企业委派到国有控股、参股公司从事公务的人员，以国有公司、企业人员论。

最后是其他依照法律从事公务的人员。包括各政党中从事公务的人员，基层群众性自治组织（居民委员会、村民委员会）中经手、管理财物的人员。而集体所有制企业的承包经营者都不再是从事公务的人员。居民委员会、村民委员会是基层群众性自治组织，其工作人员虽然是由城市辖区居民和农村村民选举产生，但是选举产生后的工作人员从事的是社区服务性工作，为基层群众服务，不是为国家服务，因而不是从事公务。但是，村民委员会等村基层组织人员协助人民政府从事救灾、抢险、防汛、优抚、扶贫、移民、救济款物的管理，社会捐助公益事业款物的管理，国有土地的经营和管理，土地征用补偿费用的管理，代征、代缴税款，有关计划生育、户籍、征兵工作以及其他行政管理工作时，属于其他依照法律从事公务的人员。①

上述四大类国家工作人员的本质特征不仅仅在于其具有特殊身份，而主要在于其行为，即是否实际从事公务。无论是国家机关人员，还是国有公司、企业、事业单位、人民团体中的人员，抑或国有单位委派到非国有单位中的人员，都必须从事公务才能属于国家工作人员。认定行为人是否是国家工作人员，关键是看其是否从事公务。只以行为人有无人事部门的履历表、是否属于国家干部编制、是干部身份还是工人身份、是否享受国家福利待遇等作为认定国家工

---

① 参见全国人大常委会《关于〈中华人民共和国刑法〉第九十三条第二款的解释》（2000年4月29日）。

作人员的标准，是不妥当的。

公务是与劳务相对而言的一个概念。从事公务，是指依法行使一定职权、履行一定职务的活动，一切公务活动都直接或间接地表现出对国家和社会公共事务的管理活动。劳务，则是指单纯的体力劳动或者技术劳动。但是在实践中，往往对行为人从事的到底是公务还是劳务有争议。比如，国家机关、国有公司、事业单位、人民团体或者国有单位委派到非国有单位中担任购销员、售货员、售票员（包括医院门诊收费人员）、仓库保管员、出纳、会计等之类的人员的工作，是公务还是劳务？如果认为他们只是经手有关费用，其工作属于劳务；如果认为这些人不仅收取费用，还负有保管这些费用的职责，尽管这种保管职责是暂时的，但毕竟也算保管，因此他们从事的就是公务，其利用职务上的便利非法侵吞相关款额的，就应当以贪污罪定罪处罚。所以，需要确立公务和劳务区分的一般标准。

我认为，公务仅指对公共事务进行管理的、带有行政性质的事务。从事公务，一般是指在国家机关、国有公司、企业、事业单位、人民团体或者受国有单位委派在非国有单位从事具有组织、领导、监督、指挥、管理性质的活动，即在国家事务中组织、领导、协调等具有管理性的活动①，其本质特征是管理性、职权性。一种活动不具有管理性，就不是公务而是劳务。例如，国有单位的货物押运员、仓库保管员、出纳、会计等，他们的活动就是保管货款货物，具有管理性，便属于公务。而高校教师、科研机构的研究人员、工程师等虽然也享受国家的工资福利待遇，具有国家干部身份，但是，他们的教学、科研活动是专业性活动，而不是管理性的活动，所以从事的是劳务。因此，即使行为人具有国家工作人员身份，但明显从事的是劳务活动而非公务活动时，不成立本罪。对于如何区分是从事公务还是提供劳务，最高人民法院《全国法院审理经济犯罪案件工作座谈会纪要》（2003 年 11 月 13 日）指出：从事公务，是指代表国家机关、国有公司、企业、事业单位、人民团体等履行组织、领导、监督、管理等职责。公务主要表现为与职权相联系的公共事务以及监督、管理国有财产的职务活动。如国家机关工作人员依法履行职责，国有公司的董事、经理、监事、会计、出纳人员等管理、监督国有财产等活动，都属于从事公务。那些不具备职权内容的劳务活动、技术服务工作，如售货员、售票员等所从事的工作，不能认为是公务。

公司、企业、集体经济组织或者其他单位的人员利用职务上的便利，以侵吞、窃取、骗取等方式侵占本单位财物的，构成职务侵占罪。

（2）受委托管理、经营国有财产的人员。

根据刑法第 382 条第 2 款的规定，受国家机关、国有公司、企业、事业单位、人民团体委托管理、经营国有财产的人员，利用职务上的便利，侵吞、窃取、骗取或者以其他手段非法占有国有财物的，以贪污论。所以，受委托的人也可以成为本罪主体。委托是基于信任或者合同等其他关系而产生的权利义务关系，被委托人与委托单位是一种平等的关系。受委托最典型的情形就是个人与国有企业签订承包、租赁合同，依照合同约定对国有企业进行管理、经营。国有企业的承包人、租赁人可以构成贪污罪，但不能视为被“委派”的人员而成为受贿罪、挪用公款罪的主体。受委托的人员与委派人员（刑法第 93 条第 2 款规定的国家机关、国有公司、企业、事业单位委派到非国有公司、企业、事业单位、社会团体从事公务的人员）不同，委派人员的国家工作人员身份可能在委派前就存在或者已经确立，而受委托人员的国家工作人员身份在受托前不存在，受托后才产生。国有企业的承包经营者是受委托从事公务的人员。国家所有的生产资料、资金交由个人承包经营的，承包者在生产或经营过程中虽然具有独立的地位，

① 参见王作富：《中国刑法研究》，626 页，北京，中国人民大学出版社，1988。

但却是通过合同形式受国有企业的委托或授权，对国有财产行使经营管理权的，因此，承包经营者应被视为受委托从事公务的人员。

这里的"委托"应当具备两个特征：一方面，委托人是国家机关、国有公司、企业、事业单位、人民团体本身。这些单位的内部机构、部门未经单位同意对非国家工作人员作出的委托，不能被视为有效。也就是说，委托必须真正体现国有单位的整体意志。另一方面，委托的内容必须限于对国有资产进行管理、经营。最高人民检察院《关于人民检察院直接受理立案侦查案件立案标准的规定（试行）》（1999 年 9 月 19 日）指出："受委托管理、经营国有财产"是指因承包、租赁、聘用等而管理、经营国有财产。最高人民法院《全国法院审理经济犯罪案件工作座谈会纪要》（2003 年 11 月 13 日）规定："受委托管理、经营国有财产"是指因承包、租赁、临时聘用等管理、经营国有财产。两个规定都认为承包、租赁和聘用是受委托的主要方式，但最高人民法院纪要认为聘用包括"临时聘用"。这是因为长期受聘用的人员直接可视为国家工作人员，而临时聘用人员由于尚未与国有单位形成固定的劳动关系，难以直接认定为国家工作人员，但其又与国有单位存在委托关系，因此可以视为受委托型的国家工作人员。

如何认定临时聘用人员的主体身份，在实践中发生了一些难题。例如，甲国有进出口公司在销售产品后有大量货款不能及时收回，便找到社会人员王某，并与其签订了书面协议，双方约定如王某为甲公司索要到货款，即可获取到账资金 10%的提成。其后，王某带着该国有公司的介绍信和授权委托书四处索债，当追讨到 300 万元货款后，王某携款潜逃。王某是否属于受委托型国家工作人员？肯定意见认为，由于甲公司与被告人王某签订了以后者帮助公司追讨货款并按比例提成为内容的协议，双方之间建立了平等的委托与被委托的关系，王某属于"受国有公司委托管理国有财产的人员"，其利用职务上的便利侵吞国有财产，成立贪污罪。对此，我持否定态度。在适用刑法第 382 条第 2 款认定"临时聘用"人员的主体身份时，必须注意：聘用的临时性是就聘用的方式而言的，不是就委托管理的内容而言的。虽然是临时聘用，但委托管理的活动必须是具有一定的稳定性和反复持续性的业务（公务）。只是偶尔或临时一次受委托管理公共财物，带有临时一次性特征，不属于受委托型的国家工作人员。王某作为甲公司委托追讨公司货款的人员，只是受该国有公司临时性地委托从事一项工作，尽管这项工作使行为人有机会接触国有公司的公共财物，但由于其进行这项工作不具有相对的稳定性，因而不能视为在国有公司中从事公务。更重要的是，根据刑法第 382 条第 2 款的规定，行为人必须管理、经营国有财产的，才有可能被视作国家工作人员。这里的管理、经营不是"经手"。管理，是指依职务身份监守或保管国有资产的活动。经营，是指行为人在对国有资产具有管理职权的前提下，将国有资产投入市场，作为资本，使其增值的商业活动，标志着对国有财物具有处分权，是管理活动的延伸。而经手只不过是财物的"过手"，是指行为人对财物享有的领取、使用、支出的权限，目的是确保财物在极其短暂的时间内能够流转，而不是由行为人在相当长的时间内基于管理经营目的加以控制、支配。在本案中，王某仅仅是经手国有财产的人，不能对其适用刑法第 382 条第 2 款的规定，而应以职务侵占罪定罪处罚。

（3）国家出资企业的国家工作人员。

根据最高人民检察院、最高人民法院《关于办理国家出资企业中职务犯罪案件具体应用法律若干问题的意见》（2010 年 11 月 26 日）第 6 条的规定，对国家出资企业（包括国家出资的国有独资公司、国有独资企业，以及国有资本控股公司、国有资本参股公司）中"国家工作人员"的认定：其一，经国家机关、国有公司、企业、事业单位提名、推荐、任命、批准等，在国有控股、参股公司及其分支机构中从事公务的人员，应当认定为国家工作人员。具体的任命机构和程序，不影响国家工作人员的认定。其二，经国家出资企业中负有管理、监督国有资产职责的组织批准或者研究决定，代表其在国有控股、参股公司及其分支机构中从事组织、领导、监督、经营、管理工作的人员，应当认定为国家工作人员。其三，国家出资企业中的国家工作人员，在国家出资企业中持有个人股份或者同时接受非国有股东委托的，不影响其国家工作人员身份的认定。

上述三种情形中，在实务中有争议的是第二种，焦点在于如何理解“国家出资企业中负有管理、监督国有资产职责的组织”的含义。例如，甲在担任某国有运输集团生产业务部生产调度室经理期间，利用负责该集团下属的港区码头货物装卸、船舶到港、浮吊作业计划、分配、调度和管理等职务便利，先后多次修改收、发货数据，侵吞本单位收入，数额巨大的，是构成贪污罪还是职务侵占罪?[①] 法院经审理后查明，该国有运输集团于10年前改制为国有控股、中外合资的股份有限公司。甲在该集团的职务变动，由其上级部门领导个人提出聘任意见，经人事组织部审核后，由公司总裁在总部机关职工岗位变动审批表上签署“同意”的意见即可。对被告人甲如何定罪，取决于如何理解最高人民法院、最高人民检察院《关于办理国家出资企业中职务犯罪案件具体应用法律若干问题的意见》第6条第2款的规定：如果甲系经国家出资企业中负有管理、监督国有资产职责的组织批准或者研究决定，代表其在国有控股、参股公司及其分支机构中从事组织、领导、监督、经营、管理工作的人员，对其就应当治以贪污罪。但对“负有管理、监督国有资产职责的组织”的理解，存在两种观点：一种观点是，该组织不仅包括国家出资企业中的领导部门和“党政联席会议”，还包括公司股东会、董事会、监事会以及公司人事部门。该主张的不足是导致国家工作人员的范围过广。另一种观点是，该组织仅包括国家出资企业中的党委领导部门或“党政联席会”。实务中，一般采纳第二种观点。换言之，国有控股、参股公司及其分支机构中的人员，未经国家出资企业中的党委领导部门、“党政联席会议”任命，仅由公司经理层或总裁签署决定任命的，不被认定为国家工作人员，不是贪污罪（受贿罪）的主体。因此，对被告人甲应当以职务侵占罪论处。

（4）骗取国家工作人员身份的情形。

根据最高人民法院研究室《关于对行为人通过伪造国家机关公文、证件担任国家工作人员职务并利用职务上的便利侵占本单位财物、收受贿赂、挪用本单位资金等行为如何适用法律问题的答复》（2004年3月30日）的规定，行为人通过伪造国家机关公文、证件担任国家工作人员职务以后，又利用职务上的便利实施侵占本单位财物行为（以及收受贿赂、挪用本单位资金等行为），构成犯罪的，应当分别以伪造国家机关公文、证件罪和相应的贪污罪（以及受贿罪、挪用公款罪等）追究刑事责任，实行数罪并罚。此时，主要是考虑到虽然行为人的身份虚假，但其通过相关欺骗行为得到任命之后，在实际行使国家工作人员的职权，基于该职权能够实施渎职犯罪行为。

（三）主观要件

本罪的主观方面是故意，并且具有非法占有公共财物的目的（目的犯）。行为人对财物的公共性有所认识，具有不法取得公共财物的故意。非法占有公共财物，包括将公共财物在事实上占为自己所有，也包括将公共财物取得后转移给他人。贪污公共财物之后将其转送给慈善机构或作其他捐赠的，仍然具有本罪的故意。

实践中出现行为人套取财政资金，并改变其用途的情形。例如，甲指使下属伪造材料，将政府基本公共卫生服务补助资金50万元套取到其所在医院后，没有用于规定的相关人员支出

① 在行为人利用职务便利收受他人财物的场合，自然也就存在其构成受贿罪还是非国家工作人员受贿罪的争议。因此，对国家出资企业人员身份地位的讨论，也适用于贪污罪之外的其他渎职犯罪。

以及为开展基本公共卫生服务所需必要的耗材等公用经费支出，而是用于（购买设备、基本建设、会议培训、购买药品及非公共卫生人员的工资、奖金、保险金支出等）专项补助资金明令禁止的支出，挤占了该50万元基本公共卫生专项资金的，其不具有非法占有目的，不构成本罪，但有可能成立滥用职权罪。根据《全国法院审理经济犯罪案件工作座谈会纪要》（2003年11月13日）的规定，国家机关工作人员为了本单位利益，实施滥用职权、玩忽职守行为，构成犯罪的，依照刑法第397条第1款的规定定罪处罚。本案行为人擅自改变资金用途，势必使得相应特殊群体无法得到对应资金数额项下的服务，使得该部分特殊群体对应当接受的服务无法享受，其利益遭受重大损失，因此，被改变资金用途的总额就是行为人造成损失的犯罪数额。

不具有非法占有公共财物的目的，而是暂时借用、挪用公共财物的，不构成本罪，而构成挪用公款罪。

（四）共犯问题

1. 伙同贪污的定罪

刑法第382条第3款规定，当国家工作人勾结，伙同贪污的，以共犯论处。实践中，大量发生国家工作人员和非国家工作人员相互勾结，共同取得公共财物的案件。但是，关于对类似案件如何处理，一直有争议。例如，负责拆迁的国家工作人员甲明知乙虚构拆迁面积，为尽快完成拆迁任务或者谋取个人利益，而按照虚构后的面积给予乙补偿，乙由此多得50万元补偿款，后送给甲10万元。有的司法机关对甲、乙均定贪污罪；有的司法机关对甲定受贿罪，对乙定诈骗罪、行贿罪；有的司法机关则对甲定滥用职权罪，对乙定诈骗罪。

“伙同国家工作人员贪污的，以共犯论”的规定，考虑了身份犯（义务犯）的法理，即有身份的人和无身份的人共同犯罪的，是否实施了某种实行行为、是否存在行为的支配性并不重要，关键要考虑有身份者是否履行其义务。按照这一原理，前例中，对甲、乙应以贪污罪共犯论处，其中，甲贪污的数额是50万元（分得赃款10万元）；乙构成贪污罪共犯（犯罪数额50万元，分得赃款40万元）、诈骗罪的想象竞合犯，最终以重罪贪污罪共犯（从犯）处理。

因此，在伙同贪污的场合，在定罪时需要遵循以下原则：(1) 国家工作人员参与作假并收受财物的，若没有对国家工作人员身份、职务的利用，犯罪完全不可能实施，因此，其和无身份者构成贪污罪共犯，其收受财物行为的实质是共同贪污后的分赃，不再定受贿罪。(2) 仅仅将参与作假的国家工作人员收受少量财物的行为认定为受贿罪，会评价不足，放纵罪犯，也不利于保护公共财物。(3) 如果有身份者和无身份者事前勾结，无身份者已经告知对方有关真相，国家工作人员谈不上被骗，因此，认定取得财物的非国家工作人员构成诈骗罪就是不合适的。(4) 国家工作人员在履行职责过程中，伙同他人伪造或使用虚假材料骗取公共财物的，构成滥用职权罪和贪污罪的想象竞合犯，应以重罪（通常是贪污罪）处理。如果仅定滥用职权罪，没有周延地保护法益，没有对行为进行充分评价，并不合适。

2. 共犯的量刑

在共同贪污中，个人贪污数额，不是泛指整个共同犯罪的数额，也不是指分赃数额，而是指个人应当承担责任的数额。对此，应根据刑法总则关于各共犯人承担责任的原则确定。《全国法院审理经济犯罪案件工作座谈会纪要》（2003年11月13日）指出：刑法第383条第1款规定的个人贪污数额，在共同贪污犯罪案件中应理解为个人所参与或者组织、指挥共同贪污的数额，不能只按个人实际分得的赃款数额来认定。例如，甲、乙、丙共同贪污150万元的，由于主犯按其所参与的全部犯罪承担责任，故甲的贪污数额按150万元计算；如果从犯乙参与贪污100万元，则其个人贪污数额为100万元；如果从犯丙参与贪污50万元，则其个人贪污数额为50万元，即从犯以其参与的贪污数额作为其个人贪污数额，并依照刑法第27条第2款的规定，从轻、减轻处罚或者免除处罚。

（五）刑罚适用

1. 量刑规定

刑法第383条第1款规定，对犯贪污罪的，根据情节轻重，分别依照下列规定处罚：(1) 贪污数额较大或者有其他较重情节的，处3年以下有期徒刑或者拘役，并处罚金。(2) 贪污数额巨大或者有其他严重情节的，处3年以上10年以下有期徒刑，并处罚金或者没收财产。(3) 贪污数额特别巨大或者有其他特别严重情节的，处10年以上有期徒刑或者无期徒刑，并处罚金或者没收财产；数额特别巨大，并使国家和人民利益遭受特别重大损失的，处无期徒刑或者死刑，并处没收财产。

上述量刑标准采用数额加情节的方式，不是单纯考虑犯罪数额，能够较为全面地反映个案中贪污行为的社会危害性，相对合理和符合审判需要，能够尽量减少实践中贪污十几万元、数十万元和贪污上百万元、上千万元的案件判处的刑期差别不大，甚至有的判处相同刑罚，无法合理拉开有关犯罪的量刑档次的现象，有利于惩治贪腐犯罪和实现量刑均衡。因此，司法机关办理贪污案件应当注意避免唯数额论的弊端。

最高人民法院、最高人民检察院《关于办理贪污贿赂刑事案件适用法律若干问题的解释》(2016年4月18日) 第1条第1款规定，贪污数额在3万元以上不满20万元的，应当认定为本罪的数额较大。其第2款规定，贪污数额在1万元以上不满3万元，具有下列情形之一的，应当认定为刑法第383条第1款规定的"其他较重情节"：(1) 贪污救灾、抢险、防汛、优抚、扶贫、移民、救济、防疫、社会捐助等特定款物的；(2) 曾因贪污、受贿、挪用公款受过党纪、行政处分的；(3) 曾因故意犯罪受过刑事追究的；(4) 赃款赃物用于非法活动的；(5) 拒不交代赃款赃物去向或者拒不配合追缴工作，致使无法追缴的；(6) 造成恶劣影响或者其他严重后果的。

前述司法解释第2条规定：贪污数额在20万元以上不满300万元的，应当认定为"数额巨大"，依法判处3年以上10年以下有期徒刑，并处罚金或者没收财产。贪污数额在10万元以上不满20万元，具有本解释第1条第2款规定的情形之一的，应当认定为刑法第383条第1款规定的"其他严重情节"，依法判处3年以上10年以下有期徒刑，并处罚金或者没收财产。

前述司法解释第3条规定：贪污数额在300万元以上的，应当认定为"数额特别巨大"。贪污数额在150万元以上不满300万元，具有本解释第1条第2款规定的情形之一的，应当认定为刑法第383条第1款规定的"其他特别严重情节"，依法判处10年以上有期徒刑、无期徒刑或者死刑，并处罚金或者没收财产。

死刑的适用条件是贪污犯罪数额特别巨大，并使国家和人民利益遭受特别重大损失。就贪污罪而言，这里的使国家和人民利益遭受特别重大损失，主要是指贪污款项被挥霍或者转移、隐匿，从而无法追回，使国家和人民利益遭受特别重大损失。

2. 特别从宽处罚措施

犯贪污罪，在提起公诉前如实供述自己的罪行、真诚悔罪、积极退赃，避免、减少损害结果的发生，有刑法第383条第1款第1项规定情形的，可以从轻、减轻或者免除处罚；有前条第2项、第3项规定情形的，可以从轻处罚。

值得注意的是，对于贪污数额较大或者有其他较重情节，行为人在提起公诉前如实供述自己的罪行、真诚悔罪、积极退赃，避免、减少损害结果的发生的，从宽幅度很大，可以直至免除处罚。但是，对于贪污行为达到第二档、第三档法定刑的，即使行为人如实供述自己的罪行、真诚悔罪、积极退赃，避免、减少损害结果的发生，也不得对其减轻或者免除处罚，只可以在相应的法定刑幅度范围内从轻处罚。这里的从宽处罚，有时间限制，即被提起公诉以前；有条件限制，即具有如实供述自己的罪行、真诚悔罪、积极退赃，避免、减少损害结果的发生等从轻处罚的情形。这些情形实际上是两大类：(1) 在如实供述自己罪行、真诚悔罪的前提下积极退赃。这里的核心应该是积极退赃。换言之，贪污罪是在渎职的同时不法取得公共财物的行为，部分具有侵害他人财产占有权的性质，因此，贪污犯罪后拒绝退赃的，其认罪态度好、悔罪程度深可能都是假象，原则上不宜考虑从宽处罚。(2) 采取有效措施避免、减少损害结果的发生。例如，贪污的公共财物被犯罪人处分给第三人的，犯罪人在如实供述自己的罪行之外，还必须提供取得财物者的相关线索，司法机关由此对财物追缴启动相关程序的，才有从宽处罚的可能性。

3. 终身监禁

犯贪污罪，被判处死刑缓期 2 年执行的，人民法院根据犯罪情节等情况可以同时决定在其死刑缓期执行 2 年期满依法减为无期徒刑后，终身监禁，不得减刑、假释。终身监禁不是一个新增加的刑种，而是无期徒刑的执行方式之一，是死刑的替代措施。另外，由于根据刑事诉讼法第 265 条关于暂予监外执行制度的规定，暂予监外执行一般只适用于被判处有期徒刑或者拘役的罪犯，被判处无期徒刑的罪犯中可适用暂予监外执行的对象只能是怀孕或者正在哺乳自己婴儿的妇女。因此，被判终身监禁的罪犯几乎无缘出狱。

对于《刑法修正案（九）》生效以前实施贪污行为，根据之前的刑法规定应当判处死刑立即执行，而根据修正后的刑法判处死缓同时决定终身监禁可以罚当其罪的，根据刑法从旧兼从轻的溯及力原则要求，适用《刑法修正案（九）》关于终身监禁的有关规定；根据修正前的刑法应当判处死缓的，则不适用终身监禁的规定。

二、挪用公款罪

第三百八十四条　国家工作人员利用职务上的便利，挪用公款归个人使用，进行非法活动的，或者挪用公款数额较大、进行营利活动的，或者挪用公款数额较大、超过三个月未还的，是挪用公款罪，处五年以下有期徒刑或者拘役；情节严重的，处五年以上有期徒刑。挪用公款数额巨大不退还的，处十年以上有期徒刑或者无期徒刑。

挪用用于救灾、抢险、防汛、优抚、扶贫、移民、救济款物归个人使用的，从重处罚。

挪用公款罪，是指国家工作人员利用职务上的便利，挪用公款归个人使用，进行非法活动的，或者挪用公款数额较大、进行营利活动的，或者挪用公款数额较大、超过 3 个月未还的行为。

（一）保护法益

本罪的保护法益是国家工作人员职务行为的廉洁性和公共财物的使用权。国家工作人员利用职务上的便利，将公款挪归个人使用的行为，是一种违背职责、滥用职权的腐败行为，与国家法律法规对公务行为廉洁性的要求相悖。同时，违反国家财经制度的挪用公款行为使公款的使用、收益权能受到侵犯。

本罪的行为对象是公款。公款包括公共款项、国有款项、特定款物。

在国家机关、国有公司、企业、事业单位、人民团体管理、使用或运输中的私人资金款项，以及非国有公司、企业或其他非国有单位或客户的资金，也视为公款（拟定的公款）。至于国家机关、国有公司、企业、事业单位、人民团体取得非公共财物的统领、支配权是否合法，在所不问。例如，将税务机关私设名目增收、必须返还纳税人的税款挪用的，仍然构成本罪。公款的表现形式是货币资金或有价证券（股票、票据、国库券、债券等）。此外，有特殊用途的特定款物（如用于救灾、抢险、防汛、优抚、扶贫、移民、救济款物）也是公款的表现形式之一。此外，根据最高人民检察院《关于贪污养老、医疗等社会保险基金能否适用〈最高人民法院最高人民检察院关于办理贪污贿赂刑事案件适用法律若干问题的解释〉第一条第二款第一项规定的批复》（2017 年 7 月 26 日），养老、医疗、工伤、失业、生育等社会保险基金可以被认定为“特定款物”。对于挪用其他非特定款物归个人使用的，不以挪用公款罪处理。

（二）客观要件

本罪在客观方面表现为利用职务上的便利，挪用公款归个人使用。

1. 利用职务上的便利

利用职务上的便利，是指利用因职务上的关系而形成的主管、经手、管理公款的便利条件。挪用公款归个人使用，包括挪用者本人使用或者给其他个人或者单位使用。如何理解挪用公款归个人使用，是认定本罪首先需要解决的问题。

2. 挪用公款归个人使用

挪用公款归个人使用，根据立法解释，包括以下情形：（1）将公款供本人、亲友或者其他自然人使用的；（2）以个人名义将公款供其他单位使用的；（3）个人决定以单位名义将公款供其他单位使用，谋取个人利益的。①

立法解释规定国家工作人员利用职务上的便利，以个人名义将公款供其他单位使用的行为属于挪用公款归个人使用，其目的主要是解决司法实践中存在的单位负责人将公款借出能否以挪用公款罪定罪处罚的难题。因为挪用公款罪是个人犯罪，没有单位犯罪，司法实践中单位负责人个人决定将公款借出的情况又比较复杂，而单位负责人个人的决定是否在一切情况下都代表单位整体意志，存在很大争议。这里的“以个人名义”是相对于以单位名义而言的。如果单位负责人或者其他责任人员超出职权范围或者逃避财务监管，将公款借出给他人使用，或者明确与公款使用人约定以个人名义，擅自将公款借给其他单位或者个人使用的，都可以认定为以个人名义。立法解释提出强调以个人名义将公款供其他单位使用属于挪用公款归个人使用，这里的“其他单位”，显然是针对个人而言的，不仅包括国家机关、国有公司、国有企业、人民团体、中外合资经营企业、外资企业、集体经济组织等其他所有制单位，而且还包括具有法人资格的私营独资企业和私营、合伙企业等。

3. 公款使用方式

挪用公款的实行行为包括挪用公款归个人使用，进行非法活动的；挪用公款数额较大、进行营利活动的；挪用公款数额较大、超过 3 个月未还的三种。

（1）挪用公款进行非法活动。即挪用公款归个人使用进行赌博、走私等非法活动。由于挪用公款进行非法活动的，犯罪性质恶劣，所以原则上不论挪用数额大小、时间长短，都构成挪用公款罪。但是从司法实践看，对于挪用公款进行非法活动的也应当有一个认定犯罪的标准。

（2）挪用公款归个人使用，数额较大、进行营利活动。这主要是指挪用公款为自己或他人进行营利活动做资本的情形。挪用公款存入银行、用于集资或购买股票、国债等，属于挪用公款进行营利活动。所获取的利益、收益等违法所得，应当追缴，但不计入挪用公款的数额。挪用公款归个人使用，数额较大、进行营利活动的即构成犯罪，不受挪用时间和是否归还的限制。

（3）挪用公款归个人使用，数额较大、超过 3 个月未还。这主要是指挪用公款不是用于非法或者营利活动，而是用于建造私房、购置家具和其他生活用品、办理婚丧事宜、支付医疗

① 参见全国人大常委会《关于〈中华人民共和国刑法〉第三百八十四条第一款的解释》（2002 年 4 月 28 日）。

费、偿还债务以及支付家庭其他日常开支，但超过3个月未还的情形。数额较大的起点是1万元至3万元。超过3个月未还，是指超过3个月，在案发前（被司法机关、主管部门或有关单位发现前）未还。挪用公款数额较大，超过3个月，但在案发前已全部归还本金的可以从轻处罚或免除处罚，给国家、集体造成的利息损失应予追缴。挪用公款数额巨大，超过3个月，案发前全部归还的，可以酌情从轻处罚。多次挪用公款，用后次挪用的公款归还前次挪用的公款，而每次挪用的间隔时间都不超过3个月，挪用公款的数额应累计计算，以案发时未还的实际数额认定，挪用时间应从挪用公款数额累计达到较大之日起认定并计算。

挪用公款用于归还贷款或提供给他人使用（私人放贷）的，应根据个人贷款、放贷的用途，认定其挪用公款的性质：个人贷款、放贷明确用于营利活动或非法活动时，挪用公款并偿还债务、放贷的行为应视为挪用公款进行营利活动或者非法活动；挪用公款给他人使用，经查证案发前不知道使用人用公款进行营利活动或者用于非法活动，数额较大超过3个月在案发前没有归还的，构成本罪；挪用时对他人使用公款的方式并不知情，但在案发前已明知他人用公款进行营利活动或者非法活动的，应视为挪用人挪用公款进行营利活动，从而成立挪用公款罪。此外，挪用公款归个人作为担保物使用的，应当根据所担保的交易是营利活动还是非法活动来决定挪用公款行为的性质。

最高人民法院、最高人民检察院《关于办理贪污贿赂刑事案件适用法律若干问题的解释》（2016年4月18日）第5条规定，挪用公款归个人使用，进行非法活动，数额在3万元以上的，应当以本罪追究刑事责任；数额在300万元以上的，应当认定为“数额巨大”。具有下列情形之一的，应当认定为刑法第383条第1款规定的“情节严重”：（1）挪用公款数额在100万元以上的；（2）挪用救灾、抢险、防汛、优抚、扶贫、移民、救济特定款物，数额在50万元以上不满100万元的；（3）挪用公款不退还，数额在50万元以上不满100万元的；（4）其他严重的情节。

前述司法解释第6条规定，挪用公款归个人使用，进行营利活动或者超过3个月未还，数额在5万元以上的，应当认定为刑法第383条第1款规定的数额较大；数额在500万元以上的，应当认定为“数额巨大”。具有下列情形之一的，应当认定为“情节严重”：（1）挪用公款数额在200万元以上的；（2）挪用救灾、抢险、防汛、优抚、扶贫、移民、救济特定款物，数额在100万元以上不满200万元的；（3）挪用公款不退还，数额在100万元以上不满200万元的；（4）其他严重的情节。

行为使公共财物的使用权被实际转移时，就是本罪的既遂。已经着手实施挪用行为，由于意志以外的原因未得逞的，构成本罪未遂。

挪用公款时索取、收受贿赂构成犯罪的，或者挪用公款进行非法活动构成毒品犯罪、赌博、走私以及其他犯罪的，都应当数罪并罚。值得研究的是，个人决定以单位名义将公款供其他单位使用，谋取个人利益的，构成挪用公款罪，但“谋取个人利益”的行为如果成立受贿罪的，若以挪用公款罪和受贿罪并罚，是否将“谋取个人利益”的情节在挪用公款罪和受贿罪中分别进行了评价，从而违反禁止重复评价？我认为并不违反，因为受贿罪只要求“承诺”为他人谋取利益即为已足，行为人事实上为他人谋取利益的行为可以被评价在挪用公款罪中，因此，对“谋取个人利益”的情节仍然只作了一次评价。

本罪的主体是国家工作人员。根据最高人民法院《关于对受委托管理、经营国有财产人员挪用国有资金行为如何定罪问题的批复》（2000年2月16日）的规定，对于受国家机关、国有公司、企业、事业单位、人民团体委托，管理、经营国有财产的非国家工作人员，利用职务上的便利，挪用国有资金归个人使用构成犯罪的，应当依照挪用资金罪（而非挪用公款罪）定罪处罚。这一解释是合理的，因为从逻辑上讲，刑法第 93 条规定的国家工作人员，不应包括刑法第 382 条第 2 款规定的受国有单位委托管理、经营国有财产的人员，否则，刑法第 382 条第 2 款的法律拟制规定就纯属多余。所以，刑法第 382 条第 2 款规定的受国有单位委托管理、经营国有财产的人员可以成为贪污罪主体，但类似主体挪用国有资金归个人使用的，并不构成本罪。换言之，本罪的主体范围比贪污罪的狭窄。

挪用公款给他人使用，使用人与挪用人共谋，指使或者参与策划取得挪用款的，以挪用公款罪的共犯论处。使用人单纯接受公款，未指使、参与策划取得挪用款项的，不成立本罪，但有成立掩饰隐瞒犯罪所得罪的可能。

国有单位领导利用职务上的便利指令具有法人资格的下级单位将公款供个人使用的，属于挪用公款行为，构成犯罪的，应以本罪定罪处罚；根据立法解释，村民委员会、居民委员会组成人员等基层组织人员协助地方人民政府从事行政管理工作时，具有国家工作人员身份，其利用职务上的便利挪用具有财政拨款性质的公款的，应以本罪处理。

（三）主观要件

本罪在主观方面是故意，并以暂时非法占用公款、日后准备归还为目的。行为人对财物的公共性有所认识，对挪用行为的非法性也应当有所认识，而且只具有暂时使用而不是永久占有的目的。至于挪用公款的动机，可能多种多样，与成立犯罪故意无关。

（四）认定

1. 借贷挪用

银行、企业之间相互拆借资金的，一般不构成本罪，但是违反金融管理法规，以拆借资金为名逃避信贷规模控制和监督制度的非法拆借行为，可能构成本罪；单位与个人之间办理了必要的合法借款手续之后的借贷公款行为，原则上不成立本罪，但是出于私利，以个人名义将单位公款借贷给他人、自批自借、冒名借贷、由他人借款后又转归自己使用的，都可以成立本罪。但是，借贷挪用的情形比较复杂，需要仔细讨论。

在司法实践中，公款的挪用与使用多以借贷名义出现。在一些案件中，双方往往订有合同、协议或借据，甚至明确约定借用期限、利息。对以借贷合同形式进行的挪用行为一般应以挪用公款罪论处。因为借贷挪用行为具有严重的违法性。在挪用公款案件中，挪用的手段是多种多样的，如预付货款、支付定金、虚假联营等，借贷只是其中一种，借贷挪用尽管名义上有借贷合同，但同样侵害了公款的公用性，借贷改变不了将公款挪归个人使用的性质，不能掩盖行为人挪用公款归个人使用的目的。

认定利用借贷合同挪用公款归个人使用的行为构成挪用公款罪是有法律依据的。刑法第 272 条“挪用资金罪”将挪用本单位资金归个人使用或者借贷给他人列为主要罪状，并在第 2 款中规定国家工作人员实施该行为的，按挪用公款罪论处。

需要注意，为单位利益而将公款借贷、挪用给私有企业使用，双方私下签订了借贷协议并约定了借款期限和高于银行利率的利息归出借方单位所有，实际中也按协议履行过，后来借款方由于种种原因未能如期还本付息的，不能以行为人的动机是为单位增收等理由，而否认犯罪的成立。对挪用公款罪而言，挪用行为的实施必然对公共财产占有权、使用权以及国家公职人员职务行为的廉洁性构成侵犯。至于其动机可能是多种多样的，是否为本单位增收、谋取私利等，都不影响本罪的构成。

2. 经单位集体讨论后的挪用

经过单位集体讨论通过或者同意后挪用公款给他人使用，而且将公款挪出目的也是为本单位利益，是否应当对直接负责的主管人员和其他直接责任人员以本罪定罪处罚？

从刑法设立挪用公款罪的宗旨来看，不宜对有关责任人员以挪用公款罪处理。在单位的有关人员作为单位成员参与单位集体决策，与单位其他成员一起决定或同意将公款挪出的场合，不属于利用职务上的便利条件挪用公款。此外，还需要考虑，刑法设立挪用公款罪，目的在于惩治国家工作人员个人擅自利用职务上的便利将本单位公款挪作私用的行为。既然挪出公款是单位集体讨论的，也是为单位利益而挪出的，就谈不上是个人擅自将公款挪出，用刑罚惩罚这种行为不符合挪用公款罪的立法宗旨。而这种情况实质上是单位实施的挪用公款行为，是单位实施的危害行为，而不是个人的行为。由于刑法并没有规定单位挪用公款犯罪，所以，不能对单位的有关责任人员以挪用公款罪定罪处罚。

另外，单位负责人个人决定将公款挪用给他人使用的情况，确实是为了单位的利益，对该负责人不宜以挪用公款罪定罪处罚。但是，如果单位负责人个人决定将公款挪出不是为单位利益，又同时符合挪用公款罪其他要件的，应当以挪用公款罪对该负责人定罪处罚。

3. 本罪和贪污罪的界限

（1）不是暂时擅自非法使用公款，而是以侵吞、窃取、骗取等手段非法永久地占有公共财物为目的，通过做假账、虚报账目等具体方式，使所有人丧失公款所有权的全部权能的，构成贪污罪，而不构成本罪。《全国法院审理经济犯罪案件工作座谈会纪要》（2003 年 11 月 13 日）规定，具体包括以下情形：行为人挪用公款后采取以虚假发票平账、销毁有关账目等手段，使所挪用的公款已难以在单位财务账目上反映出来，且没有归还行为的；行为人截取单位收入不入账，非法占有，使所占有的公款难以在单位财务账目上反映出来，且没有归还行为的。

（2）挪用公款数额巨大，因客观原因在一审宣判前不能退还的，仍然只构成本罪。挪用公款数额巨大，能够退还但主观上不想退还，携款潜逃的，犯罪故意已经从暂时挪用转变为非法排除他人所有，应当成立贪污罪。此外，有证据证明行为人有能力归还所挪用的公款而拒不归还，并隐瞒挪用的公款去向的，应当以贪污罪定罪处罚。

三、巨额财产来源不明罪

第三百九十五条第一款[①]　国家工作人员的财产、支出明显超过合法收入，差额巨大的，可以责令该国家工作人员说明来源，不能说明来源的，差额部分以非法所得论，处五年以下有期徒刑或者拘役；差额特别巨大的，处五年以上十年以下有期徒刑。财产的差额部分予以追缴。

巨额财产来源不明罪，是指国家工作人员的财产或者支出明显超过合法收入，差额巨大，而本人又不能说明其来源是合法的行为。

（一）保护法益

本罪侵害的法益包括国家工作人员的廉洁性和国家对渎职、经济犯罪进行追究的司法秩序。国家工作人员应当保持廉洁，通过参加公务活动领取合法俸禄以维持生活，其拥有的财产应当与其合法收入相当。国家工作人员违反国家机关正常管理制度非法聚敛财产，拥有不能说明来源的巨额财产的行为，损害了公职人员的廉洁形象和国家机关的威信。同时，国家工作人员必须通过贪污、受贿、滥用职权等渎职犯罪或参与经济犯罪、黑社会组织犯罪等才能取得与其职责、地位、收入悬殊很大的财产，其对巨额财产不说明来源，就妨害了司法机关对相关犯

① 本款为《刑法修正案（七）》第 14 条所修改。

罪进行侦查和审判活动的进行。

（二）客观要件

本罪在客观方面表现为在财产或者支出明显超过合法收入时，不能说明来源的行为（不作为）。

本罪成立的前提是拥有巨额财产，即财产和支出明显超过合法收入。这里的合法收入包括工资、奖金、稿酬、合法的遗产继承、接受的合法赠与，以及其他法律法规允许的经济、文化活动的收入；财产包括房产、家具、股票、存款、汽车以及家用电器等动产和不动产；支出包括行为人及其家庭成员的日常生活、学习和工作的消耗费用。财产和支出“明显超过”合法收入是指已知的公开合法收入的总和与其实际拥有、支出的财产显然不符，差额巨大的情形。

本罪的实行行为是不能说明财产来源。国家工作人员按照法律法规的规定，负有如实申报财产收入、说明财产来源的义务。明知自己的财产或者支出明显超过合法收入，其差额部分的来源是非法的，在司法机关责令其说明来源时拒不说明，或者有意编造虚假的财产来源但被调查结论否定的，即成立本罪。“不能说明”包括以下情况：（1）行为人拒不说明财产来源；（2）行为人无法说明财产的具体来源；（3）行为人所说的财产来源经司法机关查证并不属实；（4）行为人所说的财产来源因线索不具体等原因，司法机关无法查实，但能排除存在来源合法的可能性和合理性的。

国际工作人员不能说明财产来源的，差额部分以非法所得论。这里的非法所得，一般是指行为人的全部财产与能够认定的所有支出的总和减去能够证实的有真实来源的所得。在具体计算时，应注意以下问题：（1）应把国家工作人员个人财产和与其共同生活的家庭成员的财产、支出等一并计算，而且一并减去他们所有的合法收入以及确属与其共同生活的家庭成员个人的非法收入。（2）行为人所有的财产包括房产、家具、生活用品、学习用品及股票、债券、存款等动产和不动产；行为人的支出包括合法支出和不合法的支出，包括日常生活、工作、学习费用、罚款及向他人行贿的财物等；行为人的合法收入包括工资、奖金、稿酬、继承等法律和政策允许的各种收入。（3）为了便于计算犯罪数额，对于行为人的财产和合法收入，一般可以从行为人有比较确定的收入和财产时开始计算。

根据不能说明财产来源的差额部分认定本罪，是对刑事推定方法的运用。推定，是根据基础事实推断犯罪构成的某一要素存在。在本罪中，控方根据“被告人收入和支出之间的差额”（基础事实）判断“被告人拥有非法财产”（推定事实）①。在推定的场合，控方只需要证明基础事实存在，即可认定推定事实。推定事实是否存在，需要辩方举证反驳。对此，有学者指出：“在定罪裁判中，检察机关指控的犯罪构成要件事实属于证明对象。对于这些待证事实，刑事诉讼法确立了专门的证明责任和证明标准。原则上，检察机关需要对犯罪构成要件事实的成立承担证明责任，并需要达到事实清楚，证据确实、充分的程度。对于公诉方无法证明或者没有证明到法定标准的，法庭可以作出指控犯罪不能成立的无罪判决。当然，在刑法确立推定规范的场合下，公诉方对那些法定的推定事实可以免除证明责任，而否定这些推定事实成立的责任则转移给被告方。这种证明责任转移给被告方的情形，受到刑法的严格限制，属于证明责任分配上的例外。”②

根据最高人民检察院《关于人民检察院直接受理立案侦查案件立案标准的规定（试行）》

① 此外，在司法实务中，对洗钱罪、集资诈骗等金融诈骗罪、盗窃罪、赃物犯罪等的处理，也需要使用推定的方法。

② 陈瑞华：《刑事司法裁判的三种形态》，载《中外法学》，2012（6）。

(1999年9月16日）的规定，涉嫌巨额财产来源不明，数额在30万元以上的，应予立案。

国家工作人员虽不能说明巨额财产来源，但能够证明财产确系贪污、受贿、滥用职权等渎职犯罪或者走私、侵占等犯罪所得，应以其实际实施的行为定罪处罚。① 犯有贪污、受贿等犯罪，同时有财产或者支出与其正常收入明显不符且数额巨大的，应以本罪和贪污、受贿等罪并罚。对本罪的认定，要防止的倾向是：一方面，对通过调查取证能够查明财产来源，应被认定为贪污罪、受贿罪、挪用公款罪的犯罪行为不认真查证，简单地归为本罪，从而放纵罪犯；另一方面，取得的证据并不足以证实获得财产的手段行为具有犯罪性，应当以本罪处理的案件，勉强以贪污、受贿等犯罪定罪处刑。

明知财产或者支出明显超过合法收入，拒不说明其来源，被法院以本罪判决后交付执行期间，有新的证据证实其巨额财产是通过贪污、受贿等犯罪取得，应对新发现的犯罪作出判决，并结合原判决中尚未执行完毕的刑罚决定执行的刑期，原判的巨额财产来源不明罪不得撤销，其正确性必须得到维持。

（三）主观要件

本罪的主观方面是直接故意，即行为人明知自己超过其合法收入的差额巨大的财产或者支出的来源，在被责令说明其来源的情况下，能够说明来源而故意不予说明。

四、隐瞒境外存款罪

第三百九十五条第二款　国家工作人员在境外的存款，应当依照国家规定申报。数额较大、隐瞒不报的，处二年以下有期徒刑或者拘役；情节较轻的，由其所在单位或者上级主管机关酌情给予行政处分。

隐瞒境外存款罪，是指国家工作人员在境外有数额较大的存款，应当申报而隐瞒不报的行为。

隐瞒，是指在境外有数额较大的存款，依照国家有关规定应当申报而隐瞒不报的行为。国家工作人员有如实申报境外存款的义务，不履行申报的法定义务，就可能成立本罪。隐瞒不报的是境外全部还是部分财产，对成立犯罪没有影响。被隐瞒的财物是国家工作人员在境外的存款，包括在外国、港澳台地区的银行或者其他金融机构存入的货币、有价证券、货币支付凭证以及黄金、白银等贵重金属。存款是在境内外的合法工作报酬、继承遗产或接受赠与，还是违法犯罪所得；是本人直接存于境外金融机构还是通过境内金融机构多次辗转后存放于境外，均在所不问。涉嫌隐瞒境外存款，折合人民币数额在30万元以上的，应予立案。

国家工作人员将自己的贪污、受贿等犯罪所得通过国内金融机构转往境外的，应以本罪和贪污、受贿等上游犯罪并罚。国内金融机构及其工作人员明知财物是国家工作人员贪污、贿赂犯罪、走私犯罪、黑社会性质的组织犯罪或者毒品犯罪所得及其收益，而协助将资金汇往境外的，构成洗钱罪。

国有公司、企业或者其他国有单位，违反国家规定，擅自将外汇存放境外，或者将境内的外汇非法转移到境外的，构成逃汇罪而不构成本罪。

---

① 故意编造事实对巨额财产来源作虚假说明，试图扰乱司法机关的视线，但其取得财产的犯罪行为被司法机关查清的，也只按照其实际实施的犯罪定罪，不应与本罪并罚。

五、私分国有资产罪

第三百九十六条第一款　国家机关、国有公司、企业、事业单位、人民团体，违反国家规定，以单位名义将国有资产集体私分给个人，数额较大的，对其直接负责的主管人员和其他直接责任人员，处三年以下有期徒刑或者拘役，并处或者单处罚金；数额巨大的，处三年以上七年以下有期徒刑，并处罚金。

私分国有资产罪，是指国家机关、国有公司、企业、事业单位、人民团体违反国家规定，以单位名义将国有资产集体私分给个人，数额较大的行为。

（一）保护法益

本罪侵害的法益是国有单位及其工作人员的廉洁性和国有资产的所有权。国有资产的所有权只能由国家享有，任何单位和个人不得擅自处分。国家机关、国有公司、企业、事业单位、人民团体负有管理、经手国有资产的职责，为谋取私利而将国有资产集体私分的行为，是滥用职权的一种表现，对国有单位及其工作人员的廉洁形象有损害，也会使社会对国有单位及其工作人员的期待和信任降低。

（二）客观要件

本罪在客观方面表现为违反国家规定，将国有资产以单位名义集体私分给个人。

违反国家规定，是指违反法律、行政法规中有关国有资产管理方面的各项规定。如隐瞒、截留应当上交国家的利润、行政性收费或其他财政收入，虚报冒领、骗取国家财政拨款或者补贴，超越权限擅自动用国库款项等。

以单位名义，是指私分行为是由单位领导共同研究决定的，是其利用职务上的便利，违背职责义务的结果，但体现了单位的意志；私分的款物是以单位分配的形式分发给个人的，私分事实一般有文字记载或领款人签名，绝大多数领得财物者不需要实施伪造单据、涂改账目、虚报冒领等手段行为，从表面看私分行为具有公开性和合法性。

集体私分，是指参与私分国有资产的个人是本单位全体人员或者是绝大多数人，非法占有国家财物者是一个集体，具有利益均沾的特点。对于私分国有资产的方式法律未作限制，是以奖金、补助、津贴还是以其他名义，是否采用虚列费用、假报成本、账外经营、隐瞒收入等手段，都对成立犯罪没有影响。私分的财产中既有国有资产，也有非国有财产的，只能将私分国有资产的数额作为犯罪数额看待。但是，国有和非国有财产难以分清的，应当将财产总额认定为国有资产。

私分国有资产罪与贪污罪的区分在于：贪污罪是个人犯罪，私分国有资产罪的主体是国家机关、国有公司、企业、事业单位、人民团体，是纯正的单位犯罪。对这两罪的区分应当围绕案件是否属于单位犯罪展开。一方面，单位犯罪的犯罪意志不是内部某个成员的意志，而是单位的整体意志。整体意志是由单位决策机构按照决策程序形成的。在认定私分国有资产过程中，应注意其私分行为是否体现单位意志和单位的整体利益。不能仅根据私分行为客观上未将国有资产（如住房、电器等大件物品）分配给单位全体成员或绝大多数成员的表面现象，机械地否定本罪的成立，而应该把握私分行为的实质内容，即私分行为是否在相对公开的情况下，得到单位全体成员或者绝大多数成员的认同或接受，体现单位的整体意志。另一方面，单位犯罪要求为单位谋取非法利益。为单位谋取合法利益，不构成犯罪。为单位谋取非法利益，是指为单位全体成员或多数成员谋取非法利益，利益均沾。如果是为单位特定少数人员谋取非法利益，属于自然人犯罪。私分国有资产给集体中的部分人员，如果实际领得财物人员既包括单位内部的少数领导成员，也包括一部分职工，行为客观方面不具有侵吞、窃取、骗取或非法手段等秘密性、隐蔽性的特征，如将公共财物隐匿、截留，或虚报冒领，秘密占为己有等，则不能认定其为贪污行为。如果私分财物的部分人员仅仅是单位内部少数领导成员，则属于这些人员利用职务便利，假公济私，借单位名义将公共财物非法占为己有，应以贪污罪论处，成立贪污罪的共同犯罪。虽然私分国有资产罪的主体是国家机关、国有公司、企业、事业单位、人民团体，是纯正的单位犯罪，但刑法只处罚国家机关、国有公司、企业、事业单位、人民团体中直接负责的主管人员和其他直接责任人员，即使其实际领得的国有资产数额较小或者完全未领得财物的，对成立犯罪也没有影响。没有参与决策和执行集体私分国有资产的任务，只是被动领取财物的人员，不构成犯罪。

（三）主观要件

本罪的主观方面是故意，即明知是国有资产而予以私分。

国家机关、国有公司、企业、事业单位、人民团体的负责人利用职务上的便利，个人决定假借单位名义私分国有资产，与单位其他负责人或财物人员相勾结将国有资产据为少数人所有，实质上具有自己非法侵吞其主管、经手或者管理的公共财物的主观故意的，不构成私分国有资产罪而构成贪污罪。

六、私分罚没财物罪

第三百九十六条第二款　司法机关、行政执法机关违反国家规定，将应当上缴国家的罚没财物，以单位名义集体私分给个人的，依照前款的规定处罚。

私分罚没财物罪，是指司法机关、行政执法机关违反国家规定，将应当上缴国家的罚没财物以单位名义私分给个人，数额较大的行为。

违反国家规定，是指违反法律法规关于罚没财物应当上缴国家的财经制度。有关法律法规规定，罚没必须上缴国库，必须在司法机关、行政执法机关中贯彻经费收支两条线的方针，任何人不得截留、私分罚没财物。私分行为是由单位负责人决定，或者由单位决策机构集体讨论后决定，以单位名义实施的，单位内部成员都能够领得财物，私分事实在单位内部具有公开性。但是，司法机关、行政执法机关中少数人利用职务上的便利假借单位名义私分罚没财物，非法占为己有的，不构成本罪而构成贪污罪。

私分的对象是罚没财物，包括罚款、罚金、没收的违法犯罪所得、非法财物的拍卖款项、罪犯用于犯罪的财物以及其他没收的财产。罚没财物也是一种国有资产，所以本罪和私分国有资产罪之间有法条竞合关系，本罪是特别法。单纯私分罚没财物的，构成本罪。集体私分的财产中既有国有资产又有罚没财物的，原则上构成私分国有资产罪，犯罪数额累计计算。罚没财物划拨到司法机关、行政执法机关内部机构，供办公使用，不属于私分罚没财物。但是，名义上罚没财物仍然由司法机关、行政执法机关控制，实质上完全由个人支配并且用于非公务活动的，有成立本罪的可能。罚没财物是由司法机关、行政执法机关错误执法而取得，应当返还相对人，但司法机关、行政执法机关将其私分的，仍然构成本罪。罚没财物的实际价值较大，但司法机关、行政执法机关为私分而将其低价拍卖、处理后，私分现金的，应当以财物的实际价值作为犯罪数额。

第三节　贿赂犯罪

一、受贿罪

第三百八十五条　国家工作人员利用职务上的便利，索取他人财物的，或者非法收受他人财物，为他人谋取利益的，是受贿罪。

国家工作人员在经济往来中，违反国家规定，收受各种名义的回扣、手续费，归个人所有的，以受贿论处。

第三百八十六条　对犯受贿罪的，根据受贿所得数额及情节，依照本法第三百八十三条的规定处罚。索贿的从重处罚。

第三百八十三条①　对犯贪污罪的，根据情节轻重，分别依照下列规定处罚：

（一）贪污数额较大或者有其他较重情节的，处三年以下有期徒刑或者拘役，并处罚金。

（二）贪污数额巨大或者有其他严重情节的，处三年以上十年以下有期徒刑，并处罚金或者没收财产。

（三）贪污数额特别巨大或者有其他特别严重情节的，处十年以上有期徒刑或者无期徒刑，并处罚金或者没收财产；数额特别巨大，并使国家和人民利益遭受特别重大损失的，处无期徒刑或者死刑，并处没收财产。

对多次贪污未经处理的，按照累计贪污数额处罚。

犯第一款罪，在提起公诉前如实供述自己罪行、真诚悔罪、积极退赃，避免、减少损害结果的发生，有第一项规定情形的，可以从轻、减轻或者免除处罚；有第二项、第三项规定情形的，可以从轻处罚。

犯第一款罪，有第三项规定情形被判处死刑缓期执行的，人民法院根据犯罪情节等情况可以同时决定在其死刑缓期执行二年期满依法减为无期徒刑后，终身监禁，不得减刑、假释。

第三百八十八条　国家工作人员利用本人职权或者地位形成的便利条件，通过其他国家工作人员职务上的行为，为请托人谋取不正当利益，索取请托人财物或者收受请托人财物的，以受贿论处。

受贿罪，是指国家工作人员利用职务上的便利，索取他人财物，或者非法收受他人财物，为他人谋取利益的行为。

（一）保护法益

关于本罪所侵害的法益，历来有三种学说：一是国家工作人员的职务行为的不可收买性说②，因为国家工作人员一旦收受作为对价的利益，其公务行为的公正性就会受到怀疑。至于其职务行为本身是否正当，在所不问。二是职务行为的公正性说，即收受贿赂以后必须不正行使职权的，才构成本罪。三是信赖保护说，认为受贿罪侵害了职务行为的公正性和社会对这种公正性的信赖感。③其理由是：国家工作人员的职务行为，对于国家立法、监察、司法、行政作用的正确发挥、公正运用不可欠缺，国家工作人员为他人谋取了利益，其他人没有得到这种利益但是仍然要承受公务行为不正行使的后果，所以，本罪的保护法益首要的是职务行为的公正性。同时，即使职务行为是公正行使的，与职务相关联的国家工作人员如果收受贿赂，国民对公务的信赖感也会丧失，公务的正确行使就会受到损害或者会产生这种危险。为确保职务的公正性、不可收买性，就要将本罪的保护法益解释为社会对职务行为公正性的信赖感（信赖保护说）。用这种学说来解释斡旋受贿行为尤其显得合理：斡旋受贿人没有现实的职权，职务行为的不可收买性没有受到侵害，但是收受贿赂的行为破坏了公众的一般信赖感。

我认为，综合考虑公务行为的不可收买性和信赖保护说是合理的。的确，刑法规定受贿罪

① 本条为《刑法修正案（九）》第44条所修改。

② 参见［日］平野龙一：《刑法概说》，294页，东京，东京大学出版会，1977。

③ 参见［日］山中敬一：《刑法各论》，3版，834页，东京，成文堂，2015。

是为了防止国家工作人员在正常的职务报酬之外再被收买，而且保护公务行为不被收买应该是受贿罪的主要保护法益。同时，其被收买的行为自然会使公众对职务行为的公正性产生怀疑，为此，对公众的信赖感也应该作为保护法益看待。因为“公职人员执行公务，本应就事论事，公正无私，而能获得社会大众的信赖，但因其贿赂行为的存在，而使这种信赖为之消失，并进而导致国家威信的损伤。这种信赖或威信不必等到公职人员已实际收受不当利益，而是在公职人员对外表示其有收受不当利益的意图，足以使他人感到公务行为的可收买性时，即已受到损伤”①。

本罪的行为对象是贿赂。贿赂是指与职务权限相关联的作为对价关系存在的财产或者财产性利益。

1. 与职权相关联

受贿罪是权钱交易的产物，所以贿赂是以一定的职务权限的存在为前提的，是国家工作人员的行为与利益间的对价关系的体现。

这里的一定的职务权限关系，可能不是个别、具体的职务行为与不法利益之间的对价关系，而可能只是和一定的职务之间的关系，其可能与国家工作人员在法律上实际拥有的权限不一致，其只是有职务关联性，包括在一般的职务权限范围内，也包括与职务密切关联的行为。

在国家工作人员没有被分配具体的事务，但是其行为是国家工作人员一般的、抽象的职务权限范围内的行为的场合，就认为具有贿赂罪中的职务关联性。因为在这种场合，如果国家工作人员收受贿赂，仍然会损害社会对职务行为公正性的一般的信赖感。例如，A地区的海关人员甲接受乙的委托，给在B地区执行缉私任务的丙打招呼，导致其放纵乙走私，然后收受乙的贿赂。甲拥有一般的职务权限，收受他人财物，构成受贿罪。收受财物后履行的职务是正当的还是不正当的，在所不问，正当的职务行为可能成立受贿罪；不正当的职务行为也可能成立本罪，例如，有保守秘密的义务者，泄露情报的行为也是职务行为。不正当地行使职务，不作为的场合也存在本罪中的职务。例如，巡警依法扣押、保管罪犯的赃物，接受他人贿赂后使赃物被拿走的，也是行使职权。

有一般的职务权限，但具体权限的行使要依靠将来的条件才能确定，将来可能实施的职务行为也认为是与职务有关的权限。例如，任期马上届满的公安局局长，与赌博团伙约定，如其连任公安局局长，就应当给予该犯罪团伙以特别保护，从而收受贿赂款10万元。公安局局长的行为构成受贿罪，约定再选后如担当具体职务然后收受贿赂，仍然属于有一般的职务权限。

国家工作人员有职权的变化，变化后的职务和以前的职务相同，在职务变化以前收受贿赂的，属于与职务行为有关；变化后的职务与变化前的职务有区别，但在职务变化后收受与职务变化前的事项有关的贿赂的，职务变化前的职权行为如具有国家工作人员身份而且享有一定的职权，即使受贿人与行贿人在职权行使的当时并没有作有关贿赂的约定，也仍然成立受贿罪，因为行为与职务之间有关联性，而职权是自己现在的职权还是过去的职权并没有限定。时间的要素对刑法的解释并没有决定性的意义，只要是国家工作人员承担了一定的职务，即使职务有变化，如其不法收受他人财物，公众对公务的信赖感也会受到损害。

2. 财物

我国刑法第385条将受贿罪的对象限于财物。同时按照刑法的规定，对受贿罪量刑时，主要依受贿所得数额决定刑罚。

在刑法理论界，关于对受贿罪中的贿赂如何理解，历来有争议，主要有三种观点：一是将

---

① 林山田：《刑法各罪论》，修订5版，下册，71页，台北，作者自版，2006。

其限定为财物。二是包括财物以及其他可计量、估算的物质性利益。三是包括财物、物质性利益以及非财产性的不正当利益。

第一种观点有法律依据，第二种观点符合实际，第三种观点在理论上有相当的道理。因为贿赂犯罪的本质是使职务行为的公正性和公众信赖受到损害，那么，非法收受能够达到这种效果的任何东西（包括性贿赂）的国家公职人员，都应当可以成立受贿犯罪。

无论如何，对于贿赂都应作广义理解：除了财物，还包括货币、物品和财产性利益。财产性利益包括可以折算为货币的物质利益如房屋装修、债务免除等，以及需要支付货币的其他利益如会员服务、旅游等。后者的犯罪数额，以实际支付或者应当支付的数额计算。换言之，财产、有形的、能够满足人的需要或欲望的财产上的利益，都是这里的贿赂。社交礼仪范围内的赠与，与职务权限关系无关，不是贿赂物。国家工作人员在传统节日接受与职权有关的馈赠的，可能会成立受贿罪。所以，某一财物是否为贿赂物必须以职务、当事人之间的关系，提供的利益在社会、经济上的意义等为基础，作实质判断。

无形的、非财产性的利益，不能成为本罪的对象，那么，性贿赂、提供一定地位、提供升学的机会、设定或者免除债务等，不是本罪的目的物。将非财产性利益纳入刑法，在实际中，有很多问题不好解决。例如，将性贿赂作为犯罪处理，就会面临以下难题：(1) 历来的司法传统都以获取财物的大小为标准认定受贿罪。将非财产性利益纳入刑法，势必修改这种认定犯罪的标准，这样，将使受贿罪和财物大小的关联性丧失，能否得到公众的认同，是一个问题。(2) 查处的难度很大。性贿赂的发生十分隐秘，第三人难以知晓，司法机关事后侦查困难，而且提供性服务的妇女可能因也有自身利益存在，承担着事件公开以后名誉下降的巨大风险，一般不会主动配合司法机关的调查，出尔反尔的情况很多。(3) 法律和道德的界限难以划定。性贿赂与某些腐败分子的“性泛滥”交织在一起，哪些是性贿赂，哪些是乱搞男女关系或者是第三者插足，往往难以区分，这样，法律就涉及了道德的问题，有时甚至会侵犯无辜者的隐私权。(4) 犯罪的标准不好把握。有人提出以性交次数作为罪与非罪的界限或科刑轻重的标准，并不妥当，立法上也难以提出一个标准，在司法实务中，被告人的权利就可能受到侵害。

对接受非财产性利益以后，滥用职权为提供贿赂者谋取好处或者作枉法裁判的，可以按照滥用职权罪、枉法裁判罪定罪量刑。实践中，大量出现的案件是，行为人同时接受大量的财物贿赂，也偶尔接受非财产性利益，此时，直接按照其受贿财物数额大小量刑即可。所以，在绝大多数案件中，对以非财产性利益为贿赂，不以本罪追究，并不影响对犯罪的惩治。

（二）客观要件

本罪在客观方面表现为行为人利用职务上的便利，索取他人财物，或者非法收受他人财物，为他人谋取利益的行为。

1. 利用职务上的便利

利用职务上的便利，包括直接利用职务之便和间接利用职务之便。直接利用职务之便，是指利用本人现有职务范围内的权力，即利用本人因现有职务而主管、决定、负责或者承办某种公共事务所形成的便利条件。本人职务范围内的权力（职权），涉及人事的、财物的以及其他职权。一般的、概括的职务，过去、将来的职务权力都是这里的职权。间接利用职务之便受贿，又称斡旋受贿，是指行为人虽然没有利用本人职务范围内的权力，但是，因为其本人职权对其他国家工作人员的职务能够产生一定的制约作用，其利用这种制约作用而通过第三人的职务行为为请托人谋取利益而本人向请托人索取财物或接受请托人贿赂的情形。对此，刑法第388条明确规定，国家工作人员利用本人职权或者地位形成的便利条件，通过其他国家工作人员职务上的行为，为请托人谋取不正当利益，而本人从中向请托人索取或者非法收受财物的，以受贿论处。

2. 索取、收受贿赂

受贿的实行行为，包括两种基本表现形式。一种是利用职务上的便利，索取他人财物。利用职务上的便利，软硬兼施，名为向他人借用财物，但实际上没有归还意思的，属于索取贿赂行为，不成立民事上的债权、债务关系，而成立本罪。另外一种是行贿人主动交付贿赂，而受贿人以利用职务上的便利为行贿人谋取利益为条件，非法接受贿赂。至于收受贿赂财物，是在实施职务行为以前还是以后，在所不问。根据有关司法解释，以下行为属于收受贿赂，应当以受贿罪论处：(1) 国家工作人员通过赌博或者接受别人为其赌博提供资金的形式受贿的，依照受贿罪的规定追究刑事责任。实践中应注意区分贿赂与赌博活动、娱乐活动的界限。具体认定时，主要应当结合以下因素进行判断：赌博的背景、场合、时间、次数；赌资来源；其他赌博参与者有无事先通谋；输赢钱物的具体情况和金额大小。① (2) 国家工作人员利用职务上的便利为请托人谋取利益，以明显低于市场的价格向请托人购买房屋、汽车等物品的；以明显高于市场的价格向请托人出售房屋、汽车等物品的收受请托人财物的，以其他交易形式非法收受请托人财物的，以受贿论处。受贿数额按照交易时当地市场价格与实际支付价格的差额计算。这里的市场价格包括商品经营者事先设定的不针对特定人的最低优惠价格。根据商品经营者事先设定的各种优惠交易条件，以优惠价格购买商品的，不属于受贿。(3) 国家工作人员利用职务上的便利为请托人谋取利益，收受请托人提供的干股（未出资而获得的股份），以受贿论处。进行了股权转让登记，或者相关证据证明股份发生了实际转让的，受贿数额按转让行为时股份价值计算，所分红利按受贿孳息处理。股份未实际转让，以股份分红名义获取利益的，实际获利数额应当认定为受贿数额。(4) 国家工作人员利用职务上的便利为请托人谋取利益，由请托人出资，"合作"开办公司或者进行其他"合作"投资的，以受贿论处。受贿数额为请托人给国家工作人员的出资额。国家工作人员利用职务上的便利为请托人谋取利益，以合作开办公司或者其他合作投资的名义获取"利润"，没有实际出资和参与管理、经营的，以受贿论处。例如，法官甲在依法执行一起民事案件时，为A公司追回财产300万元，公司经理乙后来经人介绍与甲成为朋友，并一直想找机会"感谢一下"甲。3年后，因为股市很火爆，且乙得知甲在炒股方面很有心得，就和甲商量，由乙出50万元，供甲炒股，约定"亏了算乙的，赚了平分"。甲同意。9个月后，乙因其他犯罪被抓获，交代其提供资金供甲炒股一事，甲由此案发。此时，股票账户资金价值104万元。甲是否构成受贿罪？如果构成，犯罪数额是多少？法律并不禁止国家工作人员参与投资行为，但投资就必须"出资"。国家工作人员参与高风险投资行为，但没有实际出资，所有出资额都由对方承担的，其可能成立受贿罪。但犯罪数额不是最终获益额，因为要肯定行为人和对方共同炒股，就宜将行贿人最初出资额的1/2作为受贿人的犯罪数额。如果以最终获益额作为犯罪数额，就可能出现投资亏损，被告人无罪的局面。(5) 国家工作人员利用职务上的便利为请托人谋取利益，以委托请托人投资证券、期货或者其他委托理财的名义，未实际出资而获取"收益"，或者虽然实际出资，但获取"收益"明显高于出资应得收益的，以受贿论处。受贿数额，前一情形，以"收益"额计算；后一情形，以"收益"额与出资应得收益额的差额计算。(6) 国家工作人员利用职务上的便利为请托人谋取利益，要求或者接受请托人以给特定关系人②安排工作为名，使特定关系人不实际工作却获取所谓薪酬

---

① 参见最高人民法院、最高人民检察院《关于办理赌博刑事案件具体应用法律若干问题的解释》（2005年5月11日）。

② 特定关系人，是指与国家工作人员有近亲属、情妇（夫）以及其他共同利益关系的人。其范围似应小于利用影响力受贿罪中关系密切的人。

的，以受贿论处。国家工作人员利用职务上的便利为请托人谋取利益，授意请托人以上述所列形式，将有关财物给予特定关系人的，以受贿论处。① （7）国家工作人员利用职务上的便利为请托人谋取利益，收受请托人房屋、汽车等物品，未变更权属登记或者借用他人名义办理权属变更登记的，不影响受贿的认定。认定以房屋、汽车等物品为对象的受贿，应注意与借用的区分。具体认定时，除双方交代或者书面协议之外，主要应当结合以下因素进行判断：有无借用的合理事由；是否实际使用；借用时间的长短；有无归还的条件；有无归还的意思表示及行为。

接受者所收受的财物必须是他人基于行贿的意思而交付，才能成立这里的收受。提供财物者的行为仅仅是为了配合司法机关查处腐败案件的，属于设置圈套，由于提供财物者没有真正的行贿意思，不存在行贿人，所以，即使国家工作人员已经接受该财物，也不构成受贿罪。但是，国家工作人员向他人索取财物，被提出要求的人不堪忍受进行检举揭发，并在司法机关的安排下交付财物的，接受者成立（索取型）受贿罪，但由于其接受的财物不是他人基于行贿意思提供，所以应当对受贿人按照犯罪未遂处理。

收受财物后，是将财物归自己支配还是由自己或直接指示行贿人将其交付给第三人，均不影响收受的认定。例如，A有求于在某部委某司局一处工作的处长B，试图向B行贿，但被B拒绝。后B要A就其申请办理的事项去咨询该司局二处的国家工作人员C，并要A向C支付所谓的“咨询费”20万元。A照此办理，事后很快谋取不法利益。B没有从C手中要一分钱。事后查明，B前后接收了C安排的5人分别支付的“咨询费”共计120万元。如何处理B、C？我认为，行为人利用职权为他人谋利之后，并不直接收受财物，而是指使行贿人将财物提供给第三人（情人、朋友或关系密切的同事）的，属于国家工作人员收受财物后将其处分给他人，其仍然构成受贿。第三人如果明知财物来源和性质的，构成受贿罪帮助犯。在本案中，B、C均构成受贿罪，B指使行贿人向C提供的财物数额，是B的受贿数额；C指使行贿人向B提供的财物数额，是C的受贿数额。同理，基于受贿故意，在收受他人财物之后，将赃款赃物用于单位公务支出或者社会捐赠的，不影响受贿罪的认定，其犯罪数额不予扣减，但在量刑时可以酌情考虑。

3. 为他人谋取利益

索取贿赂只需要利用职务上的便利便成立犯罪，不要求为他人谋取利益。但收受贿赂的，只有为他人谋取利益的才成立受贿罪。为他人谋取利益是指行为人利用职务上的便利，为他人谋取非法或者正当的利益。在斡旋受贿的情况下，行为人通过第三人为请托人谋取的利益，必须是不正当利益，如果谋取的是正当利益即使行为人向请托人索取了财物，或者非法收受了请托人的财物，也不能以受贿罪定罪处罚。在实务中，具有下列情形之一的，应当认定为“为他人谋取利益”：（1）实际或者承诺为他人谋取利益的；（2）明知他人有具体请托事项的；（3）履职时未被请托，但事后基于该履职事由收受他人财物的。此外，国家工作人员索取、收受具有上下级关系的下属或者具有行政管理关系的被管理人员的财物价值3万元以上，可能影响职权行使的，视为承诺为他人谋取利益。

4. 受贿罪既遂标准

受贿罪既遂的成立标准是：受贿人实际取得行贿人给付的财物、实际领受财产性利益时，即成立犯罪既遂（取得说）。

关于本罪既遂，有以下问题值得研究：（1）国家工作人员索贿的，提出要求就成立犯罪，

① 参见最高人民法院、最高人民检察院《关于办理受贿刑事案件适用法律若干问题的意见》（2007年7月8日）。

但并不成立既遂。犯罪既遂条件和犯罪成立条件并不具有同一性。因此，国家工作人员索贿，但对方没有作出相应反应的，或者受贿人、行贿人就贿赂的提供与接受事宜达成一致意见，但后来又解除约定的，都只成立本罪未遂。例如，甲有求于国家工作人员乙，乙明确向甲提出索要50万元的要求，并限甲3天内给钱。在甲回家筹钱之际，乙因为其他事情案发被抓，如实供述了向甲索贿一节。针对这50万元，乙仅构成受贿罪未遂。理由在于：国家工作人员主动索要，说明其有被收买的危险，应该定罪。但是，未实际收到相关财物的，没有被现实收买，认定为未遂是合理的。同时，我国刑法对受贿罪处刑，是按赃论罪，没有实际收受财物即认定为既遂，和立法规定有冲突。(2) 收受伪劣产品的场合，因为该财物也是有（消极）价值的财物，受贿人属于收到、取得了行贿人提供的财物，故应该认定为受贿罪既遂，只是不具体计算数额。例如，国家工作人员利用职权为他人谋利后，收受他人摩托车一辆（该车的发票价为2万元），3个月后案发，行贿人承认该摩托车是拼装车，配套发票也是假的。对甲的行为认定为受贿罪既遂。(3) 收受请托人房屋、汽车等物品，未变更权属登记或者借用他人名义办理权属变更登记的，应当认定为行为人实际取得行贿人的财物，不影响受贿罪既遂的成立。(4) 收受银行卡的既、未遂。例如，甲将行贿款300万元存入用其本人名义办理的银行卡中，将该卡及密码交给国家工作人员乙，乙为甲谋取了不法利益。后甲得知乙因贪污罪被司法机关采取强制措施，便携带自己的身份证去银行对该银行卡挂失，后将该300万元转入甲妻子的账户中。乙的受贿罪是否既遂？如果认为当事双方对300万元的归属已有所约定，即便其还存在于行贿人名下，也应当认为受贿罪既遂。这和收受汽车、房屋，但所有权并未转移到受贿人名下是相同的道理。①

国家工作人员利用职务上的便利，收受他人财物，为他人谋取利益，同时构成受贿罪和渎职犯罪的，除刑法另有规定外，应当数罪并罚。

5. 主体

本罪的主体是国家工作人员，即国家机关中从事公务的人员，国有公司、企业、事业单位、人民团体中从事公务的人员和国家机关、国有公司、企业、事业单位委派到非国有公司、企业、事业单位、社会团体从事公务的人员，以及其他依照法律从事公务的人员。受委托管理、经营国有财产的人员利用职务上的便利条件索取、收受财物的，应成立公司、企业人员受贿罪，而不构成本罪。

国有公司、企业中从事公务的人员和国有公司、企业委派到非国有公司、企业从事公务的人员，国有金融机构工作人员和国有金融机构委派到非国有金融机构从事公务的人员，利用职务上的便利，索取他人财物或者非法收受他人财物，为他人谋取利益，或者违反国家规定，收受各种名义的回扣、手续费归个人所有的，依照刑法第385条、第386条定罪处罚。

村民委员会等村基层组织人员协助人民政府从事行政管理工作，利用职务上的便利，索取他人财物或者非法收受他人财物，构成受贿罪。

国家工作人员利用职务上的便利为请托人谋取利益，并与请托人事先约定，在其离退休后收受财物，构成犯罪的，以受贿罪定罪处罚。如果没有事先约定，在职时利用职务上的便利为请托人谋取利益，而在离退休后收受原请托人财物的，不构成本罪。国家工作人员利用职务上的便利为请托人谋取利益，离职前后连续收受请托人财物的，离职前后收受部分均应计入受贿

① 对乙在行贿罪之外是否还成立其他罪的认定，在理论上也还存在争议：如果肯定银行对存款的占有，乙转款回妻子账户的行为构成诈骗罪；如果肯定存款由名义人占有，乙的行为构成侵占罪。由于法律只是将甲取得贿赂款的行为“视为”其已经收受财物，其无论在事实上还是法律上都没有占有，难以认定乙的转款行为成立盗窃罪。

数额。离退休人员利用原来的职权或地位形成的便利通过（具有国家工作人员身份的）第三人的行为为请托人谋取不正当利益的，且与第三人之间存在共犯关系的，构成受贿罪的帮助犯，应以本罪处理；与第三人无共犯关系的，离退休人员单独构成利用影响力受贿罪。

（三）主观要件

本罪的主观方面只能是故意。故意包含两个方面的内容：一方面是行为人对财物的贿赂性有认识，即认识到其与职务行为之间是对价关系。这种认识只要求其具有普通人都有的一般性判断即为已足，而不要求认识到是刑法意义上的贿赂。认为是正当的报酬而不是贿赂的，不具有本罪的故意。另一方面，在收受财物的场合，行为人还要认识到其利用职务上的便利为他人谋取利益而非法收取贿赂的行为是一种损害职务行为不可收买性的行为。因此，（收受型）受贿故意中应当既包括收受他人财物的故意也包括为他人谋取利益的意思。国家工作人员出于受贿故意，非法收受他人财物之后，将赃款赃物用于单位公务支出或者社会捐赠的，不影响受贿罪的认定，但量刑时可以酌情考虑。

国家工作人员为他人谋利益，由家属收受财物的案件中，需要证实国家工作人员本人确实知道，或者其家属确实告知了已收受财物事宜，否则不成立受贿的共同犯罪。不过，此时的证实不需要确证，如果国家工作人员本人为他人谋取了利益，家庭成员收受了财物，就可以根据证据推定原则得出该国家工作人员知道家庭成员收受财物的结论。对此，最高人民法院、最高人民检察院《关于办理贪污贿赂刑事案件适用法律若干问题的解释》（2016 年 4 月 18 日）第 16 条第 2 款规定，特定关系人索取、收受他人财物，国家工作人员知道后未退还或者上交的，应当认定国家工作人员具有受贿故意。

实践中，国家工作人员收受请托人财物后及时退还或者上交的，不认为有受贿故意，不是受贿。国家工作人员受贿后，因自身或者与其受贿有关联的人、事被查处，为掩饰犯罪而退还或者上交的，不影响认定受贿罪。

（四）认定

1. 长期“感情投资”与受贿

实践中，大量出现商人以感情投资的方式“围猎”国家工作人员的情形，于此对于哪些钱款可以认定为受贿，有一些争议。例如，甲对国家工作人员乙并无具体请托事项，但利用各种机会在连续 5 年的时间里，多次给予乙共计 50 万元的钱款，进行所谓的“感情投资”。后来，甲为高速公路工程投标一事请托乙，乙为甲谋取不正当利益后，甲向乙行贿 100 万元。在本案中，宜将乙在为甲谋取具体利益之前所收受的 50 万元计入受贿款总额。虽然在提供这 50 万元时，甲对乙并无具体请托事项，但其提供财物的目的是密切与国家工作人员乙的关系，便于其今后利用乙的职务便利，为其做生意提供帮助，而乙也明知甲的上述意图和款项的性质，故二人之间的上述经济往来，与乙的职权和地位具有直接关系。后乙接受甲的请托，利用职务便利在特定事项上为甲谋取利益，与甲之前提供贿赂的行为之间存在因果关系。因此，乙在接受具体请托之前的 5 年时间里收受甲所谓的“感情投资款”的行为具有权钱交易的性质，符合受贿罪的构成要件。

2. 礼尚往来与受贿（收受礼金）

实践中，有很多被告人以财物系对方利用过年、过节等时间节点，或者婚丧嫁娶、生病住院等机会送给自己，或是彼此之间存在礼尚往来，因而不应认定为受贿进行辩解。对此的处理规则是：（1）法律要考虑人情。如果查明双方确实存在礼尚往来，且财物数额在合理的人际交往范围内的，原则上不应认定为受贿。有的司法机关对被告人利用家人患癌症等绝症收受一定数额的礼金的，也认定为受贿，是否合理还需要认真考虑。在家庭出现特殊变故时，同事、朋友所给予的礼金带有安慰性质，当时因为被告人家人患重病而送礼的人，也通常不会认为自己是在行贿，因此认定行为具有权钱交易性质并不合适。(2) 被告人并不是只收不送，符合“礼尚往来”的特征时，即便可以认定为受贿，也应当将被告人“还回去的”礼金从犯罪总数额中扣减。这和收受财物以后及时退还或者上交的不构成受贿罪是相同的道理。这里的扣减是有利于被告人的类推解释，具有合理性。(3) 如果提供财物者故意选择节日期间及利用国家工作人员儿女结婚之机给付财物，或者提供礼金等只是为请求国家工作人员为其谋利而在事先所做的一种铺垫，之后再适时提出请托事项的，或是已取得了利益后，以礼金形式表示感谢的，均属于名为礼尚往来，实则是一种权钱交易，均不影响对被告人受贿行为性质的认定。(4) 国家工作人员在过年过节、家人生病、子女结婚时收受财物的，需要有证据证明行为人在收受礼金、馈赠之前或之后，至少为他人谋取了一次利益，才能建立权钱交易的对价关系。如果连至少一次以上的（默示的）承诺为他人谋利的事实都证明不了，即便给付财物的人与被告人的职务、工作上存在一定关联，是在进行“感情投资”，按照现行刑法关于受贿罪构成要件的规定，也难以认定为受贿罪。

3. 收受回扣、手续费

除一般索取、收受贿赂之外，刑法第 385 条第 2 款还规定，国家工作人员在经济往来中，违反国家规定，收受各种名义的回扣、手续费，归个人所有的，以受贿论处。违反国家规定收受回扣，是指未在单位设立的财务账目上如实、公开记载而收受回扣、佣金、信息费、顾问费、劳务费等手续费的。收受回扣、佣金、信息费、顾问费、劳务费等手续费，在单位财务账目上如实记载，没有归个人所有的，不构成本罪。不过，需要注意，并不是所有收受回扣款的行为都构成受贿罪，实践中还有成立贪污罪的可能。例如，行为人利用职务之便，在事先得到对方答应给其回扣的情况下才用单位公款付给对方某项赞助费，对方在收到财物之后依约送给行为人回扣的，这种回扣并非对方财产，而是行为人管理的公共财物中的一部分。行为人收受回扣的行为，实质上是变相地以非常诡秘和巧妙的方式侵吞了本单位的公款，因而应定贪污罪而不是受贿罪。

4. 受贿罪与公司、企业人员受贿罪的界限

受贿罪与公司、企业人员受贿罪的主要区别是犯罪主体。受贿所收买的人员是以国家的名义出现的公法主体，而商业受贿所收买的人员是私法主体，是以合同关系和民法活动过程中形成但必须服从公法要求的其他关系参加者的身份出现的。这两者活动性质的不同决定了这两种犯罪的区别。

5. 受贿罪与贪污罪的界限

国家工作人员以单位名义收受对方财物，利用职务上的便利为他人谋取利益，后将该财物私分或占为已有的，是成立受贿罪还是成立贪污罪？对此一直有争议。例如，国家工作人员甲以所在单位需要“赞助费”为名，向某民营企业索要 80 万元。该款后由甲指使乙存入单位开设的临时账户中，并随即取出私分。一审法院认定被告人甲构成受贿罪，二审法院认定其为贪污罪。处理类似案例，需要考虑：(1) 索要财物者是否有为单位利益索贿的真实意思；(2) 被索取财物的人是否对索贿人的行为性质有相对清楚的认知，是否有行贿的特征。如果答案是肯定的，应认定为（单位）受贿罪。如果答案不明确，应认定为贪污罪。就本案而言，如果行为人甲一开始就有将索要的财物占为已有的意思，宜定性为贪污罪，因为其系假借单位名义向对方索要财物，单位对该财物没有索要的意思，所谓的（单位）受贿行为实质上不存在，甲提出索要财物的要求只是为后续的侵吞财物做准备而已。

当然，如果单位索要财物的意思真实，行为人事后又将索贿取得的部分财物据为已有的，

可能成立数罪。例如，税务局长甲以组织单位人员外出旅游活动的名义向乙索要 24 万元，后将其中 16 万元用于单位活动，其余 8 万元一直放在单位小金库中，1 年后甲将其支取，用于女儿结婚。对甲应以单位受贿罪和贪污罪并罚。

6. 受贿与敲诈勒索

国家工作人员利用职务上的便利以勒索、骗取的方式取得贿赂的，是构成受贿罪还是敲诈勒索罪、诈骗罪，值得研究。例如，警察以非法占有财物的目的，在赌博现场勒令参赌人员交出现金，否则不放行；税务人员威胁纳税企业，如不向其提供贿赂，减免税款的要求就得不到满足；正当行使职权，他人得到正当利益，但该国家工作人员日后威胁相对人，说其所得到的利益为不正当，而勒索财物的。上述情形，都存在如何理解受贿罪和敲诈勒索罪、诈骗罪之间的关系的问题。

敲诈勒索罪说认为，类似行为只成立敲诈勒索罪。因为受贿罪的成立，要求对方是完全基于任意而交付，在不是基于任意交付的场合，应属于敲诈勒索；如果认定为受贿罪，给付财物者就是行贿罪犯，这样不合理。而如果认定为敲诈勒索罪，只处理敲诈勒索行为者，被敲诈勒索者就不需要作为行贿者来处罚。想象竞合说（通说）认为，受贿罪和敲诈勒索罪之间是想象竞合的关系，但原则上应以受贿罪处理，因为该行为对社会中一般的公务行为公正性的信赖感有侵害，这是必须要考虑的。我认为，在这种情况下，需要区别情况处理：一方面，国家工作人员实施与职务无关联的欺骗、恐吓手段，使他人陷于错误或者恐惧而交付财物的，不是基于国家工作人员的职务行为取得财物，不是受贿。另一方面，国家工作人员向被害人进行恐吓，即使没有迫使他人交付财物的意思表示，但被害人因为行为人的职权、地位而交付财物的，行为人属于索取贿赂，而非敲诈勒索。

相应的被恐吓、被诈取人的责任何在也有争议：行贿罪成立说认为，财物交付人的交付意思虽然有瑕疵，但其有实际的交付处分行为，所以行贿罪的成立不能否定；受国家工作人员的恐吓，也可能出现不基于有瑕疵的意思而交付的情形；交付人如果没有期待可能性，在量刑时可以考虑。行贿罪不成立说认为：被恐吓人是被害人，将其作为犯罪人处罚不合理；在这种场合只处罚受贿人就足以保护公务行为的公正性和对这种公正性的一般的信赖感。

当然，以敲诈勒索、诈骗的方式索取财物，但没有执行职务的意思，不构成受贿罪，而只构成敲诈勒索罪或者诈骗罪。

（五）刑罚适用

1. 量刑规定

根据刑法第 386、383 条的规定，对犯受贿罪的，根据情节轻重，分别依照下列规定处罚：(1) 受贿数额较大或者有其他较重情节的，处 3 年以下有期徒刑或者拘役，并处罚金。(2) 受贿数额巨大或者有其他严重情节的，处 3 年以上 10 年以下有期徒刑，并处罚金或者没收财产。(3) 受贿数额特别巨大或者有其他特别严重情节的，处 10 年以上有期徒刑或者无期徒刑，并处罚金或者没收财产；数额特别巨大，并使国家和人民利益遭受特别重大损失的，处无期徒刑或者死刑，并处没收财产。

实务中，办理受贿案件应当注意避免唯数额论的弊端。对于犯罪数额没有达到数额较大、数额巨大或者数额特别巨大的相应规定，但是，具有其他较重情节、其他严重情节或者其他特别严重情节的，也应判处相应档次的刑罚。犯罪情节的确定，要综合考虑犯罪的时空条件、犯罪手段、犯罪后果、赃款赃物的去向、社会影响等多种因素。

对于受贿数额的认定，以及刑罚轻重的判处，应当根据最高人民法院、最高人民检察院《关于办理贪污贿赂刑事案件适用法律若干问题的解释》（2016 年 4 月 18 日）第 1 条至第 3 条的规定具体确定。大致说来，受贿数额在 3 万元以上不满 20 万元的，为“数额较大”；受贿数额在 20 万元以上不满 300 万元的，属于“数额巨大”；受贿数额在 300 万元以上的，应当认定为“数额特别巨大”。

死刑的适用条件是受贿犯罪数额特别巨大，并使国家和人民利益遭受特别重大损失的。就受贿罪而言，这里的使国家和人民利益遭受特别重大损失，主要是指收受他人财物之后，为他人谋取利益的行为使国家和人民利益遭受特别重大损失的情形。例如，在食品、药品安全监管过程中，国家机关工作人员利用职务上的便利收受巨额贿赂，从而放弃监管职责或者滥用职权，使人民生命健康陷入危险的，就属于这里的使国家和人民利益遭受特别重大损失。

2. 特别从宽处罚措施

犯受贿罪，在提起公诉前如实供述自己的罪行、真诚悔罪、积极退赃，避免、减少损害结果的发生，有刑法第 383 条第 1 款第 1 项规定情形的，可以从轻、减轻或者免除处罚；有第 2 项、第 3 项规定情形的，可以从轻处罚。在提起公诉前如实供述自己的罪行、真诚悔罪、积极退赃，避免、减少损害结果的发生包括以下情形：(1) 在如实供述自己罪行、真诚悔罪的前提下积极退赃。这里的核心应该是积极退赃。换言之，受贿后即便认罪态度好，悔罪程度深，但是拒绝交出受贿款的，不宜考虑从宽处罚。(2) 采取有效措施避免、减少损害结果的发生。例如，受贿后为他人谋取不法利益的，受贿人在如实供述自己的罪行之外，还必须积极配合司法机关制止行贿人所获取的非法利益扩大化，才有从宽处罚的可能性。

3. 终身监禁

犯受贿罪，被判处死刑缓期 2 年执行的，人民法院根据犯罪情节等情况可以同时决定在其死刑缓期执行 2 年期满依法减为无期徒刑后，终身监禁，不得减刑、假释。

二、利用影响力受贿罪

第三百八十八条之一① 国家工作人员的近亲属或者其他与该国家工作人员关系密切的人，通过该国家工作人员职务上的行为，或者利用该国家工作人员职权或者地位形成的便利条件，通过其他国家工作人员职务上的行为，为请托人谋取不正当利益，索取请托人财物或者收受请托人财物，数额较大或者有其他较重情节的，处三年以下有期徒刑或者拘役，并处罚金；数额巨大或者有其他严重情节的，处三年以上七年以下有期徒刑，并处罚金；数额特别巨大或者有其他特别严重情节的，处七年以上有期徒刑，并处罚金或者没收财产。

离职的国家工作人员或者其近亲属以及其他与其关系密切的人，利用该离职的国家工作人员原职权或者地位形成的便利条件实施前款行为的，依照前款的规定定罪处罚。

利用影响力受贿罪，是指国家工作人员的近亲属或者其他与该国家工作人员关系密切的人，以及离职的国家工作人员或者其近亲属以及其他与其关系密切的人，利用影响力收受请托人财物，数额较大或者有其他较重情节的行为。

（一）保护法益

本罪的保护法益是公众对国家工作人员之职务行为不可收买性、公正性的信赖。在本罪中，国家工作人员对请托事项和自己的职权被利用一事不知情（否则就构成受贿罪的共犯），因此，本罪的保护法益和受贿罪的略有不同：后者的保护法益是职务行为的不可收买性和公众对此的信赖，但以职务行为的不可收买性为主。但在本罪中，职务行为并未被收买，本罪的本

① 本条为《刑法修正案（七）》第 13 条所增设。

质是非国家工作人员与请托人钱权交易。但是，非国家工作人员利用其影响力收受财物，会使公众对国家工作人员之职务行为的公正性、不可收买性产生怀疑。

（二）客观要件

本罪之客观方面表现为，国家工作人员的近亲属或者其他与该国家工作人员关系密切的人，通过该国家工作人员职务上的行为，或者利用该国家工作人员职权或者地位形成的便利条件，通过其他国家工作人员职务上的行为，或者离职的国家工作人员或者其近亲属以及其他与其关系密切的人，利用该离职的国家工作人员原职权或者地位形成的便利条件通过其他国家工作人员职务上的行为，为请托人谋取不正当利益，索取请托人财物或者收受请托人财物，数额较大或者有其他较重情节的行为。

本罪的行为方式有三种：(1) 国家工作人员的近亲属或者其他与该国家工作人员关系密切的人，通过该国家工作人员职务上的行为，为请托人谋取不正当利益。行为人实际上是利用自己与国家工作人员之间所具有的近亲属或其他密切关系所形成的影响力，进而促使与之有特定关系的该国家工作人员通过自己职务上的行为，为请托人谋取不正当利益。(2) 国家工作人员的近亲属或者其他与该国家工作人员关系密切的人，利用该国家工作人员职权或者地位形成的便利条件，通过其他国家工作人员职务上的行为，为请托人谋取不正当利益。所谓“利用职权或地位形成的便利条件”，是指行为人与被其利用的国家工作人员之间在职务上虽然没有隶属、制约关系，但是行为人利用了本人职权或者地位产生的影响和一定的工作联系，如单位内不同部门的国家工作人员之间、上下级单位没有职务上隶属、制约关系的国家工作人员之间、有工作联系的不同单位的国家工作人员之间等。(3) 离职的国家工作人员或者其近亲属以及其他与其关系密切的人，利用自己（离职的国家工作人员）或者该离职的国家工作人员原职权或者地位形成的便利条件，通过其他国家工作人员职务上的行为，为请托人谋取不正当利益。

构成本罪，要求行为人为请托人谋取不正当利益，即谋取违反法律、法规、国家政策和国务院各部门规章规定的利益，以及要求国家工作人员或者有关单位提供违反法律、法规、国家政策和国务院各部门规章规定的帮助或者方便条件。为请托人谋取不正当利益，包括承诺为他人谋取不正当利益；正在为他人谋取不正当利益；已经部分为他人实际取得不正当利益；完全满足请托人的要求四种情形。

根据最高人民法院、最高人民检察院《关于办理贪污贿赂刑事案件适用法律若干问题的解释》（2016 年 4 月 18 日）第 10 条第 1 款的规定，对本罪的定罪量刑适用标准，参照关于受贿罪的规定执行，即利用影响力受贿数额在 3 万元以上不满 20 万元的，或者有其他较重情节（即具有特定情形，受贿数额在 1 万元以上不满 3 万元）的，处 3 年以下有期徒刑或者拘役，并处罚金；数额巨大（受贿数额在 20 万元以上不满 300 万元）或者有其他严重情节（具有特定情形，受贿数额在 10 万元以上不满 20 万元）的，处 3 年以上 7 年以下有期徒刑，并处罚金；数额特别巨大（受贿数额在 300 万元以上）或者有其他特别严重情节（具有特定情形，受贿数额在 150 万元以上不满 300 万元）的，处 7 年以上有期徒刑，并处罚金或者没收财产。

本罪的主体是非国家工作人员（非身份犯），但有范围限制。从大的方面看，包括两类人：(1) 与国家工作人员关系密切的人：国家工作人员的近亲属，包括夫、妻、父、母、子、女、同胞兄弟姐妹等；其他与国家工作人员关系密切的人，包括国家工作人员的同事、情人、同学、战友、亲戚、朋友、伙伴、邻居等长期交往和有一定关系往来的人，也可以是该国家工作人员临时认识的朋友或有一次性利益关系的人。(2) 离职的国家工作人员或者其近亲属以及其他与其关系密切的人。

三、单位受贿罪

第三百八十七条　国家机关、国有公司、企业、事业单位、人民团体，索取、非法收受他人财物，为他人谋取利益，情节严重的，对单位判处罚金，并对其直接负责的主管人员和其他直接责任人员，处五年以下有期徒刑或者拘役。

前款所列单位，在经济往来中，在账外暗中收受各种名义的回扣、手续费的，以受贿论，依照前款的规定处罚。

单位受贿罪，是指国家机关、国有公司、企业、事业单位、人民团体，索取、非法收受他人财物，为他人谋取利益，情节严重的行为。

单位受贿行为必须利用职务上的便利实施。受贿方式有索取和收受两种。索取是单位以明示、暗示的要挟方法主动向其他单位或个人索取财物；收受是指单位违反法律规定对他人交付的财物被动的予以接受。无论是索取财物还是非法收受财物，都必须以为他人谋取利益为要件。为他人谋取利益是指承诺为他人谋取利益，承诺是真实还是虚假的、是口头的还是暗示的，都在所不问。谋取的是合法利益还是非法利益，也不影响本罪的成立。

单位在经济往来中，账外暗中收受各种名义的回扣、手续费的行为的，也构成本罪。账外暗中收受回扣是指国家机关、国有公司、企业、事业单位、人民团体在各种经济往来中，未在依法设立的财务账目上按照财务会计制度如实记载而收受回扣或各种名义的手续费（如佣金、信息费、顾问费、好处费、保护费等）。

根据最高人民检察院《关于人民检察院直接受理立案侦查案件立案标准的规定（试行）》的规定，涉嫌单位受贿，有下列情形之一的，应予立案：(1) 单位受贿数额在10万元以上的；(2) 单位受贿数额不满10万元，但具有下列情形之一的：故意刁难、要挟有关单位、个人，造成恶劣影响的；强行索取财物的；致使国家或者社会利益遭受重大损失的。

本罪的主体是单位，即依法律规定合法成立的国家机关、国有公司、企业、事业单位、人民团体。单位的受贿故意是经单位决策机构的授权和同意，由其直接负责的主管人员和其他直接责任人员故意收受或者索取贿赂的行为表现出来的，主管人员和直接责任人员的意志即是单位意志的表现。但是，单位主管人员和其他直接责任人员假借单位名义索取、非法收受他人财物后私分、中饱私囊的，不构成本罪，而构成受贿罪。

四、行贿罪

第三百八十九条　为谋取不正当利益，给予国家工作人员以财物的，是行贿罪。

在经济往来中，违反国家规定，给予国家工作人员以财物，数额较大的，或者违反国家规定，给予国家工作人员以各种名义的回扣、手续费的，以行贿论处。

因被勒索给予国家工作人员以财物，没有获得不正当利益的，不是行贿。

第三百九十条[①]　对犯行贿罪的，处五年以下有期徒刑或者拘役，并处罚金；因行贿谋取不正当利益，情节严重的，或者使国家利益遭受重大损失的，处五年以上十年以下有期徒刑，并处罚金；情节特别严重的，或者使国家利益遭受特别重大损失的，处十年以上有期徒刑或者无期徒刑，并处罚金或者没收财产。

---

① 本条为《刑法修正案（九）》第45条所修改。

行贿人在被追诉前主动交待行贿行为的，可以从轻或者减轻处罚。其中，犯罪较轻的，对侦破重大案件起关键作用的，或者有重大立功表现的，可以减轻或者免除处罚。

行贿罪，是指为谋取不正当利益，给予国家工作人员财物的行为。

（一）保护法益

本罪侵害的法益是职务行为的公正性和社会对公正性的信赖感。行贿行为与受贿行为之间是对合关系，受贿罪是从国家机关内部侵害国家作用。而行贿罪是从国家机关外部侵害国家作用，所以原则上其首先对国家工作人员之职务行为的不可收买性有妨害。但是由于刑法只处罚为谋取不正当利益而行贿的行为，因此本罪侵害的法益不只是国家工作人员之职务行为的不可收买性，而且包括职务行为的公正性。

（二）客观要件

本罪在客观方面表现为为谋取不正当利益，给予国家工作人员以财物的行为。

1. 谋取不正当利益

行为人必须谋取的是不正当利益，才构成本罪。这里的“不正当利益”，是指不法利益或者行为人不应当得到的利益。司法解释对谋取不正当利益的范围限定得比较小。根据最高人民法院、最高人民检察院《关于办理行贿刑事案件具体应用法律若干问题的解释》（2012年12月26日）第12条的规定，行贿犯罪中的“谋取不正当利益”，是指行贿人谋取的利益违反法律、法规、规章、政策的规定，或者要求国家工作人员违反法律、法规、规章、政策、行业规范的规定，为自己提供帮助或者方便条件。违背公平、公正原则，在经济、组织人事管理等活动中，谋取竞争优势的，应当认定为“谋取不正当利益”。从理论上看，在正常情况下，能否获取该利益并不确定，但行为人通过行贿方式取得这种利益的，也是谋取不正当利益。谋取不正当利益，不仅仅指谋取本人的利益，谋取的利益与第三人、单位有关，也是谋取利益。

在司法实践中，行为人谋取的下述利益，属于不正当利益：（1）在任何情况下，法律都禁止得到的利益，如通过偷税、套汇、走私等得到的利益。（2）在不具备取得某种利益的条件或是取得该利益具有不确定性时，用不正当手段取得该利益或者排斥竞争对手，如在建设工程招标时，以不正当手段获得承包权。（3）依法应当履行的义务通过不正当手段被减免，如通过行贿被减免债务、获得税款减免等。至于行为人对于所要谋取的不正当利益是否向受贿人明确提出，受贿人是否着手为其谋取部分或全部利益，都不影响本罪的成立。

为谋取不正当利益而自愿向他人提供财物的，以行贿罪论处；为谋取不正当利益而被他人索取贿赂的，也应以行贿罪论处。但因被勒索给予国家工作人员以财物，没有获得不正当利益的，不是行贿。例如，甲因国家工作人员乙正当行使职权而得到正当利益，但乙日后威胁甲，诈称其所得到的利益为不正当，而勒索财物，甲给付财物的，由于其事实上并未获得不正当利益，故不构成行贿罪。

赠送礼物纯属私人亲情、友谊的表现，不附加任何条件的，不构成行贿罪。但是，虽然存在亲情关系，但馈赠是为了使对方利用职务之便为其谋取不正当利益，财物和职权使用之间有对价关系的，并不妨碍行贿罪的成立。

行贿罪以行贿人谋取不正当利益为定罪的前提。行为人在被拖欠工程款等情况下，为了尽快追回有关款项而向相关政府主管人员行贿，具有索要正当款项、主张合法民事权利的性质，其在迫于无奈的情况下提供财物给对方的，不属于行贿罪所要求的谋取不正当利益，不符合行贿罪的构成要件。

2. 给付财物

在实践中，行贿的方法多种多样，有公开行贿的，有巧妙伪装秘密行贿的；有事前行贿的，有事后行贿的。不论采取何种方式，只要是行贿人为谋取非法利益主动给予国家工作人员以财物的，就可构成行贿罪。在国家工作人员对他人行贿的提议加以拒绝的场合，本罪也成立；贿赂实际提供了，但被国家工作人员当场拒绝的，同样成立行贿；国家工作人员没有认识到财物的贿赂性，或者已经认识但有返还的意思或者上缴纪检监察部门的意思，而加以接受的，本罪也成立。

给予财物，是指主动提供，使对方收受的行为。给予行为和对方的收受行为之间是必要共犯的关系。行贿人教唆、帮助受贿人收受财物，只成立行贿罪，而不成立受贿罪的教唆、帮助犯。

根据最高人民法院、最高人民检察院《关于办理行贿刑事案件具体应用法律若干问题的解释》（2012年12月26日）第1条的规定，为谋取不正当利益，向国家工作人员行贿，数额在1万元以上的，应当追究刑事责任。

行为人已经着手实施给付财物的行为，但遭到国家工作人员拒收或者由于其他原因没有给付出去的，属于本罪未遂。已经将财物实际给予国家工作人员的，构成本罪既遂。

行贿行为本身就是一种犯罪行为，行贿后得到国家工作人员的庇护和容认，进行违法活动构成其他犯罪的，例如，行贿后肆意进行走私等违法犯罪活动，虽然属于行贿“谋取不正当利益”的内容，但行贿罪本身不是重罪，后续的行为有新的、重大的法益侵害性，其行为已经不能为行贿罪所包容，应分别定罪，实行数罪并罚。

在经济往来中为谋取不正当利益，违反国家规定，给予国家工作人员或者其他从事公务的人员以回扣、手续费的，以行贿论处。实践中具有以下情形的，应当视为为谋取不正当利益而给予回扣、手续费：推销假冒伪劣产品的；在不具备加工、施工技术或设备的情况下，为承揽加工业务，承包建筑工程的；为提高加工费、工程造价，获取高额利润的。

（三）故意

本罪的主观方面是故意。行贿人对于其行为的性质、目的、结果均有明确的认识，并意图以较小的利益作贿赂，谋取较大的不正当利益（目的）。行贿人并不试图直接从犯罪行为中取得不正当利益，其将取得的利益处分给他人或者单位的意思，属于犯罪动机，对定罪没有影响。

行为人没有犯罪故意，因被勒索给予国家工作人员以财物，没有获得不正当利益的，不是行贿。

（四）处罚规定

因行贿谋取不正当利益情节严重，或者使国家利益遭受重大损失的，法定刑升格。至于具体的量刑标准，需要根据最高人民法院、最高人民检察院《关于办理贪污贿赂刑事案件适用法律若干问题的解释》（2016年4月18日）第7、8、9条的规定掌握。

行贿人在被追诉前主动交代行贿行为的，可以从轻或者减轻处罚。其中，犯罪较轻的，对侦破重大案件起关键作用的，或者有重大立功表现的，可以减轻或者免除处罚。这里的“犯罪较轻”，是指根据行贿犯罪的事实、情节，可能被判处3年有期徒刑以下刑罚的情形。“重大案件”，是指根据犯罪行为的事实、情节，已经或者可能被判处10年以上刑罚，或者案件在本省、自治区、直辖市或者全国范围内有较大影响的情形。“对侦破重大案件起关键作用”，在实践中一般包括以下情形：（1）主动交代办案机关未掌握的重大案件线索的；（2）主动交代的犯罪线索不属于重大案件，但该线索对于重大案件侦破有重要作用的；（3）主动交代行贿事实，对于重大案件的证据收集有重要作用的；（4）主动交代行贿事实，对于重大案件的追逃、追赃有重要作用的。

五、对有影响力的人行贿罪

第三百九十条之一[①] 为谋取不正当利益，向国家工作人员的近亲属或者其他与该国家工作人员关系密切的人，或者向离职的国家工作人员或者其近亲属以及其他与其关系密切的人行贿的，处三年以下有期徒刑或者拘役，并处罚金；情节严重的，或者使国家利益遭受重大损失的，处三年以上七年以下有期徒刑，并处罚金；情节特别严重的，或者使国家利益遭受特别重大损失的，处七年以上十年以下有期徒刑，并处罚金。

单位犯前款罪的，对单位判处罚金，并对其直接负责的主管人员和其他直接责任人员，处三年以下有期徒刑或者拘役，并处罚金。

对有影响力的人行贿罪，是指为谋取不正当利益，向国家工作人员的近亲属或者其他与该国家工作人员关系密切的人，或者向离职的国家工作人员或者其近亲属以及其他与其关系密切的人行贿的行为。

行为人谋取的利益具有正当性的，其向国家工作人员的近亲属或者其他与该国家工作人员关系密切的人，或者向离职的国家工作人员或者其近亲属以及其他与其关系密切的人提供贿赂的行为，不构成本罪。

六、对单位行贿罪

第三百九十一条[②] 为谋取不正当利益，给予国家机关、国有公司、企业、事业单位、人民团体以财物的，或者在经济往来中，违反国家规定，给予各种名义的回扣、手续费的，处三年以下有期徒刑或者拘役，并处罚金。

单位犯前款罪的，对单位判处罚金，并对其直接负责的主管人员和其他直接责任人员，依照前款的规定处罚。

对单位行贿罪，是指个人或者单位为谋取不正当利益，给予国家机关、国有公司、企业、事业单位、人民团体以财物的行为。

（一）保护法益

本罪侵害的法益是国家机关、国有公司、企业、事业单位、人民团体的不可收买性、公正性。国家机关、国有公司、企业、事业单位、人民团体担负着国家、社会公共事务的管理、领导和国有资产的运营等特定职责，其必须正确履行职责、廉洁奉公。行贿人通过贿赂收买国家机关、国有公司、企业、事业单位、人民团体，使其丧失原则，利用其管理、经营职权，为行贿人谋取不正当利益，扰乱了国家机关的正常管理秩序，严重妨害了国家机关、国有公司、企业、事业单位、人民团体的正常活动，使其不可收买性、公正性丧失殆尽。

（二）客观要件

本罪在客观方面表现为给予国有单位或人民团体以财物的行为。

本罪的构成以谋取不正当利益为前提。为谋取正当利益，而给予国家机关、国有公司、企业、事业单位、人民团体以财物的，不构成本罪。不正当利益并不限于非法利益，还包括行贿人不应得到的或不确定的利益。至于行贿人所谋取的不正当利益是否实现，都与本罪的成立

---

① 本条为《刑法修正案（九）》第46条所增设。

② 罚金刑为《刑法修正案（九）》第47条所增设。

无关。

在经济往来中，为谋取不正当利益，违反国家规定，给予单位以各种名义的回扣、手续费的，也构成本罪。

接受贿赂的人必须是国家机关、国有公司、企业、事业单位、人民团体；给予国有单位或人民团体中的个人以财物的，构成行贿罪。给予集体所有制的公司、中外合资、合作企业、社会团体以财物或者各种名义的回扣、手续费，都不构成犯罪；为谋取不正当利益，给予非国有单位或社会团体中的个人以财物的，构成对公司、企业人员行贿罪。

根据最高人民检察院《关于人民检察院直接受理立案侦查案件立案标准的规定（试行）》，涉嫌对单位行贿，有下列情形之一的，应予立案：（1）个人行贿数额在10万元以上、单位行贿数额在20万元以上的；（2）个人行贿数额不满10万元、单位行贿数额在10万元以上不满20万元，但具有下列情形之一的：为谋取非法利益而行贿的；向3个以上单位行贿的；向党政机关、司法机关、行政执法机关行贿的；致使国家或者社会利益遭受重大损失的。

（三）主观要件

本罪在主观方面是故意，并且具有谋取不正当利益的目的。

提供贿赂的个人或单位应当对交付的财物是贿赂物有所认识，同时要对接受贿赂者是国有单位或人民团体有认识。行贿时明确认识到接受贿赂者是个人而不是国家机关、国有公司、企业、事业单位、人民团体的，不构成本罪，而构成行贿罪。接受贿赂者实为个人，但其假冒单位名义勒索或收受财物，将贿赂物中饱私囊，行贿人受到欺骗而对此无法认识的，以及单位受贿后将财物私分的，都只成立本罪，不成立行贿罪。

七、介绍贿赂罪

第三百九十二条① 向国家工作人员介绍贿赂，情节严重的，处三年以下有期徒刑或者拘役，并处罚金。

介绍贿赂人在被追诉前主动交待介绍贿赂行为的，可以减轻处罚或者免除处罚。

介绍贿赂罪，是指在受贿人和行贿人之间进行沟通、撮合、引见，使受贿和行贿得以实现的行为。

（一）客观要件

本罪在客观方面表现为在行贿人与受贿人之间牵线搭桥，起媒介作用，以使行贿、受贿行为完成。

介绍贿赂，既包括接受行贿人的委托，向国家工作人员介绍贿赂，也包括接受国家工作人员的委托，介绍贿赂物的提供者。至于介绍人是否以营利为目的、是否具有国家工作人员身份等，都对成立犯罪没有影响。介绍贿赂是以行贿人或者受贿人的名义，为行贿人或者受贿人的利益，同时在两者之间进行沟通，而不是单纯地为自己的利益帮助某一方，所以其与受贿罪、行贿罪的帮助犯、教唆犯都不相同。只教唆行贿或者受贿的一方实施犯罪的，分别构成行贿罪或者受贿罪的教唆犯；先教唆他人提供贿赂，然后教唆另外的人索取、收受该贿赂的，同时构成贿赂罪的教唆犯和介绍贿赂罪，应从一重罪处断。但接受行贿人的委托向国家工作人员介绍贿赂，被国家工作人员拒绝，介绍者构成行贿罪（未遂）的帮助犯；接受国家工作人员的委托向他人提出行贿建议，被对方拒绝的，也只构成受贿罪（未遂）的帮助犯，而不构成介绍贿

① 罚金刑为《刑法修正案（九）》第48条所增设。

赂罪。

根据最高人民检察院《关于人民检察院直接受理立案侦查案件立案标准的规定（试行）》的规定，涉嫌介绍贿赂，有下列情形之一的，应予立案：（1）介绍个人向国家工作人员行贿，数额在2万元以上的；介绍单位向国家工作人员行贿，数额在20万元以上的；（2）介绍贿赂数额不满上述标准，但具有下列情形之一的：为使行贿人获取非法利益而介绍贿赂的；3次以上或者为3人以上介绍贿赂的；向党政领导、司法工作人员、行政执法人员介绍贿赂的；致使国家或者社会利益遭受重大损失的。

（二）主观要件

本罪在主观方面是直接故意，即行为人明知行贿人、受贿人的行贿与受贿意图，而故意从中撮合，使行贿、受贿行为实现。犯罪动机多种多样，有的是为亲友帮忙，有的是讨好国家工作人员，有的是从中谋取非法经济利益。动机如何，并不影响本罪成立。

（三）想象竞合犯

在多数情况下，介绍贿赂行为的法益侵害性远比立法上所预估的要严重得多。当行贿人和受贿人完全不认识或交情较浅，或者就行贿人的社会地位、交往层面、人脉关系等，其完全不可能与受贿人"搭上线"时，如果没有介绍贿赂人的四处打探、投机取巧、投其所好，甚至转交、截留行贿款等其他各种"努力"，行贿人与受贿人之间的交易完全不可能完成。近年来，在工程建设、城市规划、房地产开发、司法裁判等领域，有些人甚至以介绍贿赂为业，成为职业化的围猎官员的特殊群体。对这些人，如果仅仅以介绍贿赂罪最高判处3年有期徒刑，势必导致罪刑失衡，不能截断权钱交易的利益链，不利于从源头上遏制腐败。

例1：某县市场监督管理局获准用原有的旧办公楼置换新办公楼。金某得知此消息后，找到担任该县市场监督管理局局长的亲属李某，表示想承揽此工程。李某明确表示，只要具备资质、有实力，就可以承建该工程。于是，金某通过朋友联系到付某等人，由金某引荐、搭桥，付某等人先后多次与李某商谈置换办公楼事宜。其间，付某承诺事成之后，给予金某一定酬劳。在签订楼房置换协议前，金某将李某索要300万元的要求转达给付某等人。此款被李某收下后，付某的公司最终与县市场监督管理局签订了楼房置换协议。案发后，法院经审理认定，被告人金某为赚取"介绍费"，在付某等人与国家工作人员李某之间沟通关系，撮合条件，最终促成李某收受贿赂300万元，情节严重，其行为已构成介绍贿赂罪，遂依法判处其有期徒刑2年，缓刑3年。

例2：马某、王某介绍欲进入某管委会工作的人员向某开发区管委会主任送现金，后9名事业单位人员和18名人事代理人员进入该管委会工作，马、王二人向每人收取20多万元贿赂款，共收取上述27名人员贿赂款584万元，其中向管委会主任转交455万元，马某、王某截留129万元。法院以介绍贿赂罪分别判处马某有期徒刑6个月，对王某免予刑事处罚。

在例1中，被告人金某实质上是给李某提供帮助，使其受贿300万元的行为最终得逞。对李某应当判处10年以上有期徒刑，如果没有介绍贿赂罪的规定，对金某也应当定受贿罪共犯，并比照李某处刑，且理应不会对其宣告缓刑。在例2中，被告人马某、王某实质上是给管委会主任提供帮助，使其受贿584万元的行为最终得逞，且两被告人自行截留129万元。如果没有介绍贿赂罪的规定，对马某、王某均应当定受贿罪共犯，并比照该管委会主任处刑，无论如何，不会轻到目前法院判决的程度。因此，刑法关于介绍贿赂罪的规定，是许多深度参与行贿受贿行为，为送钱的人和收钱的人牵线搭桥者被轻纵的主要法律根据。介绍贿赂罪的规定，成为这些罪犯的避风港。

为此，应当认为，向国家工作人员介绍贿赂，情节严重的，同时构成受贿罪或行贿罪共犯

(想象竞合犯)，而且在多数场合，对其最终应以受贿罪共犯论处。理由在于：(1) 所有的介绍贿赂行为，最终都要和受贿人沟通，帮助受贿人完成权钱交易。一个介绍贿赂行为，如果仅仅和行贿人沟通，而没有最终和受贿人“搭上线”，权钱交易不可能完成，因此，将介绍贿赂行为认定为受贿罪共犯(而不是行贿罪共犯)，更为符合法理。(2) 单纯和行贿人联系，没有请托到受贿人的情形，既不可能完成介绍贿赂行为，司法也不会介入。迄今为止，实务中没有判决过单纯和行贿人联系，没有最终请托到受贿人的介绍贿赂案件。(3) 这是严厉打击受贿行为、切断受贿来源的现实需要，和中央坚决反腐败的决心相一致。(4) 应贯彻罪刑相适应原则。受贿罪最高处死刑，行贿罪最高处无期徒刑，为受贿人提供帮助的人最高仅判 3 年有期徒刑，既与法理相悖，也不利于彻底遏制腐败。(5) 即使是那些情节特别轻的介绍贿赂行为(如明知他人有行贿意思，而介绍行贿人与受贿人认识，具体权钱交易行为由其二人自行商谈)，也为受贿人提供了帮助，是受贿罪共犯，只不过在量刑时予以从轻或减轻处罚而已。

由此可见，介绍贿赂罪的适用空间极其有限，仅限于那些情节特别轻的介绍贿赂，如定行贿或受贿罪共犯，在处罚上和介绍贿赂罪差异很小的行为。对大量情节严重、参与程度较深、介绍贿赂金额巨大、受贿人为行贿人谋取重大非法利益的案件，应当认定行为人同时构成介绍贿赂罪和受贿罪的共犯，保留以重罪即受贿罪共犯处理的可能性，防止重罪轻判。

八、单位行贿罪

第三百九十三条[①]　单位为谋取不正当利益而行贿，或者违反国家规定，给予国家工作人员以回扣、手续费，情节严重的，对单位判处罚金，并对其直接负责的主管人员和其他直接责任人员，处五年以下有期徒刑或者拘役，并处罚金。因行贿取得的违法所得归个人所有的，依照本法第三百八十九条、第三百九十条的规定定罪处罚。

单位行贿罪，是指单位为谋取不正当利益而给予国家工作人员财物的行为。

(一) 客观要件

本罪在客观方面表现为单位为谋取不正当利益而行贿的行为。

接受财物的一方必须是国家工作人员，行贿人才构成本罪。单位为谋取不正当利益，给予国家机关、国有公司、企业、事业单位、人民团体以财物的，构成对单位行贿罪，而不构成本罪。单位违反国家规定，给予国家工作人员以回扣、手续费，情节严重的，也构成单位行贿罪。

本罪的主体是机关、团体、公司、企业或者事业单位。至于单位是国有、集体还是中外合资、中外合作、外商独资以及私营企业，都在所不问。

根据最高人民检察院《关于人民检察院直接受理立案侦查案件立案标准的规定(试行)》的规定，涉嫌单位行贿，有下列情形之一的，应予立案：(1) 单位行贿数额在 20 万元以上的；(2) 单位为谋取不正当利益而行贿，数额在 10 万元以上不满 20 万元，但具有下列情形之一的：为谋取非法利益而行贿的；向 3 人以上行贿的；向党政领导、司法工作人员、行政执法人员行贿的；致使国家或者社会利益遭受重大损失的。

(二) 主观要件

本罪在主观方面是故意，即行为人明知给予国家工作人员财物的行为会损害其职务行为的公正性，而故意给予其财物，或者故意违反国家规定给予国家工作人员以回扣、手续费。犯罪

---

① 罚金刑为《刑法修正案(九)》第 49 条所增设。

目的是为单位谋取不正当利益的，至于其目的是否实现，对成立犯罪没有影响。为将行贿取得的违法所得或其他不正当利益归个人所有，而以单位名义行贿的，属于为个人谋取不正当利益的情形，应按行贿罪定罪处罚。

（三）从宽处罚情形

单位行贿的，在被追诉前，单位集体决定或者单位负责人决定主动交代单位行贿行为的，以及受委托直接办理单位行贿事项的直接责任人员在被追诉前主动交代自己知道的单位行贿行为的，对单位或直接责任人员可以比照刑法第 390 条第 2 款的规定处理，即行贿人在被追诉前主动交代行贿行为的，可以从轻或者减轻处罚；其中，犯罪较轻的，对侦破重大案件起关键作用的，或者有重大立功表现的，可以减轻或者免除处罚。这是有利于被告人的类推适用，应当允许。

第七章　侵害国家作用的犯罪Ⅱ：渎职罪

第一节　概　述

渎职罪，是指国家机关工作人员利用职务上的便利徇私舞弊，滥用职权、玩忽职守，侵害职务行为的正当性，妨害国家机关正常活动，损害公众对国家机关工作人员职务活动的客观性、公正性的信赖，致使公共财产、国家与人民利益遭受重大损失的行为。

一、保护法益

本章罪侵害的法益是国家机关活动的正当性。国家机关根据宪法和法律的规定，在执行国家对内、对外职能，管理国家事务和推动社会经济发展过程中，必须保持其职务活动的妥当性和公正性。国家机关工作人员背离国家机关的活动准则，滥用职权、玩忽职守或者徇私枉法的行为必然会使国家机关的正常职能遭到破坏，职务行为的公正性、妥当性和效率都无法得到保障，也可能使职务行为相对人的利益受到损害。

本章罪的保护法益和贪污贿赂罪的保护法益在本质上是相同的，都是公务员从国家机关内部侵害职务行为的妥当性、妨害国家权力正当行使的犯罪，所以，完全可以将贪污、贿赂罪归于广义的渎职罪范畴。但是，渎职罪和贪污贿赂罪也有细微区别：贪污贿赂罪没有明确的被害人，是纯粹的侵害国家法益犯罪。滥用职权、玩忽职守等渎职犯罪可能导致无义务者承担额外的义务，或者使有权利者无法行使自己的正当权利，无法获取自己本来应当得到的利益。所以，渎职罪中多存在明显的直接被害人，犯罪有侵害个人法益的侧面。

二、客观要件

本章罪在客观方面表现为因徇私利、徇私情而滥用职权、玩忽职守，不履行或不正确履行职责，致使公共财产、国家和人民利益遭受重大损失的行为。

渎职行为是国家机关工作人员徇私舞弊、滥用职权或者玩忽职守，违法乱纪、亵渎职责行为的高度概括。其包括两种形态：一是以作为方式实施的渎职行为，即积极实施其职责禁止实施的行为。二是以不作为方式实施的渎职行为，即其职责要求其实施一定的行为而拒不实施、放弃职守的行为。

根据最高人民法院、最高人民检察院《关于办理贪污贿赂刑事案件适用法律若干问题的解释》(2016 年 4 月 18 日) 第 17 条的规定，国家工作人员利用职务上的便利，收受他人财物，为他人谋取利益，同时构成受贿罪和渎职犯罪的，除刑法另有规定外，以受贿罪和渎职犯罪数罪并罚。

本章罪的主体是特殊主体，即国家机关工作人员，包括国家立法、监察、司法、行政机关的工作人员。国家机关工作人员是自身享有现实的职务权利，经选举或委任从事国家公共事务的人员。不具有国家机关工作人员身份的人，不能成为本罪主体。在渎职罪主体的认定问题上，一直存在身份论（主体是不是国家机关工作人员）和职责论（主体从事的活动是否为公务活动、是否在履行国家机关的管理职能）的争论。

为此，最高司法机关曾经多次作出解释。例如，最高人民检察院的司法解释指出：在行政执法事业单位中按国家机关在编干部管理的工作人员，在履行政府行政公务活动中，滥用职权玩忽职守构成犯罪的，应以国家机关工作人员论。在关于合同制民警能否成为玩忽职守罪主体的问题上，最高人民检察院《关于合同制民警能否成为玩忽职守罪主体问题的批复》（2000 年 10 月 9 日）指出，根据刑法第 93 条第 2 款的规定，合同制民警在依法执行公务期间，属其他依照法律从事公务的人员，应以国家机关工作人员论。对合同制民警在依法执行公务活动中的玩忽职守行为，符合刑法第 397 条规定的玩忽职守罪构成要件的，依法以玩忽职守罪追究刑事责任。最高人民检察院《关于企业事业单位的公安机构在机构改革过程中其工作人员能否构成渎职侵权犯罪主体问题的批复》（2002 年 4 月 24 日）规定，企业、事业单位的公安机构在机构改革过程中虽尚未列入公安机关建制，但其工作人员在行使侦查职责时，实施渎职侵权行为的，可以成为渎职侵权犯罪的主体。这些司法解释部分地回应了实践的需要。但是，将渎职罪的主体扩大解释到何种程度，是一个有待研究的问题。

为统一司法操作，全国人大常委会对渎职罪主体作了立法解释。该解释明确规定：在依照法律、法规规定行使国家行政管理职权的组织中从事公务的人员，或者在受国家机关委托代表国家机关行使职权的组织中从事公务的人员，或者虽未列入国家机关人员编制，但在国家机关中从事公务的人员，在代表国家机关行使职权时，有渎职行为，构成犯罪的，依照刑法有关渎职罪的规定追究刑事责任。①

立法解释特别明确了两重内容：一方面，对渎职罪的主体依其职责（即是否从事公务、是否在履行国家机关的管理职能）进行界定，而不管其是否为具有正式编制的国家机关工作人员身份。另一方面，渎职罪的主体多元化。除包括在国家机关中从事公务的人员外，还包括：（1）在依照法律、法规规定行使国家行政管理职权的组织中从事公务的人员，如在证券监督管理委员会、地方烟草专卖局工作的人员等。（2）在受国家机关委托，代表国家机关行使职权的组织中从事公务的人员，如新疆生产建设兵团的工作人员等。② （3）虽未列入国家机关人员编制，但在国家机关中从事公务的人员，如国家行政机关的合同制、聘用制人员等。

三、主观要件

本章罪在主观方面有的是故意，有的是过失。但多数犯罪，如因滥用职权而构成的徇私枉法罪、徇私舞弊不移交刑事案件罪、非法低价出让国有土地使用权罪、帮助犯罪分子逃避处罚罪等，只能由故意构成。以玩忽职守方式实施的犯罪，如过失泄露国家秘密、失职致使在押人员脱逃罪、失职造成珍贵文物毁损、流失罪等，只能由过失构成。

---

① 参见全国人大常委会《关于〈中华人民共和国刑法〉第九章渎职罪主体适用问题的解释》（2002 年 12 月 28 日）。

② 对既行使国家机关管理职能又从事企业经营活动的组织中工作人员身份的认定，核心就是看其是否行使国家机关工作人员的职责。如果能够得出肯定的结论，就可以按渎职犯罪处理。如果是在从事企业经营活动过程中渎职犯罪的，则应按照刑法第 168 条规定的国有公司、企业、事业单位人员失职罪，国有公司、企业、事业单位人员滥用职权罪定罪处罚。

第二节 滥用职权犯罪

一、滥用职权罪

第三百九十七条 国家机关工作人员滥用职权或者玩忽职守，致使公共财产、国家和人民利益遭受重大损失的，处三年以下有期徒刑或者拘役；情节特别严重的，处三年以上七年以下有期徒刑。本法另有规定的，依照规定。

国家机关工作人员徇私舞弊，犯前款罪的，处五年以下有期徒刑或者拘役；情节特别严重的，处五年以上十年以下有期徒刑。本法另有规定的，依照规定。

滥用职权罪，是指国家机关工作人员超越职权，违法决定、处理其无权决定、处理的事项，或者违反规定处理公务，致使公共财产、国家和人民利益遭受重大损失的行为。

（一）保护法益

本罪侵害的法益具有双重性：一方面是国家法益，即职务行为的正当性和社会对国家行政、监察、司法权力行使公正性的信赖感；另一方面是个人法益，即公民个人的人身或财产权利。但就总体而言，本罪是国家机关工作人员从其内部侵害国家作用的渎职犯罪，所以即使存在被害人承诺的情形，滥用职权罪仍然成立。

滥用职权罪中的国家法益，包括公务的客观公正性和国民对公务之正当性、公正性的信赖与期待。公务的公正性要求公职人员按照法律的要求，正确地行使职责。职权享有者任意扩大权限范围，导致侵害公民权利的，属于公务行为在客观上不具有公正性，对国家利益有损害。

（二）客观要件

本罪在客观方面表现为滥用职权。

1. 职权

职权，是指行为人享有的一般职务权限。只是从外观上看有一定的权力，但是实质上没有一般的职务权限的，不是这里的职权。职权不一定是法律上明文规定的，从法律制度上作综合的、实质的观察，认定行为人享有职权或者得到授权的，就是有职务权限。作为一般的职务权限，职权不一定是法律上有强制力的权力，但其滥用会使对方承担义务，或使其不能行使权利的，也属于职权的范畴。

2. 滥用

职权必须被滥用，才可能成立滥用职权罪。滥用职权表现为超越职权、违法决定、处理其无权决定、处理的事项，或者违反国家规定处理公务，致使公共财产、国家和人民利益遭受重大损失的行为。换言之，职权的滥用，是指违背法律授权的宗旨行使职权，超越职权范围或者违反职权行使程序，以不正当目的或不法方法实施职务行为。换言之，任何无端行使职权、编造事实扩大职权范围，实质地、具体地违法或不当行使权力的行为，都是滥用职权。对此，大塚仁教授指出，滥用职权是指不法地行使职务上的权限，即对形式上属于一般职务权限的事项，为了不当的目的或者采用不法的方法，实施违反职务本旨的行为。①

从宏观上看，滥用职权行为包括两种情形：一是职权范围内的滥用，即不正当行使自己职权范围内的权力。这主要表现为违反法定规则和法定程序处理公务，或者滥施淫威，胡作非

① 参见［日］大塚仁：《刑法概说·各论》（第3版），冯军译，583页，北京，中国人民大学出版社，2003。

为，随心所欲地处理公务。典型的行为方式为：该这样做而却要那样做；不该做而做或者该做而不做。二是职权范围外的滥用，即违反法律规定，超越职权处理无权决定、处理的事项。具体表现为，行为人手中并无某项权力，却违法作出某项处理决定。

具体而言，滥用职权行为主要表现为以下四种情形：

（1）超越职权，擅自决定或处理无权决定、处理的事项。行为人滥用其职务范围外的权力，即超越职权的行为，是滥用职权行为的一种重要表现形式。这主要是因为滥用职权本身具有很广泛的含义，凡是国家机关工作人员没有合法地行使其权力的，即构成权力滥用。超越职权是国家机关工作人员没有合法地行使其权力的一种表现形式，当然属于滥用职权行为，例如，市场监督管理人员在进行市场监督管理过程中越权进行社会治安管理，显然就是滥用职权。实践中，超越职权的行为主要有以下类型：具有此种职责的国家机关工作人员行使了应由具有彼种职责的机关工作人员行使的权力；具有上下级隶属关系的同一性质但不同级别国家机关之间的越权，既包括上级对下级职责范围内的工作滥用指令，也包括下级对上级职权范围的侵犯；此地国家机关工作人员行使了应由彼地国家机关工作人员行使的职权。

（2）玩弄职权，违反程序规定，随心所欲地对事项作出决定或处理。国家机关工作人员行使职权的程序和形式，既是国家机关工作人员顺利、高效地行使职权的保障，也是防止其滥用权力的重要措施。国家机关工作人员实施具体职务行为的程序和形式，有以下要求：一是行为过程从整体上看没有重大瑕疵，行为的关键环节和法律规定的步骤完全符合，法定程序的先后次序没有颠倒，不采用非法手段获取对于职务行为相对人不利的证据。二是对于需要告知保护人的具体权利，都及时告知。三是行为的形式要合法，如法律规定采取书面形式的，不得采取口头通知。四是职务行为必须在法律规定的期限内作出，不得违反法律、法规对期限的规定，否则也属程序违法。国家机关工作人员行使职权行为必须符合法律、法规所规定的程序，在形式上符合要求，不按照法定程序行使职权同样会造成严重后果，属于职权的滥用，例如，质量技术监督人员对经营者任意处以罚款就属于这种情形。

（3）以权谋私、假公济私，不正确地履行职责。滥用职权大多表现为行为人出于私利，任意行使职权，滥用职权成为获取私利的基本手段。当然，在认定行为人以权谋私、假公济私滥用职权时，要将其牟取私利的情节和刑法第 397 条第 2 款所规定的徇私舞弊犯滥用职权罪相区别。滥用职权罪中的牟取私利，从情节上看，远比刑法第 397 条第 2 款所规定的徇私舞弊要轻。

（4）放弃职责，故意不履行职务。从实行行为来看，滥用职权罪是否只能由作为构成，还是可以由不作为构成？对此一直有争议。认为只能由作为构成的观点是少数说，其主要理由是：首先，滥用职权与放弃职守具有不同的含义，前者必须是已经行使了职权，而放弃职守是未履行职责，既然是有权而故意不用，就谈不上是滥用。其次，从行政法律法规的角度来看，如果国家机关工作人员所在的机关是行政机关，其滥用职权的行为可能产生的问题是具体行政行为是否合法或适当，其法律后果是具体行政行为可能被撤销或者部分撤销，国家行政机关有义务重新作出具体行政行为。而在放弃职守的场合，可能出现的问题是国家机关工作人员是否具有不履行或拖延履行法定职责的行为，其法律后果是国家行政机关必须在一定期限内履行法定职责。既然滥用职权和放弃职守产生的法律后果都不相同，把它们统一在滥用职权罪的实行行为之下，可能并不妥当。最后，对故意放弃职守行为完全可以按照玩忽职守罪处理，不承认不作为的滥用职权，并不会放纵犯罪。

但是，前述观点值得商榷。擅权妄为、超越职权是对职权的滥用，应履行职责而拒不履行的不作为，也是对职权的滥用。这就是说，行为人滥用权力拒不履行正当职责义务，造成严重后果，符合犯罪构成要件时，便是以不作为形式构成的滥用职权罪。如果在刑法理论上不承认不纯正不作为犯可以构成滥用职权罪，就会错误理解滥用职权罪的本质，没有合理解释刑法，没有考虑放弃职守行为可能产生的法益侵害性。例如，国家机关工作人员在自然灾害、突发事件、重大责任事故发生后，不正确履行职责，违反有关特大事故报告程序的规定，故意对特大矿山安全事故隐瞒不报，亦不及时组织抢险、调查，造成恶劣社会影响的，即构成滥用职权罪。

需要指出，前述关于滥用职权具体实行行为的划分，只具有相对的意义。有时这四种行为方式交织在一起，难以分清，例如，负责主管缉私工作的公安机关负责人接受贿赂之后干预对走私犯罪的查处，就同时具有超越职权、玩弄职权和不正确履行职权的性质。正当执行职务，或者只是利用地位、条件实施与一般的职务权限无直接关联的行为，不是滥用职权。例如，刑罚执行机构的监管人员利用教育罪犯之机，使用暴力猥亵妇女的，只构成强制猥亵妇女罪；深夜巡逻的警察抢劫他人财物的，只成立抢劫罪，都不构成本罪。本罪属于结果犯，刑法规定滥用职权行为致使公共财产、国家和人民利益遭受重大损失的，才构成犯罪。这里的重大损失，包括经济损失和其他利益损失（如不良社会影响）。经济损失，是指渎职犯罪或者与渎职犯罪相关联的犯罪立案时已经实际造成的财产损失，包括为挽回渎职犯罪所造成的损失而支付的各种开支、费用等。立案后至提起公诉前持续发生的经济损失，应一并计入渎职犯罪造成的经济损失。债务人经法定程序被宣告破产，债务人潜逃、去向不明，或者因行为人的责任超过诉讼时效等，致使债权已经无法实现的，无法实现的债权部分应当认定为渎职犯罪的经济损失。依据最高人民法院、最高人民检察院《关于办理渎职刑事案件适用法律若干问题的解释（一）》（2012年12月7日）第1条的规定，具有下列情形之一的，应当认定为“致使公共财产、国家和人民利益遭受重大损失”：（1）造成死亡1人以上，或者重伤3人以上，或者轻伤9人以上，或者重伤2人、轻伤3人以上，或者重伤1人、轻伤6人以上的；（2）造成经济损失30万元以上的；（3）造成恶劣社会影响的；（4）其他致使公共财产、国家和人民利益遭受重大损失的情形。

实施本罪行为，情节特别严重的，法定刑升格。根据前述司法解释的规定，具有下列情形之一的，应当认定为“情节特别严重”：（1）造成死亡3人以上，或者重伤9人以上，或者轻伤27人以上，或者重伤6人、轻伤9人以上，或者重伤3人、轻伤18人以上的；（2）造成经济损失150万元以上的；（3）造成前述“致使公共财产、国家和人民利益遭受重大损失”的后果，且不报、迟报、谎报或者授意、指使、强令他人不报、迟报、谎报事故情况，致使损失后果持续、扩大或者抢救工作延误的；（4）造成特别恶劣社会影响的；（5）其他特别严重的情节。

因徇私舞弊而滥用职权的①，是加重处罚事由，立法的主要考虑是：不徇私情、不谋私利，公正执法是一切国家机关工作人员最基本的职业准则和法定义务。徇私舞弊而滥用职权对国家机关的正常活动和信誉造成的危害更为严重，所以对徇私舞弊而滥用职权，理应判处更重的刑罚。徇私舞弊中的徇私，包括徇私情、徇私利两种情形。徇私情，是指单纯根据亲友、上

---

① 刑法中涉及徇私舞弊的渎职犯罪共有十余个罪名，除了刑法第397条第2款和第168条第3款将徇私舞弊规定为法定刑升格条件或者从重处罚情节外，其他条文（如第399条第1款徇私枉法罪，第401条徇私舞弊减刑、假释、暂予监外执行罪，第402条徇私舞弊不移交刑事案件罪，第403条滥用管理公司、证券职权罪，第404条徇私舞弊不征、少征税款罪，第405条徇私舞弊发售发票、抵扣税款、出口退税罪，第410条非法批准征收、征用、占用土地、非法低价出让国有土地使用权罪，第411条放纵走私罪、第412条商检徇私舞弊罪、第413条动植物检疫徇私舞弊罪、第414条放纵制售伪劣商品犯罪行为罪，第418条招收公务员、学生徇私舞弊罪）都将“徇私舞弊”或者“徇私”规定为构成要件要素。

下级、竞争对手等私人关系、感情的亲疏决定职权行为。徇私利，是指为谋求不合法或不应当得到的各种物质或非物质的利益或地位而违背职责，改变职权行为。不论徇私情、徇私利均能够给行为人或其亲友带来利益或使他人失去应得利益，否则就不能被认定为徇私。

（三）主观要件

本罪在主观方面是故意，既可以是直接故意，也可以是间接故意。行为人对自己职权的不正当行使可能损害公共财产、国家或个人利益有所认识，而追求或放任这种结果的发生。至于行为人是为了自己的利益滥用职权，还是为了他人的利益滥用职权，均在所不问。

少数学者认为滥用职权罪只能由过失构成，其主要理由是：（1）故意是对结果的发生有认识，然后希望或者放任结果的发生；过失对于结果的发生则不存在这种希望或者放任。刑法总则对故意与过失的规定充分表明，立法是以对行为可能造成的危害社会的结果的认识与意志划分罪过形式的。因此，滥用职权罪的罪过内容也应依行为人对危害社会的结果的认识与意志来认定。（2）滥用职权罪的危害结果是指刑法第397条明确规定的公共财产、国家和人民利益的重大损失，行为人对于这种结果，只能是过失。（3）滥用职权罪的法定刑与刑法规定的其他过失犯罪的法定刑一致，而且刑法将滥用职权罪和明显属于过失的玩忽职守罪规定在同一条文中，说明立法者认同滥用职权罪属于过失犯罪这种主张。刑法第397条规定，滥用职权的法定最高刑为7年有期徒刑。如果行为人明知自己的滥用职权行为会造成重大损失，并且希望或放任重大损失发生，法律只规定其法定最高刑为7年，显然立法有问题。①

但是，过失说值得商榷的地方在于：（1）没有考虑滥用职权罪和玩忽职守罪的区别可能性问题。滥用职权罪和玩忽职守的真正区别，并不在于犯罪客观方面，而在于罪过形式，如果认为滥用职权罪也是过失犯罪，那么要区别这两罪就变得较为困难。（2）没有考虑“滥用”一词通常的含义。滥用必须被理解为明知是错误行使、任意行使权力，而仍然有意为之，将其解释为过失实在有些牵强。（3）没有结合刑法第397条第2款思考问题。根据该款的规定，徇私舞弊犯滥用职权罪的，法定最高刑是10年，将滥用职权罪的罪过确定为故意，并且最高可以判处10年有期徒刑，完全可以做到罪刑相当。（4）没有考虑法条竞合问题。刑法第397条与刑法分则第九章的其他条款之间是一般条款与特殊条款的关系，而刑法第399条、第400条等条文规定的是特殊部门的国家机关工作人员滥用职权实施的犯罪，其明显可以由直接故意构成，那么，作为一般罪名的滥用职权罪当然也可以由直接故意构成。

（四）认定

有的滥用职权罪是国家机关领导决定实施，或者经过单位领导同意、授意后实施的。在单位领导与滥用职权罪的行为人有明确的共同犯罪意思的场合，直接认定为共犯，并无疑问。但是，实践中有的情况比较复杂，需要分别讨论。

（1）国家机关内部领导集体讨论后决定实施滥用职权行为，在表决中持赞成意见者均属于滥用职权罪的共犯，但是持明确反对意见者不成立犯罪；如果单位关于实施滥用职权罪行为的集体讨论是在承办人的操纵、胁迫、欺骗之下作出的，只能由相关人员单独构成犯罪，单位其他领导不负刑事责任。

（2）国家机关直接负责的领导对行为人是否实施徇私舞弊滥用职权的行为并不知情，而是在被蒙蔽或者行为人隐瞒事实真相的情况下作出的决定，该决定并不是领导的真实意思，因此，领导一般不应承担本罪的刑事责任。但是，从事特定事务的国家机关工作人员为实施滥用

---

① 国内不少学者持类似观点，对此，请参见李洁：《论滥用职权罪的罪过形式》，载《法学家》，1998（4）；何秉松主编：《刑法教科书》（下册），1143页，北京，中国法制出版社，2000。

职权行为，骗取领导同意、批示，但欺骗行为破绽较多，骗术并不高明，主管领导在履行注意义务的场合，能够及时发现错误进行纠正，却因为疏忽大意而没有发现的，也有可能成立玩忽职守犯罪。

(3) 实践中，行为人向主管领导汇报工作后，主管领导依法根本不应作出某一决定，却由于行为人的纠缠、鼓动、刺激而超越权限，批准行为人实施徇私舞弊滥用职权的行为的，如果有关领导在作出决定时有相当的意思自由，应与行为人一起成立滥用职权罪的共犯；如果有关领导在作出决定时，意思自由受到较多限制，但仍然存在重大过失的，可以考虑成立玩忽职守罪。

二、故意泄露国家秘密罪

第三百九十八条　国家机关工作人员违反保守国家秘密法的规定，故意或者过失泄露国家秘密，情节严重的，处三年以下有期徒刑或者拘役；情节特别严重的，处三年以上七年以下有期徒刑。

非国家机关工作人员犯前款罪的，依照前款的规定酌情处罚。

故意泄露国家秘密罪，是指国家机关工作人员或者非国家机关工作人员违反保守国家秘密法，故意使国家秘密被不应知悉者知悉，或者故意使国家秘密超出了限定的接触范围，情节严重的行为。

（一）客观要件

本罪在客观方面表现为违反保守国家秘密法的规定，泄露国家秘密。

泄露，是指使国家秘密被不应知悉者获悉的一切作为或者不作为。其可以是公开实施，也可以是秘密实施；可以是口头泄露，也可以是书面告知；可以用交付原物的方式泄露，也可以用密写、影印、摄影、复印等方式泄露。泄露国家秘密情节严重的，才构成本罪。

不是违反国家保密法规，将自己掌握和了解的国家秘密泄露给他人，而是积极为境外机构、组织、人员窃取、刺探、收买、非法提供国家秘密，客观上可能危及国家安全的，不构成本罪，而构成为境外窃取、刺探、收买、非法提供国家秘密罪。

本罪的行为对象是国家秘密，即关系国家安全和利益，依照法定程序确定，在一定时间内只限于一定范围的人员知悉的事项。国家秘密共分为绝密、机密、秘密三级。绝密，是指最重要的国家秘密，泄露会使国家的安全和利益遭受特别严重的损害。机密，是指重要的国家秘密，泄露会使国家的安全和利益遭受严重损害。秘密，是指一般的国家秘密，泄露会使国家的安全和利益遭受损害。

国家机关工作人员披露属于国家秘密的商业秘密的，属于想象竞合犯，应从一重罪处断。

根据最高人民检察院《关于渎职侵权犯罪案件立案标准的规定》(2006年7月26日，以下简称《立案标准》)的规定，有泄露国家秘密的行为，且符合下列条件的，应予立案：(1) 泄露绝密级国家秘密1项（件）以上的；(2) 泄露机密级国家秘密2项（件）以上的；(3) 泄露秘密级国家秘密3项（件）以上的；(4) 向非境外机构、组织、人员泄露国家秘密，造成或者可能造成危害社会稳定、经济发展、国防安全或者其他严重危害后果的；(5) 通过口头、书面或者网络等方式向公众散布、传播国家秘密的；(6) 利用职权指使或者强迫他人违反保守国家秘密法的规定泄露国家秘密的；(7) 以牟取私利为目的泄露国家秘密的；(8) 其他情节严重的情形。

（二）主观要件

本罪在主观方面是故意，包括直接故意和间接故意。至于是否有追求非法利益的目的，在所不同。

三、执行判决、裁定滥用职权罪

第三百九十九条第三款　在执行判决、裁定活动中，严重不负责任或者滥用职权，不依法采取诉讼保全措施、不履行法定执行职责，或者违法采取诉讼保全措施、强制执行措施，致使当事人或者其他人的利益遭受重大损失的，处五年以下有期徒刑或者拘役；致使当事人或者其他人的利益遭受特别重大损失的，处五年以上十年以下有期徒刑。

第三百九十九条第四款　司法工作人员收受贿赂，有前三款行为的，同时又构成本法第三百八十五条规定之罪的，依照处罚较重的规定定罪处罚。

执行判决、裁定滥用职权罪，是指司法工作人员在执行判决、裁定活动中，滥用职权，不依法采取诉讼保全措施、不履行法定执行职责，或者违法采取保全措施、强制执行措施，致使当事人或者其他人的利益遭受重大损失的行为。

本罪在客观方面表现为在执行判决、裁定活动过程中，滥用职权，不依法采取诉讼保全措施、不履行法定执行职责，或者违法采取诉讼保全措施、强制执行措施。本罪是结果犯，即执行判决、裁定滥用职权的行为致使当事人或者其他人的利益遭受重大损失的，才构成本罪。

根据《立案标准》，执行判决、裁定活动中涉嫌下列情形之一的，应予立案：(1) 致使当事人或者其近亲属自杀、自残造成重伤、死亡，或者精神失常的；(2) 造成个人财产直接经济损失 10 万元以上，或者直接经济损失不满 10 万元，但间接经济损失 50 万元以上的；(3) 造成法人或者其他组织财产直接经济损失 20 万元以上，或者直接经济损失不满 20 万元，但间接经济损失 100 万元以上的；(4) 造成公司、企业等单位停业、停产 6 个月以上，或者破产的；(5) 其他致使当事人或者其他人的利益遭受重大损失的情形。

四、私放在押人员罪

第四百条第一款　司法工作人员私放在押的犯罪嫌疑人、被告人或者罪犯的，处五年以下有期徒刑或者拘役；情节严重的，处五年以上十年以下有期徒刑；情节特别严重的，处十年以上有期徒刑。

私放在押人员罪，是指司法工作人员私放在押（包括在羁押场所和押解途中）的犯罪嫌疑人、被告人或者罪犯的行为。

（一）客观要件

本罪在客观方面表现为私放在押的犯罪嫌疑人、被告人、罪犯。

私放，是指使在押者脱离监管场所的一切行为。其可以是作为，如开放监管场所私放在押人员，伪造裁判文书、篡改刑期将罪犯放走，授意、指使他人将在押人员放走，提供便利条件帮助、纵容在押人员脱逃，私自将在押人员提出关押场所指使其外出并导致其脱离监管场所的；也可以是不作为，如明知监管场所管理松懈而不采取适当改正措施，使罪犯轻易脱逃的。释放的地点可以在关押场所、狱外作业场所，也可以在押解途中。

私放行为一旦实施即构成本罪既遂，被私放者的脱逃未达到既遂状态（未遂或者中止）的，不影响本罪既遂的成立。

本罪的行为对象只能是犯罪嫌疑人、被告人、罪犯。私放被治安行政拘留、司法拘留，接受专门矫治教育的人员的，不构成本罪。

根据《立案标准》，有下列私放在押的犯罪嫌疑人、被告人、罪犯情形之一的，应予立案：(1) 私自将在押的犯罪嫌疑人、被告人、罪犯放走，或者授意、指使、强迫他人将在押的犯罪嫌疑人、被告人、罪犯放走的；(2) 伪造、变造有关法律文书、证明材料，以使在押的犯罪嫌疑人、被告人、罪犯逃跑或者被释放的；(3) 为私放在押的犯罪嫌疑人、被告人、罪犯，故意向其通风报信、提供条件，致使该在押的犯罪嫌疑人、被告人、罪犯脱逃的；(4) 其他私放在押的犯罪嫌疑人、被告人、罪犯应予追究刑事责任的情形。

本罪和徇私枉法罪之间有法条竞合关系，负有监管职责的司法工作人员为使明知是有罪的人不受追诉而私放犯罪嫌疑人、被告人的，只应以特别法条即本罪定罪处刑，而不构成徇私枉法罪。司法工作人员指使、帮助在押人员脱逃，但没有利用职务之便的，以脱逃罪共犯论处。

（二）主观要件

本罪在主观方面是故意，既包括直接故意也包括间接故意，对被私放者的身份（犯罪嫌疑人、被告人、罪犯）有明确认识。至于行为人是否有徇私情、徇私利的动机如何，不影响本罪的成立。

（三）认定

在许多徇私舞弊、滥用职权案件中，都存在渎职者与其庇护对象相勾结，共同实施犯罪的问题，如税务工作人员明知他人逃税，海关工作人员明知行为人走私，而仍然为犯罪人提供各种便利。此时，对渎职者应如何处理，值得研究。

如果严格按照共犯理论，渎职者属于有特定身份者，其与他人共谋利用职务便利实施犯罪的，应成立职务犯罪，所以，对其应一律认定为渎职罪。例如，私放在押人员案件，大多都是在司法工作人员与在押人员的相互配合下发生的，对于司法工作人员一般不能认定为脱逃罪的共犯。如果将其认定为脱逃罪共犯，私放在押人员罪必然形同虚设，在实践中很难有适用的可能。

不过，在共同犯罪的场合，对国家机关工作人员以职务犯罪处理明显较轻的，可以认定为本罪的共犯。例如，税务工作人员与纳税人共谋，不征、少征税款的，原则上对税务工作人员认定为徇私舞弊不征、少征税款罪。但是，如果定逃税罪处罚更重，则将税务工作人员作为逃税罪的共犯定罪处罚。这属于想象竞合犯的问题。在这种情况下，渎职者的渎职行为实际上同时符合渎职罪和共犯他罪的构成要件。

五、滥用管理公司、证券职权罪

第四百零三条　国家有关主管部门的国家机关工作人员，徇私舞弊，滥用职权，对不符合法律规定条件的公司设立、登记申请或者股票、债券发行、上市申请，予以批准或者登记，致使公共财产、国家和人民利益遭受重大损失的，处五年以下有期徒刑或者拘役。

上级部门强令登记机关及其工作人员实施前款行为的，对其直接负责的主管人员，依照前款的规定处罚。

滥用管理公司、证券职权罪，是指市场监督管理、证券管理等国家有关主管部门的工作人员徇私舞弊，滥用职权，对不符合法律规定条件的公司设立、登记申请或者股票、债券发行、上市申请予以批准或者登记，致使公共财产、国家和人民利益遭受重大损失的行为，以及上级部门、当地政府强令登记机关及其工作人员实施上述行为的行为。

本罪在客观方面表现为徇私舞弊，滥用管理公司、证券职权的行为。

滥用职权包括对不符合法律规定条件的公司设立、登记申请或者股票、债权发行、上市申请，予以批准或者登记等情形。

本罪必须发生于特定时间，即公司设立、登记申请或者股票、债权发行、上市申请过程中。不是发生于特定时间，而是在日常公司、证券管理过程中，滥用行政管理职权的，不构成本罪，但可能构成滥用职权罪。

根据《立案标准》，有下列滥用管理公司、证券职权情形之一的，应予立案：（1）造成直接经济损失50万元以上的；（2）市场监督管理部门的工作人员对不符合法律规定条件的公司设立、登记申请，违法予以批准、登记，严重扰乱市场秩序的；（3）金融证券管理机构工作人员对不符合法律规定条件的股票、债券发行、上市申请，违法予以批准，严重损害公众利益，或者严重扰乱金融秩序的；（4）市场监督管理部门、金融证券管理机构的工作人员对不符合法律规定条件的公司设立、登记申请或者股票、债券发行、上市申请违法予以批准或者登记，致使犯罪行为得逞的；（5）上级部门、当地政府直接负责的主管人员强令登记机关及其工作人员，对不符合法律规定条件的公司设立、登记申请或者股票、债券发行、上市申请予以批准或者登记，致使公共财产、国家或者人民利益遭受重大损失的；（6）其他致使公共财产、国家和人民利益遭受重大损失的情形。

本罪的主体是特殊主体，即享有管理公司、企业职权的国家有关主管机关工作人员。证券管理机关、市场监督管理机关工作人员指使、帮助他人虚报注册资本、欺诈发行股票、债券的，构成虚报注册资本罪，欺诈发行股票、债券罪的共犯，与本罪之间有想象竞合关系。

六、违法发放林木采伐许可证罪

第四百零七条　林业主管部门的工作人员违反森林法的规定，超过批准的年采伐限额发放林木采伐许可证或者违反规定滥发林木采伐许可证，情节严重，致使森林遭受严重破坏的，处三年以下有期徒刑或者拘役。

违法发放林木采伐许可证罪，是指林业主管部门的工作人员违反森林法的规定，超过批准的年采伐限额发放林木采伐许可证或者违反规定滥发林木采伐许可证，情节严重，致使森林遭受严重破坏的行为。

违法发放行为包括两种方式：一是超过批准的年采伐限额发放林木采伐许可证，即滥用职权，在年度木材采伐计划之外，擅自扩大采伐规模，为林木采伐申请人发放采伐许可证的行为。二是违反规定滥发林木采伐许可证，即违反森林法和其他行政法规的规定，利用掌握发放林木许可证的权力，对不应当发放林木采伐许可证或者只应少量发放林木采伐许可证的林木采伐申请人，擅自发放或超规定发放林木采伐许可证的行为。

违法发放林木采伐许可证行为情节严重，致使森林遭受严重破坏的，才构成本罪。根据《立案标准》，在违法发放林木采伐许可证行为中，涉嫌下列情形之一的，应予立案：（1）发放林木采伐许可证允许采伐数量累计超过批准的年采伐限额，导致林木被超限额采伐10立方米以上的；（2）滥发林木采伐许可证，导致林木被滥伐20立方米以上，或者导致幼树被滥伐1 000株以上的；（3）滥发林木采伐许可证，导致防护林、特种用途林被滥伐5立方米以上，或者幼树被滥伐200株以上的；（4）滥发林木采伐许可证，导致珍贵树木或者国家重点保护的其他树木被滥伐的；（5）滥发林木采伐许可证，导致国家禁止采伐的林木被采伐的；（6）其他情节严重，致使森林遭受严重破坏的情形。

根据《立案标准》，林业主管部门工作人员之外的国家机关工作人员，违反森林法的规定，滥用职权或者玩忽职守，致使林木被滥伐40立方米以上或者幼树被滥伐2 000株以上，或者致使防护林、特种用途林被滥伐10立方米以上或者幼树被滥伐400株以上，或者致使珍贵树木被采伐、毁坏4立方米或者4株以上，或者致使国家重点保护的其他植物被采伐、毁坏后果严重的，或者致使国家严禁采伐的林木被采伐、毁坏情节恶劣的，按照刑法第397条的规定，以滥用职权罪或者玩忽职守罪追究刑事责任。

七、办理偷越国（边）境人员出入境证件罪

第四百一十五条　负责办理护照、签证以及其他出入境证件的国家机关工作人员，对明知是企图偷越国（边）境的人员，予以办理出入境证件的，或者边防、海关等国家机关工作人员，对明知是偷越国（边）境的人员，予以放行的，处三年以下有期徒刑或者拘役；情节严重的，处三年以上七年以下有期徒刑。

办理偷越国（边）境人员出入境证件罪，是指负责办理护照、签证以及其他出入境证件的国家机关工作人员，对明知是企图偷越国（边）境的人员，予以办理出入境证件的行为。

（一）客观要件

本罪在客观方面表现为给企图偷越国（边）境人员办理出入境证件。

办理出入境证件，是指负责办理出入境证件的公安机关、外交部门工作人员依照出入境管理的有关规定，审验申请人所提交的各种文件，在确定其完备、真实、有效的前提下给予发放出入境证件的行为。企图偷越国（边）境的人员是偷越国（边）境等罪的犯罪主体，并不具备取得合法出入境证件的条件、资格，为企图偷越国（边）境的人员办理出入境证件，是徇私舞弊、滥用职权的一种行为。至于企图偷越国（边）境的人员是否使用该出入境证件进出国（边）境，以及出入境是否成功，都不影响本罪的成立。

出入境证件管理机关工作人员与组织、运送他人偷越国（边）境的犯罪者相勾结，为其提供偷越国（边）境人员出入境证件的，构成组织、运送他人偷越国（边）境罪的共犯，而不成立本罪。

（二）主观要件

本罪在主观方面是故意，对申请办理护照、签证或者其他出入境证件者是企图偷越国（边）境的人员有明确认识。

对工作严重不负责任，疏忽大意，对企图偷越国（边）境的人员提供的假材料审查不严而发放出入境证件，造成严重后果的，可以构成玩忽职守罪。

八、放行偷越国（边）境人员罪

第四百一十五条　负责办理护照、签证以及其他出入境证件的国家机关工作人员，对明知是企图偷越国（边）境的人员，予以办理出入境证件的，或者边防、海关等国家机关工作人员，对明知是偷越国（边）境的人员，予以放行的，处三年以下有期徒刑或者拘役；情节严重的，处三年以上七年以下有期徒刑。

放行偷越国（边）境人员罪，是指边防、海关等国家机关工作人员，对明知是偷越国（边）境的人员予以放行的行为。

放行，是指边防、海关等国家机关工作人员在根据出入境管理和边防检查法律、法规的规

定，对出入境人员进行检查时，不正当行使审验护照、签证或者其他出入境证件的职责，对明知是偷越国（边）境的人员，应当阻止其出境或者入境而私自准许其出入国（边）境的行为。放行偷越国（边）境人员的行为，可能在对外开放的口岸针对未持有有效出入境证件或持有伪造、变造的出入境证件，企图逃避或蒙混海关、边防检查机关的检查者（口岸偷渡者）实施；也可能是在我国未设立口岸的地点发现偷越国（边）境人员（非口岸偷渡者）而私自同意其通行。

本罪的主体是特殊主体，即负责办理护照、签证以及其他出入境证件的国家机关工作人员。

边防、海关等国家机关工作人员，与组织、运送偷越国（边）境等犯罪的实施者事前通谋，为其出入国（边）境提供便利条件，对偷越国（边）境人员非法予以放行的，构成相应犯罪的共犯，而不成立本罪。

九、不解救被拐卖、绑架妇女、儿童罪

第四百一十六条第一款　对被拐卖、绑架的妇女、儿童负有解救职责的国家机关工作人员，接到被拐卖、绑架的妇女、儿童及其家属的解救要求或者接到其他人的举报，而对被拐卖、绑架的妇女、儿童不进行解救，造成严重后果的，处五年以下有期徒刑或者拘役。

不解救被拐卖、绑架妇女、儿童罪，是指对被拐卖、绑架的妇女、儿童负有解救职责的国家机关工作人员接到被拐卖、绑架的妇女、儿童及其家属的解救要求或者接到其他人的举报，而对被拐卖、绑架的妇女、儿童不进行解救，造成严重后果的行为。

本罪是典型的不作为犯。不解救行为必须在特定条件下实施，才构成本罪，即负有解救被拐卖、绑架的妇女、儿童职责的国家机关工作人员已经接到被拐卖、绑架的妇女、儿童及其家属的解救要求或者接到他人的举报。解救要求是指被拐卖、绑架的妇女、儿童及其家属在自己或其家属被拐卖、绑架后，向有关部门及其工作人员提出的救助请求。举报，是指被拐卖、绑架的妇女、儿童及其亲属以外的其他公民就妇女、儿童被拐卖、绑架事实，向国家机关及其工作人员进行的检举或报告。司法机关在侦查、审理拐卖妇女、儿童、绑架或其他侵犯公民人身权利、民主权利等刑事案件中，犯罪嫌疑人、被告人、罪犯或其他证人就妇女、儿童被拐卖、绑架事实作供述、陈述或者提供线索的，也是这里的举报。

解救请求或举报从形式上看，是书面的还是口头的，是当面提出的还是以信函、电话等形式提出的，是在妇女、儿童被拐卖、绑架过程中提出的还是在其被拐卖、绑架后提出的，是向有关部门提出的还是向有关人员提出的，都不是关键。此外，被拐卖、绑架的妇女、儿童及其家属向不具有解救职责的国家机关提出解救要求，该要求被转交有解救职责的国家机关的，属于这里的提出解救要求；他人就妇女、儿童被拐卖、绑架事实在报刊、电视等新闻媒体上进行揭示，且该事实已被公众知晓的，推定为有解救职责的国家机关工作人员已经接到其他人员的举报。从实质来看，解救要求或举报只要清楚地列举被害事实、有足够的线索即可，不要求明确指出犯罪嫌疑人及其居住地，也不要求有详细的被拐卖、绑架的经过。

不解救是在接到解救要求或举报后，不依法履行解救职责的一切不作为，如接到解救要求或举报后，不向主管部门或领导报告，不制订解救计划或方案，不安排解救行动等。在明确获知可能发生紧急事态（被拐卖的妇女、儿童可能被转移、隐匿、强奸、杀伤，被绑架的妇女、儿童可能被撕票等）时，故意编造各种理由拖延出动时间、选择最差方案或最远路径实施解救

的，实质上也是不履行解救职责，有成立本罪的可能。

不解救被拐卖、绑架的妇女、儿童行为造成严重后果的，才构成犯罪。根据《立案标准》，涉嫌下列情形之一的，应予立案：(1) 导致被拐卖、绑架的妇女、儿童或者其家属重伤、死亡或者精神失常的；(2) 导致被拐卖、绑架的妇女、儿童被转移、隐匿、转卖，不能及时进行解救的；(3) 对被拐卖、绑架的妇女、儿童不进行解救 3 人次以上的；(4) 对被拐卖、绑架的妇女、儿童不进行解救，造成恶劣社会影响的；(5) 其他造成严重后果的情形。

十、阻碍解救被拐卖、绑架妇女、儿童罪

第四百一十六条第二款 负有解救职责的国家机关工作人员利用职务阻碍解救的，处二年以上七年以下有期徒刑；情节较轻的，处二年以下有期徒刑或者拘役。

阻碍解救被拐卖、绑架妇女、儿童罪，是指对被拐卖、绑架的妇女、儿童负有解救职责的国家机关工作人员利用职务阻碍解救被拐卖、绑架的妇女、儿童的行为。

本罪在客观方面表现为利用职务阻碍解救被拐卖、绑架的妇女、儿童。

利用职务，是指利用本人主管、协助解救被拐卖、绑架的妇女、儿童的职务上便利。阻碍解救，是指设置各种障碍干扰、阻止、破坏解救工作的正常开展，如煽动群众阻碍解救；向收买被拐卖、绑架的妇女、儿童的人故意泄露解救行动的具体部署；为收买妇女、儿童的人对抗解救行动出谋划策；对执行解救工作的国家工作人员进行刁难、阻挠、威胁；编造事实蒙骗有关部门或向外地前来执行解救任务的公安、民政机关工作人员提供虚假材料等。

实施阻碍行为，即使被拐卖、绑架的妇女、儿童最终被解救的，也不影响本罪既遂的成立。

使用暴力或者以合法持有的枪械相威胁，属于利用职务阻碍国家机关工作人员执行解救职务的，同时符合妨害公务罪和本罪的构成要件，但两罪之间有法条竞合关系，应以特别法条即本罪处理。

本罪的主体是特殊主体，即负有解救职责的国家机关工作人员。

十一、帮助犯罪分子逃避处罚罪

第四百一十七条 有查禁犯罪活动职责的国家机关工作人员，向犯罪分子通风报信、提供便利，帮助犯罪分子逃避处罚的，处三年以下有期徒刑或者拘役；情节严重的，处三年以上十年以下有期徒刑。

帮助犯罪分子逃避处罚罪，是指有查禁犯罪活动职责的司法及公安、国家安全、海关、税务等国家机关工作人员，向犯罪分子通风报信、提供便利，帮助犯罪分子逃避处罚的行为。

（一）客观要件

本罪在客观方面表现为向犯罪分子通风报信、提供便利，帮助其逃避处罚的行为。

通风报信，是指向犯罪分子提供有关部门查禁犯罪活动的情况，包括查禁的部署、措施、时间、地点、人员等。通风报信的内容涉及国家秘密的，构成本罪和故意泄露秘密罪的想象竞合犯。提供便利，是指为犯罪分子逃避处罚提供方便，如向犯罪分子提供钱物、交通工具、通信设备、隐藏处所等便利条件；向犯罪分子泄露案情；帮助、示意犯罪分子隐匿、毁灭、伪造证据，或者串供、翻供等。

负有查禁犯罪活动职责的国家机关工作人员所帮助的对象只能是犯罪分子。这里的犯罪分

子，不是指已被法院作出有罪宣告的罪犯，因为在罪刑关系确定以后，有查禁犯罪活动职责的国家工作人员无法再帮助其逃避处罚。所以，这里的犯罪分子只能是正在实行犯罪或者有充足证据证明其涉嫌犯罪的犯罪嫌疑人、被告人。被提供帮助的犯罪分子最终因为侦查程序有刑讯逼供或其他重大违法取证行为，或证明其有罪的证据并不确实充分而被宣告无罪的，都不影响为犯罪分子通风报信、提供便利的国家机关工作人员构成本罪。此外，由于本罪是渎职犯罪，即使被提供帮助的犯罪分子最终被判处有罪，通风报信、提供便利的行为从结局上看对司法秩序没有妨害，但其违背了国家机关工作人员的职责，侵害了职务行为的正当性，所以仍然构成本罪既遂。

通风报信、提供便利的接受者可以是被查禁的犯罪分子本人，也可以是被查禁者的亲友等，只要通风报信的内容最终被犯罪分子知晓，或者提供便利，最终有助于犯罪分子逃避处罚，即具有通风报信、提供便利的实行行为。

司法工作人员为故意包庇明知是有罪的人使其不受追诉，或者为在刑事审判活动中故意违背事实和法律作枉法裁判，向犯罪分子通风报信，私自提供案卷材料供犯罪分子或其家属阅览的，同时触犯本罪和徇私枉法罪、泄露国家秘密罪，构成想象竞合犯，应从一重罪处断。

有查禁犯罪活动职责的国家机关工作人员对已被羁押的犯罪分子提供自由出入等便利条件，导致犯罪分子脱逃的，同时触犯本罪和私放在押人员罪，应从一重罪处断。

本罪的主体是有查禁犯罪活动职责的国家机关工作人员。狭义说、广义说、最广义说对哪些人属于有查禁犯罪活动职责的国家机关工作人员的认识并不一致。

狭义说认为，只有公安、检察机关中负责侦查工作的人员才具有查禁犯罪活动的职责，包括公安机关中负责治安、刑事侦查、经济侦查的人员和检察机关承担查处司法腐败等职能的工作人员。公安、检察机关其他部门的人员以及行政机关、事业单位的人员则不具备这种职责。广义说认为，公安、检察机关的内部工作人员，只要其具有国家机关工作人员身份，就应当被理解成有查禁犯罪职责的国家机关工作人员。此外，市场监督、税务、技术监督等行政机关人员，只要他们具备国家机关工作人员身份，且实际查禁犯罪活动的，就属于具有查处犯罪活动职责的国家机关工作人员。

应该说，广义说是基本妥当的。查禁有检查、查处、禁止之意，查禁犯罪活动不等于对犯罪活动作判决或对其进行最终的、实质性处理，因此，有查禁犯罪活动职责的国家机关工作人员应不限于司法机关工作人员。行政执法机关如海关、市场监督管理机关、质量技术监督部门、文化市场行政管理机关也负有在执行本职工作过程中发现走私、妨害市场管理、制售伪劣商品、淫秽物品犯罪活动，收集并保存证据，然后向司法机关移送刑事案件的职责，不履行协助查禁犯罪活动的职责就是放纵犯罪。所以，行政执法机关工作人员也可以成为本罪主体。最广义说单纯考虑打击犯罪的需要，而没有考虑行为人是否具有国家机关工作人员身份，没有考虑其从事的是公务还是劳务，所以，有违反罪刑法定原则之嫌。

（二）主观要件

本罪在主观方面是直接故意，对接受通风报信、提供便利者是犯罪分子有明确认识，对通风报信、提供便利的行为违背其查禁犯罪活动的职责有明确认识。

误将犯罪分子作为一般违法行为实施者看待，为其通风报信、提供便利的，阻却故意，不构成本罪。

第三节　玩忽职守犯罪

一、玩忽职守罪

第三百九十七条　国家机关工作人员滥用职权或者玩忽职守，致使公共财产、国家和人民利益遭受重大损失的，处三年以下有期徒刑或者拘役；情节特别严重的，处三年以上七年以下有期徒刑。本法另有规定的，依照规定。

国家机关工作人员徇私舞弊，犯前款罪的，处五年以下有期徒刑或者拘役；情节特别严重的，处五年以上十年以下有期徒刑。本法另有规定的，依照规定。

玩忽职守罪，是指国家机关工作人员严重不负责任，不履行或者不认真履行职责，致使公共财产、国家和人民利益遭受重大损失的行为。

（一）客观要件

本罪在客观方面表现为玩忽职守，致使公共财产、国家和人民利益遭受重大损失。

玩忽职守即严重不负责任，不履行职责或不正确履行职责。不履行职责，是指行为人应当履行且有条件、有能力履行职责，但违背职责没有履行，其中包括擅离职守的行为。不正确履行职责，是指在履行职责过程中，虽然实施了部分职权行为，但从总体上看，行为人违反职责规定，草率从事、粗心大意、敷衍塞责，或者任意蛮干、独断专行、违背客观规律胡乱指挥。因此，玩忽职守一般表现为不作为。玩忽职守行为致使公共财产、国家和人民利益遭受重大损失的，才构成犯罪。相关损失认定标准，和滥用职权罪相同。

徇私舞弊犯玩忽职守的，法定刑升格。但在具备徇私舞弊情节时，应当注意滥用职权罪与玩忽职守罪的区别。在滥用职权的场合，徇私是犯罪动机，徇私的结果正是行为人积极追求的结果，其正是为了得到其不应得到的利益而故意舞弊即滥用职权。对于玩忽职守罪而言，徇私往往只是犯罪的起因之一，行为人因为私利或私情而过失地不履行法定职责。

（二）主观要件

本罪在主观方面是过失，即应当预见自己对工作严重不负责任，不履行或者不正确履行职责的行为有可能使公共财产、国家和人民利益遭受重大损失，因为疏忽大意而没有预见，或者已经预见但轻信能够避免，以致发生危害结果的。

在实际生活中，本罪的过失大多表现为行为人有义务监督直接责任者却没有实施监督行为（监督过失），从而导致危害结果的发生，或者应当建立健全安全体制、管理制度，而没有建立，最终导致结果发生。

（三）认定

在认定玩忽职守罪时，要注意其与滥用职权罪的界限。两罪的主体要件、结果要件都相同，又被规定在同一条文中，容易混淆。区别两罪的关键是行为方式和罪过形式不同。滥用职权罪与玩忽职守罪在犯罪构成方面不仅主体相同、客体相同，而且客观方面基本相同，都存在逾越职权与履行职责行为，即滥用职权罪存在故意逾越职权行为与故意不履行职责的行为，玩忽职守罪存在过失不履行职责与过失逾越职权等情形。滥用职权罪与玩忽职守罪不同之处就在于主观方面：滥用职权罪的主观方面为故意，滥用职权罪的故意形式包括直接故意与间接故意，而玩忽职守罪的主观方面只能是过失，包括过于自信的过失与疏忽大意的过失。[①] 在对犯罪

① 参见王作富主编：《刑法分则实务研究》（下册），1838页，北京，中国方正出版社，2001。

故意、过失作区分时，要特别注意分析行为人对危害结果的态度，从认识因素与意志因素的统一来考察罪过。不能仅考虑行为人是否认识到自己的行为违背职责，更不能认为只要有此认识的，就是故意，就成立滥用职权罪。

二、过失泄露国家秘密罪

第三百九十八条　国家机关工作人员违反保守国家秘密法的规定，故意或者过失泄露国家秘密，情节严重的，处三年以下有期徒刑或者拘役；情节特别严重的，处三年以上七年以下有期徒刑。

非国家机关工作人员犯前款罪的，依照前款的规定酌情处罚。

过失泄露国家秘密罪，是指国家机关工作人员或者非国家机关工作人员违反保守国家秘密法，过失泄露国家秘密，或者遗失国家秘密载体，致使国家秘密被不应知悉者知悉或者超出了限定的接触范围，情节严重的行为。

本罪在客观方面表现为过失泄露国家秘密。关于泄露的方式法律未作限制，其包括作为，也包括不作为。

本罪是渎职犯罪，国家秘密限于国家机关工作人员在实施职务行为过程中掌握或者了解的事项。但是刑法第398条第2款规定，非国家机关工作人员过失泄露国家秘密的，以本罪酌情处罚，非国家机关工作人员的行为不属于渎职犯罪。

根据《立案标准》，过失泄露国家秘密，具有下列情形之一的，应予立案：（1）泄露绝密级国家秘密1项（件）以上的；（2）泄露机密级国家秘密3项（件）以上的；（3）泄露秘密级国家秘密4项（件）以上的；（4）违反保密规定，将涉及国家秘密的计算机或者计算机信息系统与互联网相连接，泄露国家秘密的；（5）泄露国家秘密或者遗失国家秘密载体，隐瞒不报、不如实提供有关情况或者不采取补救措施的；（6）其他情节严重的情形。

三、执行判决、裁定失职罪

第三百九十九条第三款　在执行判决、裁定活动中，严重不负责任或者滥用职权，不依法采取诉讼保全措施、不履行法定执行职责，或者违法采取诉讼保全措施、强制执行措施，致使当事人或者其他人的利益遭受重大损失的，处五年以下有期徒刑或者拘役；致使当事人或者其他人的利益遭受特别重大损失的，处五年以上十年以下有期徒刑。

第三百九十九条第四款　司法工作人员收受贿赂，有前三款行为的，同时又构成本法第三百八十五条规定之罪的，依照处罚较重的规定定罪处罚。

执行判决、裁定失职罪，是指司法工作人员在执行判决、裁定活动中，严重不负责任，不依法采取诉讼保全措施、不履行法定执行职责，或者违法采取保全措施、强制执行措施，致使当事人或者其他人的利益遭受重大损失的行为。

本罪在客观方面表现为在执行判决、裁定活动过程中，严重不负责任，不依法采取诉讼保全措施、不履行法定执行职责，或者违法采取诉讼保全措施、强制执行措施。本罪是结果犯，即执行判决、裁定失职行为必须致使当事人或者其他人的利益遭受重大损失，才构成本罪。

根据《立案标准》，有下列执行判决、裁定失职情形之一的，应予立案：（1）致使当事人或者其近亲属自杀、自残造成重伤、死亡，或者精神失常的；（2）造成个人财产直接经济损失15万元以上，或者直接经济损失不满15万元，但间接经济损失75万元以上的；（3）造成法人或者非法人组织财产直接经济损失30万元以上，或者直接经济损失不满30万元，但间接经济损失150万元以上的；（4）造成公司、企业等单位停业、停产1年以上，或者破产的；（5）其他致使当事人或者其他人的利益遭受重大损失的情形。

四、失职致使在押人员脱逃罪

第四百条第二款 司法工作人员由于严重不负责任，致使在押的犯罪嫌疑人、被告人或者罪犯脱逃，造成严重后果的，处三年以下有期徒刑或者拘役；造成特别严重后果的，处三年以上十年以下有期徒刑。

失职致使在押人员脱逃罪，是指司法工作人员由于严重不负责任，不履行或者不认真履行职责，致使在押（包括在羁押场所和押解途中）的犯罪嫌疑人、被告人、罪犯脱逃，造成严重后果的行为。

（一）客观要件

本罪在客观方面表现为失职致使在押人员脱逃，造成严重后果的行为。

失职，是指在执行监管职责过程中严重不负责任，不履行或者不正确履行职责，警戒松弛，致使在押人员脱逃。脱逃，是指在押的犯罪嫌疑人、被告人、罪犯从羁押、改造场所或者押解途中摆脱司法机关的实力控制。失职致使在押人员脱逃行为可能以作为方式实施，例如，在释放刑满人员时，因工作疏忽将不应释放的在押人员错误释放的。但大多以不作为方式实施，例如，监外劳动结束后不清点被监管人员人数，发现拘束在押人员的械具松懈不予更换，发现监管场所的墙体异常、在押人员可能实施越狱或脱逃行为而不采取任何措施，导致罪犯脱逃的。

根据《立案标准》，有下列失职致使在押人员脱逃情形之一的，应予立案：（1）致使依法可能判处或者已经判处10年以上有期徒刑、无期徒刑、死刑的犯罪嫌疑人、被告人、罪犯脱逃的；（2）致使犯罪嫌疑人、被告人、罪犯脱逃3人次以上的；（3）犯罪嫌疑人、被告人、罪犯脱逃以后，打击报复报案人、控告人、举报人、被害人、证人和司法工作人员等，或者继续犯罪的；（4）其他致使在押的犯罪嫌疑人、被告人、罪犯脱逃，造成严重后果的情形。

本罪的主体是特殊主体，即对犯罪嫌疑人、被告人和罪犯负有监管职责的司法工作人员。

未被公安机关正式录用、受委托履行监管职责的人员，由于严重不负责任，致使在押人员脱逃，造成严重后果的，应以本罪定罪处罚。不负监管职责的狱医，不构成本罪的主体。但是受委派承担监管职责的狱医，失职致使在押人员脱逃的，应以本罪处理。此外，工人等非监管机关在编监管人员被监管机关聘用，受委托履行监管职责的，也可以成为本罪的主体。

（二）主观要件

本罪的主观方面是过失，包括疏忽大意的过失和过于自信的过失。在监管在押人员过程中，已经履行谨慎注意的义务，但在押人员被其他人持械聚众劫夺的，国家机关工作人员不构成本罪。

过失导致在押人员脱逃，但脱逃事实立即被负有监管职责的国家机关工作人员认识或者被其他在押人员告知，行为人在当时情况下有条件进行追捕而拒不执行追捕任务，放纵在押人员逃走的，失职致使在押人员脱逃行为应当转化成不作为的私放在押人员罪，而不再构成本罪。

五、国家机关工作人员签订、履行合同失职被骗罪

第四百零六条　国家机关工作人员在签订、履行合同过程中，因严重不负责任被诈骗，致使国家利益遭受重大损失的，处三年以下有期徒刑或者拘役；致使国家利益遭受特别重大损失的，处三年以上七年以下有期徒刑。

国家机关工作人员签订、履行合同失职被骗罪，是指国家机关工作人员在签订、履行合同过程中，因严重不负责任，不履行或者不认真履行职责被诈骗，致使国家利益遭受重大损失的行为。

（一）客观要件

本罪在客观方面表现为在签订、履行合同过程中，因不负责任被诈骗。

签订、履行合同过程中被骗与严重不负责任之间应当有刑法上的因果关系。严重不负责任的表现方式有：在合同标的重大的场合，未与对方签订书面合同；不了解对方的主体资格或资信情况、货物质量好坏，擅自或盲目签订、履行合同；对合同当事人提供货物的种类、质量、数量不验收、不检查；对于对方当事人不履行合同的行为不管不问；在对外贸易中发现对方提供的商品与合同标的不符，不及时采取措施，致使延误索赔期限，或者擅自决定不依照合同规定索赔；发现出口商品的质量不符合国家标准或合同要求，不提出整改意见等。

根据《立案标准》，在签订、履行合同过程中，因不负责任被诈骗，涉嫌下列情形之一的，应予立案：（1）造成直接经济损失30万元以上，或者直接经济损失不满30万元，但间接经济损失150万元以上的；（2）其他致使国家利益遭受重大损失的情形。

国家机关工作人员索取、收受贿赂后，在签订、履行合同过程中放弃职责，严重不负责任而被骗，导致国家利益遭受重大损失的，原则上不数罪并罚，以故意行为吸收过失行为，只构成受贿罪。

（二）主观要件

本罪在主观方面是过失，包括疏忽大意的过失和过于自信的过失。

在签订、履行合同过程中已经履行了注意义务，对合同成立条件进行了仔细审查，对合同标的物的种类、质量、数量等进行了查验，但对方使用欺骗手段调换标的物，签订、履行合同的国家机关工作人员对此不可能发现的，不属于失职被骗。在国家机关工作人员签订合同的当时，对方当事人具有部分履行或者担保能力，合同签订后由于各种客观原因，对方虽经努力仍然不能履行或者不能完全履行合同，给国家利益造成损失的，不也是失职被骗行为。

由于国家政策、国际市场行情的变化，以及对方当事人恶意设置圈套等原因国家机关工作人员签订、履行合同的行为给国家利益造成了重大损失的，因欠缺犯罪过失，不构成本罪。

六、环境监管失职罪

第四百零八条　负有环境保护监督管理职责的国家机关工作人员严重不负责任，导致发生重大环境污染事故，致使公私财产遭受重大损失或者造成人身伤亡的严重后果的，处三年以下有期徒刑或者拘役。

环境监管失职罪，是指负有环境保护监督管理职责的国家机关工作人员严重不负责任，不履行或者不认真履行环境保护监管职责，导致发生重大环境污染事故，致使公私财产遭受重大损失或者造成人身伤亡的严重后果的行为。

本罪在客观方面表现为环境监管过程中严重不负责任，导致发生重大环境污染事故。

严重不负责任，是指未按照水污染防治法、大气污染防治法等法律、法规的规定，对环境实施有效的监督管理，例如，对不符合环境保护条件，在生产活动中产生大量足以危害人体健康的废弃、废水、废渣、粉尘、恶臭气体、放射性物质以及噪声、电磁波辐射等的工厂、企业不依法责令其停止生产进行整改等。环境监管失职行为致使公私财产遭受重大损失或者造成人身伤亡的严重后果的，才构成本罪。根据最高人民法院、最高人民检察院《关于办理环境污染刑事案件适用法律若干问题的解释》（2016 年 12 月 23 日）第 2 条的规定，具有下列情形之一的，应当认定为致使公私财产遭受重大损失或者造成人身伤亡的严重后果：（1）致使公私财产损失 30 万元以上；（2）造成生态环境严重损害；（3）致使乡镇以上集中式饮用水水源取水中断 12 小时以上的；（4）致使基本农田、防护林地、特种用途林地 5 亩以上，其他农用地 10 亩以上，其他土地 20 亩以上基本功能丧失或者遭受永久性破坏的；（5）致使森林或者其他林木死亡 50 立方米以上，或者幼树死亡 2 500 株以上的；（6）致使疏散、转移群众 5 000 人以上的；（7）致使 30 人以上中毒的；（8）致使 3 人以上轻伤、轻度残疾或者器官组织损伤导致一般功能障碍的；（9）致使 1 人以上重伤、中度残疾或者器官组织损伤导致严重功能障碍的。

本罪的主体是负有环境保护监督管理职责的国家机关工作人员，即在环境保护行政主管部门从事环境保护监督管理工作人员，以及在国家海洋行政主管部门、港务监督、渔政渔港监督、军队环境保护部门和各级公安、交通、铁道、民航管理部门中依照有关法律的规定，对环境污染防治实施监督管理的人员。

七、食品、药品监管渎职罪

第四百零八条之一① 负有食品药品安全监督管理职责的国家机关工作人员，滥用职权或者玩忽职守，有下列情形之一，造成严重后果或者有其他严重情节的，处五年以下有期徒刑或者拘役；造成特别严重后果或者有其他特别严重情节的，处五年以上十年以下有期徒刑：

（一）瞒报、谎报食品安全事故、药品安全事件的；

（二）对发现的严重食品药品安全违法行为未按规定查处的；

（三）在药品和特殊食品审批审评过程中，对不符合条件的申请准予许可的；

（四）依法应当移交司法机关追究刑事责任不移交的；

（五）有其他滥用职权或者玩忽职守行为的。

徇私舞弊犯前款罪的，从重处罚。

食品、药品监管渎职罪，是指负有食品、药品安全监督管理职责的国家机关工作人员，滥用职权或者玩忽职守，造成严重后果或者有其他严重情节的行为。

这里的滥用职权，是指负有食品、药品安全监督管理职责的国家机关工作人员超越职权，违法决定、处理其无权决定、处理的事项，或者违反规定处理食品、药品监督管理事务。玩忽职守，是指负有食品、药品安全监督管理职责的国家机关工作人员严重不负责任，在工作中过于马虎，不履行或者不认真履行安全监督管理职责。（1）瞒报、谎报食品安全事故、药品安全事件的；（2）对发现的严重食品、药品安全违法行为未按规定查处的；（3）在药品和特殊食品审批审评过程中，对不符合条件的申请准予许可的；（4）依法应当移交司法机关追究刑事责任不移交的；（5）有其他滥用职权或者玩忽职守行为的。滥用职权或玩忽职守造成严重后果或者有其他严重情节的，才能成立本罪。徇私舞弊犯本罪的，从重处罚。

---

① 本条为《刑法修正案（八）》第 49 条所增设，为《刑法修正案（十一）》第 45 条所修改。

本罪中“依法应当移交司法机关追究刑事责任不移交”的规定，比刑法第 402 条徇私舞弊不移交刑事案件罪的规定更为严格。徇私舞弊不移交刑事案件罪，在客观方面表现为行政执法人员徇私舞弊，对依法应当移交司法机关追究刑事责任的不移交，如果行为人没有徇私舞弊的，并不成立该罪。但在本罪中，负有食品、药品安全监督管理职责的国家机关工作人员对依法应当移交司法机关追究刑事责任的案件不移交，即便没有徇私舞弊的，也构成犯罪。当然，负有食品、药品安全监督管理职责的国家机关工作人员徇私舞弊，对依法应当移交司法机关追究刑事责任的案件不移交的，构成本罪和徇私舞弊不移交刑事案件罪的想象竞合犯。

本罪在主观方面可能是故意（在负有食品、药品安全监督管理职责的国家机关工作人员滥用职权的场合），也可能是过失（在负有食品、药品安全监督管理职责的国家机关工作人员玩忽职守的场合）。

八、传染病防治失职罪

第四百零九条　从事传染病防治的政府卫生行政部门的工作人员严重不负责任，导致传染病传播或者流行，情节严重的，处三年以下有期徒刑或者拘役。

传染病防治失职罪，是指从事传染病防治的政府卫生行政部门的工作人员严重不负责任，不履行或者不认真履行传染病防治监管职责，导致传染病传播或者流行，情节严重的行为。

本罪在客观方面表现为严重不负责任，导致传染病传播或者流行。

严重不负责任，是指违反法律、行政法规或者有关的规章制度，不履行或不正确履行其防止传染病传播或者流行的职责的行为。传染病传播或者流行，是指在一定区域内发生了传染病疫情，即导致传染病防治法规定的甲、乙、丙类传染病通过一定途径扩散给其他地区的人，致使一个地区某种传染病发病率显著超过该病历年的一般发病率水平。

失职行为必须情节严重，才构成本罪。情节严重，是指导致传染病长时间、大范围传播、流行的；导致严重的传染病传播、流行的；由于传染病传播、流行造成人身伤亡严重后果的；由于传染病传播、流行，国家耗费大量财产，因工作严重不负责任，对出现的疫情进行隐瞒、虚报或者对出现的疫情不及时处理，导致严重后果发生的等。

根据《立案标准》，在传染病防治工作中，因失职涉嫌造成下列情形之一的，应予立案：(1) 导致甲类传染病传播的；(2) 导致乙类、丙类传染病流行的；(3) 因传染病传播或者流行，造成人员重伤或者死亡的；(4) 因传染病传播或者流行，严重影响正常的生产、生活秩序的；(5) 在国家对突发传染病疫情等灾害采取预防、控制措施后，对发生突发传染病疫情等灾害的地区或者突发传染病病人、病原携带者、疑似突发传染病病人，未按照预防、控制突发传染病疫情等灾害工作规范的要求做好防疫、检疫、隔离、防护、救治等工作，或者采取的预防、控制措施不当，造成传染范围扩大或者疫情、灾情加重的；(6) 在国家对突发传染病疫情等灾害采取预防、控制措施后，隐瞒、缓报、谎报或者授意、指使、强令他人隐瞒、缓报、谎报疫情、灾情，造成传染范围扩大或者疫情、灾情加重的；(7) 在国家对突发传染病疫情等灾害采取预防、控制措施后，拒不执行突发传染病疫情等灾害应急处理指挥机构的决定、命令，造成传染范围扩大或者疫情、灾情加重的；(8) 其他情节严重的情形。

九、商检失职罪

第四百一十二条第二款　前款所列人员严重不负责任，对应当检验的物品不检验，或者延误检验出证、错误出证，致使国家利益遭受重大损失的，处三年以下有期徒刑或者拘役。

商检失职罪，是指出入境检验检疫机关、检验检疫机构工作人员严重不负责任，对应当检验的物品不检验，或者延误检验出证、错误出证，致使国家利益遭受重大损失的行为。

本罪在客观方面表现为严重不负责任，对应当检验的物品不检验，或者延误检验出证、错误出证。

严重不负责任，是指商检工作人员敷衍塞责，未按进出口商品检验法的规定履行职责。商检失职行为包括对应当检验的进出口商品种类不检验，或者延误检验出证、错误出证等情形，其中错误出证行为以作为方式实施，而对应当检验的进出口商品种类不检验，或者延误检验出证都是拒不履行检验职责的不作为。延误检验出证，是指因商检工作人员的拖延而导致未能及时检验并出证。按照进出口商品检验法的规定，对于进口商品，商检机构应当在对外贸易合同约定的索赔期限内检验完毕，并出具证明；对于出口商品应当在不延误装运的期限内检验完毕并出具证明，超越上述期限的，就是延误检验出证。错误出证，是指虽然及时进行检验并出具检验证明，但检验结论完全违反进出口商品检验法的要求。

本罪是结果犯，对应当检验的进出口商品种类不检验，或者延误检验出证、错误出证必须导致不合格商品进出口或者延误商品进出口，导致国家重大损失的，才构成本罪。

根据《立案标准》，在商检过程中，因失职涉嫌造成下列情形之一的，应予立案：(1) 致使不合格的食品、药品、医疗器械等商品出入境，严重危害生命健康的；(2) 造成个人财产直接经济损失 15 万元以上，或者直接经济损失不满 15 万元，但间接经济损失 75 万元以上的；(3) 造成公共财产、法人或者其他组织财产直接经济损失 30 万元以上，或者直接经济损失不满 30 万元，但间接经济损失 150 万元以上的；(4) 未经检验，出具合格检验结果，致使国家禁止进口的固体废物、液态废物和气态废物等进入境内的；(5) 不检验或者延误检验出证、错误出证，引起国际经济贸易纠纷，严重影响国家对外经贸关系，或者严重损害国家声誉的；(6) 其他致使国家利益遭受重大损失的情形。

十、动植物检疫失职罪

第四百一十三条第二款　前款所列人员严重不负责任，对应当检疫的检疫物不检疫，或者延误检疫出证、错误出证，致使国家利益遭受重大损失的，处三年以下有期徒刑或者拘役。

动植物检疫失职罪，是指出入境检验检疫机关、检验检疫机构工作人员严重不负责任，对应当检疫的检疫物不检疫，或者延误检疫出证、错误出证，致使国家利益遭受重大损失的行为。

本罪在客观方面表现为严重不负责任，在动植物检疫中失职。

动植物检疫失职行为包括对应当检疫的物品不检疫，或者延误检疫出证、错误出证等情形。延误检疫出证，是指对报检的动植物、动植物产品或者其他检疫物没有在规定的时间内签发检疫单证，耽误了检疫结论的出示。错误出证，是指检疫的结果与客观真实相反，错误的签发检疫单证，将不合格的检疫物检疫为合格，或者将合格的检疫物检疫为不合格。

根据《立案标准》，在动植物检疫过程中，因失职涉嫌造成下列情形之一的，应予立案：(1) 导致疫情发生，造成人员重伤或者死亡的；(2) 导致重大疫情发生、传播或者流行的；(3) 造成个人财产直接经济损失 15 万元以上，或者直接经济损失不满 15 万元，但间接经济损失 75 万元以上的；(4) 造成公共财产或者法人、非法人组织财产直接经济损失 30 万元以上，或者直接经济损失不满 30 万元，但间接经济损失 150 万元以上的；(5) 不检疫或者延误检疫出证、错误出证，引起国际经济贸易纠纷，严重影响国家对外经贸关系，或者严重损害国家声誉的；(6) 其他致使国家利益遭受重大损失的情形。

十一、失职造成珍贵文物损毁、流失罪

第四百一十九条　国家机关工作人员严重不负责任，造成珍贵文物损毁或者流失，后果严重的，处三年以下有期徒刑或者拘役。

失职造成珍贵文物损毁、流失罪，是指文物行政管理部门、公安机关、市场监督管理部门、海关、城乡建设规划部门等国家机关工作人员严重不负责任，造成珍贵文物损毁或者流失，后果严重的行为。

本罪在客观方面表现为严重不负责任，导致珍贵文物毁损或流失的行为。严重不负责任，是指在文物保护工作中，对自己经手、管理、运输、使用的珍贵文物不认真保管，或者对可能造成文物毁损、流失的隐患不采取措施的行为。其具体表现为：批准用地时，不依照规定进行地下文物勘察；对考古发掘所取得的文物不妥善管理、合理保护；对盗掘古文化遗址、古墓葬的行为放任自流，不加制止；对出口文物或者个人携带出境文物不进行文物品级鉴定，错误发给文物出口许可证等。文物毁损，是指因严重不负责任而导致文物被破坏、损坏或者灭失，无法恢复其原貌；文物流失是指珍贵文物丢失或者未经批准流传到国外等情形。

失职造成珍贵文物损毁、流失后果严重的，才构成犯罪。根据最高人民法院、最高人民检察院《关于办理妨害文物管理等刑事案件适用法律若干问题的解释》(2015 年 12 月 30 日) 第 10 条的规定，涉嫌下列情形之一的，应当认定为刑法第 419 条规定的“后果严重”：(1) 导致二级以上文物或者 5 件以上三级文物损毁或者流失的；(2) 导致全国重点文物保护单位、省级文物保护单位的本体严重损毁或者灭失的；(3) 其他后果严重的情形。

第四节　徇私舞弊犯罪

一、徇私枉法罪

第三百九十九条第一款　司法工作人员徇私枉法、徇情枉法，对明知是无罪的人而使他受追诉、对明知是有罪的人而故意包庇不使他受追诉，或者在刑事审判活动中故意违背事实和法律作枉法裁判的，处五年以下有期徒刑或者拘役；情节严重的，处五年以上十年以下有期徒刑；情节特别严重的，处十年以上有期徒刑。

第三百九十九条第四款　司法工作人员收受贿赂，有前三款行为的，同时又构成本法第三百八十五条规定之罪的，依照处罚较重的规定定罪处罚。

徇私枉法罪，是指司法工作人员徇私枉法、徇情枉法，对明知是无罪的人而使他受追诉、对明知是有罪的人而故意包庇不使他受追诉，或者在刑事审判活动中故意违背事实和法律作枉法裁判的行为。

（一）客观要件

本罪在客观方面表现为徇私枉法，其具体行为方式包括三种。

1. 明知是无罪的人而使其受追诉

无罪的人，是指完全没有实施犯罪行为的人，或者只有违法行为但尚不构成犯罪的人，以及实施刑法第 13 条“但书”中所规定的“情节显著轻微、危害不大的”行为的人。使其受追诉，是指司法工作人员采取伪造、隐匿、毁灭证据或者其他隐瞒事实、违背法律的手段，以追

究刑事责任为目的，对无罪的人进行立案、侦查、采取强制措施、提起公诉、审判等。对这里的“追诉”，应当作如下理解：(1) 追诉是承办案件的司法工作人员利用职权对无罪的人进行直接的、错误的追究。如果是其他人捏造犯罪事实向有关机关告发，利用司法机关追诉无罪人，可能构成诬告陷害罪，而非本罪。(2) 从外观上看，追诉包括违反程序规定的事实上的错误追究，以及司法工作人员为徇私，假借表面上看起来合法的司法程序进行追诉。前者通常表现为将明知是无罪的人先行关押，逼迫被害人违心地“交代”之后再立案，进一步采取强制措施。在这种情况下，虽未经过立案、提请逮捕等法定程序，也应当认定为本罪。此外，还可能表现为为了实现追诉，而通过伪造证据等方式对无罪的人采取强制措施，非法关押被害人。有合法的对犯罪嫌疑人采取强制措施的手续，但是没有依照法律规定的程序执行的，不属于这里的徇私枉法。(3) 从过程上看，追诉不要求经过全部诉讼程序，只要追诉程序启动，开始立案调查即可。

2. 明知是有罪的人而故意包庇使其不受追诉

有罪的人，是指有确凿事实证明其曾经实施犯罪的人。使有罪者不受追诉，包括：(1) 采取伪造、隐匿、毁灭证据或者其他隐瞒事实，违背法律的手段对有罪的人故意包庇，不立案侦查、不采取强制措施或不起诉、不审判。(2) 故意违背事实真相，违法变更强制措施，或者虽采取强制措施，但实际上放任不管，致使犯罪嫌疑人、被告人实际脱离司法机关侦控、逃避刑事追究的，也属于对明知是有罪的人而故意包庇不使他受追诉。(3) 对于明知是有罪的人，而故意不收集有罪证据，导致有罪证据消失，因“证据不足”不能认定有罪的，应当认定为本罪。

3. 在刑事审判活动中故意违背事实和法律作枉法裁判的行为

枉法裁判表现为公开地不依据已经查清的客观事实、不按照法律的明文规定进行判决和裁定，或者故意歪曲客观事实和法律进行判决和裁定。枉法裁判的结果既可以是将无罪者裁判为有罪，也可以是将有罪者裁判为无罪；既可以是将重罪判为轻罪，也可以是将轻罪判为重罪。

有人认为，审判人员在合议庭、审判委员会讨论如何裁判案件时故意错误地发表内部意见，也属于“在刑事审判活动中故意违背事实和法律作枉法裁判”。这种解释并不准确。裁判，应当是指审判人员以法院名义就案件作出的裁定或判决，一般以书面的裁定书或判决书为表现形式，并且向案件当事人宣布，同时向社会公开，以维护审判公开原则。所以，在单纯对案件进行内部审批、讨论的场合，故意违背事实和法律进行批示或者提出错误意见的，不属于“在刑事审判活动中故意违背事实和法律”作枉法裁判。但是，如果有充足证据证明有权对案件进行内部审批、有权在集体讨论案件过程中发表意见的人，徇私枉法、徇情枉法，故意违背事实和法律进行批示，或者提出明显错误的意见的，可以认定为“对明知是无罪的人而使他受追诉、对明知是有罪的人而故意包庇不使他受追诉”，仍然可能成立徇私枉法罪。

4. 对徇私、殉情的理解

徇私枉法罪的起因是徇私或者徇情。这里的徇私、徇情是主观要素，属于犯罪动机。因为刑法分则条文要求部分渎职罪出于徇私动机，是为了将由于法律素质、政策水平、技术能力不高而造成差错的情形，排除在渎职罪之外。换言之，当国家机关工作人员不是因为法律素质、政策水平、技术能力不高造成差错，而是基于徇私的内心起因违背职责时，便以渎职罪论处。所以，将徇私解释为犯罪动机，是比较符合刑法规定与现实情况的。①

一般来说，徇私，是指为谋求不合法或不应当得到的各种物质或非物质的利益或地位而违背职责，改变职权行为。不论徇私情还是徇私利，均能够给行为人或其亲友带来利益或使他人

---

① 参见张明楷：《渎职罪中“徇私”、“舞弊”的性质认定》，载《人民检察》，2005（23）。

失去其应得利益，否则就不能被认定为徇私、徇情。徇情，是指单纯根据亲友、上下级、竞争对手等私人关系、感情的亲疏决定职权行为，主要表现为出于照顾私人关系或感情、袒护亲友或者泄愤报复而枉法。有争议的问题是：“徇私”，是否一定要被解释为“徇一己之私”？“徇情”是否一定要被理解为徇个人私情？

对此，在司法实践中有不同看法：少数说认为，“徇”单位之私，也是徇私。但多数说认为，徇私应理解为“徇”个人私情、私利，即“徇一己之私”。私情、私利与单位利益相对应，“徇”单位之私不能理解为徇私。① 根据多数说，特定领域的国家机关工作人员为了本单位的利益，实施滥用职权、玩忽职守行为，构成犯罪的，应依照刑法第 397 条第 1 款的规定定罪处罚，而不能以徇私枉法罪、放纵走私罪等特定的渎职犯罪进行处罚。

我认为，多数说的合理性是值得考虑的，理由在于：(1) 将“徇”单位之私解释为徇私并不符合逻辑。单位是与个人相对应的概念，其多是依法设立，有必要的财产或经费，有自己的组织机构和场所，能承担相应民事责任的社会组织。将“徇”单位之私也说成是徇私并不合理。(2) 为了本单位利益实施的滥用职权、玩忽职守渎职行为，不被视为徇私，也会有相应罪名可以适用，而不会放纵犯罪。刑法在渎职罪一章采用了堵截性构成要件的立法方法，对于国家机关工作人员无徇私情节的渎职犯罪行为，可以根据刑法第 397 条第 1 款规定的滥用职权罪、玩忽职守罪追究刑事责任。对于国有公司、企业、事业单位的工作人员，由于徇单位之私，严重不负责任或者滥用职权，致使国家利益遭受重大损失的，可以按照国有公司、企业、事业单位人员失职罪或者国有公司、企业、事业单位人员滥用职权罪定罪处罚。

徇私枉法行为必须是利用职务上的便利，在刑事案件的侦查、起诉、审判过程中实施。司法工作人员没有利用职务上的便利，包庇罪犯、诬陷他人的，可能构成包庇罪、伪证罪、诬告陷害罪等，而不构成本罪。

司法工作人员贪赃枉法而犯本罪，同时又构成受贿罪的，依照处罚较重的规定处罚，而不数罪并罚。但是，这一规定不是注意性、参照性规定，而是特别规定。对于国家工作人员受贿又从事其他渎职犯罪行为，明显符合多个犯罪构成要件的，应该数罪并罚，否则，难以做到罪刑均衡。

本罪的主体是特殊主体，即负有侦查、检察、审判、监管职责的司法工作人员。

（二）主观要件

本罪在主观方面是故意。行为人对正在处理中的刑事案件的客观事实真相、涉案的犯罪嫌疑人或者被告人有罪还是无罪有明确认识。犯罪动机可能是贪图钱财、谋取个人利益（徇私）；或照顾私人关系、感情、袒护亲友、泄愤报复（徇情），其对成立本罪没有影响。

不是故意徇私而是因为严重缺乏工作责任心、草率从事而过失进行错误追诉、裁判，累及无辜或者放纵真凶的，不成立本罪，但有成立玩忽职守罪的可能。

处于下级地位的司法机关工作人员，基于隶属关系，应当执行上级司法机关的决定。但是，当上级机关的决定事后被证明并不正确，造成错案的，可以认定下级司法工作人员欠缺徇私枉法罪的故意。徇私枉法罪在主观方面是故意，行为人对正在处理中的刑事案件的客观事实真相十分清楚，对涉案的犯罪嫌疑人或者被告人究竟有罪还是无罪有明确认识，对其司法决定与法律规定相违背有所认识，同时，还存在贪图钱财、谋取个人利益（徇私）；或照顾私人关

① 为谋取小集体、小团体利益而徇私，当小集体、小团体利益不是单位利益，而是小团体内不特定或者少数单位成员的私情、私利的，实质上属于个人利益的，是否可以认定为“徇私”，还有争论。一种观点认为：徇私枉法罪的成立要求徇私枉法、徇情枉法，为小团体利益实施枉法追诉、裁判的行为，似以滥用职权罪定罪更为适宜。参见敬大力主编：《渎职罪》，153 页，北京，中国人民公安大学出版社，2003。

系、感情，袒护亲友、泄愤报复（徇情）的动机。而执行上级决定的司法工作人员在犯罪故意以及动机方面都缺乏，因此，对下级司法工作人员不宜以犯罪论处。但上级司法工作人员构成玩忽职守罪的，应依法追究其刑事责任。

在下级司法机关工作人员发现上级或者集体（如审判委员会、检察委员会、合议庭等）的决定可能有错误而没有提出的场合，司法工作人员不是故意徇私而是因为严重缺乏工作责任心、草率从事而过失进行错误追诉、裁判，累及无辜或者放纵真凶的，不成立徇私枉法罪，但并非没有成立玩忽职守罪的可能。

（三）认定

部分渎职犯罪的成立，与其他罪犯（本犯）的关系密切。如本罪的构成中包括“对明知是有罪的人而故意包庇不使他受追诉”的情形，此种情形下行为人的包庇对象（本犯）必须是“有罪的人”。在刑法第 406 条规定的国家机关工作人员签订、履行合同失职罪中，“被诈骗”是必备条件，等等。如何理顺渎职罪和本犯的罪行之间的关系，是一个重要问题。

一般而言，渎职罪的构成，必须以本犯实质上构成犯罪为前提，即对于“对明知是有罪的人而故意包庇不使他受追诉”的徇私枉法罪，徇私舞弊不移交刑事案件罪，放纵制售伪劣商品犯罪行为罪以及帮助犯罪分子逃避处罚罪之认定，理应以行为人包庇、放纵的对象确实有犯罪行为为前提。如果行为人在徇私舞弊或严重不负责任实施渎职行为时，误将没有犯罪的人当作有罪的人，或误将非犯罪行为当成犯罪行为而加以包庇、放纵或帮助，事实上并不存在真正的本犯，对包庇者如果仍要认定为渎职罪，并不合理。例如，具有查禁犯罪活动职责的国家机关工作人员 A，误认为 B 实施了犯罪行为（而实际上 B 的行为尚未达到犯罪标准，只是一般违法行为），出于私情便向 B 通风报信，帮助其逃避处罚，A 客观上虽然有渎职的行为，但对其并不能以帮助犯罪分子逃避处罚罪处罚。又如卫生行政执法人员在执法过程中，认为某私立学校食堂工作人员提供不符合卫生标准的食品，造成学生中毒的行为依法应当移交司法机关追究刑事责任而徇私舞弊不予移交。实际上，食堂工作人员的行为欠缺犯罪故意而不构成犯罪，该执法人员对行为性质存在法律上的认识错误，故对该行政执法人员不能以徇私舞弊不移交刑事案件罪定罪处罚。当然，在放纵走私罪中，只要求行为人放纵的是一般走私行为。所以行为人误将一般走私行为当作走私犯罪加以放纵的，同样构成放纵走私罪。但是，如果行为人误将正当合法的物品通关过境行为当作走私行为加以放纵的，并不构成犯罪。

对渎职罪中涉及的本犯的确定，不以法院已经作出生效刑事判决为必要条件。以徇私枉法罪为例，不能把该罪中“有罪的人”理解为经人民法院生效判决确认有罪的人，因为刑法的相应规定并未作这种限定。只要有证据证明本犯的行为涉嫌犯罪，司法工作人员明知这种事实，却故意予以包庇，即可构成本罪。

二、民事、行政枉法裁判罪

第三百九十九条第二款[①]　在民事、行政审判活动中故意违背事实和法律作枉法裁判，情节严重的，处五年以下有期徒刑或者拘役；情节特别严重的，处五年以上十年以下有期徒刑。

第三百九十九条第四款　司法工作人员收受贿赂，有前三款行为的，同时又构成本法第三百八十五条规定之罪的，依照处罚较重的规定定罪处罚。

---

① 本款为《刑法修正案（四）》第 8 条所增设。

民事、行政枉法裁判罪，是指司法工作人员在民事、行政审判活动中，故意违背事实和法律作枉法裁判，情节严重的行为。

（一）客观要件

本罪在客观方面表现为在民事、行政审判活动中作枉法裁判的行为。

枉法裁判，是指违背案件的客观事实，隐匿、毁弃证据或者故意不采用客观存在的真实证据，颠倒黑白，作出民事、行政案件判决，使有过错的当事人被免除、减轻责任，或者使无过错的当事人被迫承担、加重责任。例如，法官A在审理B诉C拖欠货款案时，故意藏匿当事人B借以胜诉的重要证据货物移交结算表，使B招致败诉的结果的，即构成本罪。

枉法裁判行为如发生于刑事审判活动中，应构成徇私枉法罪，而不构成本罪。本罪的既遂，应以枉法裁判结论已经实际作出为前提。

受贿并枉法裁判的，从一重罪处断。司法工作人员隐匿证据并作出枉法裁判后，又以找回证据原件等为由向当事人索要财物的，应以本罪和敲诈勒索罪并罚。

根据《立案标准》，在民事、行政审判活动中有下列情形的枉法裁判的行为，应予立案：(1) 枉法裁判，致使当事人或者其近亲属自杀、自残造成重伤、死亡，或者精神失常的；(2) 枉法裁判，造成个人财产直接经济损失10万元以上，或者直接经济损失不满10万元，但间接经济损失50万元以上的；(3) 枉法裁判，造成法人或者其他组织财产直接经济损失20万元以上，或者直接经济损失不满20万元，但间接经济损失100万元以上的；(4) 伪造、变造有关材料、证据，制造假案枉法裁判的；(5) 串通当事人制造伪证，毁灭证据或者篡改庭审笔录而枉法裁判的；(6) 徇私情、私利，明知是伪造、变造的证据予以采信，或者故意对应当采信的证据不予采信，或者故意违反法定程序，或者故意错误适用法律而枉法裁判的；(7) 其他情节严重的情形。

（二）主观要件

本罪的主观方面是故意，行为人对案件事实及其法律性质有明确认识，同时有为徇私情、私利而进行枉法裁判的意思。过失不构成本罪。

三、枉法仲裁罪

第三百九十九条之一① 依法承担仲裁职责的人员，在仲裁活动中故意违背事实和法律作枉法裁决，情节严重的，处三年以下有期徒刑或者拘役；情节特别严重的，处三年以上七年以下有期徒刑。

枉法仲裁罪，是指依法承担仲裁职责的人员，在仲裁活动中故意违背事实和法律作枉法裁决，情节严重的行为。

仲裁，是指当事人按事前或事后达成的协议，或者按照法律的规定，将有关纠纷提交仲裁机构，仲裁机构以中立第三方的身份在查明事实的基础上，对双方的权利义务作出判断和裁决的一种纠纷解决机制。仲裁是诉讼之外通过非官方途径解决纠纷的重要方式。就法律效力而言，生效的仲裁裁决与法院判决并无明显区别。根据《仲裁法》和《民事诉讼法》的规定，生效的仲裁裁决与人民法院终审判决具有同等的法律效力，一方当事人不履行的，另一方当事人可以申请人民法院执行，受申请的人民法院应当执行。当然，仲裁裁决存在明显不公正之处时，当事人有权向法院申请撤销，此时，法院对仲裁裁决有审查权。

---

① 本条为《刑法修正案（六）》第20条所增设。

枉法仲裁，是指在仲裁活动中故意违背事实和法律作出明显不公正的裁决。枉法仲裁的具体行为包括：违反法定程序进行仲裁；根据伪造的证据作出裁决结论；对一方当事人隐瞒足以影响公正裁决的证据；规避法律、故意曲解法律甚至错误适用法律进行仲裁等。

本罪的主体是依法承担仲裁职责的人员，即依据法律、行政法规和部门规章的规定承担仲裁职责的人员。这里的“依法承担仲裁职责的人员”是一个广义的概念，其不仅包括依据《仲裁法》的规定，在独立于行政机关、与行政机关没有隶属关系的仲裁机构对民商事争议承担仲裁职责的人员，而且包括依据《劳动法》《公务员法》《体育法》《著作权法》《反兴奋剂条例》等的规定，在有政府行政主管部门代表参加组成的仲裁机构中对法律、行政法规、部门规章规定的特殊争议承担仲裁职责的人员。

四、徇私舞弊减刑、假释、暂予监外执行罪

第四百零一条　司法工作人员徇私舞弊，对不符合减刑、假释、暂予监外执行条件的罪犯，予以减刑、假释或者暂予监外执行的，处三年以下有期徒刑或者拘役；情节严重的，处三年以上七年以下有期徒刑。

徇私舞弊减刑、假释、暂予监外执行罪，是指司法工作人员徇私舞弊，对不符合减刑、假释、暂予监外执行条件的罪犯予以减刑、假释、暂予监外执行的行为。

(一) 客观要件

本罪在客观方面表现为徇私舞弊减刑、假释、暂予监外执行。

徇私舞弊减刑、假释、暂予监外执行，是指为徇私情、徇私利而违反法律规定，对不符合减刑、假释、暂予监外执行条件者实行减刑、假释、暂予监外执行。

本罪以罪犯不符合减刑、假释、暂予监外执行条件为前提。按照刑法及刑事诉讼法的相关规定，被判处管制、拘役、有期徒刑、无期徒刑的犯罪人，在刑罚执行期间，认真遵守监规，接受教育和改造，确有悔改表现或者立功表现的才可以减刑。被判处有期徒刑的犯罪人，执行原判刑期 1/2 以上，被判处无期徒刑的犯罪人实际执行 13 年以上，认真遵守监规，接受教育改造，确有悔改表现，假释后不致再危害社会的，可以假释。被判处有期徒刑或者拘役的罪犯有严重疾病需要保外就医的，或者怀孕以及正在哺乳自己婴儿的妇女可以暂予监外执行。任何徇私舞弊，对不符合减刑、假释、暂予监外执行条件者予以减刑、假释、暂予监外执行的，都有成立本罪的可能。行为方式包括收集虚假事实和证据上报，使他人得到减刑、假释或者暂予监外执行，或者利用职务便利，制作违背事实和法律的裁定或决定，使他人被减刑、假释或者暂予监外执行。

根据《立案标准》，在减刑、假释、暂予监外执行中，有下列徇私舞弊情形之一的，应予立案：(1) 刑罚执行机关的工作人员对不符合减刑、假释、暂予监外执行条件的罪犯，捏造事实，伪造材料，违法报请减刑、假释、暂予监外执行的；(2) 审判人员对不符合减刑、假释、暂予监外执行条件的罪犯，徇私舞弊，违法裁定减刑、假释或者违法决定暂予监外执行的；(3) 监狱管理机关、公安机关的工作人员对不符合暂予监外执行条件的罪犯，徇私舞弊，违法批准暂予监外执行的；(4) 不具有报请、裁定、决定或者批准减刑、假释、暂予监外执行权的司法工作人员利用职务上的便利，伪造有关材料，导致不符合减刑、假释、暂予监外执行条件的罪犯被减刑、假释、暂予监外执行的；(5) 其他徇私舞弊减刑、假释、暂予监外执行应予追究刑事责任的情形。

因司法工作人员徇私舞弊而制作的减刑、假释、暂予监外执行的决定被执行，而导致被错误减刑、假释、暂予监外执行的罪犯脱逃，无法及时再行收监执行刑罚的，司法工作人员也只

构成本罪，而不再构成私放在押人员罪。

（二）主观要件

本罪的主观方面是故意，行为人对罪犯是不符合减刑、假释、暂予监外执行条件者有明知。如因工作疏忽对不该减刑、假释、暂予监外执行的人办理了减刑、假释暂予监外执行的，不构成本罪，但可能成立玩忽职守罪。

五、徇私舞弊不移交刑事案件罪

第四百零二条　行政执法人员徇私舞弊，对依法应当移交司法机关追究刑事责任的不移交，情节严重的，处三年以下有期徒刑或者拘役；造成严重后果的，处三年以上七年以下有期徒刑。

徇私舞弊不移交刑事案件罪，是指市场监督管理、税务、监察等行政执法人员，徇私舞弊，对依法应当移交司法机关追究刑事责任的案件不移交，情节严重的行为。

（一）保护法益

本罪侵害的法益是行政行为的妥当性和司法作用的发挥。行政执法人员在法定授权范围内，具有查处破坏经济秩序、妨害社会管理秩序等违法行为，实施行政处罚，进行公共事务管理的职能。在行政执法过程中，经常会遇到所查处的违法行为已涉嫌犯罪的情形，对这种情况应根据有关规定，将案件移交司法机关追究行为人的刑事责任。国务院制定的行政执法机关移送涉嫌犯罪案件的规定指出，行政执法机关在依法查处违法行为过程中，发现违法事实涉及的金额、违法事实的情节、违法事实造成的后果等涉嫌构成犯罪，依法需要追究刑事责任的，必须依照本规定向司法机关移送。如果行政执法人员明知行政执法相对人的违法行为已构成犯罪，应当移送司法机关追究刑事责任，但因徇私情、私利而予以隐瞒、掩饰，或者大事化小，以行政处罚代替刑事处罚，会造成放纵犯罪，妨害司法秩序的严重后果，因而有必要用刑法加以禁止。

（二）拒不移交刑事案件行为

本罪在客观方面表现为徇私舞弊，拒不向司法机关移交刑事案件。

1. 刑事案件

刑事案件，是指行政执法机关正在处理中，但被处理者的行为涉嫌犯罪，可能要被追究刑事责任，行政执法机关已无权处理的事项。只要正在被行政执法机关处理的行为大致符合刑法上的犯罪构成要件，在外观上看成立犯罪，就是这里的刑事案件。刑事案件和普通违反行政法规的违法事由之间有时没有特别明确的界限，违法事由性质严重、违法所得数额较大，按照行政法律、法规的规定，行政执法人员对该事项进行处理可能超越职权而擅自进行或者终结处理，就是徇私舞弊、滥用职权对刑事案件进行处理。

2. 拒不移交

不移交刑事案件，既包括行政执法人员积极隐瞒、变通处理可能构成犯罪的案件，也包括在上级机关或者司法机关明确告知案件性质，要求其移交后仍消极对抗，不移交案件等情形。

拒不移交刑事案件，即使司法机关后来经过查证，认为足以证实被处理者构成犯罪的证据并不确实充分，或者已超过追诉时效，或者应当适用免予刑事处罚的，行政执法人员拒不移交的案件仍然是刑事案件，拒不移交者仍然成立本罪。

3. 情节严重

徇私舞弊不移交刑事案件情节严重的，才构成本罪。

根据《立案标准》，徇私舞弊不移交刑事案件中，涉嫌下列情形之一的，应予立案：(1) 对依法可能判处3年以上有期徒刑、无期徒刑、死刑的犯罪案件不移交的；(2) 不移交刑事案件涉及3人次以上的；(3) 司法机关提出意见后，无正当理由仍然不予移交的；(4) 以罚代刑，放纵犯罪嫌疑人，致使犯罪嫌疑人继续进行违法犯罪活动的；(5) 行政执法部门主管领导阻止移交的；(6) 隐瞒、毁灭证据，伪造材料，改变刑事案件性质的；(7) 直接负责的主管人员和其他直接责任人员为牟取本单位私利而不移交刑事案件，情节严重的；(8) 其他情节严重的情形。但是，这里的 (7) 项将"为牟取本单位私利"解释为徇私的规定是否合理，还值得研究。

对于徇私，应当理解为徇个人私情、私利。根据公安部《关于打击拐卖妇女儿童犯罪适用法律和政策有关问题的意见》(2000年3月24日)，行政执法人员徇私情、私利，伪造材料，隐瞒情况，弄虚作假，对依法应当移交司法机关追究刑事责任的拐卖妇女、儿童犯罪案件不移交司法机关处理，构成犯罪的，以徇私舞弊不移交刑事案件罪移送人民检察院追究刑事责任。最高人民法院《全国法院审理经济犯罪案件工作座谈会纪要》(2003年11月13日) 规定，徇私舞弊型渎职犯罪的"徇私"应理解为徇个人私情、私利。国家机关工作人员为了本单位的利益，实施滥用职权、玩忽职守行为，构成犯罪的，依照刑法第397条第1款的规定定罪处罚。据此，对于前述 (7) 项所述情形，应当依照刑法第397条第1款的规定，以滥用职权或玩忽职守罪定罪处罚。为包庇犯罪者而利用行政执法的职务便利拒不移交刑事案件的，只构成本罪，不再构成包庇罪。为不移交刑事案件而毁灭、抛弃、伪造证据的，也只构成本罪，不再构成帮助毁灭、伪造证据罪。

本罪的主体是行政执法人员，即依法具有执行行政法规职权的行政机关工作人员，包括公安机关的治安执法人员，以及市场监督管理机关、海关、卫生行政执法机关、税务机关、环保管理部门、质量技术监督机关的执法人员。受行政执法机关委派或委托执行行政法规的人员，也应被视为行政执法人员。

（三）主观要件

本罪的主观方面是直接故意，要求行政执法人员对案件可能属于刑事案件有认识。不过，本罪的故意以行为人认识到相对人的行为可能被追究刑事责任为已足，而不要求其对刑事案件的认识与刑事法律的规定完全一致。

由于过失或者法律水平低，而对案件应当移交司法机关处理没有认识，因而没有移交的，不构成本罪，但有成立玩忽职守罪的可能。

六、徇私舞弊不征、少征税款罪

> 第四百零四条　税务机关的工作人员徇私舞弊，不征或者少征应征税款，致使国家税收遭受重大损失的，处五年以下有期徒刑或者拘役；造成特别重大损失的，处五年以上有期徒刑。

徇私舞弊不征、少征税款罪，是指税务机关工作人员徇私舞弊，不征、少征应征税款，致使国家税收遭受重大损失的行为。

本罪以不作为的方式实施，即因徇私情、徇私利而拒不履行税收征收或纳税通知、追缴义务，不征或者少征税款。不征税款是指违反税收征收法律、法规的规定，不向纳税人征收应征税款；少征税款是指违反税收征收法律、法规的规定，降低税收额或征税率进行征收。不征或者少征税款行为只有致使国家遭受重大损失的，才构成犯罪。

根据《立案标准》，有下列徇私舞弊不征、少征税款情形之一的，应予立案：（1）徇私舞弊不征、少征应征税款，致使国家税收损失累计达10万元以上的；（2）上级主管部门工作人员指使税务机关工作人员徇私舞弊不征、少征应征税款，致使国家税收损失累计达10万元以上的；（3）徇私舞弊不征、少征应征税款不满10万元，但具有索取或者收受贿赂或者其他恶劣情节的；（4）其他致使国家税收遭受重大损失的情形。

七、徇私舞弊发售发票、抵扣税款、出口退税罪

第四百零五条第一款　税务机关的工作人员违反法律、行政法规的规定，在办理发售发票、抵扣税款、出口退税工作中，徇私舞弊，致使国家利益遭受重大损失的，处五年以下有期徒刑或者拘役；致使国家利益遭受特别重大损失的，处五年以上有期徒刑。

徇私舞弊发售发票、抵扣税款、出口退税罪，是指税务机关的工作人员违反法律、行政法规的规定，在办理发售发票、抵扣税款、出口退税工作中徇私舞弊，致使国家利益遭受重大损失的行为。

成立本罪，以行为违反税收征收管理、发票管理法律、行政法规的规定为前提。同时，行为必须发生在办理发票、抵扣税款、出口退税工作过程中，即税务机关的工作人员徇私舞弊，对不应发售发票的，予以发售；对应少抵扣税款的，擅自给予较多抵扣；利用职权使他人取得不应当获取的出口退税款行为。

徇私舞弊发售发票、抵扣税款、出口退税，致使国家利益遭受重大损失的，才构成本罪。根据《立案标准》，在发售发票、抵扣税款、出口退税活动中，有下列徇私舞弊情形之一的，应予立案：（1）徇私舞弊，致使国家税收损失累计达10万元以上的；（2）徇私舞弊，致使国家税收损失累计不满10万元，但发售增值税专用发票25份以上或者其他发票50份以上或者增值税专用发票与其他发票合计50份以上，或者具有索取、收受贿赂或者其他恶劣情节的；（3）其他致使国家利益遭受重大损失的情形。

与逃税人、骗取出口退税者通谋，在办理发售发票、抵扣税款、出口退税工作中，为逃税、骗取出口退税者提供便利的，成立逃税罪、骗取出口退税罪的共犯，而不构成本罪。

本罪的主体是特殊主体，即税务机关的工作人员。

八、违法提供出口退税凭证罪

第四百零五条第二款　其他国家机关工作人员违反国家规定，在提供出口货物报关单、出口收汇核销单等出口退税凭证的工作中，徇私舞弊，致使国家利益遭受重大损失的，依照前款的规定处罚。

违法提供出口退税凭证罪，是指海关、外汇管理等国家机关工作人员违反国家规定，在提供出口货物报关单、出口收汇核销单等出口退税凭证的工作中徇私舞弊，致使国家利益遭受重大损失的行为。

违反国家规定，是指违反海关法规、税收征收管理法规中有关开具出口货物报关单、出口收汇核销单等出口退税凭证的法律规定。违法提供出口退税凭证包括徇私舞弊，提供出口货物报关单、出口收汇核销单等出口退税凭证等情形，例如，为没有出口货物者提供报关单，为没有出口收汇者提供出口收汇凭证，或者夸大填写出口货物数量或出口收汇数量的。

违法提供出口退税凭证致使国家利益遭受重大损失的，才构成犯罪。根据《立案标准》，

有下列违法提供出口退税凭证情形之一的，应予立案：(1) 徇私舞弊，致使国家税收损失累计达10万元以上的；(2) 徇私舞弊，致使国家税收损失累计不满10万元，但具有索取、收受贿赂或者其他恶劣情节的；(3) 其他致使国家利益遭受重大损失的情形。

本罪的主体是税务机关以外的国家机关工作人员，包括海关工作人员和外汇管理机关工作人员等。税务机关的工作人员违法提供出口退税凭证的，应按徇私舞弊发售发票、抵扣税款、出口退税罪定罪处罚。

国家机关工作人员与骗取出口退税的行为人事先通谋，非法提供出口退税凭证的，应成立骗取出口退税罪的共犯，而不再构成本罪。

九、非法批准征收、征用、占用土地罪

第四百一十条① 国家机关工作人员徇私舞弊，违反土地管理法规，滥用职权，非法批准征收、征用、占用土地，或者非法低价出让国有土地使用权，情节严重的，处三年以下有期徒刑或者拘役；致使国家或者集体利益遭受特别重大损失的，处三年以上七年以下有期徒刑。

非法批准征收、征用、占用土地罪，是指国家机关工作人员徇私舞弊，违反土地管理法、森林法、草原法等法律以及有关行政法规中关于土地管理的规定，滥用职权，非法批准征收、征用、占用耕地、林地等农用地以及其他土地，情节严重的行为。

(一) 客观要件

本罪在客观方面表现为徇私舞弊，非法批准征收、征用、占用土地。

违反土地管理法规，是指违反土地管理法、森林法、草原法等法律以及有关行政法规中关于批准征收、征用、占用土地的管理规定。非法批准征收、征用、占用土地，是指不享有批准权而滥用职权批准征收、征用、占用土地，或者享有批准权而不正当行使职权，超越权限范围批准征收、征用、占用土地。非法批准征收、征用、占用的土地，泛指属于国家所有的一切土地，包括耕地、林地等农用地以及其他土地②，如山地、草原、荒地等。

非法批准征收、征用、占用土地，情节严重的，才构成本罪。根据《立案标准》，有下列非法批准征收、征用、占用土地情形之一的，应予立案：(1) 非法批准征收、征用、占用基本农田10亩以上的；(2) 非法批准征收、征用、占用基本农田以外的耕地30亩以上的；(3) 非法批准征收、征用、占用其他土地50亩以上的；(4) 虽未达到上述数量标准，但造成有关单位、个人直接经济损失30万元以上，或者造成耕地大量毁坏或者植被遭到严重破坏的；(5) 非法批准征收、征用、占用土地，影响群众生产、生活，引起纠纷，造成恶劣影响或者其他严重后果的；(6) 非法批准征收、征用、占用防护林地、特种用途林地分别或者合计10亩以上的；(7) 非法批准征收、征用、占用其他林地20亩以上的；(8) 非法批准征收、征用、占用林地造成直接经济损失30万元以上，或者造成防护林地、特种用途林地分别或者合计5亩以上或者其他林地10亩以上毁坏的；(9) 其他情节严重的情形。

根据最高人民法院《关于审理破坏草原资源刑事案件应用法律若干问题的解释》(2012年

---

① 全国人大常委会《关于修改部分法律的决定》(2009年8月27日) 规定：将刑法第410条以及全国人大常委会《关于〈中华人民共和国刑法〉第二百二十八条、第三百四十二条、第四百一十条的解释》中的"征用"改为"征收、征用"。

② 参见全国人大常委会《关于〈中华人民共和国刑法〉第二百二十八条、第三百四十二条、第四百一十条的解释》(2001年8月31日)。

11月2日）第3条的规定，国家机关工作人员徇私舞弊，违反草原法等土地管理法规，具有下列情形之一的，应当认定为本罪的情节严重：（1）非法批准征收、征用、占用草原40亩以上的；（2）非法批准征收、征用、占用草原，造成20亩以上草原被毁坏的；（3）非法批准征收、征用、占用草原，造成直接经济损失30万元以上，或者具有其他恶劣情节的。具有下列情形之一的，应当认定为致使国家或者集体利益遭受特别重大损失：（1）非法批准征收、征用、占用草原80亩以上的；（2）非法批准征收、征用、占用草原，造成40亩以上草原被毁坏的；（3）非法批准征收、征用、占用草原，造成直接经济损失60万元以上，或者具有其他特别恶劣情节的。

（二）主观要件

本罪的主观方面是故意，对批准征用、占用土地的行为违反国家土地管理法规有认识，对行为可能会给国家利益造成损失有希望或者放任。

十、非法低价出让国有土地使用权罪

第四百一十条　国家机关工作人员徇私舞弊，违反土地管理法规，滥用职权，非法批准征收、征用、占用土地，或者非法低价出让国有土地使用权，情节严重的，处三年以下有期徒刑或者拘役；致使国家或者集体利益遭受特别重大损失的，处三年以上七年以下有期徒刑。

非法出让国有土地使用权罪，是指国家机关工作人员徇私舞弊，违反土地管理法、森林法、草原法等法律以及有关行政法规中关于土地管理的规定，滥用职权，非法低价出让国有土地使用权，情节严重的行为。

（一）客观要件

本罪在客观方面表现为徇私舞弊，违反土地管理法规，非法低价出让国有土地使用权的行为。

本罪的行为对象是国有土地，即国家所有的土地，包括城市市区的土地，农村和城市中依法没收、征用、征收、征购、收归国有的土地（依法划定或者集体所有的除外），国家未确定为集体所有的林地、草地、山林、荒地、滩涂、河滩地以及其他国有土地。

本罪只能发生于国有土地出让过程中。土地出让，是指以土地为标的物的售卖行为。土地转让、出租或划拨等过程中发生的违法行为，不构成本罪。非法低价出让，是指违反土地管理法规，以明显低于国家确定的土地标准价格出让土地。在土地出让、拍卖过程中，故意低估土地价格是低价出让行为；出让土地的单价虽然符合国家规定，但在测量土地过程中，少报土地实有面积，使土地出让金减小的，也是非法低价出让行为。

根据《立案标准》，非法低价出让国有土地使用权情节严重的，才构成犯罪，涉嫌下列情形之一的，应予立案：（1）非法低价出让国有土地30亩以上，并且出让价额低于国家规定的最低价额标准的60%的；（2）造成国有土地资产流失价额30万元以上的；（3）非法低价出让国有土地使用权，影响群众生产、生活，引起纠纷，造成恶劣影响或者其他严重后果的；（4）非法低价出让林地合计30亩以上，并且出让价额低于国家规定的最低价额标准的60%的；（5）造成国有资产流失30万元以上的；（6）其他情节严重的情形。

（二）主观要件

本罪的主观方面是故意，对出让的是国有土地，对非法低价出让行为违反国家土地管理法规，有认识。

十一、放纵走私罪

第四百一十一条 海关工作人员徇私舞弊，放纵走私，情节严重的，处五年以下有期徒刑或者拘役；情节特别严重的，处五年以上有期徒刑。

放纵走私罪，是指海关工作人员徇私舞弊，放纵走私，情节严重的行为。

（一）客观要件

本罪在客观方面表现为徇私舞弊，放纵走私的行为。

徇私舞弊，是指海关工作人员为徇私利、徇私情，对应当监管的进出境物品不予监管，对应当征收关税和其他税费的不予征收。放纵走私，是指利用职务上的便利，对走私行为放任不管，包括在走私物品通关时放弃职责，不予检查；在检查中发现走私货物时，故意隐瞒不报，使走私人得以过关；对应当征收关税和其他税费的普通货物不征收税款；对应当扣押、收缴的走私货物、物品不予收缴；不履行日常的巡逻和打击走私犯罪的任务等。

放纵走私行为必须情节严重的，才构成本罪。根据《立案标准》，涉嫌下列情形之一的，应予立案：(1) 放纵走私犯罪的；(2) 因放纵走私致使国家应收税额损失累计达10万元以上的；(3) 放纵走私行为3起（次）以上的；(4) 放纵走私行为，具有索取或者收受贿赂情节的；(5) 其他情节严重的情形。

为包庇走私犯罪分子而放纵走私，或者故意不移交构成走私犯罪的刑事案件以放纵走私的，都只构成本罪，而不再构成包庇罪或者徇私舞弊不移交刑事案件罪。

（二）主观要件

本罪的主观方面是故意，对被放纵者是走私分子有明确认识。

由于过失而导致重大走私犯罪行为发生，致使国家利益遭受重大损失的，不构成本罪，但可能成立玩忽职守罪。

十二、商检徇私舞弊罪

第四百一十二条第一款 国家商检部门、商检机构的工作人员徇私舞弊，伪造检验结果的，处五年以下有期徒刑或者拘役；造成严重后果的，处五年以上十年以下有期徒刑。

商检徇私舞弊罪，是指出入境检验检疫机关、检验检疫机构工作人员徇私舞弊，伪造检验结果的行为。

伪造商检结果首先要有出具检验结果的行为，包括未进行进出口商品检验活动而出具检验结果和实施检验行为但出具虚假的商检结果两种情形。出具的商检结果属于伪造。这里的伪造仅限于有权制作商检结果文书者提供与真实情况不相符合的报告的行为，即明知是不合格商品故意出具检验合格证明，或者明知是合格的商品故意出具检验不合格的报告。伪造的内容包括商品质量、规格、数量、重量、包装以及安全、卫生要求等。

根据《立案标准》，有下列商检徇私舞弊行为之一的，应予立案：(1) 采取伪造、变造的手段对报检的商品的单证、印章、标志、封识、质量认证标志等作虚假的证明或者出具不真实的证明结论的；(2) 将送检的合格商品检验为不合格，或者将不合格商品检验为合格的；(3) 对明知是不合格的商品，不检验而出具合格检验结果的；(4) 其他伪造检验结果应予追究刑事责任的情形。

十三、动植物检疫徇私舞弊罪

第四百一十三条第一款　动植物检疫机关的检疫人员徇私舞弊，伪造检疫结果的，处五年以下有期徒刑或者拘役；造成严重后果的，处五年以上十年以下有期徒刑。

动植物检疫徇私舞弊罪，是指出入境检验检疫机关、检验检疫机构工作人员徇私舞弊，伪造检疫结果的行为。

本罪的行为对象是动植物防疫法中所规定的进出境动植物、动植物产品和其他检疫物。装载动植物、动植物产品和其他检疫物的装载容器、包装物以及来自疫区的运输工具，也应当实施检疫，伪造检疫上述物品的结果，也可能构成本罪。

伪造动植物检疫结果，包括违背客观真实对动植物检疫报告作虚伪记载，或者采取伪造、变造手段对检疫的单证、印章、标志、封识等作虚假的证明或者不真实的结论。伪造行为可能是对没有疫情的动植物虚构疫情，也可能是对有疫情的动植物掩盖其疫情两种情形。

根据《立案标准》，在动植物检疫过程中，有下列徇私舞弊情形之一的，应予立案：(1) 采取伪造、变造的手段对检疫的单证、印章、标志、封识等作虚假的证明或者出具不真实的结论的；(2) 将送检的合格动植物检疫为不合格，或者将不合格动植物检疫为合格的；(3) 对明知是不合格的动植物，不检疫而出具合格检疫结果的；(4) 其他伪造检疫结果应予追究刑事责任的情形。

十四、放纵制售伪劣商品犯罪行为罪

第四百一十四条　对生产、销售伪劣商品犯罪行为负有追究责任的国家机关工作人员，徇私舞弊，不履行法律规定的追究职责，情节严重的，处五年以下有期徒刑或者拘役。

放纵制售伪劣商品犯罪行为罪，指对生产、销售伪劣商品犯罪行为负有追究责任的国家机关工作人员徇私舞弊，不履行法律规定的追究职责，情节严重的行为。

(一) 客观要件

本罪在客观方面表现为徇私舞弊，放纵制售伪劣商品犯罪行为的行为。

放纵，是指因徇私利、徇私情而对已经发现或有人报告的生产、销售伪劣商品犯罪行为不管不问、放任自流，消极地不履行法律规定的追究犯罪行为的职责。本罪是典型的不作为犯，即使是在对发现的生产、销售伪劣商品犯罪给予行政处罚，以代替刑事处罚的场合，也是消极地不履行法律规定的追究犯罪职责，也属于以不作为方式构成本罪的情形。

有权对制售伪劣商品行为进行查处的行政执法机关工作人员在发现案件应当移交司法机关时拒不移交，自然属于对生产、销售伪劣商品犯罪行为负有追究责任的国家机关工作人员放纵制售伪劣商品的行为，同时触犯徇私舞弊不移交刑事案件罪和本罪，应从一重罪处断。

对生产、销售伪劣商品犯罪行为负有追究责任的司法机关工作人员伪造、变造、销毁证据，改变案件事实，徇私舞弊，故意包庇犯罪行为人使其不受追究的，不是单纯实施放纵行为，应以徇私枉法罪论处，而不构成本罪。

徇私舞弊，放纵制售伪劣商品，必须情节严重的，才构成本罪。根据《立案标准》，涉嫌下列情形之一的，应予立案：（1）放纵生产、销售假药或者有毒、有害食品犯罪行为的；(2) 放纵生产、销售伪劣农药、兽药、化肥、种子犯罪行为的；(3) 放纵依法可能判处 3 年有期徒刑以上刑罚的生产、销售伪劣商品犯罪行为的；(4) 对生产、销售伪劣商品犯罪行为不履行追究职责，致使生产、销售伪劣商品犯罪行为得以继续的；(5) 3次以上不履行追究职责，或者对3个以上有生产、销售伪劣商品犯罪行为的单位或者个人不履行追究职责的；(6) 其他情节严重的情形。

本罪的主体是对生产、销售伪劣商品犯罪行为负有追究责任的国家机关工作人员。有人认为：本罪的主体只能是司法机关的工作人员，因为只有这些主体才负有查处、追究生产、销售伪劣商品犯罪的职责；行政执法机关工作人员只有依法移交犯罪的义务而无追究此类犯罪的职责，所以不能成立本罪。但是，这种理解并不正确。对这里的负有追究责任应作广义理解，包括查处行为在内。这样，本罪的主体就包括市场监督管理、质量技术监督管理等行政机关的工作人员，因为这些机关承担着查处、打击生产、销售伪劣商品行为的日常职责。

司法机关工作人员在行政执法机关移送生产、销售伪劣商品犯罪案件时，拒不接收，但不存在徇私枉法、徇情枉法或者故意包庇犯罪分子等情节的，不构成本罪。司法机关工作人员徇私舞弊，不依法履行追究生产、销售伪劣商品犯罪行为的职责的，构成徇私枉法罪与本罪的想象竞合犯。

(二) 主观要件

本罪的主观方面是故意，对放纵的是制售伪劣商品犯罪行为有认识，对自己有追究制售伪劣商品犯罪的职责有认识。

十五、招收公务员、学生徇私舞弊罪

第四百一十八条　国家机关工作人员在招收公务员、学生工作中徇私舞弊，情节严重的，处三年以下有期徒刑或者拘役。

招收公务员、学生徇私舞弊罪，是指国家机关工作人员在招收公务员、省级以上教育行政部门组织的招收学生工作中徇私舞弊，情节严重的行为。

徇私舞弊，是指出于徇私情、徇私利，在招收公务员、学生工作中违背法律、法规规定，弄虚作假，对明知不符合条件的人员予以录取、招收或者对明知是符合条件的人而不予录用的行为。徇私舞弊招收公务员、学生的行为具体表现为：伪造、篡改履历表、体检表；伪造立功受奖记录；私改考卷或者考试分数；将符合条件的人无根据地排挤、让不合格的人入选等。此外，在被招收的公务员、学生都符合录用、录取条件的场合，因收受贿赂而将他人排斥在招收对象之外的，也是徇私舞弊招收公务员、学生。招收的公务员，是指公务员法等法规中确定的在各级行政机关中从事公务的国家工作人员。学生主要是各级全日制在校学生，但又不以此为限。

招收公务员、学生徇私舞弊，情节严重的，才构成犯罪。根据《立案标准》，涉嫌下列情形之一的，应予立案：(1) 徇私舞弊，利用职务便利，伪造、变造人事、户口档案、考试成绩或者其他影响招收工作的有关资料，或者明知是伪造、变造的上述材料而予以认可的；(2) 徇私舞弊，利用职务便利，帮助5名以上考生作弊的；(3) 徇私舞弊招收不合格的公务员、学生3人次以上的；(4) 因徇私舞弊招收不合格的公务员、学生，导致被排挤的合格人员或者其近亲属自杀、自残造成重伤、死亡，或者精神失常的；(5) 因徇私舞弊招收公务员、学生，导致该项招收工作重新进行的；(6) 其他情节严重的情形。

第八章 侵害国家存在的犯罪Ⅰ：危害国家安全罪

第一节 概 述

危害国家安全罪，是指故意危害我国主权、领土完整和安全，分裂国家，颠覆国家政权，推翻社会主义制度的行为。

一、保护法益

本章罪侵害的法益是与国家存在和发展直接相关的国家安全。依据《国家安全法》(2015年) 第 2 条的规定，国家安全，是指国家政权、主权、统一和领土完整、人民福祉、经济社会可持续发展和国家其他重大利益相对处于没有危险和不受内外威胁的状态，以及保障持续安全状态的能力。国家安全不仅仅涉及政治、军事领域，而且国家在经济、金融、文化、科技等诸多方面的安全都属于国家安全范畴。《国家安全法》第二章“维护国家安全的任务”部分对政治安全、国土安全、军事安全、金融安全、文化安全、科技安全等 11 个领域的国家安全任务进行了明确。国家安全被公认为是国家法益的一种，在所有的国家法益中，国家安全最为重要，如果其受到侵犯，统治者的合法性将被动摇，国家的机能就会被削弱，甚至彻底丧失，所以，在各国的立法中对惩治危害国家安全的犯罪都较为重视。《国家安全法》第 15 条第 2 款规定，国家防范、制止和依法惩治任何叛国、分裂国家、煽动叛乱、颠覆或者煽动颠覆人民民主专政政权的行为；防范、制止和依法惩治窃取、泄露国家秘密等危害国家安全的行为；防范、制止和依法惩治境外势力的渗透、破坏、颠覆、分裂活动。刑法分则第一章的相关规定，有利于保障国家安全法的实现。

二、客观要件

本章罪在客观方面表现为危害国家安全的行为。

具体讲，危害国家安全的行为，主要包括颠覆合法政府、窃据国土，非法变更宪法秩序，与外国或国外敌对势力相勾结，甚至通敌卖国，帮助敌方以战争手段入侵我国，泄露国家秘密或者重要情报等。

本章罪的主体多数是一般主体。无论是中国人、外国人还是无国籍人，都可以成为本章罪的主体。但有的犯罪要求主体具有特殊身份，如背叛国家罪、投敌叛变罪的主体仅限于中国公民，叛逃罪的主体仅限于国家机关工作人员或者掌握国家秘密的国家工作人员等。

三、主观要件

本章罪在主观方面是故意，可以是直接故意，也可以是间接故意。过失不构成本章罪。本章罪的犯罪动机可能多种多样，同时，刑法没有明文要求行为人必须有危害国家安全的目的。

第二节　危害国家政权、国家统一罪

一、背叛国家罪

第一百零二条　勾结外国，危害中华人民共和国的主权、领土完整和安全的，处无期徒刑或者十年以上有期徒刑。

与境外机构、组织、个人相勾结，犯前款罪的，依照前款的规定处罚。

背叛国家罪，是指勾结外国或者与境外机构、组织、个人相勾结，危害中华人民共和国的主权、领土完整和安全的行为。

勾结外国，是指同对我国怀有侵略、控制、颠覆等不良用心的外国政府、政党、政治集团、社会势力相勾结。与外国在我国境内设立的分支机构、组织相勾结，实施危害我国主权、领土完整和安全的行为，也是勾结外国。

勾结境外的机构、组织或个人实施背叛国家行为的，也应按照本罪处罚。境外的机构、组织，是指本条第1款所规定的"外国"之外，设立于中国港、澳、台地区，敌视中国内地的机构、组织。个人，是指对我国怀有敌意的少数境外的个人。勾结外国，包括与境外机构、组织、个人共同策划或者进行危害国家安全的活动，或者接受境外机构、组织、个人的资助或者指使，进行危害国家安全的活动，以及与境外机构、组织、个人建立联系，取得支持、帮助，进行危害国家安全、背叛国家的活动。关于勾结的具体方式，法律未作限制，既包括秘密接触、信电往来，也包括以其他方式进行通谋、商议、策划等；既可能是境外机构、组织、个人主动与背叛国家者联络，也可能是行为人主动与境外机构、组织、个人挂钩联系，如签订出卖国家主权的卖国条约、与外国通谋策划对我国发动侵略战争、在我国组织傀儡政权以及进行颠覆活动等。

刑法不处罚阴谋犯。只有内心图谋，没有行动的，不构成本罪。也即勾结外国或与境外机构、组织、个人相勾结，秘密筹划或实施危害国家主权、领土完整和安全的活动，对国家安全有威胁的，才可能成立本罪。

由于普通公民难以实施本罪，所以，本罪的主体多为窃据我国党、政、军机关要职，掌握重要权力或具有相当社会地位和政治影响的人。

关于本罪处罚的其他规定：依据刑法第113条的规定，犯本罪，对国家和人民危害特别严重、情节特别恶劣的，可以判处死刑。犯本罪的，可以并处没收财产。

二、分裂国家罪

第一百零三条第一款　组织、策划、实施分裂国家、破坏国家统一的，对首要分子或者罪行重大的，处无期徒刑或者十年以上有期徒刑；对积极参加的，处三年以上十年以下有期徒刑；对其他参加的，处三年以下有期徒刑、拘役、管制或者剥夺政治权利。

分裂国家罪，是指组织、策划、实施分裂国家、破坏国家统一的行为。

分裂国家、破坏国家统一的行为一般表现为挑拨民族关系，制造民族矛盾，破坏各民族的团结和国家统一；实行少数民族地方割据，建立反对中央人民政府的统治机构；采取多种措施抗拒中央人民政府对少数民族的统一领导等。

刑法处罚的是组织、策划、积极实施分裂国家、破坏国家统一的行为。组织，是指建立、领导分裂国家的犯罪集团，指挥犯罪活动，指挥实施犯罪活动等。组织行为的具体手段包括招募、雇佣、强迫、引诱、纠集等控制多人参加分裂国家、破坏国家统一的活动。策划，是指幕后谋划，制订分裂国家、破坏国家统一的犯罪活动计划，制定应付国家专政工具的对策等。实施，是指直接贯彻犯罪活动计划，具体着手实行分裂国家的行为。

本罪是必要共同犯罪，犯罪主体包括首要分子、罪行重大者、积极参加者和其他参加者。犯罪行为主要是在具有重要政治地位和重大社会影响的首要分子的组织、策划、指挥下，由罪行重大者、积极参加者以及其他参加者实施。

关于本罪处罚的其他规定：根据刑法第106条的规定，与境外机构、组织、个人相勾结，实施本罪的，从重处罚。根据刑法第113条的规定，犯本罪，对国家和人民危害特别严重、情节特别恶劣的，可以判处死刑。犯本罪的，可以并处没收财产。

三、煽动分裂国家罪

第一百零三条第二款　煽动分裂国家、破坏国家统一的，处五年以下有期徒刑、拘役、管制或者剥夺政治权利；首要分子或者罪行重大的，处五年以上有期徒刑。

煽动分裂国家罪，是指煽动分裂国家、破坏国家统一的行为。

煽动，是指以鼓动性、刺激性言词或文字，蛊惑人心，怂恿、引诱、激励他人实施分裂国家、破坏国家统一的行为。我国刑法中规定了不少煽动型罪名，这些煽动行为应当具有以下特征：(1) 内容的非法性。行为人必须通过煽动行为，使不特定或者多数人产生实施非法行为的意思，或者刺激、助长他人将要实施、正在实施的非法行为。例如，煽动他人实施分裂国家、颠覆国家政权，煽动民族仇恨、挑拨民族关系、制造民族矛盾，或者直接煽动军人逃离部队等，都属于煽动非法行为。(2) 形式多样性，包括造谣、诽谤或者其他方式，如书写分裂国家的标语、散发传单、发表分裂国家的言论、播放鼓动民族分裂的录音录像等。在实务中，明知出版物中载有煽动分裂国家、破坏国家统一的内容，而予以出版、印刷、复制、发行、传播的，是煽动分裂国家行为；利用邪教组织，利用突发传染病疫情等灾害，制造、传播谣言，煽动分裂国家、破坏国家统一的，可以构成本罪。(3) 紧迫危险性。煽动的外在形式是发表言论，其行为仅有可能产生危险的，还不足以成为煽动行为，只有当煽动行为具有明显的、紧迫的危险时，才属于刑法上的煽动行为，因为要求构成要件行为是能够制造法益风险的行为。煽动行为是刑法分则规定的构成要件行为，那么，不是发表鼓动性、激励性的言论，而是单纯描述某种事实的，即使可能引起他人的非法行为，也不是煽动；如果发表某种并非善意的言论，但没有产生被煽动者由此去实施非法行为的紧迫危险的，也不符合构成要件行为的特征。(4) 行为的公开性，即煽动行为必须针对不特定或者多数人实施。煽动要公开实施，只要行为人实施了煽动行为，即使被煽动对象没有接受煽动内容，并未着手从事分裂国家、破坏国家统一的活动，本罪既遂的成立并不影响。不是煽动，而只是鼓动、怂恿特定个人或少数人实施分裂国家行为的，不构成煽动分裂国家罪，而是分裂国家罪的教唆犯。

行为人具有故意与不法目的。我国刑法所规定的由煽动行为构成的犯罪，均只能出于故意。不仅如此，由于言论自由具有宪法价值，所以，当行为人出于正当目的，就公共事务发表言论时，不得以犯罪论处。

关于本罪处罚时的其他规定：根据刑法第106条的规定，与境外机构、组织、个人相勾结，实施本罪的，从重处罚。根据刑法第113条第2款的规定，犯本罪的，可以并处没收财产。

四、武装叛乱、暴乱罪

第一百零四条 组织、策划、实施武装叛乱或者武装暴乱的，对首要分子或者罪行重大的，处无期徒刑或者十年以上有期徒刑；对积极参加的，处三年以上十年以下有期徒刑；对其他参加的，处三年以下有期徒刑、拘役、管制或者剥夺政治权利。

策动、胁迫、勾引、收买国家机关工作人员、武装部队人员、人民警察、民兵进行武装叛乱或者武装暴乱的，依照前款的规定从重处罚。

武装叛乱、暴乱罪，是指组织、策划、实施武装叛乱、武装暴乱的行为。

武装，是指使用一切足以杀伤人身或毁坏财物的工具，既包括使用各种军用的枪支弹药、爆炸物，也包括使用非军用的枪支弹药、爆炸物以及刀、棍、剑等器具。叛乱，是指为"叛"而"乱"，即为背叛国家、投奔敌人而勾结国外、境外势力袭击国家机关或公众，制造混乱、骚乱的行为。暴乱，是指集合多人，用暴力方式实施的破坏社会秩序但最终指向国家安全的行为。

叛乱和暴乱区分的大致标准是：叛乱有与国外、境外的敌对势力相勾结，借助于外在的精神力量壮胆或者物质支援增强实力的因素，还有叛变之后或者投奔境外的性质。而暴乱只是境内暴乱分子集结在一起实施烧杀抢夺等破坏行为。当然，武装暴乱、武装叛乱大多纠结在一起，难以区分。

以武装叛乱、暴乱方式分裂国家、破坏国家统一的，因本罪和分裂国家罪之间有想象竞合关系，应从一重罪处断，一般以目的行为即分裂国家罪定罪处罚。

在武装叛乱、暴乱过程中，为对抗政府当局的镇压、追剿而实施杀人、伤害、放火、爆炸、抢劫等行为的，后续行为可被视作武装叛乱、暴乱实行行为中的当然部分，以武装叛乱、暴乱对国家和人民危害特别严重、情节特别恶劣的情形加以处理，杀人、伤害、放火、爆炸、抢劫等行为被武装叛乱、暴乱罪吸收，不再被定罪。但是，在实施暴乱、叛乱过程中针对普通居民实施杀人、放火、抢劫、强奸等残虐行为、掠夺行为的，与实现危害国家安全的政治目的没有关联性，是乘混乱之机实施与危害国家安全无关的侵犯公民人身权利的行为，不能被武装叛乱、暴乱罪吸收，应以武装叛乱、暴乱罪与杀人等罪并罚。

关于本罪处罚的其他规定：根据刑法第106条的规定，与境外机构、组织、个人相勾结，实施本罪的，从重处罚。根据刑法第113条的规定，犯本罪，对国家和人民危害特别严重、情节特别恶劣的，可以判处死刑。犯本罪的，可以并处没收财产。

五、颠覆国家政权罪

第一百零五条第一款 组织、策划、实施颠覆国家政权、推翻社会主义制度的，对首要分子或者罪行重大的，处无期徒刑或者十年以上有期徒刑；对积极参加的，处三年以上十年以下有期徒刑；对其他参加的，处三年以下有期徒刑、拘役、管制或者剥夺政治权利。

颠覆国家政权罪，是指组织、策划、实施颠覆国家政权，推翻社会主义制度的行为。

组织、策划、实施颠覆国家政权的行为都是试图通过不法手段改变国家的基本统治结构、统治组织形态，使合法政权被篡改、替代的行为。国家政权，是指我国的国家政权组织，不仅指中央国家政权组织，也包括地方各级政权组织。组织颠覆国家政权，是指有目的、有计划地挑选、收集人员，形成有机整体，例如，拉帮结派，形成颠覆国家政权的犯罪集团，为犯罪集团选定领导者、指挥拟订颠覆政权计划、指挥实施颠覆政权行动等，其使颠覆国家政权的行动具有整体性。策划颠覆国家政权，是指密谋计划，例如，幕后密谋策划改变政权性质、制定躲避法律惩处的对策等。实施颠覆国家政权，是指实际着手实行颠覆国家政权的行为，例如，直接遵照反动集团组织者的领导，贯彻执行颠覆政权、改变政权性质的计划等。颠覆、推翻国家政权的方式多种多样，行为是公开还是秘密实施、是以暴力还是以和平演变手段实施，都在所不问。

颠覆国家政权行为一旦实施，就具有危害国家安全的性质。但是，本罪并不是着手实施就既遂。颠覆行为着手实施但迅速被镇压的，是本罪未遂。着手实施，造成某一地域的政权、平稳性受到相当程度的破坏（但未被彻底破坏的），也是本罪既遂。从理论上讲，颠覆一个国家政权的行为如果最终得逞，就不再存在犯罪既遂的问题。因为此时，原来的国家政权结构、国家秩序都完全改变，颠覆行为成为导致全新法律秩序产生且具有正当性的行动，所以，任何国家的刑法都只能对最终失败的颠覆现政权行为加以惩处。在这个意义上，可以说颠覆国家政权罪是最为典型的政治犯。

关于本罪处罚的其他规定：根据刑法第 106 条的规定，与境外机构、组织、个人相勾结，实施本罪的，从重处罚。根据刑法第 113 条第 2 款的规定，犯本罪的，可以并处没收财产。

六、煽动颠覆国家政权罪

第一百零五条第二款　以造谣、诽谤或者其他方式煽动颠覆国家政权、推翻社会主义制度的，处五年以下有期徒刑、拘役、管制或者剥夺政治权利；首要分子或者罪行重大的，处五年以上有期徒刑。

煽动颠覆国家政权罪，是指以造谣、诽谤或者其他方式煽动颠覆国家政权、推翻社会主义制度的行为。

煽动，是指鼓动、怂恿他人颠覆国家政权，其方式是多种多样的，法律将其规定为造谣、诽谤或其他方式。造谣，是指制造政治谣言迷惑公众。诽谤，是指捏造政治事实并加以散布。其他方式包括发表颠覆国家政权的演讲，张贴、散发标语、传单、大字报、小字报以及投寄煽动颠覆国家政权的材料等。在实务中，明知出版物中载有煽动颠覆国家政权的内容，而予以出版、印刷、复制、发行、传播；利用邪教组织，利用突发传染病疫情等灾害，制造、传播谣言，煽动颠覆国家政权的，均可以构成本罪。煽动颠覆国家政权罪中被煽动人是否实际着手实施颠覆国家政权的行为，不影响本罪既遂的成立。

关于本罪处罚的其他规定：根据刑法第 106 条的规定，与境外机构、组织、个人相勾结，实施本罪的，从重处罚。根据刑法第 113 条第 2 款的规定，犯本罪的，可以并处没收财产。

七、资助危害国家安全犯罪活动罪

第一百零七条①　境内外机构、组织或者个人资助实施本章第一百零二条、第一百零三条、第一百零四条、第一百零五条规定之罪的，对直接责任人员，处五年以下有期徒刑、拘役、管制或者剥夺政治权利；情节严重的，处五年以上有期徒刑。

① 本条为《刑法修正案（八）》第 20 条所修改。原条文将本罪的资助对象限定为“境内组织或者个人”。

资助危害国家安全犯罪活动罪，是指境内外机构、组织或者个人资助实施特定危害国家安全犯罪的行为。

资助，是指从物质方面予以帮助，使相关组织或者个人危害国家安全的行为能够实施或者得到维持；包括提供活动经费、场所，还包括用有使用价值的物资予以帮助，例如，提供进行颠覆、破坏活动所需的各种设备、武器弹药和通讯、联络设施等。不是提供物质帮助，而仅仅给予精神、道义或舆论支援的，不属于本罪中的资助，不构成犯罪。提供直接的武装介入，或者到现场传授武器使用方法，以帮助他人实施危害国家安全犯罪的，成立相应犯罪的共犯。

从资助提供者角度看，资助提供者包括境内机构、组织或者个人，也包括境外机构、组织或者个人。这里的境外机构、组织，包括境外机构、组织在中华人民共和国境内设立的分支（代表）机构和分支组织；境外个人，包括居住在中华人民共和国境内不具有中华人民共和国国籍的人。从资助的对象上看，无论接受资助者是境内组织、个人还是境外组织、个人，资助者的行为都可以构成本罪；无论接受资助者危害国家安全的行为是处于预备、未遂还是既遂阶段，都不影响资助者的行为成立本罪。

从资助的范围来看，受资助者必须是正在实施背叛国家罪、分裂国家罪、煽动分裂国家罪，武装叛乱，暴乱罪，颠覆国家政权罪、煽动颠覆国家政权罪等特定犯罪行为的人。明知他人从事投敌叛变罪、叛逃罪、间谍罪等危害国家安全的犯罪活动而给予物质资助的，不成立本罪，但是可能构成相应危害国家安全罪的帮助犯。

关于本罪处罚的其他规定：根据刑法第 113 条第 2 款的规定，犯本罪的，可以并处没收财产。

第三节　叛变、叛逃罪

一、投敌叛变罪

> 第一百零八条　投敌叛变的，处三年以上十年以下有期徒刑；情节严重或者带领武装部队人员、人民警察、民兵投敌叛变的，处十年以上有期徒刑或者无期徒刑。

投敌叛变罪，是指中国公民投靠敌方营垒，进行危害国家安全的活动，或者在被捕、被俘后投降敌人，进行危害国家活动的行为。

投敌叛变行为包括投敌和叛变两个环节。投敌的形式多种多样，既可以是主动投向敌方营垒，为敌人效力；也可以是被捕、被俘后投降敌人；还可以是身在革命营垒之内，暗地里加入敌人营垒，或者带领武装部队人员、人民警察、民兵投奔敌人，进行危害国家安全活动的行为。既可以是投奔敌对势力控制区域，也可以是投靠敌对国家的外交使领馆；既可以是单个人投敌，也可以是率众投敌。叛变，是指在成为国内外敌对势力成员之后，在该势力的操纵、指挥下进行危害我国国家安全和利益的行为。国内外敌对势力，既包括与我国处于交战状态下的敌对国家、敌对地区，也包括对我国怀有敌意的各种机构、组织、阵营。

投敌叛变后又向敌人提供情报或者参加间谍组织，实施危害国家安全活动的，属于投敌后实施具体叛变行为，只成立本罪，而不应与间谍罪并罚。

关于本罪处罚的其他规定：根据刑法第 113 条的规定，犯本罪，对国家和人民危害特别严重、情节特别恶劣的，可以判处死刑。犯本罪的，可以并处没收财产。

二、叛逃罪

第一百零九条① 国家机关工作人员在履行公务期间，擅离岗位，叛逃境外或者在境外叛逃的，处五年以下有期徒刑、拘役、管制或者剥夺政治权利；情节严重的，处五年以上十年以下有期徒刑。

掌握国家秘密的国家工作人员叛逃境外或者在境外叛逃的，依照前款的规定从重处罚。

叛逃罪，是指国家机关工作人员、掌握国家秘密的国家工作人员在履行公务期间擅离岗位，叛逃境外，或者在境外叛逃的行为。

本罪在客观方面表现为在履行公务期间擅离岗位叛逃的行为。在履行公务期间，是指依照法律规定或授权担任职务，并按照权限行使职务、行政管理职能的期间。履行的公务只要是属于依法或依特别授权、委派的公务均可。擅离岗位，是指未向有权批准的机关或人员报告，或者虽已报告却未得到批准，或者未得到有权机关或人员的决定、命令，而私自脱离其所在工作岗位的行为。国家机关工作人员随团出访外国时出走，逾期不归，或者驻外使领馆人员在任时出走，逾期不归等，都是擅离工作岗位。

叛逃，是指背叛国家、逃奔国外或境外的行为，既包括擅自离开国内的工作岗位向国外、境外叛逃，也包括直接在国外的工作岗位向境外或国外的机构、组织叛逃，如从我国驻外使馆领馆、办事机构叛逃等。叛逃行为无论是主动实施，还是在国外机构、组织的要求、胁迫下被动实施，都不影响本罪成立。

不是单纯地叛逃，而是投奔敌方并进行危害国家安全的犯罪活动的，构成投敌叛变罪，而不成立本罪。

本罪的主体是特殊主体，即国家机关工作人员或者掌握国家秘密的国家工作人员。掌握国家秘密的国家工作人员叛逃境外或者在境外叛逃的，以本罪从重处罚。

关于本罪处罚的其他规定：根据刑法第 113 条第 2 款的规定，犯本罪的，可以并处没收财产。

第四节 间谍、资敌罪

一、间谍罪

第一百一十条 有下列间谍行为之一，危害国家安全的，处十年以上有期徒刑或者无期徒刑；情节较轻的，处三年以上十年以下有期徒刑：

（一）参加间谍组织或者接受间谍组织及其代理人的任务的；

（二）为敌人指示轰击目标的。

间谍罪，是指参加间谍组织，接受间谍组织及其代理人的任务，或者为敌人指示轰击目标，危害国家安全的行为。

（一）客观要件

本罪在客观方面表现为从事间谍活动，危害国家安全的行为。

---

① 本条为《刑法修正案（八）》第 21 条所修改。删除原条文第 1 款中“危害中华人民共和国国家安全”的规定，并将原条文第 2 款“掌握国家秘密的国家工作人员犯前款罪”修改为“掌握国家秘密的国家工作人员叛逃境外或者在境外叛逃”。

我国《反间谍法》(2014 年) 第 38 条规定，本法所称间谍行为，是指下列行为：(1) 间谍组织及其代理人实施或者指使、资助他人实施，或者境内外机构、组织、个人与其相勾结实施的危害中华人民共和国国家安全的活动；(2) 参加间谍组织或者接受间谍组织及其代理人的任务的；(3) 间谍组织及其代理人以外的其他境外机构、组织、个人实施或者指使、资助他人实施，或者境内机构、组织、个人与其相勾结实施的窃取、刺探、收买或者非法提供国家秘密或者情报，或者策动、引诱、收买国家工作人员叛变的活动；(4) 为敌人指示攻击目标的；(5) 进行其他间谍活动的。本罪只处罚《反间谍法》中规定的部分间谍活动，包括参加间谍组织或者接受间谍组织及其代理人的任务，以及为敌人指示轰击目标两种情形。

参加间谍组织是指通过履行一定的手续加入间谍组织，成为其成员的行为。接受间谍组织及其代理人的任务，是指接受间谍组织及其代理人的指派、委托，从事危害我国国家安全的活动。间谍组织，是指外国政府或者境外敌对势力建立的专事收集情报或者利用收集的情报对他国进行颠覆、破坏的组织。间谍组织代理人，是指受间谍组织或者其成员的指使、委托、资助，进行或者授意、指使他人进行危害我国国家安全的活动的人。间谍组织和间谍组织代理人由国务院国家安全主管部门确认。接受间谍组织及其代理人的任务，不以参加间谍组织为前提，未参加间谍组织，但接受了有关任务的，也构成本罪。

“为敌人指示轰击目标”中的敌人，是指处于军事及政治对抗状态下的敌对方国家或地区，也包括敌视我国政权和社会制度的敌对势力营垒和敌对组织；轰击目标，是指任何不为敌对势力所知晓且具有战略价值的军事设施、阵地或其他目的物。为敌对势力指示轰击目标，包括采取信件、传真、电话、电报等间接方式，也包括径直去敌对阵营中告知等直接方式。为敌人指示轰击目标不以参加间谍组织和接受间谍活动任务为前提。只要事实上为敌对势力指示了轰击目标的，即可构成本罪。

犯本罪，又实施颠覆政府、分裂国家等其他危害国家安全的犯罪活动的，以及国家机关工作人员叛逃后又参加间谍组织或者接受间谍任务的，应当数罪并罚。

（二）主观要件

本罪在主观方面是故意。因被诱骗而将间谍组织误认为一般的文化交流机构，参加该组织后并未实际从事危害国家安全的活动的，或者在间谍组织中从事一般勤杂事务，但并不明知该组织的性质的，都不具有本罪的故意。

（三）其他处罚规定

根据刑法第 113 条的规定，犯本罪，对国家和人民危害特别严重、情节特别恶劣的，可以判处死刑。犯本罪的，可以并处没收财产。

二、为境外窃取、刺探、收买、非法提供国家秘密、情报罪

> 第一百一十一条　为境外的机构、组织、人员窃取、刺探、收买、非法提供国家秘密或者情报的，处五年以上十年以下有期徒刑；情节特别严重的，处十年以上有期徒刑或者无期徒刑；情节较轻的，处五年以下有期徒刑、拘役、管制或者剥夺政治权利。

为境外窃取、刺探、收买、非法提供国家秘密、情报罪，是指为境外机构、组织、人员窃取、刺探、收买、非法提供国家秘密或者情报的行为。

窃取，是指用盗窃手段获取国家秘密文件、资料的行为，包括：直接窃取国家秘密文件；用计算机窃取国家秘密或情报；采取照相的方式窃取国家秘密或情报；通过电磁波窃取国家秘密或情报等。刺探，是指采取探听、侦察等方式获取国家秘密或情报。探听方式包括：利用与

知晓国家秘密、情报者的特殊关系或其他社会关系，向其探问国家秘密、情报；利用公开合法形式，如贸易洽谈会、学术交流会等探听国家秘密、情报。侦察方式主要有使用窃听、电子监控、远红外扫描等高科技手段获取国家秘密、情报。收买，是指利用色情引诱、金钱腐蚀向有关个人渗透等方式获取国家秘密或情报。非法提供，是指掌握或因职务行为知晓国家秘密、情报者违反法律规定，未经有关部门批准，擅自向境外机构、组织、个人提供国家秘密、情报。在对外合作中经国家有关部门审批，有限度地公开某些国家秘密，与合作方互换、交流情报、资料的，是合法的执行职务行为，不是非法提供。

为境外窃取、刺探、收买、非法提供的是国家秘密和情报。国家秘密，是指关系国家的安全和利益，依照法定程序确定，在一定时间内只限一定范围的人员知悉的事项。国家秘密分为绝密、机密、秘密三级。情报，是指除国家秘密以外，关系国家安全和利益，尚未公开或者不应公开，对境外机构、组织、人员有利用价值并可能对我国国家安全造成重大危害的信息、情况与资料等。

通过互联网将国家秘密或者情报非法发送给境外的特定机构、组织、个人的，构成本罪。但是将国家秘密通过互联网予以公开发布的，应依照故意泄露国家秘密罪定罪处罚。

参加间谍组织，或者接受间谍组织及其代理人的任务，为该组织窃取、刺探、收买、非法提供国家秘密或情报的，属于完成间谍组织任务的行为，为间谍罪所包容，只构成间谍罪，而不应与本罪并罚。

关于本罪处罚的其他规定：根据刑法第 113 条的规定，犯本罪，对国家和人民危害特别严重、情节特别恶劣的，可以判处死刑。犯本罪的，可以并处没收财产。

三、资敌罪

第一百一十二条　战时供给敌人武器装备、军用物资资敌的，处十年以上有期徒刑或者无期徒刑；情节较轻的，处三年以上十年以下有期徒刑。

资敌罪，是指战时供给敌人武器装备、军用物资资助敌方的行为。

资敌，是指供给敌人武器装备、军用物资的行为。敌人，不是指个别敌对分子，而是指与我方交战、带有军事性质的武装力量。武器装备，是指直接用于杀伤敌人的武器和军事技术装备。军用物资，是指供敌人作战、训练、施工、科研、后勤保障等使用的物资，如车船、油料、药品、建材、器材及军用设施、工程材料等。资敌行为是有偿提供还是无偿供给，是直接供给还是通过第三方转交，都对成立犯罪没有影响。

本罪必须发生在战时，战时是指国家宣布进入战争状态、部队受领作战任务或者遭敌突然袭击时。部队执行戒严任务或者处置突发性暴力事件时，以战时论。在非战时为敌对势力提供武器装备、军用物资的，不构成本罪，但有成立投敌叛变等罪的可能。

关于本罪处罚的其他规定：根据刑法第 113 条的规定，犯本罪，对国家和人民危害特别严重、情节特别恶劣的，可以判处死刑。犯本罪的，可以并处没收财产。

第九章 侵害国家存在的犯罪Ⅱ：危害国防利益罪

第一节 概 述

危害国防利益罪，是指个人或单位违反国防法律、法规，拒不履行国防义务或以其他形式危害国防利益，依法应当受到刑罚处罚的行为。

一、保护法益

本章罪侵害的法益是国防利益。国防利益，是指国家为了抵御外国侵略，制止武装叛乱，维护国家统一和领土主权的完整而进行的军事活动及其利益，包括国防基础设施建设、军事行动、国防教育及其管理、武装力量建设等各方面的利益。国防利益由于直接关系到国家的生存与安全，是国家法益的一种，理应成为刑法的保护对象，并在刑法保护体系中具有举足轻重的地位。

二、客观要件

本章罪在客观方面表现为违反国防法律、法规，危害军事行动，危害国防基础设施和国防建设，妨害部队管理秩序或采取其他形式危害国防利益的行为。

这里的违反国防法律、法规，主要是违反国防法、兵役法、军事设施保护法、预备役军官法、人民防空法、征兵工作条例、军工产品质量管理条例等。

行为人实施的危害国防利益的行为，包括危害作战或军事行动，破坏国防基础设施和国防建设，妨害部队的正常管理秩序，损害部队声誉以及其他危害国防利益的行为。

本章罪的主体是一般主体，即已满16周岁、具有刑事责任能力的人。行为人一般不具有军人身份。但是，有少数犯罪，军人也可能构成。例如，一般部门的军人冒充要害部门的军人也可能对国防利益有侵害，其可以成为冒充军人招摇撞骗罪的主体。

三、主观要件

本章罪在主观方面多为故意，而且通常是直接故意，因为绝大多数犯罪都是在明知自己的行为会危害国防利益的情况下实施的。但是，有个别犯罪，如过失提供不合格武器装备、军事设施罪，只能由过失构成。

第二节 妨害军事行动罪

一、阻碍军事行动罪

第三百六十八条第二款　故意阻碍武装部队军事行动，造成严重后果的，处五年以下有期徒刑或者拘役。

阻碍军事行动罪，是指故意阻碍武装部队军事行动，造成严重后果的行为。

阻碍，是指阻挠和妨碍。其可能以暴力、威胁方式实施，例如，围攻、殴打、投掷石块、燃烧瓶、抢劫或公然破坏军用车辆等；也可能使用非暴力对抗方式实施，例如，躺卧、静坐，设置障碍、污染军事行动区域饮用水源、煽动群众围堵、阻止部队通过等。

这里的军事行动包括作战、构筑军事设施、军事演习、训练及其他军事行动，以及为实施上述行动而进行的准备活动等。

阻碍军事行动，造成严重后果的，才构成本罪。造成严重后果，是指在和平时期使部队不能完成重要军事演习，造成重大政治影响或者造成重大军事任务不能完成，从而给部队或国家造成重大损失。在战争时期影响战役和战斗行动，并导致战役、战斗失利或造成部队伤亡、武器装备的严重损坏，或贻误重要战机等。

二、战时拒绝、逃避征召、军事训练罪

第三百七十六条第一款　预备役人员战时拒绝、逃避征召或者军事训练，情节严重的，处三年以下有期徒刑或者拘役。

战时拒绝、逃避征召、军事训练罪，是指预备役人员战时拒绝、逃避征召或者军事训练，情节严重的行为。

拒绝，是指不接受或者接到征召、军事训练通知后拒不报到。逃避，是指采用各种手段故意躲开，如假装有病，故意外出不归、藏匿等。征召，是指兵役机关依法向预备役人员发出通知，要求其按规定时间和地点报到，准备服现役。军事训练，是指预备役人员进行军事理论教育和作战技能的训练活动。

预备役人员拒绝、逃避征召、军事训练有以下几种表现形式：(1) 已达到法定年龄的预备役人员不按兵役机关的安排进行兵役登记。(2) 在征集期间，预备役人员未按兵役机关的通知，按时到指定地区进行体检。(3) 预备役人员不履行军事训练的义务，如不按时参加军事训练，拒绝参加军事训练等。

拒绝、逃避征召、军事训练必须情节严重的，才构成本罪。情节严重，是指以暴力方法抗拒征召或者军事训练的；煽动他人抗拒征召或者军事训练的；因拒绝、逃避征召或军事训练影响军事任务完成，产生恶劣影响的；经多次教育仍拒绝、逃避征召或军事训练的；多人伙同他人拒绝、逃避征召或军事训练的。

三、战时拒绝、逃避服役罪

第三百七十六条第二款　公民战时拒绝、逃避服役，情节严重的，处二年以下有期徒刑或者拘役。

战时拒绝、逃避服役罪，是指公民战时拒绝、逃避服役，情节严重的行为。

拒绝，是指拒不接受服役，具体表现为拒绝进行兵役登记，拒绝进行兵役体检，拒绝到武装部队或指定地点报到等。逃避，是指有意躲避，如装作生病、出远门，甚至藏匿起来不去参加兵役登记、体检或者到有关指定地点报到等。这里的服役，是指服兵役，包括服现役和服预备役。

四、战时故意提供虚假敌情罪

第三百七十七条　战时故意向武装部队提供虚假敌情，造成严重后果的，处三年以上十年以下有期徒刑；造成特别严重后果的，处十年以上有期徒刑或者无期徒刑。

战时故意提供虚假敌情罪，是指在战时，明知是虚假的敌情而故意向武装部队提供，造成严重后果的行为。

虚假敌情，是指与真实情况不相符合的与敌军有关的军事情报，包括虚假的地方军事、政治、经济、科学技术、地理等方面的情况。其既可以是凭空捏造的，也可以是经过夸大或缩小的事实。

战时投敌叛变后，又接受敌人的派遣回到国内进行犯罪活动，故意向武装部队提供虚假敌情，造成严重后果的，应按投敌叛变罪和战时故意提供虚假敌情罪并罚。

五、战时造谣扰乱军心罪

第三百七十八条　战时造谣惑众，扰乱军心的，处三年以下有期徒刑、拘役或者管制；情节严重的，处三年以上十年以下有期徒刑。

战时造谣扰乱军心罪，是指战时造谣惑众，扰乱军心的行为。

造谣惑众，是指制造谣言并予以散布，蛊惑官兵，或煽动怯战、厌战情绪，扰乱军人心理。构成本罪，并不需要其行为已实际产生扰乱军心的效果。

造谣惑众，是指行为人故意制造或者宣扬、散布虚构的对我军作战不利的情况和信息。通常表现为：夸大敌方散布的所谓战绩、战况、优俘政策、受降条件；编造我军失利或伤亡惨重的信息等。扰乱军心，是指通过制造、散布对我军不利的虚假信息来打击我军士气，意图使我军指战员产生厌战、怯战情绪，从而破坏我军的战斗力。

为达到扰乱军心的目的，故意将一些重要的军事机密，如我军的伤亡数字、战役失利、军需供应困难、敌军增加援兵等大肆宣扬和扩散，极大地影响了部队的士气，扰乱了部队的军心的，由于宣扬、散布的不是虚构的事实，并非造谣惑众，所以不宜按战时造谣扰乱军心罪处理，而应以故意泄露军事秘密罪或故意泄露国家秘密罪定罪处罚。

参加间谍组织或接受间谍组织及其代理人的任务，以间谍的身份在战时实施造谣惑众，扰乱军心行为的，属于牵连犯，应从一重处断。战时投降敌人后，又接受敌人的派遣到我方制造谣言、散布、宣扬虚构的对我军不利的信息，意图扰乱我军军心的，则应以投敌叛变罪和战时造谣扰乱军心罪并罚。

六、战时拒绝、故意延误军事订货罪

第三百八十条　战时拒绝或者故意延误军事订货，情节严重的，对单位判处罚金，并对其直接负责的主管人员和其他直接责任人员，处五年以下有期徒刑或者拘役；造成严重后果的，处五年以上有期徒刑。

战时拒绝、故意延误军事订货罪，是指战时拒绝、故意延误军事订货，情节严重的行为。

拒绝，是指无正当理由拒不接受军事订货。延误，是指违反合同约定，延期交付军事订货。军事订货，是指军事单位根据国防需要，采用协议或者合同的方式向军工部门或者其他经济部门订购武器装备和其他军用物资的行为。拒绝军事订货，包括以时间、原料、设备、人力、资金不足、技术达不到等借口，不接受或抗拒军事订货等。

七、战时拒绝军事征收、征用罪

第三百八十一条① 战时拒绝军事征收、征用，情节严重的，处三年以下有期徒刑或者拘役。

战时拒绝军事征收、征用罪，是指战时拒绝军事征收、征用，情节严重的行为。

拒绝，是指有条件、有能力提供调用或征购的物资、车辆和设备、设施等而拒不提供。军事征收、征用，是指国家和武装部队在战时根据实际需要，对有关机关、团体和企业、事业单位以及公民个人的物资、设施和设备等进行征收、强行调用或征购。

拒绝军事征收、征用行为，必须情节严重的，才构成本罪。根据最高人民检察院、公安部《关于公安机关管辖的刑事案件立案追诉标准的规定（一）的补充规定》（2017 年 4 月 27 日）第 16 条的规定，战时拒绝军事征收、征用，涉嫌下列情形之一的，应予立案追诉：（1）无正当理由拒绝军事征收、征用 3 次以上的；（2）采取暴力、威胁、欺骗等手段拒绝军事征收、征用的；（3）联络、煽动他人共同拒绝军事征收、征用的；（4）拒绝重要军事征收、征用，影响重要军事任务完成的；（5）其他情节严重的情形。

第三节 侵害军事设施、场所、装备罪

一、破坏武器装备、军事设施、军事通信罪

第三百六十九条第一款 破坏武器装备、军事设施、军事通信的，处三年以下有期徒刑、拘役或者管制；破坏重要武器装备、军事设施、军事通信的，处三年以上十年以下有期徒刑；情节特别严重的，处十年以上有期徒刑、无期徒刑或者死刑。

第三款 战时犯前两款罪的，从重处罚。

破坏武器装备、军事设施、军事通信罪，是指故意破坏武器装备、军事设施、军事通信的行为。

破坏，是指损坏武器装备、军事设施、军事通信，使其丧失部分或者全部功能。常见的破坏方法包括：使用危险手段，如爆炸、放火、决水、投毒、散布放射性物质等；利用一定技术手段，如安装或拆卸能使武器装备、军事设施、军事通信失去效能的器材等；其他手段，如摧毁、损毁、砸毁等。

本罪的行为对象仅限于武器装备、军事设施、军事通信。武器装备，是指武装部队直接用于实施和保障作战行动的武器、武器系统和军事技术器材的统称。军事设施，是指国家直接用于军事目的的建筑、场地和设备。军事通信，是指军队运用各种通信手段，为实施指挥、武器控制而进行的信息传递。本罪为选择性罪名，实践中应结合被实际破坏的对象确定罪名。

因盗窃军事设施上的零部件或某些材料而造成该军事设施严重毁损甚至报废，构成盗窃罪和破坏军事设施罪的牵连犯。采用破坏武器装备、军事设施、军事通信的方法阻碍武装部队军事行动的，构成破坏武器装备、军事设施、军事通信罪与阻碍军事行动罪的想象竞合犯，应从一重罪处断。

---

① 根据全国人大常委会《关于修改部分法律的决定》（2009 年 8 月 27 日），刑法第 381 条中的“征用”修改为“征收、征用”。

采用删除、修改、增加、干扰军用计算机信息系统功能的方法破坏武器装备、军事设施或军事通信的，本罪和破坏计算机信息系统罪之间有法条竞合关系，本罪是特别法条。

建设、施工单位直接负责的主管人员、施工管理人员，明知是军事通信线路、设备而指使、强令、纵容他人予以损毁的，或者不听管护人员劝阻，指使、强令、纵容他人违章作业，造成军事通信线路、设备损毁的，以破坏军事通信罪定罪处罚。

违反国家规定，侵入国防建设、尖端科学技术领域的军事通信计算机信息系统，尚未对军事通信造成破坏的，依照非法侵入计算机信息系统罪定罪处罚；对军事通信造成破坏，同时构成非法侵入计算机信息系统罪、破坏计算机信息系统罪和本罪的，依照处罚较重的规定定罪处罚。

违反国家规定，擅自设置、使用无线电台（站），或者擅自占用频率，经责令停止使用后拒不停止使用，干扰无线电通讯正常进行，构成犯罪的，依照扰乱无线电通讯管理秩序罪定罪处罚；造成军事通信中断或者严重障碍，同时构成扰乱无线电通讯管理秩序罪和本罪的，依照处罚较重的规定定罪处罚。

二、过失损坏武器装备、军事设施、军事通信罪

第三百六十九条第二款[①]　过失犯前款罪，造成严重后果的，处三年以下有期徒刑或者拘役；造成特别严重后果的，处三年以上七年以下有期徒刑。

第三款　战时犯前两款罪的，从重处罚。

过失损坏武器装备、军事设施、军事通信罪，是指过失损害武器装备、军事设施、军事通信，使之丧失应有功能的行为。

本罪是结果犯，行为必须使武器装备、军事设施、军事通信遭受毁坏，造成严重后果的，才构成犯罪。

建设、施工单位直接负责的主管人员、施工管理人员，忽视军事通信线路、设备保护标志，指使、纵容他人违章作业，致使军事通信线路、设备损毁，构成犯罪的，以过失损坏军事通信罪定罪处罚。

过失损坏军事通信，并造成公用电信设施损毁，危害公共安全，同时构成过失损坏广播电视设施、公用电信设施罪和本罪的，依照处罚较重的规定定罪处罚。

三、故意提供不合格武器装备、军事设施罪

第三百七十条第一款　明知是不合格的武器装备、军事设施而提供给武装部队的，处五年以下有期徒刑或者拘役；情节严重的，处五年以上十年以下有期徒刑；情节特别严重的，处十年以上有期徒刑、无期徒刑或者死刑。

第三款　单位犯第一款罪的，对单位判处罚金，并对其直接负责的主管人员和其他直接责任人员，依照第一款的规定处罚。

故意提供不合格武器装备、军事设施罪，是指明知是不合格的武器装备、军事设施而提供给武装部队的行为。

提供是一个广义的概念，不仅仅指有关生产、建设单位将不合格的武器装备、军事设施交

---

① 本款为《刑法修正案（五）》第3条所增设。

给武装部队使用，还包括武器装备、军事设施在科研、设计、生产或建造、销售、修理、验收的过程中，行为人弄虚作假，故意提供不合格武器装备、军事设施的行为。这里的武装部队包括解放军部队、武装警察部队、预备役部队、民兵组织。

不合格武器装备、军事设施，是指不符合有关部门对武器装备、军事设施所规定的质量标准，如用于制造武器装备、军事设施的原材料不合格，或者行为人在制作、生产武器装备、建设军事设施的过程中严重偷工减料，或生产的武器装备不符合各项技术、性能指标，所建的军事设施外形、内部结构、坚固程度不符合各项技术要求等。

四、过失提供不合格武器装备、军事设施罪

第三百七十条第二款　过失犯前款罪，造成严重后果的，处三年以下有期徒刑或者拘役；造成特别严重后果的，处三年以上七年以下有期徒刑。

过失提供不合格武器装备、军事设施罪，是指出于过失而将不合格的武器装备、军事设施提供给武装部队，造成严重后果的行为。

本罪在主观方面是过失，即出于疏忽大意或过于自信而误将不合格的武器装备、军事设施提供给武装部队，从而造成严重的危害后果。

五、聚众冲击军事禁区罪

第三百七十一条第一款　聚众冲击军事禁区，严重扰乱军事禁区秩序的，对首要分子，处五年以上十年以下有期徒刑；对其他积极参加的，处五年以下有期徒刑、拘役、管制或者剥夺政治权利。

聚众冲击军事禁区罪，是指聚众冲击军事禁区，严重扰乱军事禁区秩序的行为。

聚众，是指在首要分子的组织、策划、指挥下，许多人聚集在一起。冲击，是指采用徒步或搭乘交通工具等方式强行进入。一般表现为暴力性的对抗和扰乱，例如，采用推拉、断打方式冲闯军事禁区，冲砸军事设施、物品，毁坏军事文件、标志等。

聚众冲击的对象是军事禁区，即国家根据军事设施的性质和作用、安全保密的需要以及其他使用功能的特殊要求，所划定的需要采取特殊措施重点保护的区域，包括陆地区域、水上区域。军事禁区的管理秩序，是指军事禁区里的作战、训练、生产、教学、生活、科研等各方面的秩序。聚众冲击行为必须严重扰乱军事禁区秩序的，才构成本罪。严重扰乱军事禁区秩序，是指聚众冲击军事禁区的行为使军事禁区指挥失控，军事人员、车辆、舰船无法通过，飞机无法起飞或降落，作战、训练、戒严、抢险救灾、战备、科研、教学等工作无法正常进行等。

为进行危害国家安全的武装叛乱或暴乱，聚众冲击军事禁区的，构成武装叛乱、暴乱罪与本罪的想象竞合犯。在聚众冲击军事禁区过程中，阻碍军人依法执行职务、阻碍军事行动、破坏武器装备、军事设施、军事通信的，也成立想象竞合犯，应从一重罪处断。

六、聚众扰乱军事管理区秩序罪

第三百七十一条第二款　聚众扰乱军事管理区秩序，情节严重，致使军事管理区工作无法进行，造成严重损失的，对首要分子，处三年以上七年以下有期徒刑；对其他积极参加的，处三年以下有期徒刑、拘役、管制或者剥夺政治权利。

聚众扰乱军事管理区秩序罪，是指聚众扰乱军事管理区秩序，情节严重，致使军事管理区工作无法进行，造成严重损失的行为。

扰乱，是指对各种军事管理区秩序进行暴力干扰或非暴力的干扰和破坏。暴力干扰和破坏，表现为使用有形力，以推拉撕扯、打砸抄抢等方式对军事管理区秩序进行破坏；非暴力干扰和破坏，表现为聚众起哄、辱骂、封闭通道、堵塞营区大门、占据哨所、营房等破坏活动。

本罪的行为对象是军事管理区，即国家根据军事设施的性质、作用，安全保密的需要以及其他使用效能的特殊要求，所划定的需要采取比较严格的措施加以保护的区域，包括陆地区域和水上区域。

构成本罪，必须达到情节严重，致使军事管理区工作无法进行，造成严重损失的要求。情节严重，是指多次实施扰乱行为，经军事管理区工作人员制止仍不停止其扰乱活动的，采取暴力扰乱军事管理区秩序等情况。致使军事管理区工作无法进行，主要是指使军事指挥机关无法指挥；军事单位的人员、车辆、船舰、潜艇无法通行，飞机无法起飞；作战、训练、戒严、抢险救灾、战备、科研、教学等正常工作无法正常进行。造成严重损失，是指造成军事秘密的泄露、政治影响恶劣，或造成人员伤亡、重大财产损失等。

七、伪造、变造、买卖武装部队公文、证件、印章罪

第三百七十五条第一款　伪造、变造、买卖或者盗窃、抢夺武装部队公文、证件、印章的，处三年以下有期徒刑、拘役、管制或者剥夺政治权利；情节严重的，处三年以上十年以下有期徒刑。

伪造、变造、买卖武装部队公文、证件、印章罪，是指伪造、变造、买卖武装部队公文、证件、印章的行为。

伪造，是指违反规定，擅自制造。变造，是指用涂改、抹擦、拼接等方法，对真实的公文、证件、印章进行加工，改变其内容。买卖，是指购买和出卖。上述行为只要具备其中一种，即可构成本罪。

本罪的行为对象是武装部队公文、证件、印章。公文，是指以武装部队的军事组织、机构、单位的名义制作的，用于发布指示、指导工作、联系事务、处理问题的书面文件，如命令、指示、决议、决定、通知、公函和电文等。证件，是指有权制作的军事机关或单位统一颁发的，用于证明身份、权利义务关系或其他事项的凭证，如军官证、士兵证、军人通行证、军队院校学员证、学历证书、出入证等。印章，是指刻有军事机关、单位名称的公务用章和某种具有特殊用途的专用章。部队首长或有关负责人的私人用章能够起到军事机关或单位的证明作用时，也应被视为这里的印章。

根据最高人民法院、最高人民检察院《关于办理妨害武装部队制式服装、车辆号牌管理秩序等刑事案件具体应用法律若干问题的解释》（2011 年 7 月 20 日）第 1 条的规定，伪造、变造、买卖武装部队公文、证件、印章，具有下列情形之一的，应当依照本罪定罪处罚：（1）伪造、变造、买卖武装部队公文 1 件以上的；（2）伪造、变造、买卖武装部队军官证、士兵证、车辆行驶证、车辆驾驶证或者其他证件 2 本以上的；（3）伪造、变造、买卖武装部队机关印章、车辆牌证印章或者其他印章 1 枚以上的。实施前述行为，数量达到第（1）至（3）项规定标准 5 倍以上或者造成严重后果的，应当认定为情节严重。

伪造、变造、买卖武装部队的公文、证件、印章后冒充军人招摇撞骗的，或者为分裂国家或颠覆国家政权而伪造、变造、买卖武装部队的公文、证件、印章的，应从一重罪论处。为他

人伪造、变造、买卖武装部队公文、证件、印章后又积极参加聚众冲击军事禁区或聚众扰乱军事管理区秩序行为的，应按照本罪和聚众冲击军事禁区罪、聚众扰乱军事管理区秩序罪并罚。

八、盗窃、抢夺武装部队公文、证件、印章罪

第三百七十五条第一款　伪造、变造、买卖或者盗窃、抢夺武装部队公文、证件、印章的，处三年以下有期徒刑、拘役、管制或者剥夺政治权利；情节严重的，处三年以上十年以下有期徒刑。

盗窃、抢夺武装部队公文、证件、印章罪，是指以非法占有为目的，窃取或乘人不备夺取武装部队公文、证件、印章的行为。

盗窃，是指违背公文、证件、印章所有人、保管者的意思，以平和的方式占有公文、证件、印章。抢夺，是指公然夺取，即在公文、证件、印章所有人、保管者在场的情况下当面突然公开地将公文、证件、印章夺走或者取走。一般是乘人不备，出其不意；有时也表现为在他人有准备的情况下，公然夺取公文、证件、印章。例如，在公文、证件、印章的所有人或保管者患病或醉酒的状态下，其神志虽然处于清醒状态，但却无力反抗，行为人将公文、证件、印章公然拿走，就属此类情况。盗窃、抢夺行为只要具备其一，即可构成本罪。

根据最高人民法院、最高人民检察院《关于办理妨害武装部队制式服装、车辆号牌管理秩序等刑事案件具体应用法律若干问题的解释》（2011 年 7 月 20 日）第 1 条的规定，盗窃、抢夺武装部队公文、证件、印章，具有下列情形之一的，应当依照本罪定罪处罚：（1）盗窃、抢夺武装部队公文 1 件以上的；（2）盗窃、抢夺武装部队军官证、士兵证、车辆行驶证、车辆驾驶证或者其他证件 2 本以上的；（3）盗窃、抢夺武装部队机关印章、车辆牌证印章或者其他印章 1 枚以上的。实施前述行为，数量达到（1）至（3）项规定标准 5 倍以上或者造成严重后果的，应当认定为情节严重。

九、非法生产、买卖武装部队制式服装罪

第三百七十五条第二款　非法生产、买卖武装部队制式服装，情节严重的，处三年以下有期徒刑、拘役或者管制，并处或者单处罚金。

第三百七十五条第四款　单位犯第二款、第三款罪的，对单位判处罚金，并对其直接负责的主管人员和其他直接责任人员，依照各该款的规定处罚。

非法生产、买卖武装部队制式服装罪，是指非法生产、买卖武装部队制式服装，情节严重的行为。

非法，是指违反有关法律、法规，未经有关主管部门的批准擅自生产、经营。具有生产、经营权的单位或个人未经批准，擅自超额生产、销售武装部队制式服装、专用标志的，也属非法，应以本罪论处。

本罪的行为对象是武装部队制式服装，具体是指武装部队依法订购的仅供武装部队官兵使用的统一的服装，包括中国人民解放军和武装警察部队的军官服、警官服、文职干部服、士兵服。

根据最高人民法院、最高人民检察院《关于办理妨害武装部队制式服装、车辆号牌管理秩序等刑事案件具体应用法律若干问题的解释》（2011 年 7 月 20 日）第 2 条的规定，非法生产、买卖武装部队现行装备的制式服装，具有下列情形之一的，应当认定为情节严重，以本罪定罪处罚：（1）非法生产、买卖成套制式服装 30 套以上，或者非成套制式服装 100 件以上的；

(2) 非法生产、买卖帽徽、领花、臂章等标志服饰合计 100 件（副）以上的；(3) 非法经营数额 2 万元以上的；(4) 违法所得数额 5000 元以上的；(5) 具有其他严重情节的。

非法生产、买卖武装部队的制式服装后，又利用非法生产、买卖的武装部队的制式服装冒充军人招摇撞骗的，应从一重罪处断。

十、伪造、盗窃、买卖、非法提供、非法使用武装部队专用标志罪

第三百七十五条第三款① 伪造、盗窃、买卖或者非法提供、使用武装部队车辆号牌等专用标志，情节严重的，处三年以下有期徒刑、拘役或者管制，并处或者单处罚金；情节特别严重的，处三年以上七年以下有期徒刑，并处罚金。

第四款 单位犯第二款、第三款罪的，对单位判处罚金，并对其直接负责的主管人员和其他直接责任人员，依照各该款的规定处罚。

伪造、盗窃、买卖、非法提供、非法使用武装部队专用标志罪，是指伪造、盗窃、买卖或者非法提供、非法使用武装部队车辆号牌等专用标志，情节严重的行为。

武装部队专用标志，主要是指武装部队车辆号牌、军衔标志、军徽、臂章以及特种部队或者某些武装部队执行特别任务时的专用标志等。

根据最高人民法院、最高人民检察院《关于办理妨害武装部队制式服装、车辆号牌管理秩序等刑事案件具体应用法律若干问题的解释》（2011 年 7 月 20 日）第 3 条的规定，伪造、盗窃、买卖或者非法提供、使用武装部队车辆号牌等专用标志，具有下列情形之一的，应当认定为情节严重，以本罪定罪处罚：(1) 伪造、盗窃、买卖或者非法提供、使用武装部队军以上领导机关车辆号牌 1 副以上或者其他车辆号牌 3 副以上的；(2) 非法提供、使用军以上领导机关车辆号牌之外的其他车辆号牌累计 6 个月以上的；(3) 伪造、盗窃、买卖或者非法提供、使用军徽、军旗、军种符号或者其他军用标志合计 100 件（副）以上的；(4) 造成严重后果或者恶劣影响的。实施前述行为，具有下列情形之一的，应当认定为情节特别严重：(1) 数量达到前述 (1)(3) 项规定标准 5 倍以上的；(2) 非法提供、使用军以上领导机关车辆号牌累计 6 个月以上或者其他车辆号牌累计 1 年以上的；(3) 造成特别严重后果或者特别恶劣影响的。

使用伪造、变造、盗窃的武装部队车辆号牌，不缴或者少缴应纳的车辆购置税、车辆使用税等税款，逃税数额较大且占应纳税额的 10%以上的，依照逃税罪定罪处罚。使用伪造、变造、盗窃的武装部队车辆号牌，骗免养路费、通行费等各种费用，数额较大的，依照诈骗罪定罪处罚。

第四节 针对军人的犯罪

一、阻碍军人执行职务罪

第三百六十八条第一款 以暴力、威胁方法阻碍军人依法执行职务的，处三年以下有期徒刑、拘役、管制或者罚金。

阻碍军人执行职务罪，是指以暴力、威胁方法阻碍军人执行职务的行为。

阻碍军人依法执行职务，是指使军人不能正常履行其应当履行的职责。这种阻碍行为，不

① 本款为《刑法修正案（七）》第 12 条所增设。

仅表现为使军人停止依法执行职务，还表现为使军人被迫改变依法应当从事的公务内容。阻碍行为针对的对象只能是依法执行职务的军人，对非军人或非执行职务的军人进行暴力和威胁的，不构成本罪。暴力，是指对军人进行袭击或人身强制，通常表现为攻击、殴打、伤害、捆绑等。威胁，是指以武力逼迫、恫吓使人屈服，进而实现行为人的要求之行为。

对于用暴力方式犯本罪，致使军人重伤、死亡的，或者抢夺、抢劫军人枪支及其他武器装备，妨害其依法执行职务的，都属于想象竞合犯，应从一重罪处断。

走私人员以暴力、威胁方法阻碍边防军人依法缉私的，由于军人执行的职务与国防利益无关，行为侵害的法益是职务行为的有效性，所以不构成阻碍军人执行职务罪，而应对其按走私罪与妨害公务罪并罚。

二、冒充军人招摇撞骗罪

第三百七十二条 冒充军人招摇撞骗的，处三年以下有期徒刑、拘役、管制或者剥夺政治权利；情节严重的，处三年以上十年以下有期徒刑。

冒充军人招摇撞骗罪，是指以谋取非法利益为目的，假冒军人身份进行招摇撞骗的行为。

招摇撞骗，是指冒充军人的身份、地位或假借军人的名义，在社会上进行炫耀、蒙蔽、欺诈活动。骗取的利益是财物、地位、感情还是他人的信任等，都对成立犯罪没有影响。

冒充军人骗奸妇女的，构成本罪与强奸罪的牵连犯。冒充军人骗取他人财物后，又故意将他人杀害的，应以本罪和故意杀人罪并罚。

本罪的主体一般是非军人，但由于冒充行为从根本上危害国防利益，所以并不是只有军人以外的普通公民才能构成本罪。级别较低的军人冒充级别较高的军人，一般部门的军人冒充要害部门的军人，都可能对国防利益有侵害，可以成为本罪的主体。①

三、煽动军人逃离部队罪

第三百七十三条 煽动军人逃离部队或者明知是逃离部队的军人而雇用，情节严重的，处三年以下有期徒刑、拘役或者管制。

煽动军人逃离部队罪，是指以使军人逃离部队为目的，采用口头、书信等形式唆使、鼓动军人逃离部队，情节严重的行为。

唆使、鼓动，是本罪中煽动的基本含义，包括军人没有逃离部队的意图而行为人唆使、鼓动其产生逃离部队的意图，或他人虽有逃离部队的意图，但意图不太坚定，行为人唆使、鼓动使他人逃离部队的意图更坚决。

煽动行为应当针对不特定或者多数人实施，具有公然性。换言之，被煽动者只能为不特定的军人，如果唆使特定的军人逃离部队，则构成逃离部队罪的教唆犯。

行为人唆使、鼓动军人逃离部队的方式多种多样，如口头劝导，在书信、电报、电传中鼓动，或者采用书写、印刷、张贴、散发煽动性传单、刊物、大小字报，非法录制、播放煽动性录音、录像，发表煽动性演讲、散布恐吓性谣言等方式蛊惑、煽动军人逃离部队等；在特定场所，向军人打手势，唆使其逃走的，也是煽动。不论采用什么方式，只要是唆使、鼓动军人试图使其逃离部队的，均可构成本罪，至于被煽动者是否能最终逃离部队，在所不问。

---

① 参见陈兴良：《刑法疏议》，604 页，北京，中国人民公安大学出版社，1997。

被煽动者逃离部队是一个广义的概念，是指擅自离开服役的中国人民解放军、武装警察部队、战时的预备役部队或逾期不归。擅自离开部队，包括不请假离开部队；住院出院后不归队；出差任务完成后不归队；调动中离开原单位后不到新单位报到；学员分配后不到接收单位报到；预备役人员、民兵遇紧急任务时不应召到预备役部队或民兵组织报到等。逾期不归，包括休假期满后不回部队；在休假、探亲时遇国家发布动员令以后不立即归队等。逃离部队一段时间后，出于多种考虑返归部队的，也是被煽动后逃离部队。

煽动行为必须情节严重，才构成本罪。情节严重，是指战时煽动军人逃离部队，煽动军队指挥人员逃离部队，煽动军人逃离部队导致重要军事任务无法完成，导致军人实际逃离部队的，多次煽动军人逃离部队或煽动逃离部队的军人人数众多等。

以颠覆国家政权为目的煽动军人逃离部队的，构成煽动颠覆国家政权罪，而不构成本罪；行为人以投敌叛变为目的，教唆、煽动军人逃离部队后投敌叛变的，构成投敌叛变罪（教唆犯），也不构成本罪。

煽动军人逃离部队后又教唆、鼓动其进行抢劫、杀人、投敌叛变等其他犯罪的，应以煽动军人逃离部队罪和抢劫罪、杀人罪、投敌叛变罪或其他犯罪进行数罪并罚；军人不但自己逃离部队，还煽动、教唆其他军人逃离部队，情节严重的，应以逃离部队罪和煽动军人逃离部队罪数罪并罚。

煽动军人逃离部队从而阻碍军人执行职务或阻碍军事行动的，构成煽动军人逃离部队罪与阻碍军人执行职务罪、阻碍军事行动罪的想象竞合犯，应从一重罪处断。

四、雇用逃离部队军人罪

> 第三百七十三条 煽动军人逃离部队或者明知是逃离部队的军人而雇用，情节严重的，处三年以下有期徒刑、拘役或者管制。

雇用逃离部队军人罪，是指明知是逃离部队的军人而雇用，情节严重的行为。

雇用，是指有偿地使用劳动力，在这里是指向逃离部队的军人偿付一定形式的劳务报酬，从而使其为自己工作、劳动。劳务报酬可以是金钱，可以是实物，还可以是某种非物质性利益等。情节严重，是指雇用多个或多次雇用逃离部队的军人、雇用逃离部队的军人而影响部队作战任务或其他重要任务的完成、雇用重要的或因构成犯罪而逃离部队的军人等。

由于军人逃离部队的行为本身构成犯罪，行为人明知他人是逃离部队的军人即犯罪人而为其提供隐藏处所、财物，帮助其逃匿或者作假证明包庇的，构成窝藏、包庇罪，而不构成本罪。此外，战时明知是窝藏逃离部队的军人而窝藏的，构成战时窝藏逃离部队军人罪，不构成本罪。

五、接送不合格兵员罪

> 第三百七十四条 在征兵工作中徇私舞弊，接送不合格兵员，情节严重的，处三年以下有期徒刑或者拘役；造成特别严重后果的，处三年以上七年以下有期徒刑。

接送不合格兵员罪，是指在征兵工作中徇私舞弊，接送不合格兵员，情节严重的行为。

征兵，是指按照兵役法的规定，征集应征公民到军队服役。它包括兵役登记、检查身体、政治审问等环节。徇私舞弊，是指为图私利或徇私情而玩弄手段，违法乱纪。不合格兵员，是指不符合征兵条件的兵员，包括身体、政治表现、年龄、文化程度不合格等。身体不合格，是指有严重生理缺陷或者严重残疾。政治不合格，是指属于依照法律被剥夺政治权利的人或者被羁押正在受侦查、起诉、审判或者被判处徒刑、拘役、管制正在服刑的人。

负责征兵工作的人员在征兵过程中，为了接送不合格的兵员，而擅自伪造、变造、盗窃、抢夺、毁灭国家机关或公私企业、事业单位、人民团体公文、证件、印章的，或者收受他人贿赂，并利用职务便利接送不合格兵员的，手段行为和目的行为之间有牵连关系，应从一重罪处断。

六、战时窝藏逃离部队军人罪

第三百七十九条　战时明知是逃离部队的军人而为其提供隐蔽处所、财物，情节严重的，处三年以下有期徒刑或者拘役。

战时窝藏逃离部队军人罪，是指战时明知是逃离部队的军人而为其提供隐蔽处所、财物，情节严重的行为。

逃离部队的军人，是指不经请假私自离队的军人。探亲、休假、住院、出差、学习逾期不归的军人。提供，是指有偿或无偿地给予帮助。

在战时事先煽动军人逃离部队，后又为逃离部队的军人提供隐蔽处所、财物，情节严重的，应按照煽动军人逃离部队罪和战时窝藏逃离部队军人罪并罚。

第十章 侵害国家存在的犯罪Ⅲ：军人违反职责罪

第一节 概 述

军人违反职责罪，是指军人违反共同职责、一般职责或专业职责，危害国家军事利益，依照法律应当受刑罚处罚的行为。

一、保护法益

本章罪侵害的法益是国家军事利益。国家军事利益，是指国家在国防建设、作战行动、后勤保障、军事科研、军事秘密、军队建设、战斗力巩固和提高等方面的利益，其与合法政权的存在紧密相关。具体地说，危害国家的军事利益，就是指破坏我国陆、海、空军的军威、军机、军械、军资、军纪等在战时和平时的正常状态与正常关系。这种破坏致使我军战斗力削弱甚至导致战斗失利，从而危害了我国国防的巩固，损害了我军的军事自卫能力，即危害了国家的军事利益。

二、客观要件

本章罪在客观方面表现为军人违反职责的行为。

违反职责，是指违反国家法律、法规以及军事法规、军事规章所规定的军人职责，包括军人的共同职责，士兵、军官和首长的一般职责，各类主管人员和其他从事专门工作的军人的专业职责等。

军人违反职责罪的行为方式，多数表现为作为，如谎报军情罪、假传军令罪、军人叛逃罪、非法出租、转让武器装备罪、阻碍执行军事职务罪等；有少数表现为不作为，如遗弃武器装备罪、遗弃伤病军人罪、隐瞒军情罪、拒传军令罪等。当然，也有少数犯罪，主要由作为构成，但也不排除可由作为构成，如武器装备肇事罪、战时违抗命令罪等。

犯罪的时间、地点、方式是部分军人违反职责罪的客观构成要件要素，例如，战时、在战场上、在军事行动地区、暴力、威胁等是构成战时违抗命令罪、投降罪、战时临阵脱逃罪、战时军人造谣惑众罪、遗弃伤病军人罪，战时残害居民、掠夺居民财物罪等犯罪的必要条件。当然，对泄露军事秘密罪、逃离部队罪，擅离、玩忽军事职守罪，阻碍执行军事职务罪等大多数犯罪的成立来说，并不以特定的时间、地点、方式为必要条件，特定的时间、地点往往是影响量刑的重要情节，比如刑法规定在战时犯罪的，从重处罚。

本章罪的主体是特殊主体，即军人。只有具备军人身份的人，才能担负军人职责，其行为及结果才能直接与国家军事利益关联，从而才能成为军人违反职责罪的主体（真正身份犯）。

刑法第450条①具体规定了本章罪的适用范围：中国人民解放军现役军官、文职干部、士兵及具有军籍的学员和中国人民武装警察部队的现役警官、文职干部、士兵及具有军籍的学员以及文职人员、执行军事任务的预备役人员和其他人员。

三、主观要件

在主观方面，本章罪中的多数犯罪表现为故意，少数犯罪表现为过失，包括武器装备肇事罪、擅离、玩忽军事职守罪、过失泄露军事秘密罪等。此外，有的犯罪要求行为人有特殊动机，例如，投降罪出于贪生怕死的动机，战时自伤罪是为了逃避军事义务等。

第二节　危害作战利益罪

一、战时违抗命令罪

第四百二十一条　战时违抗命令，对作战造成危害的，处三年以上十年以下有期徒刑；致使战斗、战役遭受重大损失的，处十年以上有期徒刑、无期徒刑或者死刑。

战时违抗命令罪，是指战时违抗命令，对作战造成危害的行为。

本罪只能发生于战时。根据刑法第451条的规定，战时，是指国家宣布进入战争状态、部队受领作战任务或者遭敌突然袭击时。部队执行戒严任务或者处置突发性暴力事件时，以战时论。

命令，是指与参加战争有关的上级机关或人员的命令、训令、指示等，包括作战命令以及配合战斗的有关命令，如救护伤员的命令、武器储存供应运送的命令等。违抗命令，是指违背、抗拒首长、上级职权范围内的命令，包括拒绝接受命令、拒不执行命令，或者不按照命令的具体要求行动（拖延、迟缓执行命令，故意执行与命令相反的内容）等，既可以表现为作为，也可以表现为不作为。

违抗命令同时对作战造成危害的，才构成本罪。虽违抗命令，但未对作战造成危害的，不构成本罪。根据最高人民检察院、解放军总政治部《军人违反职责罪案件立案标准的规定》(2013年2月26日）第1条的规定，战时违抗命令，涉嫌下列情形之一的，应予立案：(1）扰乱作战部署或者贻误战机的；(2）造成作战任务不能完成或者迟缓完成的；(3）造成我方人员死亡1人以上，或者重伤2人以上，或者轻伤3人以上的；(4）造成武器装备、军事设施、军用物资损毁，直接影响作战任务完成的；(5）对作战造成其他危害的。

二、隐瞒、谎报军情罪

第四百二十二条　故意隐瞒、谎报军情或者拒传、假传军令，对作战造成危害的，处三年以上十年以下有期徒刑；致使战斗、战役遭受重大损失的，处十年以上有期徒刑、无期徒刑或者死刑。

隐瞒、谎报军情罪，是指故意隐瞒、谎报军情，对作战造成危害的行为。

军情，是指作战时有关敌我的各种军事情况，如敌我的兵力及兵力部署、装备、设施、作战地形、作战计划等。隐瞒军情，是指对依法应当汇报的军事情报有义务也有条件汇报却有意

① 本条为《刑法修正案（十一）》第47条所修改。

隐瞒，拒不汇报。因无法突破敌人封锁，而不能将军情及时汇报的，不是隐瞒军情。谎报军情，是指故意报告捏造的、不真实的军事情况，如谎报敌军火力点设置、行军方向、作战计划以及谎报我方战况。隐瞒军情以不作为方式实施；而谎报军情则是以作为方式实施。

根据最高人民检察院、解放军总政治部《军人违反职责罪案件立案标准的规定》（2013 年 2 月 26 日）第 2 条的规定，隐瞒、谎报军情，涉嫌下列情形之一的，应予立案：（1）造成首长、上级决策失误的；（2）造成作战任务不能完成或者迟缓完成的；（3）造成我方人员死亡 1 人以上，或者重伤 2 人以上，或者轻伤 3 人以上的；（4）造成武器装备、军事设施、军用物资损毁，直接影响作战任务完成的；（5）对作战造成其他危害的。

三、拒传、假传军令罪

第四百二十二条　故意隐瞒、谎报军情或者拒传、假传军令，对作战造成危害的，处三年以上十年以下有期徒刑；致使战斗、战役遭受重大损失的，处十年以上有期徒刑、无期徒刑或者死刑。

拒传、假传军令罪，是指负有传递军令职责的军人，明知是军令而故意拒绝传递或者拖延传递，或者故意伪造、篡改军令，以及明知是伪造、篡改的军令而予以传达或者发布，对作战造成危害的行为。

军令，是指部队上级机关或人员依职权作出的与作战有关的命令、指示，包括书面的和口头的命令。拒传军令，是指负有传递军令职责的人不履行传递义务的行为。假传军令，是指故意伪造或者篡改上级军事命令、指示，并加以传达或发布，或者明知是假的命令而予以传达的行为。伪造军令，是指上级根本没有发布特定命令，而是行为人自己无中生有，捏造虚伪军令。篡改军令，是指上级本有命令，而行为人却出于某种动机，恶意歪曲、改变命令的内容。拒传军令以不作为方式实施，而假传军令则以作为方式实施。

根据最高人民检察院、解放军总政治部《军人违反职责罪案件立案标准的规定》（2013 年 2 月 26 日）第 3 条的规定，拒传、假传军令，涉嫌下列情形之一的，应予立案：（1）造成首长、上级决策失误的；（2）造成作战任务不能完成或者迟缓完成的；（3）造成我方人员死亡 1 人以上，或者重伤 2 人以上，或者轻伤 3 人以上的；（4）造成武器装备、军事设施、军用物资损毁，直接影响作战任务完成的；（5）对作战造成其他危害的。

四、投降罪

第四百二十三条　在战场上贪生怕死，自动放下武器投降敌人的，处三年以上十年以下有期徒刑；情节严重的，处十年以上有期徒刑或者无期徒刑。

投降后为敌人效劳的，处十年以上有期徒刑、无期徒刑或者死刑。

投降罪，是指在战场上贪生怕死，自动放下武器投降敌人的行为。

自动放下武器，是指行为人在战场上由于懦弱、怯战、贪生怕死，自动地而不是被迫地放弃使用武器，或将武器遗弃或交给敌人。对自动放下武器，必须理解为当时能够使用武器杀伤敌人而不使用武器，自行放弃抵抗，绝不能简单地将其解释为将武器从手中放下。向敌人投降，主要是指向战争或者武装冲突中的敌对一方投降。

军人不是为了苟且偷生而在战场上自动放下武器投降敌人的，而是在和平时期投奔敌方进行危害国家安全活动，或者在战时被捕、被俘后投降敌人，实施危害国家安全活动的，不构成本罪，而构成投敌叛变罪。

五、战时临阵脱逃罪

第四百二十四条　战时临阵脱逃的，处三年以下有期徒刑；情节严重的，处三年以上十年以下有期徒刑；致使战斗、战役遭受重大损失的，处十年以上有期徒刑、无期徒刑或者死刑。

战时临阵脱逃罪，是指在战斗中或者在接受作战任务后，逃离战斗岗位的行为。

临阵，是指在战场上或在战争状态，部队已领受作战任务，正待命出发之时。脱逃，是指擅自离开部队而逃避的行为。如果不是在临阵的时间、地点逃离部队，不构成本罪，但可能成立逃离部队罪。

本罪的主体是担负作战任务，正在投入战斗或即将参加战斗的军职人员（身份犯）；不仅包括在前线和敌人直接战斗的军职人员，还包括在后方担负后勤保障、战地救护、通信联络、指挥策划等各项军事职责的军职人员。

六、违令作战消极罪

第四百二十八条　指挥人员违抗命令，临阵畏缩，作战消极，造成严重后果的，处五年以下有期徒刑；致使战斗、战役遭受重大损失或者有其他特别严重情节的，处五年以上有期徒刑。

违令作战消极罪，是指指挥人员在作战中故意违背、抗拒执行首长、上级的命令，面临战斗任务而畏难怕险，怯战怠战，行动消极，造成严重后果的行为。

本罪以不作为方式实施，即行为人违抗上级要求积极作战的命令，临阵退缩，作战消极。违抗命令，盲目出击造成严重后果的，构成战时违抗命令罪而不构成本罪；指挥人员根据上级命令作战略性防御或撤退的，不构成本罪。

本罪属结果犯。未造成严重后果的，不能以犯罪论处。造成严重后果，是指丧失争取战斗、战役获胜的有利时机，因作战消极而造成一定数量的人员伤亡或者某些阵地失守等。根据最高人民检察院、解放军总政治部《军人违反职责罪案件立案标准的规定》（2013 年 2 月 26 日）第 9 条的规定，违令作战消极，涉嫌下列情形之一的，应予立案：（1）扰乱作战部署或者贻误战机的；（2）造成作战任务不能完成或者迟缓完成的；（3）造成我方人员死亡 1 人以上，或者重伤 2 人以上，或者轻伤 3 人以上的；（4）造成武器装备、军事设施、军用物资或者其他财产损毁，直接经济损失 20 万元以上，或者直接经济损失、间接经济损失合计 100 万元以上的；（5）造成其他严重后果的。

七、拒不救援友邻部队罪

第四百二十九条　在战场上明知友邻部队处境危急请求救援，能救援而不救援，致使友邻部队遭受重大损失的，对指挥人员，处五年以下有期徒刑。

拒不救援友邻部队罪，是指指挥人员在战场上，明知友邻部队面临被敌人包围、追击或者阵地将被攻陷等危急情况请求救援，根据当时自己部队（分队）所处的环境、作战能力及所担负的任务，有条件组织救援却没有组织救援，致使友邻部队遭受重大损失的行为。

在战场上，是构成本罪的前提条件。战场，泛指战时任何军事行动地区，尤其是指敌我双方武装部队发生对抗、战斗的军事行动地区。战场既可以是在国内，也可以是在国外，还可以是在公海或其他无主领土、领水上。在空军参战的情况下，双方军用飞机发生对抗的天空也可被视为战场。

本罪发生于友邻部队处境危急这一特殊时、空条件下。友邻部队，是就参加战斗的我方武装部队而言的，应当包括我国军队以及协同作战、联合攻击敌人的友好国家部队。处境危急，是指友邻部队被敌方武装部队包围、追击或是阵地、工事或所守城市、军事设施等即将被攻陷等情况。如果友邻部队非出于敌方武装力量的威胁，而是由于其他原因陷于处境危急的状态下，例如，因锅炉爆炸而致舰船即将沉没、倾覆，而行为人能救援却拒不救援的，只要该行为发生在战场上，也应以本罪论处。

行为人必须是能救援而不救援。对此，需要结合行为人自身所处的环境、作战能力、部队实力以及担负的作战任务等情况判定：有条件、有可能进行救援，而由于保存实力等原因，按兵不动，不予援救的即具有犯罪性。行为人自身实力有限，或同样处于困境之中，或遭敌阻击而无法救援其他部队的；行为人根据自身所担负的作战任务考虑，认为救援行为将导致战斗、战役或者其他友邻部队更大损失的，为顾全大局继续自身作战任务，不救援其他部队的，不能以犯罪论处。

本罪是结果犯，仅有客观上的拒不援救行为，而未导致友邻部队遭受重大损失的，不构成本罪。根据最高人民检察院、解放军总政治部《军人违反职责罪案件立案标准的规定》（2013年2月26日）第10条的规定，拒不救援友邻部队，涉嫌下列情形之一的，应予立案：（1）造成战斗失利的；（2）造成阵地失陷的；（3）造成突围严重受挫的；（4）造成我方人员死亡3人以上，或者重伤10人以上，或者轻伤15人以上的；（5）造成武器装备、军事设施、军用物资损毁，直接经济损失100万元以上的；（6）造成其他重大损失的。

八、战时造谣惑众罪

> 第四百三十三条　战时造谣惑众，动摇军心的，处三年以下有期徒刑；情节严重的，处三年以上十年以下有期徒刑；情节特别严重的，处十年以上有期徒刑或者无期徒刑。①

战时造谣惑众罪，是指战时造谣迷惑不特定或者多数的他人，动摇军心的行为。

造谣惑众，动摇军心，是指故意编造、散布谣言，煽动怯战、厌战或者恐怖情绪，蛊惑官兵，造成或者足以造成部队情绪恐慌、士气不振、军心涣散的行为。造谣惑众行为的主要表现为：编造敌方有某种新式武器、夸大敌方某种武器的杀伤力、夸大敌方部队的人数、制造恐怖气氛、编造我方失败或编造军需供应如何困难、援军被截击歼灭等信息，使人信以为真，从而打乱作战部署，危害我军作战利益。至于造谣的方式，既可采取口头、书面的形式，如散布传单、发表煽动性演讲；也可采取声像形式或电脑输送等高新技术形式。

九、战时自伤罪

> 第四百三十四条　战时自伤身体，逃避军事义务的，处三年以下有期徒刑；情节严重的，处三年以上七年以下有期徒刑。

---

①《刑法修正案（九）》第51条删除了本罪的死刑规定。

战时自伤罪，是指在战争情况下或部队受领作战任务进行战斗动员后，军职人员由于畏惧战争、贪生怕死，而故意用自伤身体的方法，逃避军事义务的行为。

逃避军事义务，是指逃避临战准备、作战行动、战场勤务和其他作战保障任务等与作战有关的义务。自伤身体，是指行为人使用刀、枪或其他器械或者采用其他手段损害自己身体健康。自伤身体，不仅可以表现为自己采取行动，直接实施伤害身体的行为，而且也可以表现为恳求他人，假借他人之手伤害身体的行为。例如，两人相约采取彼此伤害对方身体的方法以达到逃避军事义务的目的；或者犯罪者恳求军医或护理人员利用医疗护理之机伤害自己的身体等等，都可以构成本罪。帮助其实施伤害行为的人，即使不具有军人身份，也可以构成本罪的共犯。行为人以自伤身体的手段实现临阵脱逃、违抗作战命令的目的时，应成立想象竞合犯。

第三节 违反部队管理规定罪

一、擅离、玩忽军事职守罪

第四百二十五条　指挥人员和值班、值勤人员擅离职守或者玩忽职守，造成严重后果的，处三年以下有期徒刑或者拘役；造成特别严重后果的，处三年以上七年以下有期徒刑。

战时犯前款罪的，处五年以上有期徒刑。

擅离、玩忽军事职守罪，是指指挥人员和值班、值勤人员擅自离开正在履行职责的岗位，或者在履行职责的岗位上，严重不负责任，不履行或者不正确履行职责，造成严重后果的行为。

擅离职守，是指行为人擅自离开正在履行职责的岗位，如哨兵擅离哨位等。玩忽职守，是指行为人在履行职责岗位上，严重不负责任，不履行或者不正确履行职责，如值班人员酗酒等。

擅离职守造成严重后果的，才能构成本罪。根据最高人民检察院、解放军总政治部《军人违反职责罪案件立案标准的规定》（2013 年 2 月 26 日）第 6 条的规定，擅离、玩忽军事职守，涉嫌下列情形之一的，应予立案：(1) 造成重大任务不能完成或者迟缓完成的；(2) 造成死亡 1 人以上，或者重伤 3 人以上，或者重伤 2 人、轻伤 4 人以上，或者重伤 1 人、轻伤 7 人以上，或者轻伤 10 人以上的；(3) 造成枪支、手榴弹、爆炸装置或者子弹 10 发、雷管 30 枚、导火索或者导爆索 30 米、炸药 1 千克以上丢失、被盗，或者不满规定数量，但后果严重的，或者造成其他重要武器装备、器材丢失、被盗的；(4) 造成武器装备、军事设施、军用物资或者其他财产损毁，直接经济损失 30 万元以上，或者直接经济损失、间接经济损失合计 150 万元以上的；(5) 造成其他严重后果的。

本罪的主体是指挥人员和值班人员、值勤人员。指挥人员，是指对部队或者部属负有组织、领导、管理职责的人员。专业主管人员在其业务管理范围内，被视为指挥人员。值班人员，是指军队各单位、各部门为保持指挥或者履行职责不间断而设立的、负责处理本单位、本部门特定事务的人员。值勤人员，是指正在担任警卫、巡逻、观察、纠察、押运等勤务，或者作战勤务工作的人员。

二、阻碍执行军事职务罪

第四百二十六条　以暴力、威胁方法，阻碍指挥人员或者值班、值勤人员执行职务的，处五年以下有期徒刑或者拘役；情节严重的，处五年以上十年以下有期徒刑；情节特别严重的，处十年以上有期徒刑或者无期徒刑。战时从重处罚。①

阻碍军事职务罪，是指以暴力、威胁方法，阻碍指挥人员或者值班、值勤人员执行职务的行为。

构成本罪，必须使用暴力、威胁方法。暴力，只要能对执行职务人员的身体起强制作用即为已足，因为本罪不是侵犯人身权利罪，故不要求暴力具有一定程度的危害人身安全的性质，对物暴力也应包括在内。威胁，是指以实施暴力侵害相威胁，或者以毁坏财物、揭发隐私、损害名誉或加害亲属等方法对执行职务人员进行精神强制，以阻碍其依法执行职务。

三、指使部属违反职责罪

第四百二十七条　滥用职权，指使部属进行违反职责的活动，造成严重后果的，处五年以下有期徒刑或者拘役；情节特别严重的，处五年以上十年以下有期徒刑。

指使部属违反职责罪，是指军队指挥人员滥用职权，指使部属进行违反职责的活动，造成严重后果的行为。

滥用职权，是指违反自己的职务权限或者在职务权限内不正当地使用权力。如果虽具有领导身份，但并未通过滥用职权指使部属进行违反职责的活动，则不构成犯罪，如行为人以武力相威逼，或者采取劝说、利诱、欺骗等其他方式指使部属进行违反职责的活动的，即属此类。指使部属进行的活动，虽与正常情况下的军人职责相违背，但其目的是应付或解决突发事件的，不能以犯罪论处。

指使部属进行违反职责的活动，是指行为人命令部属进行的活动与有关法规、军纪规定的职责相违背。行为人指使部属实施违反职责的活动时，指使者与具体实施者可能构成其他犯罪的共犯。例如，指使部属非法获取军事秘密的，指使者与具体实施非法获取军事秘密的人构成共同犯罪，与本罪之间是想象竞合关系。

造成严重后果，是指因部属在其恶意指使下所实施的违反职责活动使军事利益遭受重大损失的，如军备毁损、人员伤亡、作战失利、公私财物被毁损等。根据最高人民检察院、解放军总政治部《军人违反职责罪案件立案标准的规定》（2013 年 2 月 26 日）第 8 条的规定，指使部属违反职责，涉嫌下列情形之一的，应予立案：（1）造成重大任务不能完成或者迟缓完成的；（2）造成死亡 1 人以上，或者重伤 2 人以上，或者重伤 1 人、轻伤 3 人以上，或者轻伤 5 人以上的；（3）造成武器装备、军事设施、军用物资或者其他财产损毁，直接经济损失 20 万元以上，或者直接经济损失、间接经济损失合计 100 万元以上的；（4）造成其他严重后果的。

四、军人叛逃罪

第四百三十条　在履行公务期间，擅离岗位，叛逃境外或者在境外叛逃，危害国家军事利益的，处五年以下有期徒刑或者拘役；情节严重的，处五年以上有期徒刑。

驾驶航空器、舰船叛逃的，或者有其他特别严重情节的，处十年以上有期徒刑、无期徒刑或者死刑。

军人叛逃罪，是指军人在履行公务期间，擅离岗位，叛逃境外或者在境外叛逃，危害国家

① 《刑法修正案（九）》第 50 条删除了本罪的死刑规定。

军事利益的行为。

擅离岗位，是指未经合法批准，没有正当理由，擅自离开指挥岗位或值班、执勤岗位。叛逃，是指脱离部队逃跑。叛逃行为是以躲避检查等秘密方式实施，还是采取暴力、威胁等方式公然进行，在所不问。境外，是指国外或我国港、澳、台地区。行为人虽逃离部队但并未前往境外，或者在境外执行任务时私自逃回境内，不构成本罪，可分别以逃离部队罪或战时临阵脱逃罪论处。

叛逃行为必须危害国家军事利益，才能构成本罪。根据最高人民检察院、解放军总政治部《军人违反职责罪案件立案标准的规定》（2013 年 2 月 26 日）第 11 条的规定，军人叛逃，涉嫌下列情形之一的，应予立案：（1）因反对国家政权和社会主义制度而出逃的；（2）掌握、携带军事秘密出境后滞留不归的；（3）申请政治避难的；（4）公开发表叛国言论的；（5）投靠境外反动机构或者组织的；（6）出逃至交战对方区域的；（7）进行其他危害国家军事利益活动的。

五、逃离部队罪

第四百三十五条　违反兵役法规，逃离部队，情节严重的，处三年以下有期徒刑或者拘役。

战时犯前款罪的，处三年以上七年以下有期徒刑。

逃离部队罪，是指违反兵役法规，逃离部队，情节严重的行为。

逃离部队，是指为逃避服役而离开部队。其行为方式表现为未经批准擅自离队，请假离队后逾假不归，工作调动或者学员分配离开原单位后拒不向新单位报到等。逃离行为是发生在战时还是发生在非战时，对犯罪成立没有影响。

根据最高人民检察院、解放军总政治部《军人违反职责罪案件立案标准的规定》（2013 年 2 月 26 日）第 18 条的规定，逃离部队，涉嫌下列情形之一的，应予立案：（1）逃离部队持续时间达 3 个月以上或者 3 次以上或者累计时间达 6 个月以上的；（2）担负重要职责的人员逃离部队的；（3）策动 3 人以上或者胁迫他人逃离部队的；（4）在执行重大任务期间逃离部队的；（5）携带武器装备逃离部队的；（6）有其他情节严重行为的。

军人编造事由获假暂离，事后又借机实现其逃离部队的目的，或者为逃避服兵役义务而逾期不归的，应以本罪论处。虽在军事休假期，但因进入战时状态接到上级限期归队参战的命令仍拒不归队的，应按战时违抗命令罪论处。

六、私放俘虏罪

第四百四十七条　私放俘虏的，处五年以下有期徒刑；私放重要俘虏、私放俘虏多人或者有其他严重情节的，处五年以上有期徒刑。

私放俘虏罪，是指具有监管俘虏职责的军职人员和其他有关的军职人员擅自将俘虏放走的行为。

私放，是指放走俘虏是私自决定的，而非根据命令或决定。私放的具体方式是多种多样的，既可以采取作为的方式，如在看管场所、设施内将俘虏放走，或者在押解途中故意让其逃跑；也可采取不作为的方式，如在追捕俘虏时能追而不追、俘虏逃跑时故意视而不见。私放的对象是俘虏，即在战争冲突中被我方俘获的敌方武装人员及其他为武装部队服务的人员。

第四节 侵犯军事秘密罪

一、非法获取军事秘密罪

第四百三十一条第一款 以窃取、刺探、收买方法，非法获取军事秘密的，处五年以下有期徒刑；情节严重的，处五年以上十年以下有期徒刑；情节特别严重的，处十年以上有期徒刑。

非法获取军事秘密罪，是指违反国家和军队的保密规定，以窃取、刺探、收买方法，非法获取军事秘密的行为。

军事秘密，是关系国防安全和军事利益，依照规定的权限和程序确定，在一定时间内只限一定范围的人员知悉的事项。其内容包括：（1）国防和武装力量建设规划及其实施情况；（2）军事部署，作战、训练以及处置突发事件等军事行动中需要控制知悉范围的事项；（3）军事情报及其来源，军事通信、信息对抗以及其他特种业务的手段、能力，密码以及有关资料；（4）武装力量的组织编制，部队的任务、实力、状态等情况中需要控制知悉范围的事项，特殊单位以及师级以下部队的番号；（5）国防动员计划及其实施情况；（6）武器装备的研制、生产、配备情况和补充、维修能力，特种军事装备的战术技术性能；（7）军事学术和国防科学技术研究的重要项目、成果及其应用情况中需要控制知悉范围的事项；（8）军队政治工作中不宜公开的事项；（9）国防费分配和使用的具体事项，军事物资的筹措、生产、供应和储备等情况中需要控制知悉范围的事项；（10）军事设施及其保护情况中不宜公开的事项；（11）对外军事交流与合作中不宜公开的事项；（12）其他需要保密的事项。

非法获取的方式包括窃取、刺探、收买。窃取，是指以文件、计算机、电磁波、照相等具体形式盗窃军事秘密。刺探，是指用探听或一定的侦察技术获取军事秘密。收买，是指利用金钱物质或其他利益换取军事秘密。同时实施多项行为的，也按一罪论处。

二、为境外窃取、刺探、收买、非法提供军事秘密罪

第四百三十一条第二款① 为境外的机构、组织、人员窃取、刺探、收买、非法提供军事秘密的，处五年以上十年以下有期徒刑；情节严重的，处十年以上有期徒刑、无期徒刑或者死刑。

为境外窃取、刺探、收买、非法提供军事秘密罪，是指为境外机构、组织、人员窃取、刺探、收买、非法提供军事秘密的行为。

本罪在客观方面表现为为境外机构、组织、人员窃取、刺探、收买、非法提供军事秘密的行为。境外的机构、组织、人员既包括与我国为敌的，也包括不与我国为敌的；包括我国境外的外国以及我国港、澳、台地区的组织、机构、人员，也包括我国境内的外国政府、组织的派出组织、机构、人员。

三、故意泄露军事秘密罪

第四百三十二条 违反保守国家秘密法规，故意……泄露军事秘密，情节严重的，处五年以下有期徒刑或者拘役；情节特别严重的，处五年以上十年以下有期徒刑。

---

① 本款为《刑法修正案（十一）》第46条所修改。

战时犯前款罪的，处五年以上十年以下有期徒刑；情节特别严重的，处十年以上有期徒刑或者无期徒刑。

故意泄露军事秘密罪，是指违反国家和军队的保密规定，故意使军事秘密被不应知悉者知悉或者超出了限定的接触范围，情节严重的行为。

泄露，是指知悉或管理、掌握国家军事秘密的军职人员将国家军事秘密告诉或提供给不应知悉此项秘密的人。泄露的方式多种多样，包括口头、书面和其他方式。

明知对方是境外的机构、组织、人员而违反国家保守军事秘密法规，将自己知悉、经手或管理的军事秘密用口头或书面等形式提供给对方的，构成本罪和为境外窃取、刺探、收买、非法提供军事秘密罪的想象竞合犯。

故意泄露军事秘密，情节严重的，才构成本罪。根据最高人民检察院、解放军总政治部《军人违反职责罪案件立案标准的规定》（2013年2月26日）第14条的规定，故意泄露军事秘密，涉嫌下列情形之一的，应予立案：（1）泄露绝密级或者机密级军事秘密1项（件）以上的；（2）泄露秘密级军事秘密3项（件）以上的；（3）向公众散布、传播军事秘密的；（4）泄露军事秘密造成严重危害后果的；（5）利用职权指使或者强迫他人泄露军事秘密的；（6）负有特殊保密义务的人员泄密的；（7）以牟取私利为目的泄露军事秘密的；（8）执行重大任务时泄密的；（9）有其他情节严重行为的。

四、过失泄露军事秘密罪

第四百三十二条　违反保守国家秘密法规，故意或者过失泄露军事秘密，情节严重的，处五年以下有期徒刑或者拘役；情节特别严重的，处五年以上十年以下有期徒刑。

战时犯前款罪的，处五年以上十年以下有期徒刑；情节特别严重的，处十年以上有期徒刑或者无期徒刑。

过失泄露军事秘密罪，是指违反国家和军队的保密规定，过失泄露军事秘密，致使军事秘密被不应知悉者知悉或者超出了限定的接触范围，情节严重的行为。

过失泄露军事秘密，情节严重的，才构成本罪。根据最高人民检察院、解放军总政治部《军人违反职责罪案件立案标准的规定》（2013年2月26日）第15条的规定，过失泄露军事秘密，涉嫌下列情形之一的，应予立案：（1）泄露绝密级军事秘密1项（件）以上的；（2）泄露机密级军事秘密3项（件）以上的；（3）泄露秘密级军事秘密4项（件）以上的；（4）负有特殊保密义务的人员泄密的；（5）泄露军事秘密或者遗失军事秘密载体，不按照规定报告，或者不如实提供有关情况，或者未及时采取补救措施的；（6）有其他情节严重行为的。

第五节　侵害部队装备、物资罪

一、武器装备肇事罪

第四百三十六条　违反武器装备使用规定，情节严重，因而发生责任事故，致人重伤、死亡或者造成其他严重后果的，处三年以下有期徒刑或者拘役；后果特别严重的，处三年以上七年以下有期徒刑。

武器装备肇事罪，是指违反武器装备使用规定，情节严重，因而发生责任事故，致人重伤、死亡或者造成其他严重后果的行为。

武器装备，是实施和保障军事行动的武器、武器系统和军事技术器材的统称。违反武器装备使用规定，包括使用枪、炮等，不按规定事先检验枪、炮；驾驶飞机时，不听地面导航系统的指令等。情节严重，是指故意违反武器装备使用规定，或者使用过程中严重不负责任。其他严重后果，是指导致重要武器装备损毁或武器装备大量损毁，或者发生爆炸、火灾、放射性污染等导致军事设施或军用物资重大损失的后果；因肇事导致战斗失利等损毁军事利益的严重后果。

根据最高人民检察院、解放军总政治部《军人违反职责罪案件立案标准的规定》（2013年2月26日）第19条的规定，武器装备肇事，涉嫌下列情形之一的，应予立案：（1）影响重大任务完成的；（2）造成死亡1人以上，或者重伤2人以上，或者轻伤3人以上的；（3）造成武器装备、军事设施、军用物资或者其他财产损毁，直接经济损失30万元以上，或者直接经济损失、间接经济损失合计150万元以上的；（4）严重损害国家和军队声誉，造成恶劣影响的；（5）造成其他严重后果的。

根据1988年10月19日中国人民解放军军事法院《关于审理军人违反职责罪案件中几个具体问题的处理意见》，军职人员在执勤、训练、作战时使用、操作武器装备，或者在管理、维修、保养武器装备的过程中，违反武器装备使用规定和操作规程，情节严重，因而发生重大责任事故，致人重伤、死亡者或造成其他严重后果的，以本罪论处；凡违反枪支、弹药管理使用规定，私自携带枪支、弹药外出，因玩弄而造成走火或者爆炸，致人重伤、死亡或者使公私财产遭受重大损失的，分别以过失致人重伤罪、过失致人死亡罪或者过失爆炸罪论处。军职人员驾驶军用装备车辆，违反武器装备使用规定和操作规程，情节严重，因而发生重大责任事故，致人重伤、死亡或者造成其他严重后果的，即使同时违反交通运输规章制度，也应当以本罪论处；如果仅因违反交通运输规章制度而发生重大事故，致人重伤、死亡或者使公私财产遭受重大损失的，则以交通肇事罪论处。

二、擅自改变武器装备编配用途罪

第四百三十七条　违反武器装备管理规定，擅自改变武器装备的编配用途，造成严重后果的，处三年以下有期徒刑或者拘役；造成特别严重后果的，处三年以上七年以下有期徒刑。

擅自改变武器装备编配用途罪，是指军职人员违反武器装备管理规定，擅自改变武器装备的编配用途，造成严重后果的行为。

擅自，是指未经有权机关批准。改变编配用途，是指不按武器装备的原使用规定和使用条件使用，主要表现为非正当地使用、挪用，例如，擅自将军舰用于捕鱼或者使用军用枪弹狩猎。

根据最高人民检察院、解放军总政治部《军人违反职责罪案件立案标准的规定》（2013年2月26日）第20条的规定，擅自改变武器装备编配用途，涉嫌下列情形之一的，应予立案：（1）造成重大任务不能完成或者迟缓完成的；（2）造成死亡1人以上，或者重伤3人以上，或者重伤2人、轻伤4人以上，或者重伤1人、轻伤7人以上，或者轻伤10人以上的；（3）造成武器装备、军事设施、军用物资或者其他财产损毁，直接经济损失30万元以上，或者直接经济损失、间接经济损失合计150万元以上的；（4）造成其他严重后果的。

三、盗窃、抢夺武器装备、军用物资罪

第四百三十八条　盗窃、抢夺武器装备或者军用物资的，处五年以下有期徒刑或者拘役；情节严重的，处五年以上十年以下有期徒刑；情节特别严重的，处十年以上有期徒刑、无期徒刑或者死刑。

盗窃、抢夺枪支、弹药、爆炸物的，依照本法第一百二十七条的规定处罚。

盗窃、抢夺武器装备、军用物资罪，是指军人以非法占有为目的，窃取或者夺取部队的武器装备或者军用物资的行为。

由于刑法第 438 条第 2 款规定盗窃、抢夺枪支、弹药、爆炸物的，依照刑法第 127 条的规定处罚，故本罪中的武器装备是排除了枪支、弹药、爆炸物的其他武器装备。军用物资，是指除武器装备以外专供武装力量使用的各种物资的统称，包括装备器材、军需物资、医疗物资、油料物资、营房物资等。本罪是抽象危险犯，与侵犯财产的盗窃罪、抢夺罪不同，从法理上讲，构成本罪不需要数额较大。根据最高人民检察院、解放军总政治部《军人违反职责罪案件立案标准的规定》（2013 年 2 月 26 日）第21条的规定，盗窃、抢夺军用物资价值 2 000 元以上，或者不满规定数额但后果严重的，应予立案。

军人利用职务上的便利，窃取自己经手、管理的武器装备、军用物资且非法据为己有的，构成贪污罪而不成立本罪。

四、非法出卖、转让武器装备罪

第四百三十九条　非法出卖、转让军队武器装备的，处三年以上十年以下有期徒刑；出卖、转让大量武器装备或者有其他特别严重情节的，处十年以上有期徒刑、无期徒刑或者死刑。

非法出卖、转让武器装备罪，是指违反武器装备管理规定，未经有权机关批准，擅自用武器装备换取金钱、财物或者其他利益，或者将武器装备馈赠他人的行为。

非法，是指未经合法程序或未经有关主管部门、上级机关指令或批准，擅自出卖、转让武器装备。出卖，是指行为人以取得相应财物及其他物质利益为代价，转让武器装备所有权的行为。转让，是指无偿地将军队武器装备转移给他人的行为。

出卖和转让的区别仅在于是否有偿。在无偿转让或者为了部队的局部利益出卖武器装备的场合，行为人不具有非法占有的目的，所以，本罪不是目的犯。

根据最高人民检察院、解放军总政治部《军人违反职责罪案件立案标准的规定》（2013 年 2 月 26 日）第 22 条的规定，非法出卖、转让武器装备，涉嫌下列情形之一的，应予立案：（1）非法出卖、转让枪支、手榴弹、爆炸装置的；（2）非法出卖、转让子弹 10 发、雷管 30 枚、导火索或者导爆索 30 米、炸药 1 千克以上，或者不满规定数量，但后果严重的；（3）非法出卖、转让武器装备零部件或者维修器材、设备，致使武器装备报废或者直接经济损失 30 万元以上的；（4）非法出卖、转让其他重要武器装备的。

五、遗弃武器装备罪

第四百四十条　违抗命令，遗弃武器装备的，处五年以下有期徒刑或者拘役；遗弃重要或者大量武器装备的，或者有其他严重情节的，处五年以上有期徒刑。

遗弃武器装备罪，是指负有保管、使用武器装备义务的军人，违抗命令，遗弃武器装备的行为。

违抗命令，是指不遵守武器装备使用、保管、处置的有关规定和命令，而并非指所有违背上级作战命令及其他命令。行为人基于上级统一命令，为快速行军、转移或撤离而遗弃武器装备的，则不构成犯罪。遗弃，是指故意抛弃，或者将本应妥善保管的武器装备置于野外，不加管制，导致其丧失武器性能。如果由于军事行动如战斗的对抗激烈造成武器装备丢失的，不构成本罪，但可以遗失武器装备罪论处。指挥人员滥用职权，指使部队遗弃武器装备的，同时构成本罪和指使部属违反职责罪的想象竞合犯。

根据最高人民检察院、解放军总政治部《军人违反职责罪案件立案标准的规定》（2013 年 2 月 26 日）第 23 条的规定，遗弃武器装备，涉嫌下列情形之一的，应予立案：（1）遗弃枪支、手榴弹、爆炸装置的；（2）遗弃子弹 10 发、雷管 30 枚、导火索或者导爆索 30 米、炸药 1 千克以上，或者不满规定数量，但后果严重的；（3）遗弃武器装备零部件或者维修器材、设备，致使武器装备报废或者直接经济损失 30 万元以上的；（4）遗弃其他重要武器装备的。

六、遗失武器装备罪

第四百四十一条　遗失武器装备，不及时报告或者有其他严重情节的，处三年以下有期徒刑或者拘役。

遗失武器装备罪，是指军职人员遗失武器装备，不及时报告或者有其他严重情节的行为。

遗失，是指在武器装备的操作使用、维护保养过程中，因为疏忽大意或过于自信而造成武器装备丢失。被遗失的武器装备，一般属于轻武器，或者个人保管、使用、维修保养的某些重武器及军用装备。

不及时报告，包括两层含义：一是完全不报告，即遗失后隐瞒事实，拒不报告，意图逃避责任；二是虽已报告但不及时，即在已知或应知武器装备遗失后，不按有关规定，迅速有效地向有关部门作出报告。其他严重情节，是指遗失武器装备严重影响重大任务完成的；给人民群众生命、财产安全造成严重危害的；遗失的武器装备被敌人或者境外的机构、组织和人员或者国内恐怖组织和人员利用，造成严重后果或者恶劣影响的；遗失的武器装备数量多、价值高的；战时遗失的；等等。

七、擅自出卖、转让军队房地产罪

第四百四十二条　违反规定，擅自出卖、转让军队房地产，情节严重的，对直接责任人员，处三年以下有期徒刑或者拘役；情节特别严重的，处三年以上十年以下有期徒刑。

擅自出卖、转让军队房地产罪，是指违反军队房地产管理和使用规定，擅自出卖、转让军队房地产，情节严重的行为。

擅自，是指未报告上级机关批准或虽报告上级但未获批准而自行进行出卖或转让。军队房地产，是指依法由军队使用、管理的土地及其地上地下用于营房保障的建筑物、构筑物、附属设施设备，以及其他附着物。

擅自出卖、转让军队房地产，情节严重的，才能构成本罪。根据最高人民检察院、解放军总政治部《军人违反职责罪案件立案标准的规定》（2013 年 2 月 26 日）第 25 条的规定，擅自出卖、转让军队房地产，涉嫌下列情形之一的，应予立案：（1）擅自出卖、转让军队房地产价值30万元以上的；（2）擅自出卖、转让军队房地产给境外的机构、组织、人员的；（3）擅自出卖、转让军队房地产严重影响部队正常战备、训练、工作、生活和完成军事任务的；（4）擅自出卖、转让军队房地产给军事设施安全造成严重危害的；（5）有其他情节严重行为的。

将擅自转让、出卖的军队房地产所得款项私自吞没、挪用的，应以本罪与贪污、挪用公款罪并罚。

第六节 违反人道主义义务罪

一、虐待部属罪

第四百四十三条 滥用职权，虐待部属，情节恶劣，致人重伤或者造成其他严重后果的，处五年以下有期徒刑或者拘役；致人死亡的，处五年以上有期徒刑。

虐待部属罪，是指滥用职权，虐待部属，情节恶劣，致人重伤或者造成严重后果的行为。虐待部属，是指对部属采取殴打、体罚、冻饿或者其他有损身心健康的手段进行折磨、摧残。情节恶劣，是指动机卑劣，虐待时间长，次数多，被虐待的人数多，虐待的手段极其残忍狠毒，等等。致人重伤，是指部属因受虐待而造成重伤，或者部属因不堪忍受虐待自杀而致重伤。致人死亡，是指部属被殴打、受酷刑造成重伤致死，或者因不堪忍受虐待而自杀身亡。行为人对于部属的死亡须出于过失。在虐待部属过程中，有意追求或放任被虐待部属死亡结果发生的，构成故意杀人罪。造成其他严重后果，是指致使部属精神失常，身心健康受到严重摧残；引起军队秩序混乱，军心失稳，纪律涣散；致使公私财产遭受重大毁损；致使作战失利；造成极为恶劣的社会影响，国际影响，败坏军队声誉等。

根据最高人民检察院、解放军总政治部《军人违反职责罪案件立案标准的规定》（2013年2月26日）第26条的规定，虐待部属情节恶劣，是指虐待手段残酷的；虐待3人以上的；虐待部属3次以上的；虐待伤病残部属的；等等。其他严重后果，是指部属不堪忍受虐待而自杀、自残造成重伤或者精神失常的；诱发其他案件、事故的；导致部属1人逃离部队3次以上，或者2人以上逃离部队的；造成恶劣影响的；等等。

二、遗弃伤病军人罪

第四百四十四条 在战场上故意遗弃伤病军人，情节恶劣的，对直接责任人员，处五年以下有期徒刑。

遗弃伤病军人罪，是指在战场上故意遗弃我方伤病军人，情节恶劣的行为。

遗弃一般表现为不作为，如该救护不加以救护，该带走而不带走的。遗弃行为必须情节恶劣的，才构成本罪。根据最高人民检察院、解放军总政治部《军人违反职责罪案件立案标准的规定》（2013年2月26日）第27条的规定，遗弃伤病军人，涉嫌下列情形之一的，应予立案：（1）为挟嫌报复而遗弃伤病军人的；（2）遗弃伤病军人3人以上的；（3）导致伤病军人死亡、失踪、被俘的；（4）有其他恶劣情节的。

三、战时拒不救治伤病军人罪

第四百四十五条 战时在救护治疗职位上，有条件救治而拒不救治危重伤病军人的，处五年以下有期徒刑或者拘役；造成伤病军人重残、死亡或者有其他严重情节的，处五年以上十年以下有期徒刑。

战时拒不救治伤病军人罪，是指战时在救护治疗职位上，有条件救治而拒不救治危重伤病军人的行为。

行为人必须正处在救护治疗岗位上。这既是对行为的隐含时间限制，也是行为人担负起救护治疗职责的根据所在。在救护治疗岗位上。是指医务人员正在上班或临时执行救护治疗任务。

行为人必须是有条件救治而拒不救治，即根据伤病军人的伤情或者病情，结合救护人员的技术水平、医疗单位的医疗条件及当时的客观环境等因素，能够给予救治而拒绝抢救、治疗。是否属于有条件救治，需要根据当时的医疗卫生条件、个人的医疗技术水平以及伤病军人情况作出判定。

本罪的行为对象必须是危重伤病军人。危重伤病军人，是指伤病军人的伤势或者病情严重而危险。至于危险及严重的具体标准，刑法没有具体规定，但一般认为应当是如果不予以及时救治将会造成伤病军人伤残、死亡或者病情恶化的情形。

四、战时残害居民、掠夺居民财物罪

第四百四十六条　战时在军事行动地区，残害无辜居民或者掠夺无辜居民财物的，处五年以下有期徒刑；情节严重的，处五年以上十年以下有期徒刑；情节特别严重的，处十年以上有期徒刑、无期徒刑或者死刑。

战时残害居民、掠夺居民财物罪，是指战时在军事行动地区，残害无辜居民或者掠夺无辜居民财物的行为。

军事行动地区，既包括我军作战地区，也包括我军宣布的戒严地区，有时不受国界的限制，即军事行动地区可以是在外国领域内或者跨越我国和外国领域。残害，是指对军事行动地区无辜居民实施伤害、强奸、烧杀等暴力侵害。掠夺，是指以暴力、胁迫手段抢劫军事行动地区无辜居民的钱财。无辜居民，是指对我国无任何敌对行动的军事行动区域的居民。

根据最高人民检察院、解放军总政治部《军人违反职责罪案件立案标准的规定》（2013年2月26日）第29条的规定，战时残害居民，涉嫌下列情形之一的，应予立案：（1）故意造成无辜居民死亡、重伤或者轻伤3人以上的；（2）强奸无辜居民的；（3）故意损毁无辜居民财物价值5 000元以上，或者不满规定数额，但手段恶劣、后果严重的。战时掠夺居民财物，涉嫌下列情形之一的，应予立案：（1）抢劫无辜居民财物的；（2）抢夺无辜居民财物价值2 000元以上，或者不满规定数额，但手段恶劣、后果严重的。

五、虐待俘虏罪

第四百四十八条　虐待俘虏，情节恶劣的，处三年以下有期徒刑。

虐待俘虏罪，是指军职人员对我军俘获的不再进行反抗的敌方人员，实施精神上、肉体上的摧残和折磨，情节恶劣的行为。

虐待，是指对被我军俘获的不再反抗的敌方人员，实行肉体上的摧残或精神上的折磨等非人道待遇的行为，包括打骂、伤害、侮辱、有伤病不给治疗护理、不给吃饱穿暖、强迫从事过度体力劳动、强制实施违背其宗教信仰的行为。情节恶劣，是指采用特别残酷、野蛮的手段虐待俘虏的；经常虐待俘虏，屡教不改的；虐待伤病俘虏造成严重后果的；因虐待俘虏造成恶劣政治影响、严重毁损我军声誉的。

根据最高人民检察院、解放军总政治部《军人违反职责罪案件立案标准的规定》（2013 年 2 月 26 日）第 31 条的规定，虐待俘虏，涉嫌下列情形之一的，应予立案：（1）指挥人员虐待俘虏的；（2）虐待俘虏 3 人以上，或者虐待俘虏 3 次以上的；（3）虐待俘虏手段特别残忍的；（4）虐待伤病俘虏的；（5）导致俘虏自杀、逃跑等严重后果的；（6）造成恶劣影响的；（7）有其他恶劣情节的。

持续虐待俘虏而致其身体严重损伤、死亡，或致使俘虏不堪忍受而自伤、自杀的，应以本罪从重处罚。长期虐待俘虏，某次故意虐待行为致使俘虏伤害、死亡的，应以故意伤害、故意杀人罪与本罪并罚。

图书在版编目（CIP）数据

刑法各论/周光权著. -- 4版. --北京：中国人民大学出版社，2021.8

21世纪高等院校法学系列精品教材

ISBN 978-7-300-29513-8

Ⅰ. ①刑… Ⅱ. ①周… Ⅲ. ①中华人民共和国刑法-高等学校-教材 Ⅳ. ①D924

中国版本图书馆CIP数据核字（2021）第120323号

21世纪高等院校法学系列精品教材

刑法各论（第四版）

周光权 著

Xingfa Gelun

出版发行	中国人民大学出版社		
社　　址	北京中关村大街31号	**邮政编码**	100080
电　　话	010－62511242（总编室）		010－62511770（质管部）
	010－82501766（自营网店）		010－62514148（明德书店）
	010－62511173（销售部）		010－62515275（盗版举报）
网　　址	http://www.crup.com.cn		
经　　销	新华书店		
印　　刷	天津鑫丰华印务有限公司	**版　　次**	2008年5月第1版
开　　本	787mm×1092mm　1/16		2021年8月第4版
印　　张	42.25插页2	**印　　次**	2025年11月第5次印刷
字　　数	1107000	**定　　价**	98.00元

《　　　　　　》※任课教师调查问卷

为了能更好地为您提供优秀的教材及良好的服务，也为了进一步提高我社法学教材出版的质量，希望您能协助我们完成本次小问卷，完成后您可以在我社网站中选择与您教学相关的1本教材作为今后的备选教材，我们会及时为您邮寄送达！如果您不方便邮寄，也可以申请加入我社的**法学教师QQ群：83961183（申请时请注明法学教师）**，然后下载本问卷填写，并发往我们指定的邮箱（cruplaw@163.com）。

邮寄地址：北京市海淀区中关村大街31号中国人民大学出版社806室收

邮　　编：100080

再次感谢您在百忙中抽出时间为我们填写这份调查问卷，您的举手之劳，将使我们获益匪浅！

基本信息及联系方式：※

姓名：__________ 性别：__________ 课程：____________________

任教学校：____________________ 院系（所）：________________

邮寄地址：____________________ 邮编：__________________

电话（办公）：__________ 手机：__________ 电子邮件：____________

调查问卷：※

1. 您认为图书的哪类特性对您使用教材最有影响力？（　　）（可多选，按重要性排序）

   A. 各级规划教材、获奖教材　　B. 知名作者教材

   C. 完善的配套资源　　D. 自编教材

   E. 行政命令

2. 在教材配套资源中，您最需要哪些？（　　）（可多选，按重要性排序）

   A. 电子教案　　B. 教学案例

   C. 教学视频　　D. 配套习题、模拟试卷

3. 您对于本书的评价如何？（　　）

   A. 该书目前仍符合教学要求，表现不错将继续采用。

   B. 该书的配套资源需要改进，才会继续使用。

   C. 该书需要在内容或实例更新再版后才能满足我的教学，才会继续使用。

   D. 该书与同类教材差距很大，不准备继续采用了。

4. 从您的教学出发，谈谈对本书的改进建议：____________________

____

____

选题征集：如果您有好的选题或出版需求，欢迎您联系我们：

联系人：黄　强　联系电话：010-62515955

索取样书：书名：______________________________

书号：__________________________________

备注：※ 为必填项。

21世纪高等院校法学系列精品教材

刑法各论

（第四版）

周光权 著

中 国 人 民 大 学 出 版 社

·北京·